Italien

Die schönsten Reiseziele

Langenscheidt Mini-Dolmetscher

Allgemeines

Guten Tag.	Buongiorno. [buondsehorno]
Hallo!	Ciao! [tschao]
Wie geht's?	Come sta? [kome sta]
Danke, gut.	Bene, grazie. [bäne grazje]
Ich heiße ...	Mi chiamo ... [mi kjamo]
Auf Wiedersehen.	Arrivederci. [arriwedertschi]
Morgen	mattina [mattina]
Nachmittag	pomeriggio [pomeridseho]
Abend	sera [ßera]
Nacht	notte [notte]
morgen	domani [domani]
heute	oggi [odsehi]
gestern	ieri [järi]
Sprechen Sie Deutsch?	Parla tedesco? [parla tedesko]
Wie bitte?	Come, prego? [kome prägo]
Ich verstehe nicht.	Non capisco. [non kapisko]
Sagen Sie es bitte nochmals.	Lo può ripetere, per favore. [lo puo ripätere per fawore]
..., bitte.	..., per favore. [per fawore]
danke	grazie [grazje]
Keine Ursache.	Prego. [prägo]
was / wer / welcher	che / chi / quale [ke / ki / kuale]
wo / wohin	dove [dowe]
wie / wie viel	come / quanto [kome / kuanto]
wann / wie lange	quando / quanto tempo [kuando / kuanto tämpo]
warum	perché [perke]
Wie heißt das?	Come si chiama? [kome ßi kjama]
Wo ist ...?	Dov'è ...? [dowä]
Können Sie mir helfen?	Mi può aiutare? [mi puo ajutare]
ja	sì [ßi]
nein	no [no]
Entschuldigen Sie.	Scusi. [skusi]
Das macht nichts.	Non fa niente. [non fa njänte]

Sightseeing

Gibt es hier eine Touristeninformation?	C'è un ufficio di turismo qui? [tschä un uffitscho di turismo kui]
Haben Sie einen Stadtplan / ein Hotelverzeichnis?	Ha una pianta della città / un annuario alberghi? [a una pjanta della tschitta / un annuarjo albärgi]
Wann ist ... geöffnet?	A che ora è aperto (m.) / aperta (w.) ...? [a ke ora ä apärto / apärta]
geschlossen	chiuso (m.) / chiusa (w.) [kjuso / kjusa]
das Museum	il museo (m.) [il museo]
die Kirche	la chiesa (w.) [la kjäsa]
die Ausstellung	l'esposizione (w.) [lesposizjone]
Wegen Restaurierung geschlossen.	In restauro. [in restauro]

Shopping

Wo gibt es ...?	Dove posso trovare ...? [dowe posso troware]
Wie viel kostet das?	Quanto costa? [kuanto kosta]
Das ist zu teuer.	È troppo caro. [ä troppo karo]
Das gefällt mir (nicht).	(Non) mi piace. [(non) mi pjatsche]
Gibt es das in einer anderen Farbe / Größe?	Ce l'ha anche di un altro colore / un'altra taglia? [tsche la angke di un altro kolore / un altra talja]
Ich nehme es.	Lo prendo. [lo prändo]
Wo ist eine Bank?	Dov'è una banca? [dowä una bangka]
Ich suche einen Geldautomaten.	Dove posso trovare un bancomat? [dowe posso troware un bangkomat]
Geben Sie mir 100 g Käse / zwei Kilo Pfirsiche	Mi dia un etto di formaggio / due chili di pesche. [mi dia un ätto di formadseho / due kili di päske]
Haben Sie deutsche Zeitungen?	Ha giornali tedeschi? [a dsehornali tedeski]
Wo kann ich telefonieren / eine Telefonkarte kaufen?	Dove posso telefonare / comprare una scheda telefonica? [dowe posso telefonare / komprare una skeda telefonika]

Notfälle

Ich brauche einen Arzt / Zahnarzt.	Ho bisogno di un medico / dentista. [o bisonjo di un mädiko / dentista]

Rufen Sie bitte einen Krankenwagen / die Polizei.	Chiami un'ambulanza / la polizia, per favore. [kjami un_ambulanza / la polizia per fawore]
Wir hatten einen Unfall.	Abbiamo avuto un incidente. [abbjamo awuto un intschidänte]
Wo ist das Polizeirevier?	Dov'è la polizia? [dowä la polizia]
Ich bin bestohlen worden.	Mi hanno derubato. [mi anno derubato]
Mein Auto ist aufgebrochen worden.	Hanno forzato la mia macchina. [anno forzato la mia makkina]

Essen und Trinken

Die Speisekarte, bitte.	Il menu per favore. [il menu per fawore]
Brot	pane [pane]
Kaffee	caffè / espresso [kaffä / esprässo]
Tee	tè [tä]
mit Milch / Zucker	con latte / zucchero [kon latte / zukkero]
Orangensaft	succo d'arancia [sukko darantscha]
Mehr Kaffee, bitte.	Un altro caffè, per favore. [un altro kaffä per fawore]
Suppe	minestra [minästra]
Nudeln	pasta [pasta]
Fisch / Meeresfrüchte	pesce / frutti di mare [pesche / frutti di mare]
Fleisch	carne [karne]
Geflügel	pollame [pollame]
Beilage	contorno [kontorno]
vegetarische Gerichte	piatti vegetariani [pjatti wedsehetarjani]
Ei	uovo [uovo]
Salat	insalata [inßalata]
Dessert	dolci [doltschi]
Obst	frutta [frutta]
Eis	gelato [dsehelato]
Wein	vino [wino]
weiß / rot / rosé	bianco / rosso / rosé [bjangko / rosso / rose]
Bier	birra [birra]
Aperitif	aperitivo [aperitiwo]
Wasser	acqua [akua]
Mineralwasser	acqua minerale [akua minerale]
mit / ohne Kohlensäure	gassata / naturale [gassata / naturale]
Frühstück	prima colazione [prima kolazjone]
Mittagessen	pranzo [prandso]
Abendessen	cena [tschena]
eine Kleinigkeit	uno spuntino [uno spuntino]
Ich möchte bezahlen.	Il conto, per favore. [il konto per fawore]

| Es war sehr gut / nicht so gut. | Era molto buono. / Non era buono. [ära molto buono / non ära buono] |

Im Hotel

Ich suche ein gutes / nicht zu teures Hotel.	Cerco un buon albergo / un albergo economico. [tscherko un buon albärgo / un albärgo ekonomiko]
Ich habe ein Zimmer reserviert.	Ho riservato una camera. [o riserwato una kamera]
Ich suche ein Zimmer für ... Personen.	Cerco una camera per ... persone. [tscherko una kamera per ... perßone]
Mit Dusche und Toilette.	Con doccia e servizi. [kon dotscha e serwizi]
Mit Balkon / Blick aufs Meer.	Con balcone / vista sul mare. [kon balkone / wista sul mare]
Wie viel kostet das Zimmer pro Nacht?	Quanto costa la camera per notte? [kuanto kosta la kamera per notte]
Mit Frühstück?	Con prima colazione? [kon prima kolazjone]
Kann ich das Zimmer sehen?	Posso vedere la camera? [posso wedere la kamera]
Haben Sie ein anderes Zimmer?	Avete un'altra camera? [awete un_altra kamera]
Das Zimmer gefällt mir (nicht).	Mi piace la camera. / La camera non mi piace. [mi pjatsche la kamera / la kamera non mi pjatsche]
Kann ich mit Kreditkarte bezahlen?	Posso pagare con carta di credito? [posso pagare con karta di kredito]
Wo kann ich parken?	Dove posso mettere la macchina? [dowe posso mettere la makkina]
Können Sie das Gepäck in mein Zimmer bringen?	Mi può portare i bagagli in camera? [mi puo portare i bagalji in kamera]
Haben Sie einen Platz für ein Zelt / einen Wohnwagen / ein Wohnmobil?	C'è ancora posto per una tenda / una roulotte / un camper? [tschä angkora posto per una tända / una rulott / un kamper]
Wir brauchen Strom / Wasser.	Abbiamo bisogno di corrente / acqua. [abbjamo bisonjo di korränte / akua]

3

Special

Kunst in Thermen und Katakomben Seite 46
Disko im Scherbenhügel Seite 48
Erlebnispark Villa Borghese Seite 50

Rom

Allgemeines

Rom – die Ewige Stadt **Seite 52**
Geschichte im Überblick **Seite 56**
Kultur gestern und heute **Seite 59**
Essen und Trinken **Seite 64**
Unterkunft **Seite 68**
Shopping in Rom **Seite 70**
Am Abend **Seite 72**
Reisewege und Verkehrsmittel **Seite 74**
Abseits der Wege **Seite 136**
Ausflug nach Ostia Antica und Tivoli **Seite 137**
Infos von A–Z **Seite 140**

12 Wege durch Rom

Weg 1

Die klassische Einsteigertour

Seite 77

Roms klassische Einsteigerroute führt vom Vatikan zum Palazzo di Montecitorio im Centro Storico und verbindet die Exponenten von kirchlicher wie weltlicher Macht.

Weg 2

Der Vatikan

Seite 81

Kunstschätze über Kunstschätze sind hier aufgehäuft: Im Zentrum der katholischen Christenheit ist die Sixtinische Kapelle unter den unzähligen grandiosen Werken der absolute Höhepunkt.

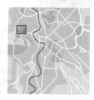

Weg 3

Das Centro Storico

Seite 88

Roms schönste Tiberbrücke führt ins historische Zentrum zu verschwiegenen wie auch eleganten Straßen und Plätzen, zu Palästen und zum besterhaltenen antiken Bauwerk.

Weg 4

Volkstümliches Trastevere

Seite 94

Der Gianicolo bietet die Möglichkeit, Rom von seiner grünen Seite kennenzulernen. Das volkstümliche Rom findet man noch weitgehend unverfälscht in Trastevere.

Weg 5

Von der Tiberinsel zum Kapitol

Seite 98

Rom ist nicht ausschließlich das Zentrum des Katholizismus: Im Mittelpunkt dieses Weges stehen das jüdische Ghetto und die antiken Tempel auf dem Kapitolshügel.

Weg 6

Das antike Rom

Seite 102

Schaubühne der Antike: Ein Streifzug durch die Schauplätze des Zentrums der antiken römischen Weltmacht vermittelt Eindrücke vom Leben zu damaliger Zeit.

Weg 7

Esquilin und Celio

Seite 108

Eine klassische Samstagstour: Man erlebt einen fulminanten Querschnitt durch zwei Jahrtausende römischer Geschichte und – bei etwas Glück – eine italienische Hochzeitsgesellschaft.

Weg 8

Plätze, Kirchen und der Lateran

Seite 112

Rom multikulturell: Von den antiken Thermen des Diokletian zu gleich drei römischen Titularkirchen und vorbei an einem bunten, lebendigen Markt.

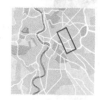

Weg 9

Quirinal und Marsfeld

Seite 119

Das barocke Rom Berninis und Borrominis, die Spanische Treppe und Roms beste – natürlich auch teuerste – Einkaufsadressen locken mit Mode und Antiquitäten.

Weg 10

Der Parco dei Musei

Seite 124

Das Museum in der Villa Giulia macht mit den Etruskern vertraut und Roms größte Parkanlage wandelt sich zur neuen Topattraktion des »Parco dei Musei«.

Weg 11

Der Aventin

Seite 128

Antike Badefreuden, Brot und Spiele, ein geheimnisvolles Schlüsselloch und Roms stillste Oase mit duftendem Rosengarten bietet dieser Rundgang.

Weg 12

Die Via Appia

Seite 130

Die Königin aller Straßen führt hinaus aus den antiken Stadtmauern in die Zeit der neronischen Christenverfolgungen und in die geheimnisvolle Welt der Katakomben.

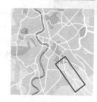

Special

Dolce Vita a Bolzano Seite 142
Junger Wein und Bauernschmankerln Seite 144
Dolomiti extrem und extravagant Seite 146

Südtirol

Allgemeines

Südtirol – immer eine Reise wert **Seite 148**
Geschichte im Überblick **Seite 154**
Kultur gestern und heute **Seite 155**
Aus Küche und Keller **Seite 159**
Urlaub aktiv **Seite 161**
Unterkunft **Seite 163**
Reisewege **Seite 164**

Städtebeschreibungen

Bozen – Stadt der Gegensätze   Seite 165

Eine Hauptstadt mit zwei Gesichtern: das der beschaulichen, romantischen, zum Bummeln einladenden südlän-
dischen Handelsstadt und das der hässlichen, lärmenden
Industriezone.

Brixen – klein, aber fein   Seite 174

Das gastliche Kleinod an Eisack und Rienz lädt ein zum
Spaziergang durch die Kunstgeschichte oder zum Ausprobieren der vorzüglichen Eisacktaler Küche.

Meran – Kurstadt mit Tradition   Seite 180

Die traditionsreiche Stadt im Burggrafenamt bietet nicht
nur dem Kurbedürftigen alles, was Körper, Geist und Herz
begehren. Neue Attraktion ist der Botanische Garten.

Touren

Tour 1

Silberrausch und Burgenromantik
Seite 189

Vom zugigen Brennerpass zu Europas höchstgelegenem Bergwerksstollen auf den Spuren uralter Handelswege durchs Eisacktal bis hinunter ins mediterrane Bozen.

Tour 2

Hohe Berge, karges Land
Seite 198

Das tiefste Tal Südtirols, der Vinschgau, eine eigenwillige, herbe Schönheit, die den Besucher von frostigen Höhen hinab in den sonnenverwöhnten Meraner Talkessel führt.

Tour 3

Vom Gletschereis zu den Weinbergen
Seite 208

Der Passübergang am Timmelsjoch ist das höchste Tor zum Süden Tirols und führt direkt in das historische Herz des Landes, ins Passeiertal.

Tour 4

Alter Adel, junger Wein
Seite 211

Überetsch und Unterland: Hier ist die Sonne zu Hause! Im Süden Südtirols dominieren Weindörfer, Burgen und Schlösser; der Kalterer See verspricht Bade-, Segel- und Surfvergnügen.

Tour 5

Das grüne Tal
Seite 218

Zwischen dem Alpenhauptkamm und den Dolomiten liegt das waldreiche Pustertal. Ein ideales Feriengebiet für Radler, Wanderer und Wintersportler.

Tour 6

Im Land der Gipfelstürmer
Seite 226

Grödner Tal und Hochabtei – zwei der bekanntesten Dolomitentäler zwischen zahlreichen prominenten Gipfeln warten mit einer erstklassigen touristischen Infrastruktur auf.

Tour 7

Durchs Reich der Bleichen Berge
Seite 230

Zwischen Rosengarten und Drei Zinnen finden nicht nur Seilakrobaten ihr Dorado. Spielt das Wetter mit, ist eine Fahrt über die Große Dolomitenstraße ein einmaliger Augenschmaus.

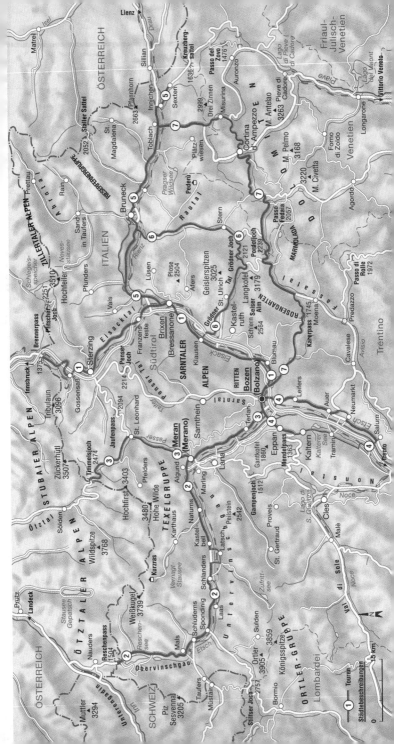

Special

Verdi-Arien in Veronas Arena Seite 236
Das Einmaleins der Eiskultur Seite 238
Kuren in Wellen und Grotten Seite 240

Gardasee

Allgemeines

Ein See – drei Provinzen **Seite 242**
Geschichte im Überblick **Seite 247**
Kultur gestern und heute **Seite 249**
Aus Küche und Keller **Seite 251**
Urlaub aktiv **Seite 253**
Unterkunft **Seite 258**
Reisewege und Verkehrsmittel **Seite 259**

Städtebeschreibungen

Verona   Seite 261

Nicht nur zur Festspielzeit, wenn sich die uralte Stadt an der Etsch im Glanz Abertausender Besucher sonnt, verführt der Schauplatz der bittersüßen Tragödie von Romeo und Julia zu einem romantischen Urlaub.

Brescia   Seite 273

Vom Tourismus weitgehend unbeachtet, zeigt sich die lombardische Handels- und Industriemetropole 30 km westlich des Gardasees mit ihren schicken Geschäftsstraßen von einer ihrer schönsten Seiten.

Touren

Tour 1

Das Ostufer Gardesana orientale

Seite 281

Die Ostuferstraße zwischen dem mondänen Riva und dem heiteren Sirmione bewahrte sich trotz des Tourismusbooms ihre unverwechselbare Identität.

Tour 2

Das Westufer Gardesana occidentale

Seite 300

Charme der Jahrhundertwende und gepflegte Nobelorte mit Luxusherbergen für verwöhnte Reisende: Das elegante Westufer gilt als Schokoladenseite des Gardasees.

Tour 3

Drei-Seen-Fahrt

Seite 314

Dank des exzellenten Straßennetzes kann man die drei Gewässer Lago d'Iseo, Lago d'Idro und Lago di Ledro bequem in einer 225 km langen Tagestour besichtigen.

Tour 4

Im Süden – Fahrt in die Geschichte

Seite 323

In der lieblichen Ebene südlich von Sirmione erinnern Custoza und Solferino an die italienischen Befreiungskriege.

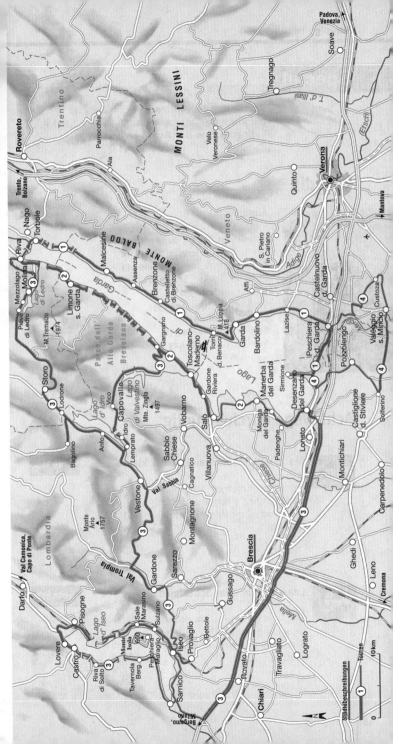

Special

Schwarz, schwankend, schön Seite 330
Bàcaro – die Osteria als Lebensform Seite 332
Laboratorium der Avantgarde Seite 334

Venedig

Allgemeines

Weltwunder Venedig **Seite 336**
Geschichte im Überblick **Seite 341**
Kultur gestern und heute **Seite 343**
Essen und Trinken **Seite 349**
Unterkunft **Seite 352**
Venedig am Abend **Seite 354**
Einkaufen **Seite 356**
Verkehrsmittel **Seite 358**
Infos von A–Z **Seite 423**

Acht Wege durch Venedig

Weg 1

Macht und Handel: San Marco & Rialto

Seite 360

Im Herzen Venedigs: Markusplatz, Markuskirche, Dogenpalast; durch die Einkaufsgasse Mercerie zum quirligen Rialto.

Weg 2

Canal Grande – das Schaufenster

Seite 372

Eine Fahrt auf der Prachtwasserstraße, entlang der Kette von Palästen, den Wohn- und Handelshäusern der Patrizier.

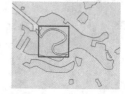

Weg 3

Das Markusviertel

Seite 378

Flanieren im San-Marco-Viertel: exquisite Einkaufsadressen, unverwechselbare Campi, Renaissancejuwel Miracoli-Kirche, Dogengrablege SS. Giovanni e Paolo.

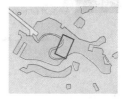

Weg 4

Santa Croce und San Polo

Seite 378

Stationen: riesiger Campo S. Polo, verträumter Campo S. Giacomo dall'Orio, Tintoretto-Kleinod Scuola Grande di S. Rocco.

Weg 5

Insel-Akzente

Seite 395

Palladio auf den Inseln: die Kirchen S. Giorgio Maggiore und Redentore; die Accademia als Kompendium venezianischer Malerei.

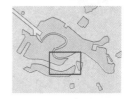

Weg 6

Stilles Cannaregio

Seite 400

Ein Streifzug durch das Venedig der Venezianer, mit typischen Abendtreffs der Einheimischen, durchs Ghetto mit den Synagogen zum gotischen Juwel Ca' d'Oro.

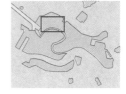

Weg 7

Castello – Vorhof zu San Marco

Seite 405

Unterwegs im Castello-Viertel, einem reizvollen Randbezirk; vorbei am Arsenal, einst größte Werft der Welt, zu den Giardini, Sitz der Kunstbiennale.

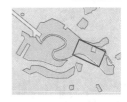

Weg 8

Venezia minore

Seite 411

Venezia minore, das »kleinere Venedig«: belebter Dorsoduro, Uferstreifen Zattere, volkstümlicher Campo S. Margherita.

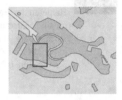

Ausflüge zu den Laguneninseln

Seite 416

Abseits der Touristenmetropole: Friedhofsinsel San Michele, Glasbläserinsel Murano, Spitzeninsel Burano, Gemüseinsel Torcello, Fischerinsel Pellestrina.

Special

Auf Wasserwegen zur Villenpracht Seite 426
Von Ombra, Cicheti und Goten Seite 428
Mondlandschaft und liebliche Küche Seite 430

Venetien / Friaul

Allgemeines

Zwischen Alpen und Adria Seite 432
Geschichte im Überblick Seite 437
Kultur gestern und heute Seite 438
Aus Küche und Keller Seite 443
Urlaub aktiv Seite 445
Unterkunft Seite 446
Reisewege Seite 446

Städtebeschreibungen

Trient – Renaissance im Gebirge Seite 447

Kirchenfürsten versahen die Stadt im Etschtal mit dem romanischen Dom, Renaissance-Straßen und der mächtigen Bischofsburg.

Verona – Römisch, romantisch, ritterlich Seite 453

Spaziergänge durch eine berühmte und heitere Stadt mit malerischen Plätzen zwischen den Kulissen der Römerzeit und des Mittelalters.

Vicenza – Die Stadt Palladios Seite 461

Die Noblesse eines großen Renaissance-Baumeisters prägt das Stadtbild: die Basilika an der Piazza, Paläste in den Straßen und Villen auf grünen Hügeln.

Padua – Wissenschaft und Wunderglaube
Seite 467

Eine der ältesten Universitäten Italiens, die Wallfahrtskirche des hl. Antonius, ein Reigen gotischer Wandbilder und ein farbiger Markt im Zentrum.

Triest – Im Schatten vergangener Größe
Seite 473

Die Attraktion der Hafenstadt am blauen Meer ist ihre Vergangenheit als Handelsemporium der Donaumonarchie, die sich auch in der Küche widerspiegelt.

Touren

Tour 1

Etschtal: Wein und Burgen
Seite 480

Vom Trentino über das Valpolicella bis Soave reihen sich die Rebgärten. Die Burgen und Festungen kontrollierten jahrhundertelang den Weg durch das Etschtal.

Tour 2

Die Perlen des Veneto
Seite 485

Malerische Festungsstädtchen, romantische Zypressenhügel, die berühmtesten Palladio-Villen und eine exquisite Küche locken zwischen Vicenza und Treviso.

Tour 3

Kuren und Kultur
Seite 491

Fangokuren in Abano, Ausflüge in die grünen Vulkanhügel der Euganei, zu Villengärten, mittelalterlichen Burgmauern und ins Tiefland Polesine.

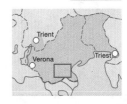

Tour 4

Von Treviso zum Dolomitenrand

Seite 497

Kontrastprogramm: von Treviso über die Proseccohügel nach Feltre und Belluno und in die fruchtbare Ebene Westfriauls bis Pordenone.

Tour 5

Auf den Spuren der Antike

Seite 504

Hinter den Badestränden der Adria gibt es einiges zu entdecken: römische Ruinenstädte, uralte Kirchen und einsame Landschaften am Lagunenrand.

Tour 6

Im Herzen Friauls

Seite 508

Vielfalt auf engstem Raum auf der Fahrt von Udine in die Langobardenstadt Cividale, zur Weinregion des Collio und zur einstigen k.u.k. Hochburg Görz/Gorizia.

Tour 7

Am Tagliamento nach Karnien

Seite 515

Am Strom entlang geht es nach Norden, von der Ebene ins Gebirge, wo die alten Städte und Burgen nach dem großen Erdbeben von 1976 neu erstanden sind.

Special

Das flüssige Gold Seite 520
Paläste fürs Publikum Seite 522
Refugien zwischen Felsen und Meer Seite 524

Italienische Riviera / Ligurien

Allgemeines

Ligurien – ein Land mit Janusgesicht **Seite 526**
Geschichte im Überblick **Seite 531**
Kultur gestern und heute **Seite 532**
Essen und Trinken **Seite 534**
Urlaub aktiv **Seite 535**
Unterkunft **Seite 537**
Reisewege und Verkehrsmittel **Seite 538**

Städtebeschreibungen

Genua – zwischen Marmorpalazzi
und Hafenkneipen   Seite 539

»Die Stolze« wird die Hauptstadt der italienischen Riviera genannt wegen ihrer Marmorschönheiten, den Palästen und den Prachtbauten der Doria. Bei einem Bummel durch die lebendige Altstadt atmet man noch die Atmosphäre vergangener Zeiten.

Touren

Tour 1

Zwischen Noblesse und VIPs

Seite 556

Charme der Jahrhundertwende, noble Ortschaften, grandiose Hotels: Die östliche Riviera di Levante ist der Vorzeigesalon Liguriens.

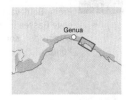

Tour 2

Pittoreske Cinque Terre

Seite 564

Fischer und Dichter leben noch heute in den vielgerühmten Cinque Terre, die bei einer Wanderung ebenso spannende Aus- wie Einblicke gewähren.

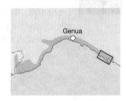

Tour 3

Zwischen Kriegs- und Marmorhäfen

Seite 570

Eine Reise an die Küste zwischen Portovenere und Luni, wo römischer Marmor verladen wurde und romantische Dichter sowie Maler eine zweite Heimat fanden.

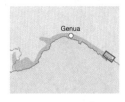

Tour 4

Keramik, Kunst und Kammermusik

Seite 577

Vom Heute zum Gestern: moderne Keramikkünstler in Albisola, mittelalterliche Künstler in Noli und erste Felszeichnungen in den Höhlen von Toirano.

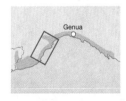

Tour 5

Von Oliven, Öl und Nudeln

Seite 590

Eine kurvenreiche Fahrt zu den Fein-
schmeckerdörfern und Kunstoasen
zwischen Imperia, Taggia, Bussana
Vecchia mit einem Abstecher zu den
Hexen von Triora.

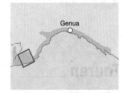

Tour 6

Mondänität und Urwüchsigkeit

Seite 597

Breite Boulevards in San Remo und
enge Gassen in verwinkelten Dörfern
prägen den Kontrastreichtum dieser
Route.

Tour 7

Heimat der ersten Ligurer

Seite 607

Lebendiges Gestern zwischen Ventimiglia und Tenda: Stationen ligurischer Geschichte.

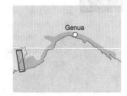

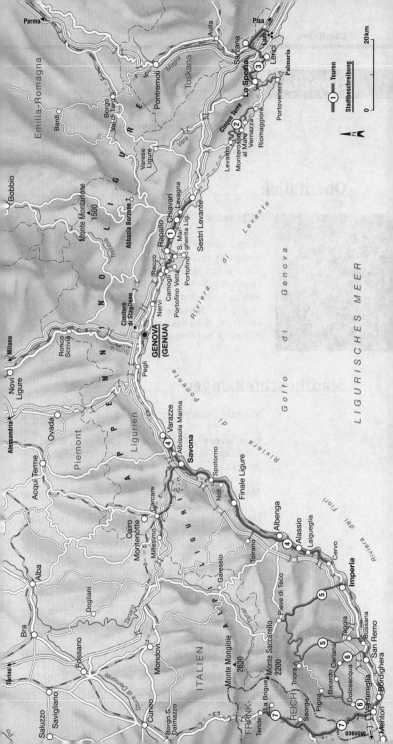

Special

Amarone, Barolo, Prosecco Seite 614
Palmengärten und Blumenparadiese Seite 616
Musik liegt in der Luft Seite 618

Oberitalien

Allgemeines

Proseccocharme und Big Business ... **Seite 620**
Geschichte im Überblick **Seite 626**
Kultur gestern und heute **Seite 627**
Feste und Veranstaltungen **Seite 630**
Risotto, Ravioli und Riesenkrebse **Seite 632**
Urlaub aktiv **Seite 634**
Unterkunft **Seite 636**
Reisewege und Verkehrsmittel **Seite 637**

Stadtbeschreibungen

Venedig – Königin der Lagune   Seite 638

Canal Grande und Caffè Florian, Rialtomarkt, Bacari und Gondoliere-Osterien: Die Serenissima lebt nicht nur im Karneval.

Mailand – Motor Italiens   Seite 643

Mode, Mittagessen im Stehen, telefonino am Ohr: Italiens Wirtschaft pulsiert in Milano! Die Metropole der Börse, Banken und Verlage gilt als heimliche Hauptstadt.

Turin – Fiat und Risorgimento   Seite 647

Italiens erste Hauptstadt und Autoschmiede strahlt mit ihren Kolonnadenstraßen den Charme einer altmodischen Residenz aus.

Bologna – Fett, gelehrt, rot?   Seite 651

Europas älteste Universitätsstadt ist geballte italienische Kreativität – und ihre Arkaden gelten als schönste Shoppingmeilen Italiens.

Touren

Tour 1

Südtirol und Trentino — Seite 656

Törggelen, Gipfelstürme und Pulverschnee:
Die Boomregion zwischen Sterzing und
Meran hat längst zu deutschitalienischer
Identität gefunden. Beste Weine und Burg-
schenken locken ins Etsch-Unterland.

Tour 2

Rund um den Gardasee — Seite 662

In Riva austrophil, in Malcesine kräftig ein-
gedeutscht, in Desenzano Nabel des Italo-
Nachtlebens. Das Surferparadies mit steilen Olivenhainen und Panoramatrattorien
macht viele Nationen glücklich.

Tour 3

Veneto — Seite 668

Die Region ist von langer, segensreicher venezianischer Verwaltung geprägt. Voralpen-
orte wie Bassano del Grappa und Kunstmetropolen wie Padua oder das elegante
Vicenza stehen für gelebte Tradition.

Tour 4

Friaul und Julisch-Venetien — Seite 675

Die Furlani zwischen Kärnten und Slowenien
sind stolz auf ihre mitteleuropäische Identität. Kunst, Strand und kulinarische Streifzüge locken von Triest über Aquileia bis
Udine.

Tour 5

Lombardei — Seite 679

Hightech, Mode und Mais – das »padanische« Kernland zwischen Po und Alpen
umfasst die prunkvolle Gonzaga-Residenz
Mantua, uralte Kaiserstädte wie Pavia, Bergamo und die Bankenmetropole Brescia.

Tour 6   **Emilia Romagna**   **Seite 685**

Zwischen Adria und Appenin reifen Parmaschinken, Modenaessig und Reggioparmesan. Ansonsten ein buntes Angebot: Renaissance in Ferrara, Rummel in Rimini oder ein Giro nach San Marino.

Tour 7   **Genua und die Riviera di Levante**   **Seite 690**

Italiens älteste Tourismuslandschaft in Ligurien lockt mit der alten Kolumbusstadt Genua, kleinen Fischerdörfern, Steilküsten, Cinque-Terre-Wein und Portofino-Nightlife.

Tour 8   **Riviera di Ponente**   **Seite 696**

An der dicht besiedelten ligurischen Küste verstecken sich prächtige Villengärten, Palmenpromenaden, Sandstände und Künstlerorte; im Hinterland gedeihen Oliven und Weinreben.

Tour 9   **Piemont und Aostatal**   **Seite 700**

Reisfelder und edelster Barolowein, Computerschmieden und schnurgerade Autobahnen: Am Fuße der Berge stand nicht nur die Wiege des modernen Italien. Im Aosta-Tal trifft man sich zum Après-Ski.

Tour 10   **Lago Maggiore**   **Seite 704**

Schweizer Alpenglühen à la Vico Torriani und Mailänder Techno-Bars: Der Lago Maggiore mit den Borromäischen Inseln ist ein Palmen- und Villenparadies mit chronischen Verkehrsproblemen.

Special

Vom Banana Riding in den Kinderpark Seite 708
Trödel, Töpfer und Tomaten Seite 710
Weißer Sand in der einsamen Badebucht Seite 712
Auf zum Fest von Kirsche und Kastanie Seite 714
Steinmonster in dichter Vegetation Seite 716

Mittelitalien

Allgemeines

Zwischen den Meeren Seite 718
Geschichte im Überblick Seite 722
Kultur gestern und heute Seite 724
Aus Küche und Keller Seite 728
Urlaub aktiv Seite 730
Unterkunft Seite 732
Reisewege Seite 732

Stadtbeschreibung

Florenz – Die Wiege der Renaissance Seite 733

Den Charme einer italienischen Großstadt verspüren und einzigartige Meisterwerke berühmter Renaissancekünstler in den Kirchen, Palästen und Museen der Stadt genießen.

Touren

Tour 1

Berge, Küste und Kultur
Seite 744

Weiß von Marmor leuchten die Apuanischen Alpen oberhalb Carraras.
Badespaß bietet die ligurische Küste,
die Piazza dei Miracoli in Pisa eine
»wunder«volle Abwechslung.

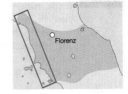

Tour 2

Ferieninsel Elba
Seite 751

Wandern, faulenzen, baden und auf
den Spuren Napoleons wandeln – mit
seiner schönen Natur und einer Vielfalt von Stränden bietet Elba sich als
Insel zum Ausspannen an.

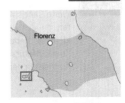

Tour 3

Klassische Städte der Toskana
Seite 758

Hinter Lucca lädt Montecatini Terme
zum Thermalbad. Klassische Höhepunkte der Toskana sind die Städte
San Gimignano und Volterra. Pinocchio führt ins Reich der Fantasie.

Tour 4

Roter Chianti & ein ruhender Vulkan
Seite 769

Zwei Toskana-Klassiker: Siena und
der rote Wein! Weingüter, Städtchen
wie Montepulciano und Chiusi sowie
das Wandergebiet des Monte Amiata,
eines erloschenen Vulkans, runden
diese Tour ab.

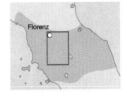

Tour 5

Von der Toskana nach Umbrien

Seite 778

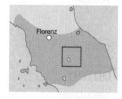

Piero della Francesca mit seinen Fresken lockt in das charmante Arezzo,
bevor der Lago Trasimeno, die kleine
Hauptstadt Perugia und das raue
Gubbio nach Umbrien entführen.

Tour 6

Valle Umbra & nördliches Latium

Seite 785

Große mittelalterliche Kunst findet
man in Assisi, der Heimat San
Francescos, des Schutzpatrons Italiens, aber auch in Orvieto und Viterbo; reizvolle Landschaften umgeben
den Vulkansee Lago di Bolsena.

Tour 7

Die Adriaküste mit Hinterland

Seite 795

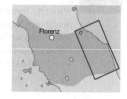

Weite Sandstrände und kleine Buchten an der Adria, San Marino, die
kleinste Republik der Welt, dazu
Kunst, Naturschutzgebiete und viel
Kurioses in den Hügeln der Marken.

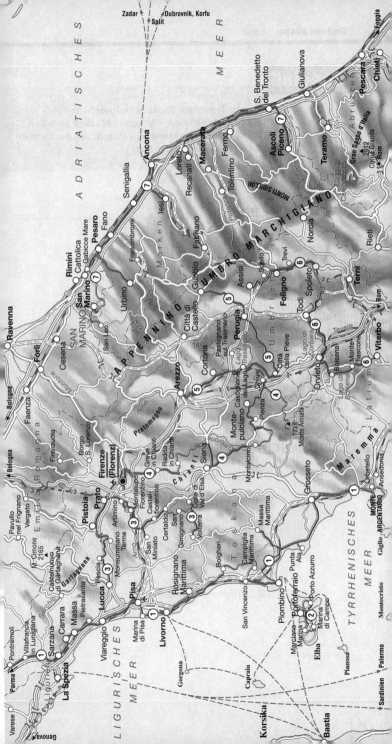

Special

Bunte Trachten, tapfere Helden Seite 806
Kunst oder Kitsch – Neapels Märkte Seite 808
Mit Fischern unterwegs – Pescaturismo Seite 810
Celeste Cilento Seite 812

Golf von Neapel

Allgemeines

Tanz auf dem Vulkan **Seite 814**
Geschichte im Überblick **Seite 820**
Kultur gestern und heute **Seite 821**
Essen und Trinken **Seite 824**
Urlaub aktiv **Seite 826**
Unterkunft **Seite 827**
Reisewege **Seite 828**

Stadtbeschreibung

Neapel – Metropole des Südens
Seite 829

Nicht zufällig trägt Neapel auch den Beinamen »europäisches Shanghai«. Überschäumende Lebendigkeit beherrscht die Stadt, die wie kaum eine andere zum Schmelztiegel europäischer Kulturen geworden ist. Weltberühmte Museen, barocke Pracht und Frömmigkeit und nicht zuletzt die einzigartige Lage zwischen Golf und Vesuv machen Neapel zu einem Erlebnis, für das es sich schon zu Goethes Zeiten beinahe zu sterben lohnte.

Die Inseln

Capri: Die betörende Insel

Seite 844

Berühmt sind die weiß leuchtenden Kalkfelsen Capris, doch in den schroffen Klippen verbergen sich unzählige Grotten, deren Zauber gefangennimmt.

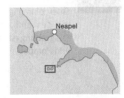

Ischia: Die heilsame Insel

Seite 852

Hier brodelt und sprudelt es heilsam aus den Tiefen der vulkanischen Erde. Genesung und Erholung pur bietet Ischia aber nicht nur seinen Kurgästen.

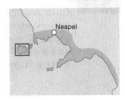

Procida: Die unbekannte Insel

Seite 864

Noch unverfälscht zeigt sich das kleine Eiland im Schatten Ischias. Üppig gedeiht und blüht hier die Natur und verwandelt Procida in einen prächtigen Garten.

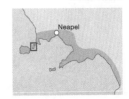

Touren

Tour 1

Durch brennende Felder

Seite 867

Vulkanismus live erleben in den dampfenden und brodelnden Campi Flegrei und auf dem Kraterrand der Solfatara.

Tour 2

Versunkene Städte am Vulkan

Seite 873

Einen einmaligen Einblick in den Alltag des antiken Lebens bieten die Ausgrabungsstätten in Herculaneum und Pompeji.

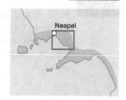

Tour 3

Durchs Land, wo die Zitronen blühn

Seite 886

Costa Amalfitana: Eine traumhafte Mittelmeerküste erstreckt sich rund um die Sorrentinische Halbinsel bis nach Amalfi. Weiteres Highlight sind die großartigen Tempel von Paestum.

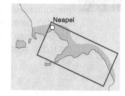

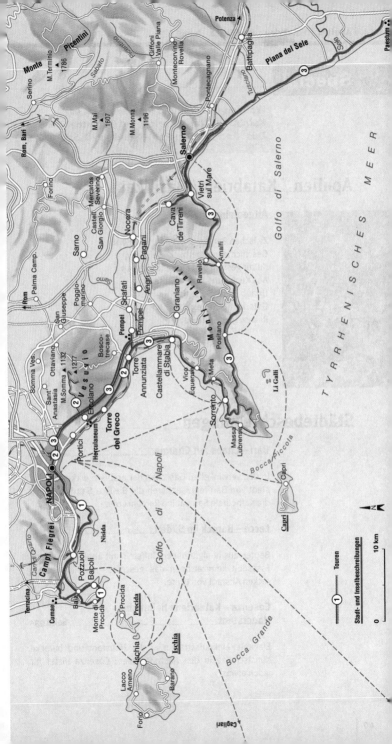

Special

Wohnen in Trulli und Masserie Seite 902
Kalabriens Natur – prickelnd & hautnah Seite 904
Das Kind von Apulien – Friedrich II. Seite 906

Apulien / Kalabrien / Basilikata

Allgemeines

Zwischen Bergen und Meer   Seite 908
Geschichte im Überblick   Seite 914
Kultur gestern und heute   Seite 915
Aus Küche und Keller   Seite 919
Urlaub aktiv   Seite 921
Unterkunft   Seite 922
Reisewege   Seite 922

Städtebeschreibungen

Bari – Chaos mit Charme Seite 923

In den verwinkelten Gässchen der arabisch wirkenden Altstadt von Bari repräsentieren die Basilica San Nicola und die Kathedrale San Sabino Romanik pur.

Lecce – Barock im Süden Seite 928

Bauten aus honigfarbenem Tuffstein mit üppig dekorierten Fassaden kennzeichnen das geschlossene Bild der barocken Altstadt von Lecce.

Cosenza – Kalabriens heimliche Hauptstadt Seite 935

Elegante Einkaufsstraßen in der Neustadt und barocke Kunstschätze in den Altstadtgassen: Cosenza bietet für jeden etwas.

Touren

Tour 1

Wo die Adria am schönsten ist   Seite 943

Ungetrübte Badefreuden an weißen Sand-
buchten und faszinierende romanische
Bauten bietet der »Sporn« der italienischen
Halbinsel.

Tour 2

Romanik zwischen Murge und Meer   Seite 950

Romanische Kathedralen, wehrhafte Burgen, herrliche Ausblicke bis zum Meer und
die »steinerne Krone« Castel del Monte erwarten die Besucher auf dieser Tour.

Tour 3

Ins Tal der weißen Trulli   Seite 956

Zwischen Bari und Brindisi liegen unzählige
der romantischen kegelförmigen Trulli sowie Italiens größte Tropfsteinhöhle in Castellana Grotte.

Tour 4

Griechisches Flair im Salento   Seite 963

Die malerischen Küstenorte Otranto und
Gallipoli bezaubern ebenso wie das türkis
schimmernde, glasklare Wasser an den
Küsten des Salento, dem »Absatz« des italienischen Stiefels.

Tour 5

Armes, wildes Land ————————————— Seite 970

Von tiefen Schluchten durchschnittene Karstflächen prägen das Hinterland von Taranto mit den berühmt gewordenen »Sassi«, den Höhlenwohnungen und Grottenkirchen in Matera.

Tour 6

Die unbekannte Basilikata ———————— Seite 977

Wundervolle, weite Ausblicke über die unendlichen Hügelketten und unbekannte Kunstschätze gibt es in der Basilikata noch zu entdecken.

Tour 7

Baden in der Magna Graecia ————————— Seite 982

Sarazenentürme, lange, traumhafte Sandstrände und geschichtsträchtige Ausgrabungen findet man auf dieser interessanten Tour entlang der ionischen Küste.

Tour 8

Am Tyrrhenischen Meer ————————————— Seite 990

Unzählige Badeorte, hinter denen die Gipfel 2000 m hoch aufragen, eignen sich hervorragend für einen erholsamen Urlaub zwischen Bergen und Meer.

Kunst in Thermen und Katakomben

Statuen in dunklen, staubigen Museumsnischen mit einsilbigen Unterschriften, jahrelang eingerüstete Kirchenfassaden, verschlossene Museumsflügel! Damit soll nun Schluss sein in Rom. Das Erneuerungsprogramm, das in seinem gewaltigen Umfang fast schon der Baupolitik der Renaissancepäpste gleich kommt, verhilft

Tipp Der Kauf des sieben Tage gültigen Sammeltickets (20 €) lohnt sich. Es gilt für: Kolosseum, Palatin, Museo Nazionale Romano (Terme di Massimo, Diocleziano, Palazzi Altemps, Crypta Balbi), Caracallathermen, Tomba di Cecilia Metella und Villa dei Quintili. Verkauf am Eingang der Monumente.

den unzähligen antiken Kunstdenkmälern zu neuer Schönheit. Die Werke werden dem Besucher durch einen ausgeklügelten didaktischen Apparat näher gebracht. Schautafeln, neuerdings auch auf englisch, Modelle, Computeranimationen und -rekonstruktionen erläutern die Exponate, vermitteln Hintergrundwissen und machen Lust auf Kunst.

Mit kontrastreichen Ausstellungen sollen auch zeitgenössische Künstler das antike Ambiente beleben und neues Publikum anlocken. Das Management durch professionelle private Hände garantiert dem Besucher europäischen Standard: funktionierende Reservierungsbüros, die längst überfälligen Einrichtungen für Behinderte, gut sortierte Book-Shops mit Kunstartikeln und stilvolle Museumscafés, die die Besichtigung abrunden.

Tipp Unternehmen Sie eine Rundfahrt mit dem kleinen »Archeo-Bus« entlang der Via Appia. Ab Piazza Venezia geht es u. a. vorbei am Forum Boarium, Circus Maximus, Caracalla-Thermen zu den Katakomben und der weitläufigen, erst seit kurzem zugänglichen Villa dei Quintili. Die Fahrt kann an den zahlreichen Haltestellen beliebig oft unterbrochen werden. Der Fahrschein kostet 7,75 € und gilt den ganzen Tag. Tgl. 9–17 Uhr, im Sommer bis 20 Uhr; Abfahrt jede Stunde; Erklärungen in Italienisch und Englisch. www.romavision.it

Großer archäologischer Park

Das Hauptinteresse gilt dem antiken Zentrum. Kolosseum, Colle Oppio, Kaiserforen, Forum Romanum und Kapitol, durch die urbanistischen Eingriffe Mussolinis getrennt, werden nun zu dem größten offenen archäologischen Park der Welt. Die Ausgrabungen in den Foren liefern nicht nur Forschungsergebnisse zur Frühzeit Roms, die Abschlussarbeiten stellen auch wieder den ursprünglichen baulichen Zusammenhang her. Ein erster Schritt dazu ist die Umwandlung der stark befahrenen Via dei Fori Imperiali in eine Fußgängerzone. Im Inneren der Trajansmärkte ist ein museumsdidaktisches Zentrum mit Modellen geplant (Näheres dazu unter www.comune.roma.it/cultura/italiano/musei_spazi_espositivi/musei) Auf der neu geöffneten Via Triumphalis steigt man wie zu Zeiten der siegreichen römischen Feldherren hinauf zum Kapitol. Nach umgreifenden Restaurierungs- und Umbaumaßnahmen zeigen die Kapitolinischen Museen nun einen Querschnitt durch

> **Tipp** Lassen Sie den Nachmittag bei einem Cappuccino auf der Panoramaterrasse des Museumscafés ausklingen, das zu den schönsten Roms zählt.

die römische Kunst. Über eine unterirdisch gegrabene Galerie, die die Museumsflügel mit dem antiken Staatsarchiv verbindet, taucht der Besucher ein in die Siedlungsgeschichte des Hügels, vorbei an Hausmauern, Tempelresten, Stelen und Skulpturen.
Reservierung von deutschsprachigen Führungen unter 06 39 96 78 00.

Einen ganz anderen Kunstgenuss bietet das **Museum Montemartini.** In dem ehemaligen Elektrizitätswerk leuchten neben alten gusseisernen Maschinen und Heizkesseln die glatten Marmorkörper von Götterstatuen (Via Ostiense 106, Metro B bis Garbatella, Tel. 065748038, Di–So 9–19 Uhr, Eintritt 4,13 €).

Das **Museo Nazionale Romano** hat seine wertvollen Bestände aus den Magazinen auf verschiedene Gebäude in der Stadt verteilt. In dem eleganten Palazzo Altemps aus der Renaissance setzen erstrangige frühklassische und römische Meisterwerke visuelle Akzente. In Hinblick auf ideale Beleuchtung, Belüftung und Rundum-Sichtbarkeit der Exponate stellt der Palazzo Massimo ein Pilotprojekt dar. Filmprojektionen und elektronische Führer vermitteln ein umfassendes Bild von Handwerk, Totenkult und Wirtschaft in der Antike.

Alles unter einem Dach

Das ehemalige Schlachthaus (Ex Mattatoio) ist Roms aufregendste Bühne für die lebendige Szenekultur der Hauptstadt. Ob Tea-Room oder Performance-Kunst, ob Dritte-Welt- und Second-Hand-Ware, Musikveranstaltungen, v.a. Ethno (afrikan, ital.), Electronic-Sound, volkstümliche Trattoria, Pizzeria, alternative Filme, Ausstellungen, die Auswahl ist riesig, die Atmosphäre interkulturell und sehr alternativ.

■ **Villaggio Globale,** Lungotevere Testaccio (Ex mattatoio), Tel. 0 65 75 72 33, www.ecn.org/villaggioglobale

Monte Testaccio

Die künstlich angelegten Höhlen – ursprünglich Lagerräume für Wein in dem aus zerbrochenen Amphoren bestehenden Schuttberg – wurden zu Musik-, Künstler- und Gay-Treffs umfunktioniert, der antike Scherbenhügel ist zu neuem Leben erweckt. An welchen Abenden Live-Bands spielen oder die Stars der römischen DJ-Szene die Nächte in den Discos aufmischen, erfährt man aus den wöchentlich erscheinenden Heften Roma c'è (mit engl. Zusammenfassung). Das neue Ex bocciodromo setzt nicht nur auf Musik, sondern auch auf Videokunst und Avantgardetheater in einem Hallen-Ambiente.

■ **Ex bocciodromo,** Via di Monte Testaccio 23, Tel. 06 57 28 83 12, www.bluecheese.it, Fr–Sa 22.30–4 Uhr. Stets der neueste Elektroniksound mit DJs der Londoner Szene, Videos, Avantgardetheater in einer Industriehalle – »echt in«.

■ **Electroshock,** Via di Monte Testaccio 44, Tel. 06 70 49 67 91. Disco, Sound zwischen Gothic und Industrial.

■ **L'Alibi,** Via di Monte Testaccio 39/44, Tel. 0 65 74 34 48. Bekannte Gay-Disco, im Sommer mit Terrasse auf dem Monte Testaccio.

■ **Caffè Latino,** Via di Monte Testaccio 96, Tel. 06 57 28 85 56. Sehr beliebtes Disco-Pub mit Livemusik und Disco, Revival, Funky, Soul direkt in den Monte Testaccio hineingebaut.

■ **Aquarela Cafè,** Via di Monte Testaccio 64, Tel. 0 65 75 90 58, Di–So 20.30–3Uhr. Cocktails und Bier, Live-Musik und Disco in drei großen Sälen, zwei davon in den charakteristischen Grotten.

■ **Radio Londra Caffè,** Via di Monte Testaccio 65/b, Tel. 0 65 75 00 44. Bekanntestes Live-Rock-Lokal, das aussieht wie ein Bunker – die Kellner sind als Soldaten verkleidet.

Lateinamerikanische Rhythmen

Am Puls der Zeit, sprich der römischen Nächte, ist, wer sich in den Grotten zu tropischen Rhythmen bewegt und mit Tapas, Enchiladas und Cerveza für sein leibliches Wohl sorgt.

■ **Caruso,** Via di Monte Testaccio 36, Tel. 0 65 74 50 19. Tropische Rhythmen mit Animation, gehört zu den »Must«.

■ **Charro Cafè,** Via di Monte Testaccio 73, Tel. 0 65 78 30 64, tgl. außer Mo 20.30–3Uhr. Mexikanische Küche und frenetische Rhythmen.

Disko im Scherbenhügel

Das Viertel Testaccio um das ehemalige Schlachthaus (ital. Ex Mattatoio) und den antiken Scherbenhügel Monte Testaccio hat sich zum spektakulären In-Treff der römischen Szene im Süden der Stadt entwickelt. Allabendlich strömen vor allem die Jungen und Schönen hierher, um die römische Küche in einer der Trattorien zu genießen und die Nacht in den Diskos durchzutanzen.

Römische Küche im Schlachthofviertel

Rund um die Piazza Testaccio, den zentralen Marktplatz, lebt nach wie vor Roms Popolo. Wohl hat sich der ehemalige Schlachthof zu einem der aufregendsten Kunstforen der Stadt entwickelt, doch sind die schlichten Trattorien typisch für das Viertel. Hier kehren die Nachbarn ebenso ein wie Römer aus anderen Stadtteilen, die die exzellent zubereiteten Innereien schätzen; auch Touristen, die in die Esskultur der Hauptstadt eintauchen wollen, sind willkommen. Es geht eng her, im Sommer stehen Tische im Freien. Und: Billig ist es nicht. Die einfache römische Küche hat ihren Preis.

Tipp Am einfachsten erreicht man den Stadtteil mit der Metro, Haltestelle Piramide: 300 m zum Monte Testaccio, 400 m zum Ex Mattatoio und zu den meisten Trattorien im Viertel. Die ganze Nacht über verkehren von hier auch Busse zurück in die Innenstadt (Linien 40N, 91N).

■ **Agustarello,** Via G. Branca 98/100, Tel. 0 65 74 65 85, So geschl. Klassische römische Gerichte wie Pasta all'amatriciana oder coda alla vaccinara. ○—○○

■ **Luna Piena,** Via Luca della Robbia 15/17, Tel. 0 65 75 02 79, Di, Mi mittags geschl. Reelle Preise in hellem, freundlichem Ambiente. ○—○○

■ **Checchino dal 1887,** Via di Monte Testaccio 30, Tel. 0 65 74 38 16, So, Mo geschl. Das Lokal für die einfache römische Küche auf höchstem Niveau – auch im Preis, selbst mit Fotos im Internet: www.checchino-dal1887.com. ○○○

Die Villenparks rund um das Zentrum Roms bilden ein Naherholungsgebiet, das Asphaltwüsten, Smog, Dunst und Verkehrschaos vergessen
lässt. Als beliebteste Freizeitstätte gilt bei den Römern der ausgedehnte Park der Villa Borghese, der nicht nur Museumsattraktionen wie die
Gemäldesammlung der Galleria Borghese bietet, sondern zu Sport und
vielfältigen Aktivitäten einlädt.

Sport im Park

Treffpunkt der sportbegeisterten Jugend ist am Sonntag die Piazzale dei
Martiri, wo ein ambulanter Roller- und Rollschuhverleih stationiert ist. Unter
dem ewig grünen Blätterdach der Magnolienallee düsen Begabte wie Anfänger
auf Inline-Skates und den neuesten Scooter-Modellen, drehen Pirouetten und
geben allerlei Kunststücke zum Besten. Wer befürchtet, hier keine bella figura
zu machen, kann auf Fahrräder, Tandems oder auf die bequemen, kommunikati-
ven Zwillingsräder mit Rückbank und Sonnendach ausweichen (Leihstelle an
der Viale Villa Medici und Viale Goethe).

Greenrider-Fahrspaß

Sie wollen auf ein schnelles Fortbewegungsmittel nicht
verzichten?
Die Stadt bietet zum symbolischen Preis von 2 € die Stunde einen Elektroroller gegen Tausch des Autos. Die »Gre-
enrider« sorgen für laut- und geruchlosen Fahrspaß in den
Parks und auch in den autofreien Zonen des Centro Storico
(zu mieten am Wochenende bei den Parks der Villa Borghese und an der Piazzale dei Partigiani. (Kurz vor Redakti-
onsschluss wurde beschlossen, den Service einzustellen;
man kann nur hoffen, dass er bald wieder eingeführt wird.)

**Der verwunschene Äskulap-
tempel** vor dem kleinen Laghetto
ist eine romantische Kulisse für
Verliebte. Wer Glück hat, sieht
eine Braut in Weiß auf einem
schaukelnden Ruderboot posie-
ren. Zu einem Kaffee im Grünen

> **Tipp** Kunstvolle Darbietungen gibt
> das berühmte Puppentheater
> Mongiovino im EUR. Vorstellungen
> Mo–Fr 10 Uhr, Sa/So 16.30 Uhr, ein Fr im
> Monat auch 20.30 Uhr für Erwachsene,
> Via Giovanni Genocchi 15,
> Tel. 065 13 94 05.

laden die Tische der Casina del Lago ein. Im Museo Canonica (s. S. 127)
bei der Piazza Siena inmitten der Villa Borghese kann man am Sonntag
klassischen Konzerten lauschen oder man besucht die von Militärmu-
sik begleiteten morgendlichen Paraden vor der Reiterkaserne hinter
der Galleria Borghese.
Nicht nur die Kleinen unterhält das farbenfrohe neapolitanische Puppentheater, das mit seiner Bühne sonntags auf die Pincio-Terrasse
zieht (meist von Oktober bis Mai), die zum Spiel die schönste Aussicht
über die Dächer Roms bietet.

Erlebnispark
Villa Borghese

Einladende Picknicktische

In der warmen Jahreszeit erfüllen mitreißende Bongo-Rhythmen die sonnigen Wiesen der **Villa Ada.** Jugendliche aus aller Herren Länder hocken im Schneidersitz und stimmen stundenlang zu afrikanisch klingenden Konzerten Gesänge an. Familien, mit Kühltaschen bewaffnet, halten nach einem Platz an den schattigen Picknick-Tischen Ausschau, andere ziehen das weiche Gras vor, auf dem sie ihre mitgebrachten Köstlichkeiten ausbreiten. Die Waldwege der Villa laden ein zum Joggen, die Turngeräte am Wegesrand zu Übungen – oder man spaziert einfach nur bei Vogelgezwitscher unter Pinien und Kastanienbäumen und genießt das heitere Naturschauspiel.

> **Tipp** Obst und Käse für den Picknick-korb bekommt man auf dem kleinen Markt an der Piazza Crati (fünf Gehminuten vom Villeneingang an der Via Salaria, geöffnet Mo–Sa 7–13 Uhr).

Fahrradausflüge

Kunst und Landschaftserlebnis verbindet ein Fahrradausflug auf der Via Appia Antica, die sonntags für den Verkehr gesperrt wird. Man fährt mit Mountainbikes durch die romantische Campagna und besichtigt alte Grabruinen, Tempel und Villenreste. Für Kinder lockert man die Führungen mit natur- und pflanzenkundlichen Erklärungen auf. Fahrräder kann man ausleihen. Anmeldung bei Parco dell'Appia Antica, Via Appia Antica 42, www.parcoappiaantica.org, Bus 218 ab Lateran oder 118 vor M-Haltestelle Piramide, Anmeldung obligatorisch, Tel. 065 12 63 14, 3 €/Stde., Fahrrad kann mitgebracht oder für 10 €/Tag ausgeliehen werden (auch Kinderräder).

Rom – die Ewige Stadt

Lage und Landschaft

Eingebettet in die Landschaft der Campagna Romana, der Römischen Ebene, liegt Rom an den Ufern des Tibers. Der Begriff Ebene ist irreführend. Die Campagna ist eine Hügellandschaft, die im Norden von den Monti della Tolfa und den Monti Sabatini eingerahmt wird, nach Osten an die Monti Sabini und die Monti Prenestini und gen Süden an die Colli Albani reicht. Nach Westen hin wird die Campagna von dem niedrigen Anschwemmungsgebiet der Küste begrenzt. Auch Roma aeterna selbst, erbaut auf den sieben klassischen Hügeln Palatino, Capitolino, Aventino, Quirinale, Viminale, Esquilino und Celio, kann nicht als flach bezeichnet werden.

Klima und Reisezeit

Rom ist zu jeder Jahreszeit eine Reise wert. Die beste Zeit ist jedoch das Frühjahr, beginnend mit den Festivitäten zum Osterfest bis in den Juni. Auch Spätsommer und Herbst eignen sich vorzüglich für eine Visite.

Im Hochsommer ist es heiß und schwül; vor allem ältere Menschen leiden darunter. Die Jugend wird indes die leeren Straßen und das vorzügliche Programm der »Estate Romana« (s. S. 63) genießen.

Die oft regnerischen Wintermonate bilden den idealen Rahmen für Studien in Museen und Bibliotheken, aber auch für kulinarische Streifzüge und das kulturelle Leben am Tiber. Für das Weihnachtsfest meldet Roms Hotellerie nahezu jedes Jahr: »Ausgebucht!«

Bevölkerung

Roms wechselhaftes Schicksal zeigt sich an der Bevölkerungsentwicklung: Lebten unter der Herrschaft Trajans mehr als 1 Mio. Menschen am Tiber, so sank die Zahl nach dem Niedergang des Weströmischen Reiches auf nur 15 000. Obwohl sich die Stadt bald einigermaßen erholte, führte der Wegzug der Päpste nach Avignon zu Beginn des 14. Jhs. zu einem erneuten Absinken auf 20 000 Einwohner. Erst um 1870 hatte sich Rom mit 200 000 Einwohnern wieder zu einer Großstadt entwickelt, in dem kurzen Zeitraum bis 1900 verdoppelte sich die Zahl gar.

1962 lebten 2 246 833 Menschen am Tiber, ihre Zahl stieg auf etwa 3 Mio. 900 000 Römer wohnen in »Case Popolari«, Häusern des sozialen Wohnungsbaus an der Peripherie. 2001 lebten in Rom 2 459 777 Menschen, das ist gegenüber der Volkszählung von 1991 ein Rückgang von 10%; dafür leben in Roms Umland jetzt ca. 1,5 Mio. Menschen, ein Plus von 19,9 %. Die Zahl der Bewohner im Centro Storico sank von ca. 200 000 (1972) auf knapp 140 000 Bewohner. Diesen Rückgang betrachten die

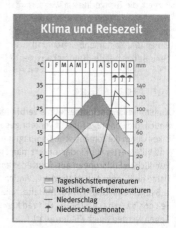

Klima und Reisezeit

Tageshöchsttemperaturen
Nächtliche Tiefsttemperaturen
Niederschlag
Niederschlagsmonate

Stadtverordneten mit Sorge: Die hohen Mieten und die Abwanderung des traditionellen Kleingewerbes in die Außenviertel könnten das Ende der viel gerühmten römischen Mischung bedeuten, die das Lebensgefühl am Tiber bestimmt hat.

Aus Wirtschaft und Politik

80 % der römischen Bevölkerung arbeiten heute im Dienstleistungsbereich: Versicherungen, Finanzierungsgesellschaften, Banken, Behörden und Servicefirmen aller Art bestimmen wie in anderen europäischen Metropolen das Wirtschaftsleben der Stadt. Der Kampf um mehr Effizienz und Transparenz in der Stadtverwaltung zeitigt erste Erfolge.

Der 80-köpfige Stadtrat auf dem Kapitolshügel steht seit Mai 2001 der Bürgermeister und Linksdemokrat Walter Veltroni vor, der in der Regierung von Romano Prodi (1996–1998) stellvertretender Ministerpräsident und Kultusminister war. Die Öffnung zahlreicher, jahrzehntelang geschlossener Museen in dieser Zeit war vor allem sein Verdienst.

Die gleichzeitigen Parlamentswahlen gewann Medienzar Silvio Berlusconi mit seinem Parteienbündnis »Casa della Libertà« (Haus der Freiheiten), in dem sich konservative Kräfte der eigenen Partei »Forza Italia« und Christdemokraten mit den Rechtsradikalen und Separatisten der »Lega Nord« und den modernen Postfaschisten der »Alleanza Nazionale« zusammengeschlossen haben.

Erholung in Rom

Villa Borghese, Villa Celimontana, Botanischer und Zoologischer Garten besitzen bei erfahrenen Rom-Touristen als Oasen der Ruhe schon lange einen guten Klang. Weit weniger bekannt sind die grünen Lungen in der nahen Peripherie, etwa der Park der *Villa Ada mit der größten Moschee der Stadt, die mit Geldern aus Pakistan und Saudi-Arabien errichtet wurde. Nicht weit entfernt liegt der Park der Villa Torlonia an der Via Nomentana, neoklassizistisch geprägt und vom Franzosen Valadier 1806 entworfen. Neben den vielfältigen mediterranen und exotischen Palmengewächsen bietet Rom auch unterirdische Sehenswürdigkeiten, denn hier liegen auf einer Länge von mehr als neun Kilometern antike Gräberanlagen.

Im Stadtteil Trastevere lockt der bezaubernde, üppig blühende Park der *Villa Sciarra. Er wird vorzugsweise von jungen Müttern mit ihrem Nachwuchs besucht. Kunsthistorisch Interessierte werden mit dem Teatro delle Stagioni, dem mit Statuen und Springbrunnen geschmückten »Jahreszeitentheater« aus dem 19. Jh., ein Kleinod finden. Oberhalb erfreut die ausgedehnte Parklandschaft der *Villa Doria Pamphili, wo Brunnen, Statuen, künstliche Wasserfälle und manieristische und barocke Kunstwerke in einem Pinienhain aufgestellt sind. Ruhezonen abseits von Hektik und Großstadtlärm sind auch Roms Friedhöfe, allen voran der Campo Verano (s. S. 125) und der Cimitero Acattolico (s. S. 130) unterhalb des Monte Testaccio.

Visionäre Pläne

Dreh- und Angelpunkt für die Entwicklung der mit 1290 km² flächenmäßig größten Hauptstadt Europas (Berlin: 889 km², Mailand: 182 km²) ist das 1990 vom italienischen Abgeordnetenhaus verabschiedete Hauptstadtgesetz. Die »legge per Roma Capitale« sieht die Förderung der Metropole als nationale Aufgabe.

Die Planer träumen von der Sistema Direzionale orientale, kurz S. D. O. »Go east« scheint die Parole: In den Vororten Centocelle und Casilina soll eine Bürostadt entstehen, in die ein Großteil der Regierungsstellen aus dem Zentrum umgesiedelt werden soll. Schlagfertige Römer haben bereits ein treffendes Wort für die Abwanderung der Regierungsbeamten gefunden: Sie nennen das Unding »La fortezza«, die Festung.

»Roma verde«

Größerer Beliebtheit als die Umsiedlung des Staatsapparats erfreut sich das Projekt »Roma verde«: Über 60% der Fläche Roms sind noch unbebaut, riesige Äcker und Grünflächen ragen über den Ring der Trabantenstädte bis weit ins Stadtzentrum hinein. Der Schutz dieses Grüngürtels, in dem 162 Tier- und mehr als 1400 Pflanzenarten ihren Lebensraum finden, soll – so sieht es Roms Stadtregierung – einen Riegel vor die überbordende Bodenspekulation und den Wildwuchs in Roms Peripherie schieben. Vorbei also auch in Rom jene goldenen Zeiten, als Filmstars und Magnaten noch ungehemmt und ohne jede Baugenehmigung ihre Villen z. B. entlang der Via Appia Antica errichteten ...

Roms Größe scheint den Schlüssel zum Wandel in jene »grüne« Weltmetropole zu bergen, die allen Bewohnern saubere Straßen, saubere Luft und hochwertiges Trinkwasser auch in der Zukunft garantieren kann.

Dass solche nur auf lange Sicht Erfolg verheißenden Maßnahmen ohne Mittun der Bevölkerung nicht funktionieren, dämmert den Römern seit der Abschaffung der alternierenden Fahrverbote im historischen Zentrum zugunsten der für die Kommune lukrativen, für Autofahrer teuren Parkraumbewirtschaftung. Der Umstieg vom Auto auf den öffentlichen Nahverkehr soll in Rom mit dessen zügigem Aus- und Umbau einhergehen: Aus den derzeit 39 km Metrolinien sollen einmal 90 km werden (der Bau der Linie C zwischen Roms Osten und der Peterskirche wurde 2002 in Angriff genommen, geplant sind auch zwei weitere Linien, die die Peripherie besser ans Zentrum anschließen). Auch die gute alte Trambahn, längst wieder Touristenattraktion geworden, wird aufgewertet: Das Netz soll von 50 auf 105 km ausgebaut werden.

Keine Olympiade 2004

Nicht zuletzt von der abgelehnten Olympiabewerbung für das Jahr 2004 werden Rom und seine Besucher profitieren: Neben 2004 Bäumen im Archäologischen Park von Centocelle, dem Parco della Primavera und am Viale Tor di Quinto hinterlässt das Organisationskomitee für die Spiele der Stadt den komplett restaurierten Tempel der Fortuna Virilis als Geschenk. Die Niederlage gegen die alte neue Olympiastadt Athen trugen die Römer schließlich mit Fassung. Für die Olympiabewerbung 2012 sitzen die römischen Lobbyisten neben potenten Konkurrenten schon in den Startlöchern. »Unsere Stärke liegt in der faszinierenden Verbindung von Antike und Moderne und in der Fähigkeit, große Events zu organisieren«, so Bürgermeister Walter Veltroni.

*Trillerpfeife contra Verkehrschaos –
meist ohne Erfolg*

*Das Forum Romanum wurde noch zu
Goethes Zeiten als Viehweide genutzt*

Mehr Attraktionen

Neben dem Bau eines neuen Auditoriums, dem Ausbau der Messeflächen, der Erweiterung der Universität sowie der im Zuge der Bewerbung Roms für die Olympischen Spiele 2004 begonnenen Restaurierung der Sportstätten in Flaminio und im EUR-Viertel sind für Rom-Besucher weitere Maßnahmen wichtig: Ein ambitioniertes Projekt sieht die Restaurierung, Verschönerung und Revitalisierung von hundert Plätzen in allen Stadtteilen der Metropole vor.

 Tipp Mit dem neuen Museumspark (Parco dei musei) erfahren der Pincio-Hügel und vor allem die grüne Lunge des Villa-Borghese-Parks die längst überfällige Aufwertung zur Hauptattraktion für Touristen.

Neben dem Rückerwerb kleinerer Stadtvillen und deren Umwandlung in öffentliche Parkflächen hat vor allem die »Öffnung« der Via Appia Antica an Sonn- und Feiertagen (9–18, im Winter bis 16 Uhr) ausschließlich für Fußgänger, Radfahrer und öffentliche Transportmittel (ATAC-Linie 118) für Furore gesorgt. So ist man dem Ziel eines geschlossenen archäologischen Parks vom Forum Romanum bis hinaus zu den Katakomben der Via Appia ein beträchtliches Stück näher gekommen.

Im Heiligen Jahr 2000 wurden zahlreiche Kirchen und Kreuzgänge herausgeputzt; einige Paläste erstrahlen seitdem in neuem Glanz. Allein für die Fassaden der Kapitolinischen Museen wurden 5 Mio. € ausgegeben.

Auch die Öffnung sonst schwer zugänglicher Baudenkmäler und Kunstwerke wie des Mithräums im Circo Massimo oder der Ruinen des Stadions des Domitian unter dem Pflaster der Piazza Navona belebt in den Sommermonaten das Besuchsangebot.

Steckbrief

Lage: Rom liegt auf etwa gleichem Breitengrad wie Barcelona oder Boston in den USA (12° 30' östlicher Länge, 41° 54' nördlicher Breite)
Fläche: 1290 km², davon Vatikanstaat 0,44 km²
Stadtbezirke: 22 innere Stadtviertel (»rioni«), 41 äußere Stadtviertel (»quartieri«), 6 Vorstädte (»borgate«)
Religion: 98 % römisch-katholisch

Geschichte im Überblick

»Sieben, fünf, drei – Rom schlüpft aus dem Ei!« Es ist kinderleicht, sich das Jahr zu merken, in der die Legende die Gründung der Siebenhügelstadt ansiedelt. Mythisch wird diese den Zwillingen Romulus und Remus zugeschrieben, die von einer Wölfin gesäugt und vom Hirten Faustulus erzogen worden sein sollen. Älteste Siedlungsfunde datieren allerdings in weit frühere Zeit zurück. Zu den ersten Bewohnern zählten die Sabiner, die wie ihre italischen Stammesvettern dem Stiergott huldigten. Der Name Italia, Italien, leitet sich möglicherweise von den Anhängern dieses Kultes, den »Vituli« (Söhne des Stiers), her.

Ihren Geburtstag feiert die Ewige Stadt, deren Name vermutlich auf das etruskische »Ruma« zurückgeht und einmal eine Grenzfeste bezeichnete, an jedem 21. April.

Königszeit
Ab 715 v. Chr. Der Einfluss der nördlich von Rom siedelnden Etrusker schlägt sich in der ersten Entwicklungsphase Roms nieder. Staat und Armee ordnen sich nach etruskischem Muster, der König ist Heerführer und Pontifex maximus (oberster Priester) zugleich.

Den sagenhaften Etruskerkönigen Numa Pompilius (er soll italische und etruskische Religionsvorstellungen vermischt und so zum Aufbau der römischen Götterwelt beigetragen haben), Tullus Hostilius und Ancus Marcius folgen vier weitere Regenten. Unter der Ägide von Tarquinius Priscus werden ab 616 v. Chr. die Melioration der Tiberufer zwischen Kapitol, Palatin und Esquilin in Angriff genommen und die Cloaca maxima gebaut. Servius Tullius wird die erste, 11 km lange Stadtmauer zugeschrieben; Reste finden sich noch heute nahe der Stazione Termini. Gemeinsam mit seinem Nachfolger Tarquinius Superbus – dem »Hochmütigen« – sorgt er für den Ausbau der lokalen Vormachtstellung.

509 v. Chr. Das Reich der Tarquinier endet mit dem Sturz des letzten Herrschers. Gefeierter Tyrannenmörder ist ein Ahnherr der Familie des späteren Cäsar-Attentäters Brutus.

Republikanische Zeit
Nunmehr fungiert die auf dem Marsfeld tagende Heeresversammlung als oberstes Machtorgan. Nicht die Zugehörigkeit zu einem Adelsgeschlecht (Gens), sondern die Vermögenslage entscheidet über den Einflussgrad.

Neben den Volksversammlungen bilden der Senat als Ältestenrat sowie der Magistrat die entscheidenden Säulen für den Aufstieg Roms. Beamte (Konsuln, Quästoren, Prätoren, Zensoren, später Ädilen) werden auf Zeit gewählt. Schwere Konflikte zwischen dem Volk und der Adelsschicht brechen immer wieder auf und führen zu einer Reihe von neuen Gesetzen, die das Leben in den vier Stadt- und 17 ländlichen Bezirken Roms regeln.

396 v. Chr. Der Niedergang des Etruskerreiches nimmt mit der Eroberung der Stadt Veji seinen Anfang.

387 v. Chr. Die Kelten, die zu Jahrhundertbeginn in Italien eingefallen sind, fügen Rom eine schwere Niederlage zu. Ein Brand zerstört einen großen Teil der Bebauung.

146 v. Chr. Der Dritte Punische Krieg endet mit der Zerstörung Karthagos. Rom hat die Vormachtstellung im westlichen Mittelmeer errungen.

81 v. Chr. Nach Niederwerfung der Reformbewegung der Gracchen setzt Sulla Truppen gegen die einheimische Bevölkerung ein. Pompejus und Gaius Julius Cäsar (100–44 v. Chr.) bauen den Machtbereich zum Imperium aus, die republikanischen Rechte existieren nur mehr auf dem Papier.

Kaiserzeit

27 v.–14 n. Chr. Oktavian erhält den Ehrennamen Augustus und begründet das Kaisertum. Rom wird zur »weißen« Stadt: Augustus lässt alle öffentlichen Gebäude mit Marmor verkleiden.

64 n. Chr. Kaiser Nero lässt nach dem von ihm veranlassten Brand Roms sein »Goldenes Haus« bauen.

98–117 Unter Kaiser Trajan erreicht das Römische Imperium seine größte Ausdehnung.

117–138 Hadrian konsolidiert die Reichshoheit und schottet das Imperium vor den »Barbaren« ab. Blüte hellenistischen Gedankenguts.

193–235 Die Zeit der Severer erlebt nach Septimius Severus (Triumphbogen auf dem Forum Romanum) den

Tyrannen Caracalla und Heliogabal (Elagabal), den von Antonin Artaud verherrlichten syrischen »Anarchisten auf dem Thron«.

235–284 Unter den Soldatenkaisern beginnt der Abstieg des Imperiums. Aurelian lässt die Stadtmauer errichten, unter Decius und Valerian finden grausame Christenverfolgungen statt.

284–305 Diokletian teilt das Reich in vier Herrschaftszonen und begründet die Tetrarchie. Angesichts einer zerrütteten Wirtschaft flüchten viele Bürger aus Rom, das die Bevölkerung nicht mehr ernähren kann.

312–337 Konstantin gelangt nach der Schlacht an der Milvischen Brücke auf den Cäsarenthron. Erstmals wird das Christentum anderen Religionen gleichgestellt. 326 weiht Papst Silvester I. die erste Peterskirche ein. 330 verlegt Konstantin seinen Regierungssitz nach Byzanz/Konstantinopel. Auf dem Sterbebett soll er zum Christentum konvertiert sein.

Trotz des Niedergangs des Imperiums erlebt Rom durch die Christianisierung in der Spätantike nochmals einen Bauboom.

395 Nach dem Tode Theodosius' des Großen endgültige Teilung des Römischen Reiches.

476 Untergang des Weströmischen Imperiums. Nach einer Phase der wachsenden Bedrohungen durch

Geschichte im Überblick

Hunnen und Germanen unterwirft der germanische Heerführer Odoaker Italien. Er entthront den letzten Kaiser, Romulus Augustulus.

Mittelalter
590–604 Papst Gregor der Große gewinnt die christlichen, aber nicht katholischen Langobarden für den Katholizismus.

756 Frankenkönig Pippin der Kurze überlässt die eroberten mittelitalienischen Gebiete dem Oberhaupt der Kirche (Pippinsche Schenkung). Es ist der Beginn des Kirchenstaates.

800 Karl der Große wird zu Weihnachten von Papst Leo III. zum Kaiser gekrönt.

1309 Exodus Papst Clemens' V. nach Avignon. In Rom leben nur noch rund 20 000 Menschen.

1377 Gregor XI. kehrt aus dem Exil in Avignon wieder in die Stadt am Tiber zurück. Das Große Schisma, das der Kirche sieben Gegenpäpste beschert, wird erst mit Papst Martin V. ab 1417 beendet.

Neuzeit
1527 Plünderung Roms durch deutsche Söldnertruppen Karls V.

1798–1814 Napoleonische Truppen besetzen wiederholt den Kirchenstaat, der in der Folge in das französische Kaiserreich eingegliedert wird, bis der Wiener Kongress die Päpste wieder in ihre Rechte einsetzt.

1870 Gründung des italienischen Einheitsstaates. Hauptstadt des Königreichs wird Rom.

1922 Mussolinis Marsch auf Rom läutet die faschistische Ära ein, die für Rom 1944 mit der Befreiung von den Deutschen durch die Alliierten endet. 1946 wird Italien durch Volksentscheid Republik.

1957 »Römische Verträge«: die EWG (heute EU) wird gegründet.

1978 Mit Karol Wojtyla wird nach über vier Jahrhunderten erstmals ein Nichtitaliener wieder Oberhaupt der katholischen Kirche.

1981 Attentat auf Papst Johannes Paul II.

1990er-Jahre Der Justiz gelingt es, mit der Aktion »Mani pulite« (Saubere Hände) die Korruption aufzudecken. Viele Prominente kommen in Untersuchungshaft. Die traditionellen Parteien, die rechten Christdemokraten (DC) und die linken Kommunisten (PCI) lösen sich auf.

1994 Francesco Rutelli, ein Grüner, wird an der Spitze eines Linksbündnisses Bürgermeister Roms; Wiederwahl 1997.

2000 Rom empfängt im Heiligen Jahr rund 30 Millionen Pilger.

2001 Der Linksdemokrat und ehemalige Kultusminister Walter Veltroni erobert als Bürgermeister das römische Kapitol.

Kultur gestern und heute

Frühzeit

Der Einfluss der Etrusker auf die Entwicklung des römischen Gemeinwesens kann nicht hoch genug eingeschätzt werden. Ingenieurskunst (etwa die geniale Leistung der Cloaca maxima), Religion, Metallverarbeitung, vor allem aber die ausgezeichneten Handelsbeziehungen des nördlich von Rom regierenden Zwölfstädtebundes spielten für die Metropole eine prägende Rolle.

Die Antikensammlung der Vatikanischen Museen

Die gern als »orientalisierende Phase« apostrophierte frühe Zeit wurde zudem in wachsendem Ausmaß durch die griechischen Kolonien in Unteritalien beeinflusst. Auch in dem im engeren Sinne kulturellen Bereich verdankte die junge Stadt beiden Gruppen entscheidende Impulse: Etruskische und hellenistische Baumeister errichteten am Tiber die ersten Tempel.

Mit der Expansion in vorchristlicher Zeit fand die Kultur des gesamten Mittelmeerraumes Eingang in das Geistesleben. Erbeutete Statuen, Skulpturen und Kostbarkeiten wurden indes nicht mehr in Kultstätten, sondern zu rein dekorativen Zwecken innerhalb der Stadtmauern aufgestellt.

Mit dem Untergang des Etruskerreiches, das lange auch Vorbildfunktion im gesellschaftlichen Bereich gehabt hatte, setzte sich endgültig die hellenistische Kultur als prägend durch.

Roms Bildhauer, anfangs noch nicht am Tiber ausgebildet, sondern als menschliche Beute hierher verfrachtet, kopierten die häufig jahrhundertealten Statuen ihrer griechischen Vorbilder, sorgten für repräsentative Ausstattung der Aristokratenhäuser und schufen mit der realitätsnahen Porträtbüste eine Neuerung, die das alte Griechenland nicht gekannt hatte.

Imperiale Zeit

Tatsächlich bildeten der Personenkult und die dekorative Funktion die entscheidenden Motoren zur Entwicklung einer eigenständigen römischen Bildhauerei, die im 1. Jh. n. Chr. ihren vorläufigen Höhepunkt erreichte. Triumphbögen und Triumphsäulen entstanden, Reliefs mit Heroendarstellungen aus Kriegen wurden ausgemeißelt, Roms Kunst war nicht mehr idealistisch, sondern der Zeit verhaftet.

Auch in der Tempelbaukunst verließen sich die Baumeister nicht mehr auf ihre griechischen Vorbilder: Sie kreierten eine Mischung aus etruskisch-hellenistischem Stil, entwickelten die Säulenvorhalle und betonten die axiale Grundausrichtung. Neben der Fassadenverschönerung (Marmor) erhielt Rom in dieser Zeit gewaltige Bauten für das Volk: Zirkus, Amphi-

Selbstporträt Raffaels (1483–1520)

Mittelalter

Den Wirren des Frühmittelalters folgt die streng formale byzantinische Kunst, deren Zeugnisse insbesondere in zahllosen Kirchenmosaiken erhalten sind.

Der zwischen Rom und Byzanz ab 730 ausgefochtene Bilderstreit um die Darstellung des Antlitzes Christi in der Kunst führte in der Hauptstadt des Oströmischen Reiches zu einer streng formalistischen Ikonographie, während man sich in der Tibermetropole auf Papst Gregor den Großen berief und die Malerei als geeignetes Medium der Glaubensverbreitung anerkannte. Die Provinzialisierung der römischen Politik im 9. und 10. Jh., als Stadt und Papsttum zum Spielball lokaler Adelsfamilien wurden, führte auch zu einem Niedergang der Kunst.

Mit der romanischen Baukunst und schließlich den Meistern der Hochgotik (Pietro Cavallini, Giotto) erlebte die Tiberstadt einen künstlerischen Aufschwung, der jedoch mit dem Umzug der Päpste nach Avignon erneut zum Stillstand kam. Erst nach Beendigung des Schismas ging es unter dem einflussreichen Förderer des Humanismus, Papst Nikolaus V., ab 1447 wieder aufwärts.

Renaissance

Die Epoche der Renaissance wurde geprägt von Malern und Architekten wie Masaccio, Bramante, Raffael und Michelangelo, die den wieder entdeckten Ideenreichtum der Antike konsequent umsetzten. Der Bau der neuen Peterskirche dokumentierte den Sieg der Renaissance über die Vorgaben der Antike. Der Status der Künstler wandelte sich vom schlecht bezahlten Handwerker zum umjubel-

theater und Thermen verlangten eine Revolutionierung der Gebäudeformen. Die Baumeister entwickelten eine Art Beton, und die Architekten entdeckten neue Kuppelkonstruktionen, Strebewerke, Bogen-, Tonnen- und Kreuzgewölbe, neue Säulenanordnungen etc.

Private Auftraggeber wurden in der imperialen Zeit wichtige Förderer der Kunst: Mosaiken, Plastiken und Malereien schmückten die Paläste der Senatorenschicht. Am weitesten entwickelt war die römische Malerei, die bereits die Perspektive, die Genremalerei, Monumentalgemälde, Stillleben und Porträts kannte. Die erste christlich geprägte Kunst fand sich in den Katakomben.

Den Höhepunkt des literarischen Schaffens erlebte Rom unter den Kaisern Trajan, Hadrian und Mark Aurel. Ein bedeutender Einschnitt war die fundamentale Neuorientierung, die den Übergang zum Christentum nach der Konstantinischen Wende markierte und etwa 40 Jahre andauerte. Architektonisch erwies sich die spätrömische Phase als außergewöhnlich fruchtbare Zeit. Zahllose Basiliken wurden errichtet, Rom erlebte einen Bauboom.

Schöpfungsgeschichte: Deckenfresko in der Sixtinischen Kapelle

ten, mit mancherlei Privilegien ausgestatteten Genius.

Die Befreiung von den Zwängen der kirchlichen Auftraggeber vollzog ab 1590 Caravaggio, der erstmals Themen und Figuren seiner Bilder aus dem römischen Alltagsleben wählte. Eine zunehmende Anzahl privater Mäzene unterstützte diese Emanzipation des Künstlertums.

Das barocke Rom

Die Gegenreformation führte kurzfristig zu einer künstlerischen Stagnation. Schamhaft wurden allzu freizügige Darstellungen mit Feigenblättern oder Tüchern verhüllt (z. B. Michelangelos »Jüngstes Gericht«).

Manierismus und schließlich der Barock dokumentierten den Aufstieg der Päpste zu absolutistischen Herrschern. Die Kirchenfürsten wie etwa Papst Urban VIII. sorgten für die stadtplanerische Umgestaltung der über 1000 Jahre wild gewachsenen Tiberstadt. Plätze und Straßenschneisen brachten Struktur in das Häusermeer,

Rom erhielt in groben Zügen sein heutiges Stadtbild. Unter Baumeistern wie Bernini und Borromini, die ständig bemüht waren, einander zu überbieten, erlebte der barocke Kirchenbau seine Hochblüte. Ab 1763 löste der deutsche Gelehrte Johann Joachim Winckelmann mit seinen Berichten eine bis heute andauernde Reisewelle in die Ewige Stadt aus, der sich auch Goethe nicht zu entziehen vermochte.

Nach dem Intermezzo der Französischen Revolution und Napoleons, das für Rom Umbauten durch Valadier (z. B. Piazza del Popolo, Pincio-Hügel) mit sich brachte, kam die künstlerische Kraft der Tiberstadt bis zur italienischen Einigung 1870 zum Stillstand.

Der Kunstmarkt lieferte hauptsächlich archäologische Reminiszenzen der römischen Antike, die immer mehr durch Kopien ersetzt wurden.

Das 20. Jahrhundert

Der durch die Industrialisierung einsetzenden Bauwut der letzten Jahrhundertwende fielen unzählige historische Gebäude zum Opfer, darunter auch die Villa Ludovisi. Die Bewegung der Futuristen entdeckte die Geschwindigkeit als Motor des 20. Jhs., wurde aber erst drei Generationen später entsprechend gewürdigt. Den Anschluss an die internationale Kunstszene (Dada, Expressionismus, Konstruktivismus) verpasste Rom durch den Einmarsch Mussolinis und dessen Baupolitik. Dieser ließ in imperialem Stil mit dem Corso del Risorgimento und der Via dei Fori Imperiali Schneisen in die Stadt schlagen und das EUR-Viertel errichten.

Moderne Kultur

Rom ist derzeit nicht das Zentrum der italienischen Gegenwartskunst. Bologna und Genua als Treffpunkte der Kreativen und Mailand als Verkaufs- und Galerienstandort der italienischen Metropole sind ihm in dieser Hinsicht um Einiges voraus. Dennoch: Die Kunstszene ist durch Mittelkürzungen, aber auch den Generationenumbruch in Aufruhr geraten und sucht auch in Rom nach neuen Wegen ins dritte Jahrtausend.

Auch wenn die ruhmvollen Zeiten für Cinecittà vorüber sind, spielt Rom immer noch eine zentrale Rolle als Filmproduktionsstätte. Auf die großen Mentoren des italienischen Films wie Visconti und Fellini ist eine Generation von vielen weniger bekannten, aber durchaus bedeutenden Regisseuren gefolgt (Lina Wertmüller, Ettore Scola, Gianni Amelio, die Brüder Taviani, um nur einige Namen zu nennen).

Die Oscarverleihung an Filme von Salvatores, Bertolucci und jüngst an Roberto Benigni zeugen von der Aktualität des italienischen Films und der guten Resonanz, die er beim internationalen Publikum findet.

Feste & Veranstaltungen

März: Der 19. März markiert das volkstümliche **Fest des hl. Joseph,** das besonders im Stadtteil Trionfale gefeiert wird. Die Bäckereien verkaufen traditionell »bignè« und Krapfen. **Karwoche, Ostersonntag** und **Ostermontag** stellen die Höhepunkte im kirchlichen Festtagskalender dar. **Via Crucis:** Der Papst geht am Karfreitag an der Spitze einer feierlichen Prozession zum Kolosseum und hält dort eine Messe.

Ende des Monats findet der **Rom-Marathon** mit den weltbesten Langstreckenläufern statt.

April: Die **Festa della primavera** (Frühlingsfest) taucht die Spanische Treppe in ein grandioses Blumenmeer. Wie auch im Herbst »pflastern« Roms Künstler die Via Margutta während der **Kunstmesse** mit ihren Werken. Offizielle Veranstaltungen begleiten Roms Geburtstag am 21. April (Feuerwerk auf der Piazza del Campidoglio), während auf der Piazza di Siena im Park der Villa Borghese Italiens Reitsportveranstaltung Numero Uno beginnt.

Mai: Der 1. Mai wird traditionell mit einem von den Gewerkschaften ausgerichteten Open-Air-Rockkonzert gefeiert (Tor Vergata, früher Piazza San Giovanni), auf dem nationale wie internationale Stars debütieren.

Juni: Die **Festa di San Giovanni** (23./24. Juni) feiert der gleichnamige Stadtteil (San Giovanni in Laterano) traditionell mit Schnecken- und Spanferkelessen, Tanz, Musik und Fässern voller Wein aus den Castelli Romani.

Der **Festtag der Stadtpatrone Petrus und Paulus** (29. Juni) wird mit feierlichen Prozessionen und Messen begangen.

Festival Internazionale di Ostia Antica: Bis Ende Juni Musik und Tanz im römischen Theater. Oper und Ballett, World Music, aber auch italienische Liedermacher treten auf.
Anschließend Sommerprogramm des Teatro di Roma.

Juli: Mitte des Monats feiert Trastevere die **Festa de' Noantri** mit Lichterketten, Abendessen im Freien, viel Musik und Folklore und natürlich sehr viel Wein. Im Rahmen der Veranstaltungsreihen der **Estate Romana** (»Römischer Sommer«, bis September) finden Konzerte, Ballettveranstaltungen, Filmvorführungen etc. unter freiem Himmel statt.

August: Festa della Madonna della Neve in der Basilika Santa Maria Maggiore (5. Aug.). Weiße Blüten fallen während der Messe auf die Gläubigen herab. Sie erinnern an einen wunderbaren Schneefall im August während der Bauzeit der Kirche.

Oktober: Die Konzertsaison beginnt. Höhepunkte: die **Weinfeste** in den Albanerbergen! Die Tradition der antiken Weinfeste, der »Vignalia«, lebt in Frascati fort, dessen Wirte dann wie vor 2000 Jahren ihre Tavernen mit »frasca«, einem Bündel wilder Lorbeerblätter, schmücken. Das Dörfchen Marino verwandelt sich alljährlich zum Schlaraffenland. Grund: Marcantonio Colonna kehrte 1571 siegreich und trockenen Fußes aus der Seeschlacht von Lepanto heim. Als Landratte, die vorher niemals zur See gefahren war, erschien dem Admiral der päpstlichen Flotte dieses Wunder so erinnerungsträchtig, dass seither alljährlich in dem Ort während der **»Ottobrate«** Ströme von Wein aus der Fontana del Nettuno (Piazza San Barnaba) und der Fontana dei Mori (Piazza Matteotti) fließen – natürlich kostenlos.

Dezember: Fest der Unbefleckten Empfängnis (Festa dell'Immacolata Concezione am 8. Dez.) mit Schmückung der Marienstatue an der Spanischen Treppe. Auf der Piazza Navona wird Mitte des Monats der traditionsreiche, von Kindern geschätzte **Weihnachtsmarkt** mit buntem Spielzeugkitsch, aber auch schönen Krippenfiguren eröffnet. Vor dem Weihnachtsfest stellen viele Kirchen Krippen aus. Sehr zu empfehlen sind Santa Maria in Via, San Alessio, die Sixtinische Kapelle von Santa Maria Maggiore und die Pfarrkirche Sacro Cuore di Maria an der Piazza Euclide (modernes Krippenspiel).

Jahresausklang (31. Dez.): geistlich mit einer festlichen Kerzenprozession in den Priscilla-Katakomben; profan bei einem ausgelassenen Rockkonzert und anderen Events mit bekannten Stars auf der Piazza del Popolo.

Essen und Trinken

La cucina Romana ist ein Sammelsurium aus vielerlei Einflüssen der umgebenden Regionen.

Spezialitäten

Aus der Antike hat nur weniges, etwa die Lamm-, Spanferkel- oder Zickleingerichte wie Abbacchio al cacciatore (pikant gewürztes Osterlamm nach Jägerart) oder Rippchen mit Polenta überlebt. Saltimbocca alla Romana, Kalbsfilet mit Schinken und Salbei, hat seinen Ursprung ebenso am Tiber wie Spaghetti alla carbonara.

Typisch römisch ist auch Coda alla vaccinara, der mit viel Sellerie zubereitete Ochsenschwanz nach Art der Metzgertöchter. Kutteln und andere Innereien (klassisch: Trippa alla romana; römisch schlechthin: Rigatoni con la pajata, mit Wein und Gemüse gedünstetes Kalbsgekröse, und Fagioli con le cotiche, Bohnen mit Speck) führen auf die Spur der ärmeren Küche des Mittelalters.

Wie vor 2000 Jahren sorgen frisches Gemüse und Salate dafür, dass die Römer in den Sommermonaten scharenweise in die Restaurants strömen, um verdauungsfördernd wie appetitanregend all'aria aperta zu speisen. Auch wenn die berühmten Mediziner der Universität Salerno im Hochmittelalter dafür gesorgt haben, dass die Insalata zum festen Bestandteil eines jeden italienischen Mahls wurde, gilt Pasta mit Salat noch immer als kulinarisches Sakrileg.

Besitzt die Toskana den Pinzimonio, so hat sich das Dippen und Tunken des gesunden Rohkostmix aus Selleriestangen, Fenchelknollen, Karotten u. a. in der deftigen römischen Mundart der Osterie unter der Bezeichnung Cazzimperio erhalten. Carciofi alla romana (in Öl getauchte Artischocken mit Knoblauch und Minze), oder – schmackhafter – Carciofi alla giudía (gefächert, in der Pfanne frittiert; dazu nur geschmacksneutrales Mineralwasser) sind besondere Spezialitäten.

Die ars combinatoria, das Mischen von Kräutern, Salaten und Frischgemüsen, hat in Rom lange Tradition und galt noch während des Barock als der Apothekerzunft würdig. Ärzte wie Costanzo da Piobicco suchten für ihre adeligen Auftraggeber im Labyrinth der Naturkräuter gar nach dem Geheimnis des ewigen Lebens. Einer der Großen der Kochzunft, der Römer Salvatore Massonio (1559 bis 1629), schrieb sein 624-seitiges Spätwerk »Archidipno o vero de l'insalata e de l'uso di essa« (»Über das Hauptmahl oder über den Salat und seinen Genuss«), ohne auch nur ein Rezept zu wiederholen.

Antipasti und Nudelgerichte

Der katholischen Kirche in Gestalt des Vatikan-Bibliothekars Bartolomeo Sacchi ist die segensreiche Entwicklung des römischen Antipasto zu verdanken. Im 1475 edierten Bestseller »Über die ehrliche Freude und das Wohlbefinden« empfiehlt der Vielbelesene, das römische Gastmahl gegen alle Tradition mit Obst zu starten. Ergebnis seiner gesundheitsbewussten kulinarischen Recherchen war der kompromissfähige Renaissancerenner schlechthin: Schinkenscheiben mit Melonen, Feigen oder Pfirsichen, die längst ihren Siegeszug um den gesamten Erdball vollendet haben. Etwas jüngeren Datums ist der dazu passende Gaumenkitzel eines Prosecco DOC oder Vino frizzante ...

Echte Prüfsteine für die traditionsreiche Küche sind jedoch die Nudelgerichte: Bucatini all' amatriciana (Röhrennudeln mit Speck, Tomaten und Pecorino-Käse), die leicht bekömmlichen Fettucine al burro, die althergebrachte Pasta e fagioli (mit weißen Bohnen) oder die scharf gewürzten Penne all'arrabbiata. Die Nudelzubereitung ist ein wichtiges Indiz für die Klasse der Köche und Köchinnen in Osteria, Trattoria und Ristorante.

Die Römer bevorzugen, glaubt man den Statistikern, zu über 80 % die Zubereitung ihrer Mahlzeiten am heimischen Herd. Auswärtige Kochkünste werden indes besonders dann geschätzt, wenn der Sinn nach frischem Fisch und Meeresfrüchten (z. B. Baccalà, Klippfisch) steht.

Hauptberufliche Schleckermäuler, die Zunft der Gastrokritiker, haben daher einen weiteren bemerkenswerten Indikator für die Qualität der römischen Küche entdeckt: Die sorgfältige Zubereitung der auf den ersten Blick unscheinbaren Polpette (Tintenfische) gilt ihnen als A und O bei der Bewertung der Köche.

Empfehlenswerte Lokale

Neben dem Centro Storico zählen San Lorenzo, Monte Testaccio und insbesondere der Stadtteil Trastevere zu den beliebtesten abendlichen Ausgehadressen. In Trastevere findet sich auch die höchste Dichte und Anzahl angenehmer wie annehmbarer Restaurants, Cafés, Klubs und Bars, Lokalitäten für jeden Geschmack und Geldbeutel, die trotz anderslautender Unkenrufe keineswegs Touristenfallen sind und auch von den Römern gerne aufgesucht werden – durchstreifen Sie die verwinkelten Gassen von Vicolo del Moro, Via della Luce, Via della Scala und Vicolo del Cinque, und Sie werden Ihre Entdeckungen machen.

Trastevere

❚ **Romolo nel Giardino della Fornarina,** Via di Porta Settimiana 8, Tel. 0 65 81 82 84; Mo geschl. In dem Palazzetto machte einst Raffael seiner legendären Muse, der Bäckerstochter (»la Fornarina«), den Hof. Heute wird erstklassige römische Küche bei zuvorkommendem Service serviert. ○○

❚ **Alberto Ciarla,** Piazza San Cosimato 40, Tel. 0 65 81 86 68, mittags und So geschl. All'aria aperta genießt man wunderbaren Fisch und Meeresfrüchte. ○○○

■ **Buttero,** Via Lungaretta 156, Tel. o 65 80 05 17; So geschl. Pizza und deftige römische Küche zu moderaten Preisen. ○

■ **Enoteca Ferrara,** Via del Moro 1/A, Tel. 06 58 33 39 20; bis 1 Uhr nachts. Neben einer guten Getränkeauswahl locken fantasievolle warme Gerichte. ○○

■ **La Gensola,** Piazza della Gensola 15, Tel. o 65 81 63 12; Sa mittags geschl. Sizilianische Küche in einer der ältesten Osterien Roms. ○○

■ **Ivo a Trastevere,** Via San Francesco a Ripa 157, Tel. o 65 81 70 82. Treff der römischen Jugend. Schlangen vor dem Eingang sprechen für die dischi volanti und andere Pizza-Ufos. ○

■ **Da Lucia,** Vicolo del Mattonato 2 b, Tel. o 65 80 36 01; Mo geschl. Familientrattoria mit bodenständiger, selten wechselnder Speisekarte, die jeden Freitag durch Fischgerichte Ergänzung findet. ○

■ **le Fate,** Vicolo della Scala 3, Tel. o 65 80 09 71; Mi geschl. Winebar mit guter römischer Küche. ○–○○

■ **Il Cantiniere di Santa Dorotea,** Via Santa Dorotea 9, Tel. o 65 81 90 25; So u. Aug. geschl., ab 19.30 Uhr bis nach Mitternacht. Ziel vieler Nachtschwärmer, wo man zu guten Weinen auch eine reiche Auswahl an ausgesuchten Schinken und Käse hat, auch heiße Suppen oder Käsefondue. ○

San Lorenzo

Im Studenten- und Medien-In-Viertel nahe Termini locken allabendlich preiswerte Pizzerien und Trattorien.

■ **Il Pommidoro,** Piazza dei Sanniti 44, Tel. o 64 45 26 92; mittags und abends geöffnet, So geschl. Früher pflegte Pier Paolo Pasolini hier zu speisen. Wirte, Künstler, Kommilitonen und Journalisten sind per Du und treffen sich oft schon vormittags auf

ein Glas Wein. Ein Tipp: die preiswerten Tagesgerichte beachten. ○–○○

■ **Tram tram,** Via dei Reti 44, Tel. 06 49 04 16; Mo geschl. Extravagante, ausgefallene Rezepte, reiches Weinsortiment. Spezialitäten: Fischsuppe und Gemüsespaghetti. ○

■ **Uno e bino,** Via degli Equi 58, Tel. o 64 46 07 02; mittags sowie Mo geschl. Auch nach Mitternacht serviert Gianpaolo am liebsten vegetarische Menüs. Mittlerweile gibt es aber auch wieder Fisch- und Fleischgerichte. Unbedingt vorbestellen. ○–○○

Rund um das Kolosseum

Das Viertel entlang der Via San Giovanni in Laterano lockt mit sehr guten und bodenständigen Trattorien.

■ **Hostaria Ulderico a San Clemente,** Via San Giovanni in Laterano 106, Tel. 06 70 45 09 35; Sa abend und So geschl. Familientrattoria mit starker Einbindung in das Alltagsleben des Viertels. Winzig, aber mit lauschigem Innenhof. Ideal für Nichtraucher. ○

Monte Testaccio

■ **Checchino dal 1887,** Via Monte Testaccio 30, Tel. o 65 74 38 16; So und Mo geschl. Eine der ersten Adressen in diesem mittlerweile renommierten Viertel. Gute Weine; Nichtrauchersaal. ○○–○○○

■ **Agustarello al Testaccio,** Via G. Branca 98–100, Tel. o 65 74 65 85; So geschl. Klassische Trattoria. ○

■ **Trattoria Perilli,** Via Marmorata 39, Tel. o 65 74 24 15; Mi geschl. Römische Kalorienbomben seit mehr als 80 Jahren. Seit jeher »in«. ○–○○

■ **Messico e nuvole,** Via dei Magazzini Generali 8, Tel. o 65 74 14 13; mittags und Mo geschl. Mexikanische Küche auf der Terrasse, bevor die heiße Nacht am Monte Testaccio beginnt. ○

Via Veneto

▮ Nummer eins ist natürlich das **Café de Paris:** Sehen und gesehen werden ist das Motto, Prominenten über die Schulter schauen. ○○○

▮ Tipp: Den Nachtisch sollten Sie gegenüber im **Doney** nehmen (z. B. Cremeschnitten, die berühmten millefoglie).

▮ **Relais le Jardin,** im Hotel Lord Byron, Via G. de Notaris 5, Tel. 0 63 22 04 04; So geschl. Reservierung notwendig. Eine der Topadressen der Via-Veneto-Szene. Es wird – streng nach jahreszeitlichem Angebot – gekocht, was ökologisch wie magenfreundlich ist, doch leider die Geldbörse leert. ○○○

▮ **Caffè Strega,** an der Via Vittorio Veneto, Tel. 06 48 56 70. Café mit ansprechendem Ambiente. Hereinschauen und sich wohl fühlen, einen der Uralthabitués im Stile eines Gabriele D'Annunzio oder Alberto Moravia entdecken und speisen wie Gott in Rom. ○○○

Centro Storico

▮ **Le Streghe,** Vicolo del Curato 13, Tel. 0 66 86 13 81; So geschl. Paola fabriziert in ihrer Hexenküche einige der phantasievollsten Menüs in der historischen Altstadt. Sehr gute Weinauswahl und viele Gemüsegerichte. ○–○○

▮ **Fabrizio Corsi,** Via del Gesù 88, Tel. 0 66 79 08 21; So, Fei u. August sowie abends geschl. Klassische römische Enoteca mit hervorragendem Angebot origineller Gerichte: z. B. geräucherter Hering, Zuppa di Farro (Dinkelsuppe), Trippa alla Romana (Kutteln). Zum Abschluss: Mandelkekse. ○

▮ **Lilli,** Via Tor di Nona 23, Tel. 0 66 86 19 16; So geschl. Rigatoni alla Lilli oder Bucatini nach Art des Wirtes: Seit 1969 erfreut diese familiäre Trattoria eingeweihte Rom-Touristen. ○

▮ **Da Baffetto,** Via del Governo Vecchio 114. Tel 0 66 86 16 17; tgl. bis etwa Mitternacht. Traditionslokal. Seit 40 Jahren wird hier Pizze alla romana geboten, im Sommer all'aria aperta. ○

Tipp In den **Bars** gelten zweierlei Preiskategorien: eine für das Trinken im Stehen, eine fürs Sitzen. Falls Sie also den Cappuccino gemütlich sitzend trinken wollen, müssen Sie dafür auch mehr bezahlen! Trinkgeld, zwischen 5 und 10%, lässt man in italienischen Restaurants einfach auf dem Tisch liegen.

Unterkunft

»Caro, completo, cancellato ...« Nicht nur in der Karwoche verzeichnet die Ewige Stadt alljährlich großen Besucherandrang. Speziell während hoher Kirchenfeste ist eine Reservierung besonders bei der Kategorie »Mittelklassehotels« dringend geboten. Kurzentschlossene, die nicht vorab buchen, seien vor so genannten Schleppern, z. B. im Bahnhof Termini, gewarnt. Oft bieten diese »Helfer« nur eine schäbige Locanda (Gasthaus) oder ein unsicheres Alloggio, einen simplen Schlafplatz, an. Sinnvoller ist die Vermittlung durch die kostenlose Hotelreservierung im Bahnhof, an den Flughäfen und unter Tel. 0 66 99 10 00, tgl. 7–22 Uhr und über Internet: www.hotelreservation.it, E-mail: hr@hotelreservation.it.

Die Hotelpreise sind kräftig in die Höhe geschnellt: Mindestens 70 € sind pro Nacht und Person zu berappen. Pauschalangebote bei längeren Aufenthalten sind günstiger.

Tipp Die meisten Rom-Besucher bevorzugen der kurzen Wege und des abendlichen Corsos wegen eine Herberge im historischen Zentrum. Lärmempfindliche sollten allerdings überlegen, auf den Aventin, in den vatikanischen Borgo oder nach Prati auszuweichen.

Hotelklassiker

Rom besitzt international renommierte Flaggschiffe der Hotellerie, die ihren Sitz vorwiegend an der Via Vittorio Veneto, um die Piazza di Spagna und auch im noblen Stadtviertel Parioli haben. Nicht alle dieser mondänen Domizile werben indes derzeit mit dem höchsten Index des italienischen Hotelsystems, mit fünf Sternen und dem Zusatzzeichen »L« für Lusso (Luxus). Ursache für die »freiwillige« Selbstabwertung ist die Sonderabgabe für diese Kategorie. In Rom kann man also in einem Vier-Sterne-Hotel mit Fünf-Sterne-Komfort abzusteigen.

▮ **Eden,** Via Ludovisi 49,
Tel. 06 47 81 21, Fax 0 64 82 15 84.
www.hotel-eden.it
Nach der Renovierung hat das Haus seine Position als gediegener Jetset-Treff zurückerobert. Im Gästebuch stehen u. a. Ingrid Bergman, Luciano Pavarotti und Orson Welles. ○○○

▮ **Excelsior,**
Via Vittorio Veneto 125,
Tel. 0 64 70 81, Fax 0 64 82 62 05,
www.westin.com
Die Luxusherberge im Empirestil wartet mit einer großen Lounge auf, verfügt über Restaurant, Bar, hauseigene Garage. Frühstück exklusive. ○○○

▮ **Hassler Villa Medici,**
Piazza Trinità dei Monti 6,
Tel. 06 69 93 40, Fax 0 66 78 99 91.
www.hotelhasslerroma.com
Direkt an der Spanischen Treppe. Treffpunkt von Hochfinanz und Aristokratie, Jetset und Persönlichkeiten des kulturellen Lebens. ○○○

▮ **Hotel d'Inghilterra,**
Via Bocca di Leone 14, Tel. 0 66 99 81,
Fax 06 69 92 22 43.
www.hoteldinghilterraroma.it
Das restaurierte Gästehaus der römischen Adelsfamilie Torlonia zählt zu den exklusivsten Adressen. ○○○

▮ **Raphael,** Largo Febo 2,
Tel. 06 68 28 31, Fax 0 66 87 89 93.
www.raphaelhotel.com
Das gemütliche, familiär und exklusiv geführte Luxushotel nahe der Piazza Navona steht all jenen offen, die höchste Hotelkultur zu schätzen wissen. ○○○

Mittelklassehotels

▮ **Scalinata di Spagna,** Piazza Trinità dei Monti 17, Tel. 0 66 79 30 06, Fax 06 69 94 05 98.
www.hotelscalinata.com
Das Haus besitzt einen der schönsten »Altane« (Dachterrasse) Roms mit Blick auf die Spanische Treppe. ○○○.

▮ **Sant'Anselmo,** Piazza Sant'Anselmo 2, Tel. 0 65 78 32 14, Fax 0 65 78 36 04.
www.aventinohotels.com; stilles Haus auf dem Aventin. ○○

▮ **Villa San Pio,** Via Santa Melania 19, Tel. 0 65 78 32 14, Fax 0 65 74 11 12.
www.aventinohotels.com; Gartenoase auf dem Aventin. ○○–○○○

▮ **Hotel Portoghesi,** Via dei Portoghesi 1, Tel. 0 66 86 42 31, Fax 0 66 87 69 76.
www.hotelportoghesiroma.com
Die Pension ist nach Umbau zum Drei-Sterne-Hotel aufgestiegen. Guter Service, nahe Piazza Navona. ○○○

▮ **Fontana,** Piazza di Trevi 96, Tel. 0 66 78 61 13, Fax 0 66 79 00 24.
www.hotelfontana-trevi.com
Von einigen Zimmern des Hotels mit 54 Betten blickt man auf den prachtvollen Trevibrunnen. ○○–○○○

▮ **Teatro di Pompeo,** Largo del Pallaro 8, Tel. 06 68 30 01 70, Fax 06 68 80 55 31.
Im Schatten des Campo dei Fiori entstand das Hotel aus den Ruinen des Theaters des Pompejus. ○○○

▮ **Gregoriana,** Via Gregoriana 18, Tel. 0 66 79 79 88, Fax 0 66 78 42 58 www.romeguide.it/FILES/hotrom/gregoria.htm. Individuell eingerichtete Zimmer. ○○○

▮ **Richmond,** Largo C. Ricci 36, Tel. 06 69 94 12 56,Fax 06 69 94 14 54.
www.hotelrichmond.com
Am Kolosseum; feines Hotel. Von der Dachterrasse Blick über das Forum Romanum. ○○○

Spitzenklasse: Hotel Excelsior

Viele Hotels der Zwei- und Drei-Sterne-Kategorie liegen im Quartiere Prati, für Vatikan-Besucher, Tiber-Spaziergänger und abendliche Ausflügler an die Piazza Navona günstig.

Einfache Hotels und Pensionen

(Alberghi/Pensioni)

Übernachtungsmöglichkeiten dieser Kategorien bestehen vorwiegend rund um die Stazione Termini, im historischen Zentrum und im Quartiere Prati. Achten Sie darauf, dass Rund-um-die-Uhr-Service besteht und ein Nachtportier Dienst tut – es kann sonst leicht vorkommen, dass Sie nach Mitternacht vor verschlossenen Türen stehen. Qualität und Ausstattung variieren stark je nach Alter des Mobiliars und Geschmack der Eigner. Man sollte nicht zu viel erwarten.

ℹ️ Eine Liste sämtlicher Hotels und Pensionen Roms hält das Tourismusbüro an der Via Parigi 5 (Tel. 06 48 89 91; s. S. 140) bereit.

▌ **Albergo Santa Prisca,** Largo Manlio Gelsomini 25, Tel. 0 65 74 19 17, Fax 0 65 74 66 58. Das Haus strahlt große Ruhe aus. ◯◯
▌ **Cisterna,** Via della Cisterna 8, Tel. 0 65 81 72 12, Fax 0 65 81 00 91, www.hotelcisterna.it. In Trastevere. Ein Teil der Zimmer ist nur mit Dusche ausgestattet. ◯◯
▌ **Albergo Sole,** Via del Biscione 76, Tel. 06 68 80 68 73, Fax 0 66 89 37 87. www.solealbiscione.it
Diese im Zentrum gelegene Pension ist zur Zeit besonders »in«. ◯◯
▌ **Abruzzi,** Piazza della Rotonda 69, Tel. 0 66 79 20 21, www.hotelabruzzi.it; zentral gelegenes, preiswertes Hotel vis-à-vis vom Pantheon. ◯–◯◯
▌ **Pensione Navona,** Via dei Sediari 8, Tel. 0 66 86 42 03, Fax 06 68 80 38 02, www.hotelnavona.com; günstig, daher häufig ausgebucht. Das familienfreundliche Haus zieht besonders ein jugendliches Publikum an. ◯◯

ℹ️ **Bed & Breakfast Information,** Via del Seminario 123 (Nähe Piazza Sant'Ignazio), 00186 Roma, Mo–Fr 9–13, 14–18 Uhr, gratis-Tel. 8 00 76 81 70, E-mail: info@bedroma.com, www.bedroma.com. Kostenloser zweisprachiger Führer (ital. u. engl.) **Guida ai B&B di Roma.**
▌ **Bed & Breakfast Apartments,** Via Mario Musca 16, 00147 Roma (EUR), Tel. 06 59 60 63 95, Fax 0 65 40 88 77, www.bbitalia.com.
▌ **Bed & Breakfast Association of Rome,** Via Pacinotti 73/e, 00146 Roma, Tel. 06 55 30 22 48, Fax 06 55 30 22 59, www.b-b.rm.it.

Shopping in Rom

🎁 In Rom kann man mit schmalem und dickem Geldbeutel einkaufen gehen.

Kleidung

Nahe der Spanischen Treppe bilden die Via Sistina und die Via Gregoriana das Reich der italienischen Modeschöpfer. Maßgeschneidertes und aktuelle Konfektionsware kann man an der Via Condotti, Via Frattina, Via Borgognona oder der Via Bocca di Leone erstehen.

Einige Topadressen: **Armani** hat seine Läden an der Via Condotti (Nr. 75/77) und weiter in der Via del Babuino (Nr. 140). An der Via Condotti finden sich beispielsweise **Battistoni** (Nr. 57 bis 60), **Valentino** (Nr. 13) oder **Gucci** (Nr. 8). Die Via Bocca di Leone wartet u. a. mit **Rocco Barocco** (Nr. 65) und **Yves Saint Laurent** (Nr. 35) auf; **Laura Biagiotti** (Nr. 43), **Gianfranco Ferré** (Nr. 6) und **Gianni Versace** (Nr. 24) sitzen in der Via Borgognona, **Byblos** an der Via Frattina (Nr. 34 a), **Dolce** und **Gabbana** an der Piazza di Spagna (Nr. 82). In der Via Frattina finden Fans von Ausgeflipptem und Teurem mit der Boutique **Galassia** (Nr. 21) sogar Extravagantes von Jean Paul Gaultier und von japanischen Modemachern. Kindermode bieten **Tablò** in der Via della Croce 84 und **Mettimi giù** in der Via dei Due Macelli (Nr. 59).

Lederwaren und Schuhe

Edle Ware wird rund um die Via Condotti geboten. **Trussardi** (Via Condotti 49), **Nazareno** (Nr. 36), **Fragiacomo** (Nr. 35), **Ferragamo** (Nr. 73) oder **Furla**

Porträtmaler

(Piazza di Spagna 22) und **Valentino Guido** (Via Sistina 16–16a) erfüllen auch die höchsten Ansprüche.

Schmuck

Aushängeschild der Juwelierkunst ist **Bulgari** (Via Condotti 10), wo Europas gekrönte Häupter einkaufen.

Straßen- und Flohmärkte

Viel Flair besitzt der volkstümliche **Lebensmittel- und Blumenmarkt** auf der Piazza Campo de' Fiori (werktags 8–13 Uhr). Sehr gute Angebote bieten die Händler auf den Märkten in der ehemaligen Kaserne Pepe an der Via Turati und am Ponte Milvio.

Gerüche und Farben erinnern auf dem **Mercato della Moschea** an den Orient: Jeden Freitag, dem moslemischen Feiertag, findet vor Roms 1992 geweihter Moschee am Largo della Moschea (Villa Ada) ein interessanter Markt statt.

Der römische Flohmarkt **Mercato delle Pulci** findet jeden Sonntagvormittag an der Porta Portese statt. Das Wühlen an den zahllosen Ständen gehört unverzichtbar zu einem schönen Rom-Erlebnis.

Max Mara, Via dei Condotti

Der außer sonntags täglich vormittags an der Via Sannio (Lateran; Porta San Giovanni) stattfindende **Kleidermarkt** hat in den letzten Jahren an Attraktivität eingebüßt. Kaum bekannt ist der **Markt für Drucke und Kupferstiche** an der Piazza Fontanella Borghese, man kann ihn werktags tagsüber besuchen. Neben zahllosen Reproduktionen sind auch Originale zu erwerben, die jedoch bisweilen illegal organisiert wurden.

Kaufhäuser

Ein Einkaufszentrum amerikanischen Stils ist das **Cinecittà Due** (Viale Palmiro Togliatti 2, südöstliche Peripherie). Das Angebot der traditionellen italienischen Kaufhausketten **Upim** (z. B. Via G. Pepe 41; Viale Marconi 259; Via del Tritone 172; Piazza Santa Maria Maggiore), **Standa** (u. a. Via Cola di Rienzo 173) und **Oviesse** (u. a. Viale di Trastevere 62) richtet sich auf den schmalen Geldbeutel ein, während **Rinascente** (Piazza Colonna,

Piazza Fiume) und **Coin** (Piazzale Appio; Via Mantova 1 b–e, Via Cola di Rienzo 173) eher teure, elegante Mode anbieten.

Religiöse Artikel

Messkelch und Rosenkranz, Ministrantenhemdchen und Kardinalsroben bieten die Läden entlang der Via della Conciliazione, an der Via di Porta Angelica und an der Via dei Cestari (nahe Largo Argentina).

Antiquitäten

Die Via del Babuino ist seit Goethes Zeiten in Rom die Vorzeigeadresse für exquisite Antiquitäten. In den Seitenstraßen bis zur Via Ripetta finden Kunstfreunde und Sammler manch kleinen Laden, der Ungewöhnliches offeriert. Die Via dei Coronari ist Roms zweite gute Gegend für elegant Aufgemöbeltes. Man kann hier durchaus Glück haben und auch ein Schnäppchen machen.

Buchhandlungen

Neben dem deutschsprachigen Angebot der **Buchhandlung Herder** (Piazza Montecitorio 117) ist das reichhaltige Sortiment der Buchhandlung **Feltrinelli** bei allen italienischsprachigen Titeln zu empfehlen (Galleria Colonna, Largo Chigi 15).

Traditionsreich ist an der Piazza San Silvestro 27 die **Libreria Remainders,** die eine reiche Auswahl an Kunstbänden bereithält, während **Il Leuto** in der Via Monte Brianzo 86 auf Kino, Tanz, Theater und Publikationen über die modernen Massenmedien spezialisiert ist.

Am Abend

Der abendliche Corso im historischen Zentrum gehört zu den Höhepunkten eines Rom-Besuchs. Nahe der Piazza Navona sind die preiswerten Trattorien und Bars am Vicolo della Pace, an der Via Santa Maria dell'Anima oder rund um die Piazza del Fico zu empfehlen. Erste Adresse unter den Eisdielen (Gelaterie) ist das **Caffè Giolitti** (Via Uffici del Vicario 40). Auch **Caffè Colombia** (Piazza Navona 88) und **Gelateria della Palma** (Via della Maddalena 20) haben eine große Stammkundschaft.

Insider ziehen die wenigen, aber köstlichen Eissorten in der unscheinbaren **Gelateria Monteforte** am Pantheon vor (Via Rotonda 22). Ein weiterer wichtiger Treffpunkt ist Trastevere, wo man nach dem Essen im Freien flaniert, den Straßenmusikanten lauscht oder einen Drink nimmt. Roms Szene tanzt jetzt mit Vorliebe am Monte Testaccio. Am Viale di Monte Testaccio wurden unzählige Kellergewölbe in den Amphorenberg gegraben (s. S. 48). Im preiswerten Stadtteil San Lorenzo hat sich eine lokale Szene von Künstlern, Medienmachern und Studenten etabliert.

Theater

▌ Kartenvorbestellung im Internet: www.ticketone.it

Bühnen mit klassischem Repertoire

▌ **Teatro Argentina,** Largo Torre Argentina 52, Tel. 06 68 80 46 01, www.teatrodiroma.net

▌ **Ambra Jovinelli,** Via Guglielmo Pepe 43, Tel. 06 44 34 02 62, www.ambrajovinelli.com

▌ **Teatro Colosseo,** Via Capo
d'Africa 5 a, Tel. 0 67 00 49 32.
▌ **Teatro dell'Orologio,** Via dei
Filippini 17 a, Tel. 0 66 87 55 50,
www.teatroorologio.it.
▌ **Olimpico,** Piazza Gentile da
Fabriano 17, Tel. 0 63 26 59 91,
www.teatroolimpico.it
▌ **Rossini,** Piazza Santa Chiara 14,
Tel. 06 68 80 27 70.

Interessante Off-Theater
▌ **Sala Testaccio,** Via Romolo Gessi 8
(Testaccio), Tel. 0 65 75 54 82.
▌ **Teatro Due,** Via dei Due Macelli 37
(Centro Storico), Tel. 0 66 78 82 59.

Das aktuelle Programm ist in der
Tagespresse aufgeführt. Infos enthalten auch die wöchentlich erscheinenden Veranstaltungshefte Roma c'è
und Trova Roma (Donnerstagsbeilage
der Tageszeitung La Repubblica),
außerdem liegt in den Hotels und an
Info-Punkten der Kommune das kostenlose L'Evento (mit engl. Kurzfas-
sung) aus. Im Rahmen der Estate Romana (s. S. 63) finden Freiluft-
veranstaltungen in **Ostia Antica,** im
Anfiteatro del Tasso (Passegiata Gia-
nicolense) oder im **Giardino degli
Aranci** (Aventin) statt.

Oper, Operette, Konzert

Roms Aushängeschild in Sachen kon-
ventioneller Kulturarbeit ist das **Teatro
dell'Opera** (Piazza Beniamino Gigli;
Karten: Tel. 06 48 16 01, innerhalb Italiens auch die Servicenummer Tel.
8 00 01 66 65; www.opera.roma.it).
Die reguläre Spielzeit dauert von November bis Juni. Karten werden
48 Stunden vor Aufführungsbeginn an
der Theaterkasse verkauft (Di–Sa
9–17, So 9–13.30 Uhr). Im Rahmen des
Programms der der Estate Romana

In-Lokal in an der Piazza Barberini

finden Open-Air-Opernabende auf der
Piazza del Popolo statt (Info Teatro
dell'Opera, Tel. 06 48 16 01). Die Konzertsaison dauert von November bis
Juni.

▌ Eine wichtige Einrichtung ist die
Accademia di Santa Cecilia (Veranstaltungsort ab Februar 2003 das
neue Auditorium, Viale De
Coubertini 30, Tel. 06 68 80 10 44,
www.santacecilia.it; Do–Di 11–18 Uhr.
▌ Großes Vergnügen bereiten die
sommerlichen Hof- und Kammerkonzerte, z. B. im **Giardino dell'Acqua
Paola** (Trastevere, Tel. 0 65 81 45 99),
im **Kreuzgang von San Clemente**
(www.newoperadiromafestival.com)
oder in den **Caracalla-Thermen.**

Jazz und moderne Musik

▌ Renommierte In-Treffs sind
Drome (Via dei Latini 51, San Lorenzo,
Tel. 0 64 46 14 92; tgl. 22.30–3 Uhr)
und das **Fonclea** (Via Crescenzio 82 a,
Tel. 0 66 89 63 02; tgl. 20–2 Uhr).

■ Fetziger geht es im **Alexanderplatz** (Via Ostia 9, Tel. 06 39 74 21 71) zu.
■ Nicht nur Blues-Fans treffen sich im **Big Mama** (Vicolo S. Francesco a Ripa 18, Tel. 0 65 81 25 51).
■ Im Viertel Monte Testaccio sind **Caffè Caruso** (Via Monte Testaccio 36), **Caffé Latino** (Nr. 96) und **Radio Londra** (Nr. 65 b) beliebt.
■ In-Treffs sind die fünf Säle des **Alpheus** (Via del Commercio 36–38, Tel. 0 65 74 78 26) sowie an Sommerabenden das **Jazz & Image,** Jazzfestival mit internationalem Aufgebot (Villa Celimontana, Piazza della Navicella, Tel. 0 65 89 78 07).

Diskotheken

■ Trendsetter ist **Piper** (Via Tagliamento 9, Tel. 0 68 55 53 98; meist nur Sa, So geöffnet), an deren Ruf das Techno- und House-Flaggschiff **Alien** (Via Velletri 13, Tel. 0 68 41 22 12; nur Sa) kräftig rüttelt.
■ **Gilda** (Via Mario de Fiori 97, Tel. 0 66 78 48 38; Mo geschl.) gilt derzeit als Anziehungspunkt für Roms Jetset.
■ Das **L'Alibi** (Via Monte Testaccio 39, Tel. 0 65 74 34 48; Mo/Di geschl.) ist der Treff der Schwulenszene.
■ Vor kurzem eröffnet, schon zum In-Treff avanciert: **La Saponeria,** (Via degli Argonauti 20, Tel. 0 65 74 69 99).

Kinostadt Rom

Adressen für Filmvorführungen in Originalversion sind **Cinema Pasquino** in Trastevere (Tel. 0 65 80 36 22) sowie das **Goethe-Institut** (Via Savoia 15, Tel. 0 64 84 00 51). Zur Estate Romana spielen verschiedene Freiluftkinos (Tiberinsel, Villa Mercede, Parco del Celio, Piazza Vittorio).

Reisewege und Verkehrsmittel

Anreise

Flug

Von Berlin, München, Frankfurt, Wien, Zürich, Genf wird der Flughafen Leonardo da Vinci in Roma-Fiumicino (Tel. 0 66 59 51) bedient.

Airport-Shuttle: Nonstop mit Roms Bahnhof Termini (Gleis 26): 8,80 €.

Ein Zugpaar pendelt im 20-Minuten-Takt zwischen Fiumicino und dem römischen Bahnhof Tiburtina (etwa 45 Minuten; etwa 5 €) und Ostiense (Fahrzeit 30 Minuten, etwa 4 €).

Taxi: über die Via del Mare und die Flughafenautobahn; Preis: ca. 40 €.

Zug

Aus Richtung Berlin, Hamburg, München oder Wien verläuft die Strecke über den Brenner Richtung Verona, Florenz nach Rom zum Hauptbahnhof Termini. Wer aus Stuttgart oder der Schweiz kommt, fährt über Zürich und den St. Gotthard bis Mailand.

Stadtverkehr

Metro

Das schnellste Fortbewegungsmittel ist die U-Bahn (5.30 bis 23.30, Sa 5.30–0.30 Uhr, So 5.30 bis 23.30 Uhr). Von Magliana fahren tagsüber Züge im 30-Minuten-Takt nach Ostia Antica.

Bus/Tram

Das wichtigste innerstädtische Verkehrsmittel in Rom.

ATAC, Via Volturno 65, Tel. 800-43 17 84. Stadtpläne mit dem Verzeichnis aller Linien am

ATAC-Kiosk, Piazza dei Cinquecento, www.atac.roma.it

Tickets für alle Verkehrsmittel Roms (Bus, Tram, U-Bahn) kosten: 75-Min-Ticket 0,77 €; Tagesticket 3,10 €; Wochenkarte 12,40 €.

Für die blauen J-Busse gibt es gesonderte Tickets, die man beim Fahrer kauft (75-Min.-Ticket etwa 2 €). Die 4 Linien fahren die Pilgerkirchen ab.

Stadtrundfahrten/Stadtführungen

Vastours, Via Piemonte 34, Tel. 0 64 81 43 09, www.vastours.it, Stadtrundfahrten in Luxuslinern.

Deutschsprachige Führungen: **Ulisse,** Tel. 0 68 18 40 90, Internet: spazioin-wind.iol.it/associazioneulisse.

Tipp Stadtrundfahrt mit der **Buslinie 110** ab dem Kiosk auf der Piazza del Cinquecento für 7,75 € nonstop , 12,91 € stop & go (tgl. 9–21 Uhr, Winter 10–18 Uhr, Tel. 06 46 95 22 52).

Fahrrad

Die florierende BiciCittà-Bewegung bedient: **Noleggio Bici** (Spanische Treppe und Piazza del Popolo); ganzjährig, im Juli/Aug. bis 22.30 Uhr; **Bici-Roma** (Parkhaus an der Villa Borghese, 3. Etage; Tel. 0 63 22 52 40). Man bezahlt pro Tag zwischen 5 und 15 €.

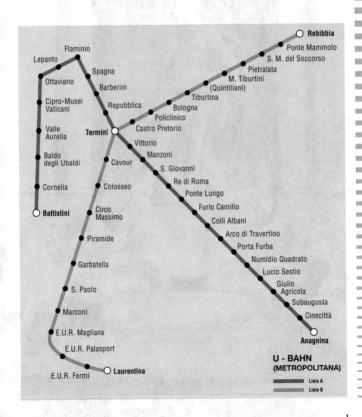

Die klassische Einsteigertour

**Petersplatz → **Engelsburg → *Augustus-Mausoleum → *Piazza Montecitorio

Der »Pilger-Bus 64« oder die Expresslinie 40 führt von Termini direkt zum Startpunkt dieser klassischen Rom-Einsteigertour (oder U-Bahn bis Ⓜ Ottaviano). Die Wallanlagen der Engelsburg sind während der Estate Romana Schauplatz von Büchermärkten, Musik-, Sport- und Theaterveranstaltungen. Abends locken die Restaurantschiffe auf dem Tiber.

**Petersplatz ❶

Die 17 m breiten, aus vier Reihen dorischer Säulen (insg. 284) und Pfeiler (insg. 88) gebildeten Kolonnaden umfrieden das Meisterwerk Berninis, der 140 Heiligenstatuen auf den Flügeln der Piazza San Pietro platzieren ließ. Die beste Perspektive auf die Säulenreihen bieten zwei in das Pflaster eingelassene Rundscheiben nahe dem **Obelisken ❷**. Domenico Fontana ließ ihn 1586 aus dem Zirkus des Nero hierherbringen. Die Spitze des 37 n. Chr. aus Ägypten an den Tiber verschifften Monolithen enthält eine Reliquie des Kreuzes Christi.

Wegen des ganzjährigen heftigen Pilgerandranges werden die unschönen Absperrgitter auf dem Petersplatz

Fontana di Trevi – der Trevi-Brunnen

nicht mehr entfernt. Papst Johannes Paul II. hat fast alle religiösen Veranstaltungen auf den Petersplatz verlegt. Die gewaltige Wirkung, die Berninis grandioser Piazza-Entwurf im 17. Jh. auf Pilgerscharen ausübte, lässt sich kaum noch ermessen. 1936 wurde in das mittelalterliche Gassengewirr des vatikanischen Borgo eine Schneise geschlagen, die **Via della Conciliazione**. Souvenirläden, Restaurants und Devotionalienhandel versorgen die Besucherscharen.

🍴 Eine gastronomische Topadresse ist **Simposio** (Piazza Cavour 16; Tel. 0 63 21 15 02; Sa mittags und So. geschl.), exzellente Weinbar und Feinschmeckerlokal. ◯◯

Parallel zur Via della Conciliazione verlaufen Borgo Sant'Angelo bzw. Via dei Corridori, deren Existenz dem 1277 zwischen Vatikan und Engelsburg errichteten Fluchtweg der Päpste, dem ***Passetto ❸**, zu verdanken ist.

**Engelsburg ❹

Die Engelsburg *(Castel Sant'Angelo)* erhielt ihren Namen im Jahre 590 n. Chr., als Papst Gregor dem Großen während einer Pestepidemie auf der Spitze dieser militärischen Außenbastion der Tiberstadt ein Engel erschien und das Ende der Epidemie ankündigte. Die Seuche verschwand, die Engelsburg diente seither als päpstliche Festung, als Gefängnis und Kaserne. Noch 1527 wurde sie von deutschen Landsknechten während des Sacco di Roma berannt. Heute beherbergt sie das ****Museo Nazionale di Castel Sant'Angelo** (Lungotevere di Castello 50, Tel. 06 39 96 76 00; tgl. außer Mo 9–20 Uhr, die Kasse schließt um 19 Uhr, Eintritt 5 €).

1

Seite 78

Der grandiose Blick von der Kuppel des Petersdoms auf den Petersplatz

Ursprünglich diente es als Mausoleum, das sich Kaiser Hadrian für seine nie mehr »scherzende, zärtlich schweifende Seele« errichten ließ.

Kaiser Hadrians Persönlichkeit wurde von Marguerite Yourcenar in ihrem Roman **Ich zähmte die Wölfin** (dtv 1998) entschlüsselt.

Das Mausoleum versöhnt den archaisch etruskischen Baustil (die runden Grabhügel Nordlatiums und der Toskana) mit der hellenistischen Kultur. Die spiralförmige Rampe des Grabmals führt zu den päpstlichen Gemächern mit *Fresken von Perin del Vaga und zur Waffensammlung. Die Aussicht auf Rom lohnt den Besuch.

Sacro Cuore del Suffragio ❺

Im Anschluss an den monströsen Bau des ehemaligen Justizpalastes lotet eine religiöse Stätte eine weitere Möglichkeit von Seelendasein aus. Das **Museo delle Anime in Purgatorio** (Museum der Seelen der Verstorbenen) im Fegefeuer in der Ordenskirche Sacra Cuore del Suffragio (Lungotevere Prati 12, Tel. 06 68 80 65 17; tgl. 7.30 bis 11, 16.30–19.30 Uhr; freier Eintritt) präsentiert im Sakristeigang Schaustücke, die den Nachweis von Reisen verstorbener Seelen aus dem Jenseits ins Diesseits erbringen sollen. Allen Exponaten gemeinsam sind Hand- und Fingerabdrücke in Form

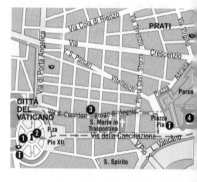

schwarz verkohlter Brandspuren, die die ruhelos eilenden Seelen der Verstorbenen als Mahnung für die Lebenden zurückließen.

Pater Victor Jouet, der die kuriose Sammlung ab 1912 zusammentrug, wurde auch in deutschen Landen fündig: Am 16. Oktober 1696 entdeckten Benediktinerinnen des westfälischen Klosters Vinnenberg solche Brandspuren am Leichengewand ihrer Mitschwester Klara Scholers. Kuriosestes Schaustück ist eine von rußigen Fingerspuren verunzierte Nachtmütze: Die Seele der verstorbenen Louisa Le Senéchal, geb. Chauviers, bewies charmanten Sinn für Humor, als sie ihren friedlich schlummernden Gatten am 7. Mai 1873 zwickte, um an die überfällige Totenmesse zu erinnern.

Piazza Cavour ❻

Diese rückwärtig gelegene Piazza bildet den Eingangsbereich zum bürgerlichen Bezirk Prati (»Wiesen«). Da hier viele neue Hotels und Pensionen entstanden, wird dem Stadtteil in Zukunft eine bedeutendere Rolle im Rom-Tourismus zukommen.

An der Piazza Cavour laden verschiedene Straßencafés zum Verweilen ein.

*Augustus-Mausoleum ❼

Nach dem Ponte Cavour tauchen an der Piazza Augusto Imperatore mit den Überresten des **Augustus-Mausoleums** (Mausoleo Augusteo; Grabkammer nur Sa/So 10–13 Uhr, sonst Tel. 06 67 10 38 19) und der Ara Pacis Augustae, des Friedensaltars Augustus' (Via Ripetta; Tel. 06 36 00 34 71; bis 2004 wegen Restaurierung geschlossen), zwei antike Monumente auf, die an Roms ersten großen Cäsaren erinnern.

Mit **Alfredo Imperatore** liegt direkt um die Ecke Roms erste Adresse für selbst gemachte Pasta. Alfredos Fettuccine werden weltweit gerühmt (Piazza Augusto Imperatore 30, Tel. 0 66 87 87 34; So und Mo mittags geschl.; ○○–○○○). Exquisit, aber

❶ Petersplatz
❷ Obelisk
❸ Passetto
❹ Engelsburg
❺ Sacro Cuore
   del Suffragio
❻ Piazza Cavour
❼ Augustus-Mausoleum
❽ Palazzo Borghese
❾ Palazzo
   di Montecitorio
❿ Palazzo Chigi

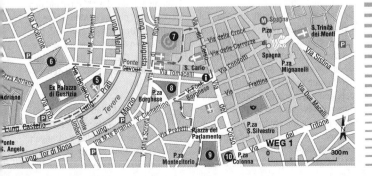

Seite
78

*Die Via del Corso, die römische
Prachtstraße des Barock*

sehr teuer, ist auch das Fischrestaurant **Porto di Ripetta** (Via di Ripetta 250, Tel. 0 63 61 23 76; Sa mittags und So geschl.; ○○–○○○). Mittags günstiger. Freunde der neapolitanischen Küche finden im **Antico Bottaro** genau das Richtige (Passeggiata di Ripetta 15, Tel. 0 63 23 68 12; Mo geschl.; ○○).

Zur Piazza Colonna

Der nördliche Abschnitt der **Via del Corso** war schon zu Zeiten Julius Cäsars Herz und Flaniermeile der umliegenden Stadtviertel. Prozessionen, Demonstrationen, selbst Pferderennen fanden auf dem von alten Adelspalästen gesäumten »Kurfürstendamm Roms« noch im 19. Jh. statt. Am Wochenende ähnelt die sonst viel befahrene Verkehrsachse heute oft wieder dem antiken Urbild. Denn Pferd und Wagen waren im alten Rom tags-

über tabu, der Lastenverkehr war in die Nachtstunden verbannt, Fußgänger dominierten den Parcours. Die hier wie auch in den umliegenden Vierteln eingerichtete autofreie Zone und der Hang der Römer, die Stadt im Hochsommer zu verlassen, machen es möglich.

Auf dem Weg zur Piazza Montecitorio lohnt ein Blick auf den **Palazzo Borghese ❽** (Piazza Borghese). Die Römer nennen ihn seiner Form wegen »Cembalo«. Nach 54-jähriger Bauzeit war der Prachtpalast 1614 schließlich vollendet.

Auf der ***Piazza Montecitorio** zieht ein ägyptischer ***Obelisk,** der schon in der Antike als Zeiger für eine riesige Sonnenuhr diente, alle Aufmerksamkeit auf sich. Mit dem ***Palazzo di Montecitorio ❾,** dem Sitz des italienischen Abgeordnetenhauses, dem **Palazzo Chigi ❿** (Sitz des Ministerpräsidenten) und der auf den Ruinen des Hadriantempels residierenden Börse an der südlich liegenden Piazza di Pietra umrahmen wichtige Bauten das Zentrum der italienischen Politik.

Im **Piccola Roma** (Via Uffici del Vicario 36, Tel. 0 66 79 86 06; ○–○○) stehen typisch römische Gerichte an der Tafel angeschrieben.

Vor dem Palazzo Chigi liegt die **Piazza Colonna,** auf der die **Grabsäule des Mark Aurel (Colonna di Marco Aurelio) dominiert. Dargestellt sind auf den umlaufenden Reliefs u. a. die Germanenfeldzüge. Die Statue des hl. Paulus krönt dieses Meisterwerk seit dem Ende des 16. Jhs.

Eleganter Rahmen für Ausstellungen meist moderner Kunst: das kühle Ambiente der Y-förmigen ***Galleria Colonna** auf der gegenüber liegenden Straßenseite.

Der Vatikan

***Petersdom → **Vatikanische Gärten → ***Vatikanische Museen

Schon in vorrömischer Zeit galt das Gebiet des Vatikans als heiliger Ort (aus dem Etruskischen: »Ort der Weissagung, Prophezeiung, Verkündigung«). Petersdom und Vatikan bergen unzählige Kunstschätze. Die Quantität zwingt zur Qual der Wahl. Der Vatikan ist gut an das römische Verkehrsnetz angeschlossen (z. B. Buslinien 40, 62, 64, 81 sowie Ⓜ Ottaviano und Cipro-Musei Vaticani).

***Petersdom ⓫

Die **Basilica di San Pietro** (Sommer: 7–19, Winter: 7–18 Uhr) steht auf den Rudimenten der Kirche Alt-Sankt-Peter. Diese wurde zu Zeiten des Kaisers Konstantin über einem christlichen Märtyrergrab errichtet, in dem man allgemein das Grab des Apostels Petrus vermutet.

Das heutige Bauwerk entstand nach Entwürfen Bramantes, Antonio und Giuliano da Sangallos ab 1506 unter der Ägide des »Baupapstes« Julius II. Mit Raffael, Michelangelo u. a. wurden die berühmtesten Künstler der Hochrenaissance aktiv. Die Peterskirche vereint architektonisch zwei berühmte antike Vorbilder: Pantheon und Maxentius-Basilika.

Von der **Benediktionsloggia** über der fünfportaligen Fassade spendet der Papst den Segen Urbi et Orbi. Nach Passieren der Schweizer Garde, die im Blitzlichtgewitter der Touristen ausharren muss, folgen in der Säulen-vorhalle die Reiterstandbilder Konstantins und Karls des Großen.

Von den fünf Eingangsportalen sind das ganz linke, von Manzù Ende der fünfziger Jahre geschaffene **Portal des Todes ❹** sowie das ganz rechte, die berühmte **Porta Santa ❺**, hervorzuheben. Letztere wird nur zu Beginn eines Heiligen Jahres geöffnet.

Innenraum

Vor dem Betreten Sankt Peters durch das mit den **Bronzeflügeln Antonio Filaretes verzierte Hauptportal ❻ lohnt ein Blick zurück: Giottos ****Navicella,** die Mosaikdarstellung des Sturmes auf dem See Genezareth (Ende 13. Jh.), stammt aus Alt-Sankt-Peter.

Zur Rechten steht im Schutze von Panzerglas Michelangelos ****Pietà ❼**, ein Jugendwerk des toskanischen Künstlers, das seinen Aufstieg in den Musenolymp beschleunigte.

Im Innenraum dominieren Papststatuen und Grabmäler: Antonio Canovas ***Grabmal Papst Clemens' XIII.** (1784–1792) ❽ mit dem berühmten sitzenden Todesengel, das barocke, 1642–1647 entstandene ***Grabmal des Bienenpapstes Urban VIII.** ❾ oder das ***Grabmal Papst Alexanders VII.** (1672–1678) ❿, beide aus der Werkstatt Gian Lorenzo Berninis, sind hervorzuheben.

2

Seite
82

Größte Kirche der Welt

Die räumliche Größe Sankt Peters, erkennbar an den in den Fußboden des Mittelganges eingelassenen Platten, die die Länge anderer bedeutender Kathedralen anzeigen, wird nur noch vom Kunstreichtum dieser zweitgrößten Kirche der Christenheit übertroffen.

Die meisten Besucher zieht es magisch zur ***Bronzestatue des hl. Petrus** ❶ (Mittelgang rechts, kurz vor dem Hauptaltar). Der vorgestreckte rechte Fuß des Apostels musste der 700-jährigen Verehrung Tribut zollen: Millionen Berührungen der Pilger haben zu kräftigem Abrieb geführt.

Mit dem **Vierungsaltar** ❶ und Berninis ****Baldachin** (1624–1633) unter Michelangelos Hauptkuppel ist das religiöse Zentrum Sankt Peters erreicht. Die Bronze der gewundenen Baldachinsäulen stammt vom Pantheon. Sankt Peters Hauptaltar steht über der **Confessio,** die über dem Petersgrab liegt.

Die Statuen in den Nischen der Vierungspfeiler rund um den Hauptaltar sind durch den Reliquienkult der Kirche erklärt: Auf den »Balkonen« über den 5 m hohen Statuen wurden seit dem Barock das Schweißtuch der Veronika, die heilige Lanze des Longinus, das Haupt des Andreas und eine Kreuzesreliquie aus dem Fundus der hl. Helena aufbewahrt.

****Grotten des Vatikans**

Zu den **Grotten des Vatikans** (Sacre Grotte Vaticane; im Sommer: 7–18; im Winter: 7–17 Uhr) gelangt man vom ***Vierungspfeiler des hl. Andres** ❶ links vom Hauptaltar.

In den Grotten erregt die ***Cappella di San Pietro,** die dem Petrusgrab am nächsten gelegene Andachtsstätte, besondere Aufmerksamkeit. Hinter

❶ Portal des Todes
❷ Porta Santa
❸ Hauptportal
❹ Pietà
❺ Grabmal Papst Clemens' XIII.

❻ Grabmal Urbans VIII.
❼ Grabmal Papst Alexanders VII.
❽ Bronzestatue des hl. Petrus
❾ Vierungsaltar

❿ Vierungspfeiler des hl. Andreas
⓫ Petersschatz

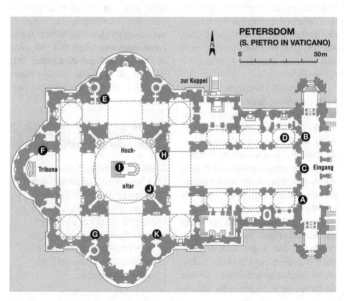

PETERSDOM
(S. PIETRO IN VATICANO)
0 _____ 50m

Der Petersplatz am Ostersonntag, der Papst spendet »Urbi et Orbi« seinen Segen

dem vergoldeten Gitter sieht man die Marmorwand mit Porphyreinfassung, die die Rückseite des Petrusgrabes bildet. Zahlreiche Päpste (u. a. Bonifaz VIII., Pius XII., Paul VI. und Johannes Paul I. sind in diesem Trakt beigesetzt. Das immer noch blumengeschmückte Grab des Reformpapstes Johannes XXIII. befindet sich seit 2001 in der Oberkirche. Grabungen von 1940–1957 brachten die ***Necropoli precostantiana** (vorkonstantinische Begräbnisstätte) mit dem vermutlichen Petrusgrab ans Tageslicht (kann auf Anfrage beim Ufficio Scavi, Tel. 06 69 88 53 18, Fax 06 69 87 30 17, E-mail: scavi@fsp.va; Mo–Sa 9–17 Uhr, besichtigt werden).

Sechs der freigelegten Räume sind auch während des normalen Rundgangs zu sehen. Am Ausgang der Grotten, deren Ausmaße heute eine veritable Unterkirche ergeben, steht eine weitere Petrusstatue, die einmal den Portikus von Alt-Sankt-Peter zierte. Die thronende Sitzfigur war ursprünglich wohl einem römischen Rhetor oder Philosophen gewidmet, dem später Hände und Kopf ausgetauscht wurden.

**Die Kuppel

Rechts von der Vorhalle befinden sich der Treppenaufgang und der Fahrstuhl zur **Kuppel.** Giacomo Della Porta und Domenico Fontana vollendeten 1590 Michelangelos Meisterwerk mit der mächtigen Wölbung.

Tipp Der Aufstieg (8 Uhr bis 75 Minuten vor Schließung der Basilika; Zutritt 4 €, mit Aufzugbenutzung bis zur Loggia der Apostel 5 €). Die atemberaubende Aussicht von der 128 m hohen Kuppellaterne bis zu den Albaner Bergen entschädigt für den anstrengenden Aufstieg. Wer die 320 Stufen scheut, dem bleibt der grandiose Blick von der Galerie im Tambour ins Innere der Basilika. Wichtig: Wer langes Warten vor dem Kuppelaufgang nicht in Kauf nehmen möchte, sollte den frühen Morgen oder den späten Nachmittag wählen.

**Petersschatz ⓚ

Der Zugang zum Museo Storico Artistico-Tesoro di S. Pietro mit dem Petersschatz (April–Sept. 9–18.15 Uhr; Okt.–März 9–17.15 Uhr; Eintritt 5 €) erfolgt über die ***Sakristei** (am Monu-

2

Seite
84

Blick vom Petersdom auf die Vatikanischen Gärten

**Vatikanische Gärten

Die Gärten mit dem Palazzo del Governatorato, dem Studio del Mosaico und der Päpstlichen Akademie kann man nur in Gruppen besuchen. Eindrucksvoll ist die **Casina Pius IV. ⑫**. Nur selten werden die Baumeister Pirro Ligorio und Giovanni Peruzzi für diese Arbeit voller Eleganz aus den Jahren 1558–1561 gewürdigt (kombinierte Führungen zu Fuß und per Bus; Tel. 06 69 88 44 66; März bis Mitte Okt. tgl. außer Mi, So u. Fei; Nov.–Feb. nur Sa; 9.30 oder 10 Uhr; Ticket 10 €).

ment für Pius VIII.). In neun Sälen sind phantastische Objekte wie jener **Bronzehahn** zu sehen, der den Campanile Alt-Sankt-Peters schmückte. Fälschlich der Krönungszeremonie Karls des Großen zugeschrieben wird die **Dalmatica,** ein liturgisches Gewand, das viel später entstand.

⑪ Petersdom
⑫ Casina Pius IV.
⑬ Aula delle Udienze / Nervi-Halle
⑭ Vatikanische Museen und Galerien
⑮ Sixtinische Kapelle
⑯ Apostolische Bibliothek

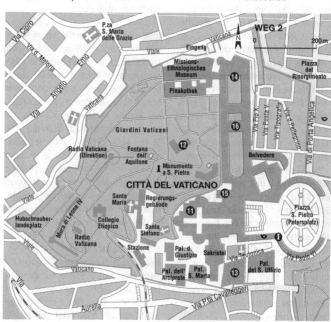

Der Vatikanspalast – einzigartiges Ambiente für weltberühmte Sammlungen

Papstaudienzen

finden meist Mi um 10.30 Uhr auf dem Petersplatz statt (bei schlechtem Wetter in der **Nervi-Halle ⑮**. Karten sind bei den Schweizer Gardisten am Bronzetor des Petersplatzes oder beim Deutschen Pilgerzentrum (Via della Conciliazione 51, Tel. 0 66 89 71 97, Mo–Fr 8.30–17.30, Sa 8.30–12.30 Uhr, www.pilgerzentrum.de) abzuholen. Eine Woche vorher anmelden!

> **Informationsbüro für Pilger und Touristen** (Centro Servizi pellegrini e turisti, Tel. 06 69 88 16 62 und 06 69 88 20 19) am Petersplatz.

***Vatikanische Museen ⑭

Zu den bedeutendsten Kunstsammlungen weltweit zählen die Vatikanischen Museen und Galerien, Viale Vaticano, Tel. 06 69 88 49 47.

> **Öffnungszeiten**
> 1.3.–31.10. Mo–Fr 8.45–15.45, Sa 8.45–13.45 Uhr; 1.11.–31.3. von 8.45–13.45 Uhr; Eintritt 10 €. Letzter

So im Monat geöffnet, freier Eintritt. Geschl.: 1.1., 6.1., Mariä Lichtmess, Ostermontag, 1.5., Fronleichnam, Christi Himmelfahrt, 29.6., 15.8., 1.11., 8.12., 25. und 26.12., www.christusrex.org/www1/vaticano /0-Musei.html.

Farbige Leitsysteme erschließen die Sammlungen. Der Besucher muss sich für Wegen zwischen 90 Min. (A) und bis zu sechs Stunden (D) entscheiden.

Das ***Museo Gregoriano Egizio** (Altägyptisches Museum) zeigt Porträtbüsten aus der römischen Kaiserzeit begleiten den Besucher im ***Museo Chiaramonti,** das in den neuen Flügel, den Braccio Nuovo (ebenfalls Antikensammlung), übergeht.

Im ****Museo Pio Clementino** lockt im oktagonalen Cortile, der Keimzelle der Vatikanischen Museen, der berühmte ****Apoll von Belvedere.** Hier steht auch die *****Laokoon-Gruppe.** Der verzweifelte Kampf des Apollonpriesters und seiner Söhne mit den zwei Schlangen, die ihnen die Göttin Athena sandte, symbolisiert den Untergang Trojas. Laokoon hatte vergeblich versucht, die Trojaner vor dem

2

Seite
84

hölzernen Pferd der Griechen zu warnen. Das Werk war in der Zeit seiner Auffindung so berühmt, dass es der französische König Franz I. als Kriegsbeute für den Louvre verlangte und dort deponieren ließ. Es wurde erst im 19 Jh. an Rom zurückgegeben.

Im *Etruskischen Museum lohnt besonders ein Grabmal, die **Tomba Regolini-Galassi, den Besuch. Die Galerie der **geografischen Karten führt dann zu einem der großen Höhepunkte, den **Stanzen Raffaels. Ursprünglich wurden sie unter Papst Nikolaus V. u. a. von Piero della Francesca ausgemalt. Der Maler aus Urbino widmete sich von 1509 bis 1517 der Umgestaltung der päpstlichen Gemächer. Dem **»Brand im Borgo« (Incendio del Borgo) folgen Raffaels bekannteste Werke in der Stanza della Segnatura, die **»Philosophenschule Athens« und **»La disputa del Sacramento«.

Den Sälen des Heliodor und Konstantins schließt sich die Sala dei Chiaroscuri an, in der Michelangelos *Holzmodell des Petersdoms (zu sehen ist lediglich eine Kopie aus dem 18. Jh.) regelmäßig Besucherstaus auslöst.

In 55 Sälen wird die seit 1973 existierende, 800 Werke umfassende *Sammlung moderner religiöser Kunst präsentiert. Man gelangt hierher über die Kapelle Papst Urbans VIII. und die **Borgia-Gemächer.

Papstbedienstete

Jahrhundertelang galten die Bewohner des Quartiere del Rinascimento als ausgesprochen papsttreu. In den Gassen wohnten Kutscher, Diener, Lieferanten und andere Bedienstete des Vatikanischen Hofes.

***Sixtinische Kapelle ⓯

Das Nonplusultra bildet die seit April 1994 wieder zugängliche, nach 14-jähriger Arbeit vollständig restaurierte Sixtinische Kapelle, in der sich die Kardinäle zum Konklave, der Papstwahl, einfinden. Gelder eines japanischen Konsortiums haben es ermöglicht, Michelangelos Farbenpracht zu enthüllen, die die Sicht auf die Kunst der Renaissance und deren Rezeption revolutioniert: Nicht Düsternis, der Griff zu kräftigsten Farbtönen kennzeichnet das toskanische Kunstgenie. Für das **Jüngste Gericht konnte Michelangelo teure Farbmischungen wählen, da er genügend Geldmittel hatte.

Der ruhigen Hand des Chefrestaurators Colalucci ist zu verdanken, dass Michelangelos Spätwerk, vom Papst im Dezember 1999 neu geweiht, in ursprünglicher Pracht wieder erstrahlt.

Weitere Museen

Nach *Apostolischer Bibliothek ⓰, **Museo Pio Cristiano** (Funde aus den Katakomben) und *Museo Gregoriano Profano (Kopien der Bronzegruppe Athene und Marsyas, Original 5. Jh. v. Chr.) folgt die **Pinakothek mit Werken Giottos und Fra Angelicos, Filippo Lippis oder Gentile da Fabrianos; Raffaels Meisterwerke, die **»Krönung der Jungfrau« (Incoronazione della Vergine), **»Madonna di Foligno« und die **»Verklärung Christi« konkurrieren mit Leonardo da Vincis Darstellung des **Hl. Hieronymus.

Das *Missions-Ethnologische Museum (nur auf Anfrage) bietet Objekte aus dem außereuropäischen Raum sowie die Papst Johannes Paul II. in aller Welt überreichten Geschenke.

Polizeischutz für den Petersplatz

Weg 3

Das Centro Storico

*Engelsbrücke → **Piazza Navona → ***Pantheon → *Area Sacra Argentina

Start und Ziel, Engelsbrücke und Largo Argentina, sind gut an das römische Busnetz angeschlossen (z. B. Buslinien 40, 64, 62 bis Ponte Vittorio Emanuele, dann zu Fuß). Gewöhnlich unternimmt man als Rom-Besucher diesen Weg zweimal: tagsüber, um die Museen und Kirchen zu besichtigen, und abends, um am einmaligen Erlebnis des römischen Corso teilzuhaben.

Die Piazza Farnese, Vorplatz des wunderschönen Palazzo Farnese

Über die **Engelsbrücke ⓱ zur Via Giulia

Der **Ponte Sant'Angelo,** die schönste Tiberbrücke von Rom, geht auf Kaiser Hadrian zurück, der den damaligen Pons Aelius 133/134 n. Chr. als Zugang zu seinem Grabmal errichten ließ. Die Statuen des Petrus und Paulus, Werke Lorenzettos und Paolo Taccones, ließ Papst Clemens VII. 1534 aufstellen. Schüler und Helfer schufen nach den Ideen des großen Bernini jene Engelsstatuen, die die Engelsbrücke zu einem Vorbild barocker Brückenbaukunst in ganz Europa machten. Über den Banco di S. Spirito und die **Via dei Banchi Vecchi** geht es ins Renaissanceviertel Roms.

Die Lage der Kirche ****San Giovanni dei Fiorentini** ⓲ machte die mit dem Lineal projektierte, schnurgerade Via Giulia zu Beginn des 16. Jhs. zur besten Adresse Roms und festen Domäne der Florentiner Diplomaten, Bankiers und Kaufleute. Erst durch das Geld der Medici wurde dieser sumpfige Uferabschnitt urbanisiert.

Den unter dem Namensgeber der Straße, Papst Julius II., begonnenen, jedoch niemals vollendeten **Tribunalpalast** ⓳ (Nr. 52) haben lästernde Römer zum »Sofa« umgetauft. Stattdessen entstanden hier die **Carcere Nuovi,** die »neuen Gefängnisse«, die gegenwärtig ihre Räume der italienischen Antimafia-Kommission zur Verfügung stellen. Auch Raffael plante an der Prachtstraße (Nr. 79) zu wohnen und baute an ***Sant'Eligio degli Orefici** ⓴ (Via Sant'Eligio 9; geöffnet Mo bis Sa 10–12 Uhr), der Zunftkirche der Goldschmiede.

Über die Piazza Farnese zur **Piazza Campo dei Fiori

Den ***Palazzo Farnese** ㉑ an der Piazza Farnese nennen die Römer Il Dado, den Würfel. Mit diesem Steinquader-

Die Engelsbrücke, im Hintergrund das Castel Sant'Angelo

3

Seite
92

Monstrum demonstrierte die ursprünglich arme römische Adelsfamilie ihren wirtschaftlichen Aufstieg, den sie durch geschicktes Antichambrieren am päpstlichen Hof, aber auch durch Kurtisanendienste erreichte. Heute ist der Palast Sitz der Französischen Botschaft.

Auf der Piazza ziehen zwei gewaltige, vor einigen Jahren restaurierte und aus den Caracalla-Thermen stammende »Badewannen« alle Aufmerksamkeit auf sich, Wannen, in denen sich das Wasser der beiden von Girolamo Rainaldi geschaffenen ***Zwillingsbrunnen** sammelt.

Die stimmungsvolle ***Piazza della Quercia** geht nahtlos in die Piazza Capo di Ferro über, wo im ***Palazzo Spada @** mit der ****Galleria Prospettica** Borromini ein wahres Kunstjuwel wartet. Borromini nutzte in dieser nur 9 m langen Kolonnade die Möglichkeiten der illusionistischen Perspektivendarstellung glänzend. Über den Vicolo delle Grotte ist die **Piazza Campo dei Fiori** rasch erreicht. Rechter Hand, auf dem Gebiet des heutigen **Palazzo Pio @** bis hin zu Sant' Andrea della

Valle am Corso Vittorio Emanuele, zog sich in römischer Kaiserzeit das Teatro di Pompeo.

Tipp Im Ristorante **Da Pancrazio** (Piazza del Biscione 92/94; Tel. 0 66 86 12 46; Mi geschl.; ○○) steht bis heute jene antike Säule des Theaterrundes, an der Julius Cäsar an den Iden des März 44 v. Chr. seine Mörder traf. Neben dem volkstümlichen Lebensmittelmarkt (Preisnachlässe ab 13 Uhr) ist auf Roms beliebtester Piazza die Statue Giordano Brunos @ bedeutsam. Sie erinnert an die Verbrennung des Freidenkers im Jahr 1600.

Um den Platz liegen günstige Tavernen wie die **Hostaria Romanesca** (○) oder die Trattoria **Der Pallaro** (Largo del Pallaro 15, Tel. 06 68 80 14 88; Mo geschl.; ○).

Vor der Überquerung des Corso Vittorio Emanuele lohnt ein Abstecher zur Basilika ***San Lorenzo in Damaso @** (7.30–12, 16.30–18 Uhr), die in den Palazzo della Cancelleria integriert ist.

**Piazza Navona

Über die *Piazza Pasquino ㉖ erreicht man die Piazza Navona. Pasquino, eine »sprechende Statue Roms«, hieß ein Schneiderlein, das für seine frechen Reden bekannt war. Es soll hier gewohnt haben. Seine obrigkeitskritischen Kommentare hängte es in Vers- und Reimform an den antiken *Torso an der Piazza. Diese Pasquinaden wurden europaweit berühmt.

Auf der Piazza Navona, auf den Ruinen des antiken Stadions des Domitian, lesen Wahrsager aus den Karten, Souvenir- und Luftballonverkäufer sorgen für stimmungsvolles Ambiente. Dominiert wird diese Piazza von drei Brunnenanlagen.

Der **Vierströmebrunnen ㉗ (Fontana dei Fiumi) zeigt die allegorischen Figuren von Donau, Ganges, Nil und Rio de la Plata, die die damals bekannten vier Erdteile symbolisieren. Details der Anlage führen ein weiteres Mal auf die Spur der sich befehdenden Barockbaumeister Borromini und Bernini. Letzterer, der Baumeister des Brunnens, ließ angeblich die Figur des Rio de la Plata schützend eine Hand gegen die Fassade von **Sant'Agnese in Agone ㉘** erheben, für deren Bau Borromini verantwortlich war. Offenbar wollte Bernini damit ausdrücken, dass er der ausgeklügelten Statik des Konkurrenzbauwerks nicht traute. Borromini konterte seinem Rivalen damit, dass er eine Statue am fragilsten äußersten Punkt der Kirchenfassade aufstellen ließ.

Mit der populären **Fontana del Moro** – ein Mohr kämpft hier mit einem Delphin – am südlichen Ende der Piazza und dem **Neptunbrunnnen** (Fontana del Nettuno) am Nordende wurden 1575 die Vorgaben für die barocke Umgestaltung des Platzes gelegt.

Neben dem berühmten Restaurant **Tre Scalini;** (○○○) locken am Abend die kleineren Trattorien und Bars in der Via della Pace, der Piazza del Fico (sehr zu empfehlen das Café **Esprit Nouveau**) und der Via Santa Maria dell' Anima.

Viel besuchter In-Treff, ob mittags oder spät nachts: **Bar del Fico,** Piazza del Fico 26/28, Tel. 0 66 86 52 05; tgl. 8.30–2 Uhr; auch Tische im Freien. ○–○○

*Palazzo Altemps ㉙

Die **Ludovisische Sammlung** ist seit 1998 im neu eröffneten Renaissance-Palazzo Altemps (Piazza Sant'Appollinare, nördlich der Piazza Navona) zu sehen, u.a. eine Reihe herausragender bildhauerischer Werke wie der **Ludovisische Thron (5. Jh. v. Chr.), der *Hermes Ludovisi, der Satyr aus der Schule des bedeutendsten Bildhauers der Antike, Praxiteles, oder der *Galater, der sich und seine Frau tötet (Tel. 0 66 83 37 59; Di–So 9–19.45; Kasse schließt um 19 Uhr; Eintritt 5 €, Sammelticket s. S.72).

Corso del Rinascimento

An die Piazza Navona schließt sich der Corso del Rinascimento, an. Neben dem Palazzo Madama, Tagungsort des Senats, ist Borrominis Meisterwerk **Sant'Ivo alla Sapienza ㉚** (Nr. 40; Mo–Sa 9–14, So u. Fei bis 12 Uhr) bemerkenswert.

Umwege zur französischen Nationalkirche **San Luigi dei Francesi ㉛** (**Caravaggio-Gemälde in der letzten Seitenkapelle) und zu *Sant'Agostino (mit einem **Caravaggio) an der gleichnamigen Piazza lohnen sich.

***Pantheon ㉜

Ein Meisterwerk der antiken Architektur ist der unter Kaiser Hadrian Anfang des 2. Jh. errichtete Tempel (Info Tel. 06 68 30 02 30, Mo–Sa 8.30–19.30, So 9–19, Fei 9–13 Uhr; gratis). Er war den Planetengöttern geweiht, deren Statuen die sieben Nischen zierten. Der Prachtbau ist in ausgezeichnetem Zustand; nur die vergoldeten Bronzeziegel in Kuppelschale und Vorhallendach wurden geraubt. 608 wurde er in eine Marienkirche umgeweiht. Die in einer Art antikem Beton gegossene Kuppel inspirierte Michelangelo zum Entwurf der Petersdomkuppel. Der elegante Zentralbau ist seit der Renaissance Ruhestätte großer Künstler (z. B. Raffael, Grab 3. Nische von links) und der italienischen Könige.

Das vom Tageslicht erhellte Innere des Pantheons

Der Bau Kaiser Hadrians wurde nach und nach seiner Kunstschätze entkleidet. Den letzten »Kunstraub« vollbrachte der so feinsinnige Urban VIII. Er ließ die Bronzeplatten vom Dach der Portikus entfernen, um für die Engelsburg 80 Kanonen gießen zu lassen. Roms Antwort: An der Statue des Pasquino erschien das Wort »Quod non fecerunt barbari, fecerunt Barberini«, »Was die Barbaren nicht schafften, erledigten die Barberini.« Die beiden von Bernini applizierten Glockentürme wurden als »Eselsohren« verspottet und abgerissen.

*Piazza Santa Maria Sopra Minerva

An der Piazza Santa Maria Sopra Minerva steht Berninis *Elefanten-Obelisk.* Das ägyptische Kunstwerk auf dem Rücken des Rüsseltiers stammt aus dem 6. Jh. v. Chr. und steht vor den Toren eines imaginären antiken Tempels, der jedoch nicht Minerva, sondern der ägyptischen Isis geweiht war. **Santa Maria sopra Minerva ㉝ auf den Ruinen des Isis-Tempels ist die einzige bedeutsame gotische Kirche Roms, die 1280 von Dominikanern begründet wurde. Am Kirchenschiff ist der Einfluss der Florentiner Baukunst sichtbar. Zu den Sehenswürdigkeiten zählen die *Cappella Caraffa mit **Fresken Filippino Lippis, der Sarkophag der hl. Katharina von Siena und der *»Auferstandene Christus« von Michelangelo links des Hauptaltars. In der ersten Kapelle links vom Chor liegt Bruder Beato (»Fra«) Angelico, die Medici-Päpste ruhen, vom Hochaltar aus gesehen, links und rechts.

*Area Sacra Argentina ㉞

Die Area Sacra Argentina am Largo Argentina ist nur nach Anmeldung (Tel. 06 67 10 38 19) zu betreten. Die Tempelreste des 3. und 2. Jhs. bezeugen den hohen Stellenwert dieses Stadtviertels in republikanischer Zeit.

Seite 92

Weg 3

⑰ Engelsbrücke
⑱ San Giovanni dei Fiorentini
⑲ Tribunalpalast
⑳ Sant'Eligio degli Orefici
㉑ Palazzo Farnese
㉒ Palazzo Spada
㉓ Palazzo Pio
㉔ Statue Giordano Brunos
㉕ San Lorenzo in Damaso
㉖ Piazza Pasquino
㉗ Vierströmebrunnen
㉘ Sant'Agnese in Agone
㉙ Palazzo Altemps
㉚ Sant'Ivo alla Sapienza
㉛ San Luigi dei Francesi
㉜ Pantheon
㉝ Santa Maria sopra Minerva
㉞ Area Sacra Argentina

Weg 4

㉟ Sant'Onofrio al Gianicolo
㊱ Faro della Vittoria
㊲ Piazzale Garibaldi
㊳ Porta San Pancrazio
㊴ Fontana dell' Acqua Paola
㊵ San Pietro in Montorio
㊶ Piazza Santa Maria in Trastevere
㊷ Piazza Giuseppe Belli
㊸ Santa Cecilia in Trastevere
㊹ Complesso di San Michele
   a Ripa Grande
㊺ Porta Portese
㊻ San Francesco a Ripa
㊼ Folkloremuseum
㊽ Palazzo Corsini
㊾ Villa Farnesina
㊿ Museo dell' Arte Sanitaria

Volkstümliches Trastevere

*Passeggiata del Gianicolo → **Santa Maria in Trastevere → *Porta Portese → Lungotevere in Sassia

Dieser Spazierweg über den Gianicolo-Hügel und in Trastevere zählt zu den schönsten Touren, die man in Rom unternehmen kann. In Trastevere stehen an der Piazza Sonnino zahlreiche Buslinien sowie Tram 8 bereit. Das volkstümliche Trastevere bietet am Abend typisch römische kulinarische Verlockungen.

4

Seite **92**

Der Gianicolo

*Kloster Sant'Onofrio ㉟

Von der Piazza Della Rovere führt der Weg die Salita Sant'Onofrio hinauf zur Piazza Sant'Onofrio und über die Treppenanlage zum Kloster Sant'Onofrio al Gianicolo. Der Name des Klosterhausbergs leitet sich vom doppelköpfigen Gott der Stadttore und Türschwellen, Janus, ab.

Sehenswert ist der Klosterkreuzgang aus dem 15. Jh. Hier starb im April 1595 Roms Dichterfürst Torquato Tasso. In der Kirche sind ihm zwei Monumente gewidmet; das kleine Museum im Kloster kann man nur mit Voranmeldung besichtigen (Tel. 06 82 81 21, Fax 06 68 80 22 98).

*Passeggiata del Gianicolo

Auf der 1880–1884 auf den Bastionen der Mauern Urbans VIII. angelegten Passeggiata del Gianicolo (auch Giani-

colense) führt der Weg vorbei am Anfiteatro del Tasso, in dem während der Estate Romana Theaterstücke und Filme gezeigt werden (Spielbeginn 21.15 Uhr; Tel. 0 65 75 08 27).

*Leuchtturm ㊱

An der Piazza del Faro folgt der römische Leuchtturm (Faro della Vittoria). Seit 1911 überragt das Unikum den antiken Binnenhafen der Ewigen Stadt, ein Geschenk der nach Argentinien ausgewanderten italienischen Familien. Der Ausblick ist einzigartig.

**Piazzale Garibaldi ㊲

Vorbei am Renaissancepalast der *Villa Lante sind es nur wenige Schritte zur Aussichtsterrasse Piazzale Garibaldi. Neben dem Panoramablick über Roms ist das Reiterstandbild Giuseppe Garibaldis ein beliebtes Fotomotiv. Die *Porta San Pancrazio ㊳ erfüllt seit 1644 die Funktionen der antiken Porta Aurelia.

Tipp Carlo Piantadosi macht Erwachsene und Kinder mit Figuren der Commedia dell'Arte und »Hänsel und Gretel« vertraut. Sein *Puppentheater an der Aussichtspiazza ist ein Renner.

*Fontana dell'Acqua Paola ㊴

Geht man weiter auf der Via Garibaldi, taucht bald die Fontana dell'Acqua Paola auf. Papst Paul V. ließ hier das Aquädukt Trajans reaktivieren und mit barocker Pracht ausschmücken. Die antike Kunst der Triumphbogengestaltung stand bei der Brunnenanlage, die zu den schönsten Roms zählt, Pate.

Der Gianicolo-Hügel ist bei jungen Liebespaaren eine beliebte Station während der nächtlichen Ausgehtour, nicht allein wegen des romantischen Ausblicks, den er gewährt, sondern auch wegen der dunklen, baumbestandenen Straßen.

Stimmungsvolles Ambiente einer Trattoria in Trastevere

*San Pietro in Montorio ④⓪

An der Piazza San Pietro in Montorio, steht San Pietro in Montorio mit dem ****Tempietto di Bramante.** Der Zusatz Montorio verweist auf den alten Namen des Gianicolo: Mons aureus, Goldener Berg. Konvent und Kirche gehen auf das 9. Jh. zurück. Der hl. Petrus soll hier gekreuzigt worden sein. Während die um 1500 umgebaute Kirche zahlreiche Kunstwerke beherbergt, findet sich im ersten der beiden Kreuzgänge Bramantes Meisterwerk, das Tempelchen (1508–1512). Bernini sorgte für den Zugang zur Krypta.

Piazza Santa Maria in Trastevere ④①

Schon in der Antike genoss der Brunnen der Piazza, damals als *Olei Fons*, öliges Quellwasser, gewisse Berühmtheit. Carlo Fontana sorgte dafür, dass sich die schlechten hygienischen Verhältnisse verbesserten und bastelte erfolgreich am schmucken Äußeren.

**Santa Maria in Trastevere ist Roms älteste Marienkirche (7.30 bis 21 Uhr). Die Hauptkirche Trasteveres erhielt ihre jetzige Gestalt im 12. Jh., die Vorhalle wurde 1702 errichtet. Der Blick zu den *Apsismosaiken hinauf führt geradewegs ins 13. Jh.

Unterwegs in Trastevere

Piazza Sonnino

Über das Kopfsteinpflaster der belebten Via della Lungaretta geht es zur Piazza Sonnino mit dem Geschlechterturm **Torre d'Anguillara** (13. Jh.) und der Kirche ***San Crisogono.** Der Eingang zur Kirche liegt an der Hauptverkehrsachse des Viertels, dem Viale di Trastevere. Im Kircheninneren sind die *Fußbodenmosaike und die größten Porphyrsäulen Roms von Interesse.

*Piazza Giuseppe Belli ④②

Wenige Meter sind es zur Piazza Giuseppe Belli, die nach Trasteveres berühmtem »Poeten der kleinen Leute« benannt ist. Versteinert schaut der »Zille Roms« in Frack und Zylinder auf das Alltagstreiben der Trasteveriner, die sich für die wahren Römer halten.

4

Seite
92

In der kleinen Buchhandlung an der Via Lungaretta 90 sind Bellis Werke auch auf Deutsch zu erstehen: hübsche Bändchen mit Anekdoten und Histörchen.

Genuesenhospiz
Nach der Überquerung des Viale di Trastevere führt die Via della Lungaretta (hier einige gute Bars und Cafés) zur Piazza in Piscinula. Zwei Querstraßen weiter hat an der Via dei Genovesi das Genuesenhospiz (Ospizio dei Genovesi) seinen Sitz. Es besitzt einen sehenswerten *Kreuzgang (15. Jh.).

*Santa Cecilia in Trastevere 43
Dem Hospiz gegenüber liegt Santa Cecilia in Trastevere, eine der populärsten Kirchen Roms, die seit den Zeiten des Papstes Paschalis I. (817–824) die Gebeine der hl. Cäcilia aufbewahrt. Dieser hatte die in den Kalixtus-Katakomben entdeckten Reliquien hierherbringen und die Kirche verschönern lassen. Neben den *Apsismosaiken verdienen die Krypta und vor allem der *Nonnenchor des angeschlossenen Nonnenklosters mit dem

---

Musikpatronin

Santa Cecilia ist Schutzpatronin der Kirchen- und Volksmusik und damit in Rom unentbehrlich. Der Stadtchronik nach wurde bei einer Graböffnung im Jahre 1599 der Leichnam des Heiligen nahezu unversehrt vorgefunden. Daher kann man sich bei der 1600 von Maderna (er war bei der Öffnung anwesend) geschaffenen ****Statue der liegenden Cäcilia** in der ihr geweihten Kirche eine gute Vorstellung vom Aussehen der antiken Dame machen.

1293 entstandenen Fresko ****Jüngstes Gericht** (Pietro Cavallini) Erwähnung (Di, Do 10–12, So 11–12 Uhr, 2 €). Der Komplex zur Rechten der Via Anicia ist die Staatliche Tabakmanufaktur, bis 1870 im Besitz des Vatikans.

*Complesso di San Michele a Ripa Grande 44
In der Parallelstraße, der Via di San Michele 22, steht der in 150-jähriger Bauzeit errichtete Complesso di San Michele a Ripa Grande. Das Palastensemble ist Sitz der Hochschule für Restauration und Dokumentation sowie der Ministerialstelle für Kultur- und Naturgüter (Beni Culturali e Ambientali) Italiens. Er öffnet seine Pforten für Konzertveranstaltungen und Ausstellungen in der Chiesa Grande und auf dem ehemaligen Trockenboden.

Das Areal um das alte Stadttor der ***Porta Portese 45** gehört am Sonntagvormittag den Freunden des lebendigenen wöchentlichen Flohmarktes (Achtung Taschendiebe!). Am **Porto di Ripa Grande** befand sich im Mittelalter Roms Binnenhafen.

Im **L'Antico Tevere** (Via Portuense 45; Tel. 0 65 81 60 54; ○–○○; So geschl.) speist man klassisch oder genießt eine gute Pizza.

San Francesco a Ripa 46
In der Kirche San Francesco a Ripa zieht Berninis sehr sinnlich gemeißelte Selige Ludovica Albertoni die Kunstpilger an. Die Via San Francesco a Ripa führt zurück zum Zentrum des früheren 14. römischen Quartiers, zur Piazza Santa Maria in Trastevere.

Die Pizzeria **Ivo a Trastevere** (Via San Francesco a Ripa 157, Tel. 0 65 81 70 82) ist nicht nur bei Roms Jugend beliebt.

Die Piazza Trilussa am Tiber ehrt mit ihrem Namen einen Trasteveriner Volksdichter mit Herz und Witz,

*Folkloremuseum ⑰
Das Museo di Roma an der Piazza San Egidio 1 b, Tel. 0 65 81 65 63, Di–So 10 bis 19.30 Uhr, Eintritt 2,58 €, bietet einen Blick in römisches Leben und Brauchtum. Für Kinder interessant sind die nachgestellten Szenen aus dem römischen Alltag von einst. Über die Via della Scala und die Via Lungara gelangt man zurück zum Tiber.

Palazzo Corsini ⑱ und **Villa Farnesina ⑲

**Nationalgalerie
Die Nationalgalerie im Palazzo Corsini (Galleria Nazionale d'Arte Antica) zeigt europäische Malerei des 16.–18. Jhs. (Via della Lungara 10, Tel. 06 68 80 23 23; Di–So 8.30 bis 19.30 Uhr; Eintritt 4 €). Anton van Dycks **Madonna mit dem Kind ist

eine Attraktion. Der Palazzo war die Residenz der zum Katholizismus konvertierten schwedischen Königin Christina, die einen Kreis von Künstlern und Humanisten um sich scharte.

Der Abstecher in den **Botanischen Garten beim Palazzo lohnt (Zugang L. Cristina di Svezia 24, Tel. 06 49 91 71 07; So: Di–Sa 9.30–18.30 Uhr; Wi: Di–Sa 9.30 bis 17.30 Uhr; 2,07 €).

Villa Farnesina
Gegenüber liegt die Villa Farnesina mit dem Nationalen Kunstdruckkabinett, s.u. (Via della Lungara 230; Mo–Sa 9–13 Uhr; Eintritt 4,50 €).

Museo dell' Arte Sanitaria ⑳

Am Ende des Lungotevere in Sassia wartet im Ospedale di Santo Spirito das **Museo dell' Arte Sanitaria.** Nicht nur für Kunstmüde ist ein Horrorladen der Medizingeschichte seit dem Mittelalter zusammengestellt (Lungotevere in Sassia 3, Tel. 06 68 35 23 53; Mo–Fr 9–13 Uhr, freier Eintritt).

4

Seite 92

Die **Villa Farnesina

Um die Festgelage in der Renaissancevilla des Anfang des 16. Jhs. wohl reichsten Mannes am Tiber, des aus Siena gebürtigen Bankiers Agostino Chigi, ranken sich eine Reihe bemerkenswerter Geschichten. Kolportiert wird, dass Chigi Gäste von silbernem Geschirr speisen ließ, auf das stets Familienwappen und Monogramm des jeweiligen Gastes geprägt waren. Nach dem Mahl segelten diese Kostbarkeiten unter großem Getöse und nonchalant aus den Palastfenstern in den Fluss. Doch Chigi

war ein knauseriger Bankier: Unter der Wasseroberfläche hatte er Netze spannen lassen, die ihm am nächsten Morgen stets satte Edelmetall-Fischzüge garantierten. Sehen Sie sich die **Sala delle Prospettive** im Obergeschoss an, in der die Kunst der Perspektivmalerei erstmals Triumphe feierte. Im Schlafzimmer beeindruckt Sodomas *»Alexanderhochzeit«, während in der Gartengalerie Raffaels *»Märchen von Amor und Psyche« sowie der *»Triumphzug der Galatea« herausragen.

Von der Tiberinsel zum Kapitol

*Tiberinsel → *Jüdische Hauptsynagoge → *Santa Maria in Cosmedin → **Kapitolinische Museen

Die Tour durch das alte jüdische Viertel beginnt an der Tiberinsel, deren Existenz nicht unwesentlich zur Gründung der Stadt Rom beigetragen hat. Zahllose Sehenswürdigkeiten locken, ehe mit dem Kapitol Roms altes Zentrum der Macht erreicht wird. Die Piazza Sonnino in Trastevere ist ein idealer Ausgangspunkt (Buslinien 23, 280, Tram 8).

Jüdisches Rom

In Trastevere siedelte sich 139 v. Chr. die erste jüdische Gemeinde an. Eine alte Synagoge in einem Wohnhaus am Vicolo dell' Atleta 14 erinnert daran.

*Tiberinsel

Von der Piazza Sonnino führt der Weg über den Ponte Cestio (46 v. Chr.) auf die schon in der Antike in Travertinestein gekleidete, einem Schiff ähnelnde Tiberinsel. Die dem griechischen Heilgott Asklepios (Äskulap) geweihte Insel wird vom **Ospedale dei Fatebenefratelli** ❶ dominiert. Im Spätmittelalter war diese Bruderschaft u. a. für die Pflege der Pestkranken, aber auch den Abtransport der Leichen zuständig. Auf den Ruinen des alten Äskulap-Tempels stehen seit den Zeiten Kaiser Ottos III. Kirche und Kloster von **San Bartolomeo** ❷ mit dem romanischen *Campanile.

Sora Lella, Via di P. Quattro Capi 16, Tel. 0 66 86 16 01; So geschl.; römische Küche. ○○

*Hauptsynagoge ❸

Über den Ponte Fabricio geht es über den Lungotevere dei Cenci zur Jüdischen Hauptsynagoge mit Museum (Tel. 06 68 40 06 61; Mo–Do 9–16.30, Fr 9–13.30, So 9–12 Uhr; Sa u. jüdische Fei geschl.; Eintritt 6 €). Der Bau wurde Anfang des 20. Jhs. in orientalisierendem Stil errichtet und gilt als Stein gewordenes Monument der Befreiung der römischen Juden aus dem Ghettodasein. Das Museum vermittelt auch Personen, die Führungen durch das frühere Ghetto veranstalten. Das Kulturzentrum der jüdischen Gemeinde liegt in der Via Arco dei Tolomei 1.

Portico d'Ottavia ❹

Die Reste des Portico d'Ottavia, in der vor 2000 Jahren griechische Kunstwerke ausgestellt wurden, sind in der Vorhalle der Kirche *Sant'Angelo in Pescheria verbaut. Berühmt ist das Kirchlein der christlichen Bekehrungsversuche wegen, die sich hier verbal jahrhundertelang über die Mitglieder der jüdischen Gemeinde ergossen.

Schildkrötenbrunnen ❺

Ein Schmuckstück ist der Schildkrötenbrunnen des Florentiner Bildhauers Taddeo Landini (1581–1584) an der Piazza Mattei. Sehenswert ist auch die Kirche Santa Caterina dei Funari in der gleichnamigen Straße (1560–1564).

Piazza Bocca della Verità und *Teatro di Marcello

Vom Portico d' Ottavia gelangt man rasch zur Piazza Bocca della Verità, in das älteste besiedelte Gebiet Roms. Der in der Vorhalle von ***Santa Maria**

5

Seite 101

*Die kapitolinische Wölfin säugt
Romulus und Remus*

*Schwindler riskieren ihre Hand in der
Bocca della Verità*

in Cosmedin ㊷ (6. Jh.) aufrecht stehende »Mund der Wahrheit« (Bocca della Verità) war wohl eine Art Zierverschluss oder Wasserspender in einer der römischen Thermen. Er sieht wie eine Tritonenmaske aus. Der Legende nach konnten hier Treulose und Meineidige überführt werden: Steckten Lügner ihre Hand in die steinerne Öffnung, wurde diese abgehackt.

Die Marmorscheibe von 1,66 m Durchmesser aus dem 4. Jh. v. Chr. stellt den italischen Gott Faunus dar, der für die Einhaltung von Versprechungen zuständig war. In der schmucken Kirche beeindrucken Cosmatenarbeiten (12./13. Jh., s. S. 118). Ein Mosaik aus dem 8. Jh. ist in der Sakristei ausgestellt. Die Krypta ist in einen heidnischen Ceres-Tempel hineingebaut. Der »Mund der Wahrheit« stammt wohl aus diesem Heiligtum.

Vesta Tempel,
Fortunatus-Virilis-Tempel ㊸

Mit dem sog. Vesta-Tempel und dem sog. Fortunatus-Virilis-Tempel liegen zwei gut erhaltene antike Sehenswürdigkeiten der Kirche gegenüber. Der Fortuna-Virilis-Tempel hat mit dem Flussgott Portunus zu tun, der hier verehrt wurde. Sein Name liegt »Porto« für Hafen zugrunde.

*Teatro di Marcello ㊹

Auf der Via del Teatro di Marcello sieht man die in die Ruinen des Teatro di Marcello eingebauten Palasträume der Adelsfamilie Orsini. Augustus gab das 17 580 Plätze fassende Theater zur Erinnerung an seinen verstorbenen Neffen in Auftrag.

Tipp Wenn Sie eine der schönsten Aussichten über die Kuppeln Roms genießen wollen, sollten Sie die Aussichtsterrasse des *Piazzale Caffarelli besuchen.

5

**Seite
101**

> ## Obskur?
>
> Die **Via delle Botteghe Oscure,** die »Straße der dunklen Läden«, war lange Zeit Sitz der KPI, was immer wieder zu Spötteleien Anlass gab. Der Name der Straße beruht auf der Existenz einer schummrigen mittelalterlichen Ladenzeile. Die Siedlungsgeschichte des Viertels ist illustriert in der Crypta Balbi (Nr. 31; Tel. 06 39 96 77 00, Di–So 9–19.45, Kasse schließt um 19 Uhr; Eintritt 4 €; s. S. 72).

****Piazza del Campidoglio** ⑤⑨

Michelangelos berühmte Treppenanlage, die ***Scala Cordonata,** führt auf die auch von ihm gestaltete Piazza del Campidoglio, den Kapitolsplatz. Roms Bürgermeister residiert im ***Senatorenpalast,** vor dessen Aufgang der ***Minerva-Brunnen** plätschert.

Aufmerksamkeit erregt das ***Reiterstandbild Kaiser Mark Aurels** (161–180 n. Chr.; das Original steht, vor Smog geschützt, in den Musei Capitolini). Erst aufgrund heftiger Proteste der Bevölkerung fertigte man eine Bronzekopie an, die unter großem Jubel am Geburtstag Roms, dem 21. April 1998, eingeweiht wurde.

Auf den Fundamenten des Tempels der Juno steht die Kirche ***Santa Maria in Aracoeli** ⑥⓪ (9–12.30, 14.30 bis 17.30, April–Sept. 9–12.30, 15.30 bis 18.30 Uhr), deren Eingangsportal über die steilen 124 Stufen der ***Freitreppe** erreicht wird. Ihre Existenz gemahnt an Cola di Rienzo, der 1347 in Rom die Macht an sich riss, alte republikanische Traditionen erneuern wollte und als »König der Ewigen Stadt« stürzte. Energiesparender ist der Zugang via Kapitolsplatz: Linker Hand, vorbei am ***Neuen Museumspalast** (Palazzo Nuovo; auch zur Unterscheidung vom Konservatorenpalast Museo Capitolino genannt), führen Treppenanlagen aufwärts zu einem Seiteneingang. Kaiser Augustus selbst hat hier, einer Weissagung folgend, einen Himmelsaltar (Aracoeli) errichten lassen. Teile dieses Altars sieht man am vermutlichen Grab der hl. Helena, Mutter Kaiser Konstantins (Querschiff, Cappella di Santa Elena), durch einen Spalt. Heute ist die Kirche für ihr Santo Bambino berühmt. Der Holzskulptur aus dem 15. Jh. werden Wundertätigkeit und Heilkraft nachgesagt. Sie befindet sich gewöhnlich in der Sakristei.

****Kapitolinische Museen**

Auf der Südkuppe des Kapitols ragte einst der Sakralbau der mächtigsten römischen Gottheit, der **Tempel des Jupiter Capitolinus** in den Himmel. Heute steht auf seinen Rudimenten der ****Konservatorenpalast** (Palazzo dei Conservatori), in dem neben dem Museo Capitolino im Palazzo Nuovo seit 1471 (unter Papst Sixtus IV.) die ersten öffentlich zugänglichen Kunstsammlungen der Erde untergebracht sind. In diesem älteren Teil der Kapitolinischen Museen faszinieren bereits im Innenhof die Reste der Kolossalstatue Kaiser Konstantins. In den Sälen ist neben der Statue des ****Dornausziehers** in der Sala dei Trionfi das berühmte Rom-Sinnbild ***Kapitolinische Wölfin** in der Sala della Lupa die große Attraktion (Piazza del Campidoglio, Tel. 06 39 96 78 00; Di–So 9–20 Uhr; Eintritt 7,75 €, gilt für den Besuch beider Paläste und des Tabulariums).

Im **Palazzo Caffarelli** werden wechselnde thematische Ausstellungen gezeigt. Weitere erstrangige antike Kunstobjekte schließen sich im Braccio Nuovo und dem Museo Nuovo an, während die ***Pinakothek** im zweiten Stock Werke von Tizian und Rubens, van Dyck, Velázquez und Caravaggio (»Johannes der Täufer«) zeigt. Über eine Galerie gelangt man neuerdings in die Reste des Tabulariums, das antike Staatsarchiv. Es dient seit dem Mittelalter als Unterbau für den Palazzo Senatorio.

Im Innenhof des **Palazzo Nuovo,** der um 1650 als Kopie des Konservatorenpalastes entstand, steht das originale Reiterstandbild des Mark Aurel. Im ersten Stock lohnen die Visite der Statue des ***Sterbenden Galliers** in der Sala del Galata Morente und das Sosus-Mosaik.

San Giuseppe dei Falegnami ⑥

Ein Rundgang um das Kapitol führt auf den Passaggio del Muro Romano, an dessen Ende sich mit **San Giuseppe dei Falegnami** die dem hl. Joseph und der Zimmermannszunft geweihte Kirche (um 1600) mit dem Mamertinischen Kerker (*Carcere Mamertino) erhebt. Unterhalb der Kirche befindet sich die Kapelle San Pietro in Carcere.

In den Verliesen des römischen Staatsgefängnisses schmachtete neben dem Gallier Vercingetorix und den Komplizen des Catilina nach den christlichen Legenden auch der hl. Petrus. Er konnte entfliehen, weil er die Kerkermeister zum christlichen Glauben bekehrte. Das Schicksal der meisten Gefangenen in der ehemaligen Zisterne war besiegelt. Ihre Leichen verschwanden in der unter den Kerkern fließenden Cloaca maxima.

Weg 5

⑤ Ospedale dei Fatebenefratelli
⑤ San Bartolomeo
⑤ Jüdische Hauptsynagoge
⑤ Portico d' Ottavia
⑤ Schildkrötenbrunnen
⑤ Santa Maria in Cosmedin
⑤ Vesta- und Fortuna-Virilis-Tempel
⑤ Teatro di Marcello
⑤ Piazza del Campidoglio
⑥ Santa Maria in Aracoeli
⑥ San Giuseppe dei Falegnami

Weg 6

⑥ Museum im Palazzo Venezia
⑥ San Marco
⑥ Santa Maria di Loreto
⑥ Trajanssäule
⑥ Kaiserforen
⑥ Titusbogen
⑥ Clivo Palatino
⑥ Kolosseum
⑦ Konstantinsbogen

5

Seite 101

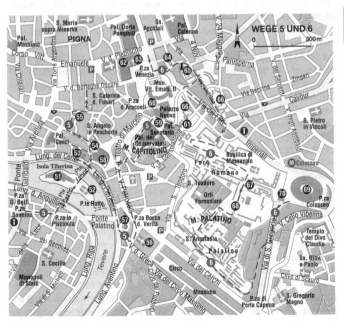

Das antike Rom

***Piazza Venezia → **Kaiserforen →
***Forum Romanum
→ ***Kolosseum**

Die Spurensuche im Zentrum des Römischen Weltreiches gestaltet sich meist interessanter, als viele Rom-Besucher vorab erwarten. Nach dem Besichtigungsmarathon bietet sich ein Picknick auf dem Colle Oppio an.

Die Trajanssäule in den Kaiserforen

*Piazza Venezia

Roms Verkehrsknotenpunkt wird vom neoklassizistischen Nationaldenkmal zu Ehren König Vittorio Emanueles II. mit dem »Altare della Patria« (1885–1911) dominiert, den die Römer »Schreibmaschine« getauft haben.

Der **Palazzo Venezia** ⑫ besitzt ein ***Museum**, das in 58 Sälen wertvolle Preziosen zeigt (Zugang Viale del Plebiscito 118; Tel. 06 69 99 43 18; Di–So 8.30–19.30 Uhr, Eintritt 4 €). In dem Renaissancebau (1452–1491) mit Festungscharakter lohnt auch der Besuch der *Sala del Mappamondo.

Einen Blick sollte man in die Basilika *San Marco ⑬ werfen, die in den Palast integriert ist. Im Inneren sind Mosaiken aus dem 9. Jh. und die Kassettendecke bemerkenswert.

Auf der gegenüberliegenden Seite der Piazza Venezia sieht man die Kuppelkirche *Santa Maria di Loreto ⑭, (Grundsteinlegung 1507). Bemerkenswert ist die aufgesetzte »Laterne«. Der Unproportionalität wegen wurde Giacomo Del Ducas Werk spöttisch in Gabbia dei Grilli, »Grillenkäfig«, umbenannt.

**Kaiserforen

Die **Trajanssäule ⑮, das eindrucksvollste Monument der Kaiserforen, wurde 113 n. Chr. errichtet. Die 40 m hohe Siegessäule erinnert an Kaiser Trajans Regentschaft (98–117 n. Chr.) und seine Erfolge in den Dakerkriegen. Das Außenrelief mit über 2500 Figuren zieht sich spiralförmig über 270 m aufwärts. Trajans Statue auf dem Monument wurde 1587 durch die des Apostels Petrus ersetzt.

Ein Teil des Quirinalhügels musste für den in der Antike wie ein Weltwunder gefeierten *Trajansmarkt (Mercati Traiani) abgetragen werden. Der Zugang zu den antiken Märkten liegt an der Via IV Novembre (Nr. 94); (Tel. 0 66 79 00 48; Di–So 9–18.50, im Winter bis 16.30 Uhr; Eintritt etwa 6 €, schließt auch das benachbarte Augustusforum mit ein). Das Zentrum der gewaltigen, von Apollonius von Damaskus entworfenen Anlagen bildete die fünfschiffige Basilica Ulpia.

An der Via dei Fori Imperiali schließen sich weitere **Kaiserforen ⑯ an, in denen gegenwärtig groß angelegte

Grabungskampagnen stattfinden. Im Forum des Augustus ragen die Säulen des Tempels des rächenden Gottes Mars (Mars Ultor) auf, der mit den Beutegeldern des Rachefeldzuges gegen die Caesarmörder finanziert wurde. Im Forum Julius Cäsars erinnern drei korinthische Säulen an den Tempel der Venus Genetrix. Das Forum Nervas ist zum größten Teil überbaut.

***Forum Romanum

Das Forum Romanum (Via dei Fori Imperiali, Via di San Gregorio 30, Tel. 0 66 99 01 10; Nov.–Feb. tgl. 9–16.30; März, April, Sept., Okt. bis 17.30 Uhr, Sommer bis 19.30 Uhr, Eingang bis 1 Std. vorher; Eintritt frei) war lange ein unbewohntes Sumpfgebiet. Die zwischen Viminal und Quirinal, Palatin und Kapitol gelegene Talsenke bildete nach dem Bau der Cloaca maxima Herz und Zentrum des Römischen Weltreiches. Wie das Forum zu Zeiten der Cäsaren aussah, zeigt eine an den Kiosken erhältliche Illustration (Edizione Visioni).

Den schönsten Überblick über das Forum hat man vom Tarpejischen Felsen auf dem Kapitol, den man auf der alten Triumphstraße hinter dem Septimiusbogen besteigen kann.

Das Forum Romanum ist 480 m lang und ca. 180 m breit

Vom Eingang ins Zentrum des Römischen Weltreiches

Gleich im Eingangsbereich verläuft die Via Sacra, die das gesamte Forum durchzieht. Rechter Hand steht seit 179 v. Chr. die vierschiffige **Basilica Aemilia Ⓐ**, einst Ladenpassage und Bankgebäude, deren großartige Mardmordekoration kaum mehr zu erahnen ist. Auf das Comitium folgt die **Kurie** (Curia) **Ⓑ**, Sitz des antiken römischen Senats. Die Ruinen dieses Baus gehen auf Kaiser Diokletian (um 300 n. Chr.)

zurück, doch war der Platz schon in der Frühzeit Versammlungsort. Seit dem 7. Jh. als Kirche genutzt, wurde die Kurie Anfang des 20. Jhs. säkularisiert. Fünf Reihen Sessel auf den flachen Stufen im Inneren boten Platz für die mindestens 300 Senatoren, die sich hier zu den morgendlichen Sitzungen einfanden.

Der **Lapis Niger Ⓒ** ist das älteste Denkmal des Forums. Unter diesem schwarzen Stein soll Stadtgründer Romulus begraben sein. Auf den vier Reliefs am ***Triumphbogen des Septimius Severus Ⓓ** sind die Orientfeldzüge des Kaisers und seiner Söhne dargestellt. Mordbube Caracalla ließ nach der Tötung seines Bruders Lobeshymnen auf sich einmeißeln.

Auf der berühmten Rednertribüne des Forums, den **Rostra Ⓔ**, wurden Redeschlachten ausgetragen und Testamente verlesen. Da alle Wege in die Ewige Stadt führen, freut es den Besucher, am Umbilicus Urbis **Ⓕ** (ein kleiner Steinkegel) tatsächlich das Zentrum des Römischen Weltreiches erreicht zu haben. Linker Hand der Rostra gibt der goldene Meilenstein

6

Seite 104

(Miliarium aureum), ein einst mit Bronze verkleideter, marmorner Zylinderblock, die Entfernung zu den wichtigsten Städten des Imperiums an.

Vom Staatsschatz zum Vestatempel

Hinter den acht ionischen Säulen des **Saturn-Tempels** (Tempio di Saturno) ⓖ wurde der Staatsschatz gehortet. Ende Dezember fanden hier die Festivitäten der Saturnalien statt, die als Vorläufer des Karnevals gelten.

Die 14 m hohe **Phokas-Säule** ⓗ ist eine von sieben Ehrensäulen, die nach dem Untergang des Imperiums errichtet wurden. Sie ehrt einen byzantinischen General, der 608 n. Chr. als Usurpator den Thron bestieg, dem Papst aber das Pantheon schenkte.

Der **Lacus Curtius** ⓘ war als Verbindung zwischen Ober- und Unterwelt heilig. Früchte und Getreide, später auch Münzen, verschwanden in dieser wassergefüllten Bodensenke.

Julius Cäsar ließ 50 v. Chr. die **Basilica Julia** ⓙ, eine 101 m lange, 49 m breite Gerichtshalle, errichten. 400 Jahre zuvor stand bereits der ****Tempel der Dioskuren** (Tempio di Castore e Pollux) ⓚ. Aus dem der Wassernymphe Juturna geweihten Lacus Juturnae sprudelte einst Quellwasser.

Santa Maria Antiqua ⓛ ist das älteste christliche Gebäude auf dem Forum. 365 n. Chr. errichtet, symbolisiert es den Triumph des Christentums an exponierter heidnischer Stätte. Nach den bescheidenen Resten des **Augustus-Triumphbogens** ⓜ, der nach der siegreichen Schlacht bei Actium 31 v. Chr. über Antonius und Kleopatra errichtet wurde, tauchen mit dem **Tempel Julius Cäsars** ⓝ und der **Regia** ⓞ zwei bedeutende Stätten auf. Der Tempel wurde dort erbaut, wo die Leiche Cäsars verbrannt wurde. Noch heute ehrt die Stadt Cäsar am jährli-

chen Todestag, dem 15. März, mit Kränzen. Die Regia erinnert an die hier residierenden römischen Könige, auch Cäsar hat sie als oberster Priester (Pontifex maximus) bewohnt. Die Bezeichnung ging auf den Papst über.

Die Nähe des ***Rundtempels der Vestalinnen** (Tempio di Vesta) ⓟ ist nicht zufällig: Hier führte die Gattin des keineswegs zölibatär lebenden Pontifex maximus, die Regina sacrorum, das Regiment über jene Priesterinnen der Göttin Vesta, die das heilige Feuer, Haus und Herd zu schützen hatten. Erlosch das Feuer, mussten die Jungfrauen mit dem Tode rechnen. Hatten sie ihre Jungfräulichkeit verloren, wurden sie bei lebendigem Leib begraben. Hatten die Damen jedoch die Wechseljahre nach 30 Dienstjahren erreicht und streng behütet im angrenzenden Haus der Vestalinnen, dem **Atrium Vestae** (von der Via Nova aus zu betrachten), gewohnt, wurden sie von Volk und Senat mit Ehrungen überschüttet. Da unter den Cäsaren Königs- und höchste Priesterwürde wieder in einer Person vereint wurden, kam den Vestalinnen in der Kaiserzeit steigende politische Macht zu. Sie durften richten und sogar dem Imperator widersprechen.

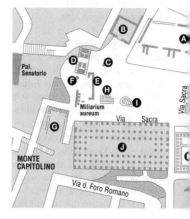

Aus Tempeln werden Kirchen

Zehn Säulen und ein Architrav gemahnen an den **Tempel des Antoninus Pius und der Faustina** 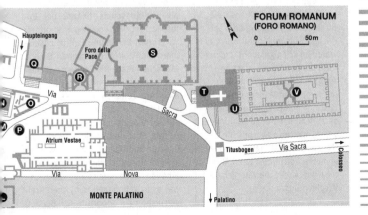, in den im 7.–8. Jh. die Kirche San Lorenzo in Miranda eingebaut wurde.

Der **Tempel des Romulus** ⓡ wurde 309 n. Chr. für den vergöttlichten Sohn des Kaisers Maxentius errichtet. Er bildet die Apsis der Kirche Santi Cosma e Damiano (Eingang Via dei Fori Imperiali; 9–13, 15–19 Uhr), die wiederum auf einem Teil der Bibliothek des Friedensforums Vespasians steht. Gegen Trinkgeld oder Spende gewährt der Sakristan einen Blick auf Mosaike und Krypta.

Der Bau der **Maxentius-Basilika** ⓢ ist zu einem Drittel erhalten. Kaiser Konstantin siedelte nach der Schlacht an der Milvischen Brücke exklusive Geschäfte an. Im 36 m hohen Gewölbe stand die Kolossalstatue des Kaisers (Kapitolinische Museen). Den Päpsten diente die Basilika als Steinbruch.

In ***Santa Francesca Romana** ⓣ, früher Santa Maria Nova, überragt eine Darstellung der Gottesmutter mit Kind aus dem 5. Jh. andere frühchristliche Arbeiten. Im angrenzenden Kloster fand das **Antiquarium Forense** ⓤ (Tel. 0 66 99 01 10; geöffnet wie Forum

- Ⓐ Basilica Aemilia
- Ⓑ Kurie
- Ⓒ Lapis Niger
- Ⓓ Triumphbogen des Septimius Severus
- Ⓔ Rostra
- Ⓕ Umbilicus Urbis
- Ⓖ Saturn-Tempel
- Ⓗ Phokas-Säule
- Ⓘ Lacus Curtius
- Ⓙ Basilica Julia
- Ⓚ Tempel der Dioskuren
- Ⓛ Santa Maria Antiqua
- Ⓜ Augustus-Triumphbogen
- Ⓝ Tempel Julius Cäsars
- Ⓞ Regia
- Ⓟ Tempel der Vestalinnen
- Ⓠ Tempel des Antoninus Pius und der Faustina
- Ⓡ Tempel des Romulus
- Ⓢ Maxentius-Basilika
- Ⓣ Santa Francesca Romana
- Ⓤ Antiquarium Forense
- Ⓥ Doppeltempel der Venus und Roma

6

Seite 104

FORUM ROMANUM
(FORO ROMANO)

0 — 50 m

Haupteingang

Foro della Pace

Ⓢ

Ⓠ

Ⓡ

Via

Ⓞ

Sacra

Ⓣ

Ⓥ

Ⓤ

Ⓟ

Atrium Vestae

Via   Nova

Titusbogen   Via Sacra

Colosseo

MONTE PALATINO

↓ Palatino

Romanum) seinen Sitz. Bisher zeigt es Funde aus den eisenzeitlichen Grabstätten des Forums. Letzter großer Komplex ist der ***Doppeltempel der Venus und Roma** ⓥ. Natürlich lagen am Forum Romanum auch Tavernen und Bordelle, deren Grundmauern an der Via Sacra entdeckt wurden.

*Titusbogen ⑰

Der Titusbogen *(Arco di Tito)* ist der älteste erhaltene Triumphbogen Roms. Titus-Nachfolger Domitian errichtete ihn nach der Eroberung Jerusalems. Im Beutezug gut erkennbar ist der siebenarmige Leuchter aus dem Tempel Salomons.

**Palatin ⑱

Der Clivo Palatino führt auf den Palatin (geöffnet: wie Forum Romanum; Sammelticket mit Kolosseum 8 €), auch Eingang an Via di San Gregorio

Alimente

Angesichts des Trümmerfelds lohnt eine kurze Rückbesinnung auf das schillernde Alltagsleben während der Kaiserzeit: Ein arges Problem war für Roms freie Bürger die Versorgung der zahlreichen Waisenkinder (ihre Väter waren im Krieg gefallen) und der rund um den Kaiserpalast gezeugten Kinder. Zum Unwillen der römischen Männer verankerte Trajan erstmals in Roms Gesetzbüchern, Väter zu Zahlungen von Alimenten zu verpflichten. Nur seine Soldaten blieben davon verschont – hier übernahm die Kriegskasse die väterlichen Verpflichtungen.

30). Mit Beginn der Kaiserzeit verlagerte sich das Machtzentrum hierher. Die Bedeutung des römischen Kaiserhügels lebt in den Begriffen »Palast« und »Pfalz« fort. Von der **Aussichtsterrasse** ⓐ der auf dem Palatin im 16. Jh. angelegten Farnesischen Gärten, der wohl ältesten botanischen Anlage der Stadt, hat man einen schönen Blick über die einst prächtigen, zum Ruinenmeer herabgesunkenen Palastbauten. Gedanken an Kaiser Augustus und seine Leistungen steigen auf – und an seine Gattin Livia, deren herrschaftliches **Haus der Livia** ⓑ (z. Z. »in restauro«, Tel. o 66 78 94 65) nahe der **Domus Augustana** ⓒ liegt. Die kluge Adelstochter beriet den zu Beginn seiner Regentschaft blassen Potentaten in politischen Fragen.

Im **Antiquarium** (geöffnet: bis 1 Std. vor Schließung des Palatins) sehen Sie Funde der palatinischen Siedlung. Hervorzuheben sind die Lampana-Reliefs. Am Stadion des Domitian ⓓ und den Thermen sowie Palastruinen des Septimius Severus ⓔ vorbei kommt man zum Belvedere ⓕ.

***Kolosseum ⑲

In der ovalen Anlage des viergeschossigen **Kolosseums** (Piazza del Colosseo, Tel. o 67 00 42 61; geöffnet: wie Forum Romanum; Eintritt zusammen mit Palatin 8 €) fanden 80 000 Menschen Platz. Riesige Segel fächelten den Zuschauern Luft zu, bildeten eine Art Zeltdach über ihnen und schützten sie vor Regen und intensiver Sonneneinstrahlung. *Panem et circenses,* Brot und Spiele, mussten die Cäsaren ihren Bürgern bieten, wollten sie ihre absolute Macht unangetastet erhalten. Doch bereits im 2. Jh. n. Chr. war es in gehobenen römischen Kreisen nicht mehr opportun, sich bei den

Venationes, blutrünstigen Tierhetzen und Gladiatorenkämpfen, sehen zu lassen. Nicht bewiesen sind Christenverfolgungen und Martyrien im Kolosseum, die das im Inneren aufgestellte Kreuz die Nachwelt glauben lassen möchte. Wahrscheinlich fanden Massenhinrichtungen im Circo Massimo statt. Das Kolosseum ist seit Papst Benedikt XIV. ein heiliger Ort und am Karfreitag Station des Kreuzwegs.

*Konstantinsbogen ⑦

Konstantin ließ den **Arco di Costantino** nach dem Sieg an der Milvischen Brücke über Maxentius errichten. Mit dem Rückgriff auf ältere Kaiserreliefs, die hier verbaut wurden, bezieht sich

Konstantin dynastisch auf die »guten alten Imperatoren« des 2. Jhs.

Nach dieser Klassiktour ein Snack in der nahen **Enoteca** (Via Cavour 313; Tel. 0 66 78 54 96 So mittags geschl.; ○). Zu empfehlen sind auch die Trattorien hinter dem Kolosseum, z. B. die **Hostaria al Gladiatore** (Piazza del Colosseo 5; Mi abend geschlossen; ○–○○).

Ⓐ Aussichtsterrasse
Ⓑ Haus der Livia
Ⓒ Domus Augustana
Ⓓ Stadion des Domitian
Ⓔ Thermen und Palastruinen des Septimius Severus
Ⓕ Belvedere

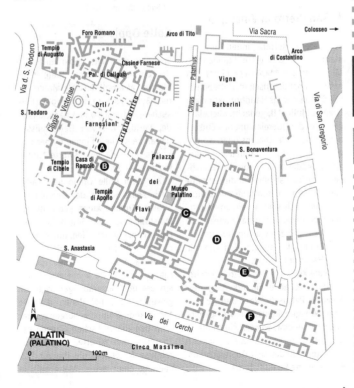

6

Seite 101

Grabmal Julius' II. von Michelangelo in San Pietro in Vincoli

Esquilin und Celio

**San Pietro in Vincoli → **San Clemente → **Santo Stefano Rotondo → *San Gregorio Magno

Das Sonnenbad am Colle Oppio oder im Park der Villa Celimontana mit ihren großen Rasenflächen macht diesen drei- bis vierstündigen Spaziergang zu einer grünen Tour, die im Frühsommer besonders am Samstagvormittag dank vieler Brautpaare sogar das Etikett »Hochzeitstour« verdient.

**San Pietro in Vincoli ⓐ

»St. Peter in Ketten«, innen frisch restauriert, ist das erste Etappenziel. Michelangelos ****»Moses«** bietet den ersten kunsthistorischen Höhepunkt. Die Statue war als Hauptattraktion am **Grabmal Julius' II.** gedacht. Michelangelo, der die Querelen um das Entstehen dieses alle Dimensionen sprengenden pompösen Grabmals für Julius als »Tragödie seines Lebens« bezeichnete, soll höchstselbst für die Schramme auf dem rechten Knie der Statue verantwortlich sein: In einem Wutanfall habe der Künstler das nahezu fertige Werk mit den Worten »Warum redest Du nicht?« angeschrien und mit dem Hammer traktiert.

Beide Ketten in San Pietro erinnern an die zweifache Einkerkerung des Apostels Petrus (in Rom und Jerusalem). Auf geheimnisvolle Weise miteinander vereint, werden sie sichtbar unter dem Altar aufbewahrt. In der Sakristei befindet sich Domenichinos ****»Befreiung Sankt Peters«.**

Colle Oppio ⓐ

Wer über den Colle Oppio zur Piazza del Colosseo spaziert, sollte ***San Martino ai Monti** ⓐ (Viale Monte Oppio 28; tgl. 7.30–12, 16.30–19 Uhr) besuchen. Äußerlich »nur« Barockfassade, verfügt die von Geheimnissen umrankte Kirche im Inneren über eine Krypta und eine sehenswerte ***Unterkirche** aus dem 3. Jh.

Auf dem Colle Oppio ließ Kaiser Nero seine wegen der vergoldeten Säulen ***Domus Aurea** genannte Palaststadt errichten. Trajan ließ den Bau 104 n. Chr. schleifen, um Platz für die Thermen zu schaffen, die auf den Grundmauern des Goldenen Hauses ruhen. Raffael und Michelangelo sollen bei den Ausgrabungen zugegen gewesen sein, bei denen u.a. die *****Laokoon-Gruppe** geborgen wurde.

In den unterirdischen Gängen der Thermen, den ***Grotte,** fand Raffael zahllose Malereien, die ihn zur Etablierung einer neuen Maltechnik in

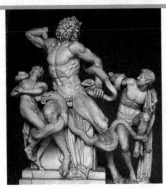

Die Laokoon-Gruppe

der Manier der »Grotesken«, anregten. Einige Räume mit besonders wertvollen Malereien sind in einem ca. 45-minütigen Rundgang zu besichtigen (Eingang Viale della Domus Aurea, Mi–Mo 9–19.45, Kasse schließt um 18.45 Uhr, Eintritt 5 €, Reservierung obligatorisch, Tel. 06 39 96 77 00 oder direkt an der Kasse).

****San Clemente** ⑦

San Clemente (Via San Giovanni in Laterano/Piazza San Clemente; Mo bis Sa 9–12, 15–19, So ab 10 Uhr; Eintritt zur Unterkirche (geöffnet bis 18 Uhr) und zum *Mithräum 3 €; Fotografierverbot) bietet auf engstem Raum eine Zeitreise zurück ins 1. Jh. n. Chr. Bis 1936 legten die irischen Dominikanerpatres Mulloly, Nolan und O'Daly sowie die Spatengrabung des Vaters der italienischen Archäologie, de Rossi, unter San Clemente Häuserfundamente frei, deren Mauern noch die Brandspuren des Infernos tragen, das Kaiser Nero befohlen hatte.

Im Hauptschiff der Oberkirche, die im 12. Jh. auf den Ruinen der 1084 zerstörten Basilika von 385 errichtet wurde, greift das grandiose *Mosaik in der Apsis als Thema das uralte Symbol des Lebensbaums auf (spiralförmig abzweigende Ranken und Blattwerk). Da das Mosaik im 12. Jh. erneuert wurde, darf auf eine präzise Kopie der älteren Vorlage des 4. Jhs. geschlossen werden. Der Bischofsstuhl, von dem aus der Titularherr der Kirche einst ex cathedra die Bibel auslegte, stammt wie der Hochaltar (Ziborium) und die *Schola Cantorum aus dem 12. Jh. (Teile aus der Mitte des 6. Jhs.). Während auch San Clemente elegante Fußbodenmosaiken der Cosmaten (s. S. 118) besitzt, stammt das Kirchendach aus dem 18. Jh.

Unter den Seitenkapellen sind die Rosenkranzkapelle, die Kapelle des hl. Cyrill und die *Katharinenkapelle beachtenswert. Die **Fresken werden dem Genie der Frührenaissance, dem 28-jährig verstorbenen Masaccio zugeschrieben. Dargestellt ist der rhetorische Wettstreit über den christlichen Glauben zwischen der hl. Katharina und 50 heidnischen Philosophen.

Auch im *Mithrasheiligtum finden sich Spuren des der Astronomie zugewandten Lichtkultes. Da die Basilika in einem Meer von Grundwasser zu versinken drohte, buddelte Pater Nolan im 19. Jh. einen 600 m langen

Mithras-Kult

Am Eingang zur Unterkirche steht eine Gipskopie des *Mithras-Altars aus dem sich anschließenden Mithräum. Er zeigt Mithras, den aus dem Fels geborenen Sohn Apolls, bei der Tötung des Stiers. Schlange, Hund und Skorpion beäugen das tapfere Werk des Götterheroen, dessen im römischen Heer lebendiger Kult über Jahrhunderte die größte Konkurrenz für das Christentum darstellte.

7

Seite
114

*Im Inneren der Oberkirche
von San Clemente*

unterirdischen Tunnel, um über diesen eine Verbindung mit der Hauptabwasserleitung der Stadt herzustellen. Bei dieser Grabung wurden antike öffentliche Bauten und zahllose Insulae, antike mehrstöckige Mietshäuser aus der Zeit Neros, entdeckt, sowie eine kleine Katakombe und das Wohnhaus des Kirchennamenspatrons Clemente ausgegraben.

> **Tipp** Zum Schluss kommt der ***Kreuzgang von San Clemente.** Hier werden Konzerte gegeben.

*SS. Quattro Coronati ⓯

Von Interesse sind der ***Kreuzgang** und das ***Oratorio di San Silvestro** (Klosterhof; Eingang im Kircheninneren an der Südfront) des Kirchenbaus aus dem 4. Jh. Die dortigen Fresken erinnern an Kaiser Konstantin und Papst Silvester I., der den tödlich erkrankten

Potentaten geheilt haben soll. Aus Dank, so die Legende, hat Konstantin dem Papst die Tiara, das Herrschaftszeichen über die Ewige Stadt und das Weströmische Reich, vermacht. Roms Päpste haben daraus ihr Nachfolgerecht auf die Kaiserkrönung abgeleitet; ein Streit, der zum Gang nach Canossa führte, Kriege heraufbeschwor und erst 1870 mit der Auflösung des Kirchenstaats beigelegt wurde.

Monte Celio

**Santo Stefano Rotondo ⓰
Zur **Piazza San Giovanni in Laterano** sind es nur wenige Schritte. Die aufwärts führende Via di Santo Stefano ermöglicht den Blick auf die Kirche Santo Stefano Rotondo (Nr. 7; Sommer: Di–Sa 9–13, 15.30–18; Winter: Di–Sa 9–13, 13.50–16.20 Uhr; Mo nur nachm). Die Entstehung des mit deutschen Finanzmitteln renovierten, einst prunkvollen Rundbaus geht auf das Jahr 476 n. Chr. zurück. Die großen Renaissancebaumeister haben Santo Stefano, dessen Vorbild die von Konstantin in Jerusalem errichtete Grabeskirche gewesen sein soll, bewundert und an ihrer Architektur gelernt. Die rekonstruierte Kirche, samt dem »Todesreigen der Blutzeugen« von Circignani und Matteo da Siena 1582 geschaffen, ist eine Topattraktion (Bauaufnahme und Ausgrabungen von dt. Archäologen, Tel. 06 42 11 99).

**Santa Maria in Domnica ⓱
ist ein Kirchenbau des angehenden 9. Jhs. (Papst Paschalis I.). Vermutet werden darunter Reste einer palastähnlichen Anlage, denn der Monte Celio war wie der Palatin in der Antike eine bevorzugte Wohngegend für Roms Hochadel. Neben dem *Apsis-Mosaik sind die Kassettendecke und die Fres-

ken (Anfang des 16. Jhs.) zu bewundern. Den Navicella-Brunnen vor der Kirche stiftete Medici-Papst Leo X.

*Villa Celimontana

Linker Hand ist der Haupteingang zur Villa Celimontana, einer Oase der Ruhe. Hier kann man picknicken, sonnenbaden, Rad fahren, spielen und im Sommer den Live-Jazz-Konzerten lauschen. Der Blick auf die Ruinen der Caracalla-Thermen (s. S. 118) ist einmalig. Der Obelisk im Park war einmal Ramses II. geweiht. Parkbesitzer Ciriaco Mattei erhielt ihn 1584 als Geschenk des römischen Senats.

SS. Giovanni e Paolo ⑱

Rechts von Santa Maria in Domnica führt das teils noch original antike Lavasteinpflaster des *Clivio di Scauro hinab zu SS. Giovanni e Paolo (8.30–112 u. 15.30–18 Uhr). Die um 400 n. Chr. errichtete Basilika wurde Anfang der 1950er Jahre auf Betreiben von Kardinal Spellman äußerlich authentisch restauriert. Roms Hochzeits-

paare danken es dem Erzbischof von New York bis heute, indem sie den stimmungsvollen Sakralbau zu ihrer Hochzeitskirche gemacht haben.

Ist die Oberkirche barock gehalten, so brachten die Ausgrabungen unter der Basilika eine einzigartige Mixtur aus antiker römischer Domus, frühchristlicher Wohnstatt und mittelalterlichem Oratorium. Auf den **Fresken (2. bis 4. Jh.!) sind heidnische sowie christliche Motive zu sehen. Der neue Zugang ist am Clivio di Scauro (Do–Mo 10–13.30, 15–18 Uhr).

*San Gregorio Magno ⑲

Die nach Papst Gregor dem Großen (590–604) benannte Kirche San Gregorio Magno steht am Ende der Tour. Gregor wandelte den Familienpalast in ein Kloster um. Bemerkenswert sind der Altar Gregors (mit Bischofsstuhl) sowie die Zelle des Papstes. Hinter der Kirche liegt der Benediktinerfriedhof mit drei Kapellen zu Ehren der Mutter Gregors (Santa Silvia), des hl. Andreas und der hl. Barbara.

Frühe Graffiti

Raffael war kein Einzeltäter in Sachen Graffitikunst. Mauern und Fassaden römischer Wohnhäuser waren oft über und über mit Sprüchen verziert.

»Verfasser von Werbetexten und Denunziationen, Schmähungen, Liebesschwüren, Streitereien und wortgewaltigen politischen Forderungen«, so der Bielefelder Kultursemiotiker Anselm Stedlich »fanden noch stets ein freies Mauerfleckchen.« Zwar lamentierten die alten Römer über die lästige »Kratz- und Ritzgesellschaft«:

»Sunt pueri pueri, pueri puerilia tractant« (»Kinder sind Kinder, Kinder treiben Kindereien«). Man darf jedoch nicht vergessen, dass Millionen von Rom-Reisenden keine andere Möglichkeit hatten, Mitteilungen zu hinterlassen: Manche Nachrichten galten Angehörigen und Geschäftsfreundenden, die oft erst Monate später in Rom eintreffen sollten.

Karl-Wilhelm Weeber, »Decius war hier ...« – Das Beste aus der römischen Graffiti-Szene; Zürich/Düsseldorf 1996.

7

Seite 114

Weg 8

Plätze, Kirchen und der Lateran

*Piazza della Repubblica →
***Santa Maria Maggiore →
**San Giovanni in Laterano

Start und Ziel dieser Tour, die Piazza della Repubblica und die Piazza San Giovanni in Laterano, sind an das römische Metronetz angebunden (Ⓜ Repubblica, San Giovanni). Sie sollten dafür etwa vier Stunden einplanen. Wenn Sie den bunten Markt und die interessanten Geschäftsauslagen rund um die Piazza Vittorio Emanuele II. erleben wollen, sollten Sie schon vormittags losgehen.

*Piazza della Repubblica

Das Kreisrund der Piazza mit seiner neoklassizistischen Architektur beschreibt exakt die einstigen Ausmaße der Exedra der gewaltigen antiken *Thermen des Diokletian (305 n. Chr.). Noch heute wird diese Freifläche unter Römern Piazza dell'Esedra genannt. Ursprünglich bedeckten die Thermen sogar ein Areal bis hin zur Kirche *San Bernardo (Ecke Via Torino/Piazza di San Bernardo); weitläufige Stadtgärten schlossen sich an.

*Fontana delle Naiadi ⑧⓪

Auf der Piazza plätschern seit 1885 die Wasser der Fontana delle Naiadi, des Najadenbrunnens. Abends werden die mit Meeresungeheuern spielenden Mädchen illuminiert und bilden ein beliebtes Fotomotiv.

🍴 Die **Arkadencafés** (○) an der Piazza della Repubblica verlocken zum Espresso oder einem Glas frisch gepressten Orangensaft.

**Santa Maria degli Angeli ⑧①

Die im Abschnitt des antiken Tepidariums (Halle für lauwarme Bäder) am besten erhaltenen Gewölbe der Thermen bezog der greise Michelangelo in den Entwurf für die Kirche Santa Maria degli Angeli ein. In diesem späteren Sitz der Kartäusermönche beeindrucken die *Statue des Ordensgründers Bruno von Köln (1030 bis 1101) und der 1702 in den Fußboden des 91 m langen Querschiffs eingelassene Messingstreifen der *Linea Clementina. Sie zeigt Roms Meridian an.

**Museo Nazionale Romano

Den Hauptteil der Anlage nimmt seit 1889 das Thermenmuseum (Via E. de Nicola 79, Tel. 0 64 88 05 30; Di–So 9–19.45 Uhr, Eintritt 5 €) ein. Es gehört wie die Sammlungen im ****Palazzo Massimo** ⑧② schräg gegenüber (Zugang Largo Villa Peretti) zum Museo Nazionale Romano (Sammelticket mit Palazzo Altemps und Crypta Balbi). Er zeigt eine herausragende Kollektion griechischer und römischer Skulpturen sowie im Keller die Münzschätze Italiens.

Im zweiten Stock bestaunt man Sammlungen römischer Fresken und Mosaike, die für Kunstliebhaber allein schon eine Reise nach Rom wert sind (Tel. 06 48 90 35 00; Sommer: Di–So 9–19.45; die Kasse schließt um 19 Uhr; Eintritt 6 €).

Sala di Minerva

Beim Museum der Diokletians-Thermen liegt die Aula Ottagona (Via Romita 8, Tel. 0 64 87 06 90; Di bis Sa 9–14, So 9–13 Uhr; Eintritt frei) mit Sammlung antiker Statuen.

8

Seite 114

*Das Museo Nazionale Romano
in den Diokletians-Thermen*

***Santa Maria Maggiore ㉝

Die Kuppeln der populärsten der vier römischen Patriarchalkirchen sind weithin im Stadtbild zu erkennen. Der 1377 errichtete Glockenturm gilt als höchster der Stadt (7–19 Uhr).

*Santa Maria Maggiore,
die populäre Patriarchalkirche*

Der Sockel der Mariensäule auf der Piazza S. M. Maggiore bildet die letzte erhaltene Säule der antiken Maxentius-Basilika. Besucher sollten der steinernen Mahnung »Silentium« über dem Portal Beachtung schenken: Die Stille in der Kirche macht einen Gutteil der einzigartigen Atmosphäre aus. Die Gründung von S. M. Maggiore geht der Legende nach auf einen 4. August zurück, als dem Papst Liberius die Gottesmutter im Traum erschien. Ihm, wie auch einem christlichen Patrizier, wurde geheißen, eine Kirche an eben jener Stelle zu errichten, an der am nächsten Tage Schnee fallen würde.

Innenraum

Haben die Außenfassaden im 16. bis 18. Jh. einschneidende bauliche Veränderungen erfahren, so beeindrucken im Inneren die authentischen Apsis- und die 36 im Architrav angebrachten **Originalmosaiken** aus dem 5. Jh. Der Anblick der berühmten Kassettendecke ist Skandalpapst Alexander VI. Borgia (1492–1503) zu verdanken. Er ließ sie mit dem ersten aus der Neuen Welt herangeschifften Gold verkleiden.

Das Zentrum römischer Volksfrömmigkeit bilden die in der Confessio aufbewahrten Teile der Krippe Jesu. Um Weihnachten ist der Besuch der Kirche daher für viele Familien ein Muss.

Zu den großen Sehenswürdigkeiten zählt die **Cappella Sistina** im rechten Querarm (Grabmal Papst Sixtus' V.), eine Arbeit Domenico Fontanas. Im linken Seitenarm wurde 1611 mit der **Cappella Paolina** der Gegenpart für Papst Paul V. realisiert. Sie wird weit häufiger aufgesucht, da hier das im 13. Jh. im orientalisierenden Stil geschaffene Gnadenbild »Maria Salus Populi Romani« (»Maria, Heil des Römischen Volkes«) zu finden ist. Die Capella Sforziana entwarf Michelangelo.

*Santa Pudenziana ㉞ und **Santa Prassede ㉟

Häufig übersehen werden die beiden ganz in der Nähe liegenden Schwesterkirchen **Santa Pudenziana** (Via Urbana 161; 8–13, 15–18 Uhr) und

Seite 114

Via Barberini

Pal. Barberini

S. Bernardo

Via XX. Sett.

V. delle Quattro Fontane

P.za d. Repubblica

81

80

Repubblica

P.za del Cinquecento

Via Volturno

Via Solferino

P.za Indipendenza

Termini

Via Cernaia

8

Nazionale

Via A. Depretis

Viminale

Cavour

Stazione Termini

Pal. d. Esposizioni

Via

Milano

Panisperna

Via S. Maria Maggiore

P.za dell' Esquilino

84

83

8

Via C. Alberto

Via

Via

Via

Principe

Napoleone III

Via Cavour

85

Via Sforza

Via Paolina

Via Cavour

Cavour

Via

Giov. Lanza

Statuto

Piazza Vittorio Emanu

Vittorio Em.

72

7

Oppio

Via dei Serpenti

71

Parco

Traiano

Mecenate

Via R. Machiavelli

P.za Dante

Via degli Annibaldi

7

M O N T E E S Q U I L I N O

Domus Aurea

C o l l e O p p i o

73

Viale Domus Aurea

Via A. Poliziano

Via Galileo Galilei

Via Merulana

M Colosseo

Colosseo

P.za del Colosseo

7

Via

di

74

Labicana

SS. Marcellino e Pietro

Arco di Costantino

Via Celio Vibenna

Via Capo d'Africa

S. Giovanni

75

V. d. SS. Quattro Coronati

Laterano

Tempio di Claudio

Via Claudia

V. d. Querceti

S. Stefano

Via di S. Gregorio

78

Clivo di Scauro

7

P.za S. Gregorio

79

Ospedale del Celio

Via di Villa Fonseca

P.za S. Giovanni in Laterano

9

90

8

Sanatorio Umberto I.

7

MONTE

Villa Celimontana

77

P.za della Navicella

V. d. Navicella

76

Via dell'Amba Aradam

CELIO

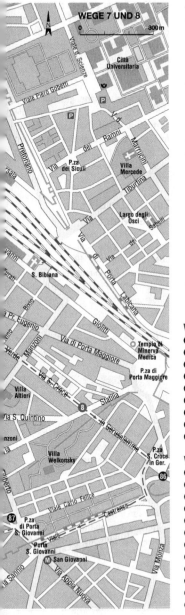

Weg 7

- ⑦ San Pietro in Vincoli
- ⑫ San Martino ai Monti
- ⑬ Colle Oppio
- ⑭ San Clemente
- ⑮ SS. Quattro Coronati
- ⑯ Santo Stefano Rotondo
- ⑰ Santa Maria in Domnica
- ⑱ SS. Giovanni e Paolo
- ⑲ San Gregorio Magno

Weg 8

- ⑳ Fontana delle Naiadi
- ㉑ Santa Maria degli Angeli
- ㉒ Palazzo Massimo
- ㉓ Santa Maria Maggiore
- ㉔ Santa Pudenziana
- ㉕ Santa Prassede
- ㉖ Santa Croce in Gerusalemme
- ㉗ Triclinium Leonianum
- ㉘ San Giovanni in Laterano
- ㉙ Scala Santa
- ㉙ Baptisterium
- ㉑ Lateranpalast

8

**Santa Prassede ⑮ (Via Prassede; 7.30–12, 16–18.30 Uhr). Die den beiden Senatorentöchtern Pudentiana und Praxedis geweihten Kleinodien der römisch-byzantinischen Kirchenbaukunst gehen bis auf das 4. Jh. und damit die konstantinische Umbruchzeit zurück.

Während Santa Pudenziana auf den Palastgemäuern eben jenes Senators Pudens steht, der den Apostel Paulus lange beherbergt haben soll (die Apsismosaiken aus dem 4. Jh. gehören zu den ältesten Roms), besitzt Santa Prassede mit der **Cappella San Zenone zudem den römischen Höhepunkt byzantinischer Mosaikkunst. Unter dem als »Paradiesgärtlein« bekannten Kuppelgewölbe der Kapelle wird seit dem Kreuzzug von 1222/23 die Flagellantensäule als Reliquie aufbewahrt. Der Sage nach diente dieser Säulenstumpf als Ort der Geißelung Christi. Die Mosaikarbeiten in dieser für seine Mutter Theodora konzipierten Grabkapelle gab Papst Paschalis I. 822 in Auftrag. Tatsächlich ist sie auf den Mosaiken neben Pudenziana und Praxedis recht leicht zu identifizieren (s. Kasten).

*Piazza Vittorio Emanuele II

Nach der Museums- und Kirchenbesichtigung bietet das quirlige Alltagsleben in dem von Gründerzeitarchitektur geprägten 15. Stadtviertel angenehme Kontraste.

Seit Oktober 2001 ist der ***Markt** (tgl. bis 14 Uhr; Lebensmittel, Lederwaren, Kleidung) in die nahegelegene Ex-Kaserne Pepe an der Via Turati umgezogen. Auch wenn das bazarähnliche Flair verschwunden ist, bleibt der Markt weiterhin der charakteristischste von Rom.

Im angrenzenden Park nehmen Schulkinder und Stadtstreicher, Rentner und Hausfrauen gern ein Sonnenbad. Und in einer Ecke steht noch immer die »Porta Magica« mit ihrer rätselhaften lateinischen Inschrift, die man lange Zeit für eine geheime Formel zum Goldmachen hielt.

Von den Arkadengeschäften am Nordrand des Platzes sei die **Cartoleria Veroli** (Nr. 141/142) empfohlen, die auf drei Etagen neben Schreibwaren hübsche Mitbringsel zu akzeptablen Preisen bietet.

Zur *Piazza di Porta San Giovanni

Der direkte Weg zum Lateran führt über die mondäne Hotel- und Einkaufsstraße Via Emanuele Filiberto. An der nahen Piazza Dante liegt ein Kinderspielplatz.

Moderne Eckbars verlocken zu einer Pause. In der Via Petrarca bietet das **Caffè Ciamei** die Möglich-

Mosaik der Grabkapelle

Das besondere Kennzeichen von Theodora ist ein quadratischer, blau schimmernder Heiligenschein, mit dem noch lebende Personen gekennzeichnet wurden. Der kreisrunde, goldglänzende Nimbus war ausschließlich verstorbenen Märtyrern und Heiligen vorbehalten. So ist diese »Quadratur des Kreises« ein Sinnbild der Verehrung des Papstes für seine Mutter, da er sie zu Lebzeiten noch gerne heilig gesprochen hätte.

8

Seite 114

keit, eine selbst zusammengestellte Mischung frisch gerösteten Espresso-Kaffees zu erstehen.

Um die Titularkirche ****Santa Croce in Gerusalemme** ⓼ (7–19 Uhr) zu besuchen, geht man über die Via Santa Croce in Gerusalemme. Leider wurde dieser ehrwürdige Sakralbau – er bewahrt die von Konstantins Mutter Helena gestifteten Kreuzesreliquien auf – Mitte des 18. Jhs. stark verändert. Das ***Musikinstrumentenmuseum** ist auch für Kinder reizvoll (P. S. Croce in Gerusalemme 9 a, Tel. o 67 01 47 96; Di–So 8.30–19.30 Uhr; 2 €).

Die ***Piazza di Porta San Giovanni** war immer ein bedeutender Platz in Rom. Bis heute finden hier z. B. am 1. Mai politische Kundgebungen statt.

 Junge, auch ausgefallene Mode lockt auf der Via Appia Nuova.

Jenseits der Aurelianischen Mauer empfiehlt sich die Trattoria/Osteria **Alfredo** (Via Gabi 36/38, Tel. 06 77 20 67 92; Di geschl.; ○).

Der Lateran

*Triclinium Leonianum ⓺

Mit dem Triclinium Leonianum taucht rechter Hand die erste Sehenswürdigkeit des Laterankomplexes auf. Es gehörte zum drei Tribünen umfassenden Speisesaal des Laterans. Die Kopie des ursprünglichen Mosaiks zeigt Papst Leo III. und Karl den Großen mit dem quadratischen Heiligenschein der Lebenden (s. Kasten links).

**San Giovanni in Laterano ⓻

Das Hauptaugenmerk an diesem wichtigen Ort der Christenheit zieht indes die Basilika San Giovanni in Laterano auf sich (7–18 Uhr, im Sommer bis 19 Uhr). Wie S. M. Maggiore eine der vier Patriarchalkirchen Roms, ist sie bis heute römische Bischofskirche des Papstes. Mit dem Titel »Haupt und Mutter aller Kirchen« darf sich die auf dem schon unter Nero konfiszierten Besitz der alten römischen Adelsfamilie Laterani errichtete fünfschiffige Basilika seit 314 schmücken. Jahrhundertelang diente San Giovanni als Vorläuferin Sankt Peters, der ***Lateranpalast** (s. S. 118) war Papstsitz und Schauplatz wichtiger Kirchendispute und bedeutsamer wie schauriger Konzile. Erstmals in der Spätantike wurde eine Kirche mit einem Querschiff, und damit dem Grundriss des Kreuzes nachempfunden, errichtet. Unter den Nachfolgern Petri wurde San Giovanni vielfach umgebaut: Bau-Papst Sixtus V. beauftragte Fontana Ende des 16. Jhs. mit Arbeiten, Papst Innozenz X. gab zum Heiligen Jahr 1650 Borromini den Auftrag, den Innenraum völlig umzugestalten. Die prunkvolle **Fassade** mit der Statuenbalustrade wurde sogar erst 1735 fertig gestellt. Sehenswert sind die mächtigen fünf **Portaltüren** San Giovannis (die mittlere stammt noch von der Kurie des römischen Senats). 1993 geriet das Querhausportal in die Schlagzeilen, als es Ziel eines Bombenanschlags der Mafia wurde.

Von den zahlreichen **Kunstwerken im Inneren** San Giovannis seien erwähnt: das Giotto-Fresko mit der Ausrufung des 1. Pilgerjubiläums im Jahre 1300 durch Papst Bonifaz VIII. (1. Pilaster des rechten Seitenschiffs), die bronzene Grabplatte Martins V., des Beenders des Schismas, in der Confessio sowie der Hauptaltar mit dem ersten hölzernen Altar, an dem Petrus die Messe gelesen haben soll, außerdem Reliquien der Heiligen Petrus und Paulus im Ziborium. Der ruhigste Ort der Basilika ist der

8

Seite 114

**Kreuzgang (Chiostro), der wie in San Paolo fuori le Mura als eine Cosmatenarbeit gilt. Mit der Familiendynastie des Cosmas besitzt Rom eine einzigartige Schule der Mosaikkunst. Im 12./13. Jh. entwickelten diese aus Süditalien stammenden Künstler eine sehr subtile Ornamentkunst, deren Anklänge an arabisierende Elemente nicht zu übersehen sind.

*Obelisk

Die Schäden des Attentats von 1993 an dem höchsten und ältesten Obelisken der Stadt sind kunstvoll ausgebessert. 47 m misst der unter Pharao Thutmosis III. für den Amun-Tempel im ägyptischen Heiligtum Karnak gehauene Monolith. 1587, 1230 Jahre nach seiner Verschiffung vom Nil an den Tiber, wurde er, in drei Teile zerborsten, auf dem Gelände des Circus Maximus entdeckt. Domenico Fontana stellte ihn mit seinen Gesellen auf.

*Scala Santa ⑧⑨

Die Heilige Stiege (6.15–12, 15.30–18.45 Uhr, im Winter 6.15–12, 15 bis 18.15 Uhr), 28 mit Holzplanken geschützte Marmorstufen aus dem Jerusalemer Palast des Pilatus, die über Kaiser Konstantins Mutter Helena nach Rom gekommen sein sollen, ist ein besonderer Ort katholischer Glaubensbezeugung. Man darf sie nur auf Knien besteigen. Zwei Aufgänge links und rechts führen zur päpstlichen Privatkapelle *Sancta Sanctorum.

**Baptisterium S. Giovanni in Fonte ⑨⓪

Kunst- wie religionsgeschichtlich bedeutsam ist das Baptisterium S. Giovanni in Fonte. Die wohl älteste Taufkirche der katholischen Kirche steht auf den antiken Bädern der Laterani-Familie. Außerordentlich ist das Oktagon der Taufkapelle aus der Zeit Kon-

Antike Relikte in San Giovanni in Laterano

stantins. Die Bronzetüren aus dem 2. Jh. zur Cappella del Battista verursachen trotz aller Legenden keine eigentümlichen Geräusche mehr.

*Lateranpalast ⑨①

Der Lateranpalast (Zugang von Piazza di Porta San Giovanni) ist seit den Lateranverträgen (1929) eine Exklave des Kirchenstaates. Die Sammlung des Museo Storico Vaticano (Sa und 1. So im Monat 8.45–13 Uhr; Eintritt etwa 3 €) ist zu einem Gutteil in die Vatikanischen Museen ausgelagert.

🍴 Wenn man über die Via Merulana nach Termini zurückkehrt, lohnt ein Stopp in der modernen **Non Solo Bar.** Die sehr beliebte Hostaria **Tempio di Mecenate** verlangt eine gut gefüllte Geldbörse (○○○).

🌙 **La Spizzicheria,** Via Domenico Fontana 26–28 (bei der Scala Santa), Tel. 06 77 02 63 63; So. geschl. Erste Bio-Pizzeria Roms; exzellente Käsesorten mit dem DOP-Prädikat (geschützte Herkunft). ○

Seite 114

8

Weg 9

Quirinal und Marsfeld

*Piazza Barberini → **Fontana di Trevi → **Spanische Treppe → *Piazza del Popolo

Diese »Barocktour« verfolgt die Spur der Konkurrenten Vater und Sohn Bernini sowie Borrominis. Auch der Geist der Barockzeit wird lebendig. Piazza Barberini und Piazza del Popolo sind gut mit der Metro zu erreichen (Ⓜ Barberini, Flaminio). Über Abschnitte des Weges stehen auch die E-Busse 117 und 119 zur Verfügung, die die Tour verkürzen.

Berninis Tritonenbrunnen auf der Piazza Barberini

*Piazza Barberini

*Tritonenbrunnen ⑫ und *Bienenbrunnen

Einst zentraler Punkt des päpstlichen wie aristokratischen Rom, musste die Piazza der Luftverschmutzung Tribut zollen. Berninis Fontana del Tritone (Tritonenbrunnen), dessen Triton mittels einer Kriegstrompete einen Wasserstrahl emporschießen lässt, wurde gereinigt. Der Bienenbrunnen an der Einmündung zur Via Veneto erinnert an Papst Urban VIII., der hier die Biene, das Familienwappen der Barberini, verewigen ließ.

*Santa Maria della Concezione ⑬

Gegenüber steht die Kirche Santa Maria della Concezione mit dem winzigen *Museo dei Cappuccini (Eingang rechts der Kirche; tgl. 9–12, 15 bis 18 Uhr; Spende erwünscht). Die makabre Kapuzinergruft mit den Gebeinen von mehr als 4000 Mönchen ist nichts für empfindliche Gemüter. Die Wände der fünf Kapellen zieren Gelenke, Wirbel und andere Knöchelchen, die zu Rosetten geformt sind.

**Palazzo Barberini ⑭

Der Zugang zum Palazzo Barberini (1625–1633 nach Plänen Madernas erbaut; Treppenaufgang von Borromini, Fassade von Bernini) liegt an der Via delle Quattro Fontane 13, ein glänzendes Beispiel für den römischen Hochbarock; die *Galleria Nazionale dell'Arte Antica im Palast (Tel. 0 64 81 45 91, Di–So 9–19 Uhr, 6 €) zeigt Werke u. a. von Raffael (z. B. seine geliebte Bäckerstochter, »La Fornarina«), Hans Holbein, Filippo Lippi, Caravaggio, Pietro da Cortona.

Quirinalshügel

Über die Via del Quirinale gelangt man auf den Quirinalshügel. An der Kreuzung schmücken die berühmten vier

Seite 123

Der Trevibrunnen wurde durch den Film »La dolce Vita« weltberühmt

Brunnen die Ecken zur Via delle Quattro Fontane. Die barocke Straßenplanung ermöglicht bis heute den einzigartigen Blick auf gleich drei Obelisken.

*San Carlo alle Quattro Fontane 95

Links taucht San Carlo alle Quattro Fontane auf. Das Meisterwerk Borrominis, dem eine Passion für Wellenlinien nachgesagt wird, kommt ohne rechten Winkel aus. Ovale Kuppel und Doppellaterne wurden erst 1667 nach 30-jähriger Bauzeit fertig gestellt.

*Sant'Andrea al Quirinale 96

Wenige Schritte entfernt hatte 1658 sein Widersacher Bernini begonnen, ihm Paroli zu bieten. Borromini erwies sich zwar als der genialere Baumeister, doch blieb er »ewiger Zweiter«, da Bernini für die Realisierung von Sant'Andrea al Quirinale (Nr. 29; tgl. außer Di 10–12, 16–19 Uhr) Zuwendungen des Jesuitenordens erhielt.

Bemerkenswert ist der ovale Grundriss, der sich in der halbkreisförmigen Freitreppe wiederholt. Sant'Andrea ist eine beliebte Hochzeitskirche.

*Piazza del Quirinale 97

Mit 61 m ist der Quirinal der höchste der sieben Hügel Roms. Der Blick geht über die Dächer der Ewigen Stadt bis Sankt Peter. Um 15.30, im Sommer um 17.30 Uhr (So 30 Min. später), findet vor dem prächtigen Palazzo del Quiri-

9

Seite
123

nale, Sitz des Staatspräsidenten, mit der Wachablösung der Ehrengarde eine militärische Inszenierung statt. 1574 als Sommerresidenz der Päpste konzipiert, diente der Palast ab 1870 den italienischen Königen. Im Palast: Mosaiken aus der Villa Adriana und der Spiegelsaal (So 8.30–12.30 Uhr).

**Trevibrunnen ⓰

Die **Fontana di Trevi** ist der populärste Brunnen der Stadt. Nach Plänen Berninis konzipiert, spiegelt er den Siegeszug von Barock und Rokoko. Nicolò Salvi verwirklichte 1732–1751 die theatralische Kulissenlandschaft: Die in den Palazzo Poli gebaute Schauwand stellt einen Triumphbogen dar, vier korinthische Säulen tragen den Fries und die Statuen der vier Tugenden. Tritonen geleiten den Muschelwagen des Meergottes Neptun durch die künstliche Naturlandschaft.

Tipp Nudelfans versäumen nicht einen Abstecher zur nahen Piazza Scanderberg 117, wo das **Museo delle Paste Alimentari** (tgl. 9.30 bis 17.30 Uhr) lückenlos über das Nationalgericht der Italiener informiert.

Die Galerie der ***Accademia di San Luca** ⓰ (Piazza dell'Accademia di San Luca 77, Tel. 0 66 79 88 48) zeigt Gemälde von Raffael, Jacopo da Bassano, Rubens, Tizian und van Dyck (»Madonna mit musizierenden Engeln«).

Piazza San Silvestro

Ein interessanter Weg führt zur Piazza San Silvestro, zu Telefonamt und ***Hauptpost,** deren Schalterhalle im alten Kreuzgang des Klosters San Silvestro erbaut ist. ***San Silvestro in**

Capite ⓰ entstand im 8. Jh. auf den Ruinen des antiken Sonnentempels und wurde mehrfach umgebaut.

Mit den Straßen Via della Vite, Via Frattina, Via Borgognona sowie den Querstraßen Via Bocca di Leone und Via Mario de' Fiori ist Roms mondänster Laufsteg, die **Via Condotti** erreicht, die Shoppingmeile für Schmuck, Designerwaren, Luxustextilien, Schuhe und Lederwaren.

In dem berühmten **Caffè Greco** saß Goethe inkognito als anonymer Reisender Filippo Miller (Via Condotti 86, Tel. 0 66 79 17 00; ○–○○).

**Spanische Treppe ⓰

Rund um die **Spanische Treppe** (Scalinata della Trinità dei Monti) hat sich vor 200 Jahren das Ausländerquartier Roms ausgebreitet. Die Treppe verdankt Bau (1723–1726) und Namen der französischen Kirche *Santissima

Der Münzwurf

Nach einem Rechtsstreit um den Besitz der Münzen, die Tausende von Rombesuchern täglich im Brunnen hinterlassen, hat sich die Stadtverwaltung als einzige Autorität zur monatlichen Bergung des Schatzes bestimmt. Die Ausbeute ist ganz beträchtlich: Einige tausend Mark umgerechnet sollen jedes Mal herausgefischt werden. Ein Teil davon wird an das Rote Kreuz gespendet. Eine ständige Polizeiaufsicht soll nun das bei den Römern beliebte private Fischen mit einem Magneten verhindern.

9

Seite
123

Die Spanische Treppe wurde 1995 saniert

Santa Maria del Popolo wartet auch mit Kunstausstellungen auf

Trinità dei Monti und der Spanischen Botschaft, die seit 1647 unterhalb der Treppenanlage ihren Sitz hat.

Nonnen, Hippies und Punks, distinguierte Gentiluomini der römischen Alta Borghesia und Touristen genießen an der Spanischen Treppe einträchtig miteinander Flair und Panorama. Musiker spielen bis spät in die Nacht, Maronenverkäufer bieten ihre Ware feil, und Porträtzeichner verlocken zu einer kurzen Pause auf unbequemen Holzschemeln.

Obelisk und Türme der Kirche, die Doppeltreppenanlage und die *Fontana della Barcaccia auf der Piazza di Spagna bilden das meistfotografierte städtebauliche Ensemble Roms. Das kühle Nass des Barcaccia-Brunnens, eine architektonische Meisterleistung Vater Pietro Berninis, der sich hier die geringe Fließgeschwindigkeit des zulaufenden Wassers zunutze machte, indem er eine Art sinkendes Schiff konstruierte, lädt zur Erfrischung ein.

Die *Keats-und-Shelley-Gedächtnisstätte ⓶ rechter Hand der Treppenanlage (Piazza di Spagna 26,

1. Etage; Tel. 0 66 78 42 35; Mo–Fr 9 bis 13, 15–18 Uhr, Sa 11–14, 15–18 Uhr; Eintritt 2,60 €) besuchen vor allem englischsprachige Touristen. In der Pension »Casina Rossa«, wohnte Keats, der das Ideal der Romantik wie kein anderer lebte – und auf tragische Weise starb: aus Kummer, denn seine Angebetete, Fanny Browne, erwiderte seine elegische Liebe nicht.

Babington's Tea Room (Di Ruhetag, ○○○) links der Treppe bietet nostalgisches Ambiente.

Die Via del Babuino verdankt ihren Namen dem Volksmund, der in der Statue des lasziv liegenden Fauns einen »Affen« (babuino) sehen wollte. Parallel verläuft die Künstlerstraße Via Margutta, an der u. a. Federico Fellini seine letzten Lebensjahre verbrachte.

Tipp Die Via del Babuino ist die erste Adresse Roms für **Antiquitäten**. Die süßen Auslagen des Antico **Caffè Notegen** (Nr. 159, Tel. 0 6320 0855; ○○) verlocken zur Einkehr.

🍴 Im vegetarischen Restaurant **Margutta** (Via Margutta 118; Tel. 06 32 65 05 77; ○○) trifft man häufig Prominente an; mittags kann man hier recht günstig speisen.

*Piazza del Popolo

Die Piazza, der einzige klassizistische Platz Roms, bildet seit der Antike den Zugang zur Stadt von Norden her. Ihre heutige Gestalt ist das Ergebnis der stadtplanerischen Aktivitäten Papst Leos X., der mit Via Ripetta, Via del Corso und Via del Babuino drei strahlenförmig abzweigende Hauptverkehrsachsen in den Häuserdschungel Roms schlagen ließ. Die Schneiseninseln zieren mit ***Santa Maria in Montesanto** und ***Santa Maria dei Miracoli** zwei Schmuckstücke des Barock. Mit der Aufstellung des **Flamenio-Obelisken** (25 m; 1589) durch Domenico Fontana, eines der ältesten Obelisken Roms, und der beiden dominierenden Brunnenanlagen wurden Akzente für die Freifläche der Piazza gesetzt, die Valadier (1762–1839) in den Umbau integrierte.

92 Fontana del Tritone
93 Museo dei Cappuccini
94 Palazzo Barberini
95 San Carlo alle Quattro Fontane
96 Sant'Andrea al Quirinale
97 Palazzo del Quirinale
98 Fontana di Trevi
99 Accademia di San Luca
100 San Silvestro in Capite
101 Spanische Treppe
102 Keats-und-Shelley-Gedächtnisstätte
103 Santa Maria del Popolo

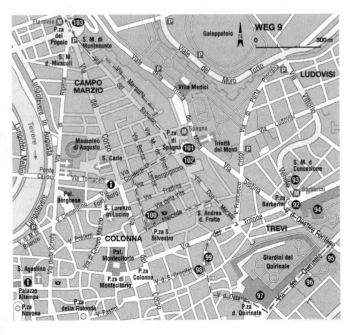

Die Piazza del Popolo bietet mit dem **Caffè Rosati** (Nr. 5 a; Tel. 0 63 22 58 59) und dem **Canova** (Nr. 16; Tel. 0 63 61 22 27) zwei Highlights römischer Kaffeehauskultur.

Ein Abstecher führt in die Via del Corso zur **Casa di Goethe** (Nr. 18; Tel. 06 32 65 04 12; Mi–Mo 10–18 Uhr; Eintritt 3 €; www.casadigoethe.it), der Wohnung des Malers Johann Heinrich Wilhelm Tischbein. wo Goethe 1786 bis 1788 zu Gast war. Neben Goethebüsten und -porträts (z. B. eine Kopie von Andy Warhol) beeindrucken Goethes und Tischbeins Zeichnungen.

**Santa Maria del Popolo ⓶, die Hauptkirche dieses Stadtviertels, wurde erstmalig 1099 erwähnt, ihre prachtvolle barocke Ausgestaltung erfuhr sie später durch Bernini. Zahlreiche Päpste liegen hier begraben. Besonders beeindrucken die *Cappella Chigi, Caravaggios Gemälde »Bekehrung des hl. Paulus« und »Kreuzigung des hl. Petrus« in der *Cappella Cerasi sowie Pinturicchios (1454–1513) Fresken in der von Bramante geschaffenen Chorapsis und der Rovere-Kapelle. Aktuelle Kunstausstellungen in den *Sale di Bramante (bei Veranstaltungen bis 22 Uhr geöffnet).

Von der Spanischen Treppe geht es zurück zur Piazza Barberini. Über die Via F. Crispi und Porta Pinciana geht es zur abwärts verlaufenden **Via Vittorio Veneto.** Das Flanieren unter römischen Dachgärten, Platanen und Palmen, vorbei an Designerläden, der Amerikanischen Botschaft, Banken, Luxusherbergen und -restaurants ist heute wieder ein Vergnügen.

Das rotgoldene Interieur des **Café de Paris** (Nr. 90; tgl. bis 1 Uhr; ○○○) oder **Harry's Bar** (Nr. 150; tgl. außer So 11–2 Uhr; ○○○) laden zur Einkehr.

Seite 123

Weg 10

Der Parco dei Musei

*Porta del Popolo → **Villa Giulia → **Villa Borghese → **Monte Pincio

Start und Ziel verfügen über Metrostationen (Ⓜ Flaminio, Spagna). Mit Museumsbesichtigungen sind mindestens sechs Stunden zu veranschlagen. Schöner ist es, sich für die Kunst der Etrusker, für Paolina Borghese und die Aussicht vom Pincio einen ganzen Tag Zeit zu nehmen.

*Porta del Popolo ⓸

Das Stadttor an der Stelle der antiken **Porta Flaminia** hat einige Umbauten erfahren. Bernini gestaltete die der Piazza del Popolo zugewandte Fassade 1655 zu Ehren der zum Katholizismus konvertierten Christine von Schweden. Die Fassade wurde nach Michelangelo-Plänen unter Pius IV. (1560–1565) vollständig umgestaltet.

**Villa Giulia ⓹

Das *****Etruskische Nationalmuseum** in der Villa Giulia (Piazza di Villa Giulia 9; Tel. 0 63 20 19 51; Di–So 8.30 bis 19 Uhr; Eintritt 4 €) liegt an der Nordwestecke des Parks der Villa Borghese. Die als päpstliche Sommerresidenz erbaute Villa dokumentiert die Rückgewinnung des weltlichen Herrschaftsanspruchs des Papsttums. Zu den Architekten zählten Vasari, Vignola und Bartolomeo Ammannati.

*Sarkophag eines liegenden Ehepaars
(Etruskisches Nationalmuseum)*

Rechts der Villa Giulia liegt eine dem hl. Andreas geweihte Votivkapelle. Papst Clemens VII. soll hier während des Sacco di Roma (1527) von deutschen Landsknechten festgehalten worden sein. Dem Kirchenfürsten gelang die Flucht durch einen sehr engen Kamin. Aus Dankbarkeit wurde später die Kapelle erbaut.

Die Museumstrakte wurden mit Millionenaufwand restauriert. Unter den Exponaten in den 50 Räumen ragen der *Sarkophag eines liegenden Ehepaares (Saal 8), der **Apoll von Veji (Saal 6), die *Goldreliefs aus Pyrgi mit Inschrift, die sog. **Ficoronische Ciste, eine Art antiker Beauty Case, und ein kompletter *etruskischer Kampfwagen heraus. Sehenswert ist auch die Sammlung Castellani mit kostbaren griechischen Vasen und Schmuck. Im neu bepflanzten Garten steht die Nachbildung eines etruskischen Tempels.

**Galleria Nazionale d'Arte Moderna 106

Die äußere Gestalt der nur wenige Minuten entfernten **Galleria Nazionale d'Arte Moderna** (Via delle Belle Arti 131, Tel. 06 32 29 81; Di–So 8.30 bis 19.30 Uhr; Eintritt 6,50 €) hat manchem Kunstsinnigen Seufzer der Enttäuschung entlockt. Die protzige Fassade des 1911 erbauten Palazzo delle Belle Arti sollte den Besucher aber nicht vom Eintritt abschrecken. Denn die Nationalgalerie für Moderne Kunst zeigt erstrangige Werke italienischer Künstler (19. Jh. bis zur Gegenwart) und gilt insbesondere wegen ihrer *Futuristen-Sammlung und der Vollständigkeit der Kollektion als Topadresse. Der ausgezeichnet sortierte Book-Shop bietet neben Literatur auch geschmackvolle Kunstartikel zu bezahlbaren Preisen.

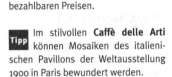

Tipp Im stilvollen **Caffè delle Arti** können Mosaiken des italienischen Pavillons der Weltausstellung 1900 in Paris bewundert werden.

**San Lorenzo fuori le Mura

Vor der Haustür der Nationalgalerie hält die Straßenbahn 19, die einen bequemen Abstecher zur Basilika **San Lorenzo fuori le Mura** ermöglicht (Piazza del Verano; tgl. 7.30–12, 15.30–19 Uhr). Vorbei an der Poliklinik und dem Univiertel (Città Universitaria) ist die siebte der römischen Titularkirchen in 15 Minuten erreicht. Eindrucksvoll der Kreuzgang. Mit dem **Campo Verano** liegt einer der größten römischen Friedhöfe nebenan. Nach dem Besuch San Lorenzos lohnt der Bummel durch das gleichnamige Stadtviertel.

Im einstigen Stammlokal Pier Paolo Pasolinis, dem **Il Pommidoro** (○–○○) an der zentralen Piazza dei Sanniti, wird nach wie vor hausgemachte Pasta in gemütlich familiärem Ambiente geboten.

10

Seite
126

10

Seite
126

Tipp Mit Kindern sollte man einen Abstecher in den ***Zoo ⑩⑦** am Nordrand des Parks machen, der zum Biopark (u. a. mit Streichelzoo, Kinderspielplatz mit riesigem Holzschiff) aufgewertet wird (Tel. 0 63 60 82 11; 31.10.–25.3. 9.30–17 Uhr, 26.3.–30.10. 9.30–18 Uhr; Eintritt 8 €, 3–12 Jahre 6 €). Sollte das Wetter nicht mitspielen, bietet sich als Ersatz der Besuch des **Städtischen Museums für Zoologie** an (Via Ulisse Aldovrandi 18, Tel. 06 67 10 92 70; Di–So 9–17 Uhr; Eintritt 4,13 €, für Bürger der EU unter 18 und über 65 gratis).

****Villa Borghese ⑩⑧**

Im ****Park der Villa Borghese** werden mit Bootsfahrten auf dem kleinen See, Ponyreiten und Fahrradverleih an der Piazza di Siena auch Aktivitäten für Kinder angeboten. Erst 1901 ging die schönste Grünfläche Roms vom italienischen Königshaus in den Besitz der Stadt über. Kardinal Scipione Borghese hatte Anfang des 17. Jhs. wohlgekleideten Römern und Römerinnen den Zugang zu seinem Privatbesitz erlaubt. Als Parco dei musei (Museumspark) wird er in Zukunft für Rom-Besucher noch attraktiver werden.

Hauptanziehungspunkt ist die ****Galleria Borghese** in der **Villa Borghese** mit Café/Bistro sowie Computeranimation im Souterrain (Tel.

⑩④ Porta del Popolo
⑩⑤ Etruskisches Nationalmuseum
⑩⑥ Galleria Nazionale d'Arte Moderna
⑩⑦ Zoo
⑩⑧ Villa Borghese
⑩⑨ Museo Canonica
⑩⑩ Aussichtsterrasse auf dem Monte Pincio

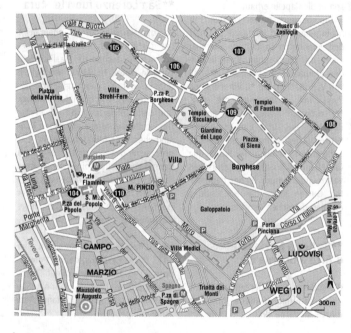

0 68 41 76 45; Di–So 9–17 Uhr, Schließung um 19 Uhr; Eintritt 8,50 €, Vorbestellung unter Tel. 0 63 28 10; Mo–Fr 9.30–19, Sa 9–13 Uhr).

Raffaels »Grablegung Christi« und sein »Männerbildnis« gehören ebenso zu den Höhepunkten wie einige Caravaggios, Rubens' Version der Grablegung und Tizians »Himmlische und irdische Liebe« (Saal 20). Obgleich die Adelsfamilie der Borghese einen Großteil ihrer Kunstwerke an Napoleon verkaufte, gehört das Museum noch immer zu den bedeutendsten Privatsammlungen Italiens.

Schwerpunkt im Erdgeschoss sind die Barock-Skulpturen Berninis. Einige wichtige Bilder Caravaggios an den Wänden geben einen Vorgeschmack auf die berühmte Pinakothek, die den Besucher dann im ersten Geschoss erwartet.

Botanisch Interessierte können sich durch die wunderschönen kleinen Gärten führen lassen (geöffnet Sa 10.30 Uhr, Treffpunkt: Tor an der rechten Flanke der Galleria Borghese; s. a. S.50/51).

Canovas liegende Venus

Canovas liegende »Venus« in der Galleria Borghese zeigt Paolina Borghese, die Schwester Napoleons und unglückliche Gattin Camillo Borgheses, deren Eskapaden das seinerzeit verschlafene und betuliche aristokratische Rom in Atem hielten. Doch der Papst hielt seine schützende Hand über die Schönheit und gewährte ihr wie ihren Geschwistern auch nach dem Tode Napoleons lebenslanges Asyl im Palazzo Napoleone an der Piazza Venezia.

Tempio Esculapio im Park der Villa Borghese

Das ***Museo Canonica** 109 zeigt eine Werkschau des Bildhauers Pietro Canonica (1869–1959) und interessante Sonderausstellungen (Viale P. Canonica, Tel. 0 68 84 22 79; Di–So 9–19 Uhr; Eintritt 2,58 €).

Monte Pincio

In Richtung Piazzale Napoleone und der berühmten ****Aussichtsterrasse auf dem Monte Pincio** 110 säumen Büsten und Statuen den Weg. Von der westlichen Seite eröffnet sich eine der großartigsten Ansichten Roms: auf den Vatikan mit der Peterskirche, rechts auf den Höhen das Nobelviertel Monte Mario. Der Pincio und sein Umfeld werden aufwändig restauriert und bereits für Veranstaltungen genutzt.

Beim Espresso im **Caffè Ciampini** gegenüber der Französischen Akademie Villa Medici kann man am Abend die phantastische Aussicht vom Pincio über die Dächer Roms genießen (Viale Trinità dei Monti; Tel. 0 66 78 56 78, abends Restaurantbetrieb, nur März bis Anf. Nov., ○○).

11

Seite
129

Weg 11

Der Aventin

**Caracalla-Thermen → *Circo Massimo → *Sant'Anselmo → *Cestius-Pyramide

Die Aventin- oder »Schlüsselloch«-Tour startet an der Piazza di Porta Capena, die über die Ⓜ Circo Massimo gut zu erreichen ist. Am Ziel, der Porta San Paolo, liegt die Ⓜ Pyramide. Entspannung versprechen Roms Rosengarten und der Friedhof der Nichtkatholiken. Bodenständige Trattorien locken im Quartiere Testaccio zum gemütlichen Abschluss.

Der Aventin, in der römischen Republik Siedlung der Plebs, ist eine mondäne Wohnadresse. Auch auf dem **Piccolo Aventino,** dem Kleinen Aventin rund um die Basilianerkirche ***San Saba ⑪** (7. Jh.; Piazza G. L. Bernini 20; 6.30-12, 16–19 Uhr), der Anfang des 20. Jhs. als schlichtes Wohnviertel der Eisenbahner diente, sind neue Besitzer eingezogen. Geblieben ist das Grün, die Beschaulichkeit und Ruhe abseits der Hektik der Großstadt.

**Caracalla-Thermen ⑫

212 von Caracalla in Auftrag gegeben und 217 von ihm eröffnet, zählte die 337 mal 328 m messende Anlage zu den größten und prachtvollsten der Stadt (Via delle Terme di Caracalla, Tel. 0 65 75 86 26; Mo 9–13, Di–So 9–16.30, im Sommer bis 19.30 Uhr; Eintritt 5 €). Der Reichtum der Thermenausstattung – gefunden wurden bei Ausgrabungen z. B. der Farnese-Stier und der Farnesische Herkules –

Antike Säulenreste in den Caracalla-Thermen

ist an den Mosaiken und dem verschwenderischen Einsatz von Marmor nachzuempfinden. Caldarium und Frigidarium, Versammlungshallen und Bibliotheken, Ruheräume und Innenhöfe waren prunkvoll ausgestattet. Jeder freie Römer sollte sich hier wie im Cäsarenpalast fühlen. Einzigartig war das unterirdisch verlegte Umluftheizsystem, das Hunderte von Sklaven in Gang hielten.

*Circo Massimo ⑬ und *Roseto ⑭

Vorbei am Gebäude der Welternährungsorganisation FAO, geht es zum antiken Synonym für Brot und Spiele, dem **Circo Massimo.** In der flachen Talsenke zeichnen sich die Umrisse der ursprünglich 600 x 200 m großen Wagenrennbahn ab, die bequem 300 000 Zuschauer fassen konnte. Heute ist das Rund, auf dessen Areal der legendäre Raub der Sabinerinnen stattgefunden haben soll, ein verlassener Ort, der nur zu Open-Air-Filmvorführungen reaktiviert wird.

Die Römer zieht es im Mai vom Piazzale Ugo La Malfa in den **Roseto** (Rosengarten, geöffnet Mai–Juni 7 bis 19.30 Uhr und Okt.–Nov. 8–17 Uhr, Via di Valle Murcia 6, Tel. 0 65 74 68 10), ganzjährig in den **Parco Sant'Alessio**. Hier kann man die gute Luft und das Klavierspiel aus der Nationalen Tanzakademie genießen.

**Santa Sabina ⑮

An der Via Santa Sabina liegt die gleichnamige Basilika, ein strenger, schöner Backsteinbau. Der Bildschmuck der Zypressenholztüren von 425 n. Chr. beeindruckt. Santa Sabina ist der Ursprungsort des Dominikanerordens. Die Zelle des hl. Dominikus ist im angrenzenden Kloster erhalten. Eine der unzähligen Kostbarkeiten sind die Kirchenfenster, die aus Selenit, transparentem Gips, gefertigt

sind. Beachtung verdienen der Kreuzgang und der Klostergarten (tgl. 6.30–12 und 16–18 Uhr).

*Piazza Cavalieri di Malta ⑯ bis *Porta San Paolo ⑱

An der Piazza Cavalieri di Malta wartet mit dem Buco di Roma eine der berühmtesten Aussichten der Stadt: das ***Schlüsselloch** im Eingangsportal der Villa des Großmeisters der Rit-

11

Seite 129

⑪ San Saba
⑫ Caracalla-Thermen
⑬ Circo Massimo
⑭ Roseto
⑮ Santa Sabina
⑯ Piazza Cavalieri di Malta
⑰ Sant'Anselmo
⑱ Porta San Paolo
⑲ Cestius-Pyramide
⑳ Cimitero Acattolico

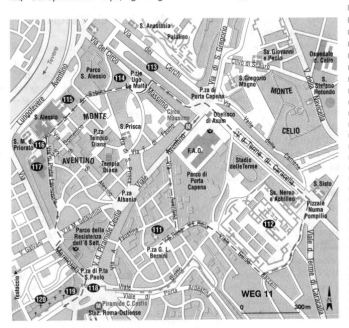

ter des Johanniterordens. Ein herrliches Panorama genießt man vom Garten aus (Sa 10 und 11 Uhr Führung; Eintritt 5 €). *Sant'Anselmo ⑰, an das Benediktinerseminar angrenzend, ist Roms populärste Hochzeitskirche.

Der hl. Paulus soll an der *Porta San Paolo ⑱ seinen Gang zur Hinrichtungsstätte Tre Fontane angetreten haben. Im Torbogen findet sich das Museum Via Ostiense (Di–So 9 bis 13.30, Di u. Do auch 14.30–16.30 Uhr).

Tipp Im **Parco della Resistenza** lädt das Caffé du Parc im Schatten der *Cestius-Pyramide ⑲ zur Ruhepause ein. 12 v. Chr. ließ sich der römische Beamte Caius Cestius das Grabmal im Stil der Ägypten-Mode, die seit 31 v. Chr. aus der neuen Kolonie nach Rom herüberschwappte, errichten.

Cimitero Acattolico ⑳

Auf dem Friedhof für Nichtkatholiken ruht Goethes Sohn August (»Gustl«). Vater Goethe wählte den Grabspruch: Goethe filius patri antevertens (»Goethes Sohn, dem Vater vorangehend«). Neben den englischen Romantikern Keats, Severn und Shelley finden sich die Gräber vieler Ausländer, die sich um Rom verdient machten. Der Friedhof ist einer der stimmungsvollsten Orte Roms (Eingang Via Caio Cestio 6; am Portal läuten; Tel. 0 65 74 11 41; Di bis So 9–16.30, Sommer bis 17.30 Uhr; Eintritt frei, Obolus für Infoheft und Spende für die Grabpflege etwa 3 €).

Auf dem **Monte Testaccio** liegt das Vergnügungsviertel mit traditionsreichen Gaststätten wie dem Akab (Via Monte Testaccio 69; Tel. 0 65 78 23 90, Di–Sa 23–4.30 Uhr); Live- und Discomusik, junges Publikum. Weiteres im Special S. 48/49.

Die Via Appia

*Porta San Sebastiano → **Via Appia Antica → **Katakomben von San Sebastiano → Dritte Meilensäule

Die Katakomben-Tour führt auf die »Königin der römischen Straßen«, die Via Appia Antica. Ab Ⓜ Piramide (Linie B) steht mit Bus 118 (Abfahrt ab Terminal hinter dem Lateran-Obelisk) eine ideale Buslinie bereit. Ab Ⓜ Arco di Travertino (Linie A) mit Bus 660, s.a. Archeobus S. 46. Man kann die Fahrt beliebig oft unterbrechen und sonn- und feiertags auch autofrei auf der Via Appia spazieren (9–18, im Winter bis 16 Uhr).

Reise über die Via Appia

Reisende benötigten damals für die exakt 365 römischen Meilen auf dem holprigem Pflaster der ältesten römischen Konsularstraße zwei lange Wochen. Wichtige Nachrichten gelangten durch ein ausgeklügeltes Informationssystem mit Lichtsignalen oder durch reitende Boten, die alle sieben bis zwölf Meilen die Pferde wechselten, in viel kürzerer Zeit nach Rom.

*Aurelianische Stadtmauer

Durch den Bau der Aurelianische Stadtmauer wurde der erste Abschnitt des berühmtesten römischen Heer- und Handelsweges zur innerstädtischen Straße, die heute den Namen Via di Porta San Sebastiano trägt. Ursprünglich begann sie an der *Porta Capena, einst Teil der republikanischen Stadtmauern.

****Via Appia Antica** ⓵

Eine Kopie der 1. Meilensäule, kurz hinter der Via Appia Antica auf der rechten Seite, legt Zeugnis ab vom Baubeginn jener *Regina viarum* (312 v. Chr.). Erster Bauherr war der Zensor Appius Claudius. Schnurgerade führte sie anfangs gen Süden bis Capua und wurde um 190 v. Chr. bis zum wichtigen Militärhafen Brundisium (Brindisi) in Apulien weitergebaut.

***Parco dei Scipioni** ⓶

Noch vor den Mauern und Wachtürmen der Aurelianischen Mauer sehenswert: Das *Grab der Scipionen, die im Stil der Frührenaissance errichtete Residenz des Kardinals Bessarion und das Kolumbarium des Pomponius Hylas (Besichtigung: Residenz bis Frühjahr 2003 in restauro, Info Tel. 06 67 10 26 34; Kolumbarium Tel. 06 67 10 38 19 u. 06 67 10 34 30; Grab der Scipionen: »in restauro«) liegen im Parco dei Scipioni (7–18.30 Uhr). Das Kolumbarium gibt indirekt Antwort auf die Frage, warum entlang der Via Appia Katakomben zu finden sind. Roms Kaiser hatten freigelassenen Sklaven das Recht gewährt, sich an den römischen Ausfallstraßen begraben zu lassen. Die Christengemeinden machten sich die Verordnung zunutze.

***Porta San Sebastiano**

Vorbei am Drususbogen, über den einst ein Aquädukt führte, gelangt man zur **Dokumentationsstätte** der römischen Stadtmauern (Via di P.S. Sebastiano 18, Tel. 06 70 47 52 84;

Di–Sa 9–19, So 9–17 Uhr), die im antiken Wachturm der Porta San Sebastiano untergebracht ist. Im Museum ist zu erfahren, dass die hier am besten erhaltene Aurelianische Stadtmauer wie so oft in der Antike auch kultische Bedeutung hatte: Sie zeichnete die Umrisse eines Löwen nach.

Grabmäler

Mit der Marranna della Caffarella, einem Rinnsal, in dem Priesterinnen der Kybele die rituelle Waschung des Bildnisses der großen Muttergöttin, der Magna Mater, vollzogen, dem fälschlicherweise Caligulas Bruder als Grab zugeschriebenen **Grabmal des Geta** ⓷ und der ***Tomba di Priscilla** ⓷ tauchen die ersten Monumente an der Via Appia auf.

***Kirche Domine Quo Vadis?** ⓸

800 m nach der Porta San Sebastiano steht das von Legenden umrankte Kirchlein Domine Quo Vadis? (»Herr, wohin gehst Du?«) Hier soll während der neronischen Christenverfolgungen Petrus, dem ersten »Bischof« Roms, auf der Flucht Jesus erschienen sein und ihn zur Umkehr zu seiner Gemeinde bewegt haben. In der Kirche soll der Abdruck eines Fußpaares auf einer Marmorplatte dieses Ereignis bezeugen. Tatsächlich handelt es sich bei der Kopie dieses Votivbildes um die Danksagung eines unbekannten Reisenden, der seinen vermutlich keltischen Göttern nach glücklicher Ankunft auf diese rituelle Weise opferte.

Katakomben

****Katakomben von San Callisto** ⓹

(Via Appia Ant. 110; Tel. 06 51 30 15 80; Do–Di 8.30–12, 14.30–17.30 Uhr, im Winter nur bis 17 Uhr; Feb. geschl.; Eintritt inkl. Führung 5 €). Sie waren

12

**Seite
132**

im 3. Jh. die wichtigsten christlichen Begräbnisstätten Roms. Sechs Päpste liegen hier begraben. Der Sarg Santa Cäcilias, Märtyrerin und Beschützerin der Musikanten, stand hier bis zum 9. Jh. Sehenswert sind die Krypta der Lucina und Wandmalereien mit Darstellungen aus der Liturgie der Urgemeinden. Die 12 000 m² große Anlage besitzt vier Etagen.

An der Kreuzung zur Via delle Sette Chiese liegen die ***Katakomben der**

12

Seite 132

WEG 12
Largo Terme di Caracalla
500 m
Via Latina
Largo Fochetti
1. Meilensäule
Via Cilicia
P. za Galeria
Circ Ardeatina
E.U.R.
Via Appia Antica
Tomba di Geta
V. I. Ombrone
Ardeatina
V. R. Franchetti
Marrana della Cafarella
Via Appia Antica
Via delle Sette Chiese
2. Meilensäule
Via Ardeatina
Jüd. Katakomben
Via Appia
Tempio di Romolo
Via Appia
3. Meilensäule
Appia Antica
V. C. Metella
Flaminia
V. dell'Almone
Ex Forte dell' Acquasanta

Domitilla ㉑ (Via delle sette Chiese 280/282; Tel. 0 65 11 03 42; Mi–Mo 8.30–12, 14.30–17.30 Uhr, im Winter nur bis 17 Uhr; Jan. geschl.; 5 €). Der Friedhof gehörte der aus kaiserlicher Familie stammenden Flavia Domitilla. Einen Besuch wert sind das Hypogäum der Flavier und die Basilika mit Gräbern der heiligen Nereus und Achilleus.

**Mausoleo Fosse Ardeatine ㉗ (Largo Martiri Fosse Ardeatine 9; tgl. 8.15–17 Uhr, Tel. 0 65 13 67 42). Es erinnert an das von SS-Truppen verübte Massaker an 335 römischen Zivilisten, unter ihnen auch 75 Juden und ein katholischer Priester. Der jüngste der Ermordeten war erst 14 Jahre alt. Die barbarische Vergeltungsmaßnahme fand als Reaktion auf ein Bombenattentat am 23. März 1944 in der Via Rasella (Nähe Palazzo Barberini) statt, bei dem 32 SS-Leute umkamen. Der verantwortliche SS Offizier Erich Priebke wurde 1998 nach Aufsehen erregendem Prozess zu lebenslanger Haft verurteilt.

**Katakomben von San Sebastiano ㉘ (Via Appia Antica 136, Tel.

㉑ Via Appia Antica
㉒ Parco dei Scipioni
㉓ Tomba di Priscilla
㉔ Domine Quo Vadis?
㉕ Katakomben von San Callisto
㉖ Katakomben der Domitilla
㉗ Mausoleo Fosse Ardeatine
㉘ Katakomben von San Sebastiano
㉙ Zirkus des Maxentius
㉚ Grabmal der Cecilia Metella

0 67 85 03 50; Mo–Sa 8,30–12 und 14.30–17.30, im Winter bis 17 Uhr; Mitte Nov.–Mitte Dez. geschl.; Eintritt inkl. Führung 5 €). Lange war die im 4. Jh. errichtete Titularkirche Roms den Aposteln Petrus und Paulus geweiht, weil ihre Gebeine hier zeitweise ruhten (Memoria apostolorum). Später entschied man sich dafür, die Kirche einem besonders qualvoll verstorbenen christlichen Märtyrer, dem unter Diokletian hingerichteten Legionär Sebastian, zu weihen.

Den altgriechischen Namensursprung der unterirdischen Grabstätten (katá kymbos = bei den Höhlen) hat bestes römisches Küchenlatein zu ad katakumbas und der heutigen Bezeichnung gewandelt. In Rom finden sich viele weitere Katakomben. Die ältesten sind die ***Katakomben der Priscilla** im Norden der Stadt.

In den vier Etagen der gepflegt hergerichteten Katakomben beeindrucken vor allem die Wandzeichnungen und Ornamente sowie die unterirdi-

12

Seite 132

Die Papessa Giovanna

Jahrhundertelang hielt sich in dem an Wundergeschichten nicht armen Mittelalter die Legende, dass dem energischen Papst Leo IV. (gest. 17. 7. 855) eine Frau auf den Stuhl Petri gefolgt sei. Noch um das Jahr 1400, so berichtet Ferdinand Gregorovius in seiner Chronik der »Geschichte der Stadt Rom im Mittelalter«, wurde eine Büste dieser »Päpstin« in die Reihe der Papstporträts im Dom des toskanischen Siena aufgenommen. Dort blieb sie 200 Jahre, ehe die Inschrift verschwand und die Büste auf Veranlassung Clemens' VIII. dem Papst Zacharias zugeschrieben wurde. Die Inschrift an dieser Büste verwies auf »Johannes VIII., ein Weib aus England«. Tatsächlich hält die Volkssage die Tochter eines Angelsachsen, gebürtig allerdings aus Ingelheim am Rhein, für jene Papessa Giovanna, der das nahe San Clemente, an der Kreuzung Via dei Querceti/Via dei SS. Quattro Coronati (s. S. 110), ein unscheinbares Marienheiligtum gewidmet ist. Johanna, jenes schöne Mädchen, das in früher Jugend in Mainz ihres ho-

hen Intellekts wegen aufgefallen war, soll sich verstellt und unerkannt in Fulda aus Liebe zu einem Benediktinermönch die Kutte genommen haben. Zahlreiche Studien und Forschungsreisen in ganz Europa machten dieses Mönchspaar berühmt. Folgt man ihnen, soll sich die unbekannte Johanna zum hoch geschätzten und theologisch allseits bewanderten Bruder Johannes Anglicus gewandelt haben. In Rom entzückte sie Kardinäle und Philosophen und strebte ehrgeizig nach der Papstkrone, die sie auch erhielt, da man niemanden für würdiger befand. Papessa Giovanna scheute sich indes nicht, ein Liebesverhältnis zu ihrem Kammerdiener zu beginnen. Dieses unmoralische Verhalten sei ruchbar geworden, als die Päpstin während einer Prozession vom Lateran zum Kolosseum von den Wehen überrascht worden sei und an eben der bis heute ausgewiesenen Stelle ein Kind geboren haben soll. Die Päpstin starb unmittelbar nach der Geburt, ihre unglaubliche Geschichte lebte in der Legende weiter.

Die Basilica San Sebastiano fuori le Mura an der Via Appia ist eine der sieben alten Pilgerkirchen Roms

12

Seite 132

3. bis 6. Meilensäule

80 m vor der **3. Meilensäule** steht der 11 m hohe Travertinturm und die Kirche San Nicola, die den Himmel als Dach besitzt. Ein Kustode steht als Führer bereit. Das kreisrunde Grabmal diente, wie die später applizierten Zinnen verdeutlichen, als Festung.

Wer sich nicht mit einem Picknickkorb abschleppen will, kann sich in einer der romantischen Landgaststätten bequem und gut verköstigen lassen:
▮ **Ristorante Cecilia Metella,**
Via Appia Antica 125/127,
Tel. 0 65 13 67 43; Mo geschl.; ○○;
▮ **Hostaria Antica Roma,**
Via Appia Antica 87,
Tel. 0 65 13 28 88; Mo geschl; ○○.

schen Versammlungsstätten. In der im 17. Jh. umgebauten, zu Roms sieben Titularkirchen zählenden ***Basilika San Sebastiano** lohnt ein Blick auf Berninis Statue des hl. Sebastian, der eher unfreiwillig zum Wegbereiter der modernen Kunst avancierte. Da er entblößt den Märtyrertod gestorben sein soll, konnten ihn die Künstler ohne Gefahr nackt darstellen.

Der Brauch, Gebeine in Katakomben zu bestatten, galt nicht nur im Christentum. Interessierte finden direkt gegenüber San Sebastiano in den ***Jüdischen Katakomben** (Via Appia Antica 119 a) einen unterirdischen Synagogenraum.

Nach den Überresten des **Zirkus des Maxentius** ⑫⑨, der sich hinter dem *Grabmal des 309 verstorbenen Kaisersohnes Romulus befindet, folgt das *Grabmal der 50 v. Chr. verstorbenen **Cecilia Metella** ⑬⓪ (Via Appia Antica 161, km 3; Tel. 0 67 80 24 65, Di bis So 9–19.30, im Winter bis 16.30 Uhr, Kasse schließt 1 Std. eher).

Die Begeisterung Goethes für die römische Campagna kann man heute noch nachempfinden, wenn man auf der nun zypressengesäumten Straße weitergeht.

In Höhe der **4. Meilensäule** befindet sich ein Grab, das Seneca zugeschrieben wird. Besonders beeindruckend sind jedoch die häufig profanen Inschriften und Grabreliefs an den Sarkophagen in Höhe der **5. Meilensäule** (bis zur Querstraße Via Tor Carbone). In Erinnerung bleiben sicher das Grab einer Isis-Priesterin, das restaurierte Grab der Rabirii und das so genannte Girlandengrab.

Die Via Appia gibt nach der 5. Meilensäule erstmals ihre schnurgerade Richtung auf: Hier berührte der Wegverlauf die Gemeindegrenzen des alten Alba Longa, die nicht überschritten werden durften. Die Baumeister hielten sich angesichts der mythischen Bedeutung Alba Longas für den Aufstieg Roms an dieses religiöse wie politische Tabu.

Abseits der Wege

**San Paolo fuori le Mura

»Sankt Paul vor den Mauern«, die siebte der römischen Titularkirchen, übertraf an Pracht sogar die Basilika von Alt-Sankt-Peter. Der Brand vom 15./16. Juli 1823 zerstörte einen Großteil der einzigartigen Kunstwerke. Auch wenn der Wiederaufbau vom Klassizismus des 19. Jhs. geprägt ist, bewahrt die fünfschiffige Halle den Raumeindruck der spätantiken Kaiserbasiliken. Sehenswert sind der Tabernakel, eine Arbeit Arnolfo di Cambios, die 1070 entstandenen *Bronzetüren, der Osterleuchter und der **Kreuzgang. Pietro Vasalletto schuf das Meisterwerk 1205–1241. Viale Ostiense 184; Tel. o 65 41 03 41; tgl. 7–19, im Winter bis 18.30 Uhr, Kreuzgang 9–13, 15–18.30 Uhr (Metro San Paolo).

*EUR-Viertel

Mussolini wollte mit dem EUR-Viertel auf der für 1942 geplanten Weltausstellung glänzen. Wie bei den alten Imperatoren sollten mit dieser Baupolitik die politischen Leistungen gefeiert werden. Heute mag die strenge Architektur des Büroviertels im Kontrast zum mittelalterlichen Stadtkern befremdlich anmuten. Ein Besuch lohnt auch wegen der zahlreichen Museen. Unter den monumentalen Bauten ragen der **Palazzo della Cività del Lavoro heraus. Anlässlich der Olympischen Spiele 1960 errichtete man südlich ein Sport- und Vergnügungsviertel, so den von Nervi und Piacentini vollendeten **Palazzo dello Sport, einen Rundbau mit einer 100 m weiten Kuppel, der heute für Konzerte genutzt wird.

Cafés, Trattorien und Restaurants zeigen im Schatten der Ministerien an, dass hier zahlungskräftiges Publikum wohnt und arbeitet. Roms bester Eissalon, **Giolitti,** hat eine Filiale am Viale Oceania (Nr. 90).

Museen im EUR-Viertel: *Prähistorisches und Völkerkundliches Museum L. Pigorini Viale Marconi 14, Tel. 06 54 95 21; tgl. 9–20 Uhr, Eintritt 4 €), *Museo dell'Alto Medioevo (Museum des Hochmittelalters; Viale Lincoln 3, Tel. o 65 42 28 11; Di–So 9 bis 20 Uhr; Eintritt 2 €), **Museo della Cività Romana (Museum der römischen Kultur) an der Piazza G. Agnelli (Tel. o 65 92 60 41; Di–Sa 9–18.45, So/ Fei 9–13 Uhr; Eintritt 4,13 €). Exponate aus frührömischer, aber auch aus klassischer Zeit. Hauptattraktion ist ein riesiges *Stadtmodell des antiken Rom zur Zeit Kaiser Konstantins.

Tipp Spaß für junge Rom-Besucher: der Vergnügungspark **LunEUR** in der Via delle Tre Fontane, Tel. o 65 92 59 33; Mo, Mi/Do 15–19.30, Fr 15–24, Sa 15–2.30, So u. Fei 10–13, 15–22 Uhr; im Sommer geänderte Öffnungszeiten.

Spaziergang

Der Sage nach wurde der hl. Paulus in der *Abbazia delle Tre Fontane enthauptet. Drei Quellen seien an Stellen entsprungen, die der Kopf des Heiligen berührte. Französische Trappistenmönche pflegen die drei Kirchen des Klosters. Man kann unter Eukalyptusbäumen wandeln, Heilkräuter, Olivenöl, Salami und Schinken erwerben (Via di Acque Salvie).

Ausflug nach Ostia Antica und Tivoli

Ostia Antica (21,5 km)

Auf der Via del Mare gelangt man zum **Lido di Ostia,** Roms Naherholungsgebiet und »Badewanne«, die sich zu beiden Seiten der Tibermündung erstreckt: 7 km Sandstrände, Campingplätze und eine ausgebaute touristische Infrastruktur.

Die ****Archäologische Zone Ostia Antica** (Ostia-Porta Marina; Winter: Di–So 8–17 Uhr, Sommer: 9–19 Uhr) bietet einen Überblick über die Alltagskultur der Antike. Vierstöckige Mietshäuser (Insulae), Paläste und Speicher, Tempel, Markthallen, Osterien wurden seit 1802 aus dem Tibersand gebuddelt.

Im 1. Jh. stieg die Stadt zum Zentrum der Lebensmittelversorgung Roms auf, das auf den Import von Getreide und Olivenöl angewiesen war. Ostia zählte bis zu 75 000 Einwohner. Heute liegt die Ausgrabungsstätte knapp 6 km vom Meer entfernt.

Eine Vorstellung des antiken Stadtgefüges vermittelt der Rundgang bis zum Forum (ca. 2,5 Std.). Archäologisch Interessierte können ihn bis zur Porta Marina fortsetzen (4 Std.).

An der Via delle Tombe sind mit den Kolumbarien der Zwillinge und der ***Tomba degli Archetti ❶** interessante Gräber zu besichtigen.

An der ***Statue der Minerva-Vittoria ❷** beginnt der Decumanus Maximus, Ostias einstige Hauptstraße. Den **Terme dei Cisiarii ❸** folgen die ***Terme di Nettuno ❹.** In der **Kaserne der Vigiles ❺** waren etwa 400 Mann stationiert.

Aufführungen von Dramen diente das **Theater des Agrippa ❻,** das zur Zeit des Augustus in alle römischen Städte als griechische Kultureinrichtung gestiftet wurde. In den Spielpausen konnten die Besucher unter der Säulenhalle des weitläufigen Piazzale delle Corporazioni lustwandeln.

Links vom **Hause des Apuleius ❼** ist der Eingang zum *Mithräum der sieben Himmel (Mitreo dei Sette Cieli), eines der 17 in Ostia gefundenen Mithrasheiligtümer aus dem 2. und 3. Jh. n. Chr. In den **Grandi Horrea ❽** befand sich einmal das größte kommerzielle Zentrum Ostias.

Linker Hand zweigt die ***Via della Casa di Diana ❾** ab, eine antike Wohnstraße. Schanktische mit steinernen Versenkungen und Fresken, die Nahrungsmittel zeigen, lassen die Atmosphäre erahnen. Es folgt das auf drei Insulae verteilte **Caseggiato dei Dipinti ❿** mit Fresken und Mosaiken (»Monatsmosaik« aus dem 4. Jh.).

Eine Treppe führt zum neu eröffneten **Archäologischen Museum ⓚ,** (Museo Ostiense), das im Casone del Sale (Salzhaus) aus dem 15. Jh. untergebracht ist (im Sommer Di–Sa 9 bis 13.30, So u. Fei 9–13.30; im Winter bis 16 Uhr); Tel. 06 56 35 80 36). Einmalig sind der *Sarkophag des Priesters der Kybele aus dem 3. Jh., der *Torso des Asklepios, ein Original aus hellenistischer Zeit, Bildnisse Trajans und Faustinas, der Gattin des Antoninus Pius. Für die zahlreichen Mosaiken und Fresken ist eine gesonderte Abteilung geplant.

Rechter Hand des Cardo Maximus ist das **Lapidarium** von Ostia im einstigen *Kleinen Markt ⓛ. **Kapitol ⓜ** und **Forum ⓝ** von Ostia finden sich an der Kreuzung von Decumanus Maximus und Cardo Maximus.

In Höhe des Castrum zweigt der Decumanus Maximus nach Süden ab. An der nördlich weiterverlaufenden **Via della Foce** findet sich die *Area Sacra

(Heilige Zone) **O** aus republikanischer Zeit, deren Tempel bis ins 3. Jh. n. Chr. genutzt wurden. Das ***Haus von Amor und Psyche P** ist eines der besterhaltenen Gebäude der Ausgrabungszone.

Im weiteren Verlauf der Via della Foce sind rechts vom Decumanus Maximus Reste einer frühchristlichen Basilika zu sehen, die ***Insula delle Muse** (Mietshaus der Musen) **O**. Linker Hand steht die **Schule des Trajan R**, die vermutlich Sitz der antiken Schiffsbauerzunft war.

Reste der **Jüdischen Synagoge S** und vor allem die **Tavernen der Fischverkäufer T** mit kunstvoll gestalteten *Mosaiken bilden den Abschluss des lehrreichen Rundgangs.

Auf dem Rückweg zum Kassenhäuschen sollte man einen Blick auf das **Heiligtum der Kybele U** und den Tempel der **Großen Muttergöttin** (Magna Mater) **V** werfen.

Anfahrt: Mit der Eisenbahn ab **M** Magliana bis Stazione Ostia Antica nahe beim Grabungsareal oder, in der heißen Jahreszeit (bei genügend hohem Wasserstand des Tibers!), mit den Motorschiffen »Tevere I« und »Tevere II« (April–Sept. Di–So, Abfahrt wohl 10.30, 12.45, 16 Uhr am Ponte Umberto; Tel. 06 56 30 40 94 sowie 06 64 46 34 83). Das Bootsticket berechtigt zum Besuch der Archäologischen Zone von Ostia Antica.

Tipp Ein gepflegter, 6 km langer heller Sandstrand ist in das Naturschutzgebiet **Castel Fusano** integriert. Mit dem Ostia-Zug fährt man bis zur Endstation Cristoforo Colombo, von dort starten in der Badesaison regelmäßig Busse zu den sieben Strandzugängen, den so genanten Cancelli. FKK-Anhänger haben kurz vor Torvaianica seit den 1970er-Jahren einen Strandabschnitt erobert.

A Tomba degli Archetti
B Statue der Minerva-Vittoria
C Terme dei Cisiarii
D Terme di Nettuno
E Kaserne der Vigiles
F Theater des Agrippa
G Haus des Apuleius
H Grandi Horrea
I Via della Casa di Diana
J Caseggiato dei Dipinti
K Archäologisches Museum
L Kleiner Markt
M Kapitol
N Forum
O Area Sacra
P Haus von Amor und Psyche
Q Insula delle Muse
R Schule des Trajan
S Jüdische Synagoge
T Tavernen der Fischverkäufer
U Heiligtum der Kybele
V Magna Mater

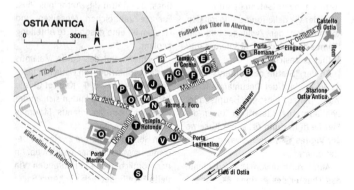

Die Villa Adriana unterhalb Tivolis war der Sommersitz Kaiser Hadrians

Tivoli (32 km)

Tivoli, Roms antiker Steinbruch, gilt an Sommerabenden als erstrangiges Ausflugsziel. Neben der ***Villa Gregoriana** mit dem »grünen«, 100 m herabstürzenden Wasserfall des Aniene-Flusses (bis etwa 2004 geschl.) faszinieren die Brunnen und Wasserspiele im Park der Spätrenaissancevilla des Kardinals Ippolito II d'Este: ****Villa d'Este,** Tel. 07 74 31 20 70; Di–So 9 Uhr bis 90 Min. vor Sonnenuntergang, im Winter bis 16.45 Uhr, Eintritt 6,50 €; Abendprogramm. Franz Liszt ließ sich hier zu seinen »Les Jeux d'eau à Villa d'Este« inspirieren.

I. A. T. Tivoli, Largo Garibaldi, Tel. 07 74 31 12 49, Fax 07 74 33 12 94; www.oltreroma.it; E-mail: iat.tivoli@tiscalinet.it.

**Villa Adriana

Unterhalb von Tivoli, 1 km von der Via Tiburtina entfernt (Abzweigung), ließ sich Kaiser Hadrian mit der Villa Adriana nach eigenen Plänen sein Imperium Romanum in Miniaturform nachbilden. Welche Ausmaße dieser Sommersitz des Philosophen-Cäsaren einmal besessen haben muss, illustriert die Zahl von 5000 Sklaven, die damals rund um die Uhr in unterirdischen Gängen für die Instandhaltung und Versorgung des kaiserlichen Erholungskomplexes gesorgt haben. Eindrucksvoll sind das *Teatro marittimo,* der Rückzugsort des Kaisers auf einer künstlichen Insel, sowie *Canopus, das Tal, eine Nachschöpfung des gleichnamigen Tales bei Alexandria (Tel. 07 74 53 02 03; 9 Uhr bis 90 Min. vor Sonnenuntergang, im Winter 9–17 Uhr, Eintritt 6,50 €).

Bahnhof: Tgl. mehrmals ab Roma-Termini nach Tivoli (27 km).
Busverbindung: Mit A.CO.TRAL, gratis Tel. 8 00 15 00 08, ab Ponte Mammolo (Linie B); Cotral-Bus bis Tivoli 4,40 €; alle 15 Min. zur Villa d'Este und der Abzweigung zur Villa Adriana. **Tivoli-Touren** (vorm. o. nachmittags) organisiert American Express, Piazza di Spagna 38, Tel 0 66 76 41.

Infos von A–Z

Ärztliche Versorgung

Kostenlose Erste Hilfe bietet die Notaufnahme der Krankenhäuser, doch empfiehlt sich eine Reisekrankenversicherung sowie die Mitnahme des Auslandskrankenscheins E 111.

Behinderte

Der viersprachige Band »Roma Accessibile« bietet hilfreiche Hinweise für den Zugang zu Museen, Kirchen (z. B. Sankt Peter), Restaurants und Hotels.

Roma Accessibile: Assessorato Turismo Regione Lazio oder Fremdenverkehrsamt in der Via Parigi 11 (s.u.) sowie über Sportello vacanze serene, Gratis-Tel. 800 27 10 27, Mo–Fr 9–17, Sa 9–13 Uhr oder CO.IN, Tel. 0 67 12 90 11, Fax 06 71 29 01 79.

Diplomatische Vertretungen

■ **Bundesrepublik Deutschland:** Via San Martino della Battaglia 4 (Botschaft und Konsulat), Tel. 06 49 21 31; Vatikanische Vertretung: Via di Villa Sacchetti 6, Tel. 06 80 95 11.
■ **Österreich:** Via Pergolesi 3 (Botschaft), Tel. 0 68 44 01 41; Viale Liegi 32 (Konsulat), Tel. 0 68 55 29 66.
■ **Schweiz:** Via Barnaba Oriani 61 (Botschaft), Tel. 06 80 95 71; Largo Elvezia 15 (Konsulat), Tel. 0 6 80 95 71.

Geld und Währung

Währungseinheit ist seit 1.1.2002 der Euro (€).

Information

■ In Rom: **A. P. T.** (Azienda di promozione turistica), Infobüros: Via Parigi 5, (Mo–Sa 9–19 Uhr), Tel. 06 48 89 91, Fax 06 48 89 92 50, www.romaturismo.com. Im Flughafen Leonardo da Vinci tgl. 8.15–19 Uhr); **P. I. T.** (Info-

punkte der Stadt Rom): Stazione Termini (vor Gleis 3/4), Piazza dei Cinquecento (Stazione Termini), Via Nazionale (Palazzo delle Esposizioni), Via dei Fiori Imperiali, Fontana di Trevi (Via Marco Minghetti), Piazza delle Cinque Lune (Piazza Navona), Largo Goldoni (Via del Corso), Piazza S. Giovanni in Laterano, Piazza Pia (Castel Sant'Angelo), Piazza Sonnino (Trastevere).
■ **Call-Center** der Stadt Rom: Tel. 06 36 00 43 99 (Info auch in Deutsch); www.romaturismo.com
■ Ausgewiesene Infobüros an der A 2 (»Autostrada del sole«) Firenze–Roma sowie Napoli–Roma.
■ **ENIT** (Ente Nazionale Italiano per il Turismo), Via Marghera 2, Zentrale Tel. 0 64 97 11, Fax 06 446 33 79.
■ **TCI** (Touring Club Italiano), Via del Babuino 20, Tel. 06 36 00 52 81, Fax 06 36 00 53 42, www.touringclub.it.

■ Vatikanstadt: **Pilger- und Touristenbüro** (Centro Servizi Pellegrini e Turisti), Seitenarm Carlo Magno, Piazza San Pietro (Petersplatz), Tel. 06 69 88 16 62, www.vatican.va.
■ **Deutsches Pilgerzentrum,** Via della Conciliazione 51, Tel. 0 66 89 71 97; Infos unter www.pilgerzentrum.de

■ In Deutschland: **ENIT,** D-10117 Berlin, Friedrichstr. 187, Tel. 0 30/2 47 83 97, Fax 2 47 83 99; D-60329 Frankfurt/Main, Kaiserstr. 65, Tel. 0 69/23 74 34, 25 91 26, Fax 23 28 94; D-80336 München, Goethestr. 20, Tel. 0 89/53 13 17, Fax 53 03 69. Kostenlose Servicenummer für Prospektbestellung in D, A, CH: Tel. 0 08 00 00 48 25 42
■ In Österreich: **ENIT,** A-1010 Wien, Kärntner Ring 4, Tel. 01/5 05 16 39.
■ In der Schweiz: **ENIT,** CH-8001 Zürich, Uraniastr. 32, Tel. 01/2 11 36 33.

Kriminalität / Diebstahl

Taschendiebstahl in den überfüllten Verkehrsmitteln ist gang und gäbe (Zigeunerkinder, auch als Touristen getarnte Diebespaare); größere Wertsachen im Hotelsafe deponieren, Autos nur in Garagen oder auf bewachten Parkplätzen abstellen. Diebstahl bei der Polizeidienststelle für Ausländer, Via Genova 2 (nahe Piazza Repubblica) melden (Buslinien: 70, 71, 60, 64).

Notruf

▌ Polizei: Tel. 1 12 und 1 13
▌ Feuerwehr: Tel. 1 15
▌ Krankenwagen /
Erste Hilfe (Rotes Kreuz): Tel. 1 18
▌ Pannendienst des ACI: 80 31 16
ADAC-Notrufnummer in Italien:
02 66 15 91 (rund um die Uhr).

Öffnungszeiten

▌ **Banken:** Mo–Fr 8.30–13.30 und 14.45-15.45 Uhr.
▌ **Geschäfte:** 8.30/9–12.30/13 Uhr sowie 15.30/16–19.30/20 Uhr. Lebensmittelläden sind Do nachmittags, sonstige Geschäfte Okt. bis Juni Mo vorm., Juni bis Okt. Sa nachm. und So geschl. Viele Geschäfte im Zentrum öffnen auch sonntags und abends.
▌ **Kirchen:** Mittags oft geschlossen.
▌ **Museen:** Die Winter- und Sommeröffnungszeiten sind verschieden. Die meisten Sammlungen sind montags geschlossen. Bei kleineren Museen und Monumenten anzurufen. Aktuelle Infos zu den wichtigsten Denkmälern: www.comune.roma.it und www.beniculturali.it

Post

Porto für Sendungen ins EU-Ausland und die Schweiz: Postkarte (cartolina) und Standardbrief (lettera) 0,41 €. Die »posta prioritaria« verspricht für 0,62 € eine schnellere Zustellung (nach Deutschland ca. 2–3 Tage).

▌ **Hauptpost:** Piazza San Silvestro, Tel. 06 67 71; Mo–Fr 9–18 Uhr, Sa 9–12, So 9–16 Uhr; Postgiro/telegrafische Überweisungen Mo–Fr 8.25–21 Uhr, Sa 8.25–11.50 Uhr; Schecks, nicht-telegrafische Anweisungen 8.25 bis 14.20 Uhr, Sa 8.25–11.50 Uhr.
▌ **Kleinere Postämter** öffnen 8.25 bis 18.30 Uhr, Sa und letzter Tag im Monat 8.25–11.50 Uhr.
▌ **Vatikanpost** linker (vormittags geöffnet) und rechter Hand (nachmittags geöffnet) des Petersdoms sowie Containerpostamt auf der Piazza San Pietro (Mo–Fr 8.30–19 Uhr, Sa 8.30–18 Uhr; So geschl.).

Rechnungen und Belege

Für Dienstleistungen in Restaurants, Autowerkstätten u.a. muss man sich eine Quittung (»ricevuta fiscale«) inkl. MwSt. (IVA) ausstellen lassen und sie aufbewahren. Die italienische Steuerpolizei kontrolliert und bestraft hart, wenn man sie nicht vorweisen kann.

Telefon und Handy

Telefonkarten für 2,50 oder 7,50 € sind in den Tabakläden (»T«) erhältlich. 24-Std.-Telefonservice bieten Telecom, Piazza San Silvestro; Telecom, in der Stazione Termini; Telecom, Corso V. Emanuele 199/200, (9–21 Uhr).

Bei Ortsgesprächen und Anrufen nach Italien ist die frühere Ortsvorwahl (Rom: 06) zu wählen. Vorwahl: Deutschland 00 49; Italien 00 39; Österreich 00 43; Schweiz 00 41;

Über die Mobilfunknetze von Telecom Italia (TIM), Wind und Omnitel kosten Gespräche nach Deutschland pro Minute etwa 1 €; Aufschlag je nach Anbieter bis zu 40 Cent. Handybenutzer sollten die günstigsten Netze und Nebenzeiten bei ihrem Anbieter erfragen. Allgemeine Info: www.vz-nrw.de/SES63084838/doc1549A.html.

Dolce Vita
a Bolzano

Bozen ist aufgewacht und hat sich endgültig vom dominierenden Innsbruck emanzipiert. Durch die frischeröffnete Uni blüht studentisches Nachtleben in der lange als verschlafen abqualifizierten Alpen-Metropole mit dem schwül-heißen Klima. Auch das 1943 zerbombte und 1999 wiedererstandene Stadttheater sorgt für frischen Wind in der Musicalszene. Das neue Bozen entdeckt lebensfroh das kulinarische Angebot des restlichen Italiens und ist stolz auf seine Edelboutiquen und die erwachende multikulturelle Szene. Die Landeshauptstadt steht auch für Nightlife, Shopping und Spaß.

Der Ötzi als Bühnenheld

Seit 1999 hat Bozen wieder eine große Bühne. Im schimmernd weißen Musentempel des Italieners Marco Zanuso werden Opern, Operetten und Musicals aufgeführt – auf Deutsch, Italienisch oder Englisch. Neben Verdi und der unverwüstlichen »Schönen Boznerin« hat man sich einen schrillen Hit einfallen lassen: das Ötzi-Musical »Frozen Fritz«. Am 13. September 2001 war Weltpremiere!

▌ **Stadttheater Bozen**, Verdiplatz, Tel. 04 71 30 41 30, www.nuovoteatro.it

Tipp **Bozen, wo es am besten schmeckt**
Trendig aufgemachter Insider-Führer von Wolfgang Maier und Hartwig Mumelter mit Fotos von Jakob Brandis (Folio Verlag Wien/Bozen).

Freiluftflirt und Fingerfood

Sehen und gesehen werden ist auch in Bozens abendlichen Hotspots angesagt. Die Szene gibt sich international – mit Südtiroler Akzent.

■ **Doctor Streiter's Winegarden,** Dr. Streiter-Gasse 28 (kein Telefon). Bozens mediterranste Freiluftstehbar (Mitte April bis Mitte Oktober): »Schöne Boznerinnen« schlürfen hier gern Prosecco zu Bruschette.

■ **Nada Mas,** Obstplatz 44, Tel. 04 71 98 06 84. Buntgetünchter In-Treff am Obstmarkt. Späte Happen.

■ **Da Zio Alfonso,** Drususallee 50, Tel. 04 71 28 61 60. Bis 1 Uhr nachts echte neapolitanische Holzofenpizza.

■ **Mexico Lindo,** St. Jakob-Str. 106, Tel. 04 71 25 03 10. Tequila und Tacos bis nach Mitternacht. Wirt Carlos ist Jazztrompeter!

Shoppingplatz der Hits und Trends

Mit den Liremilliardären in der boomenden Wohlstandsinsel Südtirol hat auch die Bozner City ihr kommerzielles Outfit geliftet. Statt touristischem Alpenkram wird in den Topboutiquen unter den Lauben trendige italienische Mode von Prada bis Fendi ausgestellt. Die neusten Möbel-, Küchen- und Lampentrends aus Mailand und Rom sind hier präsent. Italo-Design, Delikatessen aus dem ganzen Land und dazwischen ein Schuss barocke Lodenromantik – dieser unnachahmliche Stilmix macht Bozen zu einem der verlockendsten Einkaufsziele Italiens.

■ **Seibstock,** Lauben 46, Tel. 04 71 32 40 72. Südtirols bester Delikatessenhändler hat 2000 unter den Bozner Lauben einen 2-stöckigen Schlemmer-Tempel eröffnet.

■ **Thun-Shop,** Galvani-Str. 29, Tel. 04 71 24 52 54. Keramik, Kachelöfen und kitschfreies Südtiroler Kunsthandwerk. Aus der Kellerwerkstatt der Grafen von Thun ist in einem halben Jahrhundert ein Imperium alpinen Geschmacks geworden.

■ **De Call,** Waltherplatz 7, Tel. 04 71 30 17 30. Schrille und edle Damenroben aus Südtirol. Starcouturiere Alessandra Stelzer zeigt in ihren Showrooms Avantgarde made in Alto Adige und klassisch-jugendliches Prêt-à-porter, handgefertigt im hauseigenen Meraner Atelier.

■ **Bruschi,** Museumstr. 13, Tel. 04 71 97 82 66. Zwei Etagen für Schuhträume der führenden Ledernamen Italiens.

■ **Principe,** Goethestr. 1, Tel. 04 71 97 84 90. Fundgrube für topaktuelle Nonameschuhe und klingende Marken.

Junger Wein
und Bauernschmankerln

Im Spätherbst ist Hochsaison zwischen Kaltern und Neustift, dann werden bei den Weinbauern Nuier (Neuer Wein), Kesten (Maronen) und Speck vom Brettl serviert. Dieser fröhliche Brauch ist altösterreichischen Ursprungs. Urkunden belegen, dass die Habsburger den Landwirten diese Form der Direktvermarktung schon 1415 gestatteten. Bedingung: Das Schankrecht war dabei auf maximal 6 Monate beschränkt und zum Verkauf durften fast ausschließlich eigene Produkte gelangen.

Das typische Südtiroler Törggelen entstand als Verkaufsveranstaltung. Die Weinhändler zogen durchs Land, um den neuen Jahrgang zu verkosten und wurden dabei reichlich mit bäuerlichen Schmankerln kauflustig gestimmt. Noch heute ist das nach der Törggl (Weinpresse) benannte Dauerfest die beste Möglichkeit, die traditionelle Südtiroler Bauernküche kennen zu lernen – in authentischer Umgebung.

Mini-Lexikon der Südtiroler Küche

Fastenknödel – Semmelknödel (ohne Speck)
Gerstsuppe – Graupensuppe
Kloazn – Trockenbirnen
Ronen – Rote Beete
Schlutzkrapfen – Teigtaschen mit Spinat, Topfen oder Kartoffelfüllung
Selchfleisch – Geräuchertes
Surfleisch – Gepökeltes
Topfen – Quark
wimmen – Trauben ernten

Tipp Wintertörggelen – viele Betriebe haben bis Ostern auf, ab Mitte November ist der Rummel vorbei und auch die Einheimischen lassen sich sehen.

Die wichtigsten Rebsorten Südtirols

Blauburgunder – der samtigste Rote des Landes

Gewürztraminer – Tramins würziger Vorzeigewein wird auch trocken ausgebaut

Lagrein – Neben dem Rosé Lagrein Kretzer gewinnt der wuchtige sortenreine Lagrein Dunkel immer mehr Freunde

Rosenmuskateller – kostbarer hellroter Süßwein

Sauvignon – der klassische Spargelwein

Vernatsch – Aus Südtirols typischster Rebe werden süffige Klassiker wie der Kalterer See, der St. Magdalener

Weißburgunder – der beliebteste Weißwein der Provinz

Bäuerliche Buschenschanken ...

... von schlicht bis edel. Manche Lokale im Eisacktal haben nur eine winzige Stube und öffnen kaum länger als einen Monat, »bis der Wein ausgetrunken ist«, andere haben – besonders zwischen Tramin, Eppan und Kaltern – aus dem Törggelen einen perfekt durchorganisierten Dauer-Event mit Trachtenlook und Musikuntermalung gemacht. Man sitzt in mittelalterlichen Zirbenholzstuben oder im Freien auf rohen Sitzbänken unter alten Kastanienbäumen. Besonders reizvoll sind Wanderungen, die beim Weinbauern enden – einige bieten sogar Zimmer an!

❚ **Johannserhof,** Klausen, Frag 65, Tel. 04 72 84 79 95. Versteckter 700 m hoch gelegener Bergbauernhof mit wuchtigen gotischen Stuben.

❚ **Röckhof,** Villanders, St. Valentin 9, Tel. 04 72 84 71 30. Im Buschenschank der Familie Augschöll gibts Eisacktaler Müller-Thurgau, Mohnkrapfen und Kartoffelplatteln mit Kraut. Übernachtungsmöglichkeit.

❚ **Panholzerhof,** Kaltern, St. Josef am See 8, Tel. 04 71 96 02 59. Nach Kennermeinung gibt's hier, nur ein paar Schritte vom See entfernt, den besten Kalterer See.

❚ **Loosmannhof,** Oberbozen-Ritten, Signat 177, Tel. 04 71 36 52 37. Guter Magdalener und Traumblick auf Bozen – Spezialität sind Rippelen mit Kraut.

❚ **Vinotheque im Paradeis,** Margreid, St. Gertraud-Platz 5, Tel. 04 71 81 80 80. Edle Trinkstube der Kellerei Lageder.

Tipp Der Südtiroler Bauernbund gibt jährlich eine Broschüre mit Weinwandertipps und ausgewählten Buschenschanken heraus. Der detaillierteste Törggelenführer von Hans Dosser (Tappeiner/Südwest) verrät die 75 besten Höfe mit ausführlichen Wander-, Ess- und Kulturtipps.

Dolomiti
extrem und extravagant

Die ladinischen Dörfer des Grödner- und Gadertals haben sich zu
einem perfekt gemanagten Sport-Eldorado entwickelt, das auch jede
Menge italienische Schickeria anzieht - Cortina d' Ampezzo ist nah!
Zwischen Drei Zinnen, Langkofelscharte und Rosengarten werden
Kletterkurse aller Schwierigkeiten angeboten, die Mountain-Bike-
Rallyes haben Kultstatus, einige Hütten ebenfalls. Und wer noch mehr
Abenteuer sucht, kann Ausflüge zum Wildwasserrafting buchen.

Superbike als Härtetest

Mit 31 Euro Startgebühr und ärztlichem Fitnessattest kann man einen der
3000 Startplätze beim härtesten Mountainbike-Rennen der Dolomiten ergattern, vorausgesetzt man ist min-
destens 18 Jahre alt. Wem 111 bzw. 59
km Passstraßen an einem Tag zu viel
sind, der kann es auch privat angehen.
Zahlreiche Fahrradvermieter und Hotels bieten nicht nur Stahlrösser sondern auch geführte Radtouren an.

▌ **www.dolomitisuperbike.com**
Niederdorf, Frau-Emma-Str. 11,
Tel. 04 74 74 51 36
▌ **Hotel Dolomiten,** Toblach,
Alemagnastr. 3, Tel. 04 74 97 21 36,
Fax 04 74 97 30 35. Mountainbike-
wochen mit einheimischem Trainer
von Mai–Okt. (HP ab ca. 400 €).

Tipp Tilmann Wald-
thaler, **Berg-
radtouren in Südtirol,**
Athesia Verlag Bozen,
42 ausgewählte
Touren für Könner
und Freizeitsportler.

Rafting in der Rienzschlucht

Wildwasserrafting zwischen Eisack und Ahr
bietet Wasserfex Hermann Oberlechner an.
Nötig sind nur Badedress und gute Laune.
www.rafting-club-activ.com, Tel. 04 74 67 84 22

Klettern – schnuppern und extrem

Peter, Andreas und Toni heißen die Bergführer der Alpinschule Sexten. Ihr Angebot reicht vom Eisklettern für Spezialisten bis zum Schnupperkletterkurs für Kinder, für die eine »Expedition der Zwerge« organisiert ist. Und natürlich sind die Drei Zinnen ein internationaler Freeclimbertreff. Doch auch die Konkurrenz an den ladinischen »Steinhühnern« (catores) von St. Ulrich schläft nicht.

▌**Alpinschule Sexten,** Dolomitenstr. 45, Tel. 0474 70375, 0348 4449254, www.alpinismo-trecime.com
▌**Bergführerschule St. Ulrich** im Grödnertal, Tel. 0471 798223, www.catores.com

Hüttenzauber ganz hoch droben

Kultige Hütten, wo sich zwanglos Italoprominenz, feiernde Südtiroler und abgekämpfte glückliche Bergsteiger mischen, gehören zu den Insider-Attraktionen der Dolomiten - nicht nur zur Winterszeit, wenn Snowcats mit nächtlichen Partylöwen über verschneite Almen brausen. Probieren Sie In-Treffs wie die von Höhlenbärenknochenentdecker Willy Costamoling geleitete Ütia Punta Trieste in 2038 m Höhe, kosten Sie in der Scotoni-Hütte Südtirols leckerstes Grillfleisch oder vor dem Rifugio Comici in 2140 m Höhe unter dem Langkofel Adriafisch. Abhotten ist in dem mit Rallye-Bildern gepflasterten Club Moritzino angesagt – sogar Araberscheichs hat es in dieser Nobelhütte gefallen. Wichtig: Vorher Öffnungsmonate checken!

▌**Ütia Punta Trieste,** Corvara Tel. 0 47 18 36 64 (Sessellift Pralongia von Planatsch/Wolkenstein)
▌**Scotoni-Hütte,** Lagazuoi-Badia Tel. 04 71 84 73 30 (40 Min. Aufstieg von der Capanna Alpina oberhalb Armentarola/S. Cassiano)
▌**Rifugio Comici,** Sella-Pass, Tel. 0 47 17 41 21 (Seilbahn Piz Sella von Wolkenstein)
▌**Club Moritzino,** Stern/La Ila, Tel. 04 71 84 74 03 (Seilbahn Piz La Ila von Stern)

Südtirol – immer eine Reise wert

Seit jeher war es, neben der großartigen Landschaft, jener Hauch von Süden, der den besonderen Reiz Südtirols ausmachte. Von diesem Süden jenseits der Alpen schwärmten schon früher alle: die Bürger ebenso wie die Rothschilds und König Albert I. von Belgien. An berühmten Gästen hat es Südtirol nie gefehlt: Dürer reiste über den Brenner nach Italien, und Goethe, der Geheimrat und Dichterfürst aus Weimar, war natürlich auch hier. Meran entwickelte sich schon im 19. Jh. zum Treffpunkt der Hautevolee. Kaiserin Sisi war öfter am Karersee zu Gast, und Churchill malte bei seinen Ferienaufenthalten Rosengarten und Latemar.

Südtirol hat ganzjährig Saison für Aktivurlauber: Im Frühling, wenn im Etschtal die Bäume blühen und oben auf den Gipfeln noch Schnee liegt, ist ebenso wie im Herbst die richtige Zeit für ausgedehnte Wanderungen. Im Sommer kann man im Kalterer See baden, den »höchsten Spitz in Tirol« – den Ortler (3905 m) – besteigen, historischen Pfaden folgen oder auf Waalwegen die traditionsreiche Kurstadt Meran umwandern. Im Winter lockt die weiße Pracht Brettlfans aus nah und fern in die Bergregionen. Die einzelnen Fremdenverkehrsämter überbieten sich, wenn es darum geht, den Gästen zu jeder Jahreszeit ein möglichst umfangreiches und vielfältiges Freizeitangebot zu machen.

i Umfassende **Südtirol-Informationen** über die Homepage der landeseigenen Südtirol Marketing unter: www.hallo.com oder www.suedtirol.com.

Lage und Landschaft

Die Dolomiten zogen schon früh Alpinisten magisch an, vor allem die bergsportbegeisterten Briten. Einem Franzosen jedoch verdanken sie ihren Namen: dem Hobbygeologen Déodat Gratet de Dolomieu (1750–1801), der magnesiumhaltiges Kalkgestein – den Dolomit – in den Stubaier Alpen entdeckte. Ein Brite war es dann, der im Jahr 1857 als erster einen großen Dolomitengipfel, den Monte Pelmo (3168 m), bestieg: John Ball, der spätere Präsident des »Alpine Club« in London.

Ein anderer Dolomitenpionier, der Wiener Paul Grohmann, stand als erster auf der Marmolada (3343 m). Sie alle waren fasziniert von den Bleichen Bergen, diesen bizarren Felsbastionen, die so unvermittelt aus dem Grün der Almen in den Himmel wachsen. Wer einmal die Drei Zinnen (2999 m) gesehen hat, wird ihr Bild kaum mehr vergessen: ein über 600 m hohes, frei stehendes Felsgebiss, das aus einem Bett aus Geröll und kargen Almböden aufragt. Grandios sind auch die wie Skulpturen wirkenden Vajolettürme – in Jahrmillionen aus dem Schlerndolomit entstandene Naturkunst. Mit seinem unverkennbaren Profil – breiter Rücken, davor zwei himmelwärts ra-

gende Zacken – ist der Schlern (2564 m) ein Wahrzeichen des Landes. Von der Seiser Alm aus besteigt man ihn in etwa 3,5 Std.

Die Dolomiten machen nur knapp ein Fünftel des 7400 km² großen Südtirols aus; die höchsten Berge stehen im Westen (Ortler, 3905 m) und im Norden, wo Ötztaler (Weißkugel, 3739 m), Stubaier (Zuckerhütl, 3507 m) und Zillertaler Alpen (Hochfeiler, 3510 m) den Alpenhauptkamm und die Grenze zum österreichischen Nordtirol bilden. Hier dominieren Eruptivgesteine, dunkle Granite und Gneise. Im Gegensatz zu den Dolomiten ist dafür die Vergletscherung beträchtlich, vor allem im Ortlermassiv (Cevedale), in den Stubaier Alpen und an der Nordseite der Rieserfernergruppe. Doch auch hier – wie überall in den Alpen – schwinden die Gletscher langsam. Kaum vorstellbar: Noch vor 20 000 Jahren bedeckten riesige Gletscher weite Teile Südtirols, stießen bis in die Gegend um Verona über den Gardasee hinaus vor und ließen mächtige Moränenwälle zurück.

An der Südabdachung des Alpenhauptkamms entspringen die bedeu-

In König Laurins Rosengarten

tendsten Flüsse des Landes, im Westen (Reschenpass) die Etsch, am Brenner der Eisack und an der Grenze zu Osttirol die Rienz. Sie bilden die großen Südtiroler Talschaften: den Vinschgau, den Eisackgraben und das Pustertal. Bei Brixen mündet die Rienz in den Eisack, bei Bozen fließen Etsch und Eisack zusammen, öffnet sich das flachere Unterland. Typisch für die Bozner Gegend ist der rötliche Porphyr, den man besonders schön bei einer Fahrt durch die Eggentaler Schlucht oder am Weg ins Sarntal

König Laurins versteinerter Garten

Rosengarten – ein Name, der in der großen Bergsteigergemeinde fast magischen Klang besitzt. Seit den Zeiten eines Tita Piaz oder Paul Preuß ist er ein Traumziel für Kletterer. Jeder Bozenbesucher kennt seine hell schimmernde, vielfach gebrochene Felsenmauer, die sich bei schönem Wetter mit der untergehenden Sonne gelb und rötlich verfärbt. Der Name »Rosengarten« taucht erstmals im 17. Jh. auf, viel älter ist jedoch die Sage um König Laurin, die Geschichte von der Niederlage des Zwergenkönigs im Kampf gegen Dietrich von Bern. Laurins Fluch soll seinen blühenden Rosengarten in eine Steinwüste verwandelt haben. Eine uralte und dennoch moderne Parabel? Angesichts der Zigtausende, die alljährlich in diese westlichste Dolomitengruppe pilgern, könnte man beinahe glauben, dass der Freizeitmensch das zerstört, was er eigentlich liebt – die Natur und die Berge.

sieht. Es handelt sich dabei – wie beim Granit – um vulkanisches Gestein, das vor rund 275 Millionen Jahren an die Erdoberfläche gelangte und sich dann verfestigte.

Dass Südtirol ein Gebirgsland ist, belegen zwei Vergleichszahlen: Weniger als 5 % der Gesamtfläche liegen unterhalb der 500-m-Marke, gut 85 % dagegen über 1000 m. Mit fast einem Viertel ist der Anteil an so genannter unproduktiver Bodenfläche entsprechend groß.

Natur und Umwelt

Bis hinauf in die Regionen des ewigen Schnees, bis an den Rand der Gletscher finden Blumen, Gräser und Flechten noch ausreichende Lebensbedingungen. Herrliche Alpenblumen begleiten den Wanderer auf seinen Wegen. Und damit dies auch so bleibt, sollte man sich daran freuen, die Blumen aber weder zertrampeln noch pflücken! Viele der Pflanzen stehen unter strengem Schutz, beispielsweise das Edelweiß (Leontopodium alpinum), die verschiedenen Enzianarten (Gentiana), das Steinröschen (Daphne striata), Türkenbund (Lilium martagon), Feuerlilie (Lilium bulbiferum), Steinbrech (Saxifraga) und die Schopfige Teufelskralle (Phyteuma comosum).

Die Fauna unterscheidet sich nicht wesentlich von der anderer Südalpenregionen. Weit verbreitet sind Gämsen und Murmeltiere. Selten, aber im Bestand nicht mehr gefährdet ist der Adler. Auch dem einst in den Ostalpen ausgerotteten Steinbock kann man in Südtirol wieder begegnen. In tieferen Lagen trifft man an sonnigen Steilhängen Smaragdeidechsen und gelegentlich Schlangen (u. a. die bis zu 2 m lange, ungiftige Äskulapnatter,

selten die giftige Aspisviper). Bevorzugt in Eichenbuschwäldern leben Hirschkäfer, Gottesanbeterin und Zikaden. Auch der berühmte Gletscherfloh (Isotoma saltans) entstammt keineswegs dem Bergsteigerlatein, das winzige Insekt gibt es wirklich. Es ernährt sich bevorzugt von Pollenkörnern, die der Wind über die Eis- und Firnflächen weht.

Seit einigen Jahren ist man verstärkt bemüht, Südtirols wichtigstes Kapital, die Natur, besser zu schützen. Die **Naturparks** des Landes sollen helfen, die alpine Natur für künftige Generationen zu erhalten. Neben dem bereits 1935 gegründeten **Stilfser-Joch-Nationalpark** (952 km²), der nur knapp zur Hälfte in Südtirol liegt, gibt es mittlerweile eine ganze Anzahl von Schutzgebieten: Schlern (64 km²), Texelgruppe (330 km²), Puez-Geisler (95 km²), Trudner Horn (65 km²), Fanes-Sennes-Prags (260 km²), Sextner Dolomiten (116 km²), Rieserfernergruppe (315 km²) und Sarntaler Alpen (400 km²).

Infos über Naturparks im Internet: www.parks.it

Doch Naturschutz darf nicht an den Grenzen der Parks enden! Auch wer in Tirol zu Gast ist, kann seinen Beitrag

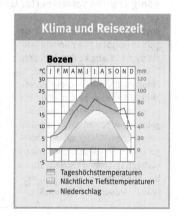

Klima und Reisezeit

Bozen

Tageshöchsttemperaturen
Nächtliche Tiefsttemperaturen
— Niederschlag

Weit verbreitet: das Murmeltier

leisten, wenn er ab und zu auf öffentliche Verkehrsmittel umsteigt. Wer Südtirol erwandert oder mit dem Fahrrad erkundet, hat noch einen zusätzlichen Vorteil: Er sieht viel mehr!

Klima

Südtirol ohne Sonne ist fast undenkbar! Aber eine Schönwettergarantie gibt es natürlich auch im Süden der Alpen nicht. Wer sehr trockenes Klima liebt, fährt in den Vinschgau, der bedingt durch seine inneralpine Lage auf eine jährliche Niederschlagsmenge von nur 639 mm kommt. Das Wetter in den Dolomiten wird dagegen oft durch Staulagen mit südlichen Winden – das gefürchtete Adriatief – beeinflusst. In Bayern pfeift dann meist der Föhn. Diesen trockenen Fallwind, der für klare Sicht und manchen Brummschädel sorgt, kennt man auch in Tirol, nur bläst er hier eher kühl.

Ausgesprochen mild ist es dagegen im Unterland. In Bozen etwa sinkt die Temperatur auch im Winter kaum unter den Gefrierpunkt.

Ein Relikt aus Mussolinis Zeiten

Südtirol/Alto Adige, Brenner/Brennero, Bozen/Bolzano ... Die allgegenwärtige Zweisprachigkeit der Südtiroler Ortsnamen ist ein Relikt aus Mussolinis Zeiten. Der aus Rovereto stammende Geograph Ettore Tolomei – ein Anhänger des Irredentismus, jener nationalistischen Bewegung, die nach der Brennergrenze verlangte – war der Meinung, was italienisch sein sollte, brauchte auch italienische Namen. Also ging Tolomei mit Akribie daran, Tausende von Orts-, Flur- und Familiennamen ins Italienische zu übersetzen. Und dies, obwohl seine philologischen Kenntnisse ziemlich dürftig waren. Sein »Handbuch der Südtiroler Ortsnamen« diente Mussolini dann als Grundlage für neue Landkarten.

Dabei entstand allerhand Kurioses: So erfuhr beispielsweise das Fischleintal – Vorzeigetal von Sexten – gleich eine doppelte Namensverstümmelung, vom lateinischen »viscalina« (zum Fiskus gehörend) über das deutsche Fischlein zum italienischen Fiscalina. Dass aus dem Glockenkarkopf im hintersten Ahrntal Vetta d'Italia (Haupt Italiens) wurde, hat dagegen ganz klar politischen Hintergrund: Der Gipfel ist seit 1919 nördlichster Punkt des Landes. Seit 1993 befasst sich nun die Landesregierung mit der Namensproblematik. Unter Beteiligung aller Parteien kam ein Kompromiss zustande, der wohl die Abschaffung vieler italienischer Orts-, Flur- und Bergnamen und den Kartographen viel Arbeit bringen wird.

Bevölkerung und Sprache

Während der Haupreisezeiten besteht die Bevölkerung mehrheitlich aus Nichtsüdtirolern. Rund 25 Millionen Übernachtungen werden pro Jahr gezählt – und das in einem Land mit ungefähr 450 000 Einwohnern! Nach der letzten Volkszählung sind etwa 68 % davon deutsch-, 28 % italienisch- und etwas über 4 % ladinischsprachig. Die Bevölkerungsdichte ist sehr unterschiedlich: Fast die Hälfte der Südtiroler und der größte Teil der italienischsprachigen Bevölkerungsgruppe lebt in den Ballungsgebieten um Bozen und Meran. Das übrige Land ist mit rund 30 Einwohnern je Quadratkilometer relativ dünn besiedelt.

In den Dolomitentälern leben etwa 18 000 Ladiner. Ihre Muttersprache, das Ladinische, ist mit dem Rätoromanischen verwandt, das in Teilen des schweizerischen Graubünden gesprochen wird.

Kirchweih, Scheibenschlagen und Törggelen

Nicht nur die Kalendermotive Weinpergel, Gletschergipfel und spitze Kirchtürme bestimmen das übliche Bild von Südtirol, sondern auch die Vorstellung, es sei auch heute noch das Land der Bauern. Kaum einem Touristen wird bekannt sein, dass nur noch knapp 12 % der Südtiroler von der Landwirtschaft leben, davon die Hälfte im Nebenerwerb. Brauchtum gerät leicht zum Spektakel, aufgeführt für den zahlenden Gast, der darin das Symbol heiler Ferienwelt sieht.

Auch wenn es oft touristisch vermarktet wird, lebt das Südtiroler Brauchtum tatsächlich, sowohl in den Städten als auch auf dem Land. Das hat seine Gründe nicht nur in der Traditionsverbundenheit der Südtiroler und in ihrem Volksglauben. Dahinter verbirgt sich auch das Trauma der jüngeren Geschichte: die Abtrennung

Autonom?

Die Politik dreht sich in Südtirol seit dem Anschluss an Italien 1919 fast immer um die verlorene Selbstständigkeit. Nach dem Ersten Weltkrieg massiver Zuwanderung und Italienisierung ausgesetzt, brachte den deutschsprachigen Südtirolern am 5. September 1946 ein Abkommen zwischen dem österreichischen Außenminister Gruber und dem italienischen Ministerpräsidenten De Gasperi erste Autonomierechte.

Doch erst nach den Bombenattentaten der sechziger Jahre und langwierigen Verhandlungen wurde das Südtirol-Paket verabschiedet, das

1969 auch von der Südtiroler Volkspartei (SVP) angenommen wurde und 1971 in Kraft trat. Seither regiert der Proporz im Land, werden Posten im öffentlichen Dienst dem Verhältnis der Sprachgruppen entsprechend verteilt – nicht gerade zur Freude der italienischen Bevölkerungsgruppe, die sich nun als Minderheit im eigenen Land fühlt. Kein Zufall, dass die neofaschistische Partei MSI regen Zulauf verzeichnete. In den letzten Jahren ist jedoch eine deutliche Entspannung im deutsch-italienischen Verhältnis festzustellen, und die Jugend hat längst zu einem lässigen Miteinander gefunden.

vom Norden und Osten des Landes und die Unterdrückung durch den italienischen Faschismus. So wird lebendige Kultur zur Möglichkeit der Selbstbehauptung.

Alpauffahrten, Schützenfeste, unzählige Kirchweihfeste und andere aufwändig gefeierte kirchliche Feste wie Fronleichnam mit seinen prächtigen Prozessionen stehen ebenso auf dem Kalender wie Feste heidnischen Ursprungs, so z. B. das Scheibenschlagen im Vinschgau am »Holepfannsonntag«. Es hat seinen Ursprung in einem alträtischen Feuerkult. Aus einem germanischen Sonnwendmythos entstand das Klöckeln, wie es vor allem noch im Sarntal in den drei Nächten vor Weihnachten mit viel Lärm geübt wird. Ziemlich laut geht's auch beim Traminer Egetmann zu, einem Umzug, mit dem der bevorstehende Frühling begrüßt wird. Traditionen werden gelegentlich auch ausgebeutet. Wurde früher das Törggelen (s. S. 144) im privaten Kreis begangen, so ist heute daraus ein Massenereignis mancherorts geworden.

Tourismus, Obst und Rebensaft

Wichtigster Wirtschaftszweig ist – wen wundert's? – der Fremdenverkehr. An zweiter Stelle folgt die Landwirtschaft. Die Hauptexportgüter Südtirols sind dabei Obst – über 600 000 Tonnen pro Jahr, davon fast 90 % Äpfel – und natürlich Wein: Etwa 500 000 Hektoliter werden pro Jahr gekeltert, davon rund 70 % Rotwein. Die meisten Südtiroler Weine stammen heute aus kontrollierten Anbaugebieten und dürfen deshalb die Bezeichnung D.O.C. (denominazione di origine controllata) tragen. Rund die Hälfte der Südtiroler

Weinproduktion wird exportiert. Rund 34 % davon gehen in die Schweiz, 33 % nach Deutschland und 30 % nach Österreich. Einige mittelständische Betriebe, wie etwa die Firma Durst, die in Brixen optische Geräte herstellt, exportieren weltweit. Dagegen beliefert die Holz verarbeitende Industrie des Pustertals vor allem italienische Möbelhersteller. Die in den zwanziger und dreißiger Jahren von Rom verordnete »Modernisierung« des Agrarlandes Südtirol bescherte vor allem Bozen, aber auch Meran hässliche Industriezonen und dazu ein paar marode Staatsbetriebe.

Steckbrief

- **Fläche:** 7400 km².
- **Höchster Berg:** Ortler (3905 m).
- **Tiefster Punkt:** Etsch/Adige bei Salurn (207 m).
- **Längster Fluss:** Etsch (410 km, auf Südtiroler Boden ca. 125 km).
- **Bodenbeschaffenheit:** 38 % Wald, 34 % landwirtschaftlich genutzte Fläche, 23 % unproduktive Fläche (vor allem Hochgebirge).
- **Anteil Naturschutzgebiete:** 1800 km² (= 24,5 %).
- **Bevölkerung:** ca. 450 000 Einwohner.
- **Größte Städte:** Bozen mit 97 000, Meran mit 35 000 Einwohnern.
- **Politische Gliederung:** Südtirol bildet zusammen mit der Provinz Trento die autonome Region Südtirol-Trentino (Trentino-Alto Adige) und gliedert sich in sieben Talschaften mit 116 Gemeinden.

Geschichte im Überblick

Um 3000 v. Chr. Im Etschtal weisen Steinkistengräber auf erste Besiedlung hin.

Um 800 v. Chr. In der Meraner Gegend besteht eine Megalithkultur (Dolmengräber).

36 v. Chr. Die Römer gründen Tridentum (Trient).

6. Jh. Die Bajuwaren wandern von Norden und die Langobarden von Süden her in das Land ein.

769 Herzog Tassilo III. von Bayern gründet das erste Kloster Tirols in Innichen.

1158 zieht Kaiser Friedrich I. mit seinem Heer über den Brenner.

1248 Albert III. und seine Nachfolger herrschen nach dem Aussterben der Grafen von Andechs und von Eppan als »Grafen von Tirol«.

1363 Gräfin Margarethe Maultasch vererbt Tirol dem Habsburgerherzog Rudolf IV.

1420 Innsbruck wird anstelle von Meran Hauptstadt Tirols.

1499 Die Graubündner dringen durch das Münstertal in den Vinschgau vor.

1525 Bauernaufstände greifen von Süddeutschland aus auf Tirol über.

1665 Nach dem Aussterben der Tiroler Linie der Habsburger wird Tirol von Wien aus verwaltet.

1703 Während des Spanischen Erbfolgekriegs wehren die Tiroler Schützen Franzosen und Bayern ab.

1803 Säkularisation der Fürstbistümer Brixen und Trient.

1805 Nach der Niederlage gegen Napoleon muss Österreich Tirol an Bayern abtreten.

1809 Erfolgloser Aufstand der Tiroler unter Führung von Andreas Hofer gegen die Fremdherrschaft. Im Frieden von Schönbrunn (1809) fällt Nordtirol an Bayern, der Süden und das Trentino an das Königreich Italien.

1815 Beim Wiener Kongress erhält Österreich Nord-, Südtirol und Trentino zurück.

1915–1918 Kaiserjäger und Alpini liefern sich einen erbitterten Stellungskrieg im Hochgebirge.

1919 Nach dem Ersten Weltkrieg verliert Österreich im Friedensvertrag von Saint-Germain Südtirol an Italien.

1922 Unter Benito Mussolini beginnt eine rigorose Italienisierungspolitik

1939 Hitler und Mussolini schließen das Umsiedlungsabkommen. Rund 75 000 Südtiroler verlassen ihre Heimat.

1943 Nach dem Sturz des faschistischen Diktators Mussolini erklärt Italien Deutschland den Krieg.

1946 Im Gruber-De Gasperi-Abkommen werden den Südtirolern Kultur- und Verwaltungsrechte versprochen.

1948 Die neu geschaffene Region Trentino-Alto Adige erhält Autonomiestatus und eine Landesregierung.

1961 Begleitet von Bombenterror beginnen die Verhandlungen zum »Südtirol-Paket«.

1992 Die Kultur- und Sprachenautonomie der deutsch- und ladinischsprachigen Südtiroler wird international verankert.

1998 Bozen erhält eine Universität und einen Flughafen.

2001 Weltpremiere des Ötzi-Musicals »Frozen Fritz«.

Kultur gestern und heute

Ältestes Zeugnis der Frühgeschichte Südtirols ist die »Tuiflskammer«; so heißt im Volksmund die Steinpyramide bei St. Nikolaus in Kaltern, die auf das Jahr 2000 v. Chr. datiert wird. Ihr Durchmesser beträgt am Sockel 50 m und verjüngt sich in Terrassen bis zum 15 m hohen Gipfel – 10 000 m³ Gestein, von Menschenhand zu Opferzwecken aufgetürmt. Etwa 1000 Jahre jünger sind die figürlich verzierten Menhire aus Algund (im Museum von Meran).

Jedes Jahr im Juni: der Oswald-von-Wolkenstein-Ritt

Mit dem Beginn der Eisenzeit, die in Tirol um 500 v. Chr. einsetzt, werden die archäologischen Funde reichhaltiger. Aus den Tälern Val di Fassa (Fassatal), Val di Fiemme (Fleimstal) und Val Gardena (Grödner Tal) stammen verzierte Keramik und Kleinbronzen.

Bei Grabungen in der Apsis der Kirche Santa Giuliana bei Vigo di Fassa kam in jüngster Zeit ein Kultplatz aus dem 4. Jh. v. Chr. ans Tageslicht. Auch die Fluchtburgen der Räter, die Wallburgen, waren vermutlich Kultplätze. Archäologische Funde aus verschiedenen Epochen lieferte der Porphyrhügel von Castelfeder bei Auer, im Volksmund »Klein Griechenland« genannt.

Von der ein halbes Jahrtausend dauernden Zugehörigkeit zum Römischen Reich blieben, neben Fundamenten des Römerlagers Sebatum, nur ein Mithras-Steinrelief in Sterzing sowie Meilensteine und Kleinplastiken.

Aus der Zeit der Völkerwanderung (6. bis 8. Jh.) sind ebenfalls nur spärliche Zeugnisse erhalten; in Säben, dem ersten Bischofssitz Tirols, bestätigen die Beigaben in einer Nekropole, dass Bajuwaren und Langobarden in der ersten Hälfte des 7. Jhs. friedlich zusammenlebten – die Schmuckstücke der Frauen sind vom Norden beeinflusst, die goldbrokatbesetzten Kleider stehen dagegen in spätrömischer Tradition.

Kaiser, Kirchen, Künstler

Mit der fränkischen Eroberung Ende des 8. Jhs. hält die Kunst in Tirol Einzug; in den Durchgangstälern der Alpenregion entstehen Kirchen mit Wandmalereien, von denen zwei erhalten blieben: Die Fresken von Sankt Prokulus in Naturns und Sankt Benedikt in Mals im oberen Vinschgau gehören zu den ältesten der frühmittelalterlichen Kunst (Anfang 9. Jh.). Mit der Belehnung der Fürstbistümer Brixen und Trient zeichnet sich zu Beginn des 11. Jhs. nach einer längeren Pause wieder ein langsamer Aufschwung im künstlerischen Schaffen ab. Erste Beispiele dafür sind die Krypta des Klosters Sonnenburg im Pustertal (um 1020) und die Außenfresken von St. Peter ob Gratsch bei Meran (um 1080).

*Freskenkleinod in Naturns:
der hl. Prokulus auf der Flucht*

Im 12. und 13. Jh. entfaltet dann die Romanik ihre volle Blüte; der wichtigste aus dieser Zeit erhaltene Kirchenbau steht in Innichen. Das Gebäude entstand um 1150 und zeigt heute wieder seine ursprüngliche Gestalt. Das besondere Vermächtnis der Romanik sind jedoch die einmaligen Fresken in Innichen (Kuppel), im Kloster Marienberg (Krypta) sowie die Fresken von Grissian (Apsis von St. Jakob in Kastellaz) und der Burg Rodeneck, aber auch die eher volkstümliche Darstellung der »Magd beim Knödelessen« in der Burgkapelle von Hocheppan (s. S. 212) – Freskenzyklen von internationaler Bedeutung.

Wie fast alle Bergvölker sind auch die Tiroler geübt im Umgang mit dem Werkstoff Holz; Beispiele ihrer hervorragenden Schnitzkunst sind etwa die Innicher Kreuzigungsgruppe, die Kruzifixe der Pfarrkirche in Gries und der Spitalkirche von Sonnenburg sowie zahlreiche Madonnen in den Museen von Bozen und Brixen. Die Portale von Brixen (Kreuzgang), Schloss Tirol, Marienberg und Innichen sowie die Triforienfenster der Burgruine Boymont bei Missian sind schöne Beispiele der sonst eher seltenen romanischen Bauplastik.

Höhepunkte der Gotik und barocker Ausklang

Um 1300 beginnt die Gotik vom Norden her auch auf Südtirol Einfluss zu nehmen. In der Baukunst verdrängt sie langsam die lombardischen Bauhütten, erreicht jedoch nie ihre großartigen französischen und deutschen Vorbilder. In Brixen blieb nur der romanisch begonnene, aber gotisch eingewölbte Kreuzgang erhalten. In Bozen und Meran entstehen gotische Pfarr- und Ordenskirchen. Der Wohlstand des spätmittelalterlichen Bürgertums kommt besonders der Ausstattung der Bauwerke zugute: Die Alpenregion wird das Land der Flügelaltäre und Fresken. Der Brixner Kreuzgang stellt das ganze Spektrum der Tiroler Malkunst zwischen 1390 und 1509 dar, und die Fresken des Neustifter Kreuzgangs stehen ihm da keineswegs nach.

Das prosperierende Bürgertum begünstigt besonders in Bozen und Brixen die Entstehung von Malschulen, bei denen auch andere Städte und viele kleine Gemeinden Fresken bestellen.

Im Durchgangsland vermischen sich die verschiedenen Malweisen. Den nördlichen Konturenstil mit seinen bewegten Personendarstellungen

Flügelaltäre

Einst repräsentierten sie den Stolz des Südtiroler Bürgertums: die Flügelaltäre. 70 von ihnen sind noch erhalten. Hervorzuheben sind der Schnatterpeck-Altar in Lana, der Lederer-Altar in Latsch, der Klocker-Altar in Pinzon und, als ältester, der Altar von St. Sigmund.

verbindet die Bozner Schule mit realistischen, streng perspektivisch aufgebauten Landschafts- und Architektur-szenen im Stil Giottos. Musterbeispiele sind die Fresken der Johannes-kapelle im Dominikanerkloster sowie die anmutigen Abbilder des höfischen Lebens in der Burg Runkelstein.

Überall in Südtirol begegnet man außen an den Kirchenwänden dem »Stoffel«, denn Christophorus ist von alters her der Schutzpatron aller Reisenden im Durchgangsland Tirol.

Kunstgespür bewiesen die Sterzinger, als sie den Ulmer Hans Multscher mit dem Flügelaltar für ihre Pfarrkirche beauftragten; er schuf ein bahn-brechendes Meisterwerk (1458/59).

Mit dem Pustertaler Maler und Holzschnitzer Michael Pacher (um 1430 bis 1498) erreicht die Tiroler Kunst ihre Blüte. In der alten Grieser Pfarrkirche steht sein wichtigstes Werk, der Marienkrönungsaltar; in Neustift eine Kopie seines gemalten Kirchenväteraltars, das Original befindet sich in München.

Der Arkadenhof der Brixner Hofburg und die Sommerresidenz Velt-hurns sind die Prunkstücke Südtiroler Renaissance des 16. Jhs. Die reichen Bürger stehen dem Bischofssitz nicht nach: Ihre Landhäuser und Ansitze ahmen den Dekor des höfischen Stils nach; die Churburg wird sogar umgebaut. Im 17. Jh. bleibt durch die Folgen des Dreißigjährigen Krieges und einer Pestepidemie kein Geld mehr für die Kunst. Erst mit dem Barock des 18. Jhs. erholt sich die Kunstproduktion langsam wieder. Inspiration kommt von Künstlern aus dem süddeutschen Raum und aus Oberitalien, und die Alpenregion kann sich dem neuen Geschmack von Stuck und Farbe nicht entziehen. Viel Altes, Schönes geht verloren. Als einheimischer Künstler beeindruckt der Maler Paul Troger in der Hofburg und im neuen Dom von Brixen; Neustift wird barockisiert, seine Bibliothek erhält ein Rokokoge-wand. Bürgerlicher Barock manifestiert sich im Bozner Merkantilpalast, im Latscher Ansitz Mühlrain und im Schloss Wolfsthurn (bei Sterzing).

Mit Beginn der Napoleonischen Kriege 1797 endet diese Epoche; und in der Folgezeit bringt die Südtiroler Kunst kaum Nennenswertes hervor.

Das 20. Jahrhundert

Zwei Weltkriege, die Abtrennung vom Rest des Landes sowie das faschistische Gewaltregime beeinträchtigen die kulturelle Entwicklung Südtirols im 20. Jh. entscheidend. So markiert der 1914 eröffnete Kursaal in Meran, ein Juwel des Jugendstils, auch das Ende einer Epoche. Mussolinis Politik der radikalen Italianisierung beschert Bozen neben dem (verhassten) Siegesdenkmal ein neues Quartier samt Lauben rechts der Talfer.

Nach dem Zweiten Weltkrieg ist vor allem ein Festhalten am Traditionellen zu beobachten. Die Architektur bringt kaum Nennenswertes hervor. Bozen erhält zwar eine moderne Hochhaus-Skyline und 1999 ein neues Landes-theater, und in den Alpentälern wird fleißig gebaggert und gemauert, jedoch überwiegend stil- und gesichts-los. Als (positive) Ausnahme ist die neue Pfarrkirche von Algund (1971) zu erwähnen.

Erst in jüngster Zeit ist eine Trend-wende zu erkennen. So wurde in Bozen das Museum für Moderne Kunst eröffnet, das interessante Ausstellungen zeigt, und in Meran versucht man, historisches Ambiente mit Gegenwartskunst zu verbinden; manche Galerie zeigt Werke der Pop-Art oder experimentelle Kunst.

Natürlich hat auch das 20. Jh. in Südtirol einige Künstler hervorgebracht, die über die Landesgrenzen hinaus bekannt wurden. Zu erwähnen sind etwa der umstrittene, aber erfolgreiche Maler Karl Plattner, die Bildhauerin Maria Delago, der Maler Rudolf Stolz, der Schnitzer Adolf Vallazza sowie die Schriftsteller Franz Tumler und Hubert Mumelter. Viele Nachahmer fand der eigenwillige Stil des Zeichners Paul Flora.

Optisch wird die Kulturlandschaft Südtirols noch heute von ihrer historischen Bausubstanz geprägt, von Burgen und Schlössern, Kirchen und Kapellen. Und natürlich von den Bauernhöfen, die das wirtschaftliche Rückgrat des alten Südtirol bilden, zugleich aber von Landflucht und wucherndem Tourismus bedroht sind. Besonders schöne Beispiele traditioneller Baukunst finden sich etwa im

Am Ostermontag in Meran: spannendes Haflingerrennen, der »Bauerngalopp«

Ultental, auf den Höhen über dem Pustertal und im Gadertal. Was für ein Kontrast zum »Alpenbarock«, wie er in den großen Ferienorten oft überhand nimmt! Erfreulicherweise hat man diese Entwicklung aber erkannt und versucht nun gegenzusteuern.

Feste & Veranstaltungen

▪ **Januar: Pustertaler Skimarathon** (Toblach – Olang/Antholz); **Kastelruther Bauernhochzeit.**

▪ **Februar: Faschingsbälle etc.**

▪ **April: Bauerngalopp** (Pferderennen) am Ostermontag in Meran mit Haflingerumzug; **Bozner Blumenmarkt** (30. April/1. Mai).

▪ **Mai: Bozner Weinkost** – ein Muss für Liebhaber der Südtiroler Weine (dauert jeweils eine Woche; Schloss Maretsch).

▪ **Juni: historischer Oswald-von-Wolkenstein-Ritt** im Schlerngebiet; **Fronleichnamsprozessionen.**

▪ **Juli: Ballettsommer Bozen;** Soireen auf Schloss Tirol.

▪ **August: Rittner Sommerspiele** in Lengmoos; **Pianistenwettbewerb** »**F. Busoni«** in Bozen (Konzerte).

▪ **September: Meraner Musikwochen** mit klassischer Musik im Kursaal.

▪ **Oktober: Südtiroler Apfeltage** in Auer; **Traubenfest** in Meran am dritten Oktoberwochenende; **Stegener Markt** in Stegen bei Bruneck (Bauernmarkt, Ende Oktober).

▪ **Dezember: Christkindlmarkt** auf dem Walther-Platz in Bozen.

Kunstgenuss in historischem Ambiente vermitteln die sommerlichen **Schlosskonzerte** überall im Land, u. a. auf der Trostburg, in Labers, Schenna, Taufers, Velthurns, Prösels, Neustift, Wolfsthurn, Tirol und Ehrenburg.

Aus Küche und Keller

Die Südtiroler Gastlichkeit ist fast sprichwörtlich und hat den teutonischen Gästeansturm der sechziger und siebziger Jahre fast unbeschadet überstanden; hingegen ist der Küche der häufige Wunsch nach großen Portionen und kleinen Preisen weniger gut bekommen. Das Einerlei aus Schnitzel, Pommes und Pizza verdarb die einst heimische Vielfalt.

Zu einer deftigen »Marende« ist ein Gläschen Roter nicht zu verachten

Immer mehr Gastwirte besinnen sich jedoch auf ihr kulinarisches Erbe, auf die deftige, wohlschmeckende Kost ihrer Vorfahren und lassen sich anregen von der traditionellen Küche der Regionen Trentino, Venetien und der Lombardei.

Zwetschgen oder Birnen gefüllt, werden in Zimt und Zucker gewälzt. Zu den süßen Wundern gehört der »Innicher Sterz«, eine herrliche Pfannkuchenvariante mit Heidelbeeren. Unter den Krapfen sind die mit Spinat gefüllten Schlutzkrapfen besonders köstlich: kleine Teigtaschen, die mit zerlassener Butter serviert werden.

Knödel-Variationen

Im Mittelpunkt der Südtiroler Kochkunst stehen Knödel, Nockerln und Krapfen. Der Teig wird aus Kartoffeln, altbackenem Brot oder Mehl mit Eiern oder Milch hergestellt und in allen möglichen Variationen süß und salzig weiterverarbeitet. Das Endergebnis hat mit dem deutschen Knödel oder Kloß rein gar nichts zu tun; die Tiroler Ausgaben sind höchstens halb so groß und schmecken völlig anders. Die Speckknödel werden mit Kraut serviert, die Spinatnocken mit geriebenem Käse, die Kasnocken mit flüssiger Butter, die Schwarzknödel oder Schwarzplenten mit Fleischbrühe, die Leberknödel ebenso oder auch mit Kraut, die Topfennocken schmecken mit Butter oder Käse – die Reihe lässt sich endlos fortsetzen, alle Sorten gelangen auch als Beilagen auf den Teller. Die süßen Knödel, mit Marillen,

Spargelgenuss

Der um Terlan, Vilpian und Siebeneich gezogene Spargel ist von hervorragender Qualität. Zum vollendeten Gaumengenuss wird er aber erst mit der gar nicht schwierig herzustellenden, aber vorzüglichen Bozner Soße. Wie's geht? Drei frisch gekochte Eidotter durch ein feines Sieb drücken und unter ständigem Rühren 2–3 Esslöffel Öl hinzugeben, dazu Estragon-Essig (2 Esslöffel), Rahm (1 Esslöffel) und etwas Senf. Kräftig rühren! 1 Esslöffel gehackte Kapern, 2 zerkleinerte Sardellenfilets, gehackte Petersilie, je eine Prise Salz und Pfeffer sowie eine Messerspitze Zucker runden den Geschmack ab. Guten Appetit!

Hauptsache deftig

Der Tiroler ist kein Suppenkasper; die Gerstelsuppe mit Graupen und Speck bildet immer eine gute Grundlage, eine Spezialität ist die Milzschnittensuppe: Weißbrotscheibchen werden in eine Tunke aus Kalbsmilz, Eigelb und Gewürzen getaucht, in Butter herausgebacken und dann in Fleischbrühe serviert.

Der Südtiroler Strudel kann Vor- oder Hauptspeise sein; die pikant gefüllten großen Teigrollen werden im Rohr gebacken. Wer eine Spinatrolle auf der Karte entdeckt, sollte nicht lange überlegen; auch andere Füllungsvarianten mit Fleisch, verschiedenem Gemüse, Käse und Gewürzen sind üblich. Und die süßen Strudel zeigen, welch reiche Früchte das Land trägt: Äpfel, Birnen, Kirschen, Zwetschgen, Blaubeeren, Mohn.

Bei den Hauptgerichten dominieren die Braten mit Soßen; man sollte nach Schmorbraten schauen, meist von mariniertem Rindfleisch. Im Herbst werden Gams-, Hasen- und Wildschweinbraten meist mit Pilzen serviert. Einen Sonderplatz beansprucht

die Forelle aus den Gebirgsbächen (in Meran heißt sie Passeierforelle); ob geräuchert, gedünstet oder in Butter gebraten, sie ist immer ein Genuss.

Südtiroler Weine

Der Weinbau hielt schon vor den Römern Einzug in Tirol; bereits die keltischen Stämme liebten den Wein, schreibt Tacitus. Südtirol ist heute ein Weinland geworden. Lange war die Weinproduktion ein Privileg der Klöster, man bekam ihn nur dort.

Die Südtiroler Weine werden grundsätzlich jung getrunken; Ausnahmen sind die lagerfähigen Roten Lagrein und Blauburgunder. Vor der Allerweltsmarke »Kalterer See« sei gewarnt – der echte ist ein geschützter D. O. C.-Wein und trägt in den Gemeinden um Kaltern (s. S. 214 f.) den Zusatz »Classico«. Die gängigen Rotweine heißen St. Magdalener, Grau- oder Edelvernatsch, Bozner Leiten und Meraner Hügel. Weißwein wird in kleineren Mengen produziert; Weißburgunder, Terlaner, Silvaner und Traminer sind allerdings vorzügliche Tropfen, allesamt trocken und fruchtig. Am besten bedient ist man jedoch mit einem Eigenanbau, rot oder weiß, denn die fehlende amtliche Qualitätskontrolle der kleinen Anbauflächen schadet nicht.

Ein uralter Südtiroler Brauch ist das Törggelen (s. S. 144 u. 153), das Verkosten des »Nuien«, des neuen Weins, im Spätherbst; von organisierten Törggelenfahrten ist eher abzuraten. Umfassende Informationen über alle Südtiroler Gewächse bietet jedes Frühjahr die »Bozner Weinkost«. Im Weinmuseum in Kaltern, das im »Zehentkeller« ein stilvolles Ambiente gefunden hat (s. S. 214 f.), dreht sich ebenfalls alles um den Wein.

Urlaub aktiv

Südtirol ist ein Gebirgsland, und entsprechend »steil« geht es bei den meisten der überwiegend sportlich ausgerichteten Aktivitäten zu.

Wandern

gehört ganz einfach zum Südtirolurlaub. So mancher malerische Fleck zwischen Ortler und Drei Zinnen ist – Gott sei Dank! – nur auf Schusters Rappen erreichbar. Entsprechend dicht ist das gut markierte Wegenetz, dazu kommen Seilbahnen und Lifte, die den Bequemeren die Mühsal des Aufstiegs abnehmen, sowie viele Hütten und Berggasthöfe. Die örtlichen Tourismusvereine geben Broschüren mit Wander- und Tourenvorschlägen heraus.

Für Familien ideal: auf Schusters Rappen im Grödner Tal

Bergsteigen

Südtirol, vor allem aber die Dolomitengipfel, sind ein Dorado für Bergsteiger und solche, die es werden wollen. Lernen kann man's in den Alpinschulen; sie führen verschiedene Kurse (auch für Kinder) durch und bieten außerdem Tagestouren mit Führung an. In Südtirol gibt es gut ein Dutzend dieser Einrichtungen, wie z. B. **Catores Gröden** in St. Ulrich (Tel. 04 71 79 82 23), die **Alpinschule Südtirol** in Sand in Taufers (Jungmannstr. 8, Tel./Fax 04 74 69 00 12) oder die **Bergsteigerschule Sexten Drei Zinnen** in Sexten (Waldheim, Tel. 04 74 71 03 75, Fax 04 74 72 01 82).

Besonders gut ausgebaut sind in den Dolomiten die **Klettersteige** (ital.: vie ferrate), mit Drahtseilen, Leitern und Eisenklammern ausgestattete Felsrouten. Ihre Begehung setzt aber oft einige bergsteigerische Routine voraus und verlangt eine spezielle Ausrüstung. (Auskünfte bei den Alpinschulen, die auch begleitete Touren durchführen.)

Radfahren

Fahrräder und Mountainbikes kann man in den meisten Ferienorten mieten; es werden auch geführte ein- bis mehrtägige Fahrradtouren angeboten. Ausgeschilderte Radwege gibt es u. a. im Überetsch, im Unterland und im Pustertal. Südtirol Marketing (s. S. 164) gibt Auskünfte über Radtouren.

Drachenfliegen/Paragliding

An ausgezeichneten Startplätzen besteht kein Mangel (z. B. am Kronplatz); Schulen gibt es in Sand in Taufers (**Time to fly,** Tel./Fax 34 06 00 07 87 oder 04 74 65 32 41).

Wildwasser-Rafting

»Dolomiti Superski«

Rafting

Zentrum ist das Tauferer Tal; wer sich nicht scheut, durchnässt zu werden, kann an organisierten Wildwassersafaris auf Passer, Etsch, Talfer, Eisack, Rienz oder Ahr teilnehmen. Organisierte Touren bei:

> **Club Activ,** I-39032 Sand in Taufers, Tel./Fax 04 74 67 84 22.

■ **Acquaterra,** Latsch, Anmeldung: Tel. 04 73 62 31 09 oder 03 36 61 13 36, Fax 04 73 62 20 42.

Reiten

Viele Orte bieten Reitstunden und Ausritte an, mit Südtiroler Haflingern, u. a. im Sarntal, in Hafling und Schenna. Ein Adressverzeichnis ist bei Südtirol Marketing (s. S. 164) erhältlich.

Golf

Golfplätze gibt es in Petersberg (18-Loch; **Steinacherhof,** Unterwinkel 5, Petersberg, Tel. 04 71 61 51 22, Fax 04 71 61 52 29), bei Welschnofen (9-Loch; **Karersee Golf Club,** Karerseestr. 171, Tel./Fax 04 71 61 22 00), bei Lana (**Gutshof Brandis,** Tel. 04 73 56 46 96,

Fax 04 73 56 53 99), ferner in St. Leonhard in Passeier (Steinachstr. 13, Tel. 04 73 64 14 88, Fax 04 73 64 14 89) und oberhalb von Covara (**Golfclub Alta Badia,** Tel. 04 71 83 66 55, Fax 04 71 83 69 22).

Surfen

Mit dem Gardasee kann der Kalterer See natürlich nicht konkurrieren. Kleinere Surfreviere findet man u. a. am Reschensee, am Vernagt-Stausee und am Dürrensee. Kurse am Kalterer See bietet das Strandbad **Gretl am See,** Tel. 04 71 96 02 73.

Angeln

Das Angeln ist in Südtirol genehmigungspflichtig. Nähere Informationen erhält man bei den jeweiligen Tourismusvereinen.

Heilbäder und Kuren

Meran ist das meistbesuchte Thermalbad Südtirols und darüber hinaus auch bekannt für seine herbstliche Traubenkur. Kleinere Bäder sind Bad Salomonsbrunn (Antholzer Tal) und Weißlahnbad (Tierser Tal). Auf dem Joch Grimm (Regglberg) sowie in Völs gibt es Heubäder, und in Brixen kann man bei Dr. von Guggenberg (Tel. 04 72 82 02 22, Fax 04 72 83 40 14) in vornehmer Umgebung kneippen.

Viele Hotels bieten Schönheitsbehandlungen an, z. B.:

 Muchele, in Burgstall, Tel. 04 73 29 11 35, Fax 04 73 29 12 48, Internet: www.muchele.com. Beautyfarm, Vollwertkost.

▌ **Palace Hotel,** in Meran, Tel. 04 73 21 13 00, Fax 04 73 27 11 00. Beautyfarm.

▌ **Castel,** in Dorf Tirol, Tel. 04 73 92 36 93, Fax 04 73 92 31 13, Internet: www.hotel-castel.com. Massagen, Bäder, Schönheitsfarm, Vollwert- und Reduktionskost.

▌ **Marlena,** in Marling, Tel. 04 73 22 22 66, Fax 04 73 44 74 41, Internet: www.marlena.it. Fastenkuren, Yoga, Massagen, Beauty-Oase.

Wintersport

Freunde des »weißen Sports« finden in Südtirol und den Dolomiten ein schier unerschöpfliches Revier für den alpinen wie für den nordischen Skilauf. Berühmt ist etwa die **Sella Ronda,** ein Verbund von Liften und Pisten rund um das Sellamassiv. Superlative verspricht der Skipass »Dolomiti Superski«, dessen Gültigkeitsbereich vom Pustertal bis zum Val di Fassa reicht; keine Wünsche lässt das Skigebiet von Cortina d'Ampezzo offen. In der Nebensaison sind die »Weißen Wochen« auch für kleinere Geldbeutel attraktiv.

Puster- und Fleimstal bieten ein verzweigtes Loipennetz an, und Kunst-, Natureis- oder Rodelbahnen sorgen für sportliche Abwechslung.

Unterkunft

Die Hotels, Pensionen und Gasthöfe Südtirols sind in Kategorien eingeteilt, was zwar einiges über den Komfort, aber wenig über die Preise aussagt. Detaillierte Informationen gibt es bei den örtlichen Tourismusvereinen; viele Hotels bieten auf Jahreszeit und Region abgestimmte Pauschalangebote an, wie Wanderwochen, Fitnesstage, »Weiße Wochen«.

Vor allem für Familien interessant ist ein Urlaub auf dem Bauernhof. Landesweit bieten 19 Bauernmärkte ihre frischen Produkte an.

Südtiroler Bauernbund, Schlachthofstraße 4/D, I-39100 Bozen, Tel. 04 71 99 93 08, Fax 04 71 98 11 71; Internet: www.roterhahn.it.

Urlaub nach Schlossherrenart

Die Versuchung, einmal hochherrschaftlich in einer mittelalterlichen Burg oder einem historischen Schloss zu wohnen, ist in Südtirol riesengroß. Es gibt mehr als 350 Burgen und Schlösser; manche sind längst verfallen, in einigen Halbruinen finden sich Schänken, so dass man in alten Mauern in landschaftlich reizvoller Umgebung eine zünftige Jause genießen kann. Andere werden museal genutzt, und einige sind zu luxuriösen Schlosshotels umgebaut worden – kein billiges Vergnügen, sich in einem bequemen Bett in historischen Gemäuern zur Nachtruhe zu begeben, morgens fürstlich zu frühstücken und abends stilgerecht im Festsaal aus der Ritterzeit zu tafeln. Urlaub nach Schlossherrenart bieten:

Gasthof in Kastelruth

Schloss Korb, Hocheppaner Weg 6, Missian (Eppan), Tel. 04 71 63 60 00, Fax 04 71 63 60 33. ○○○

■ **Schloss Rundegg,** Schennastr. 2, Meran, Tel. 04 73 23 41 00, Fax 04 73 23 72 00, www.rundegg.com. ○○○

■ **Fragsburg,** Fragsburgerstr. 3, Meran, Tel. 04 73 24 40 71, Fax 04 73 24 44 93, Internet: www.fragsburg.com. ○○–○○○

■ **Schloss Englar** (garni), Pigenostr. 42, St. Michael (Eppan), Tel. 04 71 66 26 28, Fax 04 71 66 04 04. ○○

Auskunft und Prospekte gibt es bei **Südtirol Marketing,** Pfarrplatz 11, 39100 Bozen, Tel. 04 71 41 38 08, Fax 04 71 41 38 89. Im Internet: www.hallo.com E-Mail: info@suedtirol-news.com

Campingplätze

Campingplätze gibt es in den meisten Regionen Südtirols und der Dolomiten. Ein Gesamtverzeichnis kann man bei Südtirol Marketing (s. o.).

Reisewege

Mit dem Auto

Mit Staus, nicht nur in der Hauptreisezeit, muss man auf der mautpflichtigen Autobahn A 22 immer rechnen. Auch die kurvenreiche alte Brennerstraße ist oft völlig überlastet. Es kann daher sehr vorteilhaft sein, auf eine der weniger stark befahrenen Strecken im Westen (Reschenpass, Timmelsjoch) oder im Osten (Felber-Tauern-Tunnel) auszuweichen. Eine Reihe von Pässen in Südtirol und den Dolomiten sind im Winter gesperrt.

Mit der Bahn

Täglich verkehren EC-Züge zwischen Deutschland, Österreich, der Schweiz und Südtirol (Bozen und Meran). Kinder zahlen in Italien den halben Fahrpreis. Über weitere Vergünstigungen geben die DER-Reisebüros sowie die DB AG Auskunft.

Mit dem Bus

Zwischen München bzw. Innsbruck und verschiedenen Südtiroler Fremdenverkehrsregionen (Bozen, Meran, Fassatal, Pustertal, Cortina d'Ampezzo) bestehen gute Fernbusverbindungen. Auskünfte erteilen die größeren Reisebüros und Fremdenverkehrsämter.

Mit dem Flugzeug

Die am nächsten gelegenen internationalen Flughäfen sind Innsbruck (Kanebitten), Verona (Valerio Catullo) oder Mailand (Linate).

*Bozen

Stadt der Gegensätze

Vor dem Bau des Kuntersweges durch die Eisackschlucht im 15. Jh. kam man über den Kaiserweg am Ritten nach Bozen (Bolzano; 266 m; 97 000 Einw.). So sollte man es auch heute wieder halten und die großen Verkehrszubringer meiden. Weil der erste Eindruck sonst nicht unbedingt schmeichelhaft ausfällt: Eine Autobahn auf Betonstelzen und die lärmende Industriezone haben der Landeshauptstadt viel von ihrem einstigen Charme genommen.

Seite 168

In Bozens Altstadt dominieren fresken-geschmückte Erker und Hausfassaden

Wer kann, reist aus dem Sarntal an, durch die Talferschlucht direkt hinein in das historische Herz der Stadt. Weinberge umrahmen den Talboden, der sich bei Runkelstein unvermittelt öffnet, über den Dächern zeigt sich der durchbrochene Spitzhelm des Doms, jenseits der Etsch schließt der Mendelkamm den Horizont ab.

Und dann ist man mitten im alten Bozen mit seinen malerischen Plätzen, den berühmten Lauben und dem Obstmarkt, einem einzigen Augen- und Gaumenschmaus. Historische Mauern, pulsierendes Leben und ein Hauch von südländischem Ambiente: die schönste Seite der Südtiroler Hauptstadt!

Geschichte

Historisch gesehen ist Bozen eher ein »Emporkömmling«. Hauptstadt Südtirols erst seit der Teilung Tirols (1919) und Bischofssitz seit 1964, war die Stadt durch die verkehrsgünstige Lage am Brenner- und Reschenweg als Handelsstadt zwar früh zu Wohlstand gekommen, stand aber politisch stets im Schatten von Meran und später von Innsbruck. Doch zum Millennium zeigte Bozen neues Selbstbewusstsein: eigener Flughafen, eigene Uni, eigenes Opernhaus.

Die Besiedlung im Raum Bozen lässt sich bis ins 1. Jahrtausend v. Chr. zurückverfolgen, auch eine römische Militärstation »Pons Drusi« ist um 15 v. Chr. verbürgt. Nach der Völkerwanderung ließen sich in der Gegend um Bozen die Bajuwaren nieder; im 7. Jh. wurde »Castellum Bauzanum« als Residenz eines bajuwarischen Grenzgrafen erwähnt. 1363 fiel Bauzanum mit dem restlichen Tirol Österreich zu. Seit dem Mittelalter blüht der Handel, begünstigt von Bozens Verkehrslage am Zusammenfluss von Talfer, Eisack und Etsch.

Tipp Eine ständige Ausstellung im **Merkantilpalast** (Lauben) beleuchtet die Entwicklung Bozens zur Handelsstadt (Öffnungszeiten: Mo–Sa 10–12.30 Uhr).

Seite 168

Farbenprächtiger Obstmarkt

Sehenswürdigkeiten

In der Altstadt

Den Stadtrundgang beginnt man am besten auf dem **Walther-Platz ❶**, unweit des Bahnhofs. Die Autos sind hier seit ein paar Jahren in den Untergrund verbannt. Auf der Piazza thront die Marmorstatue des Dichters und Minnesängers Walther von der Vogelweide (Heinrich Natter, 1889).

An der Südwestseite des Platzes steht die Stadtpfarrkirche, seit 1964 auch ***Dom ❷**. Mit ihrem spätgotischen Turm erinnert sie an süddeutsche Münsterbauten. Zu Recht, war es doch der Schwabe Hans von Schussenried, der zwischen 1501 und 1519 den filigranen Turmaufsatz errichtete. Begonnen wurde der Bau bereits im ausgehenden 13. Jh.; zwischen 1380 und 1420 entstand der lichte Umgangschor. Das Hauptportal an der Westseite wurde 1499 von lombardischen Steinmetzen erneuert und erhielt eine Vorhalle mit zwei Säulen tragenden Löwen; der plastische Schmuck am Leitacher Törl erinnert an ein altes Privileg zum Weinausschank.

Der erste Spaziergang führt vom Walther-Platz über den Kornplatz (Waaghaus mit freskenge-schmückter Fassade), auf den links die Silbergasse mündet, in die berühmten ***Lauben ❸**, das merkantile Herz des alten Bozen. Kein Südtirolbesuch ohne einen Bummel durch die Arkaden mit den eleganten Geschäften. Hier herrscht fast immer ein beachtliches Gedränge. Die Enge der Laubengasse, die schmalen Fassaden verraten den mittelalterlichen Ursprung der meist aus dem 17. oder 18. Jh. stammenden Geschäftshäuser.

Östlich mündet die Laubengasse in den Rathausplatz. Das **Naturmuseum** im ehemaligen Amtshaus Kaiser Maximilians I. informiert über die Geologie Südtirols und die Entwicklung seiner verschiedenen Lebensräume (Öffnungszeiten: Di–So 9–18 Uhr, Do bis 20 Uhr).

Von der stadtauswärts führenden Bindergasse mit den hübschen Wirtshausschildern geht links die schmale, von alten Häusern gesäumte Dr.-Streiter-Straße ab.

Die Kirche des Deutschen Ordens **St. Georg ❹**, ein zierlicher Bau (um 1400), steht ganz in der Nähe. Romanischen Kernbestand hat das um 1300 veränderte Kirchlein **St. Johann im Dorf ❺**, ein Beispiel für den Typus der »Bozner Chorturmkirchen«. Den Innenraum schmückt ein *Freskenzyklus aus dem 14. Jh., der von verschiedenen Künstlern stammt.

Für Gaumenfreuden sorgt am anderen Ende der Lauben der ***Obstmarkt ❻**, der bereits Goethe beeindruckte. Mit seinem mediterranen Flair und reichen Angebot ist er auch heute ein Muss für jeden Bozenbesucher.

Höhepunkte im Innern des Bozner Doms: Umgangschor und Kanzel

Seite 168

Tipp Im Sommer finden immer mittwochs kostenlose **Stadtführungen** statt. Auskunft erteilt das Städtische Verkehrsamt (siehe S. 169).

Von dem turbulenten Treiben sind es nur ein paar Schritte zum **Franziskanerkloster ❼** – ein Weg in die Stille. Vor allem der *Kreuzgang, um 1350 entstanden und im 15. Jh. eingewölbt, lädt zur Besinnung ein, ruhig plätschert der Brunnen, man genießt die herrlichen Fresken. Die Kirche beeindruckt mit ihrem lichten, hohen Chor (Mitte 14. Jh.) im Stil der Bettelordensarchitektur. Hier steht eine besondere Kostbarkeit: der spätgotische *Weihnachtsaltar des Brixner Meisters Hans Klocker (um 1500).

Auch der Dominikanerorden hatte in Bozen seit dem 13. Jh. eine Niederlassung. Die **Dominikanerkirche ❽** und der Kreuzgang sind gotisch, künstlerisch herausragend die von Giotto beeinflussten *Fresken in der Johanneskapelle (1330–1340).

Wie stark Südtirol von der Gotik geprägt wurde, belegen auch viele Exponate des *Städtischen Museums ❾*. Archäologische Zeugnisse, Altäre, Bilder, Trachten und alte Bauernstuben vermitteln darüber hinaus ein anschauliches Bild von der kulturhistorischen Entwicklung des Landes (Öffnungszeiten: Di–So 9–18 Uhr, Mi bis 20 Uhr). Schräg gegenüber, an der

❶ Walther-Platz
❷ Dom
❸ Lauben
❹ St. Georg
❺ St. Johann im Dorf
❻ Obstmarkt
❼ Franziskanerkloster
❽ Dominikanerkirche
❾ Städtisches Museum
❿ Museum für Moderne Kunst
⓫ Schloss Maretsch
⓬ Benediktinerstift Muri-Gries
⓭ Alte Pfarrkirche von Gries

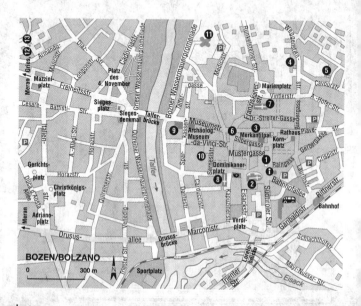

BOZEN/BOLZANO

0   300 m

Museumstraße 43, fand der jungstein-zeitliche Eismann »Ötzi« (s. S. 68) im **Südtiroler Archäologischen Museum** seine endgültige Ruhestätte (Öffnungszeiten: Di–So 9–18 Uhr, Do bis 20 Uhr). Die wechselnden Ausstellungen im **Museum für Moderne Kunst ⑩** an der Sernesistraße 1 widmen sich hingegen ganz dem 20. Jh. (Öffnungszeiten: Di–So 9–18 Uhr, Do bis 20 Uhr). Im Aufbau sind eine Sammlung mit regionaler Kunst, die Spezialsammlung »Kunst und Sprache« und eine Kunstbibliothek.

Vom Städtischen Museum ist es nicht mehr weit zur Talfer, deren großes Bett von den Boznern als Naherholungsgebiet genutzt wird. Auf den Dammkronen, der Grieser und der Bozner Wassermauer, lässt es sich gut flanieren, etwa zum **Schloss Maretsch ⑪.** Die Anlage mit ihren vier Ecktürmen und dem massigen Bergfried inmitten von Weingärten gestaltet sich malerisch; die mittelalterlich anmutende Burg stammt im Wesentlichen aus dem 16. Jh.; heute verbirgt sich hinter den dicken Mauern ein modernes Kongress- und Tagungszentrum.

Westlich der Talferbrücke

Das umstrittenste Bauwerk Bozens steht gleich jenseits der Talferbrücke: das **Siegesdenkmal,** ein mächtiger Triumphbogen. Unter Mussolini aufgestellt, ist es immer mal wieder das Ziel von (bisher fehlgeschlagenen) Attentaten – und ein ewiger Zankapfel zwischen den Bevölkerungsgruppen. Hinter dem Monumento della Vittoria beginnt das andere Bozen, von den Faschisten als neues Zentrum der Stadt geplant. Die Fortsetzung der Freiheitsstraße (Corso Libertà) führt schnurgerade nach Gries. Nicht nur Kunstfreunde steuern hier zielsicher den mächtigen Gebäudekomplex des **Benediktinerstifts Muri-Gries ⑫** an.

In der Stiftskirche verdienen vor allem die *Deckengemälde, ein Hauptwerk (1771–1773) von Martin Knoller, Beachtung.

Tipp Berühmt sind die Weine des Benediktinerstifts Muri-Gries (s. u.), besonders der süffige »Lagrein Kretzer« und der »Dunkle Lagrein«. Sie reifen in Holzfässern, von denen das größte 14 000 Liter fasst.

Etwas höher zum Hang hin steht die ****Alte Pfarrkirche ⑬** von Gries, urkundlich erstmals 1141 erwähnt, später gotisch umgebaut. Und Gotik gibt es auch innen zu bewundern: den berühmten **Flügelaltar der Marienkrönung (1471–1475) von Michael Pacher – wohl das bedeutendste, leider nicht mehr vollständig erhaltene Werk seiner Art in Südtirol. In den ausdrucksstarken Schreinfiguren und dem reichen Faltenwurf beweist Pacher seine ganze Meisterschaft; durch Baldachin tragende Engel schuf er eine Illusion von Tiefe. Die fünfzehn Gemälde auf der Rückseite des Schreins mit Szenen aus dem Leben Jesu stammen von einem unbekannten Künstler (um 1480). Öffnungszeiten: Mo–Fr 10.30 bis 12, 14.30–16 Uhr.

Infos

ℹ️ **Städtisches Verkehrsamt,** Walther-Platz 8, I-39100 Bozen, Tel. 04 71 30 70 00, Fax 04 71 98 01 28, E-Mail: bolzano@sudtirol.com Internet: www. bolzano-bozen.it Ab drei Übernachtungen bietet das Verkehrsamt einen Gästepass an.

Parkmöglichkeiten: Große Parkgarage unter dem Walther-Platz sowie Parkplatz beim Schloss Maretsch, 5 Min. zur Altstadt.

Seite 168

Bahnstation an der Brennerlinie, direkte Züge nach Innsbruck – München sowie Verbindungen mit Meran, Brixen und Trient.

Flughafen Tel. 04 71 25 52 55.

Busverbindungen mit allen Orten der Umgebung. Während der Saison tgl. Rundfahrten (Dolomiten, Überetsch, Gardasee usw.).

Seilschwebebahnen: Jenesien (1087 m), Ritten (1220 m) und Kohlerer Berg (1136 m).

Parkhotel Laurin, Laurinstraße 4, Tel. 04 71 31 10 00, Fax 04 71 31 11 48, Internet: www.laurin.it. Das erste Haus am Platz, bestens geführt, mit schönem Park. Wer über eine gut gepolsterte Brieftasche verfügt, kann sich im Jugendstil-Restaurant »Belle Époque« auch kulinarisch verwöhnen lassen. ○○○

▮ **Luna-Mondschein,** Piavestraße 15, Tel. 04 71 97 56 42, Fax 04 71 97 55 77. Komfortable 4-Sterne-Adresse mit ruhigem Garten in zentraler Lage, zwei Gehminuten von den Lauben. ○○○

▮ **Stadt,** Walther-Platz 21, Tel. 04 71 97 52 21, Fax 04 71 97 66 88. Frisch renoviertes, zentrales Stadthotel. ○○

▮ **Weißes Kreuz,** Kornplatz 3, Tel. 04 71 97 75 52, Fax 04 71 97 22 73. Das 1-Sterne-Hotel liegt centralissimo. Blitzsaubere 1950er-Jahre-Zimmer. Günstig und freundlich. ○
Campingplatz: Moosbauer, Moritzinger Straße 83 (4 km westl.).

Gelateria Avalon, Freiheitsstraße. Paolo Colettos Natureis wird von Kennern als das beste Südtirols gerühmt. *Tipp*

Wendtlandhof, Virglweg 11, Tel. 04 71 97 10 74. Beste Südtiroler Küche und dazu eine herrliche Aussicht auf Bozen! Zufahrt vom Ortsteil Haslach. ○○

▮ **Batzenhäusl,** Andreas-Hofer-Straße 30, Tel. 04 71 97 61 83. Wer eine angenehme Atmosphäre und ein bodenständiges, preiswertes Essen schätzt, für den ist das Batzenhäusl die richtige Adresse. Nur abends geöffnet. ○

Tipp Im **Waltherhaus** beim Bahnhof (Schlernstraße 1) finden regelmäßig kulturelle Veranstaltungen statt (Informationen beim Städtischen Verkehrsamt).

Disco Mirò, Dominikanerplatz 3/b, Tel. 04 71 97 64 64.
▮ Jeden Tag Live-Jazz in der Bar des **Hotels Laurin,** Laurinstr. 4, Tel. 04 71 31 10 00.
▮ **Filmclub,** Dr.-Streiter-Gasse 8/d, Tel. 04 71 97 42 95.

Mit einem vielfältigen Angebot warten die Geschäfte in den Bozner Lauben auf. Andenken (kein Kitsch!) – Glasmalerei, Handarbeiten, Töpferwaren und Schnitzereien – findet man in den »Heimischen Werkstätten«. Weinfreunden sei die **Klosterkellerei Gries** (Grieser Platz 21) empfohlen. Eine große Auswahl bester Weine aus Südtirol und ganz Italien bietet die **Enoteca Enovit** (Dr.-Streiter-Gasse 30). In Kardaun (3 km von Bozen am Eingang ins Eggental) gibt's bei der **Bäckerei Herbst** eine Südtiroler Spezialität: Schüttelbrot – würziges getrocknetes Brot in Fladenform.

Tipp Spaziert man bei schönem Wetter am (frühen) Abend hinauf zur **Guntschnapromenade,** kann man dem bezaubernden »Alpenglühen« am Rosengarten zuschauen.

Schloss Runkelstein thront über der Talferschlucht

Rebhänge prägen das Landschaftsbild um Bozen

Ausflüge

Jenesien

Das Bauerndorf Jenesien (San Genesio Atesino; 1087 m) am Südrand des ***Salten** war bis vor ein paar Jahren nur über eine Seilbahn (Talstation an der Sarntaler Straße) mit dem Bozner Talkessel verbunden. Das hat weder dem Ortsbild noch der Umgebung geschadet: Anders als der benachbarte Ritten ist der Salten ein erfreulich verkehrsarmes Wanderrevier geblieben. Hier gibt es noch mehr Bauern als Hoteliers, ein unversehrtes Wald- und Almgebiet. Lärchenwiesen und Haflingerpferde gehören ebenso zu Salten-Wanderungen wie Fernblicke bis in die Dolomiten und zum Ortler. Beliebtestes Ausflugsziel am höchsten Punkt des Höhenrückens ist das Kirchlein ***St. Jakob** auf der Langfenn (1527 m; 2 Std. von Jenesien) mit romanischem Baubestand.

****Schloss Runkelstein**

Bozens schönste Burg (361 m) thront auf einem schroffen Felsen am Ausgang der Talferschlucht. Ab 1237 erbaut, erlebte die Feste ein wechselvolles Schicksal: Eine Pulverexplosion (1520), eine Feuersbrunst (1672), der Einsturz einer Mauer nach Sprengung beim Bau der Sarntaler Straße und Restaurierungen des 19. Jhs. sowie Um- und Ausbauten veränderten die Bausubstanz stark. Frisch restauriert: der kostbare ****Freskenschmuck** im Westpalas und im Sommerhaus – Bilder aus der ritterlichen Sagenwelt und Szenen aus dem Leben des Adels – ist den Bozner Gebrüdern Vintler zu verdanken, die der Burg ab 1386 zu neuer Blüte verholfen hatten (Öffnungszeiten: Juni–Okt. Di–So 10 bis 20 Uhr, sonst 10–18 Uhr).

Oswaldpromenade

Der Besuch von Runkelstein lässt sich mit einem Spaziergang über die Oswaldpromenade verbinden. Zunächst hat man Aussicht auf die Stadt; zwischen dem höchsten Punkt der Promenade, bei zwei auffallenden Porphyrzacken, und St. Magdalena (382 m) wird der Blick auf den Rosengarten, König Laurins versteinertes Zauberreich, frei. Die kleine Kirche aus dem 13. Jh. ist ein beliebtes Südtiroler Foto- und Kalendermotiv, im Innern sind sehenswerte Fresken aus dem 13./14. Jh. erhalten.

In dem winzigen Weindorf **St. Magdalena** kommt man nicht an dem berühmten Roten vorbei. Im Trogerhof von Pepi Staffler empfiehlt es sich, den klassischen »Magdalener« zu verkosten (St. Magdalena 27/a, Tel. 04 71 97 76 85).

*Ritten (Renon)

Rund 1000 m über dem Talkessel von Bozen erstreckt sich dieses nach Norden allmählich ansteigende weite Mittelgebirgsplateau. Schon im 16. Jh. errichteten die Bozner Patrizier auf dem vom Klima begünstigten Hausberg die ersten Sommerhäuser. Funde von 49 vorgeschichtlichen Wallburgen an den Ausläufern des Rittner Horns (2260 m) weisen auf ein uraltes Siedlungsgebiet hin. Den Römern diente der sichere Übergang als Handelsweg. Und die deutschen Kaiser benutzten diesen Weg auf ihren Krönungszügen in Richtung Süden. Bei **St. Justina** sind noch Steinplatten des alten Kaiserwegs erhalten.

Das nostalgische Rittner Schmalspurbähnchen zuckelt zwar noch immer von Oberbozen nach Klobenstein, und eine Seilbahn schwebt vom Bozner Vorort Rentsch (302 m) in luftige Höhen, doch das Gros der Besucher kommt über die breite Straße auf den Ritten. Sie verzweigt sich zwischen Unterinn und Lengmoos mehrfach und führt sogar über Lengmoos nach Barbian und via Wangen ins Sarntal.

Außerhalb der Saison – im Frühling, wenn auf den Almböden die Krokusse blühen, oder im Spätherbst, wenn sich die Lärchenwälder gelb und rot verfärben und die Bergspitzen bereits schneeüberzogen sind – entfaltet der Ritten auf den Wanderwegen zwischen Lengmoos (1164 m), Bad Süß (1430 m) und Oberinn (1300 m) seinen ganzen Zauber.

Naturwunder Erdpyramiden am Ritten

Hauptort des Ritten ist **Klobenstein** (Collalbo; 1154 m), 19 km von Bozen und Endstation der Rittner Bahn. Wie in Oberbozen (1221 m) und in Mariä Himmelfahrt (1192 m) entdeckt man auch hier zahlreiche, vorwiegend aus dem 17./18. Jh. stammende Sommerhäuser reicher Bozner Familien.

Tipp Im Hof des Deutschordenhauses finden alljährlich von Ende Juli bis Mitte August die **Rittner Sommerspiele** (Theater, Konzerte; Informationen: Tel. 04 71 35 61 00) statt.

Das ganze Jahr über zu besichtigen ist das Naturwunder der ***Erdpyramiden** im Graben des Finsterbachs, unterhalb der nach Lengstein (970 m) weiterführenden Straße: ein ganzer Wald von schlanken, aus dem Moränenschutt erodierten Türmen. Überall dort, wo ein größerer Stein den Unterbau schützt, wachsen diese bizarren Erdformen, die man am Hang über dem Katzenbach auch von der Rittner Seilbahn aus sehen kann.

Weniger zahlreiche Erdpyramiden gibt es außerdem bei Unterinn und bei Pemmern.

Tipp Auf halbem Weg von Oberbozen nach Lengmoos birgt **Wolfsgruben** (1204 m) ein originelles Imkereimuseum (Öffnungszeiten: Ostern bis Allerheiligen tgl. 10 bis 18 Uhr).

*Sarntal

Das Sarntal (Valle Sarentina) liegt nicht nur geographisch im Zentrum Südtirols, hier ist man der Heimat von Andreas Hofer und Luis Trenker auch heute noch etwas näher als andernorts in der Alpenregion. Das Tal ist ein ebenso weitläufiges wie abwechslungsreiches Wander- und Ausflugsgebiet; es steht heute größtenteils unter Naturschutz. Moderne Zweckarchitektur findet sich kaum, auch nur wenige Wintersportanlagen, dafür viele alte stattliche Bauernhöfe. So manches Gasthaus stand lange, bevor die ersten Fremden das Tal besuchten. Für die war es früher nicht ganz einfach hinzukommen, riegelt doch eine mächtige Porphyrschlucht den Eingang zum Sarntal ab, und die Straße übers Penser Joch gibt es auch erst seit den dreißiger Jahren. In dieser von der Außenwelt relativ stark abgeschirmten Gegend hat sich viel bäuerliches Brauchtum erhalten, so auch die traditionelle Tracht. Die Sarner sind bekannt für ihren Witz und ihre Schlagfertigkeit; in ihrem Wesen verbinden sich, wie ein Kenner treffend schrieb, »Rauheit und beißender Mutterwitz, Bosheit und kindliche Naivität, Unnahbarkeit mit stolzer Betonung der eigenen Herkunft«.

Hauptort der Talschaft ist **Sarnthein** (Sarentino; 961 m; 6300 Einw.), mit über 300 km² die größte Gemeinde Südtirols, bei den Einheimischen schlicht das »Dorf« genannt. Im eng

gebauten Kern stehen noch mehrere Häuser, die auf das 14. Jh. zurückgehen; aus gotischer Zeit stammen auch die *Fresken in der Kirche St. Cyprian.

Tipp Eine fast unversehrte Idylle mit klarem Gebirgssee (15 km) bietet das innere *Durnholzer Tal.

Blond und g'scheit

Auf den weiten Almwiesen über dem Tal der Talfer stößt man immer wieder auf einen berühmten Sarner: den Haflinger. Die kleinen, blondmähnigen Gebirgspferde gelten als ausgesprochen genügsam, sie »machen alles, verstehen alles, nur Zeitung lesen können sie nicht«. Die Zucht, ursprünglich im Vinschgau beheimatet, ist seit gut 100 Jahren nachweisbar. Heute gibt es im ganzen Land gut ein Dutzend Zuchtgenossenschaften. In den Dörfern rund um das Sarntal – in Hafling, Mölten und Ritten – werden besonders viele der kräftigen Pferde gezüchtet.

Seite
176

*Brixen

Klein, aber fein

Der Süden beginnt erst in Brixen (Bressanone; 560 m), nicht oben am Brenner, dem »Tor zum Süden«. Sterzing ist noch ganz alpin geprägt; erst hinter der Sachsenklemme weitet sich das Eisacktal, spürt man einen ersten mediterranen Hauch. An den sonnigen Hängen über der Kleinstadt gedeiht der Wein, und im Eisacktal wird Obst angebaut.

Bürgerlichen Wohlstand repräsentieren die Hausfassaden

Bei der Anfahrt von Norden zeigt sich kurz der graue Dolomitfels der Geislerspitzen. Und einen herrlichen Aussichtsberg hat man direkt vor sich: die Plose (2504 m), im Winter Skirevier. Im Sommer kommen die meisten des großartigen Panoramas wegen, denn das kann sich wirklich sehen lassen. Bezaubernd ist aber auch der Blick auf Brixen, auf seinen fast quadratischen Siedlungskern mit dem doppeltürmigen Dom – ein historisches Ensemble, das ein Jahrtausend Geschichte umfasst und diese Spanne auch unübersehbar in der Architektur repräsentiert.

Geschichte

Besiedelt war die Gegend um Brixen schon in prähistorischer Zeit; Funde weisen auf die steinzeitliche Siedlung »Stufels«, ca. 7000 v. Chr., hin. Erhalten ist die Schenkungsurkunde aus dem Jahre 901, in der der deutsche König Ludwig das Kind dem Bischof von Säben den Mairhof »Prichsna« übertrug. Um 990 wurde der Bischofssitz nach Brixen an die Brennerstraße verlegt. Um diese wichtige Nord-Süd-Achse ihres Reichs zu sichern, gründe-

ten Heinrich II. und Konrad II. die Fürstbistümer Trient (1004) und Brixen (1027).

Zwei Persönlichkeiten prägten die Geschichte Brixens an der Wende vom Mittelalter zur Neuzeit: Der Kardinal und Humanist Nikolaus Cusanus (1401–1464) überwarf sich mit dem Landesherrn von Tirol, Sigmund dem Münzreichen, und genoss, auch weil er das Tanzen auf Hochzeiten verbot, bei der Bevölkerung wenig Sympathien. 1525 wurde Brixen zum Zentrum der Bauernkriege unter dem Bauernführer Michael Gaismair; der Aufstand wurde niedergeworfen. Nach der Säkularisation (1803) regierten die Bayern von 1806 bis 1813. Die Befreiungskämpfe gegen die verhasste Fremdherrschaft waren erst 1814 erfolgreich, als Brixen wieder an Tirol fiel.

Heute zählt das Städtchen rund 12 500 Einwohner, die Gemeinde (zu der mehrere Orte der Umgebung gehören) rund 18 000.

Sehenswürdigkeiten

Die Brixner Altstadt bildet im Wesentlichen ein Viereck am Eisackfluss, mit der Bischöflichen Hofburg in der Südwestecke und dem Domkomplex im Zentrum. Der Domplatz verdeutlicht

Seite 176

Geistliches Zentrum Brixens: der Dom

Der Kreuzgang ist überreich mit prächtigen Fresken ausgemalt

die alten Herrschaftsverhältnisse ganz gut: hier die Burghäuser als Repräsentanten bürgerlichen Wohlstands, dort der Dom als geistliches Zentrum.

Der Dom ❶

Am Grundriss der 1745 bis 1755 errichteten Barockkirche Mariä Himmelfahrt erkennt man noch den romanischen Vorgängerbau. Die klassizistische Vorhalle erhielt der doppeltürmige Dom von 1785 bis 1790.

Der mächtige einschiffige Innenraum verdankt seine Wirkung vor allem dem reichen Dekor. Und da wurde nicht gespart; der Marmor der Altäre stammt teilweise aus Afrika, Sizilien, Korfu und Genua. An der Ausstattung waren namhafte Künstler ihrer Zeit beteiligt, Teodoro Benedetti als Stuckateur und Altarbauer, Michelangelo Unterperger, der u. a. das Altarblatt des Hauptaltars malte, Dominikus Moling als Bildhauer, vor allem aber Paul Troger, den man aus Wien holte, »weilen sein Pemsl (Pinsel) in ganz Europa berüemt war«. Er schuf die monumentalen **Deckenfresken** (1745–1754); das Gemälde im Langhaus, »Anbetung des Lammes«, hat immerhin eine Fläche von 250 m².

Ein kulturhistorisches Juwel ist der **Kreuzgang,** der um 1200 als Teil des alten Münsterkomplexes entstand und um 1370 eingewölbt wurde; die romanischen und frühgotischen Fresken gingen dabei größtenteils verloren, der heutige Bilderzyklus zeigt die Entwicklung der gotischen Malerei in Tirol vom Ende des 14. bis zum Anfang des 16. Jhs. Die meisten Fresken stammen von dem konservativen Meister Leonhard von Brixen (um 1470), der einen eher volkstümlichen Stil pflegte und bestimmte Entwicklungen in der Malerei, wie etwa die Perspektive, ignorierte.

Tipp Von Ostern bis Ende Oktober finden Mo–Sa um 10.30 und 15 Uhr **Führungen** durch Dom und Kreuzgang statt.

Am Domplatz

Neben dem Dom, im Winkel zwischen der ehemaligen Bischofsresidenz (heute Gericht) und dem Kreuzgang, liegt die **Liebfrauenkirche,** ursprünglich Hauskapelle des Bischofs; vom Südflügel des Kreuzgangs aus betritt man die *Johanneskirche;* der originelle Bau (Anfang 13. Jh.) mit seinem rechteckigen Schiff, über das sich ein hohes Zeltdach spannt, bewahrt hervorragende gotische *Fresken, die

Seite 176

zwischen 1250 und dem frühen 15. Jh. entstanden (Die Kirche ist meist geschlossen; den Schlüssel bekommt man vom Messner).

Nördlich des Doms gehört die eher bescheidene **Pfarrkirche ❷** auch zum Ensemble des Domplatzes; ihr hoher »Weißer Turm« ist ein Wahrzeichen der Stadt. Den Platz zwischen Pfarrkirche und Dom nimmt der alte Friedhof ein, heute eine Grünfläche mit einer bildstockartigen Totenleuchte (1483) und einem Gedenkstein, den der Minnesänger Oswald von Wolkenstein noch zu Lebzeiten (1408) in einer von ihm gestifteten Kapelle des alten Doms anbringen ließ und der ihn in voller Rüstung zeigt.

Noch weiter zurück in die Geschichte weist die **Jahrtausendsäule** an der Südwestecke des Domplatzes, die an die Stadtgründung in dem Jahr 901 erinnert.

*Bischöfliche Hofburg ❸

Das mächtige Geviert hinter der Jahrtausendsäule war bis 1972 Residenz des Bischofs von Brixen. Der Kernbestand samt Wassergraben geht auf das 13. Jh. zurück, die heutige Anlage

❶ Dom
❷ Pfarrkirche
❸ Bischöfliche Hofburg
❹ Pfaundlerhaus

zeigt einen Renaissancepalast (1591 bis 1600), der Bogengalerien umschließt. In den Pfeilernischen des ersten Stocks repräsentieren die 24 Terrakottafiguren, zwischen 1594 und 1600 von Hans Reichle entworfen, Mitglieder des Hauses Habsburg und ihrer Vorfahren.

Die Räumlichkeiten der Hofburg, teilweise noch mit Originalausstattung, beherbergen heute drei bedeutende Sammlungen: das ***Diözesanmuseum**, den ***Domschatz** (romanische und gotische Sakralkunst) und die bedeutendste ***Krippensammlung** Südtirols mit knapp 100 Exponaten. Im Diözesanmuseum wandelt man durch die Jahrhunderte; der Bogen der vorwiegend sakralen Exponate spannt sich von der Vorromanik über die Gotik (u. a. Arbeiten von Hans Klocker, Meister Leonhard von Brixen, Michael Pacher, Simon von Taisten), Renaissance und Barock (Paul Troger) bis in die Gegenwart (Öffnungszeiten: Mitte März bis Ende Okt. Di–So 10–17 Uhr, Krippensammlung auch Dez. bis Januar tgl. 14–17 Uhr).

Rund um den Dombezirk

Der seit dem 11. Jh. ummauerte und heute nahezu autofreie historische Stadtkern erstreckt sich rund um den Dom. Die wettergeschützten Großen und Kleinen Lauben laden zum Einkaufen und Flanieren ein; dabei gibt es immer wieder hübsche architektonische Details zu entdecken, wie den dreiköpfigen »Wilden Mann«, eine Holzplastik (16. Jh.) am Gasthaus Schwarzer Adler. Die Bürgerhäuser aus dem 16./17. Jh. besitzen vielfach polygonale Erker und Zinnen, manchmal auch Treppengiebel.

Schönstes Beispiel ist das spätgotische ***Pfaundlerhaus** (Gorethhaus) ❹ von 1581 mit prächtiger Renaissancefassade.

Wer von all dem Schauen durstig geworden ist, darf ruhig dem Rat des hl. Kassian (Mittelfigur auf der Domvorhalle) folgen. Der weist nämlich, so der Brixner Volksmund, direkt zum **Finsterwirt** in die Domgasse. Früher wurden hier die Weine des Domkapitels ausgeschenkt, aber auch heute lohnt sich ein Besuch in der traditionsreichen Gaststätte. Historisches Ambiente bietet auch das Gasthaus **Fink,** das sogar einen prähistorischen Menhir aus Tötschling im Aufgang birgt (s. r.).

Geschichte über die Landesgrenzen hinaus machte das renommierte Hotel **Elephant.** Es verdankt seinen Namen einem Besuch des Erzherzogs Maximilian im Jahre 1551, der neben seinem Gefolge auch einen Elefanten, ein Geschenk des Königs von Portugal, mitführte.

Infos

Tourismusverein,
Bahnhofstraße 9, 39042 Brixen, Tel. 04 72 83 64 01, Fax 04 72 83 60 67.

Parkmöglichkeiten: Parkhaus an der Dantestraße, 5 Min. vom Domplatz entfernt; ferner zwischen Bahnhof- und Dantestraße.
Bahnstation an der Brennerlinie, direkte Züge nach Innsbruck und München; Bruneck–Innichen.
Busverbindungen mit allen Ortschaften der Umgebung.
Gondelbahn St. Andrä–Kreuztal; Sessellift Plose.

Elephant, Weißlahnstraße 4, Tel. 04 72 83 27 50, Fax 04 72 83 65 79, Internet: www.hotelelephant.it. Erstklassiges,

traditionsreiches Hotel; Diätküche, Schwimmbad, Tennisplatz. ○○○
▮ **Hofstatt,** Elvas 26, Tel. 04 72 83 54 20, Fax 04 72 83 62 49, Internet: www.hofstatt.it. Komfortables Mittelklassehotel in ruhiger Lage außerhalb des Stadtzentrums. ○○

Finsterwirt, Domgasse 3, Tel. 04 72 83 53 43. Traditionelle Südtiroler Küche in gediegenem Ambiente; im Sommer wird auch im Hof serviert. So abends und Mo geschl. Reservieren! ○○
▮ **Fink,** Kleine Lauben 4, Tel. 04 72 83 48 83. Gute Adresse für Genießer. Mi geschl. ○○

Time Out, Dantestraße, Tel. 04 72 83 14 50. Mo–Sa 18–2 Uhr, Mi Livemusik.
▮ **Jazz Keller** (Anreiterkeller), Schutzengelgasse, Tel. 04 72 83 63 93. Kabarett, eigene Theaterproduktionen, Jazzkonzerte.

Kaum widerstehen kann man den Torten und Pralinen der **Konditorei Heiß** in den Brixner Lauben. Weinliebhabern empfiehlt sich ein Besuch in der **Stiftskellerei Neustift** (s. u.).

Ausflüge

**Neustift

Natürlich ist Südtirols größte Klosteranlage, das Augustinerchorherrenstift Neustift (Novacella) unterhalb der Brunecker Straße links des Eisacks, auch über eine Straßenzufahrt zu erreichen; schöner ist es aber, den für das kulturelle Leben Tirols durch die Jahrhunderte so bedeutsamen Platz zu Fuß anzusteuern (etwa 45 Min. von Brixen-Stufels).

Seite 176

Die Michaelskapelle erhielt erst im 15. Jahrhundert Wehrturm und Zinnen

Beim **Brückenwirt** kann man den köstlichen klostereigenen Wein probieren.

Das 1142 gegründete Neustift blickt auf eine bewegte Vergangenheit zurück. Noch vor Ende des 12. Jhs. zerstörte ein Großbrand die erste Klosteranlage; während der Bauernkriege und nach der Säkularisation wurde sie geplündert. Heute prägt barocker Glanz den Komplex, dessen eher dekorative Ummauerung als Schutz vor der Bedrohung durch die Türken im 15. Jh. entstand. Auch der Rundbau der **Michaelskapelle** erhielt damals Wehrturm, Zinnen und Schießscharten. Der Ziehbrunnen im Hof zeigt die Sieben Weltwunder und als achtes das Kloster selbst vor der Barockisierung im 18. Jh.

Die ***Klosterkirche** von Neustift gilt als schönster Barockbau im Land. Sehr gut gelungen ist das Zusammenspiel von Freskenschmuck (Matthäus Günther; 1735–1743) und Stuckaturen (Anton Gigl).

Neustift wartet auch mit einem über Jahrhunderte gewachsenen bibliographischen Erbe auf. Eine wahre Schatzkammer ist die ***Bibliothek,** die

als prachtvollster Rokokoraum Südtirols gilt (Giuseppe Sartori; 1771–1776) und einen riesigen Fundus kostbarer alter Handschriften und Wiegendrucke hütet. Die **Gemäldesammlung** des Stifts präsentiert Tafelbilder, Altäre und Plastiken aus gotischer Zeit: u. a. von Friedrich Pacher, Mark Reichlich und dem Meister von Uttenheim (Öffnungszeiten: Führungen werktags 10, 11, 14, 15 und 16 Uhr, bei geringem Andrang nur bis 15 Uhr).

Der ***Kreuzgang** entstand an der Wende vom 12. zum 13. Jh. und wurde um 1370 mit schweren Kreuzrippengewölben ausgestattet. Ähnlich wie der Brixner Kreuzgang war er bereits vor der Einwölbung ausgemalt, erhielt aber im 15. Jh. eine neue Freskenausstattung, die wiederum im 17. Jh. weiß übertüncht wurde. Einige Wandmalereien verraten bereits Renaissanceeinfluss, wie das »Gleichnis vom reichen Prasser« (Friedrich Pacher; um 1490).

Inmitten der Eisacktaler Rebberge liegt das **Weingut Pacherhof.** Es bietet bodenständige Küche, einen gemütlichen Innenhof und Zimmer mit Aussicht. Neustift, Tel. 04 72 83 57 17, Fax 04 72 80 11 65. ∞

Neustifts Klosterkirche gilt als schönster Barockbau Südtirols

Am Brixner Hausberg *Plose

Der Plose (2504 m) ist Wanderrevier, Aussichtswarte und Skigebiet in einem. Mehrere Straßen und Bergbahnen erschließen das Massiv. Die *Brixner Dolomitenstraße führt aus dem Eisacktal über Afers zum Halsl (1866 m) und weiter über das Würzjoch (2004 m) ins Gadertal (42 km; s. S. 229); bei der Häusergruppe Palmschoß (1697 m) zweigt die Zufahrt nach zum 2012 m hoch gelegenen Kreuztal ab. Hier endet auch die von St. Andrä (961 m) heraufkommende Gondelbahn. Ein Sessellift führt fast bis zum Gipfel. Während Naturfreunde den Blick ins Reich der Bleichen Berge suchen, finden Kunstliebhaber am Fuß des Plosestocks gleich mehrere interessante Ziele.

Milland (642 m) war einst das »Adelsparadies« der Bischofsstadt – einige stattliche Ansitze erzählen noch heute davon; die Nikolauskirche (15. Jh.) in dem Ort Klerant (856 m) bewahrt gut erhaltene Fresken der »Brixner Malerschule« (um 1475); Mellaun (895 m) ist eine bedeutende eisenzeitliche Fundstätte (»Mellauner Kultur«, 6. bis 4. Jh. v. Chr.).

St. Andrä (961 m) ist ein Siedlungszentrum am Westhang der Plose, und Karnol (925 m) wird von seinem weit ins Tal schauenden romanischen Kirchlein (1133) überragt. Die Fresken stammen aus der Zeit um 1500.

**Villnößtal

Beliebtes Wanderziel von Brixen aus ist das Villnöß, kein Wunder, gehören doch die imposanten Nordabstürze der Geislerspitzen zu den attraktivsten Fotomotiven des Landes. Die Straßenzufahrt zweigt 8 km südlich von Brixen ab; sie führt über St. Peter (San Pietro; 1154 m) talein bis zur Zanser Alm (1680 m; 16 km) am Eingang zum **Naturpark Geisler-Puez.**

Schönste Promenade vor dem Zackenprofil der Geislerspitzen ist der **Adolf-Munkel-Weg,** für marschtüchtige Wanderer etwa 5 Std. ab Zanser Alm. Eine andere lohnende Wanderung verläuft von **Teis** (962 m), bekannt als Fundort der »Teiser Kugeln« (Hohlkugeln, die im Magmagestein entstanden sind), über das Jochkreuz (1350 m) und **St. Valentin** in Pradell (*Flügelaltar der Brixner Schule) auf den sonnseitigen Höhen nach St. Peter (2,5 Std.); der Rückweg führt am Kirchlein **St. Jakob** am Joch (Flügelaltar von 1517) vorbei.

Feldthurns

Der Ort (Velturno; 856 m), 8 km südwestlich von Brixen, liegt auf einer Hangterrasse über dem Eisack. Von der Pracht vergangener Zeiten zeugt das Renaissancekleinod *Schloss Velthurns (1578–1587). Im ehemaligen Sommersitz der Brixner Fürstbischöfe ist das »Fürstenzimmer« mit reicher Vertäfelung und Kassettendecke der absolute Höhepunkt. Überaus phantasievoll sind die Intarsien. Nahezu 10 000 Arbeitsstunden wurden allein für die Holzarbeiten aufgewendet. (Öffnungszeiten: Führungen 1. März–Ende Nov. Di–So 10, 11, 14.30 und 15.30 Uhr.)

Seite
182

**Meran

Kurstadt mit Tradition

Als 1363 die Fürstin Margarethe das Fürstentum der Grafschaft Tirol dem Habsburger Rudolf IV. übergab, endete die Zeit Merans als mächtige Hauptstadt Tirols. Erst ein halbes Jahrtausend später gewann sie an Bedeutung zurück, als die Meraner Kurverwaltung von der Wiener Regierung bestätigt wurde. Als dann 1843 Erzherzog Franz Joseph, der spätere Kaiser, mit seinem Bruder Ferdinand hier zu Gast war, erlebte die Kleinstadt einen erneuten Aufschwung: Der Hof folgte Seiner Majestät, der Geldadel zog nach, und so war Meran um die Jahrhundertwende wieder berühmt, diesmal in der halben Welt.

Auch heute noch bezaubert die Kurstadt Meran (Merano; 35 000 Einw.) am Zusammenfluss von Etsch und Passer inmitten einer herrlichen Landschaft. Im 19. Jh. kam die Hautvolee zum Trauben-, Milch- und Molkekuren, seit 1971 kann man sich im Thermalzentrum gesund baden. Neueste Attraktion: Die 2001 beim Sisi-Schloss Trauttmansdorff eröffneten Botanischen Gärten.

Geschichte

Das Burggrafenamt, so wird seit alters die Gegend um Meran genannt, war bereits lange vor Beginn unserer Zeitrechnung besiedelt; die Römer errichteten in Obermais eine Militärstation (Castrum Maiense). Aus dem Jahre 837 ist der Name Meirania als Sitz eines bayerischen Gaugrafen überliefert. Zu Bedeutung gelangte Meran aber erst durch die Grafen von Tirol aus dem Vinschgau; nach langem Kampf mit den Eppanern um die Vorherrschaft im Land gelang es ihnen schließlich, Meran zur Hauptstadt von Tirol zu erheben. Doch die Herrlichkeit dauerte nur ein Jahrhundert; nach der Abdankung der Fürstin Margarethe fiel das »Fürstentum der Grafschaft Tyrol« an die Habsburger. Um 1420 verlegte Herzog Friedrich IV. die Residenz nach Innsbruck; Meran fiel zurück in die Provinzialität und stand auch mehr und mehr im Schatten des aufstrebenden Handelsplatzes Bozen. Erst Mitte des 19. Jhs. wurde der Ort aus seinem Dornröschenschlaf erweckt: Die vornehme Gesellschaft hatte Meran als Kurort entdeckt, der bis heute von Touristen von diesseits und jenseits der Alpen besucht wird.

Sehenswürdigkeiten

Das Stadtbild von Meran spiegelt noch heute seine Geschichte, die beiden »glücklichen« Phasen seiner Entwicklung, wider: im historischen Zentrum, im Burgenparadies von Obermais, rund um das Kurzentrum und auf den Promenaden links und rechts der Passer.

Die Altstadt

Ältester Stadtteil ist Steinach mit verwinkelt-engen Gassen, die vom Passeirer Tor – einem der drei noch erhaltenen Stadttore – zum Pfarrplatz führen. An seiner Nordseite steht die mächtige Pfarrkirche ***St. Nikolaus ❶**, deren Turm mit seinem achteckigen Helm von 1617 das Stadtbild dominiert. An dem Gotteshaus haben viele Generationen gearbeitet; 1367 ist als Weihejahr des Chors bezeugt, das Langhaus erhielt sein Gewölbe aber erst im 15. Jh. Reichen plastischen Schmuck weist die Südfront auf;

neben den beiden spätgotischen Portalen fällt eine lebensgroße Steinfigur des hl. Nikolaus (um 1350) auf. Die ersten beiden der schönen Glasfenster stammen noch aus dem 15. Jh.

Gleich hinter der Pfarrkirche bewahrt die gotische **Barbarakapelle,** ein doppelgeschossiger achteckiger Zentralbau aus dem 15. Jh., im Obergeschoss einen Flügelaltar aus dem Rheinland.

Vom Pfarrplatz führt die lange ***Laubengasse ❷** westlich zum Kornplatz. Mit ihren Bogengängen – links, zur Passer hin, den »Wasserlauben«, rechts den »Berglauben« – ist sie Mittelpunkt und Hauptgeschäftsstraße des alten Meran. Ihre Anlage geht auf Graf Meinhard II. zurück; die Häuser besitzen z. T. noch alte Innenhöfe und Treppenhäuser.

Relaxen am Sandplatz in der Altstadt

Seite
182

> **Tipp** Neu umgebaut präsentiert das **Frauenmuseum »Evelyn Ortner«** in der Laubengasse Nr. 68 Frauengeschichte anhand der Mode der letzten 200 Jahre (Öffnungszeiten: 8. März bis 23. Dez. Mo–Fr 9.30–12.30, 14.30–18.30 Uhr, Sa 9.30–13 Uhr).

Von den Lauben sind es nur ein paar Schritte zur **Landesfürstlichen Burg ❸**. Wie eine Festung schaut das Schlösschen aus dem 15. Jh. nicht gerade aus; es hatte aber keine Verteidigungsfunktion, sondern diente den Tiroler Landesfürsten als Stadtresidenz. Die Räumlichkeiten, teilweise noch mit der originalen Einrichtung und einer Musikinstrumentensammlung, können besichtigt werden (Öffnungszeiten: wie Städtisches Museum; verbilligtes Sammelticket mit dem Städtischen Museum).

Zurück in die Geschichte des Burggrafenamts führt auch ein Besuch des **Städtischen Museums ❹**. Neben prähistorischen und römischen Funden präsentiert es eine geologische Sammlung, eine Gemäldegalerie, spätmittelalterliche Sakralkunst und Volkskundliches (Öffnungszeiten: Di bis Sa 10–17, So/Fei 10–13 Uhr, im Juli/Aug. So/Fei 16–19 Uhr).

Im Nordwesten der Altstadt liegt das wappengeschmückte Vinschgauer Tor, daneben die im 18. Jh. barock umgestaltete Kapuzinerkirche. Durch den Rennweg kommt man rasch auf die Freiheitsstraße, die den Sandplatz (Bozner Tor) bzw. die Postbrücke mit dem Mazziniplatz verbindet.

Das Kurzentrum

Im ****Kurhaus ❺** mit dem anschließenden großen Kursaal spielt sich das gesellschaftliche Leben ab. Der 1914 eröffnete und vorbildlich restaurierte Saal ist ein Jugendstiljuwel und zumindest im Alpenraum ohne Vergleich. Dem Wiener Sezessionsstil zuzuordnen ist das hübsche Meraner Stadttheater; moderne Zweckarchitektur dagegen prägt das **Thermalzentrum ❻** mit Parks und Schwimmbädern.

Seite 182

Tipp Von Ende August bis Ende September finden im Kursaal die **Musikwochen** statt. Informationen erhält man bei der Kurverwaltung, Tel. 04 73 23 52 23.

Ein paar hundert Meter passeraufwärts, gegenüber der Postbrücke, rauscht der Verkehr an der ***Spitalkirche zum Heiligen Geist ❼** vorbei. Er hat seine Spuren an dem reich skulptierten ***Hauptportal** hinterlassen. Der dreischiffige Innenraum des 1431 geweihten Gotteshauses ist dagegen eine Oase der Stille.

Stadtviertel Untermais

Auf der Romstraße kommt man direkt zur **Maria-Trost-Kirche ❽**. Im Kern romanisch, später mehrfach umgebaut, bewahrt sie das byzantinisch beeinflusste Fresko ***»Der Tod Mariens«** (12. Jh.). In Untermais liegt auch die berühmte **Pferderennbahn** von Meran, auf der hochdotierte Rennen,

aber auch folkloristische Veranstaltungen (wie Haflingerrennen jeweils am Ostermontag, im Volksmund »Bauerngalopp« genannt) stattfinden.

Promenaden an der Passeier und am Küchelberg

Was wäre Meran ohne seine berühmten Promenaden, die sich links und rechts der Passer und an den Hängen des Küchelbergs entlangziehen: Sie heißen **Kur-, Sommer-** und **Winterpromenade.** Vom »Steinernen

❶ Pfarrkirche
  St. Nikolaus
❷ Laubengasse
❸ Landesfürstliche Burg
❹ Städtisches Museum
❺ Kurhaus
❻ Thermalzentrum
❼ Spitalkirche zum
  Heiligen Geist
❽ Maria-Trost-Kirche
❾ Zenoburg

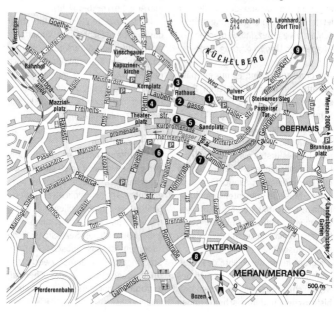

Vom Tappeiner Weg eröffnet sich ein bezaubernder Blick auf das Meraner Umland

Steg« führt die sonnige **Gilfpromena-de** hinauf zur Zenoburg. Schönste Promenade Merans ist der ***Tappeiner Weg,** der die sonnige Südflanke des Küchelbergs (514 m) quert; von subtropischer Flora gesäumt, bietet er stimmungsvolle Ausblicke auf die Stadt und den Meraner Talkessel.

Die **Zenoburg** ❾ krönt einen jäh zur Passer abfallenden Felssporn, der das römische Castrum Maiense trug. Von der wehrhaften Anlage, die um 1288 zur zweiten Residenz der Tiroler Fürsten ausgebaut wurde, blieb neben dem Bergfried und ein paar Mauerfragmenten die zweigeschossige Kapelle mit skulptiertem Portal erhalten.

Villenviertel Obermais

Das an idyllischen Winkeln reiche, durch Weinpergolen und Obstgärten aufgelockerte Siedlungsbild wird von Villen, Schlössern und Ansitzen geprägt. Mittelpunkt dieses alten Meraner »Adelsparadieses« ist der Brunnenplatz, zu Fuß vom Stadtzentrum über die Cavourstraße in 15 Minuten zu erreichen. In seiner Nachbarschaft entdeckt man Knillenberg, eine überaus malerische Baugruppe.

Mitten in einem hübschen Park liegt hier das **Kurhotel Schloss Rundegg** (○○○). 2002 soll in dem von Kaiserin Sisi geliebten Schloss das Landesmuseum für Tourismus (Geschichte) eröffnet werden.

Höher am Schwemmkegel des Naifbachs steht **Schloss Planta** (16./ 17. Jh.; heute Pension). An den Hängen jenseits des Bachs liegen die Schlösser Rametz, Labers und Trauttmansdorff: Als Publikumsmagnet entpuppt sich der neue ***Botanische Garten** mit Alpenbeeten, Reisterrassen, Volieren und japanischer Magnoliensektion (Öffnungszeiten: 15. März bis 15. Nov. 9–18 Uhr, Juni–Aug. 9–21 Uhr; kein Ruhetag; Infos im Internet unter www.trauttmansdorff.it).

Infos

Kurverwaltung Meran, Freiheitsstraße 45, I-39012 Meran, Tel. 04 73 23 52 23 oder 04 73 27 20 00, Fax 04 73 23 55 24, E-Mail: info@meraninfo.it, Internet: www.meraninfo.it

Seite 182

Parkmöglichkeiten: Großer Parkplatz links der Passer, an der Thermenallee, 2 Min. zur Altstadt. Parkhäuser beim Marconipark und an der Galileistraße.
Bahnhof: Bozen (Brennerlinie).
Busverbindungen mit allen Ortschaften der Umgebung. Während der Saison tgl. Rundfahrten (Dolomiten, Gardasee usw.).
Seilschwebebahnen: Hochmuter (Dorf Tirol), Küchelberg, Obertaser (Schenna), Meran 2000 (Skigebiet); mehrere Gondelbahnen und Sessellifte.

Palace Hotel, Cavourstr. 2/4, Tel. 04 73 27 10 00, Fax 04 73 27 11 00, Internet: www.palace.it. First class – Kuranwendungen, Diätküche, Sauna, Solarium, Tennisplatz und Fahrradverleih. ○○○
▮ **Adria,** Gilmstraße 2, Tel. 04 73 23 66 10, Fax 04 73 23 66 87, Internet: www.hotel-adria.com Jugendstilhotel in Obermais, Pauschalangebote für Kurwochen, auf Wunsch Diätküche. ○○○
▮ **Villa Tiudi,** Verdistr. 72, Tel. 04 73 44 62 82, Fax 04 73 44 68 49. Ruhiges Hotel mit viel Charme und Riesengarten. ○○○
▮ **Pension Winzerhof,** Schallhofweg 3/a, Tel. 04 73 23 02 82, Fax 04 73 21 11 92. Hübsch gelegenes Mittelklassehotel mit Hallenbad und Sauna. ○○
▮ **Gasthof Einsiedler,** Naifweg 29, Tel. 04 73 23 21 91, Fax 04 73 21 15 75, Internet: www.einsiedler.com Mit Hallenbad, Sauna und Solarium. Außerhalb des Stadtzentrums. ○○
Campingplatz: Meran, Piavestraße 44.

Tiffany im Schloss Maur, Cavourstraße 2/4, Tel. 04 73 21 13 00, Fax 04 73 23 41 81. Elegantes Lokal im Palace Hotel. ○○○

▮ **Bar Terme da Santoni,** Via Piave 2, Tel. 04 73 21 04 55. Von einem römischen Jockey geführte Trattoria italiana. ○
▮ **Försterbräu,** Freiheitsstraße 92, Tel. 04 73 23 37 13. Gutbürgerliche Küche, im Sommer sitzt man in dem wunderschönen Biergarten. ○

Nachtclub Perla, Cavourstraße, Tel. 04 73 23 12 11.

Als Mitbringsel eignen sich Kosmetik- und Modeartikel ebenso wie Südtiroler Kunsthandwerk. Zu empfehlen sind aber auch der gute Wein und Speck im **Vinschgauer Tor** (Rennweg 126). Für den Weineinkauf ist **Schloss Rametz,** Labersstraße 4 (Tel. 04 73 21 10 11), eine gute Adresse. Für ihre feinen Weißweine bekannt ist die **Kellereigenossenschaft Andrian** (20 km südlich von Meran), Tel. 04 71 51 01 37.

Ausflüge

Segenbühel
Die Südkuppe des Küchelbergs, Merans Hausberg (514 m) über der Altstadt, ist zu Fuß auf dem »Tiroler Steig« (45 Min.), mit dem Sessellift (Talstation gegenüber der Landesfürstlichen Burg) in wenigen Minuten zu erreichen.

Dorf und **Schloss Tirol
Eine halbe Stunde weiter nördlich zwischen Weinbergen und Obstgärten liegt das **Dorf Tirol** (Tirolo; 594 m; 1100 Einw.), heute ein viel besuchter Ferienort. Hauptattraktion ist das gleichnamige Stammschloss des Hauses Tirol. Bis zum Hochmuter (1423 m) gelangt man bequem mit der Seilschwebebahn; viel begangene Wege führen westlich zur Leiteralm (1522 m)

Reich skulptiertes Portal in Schloss Tirol

Die Brunnenburg birgt heute ein Landwirtschaftliches Museum

und zum Hochganghaus (1839 m; 1 3/4 Std.), nördlich ins Spronsertal; für Gipfelstürmer bildet die Mutspitze (2295 m) ein verlockendes Ziel (2 3/4 Std.); sie ist südöstlicher Eckpfeiler der Texelgruppe, die seit 1976 unter Naturschutz steht.

Schloss Tirol, die Stammburg des Landes (647 m), thront majestätisch auf einem Geländesporn hoch über dem Meraner Talkessel. Um die Mitte des 12. Jhs. wurde sie vermutlich auf den Fundamenten eines frühmittelalterlichen Klosters errichtet und später als Residenz der Landesfürsten stark ausgebaut; nach der Verlegung des Regierungssitzes verlor sie unter Erzherzog Sigmund dem Münzreichen an Bedeutung und verfiel. Erst in jüngster Zeit wurde die Anlage restauriert; im Aufbau befindet sich eine Dokumentation zur Geschichte des Landes Tirol (Öffnungszeiten: Ostern bis Anf. Nov. Di–So 10 bis 17 Uhr). Im Sommer finden Schlosskonzerte statt. Die Hauptburg mit Bergfried, Palas und Wirtschaftsgebäuden gruppiert sich um den weiten Hof. Der untere Saal des Südpalas

(»Kaisersaal«) und die doppelgeschossige Kapelle weisen reich skulptierte Portale (um 1160) auf; über dem Eingang zur Kapelle entdeckt man die älteste erhaltene Darstellung des Tiroler Adlers (13. Jh.), das farbige Glasfenster in der unteren Apsis (um 1350) gilt als älteste Glasmalerei des Landes. Der Zugang zum Schloss führt vom Dorf Tirol durch das **Knappenloch,** einen 80 m langen Stollen, an dessen Ende die Erdpyramiden im Köstengraben erst wieder »nachwachsen« müssen. Links unterhalb des Weges wurde die **Brunnenburg** zu Beginn des 20. Jhs. im neugotischen Stil wieder aufgebaut. Hier ist heute ein Landwirtschaftliches Museum untergebracht (Öffnungszeiten: Ostern bis Nov. Mo, Mi–So 9.30–17 Uhr).

Von Schloss Tirol führt ein bequemer Abstieg nach **Gratsch** (Quarazze; 380 m), vorbei am Kirchlein St. Peter (602 m) mit gotischen Fresken sowie an Schloss Thurnstein (560 m; Restaurant); zurück nach Meran geht es über den Tappeiner Weg (s. S. 183).

Marling

Wie Algund und Tirol gehört Marling (Marlengo; 363 m; 2200 Einw.) zum touristischen Großraum Meran. Vor

Zur Apfelblüte entfaltet die Landschaft ihren ganzen Zauber

Der Marlinger Waalweg ist für Wanderer ein Vergnügen

Tscherms liegt **Schloss Lebenberg** oberhalb des Marlinger Waals. Die sehenswerte Anlage geht aufs 13. Jh. zurück; im 18. Jh. erfolgten An- und Neubauten (Öffnungszeiten: Führungen Ostern bis Ende Okt. Mo–Sa 10.30 bis 12.30 Uhr, 14–16.30 Uhr).

Lana

Knapp 10 km südlich von Meran auf dem Schwemmkegel des Falschauer Bachs liegt das Apfeldorf Südtirols (310 m; 8600 Einw.) – genau der richtige Standort für das **Südtiroler Obstbaumuseum**, das im Larchgut einen passenden Rahmen gefunden hat. (Öffnungszeiten: April bis 2. So im Nov. Di–Sa 10–12 Uhr, 14–17 Uhr, So/Fei 14–18 Uhr). Ein Muss für jeden Kunstfreund ist ein Besuch der Pfarrkirche ***Mariä Himmelfahrt von Niederlana** (beim Obstbaumuseum). Der einschiffige Bau (1485–1492) mit dem frei stehenden Turm zählt zu den schönsten spätgotischen Gotteshäusern des Landes; mit dem ****Schnatterpeck-Altar** besitzt er ein Kulturdenkmal ersten Ranges. Ungewöhnlich sind bereits die Ausmaße des Hochaltars (Höhe 14 m), den Hans Schnatterpeck in knapp achtjähriger Arbeit unter Mitwirkung des Bildschnitzers Bernhard

Härpfer schuf (1503–1511); ungewöhnlicher noch ist sein Detailreichtum. Die Flügelgemälde stammen von Hans Schäuffelin. (Öffnungszeiten: Führungen von Mitte April bis Ende Okt. Mo–Sa 9.30, 10.30, 11.30, 14, 15, 16 und 17 Uhr.)

Hausberg von Lana ist der **Larchbühel** (1824 m) über dem Meraner Talkessel; sein prächtiges Panorama reicht etschaufwärts bis zu den Schweizer Grenzbergen, nach Osten in die Dolomiten, südlich bis zu den Höhen um Trient (Seilbahn und Sessellift).

Tipp Ein hübscher Spaziergang führt von **Oberlana** in die Mündungsklamm des Ultentals; über der malerischen **Gaulschlucht** thront die 1271 erstmals urkundlich erwähnte Braunsburg. Ein Waalweg zieht sich am Bergfuß entlang südlich zum Kirchlein **St. Margarethen**, das einen Freskenzyklus aus der Zeit um 1215 bewahrt, und weiter zur Burgruine **Brandis** (13. Jh.).

*Ultental

Dem Südtiroler Anspruch einer Region »zwischen Rebbergen und Gletscherfirn« wird das Ultental (Val d'Ultimo; siehe Plan S. 206/207) spielend gerecht. Das 30 km lange Alpental mit knapp 3000 Einwohnern steigt von seiner Mündung bei Lana bis zu den Gipfeln des Ortlermassivs auf 3000 m an. Das bis vor ein paar Jahrzehnten noch abgeschiedene Tal war bereits im 19. Jh. Ziel prominenter Touristen. Das Mitterbad bei **St. Pankraz** (736 m; 11 km von Lana) galt um 1870 als das beliebteste in Deutschtirol. Zu den Besuchern von Lana zählte auch der junge Otto von Bismarck, der hier zwischen 1840 und 1843 kurte. Die Liaison zwischen ihm und der Tochter des Badwirts passte den Ultner Burschen überhaupt nicht; als »Stadtfrack aus der Fremd« wurde er bezeichnet, von dem man wisse, »ob Franzoser oder Christ« er sei. Mit Mitterbad versank auch das Ultental in einen Dornröschenschlaf, bis die ENEL, zuständig für die Stromversorgung Italiens, die Energiereserven der Falschauer und ihrer Zuflüsse entdeckte. Das Ergebnis: ausgebaute Straßen, fünf Stauseen und Kraftwerksanlagen. Auch Fremdenverkehr gibt es wieder. Die Gemeinde **Ulten,** die aus den drei Dörfern St. Walburg, St. Nikolaus und St. Gertraud besteht, hat inzwischen eine bescheidene touristische Infrastruktur aufgebaut.

Tipp Das **Ultner Talmuseum** von St. Nikolaus beherbergt eine hübsche Sammlung von Gegenständen des bäuerlichen Brauchtums (Öffnungszeiten: Juni–Sept. Di, Fr und So 11–12 Uhr, 15–17 Uhr; sonst: Tel. 04 73 79 01 47).

Waalsterben in Südtirol

Blauwale in Tirol? Nein, die Rede ist hier nicht vom größten Säugetier der Erde, sondern von künstlich angelegten Wasserläufen, den Waalen. Schon seit dem 13. Jh. leiten die Bergbauern Südtirols Wasser von Fassungsstellen unterhalb der Gletscher zu ihren Feldern an trockenen Berghängen. Die Bedeutung dieses genialen Bewässerungssystems für die Landwirtschaft nimmt allerdings ständig ab. Immer mehr der arbeitsintensiven Waale verfallen und führen kein Wasser mehr. Betrug die Gesamtstrecke der Waale 1935 noch rund 1000 km, so ist sie inzwischen auf knapp 200 km geschrumpft. Sie wurden abgelöst von modernen Berieselungsanlagen. Mit den Waalen sterben aber nicht nur die Biotope, die sich im Laufe der Jahrhunderte in ihrer Nähe gebildet haben, sondern auch der Beruf des Waalers. Er verbringt den Sommer in der »Waalerhütte« und beaufsichtigt die schmalen Wasserläufe. Er reinigt sie und repariert kleinere Schäden. Seine wichtigste Aufgabe ist aber, mit dem Schweller – einem Metallschieber – das Wasser gerecht auf die Felder zu verteilen. Die Wassermenge wird den Parzellen vom Waalmeister nach der Anzahl der Ackerfurchen zugeteilt. Die Waalschelle, ein kleines Wasserrad, das rhythmisch auf eine Blechglocke schlägt, signalisiert dem Waaler, dass das Wasser richtig fließt. Für Wanderer sind die Waalwege ein Paradies. Fast eben führen sie durch wundervolle Berglandschaften und bieten oft schöne Ausblicke auf die Täler. Das leichte Murmeln und Rauschen des Wassers bringt innere Ruhe und lädt dazu ein, die Seele baumeln zu lassen.

Das Ultental hat sich eine selten gewordene Alpenidylle bewahrt

Schloss Schenna am Eingang zum Passeiertal

Zwischen St. Walburg (1192 m) und St. Nikolaus soll das (umstrittene) Skigebiet auf der Schwemmalm die Wintergäste locken. Die Sommergäste finden auf den umliegenden Höhen viele schöne Wanderziele, wie den winzigen Weiler Pawigl (1156 m) oder das schön gelegene Kirchlein St. Helena (1532 m). Die innerste Ortschaft des Ultentals, **St. Gertraud** (1512 m; 33 km ab Lana), ist Ausgangspunkt für verschiedene Wanderungen, u. a. zur Haselgruberhütte in 2467 m Höhe. Ein kurzer Spaziergang führt zu den »Ultener Riesen«, einer Gruppe von prächtigen Lärchen, deren Alter auf 2000 Jahre geschätzt wird. Der größte dieser Baumgiganten hat einen Umfang von rund 8 m. Taleinwärts kann man bis zum aufgestauten **Weißbrunner See** (1870 m) weiterfahren. Alpinisten nehmen sich hier einen der Dreitausender (Zufrittspitze, 3438 m; Hintere Eggenspitze, 3443 m) zum Ziel.

Bei einer Brotzeit oder der Kost der deftigen **Knödelmoidl** erholt man sich am Seeufer.

Tourismusverein Ulten,
I-39016 St. Walburg,
Tel. 04 73 79 53 87,
Fax 04 73 79 50 49.

St. Pankraz, Tel. 04 73 78 71 80, Fax 04 73 78 55 35. Hübsch gelegenes Familienhotel. ○○

*Schenna

Nordöstlich von Meran (5 km) auf einer Anhöhe am Eingang ins Passertal gelegen, ist Schenna (Scena; 600 m; 2500 Einw.), immer noch eines der schönsten Dörfer des Burggrafenamtes, wenn auch der Bauboom der letzten Jahrzehnte das Siedlungsbild verändert hat. Den alten, engen Ortskern überragen die Pfarrkirche (13./14. Jh.) und das Schloss – Symbole geistlicher und weltlicher Macht im Mittelalter.

Schloss Schenna geht aufs 14. Jh. zurück; 1845 erwarb es der Erzherzog Johann von Österreich und baute es aus (Öffnungszeiten: Führungen Karwoche bis 1. Nov. Mo–Sa 10.30, 11.30, 14, 15, 16, 17 Uhr). Das neugotische **Mausoleum** (1865) außerhalb des Ortes auf einem Geländesporn birgt die Grabstätte des Erzherzogs und seiner Gattin, der Ausseer Postmeisterstochter Anna Plochl, später Gräfin von Meran. Einen Besuch wert ist die romanische Rundkirche **St. Georgen**

(716 m) im Oberdorf, am Hang des Schennaer Berges, mit ihrem um 1400 entstandenen Freskenzyklus.

Im Hinterland von Schenna, den Ausläufern der Sarntaler Alpen, erschließen zwei Seilbahnen die Aussichtspunkte **Oberkirn** (1450 m) und **Taser** (1445 m), eine angenehme Höhenwanderung auf markiertem Weg verbindet die beiden Bergstationen. Möglichkeit zur Einkehr bieten die **Streitweider Alm** (1560 m) und der abgeschiedene **Weiler Videgg** (1536 m).

> **Tourismusverein,**
> I-39017 Schenna,
> Tel. 04 73 94 56 69, Fax 04 73 94 55 81.

*Hafling

Als Heimat der blondmähnigen Haflinger (Pferde), die heute hauptsächlich im Sarntal gezüchtet werden, ist das Dörfchen Hafling (Avelengo; 1290 m; 600 Einw.) am Nordrand des Tschögglberges bekannt. Und so etwas wie ein Pferdehimmel muss der Ort in 1300 m Höhe über Meran früher auch gewesen sein: ein paar Bauernhöfe, eine Kirche und St. Kathrein in der Scharte (Flügelaltar, um 1480), eine betagte, klapprige Seilbahn als Verbindung mit der großen Welt in Meran.

Heute führt eine breite Straße hinauf zum Plateau; über einen Lift hat man Anschluss an das weiträumige Wintersportgebiet **Meran 2000**, und neben den alten Bauernhäusern stehen moderne Chalets. Geblieben ist ein schönes, auch für Familien geeignetes Wanderrevier.

> **Tourismusverein,** I-39010 Hafling, Tel. 04 73 27 94 57, Fax 04 73 27 95 40.

Kabinenbahn Falzeben-Meran 2000 (Ski- und Wandergebiet).

Silberrausch und Burgenromantik

Brenner → *Sterzing → *Klausen → *Bozen (86 km)

Brenner (Brennero; 1375 m), niedrigster Übergang über den Alpenhauptkamm, Wasserscheide zwischen Schwarzem Meer und Adria, österreichisch-italienischer Grenzpass in dem seit 1919 geteilten Tirol. Soweit das Lexikon. Doch der Brenner ist mehr: Seit fast 4000 Jahren ist er das Tor zum Süden und heute eine der wichtigsten EU-Transitrouten. Die unaufhaltsam zunehmenden Verkehrsströme beeinträchtigen die Lebensqualität auf beiden Seiten des Alpenübergangs. Während im Dschungel der Brüsseler Bürokratie intelligente Verkehrskonzepte verstauben, wird der Alltag an der Brennerroute immer mehr zu einem Überlebenskampf für Mensch und Natur.

Benutzt wurde der Brenner bereits lange bevor die Römer hier eine Militärstraße anlegten. Auch zahlreichen deutschen Kaisern – von Otto I. (962) bis Karl V. (1530) – diente er bei ihren Italienzügen als bequemer auch nicht ungefährlicher Alpenübergang. Besonders wichtig war der Nord-Süd-Übergang aber bald für den Warentransit. Das Fuggerstädtchen Sterzing profitierte davon und entwickelte sich zur blühenden Handelsstadt. Zum Weitertransport auf der Etsch wurden die Waren durch das Eisacktal nach Bozen gebracht. Und so hat fast jedes Jahrhundert in diesem Tal seine Spuren hinterlassen.

1

Seite
207

Die Fahrt über den Brenner durch das Eisacktal ist vor allem eine Reise in die Vergangenheit, eine Kulturreise, die durch eine großartige Berglandschaft führt und für die man mindestens einen ganzen Tag reservieren sollte.

Gossensaß

Erste Station südlich des Brenners (1375 m) im Eisacktal ist Gossensaß (Colle Isarco; 1098 m; 1000 Einw.), 9 km, dominiert von der 1030 m langen Autobahnbrücke, die hoch über den Dächern des ehemaligen Bergbauortes den Taleinschnitt quert. Den Blick zieht es jedoch in die andere Richtung, ins romantische ***Pflerscher Tal,** ein beliebtes Wander- und Tourengebiet, das bis zu den vergletscherten Dreitausendern der Stubaier Alpen ansteigt.

*Sterzing

Die Geschichte von Sterzing (Vipiteno; 948 m; 6000 Einw.), 15 km, war zu allen Zeiten eng mit dem Brennerweg verknüpft. Zur Römerzeit entstand hier die befestigte Wachstation Vipitenum, im Mittelalter war der Ort Ziel von Pilgern – das älteste Stadtsiegel aus dem Jahre 1328 zeigt einen Pilger unter dem Tiroler Adler. Im 15./16. Jh. erlebte Sterzing durch den ergiebigen Silberbergbau im Ridnauntal (s. S. 191 f.) einen gewaltigen Aufschwung. Damals entstand nach einem Großbrand auch eine der schönsten Straßen Südtirols, die von den Sterzingern noch heute ***Neustadt** genannt wird. Sie ist mit ihrer einheitlichen Architektur das Musterbeispiel einer spätgotischen Tiroler Handelsstraße mit einer Fülle reizvoller Details: schattigen Lauben, ge-

Ansitz Jöchlsthurm aus dem 15. Jh.

schmückten Erkern, schmiedeeisernen Fenstergittern, Spitzbogenportalen und großzügigen Innenhöfen.

Aus jener Zeit stammt auch das **Rathaus** (1468–1473) mit seinem verzierten Erker. Im kleinen Innenhof sind ein Meilenstein und der bei Mauls entdeckte Mithrasstein aus dem 3. Jh. Zeugen römischer Vergangenheit. Zum Bild der Neustadt gehören die Nepomukstatue (1739) vor dem Rathaus und der **Zwölferturm** (1468), der den markanten Abschluss zur nördlichen Altstadt bildet, in der früher vor allem Handwerker wohnten.

Hans von Bruneck, der Begründer der Pustertaler Schule, malte den Innenraum der **Spitalkirche** am Stadtplatz mit seinen Fresken fast vollständig aus.

Von der Neustadt ist es nicht weit zum Ansitz Jöchlsthurn (15. Jh.). In dem ehemaligen Wohnturm residiert das **Landesbergbaumuseum.** Zahlreiche Exponate informieren über den Bergbau. Im Erdgeschoss befindet sich eine Mineraliensammlung, im 2. Stock werden Münzen des 13. bis 19. Jhs. gezeigt. (Öffnungszeiten: druchgehend, Führungen um 9.30, 11, 13.30 und 15 Uhr.)

Tourismusverein, Stadtplatz 3, I-39049 Sterzing, Tel. 04 72 76 53 25, Fax 04 72 76 54 41, E-Mail: tvb.sterzing@pass.dnet.it.

Busverbindungen: Ratschings, Ridnaun, PflerscherTal, Jaufenpass–Meran.

Gasteigerhof, Gasteig, Jaufenpassstr. 52, Tel. 04 72 77 90 90, Fax 04 72 77 90 43. Gepflegtes, rustikales Ambiente mit familiärer Atmosphäre und gutem Restaurant. ○○

Schwarzer Adler, Stadtplatz 1, Tel. 04 72 76 40 64. Das Hotel

»Anbetung des Kindes«, ein Detail des Multscher-Altars

Silberrausch

Seit spätrömischer Zeit war Sterzing Durchgangsstation auf dem Weg in den Süden. Davon lebt das Städtchen im Wipptal bis heute nicht schlecht. Richtig reich geworden ist es aber durch den Bergbau. Seit dem 13. Jh. wurde, wie eine Urkunde von 1237 bezeugt, am Schneeberg westlich von Sterzing Blei und vor allem Silber gefördert. Seinen Höhepunkt erreichte der Silberrausch im ausgehenden Mittelalter. Handel und Handwerk erlebten einen ungeahnten Aufschwung. Die Augsburger Fugger investierten – und verdienten natürlich ebenso kräftig wie der Bischof in Brixen und einige einheimische Familien. Im ausgehenden 16. Jh. versiegte der Bergsegen allmählich – endgültig aufgegeben wurde der Erzabbau im Ridnauntal erst vor rund einem Jahrzehnt.

mit langer Tradition bietet ein gediegenes Restaurant mit köstlichen Südtiroler Spezialitäten. ○○

Tipp Von Sterzing aus kann man die Fahrt über den **Jaufenpass** (2099 m) in Richtung Meran fortsetzen (40 km; s. S. 180 ff.). Ins **Sarntal** gelangt man über das **Penser Joch** (2214 m). Beide Passrouten bieten viel landschaftliche Abwechslung und sind vor allem für leidenschaftliche Motorradfahrer ein Dorado.

Vor den Toren der Stadt

Ein schönes Panorama gewährt der Hausberg von Sterzing. Vom **Roßkopf** (2189 m; Busverbindung) reicht der Blick von den Stubaier Gletschern bis zu den Dolomiten.

Rund 1 km südlich von Sterzing steht auf freiem Feld die stattliche Pfarrkirche *Zu unserer Lieben Frau im Moos. Um den Bergknappen aus dem benachbarten Ridnaun den Weg zur Messe zu verkürzen, entstand die Kirche außerhalb des Ortskerns.

Die reichen Sterzinger wollten für ihre Pfarrkirche einen ganz besonderen Altar. Daher engagierten sie den schwäbischen Meister Hans Multscher (um 1400–1467), einen der be-

1

Seite
207

deutendsten und modernsten Bildhauer seiner Zeit. In Multschers Ulmer Werkstatt entstanden die wesentlichen Teile des großartigen **Flügelaltars, der 1458 in der Kirche aufgestellt wurde. Das in Südtirol revolutionäre Kunstwerk musste im 18. Jh. bei einer Kirchenumgestaltung einem Barockaltar weichen, über den die Sterzinger Bürger nicht gerade glücklich waren. 1940 verschenkte Mussolini den Altar an Göring. Erst 1959 kam das Meisterwerk wieder nach Sterzing zurück. Die acht ungewöhnlich detailreichen Altargemälde sind nun, zusammen mit anderen Fragmenten des Altars, im Deutschordenshaus neben der Pfarrkirche zu bewundern (**Multscher-Museum,** Öffnungszeiten: 1. April bis 31. Okt. Di–Fr 10–12, 14–17 Uhr, Sa 10–12 Uhr, Mo, So/Fei geschl.).

Ins *Ridnauntal

Ratschings, vor zwei Jahrzehnten noch ein fast vergessener Winkel Südtirols, hat sich zu einem beliebten Skigebiet entwickelt. An Winterwochenenden herrscht auf Parkplätzen und Pisten oft drangvolle Enge. Im Sommer dagegen ist es im Ratschingstal noch angenehm ruhig. Die wilde Gilfenklamm hat sich beim Taleingang tief in den weißen Ratschinger Marmor eingegraben. Ein gesicherter Steig führt vom Ort Stange aus in die romantische Schlucht.

Im Ridnauntal wandelt man wieder auf den Spuren der Sterzinger Bergbaugeschichte. Ein interessanter Lehrpfad führt über die Schneebergscharte zur stillgelegten Bergwerkssiedlung **St. Martin am Schneeberg** (2355 m), der höchstgelegenen Zeche Europas (s. S. 208). Hier waren im 15./16. Jh. über 1000 Knappen beschäftigt und sicherten den Reichtum

der Sterzinger. Der Schaustollen bei **Maiern,** am Ende des Ridnauntals, bietet Einblicke in die gefährliche Arbeit unter Tage. Eine umfangreiche Dokumentation zum Ridnauner Bergbau zeigt das dortige Landesbergbaumuseum (Öffnungszeiten: April bis Ende Okt. Di–So 9.30–16.30 Uhr; Führungen 9.30, 11, 13.30, 15 Uhr).

An den Bergbau erinnert außerdem die spätgotische Knappenkirche **St. Magdalena** (1491), die sich bei Ridnaun auf einer Anhöhe erhebt. Sie bewahrt einen *Flügelaltar des Sterzingers Matthias Stöberl (1509); im Schrein ließen sich – zu Füßen der hl. Magdalena in einem geschnitzten Stollen arbeitend – die Bergknappen verewigen. Da die Kirche, wie viele andere in Südtirol, wegen der zahlreichen Kunstdiebstähle geschlossen ist, veranstaltet der Pfarrer von Mareit einmal wöchentlich eine Führung (Auskunft Tel. 04 72 75 66 66).

Die Häuser des kleinen Weilers Mareit (8 km ab Sterzing; 1070 m) ducken sich an den Hügel unterhalb des prunkvollen Barockschlosses *Wolfsthurn, das im 13. Jh. als Wehrburg erbaut und 1730–1740 erweitert wurde. Das Landesmuseum für Jagd und Fischerei erlaubt nun auch eine Besichtigung der herrlichen Räume des Ansitzes. (Öffnungszeiten: April bis 15. Nov. Di–Sa 9.30–17.30 Uhr, So/Fei 13–17 Uhr.)

*Pfitscher Tal

Das Pfitscher Tal, das bei Sterzing von Nordosten her mündet, ist nicht nur für Wanderer, sondern vor allem für Mineraliensammler von Interesse. Früher wurde hier nach Beryll, Rutil, Turmalin und Granat geschürft. Dem Umstand, dass der uralte Alpenübergang ins Zillertal nie ausgebaut wurde, verdankt das Pfitscher Tal seine relative Unberührtheit; die Talstraße endet oben am Pfitscher Joch (2251 m; 32 km ab Sterzing).

Pretzhof in Tulfer (8 km von Sterzing im Pfitscher Tal), Tel. 04 72 76 44 55. Zünftiges Essen auf einem alten Bauernhof, die Weine haben es in sich. ○○

Ins Brixner Tal

Fährt man von Sterzing aus in Richtung Brixen, bleibt der Blick über das Sterzinger Moos an dem romantischen ***Schloss Reifenstein** haften, einer Ritterburg wie aus dem Bilderbuch – mit Zinnen und Zugbrücken, Gewölben und Landsknechtskammern. Ungefähr 2 km hinter Sterzing zweigt eine kleine Straße ab, die über die Autobahn und durch den Weiler Elzenbaum bis zum Fuß des Burghügels führt. Berühmt ist der »Grüne Saal« des Schlosses aus spätgotischer Zeit; seine kunstvolle Ausmalung mit grünem Rankenwerk lässt die Illusion eines Reliefs entstehen (Tel. 04 72 76 58 79; Öffnungszeiten: Führungen von Ostern bis Okt. Di–Do 9.30, 10.30, 14, 15 Uhr, im Sommer auch 16 Uhr, Mo nur vorm.).

Jenseits des Eisacks ragt die **Burg Sprechenstein** empor (13./16. Jh.; nicht zugänglich). In 20 Minuten steigt man hinauf zu der Feste, von der sich ein weiter Blick über den Sterzinger Talkessel und seine Bergkulisse bietet. Etwa 2 km nach Burg Sprechenstein liegt links oberhalb der Staatsstraße in Richtung Bozen die spätgotische **Wallfahrtskirche Maria Trens** (1498), die Joseph Adam Mölk im 18. Jh. mit einem Freskenprogramm zum Marienleben ausschmückte. Rührend sind die zahlreichen Exvoto-

Klausen im Eisacktal

Bilder. Schlösschen Welfenstein vor Mauls wurde im ausgehenden 19. Jh. neu errichtet.

Stafler, Mauls, Tel. 04 72 77 11 36, Fax 04 72 77 10 94. Beste Südtiroler Küche in historischem Rahmen. ○○

In der letzten Felsenge vor dem Brixner Talkessel führt die Tour zur düster-monumentalen **Franzensfeste,** einer 1833–1838 von den Österreichern angelegte Kanonenfestung zur Sicherung des Brenners. Für den aufwändigen Bau wurden Granitquader von Pfalzen im Pustertal auf Fuhrwerken hierher transportiert. Der Ort Franzensfeste (Fortezza; 747 m), 35 km, hat den Charme eines Zolllagers, was einem die Weiterfahrt nach Brixen (s. S. 174), 45 km, leicht macht.

*Klausen

Das Eisacktal verengt sich mehr und mehr und man passiert den Eingang zum Villnößtal (s. S. 179), den die beiden kleinen Dörfer Teis und **Gufidaun** (Dorfmuseum) bewachen.

Seite 207

Echtes Alpenglöckchen

Kloster Säben animierte schon Dürer zu seinem »Großen Glück«

Turmwirt, Gufidaun, Tel. und Fax 04 72 84 41 21. Gut speisen in schönen, alten Stuben. ○○

Nur wenige Kilometer weiter thront auf einem mächtigen Felsen über dem Künstlerstädtchen **Klausen** (Chiusa), 56 km, Kloster Säben (s. u.). Albrecht Dürer war auf seiner Italienreise von dieser Ansicht so beeindruckt, dass er Ort und Kloster auf seinem Kupferstich »Das große Glück« verewigte.

Für den modernen Reisenden bietet Klausen mit seiner engen Hauptgasse, der spätgotischen Architektur, seinen zahlreichen Erkern und geschmiedeten Wirtshausschildern abwechslungsreiche Fotomotive. Der einzige Platz öffnet sich zum Eisackufer hin. Neben der Eisackbrücke steht die spätgotische Pfarrkirche (1480–1494), die einige bedeutende gotische Skulpturen besitzt. Zu den schönsten Exemplaren zählen die »Muttergottes mit Kind« und die »Marienkrönung« rechts, die »Kreuzabnahme« links sowie in der Apsis das »Pfingstwunder« und die »Verkündigung«.

Im Süden von Klausen, jenseits des wilden Tinnebachs, liegt das 1972 aufgelöste Kapuzinerkloster (Kirche von 1701). In den alten Mauern hat das Stadtmuseum eine Bleibe gefunden. Zu besichtigen ist hier der berühmte Loretoschatz, ein Geschenk der Klosterstifterin Maria Anna und des aus

Klausen stammenden Paters Gabriel Pontifester, der Beichtvater am spanischen Hof war. (Öffnungszeiten: Mitte März bis Mitte Sept. Di–Sa 10–12, 16–19 Uhr, Mitte Sept. bis Mitte Nov. Di–Sa 9.30–12, 15.30–18 Uhr.)

Tourismusverein, I-39043 Klausen, Tel. 04 72 84 74 24, Fax 04 72 84 72 44.

**Kloster Säben

Steil hinauf führt der halbstündige Aufstieg von Klausen zum Kloster Säben, vorbei an der Burg Branzoll, die aus einem 1255 erbauten Turm hervorging (Privatbesitz). Der Gang führt zurück durch die Jahrtausende, denn der ausgesetzte Dioritfelsen war schon vorgeschichtliche Kultstätte. Zahlreiche Funde stammen aus der Jungsteinzeit (ca. 4000 v. Chr.) und der Bronzezeit. In den Akten des Konzils zu Grado (572–577) ist Säben bereits als Bischofsitz verzeichnet und blieb es bis ins ausgehende 10. Jh. Nach dem Umzug Bischof Albuins nach Brixen wurde das Kloster zur Burgfestung ausgebaut. 1535 legte ein Blitz-

schlag Teile des Schlosses in Schutt und Asche. Im ausgehenden 17. Jh. entstand aus der verfallenden Anlage das noch bestehende Benediktinerinnenkloster. Aus der Zeit der Säbener Bischöfe stammen die Fundamente (um 600) der **Heilig-Kreuz-Kirche** (15./17. Jh.). Vor allem die virtuose Scheinarchitektur (1679) im Innenraum verblüfft. Die **Klosterkirche** im ehemaligen Palas ist ein schlichter Barockbau (1691–1707); die barockisierte Marienkapelle birgt in der Sakristei ein Taufbecken aus dem 4. Jh. Den achteckigen Zentralbau der **Liebfrauenkirche** (1652 bis 1658), errichtet nach einem Pestgelöbnis der Klausener Bürger, schmücken Stuckaturen von Franco Carlone (Öffnungszeiten: tgl. bis 17 Uhr).

*Trostburg

Waidbruck (Ponte Gardena; 471 m), 62 km, bietet nicht viel mehr als eine Brücke und ein paar Häuser, wenn die eindrucksvolle Trostburg nicht wäre. Hoch über dem Eisackufer bewacht sie den Eingang ins Grödner Tal. Die Trostburg zählt zu den schönsten Bur-

gen Südtirols. Im Kernbestand geht sie auf das 12. Jh. zurück, wurde im 13. Jh. ausgebaut und kam 1382 an Friedrich von Wolkenstein. 1595 erbte Engelhard Dietrich von Wolkenstein die Burg. Damals entstanden die Burgkapelle (1604) und der eindrucksvolle Rittersaal mit den Wappenreliefs der Wolkensteiner. Die gotische Stube mit dreifach aufgebogener Zirbelholzdecke (um 1400) ist in Südtirol wohl einmalig.

Tipp Auf der Trostburg sind die Modelle aller wichtigen Südtiroler Burganlagen ausgestellt. (Öffnungszeiten: Führungen von Ostern bis Okt. tgl. außer Mo 11, 14 und 15 Uhr, Juli/Aug. auch 10 und 16 Uhr.)

Ansitz Fonteklaus, Lajen-Freins, Tel. 04 71 65 56 54, Fax 04 71 65 50 45. Do geschl. Nobel speisen mit Aussicht. ○○

Von dem Dörfchen Barbian (Barbiano; 830 m), 5 km ab Waidbruck, führt ein romantischer Weg nach **Bad Dreikirchen** (1 Std.), das seinen Namen von drei ineinander gebauten gotischen Kirchen hat.

Am Fuße des Schlern

In **Kastelruth** (Castelrotto), Seis (Siusi) und Völs am Schlern (Fiè allo Sciliar) hat der Tourismus Tradition. Aus nah und fern kommen die Schaulustigen nach Kastelruth, um die farbenprächtige Fronleichnamsprozession zu erleben (jeweils am So nach Fronleichnam). In **Völs** sorgt ein Kurbad im dampfenden Heu (s. u.) für neue Kräfte, und Kunstfreunde finden in der spätgotischen Pfarrkirche (16. Jh.) einen kostbaren Flügelaltar von 1488.

Wanderern bietet die Gegend ein weites Netz markierter Wege, das die Ortschaften und Höfe am Fuß des Schlern (2564 m) miteinander verbindet. Beliebte Ausflugsziele sind neben der Seiser Alm die **Burgruine Hauenstein,** Alterswohnsitz Oswald von Wolkensteins (s. S. 214), der idyllisch gelegene Völser Weiher (1056 m) und **Schloss Prösels** (857 m), eine für die maximilianische Zeit typische weitläufige Zwingeranlage (1490–1520; Tel. 04 71 60 10 62; Öffnungszeiten: Führungen tgl. außer Sa: Mai, Okt. 11, 14 und 15 Uhr; Juni, Sept. auch 16 Uhr; Juli, Aug. 10, 11, 15, 16 und 17 Uhr, im April nur über Ostern geöffnet).

i **Ferienregion Seiser Alm-Schlerngebiet,** I-39040 Seis am Schlern, Tel. 04 71 70 70 24, Fax 04 71 70 66 00, E-Mail: seiseralm@DolomitiSuperski.com

Busverbindungen: Bozen–Völs–Kastelruth–Waidbruck, Seiser Alm, St. Ulrich.

Hotel Heubad, Schlernstr. 12, Völs, Tel. 04 71 72 50 20, Fax 04 71 72 54 25. Im Angebot: gesundheitsfördernde Heubäder. ○○○

Völs am Schlern

Die Seiser Alm in 2000 m Höhe ist eines der großen Landschaftswunder der Dolomiten

▌**Goldenes Rössl,** Kastelruth, Tel. 04 71 70 63 37, Fax 04 71 70 71 72. Traditionsreiches Haus mitten im Ort, mit vorzüglicher Küche (u. a. ladinische Spezialitäten). ○○

▌**Tschötscherhof,** St. Oswald, Tel. 04 71 70 60 13. 500 Jahre alter Bauernhof mit original Südtiroler Küche. ○

Durch das *Tierser Tal nach Bozen

Bei **Blumau** (Prato allo Isarco; 315 m), 78 km, mündet von Osten her das Tierser Tal in die Eisackschlucht. Im Mündungsbereich tief eingeschnitten, weitet es sich bei **Tiers** (Tires; 1028 m) zu einem waldumsäumten Kessel, dessen Kulisse die Zinnen und Zacken des Rosengartens bilden (Vajolettürme 2813 m). Südlich über dem Taleingang liegt der Flecken **Steinegg** (823 m; 6 km ab Blumau). Sein Heimatmuseum führt durchs bäuerliche Leben früherer Tage. Auch hier findet sich eine naturkundliche Besonderheit: die Erdpyramiden, in Größe und Zahl allerdings nicht mit jenen am Ritten zu vergleichen (s. S. 172 f.).

Endpunkt der Tour ist Bozen (s. S. 165 ff.), 86 km.

1

Seite 207

2

Seite
206

Tour 2

Hohe Berge, karges Land

Reschenpass → *Mals → Schlanders → **Meran (80 km)

Aus dem Reschensee ragt der alte Grauner Kirchturm empor

Der Vinschgau ist von einer eigenwilligen, herben Schönheit. Die steilen Talflanken reichen weit über die Waldgrenze hinauf, und das Wasser ist hier so rar, dass es über lange Kanäle, die hier Waale heißen, von den Gletscherbächen zu den Feldern geleitet werden muss.

Durch den Vinschgau verläuft ein uralter, viel begangener Transitweg, den die Römer ausbauten und Via Claudia Augusta nannten. Er ging bis Mals und führte von dort weiter nach Augsburg. Überall stößt man hier auf Zeugnisse einer langen und wechselvollen Geschichte. In den Burgen und Kirchen haben sich die ältesten Fresken des gesamten deutschen Sprachraums erhalten: in Naturns, Mals und – knapp jenseits der Schweizer Grenze – in Müstair.

Auch ohne Abstecher in die Seitentäler ergibt die Fahrt durch den Vinschgau einen ausgefüllten Reisetag.

Die Nachbarn im Nordwesten waren es, die dem Vinschgau seinen schwersten Schlag versetzten: 1499 vernichteten die Graubündner ein habsburgisch-tirolerisches Heer und zogen brandschatzend durch den Vinschgau bis vor die Tore Merans.

Die Landschaft des Untervinschgaus ist heute von Obstkulturen geprägt; der Obstanbau gehört zu den Haupterwerbszweigen des Tals. Doch auch der Fremdenverkehr gewinnt für die ganze Region zunehmend an Bedeutung. Denn der Vinschgau kann sowohl mit kunsthistorischen Kostbarkeiten als auch mit attraktiven Wander- und Skirevieren aufwarten.

Am Reschensee

Ganz nahe der Etschquelle, am Reschenpass (1504 m), beginnt die Fahrt durch den Obervinschgau. Wenn man Pech hat, wird man vom eisigen Oberwind empfangen. Die alpine Landschaft wirkt auf den ersten Blick eher abweisend als einladend. Selbst der fast 7 km lange Reschensee vermag diesen ersten Eindruck kaum zu mildern, eher schon der Blick nach Süden, wo sich die vergletscherten Dreitausender des Ortlermassivs am Horizont abzeichnen.

Dem Bau des Reschenstausees fiel das alte Dörfchen Graun zum Opfer; heute ragt nur mehr der Kirchturm aus dem (Energie liefernden) Wasser – ein populäres Fotosujet, aber auch ein Bild, das nachdenklich macht.

St. Valentin auf der Haide (San Valentino alla Muta; 1470 m; 1300 Einw.), 10 km, an der Reschenstraße, diente bereits 1140 als Hospiz und verzeich-

*Das Benediktinerkloster Marienberg
wirkt wie eine Festung*

2

Seite
206

nete schon zu kaiserlichen und königlichen Zeiten regen Besuch. Der im Jahre 1905 hier gegründete Skiclub war einer der ersten in ganz Tirol. Heute ist das Skigebiet auf der Haideralm mit Liften und Pisten zeitgemäß erschlossen. Im Sommer führen von der Alm aus sehr schöne Höhenwanderungen u. a. nach Rojen (1973 m), einer der höchstgelegenen Ortschaften im ganzen Alpenraum.

*Kloster Marienberg

Die Reschenstraße führt abwärts über die **Malser Haide.** Der mit 13 km² größte Murkegel der Alpen wird von Waalen (s. S. 187) durchzogen.

Rechts am Hang kommt bald das leuchtend weiße **Kloster Marienberg** ins Blickfeld. Mit seinen weit herabreichenden Stützmauern wirkt das Benediktinerkloster wie eine Festung. Doch auch die mächtigen Mauern konnten nicht verhindern, dass die Abtei durch die Landvögte von Matsch, die talabwärts auf der Churburg saßen, wiederholt geplündert wurde. Im 17. Jh. erfolgte die barocke Umgestaltung. Von besonderer künstlerischer Bedeutung sind die farbenfrohen romanischen ****Fresken** in der Krypta (um 1160):

*St. Benedikt bei Mals bewahrt Fresken
aus karolingischer Zeit*

Christus thront in der Mandorla, links Petrus, rechts Paulus, und eine Engelschar schwebt vor kräftig blauem Hintergrund im Gewölbe (Öffnungszeiten: Führungen April–Juni Mo–Fr 10.45, 15 Uhr, Sa 10.45 Uhr; Juli–Okt. Mo–Fr 10, 11, 15, 16 Uhr.)

Burgeis und *Mals

Auf alte Bausubstanz trifft man auch in **Burgeis** (Burgusio; 1216 m). Ausladende Steinhäuser umrahmen den stimmungsvollen Dorfplatz, vor dem Ort ragt der wuchtige Bergfried der Fürstenburg (13./16. Jh.) auf.

Fünf alte Türme zeigt die Silhouette von **Mals** (Malles Venosta; 1050 m; 4600 Einw.), 22 km, Hauptort des Obervinschgaus. Gotisch ist der mächtige Turm der Pfarrkirche mit seinem achteckigen Helm, die anderen vier stammen aus romanischer Zeit, darunter der 33,5 m hohe Fröhlichsturm aus dem 12./13. Jh., Überrest der Fröhlichsburg. Kunstkenner erwartet nahe der Ortsumfahrung das Kleinod

St. Benedikt. Das Kirchlein aus karolingischer Zeit bekam zu Beginn des 9. Jhs. eine ****Freskenausschmückung,** erhalten sind vor allem die Malereien in den Nischen der Ostwand.

i **Tourismusverein Mals,** St.-Benedikt-Str. 1, I-39024 Mals, Tel. 04 73 83 11 90, Fax 04 73 83 19 01.

Busverbindungen: Meran, Reschenpass–Landeck, Stilfser Joch, Müstair.

Greif, G.-Verdross-Straße 40/A, Tel. 04 73 83 11 89, Fax 04 73 83 19 06. Das angeschlossene Restaurant offeriert Vollwertküche und Südtiroler Spezialitäten. ○○

St. Jakob (garni), in Burgeis 176, Tel. 04 73 83 15 50, Fax 04 73 83 02 32. Eine Attraktion sind geführte Wanderungen. ○

Tipp Alljährlich im Oktober (St.-Gallus-Tag) findet in Mals der **Galli-Markt,** ein Vieh- und Krämermarkt, statt.

Abstecher nach Müstair

Ein Muss für Kunstfreunde ist von Mals aus ein Abstecher ins schweizerische **Müstair** (11 km), dessen Kloster St. Johann einen einzigartigen karolingischen ****Freskenzyklus** (um 800) sowie romanische Wandmalereien bewahrt. Auf dem Rückweg von Müstair liegt kurz hinter der Grenze **Taufers** (1230 m), ein typisches Straßendorf, überragt von den Burgruinen Reichenberg und Rotund. Die Kirche St. Johann (um 1230) besitzt den für Südtiroler Kirchen ungewöhnlichen Grundriss eines griechischen Kreuzes. Die große Vorhalle ist doppelgeschossig. Im Chorgewölbe blieben meisterhafte romanische ***Fresken** erhalten.

Prunkstück von Schluderns ist die Churburg der Grafen von Trapp

*Glurns

Der Weg nach Glurns führt über Laatsch (970 m). Ganz in der Nähe fand 1499 die für die Habsburger so verheerende Calvenschlacht statt. Nach ihrem Sieg plünderten und brandschatzten die Bündner auch das benachbarte Glurns (Glorenza; 907 m; 800 Einw.). Den Besuchern präsentiert sich die kleinste Stadt Südtirols mit den Wehrmauern, Tortürmen und seinen niedrigen mittelalterlichen Laubengängen als ein beschaulicher Ort. Außerhalb des befestigten Gevierts steht die spätgotische Kirche St. Pankraz (1495) mit einem großen Fresko am Turm.

**Churburg

Östlich von Glurns, an der Mündung des Matscher Tals, einem Wandergebiet, liegt **Schluderns** (Sluderno; 921 m; 1700 Einw.), 26 km, überragt von der Churburg, dem wohl schönsten Schloss des Vinschgaus. Sie wurde ab 1253 vom Churer Bischof erbaut, kam aber bald in die Hand der berüchtigten Vögte von Matsch. Später gelangte sie auf dem Erbweg an ihre heutigen Besitzer, die Grafen von Trapp, die aus der Burg mit dem 26 m

2

Seite 206

hohen zinnengekrönten Bergfried ein prächtiges Renaissanceschloss mit einem stimmungsvollen Arkadengang machten. Hauptsehenswürdigkeit ist die berühmte Rüstkammer, wo man u. a. die 45 kg schwere Rüstung des 2,10 m langen Matscher Riesen bewundern kann. (Öffnungszeiten: Führungen 20. März bis 1. Nov. Di–So 10–12, 14–16.30 Uhr.)

Das Matscher Tal

Ein stilles, weitgehend unberührtes Vinschgauer Tourenrevier ist das Matscher Tal: Tal- und Höhenwanderungen, dazu stolze Dreitausender. Stützpunkte sind der Glieshof (1824 m) und die Oberetteshütte (2677 m).

Stilfser-Joch-Straße: 48 Haarnadelkurven sind zu umrunden

i Infos beim **Tourismusverein Schluderns,** Tel. 04 73 61 52 58, Fax 04 73 61 54 44.

i **Tourismusverband Vinschgau,** I-39028 Schlanders, Tel. 04 73 62 04 80, Fax 04 73 62 04 81.

**Stilfser Joch

Wer mehr als nur einen flüchtigen Blick auf den »höchsten Spitz in Tyrol« werfen will, unternimmt einen Abstecher zum Stilfser Joch (2757 m; 27,5 km von Spondinig), über die 48 Kehren der 1825 eröffneten Passstraße. Hinter Trafoi (1543 m; Seilbahn: Kleinboden, 2135 m) beginnt der schönste Streckenabschnitt. Von der **Franzenshöhe** (2188 m) hat man einen faszinierenden Blick auf die Gletscherkulisse.

Das Stilfser Joch gab auch dem ältesten und größten Naturpark Südtirols seinen Namen: Der 134 000 ha große **Stilfser-Joch-Nationalpark** erstreckt sich über weite Teile des Ortlermassivs, seit ein paar Jahren im Nordwesten bis hin zum Schweizer Nationalpark.

*Sulden

Vom Stilfser Joch aus gesehen liegt *Sulden (Solda; 1906 m) sozusagen hinter dem Ortler. Eine Betrachtungsweise, die zumindest früher berechtigt war, erhielt der Flecken doch erst 1892 eine Straßenzufahrt (20 km ab Spondinig). Heute ist Sulden, inmitten einer großartigen Hochgebirgskulisse, ein renommierter Luftkurort.

Marlet, Hauptstraße 110, Tel. 04 73 61 30 75, Fax 04 73 61 31 90. Familienfreundliches, ruhiges Haus. ○○

Yak & Yeti, Di geschl., Tel. 04 73 61 32 66. Hier können Sie mal Yak-Fleisch probieren. ○○

Laas

Der edle Marmor aus Laas (Lasa;
870 m; 3500 Einw.), 38 km, – eines der
drei Vorkommen von weißem Marmor
in Europa – wird weltweit exportiert.
Eine Ausbeutung der Marmorlager an
den Abhängen der Laaser Spitze
(3305 m) ist seit dem 15. Jh. nachgewiesen. Funde bei der kleinen Kirche *St. Sinisius (Ende 8. Jh.) belegen
eine Besiedlung des Tals in prähistorischer Zeit. Im Ort verdient die
romanische Apsis (12. Jh.) der 1852
geweihten Pfarrkirche Beachtung.

St. Prokulus bei Naturns

Schlanders und Umgebung

Schlanders (Silandro 5300 Einw.),
45 km, ist der Hauptort des Untervinschgaus. Klima und Landschaftsbild ändern sich; Marillen wachsen,
die ersten Rebberge sind nicht mehr
weit. Im Ortskern künden der prächtige Renaissancebau der um 1600 erbauten Schlandersburg sowie stattliche Herrenhäuser noch von der
noblen Vergangenheit des Ortes.
Durch zahlreiche Neubauten hat
Schlanders aber viel von seiner ursprünglichen Atmosphäre eingebüßt.

Ein Dorado für Kunstpilger

Die Fahrt durch den Vinschgau ist –
vor allem, wenn man sie im bünd-
nerischen Münstertal beginnt –
eine Reise in das Frühmittelalter.
Müstair, Mals und Naturns heißen
die Ortschaften, an denen kein
kulturhistorisch Interessierter
vorbeikommt. Außerhalb von Naturns steht mitten in den Obstplan-
tagen **St. Prokulus.** Man vermutet nicht, dass diese äußerlich
unscheinbar wirkende kleine Kirche im Inneren einen der größten
Kunstschätze birgt. Die vielfach
gerühmten Innenfresken waren
zwischen 770 und 800 entstanden,
vermutlich unter dem Einfluss der
irischen Buchmalerei, die in St. Gal-
len und Salzburg ihre Hochburgen
hatte. Die Darstellungen wirken
fast abstrakt; wenige kräftige
Striche zeichnen die Umrisse der
Figuren. Berühmt wurde vor allem
die Szene an der Südwand, die den
heiligen Prokulus, Bischof von
Trient, bei seiner Flucht über die
Stadtmauer zeigt. Er gilt als
Patron des Viehs, was die Rinder-
herde an der Eingangswand anschaulich zeigt.

Seite
206

Payer-Hütte am Ortler

Burgruine Obermontani

2

Seite
206

Ein lebendiges Bild der Talschaft vermittelt das Vinschger Museum in **Schluderns** (Öffnungszeiten: April bis Okt. Di–So 10–12, 15–18 Uhr).

i **Tourismusverein,** Göflaner Str. 27, I-39028 Schlanders, Tel. 04 73 73 01 55, Fax 04 73 62 16 15.

¶ **Vogelsang,** Vogelsang 11, Tel. 04 73 73 00 84. Schöner Landgasthof mit traditioneller Küche. ○

Alt und behäbig sind die Häuser, die im benachbarten **Kortsch** (Corzes; 801 m) den *Dorfkern bilden; sie sind größtenteils im 17./18. Jh. entstanden. Gotik dagegen prägt den Ort **Göflan** (Covelano; 755 m). Die Kirche St. Martin (1465–1472) bewahrt zwei spätgotische Flügelaltäre. Göflan liegt am Fuß des bis hoch hinauf bewaldeten Nörderberges. Die gegenüberliegende, als Sonnenberg bezeichnete Steilflanke gleicht einer Steppe. Wer den Vinschgau kennen lernen will, muss hier hinaufsteigen zu den Einzelhöfen und den Feldern, die über kilometerlange Waale (s. S. 187) bewässert werden.

Ins Ortlermassiv

Bei **Goldrain** (Coldrano; 660 m), 48 km, dessen Renaissanceschloss als Kultur- und Tagungszentrum dient, öffnet sich das *Martelltal. Der prächtigste Blick in dieses von vergletscherten Dreitausendern der Ortlergruppe umrahmte Hochtal bietet sich von **Schloss Annenberg** (1037 m), eine Gehstunde über Goldrain. Der weiße Eisdom des Monte Cevedale (3778 m) markiert den höchsten Punkt. Eine kurvenreiche Straße führt taleinwärts zum **Zufritt-Stausee** (1850 m).

Kunstfreunde besuchen in **Morter** (748 m), gleich am Eingang ins Martelltal, die spätgotische Pfarrkirche St. Dionysius aus dem Jahr 1479 und die romanische Vigiliuskirche von 1180. Oberhalb des Ortes erhebt sich **Schloss Montani,** 1228 durch Albert II. von Tirol erbaut und einst eine der bedeutendsten Burgen des Vinschgaus. Aus der ehemals berühmten Bibliothek stammt eine der ältesten Handschriften des Nibelungenliedes (1323). Die unterhalb stehende Burgkapelle St. Stephan bewahrt hervorragende spätgotische *Fresken.

Latsch

In Latsch (Laces; 639 m; 4300 Einw.), bewahrt die Spitalkirche – ursprünglich Teil eines Johanniterspitals – einen der bedeutendsten Flügelaltäre des Vinschgaus: den **Lederer-Altar

(Schlüssel im Altersheim). Der Bildhauer Jörg Lederer schuf ihn um 1520. Die Flügelmalereien stammen vermutlich von Hans Schäuffelin (s. S. 186).

i **Tourismusverein,**
I-39021 Latsch,
Tel. 04 73 62 31 09, Fax 04 73 62 20 42.

St. Martin im Kofel

Seite 206

Beliebtes Ziel von Ausflüglern ist St. Martin im Kofel (1736 m; Seilbahn oder dreistündiger Fußweg). Das eindrucksvolle Talpanorama reicht von der Mündung des Val Müstair bis zur Töll; am südlichen Horizont stehen die Dreitausender der Ortlergruppe Parade.

Tipp Ein gut markierter Pfad verbindet die Gehöfte über dem riesigen Graben des Tissbachs. Eine extreme Bergbauernwelt findet man hier vor. Via **Schloss Annenberg** oder **Ratschill** (1285 m) kann man ins Tal absteigen (etwa 4 Std.). Beliebt ist auch die Wanderung östlich über Trumsberg (1469 m) hinunter nach **Kastelbell** (Castelbello; 586 m; 2300 Einw.), 56 km, das von einem zinnenbewehrten mittelalterlichen Schloss (13. Jh.) überragt wird.

Bewährte Kost

Essen wie zu Ötzis Zeiten kann man im Schnalstal: Linsensalat, Gerstnocken, Brennnessel- und Getreidesuppe sowie Wild – all das kannte der »Mann aus dem Eis« auch schon. Vier Betriebe bieten diese Kost, u. a. das **Goldene Kreuz** in Unsere liebe Frau im Walde, Tel. 04 73 66 96 88.

Ins *Schnalstal

Hoch über dem Eingang ins Schnalstal thront **Burg Juval.** Der Extrembergsteiger und Schriftsteller Reinhold Messner ließ die halb verfallene mittelalterliche Burg, die im 15. Jh. zum Renaissancesitz ausgebaut worden war, restaurieren. Seit 1985 wohnt er hier (Öffnungszeiten: Palmsonntag bis Juni und Sept. bis Anfang Nov. 10–16 Uhr, Mi geschl.). Der schönste Zugang führt von Tschars (636 m), 59 km, über den Schnalswaal hinauf zur Burg (ca. 1 Std.).

🍴 **Schlosswirt Juval,** Tel.
0 47 38 82 38. Gutes Gasthaus von Reinhod Messner. ○○

Vor dem Bau der Talstraße (1875) ging auch der Weg ins Schnalstal über den Berg, von Latsch nach St. Martin, anschließend weiter über den Ötztaler Hauptkamm nach Nordtirol. Den Beweis dafür, dass diese hochalpinen Übergänge schon lange vor Beginn unserer Zeitrechnung begangen wurden, lieferte die Entdeckung des jungsteinzeitlichen Eismanns »Ötzi«, der im Gletschereis des Hauslabjochs (ca. 3100 m) fünf Jahrtausende überdauerte. Der moderne »Homo ludens« tummelt sich heute auf den präparierten Gletscherpisten des **Hochjochferners.** Das rund 25 km lange Tal ist nicht nur das Reich der höchsten Bauernhöfe, es ist auch reich an Kontrasten. Den hässlichsten Eindruck vermittelt die Sportsiedlung **Kurzras** (2011 m; 24 km) im Talschluss.

Unterhalb des 1690 m hoch gelegenen **Vernagt-Stausees** ist das Tal enger, weniger touristisch. Auf einer Anhöhe unmittelbar gegenüber der Mündung des Pfossentals liegt **Karthaus** (Certosa; 1327 m), Sitz der 210 km² großen Talgemeinde. Ur-

Bergbauernhöfe im Schnalstal

*Burg Juval bewacht den Eingang
ins Schnalstal*

2

Seite
206

sprünglich ein Kartäuserkloster, wurde der Komplex nach seiner Aufhebung (1782) von Bauern besiedelt.

Tourismusverein
I-39020 Schnals,
Tel. 04 73 67 91 48, Fax 04 73 67 91 77.

Naturns

Naturns (Naturno; 4500 Einw.), 65 km, der viel besuchte Hauptort des Untervinschgaus, wird überragt von der zinnengekrönten Burg Hochnaturns. Hauptsehenswürdigkeit ist jedoch ****St. Prokulus** mit seinem einzigartigen Freskenschmuck aus dem 8. Jh. (s. S. 202; Öffnungszeiten: ab Ende März bis 15. Okt. tgl. außer Mo 9.30–12, 14.30–17.30 Uhr, ab 15. Okt.–Anf. Nov. tgl. 9.30–12, 14 bis 17 Uhr; Führungen jew. 10 und 15 Uhr).

Tourismusverein, I-39025
Naturns, Tel. 04 73 66 60 77,
Fax 04 73 66 63 69, E-Mail:
naturns@meranerland.com, Internet:
www.meranerland.com/naturns

Sporthotel Prokulus,
Tel. 04 73 66 75 66,
Fax 04 73 66 82 99. Komfortables, kinderfreundliches Haus mit Tennisschule und Freibad. ○○○
▌ **Pension Niedermayerhof,**
Tschirland 6, Tel. 04 73 66 72 29. Etwas außerhalb des Ortskerns . ○

Falkenstein, Schlossweg 15,
Tel. 04 73 66 73 21. Buschenschankstation mit guten Winzerweinen und Vinschgauer Küche. ○
▌ **Steghof,** an derAbzweigung nach Schnals, Tel. 04 73 66 82 24. Traditionelle Vinschgauer Küche in mittelalterlichen Stuben. ○○

Auf dem Weg nach **Meran

Hinter Rabland (525 m), 70 km, abseits der Durchgangsstraße zur Linken, liegt der Ferienort **Partschins** (642 m), an der Mündung des Zieltals. Hier wurde 1822 Peter Mitterhofer geboren, der als Erfinder der Schreibmaschine gilt (kleines Museum).

Tipp Bezaubernd schön ist der **Partschinser Waalweg** (ab Ortsteil Vertigen), der dem alten Bewässerungskanal folgt und in der Nähe eines riesigen Wasserfalls endet.

Bei Töll (254 m) sieht man den weiten Talkessel Merans (s. S. 180 ff.), 80 km.

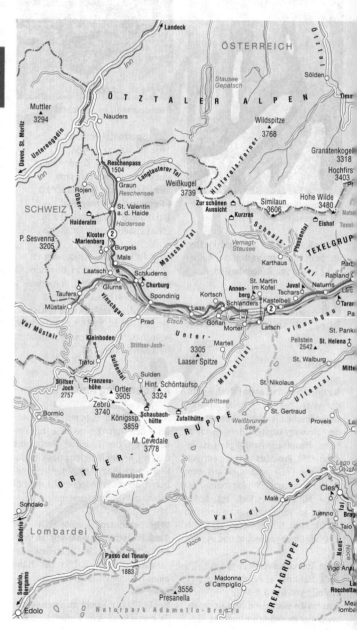

2

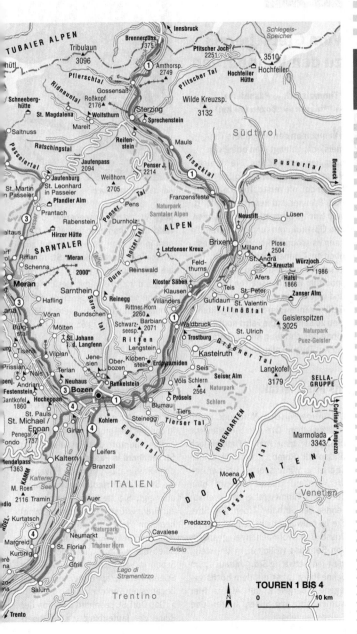

Seite
207

3

Tour 3

Vom Gletschereis zu den Weinbergen

*Timmelsjoch → Passeiertal → **Meran → *Bozen (78 km)

Nimmt man den Weg übers Timmelsjoch, gelangt man quasi von oben her nach Südtirol. Die kurvige Bergstrecke ist eine reizvolle Alternative zu den oft verstopften Routen über Brenner und Reschen. Sie führt vom Hochgebirge zu den Rebhängen und Obstkulturen rund um Meran. Da kann es schon vorkommen, dass es oben am Timmelsjoch gerade noch geschneit hat, man zwei Stunden später im Wirtshausgarten bei Speck und einem Glas Roten das wohlige Gefühl genießt, im Süden angekommen zu sein. Für die Fahrt sollte man (ohne Besichtigung Merans) einen halben Tag einkalkulieren.

Ins Passeiertal

Die Grenze zwischen Nord- und Südtirol, zwischen Ötz- und Passeiertal überquert man am **Timmelsjoch** (Passo di Rombo; 2491 m; Grenzübergang, Wintersperre). Bei der eindrucksvollen Talfahrt erkennt man über dem Timmelstal einige Dreitausender der Stubaier Alpen. Die Strecke ist teilweise recht schmal und für Busse und Wohnanhänger gesperrt. Von **Saltnuss** (1680 m), 13 km, steigt man in etwa 2 Std. hinauf zum Schneeberg (2355 m), dem höchstgelegenen Bergwerk der Alpen. Hier wurden bis 1979 Silber, Kupfer- und Bleierze abgebaut.

Auf dem Timmelsjoch

Tipp Von der Schneeberger Brücke der Timmelsjochstraße steigt man in gut zwei Stunden hinauf zum ehemaligen **Bergwerk von St. Martin am Schneeberg** (2355 m). (Tgl. Führung um 12.30 Uhr mit Besichtigung der ehemaligen Knappensiedlung. Informationen: Tourismusverein Moos in Passeier, Tel. 04 73 64 35 58.)

Die Timmelsjochstraße führt am Rand des Naturparks Texelgruppe entlang talabwärts. Bei dem stillen Dorf **Moos in Passeier** (1007 m), 22 km, mündet von Südwesten das *Pfelderer Tal, ein günstiger Ausgangspunkt für Touren in das 330 km² große Naturreservat.

Der Hauptort des Passeiertals ist **St. Leonhard in Passeier** (San Leonardo in Passiria; 693 m; 3400 Einw.), wo die Straße zum *Jaufenpass (2094 m) abzweigt. Sie stellt eine Verbindung zur Brennerroute (40 km bis Sterzing) her. Von der Scheitelhöhe genießt man eine weite Aussicht auf die Stubaier bis zu den Zillertaler Alpen. Schon in vorgeschichtlicher Zeit war St. Leonhard Etappenziel eines viel begangenen Verkehrswegs.

Das Dorf St. Leonhard wird von der Ruine der **Jaufenburg** (13. Jh.) überragt. In der Nähe ruhen auf dem Franzosenfriedhof über 200 Gefallene. Sie starben im Kampf gegen die Passeirer Schützen unter deren Anführer Andreas Hofer.

Tipp Das Geburtshaus von Andreas Hofer, der **Sandhof**, ist heute ein beliebter Gasthof. Er steht außerhalb von St. Leonard an der Straße nach Meran.

Im Wirtschaftstrakt des Sandhofs erinnert das kleine **Andreas-Hofer-Museum** an den Freiheitshelden. In der Herz-Jesu-Kapelle (1899) ist sein Leben pathetisch ins Bild gesetzt. (Öffnungszeiten: April–Okt. tgl außer Di 10–16, 14–18 Uhr.)

i **Tourismusverein Passeiertal,** Passeirerstr. 40, I-39015 St. Leonard in Passeier, Tel. 04 73 65 61 88, Fax 04 73 65 66 24.

Busverbindungen: Moos–Pfelders, Meran, Jaufenpass–Sterzing.

Geburtshaus von Andreas Hofer

Jägerhof, in Walten (an der Straße zum Jaufenpass), Tel. 04 73 65 62 50, Fax 04 73 65 68 22. Familienbetrieb mit landestypischer Küche; im Sommer geführte Wanderungen. ○

In **St. Martin in Passeier** (San Martino in Passiria; 597 m; 2800 Einw.), 33 km, zeigt das kleine Heimatmuseum bäuerliche Kultur vergangener Zeiten. Über dem Dorf liegt der stattliche **Schildhof Steinhaus** (1500). Im Pas-

3

Seite 207

Andreas Hofer – Held oder Tor?

Was den Schweizern ihr Wilhelm Tell, ist den Tirolern ihr Sandwirt Andreas Hofer (1767–1810). Ein aufrechter Mann ohne Fehl und Tadel, der zum Kampf eher gedrängt wurde, als dass er ihn gewollt hätte. Zunächst schlug sich der Tiroler Gastwirt, Pferde- und Weinhändler mit seinen Freiheitskämpfern siegreich in der Berg-Isel-Schlacht. Sein Mut und Einsatz fand die Schulter klopfende Anerkennung seiner Landsleute. Aber schließlich wurde er zur tragischen Figur. Aufgerieben zwischen Napoleon und der Koalition, war er

letztendlich nur ein Bauer im großen europäischen Machtspiel. Er erkannte die Zeichen der Zeit nicht, zudem konnte er sich den aufhetzenden Einflüsterungen des unversöhnlichen Paters Joachim Haspinger nicht entziehen. Das sollte Andreas Hofer das Leben kosten: Nach bitteren und verlorenen Kämpfen im Passeiertal versteckte er sich auf der Pfandleralm, wurde aber verraten, gefangen genommen und schließlich am 20. Februar 1810 in Mantua von französischen Grenadieren standrechtlich erschossen.

Castel Schwanburg ist für seine edlen Weine bekannt

Seite 207

seiertal gibt es 12 dieser bäuerlichen Feudalsitze, sie dienen heute zum Teil als Hotels.

Naserhof, St. Martin in Passeier, Tel. 04 73 66 73 21. Almgaststätte mit Musikabenden und Lammbraten vom Holzofen. ○

Von Riffian nach **Meran

Das Tal der Passer öffnet sich zum weiten Meraner Talkessel. Den Wallfahrtsort **Riffian,** 44 km, umgeben Obst- und Weingärten. Das Ziel der meisten Besucher ist direkt neben der barocken Wallfahrtskirche die Friedhofskapelle, in der man *Fresken im höfischen Stil (1400) bewundern kann. Am Eingang ins Spronsertal liegt **Kuens** (592 m; Zufahrt; 300 Einw.), die kleinste Gemeinde Südtirols.

Bei Meran (s. S. 180 ff.) 49 km, erreicht man das Etschtal.

Burgstall und Nals

Die weitere Strecke bis Bozen führt am Fuß des Tschögglbergs von Dorf zu Dorf. In **Burgstall** (Postal; 271 m),

57 km, erwartet den Besucher das einzige Wildmuseum Südtirols, in dem rund 350 präparierte heimische Wild- und Vogelarten in ihrem natürlichen Lebensraum ausgestellt sind.

Weinkenner schätzen **Nals** (Nalles) wegen seiner feinen Weine, die besonders gut nach einer Wanderung durchs reizvolle Hinterland schmecken – hinauf zu dem von Burgen umstellten **Prissian** (617 m) und zum Kirchlein **St. Jakob ob Grissian** (839 m) mit romanischen und gotischen Fresken.

Tipp Auf der Suche nach einem edlen Tropfen? Dann sollten Sie **Castel Schwanburg** (bei Nals), einer der führenden Weinkellereien Südtirols, einen Besuch abstatten.

Über Terlan nach *Bozen

Kunstliebhaber kommen in Terlan (Terlano; 3100 Einw.), 67 km, auf ihre Kosten. Die *Pfarrkirche hütet eine Marienkrönungsgruppe (1380) und einen Freskenzyklus der Bozner Schule. Beliebtes Ausflugsziel ist **St. Jakob auf der Langfenn** (1517 m; 1 Std.). Auf einer Anhöhe südlich von Terlan thront die Burgruine **Neuhaus** (13./14. Jh.), die im Volksmund auch »Maultasch« genannt wird, da sie wohl Lieblingssitz der Landesfürstin Margarethe Maultasch war.

Im Frühling bietet es sich an, die Halbtagstour mit einem Besuch in einem der Lokale zwischen Vilpian und Siebeneich zu krönen: Direkt im Anbaugebiet kann man sich frischen Spargel mit der köstlichen Bozner Soße schmecken lassen.

Ziel der Tour ist Bozen (s. S. 165 ff.), 78 km.

Tour 4

Alter Adel, junger Wein

*Bozen → Überetsch → Salurn → *Bozen (71 km)

Auf in den sonnenverwöhnten Süden Südtirols! In jenen Winkeln des Landes, wo sich Weingärten über die Hügel ziehen und im Talboden Obstbäumchen Spalier stehen. Dass man hier immer schon gut leben konnte, verraten die stattlichen Weindörfer, die vielen Ansitze, Burgen und schmucken Bauernhöfe, die sich wie Perlen an der Südtiroler Weinstraße aneinanderreihen. Gut gelebt haben auch die Zugereisten, die im Spätmittelalter aus dem Überetsch ein Adelsparadies machten. Noch heute sind viele Schlösser und Edelsitze Zeugen jener Zeit; einige dienen mittlerweile als Hotelbetriebe. Die Fahrt durchs Unterland bietet so viele Möglichkeiten, sich die Zeit auf angenehmste Weise zu vertreiben, dass man mindestens einen Tag einkalkulieren sollte.

Bis in die sechziger Jahre hinein verband eine Bahnlinie die Landeshauptstadt Bozen mit Kaltern. Von der Stilllegung verschont blieb nur die Standseilbahn zum Mendelpass (1363 m), zum Wanderrevier am Mendelkamm. Sein markanter Steilabfall (Monte Röen, 2116 m) begleitet Überetsch und Unterland im Westen. Östlich der Etsch bilden die größtenteils aus Porphyr aufgebauten Höhen von Regglberg und Unterland-Berg das Gegenstück zu der lang gestreckten Kalkkette.

Ein Teil der Gegend ist heute Naturschutzgebiet; der **Naturpark Trudner Horn** (65 km²) kann fast noch als Geheimtipp bezeichnet werden. Ausgedehnte Wälder, prächtige Aussichtspunkte und der Riesengraben der *Bletterbachschlucht, der vielleicht eindrucksvollsten Klamm des Landes, warten darauf, entdeckt zu werden.

Tipp Radwandern kann man besonders gut zwischen den Weinhügeln um Eppan und dem Unterland; zahlreiche Routen sind markiert. Auch an der Etsch entlang führt ein asphaltierter Radweg bis nach Salurn (und Trento). Bei Südtirol Marketing (s. S. 164) ist die Broschüre »Radwandern« erhältlich.

*Schloss Sigmundskron

Seite 207

Den Auftakt dieser sinnenfreudigen Burgen- und Weinreise bildet die Burganlage Schloss Sigmundskron südlich von Bozen. Bereits 945 als Burg Formigar erwähnt, wurde sie vom Tiroler Herzog Sigmund dem Münzreichen im 15. Jh. zu einer modernen Festung gegen die Venezianer ausgebaut.

Heute bilden die bis zu 5 m dicken Mauern des Schlosses das stilvolle Ambiente eines Restaurants (Öffnungszeiten: Mo Ruhetag, sonst 17–1 Uhr, Sa/So auch mittags). ○○

Ins Überetsch

Mit dem Ort **Girlan** (Cornaiano; 434 m; 1200 Einw.) beginnt die Kette der Weindörfer im Überetsch. In der Umgebung des Ortes sind die Weingüter Rungghof und Marklhof in

4

Freskenschmuck in der Burg Hocheppan

einem ehemaligen Augustinerkloster beliebte Ausflugsziele. Girlan gehört zur Großgemeinde Eppan (Appiano; 60 km²), die den nördlichen Teil des Überetsch umfasst.

Verwaltungssitz ist **St. Michael** (San Michele;   411 m;   4400 Einw.), 11 km, ein malerischer Ort inmitten der Weinberge am Fuß des Mendel-kamms. Um den Ortskern gruppieren sich bergseits eine Reihe von stattlichen Ansitzen und Schlössern, größtenteils Bauten im Überetscher Stil, einer gelungenen Verbindung von Elementen der ausklingenden Gotik und der italienischen Renaissance.

Ein einprägsames Beispiel ist der Ansitz **Thalegg** an der Straße nach St. Pauls. **Schloss Englar,** das von der Besitzerin zum Hotel umfunktioniert wurde (s. S. 214), zeigt spätgotische Formen, das benachbarte **Gandegg** ist bereits ein richtiges Renaissance-schloss.

Den Landsitz **Moos-Schultaus** mit seinem kostbaren Interieur kann man besichtigen (Öffnungszeiten: Ostern bis Anfang Nov.; Führungen Di–Sa 10, 11, 16 und 17 Uhr).

Burg Hocheppan

Hocheppan und die streitbaren Eppaner

Burg Hocheppan, einst Stammsitz der machthungrigen Eppaner, die im Kampf um die Vorherrschaft im Land schließlich den Grafen von Tirol unterlagen, ist noch heute eine markante Silhouette im Überetsch. Auch als Halbruine flößt die abweisend wirkende Anlage dieser steinernen Machtdemonstration noch Furcht und Ehrfurcht ein. Heute ist die Ritterburg bequem auf einem guten Fußweg zu erreichen, so dass man in der Burg-schenke die zünftige Jause und ein Gläschen Wein nicht völlig ermattet genießen muss. Alte Ritterzeiten werden lebendig und verleiten zum Spekulieren, was aus Tirol geworden wäre, wenn die Eppaner den Machtkampf gewonnen hätten.

Die alte Ritterburg ist nicht nur der Höhepunkt auf dem Eppaner Bur-genweg, sondern auch ein kunst-historisches Highlight. Die 1131 geweihte Kapelle, die neben dem fünfeckigen Bergfried zum Kernbestand der Feste gehört, bewahrt ausgezeichnet erhaltene romanische *Fresken. Der um 1200 entstandene Zyklus schildert Leben und Passion Christi. Ebenso amüsant wie liebenswürdig sind einige volksnahe Details: So entdeckt man neben den Jungfrauen an der Südwand eine Magd beim Knödel-essen – die älteste Darstellung der Tiroler Nationalspeise (Öffnungs-zeiten: Burgbesichtigung Ostern bis Anf. Nov. tgl. 10–19 Uhr; im Juli Di geschl.).

Tipp Naturfreunde sollten sich die *Eislöcher im Bergsturzgelände am Fuß des Gandbergs nicht entgehen lassen (markierter Naturlehrpfad »Gleif« ab St. Michael). Auf einer Höhe von knapp 500 m gedeiht hier eine ausgeprägt alpine Flora.

Die barocke **Gleifkapelle** (555 m; Fußweg, 20 Min. von St. Michael) ist ein besonders schöner Aussichtspunkt. Im Norden ragt der mächtige Kirchturm von **St. Pauls** (San Paolo; 394 m) mit seiner zu groß geratenen Zwiebelhaube 80 m hoch in den Himmel (15. Jh.), barocker Turmabschluss 17. Jh.) Berühmt ist das Geläut; die größte Glocke (1701) ist fünf Tonnen schwer.

Hinter St. Pauls, an den Hängen über **Missian** (Missiano), bilden die Schlösser Korb, Boymont und Hocheppan das klassische Burgendreieck des Überetsch. **Korb** ist heute Luxusherberge; echte Burgenromantik bietet **Schloss Boymont** (20 Min. Fußweg) aus dem 13. Jh., heute eine Ruine (Burgschenke). Die Eppaner Burgen verbindet ein gut markierter Burgenweg.

Tourismusverein,
Rathausplatz 1,
I-39057 Eppan, Tel. 04 71 66 22 06,
Fax 04 71 66 35 46.

Busverbindungen: Bozen, Mendelpass, St. Pauls, Kaltern, Tramin, Neumarkt.

Schloss Korb, Missian,
Tel. 04 71 63 60 00,
Fax 04 71 63 60 33. Komfortabel wohnen in historischen Mauern. ○○○
❚ **Schloss Englar (garni),**
St. Michael, Tel. 04 71 66 26 28,
Fax 04 71 66 04 04. Herrliches Anwesen mit großzügigem Park. ○○

❚ **Turmbach,** Berg,
Tel./Fax 04 71 66 23 39. Gemütliches Gartenrestaurant; Spezialität sind frische Forellen; ideal für Familien. ○

Zur Rose, St. Michael (Eppan),
Tel. 04 71 66 22 49,
Fax 04 71 66 24 85. Altehrwürdiges Gasthaus am Hauptplatz, erstklassige Küche. ○○○
❚ **Marklhof,** Girlan,
Tel. 04 71 66 24 07, Fax 04 71 66 15 22. Beliebtes Ausflugsziel, Südtiroler Spezialitäten. ○○

Kaltern

Die Nachbargemeinde von Eppan ist Kaltern (Caldaro; 425 m; 6300 Einw.), 16 km, der berühmteste Weinort des Landes mit einer Jahresproduktion von rund 15 Mio. Liter. In den großen Kellereigenossenschaften am Ortseingang, auf dem Gelände des ehemaligen Bahnhofs, kann man den »Kalterer« verkosten. Wissenswertes zum Thema zeigt das **Südtiroler Weinmuseum** an der Goldgasse, das vor allem mit seinen großen »Torggln«, wie hier die Weinpressen genannt werden, beeindruckt (Öffnungszeiten: 1. April bis Anf. Nov. Di–Sa 9.30–12, 14–18 Uhr, So/Fei 10–12 Uhr). Vom Museum ist es nicht weit zum brunnengeschmückten *Marktplatz, der wie die Marktgasse verkehrsfrei ist und von schönen alten Häusern gesäumt wird. An seiner Ostseite steht neben dem Rathaus der spätgotische Turm der prunkvollen klassizistischen **Pfarrkirche** (1792). Gotischer Freskenschmuck ziert die Kirchen der höher gelegenen Ortsteile Mitterdorf, St. Anton und St. Nikolaus. In St. Anton (513 m) hat die Mendel-Standseilbahn ihre Talstation.

Vom Mendelpass (1363 m) empfiehlt sich ein Abstecher hinauf zum

4

Seite 207

Südtirols größter und wärmster natürlicher See: der Kalterer See

*Penegal (1737 m). Vom Aussichtsturm hat man eine eindrucksvolle Rundsicht. Faszinierend ist der Blick hinunter auf die Weinberge, Dörfer und Burgen des Überetschs. Im dunklen Grün des Montiggler Waldes verbergen sich die beiden **Montiggler Seen** und, nicht zu übersehen, die glitzernde Wasserfläche des ***Kalterer Sees** (214 m). Der mit 1,4 km² größte natürliche See Südtirols ist angenehm warm, so dass sich auch Verfrorene von Mai bis Oktober entspannt im Wasser tummeln können. Er liegt in einer windgeschützten Mulde unter dem steilen, von der Leuchtenburg gekrönten Mitterberg (576 m). Der breite Schilfgürtel am Südufer dient vielen Wasservögeln als Nistplatz (Naturschutzgebiet).

Auf Wandervögel trifft man rund um **Altenburg** (Castelvecchio; 612 m), ein anmutiges, besenreines Dörfchen auf einer Terrasse hoch über dem Kalterer See (Zufahrt ab Kaltern, 4 km). Ein Pfad führt vom Dorf zur Ruine der kleinen frühchristlichen Kirche St. Peter, eine der ältesten Sakralbauten Südtirols: Sie dürfte aus dem späten 6. Jh. stammen.

ℹ️ Tourismusverein, Marktplatz 8, I-39052 Kaltern am See, Tel. 04 71 96 31 69, Fax 04 71 96 34 69.

Busverbindungen: Eppan, Bozen, Tramin, Neumarkt; im Sommer Pendelbus zum See (gratis).

🏠 Seeleiten, St. Josef am See, Tel. 04 71 96 02 00, Fax 04 71 96 00 64. First-Class-Hotel mit Fitnessraum und Beautyfarm; Weinseminare. ○○○
▮ **Haus am Hang,** St. Josef am See, Tel. 04 71 96 00 86, Fax 04 71 96 00 12. Kulinarische Wochen, Degustation. ○○
▮ **Saltnerhof (garni),** Saltnerweg 34, Tel. 04 71 96 25 42. Beim Weinbauern wird natürlich der Eigenbauwein verkostet. ○
Campingplätze: Gretl am See und St. Josef.

🍴 Schloss Ringberg, St. Josef am See, Tel. 04 71 96 00 10. Vornehm tafeln in gediegenem Ambiente. ○○○
▮ **Gretl am See,** St. Josef am See, Tel. 04 71 96 02 73. Südtiroler und thailändische Raffinessen. Mit Seeterrasse. ○○

Tramin

Ein anderer berühmter Tropfen verdankt seinen Namen dem nächsten Ort an der Weinstraße: Tramin (Termeno; 276 m; 3000 Einw.), 25 km. Den weißen »Traminer« haben angeblich schon die Römer bei Festen aufgetischt, und der Minnesänger Oswald von Wolkenstein rühmte in seinem Überlinger Lied vor einem halben Jahrtausend den Wein, der nach der speziellen Traube Gewürztraminer heißt. Bei einem Bummel durch den stattli-

4

Seite 207

chen Marktflecken bietet sich hinreichend Gelegenheit, ihn in Kellereien zu probieren.

Nicht zu übersehen ist auf dem Spaziergang die **Pfarrkirche** mit ihrem mächtigen spätgotischen *Turm (93 m). Einblick ins bäuerliche Leben vergangener Jahrhunderte gewährt das liebevoll gestaltete **Dorfmuseum** (Öffnungszeiten: April bis Nov. Di–Fr 10–12, 16–18 Uhr, Sa 10–12 Uhr).

Ein kleiner Abstecher (15 Min.) hinauf zum romanischen Kirchlein **St. Jakob** auf dem einst befestigten Hügel von Kastelaz lohnt sich wegen des *Freskenschmucks (13. Jh.). Seine Bekanntheit gründet auf den phantastisch-skurrilen Bestiarien, welche sich in der Sockelzone der Apsis tummeln (Schlüssel im Nachbargebäude).

Tourismusverein, I-39040 Tramin, Rathausplatz,
Tel. 04 71 86 01 31, Fax 04 71 86 08 20.

Mühle Meyer, Via Mühle 58,
Tel. 04 71 86 02 19,
Fax 04 71 86 09 46. Relaxen in den Weinbergen, familiär, mit Pool. ⟳⟳

Kurtatsch

Das Ortsbild des in schöner Hanglage über dem Etschtal gelegenen Weinbauerndorfs Kurtatsch (Cortaccia; 332 m; 1800 Einw.), 29 km, ist von noblen Ansitzen und kleinen Hofgruppen geprägt.

Im **Gasthaus zur Rose** in Kurtatsch kann man sich Kasnocken, Speckknödel und eine Vielzahl anderer Südtiroler Speisen schmecken lassen. In **Entiklar** lohnt es sich, die inmitten von Weinbergen gelegene **Schlosskellerei Turmhof** anzusteuern, nicht nur wegen des vorzügli-

chen Rebensaftes und der zünftigen Jause, sondern auch wegen des phantasievoll gestalteten Schlossparks.

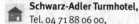

Schwarz-Adler Turmhotel,
Tel. 04 71 88 06 00,
Fax 04 71 88 06 01. Hübsch gelegenes, gut geführtes Haus. Kreative Küche, beste Südtiroler Weine. Freischwimmbad, Sauna und Solarium. ⟳⟳⟳

Von Margreid nach Laag

Der Winzerort **Margreid** (Magré all'Adige; 241 m; 1000 Einw.), 32 km, auf einem Murkegel an der Mündung des Fenner Bachs wird von den Kalkfelsen des Fennbergs beherrscht.

Gasthaus zur Kirche,
Fennberg 18, Margreid,
Tel. 04 71 88 02 44. Die Dorfgaststätte am Bademoorsee ist für ihre Hexenwochen berühmt. ⟳

Das südlichste Dorf an der Weinstraße, gleichzeitig Wendepunkt der Tour, ist im links der Etsch gelegenen **Salurn** (Salorno; 224 m; 2500 Einw.), 39 km, erreicht. Wären da nicht überall die zweisprachigen Schilder, man könnte glauben, bereits jenseits der Sprachgrenze zu sein. Diese verläuft nur ein paar Kilometer weiter südlich bei der Salurner Klause. Sie bildet die Grenze zwischen den beiden autonomen Provinzen Trentino und Südtirol (Trentino-Alto Adige). Hoch über dem Dorf thront auf einem Felszacken die Ruine der **Haderburg** (11.–16. Jh.), die einst über die strategisch bedeutsame Salurner Klause wachte (steiler Fußweg, 20 Min.).

Auf der Weiterfahrt Richtung Bozen passiert man **Laag** (Laghetti), 45 km. Der Ortsname weist auf einen nach der Etschregulierung von 1882 ver-

Seite 207

Im autofreien Neumarkt laden die Laubengänge zum Bummel ein

4

Seite 207

schwundenen See hin. Nicht verschwunden, aber schwer zu finden ist ein Kleinod für Kunstfreunde, das sich nach Laag links der Brennerstraße hinter einer Mauer zwischen Obstbäumen versteckt. Die romanische *Apsis der Kirche St. Florian (12. Jh.) ist wohl eine der schönsten Südtirols. Wenige hundert Meter weiter, bergseits am Waldrand, bot das Pilgerhospiz (12. Jh.), im Volksmund »Klösterle«, Pilgern und Wanderern Zuflucht.

*Neumarkt

Der Hauptort des Unterlandes (Egna; 218 m; 4000 Einw.), 48 km, wurde im Mittelalter (12. Jh.) als »neuer Markt« neben dem älteren Vill gegründet. Stattliche Bürgerhäuser mit Laubengängen stehen an der alten Hauptstraße, und tonnengewölbte Durchgänge führen zu den rückwärtigen Wirtschaftsgebäuden. Die Bausubstanz reicht bis in spätgotische Zeit zurück. Im Kernbestand gotisch ist auch die im 17. Jh. veränderte Pfarrkirche **St. Nikolaus.** Um 1500 entstanden

das Langhaus und das reiche Sterngewölbe, knapp ein Jahrhundert älter ist der schöne hochgotische Chor von Meister Konrad. Nach dem Bau der Brennerautobahn verlor Neumarkt als Durchgangsort vorübergehend an Bedeutung. Inzwischen ist wieder Leben in die jetzt autofreie Altstadt eingezogen. Nostalgiker kommen im **Museum für Alltagskultur** auf ihre Kosten (Öffnungszeiten: April–Nov. Di–Fr 16–18, Di auch 9.30–11.30 Uhr, So 10–12 Uhr).

Tourismusverein,
I-39044 Neumarkt,
Tel. 04 71 81 23 73, Fax 04 71 82 06 07.

Andreas Hofer,
Tel. 04 71 81 26 53,
Fax 04 71 81 29 53. Hier nächtigte der Freiheitsheld als Gefangener auf dem Weg nach Mantua. ○○

Weinkennern bietet die renommierte **Önothek Johnson & Dipoli** Gelegenheit, die allerfeinsten Rebensäfte zu verkosten. Auch die überregionale Küche ist nicht zu verachten.

Abstecher

Von Neumarkt aus bietet sich ein Abstecher ins »Blauburgunder-Paradies« an: zur Burgruine **Kaldiff** (12. Jh.), zu **Schloss Enn ob Montan** (Privatbesitz) und zur Kirche **St. Stephan** in Pinzon (420 m; 3,5 km). Letztere bewahrt einen *Flügelaltar des Brixners Hans Klocker (um 1500) und einen Chor (um 1410) von Meister Konrad (die Kirche ist meist geschlossen, Schlüssel beim Küster: Tel. 04 71 81 28 71).

Von Auer nach Bozen

Der Verkehrsknotenpunkt des Unterlandes, inmitten von Obstgärten, Weinpergolen und landschaftlich reizvollem Hinterland (Regglberg, *Bletterbachschlucht) gelegen, ist Auer (Ora; 242 m; 2600 Einw.), 54 km. Alljährlich im Oktober findet hier ein siebentägiges Weinseminar statt. Prähistorische Siedlungsspuren sind auf dem Hügel von **Castelfeder** (408 m), südlich von Auer, nachzuweisen.

Tourismusverein, I-39040 Auer, Tel. 04 71 81 02 31, Fax 04 71 81 11 38.

Zirmerhof, Radein, Tel. 04 71 88 72 15, Fax 04 71 88 72 25, Internet: www.zirmerhof.it. Hundertjährige Golfer- und Literatenpension. ○○

Tipp Im interessanten Schiffsmuseum von **Leifers** (Laives), 64 km, sind Modelle historischer Schiffe wie der »Nelson« und der »Prinz Eugen« zu sehen. (Tel. 04 71 95 02 02; Öffnungszeiten: Ostern bis Ende Okt. Mo/Di, Do–Sa 16–20 Uhr.)

Ziel der Tour ist Bozen (s. S. 165 ff.), 71 km.

Tour 5

Das grüne Tal

*Brixen → Pustertal → *Sexten (76 km)

Das fast 100 km lange, sanft geschwungene Pustertal erstreckt sich von der Mühlbacher Klause über die Wasserscheide am Toblacher Feld bis Lienz. Es liegt eingebettet zwischen den Schiefer- und Granitbergen im Norden und den Ausläufern der Dolomiten im Süden. Was für ein Kontrast zum Vinschgau! Statt kahler Steilhänge ausgedehnte dunkle Wälder, offen die Talflanken, das Klima eher kühl als warm. Im Winter tummeln sich in dem schneesicheren Tal die Langläufer, im Sommer locken die Gipfel, laden malerische Seitentäler zum Wandern und Mountainbiken ein, und über dem Kronplatz, dem Hausberg Brunecks, schweben die Paraglider. Wer auch die Seitentäler kennen lernen möchte, braucht für die Fahrt gut und gerne zwei Tage.

Mühlbach

Erste Station am Eingang ins Pustertal ist Mühlbach (Rio di Pusteria; 777 m; 900 Einw.), 10 km ab Brixen (siehe S. 174 ff.). Im Mittelalter war Mühlbach wichtiger Umschlagplatz am Handelsweg nach Venedig über die Strada d'Alemagna. Südlich des kleinen Ortes liegt die *Burg Rodeneck (4 km). Sie besitzt einen hervorragenden romanischen Freskenzyklus. Um 1210 entstanden, zeigt diese älteste Illustration des Epos um den Ritter Iwein und seine Liebe zu Laudine erstaunliche Ausdruckskraft (Öffnungs-

4

Seite 207

Pustertaler Tracht

Dem Iwein-Epos auf der Spur in der Burg Rodeneck

zeiten: Führungen 15. Mai bis Ende Okt. Di–So 11 und 15 Uhr, Mitte Juli bis Aug. auch 16 Uhr).

Tipp Für Naturfreunde lohnt sich von Mühlbach ein Abstecher ins **Valser Tal** oder nach **Meransen** (1414 m; Zufahrt 8 km).

*Pustertaler Sonnenstraße

Bei Niedervintl, 16 km, mündet von Norden das stille **Pfunderer Tal.** Hier nimmt die Pustertaler Sonnenstraße, eine panoramareiche Alternative zur Hauptstraße, ihren Ausgang. Sie führt durch die Dörfer an der Sonnenseite des Tals und bietet allerlei Sehenswertes: Erdpyramiden bei Terenten, alte Mühlen beim Weiler Ast und die Kirche St. Martin bei Hofern mit einem kostbaren Flügelaltar (1520). Bei Mühlen kommt die **Burg Schöneck** (12. Jh.) ins Blickfeld, Geburtsort des Minnesängers Oswald von Wolkenstein. In **Pfalzen** (Falzes; 1022 m) beeindruckt die Valentinskirche. Die »Sonnenstraße« senkt sich bis zur Mündung des Tauferer Tals, bis Bruneck (Brunico; 23 km).

Tipp Eine etwa zweistündige Wanderung auf dem Terner **Mühlen-Lehrpfad** führt an fünf Radmühlen vor-

bei, die noch in Betrieb sind. Im Sommer wird sogar jeden Mo von 10 bis 13 Uhr gemahlen.

Wählt man bei Niedervintel nicht die Sonnenstraße, sondern fährt durchs Tal der Rienz nach Bruneck, ist die Strecke zwar verkehrsreicher, entschädigt dafür aber mit einigen kulturhistorischen Besonderheiten. Im Ort **St. Sigmund** (San Sigismondo; 782 m), 23 km, erweckt das riesige Christophorusfresko an der südlichen Außenseite der spätgotischen Pfarrkirche (15. Jh.) besonderes Interesse. Der kostbare *Flügelaltar (um 1430) im Innenraum ist der älteste in Südtirol, der an seinem ursprünglichen Ort verblieb. Nur wenige Kilometer weiter wird jenseits der Rienz das Dorf **Ehrenburg** (806 m) von einem mächtigen Barockschloss überragt.

Ein römischer Meilenstein (heute eine Kopie) am Fuß des **Sonnenburger Hügels** an der Straße bezeugt, dass man sich im Pustertal auf einer uralten Durchgangsroute bewegt. Im 1./2. Jh. legten die Römer zwischen der Kuppe und dem Fluss das befestigte Lager Sebatum an. Auf dem Hügel stand im Mittelalter ein Benediktinerinnenstift (um 1020 gegr.), das später den Ruf erwarb, ein freizügiges Domizil für ledige adlige Damen zu sein. Erhalten sind eine Krypta und der Wohntrakt der Äbtissin (heute Schlosshotel; ○○○).

5

Seite 223

*Traditionelles Bauernhaus in
St. Lorenzen*

In der hübschen Gemeinde **St. Lorenzen** (San Lorenzo di Sebato; 810 m;
3100 Einw.), 31 km, am linken Ufer der
Rienz findet man in der doppeltürmigen Pfarrkirche zum hl. Laurentius ein
hervorragendes Frühwerk von Michael
Pacher: Die *Traubenmadonna (um
1460) schmückt als einzige verbliebe-
ne Figur eines Flügelaltars das rechte
Seitenschiff.

Pachers »Traubenmadonna«

5 *Bruneck

Seite
223

Der Hauptort des Pustertals, Bruneck
(Brunico; 835 m; 10 100 Einw.), 35 km,
wurde 1251 vom Brixner Bischof gegründet. Wer heute durch die **Stadt-
gasse** des gemütlichen Städtchens
spaziert, kann sich vorstellen, dass es
hier zu Zeiten des Malers und Bildhau-

ers Michael Pacher (er wohnte im
Haus Nr. 29) auch nicht viel anders
ausgesehen hat. In den alten Mauern
mit ihren Portalen, Erkern und Zinnen-
giebeln ist viel vom historischen Ambiente erhalten geblieben.

Über dem Städtchen thront
Schloss Bruneck (1251). Im Ortsteil
Oberragen fallen alte Landsitze auf
sowie die neuromanische **Pfarrkirche,**
die ein *Holzkruzifix aus der Pacher-

Lebendige Geschichte

Einen Blick ins bäuerliche Leben
vergangener Jahrhunderte bietet
das *Landesmuseum für Volks-
kunde** in Dietenheim, nordöstlich
von Bruneck. Auf dem Gelände des
Edelsitzes Mair am Hof stehen aber
nicht nur alte Bauten aus verschiedenen Landesteilen, die man hier
originalgetreu wieder aufgebaut
hat. Hier wird auch altes Handwerk
wieder lebendig: Eine Mühle klap-

pert, die martialischen Gerätschaften eines Bauerndoktors machen
den Segen moderner Medizin wieder bewusst, u. a. gibt es eine
verrußte Schmiede. Wer nach dem
Rundgang Hunger verspürt, dem
sei die Museumsstube mit deftiger
Südtiroler Küche empfohlen.
(Öffnungszeiten: Mitte April bis
Ende Okt. Di–Sa 9.30–17.30 Uhr,
So/Fei 14–18 Uhr.)

Burg Taufers im Ahrntal ...

... ein Hauch von Burgenromantik

Schule besitzt. Graphische Kunst des 20. Jhs. zeigt das **Stadtmuseum** (Öffnungszeiten: Sept. bis Juni Di–Fr 15 bis 18 Uhr, Sa/So 10–12 Uhr, Juli und Aug. Di–Sa 10–12, 16–19 Uhr, So 10–12 Uhr).

i **Tourismusverein,**
Europastraße 26,
I-39031 Bruneck, Tel. 04 74 55 57 22,
Fax 04 74 55 55 44.

Bahnverbindungen: Brixen,
Innichen (–Lienz).
Gondelbahn Reischach–Kronplatz
(2277 m).

Royal Hotel Hinterhuber,
Reischach, Tel. 04 74 54 10 00,
Fax 04 74 54 80 48. Das erste Haus am Platz; Schwimmbad, Sauna und Solarium. ○○○

▌ **Zum Tanzer,** in Issing bei Pfalzen (5 km westlich von Bruneck),
Tel. 04 74 56 53 66, Fax 04 74 56 56 46. Hübsch gelegenes Hotel, im Restaurant originell variierte Regionalküche und beste Weine. ○○
Campingplatz: Schießstand,
Tel. 04 74 40 13 26.

Oberraut, Amaten,
Tel./Fax 04 74 55 99 77.
Kleiner Gasthof über dem Brunecker Talkessel. Südtiroler Küche. ○○

*Tauferer- und *Ahrntal

Bei Bruneck öffnet sich von Norden der mächtige Graben des **Tauferer Tals,** das hinter Luttach scharf abknickt und, nun Ahrntal genannt, entlang dem Zillertaler Hauptkamm ansteigt. Hauptort ist **Sand in Taufers** (Campo Tures; 866 m; 1700 Einw.). Schon von weitem fällt der Blick auf die imposante ***Burg Taufers.** Sie wurde um 1250 in strategisch günstiger Lage als Stammsitz der Edlen von Taufers gegründet, die bereits 1340 ausstarben. Noch heute weht ein Hauch von Burgenromantik durch die Räume, von denen viele getäfelt und kostbar ausgestattet sind (Öffnungszeiten: Führungen ganzjährig, Mitte Juni bis Ende Okt. tgl., Infos unter Tel. 04 74 67 85 43).

Tipp Schöne Ausflugsziele ab Sand in Taufers sind der **Speikboden** (2523 m; Sessellift) oder das malerische ***Reintal,** ein begehrtes Wanderrevier vor der Rieserfernergruppe (Naturpark).

Hinter Sand rücken die Berghänge näher zusammen, das Tauferer Tal wandelt sich zum alpinen **Ahrntal,** dem Land der Bergbauern. Bis zu den steinigen Almen über der Waldgrenze trotzen sie der Natur ihren Lebens-

5

Seite 223

unterhalb ab. Unten im Tal reihen sich kleine Dörfer aneinander. Ganz am Talschluss, um Prettau (1475 m; 40 km ab Bruneck) und Kasern (1595 m), wurde früher nach Kupfer geschürft, was das Landesbergbaumuseum dokumentiert (Öffnungszeiten: Mai bis Ende Okt. Di–So 9.30–16.30 Uhr, im Aug. auch Mo). Nach dem Niedergang des Bergbaus wurden Spitzenklöppeln und Maskenschnitzen zu neuen Erwerbszweigen.

Berghotel Kasern, Kasern, Tel. 04 74 65 41 85, Internet: www.kasern.it. Traditionshospiz und Langläufertreff in 1600 m Höhe. Gute Küche mit frischen Produkten aus eigener Landwirtschaft. ○○

Ins *Antholzer Tal

Seite 223

Erster Ort im Oberpustertal ist **Olang** (Valdaora; 1047 m; 2600 Einw.), 45 km, das vor allem von Wintersportlern (Skigebiet Kronplatz) gern besucht wird.

Tipp Wie die Spezialitäten der Pustertaler Küche richtig zubereitet werden, zeigen während des Sommers Hausfrauen aus dem »grünen Tal«. Nähere Informationen bekommt man bei den Verkehrsvereinen von Olang (Tel. 04 74 49 62 77) und Rasen (Tel. 04 74 49 62 69).

Von Norden öffnet sich das **Antholzer Tal,** ein beliebtes Langlauf- und Tourenrevier. Der mächtige Wildgall (3273 m) und der tiefgrüne *Antholzer See (1641 m; 17 km) an seinem Fuß bilden eine beeindruckende hochalpine Kulisse. Im Sommer kann man über den Staller Sattel (2052 m; im Winter gesperrt) ins benachbarte Osttirol weiterfahren.

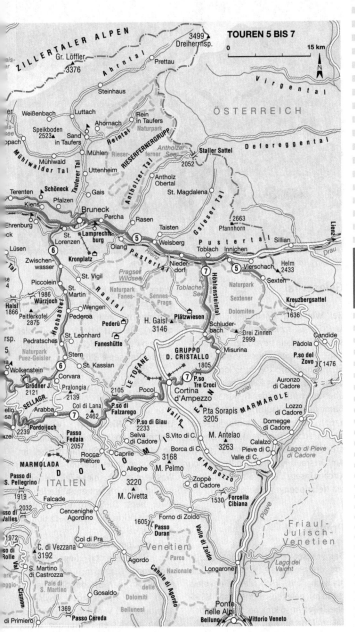

Blick ins Pragser Tal und auf die Ampezzaner Dolomiten

Gsieser Tal

Bei **Welsberg** (Monguelfo; 1087 m; 1200 Einw.), 52 km, mündet das Gsieser Tal. Es ist ein bevorzugtes Wander- und Skitourengebiet (Straße bis St. Magdalena; 1398 m; 17 km). Welsberg, das von der Ruine seiner Burg überragt wird, ist der Geburtsort des Barockmalers Paul Troger (1698 bis 1762), der viele bekannte Freskenzyklen schuf. Die Pfarrkirche besitzt drei Altarbilder des Meisters (1739). Am Ortsrand ist in der spätgotischen Kirche Unsere Liebe Frau auf dem Rain ein Netzrippengewölbe zu sehen.

Pragser Tal

Das Pragser Tal (Val di Braies) zweigt von der Pustertaler Straße zu dem idyllisch am Fuß des Seekofels (2810 m) gelegenen ****Pragser Wildsee** (1496 m; 9 km) ab. Im östlichen Talarm führt eine Straße über **Bad Alt-**Prags (1379 m) hinauf zur Plätzwiese (1993 m; ab Brückele Bergfahrt, im Sommer nur mit Shuttlebus 9 bis 16 Uhr). Der Ort erlebte als »Tiroler Gastein« zu kaiserlichen und königlichen Zeiten seine Blüte.

Nach Toblach

Der Ort **Niederdorf** (Villabassa; 1157 m), 58 km, war einst eine international bekannte Sommerfrische. Im Fremdenverkehrsmuseum im Haus Wassermann wird diese Zeit wieder lebendig (Öffnungszeiten: Mitte Juli bis Mitte Sept. Di–So 16–19 Uhr, Mitte Sept. bis Mitte Juli Fr/So 9–12 Uhr, Sa 9–12, 15–18 Uhr).

Gegenüber dem Eingang zum schönen Höhlensteintal liegt **Toblach** (Dobbiaco; 1256 m; 3100 Einw.), 62 km. An der Strada d'Alemagna, einer alten Handelsroute zwischen Augsburg und Venedig, die hier nach Süden ins Höhlensteintal abzweigte,

Seite 223

5

entstand bereits im 9. Jh. die Siedlung Duplago. Touristen kamen aber erst nach dem Bau der Pustertaler Bahnlinie (1871). Ein berühmter Besucher von Toblach war Gustav Mahler, der von 1908 bis 1910 im nahen Alt-Schluderbach seine 9. und 10. Symphonie schrieb. Das Komponierhäuschen im Wildpark und die von ihm bewohnten Räume im Trenkerhof sind zu besichtigen.

Tipp Im Juli erinnert die **»Gustav-Mahler-Musikwoche«** an den Komponisten. Sie findet in dem als Kulturzentrum zu neuem Leben erweckten ehemaligen Grand Hotel statt. Infos und Buchung beim Tourismusverein.

Unter den zahlreichen Landsitzen fällt besonders die Herbstenburg auf. Das Dorfbild wird dominiert vom 76 m hohen, frei stehenden Turm der Pfarrkirche, einem Spätbarockbau (1766 bis 1769) mit Fresken und Altarbildern von Franz Anton Zeiller. Fünf Kreuzwegstationen führen in Richtung Innichen hinaus zur Rundkapelle St. Jakob.

i **Tourismusverein,**
I-39034 Toblach,
Tel. 04 74 97 21 32, Fax 04 74 97 27 30.

Innichen

Ein paar Kilometer östlich liegt im weit geöffneten Tal der Drau Innichen (San Candido; 1174 m; 3000 Einw.), 68 km. Reste großer Steinwälle belegen, dass die Gegend bereits lange vor unserer Zeitrechnung besiedelt war. Im Jahre 769 schenkte der Bayernherzog Tassilo III. das Gebiet von Innichen an Abt Otto von Scharnitz, der sich verpflichtete, ein Benediktinerkloster zu gründen, um die aus dem Osten herannahenden Slawen zu christianisieren. Die ****Stiftskirche** ist das bedeutendste romanische Bauwerk Südtirols. Ende der sechziger Jahre konnte man die Schäden, die eine neoromanische Umgestaltung 1846 anrichtete, teilweise wieder beheben. Auch die Krypta (12. Jh.) wurde restauriert. Der Turm entstand 1325, die gotische Vorhalle 1474, die anschließende Nothelferkapelle wurde 1524 gestiftet. Von den drei Portalen ist das romanische Südportal das schönste. Das große Fresko (um 1480) im Tympanon stammt wahrscheinlich von Michael Pacher. Die archaische Strenge des Innenraums kommt auch in der ***Kreuzigungsgruppe** (Ende 13. Jh.) zum Ausdruck. Die spätromanischen Fresken in der Kuppel über der Vierung zeigen die Schöpfungsgeschichte. Im **Stiftsmuseum** werden Kunstwerke und Dokumente zur Baugeschichte des Doms und Reste des kostbaren Bücherbestands der Stiftsbibliothek gezeigt (Öffnungszeiten: Do–Sa 17–19, So 10–11 Uhr, 15. Juli bis 31. Aug. Di–Sa 10–11, Di auch 20–22, So 10–12 Uhr). Einen Besuch lohnt noch die ehemals romanische **Pfarrkirche St. Michael** (1760/61), ein Spätbarockbau. Die **Heilig-Grab-Kirche** am westlichen Ortseingang ist der Grabeskirche in Jerusalem nachempfunden.

i **Tourismusverein,** I-39038 Innichen, Tel. 04 74 91 31 49, Fax 04 74 91 36 77.

Bahnverbindungen: Bruneck–Brixen, Lienz.
Busverbindungen: Toblach, Vierschach, Sexten.

Parkhotel Sole Paradiso, Sextner Str. 13, Tel. 04 74 91 31 20,

Fax 04 74 91 31 93. Nobelhaus mit Schwimmbad, Beautyfarm, Tennisplatz, Radverleih. ○○○

 Kugler, Herzog-Tassilo-Straße 4, Tel. 04 74 91 32 04. Weithin bekannte Grappoteca-vinoteca. Köstliche Imbisse. ○○

*Sexten

Bei Innichen mündet von Südosten das Sextental; der Abstecher nach Sexten (Sesto; 1316 m; 1800 Einw.), 76 km, ist ein Muss, schon wegen der berühmten Sextener »Sonnenuhr«. Die grandiose Felsumrahmung des ****Fischleintals** mit Zehner (Rotwandspitze, 2965 m) und Einser (2698 m) bietet einen unvergesslichen Anblick. Einen Besuch verdient das **Rudolf-Stolz-Museum** mit 160 Werken des Südtiroler Malers (Tel. 04 74 71 05 21; Öffnungszeiten: 15. Juni bis 15. Sept. Di–Fr 16.30–18.30 Uhr, So 10–12 Uhr; 1. bis 15. Juni, 15. Sept. bis 1. Okt. Mi, Fr 16.30–18.30 Uhr, So 10–12 Uhr).

Tipp Der schönste Sextener Aussichtsgipfel ist der ***Helm** (2433 m), westlicher Eckpfeiler der Karnischen Hauptkette.

Tourismusverein, I-39030 Sexten, Tel. 04 74 71 03 10, Fax 04 74 71 03 18.

Seilschwebebahn Helm (2040 m); **Kabinenbahn** Rotwandwiesen (1910 m).

Kreuzbergpass, St.-Josef-Str. 55 (7 km von Sexten), Tel. 04 74 71 03 28, Fax 04 74 71 03 83. Sehr gastliches Haus mit Felsenschwimmbad, Sauna und Fitnessraum. ○○

Tour 6

Im Land der Gipfelstürmer

*Klausen → **Grödner Tal → *Hochabtei → *Bruneck (86 km)

Die schroffen Kalkfelsen der Dolomiten, vor rund 200 Millionen Jahren auf dem Meeresgrund entstanden, sind heute ein Dorado für Wanderer und Bergsteiger. Vom Grödner Tal ins Hochabtei kommt man leicht in zwei Stunden – auch wenn man eine Pause einlegt, um Langkofel und Sella zu fotografieren. Wer aber auf die Seiser Alm oder zu Fuß auf das Grödner Joch möchte, braucht sicher einen ganzen Tag. Um die Dolomiten zu erkunden, muss man nicht unbedingt ein begnadeter Kletterer sein, denn die Traumlandschaft zwischen Eisack und Piave wartet mit einer erstklassigen touristischen Infrastruktur auf.

Dörfer sind zu Fremdenorten, Bergbauern zu cleveren Hoteliers geworden. Diese zum Teil bedenkliche Entwicklung zeigt sich beispielhaft an zwei der ehemals schönsten Dolomitentäler, dem Grödner Tal und dem Hochabtei. Wo man früher steinigen Feldern karge Erträge abrang, sind heute Schneekanonen installiert. Die Dolomiten sind eine beeindruckende Natur- und Kulturlandschaft geblieben, selbst da, wo sie hinter Chalet- und Hotelfassaden zu verschwinden drohen. In den Tälern rund um die Sellagruppe (Piz Boèj, 3152 m) lebt die kleinste ethnische Gruppe Südtirols: Die Ladiner lassen sich weder der deutschen noch der italienischen

Sprachgruppe zuordnen. Sie machen gerade vier Prozent der Südtiroler Bevölkerung aus, halten aber stark an ihren Traditionen und ihrer durch mündliche Überlieferung von Generation zu Generation getragenen rätoromanischen Sprache fest.

St. Ulrich

An der Straße von Klausen (s. S. 193 f.) ins Grödner Tal taucht auf der Höhe von Lajen das markante Felshorn des Langkofels (3181 m) auf. Bald folgt der Heimatort des Regisseurs, Filmschauspielers und Schriftstellers Luis Trenker, St. Ulrich (ital.: Ortisei, ladin.: Urtischej; 1240 m; 4200 Einw.), 20 km.

Hinter der »Ladinischen Pforte« bei Pontives (1116 m) fährt man hinein in den alten Hauptort der Talschaft. St. Ulrich ist wegen seiner Holzschnitzer über die Grenzen Tirols hinaus bekannt. Das traditionelle Handwerk ist hier seit dem 17. Jh. nachgewiesen. In St. Ulrich gründete der Bildschnitzer und Bürgermeister Ferdinand Demetz, Großvater von Luis Trenker, nach seinem Bildhauerstudium an der Wiener Akademie eine Fachschule für Schnitzer, die noch heute als Kunstgymnasium existiert. 1907 wurde auch in Wolkenstein eine Schnitzereifachschule gegründet, die noch Kurse anbietet. Für den Verkauf in Souvenirläden wird vieles in Serie hergestellt, nur Produkte mit Zertifikat sind wirklich von Hand

Idol und Legende: Luis Trenker

Beinahe hundert Jahre alt ist er geworden, der »Bera Luis dla Cademia«. 1892 geboren, war der vielseitig begabte Grödner bereits zu Lebzeiten eine Legende. Als er mit 97 Jahren starb, konnte er auf ein erfolgreiches Leben als Bergsteiger und Schauspieler, als Geschichtenerzähler und Autor, vor allem aber als Filmregisseur zurückblicken.

In Filmen wie »Der Kampf ums Matterhorn« (1928), »Weiße Hölle des Piz Palü« (1929), »Kameraden der Berge« (1931), »Berge in Flammen« (1931), »Der verlorene Sohn« (1934) oder »Der Berg ruft« waren seine Heimat und die Berge das beherrschende Thema.

Doch diese Liebe zur Heimat war nicht immer ungetrübt. Bei seinen Landsleuten, die ihm heute ein Denkmal setzen und jedes Jahr

eine Retrospektive widmen, war er lange verpönt. Obwohl sich die Themen seiner Filme scheinbar nahtlos in die totalitäre Ideologie des faschistischen Regimes fügten, geriet Trenker mit den Nazis in Konflikt. 1940 wurde er von Goebbels mit einem Arbeitsverbot belegt, und nach dem Sturz Mussolinis verbot ihm der Tiroler Gauleiter den Aufenthalt in Südtirol. Trenker zog nach Rom, später nach Venedig und lebte von 1950 an in München und Bozen. Zum Publikumsliebling machte den kernigen, wettergegerbten Schauspieler erst das Fernsehen der fünfziger Jahre in Deutschland und Österreich. Trenkers Lieblingsfilm war »Der verlorene Sohn«, vielleicht, weil er ihn daran erinnerte, wie er als Bub nach einer Watsch'n vom strengen Vater ausriss – und wenig später reumütig in sein Elternhaus zurückkehrte.

6

Seite 223

St. Jakob mit Langkofel

Dem Holzschnitzer zugeschaut

gefertigt. Schnitzereien und Gemälde einheimischer Künstler zeigt das **Grödner Heimatmuseum** in der Cësa di Ladins. Neben vorgeschichtlichen Funden, einer Spielzeug- und einer Mineraliensammlung ist hier auch die Ladinische Bibliothek untergebracht (Öffnungszeiten: Juni bis Mitte Okt. Di–Fr 14.30–18,30 Uhr, Juli/Aug. 14.30 bis 19 Uhr). Dass die Gegend schon in vorgeschichtlicher Zeit besiedelt war, bezeugt eine Fundstätte nur wenig oberhalb von St. Ulrich am **Col de Flam** (1438 m; 40 Min.). Von der Anhöhe wandert man bequem in einer halben Stunde hinauf zum Kirchlein ***St. Jakob** (1565 m), das Fresken eines Meisters der Brixner Schule (um 1470) bewahrt. Das ganz große Dolomitenpanorama kann man am Steilabfall der ***Seceda** nordöstlich über dem Tal (Seilbahn) genießen. Besonders schön ist der Blick zur Langkofelgruppe.

Tourismusverein,
I-39046 St. Ulrich, Str. Rezia 1, Tel. 04 71 79 63 28, Fax 04 71 79 67 49.

**Seiser Alm und Schlern

Die **Seiser Alm** (Alpe di Siusi) ist mit fast 60 km² eines der großen Landschaftswunder der Dolomiten und bildet mit dem **Naturpark Schlern** eine landschaftliche Einheit. Im Frühsommer entfaltet die Natur ihren ganzen Blütenzauber, und Wanderer finden ein gut markiertes Wegenetz vor. Von Seis oder Kastelruth aus ist die Hochalm über eine Straße (s. S. 197) und von St. Ulrich per Seilbahn erreichbar.

Zum Grödner Joch

Noch stärker als St. Ulrich haben sich die Ortschaften taleinwärts dem Tourismus angepasst. Chalets und Hotelbauten wuchern rund um **St. Christina** (Santa Cristina; 1428 m) und **Wolkenstein** (Selva; 1563 m), 27 km. Seilbahnen und Lifte erschließen die Höhen. Ist die Wintersaison vorbei, zeigt die Landschaft die Narben, die sie von der Geschäftstüchtigkeit ihrer Bewohner trägt. Uralte Bauernhäuser kontrastieren mit protziger pseudoalpenländischer Architektur. Harmonisch zeigt sich dagegen die Fischburg oberhalb von St. Christina. Dietrich von Wolkenstein ließ die Anlage im 17. Jh. erbauen. Der Name soll auf die Fischteiche

6

Seite 223

Eine Postkartenidylle: Seiser Alm mit Schlern

Ladinischer Bauernhof

zurückgehen, die man in dieser Zeit beim Schloss anlegte (Besichtigung nicht möglich).

Tourismusvereine: I-39047 St. Christina, Str. Chemun 9, Tel. 04 71 79 30 46, Fax 04 71 79 31 98. I-39048 Wolkenstein, Str. Meisules 213, Tel. 04 71 79 51 22, Fax 04 71 79 42 45.

Hinter Wolkenstein beginnt die Steigung zum **Grödner Joch** (2121 m), 39 km: eine kurvige Strecke mit immer neuen Landschaftsbildern. Sie ist ein Abschnitt der berühmten »Vier-Pässe-Fahrt« rund um die Sella (vgl. S. 233).

Ins *Hochabtei nach Bruneck

Hinter Kollfuschg (1645 m) erreicht man bei **Corvara** (Kurfar; 1555 m; 700 Einw.), 49 km, das Hochabtei (Gadertal, ladin.: Alta Badia). Über dem lebhaften Ferienort und Wintersportplatz ragt der Sassongher (2665 m) in den Himmel, besonders eindrucksvoll wirkt er von der in vielen Kurven zum **Passo di Campolongo** (1874 m) ansteigenden Straße nach Arabba aus.

Stern (ital.: La Villa, ladin.: La Ila; 1483 m; 650 Einw.), 54 km, liegt unmittelbar am Eingang ins St.-Kassian-Tal.

Tourismusvereine Alta Badia: I-39033 Corvara, Tel. 04 71 83 61 76, Fax 04 71 83 65 40. I-39030 Stern, Tel. 04 71 84 70 37, Fax 04 71 84 72 77.

Busverbindungen: Bruneck, Grödner Tal, Fassatal, Cortina d'Ampezzo.

La Perla, Corvara, Tel. 04 71 83 61 32, Fax 04 71 83 65 68. First-Class-Hotel. Das Restaurant La Stüa de Michil verwöhnt mit guter Küche. ○○○

6

Seite
223

Museum Ladin

Ladinische Kultur erleben, sich in die dem Rätoromanischen verwandte Sprache einhören. Das im Sommer 2001 auf Ciastel de Tor (Schloss Thurn) eröffnete **Ladinische Landesmuseum** dokumentiert 8000 Jahre Dolomitengeschichte bis zur bergbäuerlichen Gegenwart. St. Martin in Thurn, Tel. 04 74 52 40 20, Internet: www.museumladin.it

▌ **La Majun,** Stern, Tel. 04 71 84 70 30, Fax 04 71 84 70 74. Gut geführtes, komfortables Mittelklassehotel mit gepflegter Küche. ○○
Campingplatz: Corvara-Kollfuschg, Tel. 04 71 83 65 15.

Schöne Ausflugsziele sind die Hochalm Pralongia (Seilbahn von Corvara, Stern oder St. Kassian) und die zu Fuß vom St.-Kassian-Tal aus in etwa 2 Std. erreichbare **Große Fanesalpe** (2102 m). Dabei umwandert man den **Piz Cunturines** (3064 m), einen der großen Gipfel des Hochabtei. An seiner Südflanke wurden in einer Höhle die Knochen mehrerer Bären entdeckt, deren Alter auf über 20 000 Jahre geschätzt wird. Überreste des »Ursus spelaeus« sind neben Volkskundlichem im Pic Museo Ladin in **St. Martin** in Thurn zu besichtigen (Schloss Thurn, Torstraße 72, Tel. 04 74 52 40 20; Öffnungszeiten: Palmsonntag–31. Okt. Di–Sa 10–18 Uhr, So 14–18 Uhr; Nov. geschl.; Dez.–Palmsonntag Mi–Fr 14–18 Uhr).

Tipp Vor der Weiterfahrt nach Bruneck sollte man von **Pedratsches** (Pedraces; 1324 m) aus, 57 km, den Sessellift nehmen und die Wallfahrtskapelle Heiligkreuz (2045 m) unter dem Heiligkreuzkofel (2907 m) besuchen.

Bei der Häusergruppe Pederoa (1152 m), 63 km, mündet von Osten das ***Wengental**, ein noch weitgehend unberührter Winkel Südtirols. Grandios sind die Eindrücke, die ein Abstecher durchs Rautal ins ***Fanesgebiet** vermittelt. Eine Straße führt von Zwischenwasser (1005 m), 72 km, bis Pederü (1540 m; großer Parkplatz). Zur ***Fanesalpe** (2042 m), einem Wander- und Skitourengebiet, geht es dann nur zu Fuß oder per Jeep (Zubringerdienst).

Bruneck (s. S. 220 f.), 86 km, ist der Endpunkt dieser Tour.

Tour 7

Durchs Reich der Bleichen Berge

*Bozen → **Große Dolomitenstraße → **Cortina d'Ampezzo → Toblach (144 km)

Als Route der Superlative gilt sie bis heute, die Große Dolomitenstraße: Auf der rund 100 km langen Berg- und Talfahrt von Bozen, dem Tor der Dolomiten, nach Cortina d'Ampezzo über die Pässe Karer (1745 m), Pordoi (2239 m) und Falzarego (2105 m), weiter über den Passo Tre Croci (1805 m) zum Misurinasee genießt man Naturwunder, die immer wieder in Staunen versetzen.

Eigentlich sollte die Dolomitenstraße zum 50-jährigen Regierungsjubiläum Kaiser Franz Josephs I. 1898 eröffnet werden, eingeweiht wurde sie aber erst 1908. Wie beschaulich muss die Fahrt zur Zeit der ersten Benzinkutschen gewesen sein! Heute windet sich an sonnigen Sommertagen oft ein endloser blecherner Tatzelwurm durch die Serpentinen des Falzarego und Pordoi. Das braucht etwas Geduld, und für die Fahrt auf der Großen Dolomitenstraße sollte man mindestens einen Tag ansetzen.

Nach Obereggen

Eine herrliche Landschaftsszenerie entschädigt für die trostlos zubetonierte Talenge bei Kardaun. Gleich hinter dem Ort zeigt sich im Rückblick hoch über dem Eingang zur Eggenschlucht ***Schloss Karneid** (13./

Der Rosengarten

Karersee

14. Jh.). Dann verschwindet die Straße in der wilden Klamm, rötliche Porphyrfelsen ragen steil empor. Die Strecke weicht nun mehrfach in den Berg aus. Nach einem längeren Tunnel treten die Steilflanken zurück, und über bewaldeten Hängen werden die grauen Kalkzacken des **Latemar** (2846 m) sichtbar. Bei Birchabruck (Ponte Nova; 872 m), 16 km, fällt der Blick auf die lang gestreckte Felsmauer des sagenumwobenen **Rosengartens** (s. S. 149). Hier zweigt rechts die Straße nach Deutschnofen (Nova Ponente; 1359 m; 10 km) ab. Das Dorf markiert den Nordrand des **Regglbergs,** der sich als Hochplateau mit schöner Aussicht südlich bis Aldein (1225 m) erstreckt.

Auf dem Regglberg liegt auch der Wallfahrtsort **Maria Weißenstein** (1520 m; 9 km ab Deutschnofen). Der aus Kloster, Kirche, Kongress- und Exerzitienhaus bestehende Gebäudekomplex beeindruckt vor allem wegen seiner Dimensionen. Die Deckengemälde von Josef Anton Mölk (1753) sind mittelmäßig, anrührend sind die Votivgaben und -bilder in den Seitengängen. Von der Klosteranlage genießt man einen zauberhaften Blick – nach Westen bis zum Ortler und im Nordosten bis zu den Zacken des Latemar.

Am Westfuß der Dolomitengruppe liegt **Obereggen** (1561 m), ein beliebter Ferienort mit guten Wander- und Wintersportmöglichkeiten.

**Karersee und *Karerpass

An der Großen Dolomitenstraße folgen Welschnofen (Nova Levante; 1182 m; 1600 Einw.), 21 km, Stützpunkt für Touren zum Rosengarten, und der **Karersee** (1519 m) mit den Zinnen und Türmen des Latemarstocks als Kulisse. Den höchsten Wasserstand weist der See während der Schneeschmelze auf, im Herbst kann es jedoch vorkommen, dass er fast austrocknet. Die Parkplatznot, die im Sommer herrscht, lässt von vornherein keine Illusion aufkommen, dass man die landschaftliche Idylle in Ruhe genießen könnte. An Souvenirständen, die den üblichen Kitsch verkaufen, mangelt es nicht.

Oben am **Karerpass** (Passo di Costalunga; 1745 m), 29 km, überquert man die Grenze zum Trentino, zum ladinischen Fassatal. Unmittelbar vor der Passhöhe zweigt links die ***Rosengartenstraße** ab; sie führt am Westfuß der berühmten Dolomitengruppe entlang zum Niger-Sattel (1688 m) und ins Tierser Tal.

7

Seite
223

Faszinierendes Dolomitenpanorama von der Bergstation

*Fassatal

Bei der Abfahrt ins Fassatal (Val di Fassa) zeigt sich auch das »Dach« der Dolomiten, die eisbekrönte Marmolada (3342 m).

Tipp Ein Abstecher mit der Seilbahn von **Vigo di Fassa** (ladin.: Vich; 1382 m; 800 Einw.) hinauf nach Ciampediè (1998 m) rückt die Bergkulisse besonders schön ins Blickfeld.

Wenig Schönes hat das Fassatal selbst zu bieten: geschmacklose Freizeitarchitektur, die in keiner Weise die traditionelle ladinische Bauweise berücksichtigt. Alte Bauernhäuser finden sich noch abseits der Hauptstraße, etwa in den Weilern Ronc und Monzon (Vajolet). Oberhalb von **Vigo** steht am Waldrand die spätgotische Kirche Sent Ulana (1519) und im Ortsteil San Giovanni die gotische Pfarrkirche, deren Inneres Fresken und ein Taufbecken (beide 16. Jh.) schmücken. Oberhalb der Kirche befindet sich ein Soldatenfriedhof aus dem Ersten Weltkrieg.

i **APT**, I-38039 Vigo di Fassa, Tel. 04 62 76 40 93, Fax 04 62 76 48 77.

Nach Campitello di Fassa (ladin.: Ciampedèl; 1414 m; Seilbahn Rodella, 2484 m) kommt man den Felsbastionen im Talschluss allmählich näher, bis man das touristische Zentrum des Fassatals, **Canazei** (ladin.: Cianacèi; 1463 m), 51 km, erreicht. Seilbahnen und Straßen erschließen die Höhen der Umgebung, lediglich das naturgeschützte malerische ***Contrintal** muss man sich auf Schusters Rappen erwandern (Rifugio Contrin; 2016 m; 2 Std.). Zum Stausee von Fedaia (2053 m) führt eine gute Bergstraße, die über den Fedaiapass (2056 m) hinab zur Malga Ciapela (1450 m) verläuft und sich bis ins Cordevoletal fortsetzt (bis Caprile 30 km). Sie steht ganz im Bann der Königin ***Marmolada** (3342 m), die mit ihrem fast 3 km² großen Gletscher auf der Nordabdachung eine besondere Attraktion darstellt; bestiegen wird dieser höchste Berg der Dolomiten meist vom Fedaia-Stausee aus.

*Traurige Berühmtheit erlangte
der Col di Lana*

Sehr viel bequemer ist die Fahrt von Malga Ciapela mit der Marmolada-Seilschwebebahn, die sich bis knapp unter den Ostgipfel (3309 m) hinaufzieht (Bergstation 3250 m).

> **APT**, I-38032 Canazei,
> Tel. 04 62 60 11 13,
> Fax 04 62 60 25 02.

Zum **Passo di Falzarego

In Canazei beginnt der kurvenreiche Anstieg zum ****Pordoijoch** (Passo Pordoi; 2239 m), 63 km. Auf halbem Weg, knapp unterhalb des Pian Schiavaneis, zweigt links die Straße übers ****Sellajoch** (2240 m) ins Grödner Tal ab. Als Teil der »Vier-Pässe-Fahrt« rund um die Sella vermittelt sie faszinierende Landschaftseindrücke.

Tipp Der **»Bindelweg«** gilt als schönste Dolomitenpromenade; er führt vom Pordoijoch zum Fedaiasee (3 Std.); etwa auf halber Strecke lädt das gastliche Rifugio Viel del Pan vor der Riesenkulisse des Marmoladagletschers zur Einkehr.

Vom ***Sass Pordoi** (2950 m) genießt man einen herrlichen Blick über den Padonkamm auf die Marmolada. Vom Wintersportzentrum Arabba (ladin.: Reba; 1601 m; Seilbahn Porta Vescovo, 2476 m) führt sie fast eben um den im Ersten Weltkrieg hart umkämpften ***Col di Lana** (2462 m) herum und bietet eine schöne Aussicht auf Pelmo (3168 m) und Civetta (3220 m). Bei der Straßengabelung Cernadoi (1495 m; rechts nach Agordo), 84 km, beginnt die Steigung zum **Passo di Falzarego** (2105 m), 93 km. Die Konzentration erfordernde Serpentinenfahrt durch steile Felswände wird belohnt mit einer phantastisch weiten Sicht von der Passhöhe aus, südwestlich auf die Marmolada und östlich bis zu den Dreitausendern der Ampezzaner Dolomiten (Seilbahn Piccolo Lagazuoi, 2778 m). Auch die anschließende Abfahrt ins Tal beeindruckt: Rechts wachsen Averau (2649 m) und die Zackenreihe der Croda da Lago (2715 m) empor, zur Linken die riesige Felsorgel der Tofana di Rozes (3225 m). Bei Pocol (1530 m) mündet die Giau-Passstraße (2233 m), eine abwechslungsreiche Alternative zur Falzarego-Route (ab Cernadoi via Selva di Cadore, 34 km).

**Cortina d'Ampezzo

Die Dreitausender Tofane, Pomagagnon, Cristallo, Sorapis und Croda da Lago bilden die **Conca d'Ampezzo,** die Traumkulisse zu dem Nobelort Cortina d'Ampezzo (1211 m;   7100 Einw.), 109 km, der im Jahre 1956 Schauplatz

7

Seite **223**

der VII. Olympischen Winterspiele war. Mittelpunkt ist die Hauptstraße Corso Italia, die vom Turm der katholischen Pfarrkirche (18. Jh.) überragt wird. In der wenige Schritte entfernten **Ciasa de ra Regoles** ist neben der **Collezione Rimoldi** mit zeitgenössischer Malerei eine bedeutende geologisch-mineralogische Sammlung zu besichtigen.

Im Norden von Cortina fügt sich das holzverkleidete Olympiastadion (Stadio Olimpico del Ghiaccio) gut ins Landschafts- und Siedlungsbild ein. Ganz in der Nähe befindet sich die Talstation der großen Seilbahnkette auf die Tofana di Mezzo (3244 m). Der mächtige Dreitausender ist nur eines der vielen Ausflugsziele in der Umgebung von Cortina. Ebenfalls mit Bahnen sind die Aussichtspunkte Faloria (2123 m), Forcella Staunies (2918 m) und Mietres (1710 m) zu erreichen.

APT, Piazza San Francesco 8, I-32043 Cortina d'Ampezzo, Tel. 04 36 32 31, Fax 04 36 32 35.

Busverbindungen: Toblach, Bozen, Pieve di Cadore, Auronzo, Misurina.

Sporting Villa Blu, Via Verocai 73, Tel. 04 36 86 75 41, Fax 04 36 86 81 29. Eine gute Adresse in ruhiger Lage mit dem vorzüglichen Restaurant »Amadeus«. ○○○
■ **Menardi,** Via Majon 112, Tel. 04 36 24 00, Fax 04 36 86 21 83. Elegantes Ambiente. ○○○
■ **Villa Resy,** Via Riva 49, Tel. 04 36 33 03, Fax 04 36 86 60 65. Charmante Familienpension, Sauna und Restaurant. ○○

Tivoli (Ortsteil Lacedel), Tel. 04 36 86 64 00, Fax 04 36 34 13. Originell variierte italienische Küche. ○○○
■ **Leone & Anna,** Loc. Alverà 112, Tel. 04 36 27 68 (nur in der Saison geöffnet). Skilehrer- und Promitreff mit urladinischen Schmankerln. ○○

**Drei Zinnen bis Toblach

In Cortina endet zwar die Große Dolomitenstraße, nicht aber der Dolomitenzauber. Die Fahrt über den Passo Tre Croci (1805 m) zum **Misurinasee

7

Seite 223

Meereskinder Dolomiten

Berge aus Muschelkalk, Korallenriffe als Felswände? Unglaublich, aber wahr, denn geboren wurden die Dolomiten auf dem Grund eines Meeres, das als Folge der Erdkrustenbewegung vom Nordkontinent (Asien/Europa) und dem afrikanischen Kontinent entstand. In einer späteren Phase der Erdgeschichte – vor immerhin noch rund 60 Millionen Jahren – kam es zur Kollision der Kontinentalplatten, die sich übereinander schoben und angehoben wurden: Die Dolomiten wuchsen aus dem Meer empor. In seinen Tiefen hatten sich Sedimentschichten aus Kalk abgelagert, manche einige hundert Meter dick. Von Wind und Wetter zu bizarren Formen zerfressen, entstand aus ihnen das heutige Naturwunder. Die Gesteine der östlichen Dolomiten enthalten neben Kalk auch Magnesium. Diese Tatsache entdeckte der französische Geologe Déodat de Dolomieu, nach dem die Dolomiten benannt wurden.

Dolomiten pur: die Drei Zinnen

(1745 m), 123 km, beeindruckt mit ihren großartigen Landschaftsbildern, besonders, wenn man sich Zeit für einen Abstecher zu den **Drei Zinnen** (2999 m) nimmt.

Vom Endpunkt der 8 km langen Mautstraße wandert man in 40 Min.

hinüber zum Paternsattel (2454 m) mit unverwechselbarem Nordwandblick auf die Dolomiten.

Ein umfassendes Panorama hat man auch vom *Monte Piana (schmale Zufahrt, 6 km), der aufgrund seiner strategischen Bedeutung in der Dolomitenfront im Gebirgskrieg 1915–1917 hart umkämpft war. Die teilweise rekonstruierten Kampfstellungen auf dem Gipfelplateau vermitteln einen Eindruck von diesem Stellungskrieg (Historischer Rundweg, 3 Std.).

Bei Schluderbach (1437 m), 130 km, mündet die westlich um das Cristallomassiv führende Strada d'Alemagna. Gleich dahinter baut sich über dem seichten *Dürrensee (1403 m) der Monte Cristallo (3221 m) auf. Und wenig weiter zeigen sich im Osten im engen Taleinschnitt der Schwarzen Rienz nochmals die Drei Zinnen, besonders stimmungsvoll im Abendlicht.

Toblach (s. S. 224 f.), 144 km, ist das Ziel der Dolomitentour.

Seite 223

Verdi-Arien
in Veronas Arena

E lucevan le stelle

Die Sterne sollen glänzen – natürlich, dann nämlich ist der Opernabend gesichert und die Atmosphäre am schönsten. Wenn in lauer Sommernacht Verdis oder Puccinis pralle Musik die römische Arena Veronas mit ihren 20 000 Sitzplätzen füllt, kommen sogar Opernmuffel ins Schwärmen. 1913 wurde hier die erste Opernaufführung inszeniert. Tullio Serafin dirigierte zum hundertsten Geburtstag des großen Komponisten die »Aida«. Seither haben über zehn Millionen Musikliebhaber sich von Verdis Musik in der Arena bezaubern lassen.

Picknick zur Partitur

Panem et circenses bekamen die Römer zur Kaiserzeit vor rund 2000 Jahren in der Arena di Verona. Seither hat der große Rundbau Gerichtsverfahren, Turniere und Duelle im Mittelalter, später Zirkusspiele, Ballettaufführungen, Dichterlesungen erlebt, diente als Stierkampfarena und als Theater, immer aber dem Vergnügen des Besuchers – in der Rokokozeit auch mit kundigen Liebesdienerinnen, die unter den Bogenreihen des Umgangs Kavalieren aufwarteten. Apropos panem, auf den unbestuhlten Stufen der gradinata gehören auch heute Mortadellabrötchen, Parmaschinken und Olivenpaste zum großen Opernerlebnis. Nichts gegen mitgebrachte Getränke, bei Behältnissen aus Glas kennen die freundlichen Kontrolleure allerdings kein Pardon.

❚**Gastronomia Stella,** Via Stella 11, Tel. 04 58 00 49 98 (geöffnet Mo–Sa 8–13, 16–19.30 Uhr). Ferrarabrot, kalter Hummer, Pecorino im Nussblatt oder Trüffelcanneloni zum Mitnehmen.
❚**Confetteria Dolomiti,** Via Cappello 13. Konfekt für Naschkatzen im Nostalgieladen.

Ein Bombengeschäft

Nicht nur in Euro, versteht sich, sind die Opernfestspiele in Verona ein Millionendeal. Zu den über 40 Opern- und Ballettabenden kommen jeden Sommer an die 600 000 Besucher. Karten kosten von 17 bis 154 Euro. Pro Abend kommen da an die 400 Millionen Euro zusammen. Am teuersten sitzt man in der poltronissima in Superlehnsesseln im Parkett. Unter kundigen Einheimischen befindet man sich in der preiswerten gradinata, wo auch schon mal mitgesungen oder auch gebuht wird.

Tipp Die Arena im Internet: www.arenadiverona.com. Die Website informiert auf Italienisch und Englisch über Programm, Trends und Stars und bietet online-Buchung für Inhaber von Visa-, Master-, American-Express- und Diners-Karten.

Tipp Karten sind knapp Wer nicht lange im Voraus bucht, spielt va banque. Die Opernabende sind meist ausgebucht. Karten gibt es an der Opernkasse, Via Dietro Anfiteatro 6/B, Mo–Fr 9–12, 15.15–17.45, Sa 9–12 Uhr, während der Festspielzeit an Vorstellungstagen 10–21, sonst 10–17.45 Uhr. Kreditkartenreservierung: Tel. 04 58 00 51 51, Fax 04 58 01 32 87. Schriftliche Reservierungen: Ente Arena, Piazza Brà 28, Tel. 04 58 05 18 11, Fax 04 58 01 15 66. Wenn nichts mehr geht, gibt's vielleicht noch was im Schwarzhandel. Unter der Ala, den dunklen Seitenflügeln, bieten Verkaufswillige diskret und gegen gutes Geld Restkarten an.

Regen ist ein Risiko

Wann der Opernabend beginnt, bestimmt nicht die Uhr, sondern das Orchester. Meist ist es pünktlich. Wichtiger: Sobald das Orchester die ersten Takte spielt, auch wenn gleich darauf eine kräftige pioggia, ein Regenguss niedergeht, wird für die Aufführung kein Geld erstattet. Fällt die Veranstaltung ganz aus, gibt es am nächsten Morgen Ersatzkarten oder Geld zurück an den Kassen.

Tipp Tenöre treffen. Gute Aussichten, Stars zu begegnen, hat man in der winzigen Edeltrattoria **Tre Marchetti,** gleich hinter der Ala. Unbedingt vorbestellen! Vicolo Tre Marchetti 19/B, Tel. 04 58 03 04 63.

Hörerloge auf der Brà

Die Liston genannte Flaniermeile auf der Piazza Brà ist Veronas schönster Salon. Hier nimmt man vor dem ersten Akt einen Drink und kann nach dem spettaculo bis in die frühen Morgenstunden soupieren. Insider nutzen die Tische an der Piazza, um ganz ohne Eintrittsgeld den Opernklängen zu lauschen.
Treff auf der Piazza Brà: **Tre Corone,** Piazza Brà 16, Tel. 04 58 00 24 62.

Vom Hindukusch zum Monte Baldo

Die Italiener haben das Eis nicht erfunden. Die ersten Eisschlecker waren chinesische Kaiser, persische Schahs und arabische Emire, die scherbet, eisgekühlte Obstsäfte schlürften. Doch seit die Araber im 9. Jahrhundert diese Technik nach Sizilien brachten, ist die hohe Kunst des Gelato in Italien zu Hause. Probieren Sie Tüteneis von mandarino bis bacio (»Haselnusskuss«), von lamponi (Himbeeren) bis pistacchio, von nocciola (Haselnuss) bis tutti frutti. Aber lassen Sie sich auch die Eisbomben und »halbgefrorenes« semifreddo der Meister-gelatieri nicht entgehen, vom geeisten Tiramisù bis zur cassata mit kandierten Früchten. Oder kaufen Sie sich einen pinguino – ein schokoglasiertes Eis am Stiel!

▌**Gelateria Pinguino Giallo,** Gardone, Corso Repubblica 41. Der gelbe Pinguin ist für sein stracciamenta-Eis mit Minze und Schokosplittern berühmt.

▌**Gelateria Dolce Vita,** Malcesine, Corso Giuseppe Garibaldi 13. Der sorgfältigste Eiskünstler von Malcesine.

▌**Gelateria Flora,** Riva, Viale Rovereto 54. Die Rieseneisbecher sind fast schon legendär.

Mini-Eislexikon

cioccolato – Schokolade
coppa – Eisbecher
coppetta – Eisbecher aus Pappe
cono – Tüte
cucchiaino – Löffelchen
fragola – Erdbeere
granita – Sorbet, Wassereis
gusto – Geschmacksrichtung
latte – Milch
limone – Zitrone
con panna – mit Sahne
ombrellino – Schirmchen
pinguino – Eis am Stiel
semifreddo – Halbgefrorenes, Eisbombe
wafer – Waffel

▌**Gelateria Gino,** Sirmione, Via Vittorio Emanuele 37. Eine Institution seit 1965. Sirmiones führender Eissalon wurde schon 1987 auf der internationalen Eis-Expo preisgekrönt. Favoriten sind die Erdbeer- und Himbeer-Sorbetti, Haselnusseis und Schokolade-Gelato aus geschmolzener Edelschokolade.

▌**La Boutique del Gelato,** Verona, Via Carlo Ederle 13. Hier probiert man sich durch die schrägsten Geschmacksrichtungen. Ausgeflippter Eissalon mit Dattelgelato (datteri) und rotem Radicchio-Eis.

Das Einmaleins der
Eiskultur

Überall locken bunte handgemalte Schilder mit verführerischen Eiskremekreationen und tragen lässige Kellner fantastisch aufgemachte Eisbecher an die Tischchen an den Uferpromenaden – allerdings sind die Preise mittlerweile beachtlich. Gelato gehört einfach zum Erlebnis Gardasee dazu und die Qualität ist fast überall ausgezeichnet. Denn das Veneto und das Cadore in den italienischen Dolomiten, die Heimat der besten Wandereismacher der Welt, ist nah.

▌**Cafè Bardolino,** Bardolino, Piazza Matteotti 8. In der eleganten Domplatz-Bar von Familie Pasqualini gibt es unter anderem köstliches gianduia-Nougateis.

▌**Bar Agorà,** Desenzano, Piazza Malvezzi 10. Schicke, bis 2 Uhr nachts geöffnete Gelateria mit spanischem Art-Deco-Interieur. Über 30 Sorten Eis kann man hier schlecken: von Kiwi bis Melone, von Tiramisù bis Kokosnuss, Malaga und Stracciatella mit Schokosplittern.

▌**Vivaldi,** Desenzano, Via Matteotti 9. Der Eismacher an der Uferstraße ist auf Halbgefrorenes und Sorbets spezialisiert und verwendet ausschließlich frische Früchte und biologische Vinschgauer Milch sowie Sahne. Probieren: die Eistramezzini!

Verwöhnprogramm in Gardone

In frischem Gelb gestrichener und liebevoll restaurierter Belle-
Epoque-Charme: Das **Relax-Hotel Garda e Suisse** im Villenort
Gardone bietet ein ausgefeiltes Programm für Body und Seele
und die richtige Seeterrasse mit Pavillon, um abends träume-
risch beim ungezuckerten Fruchtdrink auf das Schillern der
Wellen zu blicken. Schön-
heitsprofis sind auch im
**Beauty Clinical Hotel
Villa Paradiso** im nahen
Fasano am Werk, das
unter gleicher Leitung
steht.

■ **Albergo Garda e Suisse,** 25083 Gardone,
Via Zanardelli 126, Tel. 03 65 29 04 85,
Fax 0 36 52 07 77. ○○○
■ **Beauty Clinical Hotel Villa Paradiso,**
25080 Gardone-Fasano, Tel. 0 36 52 18 83,
Fax 0 36 52 02 69. ○○○

Traubenkur in Bardolino

Eine Meraner Idee findet auch am Gardasee immer mehr Anhänger:
Im Herbst bieten Stände und die meisten Restaurants von Bardolino
frischen roten Traubenmost an. Eine
Trinkkur, die die Saison bis in den
November hinein verlängert – für
kulturelles Begleitprogramm ist gesorgt.

■ **Info: Touristenbüro,**
37011 Bardolino, Piazzale Aldo
Moro, Tel. 04 57 21 00 78,
Fax 04 57 21 08 72.

Schlammpackung und Unterwassermassage

Wo Römer schlemmten, kuren heute gern Einheimische: Die 1889 gefassten,
69 Grad heißen unterseeischen Schwefelquellen der Thermen von Sirmione
sollen bei akuten und
chronischen HNO-Weh-
wehchen Wunder wirken.
In dem nüchternen Kur-
haus von Sirmione kann
man auch in eine piscina
mit dem salz-, jod- und
bromhaltigen Wasser
tauchen oder das haus-
eigene Nasenspray
erstehen.

Öffentliche Thermalbäder
■ **Stabilimento Termale Catullo,**
25019 Sirmione, Via Staffalo (am Ende der Altstadt),
geöffnet März bis November.
■ **Stabilimento Termale Virgilio,** Via Alfieri,
an der Hauptstraße Peschiera-Dezensano,
ganzjährig geöffnet.
Für Infos und Kuranmeldungen in beiden Thermen
Tel. 03 09 90 49 23, www.termedisirmione.com

Fit mit Olivenöl

Statistisch ist gesichert: Die ältesten, wenn nicht gar die schönsten
Männer Italiens leben in den kleinen Bergdörfern oberhalb Limones.
Ihr Erfolgsgeheimnis: mit dem säurearmen, milden Garda-Olivenöl
bereitete Kost (ein wahrer Herzinfarktblocker), tägliche Fitness-
spaziergänge in steilen Olivenhainen und zum Essen (aber nur zum
Essen) ein guter Wein. So wird der Gardasee zum wahren Gesund-
brunnen. Probieren Sie es aus!

Kuren
in Wellen und Grotten

Schon die alten Römer wussten die Thermalquellen um den Gardasee zu schätzen. Die luxuriöse Badeanlage in der traumhaft gelegenen Villa des Catull in Sirmione beweist es. Aber auch heute ist der Lago di Garda nicht nur ein Fitness-, sondern auch ein Wellnessziel erster Klasse, an dem man die Seele baumeln lassen kann.

Ganz schön auf Kur

Den Italienerinnen ihre Schönheitstricks ablauschen kann man (frau) am ehesten in Sirmiones schickster Wellnessadresse, dem **Grand Hotel Terme** mit seiner prächtigen Seeterrasse. Das gut geführte Haus ist auf Wellness-Packages spezialisiert und bietet Rundumerneuerung in hauseigener Thermal- und Beauty-Farm und bei Gymnastikkursen. Kleiner und intimer geht es im **Fonte Boiola** zu. Das Haus verbindet ein angenehmes Ambiente mit dem Komfort eines großen Thermalzentrums. Und für ewige Schönheit sorgt ein Anti-Age-Programm.

▌**Grand Hotel Terme,** 25019 Sirmione, Viale Marconi 7, Tel. 0 30 91 62 61, Fax 0 30 91 65 68, ght@ termedisirmione.com. ○○○
Fonte Boiola, 25019 Sirmione, Viale Marconi 11, Tel. 0 30 91 64 31, Fax 0 30 91 64 35. hfb@ termedisirmione.com. ○○

Wellness für Italienromantiker

Der 5000 m² große Thermalsee der **Villa dei Cedri** bei Colà di Lazise ist einzigartig. Hier kann man unter italienischen Familien einen angenehmen Tag verbringen, die palladianische Villa anschauen oder durch den Park spazieren. In die Zeiten der alten Römer versetzt, fühlt man sich beim genussvollen Bad in den an Sommernächten stilvoll illuminierten Badegrotten.

▌**Villa dei Cedri,** Piazza di Sopra 4, 37010 Colà di Lazise, Tel. 04 57 59 09 88, Fax 04 56 49 03 82, www.villadeicedri.com. ○○○

Ein See – drei Provinzen

Harmonischer Dreiklang

Brüderlich teilen drei Provinzen den sich von den Alpen bis zur Po-Ebene erstreckenden Gardasee (Lago di Garda) untereinander auf: Trient besitzt den Norden, Brescia den Westen, Verona den Osten. Diese Provinzen wiederum gehören drei Regionen an: Trentino-Alto Adige (Südtirol), Lombardei und Venetien.

In selten geglückter Weise entpuppte sich die regionale Dreiteilung für den Gardasee und sein Umland als ausgesprochener Vorteil. Weil keiner der stolzen Besitzer hinter dem anderen verblassen möchte, zeigt sich jeder von seiner besten Seite, sei es bei der Sicherung der oftmals kühn angelegten Straßen, sei es beim sorgsamen Umgang mit den Schätzen der Natur.

Vom Tropenmeer zum Gletschersee

Erst war es heiß, dann bitterkalt: Vor etwa 350 Millionen Jahren bedeckte ein tropischer Ozean weite Teile Oberitaliens. Die Ablagerungen dieses Meeres schoben sich zusammen, bis sie schließlich vor 60 Millionen Jahren zu riesigen Gebirgsstöcken angewachsen waren, zwischen denen sich nur noch ein schmaler Meeresarm behaupten konnte. Dieser wurde in der Eiszeit um 240 000 und nochmals 120 000 v. Chr. von einem Gletscher gespeist, zu einem Becken geschliffen und schließlich durch die Schuttmassen der Moränen von der Adria getrennt.

Den Beweis für seine maritime Abkunft tritt der Gardasee – wie auch seine kleinen Geschwister in den Brescianer Voralpen *Lago di Ledro, Lago d'Idro* und *Lago d'Iseo* – auch heute noch an: Nach wie vor gibt es Überreste einer Meeresfauna und -flora.

Gespeist wird der Gardasee von dem glasklaren Gebirgswasser der im Norden entspringenden Flüsse *Sarca, Ponale* und *Campione,* im Süden übernimmt der in den Po mündende Mincio die Funktion eines Entlastungskanals. Das gesamte Seebecken mit einer Fläche von 368 km² fasst rund 50 Milliarden Kubikmeter Wasser, die tiefste Stelle liegt bei Campione del Garda und beträgt 346 m, ein Wert, den nicht einmal die nördliche Adria erreicht.

Wie in ganz Italien vernachlässigte man auch am Lago di Garda den jenseits der Alpen längst praktizierten Umweltschutz, doch als im Sommer 1992 die beunruhigende Wasserverschmutzung des Sees für internationale Schlagzeilen sorgte, reagierten die zuständigen Behörden prompt und effizient. Nach der Installation einer Ringkanalisation ist das Gewässer, speziell im Nordteil, heute wieder klar und tiefblau. Infos zur Wasserqualität gibt der Badewasser-Ansagedienst des ADAC, der dem Gardasee das Wasserprädikat »sehr gut« ausstellt.

Mild zu jeder Jahreszeit

Ginge es nach den Erfahrungswerten der Meteorologen, so müsste der Gardasee eigentlich um 200 km weiter im Süden liegen. Theoretisch ist nämlich das Klima für ein Gewässer, das sich in dieser Lage erstreckt, vor allem in den Wintermonaten viel zu mild. Im Sommer wiederum sorgt stets eine frische Brise selbst bei wolkenlosem Himmel für angenehme Temperaturen, ganz so, als wäre ein Stück Mittelmeer in den Norden Italiens gerutscht.

Für Surfer ein Paradies

Selbst im Januar, dem kältesten Monat mit einer durchschnittlichen Lufttemperatur von 2,3 °C, kommen Schneefälle höchst selten vor, und bereits Anfang April wärmt die Sonne wie in Mitteleuropa erst Mitte Mai. Wie die Luft so auch das Wasser: Im Juli und August zeigt das Thermometer verlässlich 25 °C und mehr an.

Die schönste Zeit für Gardasee-Reisen ist zweifellos das Frühjahr, wenn die Natur in all ihrer mit nüchternen Worten kaum zu beschreibenden Blütenpracht erwacht. Wasserratten kommen allerdings erst im Frühsommer auf ihre Kosten. Bis in den September hinein lädt der See – vor allem in seinem südlichen Teil – zum Baden ein.

Der Herbst ist die Zeit der Wanderer und der Genießer. Die Tage sind zwar kürzer, dafür aber um vieles stiller als in den turbulenten Hochsommmer-Monaten. Die Touristenmassen haben sich längst wieder in Richtung Norden zurückgezogen, in den Restaurants wird man endlich so aufmerksam bedient, wie man dies von der sprichwörtlichen italienischen Gastfreundschaft erwarten darf. Traubenkuren zum Abspecken, Speck und Maroni zum Schlemmen – im milden Licht der Herbstsonne kann man die Seele so richtig baumeln lassen. Im Winter verirren sich nur wenige Gäste an den Gardasee. Der Großteil der Hotels ist geschlossen, und auch die fleißigen Geister der Gastronomie erholen sich von den Strapazen der Saison.

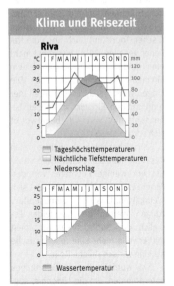

Klima und Reisezeit

Riva

Tageshöchsttemperaturen
Nächtliche Tiefsttemperaturen
— Niederschlag

Wassertemperatur

Es grünt so grün

Samtig weiche, saftige Almmatten, auf denen die schönsten Wiesenblumen blühen, dann wieder Palmen, Oliven und Agaven wie an den Gestaden des Mittelmeeres: Der Gardasee besitzt von allem etwas, was nicht zuletzt seinen unvergleichlichen Zauber ausmacht. Wo sich die schroffen Gebirgsstöcke kulissengleich fast bis zum Ufer schieben, wachsen im Schatten mächtiger Eichen, Buchen und Ulmen Alpenveilchen und Zyklamen. Nur wenige Kilometer weiter südlich hingegen müssen »Exoten« wie Mimosen und Oleander den Frost nicht fürchten. »Die Myrte still und hoch der Lorbeer steht« – Goethes Land, wo die Zitronen blühen, beginnt tatsächlich am Gardasee.

Kontrastreich wie die Vegetation ist auch die Tierwelt. Während in den dichten Wäldern des Monte Baldo Hasen und Füchse einander »Gute Nacht« sagen und über ihren warmen Pelz recht froh sind, zirpen Zikaden in den Olivenhainen von Sirmione und künden von lauen Sommernächten unter dem Sternenzelt des Südens. Doch auch zu Wasser lässt der Reichtum der Fauna nichts zu wünschen übrig. Neben den wohlschmeckenden Gardasee-Forellen tummeln sich auch Bar-

sche, Schleie, Barben, Aale, Karpfen und vor allem Weißfische im See, der zu Recht als Dorado für Petri-Jünger gilt.

Tourismusboom und kein Ende

Weniger wäre mittlerweile mehr, doch wenn sich ein Tourismuskarussell einmal dreht, wagt kaum einer mehr den Ausstieg: Mehr als 5 Millionen Urlauber muss der Gardasee derzeit pro Jahr verkraften. Kein Wunder, dass sich vor allem am breiteren Ostufer, das leichter zu bebauen ist, Hotel an Hotel und Campingplatz an Campingplatz reihen. Aber auch die alten Nobelorte im Westen und Norden drohen aus allen Nähten zu platzen, und nur ein rigoroser Baustopp konnte verhindern, dass neben mittelalterlichen Kirchen gesichtslose Apartmenthäuser und Billigherbergen in den Himmel wachsen.

In der Hauptsaison, wenn sich zu den Stammgästen aus Deutschland (sie stellen immerhin 62 % der ausländischen Touristen) auch noch die Italiener gesellen, ist nicht einmal mehr eine Hundehütte zu haben, von einem Zimmer gar nicht erst zu reden. Die Frage, womit sich ein Großteil der rund 130 000 Einheimischen den Lebensunterhalt verdient, beantwortet sich somit von selbst.

Glücklicherweise bewahrte sich das Hinterland seine bäuerliche Struktur, nur wenige Kilometer von den Ferienzentren entfernt, finden sich Weingärten, Obst- und Gemüsepflanzungen, Weizen- und Maisfelder. Lediglich der Südfrüchteanbau spielt mittlerweile mehr eine folkloristische als eine wirtschaftliche Rolle.

Zwar wurde in jüngster Zeit einiges unternommen, um die *Limonaie*, sog.

Inseln im See

Wie es sich für einen ordentlichen See mit einer mittleren Tiefe von 136 m gehört, kann »il Garda« auch mit fünf Inseln aufwarten, die sich allerdings samt und sonders in Privatbesitz befinden (Betreten verboten!). Mit 0,09 km² ist die **Isola di Garda** im Westen mit Abstand die größte, die **Isola San Biagio** im Südwesten weist bloß 0,01 km² auf, und die Dimensionen der drei anderen Inselchen – Trimelone, Sogno und dell' Olivo – sind überhaupt kaum mehr der Rede wert.

Gewächshäuser für Zitronen:
die »limonaie«

Zitronen-Serren (hohe, offene Glashäuser), von Limone zu reaktivieren, doch mehr als eine Alibi-Aktion kam bei den Bemühungen zur Rettung der namengebenden, eigenwilligen Architekturdenkmäler nicht heraus.

Die politische Landschaft

Dass sich Italiens politische Landschaft grundlegend geändert hat, daran hat die Bevölkerung im nördlichen Teil der Apenninenhalbinsel keinen geringen Anteil. Die *Lega Nord,* die, wie schon ihr Name besagt, auch um den Gardasee noch immer eine starke Anhängerschaft besitzt, tritt für eine radikale Veränderung der italienischen Verfassung ein. Man möchte nicht mehr mit dem »armen Süden« teilen, den man am liebsten überhaupt loswerden will.

Finanzielle Autonomie und Entmachtung Roms lauten die Slogans, mit denen Lega-Nord-Chef Umberto Bossi auf Stimmenfang geht. Nach den Schicksalswahlen im Frühjahr 1994, als die *Democrazia Cristiana* nach mehr als vier Jahrzehnten fast

ununterbrochener Regierungsverantwortung aufgrund von Korruption und Misswirtschaft ins Bodenlose stürzte und auch als Partei zu existieren aufhörte, saß die Lega Nord einige Monate lang sogar auf der Regierungsbank; freilich am Gängelband des umstrittenen Ministerpräsidenten und Medienzaren Silvio Berlusconi, der mit seiner *Forza Italia* das heimatlos gewordene bürgerliche Lager in Massen erobern konnte. Berlusconis Kabinett ergänzten die Neofaschisten (*Alleanza Nazionale*/AN), die wiederum im Gegensatz zur Lega Nord von einem einigen, starken Italien (manche noch immer unter Einschluss von Istrien) träumen.

Nachdem auch die Sozialisten unter ihrem ehemaligen Parteichef Bettino Craxi im Korruptionssumpf versunken sind, schart sich die linke Szene um die ehemaligen Kommunisten, die als *Democratici di Sinistra* (DS) einen sozialdemokratischen Neuanfang machten.

Unterdessen war der Medienzar Berlusconi über seine Verstrickungen

Steckbrief

Lage: 45,3° und 45,5° nördlicher Breite sowie 10,3° und 10,5° östlicher Länge.
Länge: 51,6 km, **maximale Breite:** 17,2 km, **Umfang:** 115 km, **Oberfläche:** 368 km², **Tiefste Stelle:** 346 m, **Durchschnittstiefe:** 136 m. **Politische Gliederung** in drei Provinzen und Regionen: Nordteil Provinz Trentino (Region Südtirol/Trentino-Alto Adige), Ostufer Provinz Verona (Region Venetien/Veneto), Westteil Provinz Brescia (Region Lombardei/Lombardia).

Der Markuslöwe – Machtsymbol venezianischer Herrschaft

Nach Romano Prodi, dem heutigen Präsidenten der EU-Kommission, und »Altkommunist« Massimo d'Alema übernahm Giulio Amato den Ministerpräsidentensessel. Bei der Wahl 2001 wurden die Karten wieder neu gemischt: Ex-Premier Silvio Berlusconi gewann gegen Roms grünen Bürgermeister Francesco Rutelli und bildet mit seiner Forza Italia und anderen (Mitte-) Rechtsparteien die 59. italienische Nachkriegsregierung.

von Politik und eigenen Geschäftsinteressen gestürzt. Bei den Neuwahlen im April 1996 gewann das Mitte-Links-Bündnis *Ulivo* (Olivenbaum).

Hintergrundwissen über die Kultur, das Alltagsleben und die Mentalität der italienischen Bevölkerung finden Sie in dem Polyglott-Band **Land & Leute Italien.**

Die Marionetten-Republik von Salò

Benito Mussolini, am 25. Juli 1943 gestürzt, verhaftet und wenig später von einem SS-Kommando wieder befreit, träumte am Gardasee von einer »Faschistischen Sozialrepublik«, während die Welt um ihn herum in Trümmer ging. Das Staatsgebilde von Hitlers Gnaden, beim Volk verhasst und von den Partisanen bekämpft, währte keine 20 Monate. Dennoch gebärdeten sich der »Duce« und seine letzten Getreuen, als hätten sie die unumschränkte Macht.

Mussolini residierte mit seiner legitimen Ehefrau Donna Rachele und seinen Kindern in der requirierten Villa Feltrinelli in Gargnano, während in Gardone alto die »signora« Hof hielt, Clara Petacci, die Geliebte des alternden Diktators. Und in Salò spielte man Regierung, deren Einflussbereich mit dem Rückzug der deutschen Truppen von Tag zu Tag geringer wurde. Das Marionetten-Kabinett, von der SS bewacht und bespitzelt, kannte trotz der aussichtslosen Lage keine Gnade und ließ auch »Verräter« aus den eigenen Reihen hinrichten. Pompöse Staatsbesuche bei Hitler täuschten eine heile Welt vor, desgleichen verschiedene Sozialgesetze, die allerdings niemals wirksam wurden.

Mit dem Zusammenbruch der deutschen Front in Norditalien kam das Ende. Es sollte alles andere als heldenhaft für einen Mann sein, der sich die Wiedererstehung des Römischen Imperiums in Glanz und Glorie zum Ziel gesetzt hatte. Als der »Duce« und seine Mätresse wie Strauchdiebe in die Schweiz flüchten wollten, fielen sie am 28. April 1945 in Dongo am Comersee Partisanen in die Hände, die kurzen Prozess mit ihnen machten.

Geschichte im Überblick

Wer zählt die Völker, nennt die Namen – wie die Stürme über den See sind die Völker über das Gebiet rund um den Gardasee hinweggebraust. Veneter, Räter und keltische Stämme bestimmten in den ersten zwei Jahrtausenden vor unserer Zeitrechnung die Geschicke, ehe die Römer kamen.

191 v. Chr. Oberitalien wird zur römischen Provinz Gallia Cisalpina.

89 v. Chr. Verona erhält die Rechte einer römischen Kolonie; den oberitalienischen Gemeinden werden die römischen Bürgerrechte zugestanden.

59–49 v. Chr. Unter Caesars Statthalterschaft entwickelt sich Verona am Kreuzungspunkt strategisch wichtiger Verbindungsstraßen zu einem hochrangigen Handels- und Verwaltungszentrum.

395 n. Chr. Teilung des Römischen Reiches, Norditalien fällt an Westrom (Hauptstadt ab 404 Ravenna).

403 Belagerung von Verona durch die Westgoten unter Alarich.

452 Hunnenkönig Attilas Truppen verwüsten Verona und die Po-Ebene.

476 Ende des Weströmischen Reiches. Der germanische Heerführer Odoaker erobert Italiens Norden.

493 Theoderich der Große (Dietrich von Bern), König der Ostgoten, besiegt Odoaker bei Ravenna.

568–773 Die Langobarden übernehmen die Macht in Oberitalien; Verona wird einer der bedeutendsten Bischofssitze.

774 Karl der Große erobert das Langobardenreich; es erfolgt die Angliederung an das Frankenreich; Karls Enkel Lothar I. regiert ab 817 in Italien.

911–962 Nach dem Ende der karolingischen Herrschaft reißen die sog. Nationalkönige, mächtige Provinzfürsten, die auch mit den Päpsten paktieren, in Italien die Macht an sich. Der deutsche König Otto I. erobert, von Papst Johann XII. zu Hilfe gerufen, 962 erneut Oberitalien, lässt sich vom Papst zum Kaiser krönen und teilt die Mark Verona samt Gardasee Bayern zu.

Ende des 10. Jhs. Die reichen oberitalienischen Städte streben nach Autonomie von den kaiserlichen Beamten, es entstehen unabhängige Stadtrepubliken.

1163 Nach vergeblichen Versuchen von Friedrich I. Barbarossa, die lombardischen Städte unter seine Kontrolle zu bringen, gründen diese die Veroneser Liga gegen den Kaiser, in der auch die Orte des Gardasees vertreten sind. Es kommt zur Bildung des Lombardischen Bundes der oberitalienischen Städte, der sich mit der Veroneser Liga vereinigt und 1176 Barbarossa bei Legnano besiegt. Im Frieden von Konstanz erkennt der Kaiser 1183 die Selbstverwaltung der Städte an.

Geschichte im Überblick

1236–1259 Ezzelino da Romano, Vertrauter Kaiser Friedrichs II., übernimmt die Herrschaft im durch Geschlechterfehden geschwächten Verona und erobert 1258 das papsttreue Brescia.

1277–1387 Die Herrschaft der kaisertreuen Scaliger verschafft Verona und dem Gardaseegebiet einen wirtschaftlichen Aufschwung.

1387–1405 Die Mailänder Visconti erobern die Herrschaft über Verona und den Gardasee. Den Seegemeinden wird das Recht einer gemeinsamen Selbstverwaltung zugestanden.

1405–1521 Venedig erobert Brescia, Verona und den Gardasee.

1796 Napoleon erobert die Lombardei und Venetien. Ein Jahr später fallen im Frieden von Campoformio das westliche Gardaseeufer an die von Napoleon gegründete Cisalpinische Republik, das Ostufer und Verona an Österreich.

1805 Österreich verliert die neuen Besitzungen an Napoleon. Italien, Trentino und Südtirol fallen an Bayern.

1814–1815 Nach dem endgültigen Sturz Napoleons spricht der Wiener Kongress die Lombardei und Venetien wieder Österreich zu.

1848–1866 Die italienische Einigungsbewegung (Risorgimento) drängt vehement auf ein Ende der österreichischen Herrschaft. Nach Niederlagen in Schlachten gegen eine italienisch-französische Armee muss Wien schließlich die Lombardei und Venetien an das 1861 gegründete Königreich Italien abgeben. Das Trentino mit Riva verbleibt noch bei Österreich.

1919 Nach dem Ersten Weltkrieg verliert Österreich im Frieden von Saint-Germain auch das nördliche Gardaseeufer, Trient und Südtirol – das geeinte Italien reicht bis zur Brennergrenze.

1943–1945 Zweiter Weltkrieg: Nach der Landung der Alliierten und dem Sturz des faschistischen Diktators Benito Mussolini zieht sich der »Duce« an den Gardasee zurück und gründet die Republik von Salò. Nach heftigen Kämpfen wird Mussolini auf der Flucht erschossen.

1946 Italien wird Republik.

1996 Das Mitte-Links-Bündnis Ulivo gewinnt die Parlamentswahlen gegen die von Silvio Berlusconi geführte Koalition der Rechten.

2001 Die Parlamentswahlen bescheren dem Medienzar Berlusconi den Sieg gegen Rutelli, Roms grünen Bürgermeister. Damit amtiert in Italien die 59. Nachkriegsregierung – eine rechtskonservative Koalition aus der Forza-Italia Berlusconis, der Allianza Nazionale und der Lega Nord.

2002 Drei Millionen Menschen demonstrieren im April gegen die Regierung Berlusconi.

Kultur gestern und heute

Pfahlbauten und antike Baudenkmäler

Unter dem Einfluss vieler Herren – keltische Stämme, Etrusker, Römer, Ostgoten, Langobarden, Franken, Scaliger und Venetier – ist im Gardaseegebiet eine der vielfältigsten Kulturlandschaften entstanden, wie sie in Europa wohl einmalig ist. Wer Prähistorisches sucht, erkundet die **Felszeichnungen** am Monte Luppia oder die – auch im Museum liebevoll dokumentierten – **Pfahlbauten** am Ledrosee. Überreste aus der Römerzeit, wie etwa eine **Badevilla** mit prächtigen Mosaiken in Desenzano, eine **Thermenanlage** in Sirmione (»Grotten des Catull«) und die **Arena von Verona** lassen die Antike lebendig werden.

Aus prähistorischer Zeit stammen die Überreste von Pfahlbauten

Kirchen und Paläste

Auch für Liebhaber mittelalterlicher Kunst, sei es Architektur, Malerei oder Plastik, liegt rund um den See eine wahre Fundgrube: Schönste Beispiele der Romanik sind die Kirchen San Pietro in Mavino in Sirmione (11. Jh.), Santa Maria in Cisano (8.–12. Jh.), San Severo in Bardolino (11./12. Jh.), San Nicolò in Lazise (12. Jh.) sowie **San Zeno Maggiore** in Verona, das in seiner Stilreinheit einmalige Gotteshaus dieser Epoche in Norditalien. Aus der Übergangszeit von der Romanik zur Gotik stammen der Palazzo del Comune (um 1190) und der Dom Santa Maria Matricolare (1139–1184) in Verona.

Der **Dom von Salò** (1453–1502) und die Kirche **San Francesco** (13. Jh.) in Gargnano sind exemplarische Baukunstwerke der Hochgotik am Lago. Die Renaissance erlebte gerade in Verona eine Hochblüte, Architekten wie Michele Sanmicheli und Fra Giocondo führen diesen Stil zu unerreichter Meisterschaft, wie das Portal des Domes von Salò, die Kirche San Giovanni Battista (15./16. Jh.) in Magugnano (Brenzone), Santa Maria dei Miracoli (1486) in Brescia und die Loggia del Consiglio (1485–1492) in Verona eindrucksvoll beweisen. Zu den wenigen Baudenkmälern des Barock zählen die Pfarrkirchen von Limone und Riva.

Kunst und Kuriositäten

Die Museen können mit kulturhistorischen Leckerbissen aufwarten: In Veronas **Museo di Castelvecchio** präsentiert sich die Malerelite der venezianischen und Veroneser Schule, das **Museo Civico** von **Riva** verfügt über eine bedeutende Bildersammlung des als »Maler des Hochgebirges« bekannt gewordenen Giovanni Segantini (19. Jh.). Skurril ist schließlich die Kuriositätenkollektion des Dichters Gabriele d'Annunzio in dem pompösen Monument **Vittoriale degli Italiani** in Gardone.

Veranstaltungen

Zum Kulturangebot gehören auch die zahlreichen kirchlichen und weltlichen Festivitäten, denn gefeiert wird, wie überall im gastfreundlichen Italien, bei jeder sich bietenden Gelegenheit. Im Sommer gibt es rund um den Gardasee so manche »festa del ospite«, Dorffeste, bei denen die Devisen bringenden Touristen herzlich willkommen sind.

Februar: Großer Karneval von Arco, der um den Faschingssonntag mit Umzügen und buntem Maskentreiben seinen Höhepunkt erreicht.
März: Festa di mezza quaresima in Limone: Etwa drei Wochen vor Ostern wird die Fastenperiode zur »Halbzeit« für einen Tag unterbrochen. Fleisch bleibt zwar weiter tabu, dafür gibt es reichlich – gratis – Fisch, inbesondere frittierte Sardinen.
April: Karfreitagsprozessionen: Nirgendwo anders kommen die Traditionen des italienischen Katholizismus eindrucksvoller zum Ausdruck. In den Dörfern Castelletto di Brenzone und Biazza, wenige Kilometer südlich von Malcesine, wird die Leidensgeschichte Christi von Laienspielern in mit Fackeln beleuchteten Olivenhainen szenisch dargestellt.
Klassische Musik: Von Ostern bis Oktober dauert die Konzertsaison auf der Scaligerburg und im Palazzo dei Capitani in Malcesine mit vorwiegend klassischer Musik. Infos bei Istituzione Malcesine Più, Museo Castello Scaligero, 37018 Malcesine (VR), Tel./Fax 04 56 57 03 33 u. 0963.

Pasqua Musicale Arcense: Österliches Konzertfestival in Arco. Infos bei APT, Viale delle Palme 1, 38062 Arco (TN), Tel. 04 64 53 22 55, Fax 04 64 53 23 53.
Mai: San Filippo Neri: Mit einem Lichterfest am See ehren die Bewohner von Torri del Benaco am 26. Mai ihren Schutzheiligen. Als spektakulärer Höhepunkt werden auf dem See ein Boot in Brand gesteckt und unzählige schwimmende Kerzen entzündet.
Juni: Klassische Musik: von Mitte Juni bis Mitte September in Sirmione. Infos bei APT, Tel. 0 30 91 61 14, Fax 0 30 91 62 22.
Juli: Festa del Pesciolino: Hoch her geht es an einem Sommerwochenende in Limone. Auf der Piazza Garibaldi gibt es gratis leckeren Fisch und Weißwein.
Opernfestspiele in Verona (Juli/August). Von allen größeren Orten werden Busfahrten zu den Aufführungen veranstaltet, die Eintrittskarten sind meist im Preis inbegriffen. Stars à la Pavarotti sind jedoch Wochen im Voraus restlos ausverkauft. Infos bei Ente Arena, Piazza Brà 28, 37121 Verona, Tel. 04 58 05 18 11, Fax 04 58 01 15 66. Theaterkasse, Via Dietro Anfiteatro 6/B, 37121 Verona, Tel. 04 58 00 51 51, Fax 04 58 01 32 87.
Musica Riva: Das Festival in der zweiten Julihälfte ist eine Begegnungsstätte junger Musiker und Sänger mit international anerkannten Künstlern. Neben Meisterkursen wird ein interessantes Konzertprogramm angeboten. Infos bei Musica Riva, Via Mazzini 5, 38066 Riva del Garda (TN), Tel. 04 64 55 40 73 u. 04 64 52 00 00, Fax 04 64 52 06 83.

Aus Küche und Keller

Regionale Spezialitäten

Ein harmonischer Dreiklang herrscht nicht nur in der Regionalpolitik, sondern auch in Küche und Keller. Wer sich die Mühe macht, ein wenig ins Hinterland vorzudringen, wird neben der internationalen Touristenküche eine faszinierende kulinarische Landschaft entdecken. Mit deftigen Spezialitäten wie *carne salata e fagioli* (gepökeltes Rindfleisch mit Bohnen) oder *pancetta con polenta* (Bauchspeck mit Mais-Polenta) trumpft das gebirgige Trentino auf. Am Veroneser Ostufer wird mit *risotti* (Reisgerichten) in allen möglichen Variationen Venetien vertreten, während sich die lombardische Kochkunst an der westlichen Seite mit in Wein geschmortem *ossobuco* (Kalbshaxe) oder *cotoletta alla Milanese* (Original der als Wiener Schnitzel zu Weltruhm gelangten Speise) einstellt.

Zum kulinarischen Standardrepertoire gehört natürlich Fisch: *Carpione*, die sündteuren Gardasee-Forellen, fangfrisch herausgebraten, sollte sich keiner entgehen lassen. Köstlich munden als antipasto aber auch *alborelle* (kleine frittierte Sardinen).

Tipp Meist speist man in soliden Familienbetrieben ebenso gut wie in den Gourmettempeln erster Qualitäts- und Preisklasse.

Mancher Urlauber wird am Lago seinen Gürtel bald weiter schnallen. Dafür sorgen eine Unzahl von Eisdielen, Konditoreien und Bars, die mit ihren bunten Sonnenschirmen die Promenaden aller Gardasee-Orte säumen.

Drodesera-Festival: Modernes Tanztheater kann man im Rahmen des Trentino-Festivals in der romantischen Altstadt von Dro bei Riva erleben. Infos bei APT, Giardini di Porta Orientale 8, 38066 Riva del Garda (TN), Tel. 04 64 55 44 44, Fax 04 64 52 03 08.

Sommerkonzerte in Torbole: Im Pavese-Park finden im Sommer Klassik- und Jazzkonzerte sowie Abende mit Unterhaltungsmusik statt. Infos bei APT, Via Lungolago Verona 19, 38069 Torbole, Tel. 04 64 50 51 77, Fax 04 64 50 56 43.

Fiera S. Maria Maddalena (22. 7.): großer Flohmarkt am Seeufer von Torbole zu Ehren der Schutzpatronin.

Festa di Sant'Anna (26. 7.): Den Festtag zu Ehren der Schutzheiligen von Malcesine schließt ein Riesenfeuerwerk ab.

Estate Musicale: Konzerte klassischer Musik ab Juli in Salò.

August: Festa di Sant'Ercolano (11. 8.): Fest des Stadtheiligen mit Feuerwerk in Toscolano-Maderno.

Palio delle contrade (15. 8.): großer Ruderwettkampf der Bewohner der einzelnen Stadtteile von Garda.

Festa dell'Ospite: Regatten und Feuerwerk verschönern Ende August den Aufenthalt in Salò. Auch in Malcesine findet Unterhaltung mit Tanz und Gesang statt.

September: Sagra dei Osei (Anfang Sept., meist 8. u. 9.): Sänger pfeifen und tirilieren in Cisano bei Bardolino mit den ausgestellten Vögeln um die Wette.

Oktober: Festa dell'uva: Traditionelles Weinfest am ersten Oktober-Wochenende in Bardolino.

Harmonischer Dreiklang herrscht auch in Küche und Keller

Die Speisenfolge

Ein *antipasto* (kalte oder auch warme Vorspeise) eröffnet traditionsgemäß ein italienisches Menü, gefolgt vom *primo piatto* (wörtlich: erster Teller; entweder »pasta« – Teigwaren – oder »risotto« – Reis). Solcherart gesättigt, fällt der Hauptgang *(secondo piatto)* klein, aber fein aus: Fleisch, Fisch oder Meeresfrüchte, gegrillt, frittiert oder gebraten (nur selten gekocht), dazu Gemüse beziehungsweise Salat. Statt Knödel, Nudeln oder Kartoffeln isst man Weißbrot, das übrigens pauschal mit dem obligaten Preis für ein Gedeck *(coperto)* bezahlt wird.

Wenn auch Obst als Nachtisch üblich ist, lauert die Verführung zu süßen Sünden überall: Vom Löffelbiskuitkuchen *tiramisù* über allerlei weitere Kuchen bis zur Schokoladentorte mit »gekochter« Zabaione (Eierflip) – *torta al cioccolato con zabaione cotto* – reicht die kalorienträchtige Palette.

Wein, wie ihn Roms Kaiser liebten

Um die Güte der Trauben auf den Hügeln rund um den Gardasee wuss-ten bereits die alten Römer Weinseliges zu besingen. Niemand Geringerer als ihr großer Poet Vergil (70 bis 19 v. Chr.) rühmte in wohl gesetzten Versen den »Rhaeticus«, den Lieblingstropfen von Kaiser Augustus.

Unter den Namen *Bardolino, Valpolicella* und *Soave* brachte es der herrliche Wein aus der Veroneser Heimat des römischen Dichters Catull in unseren Tagen zu Weltruhm und trug vielleicht mehr zum Bekanntheitsgrad dieses fruchtbaren Landstrichs bei als alle noch so einzigartigen Kunstschätze zusammen.

Außerordentlich beliebt sind die Weine aus der südlich von Sirmione kultivierten Trebbiano-Traube, aus der auf dem geschichtsträchtigen Boden von *Custoza* ein gleichnamiger trockener Weißer gewonnen wird. Doch auch ein Roter oder Rosé dieses Markenzeichens, ab Hof von Bauern wohlfeil verkauft, ist durchaus nicht zu verachten.

Als Klassiker unter den Rotweinen des Gardasees gilt unangefochten der purpurfarbene *Bardolino,* den man in allen Qualitätsklassen bei einer Winzer-Tour auf der ausgeschilderten Weinstraße im Hinterland des Südostufers verkosten und auch erstehen kann. Ein leichter, spritziger Rosé wiederum wächst im lieblichen Valtenesi-Gebiet im Norden von Desenzano, erwähnt seien noch der schwere Weiße *Tocai del Garda* und der vielseitige *Recioto* aus dem Valpolicella.

Urlaub aktiv

Wenn die Windsurfer in Torbole und Umgebung einfallen, bleibt kaum mehr ein Fleckchen Wasser übrig, in dem sich gefahrlos schwimmen lässt. Denn Surfen ist dank der günstigen Winde im nördlichen Teil des Gardasees zum Sport Nummer eins avanciert. Am frühen Morgen lassen sich die Bretter-Artisten vom *Tramontana*, auch Sovèr genannt, gegen Süden treiben und nachmittags von der *Ora* wieder kraftvoll heimblasen. Den vertriebenen Badegästen zum Trost: Die Wassertemperaturen sind im südlichen Teil wesentlich höher als im Norden. Aber auch Nichtsurfer finden rund um den See ein reiches Angebot für Aktivurlaub.

»Wintersaft, trinkbarer Purpur, Veilchennektar«

Wie die herben *Recioti* aus Negrar, die würzigen aus Valgatara, die vollmundigen aus Arbizzano oder die blumigen aus Grola gewonnen werden, lässt sich bei Cassiodor, dem römischen Staatsmann, Schriftsteller und Gelehrten des 6. Jhs. vortrefflich nachlesen:

»Erst im Dezember, wenn alle Keller sonst schon ihren Wein lagern haben, strömt hier der neue; Wintersaft, trinkbarer Purpur, Veilchennektar. Die Traube erleidet nicht die Misshandlung durch tretende Füße, sondern zart wird der Saft ausgedrückt, damit die Flüssigkeit edel herausquillt; sie fließt, wenn das Wasser zu Eis wird, ist fruchtbar, wenn die Felder keine Frucht geben, eine heitere leichte Träne, denn außer dem Wohlgeschmack gibt seine Schönheit einzigartige Freude.

Der andere Wein, der weiße, hat die Helle eines milchigen Getränks, durchsichtige Reinheit und schöne Klarheit, als sei er aus Lilien gepresst wie der andere aus Rosen.«

Angeln

Ehe man seine Angelrute auswirft, muss man einen staatlichen Angelschein für Ausländer für rund 20 € erwerben, der drei Monate in ganz Italien gültig ist. Erst dann stellt die jeweilige Ortsbehörde einen Tagesschein aus. Schwarzfischerei wird streng bestraft.

> Angelscheine für Ausländer: **Ispettorato Distrettuale Forestale,** Centro Vommerciale 2000, Via S. Nazzaro 2d, 38066 Riva del Garda, Tel. 04 64 55 23 38,. Sie bekommen den Angelschein aber auch in vielen Sportgeschäften.

Freizeitparks

Hier kommen vor allem Kinder auf ihre Kosten – allerdings auch die Betreiber der großzügigen Anlagen.

Gardaland, das Nonplusultra für alle, die Disney World noch nicht kennen

Acquapark Altomincio

Vergnügungswasserpark mit sieben Rutschen, sechs Schwimmbecken, Wasserkinderspielen und weiten Grünanlagen. 19. Mai bis 8. Sept. tgl. 10–19 Uhr (Salionze sul Mincio, südl. von Peschiera, Tel. 04 57 94 51 31).

Caneva World

Größter Wasserpark Italiens (etwa 300 000 m²) mit kilometerlangen Rutschbahnen, Lagunen, Wasserspielen, Wellenbad, Sportanlagen und einer Eislaufbahn (nur im Winter). Täglich Vorführungen von Wasserski und Turmspringen. Verschiedene Restaurants, ein Shopping-Center und Filmstudios zum Mitmachen versprechen Vergnügen pur. Mitte Mai bis Mitte Sept. tgl. 10–19 Uhr (an der Gardesana-Straße), Tel. 04 57 59 06 22, Fax 04 57 59 07 99; www. canevaworld.it

Cavour-Park

Ein schöner Meeresstrand mit Palmeninsel, wo man es nicht erwartet. Eine raffiniert angelegte Freizeitanlage auf 150 000 m² mit tropischer Vegetation, 5 Schwimmbecken, Sportanlagen, Restaurant und Einkaufszentrum. 26. Mai–1.Sept. tgl. 9.30–19 Uhr, Wasseranlagen, Restaurant und Park bis 24 Uhr, Valleggio sul Mincio/Ariano, Tel. 04 57 95 09 04, Fax 04 56 37 06 18, www.parcoacquatico cavour.it)

Gardaland

Das Nonplusultra für alle, die Disney World noch nicht kennen. Der kleine Bruder des großen US-Vergnügungsparks wartet mit perfekt organisierten Veranstaltungen wie Delphinshows, artistischen Vorführungen, Tänzen, Paraden und einer phantasiereichen Abenteuerwelt von den Geheimnissen des Alten Ägypten bis zu Piratenschiffen und einem Wildwest-Dorf auf. Auch Karussells, Achterbahnen und andere Kirmesattraktionen fehlen nicht. (An Wochenenden, vor allem in der Hochsaison, allerdings hoffnungslos überfüllt.)

Ende März bis Mitte Sept. tgl. 9.30 bis 18 Uhr, im Oktober nur Mo–Fr 9.30–18 Uhr; Mitte Juni bis Sept. 9–24 Uhr (Gardesana-Straße, 3 km von Peschiera, Richtung Lazise).

i **Gardaland-Kundendienst,** loc. Ronchi, 37014 Castelnuovo del Garda, Tel. 04 56 44 97 77, Fax 04 56 40 12 67; www.gardaland.it

Natura Viva Park

Der Tierpark erstreckt sich über ein 24 ha großes Hügelgelände. Zu besichtigen sind per Autosafari sowie zu Fuß mehr als 2000 exotische Tiere, ein botanischer Garten, eine Reptiliensammlung sowie ein Saurierpark mit eindrucksvollen Nachbildungen. März bis Mai, Okt. tgl. 9–16 Uhr; Juni, Juli, Sept. tgl. 9–17 Uhr; August tgl. 9–19 Uhr; November 9–16 Uhr, Mi geschl. (Bussolengo-Pastrengo).

 **Park-Direktion,**
Tel. 04 57 17 01 13, Fax 04 56 77 02 47, www.parconatura viva.it

Rio-Valli-Park

Dieser Wasserpark mit 60 000 m² Fläche bietet zehn Wasserrutschbahnen, diverse Sportanlagen und zwei große Schwimmbecken. Öffnungszeiten: Mai bis Sept. tgl. 10–19 Uhr (Cavaion Veronese, loc. Fosse, 1 km von der Ausfahrt Affi der Brennerautobahn, Tel. 04 57 23 55 19).

Sigurtà-Gartenpark

Für alle, die dem Trubel entfliehen wollen. 50 ha große, äußerst gepflegte Anlage in hügeligem Gelände mit üppiger Vegetation. Der Park ist nur mit Auto zu besichtigen, von Parkplätzen aus Wanderungen über kilometerlange Wald- und Wiesenwege möglich. Öffnungszeiten: März bis Nov. tgl. 9–18/19 Uhr (Valeggio sul Mincio, Tel. 04 56 37 10 33, Fax 04 56 37 09 59; www.sigurta.it).

Golf

Der Golfsport hat auch am Gardasee immer mehr Anhänger gefunden. Derzeit gibt es fünf Plätze, teilweise mit herrlichem Seeblick.

Golfplätze

▪ **Arzaga Golf Club** (27 Loch): Cavalgese della Riviera, loc. Carzago, Tel. 0 30 68 06 00.
▪ **Ca' degli Ulivi** (18 Loch Championship, 9 Loch Executive): Costermano, loc. Marciaga, Tel. 04 56 27 90 30.
▪ **Golf Club Verona »Ca del sale«** (18 Loch): Sommacampagna/Verona, Tel. 0 45 51 00 60 (Prov. Verona).
▪ **Country Club Gardagolf** (27 Loch): Soiano del Lago, Tel. 03 65 67 47 07;
▪ **Circolo Bogliaco** (9 Loch): Toscolano-Maderno, Tel. 03 65 64 30 06 (Prov. Brescia).

Klettern

Zentrum des Klettersports ist **Arco** im Sarcatal. Näheres unter: www.garda. com/guidealpine/Klettern.htm.

 **APT,** Viale delle Palme 1, 38062 Arco, Tel. 04 64 51 61 61, Fax 04 64 53 23 53.

Mountainbiking – die schönsten Touren

Die Wege und Saumpfade im gebirgigen Hinterland des Gardasees (ausgenommen das Südufer) eignen sich hervorragend zum Mountainbike-Fahren, allerdings nicht im Winter, wenn viele Bergstraßen gesperrt sind. In allen Fremdenverkehrsorten gibt es Verleihstellen.

Tipp Die Seilbahn von Malcesine auf den Monte Baldo befördert auch Mountainbikes. Man kann sich so den schweißtreibenden Aufstieg ersparen und die Abfahrt pur genießen.

Höhenweg über das Monte-Baldo-Massiv

Ausgangspunkt ist Mori (204 m) an der Nationalstr. 240 zwischen Torbole und dem Etschtal. Die Strecke führt auf der durchgehend asphaltierten Provinzstr. 32 über Brentonico und San Giacomo nach San Valentino. Dann kommt man über Passo Canaletta (1617 m), Bocca di Navene (1430 m) und Rif. Novezzina (1260 m) nach Ferrara di Monte Baldo (856 m). Über Caprino Veronese und Costermano geht es nach Garda (65 km, 5 Std., Höhenunterschied 1400 m, mittelschwer).

Monte Tremalzo

Die Etappe Riva del Garda (73 m) – Molina di Ledro – Pieve di Ledro (668 m) – Bezzecca – Tiarno di sopra (749 m) – Passo d'Ampol – Passo di Tremalzo (1665 m) ist durchgehend asphaltiert. Die letzte Steigung (Sandstraße) gibt es zunächst bis zum Rif. Garda (1708 m), einer sympathischen, gut bewirtschafteten Hütte, die sich ideal zu längerer Rast eignet (traumhafter Fernblick!). Nach einem Stückchen bergan erfolgt die steile

Abfahrt über Voltino zurück nach Limone (30 km, 4 Std., Höhenunterschied 1650 m, schwieriger).

Lago d'Idro

Start ist in Gargnano (98 m), am Westufer des Gardasees. Die Route: Navazzo (487 m) – Lago di Valvestino (503 m) – Capovalle (932 m) – Idrosee (360 m, bis dahin durchgehend asphaltiert) – Trebbio/Vico (680 m) – Eno – San Martino (373 m) – Vobarno – Tormini – Salò – Gargnano (80 km, 5 Std., Höhenunterschied 840, mittlere Schwierigkeit).

Tipp **Ok Surf** in Gargnano bietet neben Windsurfkursen auch geführte Mountainbiketouren und Training an (Adresse s. S. 258).

Paragliding

Die Seilbahnen Malcesine–Monte Baldo und Prada–Costabella, die in wenigen Minuten die Abflugplätze in 1600–1800 m Höhe erreichen, ermöglichen es, mehr als einen Flug pro Tag zu absolvieren.

i **Volo Libero Alto Garda,** Via Segantini 28, 38062 Arco, Tel. 04 64 53 10 80, Fax 04 64 51 80 26, www.arcobalenofly.com. Das Gleitschirmzentrum veranstaltet Kurse und Tandemflüge und vermietet auch die Ausrüstung.

Radfahren

Das milde Klima im Winter erlaubt die Ausübung des Radsports das ganze Jahr über. Wer nicht gerade über hohe Bergpässe strampeln will, für den eignet sich das relativ flache, idyllische Gebiet südlich des Gardasees.

Reiten

Ob zahme Gäule für Anfänger oder temperamentvolle Hengste für Könner – jeder findet in den Reitställen rund um den See, was er sucht. Die schönsten Reitwege liegen im Hügelland hinter Garda, auf den Abhängen des Monte Baldo, in der Ebene bei Peschiera und in den grünen Auen des Mincio-Flusses.

Rund fünzig Reitställe bieten Kurse und Ausritte von einer Stunde bis einer Woche für Anfänger und Fortgeschrittene.

Reitställe und -schulen
▮ *Provinz Trento:* **Club Ippico,** San Giorgio di Fronte Arcese, Tel. 04 64 55 69 42.
▮ *Provinz Verona:* **Rossar,** Costermano, loc. Marciaga, Tel. 04 56 27 90 20 (deutsche Leitung), ganzjährig; **Forte Belvedere,** Castelnuovo del Garda, Tel. 04 56 40 00 41; **Agriturismo Lecaldane,** Fam. Jucke, Colà, Tel. 04 57 59 03 00.
▮ *Provinz Brescia:* **Scuderia Castello,** Toscolano-Maderno, Tel. 03 65 64 41 01; www.lagodigarda.it/italiano/equitazione.htm

Tauchen

▮ **Gruppo Sommozzatori Fips,** Porto San Nicolò, Riva, Tel. 04 64 55 51 20; Sommerkurse.

Segeln und Surfen

Die besten Windverhältnisse finden sich im nördlichen Teil des Sees bis etwa zur Höhe von Malcesine. Torbole hat sich dank der steifen Brisen zu Italiens wichtigstem Surfrevier entwickelt. Anfänger sollten es weiter südlich, etwa in Torri del Benaco, versuchen, wo gemäßigte Winde herrschen (Boots- bzw. Surfbrettverleih).

Segelschulen
▮ **Stickl Sportcamps,** Via Gardesana 32, 37918, Malcesine, Tel./Fax 04 57 40 16 97, www.stickl.com. Segelkurse für alle Altersklassen, Segelscheine etc.
▮ **Sailing Center Hotel,** Ortsteil Campagnola, Malcesine, Tel. 04 57 40 00 55, Fax 04 57 40 03 92. Deutschsprachige Segelkurse.

Windsurfschulen
▮ **Vasco Renna Professional Surf Center,** Torbole sul Garda, Parco Pavese, Tel. 04 64 50 59 93, Fax 04 64 50 62 54, www.vasco renna.com. Größte Surfschule, deutschsprachiges Kursangebot.
▮ **Nautic Club,** Riva, Hotel du Lac, Lungolago dei Pini 7, Tel./Fax 04 64 55 24 53 (deutschsprachig); www.nauticclubriva.com

▮ **Sunrise,** Malcesine, loc. Coal,
Tel. 01 71/4 10 85 44, www.vdws.de/
sunrise.htm (deutschsprachig).
▮ **Ok Surf,** Gargnano, Parco Fonta-
nella, Tel./Fax 03 65 79 00 12,
ok.surf@tin.it (deutschsprachig).
▮ **Segnana Surf,** Torbole,
Tel. 04 64 50 59 63, Fax 04 64 50 54
98, www.surfsegnana.it (deutschspra-
chig).
▮ **Windsurf-School Martini,** Sirmione,
Tel. 03 30 76 72 36 (deutschsprachige
Kurse).

Wandern – Tourenvorschläge

Die Berge des Gardaseegebietes sind
durch gut markierte Wege und bewirtschaftete Hütten *(rifugio)* perfekt
erschlossen. Genaue Wanderkarten
erhält man in den APT-Büros, die auch
über geführte Wanderungen informieren. Notwendig sind feste Schuhe,
Pullover und Windjacke.

Monte-Baldo-Höhenweg

Eine reiche Flora und atemberaubende Ausblicke: Ausgangspunkt ist die
Bergstation (1752 m) der Seilbahn von
Malcesine (im Sommer 8–19.30 Uhr,
im Winter kürzer). Der Weg Nr. 651
führt in 4 Std. zum Monte Maggiore,
auch Punta Telegrafo genannt (Hütte:
Rif. Barana).

Monte Pizzocolo

Der das Westufer dominierende Berg
(1581 m) ist am besten von San Michele, einem Ortsteil von Gardone, zu
bezwingen (ca. 4 Std.).

Corno della Marogna

Knapp zweistündige, bequeme Wanderung durch eines der pflanzen-
reichsten Gebiete. Start vom Rif. Garda (1708 m, mit Auto von Riva über
Lago di Ledro und Passo di Tremalzo).

Unterkunft

🏠 Vom **Campingplatz** bis zur **Lu-
xusherberge,** vom einfachen
Privatzimmer bis zum teuren **Apart-
ment** reicht das Angebot, das im
August an seine Grenzen stößt. Es
empfiehlt sich, einen Urlaub in der
Hauptsaison länger im Voraus zu buchen. Da die Hoteliers nicht in erster
Linie auf Klasse, sondern eher auf
Masse setzen, sind die Fünf-Sterne-
Häuser rar gesät, doch wird auch in
den niedrigeren Kategorien jeglicher
Komfort geboten. Die meisten Herber-
gen in der mittleren bis gehobenen
Klasse sind mit Swimmingpools, Kli-
maanlagen und Satelliten-TV ausgestattet und familiengerecht eingerichtet. Ruhig und beschaulich geht es in
den Orten im Hinterland zu. Hier findet man preiswerte kleine Hotels,
Pensionen und Fremdenzimmer auf
Bauernhöfen *(agriturismo).*

Jugendherbergen gibt es nur in
Riva (s. S. 284) und Verona (s. S. 272).

ℹ️ **APT** Brescia (s. S. 280),
Verna (s. S. 272) und
Garda Trentino in Riva (s. S. 283).

Teurer Seeblick

Die Preise für jede Art von Unterkunft – auch für Campingplätze –
richten sich nach der Entfernung
zum See. Wer direkt am Wasser
residieren will, muss tiefer in
die Tasche greifen. Seenähe bedeutet allerdings meistens auch
mehr Lärm, besonders am Ostufer, wo sich eine viel befahrene
Straße zur Umweltqual entwickelt hat (an großzügigen Umfahrungen wird gebaut).

Reisewege und Verkehrsmittel

Anreise

Mit dem Auto

Die Hauptroute zum Gardasee führt über die Brennerautobahn (A 22, mautpflichtig). Wer den nördlichen Teil des Sees ansteuert, verlässt die Autostrada bei der Ausfahrt Rovereto Sud/Lago di Garda Nord, den südlichen Teil erreicht man über die Ausfahrt Affi, die durch eine Schnellstraße mit Peschiera verbunden ist. Diese erspart den Umweg über das Autobahnkreuz Verona, über das man auf die A 4 (Venedig–Mailand) gelangt. Die A-4-Ausfahrt Desenzano führt schließlich auf die Westufer-Straße.

Bequemere Alternativen, als möglicherweise im Stau zu stecken (Inntal- und Brennerautobahn sind dafür berühmt-berüchtigt), stellen die **Autoreisezüge** dar. Diese verkehren im Sommer zwischen Berlin, Hamburg, Hannover, Köln, Neu-Isenburg und Bozen sowie Dortmund, Frankfurt/M., Hamburg, Hannover, Köln und Verona. Rechtzeitige Reservierung erforderlich!

Mit dem Zug

Mehrmals täglich gibt es direkte Verbindungen von Deutschland und Österreich (beide via Innsbruck und Brenner) sowie von der Schweiz (über Mailand). Ein Eurocity, der in München startet, trägt sogar den Namen »Garda«. Er ist in knapp fünf Stunden in Rovereto (Zielbahnhof für den Nordteil des Sees), eine Stunde später in Verona (direkte Busverbindungen zu allen Seeorten) und nach weiteren 25 Minuten in Desenzano. Aber Vorsicht: Nicht alle Schnellzüge halten in den Gardasee-Gemeinden Peschiera, Sirmione und Desenzano.

Mit dem Flugzeug

Der Flughafen Verona wird von München, Wien und Frankfurt/M. aus regelmäßig mit Linienmaschinen angeflogen. Etwas umständlicher ist ein Flug über Mailand oder Venedig, da man dann entweder ein (teures) Taxi nehmen oder per Bahn weiterfahren muss.

Rund um den Gardasee

Mit dem Auto

Das Straßennetz rund um den Gardasee ist ausgezeichnet, doch sollten Autofahrer, die mit engen, kurvenreichen Bergstrecken Probleme haben, diese besser meiden. Auf der Gardesana am Westufer, einer kühn angelegten Straße mit unzähligen, meist unbeleuchteten Tunneln, darf nur an den dafür vorgesehenen Plätzen angehalten und geparkt werden.

Die Tempolimits betragen im Ortsgebiet meist 50, auf Staats-, Regional- und Gemeindestraßen 90, auf Schnellstraßen 90 bzw. 110 und auf Autobahnen 130 km/h. Auch tagsüber ist auf Autobahnen das Licht einzuschalten.

An **Tankstellen** (in der Regel Mo–Sa 8–12.30 und 15/16–19/20 Uhr, Sonn- und Feiertagsdienst im Turnus) gibt es keinen Mangel. **Pannenhilfe** erhält man im ganzen Land unter Tel. 116 (Pannendienst des Automobile Club d'Italia – ACI). Sie ist für Ausländer nur gratis, wenn man einen Auslandsschutzbrief vorweisen kann.

Im Falle eines Unfalles sollte unbedingt die Polizei zu Hilfe geholt werden (Carabinieri: Tel. 112), weil sonst Schadenersatzansprüche zu einem oft jahrelangen Rechtsstreit werden.

Name und Adresse der Versicherung jedes italienischen Unfallgegners sind aus dem hinter der Windschutzscheibe angebrachten Versicherungsschein ersichtlich.

Leihwagen verschiedener Verleihfirmen sind in allen Fremdenverkehrsorten erhältlich. Preisvergleiche sind aber ebenso zu empfehlen wie rechtzeitige Reservierungen.

Mit dem Bus

Die Orte rund um den Lago di Garda, aber auch jene im Hinterland, sind durch Linienbusse der APTV (Azienda Provinciale Trasporti Verona) gut erschlossen. In der Hochsaison verkehren die Busse etwa jede Stunde. Bahnreisende finden Busanschluss in Rovereto (nach Riva und Torbole; Infos bei Atesina, Tel. 04 64 43 37 77) und in Verona (Endstation der Gardasee-Buslinien gegenüber dem Bahnhof; APTV, Tel. 04 58 05 78 11).

Tipp Fahrpläne liegen in den Touristen-Informationsbüros aus.

Mit dem Schiff

Alle wichtigen Orte am See sind durch ein Netz pünktlich verkehrender Fährlinien (Personen- und Fahrzeugtransport) verbunden. Teilweise fahren auch schnelle Tragflügelboote sowie Katamarane. Die Hauptorte werden etwa stündlich angesteuert. Einige der Boote verfügen über ein eigenes Bordrestaurant.

Eine Fahrt von Desenzano nach Riva dauert ungefähr viereinhalb Stunden.

Tipp Wenn man ans andere Ufer möchte, ohne wieder um den halben See zu fahren, empfiehlt sich die **Autofähre,** die ganzjährig zwischen Torri del Benaco am Ost- und Toscolano-Maderno am Westufer pendelt (ca. 8.40/8–20.10/19.30 Uhr, alle 40 Minuten, Fahrzeit rund 30 Min.).

i **Navigazione sul Lago di Garda,** Piazza Matteotti 2, 25015 Desenzano, Tel. 03 09 14 95 11.

Kreuzfahrten

Im Sommer werden täglich Kreuzfahrten mit Tanzmusik veranstaltet, an Wochenenden auch nächtliche Ausfahrten mit einer Pianobar an Bord.

Zwei alte Belle-Époque-Dampfer, die »Italia« (Baujahr 1902) und die »Zanardelli« (1903), stehen außerdem für nostalgische Vergnügungfahrten zur Verfügung.

**Verona

Seite
266

Die Liebenswerte

Liebenswert, kein anderes Attribut passt besser zu jenem Ort, an dem sich das Schicksal des berühmtesten Liebespaares der Weltliteratur erfüllte. Darüber hinaus ist die Heimat von Romeo und Julia heiter und elegant, gemütlich und intim. Mit vornehmer Gelassenheit erträgt die rund 260 000 Einwohner zählende Stadt den alljährlichen Ansturm Hunderttausender Touristen und Festspielebesucher. Adel verpflichtet eben, und auf seine uralte Abstammung pocht Verona auf Schritt und Tritt. Nicht nur die Römer hinterließen ihr Erbe in der einstigen Keltensiedlung, auch viele andere Hauptdarsteller auf der Bühne des politischen Welttheaters machen einen Spaziergang zum historischen Exkurs.

Wuchtige Mauern umgeben das Amphitheater aus römischer Zeit

einem Verwaltungs- und Handelszentrum. Mit der »pax Romana«, dem römischen Frieden, war es endgültig vorbei, nachdem der Germanenführer Odoaker im Jahr 476 Roms letzten Kaiser abgesetzt und die Völkerwanderung begonnen hatte. Kurz darauf übernahmen dann die Ostgoten die Macht.

Geschichte

Römische Kolonie

Verona ist eine Schönheit mit Vergangenheit: Wer auch immer die Alpen an einem der strategisch günstigsten Punkte überquerte, kam an der etschumschlungenen Niederlassung nicht vorbei. Das war bereits zur Zeit der Gallier so. Ihrer geographischen Schlüsselposition verdankt die auf drei Seiten vom Fluss geschützte Stadt frühen Reichtum, aber auch so manch stürmische Epoche. Veronas »Goldenes Zeitalter« währte ebenso lang wie die Römerherrschaft im heutigen Norditalien. Vom 1. Jh. v. Chr. bis zur Mitte des 5. Jhs. n. Chr. genoss die Metropole an der Etsch als *Colonia Augusta* in der Provinz Gallia Cisalpina römisches Stadtrecht und erblühte zu

Karolinger und Kaisertreue

Nach den Goten kamen die Byzantiner, die von den Langobarden hinausgeworfen wurden. Diese wiederum mussten ihr Territorium dem beständig wachsenden Frankenreich unter Karl dem Großen abtreten. Als der Glanz der Karolinger erlosch, konnten einheimische Kräfte wieder an Gewicht gewinnen, und Verona arrangierte sich wieder einmal mit neuen Herren, den Ottonen.

Anschließend spielte sich vor den Toren der Stadt ein Kampf in ganz anderen Dimensionen ab: Kaiser- und Papsttum rangen verbissen um die Vorherrschaft. Allerorten spaltete sich die Führungsschicht in Guelfen (Anhänger des Papstes) und Ghibellinen (Kaisertreue). Verona schlug sich auf die ghibellinische Seite, was es freilich nicht daran hinderte, den ersten

Seite 266

Städtebund der Lombardei gegen den Stauferkaiser Friedrich I. Barbarossa zu organisieren.

Die Herrschergeschlechter Della Scala und Visconti

Den reich gewordenen Patrizierfamilien ging es aber im Grunde weder um Rom noch um die Reichskrone, sondern um Geld. Man setzte auf jenen, der die meisten Privilegien versprach, denn diese bedeuteten im Mittelalter bare Münze. Nach einem blutigen Intermezzo unter Ezzelino III. da Romano, der als Schwiegersohn des großen Stauferkaisers Friedrich II. 1236 ein brutales Gewaltregime an der Etsch errichtet hatte, war das Maß für die Veroneser voll. Sie sollten allerdings bloß vom Regen in die Traufe kommen, als sie 1277 der Familie della Scala in einer Volkswahl für mehr als ein Jahrhundert die Stadtregentschaft übergaben. Wie schlimm auch immer die Zeiten unter der Tyrannei gewesen sein mögen, so prägten die Scaliger mit ihren Burgen und Schlössern in und um Verona wie kein anderes Geschlecht das Bild von Stadt und Land bis zum heutigen Tag. Nur knapp zwei Jahrzehnte bestimmte anschließend das Mailänder Fürstenhaus Visconti die Geschicke der Etschmetropole.

Venezianer und Habsburger

Mit der freiwilligen Unterstellung Veronas unter die schützende Hand Venedigs kehrte schließlich 1405 der lang ersehnte Friede ein, der bis 1796 anhielt und erst mit der Kapitulation der Lagunenstadt vor Napoleon sein Ende fand. 1814 fiel Verona nach der Niederlage Bonapartes in die Hände der Österreicher, die mit dem Ausbau der mittelalterlichen Stadtmauern ein nahezu uneinnehmbares Bollwerk in der für das Haus Habsburg strategisch so günstigen Lage schufen. Doch es nützte Kaiser Franz Joseph alles nichts, 1866 konnte er die Einigung Italiens nicht verhindern. Aber erst am 3. November 1918 war es mit den Träumen von einem österreichischen Verona für immer vorbei, das Ende des Ersten Weltkriegs bedeutete gleichzeitig das Aus für jegliche Machtansprüche der Habsburger auf Italien.

Weg 1

Das Zentrum

Für den nicht nur längsten, sondern auch an Sehenswürdigkeiten reichsten Spaziergang, der von der Piazza Brà quer durch die Innenstadt in der Etschschleife führt, müssen mindestens zwei Stunden veranschlagt werden; ideal wäre ein halber Tag.

Tipp Die Vereinigung Lebendige Kirchen (*chiese vive*) hält die Kir-

Romeo und Julia

»Denn nie gab es eine Geschichte von größerem Leid als die von Julia und ihrem Romeo.«
(William Shakespeare)

Von allen Mädchen Veronas erhält die Signorina Giulietta Capuleti in der Via Cappello 23 die meisten Liebesbriefe. Dass die Adressatin seit Jahrhunderten nicht mehr unter den Lebenden weilt, kann die Verehrung nicht mindern. Alljährlich pilgern Tausende Besucher nach Verona, um die historischen Schauplätze der tragischen Liebesgeschichte zwischen Julia und ihrem Romeo aufzusuchen.

Seite
266

chen San Zeno, San Lorenzo, den Dom, Sant'Anastasia und San Fermo Maggiore werktags durchgehend und So/Fei nachmittags offen und bietet ein verbilligtes Sammelticket an.

Die **Arena ❶
an der Piazza Brà

Größer als das um 50 n. Chr. errichtete Amphitheater an der *Piazza Brà* (im Mittelalter Holz- und Getreidemarkt) ist nur das Kolosseum in Rom und das Amphitheater von Capua in Kampanien: Ursprünglich 152 m lang, 123 m breit und für 30 000 Zuschauer gebaut, umfasst die Arena nach diversen Erdbeben immer noch eine Länge von 138 m und eine Breite von 109 m und kann über 20 000 Menschen aufnehmen (Öffnungszeiten: tgl. außer Mo 9–18.30 Uhr, Ende Juni/Aug. nur 9–15 Uhr).

Gegenüber der Arena markieren zwei venezianische Torbögen aus dem

Unsterbliche Julia – Pilgerziel
seit über 700 Jahren

15. Jh. – die **Portoni della Brà** – den Beginn des breiten Corso Porta Nuova. In dem lang gestreckten, mit großen Rundbogenarkaden versehe-

Ausgangspunkt eines Rundgangs ist der Palazzo Capuleti mit der *Casa di Giulietta** (s. S. 265), ein Beispiel der Scaliger-Architektur jener Epoche. Unweit liegt in der Via Arche Scaligere 2–4 das **Geburtshaus des Romeo Montechi,** unverkennbar ebenfalls ein Bau der Scaliger-Ära. Auf der anderen Seite der Via del Pontiere führt eine kleine Allee mit hohen griechischen Säulen zu dem ehemaligen Kapuziner-Konvent mit dem angeblichen **Grab der Julia** (s. S. 272). Den leeren Steinsarkophag in der stimmungsvollen Krypta schmücken nicht nur nahezu tagtäglich frische rote Rosen, sondern auch rührende Verehrer(innen)-Post.

Dies brachte die Stadt Verona auf die Idee, einen internationalen Briefwettbewerb auszuschreiben. Die Beteiligung brachte den Beweis, dass romantische Liebe niemals aus der Mode kommt. Denn wie ließe es sich sonst erklären, dass 20-Jährige solche Worte finden: »Süße Julia, ich glaube, ich könnte so wie Du nicht leben ohne den Mann, der mein Herz erfüllt, und ich könnte mit heiterem Gemüt auf mein Leben verzichten, wenn ihm eines Tages etwas zustoßen sollte, denn mein Leben gehört für immer ihm – wie Deines Romeo.«

Seite
266

Castelvecchio, Veronas größter Profanbau aus der Scaligerzeit

nen Barockpalast **Palazzo della Gran Guardia** (frühes 17. Jh.) war ehemals die Unterkunft der venezianischen Hauptwache. Wenige Schritte weiter, noch an der Piazza Brà, wurde im 19. Jh. das säulengeschmückte klassizistische **Municipio** (Rathaus) für die Hauptwache der österreichischen Truppen errichtet.

Schmucke Bürgerhäuser aus dem 16.–18. Jh. säumen die Westseite der Piazza Brà, die einen stilvollen Hintergrund zu Veronas Nobelpromenade, dem **Liston,** bilden. In nördlicher Richtung öffnet sich der Platz zur Fußgängerzone rund um die **Via Mazzini,** die zu Recht als eleganteste Geschäftsstraße der Stadt gilt.

*Castelvecchio ❷

Ein Abstecher zu Veronas wichtigstem Profanbau des Mittelalters ist fast ein Muss: An der Kreuzung des Corso Cavour mit der Via Roma liegt unmittelbar an der Etsch das Mitte des 14. Jhs. errichtete Castelvecchio. In dem größten Bauwerk aus der Scaligerzeit ist heute das **Museo di Castelvecchio,** Veronas bedeutendes Kunstmuseum zu Hause, das u. a. die Meister der Veroneser und der venezianischen Kunstschule vom 13. bis zum 18. Jh. (Gemälde von Pisanello, Veronese, Mantegna und Tintoretto) präsentiert. Zumindest an der »Reiterstatue des Cangrande«, einem Vorzeigestück Veroneser Steinmetzkunst, wird man kaum vorbei kommen, ohne diesen mächtigsten Herrscher der della Scala nicht wenigstens eines Blickes gewürdigt zu haben (Di–So 9–18.30, Mo 13.45–19.30 Uhr).

Madonna Verona

Der Marktbrunnen (14. Jh.) auf der Piazza delle Erbe verdient Beachtung: Ihn schmückt die als Seele der Stadt geltende antike Madonnenfigur, die auf einem Spruchband das Motto der Veroneser verkündet: »Est iusti latrix urbs et laudis amatrix« (»Die Stadt ist des Rechtes Dienerin und des Lobes Liebhaberin«).

*Casa di Giulietta ❸

Am Ende der Via Mazzini muss man nur dem Touristenstrom folgen, um alsbald unter dem berühmtesten Balkon der Welt zu stehen: Im Hof des **Palazzo Capuleti** (Via Cappello Nr. 23) soll Shakespeares Julia gewohnt haben (tgl. außer Mo 8–18.30 Uhr, im Sommer länger).

**Piazza delle Erbe

Auf der Piazza delle Erbe, dem »Platz der Kräuter« genannten pittoresken Obstmarkt, war zur Römerzeit das Forum. Auch wenn hinter den beherrschenden Sonnenschirmen die historischen Bauten, die den Platz umrahmen, fast in den Hintergrund treten, nimmt die geglückte Symbiose aus Architektur, Kunst und vitaler Gegenwart unweigerlich gefangen.

Piazza dei Signori: Hier wurde regiert, gerichtet, verwaltet

Am Eingang der Piazza ragt die gotische **Colonna del Mercato** empor, eine 1401 unter den Visconti errichtete Säule. In der Mitte erhebt sich der **Capitello.** Dieser auch »Berlina« genannte Marmorbaldachin (spätes 15. Jh.) diente zunächst als offizieller Ort der Amtseinführung der podestà (Stadtvögte) und in späterer Zeit als Pranger – einen Zusammenhang zu vermuten ist durchaus angebracht.

Le Vecete, Via Pellicciai 32, So geschlossen. Stets volle, traditionsreiche Enoteca nahe der Piazza delle Erbe, wo zum Wein leckere Kleinigkeiten serviert werden. ○

Hinter der Marmorsäule mit dem geflügelten venezianischen Löwen findet sich der **Palazzo Maffei** (Mitte 17. Jh.), rechts davon liegt die **Casa dei Maz-**

zanti, ein im 14. Jh. von den Scaligern errichteter Prunkbau mit Resten mythologischer Fresken aus dem 16. Jh.

An der *Piazza dei Signori

Ein hoher Bogen, der Arco della Costa, markiert den Übergang zur Piazza dei Signori, wo vor Jahrhunderten wie auch heute der politische Pulsschlag der Stadt zu spüren ist. Gleich links steht die **Casa dei Giudici** (17. Jh., ehemals Wohnsitz der venezianischen Richter) und gleich rechts der **Palazzo della Ragione** (auch *Palazzo del Comune,* Rathaus) aus dem 12. Jh.

Im Renaissancebau **Palazzo del Tribunale** aus dem 12. Jh., auch *Palazzo del Capitano,* der 1530 nach dem Umbau eines Scaligerturms entstand, residierten die Statthalter Venedigs. Hohe Politik, aber auch höchste Dichtkunst wurde im zinnengekrönten, 1532 in seiner jetzigen Form gestalteten **Palazzo del Governo,** einst Scaliger-Residenz, heute Sitz der Präfektur, betrieben. 1303 lebte Dante in dem

Seite 266

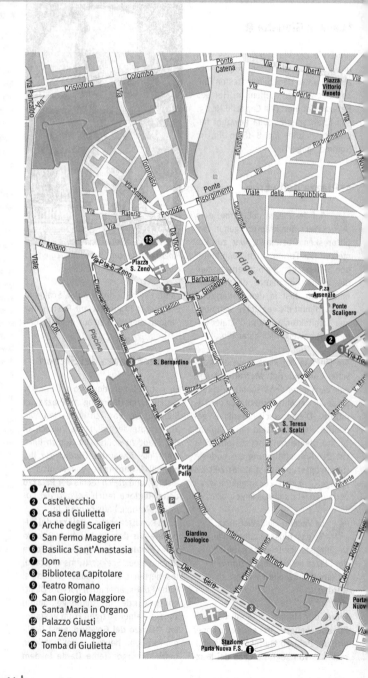

1. Arena
2. Castelvecchio
3. Casa di Giulietta
4. Arche degli Scaligeri
5. San Fermo Maggiore
6. Basilica Sant'Anastasia
7. Dom
8. Biblioteca Capitolare
9. Teatro Romano
10. San Giorgio Maggiore
11. Santa Maria in Organo
12. Palazzo Giusti
13. San Zeno Maggiore
14. Tomba di Giulietta

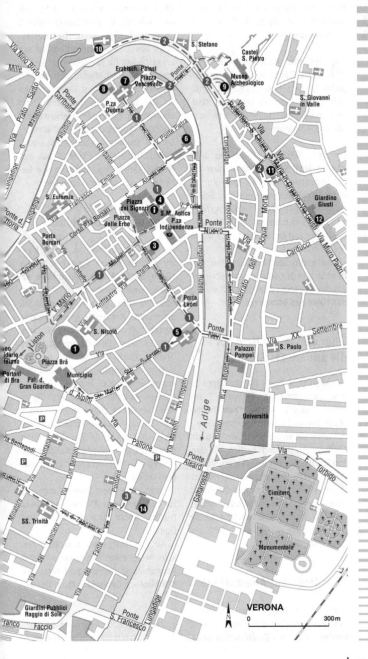

VERONA

N

0   300m

Seite 266

Palast. Ein Denkmal auf der Platzmitte sowie Veronas ältestes Kaffeehaus erinnern daran.

🍴 Bei einer Cappuccino-Pause im **Caffè Dante** neben der prachtvollen Renaissance-*Loggia del Consiglio (dem Versammlungsort des städtischen Rates) genießt man das stilvolle Ambiente.

Der anschließende Piazzaletto delle *Arche degli Scaligeri ❹ ist zwar nur ein Plätzchen, aber ein bedeutungsvolles. Schmiedeeiserne Gitter bewachen die gotischen Scaligergräber, von denen sich einige an die Fassade der romanischen Kirche Santa Maria Antica (12. Jh.) schmiegen.

Nur einen Steinwurf entfernt verbirgt sich in der schräg gegenüber liegenden Via Arche Scaligere auf Nr. 2–4 das **Haus des Romeo** (12. Jh.).

Über den Ponte Navi auf die andere Etschseite

Ein Abstecher durch die Via Cappello führt zum römischen Torbogen *Porta Leoni* und zur Kirche *San Fermo Maggiore ❺. Benediktinermönche errichteten sie an der Stelle, wo Veronas Märtyrer Fermo und Rustico 361 den Tod fanden. Die Unterkirche (11. Jh.) ist das älteste romanische Gotteshaus Veronas. Über die Etschbrücke Ponte Navi kommt man zum **Palazzo Pompei** (16. Jh.), heute Naturwissenschaftliches Museum (werkt. außer Fr 9 bis 19 Uhr, So/Fei 14–19 Uhr).

*Basilica Sant'Anastasia ❻

Nach dem Ausflug ans andere Flussufer geht es über den Ponte Nuovo wieder zurück ins Zentrum. Am Ende der laubengeschmückten Via Sottoriva wurde die Basilica Sant'Anastasia im 15. Jh. fertig gestellt. Das Gotteshaus des Dominikanerordens ist ein Leckerbissen für Kunstkenner: Rechts vom Hauptchor befindet sich Antonio Pisanellos berühmtes Georgs-Fresko (15. Jh.). Nicht übersehen sollte man die zwei von buckligen Zwergen *(i due gobbi)* getragenen Weihwasserbecken sowie die Kapelle links vom Chor: Dort predigt Christus auf den Fresken des 16. Jhs. nicht am See Genezareth, sondern am Gardasee.

Rund um den Domplatz

Auf den Fundamenten einer frühchristlichen Kirche (5. Jh.) ruht der *Dom Santa Maria Matricolare ❼. Das ursprünglich romanische Gotteshaus wurde im 15. Jh. im gotischen Stil umgebaut. Am reich geschmückten Portal halten linker Hand Roland, rechts Olivier, die Paladine Karls des Großen, Wache. Im Inneren besticht Tizians »Himmelfahrt Mariens« am ersten Seitenaltar links durch seine geniale Farbkompostion. Auf dieser Seite versteckt sich unter der Orgel eine unscheinbare Holztüre, die den Weg zur Taufkapelle San Giovanni in Fonte (12. Jh.) freigibt. Meisterhafte Reliefs am Taufbecken erzählen aus dem Leben Jesu.

Links neben dem Dom gelangt man zu der winzigen Kirche **Sant'Elena** (12. Jh.) sowie zum Kreuzgang des Domes.

Am Domplatz hat man auch Gelegenheit, eine Kostbarkeit erster Rangordnung kennen zu lernen, die **Biblioteca Capitolare ❽. In der an-

Dieser »gobbo« trägt eines der Weihwasserbecken in Sant'Anastasia

Seite 266

geblich ältesten erhaltenen Bibliothek der Welt sind Handschriften aus dem 4. und 5. Jh. mit wundervollen Miniaturen zu bewundern (tgl. außer Do 9.30–12.30 Uhr, Di, Fr auch 16–18 Uhr, Juli geschlossen).

Weg 2

An der Etsch

Nach Überquerung des Ponte Pietra beginnt eine Tour zu den schönsten Aussichtsplätzen der Stadt, die geübte Spaziergänger zu Fuß (mind. 3 Std.) und weniger trainierte auch mit einem Fahrzeug unternehmen können (etwa 1 Std., Parkmöglichkeiten).

Teatro Romano ❾

Nach der Überquerung des Ponte Pietra gehört linker Hand **Santo Stefano** zu den ältesten Kirchenbauten Veronas (Gründung 5.–6. Jh., Umbauten im 12. Jh.). Fast gegenüber liegen inmitten eines gepflegten Parks die Ruinen des Teatro Romano. Um 10 n. Chr. entstanden, wurde das »Römische Theater« im Mittelalter als Steinbruch miss-

Antike Brücke

Der Etschübergang ***Ponte Pietra,** der als Steinbrücke bereits im Altertum existierte, wurde erstmals im Mittelalter und dann nochmals nach dem Zweiten Weltkrieg in der alten Form rekonstruiert. Von der Brücke bezaubert der Blick auf das linke Etschufer und die pittoreske Kulisse des **Colle di San Pietro.**

braucht, dann vergessen und erst im 19. Jh. freigelegt. Heute dient die teilweise überbaute antike Ruine als Schauplatz für Sommerspiele im Zeichen William Shakespeares.

Tipp Über die Veranstaltungen des Tages (Theater, Konzerte, Ausstellungen) informiert die Veroneser Zeitung »L'Arena«.

Ein Aufzug führt vom Theater zu dem direkt darüber liegenden **Archäologischen Museum** in dem einstigen Kloster **San Girolamo,** das einen prachtvollen *Blick über die Stadt an der Etsch erlaubt. Die wunderbaren Mosaike des Museums wirken nicht minder anziehend (tgl. außer Mo 9–13 Uhr).

*San Giorgio Maggiore ❿

Ein Stück flussaufwärts steht nahe der Stadtmauer die Kirche San Giorgio Maggiore, auch San Giorgio in Braida genannt. Das im 15. und 16. Jh. errichtete Gotteshaus mit einer Kuppel von Sanmicheli ist vielleicht die schönste Renaissancekirche Veronas. Besonders hervorzuheben sind im Innern eine Darstellung der »Taufe Christi« von Jacopo Tintoretto über dem Portal und das Altarbild »Die Marter des hl. Georg« von Veronese, das vor allem durch seine gelungene Lichtführung überzeugt. Auch Goethe notierte 1786 in seinem Reisetagebuch: »San Giorgio ist eine Galerie von guten Gemälden.«

An der Via Giusti

Die beiden nächsten Stationen liegen etschabwärts: ***Santa Maria in Organo ⓫**, die ursprüngliche Stiftskirche des Benediktinerordens an der heuti-

San Zeno Maggiore: Nur Superlative werden dieser Kirche gerecht

****San Zeno Maggiore ⑬**

Etwas abseits des Altstadtkerns thront diese grandiose Basilika, die als schönster romanischer Sakralbau von ganz Oberitalien gilt. Nach der Zerstörung der Vorgängerkirche aus dem 9. Jh. wurde die neue, vergrößerte Basilika 1138 vollendet und Veronas erstem Bischof und Patron, dem aus Nordafrika stammenden hl. Zeno, geweiht. Die farbige Holzstatue des heiter lächelnden Heiligen (14. Jh.) wird von den Veronesern als Symbol ihrer Stadt besonders verehrt. In dem mit kostbaren Fresken (12.–14. Jh.) geschmückten Innenraum sei das Altar-Triptychon »Madonna und Heilige« (15. Jh.) von Andrea Mantegna hervorgehoben.

Allein die Fassade ist ein eigenes Studium wert. Neben dem großartigen ****Bronzetor** mit den 48 Reliefplatten faszinieren vor allem die ****Steinreliefs** des Meisters Nicolò (12. Jh.) zu beiden Seiten des stattlichen Portals. Auf der rechten Seite wird der eindrucksvolle Höllenritt des Gotenkönigs Theoderich dargestellt (als Arianer war er vor der katholischen Kirche ein Ketzer). An das linke Seitenschiff schließt ein zierlicher Kreuzgang an, einst der Stolz eines im 18. Jh. aufgehobenen Benediktinerklosters.

Giardino Giusti: Florentinische Gärten dienten als Vorbild

gen Panoramastraße Via Giusti, wurde 866 erstmals urkundlich erwähnt; vom romanischen Bau des 12. Jhs. blieb noch die Krypta übrig, Ende des 15. Jhs. erhielt sie von Sanmicheli ihr Renaissancekleid.

Der ***Palazzo Giusti ⑫**, ein Palast aus dem 16. Jh., könnte nicht prachtvoller platziert sein. Der Adelssitz der Florentiner Familie Giusti erstreckt sich auf einem terrassenförmig angelegten Park im Grüngürtel hoch über den Dächern der Stadt und gibt einen atemberaubenden Panoramablick frei (Öffnungszeiten: im Sommer tgl. 9 bis 20 Uhr, im Winter 9 Uhr bis Sonnenuntergang).

Weg 3

Abseits des Zentrums

Die Besichtigung der wichtigsten Sehenswürdigkeiten plus Wegzeit (Auto) dauert etwa zweieinhalb bis drei Stunden.

Seite
266

Seite 266

*Tomba di Giulietta ⓮

Angeblich sollen im ehemaligen Franziskanerkloster an der Via del Pontiere Romeo und Julia heimlich getraut worden sein. In einen alten Brunnen im Hof werfen Besucher Münzen, in der Krypta wird ein leerer (!) Steinsarkophag als »Grab der Julia« ausgegeben, das Liebende aus aller Welt mit Bittschriften versehen. Das hier untergebrachte kleine **Museo degli Affreschi** zeigt sowohl eine Freskensammlung als auch Altarbilder und römische Amphoren (tgl. außer Mo 9–18.30 Uhr).

Infos

APT, 37121 Verona,
Piazza delle Erbe 38,
Tel. 04 58 00 00 65 u. 04 58 00 69 97,
Fax 04 58 01 06 82, info@tourism.
verona.it; www.aptgardaveneto.com

Tipp Mit der **VeronaCard** (1 Tag 8€, 3 Tage 12€) ist der Eintritt in vielen Sehenswürdigkeiten (dort erhältlich) frei oder reduziert.

Flughafen: Internationaler Flughafen Villafranca Veronese (12 km).
Bahnhof: Vom Bahnhof Stazione Porta Nuova (etwas außerhalb) Busverbindungen in die Innenstadt.
Buslinien: Die Busse an den Gardasee und in die Umgebung fahren von der Porta Nuova (Bahnhof) ab.
Parkmöglichkeiten: Meist sind sämtliche Parkplätze im Zentrum besetzt. Am ehesten fündig wird man an der Kirche San Zeno Maggiore, am anderen Ufer der Etsch oder beim Messegelände, von wo man per Bus die Innenstadt erreichen kann. Opernbesucher der Arena sollten es auf der Piazza Cittadella, nahe Piazza Bra (Hinweisschilder), versuchen.

A. C. I. (Automobile Club d'Italia): Via della Valverde 34, Tel. 0 45 59 53 33.
Post- und Telegrafenamt:
Piazza Viviani 7.

Due Torri Hotel Baglioni, Piazza S. Anastasia 4, Tel. 045 59 50 44, Fax 04 58 00 41 30; www.baglioni hotels.com. Das führende Traditionshaus. Fünf-Sterne-Luxus. ○○○
▮ **Garda,** Via Gardesana 35,
Tel. 04 58 90 38 77, Fax 04 58 91 96 02, hotelgarde@tin.it. Günstige Stadtrandlage Richtung Gardasee. ○

Campingplatz: Romeo e Giulietta, Via Bresciana 54 (Staatsstraße SS11, Vorort San Massimo), Tel. 04 58 51 02 43, camping-verona@tin.it.

Le Arche, Via Arche Scaligere 6, Tel. 04 58 00 74 15,
So und Mo mittag geschl. (Mitte Jan. bis Mitte Februar geschl.) ○○○
▮ **Il Desco,** Via Dietro San Sebastiano 7, Tel. 0 45 59 53 58, So/Fei und Mo mittags geschl. Von Gourmets empfohlen. ○○○
▮ **Maffei,** Strada di Renaccio 77, Tel. 04 58 01 00 15, So geschl. Scampi mit Spargelcreme sind die Spezialität, die Küche ist typisch Veneto. ○○
▮ **I Dodici Apostoli,** Corticella San Marco 3, Tel. 0 45 59 69 99, So abend und Mo geschl. ○○○
▮ **La Bottega del Vino,** Via Scudo di Francia 3, Tel. 04 58 00 45 35, Di geschl. Schönster Weinkeller Veronas mit 1000 Flaschen im Angebot; *Cicheti* (Imbisse) und Restaurant. ○○–○○○

Shopping auf den **Wochenmärkten** vor der Kirche S. Zeno (Di und Fr) und am großen Markt am Stadio Comunale (jeden Sa); **Mercato 3A** (Artigianato, Arte, Antiquario) auf der Piazza S. Zeno (dritter Sa im Monat).

Brescia

Die Lebendige

Touristen lassen das reizvolle Brescia zumeist links liegen, was sich vor allem in der Hauptsaison als Glück erweist. Denn während alljährlich ungezählte Besucher aus aller Welt das berühmtere Verona in einen überfüllten Tummelplatz verwandeln, freut sich eine der schönsten lombardischen Städte auch im Sommer noch über jeden einzelnen Gast. Der Fremdenverkehr spielt in der etwa 200 000 Einwohner zählenden Handels- und Industriemetropole 30 km westlich des Gardasees kaum eine Rolle, was sich im Weichbild der Stadt auf erfreuliche Weise niederschlägt. Vor dem Dom reiht sich nicht ein Souvenirstand mit dem ewig gleichen Kitsch an den anderen. In den eleganten Geschäftsstraßen finden sich weder grellbunte Seidentücher noch ebensolche T-Shirts, unter den prachtvollen Arkaden des Zentrums wandeln keine halbnackten Fremden in der unsäglichen Aufmachung des typischen Massentouristen – wie schön, dass es so etwas noch gibt.

Geschichte

Die politische Geschichte verlief ähnlich wie die der Nachbarstadt Verona, nur dass der Keltensiedlung »Brich« (Anhöhe), die unter den Römern »Brixia« hieß, am Fuße der Ronchi-Hügel eine weit geringere strategische Bedeutung zukam. Nach den Römern, Galliern und Langobarden wechselten im Laufe des Mittelalters machthungrige Herrscherfamilien mit bekannten Namen einander keineswegs friedlich

ab. So regierten Ezzelino da Romano und Oberto Pallavicino, die Scaliger und Visconti sowie Pandolfo III. Malatesta. Ruhe kehrte erst 1426 ein, als auch Brescia an das glanzvolle Venedig fiel, das bis 1797 seine schützende Hand über die erst jetzt wirtschaftlich und kulturell erblühende Stadt hielt. Kaum war das napoleonische Gastspiel vorbei, musste sich auch Brescia nach dem erfolglosen Aufstand der »Dieci Giornate« (Zehn Tage) des Jahres 1849 bis zur Einigung Italiens mit der verhassten österreichischen Besatzung abfinden.

Seite
275

Weg 1

Brescia im Überblick

Dieser Spaziergang ist ideal, um sich gleich zu Beginn einen Überblick zu verschaffen (Wegzeit vom Zentrum bis zur Burg und retour zu Fuß ca. 1 Std.; Parkplätze vorhanden).

Burg und Burgberg

Die den Cidneo-Hügel umgürtenden Bastionen schließen die römische Festung aus dem 1. Jh. n. Chr. ein; in den folgenden Jahrhunderten entstanden weitere Wehranlagen wie der mächtige Rundturm **Torre Mirabella** (13. Jh.) und natürlich der Zentralbau der Visconti-Festung, das **Castello ❶**. Die ab dem 12. Jh. angelegte Burg mit Türmen, Wehrmauern und Lagerhäusern (meist 15./16. Jh.) liegt in einem schönen, gepflegten Park. Sie beherbergt außer dem Cidnea-Observatorium und dem Museo delle Armi (Waffenmuseum) das sehenswerte **Museo del Risorgimento,** in dem Italiens Freiheitskampf im 19. Jh. dokumentiert

Seite
275

Prachtvolle Sternenkuppel und Freskenschmuck in der Kirche Santa Maria in Solario

wird (Tel. 03 04 41 76; Öffnungszeiten: Okt.–Mai, Di–So 9.30–13, 14.30 bis 17 Uhr, Juni–Sept. Di–So 10–17 Uhr).

Tipp Wer über die **Via del Castello** hinauf zur Burg steigt, genießt nicht nur einen Augenschmaus, sondern kann auch gleich die verschiedenen Epochen der langen Stadtentwicklung Brescias von den Römern bis zur Renaissance Revue passieren lassen.

Für Spaziergänger bieten sich verschiedene Wege zurück zur Stadt an. Entweder über den Stufenweg des Südhangs, die Via delle Barricate, bis zur Piazza Tito Speri, oder ostwärts wiederum führt eine Straße bis zur Terrasse der Kirche ***San Pietro in Oliveto ❷**. Das anmutige Gotteshaus aus dem 12. Jh. (1510 im Stil der Renaissance umgestaltet) besticht vor allem durch seine reizende Lage über den Dächern der Stadt. Sehenswert sind auch zwei Kreuzgänge aus dem 16. Jh. (falls die Kirche geschlossen ist, einfach läuten).

Nun wählt man entweder die Via Piamarta, einen Weg entlang der Befestigungsmauern, der direkt zum Monastero di Santa Giulia führt (s. rechts), oder kehrt über die Via del Castello zurück in die Innenstadt.

Weg 2

Im Zentrum der Macht

Der Ausflug in die Römerzeit über das Mittelalter bis zur venezianischen Epoche dauert zu Fuß etwa zwei Stunden.

An der Via dei Musei

Der Rahmen für die Museen in der *Via dei Musei* könnte prachtvoller nicht sein. Der ehemalige Klosterkomplex ***Monastero di Santa Giulia ❸** wurde nach modernsten museumspädagogischen Gesichtspunkten gestaltet und 1999 glanzvoll wieder eröffnet. Herausragende Exponate der Städtischen Kunstsammlungen sind die »Lipsanothek«, ein kostbares Reliquienkästchen aus dem 4. Jh., sowie das mit Edelsteinen, Gemmen und kunstvollen Ornamenten verzierte »Desideriuskreuz« aus dem 8. Jh. (Tel. 03 02 97 78 34, Internet: www.sante-croci.it; Öffnungszeiten: im Sommer Di–So 9–19/20 Uhr, Fr 9–21/22 Uhr). Die Langobarden gründeten Mitte des 8. Jhs. einen Konvent für die Benediktinerinnen, der zu den berühmtesten und einflussreichsten Oberitaliens zählte. Drei Kirchen und zwei Kreuzgänge bilden den Kern dieser weitläufigen Klosteranlage. Die ältere Kirche ***San Salvatore** mit wunderschönen Freskenresten wurde am Anfang des 9. Jhs. durch eine Säulenbasilika ersetzt, die römischen Reste sind heute noch sichtbar. Die kleine Renaissancekirche **Santa Giulia** und der romanische Bau ***Santa Maria in Solario** mit dem Freskenschmuck Brescianer Maler des 16. Jhs. vervollständigen die Pracht (Di–So 10–18 Uhr). Eine Besichtigung von Santa Maria ist leider nur mit Führung möglich.

Tipp Die neuesten Informationen zu den Museen in Brescia können Sie im Internet erfahren unter: www.asm.brescia.it/musei

❶ Castello
❷ San Pietro in Oliveto
❸ Monastero di Santa Giulia
❹ Tempio Capitolino
❺ Duomo Vecchio
❻ Duomo Nuovo
❼ Palazzo del Broletto
❽ Biblioteca Queriniana
❾ Piazza della Loggia
❿ Chiesa Sant'Agata
⓫ Santa Maria del Carmine
⓬ Madonna delle Grazie
⓭ Chiesa San Giovanni
⓮ Torre della Pallata
⓯ Chiesa San Francesco
⓰ Santa Maria dei Miracoli
⓱ Pinacoteca

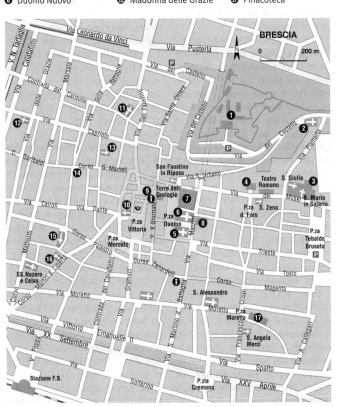

Seite
275

Überreste des antiken Machtzentrums:
der Tempio Capitolino

Unmittelbar neben den kostbaren Sammlungen aus der mittelalterlichen Hochblüte des Christentums sind die Überreste des antiken Machtzentrums zu entdecken.

Der ehemals reich ausgestattete ***Tempio Capitolino ❹**, 73 n. Chr. von Kaiser Vespasian errichtet und erst im Mittelalter zerstört, wurde im letzten Jahrhundert wieder ausgegraben und zum **Civico Museo Romano** adaptiert. Die wertvollen antiken Fundstücke zeigt zurzeit das Stadtmuseum in Santa Giulia, da der gesamte Komplex für eine umfassende Restaurierung geschlossen bleibt. Besonders beeindrucken die verspielten römischen Mosaiken, das Prunkstück ist die fast 2 m große, einst vergoldete Bronzestatue der geflügelten Siegesgöttin Victoria (1. Jh. n. Chr.).

Imposant sind auch die neben dem Tempel aufgefundenen Ruinen eines **Teatro Romano** mit einer gewaltigen Tribüne, auf der noch im Mittelalter Volksversammlungen abgehalten wurden, sowie die Reste eines Bühnenraumes und eine original erhaltene Treppe zu den höheren Sitzreihen.

Südlich des Tempels liegt die Kirche San Zeno an der **Piazza del Foro,** die einmal der zentrale Marktplatz des römischen »Brixia« war: Die schöne

Säule mit dem mächtigen Architrav bildet die Reste des antiken Forums. Entlang der Via dei Musei in westlicher Richtung streift man einen der Paläste der Familie Martinengo (17. Jh.).

Hübsche Geschäfte gibt es um das »Verbrannte Tor«, *Porta Bruciata,* das nur noch mit seinem Namen an das verheerende Feuer des Jahres 1184 erinnert. Im Durchgang unter dem Tor liegt der Zugang zur kleinen romanischen Kirche San Faustino in Riposo, im Volksmund Santa Rita genannt.

Rund um den Domplatz

In der Via Cesare Beccaria verdienen die beiden eisernen Glockenschläger (»I Matti«) am Uhrturm **Torre dell'Orologio** (16. Jh.) noch einen Blick, bevor man den überwältigenden Domplatz betritt. Auf dieser großzügig angelegten Piazza konzentrierte sich bis ins 15. Jh. die politische und kirchliche Macht.

Der »Alte Dom«, ****Duomo Vecchio ❺** (auch *Rotonda* – Rotunde) aus dem 12. Jh. erhebt sich als dominierender Zentralkuppelbau auf der Stelle der Basilica di Santa Maria Maggiore aus dem 6. Jh., von der noch Fußbodenreste erhalten sind. Unter dem Chor überrascht die schöne romanische Krypta. Die klare Geometrie des Gotteshauses wird nur durch das höher aufragende Presbyterium unterbrochen. Zu den wertvollsten Schätzen zählen der Sarkophag des Bischofs Bernardo Maggi von 1308 sowie Gemälde der Brescianer Malschule (Moretto und Romanino). (Nov.–März nur Sa/So 9–12, 15–18 Uhr, April–Okt. tgl. außer Di 9–12, 15–19 Uhr.)

Bis zum 16. Jh. stand neben der Rotonda die frühchristliche Kathedrale

Seite 275

Zwei konträre Ansichten an der Piazza del Duomo: der alte und der neue Dom

San Piero de Dom, doch dann hatten die Bürger der Stadt genügend Geld, ehrgeizigere Pläne zu realisieren: den **Duomo Nuovo ❻**. Der Spätrenaissancebau aus weißem Marmor wird von der drittgrößten Kuppel Italiens bekrönt (82 m, größere Dimensionen haben nur der Petersdom in Rom und der Dom von Florenz).

Aber nicht nur die kirchliche Macht setzte am zentralen Platz der Stadt herausragende Architekturakzente, sondern auch die weltliche, wie der heutige Sitz der Provinzialverwaltung, der ***Palazzo del Broletto ❼**, beweist. Das Stadthaus aus dem 12./13. Jh. wurde als erster fest gemauerter Sitz der Gemeinde zum Sinnbild urbanen Selbstbewusstseins. Noch immer ertönt zur Einberufung des Stadtrates, der allerdings andernorts tagt, hoch oben auf dem Turm Torre del Pegol (11. Jh.) die große Glocke. Diese läutete früher auch, bevor der Herrscher über die Stadt von der Loggia delle Gride Verordnungen ans Volk erließ.

Die Stadtbibliothek ***Biblioteca Queriniana ❽** hat ihren Sitz hinter der Apsis des »Neuen Doms« (Via Mazzini 3). Sie beherbergt als Hinterlassenschaft des Kardinals Angelo Maria Querini mehr als 300 000 kostbare In-

kunabeln und Handschriften, u. a. von Dante und Petrarca sowie einige wertvolle Evangeliare (Tel. 03 02 97 82 10; Öffnungszeiten: Di–Fr 8.30–12, 14 bis 18 Uhr, Sa 8.30–12.30 Uhr).

An der ****Piazza della Loggia ❾**

Nachdem die Bürger von Brescia im 15. Jh. die Forderung nach einem neuen Gemeindesitz erhoben hatten, wurde ein großes Stadthaus errichtet, das heute **Loggia** genannt wird und einem der schönsten Plätze der Lombardei den Namen gab: Piazza della Loggia. Venezianischer kann eine Atmosphäre außerhalb der Lagunenstadt kaum mehr sein, sobald die Morgensonne über die anmutigen Fassaden des Häuserensembles streicht und die steinernen Gesimse, Leuchter, Büsten und Verzierungen der auch **Palazzo del Comune** genannten Loggia zum Leuchten bringt. Die dekorativen Fensterumrahmungen im Stil der Hochrenaissance hat der Baumeister Andrea Palladio entworfen, die Putti des Frieses stammen von Jacopo Sansovino, und die Kuppel entstand nach Plänen von Luigi Vanvitelli. Venedig ist

Seite
275

auch mit dem alten Pfandhaus **Monte di Pietà** aus dem 15./16. Jh. an der Südseite der Piazza präsent.

Die **Chiesa Sant'Agata** aus dem 15. Jh. lieh der Gasse hinter der Loggia, bis heute eine der vornehmsten Adressen Brescias, ihren Namen.

Man spaziert weiter zur **Piazza della Vittoria:** Hier zeigt sich die Architektur des Faschismus von ihrer düster-hässlichen Seite. Versöhnend dagegen wirken die schönen Geschäfte unter den friedlichen Arkaden des **Corso Zanardelli,** wo der Stadtbummel endet.

Weg 3

Das Brescia der Brescianer

Wer die Stätten sucht, an denen sich seit jeher das Volksleben abgespielt hat, sollte sich für den folgenden Rundgang entschließen und dafür etwa eine Stunde veranschlagen.

Das »Volksviertel«

Nach der Prachtentfaltung der Piazza della Loggia beginnt auf der **Piazza Rovetta,** wo alltäglich der pittoreske Obst- und Gemüsemarkt abgehalten wird, das echte Brescia. Ein Gewirr von engen Gassen führt zu den kleinen Läden und Handwerksbetrieben des so genannten Volksviertels. Vom Corso Mameli (einst Corso delle Mercanzie) kommt man durch einen Durchgang auf die schattige **Piazzetta San Giuseppe** mit der gleichnamigen Kirche (16. Jh.) Nach einem Blick auf den reich ausgemalten Kreuzgang steigt man zur Via Gasparo da Salò hinauf, die bis zum Fuß des Burghügels führt.

Pittoresker Obst- und Gemüsemarkt auf der Piazza Rovetta

Rund um die seit Jahren geschlossene Kirche San Giorgio prägen kleine Handwerksbetriebe das Bild der Altstadt.

Weiter geht es vorbei an alten Gassen mit Blick in pittoreske Innenhöfe, Gärtchen und Arkadengänge, ins **Santa-Chiara-Viertel.** In der Kirche des gleichnamigen Klosters hat sich heute ein Theater eingenistet.

Im Stadtteil del Carmine

Das angrenzende Viertel *del Carmine* ist nicht nur dicht besiedelt, hier zeigt sich noch das volkstümliche Brescia von seiner ungeschminkten Seite – selbst tagsüber stehen die Damen des Gewerbes in den Torbögen.

Die Kirche ***Santa Maria del Carmine** ist ein Meisterwerk der gotisch-lombardischen Baukunst des 15. Jhs. Der Innenraum überrascht mit bemerkenswerten Fresken und einer bemalten Terrakotta-Grablegung von Mazzoni. Die nun folgende Verbreiterung des **Vicolo Urgnani** erinnert an einen venezianischen Campiello.

An der Via delle Grazie sollte man einen Blick in die überaus reich ausgestattete Marienkirche **Madonna delle Grazie** ⑫ werfen, eine Basilika aus dem 16./17. Jh. mit einer fast orientalisch anmutenden Wallfahrtskappelle und einem Kreuzgang ganz in Weiß. Man spaziert die Via Capriolo entlang und erreicht die Kirche **San Giovanni Evangelista** ⑬. Sie steht auf den Fundamenten eines romanischen Vorgängerbaus und enthält eine schöne Sakramentskapelle. Aber nicht nur dort bewundert man Fresken der Brescianer Renaissancemaler Moretto und Romanino (16. Jh.) – diese schöne Kirche bietet fast eine »Gemäldegalerie«. Der Rundgang endet an der **Torre della Pallata** ⑭, einem Turm aus dem 13. Jh.

Seite
275

Ein Brunnen aus dem 16. Jh. schmückt die Torre della Pallata

Weg 4

Paläste und Prunk der Patrizierstadt

Der ohne Museumsbesuch mindestens zweistündige Spaziergang führt vom Corso Sant'Agata zu den Kirchen und großen Palästen sowie zur sehenswerten Gemäldegalerie an der Piazza Moretto.

Zwischen Via Dante und Via Moretto

An der Piazza del Mercato bildet die weiße Marmorpracht des barocken **Palazzo Martinengo-Palatini** (17. Jh.) einen schönen Kontrast zu dem bunten Markttreiben. Vom Corso Palestro (nach den Kupferschmieden dei Parolotti genannt) geht es weiter zur **Chiesa San Francesco** ⑮ mit erlesenen Kunstwerken und Fresken-

schmuck (14.–16. Jh.) – Romanino sticht aus der Masse hervor.

Vom einstigen Reichtum Brescias erzählt auch die elegante **Via Cairoli.** Über eine Querstraße, den Corso Matteotti, gelangt man in den **Corso Martiri della Libertà,** eine breite, von hochherrschaftlichen Villen gesäumte Straße, die bis ins Zentrum führt. Der lohnende Spaziergang führt an der eigenwilligen Renaissancefassade der Kirche **Santa Maria dei Miracoli** ⑯ vorbei, die die Handschrift lombardischer Steinmetze verrät.

Auf der Via Moretto zur Pinakothek

Ein ähnliches Straßenbild wie die Via Cairoli weist die vornehme Via Moretto mit ihren Barockpalästen auf. Nach der Kreuzung mit der Via Gramsci

Seite 275

kommt man zum neuen Geschäftsviertel, wo sich die Kreuzgänge des Alten Hospitals (16. Jh.) harmonisch ins Gesamtbild einfügen.

Auf der Piazza Moretto ist hinter imposanten Libanon-Zedern die Silhouette der städtischen Gemäldegalerie ***Pinacoteca Tosio-Martinengo** ⑰ sichtbar. In den 22 Sälen des Palazzo werden u. a. Werke von Paolo Veneziano, Raffael und Luca Giordano sowie ausgezeichnete Arbeiten der Brescianer Malerschule des 15./16. Jhs. (Foppa, Romanino, Moretto) gezeigt (Öffnungszeiten wie Museo delle Armi, s. S. 273 f.).

Infos

APT, Corso Zanardelli 34, 25121 Brescia, Tel. 03 04 34 18, Fax 0 30 29 32 84 (Öffnungszeiten: Mo–Fr 9–12.30, 15–18 Uhr, Sa nur vorm.), www.bresciaholiday.com; Auskünfte auch an der Autobahn A 4, Ausfahrt bei Brescia Centro, Tel. 0 30 34 91 74 (April–Sept.).

Buslinien: Ein städtisches Busnetz verbindet alle Stadtviertel und erstreckt sich bis zu den Ronchi (Linie R ab Domplatz) und in die Vororte. Die Abfahrtsstelle für die Linienbusse

Festa in Brescia

Am 15. Februar begehen die Brescianer die **Festa dei Santi Faustina e Giovita.** Zu diesem Anlass wird im Stadtzentrum ein großer Markt mit Lebensmitteln und Kleidung abgehalten. Prozessionen begleiten den Feiertag, und zur späteren Abendstunde findet ein Feuerwerk statt.

in die Umgebung liegt in der Nähe des Bahnhofsplatzes.

Parkplätze: Preisgünstigste Parkgelegenheit ist der »Autosilouno« auf der Via Vittorio Emanuele II (Hinweisschilder; geöffnet Mo–Sa 7 bis 24 Uhr). Ganz zentral liegt die Parkgarage unterhalb der Piazza Vittoria (tgl. 6–1.30 Uhr). Auch neben dem Bahnhof gibt es einen größeren Parkplatz.

Post- und Telegrafenamt: Piazza Vittoria 1.

Vittoria, Via X Giornate 20, Tel. 0 30 28 00 61, Fax 030 28 00 65; www.hotelvittoria. com. Das noble Stadthotel in ruhiger Lage. ○○○

▌ **Alabarda,** Via Labirinto 6, Tel. 03 03 54 12 34, Fax 0 30 35 41 00; www.alabardahotel.it. Das Haus ist besonders kinderfreundlich. ○–○○

▌ **San Marco,** Via Spalto S. Marco 15, Tel. 03 04 55 41. Preisgünstige Betten für Durchreisende. ○

Piazzetta, Frazione Sant'Euphemia della Fonte, Via Indipendenza 87/c, Tel. 0 30 36 26 68, Sa mittag, So und Mitte Aug. geschl. Spitzenlokal. ○○○

▌ **La Sosta,** Via San Martino della Battaglia 20, Tel. 030 29 56 03, So abend und Mo geschl. Speisen im Ambiente eines Stadtpalais. ○○○

▌ **Raffa,** Corso Magenta 15, Tel. 03 04 90 37, So und Aug. geschl. Zentral gelegen, mit guter lombardischer Regionalküche. ○○

▌ **Seconda Classe,** Via Zima 9/a, Tel. 03 03 75 38 21. In einem alten Industrieloft, gute Fleischgerichte, vor allem Steaks. ○○

Außer Juli und Aug. 2. So im Monat: **Antiquitätenmarkt** auf der Piazza della Loggia.

Das Ostufer Garde- sana orientale

**Riva → Torbole → *Malcesine → *Torri del Benaco → *Garda → Bardolino → Lazise → Peschiera del Garda → **Sirmione (75 km)

1926 wurde die Uferstraße Garde- sana orientale fertig gestellt, heute leider eine der meistbefahrenen Straßen der Region: Kilometerlange Staus gehören in der Hochsaison zum Alltag, an Umfahrungen wird aber bereits gebaut. Erst nach deren Fertigstellung dürfen sich die bezau- bernden Orte am Ostufer, touristisch in den 1960er-Jahren erschlossen, wieder als unbeschwerte Ferien- oasen bezeichnen. Landschaftlich ist die Fahrt, für die man mit dem Auto ohne Aufenthalte an die zwei Stun- den benötigt, überaus abwechs- lungsreich, führt sie doch von der alpinen Bergwelt über sanftes Hügel- land bis in die weite Ebene, vom Surferparadies Riva und Torbole entlang des mächtigen Monte-Baldo- Massivs und später des Weinanbau- gebietes von Bardolino bis zum eleganten, sich auf einer Halbinsel erstreckenden Thermalkurort Sirmio- ne. Viel gibt es auf diesem Weg, der auch mit Linienbussen zurückgelegt werden kann, zu bestaunen, und ein Tag wird wohl kaum ausreichen, um sich einen Überblick zu ver- schaffen. Am besten lässt sich das Ostufer in kleinen Etappen erobern, zumal Ausflüge ins reizvolle Hinter- land, abseits vom Trubel der Tou- ristenzentren, dem Besucher erst das wahre Italien eröffnen.

Tradition und Eleganz in Riva

**Riva ❶

Tradition und Eleganz prägen das 14 000-Einwohner-Städtchen am Nord- ende des Gardasees, wo sich im türkis schimmernden Wasser die steilen Ausläufer der Alpen spiegeln. Natür- lich sind auch an Riva die Jahrhunder- te nicht spurlos vorbeigegangen. Der mittelalterliche Kern mit Mauern, Stadttoren, Türmen und Wallgräben wurde durch Umbauten und Erwei- terungen verändert, doch sind in der Altstadt genügend sehenswerte Zeu- gen der Vergangenheit erhalten, die eine eingehende Besichtigung recht- fertigen.

Ausgangspunkt ist die ***Piazza Tre Novembre,** die sich, von den stei- len Wänden des Monte Rocchetta (1540 m) überragt, gegen den See und den Hafen mit seinen bunten Segel- booten öffnet. Auf der anderen Seite wird der Platz von Bauten im vene- zianisch-lombardischen Stil mit schat- tigen Laubengängen (14. Jh.) und dem ursprünglich zur Stadtmauer ge- hörenden 34 m hohen Uhrturm **Torre Apponale,** charakteristisches Wahr-

Seite 299

1

Seite
299

*Der Uhrturm Torre Apponale bewacht
den Hafen Rivas*

*Die ganz vom Wasser umgebene Burg
erreicht man über eine Zugbrücke*

zeichen Rivas, begrenzt; zu diesem
Ensemble gehört auch der **Palazzo
Municipale** (Rathaus, 15. Jh.), der
durch die Porta Bruciata mit dem **Palazzo Pretorio** (14. Jh.) verbunden ist.
Beide Fassaden sind mit den Wappen
der Bischöfe von Trient geschmückt.

Die Piazza mit ihren Cafés, Restaurants und hübschen Ge-
schäften hat sich zum Freiluftsalon
der Stadt entwickelt; hier beginnt die
Flaniermeile entlang des Sees und
durch die schmalen Gässchen.

Durch die Via Andrea Maffei mit ihren
alten Palästen gelangt man zur **Piazza
delle Erbe** mit der hübschen Markt-
loggia und zur Piazza Garibaldi, wo
man die Stadtburg ***Rocca** erblickt.
Das auf drei Seiten von einem Kanal
und an der vierten vom See umschlos-
sene Kastell stammt von 1124 und hat
zahlreiche Umbauten durch die Scaliger, Venezianer und Tridentiner Bischöfe hinter sich. Die Österreicher
ließen es als Kaserne verkommen.

Dichter in Riva

Dichter und Denker hat Riva schon
seit jeher magisch angezogen.
Goethe sprach von einem »Wunderwerk der Natur«, seinen Spuren
folgten Stendhal, Nietzsche, Kafka,
Thomas und Heinrich Mann sowie
D. H. Lawrence. Sie genossen das
milde Klima und die unvergleich-
liche Atmosphäre des mittelalterlichen Ambiente und ließen sich von
dem uralten Kulturboden inspirieren. **Thomas Mann** schrieb in Riva
seinen »Tristan« (1901) und arbeitete ein Jahr später an »Tonio Kröger«,
Franz Kafka, der den Herbst 1913 in
einem Lungensanatorium am See
verbrachte, verarbeitete seine Erlebnisse 1917 in der Erzählung »Der
Jäger Gracchus«, in der eine Barke
mit einer geheimnisvollen Bahre in
den Hafen von Riva einläuft: »Sofort
schlug der Mann auf der Bahre die
Augen auf, wandte schmerzlich lä-
chelnd das Gesicht dem Herrn zu
und sagte: ›Wer bist du?‹ Der Herr
erhob sich ohne weiteres Staunen
aus seiner knienden Stellung und
antwortete: ›Der Bürgermeister
von Riva.‹ «

Dirk Heißerer, **Meeres-
brausen, Sonnenglanz.**
Diederichs, München 2000.

Die trutzige Rocca von Riva ist heute Zentrum des kulturellen Lebens

Heute beherbergt der restaurierte Bau neben der Stadtbibliothek und einem Konzertsaal das Stadtmuseum **Museo Civico** (15.3–15.6 und 19.9. bis3.11. 9.30–12.25, 14.14–17.30 Uhr, sonst 9.30–18 Uhr, Mo geschl.; z. T. noch im Umbau) mit prähistorischen Funden aus den Pfahlbausiedlungen am Ledrosee, Abteilungen für Zoologie, Mineralogie und Geologie sowie einer sehenswerten Pinakothek (italienische Malerei des 16.–20. Jhs.).

Tipp Am letzten Augustwochenende feiert Riva in mittelalterlichen Kostümen und mit großem Feuerwerk die **Notte di Fiaba.**

Die Pfarrkirche **Santa Maria dell'Assunta** (Piazza Cavour) ist ein mächtiges Barockbauwerk aus dem 18. Jh. Die ***Chiesa dell'Inviolata** (durch das zinnengekrönte Stadttor San Michele am Ende der Viale Roma zu erreichen) wurde 1603 von einem portugiesischen Architekten errichtet. Der von außen fast schmucklos wirkende Bau überrascht im Innenraum mit einem überwältigenden barocken Formenreichtum, eines der gelungensten Beispiele Trentiner Barockarchitektur.

i APT, Giardini di Porta Orientale 8, 38066 Riva del Garda, Tel. 04 64 55 44 44, Fax 04 64 52 03 08. Infos zum Nordteil des Gardasees: www.gardatrentino.de

Sole, Piazza 3 Novembre 35, Tel. 04 64 55 26 86, Fax 04 64 55 28 11; www.hotelsole. net/main.html. Hier nächtigte einst Friedrich Nietzsche. ○○○
▮ Bellavista, Piazza C. Battisti 4, Tel. 04 64 55 42 71, Fax 04 64 55 57 54. Ferienwohnungen mit Frühstück, Ende März bis Mitte November geöffnet. ○○○
▮ Centrale, Piazza 3 Novembre 27, Tel. 04 64 55 23 44, Fax 04 64 55 21 38; www.lagodigardamagazine.de/de/ riva/centrale.html. Der Name sagt's: zentral gelegen, renoviert. ○○

Lokalgröße

Im Stadtmuseum von Riva ist dem im nahen Arco geborenen Künstler **Giovanni Segantini** (1858–1899) ein eigener Saal gewidmet, der zu seinen Lebzeiten als »Maler des Hochgebirges« überaus geschätzt, dann aber in Vergessenheit geraten war. Erst neuerdings finden seine im Stil der Pointillisten gehaltenen Genrebilder – Bergbauern bei der Arbeit, Gebirgsszenerien – in internationalen Kunstsammlerkreisen wieder Beachtung.

1

Seite 299

▮ **Bastione,** Via Bastione 19, Tel./Fax 04 64 55 26 52. Preisgünstige Logis für Feinschmecker. ○–○○

▮ **Ancora,** Via Montanara 2, Tel. 04 64 52 21 31, Fax 04 64 55 00 50. Gepflegtes Altstadthotel nahe Porta S. Michele; Restaurant. ○

▮ **Jugendherberge:** Benacus, Piazza Cavour 10, Tel. 04 64 55 49 11, Fax 04 64 55 99 66; www.garda.com/ostelloriva

Restel de Fer, Via Restel de Fer 10, Tel. 04 64 55 34 81, Di geschlossen. Zu Folkloredarbietungen werden Gardaseefische serviert. ○○○

▮ **Al Volt,** Via Fiume 73, Tel. 04 64 55 25 70, Mo geschl. Sympathischer Familienbetrieb, rustikal. ○○

▮ **Il Giardino dell' Abbordanza,** Via Roma 20, Tel. 04 64 55 44 77, Mo geschl. Feine internationale Küche. ○○

▮ **Pié di Castello,** in Tenno, Via Diaz 55, Tel. 04 64 52 10 65, Di geschl. Nur 4 km von Riva, lokale Spezialität: *carne salada* (gesalzenes Fleisch). ○

▮ **Spaghetti Haus Pizzeria Piccolo Eden,** Via Masetto 6, Tel. 04 64 55 18 86, Di geschl. Wenn der Hunger besonders groß ist. ○

▮ **Kaffeehäuser: Caffè Italia,** Piazza Cavour 8, beliebter Treffpunkt der Jugend; **Caffè Maroni,** Via Santa Maria 2, traditionsreiches Lokal, von »gesetzteren« Gästen bevorzugt.

Caffè Latino, Via Monte Oro 14, heiße Disco (nur Sa); **Tiffanys Exclusive,** Giardini di Porta Orientale 6, bis zu 800 Tanzwütige drängen sich in dieser Supedisco am Seeufer (nur Do–So); **Pub all'Oca,** Via S. Maria 9, ein In-Lokal, das nicht nur von den Schönen und Betuchten Rivas gerne besucht wird (Mo geschl.).

Cuoio e mani Artù, Via Giovanni Lipella 24, phantasievolle Lederwaren; **Lega anti-analcolica,** Via San Nazzaro 2, im »anti-alkohol-freien Bund« werden mehr als 100 Schnapssorten sowie Honig und Olivenöl angeboten; **Assoziazione Agrario,** Via A. Lutti 10, 38066 Riva, Tel. 04 64 55 21 33, Öffnungszeiten: Mo–Fr 8–12, 15–19 Uhr, Sa 8–12 Uhr, Weinprobe und Verkauf direkt bei den Erzeugern; **Les bon bon,** Viale S. Francesco 15, feinste Schokoladen.

Ausflüge von Riva

Arco ❷

Das 5 km nördlich des Gardasees liegende Städtchen (13 800 Einw.) wird von einem hohen Felsen dominiert, auf dem noch die Reste einer mittelalterlichen Burg erhalten sind (Panoramablick!). Die wichtigsten Bauten an der Piazza 3 Novembre sind die Pfarrkirche **Santa Maria dell'Assunta,** ein Bauwerk der Spätrenaissance mit Gemälden aus dem 16.–18. Jh., sowie der mit Fresken geschmückte **Palazzo Marchetti** aus dem 16. Jh. Inmitten eines Gartens liegt die ehemalige Villa des Erzherzogs Albert von Österreich, zu besichtigen ist nur der **Parco Arciducale** (Sommer 9–19 Uhr, Winter 9 bis 16 Uhr), zum Entspannen bietet der elegante Kurpark hinter dem Dom Ruhezonen an.

APT, 38062 Arco, Viale delle Palme 1, Tel. 04 64 53 22 55, Fax 04 64 53 23 53.

Palace Hotel Città, Viale Roma 10, Tel. 04 64 53 11 00, Fax 04 64 51 62 08; palacehotel.citta@tin.it; Mitte Jan. bis Mitte März geschl. Für alle, die dem Körper etwas Gutes tun möchten. ○○○

Alla Lega, Via Vergolano 8, Tel. 04 64 51 62 05, Mi geschl. In einem alten Palazzo. ⭘⭘

Jeden 3. Samstag im Monat findet auf der Piazza Marchetti im Zentrum ganztägig ein **Floh- und Kunsthandwerksmarkt** statt.

*Varone-Wasserfall

Keine 4 km von Riva entfernt (westlich der Ortschaft Varone) stürzt das Wasser aus dem Tenno-See durch eine Felsenschlucht 98 m in die Tiefe. 4 mm pro Jahr – und das seit gut 20 000 Jahren – bohrt sich die **Cascata del Varone** tiefer in die Felsen. Das Ergebnis ist eine 55 m lange, wildromantische Klamm, ein Naturschauspiel ersten Ranges. Österreichs Kaiser Franz Joseph bewunderte die seit 1874 erschlossene Anlage. Der Wasserfall ist von zwei Grotten aus zu besichtigen, Pullover und Regenschutz werden empfohlen.

Sehenswert ist auch der angeschlossene botanische Garten mit mediterraner und Hochgebirgsflora (März/Okt. tgl. 10–12.30, 14–17 Uhr, April/Sept. 9–18 Uhr, Mai–Aug. 9 bis 19 Uhr, Nov., Dez. und Weihnachten nur So 14–17 Uhr).

Monte Brione

Rivas Hausberg (376 m) bietet einen Ausblick auf See und Monte Baldo. Wanderer kommen hier ebenso auf ihre Kosten wie Mountainbiker. Abzweigung von der Straße nach Torbole, dann rechts hinauf bis zur Tafel mit den Wanderwegen zur ehemaligen österreichischen Festung.

Riviera degli Olivi nennt sich zu Recht der südliche Abschnitt des Gardasee-Ostufers, der den sanften Übergang von der hochalpinen zur mediterranen Landschaft einleitet. Zwischen den Städtchen Malcesine

und Peschiera reihen sich entlang dem Seeufer weit mehr als 400 000 Olivenbäume.

Torbole ❸

Seite 299

Torbole zieht dank seiner günstigen Winde die Surfer aus aller Herren Länder an. Sie finden eine perfekte Infrastruktur vor, von preisgünstigen Hotels über einschlägige Fachgeschäfte bis zu Surfschulen und Verleihstellen. Auch das »Après-Surf« kommt nicht zu kurz, im Nachtleben sollen so manche – gar nicht sportliche – Rekorde aufgestellt worden sein. Dass Wind und Wetter Gesprächsthema Nummer eins sind, versteht sich von selbst. Der Ort ist allerdings in den vergangenen Jahren, wie es scheint, allzu unkontrolliert gewachsen.

An der **Casa Alberti** (Piazza Vittorio Veneto) erinnert eine Gedenktafel an Goethes Aufenthalt am 12. September 1786. Die auf einem Hügel erbaute Pfarrkirche **Sant'Andrea** (18. Jh.) besitzt ein schönes Hochaltar-Gemälde »Martyrium des hl. Andrea« von Giambettino Cignaroli.

Tipp Im Juli veranstaltet Torbole für seine Gäste eine Reihe von Konzerten im Rahmen von **Torbole Jazz.**

APT, 38069 Torbole, Via Lungolago Verona 19, Tel. 04 64 50 51 77, Fax 04 64 50 56 43.

Clubhotel La Vela, Via Strada Grande 2, Tel. 04 64 50 59 40, Fax 04 64 50 59 58; www.torbole. com/clubhotellavela. Nur für Surfer mit dicken Brieftaschen. ⭘⭘⭘

▌ Villa Verde, Via Foci del Sarca 15, Tel./Fax 04 64 50 52 74; www.torbole.com/villaverde. Ein ruhiges Familienhotel mit allem Komfort. ⭘–⭘⭘

Seite 299

Torbole – Dorado für Surffreaks

▮ **Villa Clara,** Via Matteotti 13,
Tel. 04 64 50 51 41, Fax 04 64 50 62 41.
Für Sparsame, die dennoch nicht
gerne auf Gemütlichkeit verzichten. ○

Piccolo Mondo, Via Matteotti 7,
Tel. 04 64 50 52 71, Di geschl.
Spitzenrestaurant der Trentiner
Küche; Spezialität ist ein Menü, das
nur aus Äpfeln besteht. ○○○

▮ **Al Pescatore,** Via Segantini 11,
Tel. 04 64 50 52 36, Di geschl. Meeresfisch, unter freiem Himmel. ○○

▮ **La Terrazza,** Via Pasubio,
Tel. 04 64 50 60 83, Di geschl.
Polenta- und Fischspezialitäten am
Seeufer. ○○

▮ **Aurora,** Via Matteotti 2,
Tel. 04 64 50 53 11; Mo geschl. Rustikales Essen, preiswert. ○

▮ **Cin Cin,** Via Matteotti 38,
Tel. 04 64 50 52 38, Mi geschl.
Pikante Reisgerichte und Pizze. ○

▮ **Speckstube,** Via Segantini 29,
Tel. 04 64 50 59 90; Di geschl. Der -
Name sagt alles. ○

Conca d'Oro, Lungolago
Verona 2, Tel. 04 64 50 50 45,
Winter Sa, Sommer Fr–So.
In-Diskothek, ideal für Après-Surf.

*Malcesine ❹

Die 3500 Einwohner von Malcesine
leben heute fast ausschließlich vom
Fremdenverkehr, der hier behutsamer

*Die Scaligerburg in Malcesine
faszinierte auch Goethe*

gewachsen ist als andernorts am See.
Malcesine hat einiges vom Charme
der Vergangenheit in unsere geschäftige Zeit hinübergerettet.

Die Scaliger, die ebenso wie die
Mailänder Visconti und die Venezianer
das Städtchen in ihrem Besitz hatten,
hinterließen mit der mächtigen, auf
einem Vorgebirge errichteten *Scaligerburg (13./14. Jh.) ein Wahrzeichen,
das schon Goethe faszinierte – und
ihn fast den Kopf gekostet hätte. Hin-
gerissen vom Anblick der gewaltigen
Zinnen, zückte der prominente Italien-
reisende seinen Zeichenblock. Prompt
hielt man ihn unter dem Verdacht fest,
ein Spion der verfeindeten Österreicher zu sein. Zum Glück aber war
einem der Einheimischen sein Name
ein Begriff, und so wurde er wieder
freigelassen.

Heute lässt sich das Panorama vom
33 m hohen Turm des Kastells unge-
stört genießen. Die Burganlage, die
man durch malerische Gässchen vom
Ortskern in wenigen Minuten erreicht,
umfasst einen unteren und einen oberen Palast sowie drei Innenhöfe. In der

ehemaligen Pulverkammer wurde eine kleine Goethe-Ausstellung eingerichtet – in Erinnerung daran, dass die Italienische Reise hier beinahe ein jähes Ende gefunden hätte. Gezeigt werden u. a. die hier angefertigten Skizzen, die den Dichter spionageverdächtig gemacht hatten. Die Burg beherbergt ferner das **Museo del Garda e del Baldo** mit einer Dokumentation von Flora und Fauna der Umgebung sowie des kühnen Schiffstransportes der Venezianer über Land im Jahre 1439 (März–Okt. 9–19.30 Uhr, im Winter nur Sa. So, Fei).

Der **Palazzo dei Capitani del Lago** (16. Jh.) mit einem reizenden Palmengarten am Hafen war einst Sitz der venezianischen Gouverneure. Die Eingangshalle schmückt ein Fresko (1672) mit der Burg von Malcesine. Der Ratssaal (meist geschl.) weist die Wappen der Statthalter und eine kostbare alte Holzdecke auf.

In der Pfarrkirche **Santo Stefano** (18. Jh.) ist vor allem eine Pietà (16. Jh.) des Veroneser Künstlers Girolamo dai Libri zu bewundern.

Tipp Für Mountainbike-Fans veranstaltet **Stickl-Sport** (Via Gardesana 32, 37918 Malcesine, Tel./Fax 04 57 40 16 97, www.stickl.com) Bikecamps mit Techniktraining.

i **APT,** 37018 Malcesine (VR), Via Capitanato del Porto 6/8, Tel. 04 57 40 00 44, Fax 04 57 40 16 33.

Maximilian, Val di Sogno (2 km), Tel. 04 57 40 03 17, Fax 04 56 57 01 17; www.hotelmaximilian.com. April–Okt. geöffnet. Ruhig, großer Olivenhain mit Tennisplatz und Schwimmbad. ○○○

▌**Park Hotel Eden,** Via Valle del Acqua, loc. Navene, Tel. 04 56 57 01 30, Fax 04 57 40 11 60, www.montagnoligroup.it./de/Eden-frame.htm Für betuchte Gäste, die sich gerne rundherum verwöhnen lassen. ○○–○○○

▌**Lago di Garda,** Piazza Matteotti 1, Tel. 04 57 40 06 33, Fax 04 57 40 02 46. Zentrale Lage im historischen Ortskern. ○

Del Park Hotel Querceto, loc. Campiano, Tel. 04 57 40 03 44, Fax 04 57 40 08 48; Mi geschl., April bis Anfang Oktober geöffnet. Regionale Küche in elegantem Ambiente. ○○○

▌**Taverna dei Capitani,** Via Porto Vecchio 6, Tel. 04 57 40 00 05; Mi geschl. Ravioli mit Fisch. ○○

▌**Albergo San Remo,** loc. Campagnola, Tel. 04 57 40 02 39; Mi geschl. Leckere Steinofenpizza. ○

In der **Enoteca** (Viale Roma) findet man eine Riesenauswahl an Gardaseeweinen, im **Consorzio Olivicultori** (Via Navene Vecchia 21) die feinsten Olivenöle. Wunderschöne Ledergürtel nach Maß fertig fertigt **Enea** an (Via Rota Orientale 15, Tel. 0457400747); kaufen können Sie auch Kleinigkeiten aus Leder wie Schlüsselanhänger, Hundeleinen usw.

Ausflug auf den Monte Baldo

Auch wer keine längere Bergwanderung unternehmen will, sollte sich einen Ausflug auf den Monte Baldo per Seilbahn (im Sommer tgl. alle 30 Min. von 8–19, Okt. und April 9–18, Mitte Dez. bis Anfang März 8 bis 16.45 Uhr, Fahrtdauer ca. 30 Min.) nicht entgehen lassen. Die neue, ultramoderne Seilbahn mit silbernen Drehgondeln in Kugelform ist 2002 in Betrieb genommen worden. Die Seil-

Seite 299

1

bahn ist auch auf Gehbehinderte eingerichtet und transportiert Fahrräder und Paraglider. Restaurants an der Mittel- und an der Bergstation sorgen für das leibliche Wohl.

Nicht versäumen sollte man auch den in rund 1200 m Höhe liebevoll angelegten **Botanischen Garten** (*Orto Botanico, beim* Rifugio Novezzina), wo auf einer Fläche von mehr als 2 ha an die 600 Arten von Alpenblumen wachsen.

Brenzone ❺

Hotel an Hotel reiht sich an der Gardesana in Richtung Süden. Acht Dörfer, teils am See, teils am Berg liegend, wurden zur Gemeinde Brenzone (2400 Einw.) zusammengefasst. Im Hinterland können Sie schöne Spaziergänge und Wanderungen durch Olivenhaine machen. Sieht man vom Verkehr an der Uferstraße ab, lebt es sich hier ruhiger als in den größeren Orten.

Der Weiler **Cassone** mit einem winzigen Hafen und einer verwinkelten Häusergruppe weist eine besondere Laune der Natur auf, nämlich einen der kürzesten Flüsse der Welt. Direkt neben der Straße bricht in einem ummauerten Becken der Aril hervor, der sich nach 175 m in den See ergießt.

Im nun folgenden **Assenza** steht am oberen Ende des Dorfplatzes die Kirche San Nicolò di Bari (13. Jh.). Bemerkenswert, wenn auch leider durch ein später eingebautes Fenster zerstört, ist ein Abendmahlsfresko im byzantinischen Stil.

Auf dem vor Assenza liegenden Inselchen **Trimelone** befand sich einst eine in den Kriegen, die Barbarossa gegen die oberitalienischen Städtebünde führte, heiß umkämpfte Festung.

Das historische Zentrum von **Castelletto** am Berghang ist ein Gewirr dunkler, altertümlicher Gassen. Um die Piazza dell'Olivo, den Mittelpunkt des Ortes, gruppieren sich malerische Hausfassaden.

Am südlichen Ortsende von Castelletto sollte man die romanische Kirche **San Zeno** (12. Jh.) besuchen, die einen – äußerst seltenen – zweischiffigen Grundriss mit drei (!) Apsiden an der Ostwand aufweist.

APT, 37010 Brenzone, Via Gardesana, Ortsteil Assenza, Tel./Fax 04 57 42 00 76.

*Torri del Benaco ❻

Das Hafenstädtchen (2600 Einw.) weist noch auf den alten Namen des Gardasees (Lacus Benacus) hin, die Türme (Torri) deuten ihrerseits auf eine Befestigung in der Römerzeit hin.

Wo 1000 Blumen blühen

Jahr für Jahr vollzieht sich am Monte Baldo das Blütenwunder vom Gardasee. In jeder Höhenlage überrascht der massive Gebirgsstock durch seine artenreiche Flora. Zahlreiche Pflanzen haben sich nur noch hier erhalten, begünstigt durch die geologische Unterlage – Liaskalke mit stellenweisen Kreide- und Triasschichten – sowie das milde Klima.

Herrscht am See noch eine reine Mittelmeervegetation (nicht nur mit Palmen, sondern auch mit den nördlichsten Vorkommen der Steineiche), so beginnt ab 400 m Höhe ein Buschwald, zu dessen typi-

1

Seite
299

Eine der vielen pittoresken Ansichten: der Hafen von Castelletto

Zu den kürzesten Flüssen der Welt gehört der Aril von Cassone

Dominiert wird das Bild wieder einmal von einer **Scaligerburg** aus dem 14. Jh., die auf den Grundmauern eines Kastells des 10. Jhs. errichtet wurde. Die vorbildlich restaurierte Burg

beherbergt ein Museum, in dem sowohl die Binnenfischerei, die Olivenverarbeitung früher und heute als auch Felszeichnungen aus prähistorischer Zeit vom nahen Monte Luppia (s. S. 290) anschaulich dokumentiert werden. (Dez.–März So/Fei 14.30 bis 17.30 Uhr; April/Mai und Okt. Di–So, 9.30–12.30, 14.30–18 Uhr, Mo geschl.; Juni–Sept., Di–So, 9.30–13, 16.30 bis 19.30 Uhr; Nov. geschlossen; Tel./Fax 04 56 29 61 11.)

schen Vertretern u. a. die Manna-Esche, der Terpentinbaum und die Steinweichsel gehören. Auf flachgründigen Felsböden wachsen seltene Orchideenarten. Je höher man kommt, desto mehr dominiert der mitteleuropäische Laubwald. In schattigen Tälern gedeihen bereits die ersten Buchen und Tannen. Schon im März steht der Hundezahn am Rande der noch kahlen Laubwälder in voller Blüte. Zwischen 1000 und 1500 m blüht von Juni bis September das Wald-Alpenveilchen. Schon breiten sich die ersten Latschengürtel aus, die sich mit der behaarten Alpenrose, der Schneeheide, dem Seidelbast und dem Strahlenginster gut vertragen.

Ein einziges Blumenmeer sind die Almwiesen mit den orangefarbenen Feuerlilien, dem Weißen Affodill, den rosa Pfingstrosen und den weißen Paradieslilien. Dazu kommen, um nur einige dieser botanischen Kostbarkeiten aufzuzählen, der gelbe Enzian, das Monte-Baldo-Windröschen, die Zwerg-Alpenrose und der Rosmarin-Seidelbast. Im Gipfelbereich blühen im Juni und Juli die Hochgebirgspflanzen wie die herzblättrige Kugelblume, die Silberwurz, das Dolomiten-Fingerkraut und – als größte Rarität – die Schmuckblume, die Mitte Juni ihre fast drei Zentimeter großen rosa Blütensterne entfaltet.

An der Südmauer der Burg ist eines der ältesten Zitrusgewächshäuser (limonaie) des Sees nach wie vor in Betrieb. Mittelalterliche Fassaden umgeben die reizvolle Piazza Calderini am kleinen Hafen.

Das heutige Hotel **Gardesana** war einst der Palast der »Gardesana dell' Acqua«, einer Vereinigung von zehn Gemeinden des Ostufers. Der Ratssaal ist heute zum Speisesaal des Hotels umfunktioniert.

In der Barockkirche **SS. Pietro e Paolo** steht eine vergoldete Statue am Taufbecken, die den 1988 selig gesprochenen Pfarrer Giuseppe Nascimbeni aus Torri darstellt, der im 19. Jh. den karitativen Schwesternorden »Suore della Sacra Famiglia« gegründet hatte.

APT, 37010 Torri del Benaco, Viale F. Lavanda (in der Nähe der Burg), Tel./Fax 04 57 22 51 20.

Gardesana, Piazza Calderini 20, Tel. 04 57 22 54 11, Fax 04 57 22 57 71; www.hotel-gardesana.de. Traditionsreiches Haus direkt am Hafen, auch zum Speisen empfehlenswert. ○○
▮ **Belvedere,** Via Albisano 5, Tel./Fax 04 57 22 50 88. Ruhige Lage, freundliche Bedienung. ○

Balkon mit Seeblick

Vom Kirchplatz von **Albisano** (310 m Seehöhe, Abzweigung nach links bei der Ampel in Torri del Benaco) kann man einem der schönsten Ausblicke auf den Gardasee kaum widerstehen. Der wortgewaltige Dichter Gabriele d'Annunzio nannte diesen Punkt einmal *Balcone del Garda*.

Von Anfang Juli bis Mitte September verlockt auf dem Viale Marconi jeden Mi von 20 bis 24 Uhr ein **Antiquitätenmarkt** zumindest zum Schauen.

Tipp Nur 4 km weiter liegt der beschauliche Luftkurort **San Zeno di Montagna** mit einer Reihe preisgünstiger Hotels und Pensionen, ein Geheimtipp für alle, die dem Trubel am Seeufer entfliehen wollen. Er ist idealer Ausgangsort für stimmungsvolle Wanderungen auf den Monte Baldo (s. S. 287 f.).

Ausflug auf den **Monte Luppia

Erst 1964 entdeckte man auf dem 418 m hohen Berg die ersten Felsgravierungen aus der Bronzezeit; seither wurden im Gebiet zwischen Malcesine und Garda mehr als 250 gravierte Felsen mit rund 3000 Zeichnungen registriert. Die berühmtesten Felsen auf dem Monte Luppia heißen **Pietra delle Griselle** (mit zahlreichen eingeritzten, bewaffneten Menschen) und **Pietra dei Cavalieri** (mit Reiterbildnissen).

Zu erreichen sind diese prähistorischen Zeugnisse über die Straße nach Albisano. Von der ersten weiten Linkskurve zweigt die Strada dei Castei nach Süden ab, hinter der Ca' Bianca breitet sich die Felsenlandschaft aus, in der Jäger und Hirten auf ihrem Weg zu den Weiden des Monte Baldo ihre eindrucksvollen Bilder in den Stein ritzten.

Tipp Sachkundige Führungen zu den Felsbildern werden vom Personal des Museums der Scaligerburg in Torri del Benaco veranstaltet, Tel. 04 56 29 61 11.

Seite 299

1

Seite
299

*Punta San Vigilio ❼

Die schmale Landzunge, ein Ausläufer des Monte Baldo zwischen der Sirenenbucht im Norden und der Bucht von Garda im Süden, zählt zu den bezaubernden Fleckchen des Gardasees. Für den Philosophen und Rechtsgelehrten Agostino di Brenzone (16. Jh.) handelte es sich um das Nonplusultra schlechthin: »Die ganze Welt besteht aus drei Teilen: Afrika, Asien und Europa. Davon ist Italien der schönste Teil, von Italien wiederum die Lombardei, von dieser der Gardasee und an diesem San Vigilio. Ergo«, so schloss Brenzone messerscharf, »ist San Vigilio der schönste Ort der Welt.« Der Renaissance-Patrizier ließ sich auf dem von der Natur so reich beschenkten Halbinselchen von dem berühmten Architekten Michele Sanmicheli inmitten einer prächtigen Parklandschaft eine vornehme Villa erbauen, die sich auch heute noch in Privatbesitz befindet und daher nicht zugänglich ist. Vom Park aus, den man über eine Zypressenallee betritt, kann man einen Blick auf diesen wahr gewordenen Renaissance-Traum werfen. Die San-Vigilio-Kapelle (13. Jh.) ist nur am 25. April zu besichtigen.

Locanda di San Vigilio,
Tel. 04 57 25 66 88,
Fax 04 57 25 65 51, www.puntasanvigilio.it. Feinschmecker finden hier eine allererste Adresse. Die Locanda ist gleichzeitig ein Vier-Sterne-Hotel.

*Garda ❽

Mittelalterliche, verwinkelte Gässchen mit schicken Boutiquen und eine breite, elegante Seepromenade, die zum Flanieren und zur Einkehr in eines der vielen Cafés einlädt – das ist es, was Touristen an dem Städtchen Garda (3600 Einw.), Namensgeber des Sees, so schätzen. Jubel und Trubel signalisieren unbeschwerte Urlaubsstimmung. Dass an allen Ecken hoch modische Bekleidungsläden und sündhaft

Die Scaliger

In seiner »Göttlichen Komödie« hat der Dichter Dante Alighieri den Herren della Scala ein Denkmal gesetzt, deren Regentschaft Verona und dem Gardasee eine kulturelle Blüte, aber auch brutale Unterdrückung bescherte. Kunst und Literatur wurden von den Scaligern, so genannt nach der Leiter in ihrem Wappen, nach Kräften gefördert, innerhalb der Familie jedoch herrschten Verrat und Mord, und die Bevölkerung zitterte vor den Tyrannen. Wie die Visconti in Mailand, die Carrara in Padua oder die Gonzaga in Mantua stammten auch die Scaliger aus dem Händler- und Kleinadelsstand und waren durch Volkswahl an die Macht gekommen.

1262 betrauten die Veroneser Mastino I. della Scala mit dem neu geschaffenen Amt des »podestà del comune«, heute etwa vergleichbar mit dem Posten eines Bürgermeisters. Das neue Stadtoberhaupt sicherte sich das Wohlwollen Venedigs und festigte seine Position, indem es seine Widersacher kurzerhand hinrichten ließ. Ein Versuch politischer Gegner, die Scaliger zu stürzen, scheiterte kläglich. Mastino kam zwar am 16. Oktober 1277 bei einem Anschlag ums Leben, doch riefen die

teure Schlemmerlokale lauern, tut dem Hoch keinen Abbruch. Garda ist absolut kein billiges Pflaster.

Die **Rocca di Garda**, ein 294 m hohes Felsplateau, steht wie ein überdimensionaler Turm über dem Ort. Der Gotenkönig Theoderich ließ darauf im 5. Jh. ein Kastell errichten, von dem allerdings nur noch wenige Mauerreste übrig geblieben sind. In der Geschichte Italiens spielte die Burg eine dramatische Rolle. Hier wurde Adelheid, Witwe des vom einheimischen Berengar II. ermordeten Königs Lothar, gewaltsam

1

Seite 299

Veroneser, um ihre guten wirtschaftlichen Beziehungen zu Venedig besorgt, bereits einen Tag später den Bruder des Ermordeten, Alberto della Scala, zum neuen Herren mit fast unumschränkten Machtbefugnissen aus. Der grausame Tyrann rottete die Familien der Verschwörer aus, ließ, um dem Papst zu gefallen, in der Arena 177 Bürger von Sirmione als angebliche Ketzer verbrennen und besetzte die wichtigsten Ämter mit Mitgliedern seiner Familie. Nach seinem Tod kam die Mordmaschinerie unter seinen Nachfolgern Bartolomeo, einem kunstsinnigen, friedfertigen Mann, und dessen Bruder Alboino vorläufig zum Stillstand. Cangrande I. della Scala (1311–1329) gelang es mit Hilfe Kaiser Heinrichs VII., nicht nur seinen Machtbereich weiter auszudehnen – allerdings nicht ohne Blutvergießen –, sein Hof verwandelte sich innerhalb weniger Jahre sogar zu einem der glanzvollsten Italiens. Da er nur uneheliche Kinder hinterließ, ging die Signoria, wie man die Herrschaft nannte, an die Söhne Alboinos, Mastino II. und Alberto II., über, die mit wenig politischem Gespür unglückselige Eroberungsfeldzüge antraten. Überschwemmungen, Erdbeben und eine Pestepidemie brachten Verona schlimme Zeiten.

1352 übernahm Cangrande II. die Zügel der Macht, ein allseits verhasster Fürst mit dem Spitznamen »Canis Rabidus« (Tollwütiger Hund), der sieben Jahre später von seinem Bruder Cansignorio ermordet wurde.

Dessen Schreckensherrschaft gipfelte in einem weiteren Brudermord. Andererseits scheute er aber auch keine Mühen und Kosten, Verona zu verschönern. Er vollendete den von Cangrade II. begonnenen Bau des Castelvecchio und versorgte die Stadt mit einem Wasserleitungsnetz.

Nach Cansignorios Tod 1375 traten dessen illegitime Söhne Bartolomeo und Antonio, vom Papst gegen entsprechende Zahlung vom Makel der unehelichen Geburt befreit, die Nachfolge an.

Im Spiel der Mächte unterlag der friedliebende Bartolomeo dem brutalen Antonio, einem weiteren Scaliger, der sich seine Hände durch Brudermord befleckte. Mit seiner verschwendungssüchtigen Frau Samaritana da Polenta lebte er in Saus und Braus. Dabei überdrehte er allerdings die Steuerschraube. Als die Stadt 1387 von den Mailänder Visconti belagert wurde, überließen die Bürger Antonio seinem Schicksal – die Herrschaft der Scaliger war damit beendet.

1

Seite 299

Das mittelalterliche Garda verführt mit schicken Boutiquen und vielen Cafés zu längerem Verweilen

Bardolino hat dem Weinanbaugebiet seinen Namen gegeben

festgehalten, ehe ihr die Flucht über den See gelang und sie dann 951 König Otto den Großen heiratete, der Berengar endgültig verjagte.

Der Ort ist reich an repräsentativen Adelsvillen und stattlichen Palästen, die allerdings allesamt in Privatbesitz und deshalb nur von außen zu besichtigen sind. Das schönste Palais, der **Palazzo dei Capitani** mit seinen gotischen Spitzbogenfenstern, schmückt die Seepromenade an der Piazza Catullo, dem allgemeinen Platz für Rendezvous in Garda. Die Pfarrkirche **Santa Maria Maggiore** auf dem Piazzale Roma außerhalb der Altstadt kann mit einem Kreuzgang aus dem 15. Jh. aufwarten.

APT, 37016 Garda (VR), Lungolago Regina Adelaide 13 (am südlichen Ende der Seepromenade), Tel. 04 56 27 03 84; Fax 04 57 25 67 20.

Flora, Via Giorgione 27, Tel. 04 57 25 53 48, Fax 04 57 25 66 23; www.gardalake.it/hotel_flora. Die deutsche Chefin kümmert sich rührend um ihre Gäste. ○○–○○○
▮ **Marco Polo,** Via dei Cipressi 8, Tel. 04 57 25 53 35, Fax 04 57 25 51 95, E-Mail: info@lagodigardamagazine.com. Konfortables Haus. ○–○○

Stafolet, Via Poiano 9, Tel. 04 57 25 54 27, Mi geschlossen. Hervorragende Küche; man speist im Grünen abseits des Altstadtlärms. ○○
▮ **Al Pontesel,** Via Monte Baldo 105, Tel. 04 57 25 54 19, Mo Ruhetag. Pizza und Pasta. ○

Can e Gatto, Corso Vittorio Emanuele. Auch bei jungen Leuten beliebte Pianobar.

Ausflüge von Garda

Kloster Eremo
In der im 17. Jh. gegründeten Einsiedelei des Kamaldulenserordens herrscht heute nicht mehr die strengste Klausur, so dass auch Frauen die Kirche besuchen können. Der Weg zum Kloster: Kurz vor Bardolino zweigt man bei der Agip-Tankstelle links ab und fährt bis zur Ortschaft Cortelline. Bei einem Madonnenbildnis führt linker Hand die schmale Strada dell'Eremo zum Ziel.

*Madonna della Corona

Das im 16. Jh. gegründete Wallfahrts-kirchlein klebt 774 m über dem Etsch-tal. Der Weg dorthin führt über **Coster-mano,** wo man einen der größten deutschen Soldatenfriedhöfe Italiens aus dem Zweiten Weltkrieg besuchen kann; rund 22 000 Gefallene ruhen hier.

Über Caprino Veronese, die Ort-schaft Spiazzi und über einen rund 1 km langen Fußweg (auch regelmäßi-ger Kleinbus-Pendeldienst) ist das Heiligtum bequem zu erreichen.

Der klassische Pilgerpfad freilich führt aus dem Etschtal über 450 Stu-fen auf den Berg. Bußfertige benützen ihn heute nach wie vor, um sich dann bei der Beichte in der **Cappella della Riconciliazione,** der Aussöhnungska-pelle, von ihren Sünden freisprechen zu lassen und die letzten Steintreppen zur Kirche auf Knien zurückzulegen. Das dreischiffige Gotteshaus musste Ende der 1970er-Jahre wegen drohen-der Einsturzgefahr neu errichtet wer-den.

Hinter dem Hochaltar steht in einer aus dem Fels gehauenen Apsis die 70 cm hohe Marmorstatue der Schmerzensmutter aus dem 15. Jh. Die ungewöhnliche Madonnendarstel-lung, die eine ältere, gramzerfurchte Frau zeigt, soll aus Rhodos stammen und nach der Besetzung der Insel durch die Türken eines Nachts unter Sphärenklängen in strahlendem Licht auf dem Felsen gelandet sein.

Strada del Vino

Entlang der Weinstraße durch das Hin-terland von Bardolino fährt man durch die Weinplantagen. Bei 54 Winzern und Anbaugenossenschaften kann man den klassischen leichten Rotwein *(Bardolino Classico)* der Gegend nicht nur kosten, sondern selbstverständ-lich auch kaufen.

Bardolino ➒

Der beliebte Ferienort (6200 Einw.) hat einem weit über die Grenzen Ita-liens hinaus bekannten Weinanbau-gebiet seinen Namen gegeben. Der Bardolino, ein süffiger Roter, kann sich durchaus mit seinen berühmten Vettern Chianti oder Barolo messen. Im Ortskern Bardolinos selbst, der viel jünger und weniger verwinkelt ist als jener in Garda, sollte man, beginnend am Stadttor an der Piazza Verdi, durch die schöne Fußgängerzone bummeln.

Als kunsthistorisches Kleinod prä-sentiert sich die romanische Kirche **San Severo** (12. Jh.) mit einem mäch-tigen Glockenturm und kostbaren Fresken. Hinter dem Hochaltar weist die freigelegte Krypta auf einen Vor-gängerbau (9. Jh.); an den Säulen er-kennt man die für diese Zeit typische Flechtbandornamentik. Die Kapelle **San Zeno** (Via S. Zeno 13–15), einer der ältesten karolingischen Bauten Italiens (Anfang 9. Jh.), verbirgt sich in einem Innenhof.

IAT, 37011 Bardolino, Piazzale Aldo Moro, Tel. 04 57 21 00 78, Fax 04 57 21 08 72.

Du Lac e Bellevue, loc. S. Cristina, Tel. 04 56 21 03 55, Fax 04 56 20 94 91; www.europlan.it/hotel. Zwei Hotels in einem für Genießer; mit eigenem Strand und exquisiter Küche. ○○–○○○

▮ **Al Parco,** Via Fosse 20, Tel. 04 57 21 00 39, Fax 04 56 21 04 20; www.hotelalparco.it. Zentral, aber nicht sehr ruhig. ○○

 Aurora, Piazzetta S. Severo 1, Tel. 04 57 21 00 38, Mo geschl. Hier wird gute Veroneser Küche, vor allem frischer Seefisch serviert. ○○

Seite 299

Seite
299

■ **Il Giardino delle Esperidi,**
Via G. Mameli 1, Tel. 04 56 21 04 77,
Mo geschl. Spitzenqualität. ○○○
■ **Al Commercio,** Via Solferino 1,
Tel. 04 57 21 11 83, Di geschl. Einfach
und gut. ○

Im **Museo dell'Olio** (Via Gardesana im Ortsteil Cisano) kann
man alte Pressen bestaunen und hervorragendes Olivenöl sowie Wein kaufen (werktags 9–12.30, 15–19 Uhr,
Tel. 04 56 22 90 47; www.museum.it).
Im **Museo del Vino** (Via Costabella 9,
bei der Cantina Zeni; Mitte März–Okt
9–13, 14–19, Fei bis 18 Uhr; Tel.
04 56 22 83 31) können Sie u. a. einen
guten Tropfen erstehen.

Tipp Dreimal im Jahr feiert Bardolino
Weinfeste: die **Festa del Chiaretto** (zweite Maihälfte), die **Festa
dell'Uva** (Anfang Oktober) und die
Festa del Novello (Anfang November).

Lazise ❿

Gut erhaltene Stadtmauern mit drei
Toren und eine sechstürmige **Scaligerburg** (12./13. Jh., heute in Privatbesitz) prägen dieses romantische Städtchen (5500 Einw.), das zur Zeit der
Venezianer wichtigster Handelsstütz-
punkt und die erste freie Kommune
am See war. Ein venezianisches **Zollhaus** am Hafen (16. Jh.) und die
romanische **Kirche S. Nicolò** (12. Jh.)
zeugen noch heute von dieser großen
Zeit.

Lazise ist gleichzeitig Ausgangspunkt zu den nahen Freizeitparks Gardaland, Caneva World und Parco Natura Viva (s. S. 254, 255).

APT, 37017 Lazise (VR),
Via Francesco Fontana 14,
Tel. 04 57 58 01 14, Fax 045 75 10 40.

Lazise, Via Esperia 38/a,
Tel. 04 56 47 04 66,
Fax 04 56 47 01 90. Gemütliches
Ambiente. ○○
■ **Alla Grotta,** Via Fontana 8,
Tel./Fax 04 57 58 00 35. Einfach und
sauber. ○○

Il Porticciolo, Lungolago
Marconi 22, Tel. 04 57 58 02 54,
Di Ruhetag. Regionale Küche. ○○
■ **La Taverna Da Oreste,** Via Fonta-
na 22, Tel. 04 57 58 00 19; Mi geschl.
Am Hafen in alten Gewölben. ○○
■ **La Forgia,** Via Calle 26,
Tel. 04 57 58 02 87; Mo geschl.
Spezialität: Fische vom Grill. ○

Peschiera del Garda ⓫

Seit der Römerzeit eine strategisch
wichtige Festung, hat das einstige Fischerstädtchen (8800 Einw.) heute
viel von seinem alten Charme eingebüßt. Der 2,3 km lange Bastionsgür-
tel, der den Ortskern umschließt,
stammt aus venezianischer Zeit und
wurde von Napoleon und danach von
den Österreichern verstärkt. Seine gewaltigen Ausmaße sind am besten zu
erfassen, wenn man mit einem Boot
durch die Gräben fährt. Sehenswert
sind die kleine Altstadt und der Hafen.

IAT, 37019 Peschiera, Piazzale
Betteloni 15, Tel. 04 57 55 16 73,
Fax 04 57 55 03 81.

**Sirmione ⓬

Sirmione (5600 Einw.) liegt an der
Spitze einer vier Kilometer weit in den
See hineinragenden flachen Halbinsel, die sich an ihrem Ende verbreitert und mit drei Felsenhügeln aus
dem leuchtenden Blau des Wassers

Badespaß bei den Grotten des Catull in Sirmione

Die Wasserburg der Scaliger ist der Blickfang von Sirmione

emporsteigt. Die bunten Farben der Blumen, das Grün von Oliven, Lorbeer und Zypressen sowie das Rot der Dächer bilden im mediterranen Licht vor dem Hintergrund der Alpengipfel eine Szenerie von unvergleichlicher Schönheit.

Tipp Man erreicht das hübsche alte Zentrum Sirmiones über die von Hotels und Supermärkten gesäumte Straße auf der Halbinsel oder vom Wasser aus mit dem Boot von Desenzano.

Blickfang ist die mächtige ***Wasserburg der Scaliger,** die besterhaltene Festungsanlage Norditaliens. Mastino I. della Scala ließ diesen Wehrbau mit zinnengekrönten Ringmauern, Torbögen, Zugbrücken, Fallgittern und Schießscharten 1250 auf dem einstigen römischen Osthafen errichten. Ein massiver, 30 m hoher Turm, *Mastio* genannt, überragt das Kastell. Von seiner Spitze überblickt man den Südteil des Gardasees. (Tel. 03 09 16 64 68;

wegen umfassender Restaurierung bis voraussichtlich Juli 2003 geschlossen.)

Ein einziges Tor führt in die Altstadt mit ihrem Gewirr kleiner Gassen und pittoresken Häusern. Das geschäftige Treiben nimmt spätestens beim **Thermalbad,** einem hässlichen Zweckbau, wieder ab. Jetzt beginnt auf dem Weg zu den Grotten des Catull eine spärlich bebaute Gartenlandschaft. Zwischen dem blinkenden Laub der Olivenbäume, inmitten einer üppigen Vegetation, steht auf der Spitze des Mavino-Hügels das Kirchlein ***San Pietro in Mavino,** im 8. Jh. von langobardischen Mönchen erbaut und im Laufe der Jahrhunderte auf vier übereinander liegenden Kalkschichten mit Fresken ausgestattet. Die letzten Übermalungen stammen aus dem 12. bis 16. Jh. (tgl. 9 Uhr bis Sonnenuntergang).

Gaius Valerius Catullus hat zwar niemals in der nach ihm benannten Villa am Nordende der Halbinsel von Sirmione gewohnt, denn das hätte er sich als armer Poet gar nicht leisten können, seine Verse »Salve, o venusta Sirmio …« besangen aber bereits vor zwei Jahrtausenden die Vorzüge der von perfekter Harmonie und Ästhetik geprägten Landschaft an diesem Uferabschnitt des Gardasees.

Seite 299

An der Spitze der Halbinsel erstrecken sich die Reste einer riesigen römischen Villa (230 m lang, 105 m breit), die so genannten ****Grotten des Catull**. Der zu seiner Zeit wegen seiner deftigen Liebesverse nur wenig geschätzte Dichter (84–54 v. Chr.) dürfte die Anlage zwar gekannt haben, doch welches Geheimnis diesen gewaltigen Gebäudekomplex umgibt, darüber kann man nur spekulieren. Wahrscheinlich handelte es sich um ein prunkvoll ausgestattetes kaiserliches Gästehaus oder gar einen kaiserlichen Palast mit angeschlossenem Thermalbad. Ein großes Schwimmbecken wurde über Bleirohre von den Boiola-Quellen am Seeufer gespeist. Die schwefelhaltigen, 69 °C heißen Quellen wurden zwar schon im 16. Jh. wieder entdeckt, aber erst 300 Jahre später gefasst.

Das kleine **Museum** am Eingang der erst teilweise freigelegten archäologischen Zone lässt anhand einiger erlesener Fundstücke die ursprüngliche Prachtentfaltung des römischen Bauwerks erahnen (März bis Mitte Okt. Di–Sa 8.30–19 Uhr, So/ Fei 9–18 Uhr, Winter tgl. außer Mo 8.30–17 Uhr).

APT, 25019 Sirmione, Viale Marconi 8, Tel. 0 30 91 61 14, Fax 0 30 91 62 22.

Öffentliche Thermalbäder:
Stabilimento Termale Catullo, Via Staffalo, am Ende der Altstadt, (Öffnungszeiten: März–Nov.); **Stabilimento Termale Virgilio,** Via Alfieri, an der Hauptstraße Peschiera–Desenzano, (ganzjährig geöffnet). Für beide: Tel. 03 09 90 49 23, www.therme disirmione.com

Villa Cortine Palace Hotel, Via Grotte 6, Tel. 03 09 90 58 90, Fax 030 91 63 90; www.hotelvilla cortine.com. Residieren wie ein Fürst. ○○○

▮ **Sirmione,** Piazza Castello 19, Tel. 0 30 91 63 31, Fax 0 30 91 6558, hs@termedisirmione.com. Service wird hier besonders groß geschrieben. ○○○

▮ **Fonte Boiola,** Viale Marconi 11, Tel. 0 30 91 64 31, Fax 0 30 91 64 35, htb@termedisirmione.com. Preiswerter, trotzdem gemütlich. ○○–○○○

▮ **Golf & Suisse,** Via Condominio 2, Tel. 03 09 90 45 90, Fax 0 30 91 63 04. www.rossionline.it. Familienhotel mit eigenem Strand. ○○

▮ **Benaco,** Via Colombare 45, Tel. 0 30 91 91 03, Fax 03 09 90 42 01; www.hotelbenaco.net. Für Leute mit schmalerem Geldbeutel. ○

Vecchia Lugana, Lugana, Piazzale Luguna 1, Tel. 0 30 91 90 12, Mo und Di geschl. Erste Adresse am See. ○○○

▮ **La Rucola,** Vicolo Strentelle 3, Tel. 0 30 91 63 26, Do geschl. Hier sind Haubenköche am Werk. ○○○

▮ **Ancora d'Oro,** loc. Colombara, Via D'Aquisto, Tel. 03 09 90 46 96, Mo, Di geschl. Fischspezialitäten. ○○

▮ **Signori,** Via Romagnoli 23, Tel. 0 30 91 60 17, So, Mo geschl. Elegante Seeterrasse. ○○

▮ **Osteria del Pescatore,** Via Piana 22, Tel. 0 30 91 62 16, Mi geschl. Preiswertes Lokal in der Altstadt. ○

Disco Genux, größter Tanzschuppen weit und breit (tgl. außer Mo bis 4 Uhr früh; 14 km von Sirmione entfernt, hinter Desenzano Richtung Castiglione delle Stiviere); **Mean River Night Club,** Via Verona, Lugana, Tanztempel für alle, die lieber zu Fuß nach Hause gehen; **Kursaal,** Via San Martino, Lugana, Dancing – klassische Tänze.

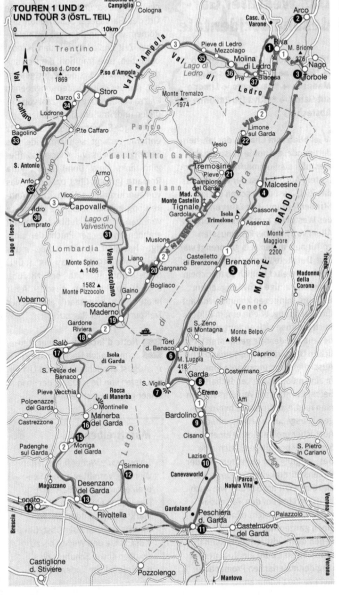

TOUREN 1 UND 2
UND TOUR 3 (ÖSTL. TEIL)

0 _____ 10km

Das Westufer Gardesana occidentale

2

Seite
299

*Desenzano del Garda → **Salò → *Gardone Riviera → Toscolano-Maderno → *Gargnano → Limone sul Garda → **Riva (70 km ohne Abstecher)

Viel blieb vom Charme der Jahrhundertwende, als noble Reisende das Westufer als Sommerfrische entdeckt hatten. Auch hier ist der Weg bereits das Ziel, lässt doch schon die kühne Straßenführung jede Fahrt entlang des Westufers zum Erlebnis werden. Allein von Salò bis Riva mussten 70 Tunnels in den Fels gesprengt werden. Der stete Wechsel von Licht und Dunkel bereitet freilich so manchem Chauffeur einige Schwierigkeiten, Beifahrer hingegen kommen voll auf ihre Rechnung. Wie in einem Bilderbuch eröffnen sich entlang der Gardesana occidentale genannten westlichen Uferstraße herb-romantische Aussichten und imposante Einsichten in eine mediterrane Landschaft. Selbst bei starkem Verkehrsaufkommen ist die mittlerweile hervorragend ausgebaute Strecke ohne Abstecher problemlos in einer guten Stunde zu bewältigen. Doch eine Besichtigung von nur einem Teil der Sehenswürdigkeiten, die in jedem einzelnen Ort am Seeufer wie auch im Hinterland auf den Reisenden warten, beansprucht mindestens einen ganzen Tag, sollen doch auch neben dem Kulturerlebnis kulinarische Genüsse oder ein Bummel entlang der malerischen Promenaden nicht zu kurz kommen.

*Desenzano del Garda ⑬

Mit seinen mehr als 23 000 Einw. ist das am Südwestende liegende Städtchen der größte und auch lebendigste Ort des Gardasees. Schon unter den Römern wurde in dem seit prähistorischer Zeit besiedelten Hafen Handel betrieben, eine Tradition, die sich seit dem Mittelalter bis heute fortgesetzt hat. Auf der von Arkaden umgebenen Piazza haben sich eine Unzahl von Eisdielen und Straßencafés etabliert.

Wenige Schritte vom Hauptplatz entfernt verbirgt sich am Ende des Seitengässchens Via Crocefisso (Beginn links vom Dom) eine ***Villa Romana** (3. Jh. n. Chr.) bzw. das, was von dem luxuriösen Wohnsitz der Antike übrig geblieben ist. Die Überreste von 240 m² Mosaikfußboden lassen erahnen, in welcher Pracht der einstige Hausherr gelebt haben muss (Tel. 03 09 14 35 47, 1. März bis 14. Okt. 8.30–19 Uhr; 15. Okt. bis 28. Feb. 8.30–16.30 Uhr, Mo geschl. Auch heute ist Desenzano abendlicher Treffpunkt reicher Ragazzi.

Tipp | **Notte d'Incanto:** In einer stimmungsvollen Nacht um den 15. August erleuchten tausend Lichter den Hafen von Desenzano, der so in seiner ganzen Pracht erstrahlt.

Markttreiben

Sommer wie Winter findet jeden Dienstag Vormittag an der Seepromenade Cesare Battisti in Desenzano ein riesiger **Wochenmarkt** statt, auf dem man von Haushaltswaren über Obst, Gemüse, Käse und Würste bis zu Textilien sowie Schuhen alles nur Erdenkliche finden kann.

Kühne Straßenführung der Gardesana occidentale

Im Dom **Santa Maria Maddalena** (um 1600) an der Piazza del Duomo beeindruckt Tiepolos Frühwerk »Letztes Abendmahl« in der zweiten Kapelle links durch die raffinierte Lichtführung. Auch die Monumentalgemälde des Venezianers Andrea Celesti an der Innenfassade und in der Apsis können sich sehen lassen. Der Aufstieg zu den Ruinen des mittelalterlichen **Castello** hoch über der Stadt lohnt sich schon wegen der grandiosen Aussicht.

Ufficio Informazioni e Accoglienza Turistica (IAT), 25015 Desenzano, Via Porto Vecchio 34, Tel. 03 09 14 15 10, Fax 03 09 14 42 09.

Hotel Lido International, Via Tommaso dal Molin 63, Tel. 03 09 14 10 27, Fax 03 09 14 37 36; www.lido-international.com. Luxus pur. ○○○
▮ **City,** Via Nazario Sauro 29, Tel. 03 09 91 17 04, Fax 03 09 91 28 37; www.hotelcity.it. Sympathisches Stadthotel mit allem Komfort in ruhiger Lage. ○○–○○○
▮ **Piroscafo,** Via Porto Vecchio 11, Tel. 03 09 14 11 28, Fax 03 09 91 25 86;

www.hotelpiroscafo.it. Ruhiger Familienbetrieb, zentral gelegen. ○○

Cavallino, Via Murachette 29, Tel. 03 09 12 02 17, Mo (ganz) und Di mittags geschl. Topadresse für Feinschmecker. ○○○
▮ **Esplanade,** Via Lario 10, Tel./Fax 03 09 14 33 61; Mi geschl. Herrliche Seeterrasse, exzellente Fischterrinen und Dolci, erlesene Weine. ○○○

Jeden 1. So im Monat (außer Jan. und Aug.) **Antiquitätenmarkt** im Zentrum.

Ausflug nach Lonato ⓴

Das typische lombardische Städtchen 6 km westlich von Desenzano ist Historikern aufgrund der hier von Napoleon gegen die Österreicher gewonnenen Schlacht (1796) ein Begriff. Ein überwältigendes Panorama mit der mächtigen Kuppel der prachtvollen Barockkathedrale und dem hoch aufragenden Stadtturm **Torre Maestra** bis in die lombardische Ebene bietet sich von der Burgruine **Rocca.** Auf dem

Weg zur Festung kommt man an der ***Casa del Podestà** vorbei. Der Politiker, Historiker und Kunstsammler Ugo Da Como hat das Anwesen im 19. Jh. mit erlesenen Möbeln, Gemälden und einer kostbaren Bibliothek, die über 30 000 Bände umfasst, liebevoll ausgestattet (Tel. 03 09 13 00 60; Fondazione Ugo Da Como, Sa/So/Fei 10–12, 14.30–19 Uhr, im Winter bis Sonnenuntergang, Mo–Fr nur nach Anmeldung).

Durch die Valtènesi

Nördlich von Desenzano kommt man in die liebliche Hügellandschaft der **Valtènesi,** die als Weinbaugebiet bei Feinschmeckern ihren Ruf vor allem dem blassroten »Chiaretto« verdanken. Dass die Geschichte dieser Gegend nicht immer so friedlich verlief, bezeugen die trutzigen Festungsanlagen auf den umliegenden Hügeln. Heute werden sie nur noch von Ruinen bekrönt, hinter denen sich kleine Gemeinden komfortabel eingerichtet haben. Leider wird auch dieser noch relativ ursprüngliche Landstrich des Gardasees nach und nach zugebaut und zersiedelt. Schon von weitem sind die mächtigen Ruinen der aus dem 10. Jh. stammenden Burg von **Padenghe sul Garda** zu erkennen, die noch zur Scaligerzeit über dem Bauernstädtchen hinter dem Südwestufer des Gardasees wachte.

Moniga del Garda ⓯

Beschützt von zinnenbewehrten Burgmauern aus der Zeit, als hier die Visconti und die Scaliger ihre heftigen

---

*Abbazia di Maguzzano

Wer Einkehr halten und für eine Weile das turbulente Leben rund um das in Sichtweite liegende Desenzano vergessen möchte, fährt zu der 5 km nördlich von Lonato liegenden ehemaligen Benediktinerabtei Abbazia di Maguzzano.

Ende des 9. Jhs. errichtet, wurde die »Abbatiola« von den Hunnen 922 zerstört und nach dem Wiederaufbau im 14. Jh. von Soldaten der Visconti geplündert. Im 15. Jh. erhielten die Kirche und der zauberhafte, blumengeschmückte Kreuzgang ihr heutiges Aussehen. Napoleon löste 1797 das Kloster auf, in dem sich unter anderem der von Heinrich VIII. verbannte englische Kardinal Reginald Pole längere Zeit aufgehalten und – vergeblich – um eine Versöhnung von Englands Kirche mit Rom gebetet hatte. Im 19. Jh. verfiel die leer stehende Abtei, bis sie 1904 von Zisterziensermönchen aus Algerien gekauft und buchstäblich im letzten Moment samt den wenigen noch verbliebenen Kunstschätzen gerettet werden konnte. 1938 übernahm der Veroneser Priester Beato Giovanni Calabria (1873–1954) das Kloster und widmete es der Armenfürsorge und der Bildung.

Als »Centro Ecumenico Abbazia di Maguzzano« setzt die einstige Abtei nicht nur das Werk Don Calabrias fort, sie bietet heute auch als »Casa di Spiritualità« einen voll im Trend liegenden Klosterurlaub für jedermann an. Infos: 25017 Lonato, Tel. 03 09 13 01 82, Fax 03 09 91 38 71.

San Felice del Benaco, einer der Hauptorte der Valtenesi

2

Seite
299

Fehden austrugen, duckt sich eine der hübschesten Valtenesi-Ortschaften. Von hier führt eine Straße durch das »Chiaretto«-Anbaugebiet auf der Direttissima (10 km) nach Salò.

Trattoria al Porto, Via Porto 29, Tel. 03 65 50 20 69; Mi geschl. Seefischgerichte auf der schattigen Terrasse am Hafen. ○○–○○○

Manerba del Garda ⑯

Das aus fünf Dörfern gebildete Fremdenverkehrszentrum liegt auf durchschnittlich 100 m Höhe. Der Hauptort ist das 128 m hohe **Solarolo,** die schönste Aussicht bietet bei Montinelle die **Rocca di Manerba** (218 m), wo Phantasievolle in dem Klippenvorsprung das Dante-Profil erkennen können. Von der Felsnase der Punta Belvedere wiederum überblickt man die reizvolle Bucht von San Felice mit der kleinen Insel San Biagio.

Mehr als nur eine kurze Erwähnung verdient die 3 km nördlich von Pieve Vecchia inmitten von Weinbergen liegende freskengeschmückte Wallfahrtskirche ***Santa Maria del Carmine** (15. Jh.). Lieblichen Charme strahlt nicht nur im Chor die von einem einheimischen Künstler des 15. Jhs. gemalte Verkündigungsszene aus, auch die hölzerne Madonnenfigur »Patrona della Valtenesi« zwischen Heiligen und Engeln ist einfach bezaubernd.

Verträumte Märcheninsel Isola di Garda

San Felice del Benaco

In der Pfarrkirche **SS Felice e Audato** aus dem 18. Jh. bewundert man wieder einmal ein Gemälde von Romanino. Der Tag der Schutzheiligen Felix und Audato am 31. August wird mit einem Fest begangen. Turbulent geht es auch alljährlich im Sommer bei der Festa dell'Ospite zu, eher feierlich am vierten Julisonntag, der im Zeichen der Hl. Jungfrau von Carmine steht.

Über enge Sträßchen gelangt man zu den Badebuchten von **Porto San Felice** und der Halbinsel **San Fermo,** die nur ein schmaler Streifen Wasser von der größten Seeinsel **Isola di Garda** trennt. Das bereits im Altertum bewohnte Eiland zählte im 19. Jh. zum Besitz der Grafen Lechi, heute gehört es der Familie Borghese, die Haus und Garten dem Publikum im Rahmen von Führungen geöffnet haben. Anreise per Schiff von Sirmione (Tel. 03 09 90 52 35, www.sirmioneboats.it) oder Barbano (Gardone Riviera; Tel. 0 36 56 22 94, www.isoladelgarda.com).

****Salò** ⑰

Wer auf der Suche nach unverbauten Uferstreifen mit einem Mal die Dachlandschaft des sich zu Füßen des Monte San Bartolomeo ausbreitenden Städtchens Salò (9900 Einw.) von der Hauptstraße aus erblickt, will vielleicht gleich weiterfahren. Was allzu schade wäre, denn unter Kennern gilt dieser Ort, der aufgrund seiner geschützten Lage der wärmste des Sees ist, auch als der reizvollste. Zwar hat das Erdbeben 1901 viel von der alten Bausubstanz zerstört, doch die größten Architekturschätze blieben zum Glück weitgehend erhalten.

Der Spaziergang führt schnurstracks zu dem mit einer Rollstuhlrampe versehenen **Dom Santa Maria Annunziata**. Mitte des 15. Jhs. wurde der Grundstein für das bedeutendste Gotteshaus der Spätgotik am Gardasee gelegt, das zwar eine unvollendete Ziegelfassade, dafür aber ein prachtvolles Marmorportal aufweist. Den in mystisches Dunkel getauchten dreischiffigen Innenraum krönt eine 11 m hohe gotisch-venezianische Kuppel von 44 m Umfang. Beachtenswert ist außer dem spätgotischen Kruzifix des deutschen Schnitzers Hans von Ulm (1449, 1. Kapelle links) vor allem an der linken Langhauswand das eigenwillige Gemälde des »Hl. Antonius von Padua« des Romanino genannten Brescianer Renaissancemalers Girolamo da Romano (1486 bis nach 1562). Ebenfalls von Romanino stammt die schöne »Madonna mit Kind und den Heiligen Bonaventura und Sebastian« über dem gotischen Polyptychon zwischen der 1. und 2. Kapelle links.

Tipp **Festa di Sant'Antonio:** Rund um den 13. Juni feiert Salò bei Musik, ausgelassenen Tänzen und traditionellen Speisen den Tag des Stadtheiligen.

Unweit des Doms liegt an der Seepromenade der durch einen stimmungsvollen Arkadengang des venezianischen Architekten Sansovino direkt mit dem **Palazzo del Podestà** (Rathaus, 16. Jh.) verbundene **Palazzo della Magnifica Patria** (16. Jh.), früher Tagungsort des Rates »Comunità della Riviera«, heute Sitz der Stadtpolizei und des winzigen **Museo Civico Archeologico** mit Funden aus der Römerzeit. Historisch Interessierte werden auch das **Museo del Nastro Azzurro** mit einer interessanten Sammlung von Stichen u. a. aus napoleonischer Zeit besuchen (Via Fantoni 49, Tel. 0 36 52 08 04; Öffnungszeiten: im Winter nur So 10–12, 15–17 Uhr, im Sommer evtl. tgl.).

✂ Hinter dem Rathaus beginnt im Herzen der Altstadt die **Flaniermeile Via Butturini,** die nahtlos in die von verführerischen Läden flankierte Via San Carlo übergeht und von der nicht minder attraktiven Via Zanelli abgelöst wird (in Nr. 11 a und 11 b nostalgischer Gemischtwarenladen).

ℹ **IAT,** 25087 Salò (Brescia), Lungolago Zanardelli 39 (im Rathaus), Tel./Fax 0 36 52 14 23.

🏠 **Laurin,** Viale Landi 9, Tel. 0 36 52 20 22, Fax 0 36 52 23 82; www.laurinsalo.com. Jugendstilambiente. ○○○

▮ **Duomo,** Lungolago Zanardelli 91, Tel. 0 36 52 10 26, Fax 03 65 29 04 18; www.hotelduomosalo.it. Attraktiv ist die Traumlage direkt an der Uferpromenade, doch auch Komfort wird großgeschrieben; mit Restaurant. ○○○

▮ **Benaco,** Lungolago Zanardelli 44, Tel. 0 36 52 03 08, Fax 0 36 52 10 49; www.benacohotel.it. Modernes Haus, das direkt am Seeufer liegt. ○○

Hervorragende Kunstwerke schmücken den Dom von Salò

2

Seite
299

❚ **Panoramica,** Via del Panorama 28, Tel. 0 36 54 14 35, Fax 03 65 52 12 10, www.panoramica.org. Trägt den Namen zu Recht, etwas außerhalb. ○

 **Trattoria Alla Campagnola,** Via Brunati 11, Tel. 0 36 52 21 53; Mo und Di mittag geschl. Familienbetrieb, köstliche Gerichte. ○○

❚ **Antica Trattoria delle Rose,** Via Gasparo da Salò 33, Tel. 0 36 54 32 20, Mi geschl. Ausgezeichnet: Seefisch und Käseaufläufe. ○○

❚ **Lepanto,** Lungolago Zanardelli 67, Tel. 0 36 52 04 28, Do geschl. Seefisch im Jugendstilambiente. ○○

Ausflüge von Salò

❚ **Convento dei Cappuccini,** ein aus dem 15. Jh. stammendes Kapuzinerkloster im 2 km entfernten Vorort auf der Halbinsel Barbarano.

❚ **Palazzo Martinengo:** Der prachtvolle Sommersitz der Familie Martinengo liegt inmitten eines Parks (Mitte 16. Jh.), nicht zugänglich, aber vom See aus zu bewundern.

❚ Zum 568 m hohen Aussichtsberg **Monte San Bartolomeo** führt eine kurvenreiche Straße über die gleichnamige Ortschaft. Das **Val di Sur** im Hinterland ist von Serniga bzw. San Michele über eine enge, steile Straße zu errei-

Gardone Riviera, einst schönstes, reichstes und mondänstes Bad

chen. Von dort gibt es Wanderwege zum Rifugio Pirlo, Ausgangspunkt zu einem zweistündigen Aufstieg auf den 1582 m hohen **Monte Pizzocolo** oder zum **Passo di Spino** (ca. 2 Std.).

*Gardone Riviera ⑱

Im Hauptort (2400 Einw.) der noblen **Riviera Bresciana** weist heute nichts mehr auf seine Vergangenheit als einfaches Fischerdorf hin. Der Prinz, der das Dornröschen vor etwa 100 Jahren erweckte, hieß Ludwig Wimmer. Der deutsche Ingenieur erkannte 1880 als erster, welches Kapital sich aus der herrlichen Lage des Dörfchens schlagen ließ und eröffnete einen kleinen Gasthof, der sich zur international bekannten Nobelherberge **Grand Hotel Gardone Riviera** (s. S. 307) mausern sollte. Bald gruppierten sich die Villen eines bunt gemischten und in jedem Falle wohlhabenden Völkchens rund um das Lokal des deutschen Trendsetters. Es entstanden die Orts-

Seite 299

Der Bug des Kreuzers »Puglia«
im Park des Vittoriale

Der tropische Giardino botanico
ist eine Oase der Stille

teile *Gardone di Sotto* und *Gardone di Sopra* (Unter- bzw. Ober-Gardone): Unten am See befinden sich entlang der autofreien Uferpromenade nunmehr die eleganten Hotels, Restaurants und Klubs. Im höher liegenden Viertel, zu dem der etwa 800 m lange Viale del Vittoriale hinaufführt, ist man nicht nur auf seine ältere Vergangenheit stolz. Vielmehr schmückt sich Gardone di Sopra mit einem ebenso berühmten wie umstrittenen Namen: Gabriele d'Annunzio, Dichter, Politiker und Freund Mussolinis, der seiner Wahlheimat ein bombastisches Monument, das ***Vittoriale degli Italiani,** das »Siegesdenkmal der Italiener«, hinterlassen hat. Klugerweise setzte das offizielle Gardone einen Kontrapunkt und benannte den Rathausplatz nach dem während der Befreiung amtierenden Bürgermeister Piazza Pietro Scarpetta.

*Giardino Heller-Hruska

Nur wenige Schritte entfernt, hält der zauberhafte Giardino botanico seine Pforten weit offen. 1910 schuf der Arzt Arthur Hruska diese Oase der Stille, in der seit einigen Jahren der Wiener All-round-Künstler André Heller als Hausherr residiert. Die von kleinen Wasserfällen und Teichen, schmalen Brücken und verwunschenen Steigen durchzogene zauberhafte Anlage begeistert durch das Nebeneinander von tropischen Gewächsen und üppiger mediterraner und alpiner Flora auch Familien mit Kindern (tgl. 15. März–15. Okt. 9–18 bzw. 19 Uhr).

Kitsch, Kunst, Kuriosität

Als der 1863 in den Abbruzzen geborene Schriftsteller **Gabriele d'Annunzio** 1921 die Villa Cargnacco in Gardone Riviera erwarb, war diese ein für die Gegend typisches Landhaus, das sich von seinesgleichen bloß durch die einzigartige Aussicht auf den See unterschied. Nur 17 Jahre später hinterließ der Lieblingsdichter des faschistischen Italien einen Gebäudekomplex, wie er geschmackloser nicht sein könnte. Allein schon das Wohnhaus des Mannes, der weniger wegen seiner Dichtkunst als vielmehr wegen der Liaison mit der »göttlichen« Schauspielerin Eleonora Duse heute noch ein Begriff ist, zeigt ein beispielloses Sammelsurium. Vom Erdgeschoss bis unters Dach vollgestopft mit kostbaren Kunstschät-

IAT, 25083 Gardone Riviera (Brescia), Corso Repubblica 8, Tel./Fax 0 36 52 03 47.

■ **Comunità del Garda,** Via Roma 8, Tel. 03 65 29 04 11, Fax 03 65 29 00 25, www.lagodigarda.it

 Grand Hotel Gardone Riviera, Corso Zanardelli 84, Tel. 0 36 52 02 61, Fax 0 36 52 26 95; www.grangardone.it. Luxusherberge mit fast 100-jähriger Tradition. ○○○
■ **Bellevue,** Corso Zanardelli 40, Tel. 03 65 29 00 88, Fax 03 65 29 00 80; www.hotelbellevuegardone.com. Zum Wohlfühlen. ○–○○
■ **San Michele,** Via S. Michele 26, Tel./Fax 0 36 52 05 75; www. provincia.brescia.it. Preiswert. ○

Villa Fiordaliso: Die »Kornblumen-Villa« war der letzte Wohn-ort der Mussolini-Geliebten Clara Petacci. Unter Gourmets gilt das noble Haus am See als Geheimtipp für Fisch-Spezialitäten. Übernachtung möglich (7 Zimmer), Corso Zarnardelli 132, Tel. 0 36 52 01 58, Fax 03 65 29 00 11; Mo, Di mittags geschl. ○○○
■ **Trattoria Belvedere da Marietta,** Via Montecucco 78, Tel. 0 36 52 09 60; Do geschl. Hausgemachte Nudeln, herrliche Aussicht. ○○

Toscolano-Maderno ⑲

Eine kleine Flussmündung trennt den auf einer Halbinsel liegenden Doppel-ort in das von malerischen Gassen durchzogene **Maderno** und das seit dem 14. Jh. als Zentrum der Papierher-stellung bekannte **Toscolano**. Dank ihrer exzellenten touristischen Infra-

2

Seite
299

zen und unvorstellbarem Kitsch, wert-vollen Büchern und mottenzerfresse-nem Ramsch, präsentieren sich die Privaträume den in Gruppen durchge-schleusten Besuchern als bedrücken-des Monument des Größenwahns.

Das ***Vittoriale** umfasst aber außer einem Theater, einer Säulenhalle mit dem Grab des Hausherrn, einem Kuppelbau für das Flugzeug, mit dem d'Annunzio 1918 über Wien antiöster-reichische Flugzettel abgeworfen hat-te, und einem Museum (Erinnerungs-stücke, Fotodokumentation, Film-vorführungen) sogar ein Schiff. Un-glaublicherweise hatte der Mussolini-Freund und fanatische Patriot den Bug des von ihm 1919 bei einem An-griff auf Fiume (heute Rijeka) persön-lich befehligten Schlachtschiffs »Pu-glia« auf den Berg schleppen und zum Großteil so geschickt mit Be-ton ausfüllen lassen, dass man sich tatsächlich an Bord wähnt.

Zu besichtigen ist das bereits zu Lebzeiten d'Annunzios zum Natio-naldenkmal erklärte Kuriositäten-kabinett von April bis Sept. tgl. 8.30–20 Uhr; Okt. bis März 9–17 Uhr, Tel. 0 36 52 01 30. Die hohe Eintrittsgebühr von 11 € beinhaltet auch die Führung durch die **Casa d'Annunzio** (Mo geschl.; April bis Sept. 10–18 Uhr, Okt.–März 9–13, 14–17 Uhr). Interessant ist auch das Teatro del Vittoriale, wo Balletts, Opern, Konzerte und Jazz gespielt werden (Tel. 03 65 29 65 06, 29 65 19, Fax 0 36 52 03 85; www.teatrovittoriale.it).

2

Seite 299

*Pfarrkirche Sant'Andrea,
kunsthistorisches Kleinod Madernos*

struktur sind beide Städtchen als Ferienziel gleichermaßen beliebt.

Madernos kulturelle Hauptattraktion ist die Pfarrkirche ****Sant'Andrea** aus dem 12. Jh. an der Uferpromenade. Fragmente eines vorchristlichen Tempels sowie Skulpturenreste des langobardischen Vorgängerbaus aus dem 8. Jh. sind noch an Fassade, Apsis und Westwand zu sehen. Das schöne Eingangsportal zeigt reichen Arabeskenschmuck, Tierskulpturen, Menschenköpfe und die typisch langobardische Flechtbandornamentik.

Toscolano wiederum rühmt sich der Patenschaft für den gesamten Gardasee, der in der Antike »Lacus Benacus« hieß: Angeblich soll ein gallischer Seher namens Acus an der Stelle des heutigen Toscolano die Ortschaft Benacus gegründet haben. Dass sowohl Torbole und Garda als auch Salò und noch einige andere Dörfer mehr diese Legende für sich in Anspruch nehmen, stört die selbstbewussten Toscolaner wenig.

Tipp **Ausflüge:** Ganz in der Nähe von Toscolano-Maderno liegt das kleine Dorf **Gaino** am Fuß des Monte Castello di Gaino. Es ist am schnellsten in etwa 20 Min. über Abkürzungen

zwischen Olivenhainen und Weingärten zu erreichen. Außerdem lohnen sich Wanderungen zum **Monte Castello** (866 m, 4,5 Std.), **Monte Pizzocolo** (1582 m, 5 Std.) und **Monte Spino** (1486 m, 5,5 Std.).

ℹ️ **APT,** 25080 Toscolano-Maderno, Lungolago Zanardelli 18, Tel./Fax 03 65 64 13 30.

🏠 **Maderno,** Via Statale 12, Tel. 03 65 64 10 70, Fax 03 65 64 42 77; www.gardalake.com/ hotel-maderno/index.htm. Angenehmes Hotel im nostalgischen Stil der Jahrhundertwende. ○○○
▮ **Piccolo Paradiso,** Ortsteil Cecina-Messaga, Tel. 03 65 64 30 80, Fax 03 65 95 43 57. Preisgünstiges Apartmenthaus, auch ideal für Familien. ○○

Papierfabriken

Der im Mittelalter durch die Fertigung von Eisenteilen für die venezianischen Galeeren reich gewordene Ort Toscolano erwarb sich mit einer florierenden Papierindustrie ein zweites, solides wirtschaftliches Standbein. So ließ sich hier bereits im 15. Jh. die erste Buchdruckerei der Lombardei nieder, in der jene Bibelausgabe gedruckt wurde, die Martin Luther später ins Deutsche übersetzte. Ein Spaziergang durch das »Tal der Papierfabriken«, wie die **Valle delle Camerate** auch genannt wird, führt vorbei an alten Fabrikruinen am Wildbach Toscolano, der in 600 m Höhe im Valvestino-See entspringt.

In der Tradition des kaiserlichen Wien: der Garten der Villa Bettoni in Bogliaco

Die Hafenpromenade von Gargnano

▮ **Sole,** Via Promontorio 7, Tel. 03 65 64 13 35, Fax 03 65 54 15 34. Einfach, aber sauber. ◯◯

La Tana, Via Aquilani 14, Maderno, Tel. 03 65 64 42 86, Di geschl. Guter Seefisch. ◯◯

▮ **Trattoria La Sosta,** Via Cecina 79, Tel. 03 65 64 42 95; Mi geschl. In der alten Poststation gibt's Gegrilltes vom Feinsten. ◯◯

L'Angolo del Café, Piazzetta S. Marco. Ein sehr beliebter Treff am Abend.

Bogliaco

Die kleine, vom Massentourismus noch weitgehend verschonte Ortschaft rühmt sich eines Mini-Schönbrunn: Die kaiserliche Sommerresidenz der Habsburger in Wien diente offensichtlich der nur von außen zu besichtigenden **Villa Bettoni** (18. Jh.) als Vorbild. Die schönste Aussicht auf die seewärts gerichtete Fassade hat man vom kleinen Hafen aus. Dahinter findet sich an der Straße eine elegante, mit Statuen geschmückte Freitreppe am Ende einer barocken Parkanlage.

Allo Scoglio, am Hafen von Bogliaco, Tel. 0 36 57 10 30, Mo geschl. Einrichtung wie Küche schlicht, aber gut, netter kleiner Garten. Vorwiegend Fisch. Probieren Sie die Tagliatelle al ragù di lago. ◯–◯◯

*Gargnano ⑳

Hässlich wie Pickel ragen eingemauerte Kanonenkugeln aus den Hafenfassaden heraus. Bis auf diese unschöne Erinnerung an die Österreicher, die 1866 während des italienischen Risorgimento (s. S. 248) auf das friedliche Fischerdorf geschossen hatten, zeigt sich der malerische Gardaseeort nur von seiner heiteren Seite. Dass sie bisher von den schlimmsten Auswirkungen eines ausufernden Fremdenverkehrs weitgehend verschont geblieben sind, genießen die etwa 3100 Einwohner ebenso wie jene Urlauber, die hier ihr Standquartier aufgeschlagen haben. Niemand stößt sich heute noch daran, dass die Ministerien der faschistischen »Republik von Salò« 1943 bis 1945 in Wahrheit im neoklassizistischen **Palazzo Feltrinelli** von Gargnano untergebracht waren.

Mittlerweile dient der Palast als Sommersitz der Universität Mailand, die hier Sprachkurse für Ausländer veranstaltet. Nur wenige Schritte entfernt residierte einst Mussolini in der

Seite 299

2

Villa Feltrinelli. Hobbyhistoriker müssen sich mit einem Blick von außen auf das nicht zugängliche Gebäude begnügen.

Touristen bummeln gerne entlang der hübschen Hafenpromenade oder besuchen den »steinernen Zitronengarten« am Ortseingang, der sich im romanisch-gotischen Kreuzgang des Klosters **San Francesco** (spätes 13. Jh.) verbirgt. Ausnahmsweise grinsen dort nicht die obligaten Teufels- und Dämonenfratzen von den zierlichen Säulen, statt dessen zieren Orangen und Zitronen die steinernen Kapitelle. (tgl. 9/10–18/19 Uhr, außer während der Messen).

🛈 **Associazione Pro Loco Gargnano,** Ufficio Turistico, 25084 Gargnano (Brescia), Piazza Feltrinelli 2, Tel./Fax 0 36 57 12 22.

🏠 **Villa Giulia,** Viale Rimembranza 20, Tel. 0 36 57 10 22, Fax 0 36 57 27 74. www.villagiulia.it. In ruhiger Seelage werden elegante Zimmer geboten. ○○○
▮ **Bartabel,** Via Roma 39, Tel. 0 36 57 13 30, Fax 03 65 79 00 09. Familienbetrieb mit 10 Zimmern, exzellentes Fischrestaurant. ○
▮ **Europa,** Via Repubblica 38, Tel. 0 36 57 11 91, Fax 0 36 57 10 63; 15. 4.–15. 10. Angenehmes, modernes Haus mit allem Komfort, ○

🍴 **La Tortuga,** Via XXIV Maggio 5, Tel. 0 36 57 12 51, Fax 0 36 57 19 38; Mo abends und Di geschl., im Sommer nur Di. Teuerste Feinschmeckeradresse der Region. Ein heißer Tipp ist die Seefisch-Terrine. Unbedingt reservieren! ○○○
▮ **Osteria del Restauro,** Piazza Villa 19, Tel. 0 36 57 26 43, Mi geschl.

Romantisch am Hafen gelegen, besonders beliebt bei jungen Gästen. ○–○○

🎁 Im Sommer findet im Kreuzgang des Öfteren ein kleiner **Antiquitätenmarkt** statt.

⚠️ Die bisweilen an Schwindel erregenden Abgründen vorbeiführenden Alpensträßchen erfordern, abgesehen von guten Nerven, auch entsprechend sicheres Fahrvermögen. Bei Gewittergefahr (Steinschlag!) sind diese Straßen überhaupt zu meiden.

Abseits der Gardesana occidentale

Das Bergdorf **Muslone** (4 km) ist mit dem Auto über eine schmale Straße oder zu Fuß in etwa einer Stunde über den Hügel San Gaudenzio durch eine einsame Landschaft zu erreichen.

Gute Autofahrer lassen sich durch die 26 % Steigung am Ende des kurvenreichen Abstechers zu ****Madonna di Monte Castello,** der aus dem 13./ 14. Jh. stammenden und später barockisierten Wallfahrtskirche in 700 m Höhe, nicht abschrecken (über die Staatsstr. 45 nordwärts, hinter dem zweiten Tunnel über eine Nebenstraße empor zur Hochfläche von Tignale; in Gardola weiter Richtung Tremosine). Geradezu überwältigend ist der Ausblick des auf den Überresten einer Scaligerburg errichteten Marienheiligtums.

Statt nun wieder zur Uferstraße zurückzukehren und über **Campione del Garda** direkt nach Limone zu gelangen, verführt die hinreißende Landschaft zu einer Rundfahrt durch die **Valle Tignalga** nach Tremosine.

Wallfahrtskirche Monte Castello

*Tremosine ㉑

Zwischen schroffen Schluchten und lichtem Mischwald erstreckt sich die Kommune Tremosine rund um das wildromantische Tal des Baches *Campione* und vereinigt die Weiler Pieve, Pregasio, Sermerio, Vesio, Voltino und Campione zu einer Gemeinde. Zahlreiche Münzfunde sowie der »Stein von Voltino« mit lateinisch-etruskischer Inschrift (im Römischen Museum von Brescia) künden davon, dass dieses Hochplateau bereits in der Antike besiedelt war und als Zufluchtsort bei feindlichen Überfällen gedient hat. Von den kleinen Ortschaften mit unvorstellbar hinreißenden Aussichten auf den in der Tiefe schimmernden See sei **Pieve** besonders hervorgehoben.

Im etwas versteckt liegenden **Ristorante Miralago** in Pieve (Piazza Cozzaglio 2, Tel. 03 65 95 30 01, Fax 03 65 95 30 46; Hinweisschilder) können freilich nur absolut Schwindelfreie mit vollem Genuss speisen. Denn die Terrasse des ausgezeichneten Restaurants hängt wie ein Adlerhorst über einer 350 m senkrecht abfallenden Felswand. Mit Distanz zum Abgrund, und doch in herrlicher Lage, kann man sich in dem nur 2 km entfernten **Ristorante S. Marco** stärken, bevor man den anspruchsvollsten Streckenabschnitt in Angriff nimmt.

Vor den Haarnadelkurven, die von Pieve zur Uferstraße hinunterführen, sollte man hupen (Gebotsschilder!). Für mehr als eine Fahrzeugbreite hat das kühn angelegte, an Wasserfällen und Schluchten vorbeiführende Sträßchen keinen Platz. Eine breiter ausgebaute Kurve bietet sich unmittelbar nach einem längeren Tunnel und einer daran anschließenden Straßengalerie für einen letzten Stopp an, um noch einmal den Kontrast zwischen der wilden Gebirgsszenerie und dem glitzernden See zu genießen.

Limone sul Garda ㉒

Mit der Einsamkeit ist es vorbei. Wie kein anderer Ort am Westufer hat der einstige Zitronengarten des Lago di Garda buchstäblich seine Seele verkauft. In dem Lieblingsziel des Pauschaltourismus bedrücken nicht nur die Menschenmassen, sondern auch die Felswände, die allzu nah an den See herandrängen. Früher nahmen die duftenden Freiluft-Gewächshäuser, die sog. *limonare* oder *limonaie,* dem Ort seine Düsterkeit. Doch seit die meisten aufgrund des billigen Zitrusfrüchteimports aus Sizilien und Spanien aufgelassen wurden und leer stehen, erhellt nur das Grün wilder Kapernsträucher das Grau an den schroffen Abhängen des Dosso dei Roveri.

 Doch selbst als es noch in allen Gärten von Limone blühte, muss

Comeback der Zitrone

Ob der Ortsname Limone nur die wörtliche Übersetzung von Zitrone bedeutet oder nicht vielleicht doch das lateinische »limes« (Grenze) dahinter steckt, wird vermutlich nie mehr zu klären sein. In den 1980er-Jahren besann man sich im Dorf zu Füßen des Gebirgsstocks Cima di Mughera der einstigen Wahrzeichen, so dass zwei Zitronengärten *(limonaie)* wieder bewirtschaftet werden (neben dem Hotel Pergola sowie an der Uferstraße, 2 km vor Porto di Tignale).

Seite 299

Freskenschmuck in Limone

Wildromantisch präsentiert sich die Berglandschaft um Limone

2

Seite
299

trotz der Agaven, Palmen und Oleandersträucher der Gesamteindruck recht nordländisch gewesen sein. Als der norwegische Dichter Henrik Ibsen 1883 hier Quartier nahm, fühlte er sich so intensiv an seine Heimat erinnert, dass er sich diesen Gardaseeort durchaus als Reisestation seines »Peer Gynt« vorstellen konnte.

Im alten Zentrum lohnt sich ein Blick in die barocke Pfarrkirche **San Benedetto** (17. Jh.) der Gemälde Andrea Celestis wegen (gelungene Darstellung der »Hl. Drei Könige« rechts neben dem Altar), bevor man sich an das Verschmausen eines der berühmten Limone-Karpfen macht. Man kann sich beim Mahl der schmackhaften Karpfen auch gleich eine der hübschesten lokalen Legenden auf der Zunge zergehen lassen. Sant'Ercolano (in frühchristlicher Zeit Bischof von Brescia und Schutzpatron von Maderno) soll drei bereits gegrillte Karpfen bei Limone zurück ins Wasser geworfen haben. Prompt erwachten die toten Fische zu neuem Leben. Doch alle ihre Nachkommen sind seither gestreift – sie tragen das Brandzeichen des Rostes.

IAT, 25010 Limone sul Garda, Via IV Novembre 3c, Tel. 03 65 91 89 87, Fax 03 65 95 47 20, www.limone.com; Infokiosk am Parkplatz Seepromenade.

Park Hotel Imperial, Via Tamas 10/B, Tel. 03 65 95 45 91, Fax 03 65 95 43 82; www.parkhotel-imperial.de. Fünf-Sterne-Luxus mit Fitness und Diät. ○○○
∎ **Capo Reamol,** Via IV Novembre 92, Tel. 03 65 95 40 40, Fax 03 65 95 42 62; www.lagodigardamagazine.it/it/limone/reamol. Ruhig, direkt über dem See, gutes Fischrestaurant. ○○
∎ **Cristina,** Via Tamas 20, Tel. 03 65 95 46 41, Fax 03 65 95 41 39, www.parchotels.it. Gemütlich und preiswert. ○–○○
∎ **Sole,** Lungolago Marconi 36, Tel. 03 65 95 40 55, Fax 03 65 95 47 03; www.provincia.brescia.it/banche. Zentrale Lage, für sparsame Gäste. ○

Gemma, Piazza Garibaldi 10, Tel. 03 65 95 40 14; Mi geschl. Köstliche Nudelgerichte. ○○

In der **Cooperativa agricola,** Via Campaldo 10, gibt es Führungen durch die Olivenmühle (Ostern bis Okt. 16–18 Uhr), ganzjährig werden Olivenöl und Honig verkauft.

3

Seite
316

Marktbummel im Ort Iseo

Drei-Seen-Fahrt

*Desenzano del Garda → Lago d'Iseo (Sarnico → Lovere → *Iseo) → Gardone Val Trompia → Lago d'Idro (Lago di Valvestino → *Gargnano) → Storo → Lago di Ledro → **Riva (225 km ohne Abstecher, davon 55 km Autobahn)

Wenn einem plötzlich das laute, turbulente Treiben an den Ufern des Gardasees zu viel wird, gibt es keine bessere Idee, als es mit einem Ausflug in die lombardische Seenlandschaft zu versuchen. Denn im Gegensatz zum großen Bruder sind die drei kleinen Geschwister vom großen Tourismustrubel bisher weitgehend verschont geblieben. Geht es nach den Verantwortlichen, so soll es auch in Zukunft so bleiben.

Gerade noch rechtzeitig hat ein neues Umweltdenken Fuß gefasst, das jene vom Fremdenverkehr noch unverdorbenen Oasen als das erkennt, was sie sind: kostbare Juwele, die keiner neuen Fassung bedürfen, sondern am schönsten im Verborgenen funkeln. Die Route führt zunächst zum am weitesten entfernten Gewässer, dem von den Römern auf »Sebinus lacus« getauften Iseo-See, mit 60 km Umfang und bis zu 258 m Tiefe der siebtgrößte Italiens, den man ganz umrunden kann. Zweite Station ist der nur am Westufer durchgehend erschlossene Idro-See. An seinem Südostende besteht die Möglichkeit, die große Rundfahrt abzukürzen und über den Valvestino-Stausee bei Gargnano zum Gardasee zurückzukehren.

Lago d'Iseo

Das Westufer

Der hübsche, an einem lagunenartigen Hafen liegende Ort **Sarnico** ㉘ (Autobahn Richtung Mailand über Brescia, Abfahrt *Palazzolo*) gibt bereits einen Vorgeschmack auf das zu erwartende Naturerlebnis. Doch zuvor sollte man noch einen Blick auf die Jugendstilvillen des Mailänder Architekten Giuseppe Sommaruga werfen, denn interessantere Beispiele der in Italien »Stile Liberty« genannten Epoche wird man weit und breit nicht finden.

Hoch aufragend, drängen entlang dem Westufer linker Hand die Berge zum See, während sich rechts blühende Wiesen hinter einem Schilfgürtel ausdehnen. Hin und wieder dümpeln Segelboote an schmalen Anlegestegen – farbenfrohe Tupfen auf dem glitzernden See.

Olivenhaine, Weingärten und Zypressenalleen flankieren die zum Teil aus dem Fels geschlagene Straße, die immer wieder durch beleuchtete Tunnels führt. Nur einmal stört ein hässliches Zementwerk die friedliche

Für Segel- und Motorbootkapitäne ein Traumrevier

3

Seite
316

Szenerie. In **Tavernola** ㉔ ist für schwere Fahrzeuge Endstation, eine Ponton-Brücke ersetzt das Asphaltband.

Nun wird es wildromantisch. Bis **Riva di Solto** ㉕ blieb das abrupt zum See abfallende Ufer gänzlich unverbaut. Jahrhundertelang war diese Ortschaft, aus der der schwarze Marmor für Venedigs Basilika San Marco stammt, nur auf dem Wasserweg erreichbar. Erst 1910 entschloss man sich zum Bau der Straße, die sich immer kühner um steile Felsabfälle und zerklüftete Buchten schlängelt.

Das Ostufer
Kunsthistorisch kann **Lovere** ㉖, der Hauptort des Lago d'Iseo, zwar nur wenig bieten, sieht man einmal von der erstaunlich guten Gemälde- und Porzellansammlung im **Museo Tadini** ab (Ostern–Okt. 15–18 Uhr, So/Fei auch 10–12 Uhr). Dafür aber wartet das Städtchen mit einer Atmosphäre beschaulicher Heiterkeit auf.

Das Ostufer hält an Romantik leider nicht, was die ersten Kilometer versprechen. Nur bis **Pisogne** windet sich noch die alte Straße vorbei an ge-pflegten Villen entlang des Sees. Dann aber musste sie einer auch für den Lkw-Verkehr geeigneten Schnellverbindung weichen.

Wer sich nun hetzen lässt, braust nur allzu leicht an der aus dem 15. Jh. stammenden Augustinerkirche ***Madonna della Neve** in Pisogne vorbei. Der Freskenschmuck des Renaissancekünstlers Romanino im Inneren trug dem Gotteshaus den Beinamen »Sixtinische Kapelle der Armen« ein (Schlüssel in der Bar).

Wein, Kultur, Natur

Mit ihren ausgezeichneten Weinen und versteckten Kulturschätzen zählt die **Franciacorta,** das von sanften Moränenhügeln gebildete Dreieck zwischen Iseo-See, Palazzolo und Brescia, zu den wenigen weißen Flecken auf der touristischen Landkarte Italiens. Hier erstreckt sich auch der Naturpark **Riserva Naturale Torbiere d'Iseo.**

****Monte Isola** ㉗

Das an einem malerischen Jachthafen liegende **Sulzano** ㉘ ist der Ausgangsort für einen Bootsausflug zur größten Insel aller oberitalienischen Seen. Die Fähren verkehren bis 1 Uhr nachts im Viertelstundentakt von Sulzano, jede halbe Stunde von Iseo.

Der »Inselberg«, 600 m hoch und von dichten Kastanienwäldern sowie uralten Olivenhainen bewachsen, soll ein Refugium der Stille bleiben. Deswegen dürfen nur Einheimische mit einem Fahrzeug übersetzen, für alle anderen Besucher, sofern sie sich nicht auf Schusters Rappen verlassen möchten (Umrundung ca. 3 Std.), verkehrt ein Bus-Shuttle zwischen den winzigen Siedlungen. Es gibt aber auch noch einen Fahrradverleih.

Der etwa 40-minütige Aufstieg vom Dörfchen **Peschiera Maraglio** zu der Wallfahrtskirche **Madonna della Ceriola** in 600 m Höhe (16. Jh. mit einer Kapelle aus dem 11. Jh.) wird mit einem grandiosen Augenschmaus belohnt: Wie kostbare Jade funkelt in der Tiefe der See, perlengleich schimmern die vorgelagerten Inselchen San Paolo und Loreto. Nicht selten diente der Monte Isola tatsächlich als letzte Zufluchtsstätte, wie die Überreste mittelalterlicher Befestigungsanlagen in Siviano zeigen.

***Iseo** ㉙

Ein letzter Höhepunkt zum Abschied: Zauberhaft, kein anderes als dieses oft missbräuchlich verwendete Wort passt bereits auf die Einfahrt durch die am **Castello Oldofredi** (15. Jh.) vorbeiführende Hauptstraße.

Gehsteiglose Gässchen münden auf der von verspielten Laubengängen umkränzten **Piazza Garibaldi,** wie der mittelalterliche Marktplatz mit dem aus dem 14. Jh. stammenden Kirchlein **Santa Maria del Mercato** heute

heißt. Die nicht minder stimmungsvolle **Piazza del Sagrato** schmückt sich mit der bereits im 5. Jh. gegründeten und im 12. Jh. neu erbauten Kirche **Sant'Andrea,** an deren Fassade sich rechts das gotische Grabmal von Giacomo Oldofredi aus dem mittelalterlichen Feudalherrengeschlecht des Iseo-Sees erhebt.

Tipp **APT,** 25049 Iseo, Lungolago Marconi 2, Tel. 0 30 98 13 61, Fax 0 30 98 13 61.

Trattoria La Spiaggetta, Monte Isola, Sensole, Tel. 03 09 88 61 41; Di geschl. Vorzügliches Fischlokal. ○○

▌**Il Volto,** Via Mirolte 33, Tel. 030 98 14 62, Fax 03 09 81 874; Mi ganztägig und Do mittags geschl. Kleine Osteria mit Tradition. ○○

▌**La Foresta,** Via Peschiera Maraglio 174, Tel. 03 09 88 62 10, Mi geschl. Mit Garten, hervorragender Seefisch. ○○

▌**L'Albereta,** Via Vitt. Emanuele 11, Erbusco, Tel. 03 07 76 05 50, Fax 03 07 76 05 73. Das Schlaraffenland im Franciacorta-Gebiet, mit Hotel, ca. 10 km südwestlich von Iseo gelegen. ○○○

Tipp Der kleine Ort Clusane (bei Iseo) ist bekannt für seine ausgezeichneten Seefischlokale, wie etwa **Al Porto, Punta da Dino** oder die **Antica Trattoria del Gallo.** Versuchen Sie auf jeden Fall einmal die Schleie, einen im Ofen zubereiteten Fisch *(tinca ripiena al forno).*

3

Seite 316

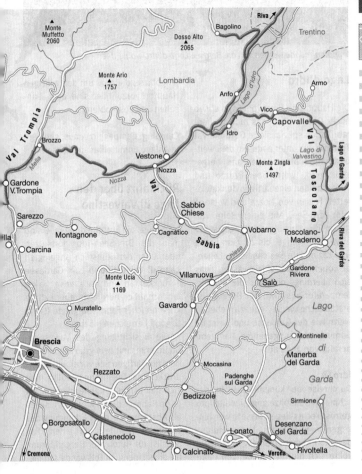

Campingfreunde werden sich am Bergsee Lago d'Idro wohl fühlen

Lago d'Idro

Die Hauptroute führt vom Lago d'Iseo nach Osten über das auf Waffenfabrikation spezialisierte **Gardone Val Trompia,** wo unter anderem die »weltberühmte« Marke »Beretta« hergestellt wird, weiter über Brozzo und vorbei an den eigenartigen dunkelvioletten Felsen von Nozza und Vestone zum Idro-See. Mit einer Höhe von 368 m über dem Meeresspiegel ist der etwa 10 km lange, bis zu 2 km breite und 122 m tiefe See das höchstliegende oberitalienische Gewässer, was sich allerdings nicht auf die Wassertemperatur auswirkt. Der Bergsee ist erstaunlicherweise nahezu ebenso warm wie der Gardasee und weist im Sommer eine angenehme Badetemperatur von 25 °C auf.

Idro ③⓪

Durchreisende können das an der schmalen Südspitze angesiedelte Idro getrost rechts liegen lassen, wer hingegen seine Zelte am »Lacus Eridius« der alten Römer aufschlagen möchte, sollte sich die oft einladenden Campingplätze, die rund um den winzigen Hauptort vorzufinden sind, einmal ansehen und ausprobieren.

Camping: Campeggio Venus, gepflegte Anlage unmittelbar am Wasser.

Rückfahrt über den Lago di Valvestino

Jetzt muss die Entscheidung fallen, ob man die Drei-Seen-Tour fortsetzen oder über den künstlich angelegten **Lago di Valvestino** ④① zum Gardasee zurückkehren und nach etwa 30 km landschaftlich herrlicher, aber extrem kurvenreicher Fahrt *Gargnano (siehe S. 309 f.) erreichen möchte.

Die Besichtigung des Valvestino-Staudamms mit dem grün schimmernden, fjordartigen See vor einem beeindruckenden Taleinschnitt sollte man sich keinesfalls entgehen lassen, sei es im Rahmen dieser Rundfahrt, sei es als Abstecher bei einer Erkundung des Gardasee-Westufers. In jedem Fall aber ist für Autofahrer Bergerfahrung für die sich eng an Felswände schmiegende, teilweise nur durch schmale Steinbrüstungen gesichert Alpenstraße mit extremer Steigung respektive Gefälle an beiden Enden Voraussetzung. Kein Wunder, dass die von gischtsprühenden Wasserfällen und tiefen Schluchten flankierte Strecke vor allem zum Dorado für Zweiradfahrer wurde. Im Winter wiederum benötigt man stellenweise Winterreifen für die Verbindungsstraße zwischen Garda- und Idro-See.

Bestechend ist der Blick auf den fjordartigen Lago di Valvestino

Das Westufer

Die Burgruine **Anfo** ❷ des ersten nennenswerten Fischerdorfs am Westufer des Idro-Sees, einst eine gewaltige Festung der Venezianer gegen das widerspenstige Geschlecht der Lodrone, diente nicht nur 1866 Garibaldi als Hauptquartier, auch im Ersten Weltkrieg kam der Anlage im Kampf gegen die Österreicher ein letztes Mal militärische Bedeutung zu. Angesichts der herrlichen Ausblicke der teilweise hoch über dem Ufer angelegten Panoramastraße kann man nach weiteren 4,4 km das am linken Straßenrand gelegene **Oratorio Sant' Antonio** allzu leicht übersehen. Diese unscheinbare Kapelle (innen Fresken aus dem 15./16. Jh.) ist ohnedies häufig versperrt. Eine Möglichkeit, nach **Bagolino** zu kommen, bietet sich in **Ponte Caffaro,** nur 2 km vor der Nordspitze des Sees. Hier prallte im Mittelalter das Herrschaftsgebiet Mailands und dann Venedigs mit jenem der Grafen Lodrone aufeinander; hier verlief auch bis 1918 die Grenze zw. Italien und dem noch österreichischen Trentino.

**Bagolino ❸

Eisenerz bescherte dem einsamen Caffaro-Tal *(Val di Caffaro),* das eine kühne Höhenstraße für heutige Verkehrsmittel erschlossen hat, schon vor Jahrhunderten beachtlichen Reichtum. Dieser Abstecher von etwa 16 km eröffnet nicht nur im ersten Streckenteil grandiose Ausblicke auf den See, Bagolino selbst ist auch bei trübem Wetter den Abstecher wert. Sehenswert sind zwei Kirchen: die von sieben Arkaden an ihrem Hauptportal umkränzte, hoch über der Dachlandschaft thronende **Chiesa San Giorgio** (frühes 17. Jh.) oder im unteren Ortsteil die **Chiesa San Rocco** (15. Jh.).

Der einstige Wohlstand zeigt sich auch an den schmucken Bürgerhäusern des ausklingenden Mittelalters. Wirklich gut erging es dem Eisenort nämlich erst, nachdem Venedig 1472 den geldgierigen und grausamen Grafen Lodrone die Rechte über Bagolino entzogen und das Städtchen mit begehrten Privilegien entschädigt hatte.

Im untouristischen Bagolino wird nicht nur das traditionelle Maskentreiben im Karneval liebevoll gepflegt, auch in den Kochtöpfen huldigt man der guten alten Zeit.

Über Lodrone zum Val d'Ampola

Wieder zurück auf der Hauptroute ist links ein Garibaldi-Denkmal zu entdecken. Dann geht es weiter über

3

Seite 299

Lodrone, wo die vertriebenen Raubritter in ihrer düsteren Burg saßen und nur noch begehrlich auf ihr einstiges Imperium schielen konnten, Richtung Storo.

Auf der Kirchturmspitze des Dörfchens **Darzo** ❹ thront ausnahmsweise einmal nicht ein Wetterhahn, sondern ein goldglänzender Engel mit Posaune, ganz so, als wollte er dem Wanderer verkünden, dass eine wirklich himmlische Landschaft nach der Abzweigung zum Ledro-See (in Storo) auf ihn wartet: das **Val d'Ampola.** Den Straßenbauern blieb gar nichts anderes übrig, als dem Verlauf des Wildbaches *Palvico* zu folgen, um eine befahrbare Schneise durch den Fels zu schlagen. Hohe Steinschlag-Zäune sichern die emporragenden und bisweilen überhängenden Wände, an denen immer wieder Wasserfälle zu Tal stürzen. Höher und höher zieht sich die enge, kurvenreiche Strecke bis zum Sattel in 747 m Höhe.

Der Tremalzo-Pass

Vom Val d'Ampola zweigt eine gut ausgebaute Straße zum Tremalzo-Pass mit seinem auf 1686 m Höhe liegenden Schutzhaus Garda ab (13 km). Im Frühsommer bezaubert der Kontrast zwischen dem noch frühlingshaft hellgrünen Laub und dem Dunkelgrün der Nadelbäume, im Hochsommer, wenn sich die Hitze wie eine Dunstglocke über den Gardasee legt, erfrischt die kühle, würzige Bergluft über den blühenden, duftenden Hochalmen und Matten.

Keinesfalls sollte man, gestärkt von einem deftigen Menü des vorwiegend von einem jungen Publikum besuchten Schutzhauses, der Versuchung erliegen, mit dem Auto weiterzufahren. Die in manchen Karten als ausgebaute Strecke eingezeichnete Verbindung zum Gardasee ist nur mit Allradfahrzeugen, Motorrädern, Mountainbikes oder zu Fuß zu bewältigen. Nach der Rückkehr zum Ampola-Pass kommt bald der gleichnamige, aber allmählich versumpfende Mini-See in Sichtweite.

Lago di Ledro

Von **Pieve** ❺, der ersten Ansiedlung am nur 2,8 m langen, 1 km breiten und bis zu 48 m tiefen Ledro-See bis zum Hauptort **Molina** an seinem Ostende zieht sich die Uferstraße durch eine wahre Bilderbuchlandschaft hin. Immer wieder ermöglichen die verschiedenen Rastplätze einen erbauenden Rundblick auf die hinreißende Alpenszenerie der Berge oder verführen gar zu einem Sprung ins saubere Nass, das jahrtausendelang ein Geheimnis hütete.

Pfähle im Ledro-See

Jahrhundertelang ärgerten sich die Fischer darüber, dass seltsame Baumstümpfe im See ihre Netze zerrissen, aber keiner zerbrach sich den Kopf, was das Holz dort eigentlich zu suchen hatte. Auch von allerlei Krügen und Töpfen zwischen den teils aufrecht stehenden, zum Teil auch liegenden Stämmen wusste man. Doch die Einheimischen hielten die Gefäße für altes Geschirr, das von ihren Vorfahren aus gutem Grund weggeworfen worden war: versenkte Gebrauchsgegenstände von epidemisch Kranken, an die man wegen einer etwaigen Ansteckungsgefahr besser nicht rührte. Selbst die Ingenieure der Gesellschaft für Hydroelektrik glaubten eine uralte

3

Seite 299

****Molina di Ledro** 🗲

In dem kaum 1500 Einw. zählenden Ort in 638 m Höhe siedelten bereits 1700 v. Chr. Menschen, wie der archäologische Sensationsfund von 1929 beweist. Der Grund, weshalb der Wasserspiegel im Sommer jenes Jahres weit unter die übliche Marke absank: Der Lago di Ledro wurde damals zum Stausee für das Kraftwerk von Riva umfunktioniert. Was dadurch zum Vorschein kam, beschäftigt Forscher bis heute: Ein prähistorisches Dorf im See, das auf einer Fläche von 4000 m² auf 15 000 Pfählen errichtet worden war. Das vor der Fundstelle erbaute **Museo delle Palafitte** veranschaulicht das Leben der Pfahlbauer vor bald fünf Jahrtausenden – sowohl in den liebevoll gestalteten Schauräumen (Museumsführer auch auf Deutsch und Englisch erhältlich) als auch unter freiem Himmel mit der Rekonstruktion

Wie vor 5000 Jahren: Pfahlbauten am Ledro-See

einer schilfgedeckten Hütte. Sie steht neben verblüffend gut erhaltenen Originalpfählen, die wie ein Überbleibsel aus der Steinzeit aus dem Wasser ragen (Tel. 04 64 50 81 82; Juli/Aug Di–So 9–13, 14–17 Uhr; März bis Juni, Sept.–Nov. Di–So 9–13, 14–17 Uhr, Mo geschl. Jan./Febr. ganz geschlossen).

3

Seite 299

Methode der Bodenverbesserung vor sich zu haben, als sie 1929 bei Wasserableitungsmaßnahmen für den Kraftwerksbau den Seespiegel senkten und auf dessen Grund einen morschen Wald vor sich sahen. Vorsichtshalber aber meldeten sie ihre Entdeckung dem Landesdenkmalamt in Padua – und dieses reagierte prompt. Noch im selben Jahr kam es zu ersten Sondierungsgrabungen.

Wirtschaftskrise und Weltkrieg verzögerten das Forschungsprojekt in der Folge um Jahrzehnte, erst ab 1957 wurde das gesamte Areal archäologisch erfasst. Wie man heute weiß, sind in der wissenschaftlichen Zwangspause unersetzliche Fundstücke in die Hände von Schwarzgräbern gefallen, die bis in die 6oer-Jahre einen blühenden Handel mit dem bei Sammlern in Übersee hoch begehrten Beutegut – Tongeschirr, Pfeilspitzen, Steinmessern und Schmuckstücken – trieben. Was dem Zugriff der Räuber entging, findet sich nunmehr zum größten Teil im **Pfahlbau-Museum** (*Museo delle Palafitte, s. o.*). Zu den interessantesten Ausstellungsstücken zählt neben den Überresten eines Webstuhls und einem Bernstein-Collier ein aus einem einzigen Baumstamm gearbeitetes Kanu. Die *Piroge* aus Tannenholz, 3642 plus/minus 36 Jahre alt, 4,5 m lang und 0,75 m breit, konnte mit großem Erfolg restauriert werden.

Mal so richtig Spaß haben beim Kegeltreff im Grünen

Tipp Wer in prähistorischem Ambiente nächtigen will, dem sei der kleine **Campingplatz** in Sichtweite der Pfahlbausiedlung empfohlen.

Pre di Ledro

»*Tre mes senza sul, tre mes senza luna, il rest senza fortuna*«, lautet das resignierende Urteil der Bewohner des Ortes, der unterhalb der zum Gardasee führenden Staatsstraße 240 in jeder Hinsicht ein Schattendasein führt: »Drei Monate ohne Sonne, drei Monate ohne Mond, der Rest ohne Glück!«

Tatsächlich wurde der vergessene Ort, in den sich vom 11. November bis zum 5. Februar kein Sonnenstrahl verirrt, weder von der Natur noch vom Schicksal besonders verwöhnt. Verständlich, dass der erste Lichtblick mit überschäumendem Jubel begrüßt wird. Wie in den alten Tagen, als weder Radio noch Fernsehen für etwas Abwechslung in den dunklen Nächten sorgten, feiert man auch heute noch am ersten Februarsonntag mit geschmückten Wagen, Tanz und viel Speis und Trank ein großes Fest.

Der im Süden bis zu 1000 m hoch über dem Tal aufragende Bergkamm, der Pre di Ledro im Winter verdunkelt, trennt nunmehr die Provinzen Trentino

Schmaler Grat

Jahrhundertelang verband nur ein selbst für Maultiere lebensgefährlicher Saumpfad die zwei Welten diesseits und jenseits der gefürchteten Ponale-Schlucht. 1847 veranlassten militärisch-strategische Gründe die k. u. k. Monarchie zwar, finanzielle Mittel für den Bau einer Straße zwischen Biacesa und Riva entlang dem Ponale-Bach locker zu machen, doch war die schmale Trasse für Pferdekutschen und -wagen nicht ungefährlich. Im Jahr 1891 bewältigte zum Staunen der Talbewohner erstmals ein Automobil die noch heute – wenn auch nur noch für Mountainbiker – befahrbare Strecke.

und Brescia. Im Ersten Weltkrieg verlief hier die italienisch-österreichische Front, wovon noch einige erhalten gebliebenen Steige und Trassen Zeugnis ablegen.

Biacesa ❸⓿

An die Österreicher erinnert man sich auch im letzten Dörfchen des Ledro-Tals nicht eben gerne. Kurzerhand verfrachteten 1915 die Habsburger nach der Kriegserklärung Italiens die fleißigen Einwohner, die ihre florierenden Papierfabriken und Sägewerke, Weingärten und Seidenraupenzuchten im Stich lassen mussten, nach Böhmen und Mähren. Und es tröstete sie wenig, dass bereits ihre Ururahnen vor 5000 Jahren just mit diesem Teil der Welt Handel betrieben hatten, wie die Funde in Molina di Ledro eindeutig bewiesen.

Mit dem einstigen Wohlstand war es jedenfalls vorbei, als die Ausgesiedelten 1919 heimkehrten und wenig mehr als Ruinen vorfanden. Die Zukunftsperspektiven erscheinen jedoch nicht mehr ganz so trist, seit ein bescheidener Abglanz des Tourismusbooms am nahe gelegenen Gardasee auch auf das 200-Seelen-Dorf fällt. Groß war die Begeisterung, als 1989 nach mehrjähriger Bauzeit die Tunnelzufahrt von Riva durch den gewaltigen Felsstock Rocchetta eröffnet wurde und Menschenhand vereinte, was eher der Teufel als Gott getrennt hatte. Wer heute durch die zwei unmittelbar aufeinander folgenden Tunnels von 3600 und 1120 m Länge braust und wenige Minuten später ins bunte Leben am Gardasee eintaucht, macht sich von der einstigen Abgeschiedenheit des Ledro-Tals kaum mehr eine Vorstellung.

Man erreicht nun das Nordende des Gardasees wieder bei **Riva** (s. S. 281 f.), 225 km.

Im Süden – Fahrt in die Geschichte

Peschiera del Garda → *Custoza → **Borghetto di Valeggio sul Mincio → *Solferino → San Martino della Battaglia → **Sirmione (80 km)

Die liebliche Ebene südlich von Sirmione zählt wie keine andere zu den unentdeckten Schätzen unweit des Gardasees. Spektakuläres darf man sich freilich nicht erwarten, weder eine dramatische Landschaftsszenerie noch kunsthistorische Höhepunkte, wenn auch so manches Dorfkirchlein durchaus Sehenswertes aufweisen kann. Wer sich hingegen auf die Spurensuche in eine noch nicht allzu lange zurückliegende Vergangenheit begeben möchte, wird zwischen den grünen Hügeln und goldenen Weizenfeldern dem Gestern auf Schritt und Tritt begegnen. Erinnerungen an die Befreiungskriege vom österreichischen Joch wecken die Orte Custoza und Solferino, Schauplätze des Grauens, aber auch der Hoffnung. Auf diesem blutgetränkten Boden schlug nämlich 1859 die Geburtsstunde des Roten Kreuzes. Aber auch so manch Berührendes aus guten alten Zeiten findet sich entlang der schmalen, von Alleen gesäumten Nebenstraßen.

Die Rundfahrt lässt sich auch bei schlechterem Wetter unternehmen, wobei sich in diesem Fall eine Erweiterung bis Verona samt Stadtbesichtigung empfiehlt. Von Verona gelangt man dann über Villafranca auf raschem Weg nach Custoza.

4

Seite
324

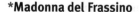

Verklungen ist der Schlachtenlärm: die Ebene um Custoza

Seite
324

Als Auftakt zu der Kriegsschauplätze-Tour ein Nachtrag zum martialischen **Peschiera,** das Dante im 20. Gesang der Hölle seiner »Göttlichen Komödie« verewigt hat: »Es liegt Peschiera, eine schöne Festung/ stark gegen die von Bergamo und Brescia,/ dort wo die Ufer sich am tiefsten senken./ Dort müssen alle Wasser niederstürzen,/ die in Benacus' Schoß nicht bleiben können,/ und dann als Fluss durch grüne Weiden fließen.«

Im Ossarium der Gedenkstätte von Custoza ruhen 4654 gefallene Österreicher und Italiener

*Madonna del Frassino

Noch immer fließt der Mincio durch grüne Weiden, doch bevor wir seinem Lauf folgen, ein kleiner Abstecher zu dem winzigen See **Laghetto di Frassino,** an dem sich eine der reizvollsten Wallfahrtskirchen weit und breit befindet. Wo sich seit dem frühen 16. Jh.

das alljährlich von Hunderttausenden Pilgern heimgesuchte Marienheiligtum Madonna del Frassino erhebt, ereignete sich selbstredend einst ein Wunder: Die Gottesmutter höchstpersönlich soll an dieser Stelle im Mai 1510 als lichtumflutete Statue im Geäst eines Eschenbaums *(frassino)* erschienen sein, um einem von einer Giftschlange bedrohten Weinbauern zu Hilfe zu eilen. Das Reptil suchte das Weite – und Italien konnte sich nur vier Jahre später eines weiteren schönen Gotteshauses rühmen. Die wun-

dertätige anmutige Madonnenskulptur ist nun in der niedrigen Seitenkapelle zu bewundern.

*Custoza ㊳

Welches Sträßchen man nun auch wählen mag, alle Wege Richtung Verona oder Mantua führen durch die Moränenhügel an die von hohen Pappeln gesäumten Ufer des *Mincio*. Statt seinem Lauf zu folgen, geht die Rundfahrt auf der Höhe des Dörfchens Salionze weiter nach Südosten.

Umgeben von Feldern, Wiesen und Weingärten erhebt sich hier der Ort Custoza mit dem bedeutungsschweren Namen wie alle Kriegsschauplätze dieser Region auf einer kleinen Anhöhe. **Zona sacra** nennt man in Italien Gedenkstätten wie diese, »heilige Zone«. Angemessene Stille umfängt den Besucher des von einem weithin sichtbaren Obelisken überragten Monuments, das an das sinnlose Sterben Tausender Soldaten erinnert. Im Juli 1848 sah Graf Radetzky auf dem Feldherrenhügel Custoza seine österreichischen Truppen über Italiens Freiheitskämpfer siegen. Nach einer

weiteren Berfreiungsschlacht 1866 wurde eine Beinhaus-Kapelle errichtet, in ihrer Krypta ruhen seither die sterblichen Überreste von 4654 Gefallenen beider Nationen. (Tgl. außer Di, Nov.–Febr. 9–12, 14–16 Uhr; März und Okt. 9–12, 14.30–17 Uhr; April–Sept. 9–12, 15.15–19 Uhr.)

Entlang der **Strada del Vino Bianco di Custoza,** der für exzellente Produkte bekannten Weinstraße, wird ab Hof verkauft. Einen besonders guten Tropfen keltert die **Azienda Agricola Piona Angelo e Figlio** unmittelbar am Ortsende von Custoza (Richtung Valeggio).

**Borghetto di Valeggio sul Mincio ㊴

Ausgerechnet dieses verschlafene Dorf im Schatten von Valeggios Scaligerburg wurde vor exakt 600 Jahren zum Schauplatz einer Machtdemonstration, wie sie das Abendland nur selten erlebt hat. Nichts Geringeres hatte 1393 Giangaleazzo Visconti, der unermesslich reiche Herr über Mailand, im Sinn, als die Städte Mantua und Vero-

4

Seite
324

Schiffstransport übers Gebirge

1438 wagten es nicht einmal die bis an die Zähne bewaffneten Venezianer, die **Visconti-Brücke** anzugreifen, um mit ihrer Einsatzflotte auf direktem Weg dem von den Visconti belagerten Brescia zu Hilfe zu eilen. Dafür aber besaß Venedig die Kühnheit, seine Kriegsschiffe durch das Gebirge zu transportieren und dann bei Torbole wieder zu Wasser zu lassen. Man stelle sich dieses spektakuläre Un-

terfangen einmal vor: 2000 Ochsen schleppten 6 Galeeren, 2 Galeonen und 26 Barken über den Nago-Pass zum Gardasee. Wie das bewerkstelligt werden konnte, und ob es die Mühe gelohnt hat, wird nicht verraten. Wer sich wirklich dafür interessiert, findet in der Burg von Malcesine (s. S. 286) eine detaillierte Dokumentation des Transportes mit zeitgenössischen Darstellungen und Erläuterungen.

na buchstäblich trockenzulegen und somit wehrlos zu machen. Ein Vermögen von 300 000 Goldgulden war ihm der Bau einer gigantischen Dammanlage wert, um die Wasser des Mincio um- und von Mantuas drei Seen abzuleiten.

Die Dimensionen zum Staunen: 600 m lang ist die Aufschüttung durch das Flusstal, 26 m breit und 10 m hoch. Für den mit mächtigen Mauern befestigten sowie mit Toren und mit Efeu überwucherten Zinnen versehenen Damm der ****Visconti-Brücke** *(Ponte Visconteo)* benötigte das Mittelalter bloß acht Monate Bauzeit. Nur der Tod konnte dem Visconti-Fürsten Einhalt gebieten. Als der Mailänder 1402 überraschend starb, verliefen alle weiteren Bauprojekte im Sand. Ungebrochen aber war der Machtanspruch dieses Adelshauses, das am Mincio nunmehr über eine uneinnehmbare Festung verfügte. Man sollte sich die Zeit für einen Brücken-Spaziergang nehmen, um einen Eindruck von der gewaltigen Leistung der mittelalterlichen Ingenieure zu erhalten. Eine Hinweistafel erinnert daran, dass gerade auf dieser Brücke in späteren Tagen die Staatsgrenze zwischen Österreich und Italien verlief (heute Provinzgrenze Verona/Mantua).

**Parco Giardino Sigurtà

Ein englischer Garten im Veneto, der seinesgleichen vergeblich sucht! Ausgangspunkt für eine ein- bis dreistündige Autotour durch den 50 ha großen Park ist die aus dem 17. Jh. stammende **Villa Maffei**. Sie diente 1849 Napoleon III. als Hauptquartier. Umgeben von mediterraner Vegetation finden sich in der märchenhaften Anlage kleine Seen, Aussichtsterrassen, eine Eremitenkirche und wieder einmal die Ruinen einer Scaligerburg. Von den Parkplätzen aus lässt sich das Paradies mit Muße zu Fuß erkunden. Weniger paradiesisch hingegen sind die Eintrittspreise, und dadurch ist dieser Garten Eden nie überlaufen. (Tel. 04 56 37 10 33; www.sigurta.it; Öffnungszeiten: tgl. März–Nov. 9 bis 18/19 Uhr; Juli/August bis 20/21 Uhr; Picknicken ist im Park nicht erlaubt!)

Belvedere, Santa Lucia dei Monti 12, Tel. 04 56 30 10 19, Mi und Do geschl. Traditionelle Küche, viel Fleisch vom Grill an wunderschönem Ort. ○○○

❚ **Antica Locanda Mincio,** Località Borghetto, Via Michelangelo 12, Tel. 04 57 95 00 59, Mi und Do geschl. Spezialität sind Pasta (besonders mit Kürbissen) und Fischgerichte, im Sommer bei Kerzenschein im Freien. ○○–○○○

Cavriana ❹

Kaum einer kennt heute noch den Namen dieses uralten Dörfchens mit einer Kirche aus dem 18. Jh. im mittelalterlichen Ortskern, und doch stand es einst im Scheinwerferlicht des öffentlichen Interesses.

In der **Villa Siliprandi-Mirra** reichten im Juli 1859 zwei Kaiser einander die Hand: Der Österreicher Franz Joseph unterzeichnete hier den Friedensvertrag mit Frankreichs Napoleon III. Das Zimmer Napoleons III. kann ebenso besichtigt werden wie das archäologische Museum. (Di–Fr 9–12 Uhr, Sa, So 9–12 Uhr und 15–18 Uhr).

La Capra, Via Pieve 2, Tel. 0 37 68 21 01, Fax 0 37 68 20 02; Di geschl. In einer ehemaligen Ziegelbrennerei wird heute aufgetischt. Besonders empfehlenswert: Kaninchen mit Pistazien und Nüssen. ○○

*Solferino ⓵

»Hier wurde die Idee des Roten Kreuzes geboren.« Mit diesen Worten begrüßt der seit dem 3. Jt. v. Chr. besiedelte Ort an der Ortseinfahrt seine Besucher. *Croce Rossa,* die gesamte Stadt steht im Zeichen des Symbols für Humanität inmitten von Bestialität und gedenkt permanent Henri Dunants, dem die Welt das internationale Hilfswerk zum Schutz der Verwundeten, Kriegsgefangenen und Zivilisten verdankt.

Die **Chiesa San Pietro in Vincoli** birgt das Gebeinhaus für etwa 7000 Gefallene, das **Museo storico** in der Nähe zeigt eher die glanzvolle Seite des Krieges: neben Bild- und Dokumentationsmaterial Waffen, Uniformen, Fahnen, Orden und Ähnliches (tgl. außer Mo April–Sept. 9–12.30 und 14–18.30 Uhr; März und Okt. bis 18 Uhr).

Einen herrlichen Rundblick bietet auf der Anhöhe die ***Piazza Castello,** unbestritten einer der schönsten Plätze der Provinz Mantua, wo sich bereits im 11. Jh. eine Burg erhob.

Das Interessanteste an der kleinen **San-Nicola-Kirche** ist an der Seitenfront zu entdecken, wo eine erst 1987 (!) angebrachte Tafel verheißt: »Gewidmet der erneuerten Freundschaft Italien + Frankreich + Österreich«. Über eine stimmungsvolle Zypressenallee gelangt man vom zinnenbewehrten Burgplatz zum **Memoriale della Croce Rossa,** ein 1959 aus Marmorblöcken errichtetes Denkmal. Es erinnert an die damals 148 Mitgliedsländer, die teilweise an Stelle des Kreuzes den roten Löwen, Davidstern oder Halbmond wählten.

Als imposanteste Sehenswürdigkeit wartet inmitten der Parkanlage auf dem höchsten Punkt des Moränenhügels von Solferino **La Rocca,**

4

Seite 324

Das Rote Kreuz

Henri Dunant, ein Kaufmann aus Genf, konnte im Juni 1859 dem Grauen auf dem Schlachtfeld von Solferino nicht länger tatenlos zusehen und wollte angesichts von 40 000 Toten und Schwerverwundeten, die hilflos ihrem Schicksal ausgeliefert waren, nicht länger schweigen. Mit flammenden Berichten appellierte der damals 31-Jährige an das Gewissen der Menschheit, unermüdlich bereiste er Europa, um ein Hilfskorps zur Rettung der Verwundeten – ohne Ansehen ob Freund oder Feind – ins Leben zu rufen. Vier Jahre nach dem Gemetzel zwischen Italienern, Franzosen und Österreichern gelang es dem Schweizer, eine internationale Konferenz in seiner Heimatstadt einzuberufen, bei der das Rote Kreuz gegründet und der Grundstein zur Genfer Konvention gelegt wurde. Ausgelaugt von den Strapazen seines Engagements, geriet Dunant selbst bald in Vergessenheit. 1901 erhielt der 73-Jährige überraschend den Friedensnobelpreis. Die Millionensumme aus Stockholm überließ Dunant seinem Roten Kreuz, das nun die Mittel besaß, sich über die kriegsbedingten Aufgaben hinaus als Hilfsorganisation zu profilieren. Die Schrecken des Ersten Weltkriegs musste der große Humanist nicht mehr mit ansehen. Henri Dunant starb 1910 im Kanton Appenzell.

Das Museum von San Martino della Battaglia erinnert an die italienische Einigungsbewegung

4

Seite 324

ein im Jahr 1022 errichteter, 23 m hoher Turm. Spia d'Italia – »Spion von Italien« – nannte man ihn im 19. Jh. während der Befreiungskriege, denn seine Lage in 206 m Seehöhe erlaubte Blicke auf das von den Österreichern besetzte venezianische Territorium. Im Erdgeschoss sind neben den Büsten der französischen Generäle Auger und Dieu auch Waffen und Münzen ausgestellt (Öffnungszeiten wie Museo storico, s. S. 327).

Mahnmal von San Martino della Battaglia

Mitte Aug. geschlossen. Schöner ausgebauter Stall, typisch Mantuaner Küche, z. B. tolle Tortelli di zucca. ○○

Castiglione und San Martino

Zur Vervollständigung der Rot-Kreuz-Gedenkstätten-Tour bietet sich noch ein Besuch von **Castiglione delle Stiviere** ㊷ an. In diesem 16 600-Einwohner-Städtchen fasste Henri Dunant nämlich den Entschluss zur Gründung seiner Hilfsorganisation, was in einem Museo internazionale della Croce Rossa (Via Garibaldi 50) ausführlich dokumentiert wird (tgl. außer Mo; April–Okt. 9–12, 15–19 Uhr; Nov. bis März 9–12, 14–17 Uhr).

Hostaria Viola, Via Verdi 32, 46043 Castiglione delle Stiviere, Tel. 03 76 63 82 77; So abends und Mo sowie 10. Juli bis

Landschaftlich ergiebiger aber ist es, die Pilgerfahrt zu den Schlachtfeldern mit einem weiteren Schauplatz des Geschehens zu beenden. **San Martino della Battaglia** ㊸, das mit Desenzano del Garda nahezu zusammengewachsene Dorf, teilte 1859 das Schicksal von Solferino. Auf einer Hochebene gemahnt ein 1893 eingeweihter, 74 m hoher Turm an die Schrecken des Krieges. Im Inneren stellen monumentale Wandgemälde in sieben übereinander liegenden Sälen die Geschichte der italienischen Einigungsbewegung von 1848 bis 1870 dar. Fahnen, Waffen und Gedenksteine sind hier zur Erinnerung ausgestellt.

In unmittelbarer Nachbarschaft gibt es hier ein kleines Museum sowie ein Beinhaus für etwa 2500 Gefallene.

Noch 3 Tage, 11 Stunden und 27 Minuten bis zum Urlaub.

Anne, 26, Weltenbummlerin

Langenscheidt
...weil Sprachen verbinden

Verständigung leicht gemacht:
Diese Sprachführer gibt
es für rund 25 Sprachen.

Schwarz, schwankend, schön

Schmal, lang und schwarz ist sie, anmutig und elegant in ihrer gleitenden Bewegung über das Wasser. La Gondola – allein der melodiöse Name verspricht eine sanfte Partie auf den Kanälen der Lagunenstadt. Die Gondel ist gleichsam Ausdruck von Venedig selbst.

Bis Mitte des 16. Jhs. waren die Gondeln entsprechend der Herrlichkeit der Seerepublik mit Pomp und Prunk ausgestattet. Offenbar kam es dabei zu einigen Übertreibungen, denn 1562 erließ der Senat ein Gesetz, nach dem alle Gondeln schwarz zu tragen hätten. Schmucklos, aber feierlich, damit nichts von der Pracht Venedigs ablenkt.

Vielleicht liegt es ja am Schwarz der Gondola selbst, dass Gondelfahrten in der Nacht bei Mondschein am schönsten sind, wenn es ruhig wird auf den Brücken und man nur noch das sanfte Eintauchen des Ruders ins Wasser hört.

Von Ufer zu Ufer

Die Venezianer lassen sich nur selten zu einer romantischen Gondelfahrt hinreißen, die Einheimischen nutzen im Alltagsleben gern den *traghetto,* die Gondelfähre über den Canal Grande. Sie wissen auch warum, denn die Überfahrt ist mit knapp 1 € wirklich geschenkt! Folgen Sie den grün-goldenen Hinweisschildern »traghetto«, um zu den Fährstationen (*stazi*) zu kommen.

Traghetti-Stationen

- San Marcuola–Fondaco dei Turchi
- Santa Sofia–Pescheria
- Riva del Carbon–Riva del Vin
- San Tomà–Sant'Angelo
- San Barnaba–San Samuele
- Santa Maria del Giglio–La Salute

Die Gondolieri setzen die Passagiere in der Regel von 8 bis 13 oder bis 18 Uhr über; manche Traghetti fahren sonntags nicht.

Voga alla Veneziana

Wer könnte das Wesen Venedigs verstehen, wenn er nicht einmal das ureigenste Verkehrsmittel der Stadt genutzt hätte, wenn er nicht einmal eine voga alla veneziana, eine Gondelpartie, mitgemacht hätte? Unvergesslich ist das Erlebnis, sich durch die stillen Kanäle an den Mauern der Palazzi vorbei wiegen zu lassen.

> **Tipp** Damit eine romantische Gondelfahrt ohne böse Überraschung endet, sollte man in jedem Fall den Preis vorher aushandeln!

▌**Fahrpreise:** Leider ist die Gondelpartie nicht ganz billig, für 50 Minuten muss man tagsüber 62 € berappen, und mit Musik wird's noch teurer.
▌**Info: Ente della Gondola,**
Tel. 04 15 28 50 75.
▌**Reservierungen:**
Bacino Orseolo, Tel. 04 15 28 93 16,
Calle Vallaresso, Tel. 04 15 20 52 75.

In den Gondelwerkstätten

Die Gondel, die auf den ersten Blick so einfach wie ein gebogenes Palmenblatt aussieht, ist in Wahrheit ein kompliziertes Gefährt, ein über viele Jahrhunderte gewachsenes Gebilde. Drei Monate brauchen Gondelbauer für die Fertigung einer Gondola, die aus acht verschiedenen Hölzern gezimmert wird. Die Gondelwerkstatt (squero) im Sestiere Dorsoduro, in der man den Handwerkern bei der Arbeit zusehen kann, baut und repariert seit dem 17. Jh. Gondeln. Sie ist eine der letzten in Venedig; pro Jahr werden hier drei Gondeln gebaut.

▌**Squero di San Trovaso,**
Campo San Trovaso
Dorsoduro 30123

Während im squero der Körper der Gondola entsteht, fertigt der remero die Ruder und die Rudergabel an, die forcola. Heute versteht sich in Venedig nur noch Paolo Brandolisio auf dieses komplizierte Kunsthandwerk. Schauen Sie doch einfach in seiner Werkstatt vorbei, Besucher sind hier stets willkommen. Der Künstler formt die komplexen dreidimensionalen forcole (Holzdollen), die acht verschiedene Ruderstellungen zulassen. Die Rudergabel wird der Statur des Gondoliere angepasst, ihre Maße entsprechen im Idealfall den seinen, so dass Mensch und forcola, gleichsam Quintessenz der Gondel, eine Einheit bilden. Die Gondelspitze ziert der ferro, eine Standarte aus Metall und zugleich Hommage an die Stadt, in der die Gondole verkehren. Die sechs Streifen stehen für die sechs Stadtteile (sestieri), der siebte Streifen in anderer Richtung stellt die Giudecca dar, während die Rundung den Hut des Dogen symbolisiert.

▌**Paolo Brandolisio,**
Sotoportego Corte Rota 4725,
Castello, Tel. 041 5 22 41 55,
Mo–Fr 9–13 und 15–19 Uhr.

Andar per Ombra

Andar per ombra ist eine alte Gewohnheit der Venezianer. Man zieht von Bàcaro zu Bàcaro, bleibt in Bewegung, trinkt kleine Schlückchen und isst dazu winzige Häppchen in unterschiedlichen Varianten – von Käse bis zu Calamari. Der Ausdruck *andar per ombra* stammt noch aus dem Mittelalter, als fliegende Händler den Wein verkauften und sich im Schatten des Kirchturms auf dem Markusplatz hielten, wo der Wein kühl blieb. Gewissermaßen geht man auch heute noch in den »Schatten«, wenn man ein Bàcaro aufsucht, denn anders als die touristischen Lokale liegen die Weinschenken der Venezianer nicht an den belebten Trampelpfaden zwischen Piazzale Roma und Piazza San Marco.

Traditions-Bàcaro
▌Cantina do Mori,
Calle dei do Mori 429,
San Polo, Tel. 04 15 22 54 01.
Schon seit 1462 ist das düstere kleine Lokal in den Stadtannalen erwähnt und seither hat sich auch sicher nicht viel verändert. Der Wein ist gut, und das Stockfischmus, mit dem hier kleine Weißbrotscheiben bestrichen werden, gilt als das beste Venedigs. Schräg gegenüber kann man in der Osteria all'Angelo die Ombratour fortsetzen.

Szene-Bàcaro
▌Al Volto,
Calle Cavalli 4081, San Marco, Tel. 04 15 22 89 45. Hier trifft man auf gestylte Erscheinungen aus der Welt von Kunst und Bohème. Das Al Volto ist für sein exzellentes Weinsortiment berühmt – am besten, man lässt sich beraten. Zur ombra gibt es gute cicheti gleich an der Theke.

Bàcaro Numero Uno
▌Alla Vedova, Ramo Ca' d'Oro 3912, Cannaregio, Tel. 041 5285324.
Das Angebot an cicheti fällt hier besonders üppig aus: Gleich am Tresen speist man zu einem kühlen Glas Weißwein oder Prosecco Artischocken im Teigmantel, eingelegte Auberginen, Sarde in saor, Meerschnecken, frittiertes Gemüse, Fleisch- oder Fischfrikadellen, Muscheln oder Krustentiere.

Edel-Bàcaro
▌Al Mascaròn, Calle Lunga Santa Maria Formosa 5525, Castello, Tel. 04 15 22 59 95. Das Mascaròn gehört zu den populärsten Osterien, man sitzt hier an einfachen Holztischen in lebhafter, ungezwungener Atmosphäre und lässt sich Spaghetti mit Meeresheuschrecken oder mit Tintenfisch schmecken. Unbedingt vorher reservieren!

Bàcaro – die Osteria als
Lebensform

Ab 11 Uhr vormittags wird es voll in der »Vedova«. Handwerker legen hier eine kurze Pause ein, Studenten und Künstler beginnen hier den Tag, die Signora erholt sich vom Einkauf, und die alten Herren treffen sich wie jeden Vormittag, um das neueste über Gott und die Welt zu bereden. Dazu braucht man eine kräftige Grundlage, und die besteht in Venedig aus einer ombra, einem Gläschen Wein und einigen cicheti, ein paar Häppchen. 50 000 ombre sollen in der Lagunenstadt täglich getrunken werden, eine Zahl die anschaulich vor Augen führt, dass es sich bei dem Treffen in der Osteria nicht um eine extravagante kleine Schlemmerei handelt, sondern um ein Ritual, das man gleich mehrmals am Tag wiederholt. Die ombra (ital. = Schatten) unterbricht den venezianischen Alltag immer wieder für ein paar köstliche Minuten, die man im bàcaro verbringt, in Weinschenken, die schon mit ihrem Namen dem Weingott Bacchus huldigen. Das mag ein wenig irreführen, denn schließlich finden hier keine ausschweifenden Bacchanale statt, vielmehr gibt man sich äußerst diszipliniert. Man trinkt gerade mal 0,1 l Wein, denn mehr ist eine ombra nicht, und isst dazu ein, zwei Muscheln, eine Scheibe Salami oder belegte Brote, die nicht viel größer als eine Briefmarke sind.

Fisch-Bàcaro

▌**Da Alberto,** San Lio 6015, Castello, Tel. 0 415 22 90 38. Bei Alberto braucht man in der Mittagszeit gutes Stehvermögen, denn die Venezianer kommen in Scharen, um die täglich frischen Fischkreationen zu genießen – ein kulinarisches Erlebnis!

Laboratorium der Avantgarde

Angefangen hatte alles mit der Bildenden Kunst. Um Venedig wieder einen Anschluss an die Welt der Schönen Künste zu verschaffen, gründeten kluge Stadtväter 1895 die **Biennale**, eine alle zwei Jahre stattfindende Kunstschau, die die jeweils aktuellen Positionen der Malerei und Bildhauerei in der Lagune präsentieren sollte. Ein glückliches Unternehmen, dem Erfolg beschieden war. Rasch entwickelte sich die Biennale zu einer renommierten Ausstellung, von der wesentliche Impulse für die Bildende Kunst ausgingen. Schon die Eröffnungsausstellung 1895 zog nahezu 250 000 Besucher aus aller Welt an, 1909 waren es schon fast eine halbe Million. Das Konzept beruhte ganz im Sinne des 19. Jahrhunderts auf einer nationalen Ausstellungspraxis und zahlreiche Nationen errichteten in den Giardini im äußersten Osten des Sestiere Castello nach und nach Länderpavillons. Die Dynamik, die sich rund um die 29 Pavillons in den Giardini entwickelte, erfasste im ausgehenden 20. Jahrhundert schließlich auch alle anderen Kunstformen.

■ **La Biennale di Venezia**
San Marco 1364/a,
Ca' Giustinian
30124 Venezia
Tel. 04 15 21 87 11
Fax 04 15 23 63 74
■ **Die 50. Internationale Kunstausstellung** findet 15. Juni–2. Nov. 2003 statt.

■ **Kunst im Netz:**
www.labiennale.org
(Geschichte der Biennale, Pressestimmen, Biennalekalender).
■ **Führungen durch die Ausstellung:**
I.U.A.V. Tel. 0 41 71 55 19
oder 04 15 21 89 15.

Von der Kunst zu Theater und Tanz

Die vielen Anstrengungen in den 1990er Jahren, Venedig »neu zu denken«, machten auch vor der Biennale nicht halt. Man wollte weg von einem statischen Ausstellungsort, hin zu einem dynamischen, experimentellen Laboratorium, in dem unabhängig von einem Zwei-Jahres-Turnus das ganze Jahr über Kunstformen erprobt werden. Seit 1998 gehören auch Tanz, Musik und Theater zum Programm. Ensembles, Gruppen und Solisten aus aller Welt geben in Venedig Vorstellungen, die um Ungesehenes, Ungehörtes und Ungewöhnliches bemüht sind. Drei Theater stehen der Biennale zur Verfügung, drei Orte, deren Charakter zu Avantgarde verpflichtet: Das **Teatro Verde** bietet auf der Isola di San Giorgio 1300 Plätze unter freiem Himmel, das **Teatro Piccolo Arsenale** sowie das **Teatro alle Tese** befinden sich in den Arbeitshallen des alten Arsenale, in denen allein der Raum schon ein Erlebnis ist.

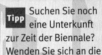

Filme am Lido

1932 erweiterte Venedig den Brückenschlag zur Gegenwart und rief zusätzlich zur Kunstschau ein Filmfestival ins Leben, das seither alle zwei Jahre Filmemacher, Schauspieler und Kritiker sowie die glamouröse Gesellschaft drumherum auf dem Lido vereint. Venedigs Filmpreis, der Goldene Löwe (»Leone d'Oro«), gehört zu den begehrtesten Auszeichnungen der Filmwelt.

❚ 60. Internationale Filmfestspiele
27. August–6. Sept. 2003
Lungomare Marconi, Palazzo del Cinema, 30126 Lido di Venezia
Tel. 04 12 72 65 01, Fax 04 12 72 65 20

Tipp Suchen Sie noch eine Unterkunft zur Zeit der Biennale? Wenden Sie sich an die **Agentur Soggiorno a Venezia,** Tel. 04 15 28 30 66, Fax 04 15 22 19 86; E-Mail: booking@venicesystem.com

Tipp An **Karten** für die Tanz-, Musik- und Theaterbiennale interessiert? Im Internet vorbestellen: www.leonidaniele.it

Apertutto

Im Zeichen der Globalisierung war die Ausstellung der Kunst in Länderpavillons nicht mehr zeitgemäß. In den 1980er Jahren des 20. Jahrhunderts suchte man daher nach Raumreserven in Venedig, nach Ausstellungsfläche für eine nicht länderspezifische Kunstschau. Und man fand 9000 m² auf dem Gelände des Arsenals, der venezianischen Werft aus dem 16. Jahrhundert. Alte Räume, die moderner nicht sein können.

Kunst des Bauens – die Architekturbiennale

Seit 1984 findet abwechselnd mit der Schau der Bildenden Künste auf dem Gelände der Giardini und in den alten Mauern des Arsenale eine internationale Ausstellung zeitgenössischer Architektur statt. Modelle zeigen hier urbane Visionen einer gebauten Welt von übermorgen.

❚ Die nächste Internationale Architekturausstellung findet 2004 statt; Tel. 04 15 21 87 11, Fax 04 15 23 63 74, www.labiennale.org

Weltwunder Venedig

Über ein Jahrtausend lang setzte die Republik Venedig all ihre Kräfte daran, Eindringlinge abzuwehren. Heute lässt man Fremde gerne herein – obwohl die Anzahl der Besucher zeitweilig die Kapazität der Stadt weit überschreitet. Rund 15 Millionen Besucher kommen alljährlich ins Inselreich der Lagune, das auch mit unübersehbaren ökologischen und ökonomischen Problemen zu kämpfen hat. Doch wer wollte auf Venedig verzichten?

Keine andere Stadt der Welt hat sich eine gewachsene Geschichtlichkeit bewahrt, die buchstäblich ins Wasser gebaut ist; keine Stadt der Welt hat diese Geschichtlichkeit derart eigenständig gestaltet wie Venedig, wo alles anders war als im übrigen Europa, zu dem es trotzdem gehört. Und keine andere Stadt der Welt bietet eine wirklich humane Urbanität wie Venedig, das sein für Menschen gebautes Stadtbild behielt. Die Stadt musste nicht für Autos umgebaut werden; die müssen am Piazzale Roma wenden. Weisheit der Stadtgründer?

Lage und Landschaft

Nach dem Ende der Würmeiszeit (ca. 10 000 v. Chr.) stieg auf der ganzen Welt der Meeresspiegel wieder an, und die Adria bekam ihre heutige Gestalt. Drei Flüsse suchten sich von den Alpen herunter ihren Weg – Brenta, Sile und Piave; eine Laune der Natur rückte ihr Mündungsgebiet auf einen kleinen Küstenstreifen zusammen. Die Flüsse brachten viele Ablagerungen mit; daraus formten die Meeres-strömungen in Jahrtausenden das flache Lagunenmeer – ein Mischwasserbiotop mit idealen Bedingungen für die Pflanzen- und Tierwelt: geschützte Lage und ständiger Wasseraustausch durch Ebbe und Flut.

Landzungen schirmen die *Laguna Veneta,* die venezianische Lagune, vom offenen Meer ab: Litorale del Cavallino, die Inseln Lido und Pellestrina sowie die Landzunge Chioggia-Sottomarina. In der Inselwelt der Lagune

Steckbrief

Fläche (ohne San Giorgio und Giudecca): 7,06 km².
Höhe: 1 Meter über dem Meeresspiegel; Inseln: 118; Brücken: über 400; Kanäle: 160; Plätze: 127.
Lage: 12° 2' östliche Länge und 41° 25' nördliche Breite; 4 km vom Festland, 2 km vom Meer entfernt.
Einwohner (ohne Mestre): 200000 (Blütezeit), 90000 (Ende der Republik), 69 900 (1998).
Dogen: 120 in 1100 Jahren (697–1797).
Kirchen: 111.
Piazza San Marco: Länge 175,70 m, Breite 82 m (Längsseite), 57 m (Schmalseite).
Campanile: Höhe 98 m, 5 Glocken.
Basilika San Marco: Länge 76,5 m, Breite 52 m (Fassade), 62,6 m (Querschiff), Umfang 330,5 m, Höhe 45m, Mosaikfläche 4240 m2; Säulen: über 500; Kuppeln: 5 (13 m Durchmesser, 16 Fenster).
Dogenpalast: 75 x 100 m; Wasserseite 36 Säulen (Arkaden), 71 Säulen (Loggia).

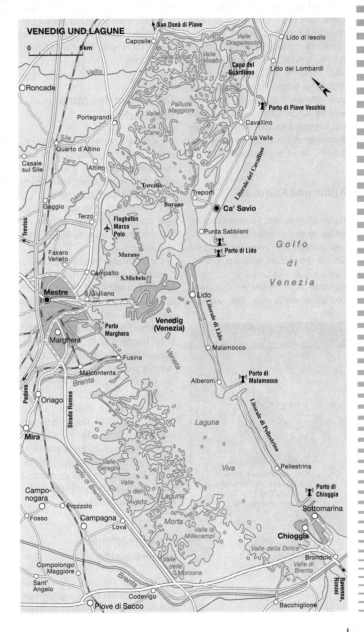

VENEDIG UND LAGUNE

0   5 km

San Donà di Piave
Caposile
Vallio
Valle Doga
Valle Grassabo
Valle Dragaiesolo
Lido di Iesolo
Lido dei Lombardi
Capo del Guardiano
Roncade
Porto di Piave Vecchia
Portegrandi
Pallude Maggiore
Valle di Ca' Zane
Cavallino
La Valle
Sile
Quarto d'Altino
Zero
Altino
Torcello
Treporti
Litorale del Cavallino
Casale sul Sile
Dese
Gaggio
Terzo
Burano
Ca' Savio
Treviso
Flughafen Marco Polo
Laguna
Punta Sabbioni
Porto di Lido
Golfo di Venezia
Favaro Veneto
Murano
Campalto
S.Michele
Mestre
S.Giuliano
Lido
Litorale di Lido
Venedig (Venezia)
Porto Marghera
Marghera
Veneta
Malamocco
Fusina
Maicontenta
Brenta
Padova
Oriago
Alberoni
Porto di Malamocco
Mira
Litorale di Pellestrina
Campo-nogara
Prozzolo
Fosso
Campagna
Lova
Valle Seraglia
Valle dell' Averto
Laguna
Viva
Pellestrina
Porto di Chioggia
Sottomarina
Strada Romea
Taglio di Brenta
Morta
Valle di Millecampi
Chioggia
Compolongo Maggiore
Valle delle Mbrosna
Valle della Dolce
Brondolo
Valle di Brenta
Ravenna, Rimini
Sant' Angelo
Brenta
Codevigo
Piove di Sacco
Bacchiglione

fand auch der Mensch günstigen Lebensraum: landwirtschaftliche Flächen auf den Inseln, Fischfang, Salzgewinnung und Salzhandel, dazu eine risikolose Schifffahrt in dem geschützten Wasserrevier. Die drei Durchfahrten Porto di Lido, Porto di Malamocco und Porto di Chioggia stellen als natürliche Schleusen die Verbindung zum offenen Meer her – lebensnotwendig für Schifffahrt und Ökologie der Lagune, lebensbedrohend für die Bewohner durch eindringende Sturmfluten – die letzte kam 1966.

Klima und Reisezeit

Badewetter in den Sommermonaten, Nebel im Winter, milchiges Frühjahrs- und Herbstlicht – Venedig hat immer Saison. Im Winter wird der Gefrierpunkt nie erreicht, und in der Sommerhitze weht immer ein Lüftchen. Der Winter steckt voller Überraschun-

gen – ein Tag mit Hochwasser, am nächsten Nebel und dann blauer Himmel mit Sonne. Schnee ist selten; wenn er liegen bleibt, ist die Wasserstadt ein einziger überzuckerter Traum, für ein paar Stunden, einmal in zehn Jahren.

Der Weg zu Reichtum und Macht

Die sichere Lage der Inselgruppe Venedig bedeutete Abgeschnittenheit vom Festland und zwang zur Orientierung in Richtung Meer, nach Osten. Die Bindung an Byzanz begünstigte den Fernhandel; Venedig bot Fisch und Salz, importierte dafür begehrte Konsumgüter: Gewürze, feine Stoffe, exotischen Luxus.

Die in Konstantinopel ungebrochene kunsthandwerkliche Tradition stillte den Nachholbedarf der neuen Herren Mitteleuropas im Mittelalter über die Agentur Venedig, die sich der Glasherstellung selbst annahm und Schiffe für Handel und für Krieg, für eigenen und Fremdbedarf baute. 1420 war Venedig die reichste Stadt der Welt; die Republik hatte den Rang einer Großmacht in Europa.

An ihrer Spitze stand der auf Lebenszeit gewählte Doge; das Amt wurde nie erblich. Die ins »Goldene Buch« eingetragenen Patrizier lenkten den Staat; die venezianische Verfassung nahm soziale Aufgaben wahr, sie sicherte aber auch rigoros den Status der herrschenden Klasse.

Die Vermächtnisse der Weltmacht

Das Urwissen der nautischen Nation und die Nebenprodukte der jahrhundertelangen Weltmacht sind bis heute

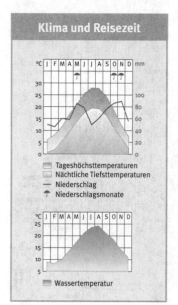

Klima und Reisezeit

Tageshöchsttemperaturen
Nächtliche Tiefsttemperaturen
Niederschlag
Niederschlagsmonate

Wassertemperatur

spürbar. Begriffe aus dem Handel fanden vom Orient über Venedig Eingang in die europäischen Sprachen. Die Spuren finden sich bis heute im Vokabular: Arsenal, Kaffee, Marzipan, Zechine, Zucker, Havarie, Atlas, Azur, Baldachin, Ziffer, Damast. Die Buchdruckerei blühte in Venedig; der Notendruck setzte Maßstäbe in Europa.

Auch in politischer Hinsicht hatte Venedig Vorbildcharakter: Das Staatswesen, das sich über viele Jahrhunderte herausgebildet hatte, rief in seiner Einmaligkeit die Bewunderung vieler maßgeblicher europäischer Politiker und Denker hervor.

Versinkt Venedig? Eine unendliche Geschichte

Die Lagune verdankt ihr Entstehen jahrhundertelangen Flussablagerungen. Sie wäre wie die Häfen von Aquileia und Ravenna wieder versandet, wenn die Venezianer nicht früh die Flüsse Brenta, Sile und Piave umgeleitet hätten.

Als nach dem Ersten Weltkrieg die Industriezonen Porto Marghera und Mestre durch Landaufschüttung in der Lagune geschaffen und eine Rinne für Hochseeschiffe zum Festland ausgehoben wurden, zerstörte man das empfindliche Gleichgewicht zwischen Ablagerungen und Wasserzufluss in der Lagune, über das die Venezianer jahrhundertelang penibel gewacht hatten. Die Landaufschüttungen verkleinerten die Wasserfläche, die Rinne vergrößerte die Wassermenge. Der Wasserspiegel stieg. Seit Venedig existiert, besteht Hochwassergefahr. Bei Tiefdruck in Norditalien, starkem Südostwind und Flut strömen riesige Wasser-

mengen auf die Lagune zu. Sind sie aufzuhalten? Nach der großen Sturmflut 1966 ging ein Aufschrei um die Welt. Mit Sondergesetzen wie dem Verbot der Grundwasserentnahmen von 1973 wurde ein weiteres Absinken der Stadt verhindert. 1994 wurde die »Venezia Spa« (Venedig AG) gegründet – sie soll sich des weiteren Schicksals der Stadt annehmen. Seit Beginn der 1990er Jahre steht das Projekt »Mose« zur Diskussion, das vorsieht, die drei Meeerzugänge der Lagune mit mobilen Dämmen zu verriegeln, wenn der Wind die Flutwellen der Adria Richtung Venedig treibt. Sie müssten etwa 100 mal im Jahr eingesetzt werden – viel zu oft, da das Wasser der Lagune dann zum Stillstand käme und eine Schadstoffexplosion auslösen würde.

Venedig und das Hochwasser, eine unendliche Geschichte – versinken wird die Stadt noch lange nicht.

Venedig heute

Die Stadt bildet mit Mestre eine Verwaltungseinheit; sie lebt von der Industrie auf dem Festland und vom Tourismus auf den Inseln. Prekär ist das Wohnproblem in der Wasserstadt: Es fehlt an gekachelten Bädern und Heizungen, dem heute selbstverständlichen Wohnkomfort. Doch Sanieren in Venedig kostet wegen der Feuchtigkeit in den Häusern mehr als anderswo – kein Anreiz für Hausher-

ren, zeitgemäßen Wohnraum zu schaffen. Die Venezianer ziehen deshalb weg und kommen als Pendler zurück; darunter leidet wiederum die Infrastruktur. Die kleinen Läden müssen dichtmachen und öffnen neu – als Souvenirshops.

Die Venezianer haben sich immer arrangieren müssen; heraus kam ein wacher, selbstbewusster und kauziger Menschenschlag – Unmut wird nicht versteckt, aber mit einer »ombra«, einem Gläschen Wein, schnell wieder hinuntergespült. Fremden gegenüber ist man aufgeschlossen und hilfsbereit, und keineswegs nur deshalb, weil man von den Gästen profitiert.

Venezianische Sprache

Wäre Dante nicht Florentiner, sondern Venezianer gewesen, dann wäre im 13./14.Jh. nicht der toskanische Dialekt, sondern der venezianische zum »Hoch-Italienisch« avanciert. An sich ist er mehr als ein Dialekt, er ist eine Schriftsprache von literarischer Eigenständigkeit. Venedigs berühmtester literarischer Sohn, der Komödienschreiber Carlo Goldoni, setzte im 18. Jh. durch zahllose Theaterstücke seiner Heimatstadt ein Denkmal.

Der Besucher ist jedoch auf Schritt und Tritt mit den venezianischen Aufschriften konfrontiert, die vom üblichen Italienisch stark abweichen. Es gibt keine Doppellaute und viele Eigenbildungen; die Schreibung »gheto novo« statt wie zu erwarten »ghetto nuovo« ist venezianisch einwandfrei, so wie »Anzolo« für »Angelo« steht und »San Zanipoli« die Kirche »Santissimi Giovanni e Paolo« ist. Es ist eben wirklich alles anders in Venedig und deshalb auch kein Wunder, dass die Stadt selbst auf venezianisch »Venexia« heißt.

Wichtige Wörter

approdo	Anlegestelle
barcarola	Gondellied
ca' (casa)	Patrizierhaus
calle	Straße
campo	Platz
casón	(großes Haus) Fischerhaus
darsena	Wasserbecken
fondaco	Lagerhaus
fondamenta	befestigtes Ufer
gondola	Gondel
motonave	großes Motorschiff
motoscafo	Motorboot
ombra	kleines Glas Wein (»Schatten«)
piscina	ehem. Wasserbecken
pontile	Anlegebrücke
pozzo	Brunnen
rio terà	aufgeschütteter Kanal
sestiere	Stadtbezirk (»Sechstel«)
sotoportego	Durchgang
squero	Gondelwerft
toscanini	Brötchen
tragheto	Gondel zum Übersetzen
vaporetto, vaporino	kleineres Motorschiff

Geschichte im Überblick

Ca. 1200 v. Chr. Legendäre Einwanderung der Veneter aus Kleinasien nach der Eroberung Trojas durch die Griechen.

181 v. Chr. Mit der Gründung Aquileias im Zuge der römischen Expansion wird auch der Lagunenbereich eingegliedert.

421 n. Chr. Legendäres Gründungsdatum Venedigs, das immer noch jedes Jahr am 25. März gefeiert wird; ins 5. Jh. fällt auch der Rückzug der Küstenbevölkerung auf die Laguneninseln, die vor den Einfällen der Barbaren aus dem Norden Zuflucht sucht.

539 Das oströmische Kaisertum in Konstantinopel will Italien zurückerobern und bringt zunächst Venedig unter seine Kontrolle.

697 Wahl des ersten Dogen (lat. *dux* = Führer).

812 Im Frieden von Aachen wird dem jungen Staat die Unabhängigkeit von der fränkischen Expansion und die Obhut des fernen Konstantinopel bestätigt.

828 Die legendären Markusreliquien werden in Ägypten geraubt; zwei Jahre später Baubeginn der ersten Markuskirche.

Um 1000 Die Kontrolle Istriens und Dalmatiens sichert die Seewege der erfolgreichen Handelsmacht, die ihre Unabhängigkeit immer stärker ausbaut.

1082–1085 Sieg über die Normannen, die den Adriaausgang vor den Küsten des heutigen Albanien bedrohen.

1094 Weihe von San Marco.

1177 Venedig vermittelt im Streit zwischen dem Kaiser und dem Papst; Barbarossa und Alexander III. treffen sich in San Marco – Venedig ist als Weltmacht anerkannt.

1202–1204 Der Vierte Kreuzzug schließt mit der Eroberung Konstantinopels unter Führung des Dogen Enrico Dandolo. Venedig setzt seine machtpolitischen Interessen im Kampf gegen den Sultan von Ägypten durch und erreicht den Höhepunkt seiner Kolonialmacht: drei Achtel des Byzantinischen Reichs, die Kykladen und Kreta. Damit ist der Seeweg bis ins Schwarze Meer gesichert.

1257–1381 Kampf mit Genua um die Vorherrschaft auf den Seewegen; im Frieden von Turin wird Venedigs Macht bestätigt.

15.Jh. Venedig expandiert auf dem Festland; Sicherung der Handelswege über die Alpen und nach Mittelitalien.

1453 Die Osmanen erobern Konstantinopel; Venedig ist vom Fernhandel abgeschnitten.

1454 Frieden von Lodi: Venedig hält sich auf dem Festland den Rücken frei; sein Territorium begrenzen Po, Gardasee, Alpen und Istrien.

1498 Vasco da Gama entdeckt um das Kap der Guten Hoffnung den Seeweg nach Indien; Venedig verliert seine Vormachtstellung.

1504 Der Plan, die Landenge von Suez zu durchstechen, findet keine Mehrheit.

1508 »Liga von Cambrai«: Frankreich, Spanien, Kaiser, Papst und italienische Staaten bilden eine tödliche Allianz gegen Venedig; das Augsburger Bankhaus Fugger will den Handelsplatz Venedig aber nicht verlieren und finanziert den

Geschichte im Überblick

Krieg nicht weiter. Trotzdem muss Venedig in den darauf folgenden Kriegen beachtliche Gebietsverluste einstecken.

1570 Zypern fällt an die Türken. Obwohl die Seeschlacht bei Lepanto (1571) von den mit dem Papst und den Spaniern verbündeten Venezianern gewonnen wird, dringen die Türken weiter vor.

1576 Pestepidemie, der u. a. Tizian zum Opfer fällt.

17.Jh. Das Haus Habsburg sowie die Türken bleiben Venedigs politische Bedrohung.

1645 Die Türken besetzen Kreta; jahrzehntelange Kämpfe.

1699 Friede von Karlowitz: Venedig erhält die Peloponnes.

1718 Friede von Passarowitz: Venedig muss auf Beschluss von Österreich und der Türkei allen Kolonialbesitz – außer Istrien, Dalmatien und Teilen Albaniens – abtreten. Damit ist Venedig keine Macht mehr, nur mehr ein Staat.

1796/97 Napoleon besetzt venezianisches Territorium und übergibt 1797 Venedig kampflos an den Erzfeind Habsburg. Das in Europa einzigartige Staatsgebilde der Republik Venedig erlischt nach 1100 Jahren und 120 Dogen.

1805 Venedig gehört zum napoleonischen Königreich Italien.

1815 Der Wiener Kongress gibt Venedig an Österreich zurück.

1848–1849 Für 17 Monate schüttelt Venedig die österreichische Besatzung ab. 1849 zwingt eine Cholera-Epidemie die Venezianer zur Kapitulation.

1866 Friede von Wien: Österreich gewährt einen Volksentscheid, der Venedig ins neue Königreich Italien führt.

1915–1918 Kriegserklärung Italiens an Österreich; das venezianische Festland wird ein heiß umkämpfter Schauplatz des Ersten Weltkriegs.

1933 Die Straßenbrücke zwischen Stadt und Festland wird eingeweiht.

1945 Alliierte Truppen besetzen Venedig.

1946 Gründung der Republik Italien.

1958 Angelo Giuseppe Roncalli, Patriarch von Venedig, wird zum Papst Johannes XXIII. gewählt (bis 1963).

1966 Schwere Sturmflut. Internationale Hilfsprogramme zur Restaurierung der Lagunenstadt.

1979 Wiederbelebung des traditionsreichen Karnevals mit Filmregisseuren wie Federico Fellini.

1984 Mit dem Projekt »Venezia Nuova« wird ein Gesetz zum Schutz Venedigs und der Lagune erlassen.

1996 Im Januar vernichtet ein Brand das Gran Teatro La Fenice.

1997 Rechte Separatisten besetzen den Glockenturm von San Marco, um die Unabhängigkeit Venetiens zu erzwingen.

1999 »Apertuto«: Die Biennale nutzt erstmals auch das Arsenal als Ausstellungsfläche.

2001 Die von Arbeitern angeklagten Manager der Chemiekonzerne von Porto Marghera, wo in den vergangenen Jahren zahlreiche Menschen an Krebs erkrankt und gestorben sind, wurden von einem venezianischen Gericht freigesprochen.

Kultur gestern und heute

Die Bindung des jungen Staats an Konstantinopel prägte auch den Einfluss der byzantinischen Kunst auf Venedig: Byzantinische Künstler wirkten in Venedig, die einheimischen lernten von ihnen, und Kunstwerke aus dem Oströmischen Reich fanden den Weg in die Lagune. Die frühmittelalterliche Orientierung an Byzanz geb der venezianischen Kunst über mehrere Jahrhunderte ein Richtung vor, die sich stark von künstlerischen Entwicklungen in Europa absetzte.

Gotische Kielbogen

ren, entwickelte sich in der Lagunenstadt zu einer zauberhaften Fensterform. In luxuriöser plastischer Ausführung ziert er Nordportal und Schatzkammereingang der Markuskirche. Bei den opulenten Mosaiken stand ebenfalls der Osten Pate.

Baukunst – Eleganz aus dem Osten

Die 1063 begonnene Kreuzkuppelkirche San Marco (s. S. 361 ff.) folgte byzantinischem Vorbild; ihr Grundriss wird bis ins 18. Jh. hinein in venezianischen Kirchen variiert. Charakteristisch für byzantinische Bauten ist der gestelzte, elegant wirkende Rundbogen, den schlanke Säulen mit reich verzierten Kapitellen tragen; prägnante Beispiele sind Fondaco dei Turchi (s. S. 372 f.), SS. Maria e Donato auf Murano und Santa Fosca auf Torcello.

Als im Mitteleuropa des 12. Jhs. der mächtige romanische Rundbogen dominierte, zog Venedig nicht mit – man hatte sich ja von der Rundbogenform aus dem Osten inspirieren lassen. Nur die Wandgliederung mancher Glockentürme erinnert an die Romanik. Und die Staatskirche San Marco erfuhr an der Schauseite eine romanische Korrektur. Den Orientkontakten verdankt die Kunst die arabische Inspiration: Der doppelt gebrochene »Moresco«-Bogen, nach Art der Mau-

Das gotische Wunder

Auf dem Weg in die Lagune war der im 12. Jh. in Frankreich entstandenen Gotik die theologische Idee abhanden gekommen; der gotische Zuckerguss (14. Jh.) der heutigen Markuskirche bestätigt die Übernahme als Dekorationssystem. Am Neubau des Dogenpalastes fließen jedoch die übernommenen Formen in die venezianische Gotik ein, eine Dekorationskunst, die das Stadtbild erheblich veränderte. Eine venezianische Spezialität wurde es, den Spitzbogen wie in einer Schnute enden zu lassen: Die strenge Gotik aus dem Norden verfällt der orientalischen Phantasie und weltlichen Schaulust.

Der Dogenpalast und die vielen Fassaden am Canal Grande und im gesamten Stadtbild erzählen das gotische Wunder. Es fehlen aber die himmelwärts strebenden Kathedralen; Venedigs wenige gotische Kirchen wirken breit und behäbig – einmal missfiel den gotisch bauenden Bettelorden allzu großer Aufwand, dann bescherte der Untergrund Fundamentprobleme. So sind Steingewölbe, sonst ehrgeizige Regel, in Venedig die Ausnahme (SS. Giovanni e Paolo). Dafür konstruierten die einheimischen Schiffszimmerer Holzdecken als umgedrehte Schiffsbäuche – eine venezianische Besonderheit (z. B. San Giacomo dall'Orio, San Polo), ebenso die statisch bedingten Holzbalken, die die Arkadenbogen aussteifen (z. B. Frari-Kirche, Santo Stefano).

Beutestücke: Pferde von S. Marco

Renaissance

Der lombardische Stil (benannt nach der Baumeisterfamilie Lombardo) hielt Ende des 15. Jhs. Einzug und hinterließ in Venedig Meisterwerke an Marmorintarsien und -fassaden (Ca' Dario, s. S. 377). Unübersehbar sind die verspielten Halbkreise, die Mauro Codussi besonders liebte (San Zaccaria, Scuola di San Marco). Er baute die Ca' Vendramin mit Fensterformen aus der toskanischen Renaissance und als Frührenaissancejuwel den Palazzo Corner-Spinelli.

Mit der Hochrenaissance kam in der Person des Baumeisters Jacopo Sansovino der Geist Roms nach Venedig; mit seinem Bibliotheksbau (s. S. 361) sind die Inspirationsquellen venezianischer Kunst auf einen Blick zusammengefasst: die Markuskirche (Byzanz aus dem Osten), der Dogenpalast (Gotik aus dem Norden) und die Bibliothek (Renaissance aus dem Westen).

Früh wie nirgendwo setzte aber schon nach Sansovino, der 1570 starb, ein Klassizismus, besser Historismus ein – die antikisierende Geschossgliederung durch die räumliche Wirkung von Säulen und Bogen blieb verbind-

lich. Diese Formensprache wird durch Wiederholungen, die keine Imitationen sein wollen, vergröbert und vergrößert; Geschosse und Säulen wachsen an den Bauten, die die bisherige Baulinie übertrumpfen. So entstehen Kolosse, die dem Stadtbild aufgepfropft wirken; Ca' Pesaro, Ca' Labia, Palazzo Grimani, Ca' Rezzonico, Palazzo Grassi, Ca' Grande, Palazzo Pisani sind Variationen des gleichen Themas über 200 Jahre.

Die wuchernde Ornamentik des Votivtempels Santa Maria della Salute (Weihe 1687) von Baldassare Longhena kann für die Erschöpfung der Formensprache stehen; Venedig, von Weltmacht und Welthandel abgeschnitten, zeigt nur mehr Fassade, wo das Gesicht verloren ist.

Barock in Venedig?

Viele profane und sakrale Bauwerke Venedigs fallen in die Barockepoche, ohne Barockbauten zu sein. Deren Raumidee, in Rom um 1600 entstanden und mit einem knappen Jahrhundert Verspätung nördlich der Alpen aufgegriffen, ist in Venedig nirgends verwirklicht. Es gibt in Venedig keinen eigentlichen Barock: klassizistische Fassaden, die mit plastischem Bauschmuck überladen sind, sind dennoch nicht mit Barock zu verwechseln (San Moisè, San Stae, Santa Maria del Giglio).

Malerei

Die Bindung an die orthodoxe Steifheit Konstantinopels bewirkte, dass Venedig die neuen Kunstströmungen kaum wahrnahm. Florenz und Siena, selbst das epochale Werk Giottos in Padua vor der Haustüre blieben unbeachtet. Der Neubau des Dogenpalasts änderte dies jedoch. Man holte fortschrittliche Künstler in die Stadt, und in der 1. Hälfte des 15. Jhs. kamen Gentile da Fabriano aus den Marken, Pisanello, Paolo Uccello und Andrea del Castagno aus der Toskana.

Als Hauptinspirator für die venezianische Malerei kann Andrea Mantegna (1431–1506) gelten, der in die Malerfamilie Bellini einheiratete. Sein Schwiegervater Jacopo (1400–1471) sowie die Söhne Gentile (1429–1507) und Giovanni (1430–1516) lernten von

Giovanni Bellinis »Thronende Madonna mit Kind« in San Zaccaria

Mantegna aus Padua die Errungenschaften der Renaissance: Befreiung vom mittelalterlichen Formalismus – Einführung der Perspektive. Und dann brachte mit dem neuen Realismus Antonello da Messina (1430–1479) die

Scuole – Schulen

Über 60 *scuole* mit Ursprung teils in der Frühzeit der Republik kannte das historische Venedig – so hießen die Interessengemeinschaften von Gewerbetreibenden der Kaufmannsstadt, die sich hauptsächlich karitativen Zwecken widmeten, im Zeichen eines Schutzheiligen, einer Landsmannschaft oder einer Zunft. San Giorgio degli Schiavoni war der Zusammenschluss der dalmatinischen Kaufleute (*schiavoni*, Slawen), Scuola dei Calegheri waren die Schuster. Die Gewerbe florierten, man baute

eigene Häuser, eine Bauform setzte sich durch: unten Ankunftshalle, oben Saal und Nebenräume mit Hospiz für Geschäftsbesuche. Der wohl nicht unansehnliche Profit floss auch in die luxuriöse Ausstattung. Carpaccio, Tintoretto, Tiepolo wären schon durch die »scuole« unsterblich. In Originalausstattung ist nur noch die Scuola Grande di San Rocco mit Tintorettos grandiosem Gemäldezyklus und die Scuola Dalmata San Giorgio degli Schiavoni mit Bildern von Carpaccio erhalten.

Öltechnik nach Venedig. Er wirkte auf die andere große Malerfamilie, die Vivarini aus Murano: Antonio (1415–1476), Bartolomeo (1432 bis 1499) und Alvise (1446–1505). Beide Familien begründeten den Ruhm der venezianischen Malerei, der sogar Albrecht Dürer im Jahr 1505 zum Lernen in die Lagune lockte. Die Erben waren am Anfang und im Laufe des triumphalen 16. Jhs. die großen erzählenden Maler Giorgione (1478 bis 1510), Vittore Carpaccio (1486–1525), Tizian (um 1488–1576), Tintoretto (1518–1594) und Paolo Veronese (1528–1588).

Die Malerei war endgültig von mittelalterlicher Gebundenheit befreit, doch jeder der drei letztgenannten nutzte den neuen Freiraum subjektiv: Tizian vollendete die Farbkultur, sein Malen prägte Humanität, Veronese gestaltete optimistische Diesseitigkeit in heiteren Himmeln und malte repräsentativ, während Tintoretto in expressiver Dramatik Fragen stellte: Licht, Raum und Bewegung transzendieren in seiner Bildersprache die Darstellung selbst. Nach diesem Höhepunkt venezianischer Malerei konnte sich noch Palma il Giovane (1544 bis 1628) als Meister fühlen, bevor zahllose Epigonen die diversen Malweisen ausbeuteten.

Akzente setzte erst wieder das 18. Jh.: Malende Chronisten des venezianischen Lebens wurden Pietro Longhi (1702–1785) und Francesco Guardi (1712–1793), während Antonio Canal gen. Canaletto (1697–1768) als weltberühmter Vedutenmaler nicht nur Venedig verewigte.

Piazzetta (1682–1754) und Tiepolo (1696–1770), beide mit dem Vornamen Giovanni Battista, stehen am Ende der großen Malerei Venedigs; Piazzettas beseelte Pastellbilder verströmen Wärme, und Tiepolo reicht in

Festekalender

1. Januar. Ein paar Furchtlose begrüßen das Neue Jahr auf eine kuriose Weise: Sie ziehen sich aus und dann warm an, um einen Sprung ins kalte Meer am Lido zu riskieren. Sie heißen »ibernisti« (Winterschwimmer); mit Sicherheit ist ihr Mittel sehr erfolgreich gegen den Kater einer feuchtfröhlichen Neujahrsnacht.

Carnevale ist in aller Munde und beginnt zwölf Tage vor Aschermittwoch; das Hauptgeschehen konzentriert sich allerdings auf die letzten fünf Tage. Da verwandelt sich die Stadt in ein einziges Theater – Maskentreiben in einem Mammutveranstaltungsprogramm, das jedes Jahr unter einem bestimmten Motto steht. Den krönenden Abschluss bildet ein Feuerwerk auf der Lagune vor San Marco.

Su e zo per i ponti, »Die Brücken rauf und runter«, nennt sich ein jüngeres Fest am vierten Märzsonntag, das jedes Jahr Rekordzahlen meldet. Von San Marco aus durchwandern die Teilnehmer alle Stadtteile und werden mit einer Urkunde belohnt, die bei Schulklassen aus nah und fern hoch im Kurs steht. Das Fest klingt mit einem Abschlussessen aus, an dem jeder nach Lust und Laune teilnehmen kann – Hauptsache, das Wetter spielt mit.

Festa di San Marco. Zu Ehren des Stadtpatrons wird in der Markuskirche ein Hochamt abgehalten, und auf dem Canal Grande rudern die Gondolieri bei der Regata dei Traghetti um die Wette. Auf dem Markusplatz herrscht Volksfeststimmung; Verliebte und Verlobte

schenken ihren Mädchen eine Rosenknospe, den »bocolo«, (am 25. April).
Vogalonga ist am dritten Sonntag im Mai angesagt – alles, was Boot oder Kahn heißt, wird für dieses große Volksfest auf dem Wasser aktiviert. Rund 30 km lang ist die Strecke vom Giudecca-Kanal nach Burano und zurück nach San Marco.

Festa della Sensa wird am Sonntag nach Christi Himmelfahrt gefeiert; zugrunde liegt ein altes Seefest der Republik, wo der Doge bei San Nicolò auf dem Lido seinen Ring ins Wasser warf, um die symbolische Vermählung Venedigs mit dem Meer zu erneuern. Heute ist der Bürgermeister für diese Zeremonie zuständig.

Festa del Redentore. Dieses populäre Ereignis geht auf ein Pestgelübde von 1576 zurück; eine Pontonbrücke verbindet die »Redentore«-Kirche auf der Giudecca mit den gegenüberliegenden Zattere am dritten Juliwochenende; am Samstagabend kommen die mit Girlanden und Lampions geschmückten Boote der Einheimischen zum Giudecca-Uferstreifen; man isst und trinkt auf den Booten, scherzt mit den Nachbarn und wartet auf das Abschlussfeuerwerk. Danach feiern die Unermüdlichen auf dem Lido weiter bis zum Sonnenaufgang.

15. August (Ferragosto). Wie in ganz Italien wird an diesem Tag auch in Venedig das Urlaubsende mit einem Feuerwerk auf dem Lido gefeiert.

Regata Storica (Historische Regatta). Das wohl spektakulärste Wasserfest im Jahreskreis steigt am ersten Septemberwochenende: Prächtige historische Bootstypen mit Besatzung in traditionellen Kostümen kreuzen auf dem Canal Grande vor den Prominententribünen. Im Mittelpunkt steht die Regatta der verschiedenen Bootsklassen; wer die »Storica« gewinnt, ist Held für ein Jahr.

Regata di Murano. Hier wird Revanche genommen für die »Storica«, eine Woche später, diesmal auf der Glasbläserinsel.

Regata di Sant'Erasmo. Am ersten Oktobersonntag ist die letzte Möglichkeit zur Revanche und gleichzeitig der Abschluss der Rudersaison. Die Gemüseinsel Sant' Erasmo bietet zu diesem Anlass ihre Erzeugnisse feil.

Festa della Salute ist das zweite Ereignis neben dem »Redentore«-Fest, das auf ein Pestgelübde zurückgeht: In der zweiten Novemberhälfte wird beim Gritti Palace Hotel eine Holzbrücke über den Canal Grande geschlagen. Eine Prozession bringt die Schwarze Madonna der Pestkirche Santa Maria della Salute nach San Marco und wieder zurück; ein kleiner Jahrmarkt umrahmt das Fest.

Biennale. Unter diesem Namen werden diverse Veranstaltungen im Jahreslauf abgehalten, die alle Kunstbereiche umfassen und keine festen Termine haben (Architektur, Fotografie, Musik, Theater). Die 1895 ins Leben gerufene Biennale der Modernen Kunst folgt einem Zweijahresturnus. Allerdings wird der nationale Länder-Pavillon-Gedanke immer wieder diskutiert, der im Zeitalter der Globalisierung nicht mehr angemessen scheint.

Die Internationalen Filmfestspiele auf dem Lido und in den Kinos der Stadt finden jedes Jahr Ende August/Anfang September statt.

Regata Storica auf dem Canal Grande

seinen verspielt-heiteren Himmels-
fresken über die Jahrhunderte Paolo
Veronese die Hand.

Bildhauerkunst

Machtsymbol Markuslöwe

Auch hier dominierte byzantinische
Strenge; lediglich bei der romanischen Fassadenanpassung von San
Marco (13. Jh.) gelang dem Bildhauer
Benedetto Antelami aus Parma eine
Ausnahme – seine Mittelportalskulp-
turen sind Meisterwerke. Das Groß-
projekt Dogenpalast im 14. und 15. Jh.
brachte   den   Umschwung;   als
Baumeister und Bildhauer in Perso-
nalunion arbeiteten die zwei Familien
Bon und Dalle Masegne am Machtzentrum Dogenpalast/Markuskirche.

Die Frührenaissance (Ende des
15. Jhs.) bestimmten die Fertigkeiten
der   Baumeisterfamilie   Lombardo;
Vater Pietro (um 1435–1515) und die
Söhne Tullio (um 1455–1532) und Antonio (um 1458–1516) bauten und
meißelten in Venedig erlesene Marmorintarsien und -grabmäler für er-
lauchte Häupter (etwa in der SS. Giovanni e Paolo, Miracoli-Kirche, San
Giobbe sowie die Skulpturen der Frari-
Chorschranken). Das imposante Reiterstandbild des Colleoni auf dem
Campo SS. Giovanni e Paolo, Symbol
einer Epoche, entwarf Andrea Ver-

rocchio (1436–1488), und die wunderbaren Statuen von Adam und Eva am
Arco Foscari (im Innenhof des Dogenpalastes) schuf Antonio Rizzo, der Erbauer der benachbarten Scala dei Giganti. Deren krönenden Abschluss
bilden Mars und Neptun, Arbeiten des
großen Baumeisters Jacopo Sansovino (1486–1570).

Ufer der Verlorenen

Kaum jemand hat die Schönheit
und Exklusivität Venedigs so
eindringlich erfasst wie der
russische Dichter und Nobelpreisträger Joseph Brodsky. In
seinen Impressionen »Ufer der
Verlorenen« durchdringt er das
winterliche Venedig in all seinen
Facetten und Schattierungen.
Der amerikanische Autor Harold
Brodkey verdichtete in seinem
Text »Venedig« die Stadt zu
einem Vexierbild großer menschlicher Fragestellungen.

Theater – Literatur

Die **Commedia dell'arte,** die Stegreif-komödie, wurde in der Theaterstadt Venedig geboren. Heute lebt sie in den typisch venezianischen Karnevalsmasken fort: Die Dienerfiguren Harlekin und Brighella artikulieren in ihren nie endenden Kämpfen mit dem Kaufmann Pantalone und dem Doktor Mut und Unmut des Volks. Aus Standardsituationen und Improvisationen bestanden die Abläufe, bis Carlo Goldoni (1707–1793) die Stoffe literarisch fasste.

Sie machten es ihren Chronisten schwer: Casanova, die schreibende Spielernatur (1725–1798), starb in Böhmen, Lorenzo da Ponte (1749–1838), Schriftsteller und Mozart-Librettist (»Don Giovanni«, »Die Hochzeit des Figaro«, »Così fan tutte«), floh bis nach Amerika.

Musik

Die einander gegenüberliegenden Emporen der Markuskirche inspirierten den niederländischen Adrian Willaert (um 1480–1562) zur Mehrchörigkeit, die unter seinen Nachfolgern Andrea Gabrieli (um 1510–1586) und Giovanni Gabrieli (1557–1612) Kennzeichen der venezianischen Schule wurde. Markuskapellmeister war auch der musikalische Neuerer Claudio Monteverdi (1567–1643); er förderte vor allem die Oper. Schon 1678 gab es in Venedig sieben Opernhäuser (neben elf Schauspielhäusern, die täglich spielten); die venezianische Oper vertreten Francesco Cavalli (1602–1676) und Marc Antonio Cesti (1623–1669). Letzter der großen Markuskapellmeister sollte Antonio Vivaldi (1678–1741) werden.

Essen und Trinken

Venedig ist wohl die teuerste Stadt Italiens; was Restaurant und Trattoria auf den Tisch stellen, entspricht jedoch selten dem Preisniveau. Venezianische Küche kann hervorragend sein; sie in Venedig zu finden, noch dazu zu erschwinglichen Preisen, ist jedoch ein Kunststück.

Man isst in der Trattoria oder im Ristorante üblicherweise drei Gänge: Vorspeise (warm oder kalt), Hauptgericht mit Beilagen (Gemüse oder Salat), die extra bestellt und berechnet werden, Nachtisch (Käse, Obst,

Marco Polo

Dieser berühmte Sohn Venedigs (1254–1324) steht für den ersten Abenteuerurlaub. Und er begnügte sich keineswegs mit vier Wochen wie heutige Rucksacktouristen: Ein Vierteljahrhundert war er gleich unterwegs! Mit 17 Jahren zog er von seiner Heimatstadt über Bagdad, Persien und Afghanistan an den Hof des Mongolenfürsten Kublai Khan. Als dessen Vertrauter bereiste er den gesamten Fernen Osten und betrat als erster Europäer China. Zurück in Venedig, diktierte er in genuesischer Haft einem Mitgefangenen seine Reiseerinnerungen, die unter dem Titel »Il Milione« bis heute faszinieren.

Dass Marco Polo aus China die italienische Leibspeise Spaghetti mitgebracht hat, ist aber nichts anderes als eine schöne Geschichte, die jeder historischen Grundlage entbehrt.

Frische Meeresfrüchte in allen Variationen stehen auf der venezianischen Speisekarte ganz oben

Küche in Venedig

Die venezianische Küche ist traditionell eine Fischküche; von *anguilla* (Aal) bis *zuppa di pesce* (Fischsuppe) reicht das gesamte Kaleidoskop der Spezialitäten: Einmal sollte man sich eine *grigliata mista,* die gemischte Fischplatte vom Grill, leisten. Kenner machen Umwege für *risotto di pesce* (Fischrisotto) oder *granseola*, Meeresspinne mit Öl und Zitrone, die im bizarren Panzer des Tieres angerichtet wird.

Eine Mutprobe für Anfänger sind *pasta nera* (schwarze Nudeln) und *risotto nero* (schwarzer Reis), für deren Farbe der Tintenfisch sorgt. Als *seppie alla veneziana* ist Tintenfisch mit Polenta (Maisbrei) und davor *sarde in saor* (Sardinen in Essig und Öl) ein geglückter Menüvorschlag.

Zu den wenigen einheimischen Fleischspezialitäten gehört *fegato alla veneziana,* Lebergeschnetzeltes mit Zwiebeln und Petersilie in Olivenöl.

Kuchen). Zur Abrundung nimmt man einen Espresso *(caffè),* gegebenenfalls mit Cognac oder einer Grappa. *Coperto* (Gedeck) wird stets separat berechnet und enthält das Brot. Bestellt man à la carte, gibt es nach oben keine Grenzen.

Einfach, aber gut speist man in einer Trattoria, die man nur abseits der touristischen Hauptrouten findet. Preislich günstig und qualitativ zufriedenstellend kommt man in der Rosticceria, dem Selbstbedienungsrestaurant, weg; die Speisekarten sind venezianisch eingefärbt, und wer Glück hat, isst in Ruhe im Sitzen. Die Pizza, zu der die Italiener Bier trinken, ist auch in Venedig überall und in allen Variationen zu haben.

! Vorsicht beim **Menu Turistico:** Die Qualität lässt meist zu wünschen übrig, und der Preis ist hoch. Das Essen, das schließlich auf den Tisch kommt, hat mit der venezianischen, selbst mit der italienischen Küche häufig nicht viel zu tun.

Keller in Venedig

Offene Tischweine *(vino sfuso)* sind Tocai und Soave (weiß) sowie Merlot und Cabernet (rot). Wer Veneto-Weine kennen lernen möchte, sollte sich in einer Enoteca (Verkauf mit Ausschank) nach Pinot grigio, Pinot bianco, Sauvignon (weiß) oder den Roten Raboso, Refosco und Marzemino umsehen.

Nach Feierabend gehen die Venezianer gern auf einen *spritz* in die Bar – ein sprachliches Relikt der österreichischen Besatzung. Bei diesem Getränk wird Weißwein und Mineralwasser mit Campari, Aperol oder Select gemischt. Soll's genussvoller sein, bestellt man Prosecco oder gar Cartizze – ebenfalls glasweise an der Theke.

Hier fühlen sich die Touristen wohl: Speisen im Luxusambiente am Canal Grande

Restauranttipps

▮ **Terrazza Danieli,** Castello, Riva degli Schiavoni 4196, Tel. 04 15 22 64 80. Mit traumhaftem Blick über die Lagune und hohem Niveau. ○○○

▮ **Gran Caffè Ristorante Quadri,** Piazza San Marco 120, Tel. 04 15 28 92 99. Traditionelle Institution im Luxusambiente, mit feinstem Porzellan und Silber. Vom 1. Stock genießt man die Aussicht direkt auf den Markusplatz. ○○○

▮ **Do Forni,** San Marco, Calle dei Spechieri 468, Tel. 04 15 23 77 29. Gepflegte venezianische Küche in Orient-Express-Atmosphäre. ○○○

▮ **Antico Martini,** San Marco, Campo San Fantin 1983, Tel. 04 15 22 41 21. Restaurant, Piano- und Wein-Bar, ein Ort, an dem man vorzüglich speisen kann. ○○○

▮ **Corte Sconta,** Castello, Calle del Prestin 3886, Tel. 04 15 22 70 24. Insider-Fischrestaurant mit reicher Vorspeisenauswahl, in urig schlichtem Ambiente. ○○○

▮ **All'Angelo,** Calle Larga San Marco 403, Tel. 04 15 20 92 99. Gemütliches Ambiente, wo von der Pasta bis zum Eis alles hausgemacht wird. ○○○

▮ **Alla Zucca,** Santa Croce, Ponte del Megio 1762, Tel. 04 15 24 15 70. Kleines Restaurant am Kanal, gute Küche mit herrlichen Kürbisgerichten im Herbst. ○○

▮ **Do Mori,** San Polo, Calle dei Do Mori 429, Tel. 04 15 22 54 01. Ältestes *bàcaro* der Stadt, hervorragende Weine, dazu isst man Fischfrikadellen, Ochsenzunge und andere *ciccheti.* ○○

▮ **Al Calice,** San Marco, Frezzeria 1502, Tel. 04 15 23 63 18. Sympathische Fisch- und Pizza-Adresse, wo Preis und Qualität zusammenpassen. ○○

▮ **Al Nono risorto,** Santa Croce, Sotoportego de siora Bettina 2338, Tel. 04 15 24 11 69. Sehr gute Pizza, die Atmosphäre ist angenehm, im Sommer kann man draußen im Garten sitzen. ○

Unterkunft

Venedig gehört zu den Städten, in denen sich ständig Touristen aufhalten, entsprechend gut entwickelt ist das Hotelwesen. Eine rechtzeitige Buchung für die Sommersaison, Silvester, Karneval, Ostern und Pfingsten ist ratsam. Hotelverzeichnisse erhält man gratis in den Touristeninformationen (s. S. 424); in Venedig gibt es Listen mit alternativen Übernachtungsmöglichkeiten – Jugendherbergen, geistliche und weltliche Gästehäuser sowie Camping.

Infos: www.veniceinfo.it
www.avanews.it

Die Zimmerpreise in den mittleren und unteren Hotelkategorien sind nicht unbedingt fest und können, vor allem außerhalb der Hauptpreiszeit, ausgehandelt werden. Wer jedoch im legendären »Cipriani« auf der Giudecca frühstücken möchte, muss im Doppelzimmer 570 bis 1295 Euro pro Nacht locker machen. Bei den einfacheren Adressen ist Zimmerbesichtigung anzuraten. Denn oft gibt es in den gleichen Preisklassen, je nach Lage, erhebliche Unterschiede. Ein schönes Panorama hat in der Lagunenstadt eben seinen Preis.

Venedig

❙ **Cipriani,** Isola della Giudecca 10, Tel. 04 15 20 77 44, Fax 04 15 20 39 30, www.hotelcipriani.it. Hier wohnt in ruhiger Lage mit Blick auf den Lido und die Lagune alles was Rang und Namen hat. Ein Haus der Luxusklasse, das der Besitzer von »Harry's Bar« 1963 in einer umgebauten Bootswerft etablierte. ○○○

❙ **Sofitel,** Rio dei Tolentini/Giardini Papadopoli, S. Croce 245, Tel. 0 41 71 04 00, Fax 0 41 71 03 94, www.1st-venice-hotels.com. Nobelhaus, neu konzipiertes elegantes Ambiente mit Tagungsräumen; Nähe Bahnhof. ○○○

❙ **Bauer Grünwald,** Campo San Moisè, San Marco 1459, Tel. 04 15 20 70 22, Fax 04 15 20 75 57, www.bauervenezia.com. Durch die gotischen Fenster dieses Luxushotels blickte Arthur Rubinstein am liebsten auf den Canal Grande. ○○○

❙ **Cavalletto & Doge Orseolo,** San Marco 1107, Tel. 04 15 20 09 55, Fax 04 15 23 81 84, www.sanmarcohotels.com. Am malerischen Gondelhafen Orseolo hinterm Markusplatz. Für Romantiker. ○○○

❙ **Londra Palace,** Riva degli Schiavoni 4171, Tel. 04 15 20 05 33, Fax 04 15 22 50 32, www.hotellondra.it Klassiker mit venezianischer Einrichtung und einem traumhaften Blick auf die Lagune. ○○○

❙ **Amadeus,** Lista di Spagna 227, Tel. 0 41 71 53 00, Fax 04 15 24 08 41, www.gardenahotels.it. Modernes Haus in antikem Gemäuer mit Konferenzräumen; liegt in Bahnhofsnähe. ○○○

❙ **Gabrielli Sandwirth,** Riva degli Schiavoni 4110, Tel. 04 15 23 15 80, Fax 04 15 20 94 55, www.hotelgabrielli.it. Märchenhafter Ausblick auf San Giorgio und das Bassin von San Marco. ○○○

❙ **Accademia »Villa Maravege«,** Dorsoduro, Fondamenta Bollani 1058, Tel. 0415 21 01 88, Fax 04 15 23 91 52, www.pensioneaccademia.it. Stilmöbel in Palazzo aus dem 17. Jh. Kleine Zimmer, aber hübscher Garten. Nähe Canal Grande. ○○○

❙ **Bonvecchiati,** San Marco, Calle Goldoni 4488, Tel. 04 15 28 50 17, Fax 04 15 28 52 30, E-Mail:

Der legendäre Bauer Grünwald am Canal Grande

Hotel Excelsior am Lido: Nobelherberge nicht nur für Filmstars

hbonvecc@tin.it Traditionshaus mit Riesenterrasse, günstige Lage. ○○○

▌ **La Fenice et des Artistes,** San Marco 1936, Tel. 04 15 23 23 33, Fax 04 15 20 37 21, www. fenice.hotels.it. Von Künstlern bevorzugte Adresse, gleich neben dem Theater La Fenice, mit stadtweit renommiertem Restaurant. ○○○

▌ **Rialto,** San Marco, Ponte Rialto 5149, Tel. 04 15 20 91 66, Fax 04 15 23 89 58, www.rialtohotel.com. Exklusive Suiten und aparte Zimmer mit Aussicht auf den Canal Grande und die Rialtobrücke. ○○○

▌ **Bisanzio,** Castello, Calle della Pietà 3651, Tel. 04 15 20 31 00, Fax 04 15 20 41 14, www.bisanzio.com. Wer ruhig, aber unmittelbar hinter der Riva degli Schiavoni wohnen möchte, ist hier – mit Terrasse – gut untergebracht. ○○○

▌ **Agli Alboretti,** Dorsoduro 884, Tel. 04 15 23 00 58, Fax 04 15 21 01 58, www.emmeti.it. Stilvoll eingerichtetes kleines Hotel mit gutem Restaurant gleich hinter der Accademia. ○○ – ○○○

▌ **Casanova,** San Marco, Frezzeria 1284, Tel. 04 15 20 68 55, Fax 04 15 20 64 13, www. hotelcasanova.it. Kleines gediegenes

Hotel, für das der berühmteste Herzensbrecher aller Zeiten Pate stand. ○○

▌ **Messner,** Dorsoduro 216 und 237, Tel. 04 15 22 74 43, Fax 04 15 22 72 66, www.emmeti.it. Stilles Wohnviertel in der Nähe der Peggy Guggenheim Collection. ○○

Lido

▌ **Excelsior,** Lungomare Marconi 41, Tel. 04 15 26 02 01, Fax 04 15 26 72 76, www.westin.com. In dieser Nobelherberge logiert die große Filmwelt, wenn es bei den Filmfestspielen Ende August/Anfang September um die Vergabe der Silbernen und Goldenen Löwen geht; hoteleigener Sandstrand. ○○○

▌ **Golf Residence,** Strada del Forte 1, Malamocco, Tel. 04 15 26 95 12, Fax 0 41 77 01 00, www.golfresidence.net. In der Nähe des schönen Golfplatzes fühlen sich nicht nur Sportfreunde wohl. ○○○

▌ **Buon Pesce,** Riviera San Nicolò 49/50, Tel. 04 15 26 85 99, Fax 04 15 26 05 33, E-Mail: info@hotelbuonpesce.com. Auf der Lagunenseite des Lido liegt dieses Familienhotel. ○○

Venedig am Abend

Theater

Bis ein Brand im Januar 1996 das **Gran Teatro La Fenice** bis auf die Außenmauern zerstörte, gehörte ein Abend in jener kunstgeweihten Stätte aus dem Jahre 1792 zu den Höhepunkten eines Venedig-Besuches. Das volle Programm mit internationalen Künstlern findet bis zum Wiederaufbau in der **Palafenice**, einem Zeltbau mit über 1000 Plätzen auf der Isola del Tronchetto, statt.

Kartenverkauf an der »biglietteria« (Tel. 04 15 21 01 61) oder in der Cassa di Risparmio (Tel. 04 15 21 01 61). Das Sprechtheater hat im **Teatro Goldoni** (Tel. 04 15 20 54 22) ein festes Haus.

Die freien Bühnen kämpfen wie überall ums Überleben; alle Krisen meisterte bisher das **Teatro a l'Avogaria** und das **Teatro Fondamenta Nuove;** unregelmäßig wird das **Teatro La Perla** auf dem Lido genutzt, regelmäßig die Bühnen in Mestre.

Kino

Durch die jährlich stattfindenden Internationalen Filmfestspiele (siehe S. 335, 347) hat auch das Tagesprogramm ein erstaunliches Niveau entfaltet; das ganze Jahr über werden thematische Reihen neben den internationalen Kassenschlagern angeboten – Monatsprogramme gibt es in den Kinos und Informationsstellen.

Nightlife

Das Nachtleben in der Lagunenstadt muss man nach 22 Uhr fast mit der Lupe suchen. Nächtliche Treffs, wie Nachtbars, Musikclubs, Diskotheken und Szenelokle gibt es nur wenige. Nachtschwärmer kommen am ehesten im Studentenviertel um den Campo Santa Margherita und im Cannaregio-Viertel auch nach Mitternacht noch auf ihre Kosten.

▮ **Casanova,** Lista di Spagna 158 a, Cannaregio, Tel. 04 12 75 01 99 (Mi–So 22–4 Uhr). Gemischtes Publikum trifft sich hier zum Abtanzen.

▮ **Piccolo Mondo,** Dorsoduro 1056/A., Tel. 04 15 20 03 71 (tgl. 22–4 Uhr). Diskothek/Pianobar im ehemaligen Club El Souk mit schickem Publikum.

▮ **Piazza Caffè,** Lungomare Marconi 22, Tel. 04 15 26 04 66 (tgl. außer Mo 22 bis 4 Uhr; Okt.–März nur am Wochenende). Für den, der »in« sein will, eine absolute Pflichtadresse. An speziellen Abenden sind Salsa und Merengue angesagt.

▮ **La Bagatella,** Cannaregio 2924, Tel. 0 41 71 78 88 (tgl. außer Mo 21–2 Uhr). Mit Videomusik und guten Snacks wirbt dieses Nachtlokal.

Live-Musik

▮ **Paradiso Perduto,** Cannaregio, Fondamenta della Misericordia 2540, Tel. 0 41 72 05 81 (tgl. außer Mi 19–1 Uhr, Sa bis 2 Uhr, So auch mittags). Im »Verlorenen Paradies« (s. S. 401), einer beliebten Studentenkneipe, gibt es Musik und hausgemachte Pasta.

▮ **Ai Canottieri,** Fondamenta del Macello, Cannaregio 690, Tel. 0 41 71 54 08 (tgl. außer So 18.30–2 Uhr). Fr und Sa ist authentischer Jazz geboten.

▮ **Veccio Posso,** Santa Croce 656, Tel. 04 15 24 27 60 (tgl. außer Mi 18–2 Uhr). Pub und Restaurant, im Winter wird hier auch Musik geboten.

Gran Teatro La Fenice, Phönix aus der Asche

❚ Ai Musicanti, Campo San Gallo 4309, Tel. 04 15 20 89 22 (tgl. 19.45–23 Uhr). Stimmungsvolle Kneipe in einer ehemaligen Kirche, wo beim »bel canto« auch mal mitgesungen werden darf. Der Eintritt schließt jede Art von Getränken »unlimited« ein.

❚ Martini Scala Club, Piano-Bar, Campo San Fantin, San Marco 2007, Tel. 04 15 22 41 21 (tgl. außer Di 22–3 Uhr). Noblesse oblige!

❚ Bar do Leoni, Riva degli Schiavoni 4171, Tel. 04 15 20 05 33 (tgl. außer Di 22–1 Uhr). Gitarrenmusik in feinstem Rahmen.

Junge Szene

❚ Da Codroma, Ponte del Soccorso, Dorsoduro 2540, Tel. 04 15 24 67 98.

❚ Devil's Forest, Campo San Bartolomeo, San Marco 5185, Tel. 04 15 23 66 51.

❚ Round Midnight, Dorsoduro 3102, Tel. 04 15 22 23 76.

❚ Taverna L'Olandese Volante, Campo San Lio, Castello 5658, Tel. 04 15 28 93 49.

❚ Bar Penasa, Castello 4585, Tel. 04 15 23 72 02.

❚ The Fiddler's Elbows, Cannaregio 3847, Tel. 04 15 23 99 30 (tgl. 17–24 Uhr).

Tafeln am Canal Grande

Musikleben

Das ganze Jahr über findet sich in Venedig ein breit gefächertes Angebot von Konzerten aller Genre; der musikalische Akzent liegt dabei naturgemäß auf Werken des 18. Jhs., der großen Zeit der venezianischen Komponisten Vivaldi und Galuppi.

Die Pflege von Alter Musik hat am Wirkungsort der Markuskapellmeister Gabrieli und Monteverdi (16./17. Jh.) internationales Niveau; die »Capella« von San Marco ist ein hochkarätiges Solistenensemble aus Sängern und Instrumentalisten, das die Ideale der historischen musikalischen Aufführungspraxis in absoluter Vollendung umzusetzen weiß.

Im Sommer finden in vielen Kirchen **Konzerte** statt sowie in einigen venezianischen Palazzi, wo das Hörerlebnis von einem prachtvollen Ambiente gekrönt wird. Berühmt sind die Orgelkonzerte in San Marco, San Giorgio Maggiore, Santa Maria della Pietà und der Frari-Kirche. Termine an den Kirchen und in der Broschüre »Un ospite di Venezia« (s. S. 424)«.

Einkaufen

Überall in der Stadt verstreut liegen kleine Geschäfte und handwerkliche Betriebe, die allen möglichen Krimskrams herstellen und verkaufen – für jeden Geldbeutel und jeden Geschmack. Die typisch venezianischen Mitbringsel – sieht man vom Ringelpulli und Strohhut der Gondolieri ab – sind Masken, Spitze, Lampen, marmoriertes Papier und Murano-Glas in allen Variationen.

Masken

Bei den Masken muss man zwischen den klassischen Typen – Pantalone, der Kaufmann; Arlecchino, die lustige Figur; der Dottore mit der langen Nase – und modernen Phantasiekreationen unterscheiden. Alle Arten aus eigener Produktion führt **Il Canovaccio** (Castello 5369/70, Tel. 04 15 21 03 93). Groß ist die Auswahl an Masken nach historischen Vorbildern beim **Laboratorio Artigiano Maschere,** Barbaria delle Tole, Castello 6656, Tel. 04 15 22 31 10.

Spitzen aus Burano?

Beim Spitzenkauf muss man schon auf der Hut sein, damit sich das typisch venezianische Souvenir nicht als ein »Spitzen«-Produkt aus Hongkong, Taiwan oder Singapur entpuppt. Auf der Insel Burano hat die Spitzenstickerei immer noch Tradition; deren Erzeugnisse werden in der ganzen Stadt feilgeboten, natürlich haben sie zeitweilig bis ins Astronomische steigende Preise. Exklusive Auswahl und gute Beratung bei **Martinuzzi,** Piazza San Marco 67/a, Tel. 04 15 22 50 68.

Lampen

Ein Traum aus Goldbronze und Glas – verspiegelte, geschliffene Gläser, verspielte Röschen, Wandleuchten und Pendellampen. Ihre Anfertigung ist äußerst arbeitsintensiv, und nur wenige stellen sie überhaupt noch her. Einer davon ist **Roberto di Rossi** mit seinem Sohn; die Werkstatt liegt in einer Seitengasse bei den Fondamenta Nuove (Cannaregio, Fondamenta Nuove 5068, Tel. 04 15 20 00 77), die Ausstellungsräume in Cannaregio, Strada Nuova 4311. Im Viertel San Marco kann man bei **Rigattieri** fündig werden (San Marco 3532, Tel. 04 15 22 76 23).

Marmoriertes Papier

Marmoriertes Papier herzustellen, zählte zu den Spezialitäten der Republik; es war fälschungssicher und somit ideal für diplomatische Korrespondenzen. Als die Diplomaten zu anderen Kommunikationsmitteln griffen, schlief in Venedig die Herstellung langsam ein. 1970 wurde sie von **Alberto Valese** aus dem Dornröschenschlaf erweckt. Wenn der Maestro Zeit hat, kann man ihm bei seiner Arbeit über die Schulter sehen. Er kreiert auch auf persönlichen Wunsch. (San Marco, Campiello Santo Stefano 3471, Tel. 04 15 20 09 21.)

Glas aus Murano

Glas aus Murano ist so untrennbar mit Venedig verknüpft wie die Gondel. Um in dem Überangebot, zwischen erlesenen Meisterwerken und banalem Kitsch, nicht die Orientierung zu verlieren, sollte man vorab den Blick im Glasmuseum von Murano (s. S. 417)

Exportschlager Muranoglas – Kunst und Kitsch liegen dicht beieinander

schulen. Auf die Reproduktion antiken Glases hat sich **Paolo Rossi** spezialisiert (Castello, Campo San Zaccaria 4685). Eine große Auswahl an modernen Kunstwerken aus dem Ideenfond berühmter Designer bietet **Venini** an der Piazzetta San Marco.

Buchhandlungen

Zum Stöbern verführt das stets etwas ungeordnete Sortiment von **Bertoni** (Calle della Mandola 3637/b, Nähe Campo Sant'Angelo), wo für alle Künste etwas zu finden ist. Die Gebrüder **Filippi,** Calle del Paradiso, Castello 5284, bieten Kunstbände und Literatur über Venedig auf Italienisch.

Im Markusviertel

Hier befinden sich die Haupteinkaufsstraßen, wie die Mercerie, die Frezzeria, die Salizzada San Moisè oder die Calle Larga XXII Marzo. Die großen Modeschöpfer haben hier ihre Filialen: Prada, Versace, Laura Biagiotti, Valentino und Bulgari. Freunde des Kunsthandwerks finden ihr Mekka in der Frezzeria: **Antichità/Oggetti d'arte** (1691); **Il Prato** – Puppen, Masken (1770); **Paropamiso** – Africana (1701); **Il Ballo del Doge** (1823); **Francesco Saverio Mirate** – Antichità (Calle di Verona 1904).

Zeichnungen mit venezianischen Motiven gibt's bei **Bac Art Studio** (Campo San Vio, Dorsoduro 862 und San Polo 1069). **Scuola S. Zaccaria** (Campo S. Zaccaria 4683/b) hat sich auf kostspielige Harlekinbilder von Missiaja spezialisiert.

Hauchzarte Seide

Die hauchzarten Seidenplisseekleider oder Seidenlampen des spanischen Designers Mariano Fortuny stellt die Gruppe **Venetia Studium** her, zu der sich 1984 junge Designer zusammengeschlossen haben. Die ätherischen Plisseestoffe, die sich wie eine zweite Haut an den Körper schmiegen, kann man in der Calle Larga XXII Marzo 2403, San Marco, erwerben und in den Mercerie 7237.

Verkehrsmittel

Anreise

Mit der Bahn

Über den Bahnhof Santa Lucia ist Venedig mit dem internationalen Fernreisenetz verbunden; Romantik auf Rädern bietet der **Venice-Simplon-Orient-Express**, ein historischer Zug der Luxusklasse, der wöchentlich zwischen London, Paris, Zürich bzw. Frankfurt/M., Köln, Düsseldorf und Venedig verkehrt. Info: Tel. 02 11/ 36 08 95, Fax 35 29 34.

Mit dem Flugzeug

Vom Flughafen Marco Polo in Tessera bei Mestre (s. Plan S. 337) bestehen Direktverbindungen mit Hamburg, Köln, Düsseldorf, Frankfurt/M., München, Stuttgart, Wien, Lugano und Zürich. In die Stadt kommt man mit dem Bus (Linie 5 oder 35) zum Piazzale Roma (Fahrschein vorher lösen),

übers Wasser mit **Alilaguna** (9,81 €) via Lido nach San Marco oder exklusiver mit dem Wassertaxi (*motoscafo*).

Mit dem Auto

führt der schnellste Weg über die Brennerautobahn A 22, die bei Verona auf die A 4 Mailand/Venedig trifft, oder über die Tauernautobahn von der Kärntner Grenze bei Tarvisio auf der A 23 über Udine, die bei Palmanova auf die A 4 Triest/Venedig stößt. Autobahnen sind in Italien mautpflichtig. Bargeldlos kann man mit der sog. **Viacard** zahlen, die es an der Grenze, an Raststätten und bei den Automobilklubs zum Preis von 25 und 50 € gibt.

Vollkasko- und Insassenversicherung für die Aufenthaltsdauer sind empfehlenswert, ebenso die Mitnahme der grünen Versicherungskarte im Falle eines Unfalls. Tempolimits: auf Autobahnen maximal 130 km/h, auf Schnellstraßen und Landstraßen 90 km/h. Bei Geschwindigkeitsüberschreitungen drohen Bußgelder.

Venedig und die Gondel

Schwarz ist die Gondel erst seit 1562, die Verordnung war durch übertriebenen Prunk nötig; als Verkehrs- und Transportmittel ist sie allerdings schon aus der Zeit des ersten Dogen (697) belegt. Ihre Maße sind 10,15 m Länge und 1,40 m Breite; dass sie rechts 24 cm schmaler ist, hängt wohl mit der Position des Gondoliere zusammen, der das Ruder nur auf der rechten Seite eintaucht, um die Gondel zu lenken. Die kunstvolle Rudergabel *forcola* ermöglicht acht verschiedene Ruderstellungen. Die Gondelspitze ziert der *ferro*, eine Standarte aus Metall: Die sechs

Streifen stellen die Stadtteile (*sestieri),* Sechstel dar, in die Venedig 1169 aufgeteilt wurde; der siebte mit anderer Richtung steht für die Insel Giudecca, während die Rundung den Dogenhut symbolisiert.

An bestimmten Stellen des Canal Grande fungiert die Gondel noch immer als *tragheto*, als Fähre von einem Ufer zum andern. In erster Linie lassen sich aber heute die Besucher durch die Kanäle fahren – mit und ohne Musik, am Tag oder in einer romantischen Nacht: kein Venedigaufenthalt ohne Gondelfahrt.

i ACI Venedig: Fondamenta Santa Chiara 518/a, Tel. und Fax 04 15 20 03 00, www.aci.it

Tipp Parken in der autofreien Stadt Venedig ist ganzjährig im Parkhaus am Piazzale Roma und am Parkplatz Tronchetto möglich; vom Tronchetto verkehren die Linien 3, 4, 82 zum Zentrum, die Autofähre 17 zum Lido. Zusätzlich sind die Parkplätze Fusina (ganzjährig) und San Giuliano (Mestre; Juni–Sept.) in Betrieb; dann bedient die Linie 16 Fusina–Zattere, der Bus verbindet Mestre mit dem Piazzale Roma in Venedig.

Das Becken von S. Marco mit S. Giorgio Maggiore

Schifffahrt in der Lagune

Am Piazzale Roma, wo die Autos wenden müssen, legen die drei wichtigsten **Vaporetti,** die Linienboote der städtischen Verkehrsbetriebe, an. An den Schalterhäuschen löst man Fahrscheine; Koffer kosten extra. Im Pauschalpreis des 24- bzw. 72-Stunden- sowie des 7-Tage-Tickets ist jeweils ein Stück Handgepäck enthalten.

Zwei Ringlinien eignen sich für eine Stadtrundfahrt: Die 41 und 42 sowie die 51 und 52 fahren ums historische Zentrum herum: San Zaccaria – Zattere – Piazzale Roma – Ferrovia (Bhf.) – Fondamenta Nuove – Murano – Fondamenta Nuove – San Zaccaria (durchs Arsenale).

Tipp Für eine **Sightseeing Tour** auf dem Canal Grande empfiehlt sich die Linie 1, die alle Haltestellen ansteuert.

Die 82 fährt von San Zaccaria durch den Canal Grande (nicht alle Haltestellen) zum Tronchetto und über Zattere und die Giudecca wieder nach San Zaccaria und zum Lido (beide Richtungen). Die nördliche Lagune erschließt ebenso eine Ringlinie (Circolare Laguna Nord): San Zaccaria – Lido – Punta Sabbioni – Treporti – Burano – Torcello – Murano – Fondamenta Nuove (in beiden Richtungen, Linien 14 bzw. 12). (Linien der südlichen Lagune s. »Ausflüge«, S. 421). Direkt von San Marco (s. San Zaccaria) zum Lido verkehren die Linien 6, 12, 14; die Autofähre 17 fährt vom Tronchetto ab (ganzjährig). Die Hauptlinien fahren 24 Std. Fahrpläne hängen an den Anlegestellen aus. Die Ringlinien bedienen nicht die Gesamtstrecke (am 1. 5./25. 12. keine Motorschifffahrt!). Infos im Internet: www.actv.it

Ausflug nach Padua

Nur den Namen hat der moderne **Burchiello** noch mit dem historischen Schiff gemeinsam, das wie vor 200 Jahren über den Brenta-Kanal in einer Tagesreise Padua erreicht; der Ausflug mit Besichtigung der prachtvollen Villen am Ufer ist von März–Okt. unter Tel. 04 15 22 48 70 zu buchen. Die Rückfahrt erfolgt dann im Linienbus (alle 30 Min.). www.ilburchiello.it

Seite
367

Weg 1

Macht und Handel: San Marco & Rialto

***Piazza San Marco → Torre dell'Orologio → *Ponte Rialto

Das architektonische Ensemble von Markusplatz, Markuskirche und Dogenpalast ist das Herz Venedigs – die Bilder der Caféterrassen mit den bunten Markisen und vom Taubenfüttern vor Basilika und Campanile gehen um die Welt. Ein Bummel durch die berühmte Flaniermeile Mercerie mit den exquisiten Shoppingadressen neben AllerweltsSouvenirläden führt zum quirligen Handelszentrum Rialto, der Keimzelle der Republik (Dauer ca. ein halber Tag).

Der Markusplatz, ein repräsentatives Entree

***Piazza San Marco

Tipp Den schönsten Eindruck vom Markusplatz gewinnt man unter der **Ala Napoleonica ❶**, dem von Napoleon verfügten Abschluss der Piazza, die er den »schönsten Salon Europas« nannte. In diesem Flügel liegt der Eingang zum Museo Civico Correr.

Museo Civico Correr

Das Museum zeigt kulturhistorische Sammlungen mit dem Schwerpunkt auf der Stadtgeschichte (Dokumente, Münzen, Waffen und Gemälde). Es finden Sonderausstellungen statt (tgl. April–Okt. 9–19, Nov.–März 9–17 Uhr; es gilt nur verbilligtes Sammelticket mit Palazzo Ducale und fünf weiteren Museen).

Procuratie Vecchie ❷

Die Gebäudeflügel, die die Piazza rahmen, sind die Procuratie, ehemalige Verwaltungsbauten der Republik. Der linke Flügel, die **Procuratie Vecchie ❷**, zeigt regelmäßige Bogenstellungen der Frührenaissance (nach Mauro Codussi, 1480–1517); den rechten Flügel, die **Procuratie Nuove ❸**, begann Scamozzi im 16. Jh. nach dem Vorbild der Biblioteca Marciana.

Berühmte Cafés

Unter den Arkaden des Markusplatzes logieren die Cafés mit den berühmten Namen: **Florian, Quadri, Lavena.** Viele prominente Gäste schlürften hier schon ihren Kaffee bei Salonmusik. Auf der Piazza wurde schließlich auch 1683 das erste europäische Kaffeehaus eröffnet – ein wenig bekanntes Vermächtnis der Republik.

Biblioteca Marciana ❹

Der aus Florenz stammende Baumeister Jacopo Sansovino wollte den Neubau von 1537 »alla romana« gestalten. Das Konzept, das Scamozzi nach Sansovinos Tod vollendete und auf seinen Neubau übertrug, bedeutet einen Einschnitt in die venezianische Architektur: Byzantinische und gotische Formensprache hatten ausgedient, die klassischen Ideale der Renaissance zogen ein. Durch vorgesetzte Säulen erhält die Fassade reliefartige Tiefe, die Arkaden wirken durch Säulchen und Dekorationsplastik verspielt. Diese Formensprache machte nicht nur in Venedig, sondern in ganz Europa Schule.

Das üppige Treppenhaus der Bibliothek eifert dem des Dogenpalastes nach. Im Vestibül schaut aus der perspektivischen Decke Tizians »Sapienza« (Weisheit) herab; die »Sala dorata« (Goldener Saal) überwölbt eine Golddecke aus 21 Medaillons – sieben Künstler malten unter Tizians Aufsicht um die Wette, Paolo Veronese (6. Reihe) ging als Sieger hervor. Die Bibliothek sowie das **Museo Archeologico** erreicht man über das Museo Correr.

Campanile ❺

Die **Loggetta** ist ebenfalls eine Sansovino-Kreation. Ihre drei Arkaden mit Attikageschoss wirken wie das Podest für den **Campanile,** das älteste Bauwerk der Piazza: Begonnen im 9. Jh., kam das Wahrzeichen von 98 m Höhe erst 1514 zur Vollendung. 1902 stürzte der Turm ein; am Markustag, dem 25. April 1912, wurde die Rekonstruktion eröffnet. Der Blick vom Campanile über die Lagune ist berühmt (tgl. 9–19.30 Uhr im Sommer, sonst kürzere Öffnungszeiten).

***Basilica di San Marco ❻

(Markuskirche: werktags 9.30–17, So ab 14 Uhr; Pala d'Oro und Tesoro werktags 9.45–17, Fei 14–17 Uhr).

Im Jahr 828 war es venezianischen Kaufleuten gelungen, die Gebeine des hl. Markus aus Alexandria zu stehlen und durch den Zoll zu schmuggeln – sie bedeckten die Reliquien einfach mit Schweinefleisch und lenkten die muslimische Aufsicht erfolgreich ab. In der Legende kam der Evangelist Markus als Schiffbrüchiger auf einer Laguneninsel wieder zu sich, nachdem ihm im Traum ein Engel mit den Worten »Pax tibi, Marce, evangelista meus« (Friede mit dir, Markus, mein Evangelist) erschienen war. Die Stadt hatte ihren Schutzpatron mit der passenden Legende; den würdigen Rahmen gab sie ihm mit dem Bau der ersten großen Kirche.

Baugeschichte: Die erste Markusbasilika wurde 832 geweiht; der Bau in der heutigen Gestalt ist San Marco III, begonnen 1063, geweiht 1094. Vorbild war die später zerstörte Apostelkirche in Konstantinopel: als Grundriss ein griechisches Kreuz mit vier gleich langen Armen, an der Schauseite eine zweistöckige Vorhalle, in jeweils fünf Arkaden gegliedert. Im 13. Jh. erfolgte eine Anpassung an den Zeitstil der Romanik.

Die in Byzanz erbeuteten vier vergoldeten Bronzepferde krönen die Loggia (Original im Museo Marciano; Abb. S. 344). Die Umbauarbeiten im Zeichen der Gotik zu Beginn des 15. Jhs. versahen die Fassade mit Zuckerguss: Spitzbogen, Figurenschmuck und schmalgliedrige Türmchen weisen den aufstrebenden Weg der Gotik. Die Verkleidung der ursprünglichen Ziegelsteinfassade mit feinstem Marmor und der Bauschmuck mit

Seite 367

erlesensten Kunstwerken, von überall zusammengetragen, waren zur Vollendung gekommen. Stilgemisch, Farbenpracht, Prachtentfaltung: In den vergangenen fünf Jahrhunderten erfuhr die Basilika San Marco keine wesentlichen Veränderungen mehr.

Außenbau: Fünf Portale führen in die Vorhalle; der Haupteingang in der Mitte ist besonders betont. Die ***Bronzetüren** mit Löwenköpfen kamen im 11. Jh. aus Konstantinopel. Romanische Skulpturen schmücken die Bogen; auch die Seitenportale sind reich verziert. Von den Mosaiken stammt nur das äußerste linke aus der Entstehungszeit (1260/70) und zeigt die damalige Gestalt der Fassade.

Die Nordfassade an der linken Kirchenflanke enthält Fragmente aus den Vorgängerbauten; die im 13. Jh. angebaute **Porta dei Fiori** (Blumenportal) ist ein Meisterstück der Romanik. An der Ecke zur Südfassade diente die **Pietra del Bando,** ein Porphyrsäulenstumpf, zur Verkündung von Gesetzen und Anordnungen. Die Füllung der Bogenfelder im Galeriegeschoss weist reichhaltige orientalische Intarsien auf (13. Jh.). Die massive Wand zum Dogenpalast hin verkleiden farbige Marmorplatten; die Porphyrskulptur, die **Tetrarchen,** an der Ecke stellt vermutlich die vier Imperatoren des Römischen Reichs zur Zeit Diokletians (Ende 3. Jh.) dar – wahrscheinlich ein ägyptisches Beutestück.

Innenraum: Durch das Mittelportal betritt man die Vorhalle (Narthex); sie war ursprünglich flach gedeckt und wurde im 13. Jh. eingewölbt. Die eingelegten Fußböden sind noch origi-

Mosaikschmuck in der Vorhalle von S. Marco

nal; die Kuppelmosaiken bebildern Themen des Alten Testaments. Kleine Kunstwerke für sich sind die durchbrochenen Kapitelle der orientalischen Säulen.

Der Innenraum nimmt gefangen durch einen ungewöhnlichen Raumeindruck: Das Wechselspiel von Kuppeln und Bogen suggeriert lebhafte Rhythmik, während die vier gleich langen Kreuzarme diese Architekturwellen wieder einzufangen scheinen – die Harmonie von Dynamik und Statik, von Ruhe und Bewegung unterstreicht der Mosaiküberzug auf Goldgrund – unendlich scheinende 4000 m². Das ikonographische Programm der **Mosaiken** entspricht dem für Byzanz üblichen Kanon: Das Heilsgeschehen bleibt den Kuppeln vorbehalten; nach unten folgen Engel und Apostel, die Geschichte des hl. Markus und ausgewählte Heilige, herunter bis zur Erde.

Im Hauptaltarbereich konzentrieren sich die zahllosen Kunstschätze der Basilika. Der ***Lettner** trennte den Altarbereich vom Kirchenraum. Um das dominierende Kreuz gruppieren

Eleganz aus Porphyr: die Tetrarchen an der Markusbasilika

1

Seite
367

sich die Jungfrau Maria, der Evangelist Johannes und die zwölf Apostel. Eine erlesene Arbeit bildet auch das von vier fein skulpierten Säulen getragene ***Altarziborium;** im Altarraum repräsentiert die *****Pala d'Oro** einen unermesslichen künstlerischen und materiellen Wert: Bestellt in Konstantinopel im 11. Jh., wurde die Bildtafel aus Gold (3,48 x 1,40 m) über fünf Jahrhunderte mit edelsten Steinen und Metallen verziert.

Die ***Schatzkammer** *(Tesoro)* verfügt über zahlreiche Preziosen, die als Beute oder Staatsgeschenk in den Besitz der Republik gerieten. Kristallgefäße nehmen einen besonderen Rang ein – Kristall galt als Symbol für Unbeflecktheit. In den Seitenkapellen des Hauptraums blieb kein Plätzchen ungenutzt für künstlerische Ausschmückung – jedes Schiff, das nach Venedig heimkehrte, musste etwas für die Markuskirche mitbringen.

Museo Marciano (Museum von San Marco) auf der Galerie (Aufgang am Mittelportal der Vorhalle). Von oben gewinnt man den besten Eindruck von dem einmaligen Kirchenraum und dem wunderbaren eingelegten ***Mosaikfußboden** aus der Entstehungszeit.

**Palazzo Ducale ❼

(Dogenpalast: April bis Okt. 9–19 Uhr, Kartenverkauf bis 17.30 Uhr, Nov. bis März 9–17 Uhr, Kartenverkauf bis 15.30 Uhr; bei Sonderausstellungen Änderungen im Rundgang möglich; verbilligtes Sammelticket mit fünf Museen).

Baugeschichte und Äußeres: Die erste Bauetappe der heutigen Anlage begann im Jahre 1340; von den vier Vorgängerbauten aus Holz ist so gut wie nichts erhalten. Der Flügel zum Hafenbecken hin war 1365 abgeschlossen. Der Innenausbau zog sich jedoch hin – erst 1419 tagte zum ersten Mal der Große Rat. Fünf Jahre später wurde der zweite Flügel zur Kirche hin beschlossen; er stand 1438. Offene Arkaden, darüber eine prachtvolle Loggia – das ist die Idee des venezianischen Wohnhauses.

Die gewaltige Baumasse des Dogenpalasts, unter der die Arkaden zierlich und geradezu zerbrechlich wirken, ist die venezianische Antwort im Palastbau. Das Dekorationsmuster – gereihte Spitzbogen, an kleeblattartige Vierpässe im Kreis gehängt – wurde zum immer wieder variierten Modell in der Stadt. Den hohen Maueraufsatz für den Raumbedarf der Regierungsaufgaben gliedern breite spitzbogige Fenster; das feine zweifarbige Rautenmuster aus Marmor lockert die großen Flächen auf. Die kostbare Mittelloge bildet den Blickfang – die gewaltige Baumasse wirkt nicht kolossal, die durchbrochenen Arkadengeschosse, die sie tragen, lassen sie vielmehr schwerelos erscheinen.

Die Baumeister des ersten Flügels sind nicht bekannt; nach ihrem Muster errichteten Vater und Sohn Giovanni und Bartolomeo Bon den zweiten. Sie krönten ihr Werk mit der erlesenen Perle der Spätgotik, der ***Porta della Carta,** vollendet 1442: Der Doge Francesco Foscari kniet vor dem Markuslöwen – dieses plastische Bild ist eingebettet in verfeinerte gotische Dekorationselemente. Damit war die letzte Lücke der Gesamtanlage geschlossen, und die neue Schauseite des Dogenpalasts konnte sich nach einem Jahrhundert Bauzeit sehen lassen.

Die plastischen Kapitelle der 36 Arkadenbogen verdienen einen Extrablick – bevorzugt bedacht wurden die

Zentrum einer Weltmacht:
der Dogenpalast

Der geflügelte Löwe als Symbol
des hl. Markus

Palastecken. Die drei Erzengel krönen sie: Raphael verkörpert den Handel, Gabriel den Frieden und Michael den Krieg, die Eckpfeiler venezianischer Politik.

Darunter an der Ecke die Planeten und die Erschaffung des Menschen; an der Brücke der betrunkene Noah und seine Söhne als Warnung vor Unmäßigkeit; zur Kirche hin das Urteil Salomos als Fanal der Weisheit. Ihr Lieblingsattribut, die Gerechtigkeit, ließen die Venezianer von dem Bildhauer Alessandro Vittoria 1577–1579 an der Mittelloge platzieren. Der üppige zinnenartige Zierrat am oberen Abschluss fasst nicht nur den Dogenpalast zusammen, er wiederholt sich ebenso auf den Prokuratien als Zitat und umzieht somit den gesamten Markusplatz.

Nach dem äußeren Abschluss verlagerten sich die Bauaktivitäten nach innen. Als Fortsetzung der Porta della Carta, wo das Volk sich mit Petitionen an die Regierung und den Dogen wenden konnte, wurde der **Arco Foscari,** ein Bogengang mit Kreuzgewölben, zum Hof hin gezogen und unter dem Dogen Christoforo Moro im 15. Jh. vollendet. Mit den Skulpturen von Adam und Eva empfahl sich der Künstler Antonio Rizzo. (Die Marmororiginale wurden in der Dogenwohnung untergebracht, im Hof stehen die Bronzeabgüsse.)

Die dritte Etappe leitete ein Brand ein, der 1483 den Ostflügel am Kanal verwüstete. Antonio Rizzo wurde mit dem Neubau beauftragt, ihm folgten Ende des 15. Jhs. Pietro Lombardo und dann Scarpagnino, die beide seine Pläne ausführten. Die Renaissance hatte Einzug gehalten; die Spitzbogenloggia im ersten Stock zeigt noch die alte Formensprache, in der Geschossgliederung gibt der Rundbogen den Ton an.

Berühmte Künstler: Um 1525 begann die Innenausstattung, die sich die größten Maler der Epoche teilten: So wie ein Jahrhundert lang die Steinmetze aus der Toskana, der Lombardei und aus Venetien für die Bauplastik der gotischen Flügel gearbeitet hatten, malten Bellini, Vivarini, Carpaccio, Tizian, Tintoretto und Veronese für die Innenräume von San Marco.

Die kostbare Innenausstattung fiel zwei Bränden im 16. Jh. zum Opfer. Veronese und Tintoretto samt ihren Werkstätten waren noch aktiv und wurden mit neuen Aufträgen eingedeckt. Ein Neubau wurde auch erwogen, die Wiederherstellung erhielt jedoch den Vorzug. Gegen Ende des 17. Jhs. hatte der Dogenpalast seine heutige Gestalt wieder. Am Ende der Republik 1797 und in den Folgejahrzehn-

Seite 367

ten waren schwere Zeiten für das künstlerische Vermächtnis der Serenissima zu überstehen: Nach der Eingliederung Venedigs ins Königreich Italien (1866) besorgte der neue Staat die Restaurierung des Dogenpalasts. 1923 wurde er an die Stadt Venedig zurückgegeben. Der geschichtliche Komplex mit der Markusbasilika als Hauskirche der Dogen war Schaltzentrum einer Weltmacht, in der ein Jahrtausend lang über Schicksale entschieden wurde – vom verlassenen Häftling im finstern Verlies bis zum strahlenden Staatsakt mit Kaisern und Päpsten.

Besichtigung der Innenräume: Da einzelne Gebäudeteile Restaurierungsphasen unterworfen sind und Sonderausstellungen zeitweise die Zugänglichkeit einengen, ist keine verbindliche Führungslinie möglich; üblicherweise beginnt die Besichtigung im dritten Stock des Kanalflügels. In den Einzelräumen hängen übersichtliche Tafeln, am Eingang liegt ein Prospekt in Deutsch aus.

Antonio Rizzos ***Scala dei Giganti** (Gigantentreppe) wurde Krönungstreppe der Dogen; Sansovinos Kolossalskulpturen Mars und Neptun gaben ihr den Namen – sie stehen für Venedigs Herrschaft auf dem Meer und auf dem Festland.

Tipp Über die Scala dei Giganti gelangt man in die »Spitzbogenloggia«; von ihr hat man einen schönen Blick auf den Hof. Die zwei reich verzierten gegossenen Brunnen entstanden 1554–1559; das Fassadenstück zwischen Treppe und Eingangshalle, die Facciata dell'Orologio, ergänzte Bartolomeo Monopola (17. Jh.).

❶ Ala Napoleonica
❷ Procuratie Vecchie
❸ Procuratie Nuove
❹ Biblioteca Marciana
❺ Campanile
❻ Basilica di San Marco (Markuskirche)
❼ Palazzo Ducale (Dogenpalast)
❽ Torre dell'Orologio
❾ San Simeone Piccolo
❿ Palazzo Labia
⓫ Fondaco dei Turchi

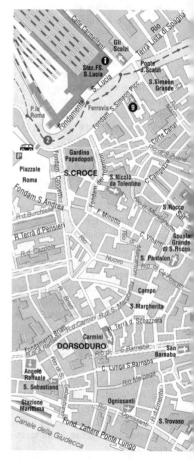

Seite 367

⑫ Palazzo Vendramin-
　 Calergi
⑬ Ca' Pesaro
⑭ Ca' d'Oro
⑮ Pescheria
⑯ Fabbriche Nuove
⑰ Ca' da Mosto
⑱ Palazzo dei
　 Camerlenghi
⑲ Fondaco (Fontego)
　 dei Tedeschi
⑳ Palazzo Dolfin-Manin
㉑ Ca' Farsetti

㉒ Palazzo Barzizza
㉓ Palazzo Grimani
㉔ Palazzo Barbarigo
　 della Terrazza
㉕ Palazzo Corner-
　 Spinelli
㉖ Mocenigo-Paläste
㉗ Ca' Foscari
㉘ Ca' Rezzonico
㉙ Palazzo Grassi
㉚ Palazzo Loredan
㉛ Galleria dell'
　 Accademia

㉜ Palazzo Cavalli-
　 Franchetti
㉝ Palazzo Contarini
　 dal Zaffo
㉞ Palazzo Corner
　 Ca' Grande
㉟ Palazzo Venier
　 dei Leoni
㊱ Ca' Dario
㊲ Palazzo Contarini-
　 Fasan
㊳ Ca' Giustinian
㊴ Capitaneria del Porto

WEGE 1 UND 2

0 　　　　　 200 m

Das benachbarte Nikolauskirchlein ist leer. Das Hofstück auf der linken Seite der Scala dei Giganti heißt **Cortile dei Senatori;** die Baumeister Spavento und Scarpagnino machten 1507 den »Hof der Senatoren« bei offiziellen Anlässen zu einem Muster erlesener Renaissance. Wie im venezianischen Haus diente auch im Dogenpalast das Erdgeschoss untergeordneten Zwecken; das Mittelgeschoss enthielt Versammlungsräume und Dogenwohnung, das obere Repräsentationsräume und Sitzungszimmer.

Zentraler Raum des zweiten Stocks ist die ****Sala del Maggior Consiglio** (»Saal des Großen Rats«). In dem Sitzungssaal des Parlaments der Patrizier, die im *Libro d'Oro* (Goldenes Buch) eingetragen waren, gab es zeitweise bis zu 1600 Berechtigte. Neun Längsreihen mit Doppelsitzen zogen sich durch den Raum, in dessen Mitte ein Podest für die Redner platziert war. Staatsakte und öffentliche Feste wurden hier abgehalten. Während der österreichischen Besatzung wurde an diesem Ort am 2. April 1849 »resistenza ad ogni costo« (Widerstand um jeden Preis) proklamiert.

Geheime Wege

Neben den prachtvollen Repräsentationssälen birgt der Dogenpalast zahlreiche Geheimgänge und Geheimkammern sowie ein großes Gefängnis. Die *pozzi* (Brunnen) und *piombi* (Bleikammern) unter dem Dach, in denen es unerträglich heiß wurde, waren in aller Welt berühmt, nicht zuletzt durch die Memoiren Casanovas, dem die sensationelle Flucht aus dem venezianischen Gefängnis gelang.

Die imposante Decke ist in schweren Goldornamenten ausgeführt, die eigentlich nur die »Rahmen« für die 15 Deckengemälde abgeben, die 1578 bis 1585 entstanden. Das Mittelbild von Tintoretto zeigt die Königin Venezia im Kreis von Meeresgottheiten, wie sie dem Dogen Nicolò da Ponte (1578–1585) einen Olivenzweig reicht und der Doge ihr den Senat und die Gaben der unterworfenen Provinzen präsentiert.

Zum Fenster hin sieht man von Palma il Giovane die Darstellung von »Venezia«, die von der Siegesgöttin gekrönt wird und Huldigungen der Bevölkerung empfängt. Das Gegenstück schuf Paolo Veronese: »Verherrlichung von Venezia«, die auf den Wolken sitzt und von Göttern des Olymp umgeben ist.

An den Ratssaal grenzt im Westflügel die imposante ****Sala dello Scrutinio** (»Saal der Abstimmung«), der Raum, in dem der Große Rat seine Stimmen abgab. Die Reihe der Dogenporträts ist hier bis zum Ende der Republik 1797 weitergeführt. Die Deckengemälde verherrlichen ebenso wie die Längswände venezianische Siege. An der Eingangswand hängt von Palma il Giovane das »Jüngste Gericht«, gegenüber wurde 1694 für den Dogen Morosini anlässlich einer siegreichen Schlacht gegen die Türken ein Triumphbogen errichtet.

Von der Scala dei Censori gelangt man in engen Gängen über die **Seufzerbrücke** *(Ponte dei Sospiri)* in die **Prigioni** (Gefängnisse); auf dem Rückweg passiert man die dunklen Erdgeschossräume der **Zensur** *(Sala dei Censori)*, denen die **Avogaria** (Staatsanwälte und Notare) und **Cancelleria** (Schreibstube) angeschlossen sind. In diesem Trakt liegen auch die **Pozzi** (Brunnen), Gefängniszellen im Dogenpalast.

Colonne di S. Marco e S. Todaro

Der Rundgang führt über den Hof ins Freie und zu den »Säulen der hl. Markus und Theodor«. Die Riesenmonolithe aus Granit wurden im 12. Jh. aus dem Orient nach Venedig gebracht und stehen seit 1172 als einschüchternde Machtsymbole am Molo. Zwischen den beiden Säulen wurden auch Todesurteile vollstreckt – abergläubische Venezianer gehen hier deswegen nicht durch. Der Markuslöwe auf der Säule zum Palast hin ist unbekannter orientalischer Herkunft; er war vergoldet. Die Statue des hl. Theodor auf der anderen Seite (Theodor war vor dem Raub der Mar-

1

Seite
367

»Verurteilungen zur Meerfahrt der Galeere«

Machtzentrum Dogenpalast – Handelszentrum Rialto: Der Warenaustausch, der die junge Republik reich und stark machte, basierte zwar auf Lebensmitteln, Rohstoffen und Luxusgütern, umfasste aber auch eine weitgehend unterbelichtete Facette, die sogar direkt mit Süddeutschland zu tun hat. Rudern ist heute zu einem wichtigem Freizeitsport avanciert. Dass es zu Beginn der Neuzeit wenig Erholungswert für bestimmte Betroffene bedeutete, steht auf einem anderen Blatt. Die Kriminalwissenschaft nennt die Galeerenstrafe den »tausendfachen Tod«; sie war fällig bei schweren Verbrechen, wie Mord, Ehebruch, Notzucht, Bigamie, notorischem Diebstahl und Gotteslästerung. Die freie Reichsstadt Augsburg verband mit Venedig handfestes Handelsinteresse, das auch Menschenhandel umfasste; die »Verurteilungen zur Meerfahrt der Galeere« stellten jedoch im gesamten Herzogtum Bayern ab der zweiten Hälfte des 16. Jhs. eine allgemeine Praxis der Strafjustiz dar. Im Münchner Hofzahlamt findet sich für das Jahr 1569 ein diesbezüglicher Vermerk: »Unkosten für 22 Personen, die aus verschiedenen Gerichten nach hier geschickt worden waren«. Auf Heller und Pfennig sind diese »Unkosten« abgerechnet. Augsburg versorgte Venedig bis zum Jahre 1756 mit Galeerensträflingen, stellte den Menschenhandel dann aber weniger aus humanitären Gründen ein: Venedigs jahrhundertelange Auseinandersetzungen mit der islamischen Welt, die die Existenz des Abendlandes bedrohte, waren abgeflaut, und die Seerepublik hatte einen geringeren Bedarf an Besatzung für die Galeerenflotte.

Die »Verurteilung zur Meerfahrt der Galeere« wurde von der Justiz nicht nur auf Schwerverbrecher angewandt; sie war praktisch, um Unbequeme loszuwerden. Heute nennt man sie Penner, Wermutbrüder, Obdachlose; früher waren es Vaganten und Gauner. Privilegierte Stände, wie der Adel und die Geistlichkeit, wurden nicht zum »tausendfachen Tod«, der Galeerenstrafe, verurteilt; sie kamen mit der »einfachen« Todesstrafe davon. Das war besser als Rudern. Die Galeeren haben längst ausgedient, aber noch heute bedeutet in der italienischen Umgangssprache »andare in galera« – einsitzen.

Seite
367

kusreliquien Stadtpatron) hält man für eine römische Arbeit, die Mithridates, König von Pontus, darstellen soll.

Torre dell'Orologio ❽

Weiter zum Rialto geht es durch die Torre dell'Orologio. Der Uhrturm ist ein volkstümliches Wahrzeichen mit seinen zwei Mohren, die die Stunden schlagen. Codussi hatte den Turm noch als Abschluss seiner Alten Prokuratien geplant; auf das Jahr 1497 geht auch der Guss der Mohren zurück sowie die seinerzeit als Wunderwerk geltende Uhr, die außer der Zeit auch die Mondphasen und den Lauf der Sonne im Tierkreis anzeigt. Der Löwe vor dem Sternenfeld wurde mit dem Obergeschoss erst 1755 hinzugefügt.

Der Durchgang öffnet sich auf die **Merceria dell'Orologio;** »merceria« heißt Einkaufsgasse und kommt entsprechend häufig in Venedig vor. Gleich nach dem Uhrturm lockt links Pollini, eine erste Adresse für noble Schuhe; die Weltmarke Gucci folgt auf der anderen Seite. Die Gasse mündet in das exklusive Stoffgeschäft Valli. Am kleinen Campo San Zulian (Giuliano) hat sich eine Cartier-Filiale niedergelassen. Setzt man den Bummel in Richtung Rialto fort, lässt sich die Urlaubskasse spielend bei Benetton und bei Krizia, Sisley oder Furla – für erstklassige Gürtel und Taschen – erleichtern.

*Ponte Rialto

Der Kanalübergang bildete die Keimzelle der Republik; der Anlegeplatz wurde internationales Handelszentrum, an das die Ufernamen erinnern: Fondamenta del Vin (Wein), del Car-

bon (Kohle), del Ferro (Eisen). Fisch, Obst und Gemüse werden heute noch am Rialto umgeschlagen. Der jetzigen Steinbrücke von 1591, die sich in einem 48 m hohen Marmorbogen über den Canal Grande spannt, gingen Holzkonstruktionen voraus; die zwei Ladenzeilen der Brücke bestimmen ihr Aussehen.

Das gesamte Viertel war im Jahr 1513 einer Brandkatastrophe zum Opfer gefallen und musste neu aufgebaut werden. So entstand auch der **Palazzo dei Camerlenghi,** rechts nach der Brücke (1525–1528). Hier wurden die Finanzen verwaltet und im vergitterten Untergeschoss Schuldner eingesperrt – die Kaufmannsmoral blamierte kaufmännische Vergehen vor aller Augen.

Ursprünglich wurde vom Rialto aus auch regiert, bis Anfang des 9. Jhs. der Umzug nach San Marco erfolgte. Auch im modernen Venedig ist der Rialto Regierungssitz; in der **Ca' Farsetti** residiert das Rathaus (s. S. 375).

Nach der Rialtobrücke links hält die Agentur Kele & Teo Fahrkarten sowie Eintrittskarten für Theater und Konzerte bereit.

Nach der Brücke rechts, im **Sotoportego dell'Acque,** wartet eine Reihe von Geschäften mit venezianischem Krimskrams. Die Gasse mündet auf den **Campo San Salvador.** Gleich gegenüber zieren die luxuriösen Schuhe und Lederwaren der **Fratelli Rossetti** die Schaufensterauslagen. Wenn man daran vorbeikommen sollte, folgt man der sich verbreiternden Straße zum Canal Grande hin. Am Ufer verführt der grandiose Blick auf den stets bevölkerten Ponte Rialto.

Piazzetta von S. Marco: Säulen der Heiligen Markus und Theodor

2

Seite
367

***Canal Grande – das Schaufenster

San Simeone Piccolo → *Fondaco dei Turchi → **Ca' d'Oro → *Palazzo Grimani → *Ca' Dario → San Marco

Eine Fahrt durch den Canal Grande, der in einer großen S-Schleife von 3800 m Länge Venedig in zwei Hälften teilt, gleicht einem Spaziergang vorbei an schönen Auslagen: Die Venezianer legten die Schauseiten ihrer Wohn- und Handelshäuser an die Wasserfront. Durch die optimale strategische Lage (4 km vom Festland und 2 km vom offenen Meer entfernt) entstand ein eigener Bautyp – offen und repräsentativ (ein halber Tag).

Venedigs Prachtstraße Canal Grande

An der Stazione Santa Lucia

Gegenüber dem Bahnhof fällt die Säulenvorhalle der Kirche **San Simeone Piccolo ❾** auf; das Pantheon in Rom war Vorbild für den Kuppelbau (1718 bis 1738). Man sagt, dem Vedutenmaler Canaletto habe an dieser Stelle etwas für sein Bild gefehlt, und so habe er das kleine Pantheon »erfunden«. Die Venezianer sollen es dann nach seinem Bild gebaut haben. Auf der Bahnhofsseite ragt kurz vor der Brücke die Fassade der Kirche **Santa Maria degli Scalzi** auf. Wuchtige Säulenpaare in zwei Geschossen und üppiger Figurenschmuck prägen das Beispiel des venezianischen Klassizismus, der gerne mit Barock verwechselt wird; der Entwurf von Giuseppe Sardi wurde 1680 vollendet. Die

Brücke über den Canal Grande (insgesamt sind es nur drei) gibt es erst seit 1858, als Venedig an die Eisenbahn angeschlossen wurde: Die Eisenkonstruktion hat man 1934 durch die heutige Steinbrücke ersetzt.

Riva di Biasio bis San Stae

Gegenüber der Anlegestelle Riva di Biasio ist die Kirche **San Geremia.** Da sie an der Mündung des Cannaregio-Kanals in den Canal Grande liegt, erhielt sie für beide Seiten eine Fassade. Gleich im Anschluss präsentiert sich am Cannaregio-Kanal der **Palazzo Labia ❿** in monumentalem Klassizismus (1750); hier ist der Sitz der RAI, des staatlichen italienischen Rundfunk- und Fernsehsenders für die Region Veneto.

Gegenüber der Kirche **San Marcuola** aus dem 18. Jh. liegt ein Glanzpunkt der venezianischen Baukunst im byzantinischen Stil: der ***Fondaco dei Turchi ⓫**, heute **Museo di Storia Natu-**

rale (Museum für Naturgeschichte). Der Bau geht aufs 12. Jh. zurück und beherbergte die Herzöge von Ferrara, deren Prunkentfaltung sprichwörtlich war (die Republik »lieh« sich den Palast für Staatsakte). Die Eleganz der gestelzten byzantinischen Bogen gliedert die Stockwerke; der Bau wurde im Jahr 1880 rekonstruiert.

Der Ziegelbau daneben mit dem Markuslöwen an der Wand enthielt die Kornspeicher und stammt aus dem 15. Jh. Gegenüber liegt der ***Palazzo Vendramin-Calergi ⑫**, eine wuchtige Schöpfung der Renaissance (um 1500) von Mauro Codussi. Dem aus der Toskana importierten Motiv der Doppelbogenfenster im großen Bogen mit dem Kreis begegnet man öfter in Venedig. Heute ist der Palazzo im Winter Sitz des Spielkasinos.

Die nächste Anlegestelle heißt San Stae (s. S. 390); auf diesem Ufer folgt die ***Ca' Pesaro ⑬**, eine Schöpfung Baldassare Longhenas (1598–1682), der durch monumentale Fassaden das Gesicht Venedigs prägte. Bei diesem Bau sind Bauplastik und Säulen als Gliederungsmittel verbunden – ein Re-

zept, das Sansovino an seiner Biblioteca Marciana (s. S. 361) als erster in Venedig anwandte. 1628 begonnen, wurde die Ca' Pesaro erst Anfang des 18. Jhs. vollendet; sie enthält heute die Galerie für Moderne Kunst und das Orientalische Museum.

**Ca' d'Oro ⑭ bis zur Rialtobrücke

Die nächste Anlegestelle ist nach einem der Juwele der gotischen Phase in Venedigs Baukunst **Ca' d'Oro** benannt. Sie entstand in den Jahren 1422–1440; der Name »Goldhaus« kommt von der einst vergoldeten Fassade. Das erste Loggiageschoss zeigt das Dekorationsmotiv der Außenfassaden am Dogenpalast, der noch knapp 100 Jahre später eine so starke Ausstrahlungskraft auf die venezianischen Bauten beweist. Trotzdem kündigt der Rundbogen in der Mitte des Wassergeschosses bereits die Renaissance an. So prächtig gelungen der Palast wirkt, er blieb unvollendet; die linke Ergänzung zum rechten Seiten-

Seite 367

Lebenslänglich unter Aufsicht: der Doge

Der erste Doge wurde von der Volksversammlung gewählt, und im Jahr 697 war er ein rein militärischer Führer, was ja der lateinische Ursprung *dux* von Doge wörtlich meint. Mit dem aufstrebenden Gemeinwesen wurde die Funktion politisch, mit der Ablösung der Volksversammlung durch den Großen Rat der Patrizier wachte dieser sehr kritisch über den Dogen. Er durfte keinen Handel treiben, musste reich sein, um die Repräsentationsverpflichtungen

aus eigener Tasche bezahlen zu können, und es war ihm untersagt, Geschenke anzunehmen. Sein Leben regelte ein strenges Zeremoniell, das ihn mit kirchlichen und weltlichen Terminen umfassend eindeckte. Für jeden Anlass waren bestimmte Kleider vorgeschrieben – das hornförmige Barett für den Osterbesuch bei den Nonnen von San Zaccaria. Er stand ständig unter Aufsicht und hatte nie Ausgang, aber mit dem Dogenpalast auch keine schlechte Wohnung.

2

Seite
367

Die Fabbriche Nuove, ein Sansovino-bau des 16. Jhs.

Auf dem Fischmarkt am Rialto

flügel wurde nicht gebaut. Heute ist in der Ca' d'Oro ein sehenswertes Museum untergebracht (s. S. 398).

Die gotisch nachempfundene Fischmarkthalle, **Pescheria ⑮** auf der anderen Uferseite, entstand 1907. Auf der gleichen Seite schließt sich nach der ***Erberia,** dem Obst- und Gemüsemarkt, der Komplex der **Fabbriche Nuove ⑯** an.

1513 hatte ein Brand das Rialtoviertel verwüstet, alles musste neu aufgebaut werden; diese frühe Renaissance-Architektur schuf Jacopo Sansovino 1552–1555. In der Mitte der 25 Bogen zur Kanalfront wird der Blick aufs andere Ufer reich belohnt: Die ***Ca' da Mosto ⑰** (13. Jh.) zeigt sich im veneto-byzantinischen Stil. Fein ziselierte Marmorbogen, aus Kapitellen laufend, die schlanke Säulen krönen: Der erste Stock bewahrt das byzantinische Dekorationsmotiv unverändert. Bis zum Ende der Republik im Jahr 1797, stiegen in der Ca' da Mosto, dem damaligen Gasthof »Leon Bianco«, sogar gekrönte Häupter wie Kaiser Joseph II. ab.

Der Canal Grande setzt jetzt zu der scharfen Rechtskurve an, die zur Rialtobrücke führt; rechts vor der Brücke steht der **Palazzo dei Camerlenghi ⑱** (s. S. 370), auch aus der Bauphase nach dem Brand von 1513. Direkt gegenüber erhebt sich die Wasserfront des **Fondaco (Fontego) dei Tedeschi ⑲**, des ehemaligen deutschen Handelshofs, heute Sitz der Hauptpost.

Mit der **Rialtobrücke** (s. S. 370) folgt die weltberühmte Kanalbrücke, die bis vor etwa 150 Jahren den einzigen Übergang darstellte. Hier entfaltete sich das Geschäftszentrum der blühenden Republik, hier ist die Keimzelle der Wasserstadt.

Palazzo – Casa – Ca'

Im Hausbau schuf Venedig einen Typ ohne Vergleich: den Palazzo. Das Wohn- und Handelshaus der Patrizier präsentierte Offenheit in allen Geschossen – die sichere Lage der Stadt machte Wehrhaftigkeit überflüssig. Im Erdgeschoss, der Anlegestelle, das Magazin; darüber die Vorzeigeetage *(piano nobile)*, ihr zugeordnet die Nebenräume in einer dreiflügeligen Anlage.

Ein Geschäftszentrum der Gegenwart, nämlich die Banca d'Italia, beherbergt der **Palazzo Dolfin-Manin** ㉑. Die klassischen Renaissancelinien, die Sansovino (16. Jh.) entwarf, werden von den blauen Markisen vorteilhaft unterstützt. Der Kontrast folgt gleich nebenan mit dem **Palazzo Bembo**: Gotik (15. Jh.) auf roter Fassade.

Rialto bis San Silvestro

Auf dem gleichen Ufer folgt mit der **Ca' Farsetti** ㉑ erneut ein Beispiel der prunkhaften byzantinischen Bauten. Die Bogen erscheinen nicht bloß dort, wo man sie braucht (wie beispielsweise bei der Ca' da Mosto), sondern sie haben sich zum Dekorationsprinzip verwandelt, das die ganze Fassadenfläche zu gliedern hat. So entsteht eine harmonisch durchdachte Reihung wie im Wassergeschoss der Ca' Farsetti, in der heute das Rathaus *(municipio)* beheimatet ist.

Gegenüber, neben der Anlegestelle San Silvestro, steht mit dem Ziegelbau **Palazzo Barzizza** ㉒ ein weiterer Prototyp des veneto-byzantinischen Hauses (12./13. Jh.); die kunstvoll gestaltete Fensterpartie im Balkongeschoss stammt noch aus der Entstehungszeit.

Auf der anderen Seite ragt die kolossale Fassade des ***Palazzo Grimani** ㉓ empor, den der Veroneser Michele Sanmicheli Mitte des 16. Jhs. schuf. Daneben steht, getrennt vom Rio di San Luca, die elegante spätgotische Loggia des **Palazzo Corner Contarini dei Cavalli** (15. Jh.).

San Angelo und San Tomà

Ein besonderes Schmuckstück der blühenden Spätgotik ist der um das Jahr 1568/69 errichtete ***Palazzo Barbarigo della Terrazza** ㉔, der an seiner Terrasse zu erkennen ist. Links der Anlegestelle San Angelo errichtete Mauro Codussi Ende 15. Jh. den **Palazzo Corner-Spinelli** ㉕: unübertreffliche Eleganz der Frührenaissance.

Von der Anlegestelle San Tomà aus blickt man am anderen Kanalufer auf die Front der vier **Palazzi Mocenigo** ㉖. Beim ersten, einem Renaissancebau, setzen blaue Markisen Farbtupfer, die das Hell der Fassade betonen. Im zweiten, etwas breiteren und nicht so spektakulären, wohnte Lord Byron mit seiner Geliebten. Man erkennt das Haus an den Löwenköpfen, die sich über die gesamte Breite ziehen.

San Tomà bis Palazzo Loredan dell'Ambiascatore

An der Kanalbiegung mündet rechts der Rio di Ca' Foscari ein; nach der Mündung steht der Komplex der ***Ca' Foscari** ㉗, heute Hauptsitz der Universität (z. Zt. wird der Bau aufwändig restauriert).

Der Palast gehört zu den letzten der Spätgotik. Der Doge Foscari (1423 bis 1457) ersteigerte 1452 den Vorgängerbau, ließ ihn abreißen und in der jetzigen Gestalt neu aufbauen. Er konnte die Vollendung des prächtigen Palazzo nicht mehr erleben; nach fast 35-jähriger Regierungszeit wurde er abgesetzt und starb aus Gram über die Wahl seines Nachfolgers.

Die ***Ca' Rezzonico** ㉘, rechts von der gleichnamigen Anlegestelle, ist ein Werk von Baldassare Longhena aus der Mitte des 17. Jhs. in monumentalem Klassizismus. Die Inneneinrichtung des 18. Jhs. blieb erhalten (Museum, s. S. 394).

Direkt gegenüber liegt der monumentale **Palazzo Grassi** ㉙. Er gilt als

2

Seite
367

exemplarisches Muster der klassizistischen Architektur des 18. Jhs. und ist Sitz eines von der italienischen Hochfinanz gesponserten Kulturzentrums. Durch seine spektakulären Großausstellungen sorgt er alljährlich international für Schlagzeilen. Rechts daneben gehört der Campanile der ehemaligen Kirche **San Samuele** zu den ältesten Glockentürmen Venedigs (12. Jh.).

Wieder auf dem rechten Ufer, folgt mit dem **Palazzo Loredan dell'Ambasciatore** ❸⓪ eine spätgotische Konstruktion (15. Jh.), in deren Nischen bereits Skulpturen im lombardischen Stil der Frührenaissance (Ende 15. Jh.) stehen. In diesem Bau residierten während des 18. Jhs. die kaiserlichen Botschafter; von da leitet sich auch der Beiname »dell'Ambasciatore« ab.

Ponte dell'Accademia

Wer zum Ponte dell'Accademia (Akademiebrücke) blickt, sieht die schmalschultrige hochgezogene Fassade der ehemaligen Kirche **Santa Maria della Carità.** Im rechten Winkel dazu steht die Fassade der berühmten ****Galleria dell'Accademia** ❸①, der wichtigsten venezianischen Gemäldesammlung (s. S. 398). Sie ist ein Werk von Giorgio Massari (um 1760). Gleich nach der Brücke steht auf dem linken Kanalufer der ***Palazzo Cavalli-Franchetti** ❸②, dessen aufwändige und kunstreiche Fensterzone vom Dogenpalast inspiriert ist (15. Jh.).

Auf der anderen Uferseite folgt als zweites Gebäude nach der Brücke der **Palazzo Contarini dal Zaffo** ❸③, eines der beachtenswertesten Beispiele der lombardischen Architektur des späten 15. Jhs. in Venedig; die verspielte Formensprache Codussis klingt bei diesem Bau an.

Palazzo Corner Ca'Grande bis Anleger San Marco

Auf der gleichen Seite folgt nach der Einmündung des Rio San Vio ein Unglücksfall für den Canal Grande und die ganze Stadt: Die imitierten Mosaiken an der Fassade des **Palazzo Barbarigo** aus dem Jahre 1887 stören das ansonsten harmonische Gesamtbild. Gegenüber erhebt sich der **Palazzo Corner Ca' Grande** ❸④, das »große Haus«; Sansovino entwarf es (nach 1532, als der Vorgängerbau in Flammen aufging). Das Untergeschoss auf dem Wasser ist stilistisch von den oberen abgesetzt, die durch klassische Säulenordnungen hervorgehoben werden (ionisch im ersten und korinthisch im zweiten Stock). Der ehemalige Besitz der Familie Corner dient heute der Verwaltung der Provinz und als Präfektur.

Am rechten Ufer direkt gegenüber sieht man einen Flachbau mit einem Garten dahinter: den unvollendeten **Palazzo Venier dei Leoni** ❸⑤. Dieser ist der ehemalige Wohnsitz von Peggy Guggenheim und heute Ausstellungsgebäude (s. S. 398), in dem ihre hochkarätige Kunstsammlung präsentiert wird, die sie bis 1979 zusammentrug.

Auf dem gleichen Ufer kommt mit der ***Ca' Dario** ❸⑥ wieder eine Perle der Frührenaissance ins Blickfeld. Die farbigen Marmorintarsien verraten den lombardischen Stil des späten 15. Jhs. und vielleicht sogar Pietro Lombardo selbst als Baumeister. Auf dem Palazzo scheint ein Fluch zu liegen, denn alle seine bisherigen Inhaber und Bewohner waren vom Unglück verfolgt.

Wieder auf dem anderen Kanalufer, erkennt man leicht den **Palazzo Pisani-Gritti,** in dem das Palasthotel Gritti, ein gediegenes Haus der Luxuskategorie, residiert. ○○○

2

Seite 367

**Seite
367**

Hinter dem Palasthotel Gritti mündet ein Seitenkanal in den Canal Grande, das dritte Haus dahinter ist der zierliche ***Palazzo Contarini-Fasan** ⑰. Seine Balkonbrüstungen sind mit radartigen Dekorationselementen verziert, mit denen sich der Übergang von der Spätgotik zur Renaissance ankündigt. Hier wohnte angeblich Desdemona, die mit Shakespeares Tragödie »Othello« in die Weltliteratur einging.

Die Bauten auf der anderen Seite laufen in den alten Zollgebäuden und der Punta della Dogana aus. Auf der Gegenseite sticht unter den Hotels nur noch die **Ca' Giustinian** ㊳, ein spätgotischer Bau aus dem 15. Jh., heraus. Hier hat die Biennale ihren Sitz (s. S. 334 u. 347).

Hinter der Anlegestelle San Marco/Calle Vallaresso ist die **Capitaneria del Porto** ㊴ eine Anlage im lombardischen Stil (Ende 15. Jh.). Unter dem Vorsitz Tiepolos residierte hier 1756 bis 1807 die **Accademia di Pittura e di Scultura** (Akademie für Malerei und Bildhauerei); jetzt nutzt die Hafenbehörde die Räumlichkeiten.

Harry's Bar, Calle Vallaresso 1323 – die Adresse ist legendär. Berühmte Persönlichkeiten wie Winston Churchill und Ernest Hemingway sowie Filmgrößen wie Lauren Bacall, Frank Sinatra oder Federico Fellini kamen auf einen Drink oder mehrere in die American Bar. Hier wurde der heute in aller Welt vertriebene »Bellini« kreiert, ein Drink aus geeistem, zerstoßenem Pfirsichpüree, das mit Prosecco aufgegossen wird. Auch das *carpaccio,* hauchzart geschnittenes rohes Rindfleisch, das mit Öl und Olivenöl angemacht wird, ist eine Erfindung des Venezianers Giuseppe Cipriani, der die berühmte Bar gemeinsam mit einem Freund im Jahr 1931 eröffnet hat.

Weg 3

Das Markusviertel

San Moisè → *Gran Teatro La Fenice → San Salvador → Santi Apostoli → *Santa Maria dei Miracoli → **Santi Giovanni e Paolo → San Zulian

Das Markusviertel in der Kanalschleife, die die Linie Rialto – San Marco begrenzt, kann man als das Zentrum einer Stadt bezeichnen, die keine Peripherie kennt. Hier findet man die ersten Adressen aus allen Bereichen – Einkaufen, Gastronomie, Hotels und Kultur (Galerien und Antiquariate, die Theater La Fenice und Goldoni). Der Spaziergang führt von San Marco, am La Fenice, den Campi Sant'Angelo, San Luca und San Bartolomeo vorbei zur Apostoli-Kirche und setzt sich über das Renaissancejuwel der Miracoli-Kirche und die Dogengrablege SS. Giovanni e Paolo in Castello fort zum Campo Santa Maria Formosa (ein halber Tag).

San Moisè ㊵

Man verlässt die Piazza San Marco an der Schmalseite zur Calle dell'Ascension hin; die Salizzada San Moisè führt zur Kirche gleichen Namens, an deren Rückseite die Calle del Ridotto abzweigt. *Ridotto* bedeutete früher Klub (Redoute), und in diesem Viertel wurde ab 1768 so sehr den Spielleidenschaften gefrönt, dass die Stadt 1774 dem Ganzen ein Ende bereitete. Heute ist in der Gasse der Eingang zur Ca' Giustinian (s. links).

Die Kirche San Moisè hat Ursprünge im 8. Jh. und wurde in ihrer heu-

Einkaufsbummel zwischen Kommerz und Kunst

Orgelprospekttüren, die hinter dem Altar unter der Empore hängen. In der Schatzkapelle sieht man das Bild »Madonna con Bambino e San Giovannino«, ein halbes Rubenswerk – die Mittelpartie stammt vom Meister.

San Fantin und Gran Teatro La Fenice ⑫

Auf halbem Weg zurück nach San Moisè folgt man dem Wegweiser Teatro La Fenice zum Campo San Fantin. Das Kirchlein **San Fantin** wirkt von außen eher unscheinbar, obwohl zwei berühmte Baumeister Hand angelegt haben, Scarpagnino und Sansovino,

3

Seite 383

tigen Gestalt 1668 errichtet; die Fassade dekorieren Skulpturen des österreichischen Bildhauers Heinrich Meyring – sein venezianischer Name ist Arrigo Marengo. Er schuf den dreidimensionalen dramatischen Moses-Hauptaltar; die Innenausstattung zeigt barocken Überschwang.

Nach der Brücke erinnert die Einkaufsmeile Calle Larga 22 Marzo daran, dass an diesem Tag des Jahres 1848 die österreichischen Besatzer weggejagt wurden (für ein Jahr).

Santa Maria del Giglio ⑪

Nach der Kanalüberquerung mündet die Gasse auf den Campo mit der Kirche Santa Maria del Giglio, venezianisch »Zobenigo« nach der Gründerfamilie des Vorgängerbaus aus dem 9. Jh. Die Überladenheit des Barockbaus von Sardi (1678–1683) leitet sich vom Geltungsbedürfnis der Stifterfamilie Barbaro her, die Pläne ihrer Besitzungen im Sockelgeschoss in Stein verewigen ließ. Die Innenausstattung kann Tintoretto vorweisen, ehemalige

Uraufführungen im Fenice

Das glanzvolle Opernhaus erlebte nach dem Brand von 1836, aus dem es wie Phönix (ital. *fenice*) wieder erstand, fünf Uraufführungen von Opern Giuseppe Verdis, dessen Initialen für das Risorgimento, den italienischen Freiheitskampf, standen: Vittorio Emanuele Re D'Italia. »Ernani« (1844), »Attila« (1846), »Rigoletto« (1851) und »Simon Boccanegra« (1857) waren Erfolge, »La Traviata« (1853) fiel durch. Im 20. Jh. öffnete sich das Haus durch die Zusammenarbeit mit der Biennale seit 1930 für die Moderne; unter den zahlreichen Erstaufführungen (Schostakowitsch, Weill, Berg, Gershwin, Berio, Nono, Busotti) ragt die Welturaufführung von Strawinskys »The Rake's Progress« im Jahr 1951 hervor. Strawinsky ist auf San Michele begraben.

3

Seite 383

Erlesene Stoff-Kreationen von Fortuny findet man bei Trois am Campo San Maurizio

der den 1507 begonnenen Bau 1564 abschloss. Von ihm stammt das Presbyterium mit einer von vier großartigen korinthischen Säulen getragenen Kuppel und zwei achteckigen Kanzeln.

Das 1996 ausgebrannte **Gran Teatro La Fenice** (s. S. 354) besaß einen der schönsten Zuschauerräume der traditionellen Bauweise in Rängen. Entstanden 1790–1792, wurde das Opernhaus nach einem Brand 1836 in der alten Gestalt wieder hergestellt.

Das zweistöckige Palais mit dem figurenverzierten Dreiecksgiebel gegenüber Kirche und Theater, das **Ateneo Veneto,** ist eine wissenschaftlich-literarische Akademie; als es Ende des 16. Jhs. gebaut wurde, beherbergte es eine Bruderschaft, die Verurteilten in der schwersten Stunde beistand.

Campo Sant'Angelo

An der rechten Seite des Theaters führt die Calle della Fenice bis zu einem Laubengang mit Brücke. An der nächsten Gabelung rechts mündet die Calle Caotorta auf den Campo Sant'Angelo (Anzolo). Links ist der Campanile des früheren Konvents Santo Stefano zu sehen; die schlichte Wand am Kanal verbirgt einen wunderschönen Renaissance-Kreuzgang, in den man während der Bürozeiten einen Blick werfen kann (heute Finanzbehörde). Gotische Fassaden säumen den Campo; in der rechten Häuserfront (Nr. 3584) lebte der Opernkomponist Domenico Cimarosa.

Man verlässt den Campo Sant'Angelo über die Calle di Spezier und gelangt so auf die **Calle della Mandola,** eine lebhafte Einkaufsstraße.

Palazzo Fortuny ㊽

Die erste Abzweigung links, der Rio Terrà della Mandola, führt zum Palazzo Fortuny, Sitz des Internationalen Theaterinstituts der Universität Venedig (Wechselausstellungen). Außer der gotischen Fassade (15. Jh.) beeindruckt der erhaltene *Innenhof mit dem historischen Treppenaufgang. Die Innenräume reproduzieren mit drapierten Stoffen und erlesener Einrichtung den Geschmack des Wahlvenezianers Mariano Fortuny (1871 bis 1950), der als Maler, Designer, Modeschöpfer, Architekt und Fotograf Furore machte (Di–So 10–17, im Winter bis 16 Uhr).

Eine der Fassadenseiten beherrscht den Campo mit der Kirche **San Benedetto** (Beneto), deren erster Seitenaltar links das Gemälde »San Francesco di Paolo« von G. D. Tiepolo (18. Jh.) schmückt.

Campo Manin und Campo San Luca

Die Salizzada del Teatro führt auf die Calle della Mandola zurück; sie mündet auf den **Campo Manin** mit dem mächtigen Denkmal des Daniele Manin, Anführer der Revolution gegen die österreichische Besatzung (1848/49). Man überquert den Platz und biegt am Gebäude der Cassa di Risparmio links zum Campo mit der Pfarrkirche **San Luca** ⓴ ab. Das Hauptaltarbild schuf Paolo Veronese.

Vom Campo Manin zweigt rechts die Calle della Vida o delle Locande ab. Der **Palazzo Contarini del Bovolo** (Nr. 4299) bewahrt im Innenhof ein gemauertes Wendeltreppenhaus, die zauberhafte ***Scala Contarini del Bovolo** ⓯ mit eingelegtem Marmor, ein lombardisches Meisterwerk von 1499. Vom Innenhof nach rechts mündet die Gasse und die Calle dei Fuseri, die links zum **Campo San Luca** führt, einem beliebten Treffpunkt der Venezianer. Ein Steinpfosten mit einer Fahnenstange auf dem Campo San Luca bezeichnet die historische Mitte von Venedig. Eingemeißelt sind der Markuslöwe, der hl. Lukas (Pfarrei) und in der Mitte das alchimistische Zeichen für Medizin, Siegel einer ehemaligen

Bruderschaft in der Pfarrei. Die Calle San Luca endet an der Calle dei Fabbri, der kürzesten Verbindung von San Marco und Rialto; sie mündet links in eine Verbreiterung, wo das **Teatro Goldoni** steht, Venedigs Haus für Sprechtheater.

San Salvatore ⓰

Am Ende der Calle dei Fabbri geht es rechts über eine Brücke zur Kirche San Salvatore (venez. Salvador) und dem Campo gleichen Namens. Die Ursprünge der Erlöserkirche sollen ins 7. Jh. zurückreichen. An dem Bau in der heutigen Gestalt, der 1507 bis 1534 entstand, waren die Baumeister Spavento, Tullio und Pietro Lombardo sowie Sansovino beteiligt. Das Seitenportal zur Merceria in lombardischem Stil entstammt dieser Phase; die Fassade wurde von Sardi 1663 erneut umgestaltet.

Der ***Innenraum** ist ein Musterbeispiel der Hochrenaissance in Venedig: klare Linienführung, großzügige dreischiffige Anlage in Kreuzform mit drei Kuppeln und dynamische Raumrhythmik durch die variierten Säulenabstände in der Längsrichtung. Am Grabmal des Dogen Francesco Venier zwischen zweitem und drittem Kuppelraum rechts stehen mit »Carità« (Wohltätigkeit) und »Speranza« (Hoffnung) zwei Sansovino-Plastiken; dann folgt Tizians »Annunciazione« (Verkündigung).

Der Hauptaltar, eine venezianische Silberarbeit (1290), die im 15. Jh. umgearbeitet wurde, wird nur vom 3. bis 15. August enthüllt: Ihn schmückt die »Transfigurazione« (Verklärung) Tizians. Unter den Gräbern der Kirche befindet sich auch das Grabmal der 1663 beigesetzten Catarina Cornaro, der Königin von Zypern.

3

Seite 383

Gegenüber dem Hauptportal liegt die **Scuola Grande di San Teodoro.** Der Bau wurde 1579 begonnen und mit der Fassade 1648 abgeschlossen. Die »Schule« (s. S. 345) diente Kaufleuten und Kunsthandwerk; heute ziehen interessante Ausstellungen die Besucher ins Erdgeschoss der Scuola.

Santa Maria della Fava ㊼

Von der Marzarieta 2 Aprile führt die erste Gasse rechts, Calle Stagneri, über eine Brücke zu der Kirche mit ihrer archaisch wirkenden Ziegelfassade; der Bau gehört aber dem 18. Jh. an. Der damals in Venedig längst verbreitete Klassizismus schuf im Innenraum eine harmonische Architektur (Antonio Gaspari, 1711): Die Hell- und Dunkelwirkungen gliedern den Raum überzeugend und schaffen den idealen Rahmen für zwei Gemälde, einen Tiepolo am ersten Altar rechts und einen Piazzetta am zweiten Altar links (18. Jh.). In der Kirche **San Lio** lohnt die Betrachtung des Gemäldes »Apostel Jakobus« von Tizian.

Fondaco dei Tedeschi

Vom Ponte Sant'Antonio gelangt man zum Campo San Bartolomeo mit dem Goldoni-Denkmal (1881), einen der belebtesten Plätze der Stadt und beliebten Treffpunkt von Venedigs Jeunesse dorée an lauen Abenden.

Der **Fondaco (Fontego) dei Tedeschi,** der ehemalige deutsche Handelshof, beherbergt heute die Hauptpost. Die Fassade weist zum Canal Grande, direkt neben der Rialtobrücke; den »Sitz der Deutschen« (seit dem 12. Jh.) zeichnen in dem heutigen Renaissancebau (1505–1508) von Giorgio Spavento und Sansovino

die Arkaden des ***Innenhofs** aus: Trotz der vier Bogenreihen übereinander wirkt der Hof graziös, fast verspielt.

San Giovanni Crisostomo ㊽

Die Salizzada San Giovanni Crisostomo führt zur gleichnamigen Renaissancekirche (1497–1504), einer Schöpfung von Mauro Codussi: Er liebte kurvige Fassadenabschlüsse (s. San Zaccaria, S. 405, und Scuola Grande di San Marco, s. S. 385). Die Raumwirkung des griechischen Kreuzes mit vier kleinen und einer Hauptkuppel leidet unter der zu üppigen Ausstattung. Das Hauptaltarbild von Sebastiano del Piombo (1509–1511) zeigt San Giovanni Crisostomo; am ersten Seitenaltar rechts prangt Giovanni Bellinis Alterswerk der drei Heiligen »Santi Girolamo, Cristoforo e Agostino« von 1513. Gegenüber stellt der Marmoraltar von Tullio Lombardo (1500–1502) eine Marienkrönung mit den zwölf Aposteln dar.

Rechts der Kirche beginnt eine Kette ineinandergehender Höfe, der **Corte Milion;** hier lagen die Häuser von Marco Polo (s. S. 349). Nach der Brücke biegt die Salizzada San Canciano rechts ab.

Santi Apostoli ㊾ und San Canciano ㊿

Geradeaus folgt ein Laubengang und eine Brücke zur Kirche **Santi Apostoli,** an der bis Mitte des 18. Jhs. gebaut wurde, ohne dass die Fassade davon profitiert hätte. Von Mauro Codussi blieb innen die Cappella Corner erhalten, eine elegante Kuppelkonstruktion der Frührenaissance. Der Altar trägt mit »Comunione di Santa Lucia« ein Hauptwerk von Tiepolo (18. Jh.). In

Seite 383

der Kapelle rechts neben dem Altarraum hängen byzantinisch gehaltene Freskenfragmente (14. Jh.).

Über den Campiello de la Cason und den Kanal gelangt man zur Kirche **San Canciano,** der Antonio Gaspari 1705 eine ruhig gegliederte Pilasterfassade vorblendete. Von hier geht es rechts der Kirche zum Campo Santa Maria Nova (nicht mit dem Campiello Santa Maria Nova verwechseln!).

*Santa Maria dei Miracoli ⑤

Für die an Backsteinfassaden gewohnten Augen der Venezianer (sieht man von San Marco ab) muss der lombardische Stil dieser Kirche, von der Baumeisterfamilie Lombardo 1481 bis 1489 errichtet, ein äußerst ungewohnter Anblick gewesen sein. Farblich fein abgestufte Marmorsorten werden zum einzigen Dekorationselement,

Seite 383

3

⑩ San Moisè
⑪ Santa Maria del Giglio
⑫ Gran Teatro La Fenice
⑬ Palazzo Fortuny
⑭ San Luca
⑮ Scala Contarini del Bovolo
⑯ San Salvatore
⑰ Santa Maria della Fava
⑱ San Giovanni Crisostomo
⑲ Santi Apostoli
⑳ San Canciano
㉑ Santa Maria dei Miracoli
㉒ Santi Giovanni e Paolo
㉓ Scuola Grande di San Marco
㉔ Santa Maria dei Derelitti
㉕ Santa Maria Formosa
㉖ Palazzo Querini-Stampalia
㉗ San Zulian (San Giuliano)

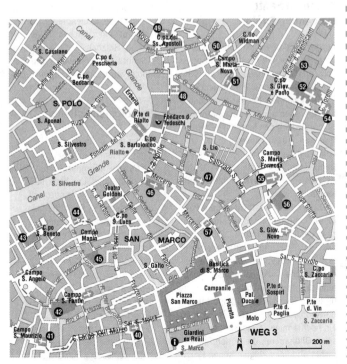

und die blühende spätgotische Formengeometrie reduziert sich auf Halbkreis und rechten Winkel: Die toskanische Renaissance ist in Venedig gelandet. Hinter der raffiniert gegliederten Fassade liegt ein unerwartet schlichter einschiffiger Innenraum, dessen glatte Wände nur die Marmorfarben auflockern. Besonders kunstvoll ist der erhöhte **Altarraum** gestaltet: feinste Marmorintarsien am Triumphbogen, Figurenreliefs an den Pfeilersockeln und ein Kreuz im lombardischen Stil aus farbigem Marmor als Blickfang. Die als wundertätig verehrte Altarmadonna, im Jahr 1408 von Nicolò di Pietro gemalt, war der Anlass für die Errichtung dieses Renaissancejuwels.

San Zanipolo: Eingangsportal

**Campo Santi Giovanni e Paolo

Rechts über die Brücke führt die Calle Larga Gallina zu einem der eindrucksvollsten Plätze Venedigs: Die gotische Ziegelfassade der Dominikanerkirche Santi Giovanni e Paolo, direkt daneben die ehemalige Scuola Grande di San Marco mit den heiteren halbkreisförmigen Fassadenabschlüssen der Frührenaissance und als unwirscher Beobachter das finstere Gesicht des kolossalen **Reiterstandbilds Colleonis.**

Die Kirche **Santi Giovanni e Paolo** , venezianisch Zanipolo, wurde 1234 gestiftet und in zwei Jahrhunderten im Stil der Bettelordengotik (s. S. 344) vollendet. Der obere Teil der Fassade wirkt harmonisch, während der untere Teil offenbar nie richtig fertig wurde. Das Mittelportal von Bartolomeo Bon (1461) ist jedoch ein hochrangiges Kunstwerk spätgotischer Bildhauerei. Die in den Pfeilern rechts und links eingelassenen Flachreliefs der Verkündigungsszene sind byzantinisch (13. Jh.). Den Innenraum teilen mächtige Säulenpfeiler, mit den für die gotischen Kirchen in Venedig typischen Holzbalken verbunden, in drei Schiffe, die eingewölbt sind. San Zanipolo wurde von Anfang an Grab

Bartolomeo Colleoni

Er war ein Condottiere aus Bergamo, einer der in Italien so früh auftretenden Berufssoldaten ohne Vaterland, und hinterließ der Republik Venedig nach seinem Ableben 1475 ein für ein Reiterstandbild ausreichendes Vermächtnis. Der Florentiner Andrea Verrocchio entwarf das Modell, starb aber über der Ausführung, die Alessandro Leopardi goss. Von ihm stammt auch der Sockel. Der »Colleoni« gehört seit seiner Enthüllung 1496 zu den schönsten Reitermonumenten der Welt.

Die Scuola Grande di San Marco am Campo Santi Giovanni e Paolo

Seite
383

stätte der Dogen; allein 25 ruhen hier im »Pantheon der Dogen«. Bei der Besichtigung des Innenraums nimmt der gewaltige Raumeindruck den Besucher sofort gefangen, der fast von der reichhaltigen und künstlerisch hochwertigen Ausstattung des Gotteshauses ablenkt.

Rechts an der Innenfassade ist das Grabmal des Dogen Pietro Mocenigo, von Pietro Lombardo 1481 vollendet, ein Meisterwerk in Marmor. Am zweiten Seitenaltar rechts malte Giovanni Bellini 1465 die neun Bildfelder aus dem Leben des Dominikanermönchs hl. Vinzenz Ferrer und weiterer Heiliger. Die dritte Kapelle rechts enthält im Deckengemälde ihres Titularheiligen »Verherrlichung des hl. Dominikus« ein Hauptwerk von Giovanni Battista Piazzetta, dem Meister der leuchtenden Pastelltöne.

Im Hauptaltarraum gilt das reich verzierte Grabmal des Dogen Andrea Vendramin links von Tullio Lombardo (um 1492) als das schönste. Die Rosenkranzkapelle im linken Querschiff schmücken Gemälde von Paolo Veronese. An der linken Seite erscheint am Grabmal des Dogen Tommaso Mocenigo (1414–1423) ein für die damali-

gen Augen neues Motiv: Den gotischen Aufbau krönt ein in Stein gehauener Baldachin. Dieses Motiv trifft man in Venedig häufig an.

Die im rechten Winkel zur Kirchenfassade stehende *Scuola Grande di San Marco* ⑬ war der Bruderschaft der Goldschmiede und Seidenhändler gewidmet und ist heute das Krankenhaus. An der zweistöckigen Frührenaissancefassade fallen die perspektivischen unteren Nischen auf. Die Baumeisterfamilie Lombardo hat hier gearbeitet, die schwungvollen Bogen setzte Mauro Codussi auf die zwei Etagen. Den Weg zum Ospedaletto belohnt der Anblick der monumentalen Skulpturenfassade der Kirche **Santa Maria dei Derelitti** ㉔ von Baldassare Longhena (1668–1674).

Santa Maria Formosa ㊿

Auf der Höhe der Dominikuskapelle verlässt die Calle Bressana den Campo, setzt sich nach der Brücke als Calle Cicogna fort, und an deren Ende gelangt man nach rechts auf den **Campo di Santa Maria Formosa**. Der große unbewohnte Palazzo rechts und

Santa Maria Formosa

Seite 383

3

Ausstellungen zeitgenössischer Künstler und im zweiten Stock eine wertvolle Gemäldesammlung (14.–18. Jh.): Werke von Bellini, Palma il Giovane, Palma il Vecchio, Pietro Longhi, Tiepolo u.a. Zur Gemäldesammlung des Palazzo Querini-Stampalia gehört eine Kuriosität von 69 Genrebildern: »Scene di vita pubblica veneziana« (Szenen des öffentlichen Lebens in Venedig) von Gabriele Bella, Mitte des 18. Jhs. Das Bild der zugefrorenen Lagune mit den venezianischen Schlittschuhläufern ist besonders hübsch anzusehen. (Di–Do 10–13, 15–18 Uhr, Fr/Sa bis 22 Uhr, So bis 18 Uhr.)

die strenge Kirchenfassade erzeugen ein eigentümliches Gefühl von Leere, wenn mittags die Gemüsestände weggeräumt sind.

Die Kirche **Santa Maria Formosa** wurde bereits im 7. Jh. gegründet; in der heutigen Gestalt entstand sie ab 1492 als einer der in Venedig oft vertretenen Innenräume nach dem griechischen Kreuz des Innenraums von San Marco. Mauro Codussi setzte 1504 eine Frührenaissancefassade auf die Schauseite zum Campo hin; die Kanalfassade, deutlich von einer konventionelleren Hand, kam 1542 dazu. Rechts vom Eingang der Kanalseite befindet sich der *Flügelaltar mit Szenen aus dem Marienleben von Bartolomeo Vivarini (1473) mit selten schönen Rottönen.

*Campiello Querini

Man muss um die Kirche ganz herumgehen, um durch ein Gässchen auf den hübschen Campiello Querini zu kommen, wo sich drei Kanäle treffen.

Der **Palazzo Querini-Stampalia** ⓯, ein Bau des 16. Jhs. mit bunten Marmorscheiben, zeigt im Erdgeschoss

Kirche San Zulian

Am Kanal hinter der Formosa-Kirche führt die zweite Brücke in die **Calle Paradiso.** Der Blick fällt am Anfang der Gasse auf einen gotischen Spitzbogen mit einer Madonna. Die alte Bausubstanz, die bis ins 14. Jh. zurückgeht, verleiht der Gasse ein mittelalterliches Flair. Am Ende führt links die Salizzada San Lio auf die Calle delle Bande.

Rechts über eine Brücke stößt man auf die Rückseite der Kirche San Giuliano, venezianisch **San Zulian** ⓱. Sansovino errichtete sie an der Stelle eines mittelalterlichen Vorgängerbaus im 16. Jh. Den Bau stiftete der Arzt Tommaso Rangone aus Ravenna, der sich mit Inschriften in griechischer und hebräischer Sprache an der Fassade verewigte.

Auf der Höhe der Rückwand der Kirche beginnt rechts die **Calle Specchieri,** die ehemalige Straße der Spiegelmacher: Auch dieser Zweig der Glasherstellung ist in Venedig ein florierendes Gewerbe. Die enge Gasse mündet direkt auf die Nordseite der Markuskirche.

Santa Croce und San Polo

Ruga degli Orefici → Campo San Polo → *Ca' Pesaro → **Santa Maria Gloriosa dei Frari → **Scuola Grande di San Rocco → Ca' Rezzonico

Vom Rialto über den Campo San Polo zeigt dieser Weg die idyllische, etwas verschlafene Gegend in der westlichen Schleife des Canal Grande mit dem verträumten Campo San Giacomo dall'Orio und führt über die Frari-Kirche, die Scuola Grande di San Rocco mit den Tintoretto-Wundern und die Ca' Foscari in das Uni-Viertel bis zur Ca' Rezzonico (ein halber Tag).

Ruga degli Orefici

Die Rialtobrücke mündet in die Ruga degli Orefici (Oresi), Straße der Goldschmiede – der Name weist auf den Reichtum in historischer Zeit hin. Heute bietet die Ladenstraße eher Nippes und Souvenirs.

Die Goldschmiede haben in **San Giacomo di Rialto** ⑳ noch ihre Patronatskirche. Als einzige Kirche der Stadt besitzt sie eine Säulenvorhalle aus gotischer Zeit. Blickfang der Fassade ist eine gotische 24-Stunden-Uhr aus dem Jahr 1410. Wie die gesamte Anlage, die zu den ältesten Venedigs zählt, wurde sie bereits im 17. Jh. restauriert. Die korinthischen Säulen im Innenraum stammen noch aus dem Vorgängerbau. Von der Ausstattung der Kir-

che fällt besonders die anonyme »Schmerzensmutter« mit den sieben Schwertern in der Brust auf, die im linken Seitenschiff zu besichtigen ist.

Der Kirchenvorplatz, der **Campo di Rialto,** von Arkadenbauten Scarpagninos nach dem Brand 1513 eingefasst, diente der Bekanntgabe von Verordnungen und Gesetzen von dem Steintreppchen aus, das der Kirche gegenüberliegt.

Der kniende Mann, der die Stufen des Steintreppchens auf dem Campo di Rialto trägt, wurde als **Gobbo di Rialto** (Buckliger von Rialto) eine volkstümliche sarkastische Figur. Auch in der »Republik« Venedig, einer Oligarchie, gab es viele weniger Wohlhabende, die sich angesichts drückender Steuerforderungen in fatalistischem Humor mit dem »Gobbo« identifizierten.

Die alte Goldschmiedestraße mündet in einen kleinen Platz, wo es rechts zum Markt geht. Nach dem Arkadendurchgang zum Ufer des Canal Grande sieht man auf der anderen Seite die veneto-byzantinische Ca' da Mosto (s. S. 374).

Auf der ***Erberia** ㊾, dem Uferplatz, spielt sich unter der Woche jeden Vormittag (außer Mo) der pittoreske Obst- und Gemüsemarkt ab. An der in gotischem Stil anmutig nachempfundenen Fischhalle **Pescheria** entlang führt die Calle delle Beccarie zum gleichnamigen Campo.

Ruga Vecchia San Giovanni

Weiter geht es in die Ruga Vecchia San Giovanni. Zwischen den Häusern ragt der Campanile der versteckten Kirche **San Giovanni Elemosinario** ㊿ auf, die schon 1051 erwähnt ist und nach dem Brand von 1513 neu errichtet wurde.

4

Seite **393**

Keimzelle und Handelszentrum der Lagunenstadt: der Rialto

4

Seite
393

Sie birgt Kunstwerke des Malers Pordenone, eines Rivalen von Tizian, Werke von Tizian und und von Domenico Tintoretto.

Die Ruga Vecchia San Giovanni und ihre Fortsetzung, die Rughetta del Ravano, sind die Ader dieses typischen Einkaufsviertels. Nach links biegt der **Rio Terrà San Silvestro** zur gleichnamigen Kirche ⑤. Sie ist ein Beispiel für bedenkenloses Restaurieren im 19. Jh. Die Kirche, die ins 9. Jh. zurückgeht, birgt ein sehenswertes spätgotisches Flügelaltarbild (14. Jh.) an der linken Seitenwand und die »Taufe Christi« von Jacopo Tintoretto am ersten Seitenaltar rechts.

Die Einkaufsader öffnet sich auf den kleinen Campo San Aponal mit der Kirche **Sant' Apollinare** (venez. Aponal) ⑫ aus dem 11. Jh., die im 15. Jh. gotisiert wurde.

**Campo San Polo

Gegenüber führen Calle de Mezo und Calle dei Meloni zur Brücke über den Rio della Madoneta. Die anschließende Arkade öffnet sich auf den Campo San Polo, nach San Marco der größte Platz Venedigs, dessen herbe Eigentümlichkeit berührt. Hier fanden aufwendige Bälle, Paraden und sogar Stierkämpfe statt, während sich die armen Leute auf den Kleidermärkten billig versorgen konnten.

San Polo ⑬ betritt man durch das gotische Portal am rechten Seitenschiff. Den im 19. Jh. restaurierten Innenraum der Anlage aus dem 9. Jh. überwölbt die hölzerne Schiffsdecke aus den Werkstätten der Seefahrerrepublik. An der Rückwand links vom Eingang hängt mit dem **Abendmahl** Tintorettos ein epochales Kunstwerk. Der kühne Entwurf bewältigt das schwierige Handtuchformat und schafft durch geniale malerische Komposition fesselnde Dynamik – Tiefe entsteht zweifach, durch die gewählte Technik und durch seine Thematik. Auch die Tiepolos beschenkten San Polo reich. Vom Vater Giovanni Battista Tiepolo stammt das Gemälde, das die »Vision des hl. Johannes Nepomuk« anschaulich darstellt. In der umgebauten ehemaligen Vorhalle findet man die **14 Kreuzwegstationen** »Via Crucis« seines Sohnes.

Tipp Wieder auf dem Campo, lohnt ein Blick zum **Campanile** – im mittelalterlich verschachtelten Stadtbild eine Orientierungshilfe (1362).

Orientalische Gewürze, 30 Essigsorten aus aller Welt, Tee, Nüsse, Dörrobst und Kräuter machen das exotische Angebot der **Drogheria Mascari,** San Polo 381 aus.

Über den Campiello Albrizzi zur Kirche San Cassiano ⑥

Die Calle de la Furatola führt über die gleichnamige Brücke, die ein idyllisches Panorama bietet. Die erste Abzweigung, die Calle Stretta, mündet in den **Campiello Albrizzi** mit dem gleichnamigen Palast, ein typisches Beispiel für ein venezianisches Patrizierhaus des 17. Jhs. Über die Calle Albrizzi geht es schräg rechts in den Durchgang Carampane, der in die breite **Calle dei Boteri** übergeht, eine Ladenstraße, die sich bis zum Canal Grande zieht.

Auf halbem Weg gelangt man links zur Kirche **San Cassiano (Cassan).** Sie gehört zu den venezianischen Dutzendkirchen, ihre Ausstattung ist alles andere als bescheiden. So gehen im Überfluss fast die Altarraumgemälde von Jacopo Tintoretto unter. Die gespenstisch mit einem Lanzenwald im Hintergrund dargestellte ***Kreuzigungsszene** an der linken Wand des Altarraums spricht durch die Komposition. Gegenüber steht der Erlöser in der Vorhölle. Der erste Altar im rechten Seitenschiff enthält ein heiter gelöstes spätmittelalterliches Gemälde: Dargestellt ist Johannes der Täufer im Kreise der Heiligen Peter, Paul, Markus und Hieronymus.

Santa Maria Mater Domini

Nach Überquerung des Rio di San Cassiano und einer weiteren Brücke erreicht man den **Campo Santa Maria Mater Domini.** Rechts von ihm liegt die gleichnamige **Kirche.** Die klassische Reinheit der Fassadenzeichnung aus dem Geist der Hochrenaissance fällt in Venedig an verschiedenen Orten ins Auge. Das 1540 geweihte Gotteshaus birgt im linken Querarm eine bedeutende Kreuzigungsszene des Malers Jacopo Tintoretto. Darunter befindet sich ein byzantinisches Madonnenrelief aus dem 13. Jh.

4

Seite 393

Stierkampf und Tennis in Venedig?

Die Feste der Republik waren zahlreich und vielfältig. Das Volk wurde nicht nur im Karneval bei Laune gehalten. Die großen Campi boten ein ideales Ambiente für Veranstaltungen aller Art. Venedigs Archive sind voll von Beschreibungen und Darstellungen. Auf dem zweitgrößten Campo, dem Campo San Polo, fanden Stier- und Bärenhatz als Volksbelustigung statt. Ballspiele mit einem bespannten Schläger sind vom Campo Santo Stefano überliefert. Dass aber deshalb Stierkampf und Tennis der Lagunenstadt zugeschrieben werden, mag übertrieben sein. Im Sommer verwandelt sich der Campo San Polo in eine Freiluftarena mit Sitztribünen. Hier werden jedes Jahr im Sommer Vorführungen des Film-Festivals veranstaltet.

*Ca' Pesaro und San Stae ⑥⑤

Die Verlängerung der Gasse, an der die Kirche liegt, stößt auf die Rückseite der Ca' Pesaro. Schilder weisen zur Galleria d'Arte Moderna (z. Zt. wegen Renovierung geschl.) und zum **Museo d'Arte Orientale**, das Sammlungen von Kunstgegenständen aus dem Fernen Osten zeigt (tgl. außer Mo 9–14 Uhr). Baldassare Longhena, führender Architekt des 17. Jhs. in Venedig, schuf den imposanten Palast. Vorbild war die Biblioteca Marciana (s. S. 361), die die Gotik überwand.

Seit 1902 wird in der ***Ca' Pesaro** moderne Kunst mit einem Akzent auf Venedig gesammelt. Die Galerie besitzt zudem die größte Sammlung Italiens an moderner Kunst aus dem Ausland (u. a. Utrillo, Rodin, Chagall, Vlaminck, Dufy, Rouault, Matisse, Max Ernst, Klee, Kandinsky).

Am Museumseingang überquert die enge Calle di Ca' Pesaro den Kanal und läuft über den Rio di San Stae zum Campo und zur Kirche **San Stae.** Der reichhaltige Eindruck, den die zum Canal Grande weisende Fassade bietet, kann nicht darüber hinwegtäuschen, dass im Baujahr 1709 bereits klassizistisch an Renaissancemodelle angeknüpft wurde; der barocke Eindruck wird nur durch den Bauschmuck vermittelt (Mo bis Sa 10–17.30, So 15–17.30 Uhr).

**San Giacomo dall'Orio ⑥⑥

Am Ende der Calle del Colombo strahlt links der baumumstandene ***Campo San Giacomo dall'Orio**, in seiner Abgeschlossenheit ohne prunkvolle Fassaden Volksnähe aus.

Den Platz beherrscht **San Giacomo dall'Orio,** eine Gruppe aus Kirche und Häusern, die ins 9. Jh. zurückreicht

und an der in vielen Epochen gebaut wurde; dennoch umweht ein archaischer Hauch den Komplex. Zum Haupteingang muss man um den gewaltigen Campanile (12./13. Jh.) mit ungewöhnlichen Arkaden im Glockenstock herumgehen.

Gleich um die Ecke der Piazza kann man in der Osteria **Alla Zucca** gut essen, einer kleinen Taverne, die sich auf wenige, aber sehr liebevoll zubereitete Gerichte konzentriert. Unbedingt vorbestellen. Ponte del Megio, Santa Croce, 1762, Tel. 04 15 24 15 70.

Wenn man sich unter die Vierung der Kirchenraums stellt und den Verlauf der ***Holzdecken** des 14. Jhs. verfolgt, wird die kreuzförmige Anlage deutlicher. Im rechten Querschiff verdient eine dunkelgrüne ionische Säule aus der Antike Aufmerksamkeit. In der Vierung kann eine als frei stehender »Kelch« gestaltete ***Kanzel** bewundert werden, die in der Eleganz ihrer farbigen Marmorintarsien eine Renaissance-Rarität darstellt.

Der Altarraum entspricht nur formal der ursprünglichen Anlage. Die Gestaltung stammt aus dem 16. Jh. Das imposante Kruzifix (Anfang 14. Jh.) kam erst 1960 hierher.

Links vom Ausgang im rechten Querarm geht es in die ***Sagrestia Nuova** (Neue Sakristei), deren Decke Paolo Veronese nach 1570 ausgemalt hat.

Kehrt man in den Hauptraum zurück, folgt der 1604 vollendete Anbau der **Cappella del Sacramento** (Sakramentskapelle). Ebenfalls angebaut wurde die Kapelle links vom Altarraum in den Jahren 1621–1624, die der Schmerzensmutter geweiht ist. Die durch ihre strenge Linienführung beeindruckende Verkündigungsmadonna (14. Jh.) hat man erst 1972

Eine Schatzkammer der Kunst: der Innenraum von Santa Maria Gloriosa dei Frari

4

Seite 393

aufgestellt. Die Kirche birgt einen immensen Schatz von Kunstwerken aus dem Lauf der Jahrhunderte.

Zur *Scuola Grande di San Giovanni Evangelista ⑰

In der Mitte der Häuserfront gegenüber der Kirche verlässt die Calle del Tentor den Platz. Kurz vor dem Ponte del Parruchetta lohnt sich der Abstecher nach links für einen Blick auf den **Campo San Boldo**: Ein abgebrochener Campanile ist in ein Wohnhaus integriert. Nach der Brücke führt der Rio Terrà Primo rechts zur Calle della Chiesa, die nach rechts über eine Brücke in die Calle di Ca' Donà übergeht; sie mündet in den **Campo Santo Stin**.

In ein paar Schritten ist die **Scuola Grande di San Giovanni Evangelista** erreicht. Die Schule (s. S. 345) geht auf das Jahr 1261 zurück. Den Vorhof machte Pietro Lombardo zu einem Marmormeisterwerk von 1481: Korinthische Halbsäulen und fein ziselierte Dekoration am Fries gliedern den Hof, dessen Zentrum das Portal mit dem Adler des Evangelisten Johan-

nes bildet. Dahinter zeigt die Fassade rechts die gotischen Formen des 14. Jhs., während das Treppenhaus im Hintergrund mit der Entstehungszeit um 1512 ein reiner Renaissancebau wurde (für die Öffentlichkeit nicht mehr zugänglich).

**Santa Maria Gloriosa dei Frari ⑱

Die Calle del Caffettier und del Magazzen führen zum Rio Terrà S. Tomà, der Rückseite des Staatsarchivs. Über zwei Brücken gelangt man zum Campo dei Frari und zur Frari-Kirche, einem der wenigen gotischen Gotteshäuser Venedigs (s. S. 344). Der Bettelorden der Franziskaner kam 1222 nach Venedig, erhielt 1250 das Gelände und baute von 1340 an etwa ein Jahrhundert lang an der heutigen Kirche, deren Hauptaltar 1469 geweiht wurde (Mo–Sa 9–18, So 13–18 Uhr). Fassade und bauliche Gestaltung des Innenraums entsprechen den Bettelorden, die schlichte Funktionalität wollten: Ziegelsteine statt Marmor und Gold. Als Grabstätte vornehmer

Tizians »Assunta« in der Frari-Kirche

4

Seite
393

ein Meisterwerk der Frührenaissance. Derart unschuldig-liebliche Madonnengesichter malte nur einer: Giovanni Bellini (1430–1516). Er war der Meister der Malerfamilie, die zusammen mit den Vivarini die venezianische Frührenaissance in der zweiten Hälftes des 15. Jhs. bestimmte. Die **Madonna mit Kind und musizierenden Putten** in der Frari-Sakristei besticht vor allem durch ihre raffinierte Komposition.

Die Kirche macht nur einen Teil der Anlage aus; in den dazugehörigen zwei Kreuzgängen ist das **Archivio di Stato** (Staatsarchiv) untergebracht, wo die Dokumente der Republik bis zu ihrem Erlöschen im Jahre 1797 lagern. Der mächtige Campanile (nur der von San Marco ist höher) wurde 1396 vollendet.

Familien gewann die Frari-Kirche jedoch im Lauf der Zeit einen Reigen von Kunstwerken, die leider nicht immer glücklich ausfielen.

Untrennbar mit der Frari-Kirche ist der Name des Malers Tizian verbunden, der von ca. 1490 bis 1576 lebte. Seine ***Assunta*** (Mariä Himmelfahrt), die er als etwa Dreißigjähriger schuf, gehört zu den bekanntesten, beliebtesten und großartigsten Werken der Malerei. Sie hängt im Hauptaltarraum und ist der Blickfang der ganzen Kirche.

Der Weg zu Tizians »Assunta« führt an den ***Marmorchorschranken** vorbei. Sie stammen aus dem 15. Jh., wurden von Bartolomeo Bon spätgotisch begonnen und von Pietro Lombardo im Stil der Frührenaissance vollendet. Sie sind eigentlich nur die Umrahmung des ***Chorgestühls**, dessen Schnitzarbeiten einen Blick verdienen.

Ein weiteres Glanzstück beherbergt die Sakristei; man erreicht sie vom rechten Seitenarm aus. In ihrer Altarnische, der **Cappella Pesaro**, hängt

**Scuola Grande di San Rocco ⑲

Der **Campo San Rocco** umfasst ein archetektonisches Ensemble in der Formensprache der Renaissance. Die Kirche **San Rocco**, begonnen 1489, wurde in der Fassade an die Linienführung der Scuola Grande di San Rocco angepasst – aber erst im klassizistischen 18. Jh. (1765–1771). San Rocco birgt wertvolle Gemälde Tintorettos im Altarraum und an den Seiten der Orgel.

Die ****Scuola Grande di San Rocco** verrät an ihrer Fassade deutlich zwei Handschriften: Bartolomeo Bon (gest. 1529) aus Bergamo hatte die Planung des 1515 in Angriff genommenen Baus inne und vollendete das Untergeschoss mit den verspielten Bogenfenstern; Scarpagnino (gest. 1549) übernahm den Bau 1527, setzte im Obergeschoss strengere Giebelfenster ein und fasste die Fassade durch die in beiden Geschossen vorgesetzten Säulen zusammen: Der Geschmack hatte sich gewandelt.

Die **Innenausstattung** mit Gemälden von Jacopo Tintoretto (1518–1594) kennt nur dessen Handschrift. Bis auf einen kurzen Aufenthalt in hohem Alter bei seinem Bruder in Mantua verließ er die Stadt nie. Seine malerische Produktivität hinterließ überall Spuren.

Einzigartig bleibt aber der umfangreiche Zyklus von über 30 Gemälden in der Scuola Grande di San Rocco (April bis Okt. 9–17.30, März, Nov. 10–16 Uhr, Dez., Jan. und Feb. 10–13 Uhr).

Tipp Wer die Bilderwelt Tintorettos näher betrachten will, kann sich hier einen Spiegel ausleihen.

Im **Untergeschoss**, dem traditionellen Empfangsraum der »Schulen« (siehe S. 345), malte Tintoretto Szenen aus dem Neuen Testament: (von links)

- ⑤⑧ San Giacomo di Rialto
- ⑤⑨ Erberia
- ⑥⓪ San Giovanni Elemosinario
- ⑥① San Silvestro
- ⑥② Sant' Apollinare (Aponal)
- ⑥③ San Polo
- ⑥④ San Cassiano (Cassian)
- ⑥⑤ San Stae
- ⑥⑥ San Giacomo dall'Orio
- ⑥⑦ Scuola Grande di San Giovanni Evangelista
- ⑥⑧ Santa Maria Gloriosa dei Frari
- ⑥⑨ Scuola Grande di San Rocco
- ⑦⓪ Scuola dei Calegheri (Calzolai)
- ⑦① Casa Goldoni

4

Seite 393

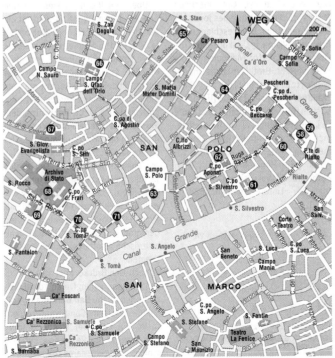

Mariä Verkündigung, Anbetung der Hl. Drei Könige, Flucht nach Ägypten, Kindermord von Bethlehem, Maria Magdalena, Ägyptische Maria, Beschneidung, Mariä Himmelfahrt.

Das **Treppenhaus** (1544/46) von Scarpagnino, reich mit Gemälden versehen, die auf die Pestepidemien 1576 und 1630 anspielen, führt in den ****Hauptsaal.** Der überwältigende Eindruck dieses Saales beruht auf der ästhetischen Harmonie und Wirkung, die von der gegenläufigen Fußboden- und Deckengliederung ausgeht: In der **Sala d'Albergo** widmete Tintoretto die Wandbilder der Passionsgeschichte, die Decke der Verherrlichung des hl. Rochus.

Deckengemälde: Moses schlägt Wasser aus dem Fels [1], Sündenfall [2], Die Feuersäule [3], Gott erscheint Moses [4], Die Errettung des Jonas [5], Das Wunder der Bronzeschlange [6], Ezechiels Vision [7], Jakobsleiter [8], Opferung Isaaks [9], Mannaregen [10], Elias verteilt Brot [11], Elias in der Wüste [12], Passahfest [13].

Wandgemälde: Hl. Rochus [I], Hl. Sebastian [II], Jesu Geburt [III], Jesu Taufe [IV], Auferstehung [V], Garten Gethsemane [VI], Abendmahl [VII], Brotvermehrung [VIII], Erweckung des Lazarus [IX], Himmelfahrt [X], Teich Bethesda [XI], Versuchung Christi [XII] (darunter Tintorettos Selbstbildnis, 1573).

SCUOLA GRANDE DI SAN ROCCO
(HAUPTSAAL)

Über die Casa Goldoni ⓪ zur Ca' Rezzonico

Auf der Höhe des Campanile der Frari-Kirche führt eine kleine Gasse, die Calle Larga Prima, an die Rückseite der **Scuola dei Calegheri (Calzolai) ⓪.** Man muss schon um sie herumgehen, um auf den Campo San Tomà zu kommen. Die Fassade dieser »Schule der Schuster« aus dem 15. Jh. setzt auf schlichte Zurückhaltung. Die Kirche **San Tomà** rundet in ihrem Klassizismus (1742) das Bild ab. An ihrer linken Flanke entlang kommt man über die Brücke San Tomà zur **Casa Goldoni.** In dem gotischen Haus wurde der berühmte venezianische Komödienschreiber Carlo Goldoni im Jahre 1707 geboren. Das Haus ist teils Museum, teils Institut.

Über den Rio della Frescada und den Rio Foscari geht es zum Innenhof der **Ca' Foscari,** der Universität (s. S. 375). Die Straße öffnet sich auf einen pittoresken Platz, von dem die Calle Capeler abgeht; nach einer Rechts-links-Biegung kommt man am Rio di San Barnaba heraus und folgt links dem Ufer zur **Ca' Rezzonico,** dem **Museo del Settecento Veneziano** (Museum des 18. Jhs. in Venedig). Der Barockbau von Longhena stellt das vornehme venezianische Leben des 18. Jhs. dar: Stuck, Marmor, Teppiche, Keramiken, erlesenes Mobiliar, wertvolle Fresken. Dazu eine Galerie mit einigen Werken der venezianischen Genremaler Guardi und Longhi, eine historische Apotheke und ein kleines Theater.

Nach der Brücke über den Rio di San Barnaba gelangt man zur klassizistischen Kirche **San Barnaba** (1749). Sehenswert ist ihr Campanile aus dem 14. Jh. Die Calle del Traghetto führt zum Anleger Ca' Rezzonico mit Anschluss nach San Marco bzw. Rialto.

Seite
393

4

Klosterinsel S. Giorgio Maggiore

Insel-Akzente

****San Giorgio Maggiore → **Re-
dentore → Giudecca → Chiesa
della Salute → *Collezione
Guggenheim→ **Accademia →
Campo Santo Stefano**

Der große Renaissancebaumeister Andrea Palladio verewigte sich auf den Inseln mit den Kirchen San Giorgio Maggiore, Zitelle (Ausstellungs- und Kongresszentrum) und Redentore. Im gegenüberliegenden Dorsoduro-Viertel setzen der barocke Weihetempel Santa Maria della Salute, die Collezione Guggenheim mit moderner Kunst und die Accademia mit dem Kompendium der venezianischen Malerei weitere künstlerische Akzente. Der Spaziergang endet auf dem stimmungsvollen Campo Santo Stefano, historischer Schauplatz und Veranstaltungsort vieler Festivitäten (ein Tag).

**San Giorgio Maggiore ⑫

Mit dem Vaporetto (Linie 82) fährt man von San Zaccaria zur Isola di San Giorgio Maggiore und steigt vor der Kirche aus. Seit 982 residieren hier Benediktinermönche, und das Kloster bewahrt eine uralte kulturelle Tradition. Bis heute ist die Insel Sitz der **Fondazione Cini** mit ihrem künstlerisch-wissenschaftlichen Studienzentrum. Die wenigen Mönche leben zurückgezogen; schon Napoleon nahm ihnen die weitläufigen Klosterterritorien. 1981 war das Kloster Tagungsort des Weltwirtschaftsgipfels. Ferner werden hier Kongresse abgehalten.

Der heutige Baukomplex entstand im Wesentlichen in der Renaissance, untrennbar verbunden mit dem Baumeister Andrea Palladio (1508–1580) sowie Baldassare Longhena (1598 bis 1682), der noch die große Treppe, die Abtwohnung und die Bibliothek beisteuerte. (Eine Besichtigung ist nicht möglich.)

Die Kirchenfassade gestaltete Palladio mit dem klassischen Motiv aus Säulen und Dreiecksgiebel. Baubeginn war im Jahr 1566, Bauende 1610. Der dreischiffige ***Innenraum** in Kreuzform ist vielleicht der klarste in der Stadt. Seine Proportionen sind harmonisch und lassen die gewaltigen Dimensionen der Kirche vergessen. Der Raum wurde so idealer »Rahmen« für großartige Gemälde.

An der rechten Wand des Altarraums hängt das »Abendmahl«, ein berühmtes Spätwerk von Jacopo Tintoretto. Wenn man an dem Gemälde vorbeigeht, scheint der Abendmahlstisch von der einen auf die andere Seite des Gemäldes zu »springen« und den Bildaufbau völlig zu verändern – eine optische Täuschung. Die in unwirklich anmutenden Lichtfluten verklärte Figur des Christus scheint dieses Wunder zu vollbringen. Berühmt in der Kunstgeschichte ist eine Hauptaltarbronze von Campagna aus dem 16. Jh. Das Thema: »Vier

5

Seite
399

Evangelisten halten die Weltkugel, auf der der Allmächtige thront«. Diese Darstellungsweise erfuhr später zahllose Nachahmungen.

> **Tipp** Vom **Campanile** hat man einen herrlichen Blick über das Straßengewirr Venedigs sowie über die Klosteranlage und die Kreuzgänge. Zum Belvedere fährt ein Aufzug. (tgl. 9.30–12.30, 14.30–18 Uhr, im Winter 10–12, 14.30–16 Uhr).

Bevor man mit dem Vaporetto zur Giudecca weiterfährt, lohnt sich der Blick auf das Panorama von San Marco gegenüber.

La Giudecca

An der nächsten Haltestelle Zitelle steht ebenfalls ein Palladiobau, die **Zitelle ⑳**, ein ehemaliges Stift für arme Mädchen, jetzt Ausstellungs- und Kongresszentrum. Diese Fassade Palladios wurde ebenfalls oft kopiert.

> **Tipp** Der Uferspaziergang führt mit wunderschönem Blick den **Canale della Giudecca** entlang, an dem

Palladios Redentore-Kirche

viele Cafés zum Verweilen einladen. Haus Nr. 43 ist die **Casa Tre Oci,** »Haus der drei Augen«, ein Jugendstilbau mit Einflüssen venezianischer Gotik.

Nach der Brücke öffnet sich der Platz zur ****Redentore ㉒**, der ersten der zwei Pestkirchen Venedigs. Während der Epidemie von 1576, an der auch Tizian starb, gelobte man diesen Bau, den Palladio entwarf (Bauzeit

5

Seite **399**

Giudecca – Garteninsel oder Ghetto für Außenseiter

Die ursprüngliche Garten- und Gemüseinsel, die dem Stadtkern sichelartig vorgelagert ist, war Sitz einer Garnison, die Sträflinge zu bewachen hatte; das Wort *giudicati* für Verurteilte kann ebenso Pate stehen wie die Ableitung von *giudei* (Juden) – vor deren Ansiedlung im Ghetto (1527) ist eine Kolonie auf der Giudecca nachgewiesen. Sträflinge gibt es hier auch heute noch, genauso wie zauberhafte

Gärten. In den »Zitelle« kann man sich ein Bild davon machen. Der Uferstreifen der Giudecca mit dem Prachtblick auf San Marco gilt unter Insidern als die schönste Einkaufsstraße Venedigs; ein Streifzug entlang der Lagunenseite der Insel bringt ein verträumtes, friedliches Stadtbild zum Vorschein, garniert mit den Kränen der gar nicht auf Rosen gebetteten kleinen Werftbetriebe.

1577–1592). In der Fassade ist das Tempelmotiv Palladios dreimal verschränkt. Der Innenraum erreicht nicht die überzeugende Klarheit von San Giorgio Maggiore, dafür wurde das ***Presbyterium** ein genialer Wurf. Korinthische Säulen fassen den überkuppelten runden Raum ein und bilden den Rahmen für den frei stehenden prunkvollen Marmorhochaltar. Mit der Lichtführung durch die Kolonnade, hinter der noch der Chor liegt, wirkt dieser räumlich.

Die jeweils dritte Kapelle auf der rechten und linken Seite schmückt ein Bild aus der Tintorettoschule; in der Sakristei (Zugang von der dritten Kapelle rechts) ist die »Anbetende Madonna« von Alvise Vivarini (Ende 15. Jh.) einen Blick wert.

Am dritten Julisonntag, dem **Redentore-Fest** (s. S. 347), wird mit einer Schiffsbrücke, Riesenfeuerwerk und geschmückten Wasserfahrzeugen an das Gelübde der Kirchengründung erinnert.

Die Prachtwasserstraße mit der Pestkirche Santa Maria della Salute

Santa Maria del Rosario o dei Gesuati ⑮

Mit dem Vaporetto setzt man zu den Zattere über, wo die Kirchenfassade von **Santa Maria del Rosario o dei Gesuati** trotz ihres konventionellen Klassizismus die Häuserfront dominiert. Die wenige Meter links von ihr liegende, weniger pompöse Fassade des Kirchleins **Santa Maria della Visitazione o San Gerolamo dei Gesuati** ist in ihrem feinen lombardischen Dekor (1493–1524) kunstgeschichtlich wesentlich bedeutender. Die 58 bemerkenswerten Deckenbilder entstammen dem 15. Jh.

Die große Schwester wartet mit herrlichen Gemälden des 18. Jhs. und stimmiger Verteilung der Kunstwerke auf. Die Statuen zwischen den Seitenaltären umziehen den Raum und weisen mit den Flachreliefs über ihnen in die kostbare Deckenzone: Das Meisterfresko Tiepolos (1737–1739), umgeben monochrome Werke aus seiner Schule. Farbgebung, Perspektive und Lichtführung zeichnen Tiepolo aus. Die Gemälde der Seitenaltäre (Tiepolo, Piazzetta, Ricci, Tintoretto) halten das Niveau. Dramatische Säulenbündel prägen den Aufbau des Hauptaltars um das mit Edelsteinen besetzte Tabernakel (18. Jh.).

Zur Punta della Dogana

Die **Magazzini del Sale** ⑯ waren die alten Salzspeicher der Republik aus dem 14. Jh. Heute werden hier Bestände des New Yorker Guggenheimmuseums und Wechselausstellungen gezeigt.

An der **Punta della Dogana,** der Zollspitze, musste jedes Schiff, das den Canal Grande benutzte, vorbei-

5

Seite **399**

fahren. Die Bronzegruppe auf der Spitze von Falcone, Ende 17. Jh., wurde ein Wahrzeichen Venedigs: Fortuna, die Glücksgöttin, wiegt sich auf einer goldenen Kugel, gehalten von zwei Atlanten.

Santa Maria della Salute ⑦

Die zweite Pestkirche Venedigs wurde in der Epidemie des Jahres 1630 gelobt, und von den elf eingereichten Modellen siegte das von Baldassare Longhena, der sofort mit dem Bau begann, die Vollendung fünf Jahre nach seinem Tod jedoch nicht mehr erlebte: Die Weihe des Hauses fand 1687 statt. Der Rundbau, mehr Votivtempel als Kirche, imponiert durch die Treppen, die ihn erst recht aufs Podest stellen, und die überdimensionalen Voluten: Prestigearchitektur, überreich herausstaffiert. Die Ausstattung verfügt über erstklassige Gemälde (Giordano, Tintoretto, Tizian u. a.); der kolossale Marmoraltar Longhenas trägt das Gnadenbild der Madonna.

> **Tipp** Vor der Brücke über den Rio della Salute hat man den besten Blick auf die einstige ***Abbazia San Gregorio**; ihre hochgezogene schmalschultrige Gotik von Baumeister Antonio Cremonese (Mitte 15. Jh.) fällt in Venedig auf; für die Dekoration musste man mit Ziegelsteinen auskommen.

*Collezione Guggenheim

Die Calle Bastion geht über den Rio delle Fornaci und weitet sich nach einem Knick zu einem Campiello, von dem rechts die Brücke zum Eingang der Collezione Guggenheim hinleitet. Die Gemäldesammlung der amerikanischen Kunstmäzenin Peggy Guggen-

heim zeigt erlesene Werke der klassischen Moderne (Chagall, Matisse, Mondrian, Kandinsky, Klee, Moore, Pollock, Picasso)und wechselnde Ausstellungen (tgl. außer Di 10–18; Sa bis 22 Uhr.)

**Gallerie dell'Accademia

Über den Rio San Vio geht es durch die Piscina Forner an die Flanke der bedeutendsten Gemäldesammlung der Stadt. Der Eingang zu den Kunstgalerien befindet sich am Kanal (Mo 9–14, Di–Sa 9–21, So/Fei 9–20 Uhr; im Winter kürzere Öffnungszeiten).

Seite 399

In 24 Sälen wird ein reicher Überblick über die venezianische Malerei geboten. Meisterwerke von Weltgeltung aus der Zeit des 14. bis 18. Jhs. befinden sich in den Sammlungen. In einem ehemaligen Konvent, Santa Maria della Carità, wurden die Werke bereits seit dem Jahr 1807 verwahrt und sorgsam untergebracht.

Zu den Glanzlichtern, die man sich bei einem Venedigbesuch auf keinen Fall entgehen lassen sollte, gehören die epochalen Werke der Frührenaissance von Bellini, Vivarini und Carpaccio sowie die der großen drei Meister der venezianischen Malerei des 16. Jhs.: Tizian, Tintoretto und Veronese.

Die feinsten *tramezzini* Venedigs gibt es in der vielfach preisgekrönten Bar **Accademia Foscarini** gleich neben der Accademia. Man kann hier auch draußen sitzen und dem regen Treiben auf dem kleinen Campo zuschauen.

⑫ San Giorgio Maggiore
⑬ Zitelle
⑭ Redentore
⑮ Santa Maria del Rosario o dei Gesuati
⑯ Magazzini del Sale
⑰ Santa Maria della Salute
⑱ San Vidal
⑲ Palazzo Pisani
⑳ Santo Stefano

5

Seite 399

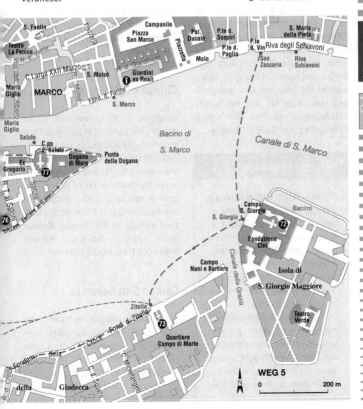

WEG 5

N

0   200 m

Campo Santo Stefano

Am anderen Ufer liegt die Kirche **San Vidal ⑱**, die ins 11. Jh. zurückreicht. Der Innenraum barg einst wertvolle Gemälde. Heute nutzt die Vereinigung zeitgenössischer katholischer Künstler den Raum. Der hoch aufgetürmte **Palazzo Pisani ⑲** ist für Venedig ungewöhnlich. Der 1614 begonnene Bau schwelgt in Renaissancerundbogen und besitzt zwei stimmungsvolle Innenhöfe. Im geplanten Musikalienmuseum des heutigen Konservatoriums soll u. a. Richard Wagners letzter Taktstock gezeigt werden.

Auf dem weitläufigen **Campo Santo Stefano** fand 1802 die letzte »Caccia al toro« (Stierjagd) statt. An dem beliebten Treffpunkt liegt auch die Kirche ***Santo Stefano ⑳**, mit einem gotischen Portal aus der Werkstatt Bartolomeo Bons. Der Bau geht aufs 13. Jh. zurück und wurde im 14./15. Jh. im gotischen Stil erneuert. Den dreischiffigen Innenraum hat man mit Schiffsholzdecken eingewölbt. Der schiefe Campanile prägt das Bild Venedigs.

Palladio in Venedig

Der Renaissancebaumeister aus Vicenza (1508–1580) konnte in Venedig seine monumentale Tempelarchitektur nicht realisieren; er setzte sein klassisches Fassadenideal geometrisch-konstruktiv um. Die Gebäude San Giorgio Maggiore, San Francesco della Vigna, Redentore und Zitelle wurden Meisterwerke harmonischer Klarheit; gut gelangen zudem der Innenraum von San Giorgio Maggiore sowie das raffinierte Presbyterium in der Redentore-Kirche (s. S. 396).

Weg 6

Stilles Cannaregio

Chiesa degli Scalzi → Campo San Geremia → San Giobbe → Ghetto → Abbazia della Misericordia → **Ca' d'Oro

Dieser Weg erschließt vom Bahnhof aus das malerische Cannaregio-Viertel, ein stilles Viertel abseits der touristischen Hauptpfade mit einigen volkstümlichen Abendtreffs der Venezianer bei Essen und Musik. Der Bummel führt auch am jüdischen Ghetto mit seinen Synagogen und an der Ca' d'Oro, dem Juwel der venezianischen Gotik, vorbei (ca. ein halber Tag).

Chiesa degli Scalzi ㉑

Giuseppe Sardi entwarf die Kirche neben dem Bahnhof in üppigem Klassizismus. Der Bau wurde 1654 begonnen und 1705 geweiht. Der Innenraum stammt von Baldassare Longhena und verlor im Ersten Weltkrieg die von Tiepolo ausgemalte Decke (Entwurf in der Accademia). Die üppige Ausstattung enthält in der zweiten Kapelle rechts sowie in der ersten Kapelle links noch Fresken von Tiepolo.

Campo San Geremia

Die Lista di Spagna, turbulent wie viele Bahnhofsstraßen, führt zum Campo San Geremia mit der Kirche gleichen Namens und dem pompösen ***Palazzo Labia,** heute Sitz der RAI. Die Familie Labia beschäftigte den berühmtesten Maler der Zeit um 1750:

Tiepolo. Die Meisterfresken im Palast stammen aus seiner Reifezeit. Im *Salone* (»Salon«) stellte er Szenen von Kleopatra dar sowie Allegorien. (Leider sind die Räume derzeit nicht für die Öffentlichkeit zugänglich.)

San Giobbe ㉒

Vor der Brücke über den Cannaregio-Kanal führt der linke Uferstreifen zu dieser Kirche der frühesten Renaissance (Pietro Lombardo, um 1470). Schon das Portal zeigt die feinen Marmorintarsienarbeiten, die im Innenraum wiederkehren.

Besonders reich gestaltet ist der Hauptaltarbereich. Die vier Evangelisten auf den Kuppelzwickeln schuf Pietro Lombardo. Am zweiten Seitenaltar rechts und in der zweiten Kapelle links sind die Marmorarbeiten beachtenswert, in der Kapelle auch die Seltenheit glasierter Terrakottabilder an der Decke: »Jesus und die Evangelisten«. Die **Cappella Contarini** (Zugang nach dem 4. Altar rechts) zeigt noch die Spätgotik des Vorgängerbaus von Antonio Gambello (Mitte 15. Jh.); auf dem Altar eine Krippenszene, gemalt von Gerolamo Savoldo (1540). In der Sakristei hängt eine dreiflügelige »Verkündigung« von Antonio Vivarini (um 1445).

Der Ponte Tre Archi ist ein berühmtes Motiv für Fotografen

Die dreibogige Brücke ***Ponte Tre Archi,** die den Kanal überspannt, ist ein berühmtes Motiv. Auf dem anderen Ufer spaziert man schließlich zurück bis zu den Wegweisern an einem Durchgang ins Ghetto.

Ghetto

Die Republik wies im Jahre 1516 den angesehenen und im Wirtschaftsleben unentbehrlichen Juden den Bezirk der ehemaligen Eisengießerei zu, der seine Bezeichnung *gheto* (venezianisch »Gießerei«) behielt. Von hier aus

6

Seite
403

Paradiso Perduto – Musik und Nudeln hausgemacht

Obwohl es nicht mehr das ist, was es war, steht das »Verlorene Paradies« noch immer auf Platz 1 für Studentenfeten – mit improvisierten Musikevents. Jeder darf auf dem Podium mal auftreten (mit Voranmeldung). Da es im friedvollen Cannaregio aber ständig Probleme mit Musikkonzessionen gibt, hat das Lokal hausgemachte Spezialitäten zu seiner Existenzgrundlage gemacht. (Öffnungszeiten: tgl. außer Mi 19.30–2 Uhr, So auch mittags; Cannaregio, Fondamenta della Misericordia 2540, Tel. 0 41 72 05 81.)

breitete sich die Bezeichnung Ghetto für den Zwangswohnbezirk von Juden in ganz Europa aus. Auf knappem Raum entstanden Synagogen, Schulen und achtstöckige Wohnhäuser; die Enge spürt man noch heute.

Im **Museo Ebraico** am Campo di Ghetto Nuovo sind wertvolle Kultgegenstände zu sehen (tgl. außer Sa und jüdischen Feiertagen 10–19 Uhr, im Winter bis 16 Uhr; Führungen ab 10.30 Uhr). Von hier beginnen auch Führungen in die äußerlich unscheinbaren, im Innern jedoch prächtigen Synagogen.

Die **Scuola Levantina** ist mit einer reich geschnitzten Kanzel ausgestattet, deren gedrehte Säulen an den Tempel Salomons erinnern sollen. Baldassare Longhena gestaltete die **Scuola Spagnola** repräsentativ klassizistisch (17. Jh.).

Im Schutz der Madonna

In der Kirche liegt Jacopo Tintoretto (1518–1594) begraben, einer der größten Maler der Lagunenstadt. Die schöne Backsteinfassade aus dem Jahr 1462 ist ein Musterbeispiel der venezianischen Spätgotik. Im Mittelteil kündigen sich schon die Rundungen der Renaissance an. Die Apostelstatuen auf den Seitendächern schufen

Campo dei Mori

Eine schmiedeeiserne Brücke führt aus dem **Neuen Ghetto** *(Gheto Novo)* zu den Fondamenta Ormesini; die geraden Kanäle mit durchgehenden Uferstreifen und freiem Blick bis zur Mündung in die Lagune sind typisch für den Stadtteil **Cannaregio**. Die Calle della Malvasia verbindet mit dem nächsten Kanal, dem Rio della Sensa; an ihm folgt rechts der **Campo dei Mori**. Die Venezianer nannten alles, was für sie ausländisch war, *moro* (Maure): Im rechten Eckhaus sind drei »mori«-Statuen an der Außenwand eingelassen.

*Madonna dell'Orto ㊳

Campo und Kirche verdanken ihren Namen einem in einem Garten *(orto)* gefundenen Marienbild.

6

Seite **403**

Bildhauer im Umkreis der Dalle Masegne. Im dreischiffigen Inneren faszinieren die Hauptwerke Tintorettos: »Jüngstes Gericht« (rechts) und »Anbetung des Goldenen Kalbs« (links) im Altarraum (beide 1546); in der vierten Kapelle des linken Seitenschiffs »Erweckung des Licinius« (1579), am Eingang der Mauruskapelle des rechten Seitenschiffs »Marias Tempelgang« (1552) – die beiden letzten sind erlesene Meisterwerke.

Abbazia della Misericordia

Vor der Brücke über den Rio della Sensa führen die Fondamenta dell'Abbazia links zum Campo und wieder links zur **Abbazia della Misericordia,** die ursprünglich im 10. Jh. hier entstand. Ihre spätgotische Fassade war die der **Scuola Vecchia della Misericordia,** einer der sechs großen Scuole in der Stadt. (s. S. 345). Leider befindet sich die Abtei seit mehreren Jahren in einem schlechten Erhaltungszustand. Nicht besser steht es um die anschließende Kirche **Santa Maria della Misericordia** der ehemaligen Abtei *(abbazia)* von 1659 (keine Besichtigung).

Über die Holzbrücke kommt man zu dem robusten Riesenbau aus dunklen Ziegeln, den der Baumeister Sansovino 1534 entwarf: die **Scuola Nuova della Misericordia** ⑧, die neue Schule. Außen blieb sie unvollendet. Die Fassade der Schule im Rücken nach links über die Brücke, steht man am Rio San Felice vor einer kleinen, geländerlosen Brücke, die zu einem Wohnhaus führt. Sie ist die älteste Brücke

⑧ Chiesa degli Scalzi
⑧ San Giobbe
⑧ Madonna dell'Orto
⑧ Scuola Nuova della Misericordia

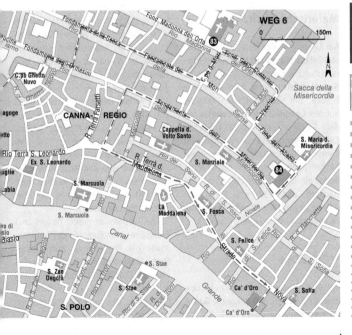

6

Seite 403

An der prachtvollen Ca' d'Oro ziehen die Gondeln vorbei

der Stadt (13. Jh.), Muster des venezianischen Typs mit Segmentbogen und flachen Stufen.

Malerische Ansichten

Am Ufers des Rio della Misericordia steht der **Palazzo Lezze,** den Longhena (1645) entwarf. Nach der Kirche **San Marziale** nimmt man die dritte Brücke; die Calle dell'Aseo mündet auf den **Campiello dell'Anconetta** mit dem Ex-Kino Teatro Italia. Über die Calle dell'Anconetta kommt man zum Campo della Maddalena mit der Rundkirche (18. Jh.); der Blick nach rechts bietet ein malerisches Panorama aus Dächern und Kaminen. Nach der Brücke beginnt die **Strada Nova**, eine Ladenstraße voller Leben.

**Ca' d'Oro

Dieses Juwel der venezianischen Gotik (s. S. 373) beherbergt heute die **Galleria Franchetti** (tgl. 9–14 Uhr). Das In-

nere vermittelt ein Bild, wie das prunkvolle Haus eines Patriziers im 15. Jh. aussah. Den Innenhof, in dem das außen angebaute Treppenhaus erhalten ist, zieren zahlreiche Kunstwerke, darunter der Marmorbrunnen vom Baumeister der Ca' d'Oro, Bartolomeo Bon. Baron Franchetti hatte wertvolle Gemälde, Gobelins und Plastiken aller Epochen zusammengetragen.

Im **Atrium** des ersten Stocks fängt den Blick die festliche Farbigkeit des Flügelaltarbildes von Antonio Vivarini. An der Rückwand hängt das eindrucksvolle Relief »Passion der hl. Katharina«, eine englische Arbeit, im letzten Raum rechts Mantegnas weltberühmter »Hl. Sebastian« der um 1500 entstanden ist.

Die Freskenfragmente Tizians und Giorgiones vom Fondaco dei Tedeschi sowie die Pordenones vom Kloster Santo Stefano hängen in der Halle des zweiten Stockwerks. Als besonders schöne Arbeit gilt die geschnitzte **Treppe** in den linken Seitenräumen des venezianischen Palastes.

Seite 403

Weg 7

Castello – Vorhof zu San Marco

*San Zaccaria → San Giovanni in Bragora → *Arsenale → Via Garibaldi → Giardini Pubblici

Von San Marco aus führt dieser Spaziergang durchs Castello-Viertel, dem die befestigte Dogenburg, der Vorgängerbau des Dogenpalasts, seinen Namen gab. Gestreift werden das Arsenale, einst die größte Werft der Welt, die Giardini, Sitz der Kunstbiennale, und die Insel San Pietro. Die alten Werftbetriebe atmen noch den Hauch eines vergangenen Venedig, in dem die Uhren stehen geblieben sind und der Vorhof zu San Marco noch ein Gemüsegarten namens »Olivolo« war (ein halber Tag).

Venedigs Bindungen an die dalmatinische Küste waren besonders eng, und die Verallgemeinerung, die Bewohner dieser Küsten schlicht Slawen zu nen-nen, findet ihren Nachklang im Namen des Anlegekais *Riva degli Schiavoni* (Ufer der Slawonen). Das erste Gebäude sind die ehemaligen **Prigioni** (Gefängnisse) ⑮, die ab 1589 errichtet wurden und zum Rundgang im Dogenpalast gehören (s. S. 368).

Vor der Brücke steht ein dieser repräsentativen Lage angemessener Bau, der **Palazzo Dandolo**, ein Beispiel der Spätgotik (15. Jh.), seit 1822 Hotel.

*San Zaccaria ⑯

Nach der Brücke führt die zweite Abzweigung, ein niedriger Durchgang (Sottoportego), zum **Campo San Zaccaria,** einem angenehm ruhigen Platz inmitten hektischer Betriebsamkeit. Die gleichnamige Kirche mit dem dazugehörigen Ex-Konvent ist ein gewaltiger Komplex. Die Benediktinerinnen des ehemaligen Klosters, darunter viele Töchter von Adel, die man zur »Besserung« ins Kloster gesteckt hatte, waren wegen ihres ausschweifenden Lebenswandels stadtbekannt, aber die hohe Geistlichkeit drückte beide Augen zu.

7
Seite 407

Tauschhandel: Dogenhut für Gemüsegarten

San Zaccaria war im Mittelalter ein wohlhabendes Nonnenkloster, dessen Gemüsegarten den Platz des heutigen Dogenpalasts einnahm. Bis zum 11. Jh. – dann meldete die aufstrebende Republik Raumbedarf für die Erweiterung der Piazza San Marco an, und auf den Stadtplänen des 12. Jhs. ist der Gemüsegarten nebst einem Kanal zugeschüttet.

Die Nonnen hatten das Gelände für den Neubau des Dogenpalastes abgetreten, und zur Erinnerung an diese großzügige Geste besuchte der Doge mit Gefolge alljährlich am Ostermontag die Vesper in San Zaccaria. Der mit Goldbrokat und Edelsteinen besetzte Dogenhut, ein Geschenk der Nonnen, wurde anlässlich dieser Zeremonie feierlich vorangetragen.

Die **Baugeschichte** der Kirche San Zaccaria reicht ins 9. Jh. zurück; die heutige Gestalt prägten das 15. und frühe 16. Jh. Sie bewahrt vom Vorgängerbau noch den Campanile (13. Jh.), der an der gotischen Chiesa Vecchia (1444–1465) steht – ein Bau von Antonio Gambello. Ihm wurde auch der Neubau anvertraut, den nach seinem Tod (1481) Mauro Codussi übernahm. So trägt die imposante Fassade deutlich zwei Handschriften: Gambello fing in den zwei untersten Geschossen spätgotisch an, während Codussi mit seiner unverwechselbaren Formensprache der Frührenaissance den Fassadenaufbau gegen 1490 abschloss. Die großen runden Giebel fallen auf in Venedig.

Den Stilzwiespalt setzt im Inneren der **Chorumgang** fort: Runde Renaissancebogen krönen spätgotische Spitzbogenarkaden; Deckengewölbe und Säulenkapitelle erinnern an die byzantinische Baukunst; die im Boden eingelassenen Sarkophagplatten sind lombardische Arbeiten. An der linken Mündung des Chorumgangs liegt der Bildhauer Alessandro Vittoria begraben (1525–1608); von ihm stammen der Kirchenpatron an der Fassade und sein graziöser »Johannes der Täufer« am Weihwasserbecken. Er entwarf den zweiten Altar rechts mit den Reliquien des hl. Zacharias und das Tabernakel am Hauptaltar.

Wie viele Gotteshäuser Venedigs wurde San Zaccaria im 17. und 18. Jh. mit **Gemälden** geradezu tapeziert. Aus der Überfülle der Ausstattung verdient am zweiten Seitenaltar die »Thronende Madonna mit Kind« von Giovanni Bellini (1505) besondere Beachtung. In der Athanasiuskapelle (Zugang am Chor rechts) hängt am Altar von Vittoria ein Gemälde des jungen Tintoretto: »Die Geburt Johannes des Täufers«; das wertvolle Gestühl des früheren Nonnenchors schuf Marco Cozzi (1455–1464).

Die angrenzende ***Tarasiuskapelle** war die Apsis der alten Kirche, aus der die Fresken- und Fußbodenfragmente bewahrt sind sowie drei wundervolle gotische Altäre. Sie schnitzte Ludovico da Forlì (1443–1444), an den Gemälden waren Antonio Vivarini, Stefano Plebanus und Giovanni d'Alemagna beteiligt. Eine Treppe führt zur Krypta (10. Jh.); ihre Säulen spiegeln sich im Wasser (!) wider.

Santa Maria della Pietà ⑧⑦

An der Riva degli Schiavoni folgt nach der nächsten Brücke das schlicht aussehende Kirchlein, dessen innenarchitektonische Harmonie jedoch zum

Gelungensten in Venedig gehört. Die konventionelle Dutzendfassade entwarf Giorgio Massari für den 1745 begonnenen Bau.

Der elliptische ***Innenraum** zeugt jedoch von Originalität und könnte als später Nachhall barocker Raumformen angesehen werden, die ja an Venedig vorbeigegangen sind (s. S. 344). Die klare Konzeption der Architektur schafft den idealen Rahmen für die Ausstattung. Die fein gearbeiteten vergoldeten Gitter, die durchdacht an Wänden und Emporen platziert sind, bekommen Eigenleben, und die gedeckten Pastelltöne der Gemälde an Altären und Decke profitieren vom milden Licht. Der Geist der zwei großen Maler des 18. Jhs., G. B. Tiepolo und G. B. Piazzetta, weht aus den Bildern: Tiepolo malte die Decke, Piazzetta

den Hauptaltar (von Schülern nach seinem Tod 1754 vollendet), an dessen Decke wiederum Tiepolo die »Vier Kardinaltugenden« darstellte. Die Gesamtwirkung des Innenraums wurde bis in die Einzelheiten durchdacht.

⑧⑤ Prigioni (Gefängnisse)
⑧⑥ San Zaccaria
⑧⑦ Santa Maria della Pietà
⑧⑧ San Giovanni in Bragora
⑧⑨ Scuola Dalmata di San Giorgio degli Schiavoni
⑨⓪ San Francesco della Vigna
⑨① Arsenale
⑨② Museo Storico Navale
⑨③ San Pietro di Castello

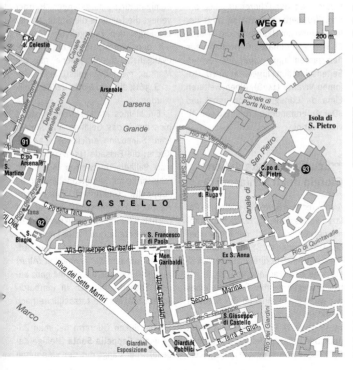

7

Seite **407**

Selbst die barocke Kanzel, eine Schnitzarbeit in Gold- und Elfenbeintönen, fügt sich harmonisch ein. Berühmt ist die historische Orgel, an der Vivaldi (gest. 1741) saß.

San Giovanni in Bragora ⑱

Rechts an der Kirche läuft die Calle Pietà entlang; sie biegt nach rechts ab und mündet nach der Brücke über den Rio della Pietà auf den **Campo Bandiera e Moro**, den auf der einen Seite der gotische **Palazzo Gritti-Badoer** (14. Jh.), auf einer anderen die Kirche **San Giovanni in Bragora** bestimmt. Ihre dreiteilige Ziegelsteinfassade ist gotisch erdacht. Entstanden in der Übergangszeit (ab 1475), lassen die runden Seitenabschlüsse schon die Formenwelt der Frührenaissance ahnen. Wunderbare Gemälde birgt der Innenraum: am Hauptaltar die *»Taufe Christi« von Cima da Conegliano aus den Jahren 1492–1494; im rechten Seitenschiff den Flügelaltar von Bartolomeo Vivarini (1478), einen weiteren Cima da Conegliano von 1502 und »Der Auferstandene Christus« von Alvise Vivarini.

**Scuola Dalmata di San Giorgio degli Schiavoni ⑲

An der rechten Seite des gotischen Palazzo verlässt die Salizzada San Antonin den Campo. Nach der Kirche gleichen Namens stößt man auf der rechten Uferseite direkt auf den zweistöckige Bau (Fassade von 1551), der heute wegen seiner Gemälde eines der wichtigsten Museen der Stadt ist (werktags außer Mo 9–12 und 15–18.30, Uhr). Im Erdgeschoss hängt über der Holzvertäfelung ein Gemäldezyklus von Vittore Carpaccio

(1465–1525), der die Schutzheiligen der dalmatinischen Kaufleute zum Thema hat: Die Bilder entstanden in der Zeit von 1501 bis 1511. Die Steifheit der mittelalterlichen Malerei ist in diesem Zyklus von Carpaccio überwunden. Seine überaus lebendige und realistische Darstellung zeigt schon den Einfluss der Frührenaissance. Der erste Stock, in der sich die Herberge der Scuola befindet, wurde mit einer wundervollen Prunkdecke ausgestattet.

San Francesco della Vigna ⑳

Nach der Calle Furlani muss man sich links halten, um über Campo und Salizzada delle Gate sowie den Ramo San Francesco della Vigna zur gleichnamigen Kirche zu gelangen. Hierher verlegt die Legende die Stelle, an der ein Engel den Evangelisten Markus mit den Worten »Pax tibi, Marce, evangelista meus« (Friede mit dir, Markus, mein Evangelist) aufweckte (s. S. 361), die zum Motto der Republik wurden.

Ein kleines Markuskirchlein stand hier, bevor das Gelände ans Kloster kam. Sansovino errichtete 1534 die Kirche; die Fassade (1568–1572) entwarf Palladio. Im weiten Innenraum (einschiffig mit Seitenkapellen) ist die *Cappella Giustiniani (links vom Hauptaltar) sehenswert. Sie ist mit reichsten Marmorarbeiten der lombardischen Schule (um Pietro Lombardo, Ende 15. Jh.) ausgestattet – das Stifterbild mit dem Kirchenmodell (Altar) zeigt erstaunlicherweise eine ganz andere Fassade, nämlich in lombardischem Stil, als die tatsächlich nach Palladio.

Vom linken Querarm hat man Zugang zur **Cappella Santa** (Heilige Kapelle); hier hängt mit der »Madonna

Ruinen des Arsenals, einst größte Werft der Welt

und vier Heiligen« ein Gemälde von Giovanni Bellini von 1507. Im rechten Querarm der Kirche fällt eine noch gotisch anmutende »Thronende Madonna mit Kind« auf. Antonio da Negroponte malte das eindrucksvolle, detailreiche Bild in der Übergangszeit von der Gotik zur Renaissance um 1470.

Kirche San Martino

Man verlässt die Kirche durch das Portal des rechten Querarms, wendet sich nach links und gelangt durch die Calle del Cimitero zum Campo Celestia. In diesem Viertel scheint Venedig noch im Dornröschenschlaf zu liegen. Man überquert den Kanal zum Campiello Santa Trinità, das links die Calle Donà verlässt; auch sie führt über einen Kanal, und die erste Abzweigung rechts, die Calle Magno, mündet auf den Campo Do Pozzi. Ihn verlässt man nach links zum Rio delle Gorne hin, der an der Arsenalmauer entlangläuft.

Folgt man dem Kanalufer, stößt man auf die Kirche **San Martino,** der Legende nach Zuflucht Vertriebener aus dem Festland schon im 7. Jh., und in der heutigen Gestalt ein Entwurf Sansovinos von 1540. Das Verblüffende an der *Fassade ist, dass Formen

der Renaissance nicht mit Marmor sondern mit dem Baumaterial der Gotik, den Ziegelsteinen, realisiert wurden.

*Arsenale 🔟

Von San Martino sind es nur ein paar Schritte zum Haupteingang des Arsenale. Der Triumphbogen von 1460 ist das früheste Beispiel der Renaissance in Venedig (Baumeister Antonio Gambello); der geflügelte Löwe und die personifizierte Giustizia, die venezianischen Lieblingssymbole, halten darüber Wache. Die »Gerechtigkeit« stammt aus dem Jahre 1578; der Sieg über die Türken in der Seeschlacht von Lepanto (1571) machte das Arsenaleportal zu einer Gedenkstätte, die spätere Siege immer weiter ausschmückten. Der linke Löwe, der auf den Hinterpfoten sitzt, saß schon in Piräus; er trägt Runeninschriften, die skandinavische Söldner im Dienst von Konstantinopel um 1040 hinterließen. Die zwei Türme, die die Kanaleinfahrt säumen, stammen von 1686.

Das Arsenal war einst einer der am besten abgeschirmten Plätze der ganzen Republik: Hier schützten die Venezianer ihr Monopol der Schiffsproduktion – für den eigenen und für den Fremdbedarf, für den Handel und für den Krieg. Die Anlage wurde im Jahre 1104 in Betrieb genommen; sie wuchs auf 32 Hektar an, hier wurden 16 000 Arbeitskräfte beschäftigt.

Tipp Das Arsenal ist Sperrbezirk des Militärs und weitgehend unzugänglich. Seit einigen Jahren finden hier jedoch **Kunst-**und **Architektur-Ausstellungen** sowie **Theateraufführungen** statt – eine gute Gelegenheit, diesen imposanten Baukomplex kennen zu lernen (s. S. 334/335).

7

Seite 407

Campo San Biagio

An der Ecke zum Becken von San Marco liegt das **Museo Storico Navale** ⑫, das Schifffahrtsmuseum, mit angegliederter, 2000 Exponate aufweisender Muschelsammlung (Mo–Fr 9–13.30, Sa bis 13 Uhr; im Sommer länger). Spektakulärstes Ausstellungsstück ist das Modell des letzten »Bucintoro«: So hieß das überreich gestaltete vergoldete Prunkschiff der Dogen für 200 Ruderer. Kurz vor der Zerstörung des letzten, 1728 gebauten Bucintoro durch Napoleon ließ der wohl wehmütige Admiral Paolucci das Modell anfertigen (1828).

Das Kirchlein **San Biagio** erkennt man nur mehr an den korinthischen Säulen auf den hohen Sockeln, die für Venedig mit den ewigen Fundamentproblemen charakteristisch sind. Um dieses Fassadenfragment herum wird das Gebäude heute bewohnt.

Idylle im Castello-Viertel

Über die Via Garibaldi zur Insel San Pietro

Gleich nach der nächsten Brücke biegt die **Via Garibaldi** ab, ein aufgeschütteter Kanal, der heute wie eine Fußgängerzone wirkt, weil die anderen Straßen Venedigs dank der Erhaltung des mittelalterlichen Stadtbilds nicht so breit sind. Sie durchzieht ein lebendiges Wohnviertel mit pittoresken Ausblicken in die Nebenstraßen.

Die Kirche **San Francesco di Paola** besitzt eine kunstvoll gegliederte Fassade; der unbekannte Baumeister des späten 16. Jhs. orientierte sich deutlich an Palladios Zitelle auf der Giudecca (s. S. 396).

Die Via Garibaldi geht wieder in einen Kanal mit Uferstreifen über, den **Rio di Sant'Ana**. Von der Brücke über den **Canale di San Pietro** hat man einen guten Blick auf die in diesem Viertel angesiedelten Werftbetriebe. Die Insel **San Pietro,** ein Dörfchen für sich, war einst Sitz des venezianischen Bischofs – San Marco wurde es erst 1807.

Die Kirche **San Pietro di Castello** ⑬ verfügt aus diesem Grund über Ausmaße, die mit denen einer Dorfkirche nichts gemeinsam haben – schließlich diente der Bau bis zum Jahr 1807 als Kathedrale, als Bischofssitz von Venedig. An der Fassade erkennt man wieder das Motiv Säulen tragender Dreiecksgiebel, mit dem Palladio arbeitete und das nach ihm benannt ist. Die Fassade stammt aus dem Jahr 1596. Die Architektur des Innenraums geht ebenfalls auf Palladio zurück – eine Verwandtschaft der Anlage mit der Redentore-Kirche (s. S. 396) ist nicht zu übersehen. Mit der Ausstattung hat man es jedoch zu gut gemeint. Schmuckstück ist der marmorne Bischofsthron (»Cattedra«) zwischen dem zweiten und dritten Seitenaltar auf der rechten Seite. Der hl. Petrus soll ihn in Antiochia benutzt haben; die Rückenlehne zieren Koranverse und islamische Motive.

Beim Rückweg nimmt man am besten die **Calle Larga,** die andere Brücke über den Canale di San Pietro. Von ihr lässt sich der Komplex mit der zeichnerischen Fassade und dem etwas schiefen Campanile, den Mauro Codussi 1482 bis 1490 errichtete, gut überblicken.

Zu den Giardini Pubblici

Der Weg führt durch reizende Gässchen des Viertels **Campo di Ruga** zum Rio di Sant'Ana und zur Via Garibaldi zurück. An der Grünanlage biegt man links ein und steht vor dem rührenden Denkmal des Freiheitskämpfers Garibaldi: Er steht heroisch auf einer Felsenkulisse, an deren »Abhang« schläfrig der Markuslöwe blinzelt. Der venezianische Bildhauer Augusto Benvenuti (1838–1899) schuf die Anlage im Jahre 1885.

Der Viale Garibaldi führt zu den **Giardini Pubblici,** dem Stadtpark, wo die Länderpavillons der internationalen Kunstbiennale (s. S. 334 u. 347) stehen, in denen sich die einzelnen Nationen alle zwei Jahre mit ihrer Kunstproduktion präsentieren.

Die Fassade (1512) der nahen Kirche **San Giuseppe di Castello,** venezianisch *San Isepo,* zeigt die klare Linienführung der Frührenaissance. Sie verdiente die notwendige Restaurierung. Die Decke wurde malerisch stark perspektivisch gestaltet, für die Seitenwände entwarf Scamozzi um 1605 imposante Grabmäler des Dogen Marino Grimani (1595–1605) und seiner Frau: erlesene Marmorarbeiten mit Bronzeskulpturen, ausgeführt von Girolamo Campagna.

In den Giardini kann man von der Anlegestelle gleichen Namens per Schiff nach San Marco, dem Ausgangspunkt, zurückkehren.

Weg 8

Venezia minore

Piazzale Roma → San Niccolò da Tolentino → **Campo Santa Margherita → Campo San Trovaso → Sacca Fisola

Dieser Spaziergang führt vom Piazzale Roma durch das »kleinere Venedig« (Venezia minore), eine verschlafene Idylle, die mit dem belebten Dorsoduro und den Zattere bekannt macht, den volkstümlichen Campo Santa Margherita streift und im Neubauviertel Sacca Fisola endet (ca. 6 Stunden).

San Nicolò da Tolentino ㉔

Vom Piazzale Roma führt die Brücke über den Rio Nuovo in den **Giardino Papadopoli,** einen öffentlichen Park, in dem im 19. Jh. Nachtfeste abgehalten wurden. Man durchquert den Park zum Campo dei Tolentini, der nach der Kirche **San Nicolò da Tolentino (I Tolentini)** heißt. Die ehemalige Theatinerkirche baute Scamozzi 1591–1602;

Privileg

Der äußerste Westen der Stadt besaß in der Republik das Privileg, einen eigenen Vertreter wählen zu dürfen; die Leute, die hier lebten, Fischer und Handwerker, hießen die »Nicoloti« und ihr Vertreter »Doge dei Nicoloti«. Die Säule mit dem Löwen, die auf dem Campo San Nicolò steht, erinnert daran.

8

Seite 415

die Säulenvorhalle nach dem Muster des Pantheons in Rom schuf Andrea Tirali 1706 bis 1714. Konventionell klassizistisch geriet das Innere, dessen reiche Ausschmückung mit Stuck und Gemälden erst im 18. Jh. endete. Links im Altarraum fällt das Grabmal des Patriarchen Francesco Morosini (gest. 1678) durch den kolossalen »Vorhang« aus Marmor auf, ein Werk des Berninischülers Filippo Parodi.

Campo San Nicolò

Auf der Uferseite der Kirche links am Kanal entlang läuft man auf eine Brücke zu, nach der man sich rechts hält. Man spaziert weiter am Kanal entlang bis zu einer großen Holzbrücke. Hier ist eine Kanalkreuzung, und die Was-

serarme überspannen gleich mehrere Brücken. Das Viertel heißt nach den vielen Brücken **Tre Ponti** (Drei Brücken). Nach der großen Holzbrücke geht man links den Uferstreifen entlang und biegt am Rio di Santa Maria Maggiore rechts ab bis zur Kirche **Santa Maria Maggiore.** Sie und ihr damaliger Konvent dienen heute dem Strafvollzug.

Die äußere Gestalt der Kirche ****San Nicolò dei Mendicoli** ⑳ zeigt eine dreischiffige basikale Anlage. Die Ursprünge reichen ins frühe Mittelalter zurück (7. Jh.), manche vermuten gar ein heidnisches Heiligtum an dieser Stelle. Die Bausubstanz der Kirche geht ins 12. Jh. zurück; an der Fassade erkennt man über dem Rundfenster noch ein byzantinisches Doppelbogenfenster. Die Vorhalle wurde erst

---

Der Ost-West-Konflikt – Castellani und Nicoloti

In der Gemäldegalerie der Accademia hängt ein Gemälde, das ein wüstes Getümmel zeigt: Zu beiden Seiten einer Brücke drängt sich das gaffende Volk, auf der Brücke kämpfen Männer erbittert miteinander, der Kanal darunter ist angefüllt mit Leibern, und auch durch die Luft wirbeln Menschen. Die spektakuläre Darstellung nimmt Bezug auf ein populäres Volksfest, das spielerisch die historische Rivalität der Bewohner der beiden Ufer des Canal Grande aufs Korn nimmt. Die Bewohner der Ostseite hießen nach der alten Dogenburg »castello« die *Castellani*, die auf der Westseite nach ihrer Patronatskirche San Nicolò dei Mendicoli die *Nicoloti*. In diesem Ost-West-Konflikt spiegelte sich die uralte Polarität zwischen den Reichen und

Mächtigen der San-Marco-Seite und dem kleinen Volk der Fischer und Handwerker auf dem gegenüberliegenden Ufer. Verliebten sich Mädchen und Jungen der verfeindeten Clans ineinander, war die Familientragödie vorprogrammiert, und war die Hochzeit unvermeidlich, gingen die Angehörigen durch getrennte Kircheneingänge hinein und verließen sie auch wieder getrennt. Noch bis heute hat sich für das Westviertel die Bezeichnung »Venezia minore« erhalten; die schlichte Architektur – ohne Palastprunk – lässt die Gegensätzlichkeit noch ahnen. Die Wettkampfbrücke **Ponte dei Pugni** (Fäuste) gibt es auch heute noch; sie verbindet den Campo San Barnaba über den gleichnamigen Rio mit dem Campo Santa Margherita.

im 15. Jh. mit altem Material rekonstruiert; das Langhaus aus dem 14. Jh. wurde ab 1580 in die heutige Gestalt gebracht. Die vergoldeten Holzverkleidungen, die Statuen und Gemälde an den Wänden und Decken bilden einen schönen, üppigen Renaissanceraum. Geht man zum Hauptaltar vor, weisen die zwei letzten Arkaden noch gotische Spitzbogen auf. Die Bausubstanz der Apsis mit Resten von Freskenschmuck stammt aus dem 13. Jh.

Der **Campanile** (12. Jh.) wirkt vermutlich so wuchtig, weil ihm die Spitze fehlt.

Angelo Raffaele ⑨⑤ und *San Sebastiano

Vom Uferstreifen des Rio di San Nicolò führt die zweite Brücke zur Kirche **Angelo Raffaele** hinüber. Gleich nach dem Eingang an der Kanalseite steht man unter der Orgelempore. Die Brüstung zieren feine *Gemälde des Gesellschaftsmalers Francesco Guardi (1750–1753). Er stellte hier die Lebensgeschichte des Erzengels Raphael dar. Links daneben hängt ein »Abendmahl« aus der Schule Veroneses.

San Sebastiano ist die Grabkirche des großen Malers Paolo Veronese, der von 1530 bis 1588 gelebt hat. Die aufwändige Decke könnte auch im Dogenpalast hängen. Luxuriöse Goldschnitzereien als Rahmen für Gemälde von Veronese (1556) sind hier zu besichtigen. Das große Hauptaltarbild malte er um das Jahr 1560, zusammen mit den Orgeltüren Meisterwerke des Künstlers. Die Gemälde der Seitenwände des Altarraums entstanden ab dem Jahr 1565.

Rechts von der Orgel wurde der Maler Veronese nach seinem Tod beigesetzt. Die Tür unter der Orgel führt in die **Sakristei** der Grabkirche. Auch an ihrer Decke hat der Maler 1555 sein Können eindrucksvoll bewiesen.

Campo dei Carmini

Dem Rio dei Carmini folgt man links zum Campo dei Carmini mit der Casa di Otello (»Othellos Haus«, Nr. 2615).

***I Carmini (Santa Maria del Carmelo)** heißt die ehemalige Karmeliterkirche mit drei Schiffen, die 24 Säulen von einander abgrenzen. Entstanden sind sie bereits im 14. Jh. Die heutige aufwendige Gestaltung mit Holzverkleidungen in Gold und Gemälden entstand erst im 17. Jh. Am zweiten Seitenaltar rechts hängt das Gemälde »Krippe« von Cima da Conegliano (1509), gegenüber das durch die sanfte Landschaft berühmt gewordene »San Nicolò« des Malers Lorenzo Lotto (1529). Den *Seitenausgang muss man sich von außen anschauen. Er ist charakteristisch für die Gotik (14. Jh.) und enthält byzantinischen Dekor (11.–13. Jh.).

Die ***Scuola Grande dei Carmini ⑨⑦** gegenüber ist heute Galerie (werktags 9–12, 15 bis 18 Uhr; So/Fei geschl.). Ein mit Stuck reich verziertes Treppenhaus führt in den Hauptsaal mit seinen Deckengemälden (1739–1744) von Tiepolo, den Hauptwerken des reifen Meisters. Lichtführung, Raumaufteilung und Farbigkeit seiner Gemälde ergeben im Zusammenspiel ein harmonisches Ganzes. Von den anderen Gemälden der drei Räume berührt im Durchgang der beiden kleineren Räume besonders das beklemmende Expressivität des Bildes »Judith und Holofernes« von Piazzetta.

Weinkenner sollten die alte **Weinhandlung** in der Calle della Scuola 2897 besuchen. Das Angebot

8

Seite 415

Am Campo Santa Margherita gibt sich Venedig häuslich

reicht von seltenen Tropfen aus dem Veneto und Friaul bis hin zu den populären Weißweinen der Region.

**Campo Santa Margherita

Wie alle großen Plätze der Stadt prägt auch diesen sein unverwechselbares Flair: mittelalterliche Bausubstanz, ein abgesägt wirkender Campanile am anderen Ende und lebendiges Marktgeschehen. Am Haus Nr. 2931 fällt die Verwendung des doppelt gebrochenen Spitzbogens *(moresco)* auf. Der frei stehende Bau in der Platzmitte ist die ehemalige Scuola der Gerber und Färber; das Marienrelief an der Wand stammt von 1501.

In jüngster Zeit hat sich der Campo zu einem Treffpunkt an lauen Abenden gemausert, die in Venedig schon im Frühjahr vorkommen. Man sitzt im Freien, nimmt ein Getränk, schleckt ein Eis oder verzehrt eine Pizza und genießt das herrliche Ambiente und das ewige Kommen und Gehen der vielen Menschen, hauptsächlich Einheimische.

Campo San Trovaso

Über den **Rio Terrà Canal** und eine Brücke gelangt man auf den **Campo San Barnaba,** an dem die Calle Lunga San Barnaba anfängt. Die erste Abzweigung links, die Calle delle Turchette, verbindet mit dem **Rio delle Eremite** – den Eremitinnen gefiel ihr Konvent in dieser beschaulichen Ecke.

Gondelwerft

Vom Ufer gegenüber San Trovaso sieht man an der Ecke der beiden Wasserarme den **Squero,** eine der letzten und ältesten Gondelwerften Venedigs, die den Kundendienst für die ca. 600 hauptberuflichen Gondolieri und ihre Boote besorgt. Einst waren die *squeri* über die ganze Stadt verteilt, und bevor das Arsenal den gesamten Schiffsbau übernahm, wurden in den Werften alle Arten von Wasserfahrzeugen gebaut.

8

Seite 415

Dieser Wasserarm mündet in den Rio degli Ognissanti, den man links entlangspaziert zu Campo und Kirche **San Trovaso** (11. Jh.), die in ihrer heutigen Gestalt von 1584 an gebaut wurde. Im linken Querarm an der rechten Wand hängt ein »Abendmahl« von Tintoretto (1556); auch die »Fußwaschung« gegenüber wird ihm zugeschrieben. Bevor man die Kirche verläßt, lohnt ein Blick auf den eleganten perpektivischen Altar von A. Vittoria aus dem 16. Jh. (Mo–Sa, 8–11, 15–18 Uhr.)

Beim Spaziergang zum Anleger **San Basilio** hat man die Insel Giudecca im Blickfeld. Man fährt nach **Sacca Fisola** und geht dort zum nahen Campo. Am

Anleger verbinden Vaporetti mit San Marco und Piazzale Roma.

Tipp Die sonnigen Caféterassen am Uferstreifen Zattere, Flaniermeile der Venezianer und Touristen, laden zu einer Erholungspause ein. Die **Gelateria Nico**, Zattere 922, verwöhnt mit köstlichen Eiskreationen.

- ⑨ San Nicolò da Tolentino (I Tolentini)
- ⑨ San Nicolò dei Mendicoli
- ⑨ Angelo Raffaele
- ⑨ Scuola Grande dei Carmini

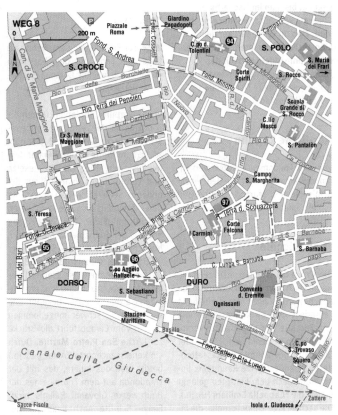

Seite
337
420

Ausflüge zu den Laguneninseln

Der große Trubel Venedigs scheint in die Ferne entrückt, sobald man sich auf dem Schiff in der Lagune bewegt; im Norden stochern die Fischreiher im Brackwasser, im Süden träumen zahllose Muschelbänke auf der Lagunenseite der Insel Pellestrina in der Sonne. Die Inseln Murano, Burano und Torcello locken Besucherströme in die Nordlagune, während auf Pellestrina im Süden eine beschauliche Landpartie angesagt ist, bis man im Fischerhafen Chioggia vom Alltag wieder eingeholt wird. Tipp für Genießer: auf dem Lido ein Fahrrad mieten, entlang der Küstenlinie radeln und mit der Fähre übersetzen nach Pellestrina, wo ausgezeichnete Fischlokale warten (Lageplan S. 337).

Nördliche Lagune

Von den Fondamenta Nuove verkehren die Linien 41, 42 zu den Inseln S. Michele und Murano; Burano und Torcello läuft die Linie 12 an.

*San Michele

Die Kirche der Friedhofsinsel zeigt die Handschrift von Mauro Codussi; die Abschlussrundungen der dreiteiligen Fassade von 1469 gehen jenen von San Zaccaria und Ospedaletto voran. Das Vestibül trennt ein hängender Chor vom Innenraum, die *Kassettendecke schmückt beide Raumteile; linker Hand nach dem Eintreten gelangt man in die *Cappella Emiliani (16. Jh.). Die sechseckige Kuppelkapelle, die Ja-

copo Sansovino 1560–1562 vollendete, ist ein Marmorschmuckstück lombardischer Bildhauerkunst; die Altarreliefs stammen von Giovanni Antonio da Carona.

Vom Vorplatz der Kirche aus lohnt sich ein Blick auf den charakteristischen **Campanile** (1460); das Spitzbogenportal rechts mit dem hl. Michael, dem Drachentöter, führt in den Kreuzgang, von dem man den **Cimitero** (Friedhof) betritt (tgl. 7.30–18, im Winter bis 16 Uhr). In der beschaulichen Ruhe dieses großzügigen Parks ruhen bekannte Persönlichkeiten, wie Ezra Pound und Igor Strawinsky.

*Murano

Tipp Zur Einstimmung empfiehlt sich eine Fahrt mit dem Vaporetto entlang der Anleger Colonna–Srenella–Venier–Museo–Navagero–Faro.

Vom Haltepunkt »Colonna« führen die Fondamenta dei Vetrai am lombardischen **Palazzo Contarini ❶** aus dem 16. Jh. zum **Ponte Ballarin ❷** mit dem Markuslöwen. Hier wurden Gesetze und Verordnungen verlesen; auf der anderen Seite schlendert man über den freundlichen Bresagio zum Leuchtturm (Faro). Der Spaziergang entlang der Fondamenta Manin zum hübschen Campo Santo Stefano gewährt manch stimmungsvollen Blick. Die weltberühmte Glasbläserinsel war für ihren Wohlstand und ihre großzügigen Gartenresidenzen bekannt, ehe sie im 19. Jh. schwer mitgenommen wurde. Vom Campo führt die Brücke zur Kirche **San Pietro Martire.** Durch ein Renaissanceportal (Anfang 16. Jh.) betritt man das Innere, das mit der »Madonna auf dem Thron« eines der Hauptwerke Giovanni Bellinis birgt. Einige Schritte nach links vor der

Kanalbrücke Ponte Vivarini liegt der **Palazzo Da Mula ❸**. Abgesehen von der reichen spätgotischen Fassade ist im Garten dieser Villenanlage ein zierliches ***Mäuerchen** mit byzantinischen Bogenstellungen (12./13. Jh.) erhalten (Zugang im Hof zu den Öffnungszeiten der Glasbläserei).

Seite 420

Von der Kanalbrücke sieht man die lombardische **Chiesa di Santa Maria degli Angeli**. Um die Landspitze geht es rechts zum ***Museo Vetrario di Murano**. Im ehemaligen Bischofssitz (erbaut im 17. Jh.) wird in 400 Ausstellungsstücken die Glasbläserkunst seit der Antike belegt (tgl. außer Mi 10–17, Nov.–März 10 bis 16 Uhr).

Silizium und Feuer – Glas aus Murano

Warum setzte das nautische Volk auf Glasherstellung, ohne den Rohstoff zu besitzen? Man stieß im Mittelalter auf eine Marktlücke, die zur Goldgrube wurde. In Syrien war im 1. Jh. die Glasbläserkunst entdeckt und sogleich perfektioniert worden, wie die Exponate im Glasmuseum Muranos eindrucksvoll beweisen. Im frühen Mittelalter fanden dann die Venezianer über ihren Orienthandel schnell die »glänzenden« Geschäfte mit dem Luxusartikel Glas heraus und fingen an, selbst zu produzieren – schon im Jahr 982 ist der erste Glasbläser urkundlich belegt. Und der Rohstoff? Er wurde importiert aus Syrien, Alexandrien, Catania und Spanien. Silizium und Feuer – das Mineral wird zusammen mit Metalloxiden, die die Farbe bestimmen, in sieben Stunden auf ca. 1300 Grad erhitzt; erst dann ist die »fritta«, die Glasmasse, so weit, um dem »maestro vetraio«, dem Glasbläsermeister, zur Herstellung des Endprodukts gereicht zu werden. 1291 verlegte man wegen Feuergefahr die Glasherstellung auf die Insel Murano, die selbständig blieb, bis sie 1923 eingemeindet wurde. Glasbläser in Murano zu sein, war Ehre und Verpflichtung: Ehen mit Patriziern waren standesgemäß, das Berufsgeheimnis aber schützte die Todesstrafe, bei der es auch verboten war, die Insel zu verlassen. Die strengen Zunftgesetze sind in den »mariegole« (matricole) von 1441 festgehalten. Von Murano aus wurde ganz Europa mit Spiegeln, Kronleuchtern und edlen Gläsern beliefert, bis im 18. Jh. böhmisches Kristall dominierte. Seit dem Jugendstil passt man sich auch in Murano dem Zeitgeschmack an, aber ohne das klassische Muster je aufzugeben – dadurch wurde die Insel weltberühmt, und ihre Zeitlosigkeit verzaubert immer wieder.

Seite
337
420

Ein künstlerisches Wunder Muranos ist die Basilika ****SS. Maria e Donato ❹**, ein unverfälscht erhaltenes Muster byzantinischen Bauens aus dem Jahr 1140. An den Bogenformen lässt sich deutlich der Unterschied zur Romanik ablesen. Am Langhaus besticht die schlichte Linienführung des Backsteinbaus; Eleganz und Schönheit zeichnen die als Schauseite ausgeführte Apsis aus: In zwei Geschossen umziehen sie farblich abgesetzte Arkadenbogen, getragen von zierlichen Doppelsäulen; das Wolfszahnmotiv trennt die Geschosse wie ein archaischer Reißverschluss. Eine hölzerne Schiffsbauchdecke überwölbt hier den Innenraum. Das Hauptaltarmosaik stammt aus der Entstehungszeit, ebenso der ****Mosaikfußboden:** Pflanzen- und Tiermotive in leuchtenden Farben belegen die Kunstfertigkeit der alten Meister.

Vom Campo über die Brücke führt der Uferstreifen nach rechts zum **Palazzo Trevisan,** dessen klassizistische Fassade noch Spuren der früheren Bemalung trägt.

Pittoreskes Inseldorf Burano

Perlen mit Karriere

Eine der auf Murano angewandten Schmelztechniken, und zwar nicht die einfachste, heißt »Murrino«. Dünne Glasstäbe in verschiedenen Farben werden zu einem polychromen Strang verschmolzen; je nach Zusammensetzung und Geschmacksrichtung ergibt der Querschnitt dann das beliebte »Millefiori«-Motiv oder eine beliebige Farbkomposition. Durch die Aufteilung des polychromen Glasstrangs in etwa einen Zentimeter lange zylindrische Abschnitte entstanden zunächst lediglich bunte Glasstückchen, die aber als venezianische Perlen ebenfalls Weltkarriere machten und in entlegenen Landstrichen sogar als Zahlungsmittel benutzt wurden – noch heute kann man auf afrikanischen Märkten alte venezianische Perlen auftreiben.

*Burano

Das malerische, beschauliche Inseldorf ist Wiege der Spitzenstickerei, eines sehr ertragreichen Erwerbszweiges der Venezianerinnen vom 16. Jh. an. Am Hauptplatz liegt die **Scuola di Merletti** (Spitzenschule), der eine Ausstellung angeschlossen ist (tgl. außer Di 10–17 Uhr; im Winter kürzer). Die original Burano-Spitzen findet man nur noch hier und in exlusiven Läden. Das Billig-Angebot in der **Via Galotti** stammt meist aus Fernost.

Berühmtester Sohn Buranos ist der Komponist Baldassare Galuppi (1703–1785).

*Torcello

Die heutige Obst- und Gemüseinsel war einst ein bedeutendes Handelszentrum (gegr. im 5. Jh.) und Bischofssitz. Nur zwei Kirchenbauten blieben erhalten. ****Santa Maria Assunta,** die Kathedrale, wurde 639 gegründet und 1008 in ihrer heutigen Gestalt geweiht. Sie ist der älteste erhaltene Bau der Lagune. Vor der Fassade wurden Reste des Baptisteriums aus dem 7. Jh. freigelegt. Man sollte um die Kathedrale herumgehen, um die gran-

Seite
420

Santa Maria Assunta auf Torcello

kürzer; Tel. 0 41 73 00 84) überzeugt die Weiträumigkeit – offener Dachstuhl und Säulen trennen die Schiffe, der Marmorfußboden fasst alles zusammen.

Größter Kirchenschatz sind der Lettner – mit vier Reliefs aus der Zeit des 11. Jhs. und den Bildtafeln Marias und der zwölf Apostel (15. Jh.) – sowie die ****Mosaiken**. Sie gehen im Presbyterium bis auf das 11. Jh. zurück, so auch die Gottesmutter der Hauptapsis. Das *»Jüngste Gericht« an der Westwand entstand um 1190. Konzeption und Ausführung in sechs Zonen, vom Weltenherrscher zu den Verdammten, sind überwältigend.

Die Taufkirche ***Santa Fosca** neben der Basilika, ein Rundbau (um 1100), beweist mit ihren Säulenvorhallen byzantinische Eleganz. Im Inneren beein-

diose Architektur zu verstehen: Sie dient einem Gottesdienstraum als Außenhaut und entsteht organisch aus dieser Funktion; nur die Südseite hat Fenster, von Norden kommt kein Licht – dekoratives Denken war noch unbekannt. Im Innenraum (tgl. April–Okt. 10.30–18 Uhr, im Winter

❶ Palazzo Contarini
❷ Ponte Ballarin
❸ Palazzo Da Mula
❹ SS. Maria e Donato

Seite
337

drucken die Holzteile der Kuppelkonstruktion sowie die verlängerte Apsis.

Im **Museo di Torcello** bezaubern archäologische Funde und Kunstwerke späterer Zeiten (Di–So 10–12.30, 14–17 Uhr; im Winter bis 16 Uhr).

Die **Locanda Cipriani** auf Torcello (Piazza Santa Fosca 29), gegründet von Giuseppe Cipriani, Betreiber des legendären Restaurants »Harry's Bar« (s. S. 378), ist wie das Haupthaus auf der Giudecca berühmt für das vorzügliche Essen, das allerdings seinen Preis hat. Vorbestellung ratsam (Tel. 0 41 73 01 50; Mi geschl.)! ○○○

Strandvergnügen am Lido

Lido

Das Sandstrandparadies ist Venedigs internationales Sommerziel. Mit weitläufigen Straßen, noblen Villen, exklusiven Hotels und diversen Sportanlagen zählt der Lido zu Venedigs feinsten Urlaubsadressen für Einheimische und Touristen. Jedes Jahr werden hier Ende August, Anfang September die Internationalen Filmfestspiele abgehalten (s. S. 334/335). Über Malamocco, den 1107 untergegangenen Seehafen, kann man mit dem Bus bis zur Südspitze Alberoni weiterfahren.

Südliche Lagune

Von San Zaccaria führt die direkte Linie 6 zum Lido, den man aber auch mit der 1, 14, 82 und der 52 erreicht; von dort setzt dann die Buslinie 11 zur Insel Pellestrina über und fährt als Schiffslinie 11 nach Chioggia.

Landpartie in der südlichen Lagune – Insel Pellestrina

Wenn an großen Festtagen das historische Zentrum von Venedig hoffnungslos überfüllt ist, wird die Stadt schon mal gesperrt. An so einem Tag ist die Insel Pellestrina ein Hort der Beschaulichkeit. Man verlässt den Bus 11, sobald er die Fähre zwischen Lido und Pellestrina hinter sich hat, und wandert an der Lagunenseite der Insel entlang. Der Ort **San Pietro in Volta** verlockt mit einem pittoresken kleinen Fischerhafen und einem berühmten Fischrestaurant, vor dem die Motorboote der Venezianer ankern.

Dann folgt man der Uferlinie und genießt die ländliche Atmosphäre eines ganz anderen Venedig. Die Einheimischen braten vor ihren Häusern auf dem Holzkohlegrill ihren Feiertagsfisch; von der weit entfernten Metropole sind im Dunst nur die Türme der Stadtsilhouette zu erkennen. Es herrschen die Pastelltöne der Lagune und ihrer Muschelbänke vor, als sei die Zeit stehen geblieben. Auf der Lagunenseite kann man bei glasklarem Wasser ruhig einen Sprung ins Meer riskieren.

Seite
337

Im Fischerhafen von Chioggia findet jeden Morgen ein pittoresker Markt statt

*Pellestrina

Die beschauliche Fischerinsel eignet sich für ruhige Spaziergänge an beiden Ufern. Sie besitzt eine Werftindustrie bei **San Pietro in Volta.** Gegen das offene Meer schirmen die gewaltigen »Murazzi« ab – ein ca. 4 km langer und 4,50 m hoher Steinwall. Sie wurden 1782 vollendet.

Fischliebhaber sind im Gourmetrestaurant **Da Nane Canton** gut aufgehoben. Neben frischen Meeresfrüchten sollte man vor allem den Fischrisotto probieren. Unverfälscht venezianische Küche (Tel. 0 41 5 27 91 00). ◯◯

*Chioggia

Heute ist Chioggia, dass auf zwei Inseln errichtet wurde, Fischumschlagplatz der nördlichen Adria. Der malerische Ort ist Schauplatz der Komödie von Carlo Goldoni «Barufe Chiozzote» (1760). Die kleinere Insel **Sottomarina** wurde Badeort – Chioggias »Lido«.

Tipp Jeden Morgen wird ein großer **Markt** abgehalten. Im Sommer gibt es ein erweitertes Theater- und Konzertprogramm.

An der Anlegestelle Piazzetta Vigo beginnt die Hauptstraße Corso del Popolo mit einem schattigen Laubengang. Parallel verläuft der **Canale Vena.** Der Weg den Corso entlang streift links einen einstöckigen **Granaio** (Kornspeicher) von 1322.

An der nächsten kleinen Piazza links liegt die **Chiesa della Trinità,** mit Gemälden aus der Schule Tintorettos und Veroneses (16. Jh.). Am unteren Ende des Corso stehen die Kirchen: ***San Martino,** eine Backsteinkirche von 1392, die an das Ende des Krieges mit Genua erinnern soll, und der **Dom** mit unvollendeter Fassade, der nach einem Brand im Jahre 1623 von Baldassare Longhena neu aufgebaut wurde.

Tipp Auf dem Rückweg zur Anlegestelle lässt sich in einem der über 20 Cafés am Corso der sonnige Nachmittag genießen.

Infos von A–Z

Ärztliche Versorgung

Für Mitglieder gesetzlicher Krankenkassen ist die ambulante Behandlung in öffentlichen Krankenhäusern und bei Vertragsärzten kostenlos (Auslandskrankenschein mitnehmen). Praxisärzte erwarten meist sofortige Bezahlung in bar. Für die Erstattung durch die Heimatkrankenkasse benötigt man eine Rechnung (Auskunft bei den Krankenkassen). Als Ergänzung für nicht abgedeckte Leistungen ist der Abschluss einer privaten Auslandsreisekrankenversicherung zu empfehlen.

Apotheken

(Farmacie) sind Mo–Fr 9–12.30 und 15.45–19.30 sowie Sa 9–12.30 Uhr geöffnet. Bereitschaftsdienst am Samstagnachmittag, nachts sowie an Sonn- und Feiertagen.

Behinderte

Behinderte haben es in der Stadt der Brücken und Boote nicht leicht. Bei der Touristeninformation erhält man einen Stadtplan, der behindertengerechte Wege (ohne Brücken) verzeichnet. Der Zugang zu den Vaporetti ist relativ problemlos. Behindertengerechte Toilettenanlagen gibt es u. a. am Piazzale Roma, an der Rialtobrücke und im Dogenpalast.

Diplomatische Vertretungen

❚ Honorarkonsulat der Bundesrepublik Deutschland: Campo S. Sofia, Cannaregio 4201, Tel. 04 15 23 76 75, Fax 04 15 22 76 55.
www.auswaertiges-amt.de
❚ Österreichisches Konsulat: S. Croce, Fondamenta Condulmer 251, Tel. 04 15 24 05 56, Fax 04 15 24 21 51.
www.bmaa.gv.at/botschaften

❚ Schweizer Konsulat: Dorsoduro 810, Campo S. Agnese, Tel. 04 15 22 59 96 und 04 15 20 39 44,
www.eda.admin.ch

Elektrizität

Die Netzspannung beträgt 220 Volt; für Steckdosen braucht man einen Zwischenstecker *(Spina di adattamento)*; im Fachhandel, im Supermarkt oder an der Hotelrezeption).

Feiertage

1. Januar (Neujahr), 6. Januar (Dreikönig), 25. April (Tag der Befreiung), Ostermontag, 1. Mai, 15. August (Mariä Himmelfahrt/Ferragosto), 1. November (Allerheiligen), 8. Dezember (Mariä Empfängnis), 25./26. Dezember.

Fundbüros

heißen *uffici oggetti rinvenuti*: beim Bahnhof Santa Lucia, Tel. 04 12 72 21 79; bei den Städtische Verkehrsbetriebe Actv, Tel. 04 12 72 21 79; bei den Buslinien, Tel. 04 12 72 28 38.

Geld und Devisen

Währungseinheit ist der Euro. Geldautomaten (Bancomat) für Bargeld stehen an nahezu allen Banken in Venedig zur Verfügung. Mit EC-Karte, der Visa- oder Eurocard kann man nach Eingabe der PIN-Nummer rund um die Uhr Bargeld ziehen. Die Banken sind Mo–Fr vormittags geöffnet. Geschäfte, Restaurants und Hotels akzeptieren die gängigen Kreditkarten.

Gepäckträger

Am Piazzale Roma, bei San Marco und an einigen größeren Vaporetto-Stationen stehen die Porter zu Diensten. Die Preise sind gesetzlich festgelegt. Für den Transport zwischen zwei beliebigen Punkten innerhalb der Stadt zahlt man für ein Gepäckstück 10,33 €, für jedes weitere 5,16 €, für größere Entfernungen entsprechend mehr. Besser handelt man vorher den Preis aus.

Gondeltarife

Auf eine romantische Gondelfahrt sollte man nicht verzichten, auch wenn die Preise recht ernüchternd sind. Der Tarif von 62 € für 50 Min. und bis zu sechs Personen ist festgelegt, je weitere 25 Min. kosten 31 €. Preisabsprachen vorher aushandeln.

Infobüro: **Ente Gondola,** Tel. 04 15 28 50 75.

Hausnummern

Noch auf napoleonische Zeit geht die Nummerierung der sechs *sestieri* (Stadtviertel) zurück. Es gibt keine Straßennamen, jedes Stadtviertel ist durchnummeriert. Wer venezianische Adressen entschlüsseln will, greift zur »Guida toponomastica«, einem Ortsnamenführer, der im Buchhandel erhältlich ist, beispielsweise bei **Filippi** in der Calle Paradiso.

Haustiere

Hunde und Katzen brauchen einen internationalen Impfpass sowie ein amtstierärztliches Gesundheitszeugnis (höchstens 30 Tage alt); für Hunde sind Leine und Maulkorb (auf Schiffen) vorgeschrieben.

Information

Auskunft erteilen die Staatlichen Italienischen Fremdenverkehrsämter ENIT.
Deutschland:
▮ Karl-Liebknecht-Str. 34, 10178 Berlin, Tel. 0 30/23 14 69 17, Fax 23 14 69 21.
▮ Kaiserstraße 65, 60329 Frankfurt/Main, Tel. 0 69/23 74 10 und 23 74 30, Fax 23 28 94.
▮ Goethestraße 20, 80336 München, Tel. 0 89/53 03 69, Fax 534527.

Österreich:
▮ Kärntner Ring 4, 1010 Wien, Tel. 01/5 05 43 74, Fax 5 05 02 48.
Schweiz:
▮ Uraniastraße 32, 8001 Zürich; Tel. 01/2 11 36 34, Fax 2 11 38 85.
ENIT im Internet: www.enit.it
Kostenlose Nummer für Prospektbestellungen: 008 0000 48 25 42.

In Venedig:
▮ **Azienda di Promozione Turistica** (APT), Castello 4421, Tel. 04 15 29 87 71, Fax 04 15 23 03 99 (kein Publikumsverkehr).
www.turismovenezia.it
▮ **Informationsbüros: S**an Marco, Palazzina del Santi, Giardinetti Reali, Tel. 04 15 22 63 56, Fax 04 15 29 87 30; Bahnhof (Stazione), Tel. 04 15 29 87 27; Fax 0 41 71 90 78; Lido, Gran Viale S. M. Elisabetta 6/a, Tel. 04 15 26 57 21, Fax 04 15 29 87 20.

Die aktuellen kulturellen Veranstaltungen in Venedig (s. auch S. 346); verzeichnet die Broschüre **Un ospite di Venezia,** die gratis bei den Fremdenverkehrsbüros ausliegt. Sie erscheint monatlich und nennt alle Termine und Adressen im Internet: www.gpnet.it/guest_ve

Kleidung

Beim Kirchenbesuch (nur außerhalb der Gottesdienste möglich) sollten Damen Schulterbedeckung, Herren lange Hosen tragen.

Kriminalität

Papiere, Wertgegenstände und größere Geldbeträge sind am besten im Hotelsafe aufgehoben; man sollte nichts im Auto liegen lassen. Der Abschluss einer Reisegepäckversicherung ist ratsam. Allein reisende Frauen können sich in den engen Gassen Venedigs zu jeder Tageszeit sicher fühlen.

Notruf
■ Pannendienst des ACI: Tel. 1 16.
■ Notruf: Tel. 1 13.
■ Polizei (Carabinieri): Tel. 1 12.
■ Ärztlicher Notdienst: Tel. 1 18.

Öffnungszeiten
Die landesübliche Mittagspause liegt zwischen 13 und 17 Uhr. Abends kann bis 20 Uhr offen sein. Samstag ist normaler Werktag, dafür haben manche Geschäfte am Montagvormittag geschossen. Die venezianischen Geschäftsleute haben sich allerdings ganz auf den Tourismus eingestellt und halten ihre Läden oft auch an Sonn- und Feiertagen geöffnet.

Banken sind Mo bis Fr von 8.30–13.30 Uhr geöffnet. Im Bahnhof, um die Piazza San Marco und um die Rialtobrücke sind Wechselstuben von 9–19 Uhr durchgehend geöffnet.

Für **Museen** und **Galerien** gelten keine verbindlichen Zeiten (Öffnungszeiten im Textteil). Kirchen haben meist über Mittag geschlossen und sind während der Messen nicht zu besichtigen.

Post
Die Hauptpost am Rialto (Fondaco dei Tedeschi) ist ganztägig geöffnet, die Filialen schließen um 13.30 Uhr. Briefmarken verkaufen Postämter und Tabacchi-Läden.

Quittungen
Nach den italienischen Steuergesetzen ist es Vorschrift, sich für Dienstleistungen, auch für einen Bar-, Restaurant oder Friseurbesuch, eine Quittung *(ricevuta fiscale)* ausstellen zu lassen und aufzubewahren.

Taxi
Es gibt Wassertaxis *(taxi acquei)* mit Fixtarifen, die an den Standplätzen und in den Booten angeschlagen sind.

Die Fahrt vom Flughafen Marco Polo zum historischen Zentrum kostet ca. 70 €, im Zentrum muss man für die ersten 7 Min. 13,94 € berappen, danach kommen für jeweils 15 Sek. 0,26 € dazu. Zusätzlich zu diesen Grundtarifen sind häufig noch diverse Zuschläge zu bezahlen.

Zentralruf: Tel. 04 15 23 77 74. Sammelstellen: Ferrovia, Piazzale Roma, Rialto, San Marco, Lido und Flughafen.

Telefonieren
Telefonieren kann man aus öffentlichen Fernsprechern mit Telefonkarten *(scheda telefonica)*. Neben der Hauptpost (durchgehend offen) gibt es öffentliche Fernsprechstellen der Telecom. Italien erreicht man mit der Vorwahl 00 39. Von Italien wählt man nach Deutschland 00 49, nach Österreich 00 43, in die Schweiz 00 41.

In Italien ist die mit 0 beginnende Vorwahl Bestandteil der Teilnehmernummer. So muss auch innerorts stets die Ortskennziffer (0 41 für Venedig) mitgewählt werden.

Trinkgeld
Trotz üblicher Inklusivpreise sind Trinkgelder nicht aus der Mode.

Zeitungen
Meistgelesene Tageszeitung ist der »Gazzetino«; deutsche Presse ist überall im Handel erhältlich.

Zoll
Innerhalb der EU-Länder sind Geschenke und Mitbringsel zollfrei; bei Waren für den persönlichen Gebrauch gelten folgende Richtmengen: 800 Zigaretten, 10 l Spirituosen, 90 l Wein pro Person ab 15 bzw. 17 Jahre. Schweizer können Geschenke bis zu 200 CHF mitbringen, zusätzlich 200 Zigaretten, 1 l Spirituosen und 2 l Wein.

Auf Wasserwegen zur Villenpracht

Welch eine Erbschaft, die die Venezianer der Welt hinterließen! Sie bauten nicht nur eine einzigartige Stadt zwischen Himmel und Meer, sondern auch eine Sommerfrische zwischen Adria und Alpen, deren Luxus ihresgleichen sucht. Lieblingsort für venezianische Landvillen waren die Ufer des Brenta-Kanals, ein gezähmter Seitenarm der Brenta, an dessen 33 km langem Wasserlauf ab dem 17. Jh. mehr als 150 prunkvolle Landhäuser entstanden. Arkadien direkt vor der City.

Auf zu noblen Ufern

Seit mehr als 200 Jahren verkehrt auf dem Brenta-Kanal, der von Padua nach Venedig fließt und dort ins Meer mündet, der *Burchiello*. »Ein äußerst liebliches Schiff, mit Spiegeln, Schnitzereien und Bildern geschmückt, das – von sanften Pferden gezogen – alle zwanzig Minuten eine Meile weiterkommt«, schwärmte Venedigs Komödiendichter Carlo Goldoni von der gemächlichen Schiffspartie.

▌ Der Burchiello verkehrt vom 23. März bis Ende Oktober auf dem Naviglio di Brenta. Di, Do und Sa startet er um 9 Uhr am Pontile Pietà an der Riva degli Schiavoni in Venedig. Mi, Fr und So ist um 8.15 Abfahrt in Padua an der Piazzale Boschetti in der Nähe des Bahnhofs. Die Bootspartie dauert einen ganzen Tag. **Informationen** und **Buchungen** in Padua unter Tel. 049660409 oder 0498774712 und in Venedig unter 0415224870 oder 0415223405.

Inzwischen hat die Moderne einiges verändert. Der Burchiello ist heute ein Motorboot, das seinem flotten Erscheinungsbild zum Trotz langsam über den Kanal gleitet, bei den bedeutendsten Villen anlegt und ansonsten viel Zeit lässt, das harmonische Zusammenspiel von Architektur und Landschaft auszukosten.

Tipp Alles Wissenswerte über die Fahrt mit dem Burchiello findet man im Internet unter www.ilburchiello.it

Das »Versailles des Veneto«

Große Geister bauen bekanntlich große Paläste. Der Doge Alvise Pisani nahm sich für seinen Landsitz am Naviglio di Brenta kein geringeres Vorbild als Versailles und ließ sich 1756 einen barocken Protzpalast mit 114 Räumen errichten, mit deren Ausstattung er unter anderem Tiepolo beauftragte. Auch Napoleon fühlte sich in der Villa Pisani heimisch; er wurde 1807 neuer Hausherr. Ende des 19. Jhs. ging die Villa dann in den Staatsbesitz über, seither trägt sie den Beinamen »La Nazionale«. 1934 fand hier die erste Begegnung zwischen Hitler und Mussolini statt.

▌ **Villa Pisani** (»Villa Nazionale«), Via Alvise Pisani, Strà, Tel. 0632651329. März–Ende Okt. tgl. 9–18 Uhr.

> **Tipp** **Brenta fiorita**
> Am zweiten Sonntag im September finden auf dem Brenta-Kanal Bootsfahrten in historischen Kostümen statt – ein faszinierendes Spektakel!

Paläste mit Prätention

Es waren die besten Baumeister der Zeit, bei denen die Venezianer ihre Sommerfrischen in Auftrag gaben. Stararchitekt Andrea Palladio schuf die **Villa Foscari** in strenger Formenzurückhaltung, die sich auch in den würdevollen, ernsten Innenräumen fortsetzt. Allein die Fresken des 17. Jhs. in der *Sala à crociera* zeigen dramatische Szenerien menschlicher Leidenschaften. Von der prachtvollen Anlage der **Villa Barchessa Valmarana** stehen nur noch die beiden Gästehäuser, das eine als Ruine, das andere als pompös ausgebaute Villa.

▌ **Villa Foscari,** »La Malcontenta«. März–Mitte Nov. Di und Sa 9–12 Uhr, an allen anderen Tagen nach Vereinbarung unter Tel. 0415203966 (min. 10 Personen).

▌ **Villa Barchessa Valmarana:** März–Ende Okt. Di–So 9.30–12 und 14–17.30 Uhr.

> **Tipp** **Notturno am Naviglio di Brenta**
> In der Villa Margherita ist heute ein Prachthotel eingerichtet, in dem man sich nach allen Regeln der Kunst verwöhnen lassen kann. Die stilvolle Unterkunft ist ein Palazzo aus dem 17. Jh., direkt am Ufer des Brenta-Kanals – Landleben der Luxusklasse.
> ▌ **Villa Margherita,** Via Nazionale 416, Mira Porte, Tel. 0414265800, Fax 0414265838; www.villamargherita.com

Von Ombra, Cicheti und Goten

Auch im Veneto und Friaul hat man nicht alle Zeit der Welt, doch neben der Arbeit nimmt man sich – auch mehrmals am Tag – Zeit für ein Gläschen Wein im Freundeskreis und Bekannten oder zufälligen Passanten. Schon am Vormittag füllen sich die kleinen Osterie und Weinschänken zwischen Verona und Triest. Stammgästen stellt der Wirt gleich ein Gläschen auf den Tresen, und mit dem Wein in der einen und einem Häppchen in der anderen Hand nimmt der Tag in dieser Gegend gelassen seinen Lauf.

Andar per goti

Wenn man in Verona »zu den Goten geht«, sucht man nicht etwa die Abteilung »Mittelalter« im Historischen Museum auf, man geht vielmehr in die Osteria. »Goto« ist die Bezeichnung für ein Glas Wein, die noch an den Gotenkönig Theoderich erinnert, der einst in Verona herrschte und ein großer Freund des Rebensaftes war. *Andar per goti* ist ein alter Brauch der Veronesen, sich bei einem Glas Wein und ein paar Häppchen zum Plausch zu treffen.

Der schönste Weinkeller an der Etsch

Die Bottega del Vino ist in Verona eine Institution. Auf den Wein, der durch die strenge Prüfung des Sommeliers Severino Bazan geht, ist immer Verlass, die Häppchen reichen von Artischocken im Teigmantel bis hin zu Fischfrikadellen, und an den bemalten Holzwänden der Bottega können sich auch die Augen sattsehen. Mehr als einen Besuch wert!

▌**Bottega del Vino,** Via Scudo di Francia 3, Verona, Tel. 0458004535. Di geschlossen; nicht in den Sommermonaten.

Andar per ombra

Im Herzen Venetiens geht man »in den Schatten«, wenn man in eine Osteria auf ein Glas Wein einkehrt. Der Ausdruck *andar per ombra* stammt noch aus dem Mittelalter, als fliegende Händler den Wein verkauften und sich im Schatten der Gebäude aufhielten, um ihn kühl zu halten. Heute bezeichnet er ein Ritual, das sich mehrmals am Tag wiederholt. Man schaut schnell in einer Osteria vorbei, trinkt eine *ombra*, ein Gläschen Wein und nimmt sich dazu einige *cicheti,* Häppchen, die in unendlichen Variationen angeboten werden.

Tipp **Giro de ombra**
Rund um den Gemüse- und Fischmarkt in Treviso gibt es eine Fülle von Osterien, die zu einem *giro de ombra* einladen. Man zieht von einer Weinschänke zur anderen und probiert genüsslich das Angebot von Weinen und cicheti.
▌**Al Bottegon da Graziano,** Viale Burchiellati 55, Tel. 0422548345.
▌**Alla Peschiera,** Via Peschiera 41, Tel. 042252719.
▌**Muscoli's,** Via Peschiera 25, Tel. 042253390.

Schöne Schattenplätze im Polesine
▌**Al sole,** Via Bedendo 6, Rovigo, Tel. 042522917.
▌**Caffè San Marco,** Enoteca, Corso del Popolo 186, Rovigo, Tel. 042525230.

Tajut

Im Friaul ist der Vormittag die Zeit für einen »Tajut«. In Gesellschaft von Freunden und Bekannten trifft man sich in einer Osteria auf ein Gläschen Wein. Der Begriff »Tajut« bedeutet »kleiner Schnitt« und erinnert an Zeiten, als zwischen Udine und Triest die eher leichteren Weine des Friauls

mit den kräftigen Weinen aus dem Süden Italiens verschnitten wurden. Heute genießt man beim »Tajut« längst das Bouquet reiner friulanischer Weine wie etwa dem Tocai aus Spessa oder dem Sauvignon aus dem Collio.

Tajut in Udine

Mittags ist es laut, voll und quirlig, und man hat seine liebe Not, sich einen Weg druch die bunte Gesellschaft im **Al Cappello** zu bahnen und einen Blick auf die Theke zu werfen, auf der sich Unmengen verführerischer Häppchen türmen: Tajut- Atmosphäre vom Feinsten. Hochbetrieb herrscht mittags auch im **Ai tre musoni,** wo es freitags köstliche Fischhäppchen zum Tajut gibt.

▌**Al Cappello,** Via Paolo Sarpi 5, Tel. 0432299327. So nachmittag und Mo geschlossen sowie im Jan. und Feb.
▌**Ai tre musoni,** Via Marsala 40, Tel. 0432602176.

Hinter Triest beginnt der Karst. Eine Welt aus weißen, zerklüfteten Kalkfelsen, die sich zu einer bizarren Landschaft fügen. Der Blick fällt in trichterförmige Dolinen und weit verzweigte unterirdische Höhlen, entstanden in Jahrmillionen, während derer das in Niederschlägen enthaltene Kohlendioxid den Kalk gelöst und die Karstlandschaft geprägt hat.

Mondlandschaft
und liebliche Küche

Tipp

Der Karst literarisch

Dante, Stefan Zweig, Giuseppe Ungaretti, Peter Handke, Scipio Slataper – der *carso triestino,* jene »Landschaft aus Kalk und Wacholder« und ihr zerklüftetes Gestein inspirierte sie und viele andere Dichter und Schriftsteller. In der Reihe »Europa erlesen« ist im Wieser-Verlag, Klagenfurt die Anthologie »Karst« 1997 erschienen.

Höhlenwunder

Mehr als 5200 Höhlen wurden im Triestiner Karst bereits entdeckt; Hunderte von Hohlräumen sind wohl noch verborgen. Der Abstieg in die Tropfsteinlandschaften des Carso öffnet eine faszinierende Unterwelt voller Geheimnisse und Schönheiten.

Unterirdischer Größenwahn

Eine der größten Höhlen der Welt ist die **Grotta Gigante,** die ihrem Namen alle Ehre macht: 115 Meter ist sie hoch, 130 m lang und 65 m breit. Die Tropfsteingebilde sind bis zu 12 m Höhe gewachsen, unbegreiflich alt, wenn man bedenkt, dass ein Stalagmit im Jahr nur um 0,2 Millimeter wächst.

▍**Grotta Gigante,** Borgo Grotta Gigante, Sgonico (Triest), Tel. 040327312, Fax 040368550, www.ts.camcom.it/deutsch/grotta.htm. 1. April–30. September 9–12, 14–19 Uhr, März und Oktober bis 17 Uhr, Nov.–Feb. 10–12 und 14.30–16.30 Uhr, Mo nur Juli und Aug. geöffnet.

Weitere Höhlen im Friaul:

▍**Grotta di San Giovanni d'Antro,** Pulfero (10 km nördl. von Cividale del Friuli), Tel. 0432709065 oder 0432709138. 400 m lange Höhle mit Resten einer gotischen Kapelle. Besichtigung nur nach Voranmeldung sowie So und Fei 14.30–19 Uhr.

▍**Grotta Nuova di Villanuova,** Villanova, Tel. 0432787020. 3665 m lange unterirdische Galerie, die bis in eine Tiefe von 340 m hinab reicht. Mitte Juni–Mitte Sep. tgl. 9 und 14 Uhr, April, Mai, Sep. Okt. nur an Wochenenden und Feiertagen.

Der Karst kulinarisch

Knödel und Obststrudel sind Spezialitäten der Küche des Karst. Im **Savron** in Sgonico kann man daran Geschmack finden – in der warmen Jahreszeit mit großartigem Blick auf die Karsthochebene.

❚ **Savron**, Via Devincina 25, Prosecco, Tel. 040225592. Di und Mi geschl. ○○

Karst aktiv

Unerschöpflich sind die Wanderwege durch den Karst. Einen der schönsten verdanken wir Napoleon, der zwischen Opicina und Prosecco einen Panoramaweg anlegen ließ. Auch Kletterfreunde kommen auf ihre Kosten in der zerklüfteten Felsenwelt – dabei ist allerdings viel Erfahrung erforderlich.

Informationen:

❚ **APT**, Via San Nicolò 20, Trieste. Tel. 0406796111
❚ **Associazione XXX. Ottobre**, Via Battisti 22, Trieste, Tel. 040635500.
❚ **Internet:** www.trietetourism.it

Nozze Carsiche

Vier Tage dauert von Donnerstag bis zum letzten Sonntag im August die Karsthochzeit in Monrupino. Sie findet alle zwei Jahre statt, das nächste Mal 2003. Die slowenische Minderheit dieser Gegend holt dann die alten Kostüme aus dem Schrank und schlemmt, trinkt und tanzt ohne Unterlass – die karge Welt des Gesteins verlangt nach üppigen Festen.

❚ Infos: **APT Trieste**, Tel. 0 40 6 79 61 11.

Tipp **Flora des Karst**
Den Artenreichtum der Karstflora veranschaulicht der botanische Garten Carsiana. Auf einer Fläche von 6000 Quadratmetern versammelt er die schönsten Blüten und Gewächse der Landschaft. Neben einer Doline gehört auch eine eindrucksvolle Höhle zu den Naturwundern des Parks.

❚ **Carsiana**, Strada per Sgonico–Gabrovizza, Tel. 040229573.
25. April–15. Okt. Di–Fr 10–12 Uhr, Sa, So, Fei 10–13, 15–19 Uhr.

Zwischen Alpen und Adria

Zu Goethes Zeiten, als man noch nicht auf schnellen Autopisten wie im Flug über die Alpen zur Adria gelangte, begann das klassische Italienerlebnis auf der Route durch das Etschtal über Trient nach Verona und über Vicenza und Padua nach Venedig. Seither hat sich viel verändert. Geblieben sind die Wunder alter Stadtbaukunst, berühmte Villen auf dem Lande, die lässigere Lebensart und Tafelfreuden ohne Ende.

Lage und Landschaft

Von außerordentlicher Vielfalt ist die oberitalienische Landschaft, von den grandiosen Felszacken der Dolomiten und den rauen Waldhängen der Karnischen Alpen über Voralpen und sanftes Hügelland hinunter zur flachen Poebene und zur Adriaküste mit ausgedehnten Sandstränden, Lagunen und dem riesigen Delta des Po. Nur 100 km Luftlinie trennen die imposanten Dreitausender der Dolomiten von der Küstenebene, wo das Land teilweise tiefer als der Meeresspiegel liegt.

Die großen Flusstäler von Adige (Etsch) und Tagliamento fungieren seit Menschengedenken als die wichtigsten Transitwege in die Länder jenseits der Alpen. Der überwiegende Teil Venetiens wird durch das Flachland der Poebene gebildet, die »italienischen Niederlande«, die von Flussläufen und Kanälen durchzogen sind. Wie Inseln erheben sich daraus der Höhenzug der Monti Berici und die runden Kegel der Colli Euganei mit ihren Thermalquellen.

Das amphibische Reich des Podeltas und der Lagunen von Venedig, Marano und Grado, im Wechselspiel von Meer und Flüssen geformt, ist durch Urbarmachung *(bonifica)* in den letzten Jahrzehnten stark reduziert wor-

»Doppelte Böden«

Die weißen Kalkfelsen des Triestiner Karst, entwaldet von Römern und Venezianern, sind nicht nur eigenartig als nackte Erosionslandschaft. Ein geologisches Phänomen sind die merkwürdigen Aushöhlungen des zerklüfteten Gesteins: trichterförmige Dolinen; weit verzweigte unterirdische Höhlensysteme mit Tropfsteingebilden, wie die riesige Grotta Gigante bei Triest; Seen, die sich rasch entleeren und wieder auffüllen; Flussläufe, die im Boden verschwinden wie der Timavo, der erst nach 40 km wieder an die Oberfläche tritt (s. S. 478). Verursacher ist das in Niederschlägen enthaltene Kohlendioxid, das in einem natürlichen chemischen Prozess den Kalk löst und Wasser durch Spalten in tiefere Schichten eindringen lässt.

den. Charakteristisch für das Küstenland von Triest ist der kreideweiße Karst, ein poröses Kalksteingebirge mit unterirdischen Wasserläufen und Höhlen.

Klima und Reisezeit

Am schönsten ist es im Frühling, wenn ein Schleier von Pfirsichblüten über dem saftigen Wiesengrün schwebt und in der klaren Luft das Schneepanorama der Alpen über der Ebene liegt. Allerdings sind Regengüsse in dieser Zeit keine Seltenheit.

Der Hochsommer zeigt sich oft diesig, und jeder stöhnt über die *afa*, die bleierne Schwüle, wenn der *Scirocco* feuchte Wärme bringt. Dann fliehen auch die Italiener ans Meer oder ins Gebirge.

Im Herbst kann man noch lange Sonnenwärme und den milden Glanz

des Lichts genießen. Der Winter dagegen ist oft ungemütlich, mit viel Nebelgrau und Regen, manchmal begleitet von der kalten *Tramontana,* dem Schneewind aus den Alpen. Berüchtigt ist auch der Winterwind von Triest, die *Bora,* mit schneidend kalten Böen von bis zu 150 km/h. Doch andererseits locken dann die Berge mit Schnee, Sonne und Wintersport.

Mensch und Natur

Das östliche Oberitalien ist zwar nicht das Land, wo die Zitronen blühen, doch die Rebstöcke gedeihen dafür umso kräftiger. In den wasserreichen, dunstigen Ebenen wachsen nicht Palmen und Zypressen, sondern Pappeln und Weiden. Besonders fruchtbar sind die Schwemmlandböden, die seit Jahrhunderten dem Wasserreich von Po, Etsch und vielen kleineren Flussläufen durch Trockenlegung, Kanal- und Dammbauten abgetrotzt wurden. Überschwemmungskatastrophen, die so gewaltsam waren, dass Etsch und Po dabei sogar mehrfach ihren Unterlauf verändert haben, zeichneten immer wieder die Region. Besonders gefährdet war von jeher das *Polesine,* das Tiefland zwischen Etsch und Po.

Bis in die Alpenregionen hinein ist Oberitalien ein vom Menschen geformtes Kulturland. Spontane Vegetation gibt es dort nur in geschützten Biotopen, z.B. an der Mündung des Tagliamento und im Podelta. Flora und Fauna der Lagunen bilden eine eigene Welt. Im Mikroklima der Monti Berici und Colli Euganei grünt und blüht auch Mediterranes; beide Höhenzüge fungieren als botanische Brücke zwischen Küstenland und Gebirge.

Auch im oberitalienischen Flachland ist ursprüngliche Natur auf Restflächen geschrumpft, seit sich am Al-

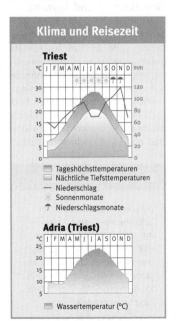

Klima und Reisezeit

Triest

- Tageshöchsttemperaturen
- Nächtliche Tiefsttemperaturen
- Niederschlag
- Sonnenmonate
- Niederschlagsmonate

Adria (Triest)

- Wassertemperatur (°C)

Weinland am Alpenrand:
Winzerhof im Cembra-Tal

penrand ein durchgehender Industriegürtel gebildet hat. Aus der bäuerlichen Landwirtschaft mit kleinen Feldern wurde eine Agrarindustrie mit weiträumig angebauten Monokulturen (hauptsächlich Mais und Wein), die nur noch 7 % der Erwerbstätigen beschäftigt (1961: 30 %). Wuchernde Siedlungen, Gewerbe- und Industriegebiete umklammern die Reste jenes bukolischen Landstrichs, von dem Reisende früherer Zeiten schwärmten: Villen, Bauernhöfe, Bäume und Bäche im dunstig-schillernden Licht vor weiten Horizonten.

Auch die Naturlandschaft der Alpen ist in den vergangenen Jahrzehnten durch Menschenwerk in Mitleidenschaft gezogen worden, nicht nur durch den Bau von Skipisten und anderen Wintersporteinrichtungen. (Die Skiregion Civetta »Dolomiti Superski« hat sich mit ihren 464 Liften zum größten Skizirkus Europas entwickelt!) Eine Bedrohung für Mensch und Natur sind z. B. die zahlreichen Wasserkraftwerke an den Gebirgsflüssen geworden, die man ohne Rücksicht auf Umweltverträglichkeit errichtete. Ein Alarmsignal war der Bergrutsch, der 1963 den Stausee von Vajont überschwappen ließ. Seine niederstürzenden Wassermassen zerstörten das tiefer gelegene Longarone und kosteten fast 2000 Menschen das Leben.

Im Friaul sorgte 1976 die Natur selbst durch zwei heftige Erdbeben für die größte Katastrophe seit Jahrhunderten, bei der fast 1000 Menschen ums Leben kamen und jahrhundertealte Städte, Burgen und Dörfer zerstört wurden.

Während man sich im Trentino seit etwa 30 Jahren aktiv um den Umweltschutz bemüht, hat man in den Alpenregionen Venetiens und Friauls erst in den 1980er-Jahren mit der Ausweisung von Naturschutzgebieten und mit Umweltkontrollen begonnen.

Bevölkerung und Sprache

Schon der venezianische Komödiendichter Carlo Goldoni bescheinigte seinen Landsleuten: »Il carattere della nazione è l'allegria.« Lebensfreude und Liebenswürdigkeit besitzen sie sicherlich noch immer, außerdem Fleiß und Fantasie. Kleine Genüsse wie die *ombra* und eine *chiacchiera,* ein Gläschen Wein und ein Schwatz an der Bar,

Die Sprache Goldonis

Die Menschen Venetiens, ihr Selbstbewusstsein und ihr Gemeinschaftsgefühl sind durch eine uralte Stadtkultur geprägt, und ihr weicher Dialekt, der im ganzen Veneto gesprochen wird, wurde durch Goldoni zur Literatursprache geadelt.

Wasserreichtum: ein Brunnen am Po, dem größten Fluss Norditaliens

gehören zu den notwendigen Unterbrechungen des Alltags.

An der Livenza verläuft die Sprachgrenze zwischen dem Venezianischen und Friulanischen. Das *Furlan* ist ein rätoromanischer Dialekt, der sich aus dem Vulgärlatein der keltischen Karner entwickelte, die zur Römerzeit das Friaul bewohnten. Auch die Menschen sind dort anders, verschlossen und beharrlich, stärker in der ländlichen Kultur verhaftet. 1966 wurde das *Movimento Friuli* gegründet, das sich für den Erhalt der friulanischen Kultur einsetzt, die hier, wie so häufig, besonders an die Sprache gebunden ist.

Daneben gibt es noch alte deutsche Sprachinseln in den Bergen, auf dem Altopiano von Asiago und in Sauris in den Karnischen Alpen, kleine ladinische Sprachgruppen in einigen Dolomitentälern sowie slowenische Minderheiten in Triest und Gorizia (Görz).

In den letzten Jahrzehnten hat insbesondere im Veneto die Landflucht zu einem Prozess der Verstädterung geführt, der die Unterschiede zwischen Stadt und Land immer mehr verwischt. Die Geburtenrate gehört zu den niedrigsten der Welt.

Wirtschaft, Industrie und Umwelt

In den letzten 30 Jahren hat sich der Nordosten Italiens von einem rückständigen Agrarland mit hoher Emigrationsrate in eine der blühendsten Industrieregionen des Landes verwandelt. Das Friaul ist erst im Zuge des Wiederaufbaus nach dem Erdbeben von 1976 von einer Agrar- zu einer Industrieregion mutiert. Das hatte den Vorteil, dass die Entwicklung planmäßiger als im Veneto verlief und alte Siedlungsstrukturen besser berücksichtigte.

Breit gefächert, auch in der geografischen Verteilung, ist die Palette der Wirtschaftszweige. Den größten Anteil haben Klein- und Mittelbetriebe, von den Messerherstellern in Maniago bis zu den Stuhlfabriken zwischen Udine und Gorizia (Görz), wo 800 Betriebe vier Fünftel aller in Italien hergestellten Stühle fertigen, und zu den Kunstschreinern von Bovolone, die Stilmöbel exportieren. International bekannt sind Firmen wie Zanussi (Haushaltsgeräte) in Pordenone oder der Textilriese Benetton in Treviso (s. S. 497).

Wichtig ist auch die Agrarindustrie, vor allem der Weinbau. Venetien ist Marktführer beim Weißwein-Export. Mit an erster Stelle steht der Tourismus an der Adria und in den Alpen.

Die prosperierende Wirtschaft kann nicht verdecken, dass die Industrialisierung teils uralte Strukturen zerstört und die Natur aus dem Gleichgewicht gebracht hat. Das Beispiel der Lagune von Venedig ist nur das bekannteste. Die Umweltprobleme in der dicht besiedelten Region sind erheblich.

Politik und Verwaltung

Schon in der Römerzeit bildete der gesamte Nordosten Italiens von Trient bis Triest als »X. Regio Venetia et Histria« eine politische Einheit. Der größte Teil des Gebiets war auch unter der Herrschaft der Seerepublik Venetiens vom 15. bis zum Ende des 18. Jhs. geeint.

Steckbrief

Venetien
- **Provinzen:** Verona, Vicenza, Treviso, Belluno, Padua, Venedig, Rovigo
- **Hauptstadt:** Venedig
- **Fläche:** 18 380 km²
- **Bevölkerung:** 4,3 Mio.

Friaul-Julisch Venetien
- **Provinzen:** Gorizia, Udine, Triest (Trieste), Pordenone
- **Hauptstadt:** Triest
- **Fläche:** 7845 km²
- **Bevölkerung:** 1,25 Mio.

Trentino
- **Provinz:** Trient (Trento)
- **Hauptstadt:** Trient (Trento)

Heute ist das **Trentino,** jahrhundertelang eigenständiges Fürstbistum, in loser Einheit mit Südtirol zu einer autonomen Region zusammengefasst. Die Region **Veneto,** die das Kerngebiet des alten venezianischen Festlandstaats umfasst, reicht vom Gardasee bis zur Tagliamento-Mündung, vom Podelta bis nach Cortina d'Ampezzo.

Ein Stück Zeitgeschichte verbirgt sich hinter dem Namen der erst 1963 gegründeten Doppelregion **Friuli-Venezia Giulia** im Osten. Die Tatsache, dass Italien nach dem Ersten Weltkrieg die den Österreichern abgenommene Halbinsel Istrien nach dem römisch-antiken Provinznamen Julisch Venetien taufte, brachte einen historisch begründeten nationalen Anspruch auf das Grenzgebiet zum Ausdruck. Seit die Region nach dem Zweiten Weltkrieg bis auf Triest und sein unmittelbares Umland an Jugoslawien verloren ging, ist der Name nur noch patriotische Nostalgie.

Trotz florierender Wirtschaft und relativ geringer Arbeitslosenrate spiegeln auch die Regionalwahlen in Venetien und im Friaul Verdrossenheit, vor allem über Zentralismus und die Ineffizienz der Bürokratie.

Nach dem Zusammenbruch der alten Parteienlandschaft Anfang der 1990er-Jahre trieb es deshalb viele der traditionell konservativen Wähler in die Arme von Berlusconis Forza Italia und in die Fänge der separatistischen Liga Nord. Kleiner ist das Sammelbecken der Unzufriedenen auf der linken Seite des politischen Spektrums in der sozialistischen PDS.

Ein typisch italienisches Phänomen ist der *Campanilismo* (regionaler Partikularismus). Er ist zwar treibende Kraft bei der Bewahrung lokaler Traditionen, steht aber einer gemeinsamen Marschrichtung für ein »Triveneto« (»Drei Venezien«) im Wege.

Geschichte im Überblick

1. Jt. v. Chr. Paläovenetische Kultur der Euganeer und Veneter (Zentren: Este, Padua).

181 v. Chr. Gründung von Aquileia.

15 v. Chr. Gründung der X. Regio Venetia et Histria zwischen Trient und Triest, dem Po im Süden und Forum Julium Carnicum (Zuglio) am Plöckenpass. Die wichtigsten Städte sind Aquileia, Padua, Verona.

Ab 452 Die Hunnen Attilas zerstören Aquileia. Die obere Adria wird nach dem Ende des Weströmischen Reiches Teil des oströmischen (byzantin.) Exarchats (Verwaltungsgebiet des Statthalters) von Ravenna.

568 Einfall der Langobarden und Gründung eines langobardischen Herzogtums mit Hauptstadt Cividale, dem römischen Forum Julii. Entvölkerung der Römerstädte, Flucht der Bevölkerung aus den küstennahen Städten in die Lagunen der Adria. Entstehung von Venedig. Der Küstenbereich bleibt byzantinisch.

774 Karl der Große besiegt die Langobarden. Aufstieg Venedigs.

8.–10. Jh. Die einstigen Römerstädte werden zu Stützpunkten von Feudalherren und Bischöfen.

11. Jh. Italien wird Teil des Heiligen Römischen Reiches Deutscher Nation. Kaisertreue deutsche Kirchenfürsten regieren in Trient, Verona und im Friaul (Patriarchat Aquileia).

12. Jh. Bevölkerungs- und Wirtschaftswachstum; die Städte des Veneto erkämpfen gegen Friedrich Barbarossa die Stadtfreiheit.

13./14. Jh. Aus den freien Kommunen werden Signorien: Adelige Herrschergeschlechter regieren die Städte, z. B. die da Romano, della Scala (Verona), Carrara (Padua).

1383 Triest unterstellt sich der österreichischen Schutzherrschaft.

15. Jh. Venedig ergreift Besitz vom Hinterland. Das Land vom Podelta bis in die Alpentäler, von der Grenze zur Lombardei im Westen bis zur österreichischen Grafschaft Görz im Osten wird für 350 Jahre zum Stato da Terra der Markusrepublik.

1500 Görz und Ostfriaul mit Aquileia fallen an die Habsburger.

16. Jh. Blütezeit der Städte. Repräsentative neue Stadtarchitektur, Patriziervillen auf dem Lande.

17./18. Jh. Niedergang der venezianischen Wirtschaftsmacht.

1797 Napoleon und Österreich diktieren den Frieden von Campoformio. Ende der Republik Venedig und des Fürstbistums Trient.

1805 Das Veneto wird mit der Lombardei, dem Trentino und Friaul österreichisch (Lombardo-Venetien).

1866 Westfriaul und Venetien kommen zum neuen Königreich Italien.

1918 Nach dreijährigen grausamen Kämpfen zwischen Italien und Österreich werden auch das Trentino und Triest samt Istrien italienisch.

1945/47 Nach dem Zweiten Weltkrieg fällt Istrien an Jugoslawien.

1976 Erdbeben zerstören Friaul.

1970er- und 1980er-Jahre Industrialisierung der Region, Landflucht.

1994 Eine Gruppe rechter Separatisten besetzt den Campanile von San Marco in Venedig und fordert die Autonomie Venetiens.

1999–2001 Topmanager von Chemiefabriken in Porto Marghera stehen in Mestre wegen der Lagunenverschmutzung und dem Krebstod von 150 Arbeitern vor Gericht. Der Prozess endet mit Freispruch.

Kultur gestern und heute

Zwischen Alpen, Adria und Po kreuzten sich seit ältesten Zeiten Einflüsse aus vielen Himmelsrichtungen. Die Adriahäfen waren das Tor zum griechischen Osten, nach Byzanz und zum Orient. Der Po verband Küstenland und Ebenen mit der Lombardei und Frankreich und die Alpentäler mit dem deutschen Norden. Wenngleich das sicherlich großartigste Produkt dieser Verschmelzung der Lagunenstaat Venedig darstellte, künden auch auf dem Festland Zeugnisse von der Verbindung von Orient und Okzident.

Überaus »multikulturell« erscheint die mittelalterliche Antonius-Basilika in Padua (s. S. 470). Dort krönen veneto-byzantinische Kuppeln und orientalisierende minarettartige Türme einen gotischen Raum, dessen in Italien höchst ungewöhnlicher Umgangschor französischen Kathedralen nachgebildet ist. Im Trentino und in Karnien finden sich gotische Schnitzaltäre wie in Tirol und Kärnten. Und in Triest und Gorizia (Görz) im Osten, wo jahrhundertelang die Habsburger regierten, ist der k. u. k. Anstrich unübersehbar.

Antike

Zur Zeit des Kaisers Augustus wurden die Städte Venetiens mit Fernstraßen verknüpft und erhielten eine bauliche Gestaltung nach römischem Vorbild: ein rechtwinkliges Straßennetz um das zentrale Achsenkreuz von *Cardo* und *Decumanus* mit dem öffentlichen *Forum* in der Mitte; Monumentalbauten wie Tempel, Theater und Thermen und eine Stadtmauer mit Toren und Türmen. Die größten und reichsten

Römerstädte waren Padua, Verona und Aquileia, das später in den Barbarenstürmen völlig unterging. Verona (s. S. 453 ff.), Geburtsort des Dichters Catull, besitzt die meisten Denkmäler der römischen Antike, nicht nur die weltberühmte Arena. In vielen Städten ist noch das Straßenkreuz der Römerstadt zu erkennen und die Piazza liegt manchmal direkt über dem römischen Forum, wie in Verona oder Vicenza.

Zwischen Antike und Mittelalter

Aquileia war schon im 4. Jh. bedeutender Bischofssitz. Aus dieser Zeit stammt der wunderbare Mosaikboden des Doms (s. S. 506), der heute einsam aus dem Ruinenfeld der Römerstadt ragt. Als die Bewohner der Römerstädte im Bogen der oberen Adria im 6. Jh. vor den Invasionen von Hunnen, Goten und Langobarden in das Labyrinth der Lagunen fliehen mussten, begann die Sonderentwicklung Seevenetiens, das politisch und kulturell mit Byzanz verbunden blieb.

In Grado, Fluchtort der Einwohner von Aquileia (s. S. 506), stehen noch Kirchen des 5./6. Jhs. vom Typus der Basiliken in Ravenna. In diese Zeit fielen auch die Anfänge der Lagunensiedlung Venedig, die später zur Königin der Adria und zur Herrscherin über Veneto und Friaul aufsteigen sollte.

Wenige Spuren hingegen hinterließen die kriegerischen Langobarden, die 568 über die Alpen stürmten und in einer Blitzaktion das Land unterwarfen, obwohl sie für zwei Jahrhunderte Oberitalien beherrschten: Die in Cividale im Friaul bewahrten steinernen Relikte zeigen in ihrer vereinfachenderz Darstellung nur mehr ferne Anklänge an antike Vorlagen. Unter dem Eindruck byzantinisch-orientali-

Von ehrwürdigem Alter ist der Dom von Grado aus dem 6. Jh.

scher Stilisierung wird die Figurendarstellung auf ein Flächenornament reduziert (z. B. Ratchis-Altar, s. S. 512).

Romanik

Die fleißigen Benediktinermönche waren die Einzigen, die in Jahrhunderten der Zerstörung und des Verfalls das Erbe der römischen Zivilisation bewahrten. Sie wussten, wie man aus Sümpfen fruchtbare Äcker macht, wie man mauert und wölbt und was man aus alten lateinischen Schriften lernen konnte. Sie waren Selbstversorger und ihre Klosterstädte autarke Zentren. Ein Ort, an dem man etwas vom Geist der Mönche zu spüren glaubt, ist die abgelegene Abtei von Sesto al Reghena (s. S. 505). Um die Jahrtausendwende wurde die Wiederbesiedlung der alten Römerstädte von den Bischöfen gefördert. Es entwickelte sich ein selbstbewusstes Bürgertum, das sich im Laufe des 12. Jhs. die Unabhängigkeit von Kirche und Kaiser erkämpfte.

Mit der Epoche der freien Kommunen begann der Ausbau der Städte, die von den Bürgern zu einem großen Gesamtkunstwerk gestaltet wurden. Sie entwickelte sich um zwei Pole, einen weltlichen in der Umgebung des Palazzo Comunale (Verona, Treviso), Symbol des freien Bürgertums, und einen geistlichen im Umkreis des Doms. Monumentale Akzente setzten auch die Ordenskirchen, manchmal nicht weniger großartig als die Dome (vgl. San Zeno, Verona, S. 459).

Gotik

Die Ablösung der Bürgerherrschaft durch die der adligen Signorien fiel in die Zeit des Stilwechsels von der Romanik zur Gotik (13./14. Jh.). Es entstanden die großen Kirchen der Bettelorden wie San Lorenzo in Vicenza (s. S. 465), Sant'Anastasia in Verona und San Nicolò in Treviso (s. S. 498), der bedeutendste Bau der Backsteingotik im Veneto.

Treviso wurde im 13. Jh. ein Zentrum festesfreudiger, ritterlicher Lebensart, wo die Troubadourlyrik eine Blüte erlebte. Die Vergnügungen des Ritterlebens schildert ein einzigartiger

Die Villa Pisani in Strà

Freskenzyklus von Monatsbildern im Castello del Buonconsiglio in Trient (s. S. 451).

Gotische Bauten waren auch die Zwingburgen der ritterlichen Tyrannen, die im 14. Jh. die meisten der Städte beherrschten. Die rötlichen Mauern der Scaliger mit den Ghibellinenzin-nen sind bis heute das Wahrzeichen zahlreicher Orte vom Gardasee bis Soave.

Das »Trecento«, das 14. Jahrhundert, war zugleich eine große Epoche der Wandmalerei. In vielen Städten, besonders in Padua, sind die Kirchenwände ein Museum gotischer Bildergeschichten. Gleich zu Anfang des Trecento entstand ein epochales Meisterwerk der europäischen Kunst, Giottos Freskenzyklus in der Arena-Kapelle (s. S. 471), dessen Bildsprache über die traditionelle byzantinische Formentradition der zeitgenössischen Malerei Italiens weit hinausweist.

Erst die Maler der Renaissance folgten später seiner Vision, während sich die jüngeren Maler des Trecento noch stärker an byzantinischen Vorlagen

Villen im Veneto

Historische Landhäuser gibt es auch anderswo, doch die Villenkultur des Veneto ist etwas Einmaliges. Fast 4000 Villen entstanden zwischen dem 15. und 19. Jh. zwischen Gardasee und Friaul, zwischen Poebene und dem Cadore. Die berühmtesten baute **Andrea Palladio** (s. S. 463), der ihre Typologie für Generationen festlegte: ein Kubus, maßvoll in Größe und Dekor, als Herrenhaus mit den klassischen Würdeformeln Säule und Giebel und Wirtschaftsgebäude als niedere Seitenflügel mit Bogengängen *(barchesse)*. Die meisten dieser Landhäuser gehörten dem venezianischen Adel und waren das Zentrum der landwirtschaftlichen Güter, mit deren Erwerb (oder Konfiszierung) Venedig das Hinterland »kolonisierte«. Vor allem entlang des Brenta-Kanals zwischen Venedig und Padua reihten sich die Villen. War die Villa anfangs nach antikem Vorbild ein Ort des besinnlichen Rückzugs in die Natur gewesen, wo man über das einfache Leben philosophierte, so entwickelte sie sich im Laufe der Zeit zum Statussymbol und das Landleben zu einem gesellschaftlichen Ereignis, bei dem jeder mithalten wollte, selbst wenn er sich dabei ruinierte.

Mit dem Einmarsch Napoleons und dem Ende Venedigs war es mit der Villeggiatura vorbei. Erst vor wenigen Jahrzehnten begann man, dem drohenden Verlust dieser Kultur entgegenzuwirken. Hunderte von Villen wurden von Staat, Gemeinden oder Privatleuten restauriert.

orientierten (Giusto de' Menabuoi, Baptisterium, s. S. 468) oder dem sanften Linienschwung und der weichen Farbigkeit der internationalen höfischen Gotik folgten (Altichiero Altichieri, Antoniusbasilika, s. S. 470).

Renaissance

Als der große Bildhauer Donatello aus Florenz ab 1444 einen neuen Hochaltar für den Santo in Padua schuf, hinterließ seine von der Antike inspirierte Darstellungsweise einen gewaltigen Eindruck – besonders bei einem jungen Malschüler, der nach seinem Vorbild scharf gezeichnete Figuren entwarf; er stellte die Bilder in perspektivisch geordnete Bühnenräume mit römischen Säulen und Toren. Dieser Künstler hieß Andrea Mantegna und war der erste Renaissancemaler Venetiens.

Die Ausbreitung der Renaissance im Veneto fiel zusammen mit der politischen Unterwerfung der ganzen Region unter die Herrschaft Venedigs. Der politischen folgte die kulturelle Assimilierung, Kunst und Architektur im Veneto und im Friaul wurden »venezianisch«. Im 16. Jh. zog Venedig viele Künstler des venezianischen Festlands an, darunter Giorgione (1478–1510), Tizian (1488–1576) und Paolo Caliari (1528 bis 1588), nach seiner Geburtsstadt Veronese genannt.

Von Padua bis Rovigo, von Udine bis Belluno erhielt die Piazza einen venezianischen Anstrich, mit malerischen Loggien und rhythmisierten Fensterarkaden, einem Uhrturm und der obligatorischen Säule mit dem Markuslöwen.

Zwei Baumeister der Spätrenaissance zeichneten sich durch eine eigene Architektursprache aus: der Veroneser Stadtbaumeister Michele Sanmicheli (1484–1559) und Andrea Palladio (1508–1580) aus Vicenza, einer der einflussreichsten Baumeister in der europäischen Architekturgeschichte (s. S. 463). Die Entwürfe für seine Villenbauten (s. S. 440) wurden bis ins 19. Jh. weltweit tausendfach kopiert und variiert .

Barock

Barocker Überschwang war der Architektur des Veneto und Friaul fremd. Kirchen und Villen blieben dem klassischen Palladio-Vorbild verhaftet. Im 17. Jh. kannte die venezianische Malerei kaum große Namen, dafür entfaltete sie sich im 18. Jh. umso reicher.

Der unbestrittene Meister der spätbarocken Malerei war Giovanni Battista Tiepolo (1696–1770), dessen festlich-virtuose Himmelsbilder Schlösser von Würzburg bis Madrid schmücken. Wunderbare Raumdekorationen Tiepolos bewahrt auch Venetien, die kostbaren Frühwerke in Udine (s. S. 508) und Fresken in der Villa Valmarana in Vicenza, der Villa Cordellina in Montechio Maggiore und dem Dogenschloss der Pisani in Strà.

Literatur in Triest

Im 19. Jh. stieg der (österreichische) Hafen von Triest zum großen Handelsplatz der Donaumonarchie auf und wurde mit Architektur im Weltstadtformat ausgestattet. Das multiethnische Triest, italienisch, österreichisch, slowenisch mit jüdischen, griechischen, serbischen, armenischen Minderheiten, wurde gegen Ende des Jahrhunderts auch eine Stadt der Literatur.

Der Lackfabrikant Ettore Schmitz, der sich als Dichter Italo Svevo (1861 bis 1928) nannte, war ein echter Triestiner, jüdischer Kaufmann deutsch-italienischer Abstammung, zerrissen in seinem Identitätsgefühl. Mit seinen Erzählungen und Romanen, besonders dem Spätwerk »Zeno Cosini« (1923), gehört er zur literarischen Avantgarde des 20. Jhs. Er war ein Skeptiker, der auf die Fragmentierung der Wirklichkeit und die Dämmerung des Subjekts mit ironischer Unentschlossenheit antwortete.

Weitere bedeutende Dichter des 20. Jhs. aus Triest sind der Lyriker Umberto Saba (1883–1957) und Scipio Slataper (1888–1915), der als glühender italienischer Patriot slawisch-italienisch-deutscher Abstammung die »gequälte Seele« der Stadt zwischen den Kulturen verkörperte. Zu den wichtigsten zeitgenössischen Vertretern gehören Fulvio Tomizza (geb. 1935) und Claudio Magris (geb. 1939).

Tipp Zur Einstimmung sehr zu empfehlen ist die Anthologie **Triest – Europa erlesen,** Wieser Verlag, 1997.

Feste & Veranstaltungen

Feste – *Fiere, Mostre* und *Sagre* – gehören zum Kern des italienischen Gemeindelebens. Sie ranken sich um kirchliche Festtage, Wein-, Kirschen- oder Spargelernten, historische Ereignisse oder regionale Märkte. Das größte religiöse Stadtfest ist die Festa di Sant'Antonio in Padua am 13. Juni.

■ **Karneval** kennt man nicht nur in Venedig. Verona hat seinen **Carnevale di San Zeno** mit der Hauptfigur des Papà del Gnoco. Karneval gibt es vom Hafenstädtchen Muggia bei Triest bis ins alpenländische Sappada.

■ Unter den historischen Festen im August oder September ist der **Palio in costume,** ein Pferderennen in historischen Kostümen, in Montagnana und Feltre das Lokalereignis des Jahres. Verona hat seinen **Drappo Verde,** dessen Ursprung bis auf die Scaligerzeit zurückgeführt wird. Zu den bekanntesten historischen Spektakeln gehört die **Schachpartie mit lebenden Figuren** in Marostica (s. S. 485). Die vielleicht älteste Kirmes ist die

Sagra di osei in Sacile, ein seit 1351 existierender Vogelmarkt, auf dem die Papagenos der Region ihre in den Wäldern gefangene Beute zum Kauf feilbieten durften.
■ Sehr beliebt sind die sonntäglichen **Trödel- und Antiquitätenmärkte** (*Mercatini dell'Antiquaria-to*). Die höchste Qualität bieten diejenigen von Asolo (am 2. Sonntag des Monats) und Vittorio Veneto (am 1.). Eine **Antiquitätenmesse** findet im April und Dezember in der Villa Manin in Passariano statt.
■ Den Überbau der lokalen Fiere und Sagre bilden die großen, auch international bedeutenden Fachmessen wie die Weinmesse **Vinitaly** in Verona und die Juweliermessen **Orogemma** und **Vicenza Oro** in Vicenza.
■ Im Sommer haben die Festivals überall Saison. Das bedeutendste Ereignis sind die **Opernfestspiele** in der Arena von Verona (s. S. 454). In Triest gibt es ein **Operettenfestival,** in Gorizia ein **Folklorefestival,** und im Trentino öffnen mehrere Burgen ihre Pforten für die sommerliche Konzertsaison.

Aus Küche und Keller

Hummerravioli in Pernodsauce, Melonenrisotto mit Zucchiniblüten, getrüffelte Gnocchetti, Pappardelle mit Kaninchensugo? Wie wärs zum Nachtisch mit Feigen-Crespelle und Minzeeis oder Waldbeeren mit Kümmel und Akazienhonig? Venetien ist ein Schlemmerparadies für Feinschmecker.

Die Küche des Veneto

Der Ruhm der Küche des Veneto basiert auf der absoluten Frische und Qualität der Produkte, auf Leichtigkeit und kreativer Fantasie. In guten Lokalen wird täglich alles frisch zubereitet, von den Teigwaren – *pasta fatta in casa* – bis hin zu den *dolci*, den verführerischen Nachspeisen.

In Küstennähe, wo in den *valli da pesca* der Lagunen und im Podelta Fische gezüchtet werden, überwiegen Meeresfisch und Krustentiere, landeinwärts Fleisch, zur Herbstsaison Wild und Wildgeflügel.

Überall beliebt ist feiner luftgetrockneter Schinken *(prosciutto)* aus San Daniele oder Montagnana oder geräucherter *speck* aus Sauris.

Bei den *primi piatti* spielen Nudelgerichte nicht die erste Geige. Eine Spezialität sind *bigoli*, dunkle Vollkornspaghetti, die man gern *con salsa*, mit Zwiebeln und Sardinen, serviert. Daneben gibt es abwechslungsreich angerichtete *gnocchi* und sämige *risotti*, vom klassischen *risi e bisi* (Reis mit jungen Erbsen und Zwiebeln) bis hin zu fantasievollen Kombinationen mit Meeresfrüchten, Pilzen und Gemüsen.

Im Frühling tauchen der weiße Spargel *(asparago)* von Bassano und grüne *bruscandoli,* wilde Hopfensprossen, auf den Speisekarten auf. Zur Pilzzeit dominieren *porcini* (Steinpilze) und *finferli* (Pfifferlinge). Ein besonders feines Wintergemüse ist der dunkelrote *radicchio rosso di Treviso,* ein langblättriges Zichoriengewächs von zarter Bitterkeit, das roh als Salat, gegrillt oder gedünstet gleichermaßen geschätzt wird.

Polenta aus weißem oder gelbem Maismehl ist die klassische Beilage. Als traditioneller Sattmacher werden *pasta e fagioli,* ein Eintopf aus Nudeln und dicken Bohnen, serviert.

Einheimische Käsesorten sind der *Montasio,* der *Asiago* und der *Provolone.* Unvergesslich auch die *gelati* – die Eismacher aus dem Cadore haben die kühle Köstlichkeit hier eingeführt.

Jede Provinz hat ihre eigenen Küchentraditionen. Im Trient gibt es deftige *canederli* (Speckknödel) und die feinen grünen Gnocchi *strangolapreti* (Pfaffenwürger). Vicenza hat seinen *baccalà* (Stockfisch), Belluno seine *casunziei* (Ravioli).

Die Küche des Friaul

Sie ist deftiger und gehaltvoller. Man liebt Würste, auch zum Wein: *luganje, palmone* oder muset e *brovada,* Wurst vom Schwein mit sauer eingelegtem Rettich, *jota,* eine Suppe aus Bohnen, gesäuertem Kraut und Schweinefleisch, oder *frico,* knusprig frittierten Käse. In Karnien bereitet man *cjaslons,* Teigtaschen mit süßer und salziger Füllung, z. B. mit Kürbis und Nüssen oder Kräutern.

In den traditionellen Gasthäusern sitzt man rustikal gemütlich um den *focolâr,* einen gemauerten Herd mit Kaminhaube.

Die Küche Triests

Nach Osten hin wird der Einfluss der Donaumonarchie spürbar. Da gibt es *gnocchi di susine* (Zwetschgenknödel), *struculo* (Strudel), Gulyas mit Polenta oder Ente »alla radetzky«. Alt-Österreich prägte die Küche Triests mit Kesselfleisch, Kren (Meerrettich) und Kümmelstangen, *palacinche* (Palatschinken), Dobostorte und *guguluf,* dem guten Gugelhupf.

Delikate Souvenirs erhält man vielerorts direkt beim Erzeuger: Wein, Grappa, luftgetrockneten Schinken und Nudeln in allen Variationen.

Weine der Region

Vom Etschtal bis zur slowenischen Grenze ist die Südflanke der Alpen Weinland. Zwischen Trient und Triest wird der größte Teil italienischer Qualitätsweine aus kontrolliertem Anbau (DOC) produziert. Neben den überall angebauten Sorten Pinot Grigio und Pinot Bianco, Sauvignon und Chardonnay (weiß) sowie Merlot und Cabernet (rot) gibt es auch die oft ausdrucksvolleren einheimischen Rebsorten, wie *Marzemino* und *Teroldego* im Trentino, *Amarone* im Valpolicella, *Verduzzo* und roten *Refosco* im Friaul.

In den weltbekannten Anbaugebieten Valpolicella und Soave (s. S. 484) setzt man mehr auf Masse als auf Klasse. Der gefällige Soave hat inzwischen den toskanischen Chianti als Exporttrenner überflügelt. Eine steile Karriere hat auch der im Champagnerverfahren verarbeitete *Prosecco* aus Valdobbiadene und Conegliano nördlich von Treviso gemacht (s. S. 499f.).

Aus Grave del Friuli kommen die preiswerten Rotweine (Merlot, Cabernet, Refosco), ebenso aus Lison-Pramaggiore in der Küstenebene. Die feinsten und teuersten Weißweine stammen aus dem östlichen Friaul, dem Collio Goriziano und den Colli Orientali entlang der slowenischen Grenze. Dort ist die klassische Sorte der *Tocai Friulano.*

Urlaub aktiv

Die Touren führen zu alten Kunststädten, Villen und Burgen. Für sportliche Aktivitäten weicht man besser an die Adriaküste sowie ins Trentino aus.

i **APT del Trentino,**
38100 Trento, Via Sighele 5, Tel. 046194444, Fax 0461915978.
▮ **Punto Trentino,** Maximilianstraße 40, 80539 München, Tel. (089) 29 16 46 24, Fax 29 16 46 25; www.trentino.com. Man erhält hier auch Wanderkarten.

Wellness

Einen Mix aus Kur, Sport und Ausflügen bietet der Thermalbadkomplex von Abano-Montegrotto bei Padua (s. S. 491 f.); www.termeeuganeeapt.net

Golf

Das Veneto besitzt 13 Golfplätze. Zwei der besten liegen in den Colli Euganei: Golfclub Padua in Valsanzibio di Galzignano und Frassanelle di Rovolon, die einen historischen Villenpark einbeziehen. Gleiches gilt für den größten Platz (27 Löcher): Villa Condulmer in Zerman bei Mogliano. Im Friaul gibt es Golfplätze bei Pordenone (Castel d'Aviano), Lignano, Udine (http://turismo.regione.veneto.it/golf).

Für einen Urlaub geeignet ist das Hotel San Floriano (s. S. 513) im Collio.

Reiten

Diesen Sport bieten einige feinere Landhotels sowie landwirtschaftliche Betriebe (Agriturismo, s. S. 446).

Sport am und im Wasser

Die Adriaküsten des Veneto und von Friaul bieten eine Fülle sportlicher Betätigungen. Die großen, mitunter sehr breiten Sandstrände eignen sich für Beach-Volleyball, Basketball, Fußball und Jogging. In Caorle, Bibione, Grado oder Duino findet man auch Schulen für Segeln, Tauchen oder Windsurfen.

i Die lokalen Fremdenverkehrsämter informieren über die Adressen der Wassersportzentren.

Tipp Im Ferienzentrum Caorle bieten folgende Schulen Segel- oder Windsurfkurse an:
▮ **Circolo nautico,** V. Pigafetta 18, Porto S.ta Margherita, Tel. 0421260001.
▮ **Società velica Caorle,** Calle Castello 8, Tel. 3381526423.
▮ **Windsurfe Caorle,** bei Ixtlan, Tel. 042180328, 3384116164.

Per Zweirad unterwegs

▮ Routenkarten für **Mountain-Bike-Touren** durch die Colli Euganei gibt es bei **APT Padua** (s. S. 467); E-Mail: pedala@tin.it
▮ An der Brenta: Infos, Verleih, Routenkarte: **APT Riviera del Brenta,** Mira, Via Don Minzoni 26.
▮ In Friaul: Broschüre, Routeninfo bei **ediciclo,** Portogruaro, Tel. 042174475.
▮ Das Fremdenverkehrsamt Friaul/Julisch Venetien gibt eine unentgeltliche Karte mit 20 Radtouren durch die Region heraus. Zu beziehen bei: **APT Trieste,** Via G. Rossini 6, Tel. 040363952, oder **APT Goriza,** Via Diaz 16, Tel. 0481533870.

Unterkunft

Das Land liegt abseits des Massentourismus. Mit touristischer Infrastruktur können nur die Thermalbäder Abano und Montegrotto (s. S. 492) aufwarten. In den Städten gibt es Unterkünfte sämtlicher Kategorien. Sehr groß ist das Angebot in Verona, wo allerdings während der Festspiel- und Messezeiten eine Vorausbuchung unbedingt erforderlich ist. Das gleiche gilt für Padua und Vicenza. Die Hotellerie der großen und kleinen Städte im Veneto hat sich in den letzten Jahren stark verbessert.

Villenhotels gehören der oberen Preisklasse an, dafür wird gelegentlich ein Pool und Tennis geboten.

Tipp Luxus in historischem Ambiente genießt man z. B. in der Villa Cipriani in Asolo, der Villa Giustinian in Portobuffolè oder in der Villa Condulmer in Mogliano Veneto. Infos bei **APT Treviso,** Fax 0422419092 (siehe auch S. 498).

Ferienwohnungen in Villen des Veneto vermittelt **Cuendet,** Bahnhofstr. 94a, 82166 Gräfelfing, Tel. (0 89) 8 54 55 21, Fax 8 54 55 22.

Unter dem Zeichen **Agriturismo** werden auf schönen Höfen mit Übernachtungsmöglichkeit auch Wein, Öl oder Honig direkt vom Erzeuger angeboten. Manchmal ist ein Restaurant oder ein Reitstall angeschlossen. Infos bei APT; www.agriturismofvg.com

Jugendherbergen gibt es in Trient, Rovereto, Verona, Feltre und Triest. Die schönste liegt in der Burgmauer von Montagnana.

Campingplätze (geöffnet nur im Sommer) locken in Trient, Verona, Vicenza, Belluno (Nevegal) und Triest.

Reisewege

Mit Bahn und Bus

Eine der Hauptrouten der Bahn von Deutschland nach Italien führt über Verona mit Kurswagen nach Padua und Venedig. Große und kleine Städte zwischen Trient und Triest verbindet ein dichtes Eisenbahnnetz. Autoreisezüge verkehren von Hamburg über Hannover und Köln nach Verona.

Ein Europabus der Deutschen Touring fährt nach Abano und Montegrotto (Infos: DER-Reisebüros).

Mit dem Auto

Vom Brenner führt die Autobahn A22 über Trient nach Verona, von dort die A4 nach Venedig und Triest. Die A23 verbindet Österreich (Villach) über Tarvisio mit Friaul und Udine und mündet in die Autobahn Venedig–Triest. Teilstrecken führen von der A4 ins Gebirge nach Norden, die A31 über Vicenza zur Hochebene von Asiago und die A27 über Treviso ins Cadore. Pordenone ist über die A28 mit der Küstenautobahn verbunden.

Verkehrsreich sind insbesondere die Staatsstraßen im Veneto. Parken ist in nahezu allen Städten des Veneto und Friaul kostenpflichtig; bei einem mehrstündigen Aufenthalt empfiehlt sich ein bewachter Parkplatz.

Mit dem Flugzeug

Nach Venedig fliegt Lufthansa ab München, Frankfurt/M., Düsseldorf täglich, ab Hamburg nur Sa, So. Verona wird von München direkt angeflogen. Air Dolomiti fliegt von München nach Triest.

**Trient (Trento)

Seite 451

Renaissance im Gebirge

Trient (194 m, 101 538 Einw.), die Hauptstadt des Trentino, liegt tief im Etschtal, umgeben von hohen Bergen. Die erste rein italienische Stadt an der Brennerroute empfängt nicht mit alpenländischer Enge, sondern mit breiten, geraden Straßen und festlichen Renaissancepalästen mit bunten Fresken – so, wie sie vor 450 Jahren als Tagungsort für das größte Konzil der Kirchengeschichte herausgeputzt wurde. Trient gehört heute zu den italienischen Städten mit der höchsten Lebensqualität, nicht nur wegen der gepflegten, autofreien Altstadt, sondern auch wegen der großartigen Naturlandschaft des Trentino, seiner Weinhügel, Seen, Hochebenen und Dolomitenspitzen.

Der Dom steht im Mittelpunkt der alten Bischofsstadt

Die Stadt an der Schnittstelle deutscher und italienischer Kultur spielte immer eine wichtige Mittlerrolle zwischen Nord und Süd. Als Grenzposten *Tridentum* war sie in der Römerzeit die nördlichste Stadt des italischen Mutterlandes vor den Provinzen.

Im Mittelalter machten die deutschen Kaiser Trient zu einem Fürstbistum (seit 1027 beurkundet) und besetzten Trient mit treuen Vasallen, die ihnen den freien Zugang nach Italien garantierten.

Der bedeutendste Bischof des Mittelalters war Federico Vanga (1218 gest.), der einen großartigen neuen Dom bauen ließ. Unruhige Zeiten folgten im 14. Jh., Konflikte zwischen Bürgern und Bischöfen, Übergriffe der Grafen von Tirol. Im 15. Jh. rief man Österreich zu Hilfe, um die Machtansprüche Venedigs abzuwehren. Seine Glanzzeit erlebte die Stadt unter der Schutzherrschaft Österreichs im 16. Jh. 1508 wurde Maximilian I. dort zum Kaiser gekrönt.

1797 versetzte Napoleon dem Fürstbistum den Todesstoß. Nach der österreichischen Herrschaft des 19. Jhs. wurde Trient erst 1918 italienisch.

Machtzentrum **Domplatz

In der Bischofsstadt, wo weltliche und kirchliche Macht zusammentrafen, steht der Dom im Zentrum. Er beherrscht mit seiner majestätischen Langseite die **Piazza Duomo.**

Im rechten Winkel schließt sich der **Palazzo del Pretorio ❶** an, bis 1235 die Residenz des Bischofs und später Justizpalast. Mag die Rekonstruktion (1963) des Palazzo in seinen romanischen Stilformen auch fragwürdig erscheinen, das Ergebnis ist jedenfalls recht malerisch. Das darin eingerichtete **Museo Diocesano** (tgl. außer So 9.30–12.30, 14.30–18 Uhr) zeigt den Domschatz und flämische Wandteppiche des 16. Jhs.

Seite 451

Die **Torre Civica** (11. Jh.), ein trutziger Wehrturm, war mit der ältesten Stadtmauer verbunden und steht an der Stelle eines Römertors.

Zur Via Belenzani leiten die prächtigen, mit farbenfrohen Allegorien bemalten ***Case Cazuffi ❷** (1531–1533) über, schöne Beispiele für den Renaissanceumbau gotischer Paläste unter Bischof Cles. Eine heitere Note setzt der sprühende barocke **Neptunsbrunnen** (1768) in der Platzmitte mit seinen Seepferden und Sirenen. Bei einem Cappuccino unter den Arkaden kann man das Platzensemble in Muße und im Detail auf sich wirken lassen.

Der dem römischen Märtyrer Vigilius geweihte romanische ***Dom ❸** wurde ab 1212 unter Federico Vanga errichtet. Die Schauseite ist die zum Platz gerichtete Nordflanke: durchgliedert mit einem horizontalen Band von Galerien, prächtig profilierten Rundbogenfenstern, einem als Rad der Fortuna ausgebildeten Kreisfenster und der Bischofspforte mit Renaissancevorbau.

An der Westfassade mit einer Fensterrose aus dem 14. Jh. wurde nur einer der beiden Türme ausgeführt, den eine barocke Haube krönt. Reich ist das bildhauerische Dekor der Chorpartie mit Knotensäulen, Löwen und schönen Knospenkapitellen. Die Nordapsis reicht ins **Castelletto** hinein, die ehemalige Wohnburg des Bischofs Vanga (13. Jh.).

Der lichtarme spätromanische ***Innenraum** betont in fast schon gotischer Manier die Vertikale: hohe, steile Arkaden im engen Wechsel mit halbrunden Pfeilervorlagen. Von den Fresken im Querhaus sind vor allem die im linken Flügel (14. Jh.) bemerkenswert.

Die barocke Cappella del Crocefisso birgt eine ***Kreuzigungsgruppe** des Nürnbergers Sixtus Frei (Anf. 16. Jh.), vor der die Dekrete des Konzils verlesen wurden.

Die geschäftige Via Mazzini südlich des Doms ist die Hauptachse des **Borgo Nuovo,** der Stadterweiterung aus dem 12. Jh. Sie endet zwischen dem Rundturm und Resten der mittelalterlichen Stadtmauer. Dahinter liegt die **Piazza della Fiera,** Marktplatz seit dem 14. Jh.

Die besten Delikatessen kauft man bei **Mattei** in der Via Mazzini 46 und bei **La Gastronomia** in der Via Mantova.

Vom *Dom zur Etsch

Die ***Via Belenzani,** schönste Straße der Altstadt, unter Bischof Bernhard von Cles verbreitert und baulich neu gestaltet, bildet den Auftakt der repräsentativen Verbindung zwischen Dom und Castello del Buonconsiglio, der Bischofsburg am Rande der Altstadt.

Das *Municipio* (Rathaus) im **Palazzo Thun** (16. Jh.), Ecke Via delle Orne, steht vermutlich über dem römischen Forum.

Gut erhalten sind die Fassadenmalereien zweier prächtiger Paläste: Der ***Palazzo Quetta** (Nr. 32) hat verschiedene Hälften, weil er Ende des 15. Jhs. aus zwei Gebäuden zusammengefügt wurde. Er zeigt echte und gemalte Fenster in asymmetrischer Anordnung, eine Dekoration aus Wappenscheiben auf der linken (15. Jh.) und festliches Rankenornament mit Putten auf der rechten Seite (16. Jh.).

Um 1540 entstanden die Fresken des ***Palazzo Geremia ❹**, u. a. mit illusionistischen Raumeffekten und Szenen vom Besuch Kaiser Maximilians.

Der Domplatz von Trient

Seite
451

Auch die **Via Manci** ist Teil der clesianischen Stadterneuerung. Die Achse Via Roma/Via Manci ist mit dem *Decumanus,* der Hauptachse der Römerstadt, identisch. Den eleganten *Palazzo Trentini** aus dem 18. Jh. kann man Sa von 8–12 Uhr besichtigen.

Altersgrau ist der mächtige Block des **Palazzo Fugger-Galasso** (1602) neben der barocken Jesuitenkirche **San Francesco Saverio,** dessen Rückseite sich auf die Via Torre Vanga öffnet (der Durchgang befindet sich seitlich des Palasts).

Vor der Umleitung ihres Flussbetts im 19. Jh. floss hier an der Grenze der Altstadt die Etsch vorbei, deren ehemaligen Verlauf man an der Straßenkurve Via Torre Vanga/Via Torre Verde ablesen kann.

An der Etsch entlang Richtung Süden führt die Via R. da Sanseverino zum ehemaligen Sommersitz der Fürstbischöfe, dem ***Palazzo delle Albere ❺**, der heute Ausstellungen moderner Kunst und eine bemerkenswerte Sammlung von Malerei des 19. und 20. Jhs. beherbergt (tgl. außer Mo 10–18 Uhr).

Vom *Dom zur Bischofsburg

Vom Domplatz führt der Weg über die mit Caféstühlen besetzte Piazza Pasi in Richtung Largo Carducci. Er liegt inmitten eines belebten Viertels mit vielen Geschäften. Der Blick nach links in die Via Oss-Mazzurana fällt auf den großartigen ***Palazzo Tabarelli**

Das Tridentinum

1514–1539 regierte der Fürstbischof Bernhard von Cles in Trient, oberster Kanzler des Reiches und Anwärter auf den Papststuhl. Er agierte als Diplomat im Dienste Habsburgs auf internationaler Bühne und warb bei Kaiser und Papst für ein Kirchenkonzil, das den Religionsstreit schlichten sollte, der seit dem Auftreten Luthers die Kirche zu spalten drohte. Trient, das er zielstrebig einer Verschönerungskur im Renaissancestil unterzog, präsentierte er als Tagungsort.

Das Tridentinum (Tridentinisches Konzil) wurde schließlich unter seinem Nachfolger Cristoforo Madruzzo im Jahr 1545 einberufen und geriet zu einer Mammutveranstaltung der Kirchengeschichte, die sich fast 20 Jahre (1545–1563) über mehrere Tagungsperioden hinzog und an

deren Ende die endgültige Spaltung der Konfessionen und der Beginn der katholischen Gegenreformation standen.

Alles war bestens organisiert: Ein Komitee sorgte für die Unterbringung der 4000 Besucher aus 15 Ländern in der etwa 8000 Einwohner zählenden Stadt, ein anderes für Preiskontrollen. Eine Spezialtruppe der Polizei war für die Sicherheit verantwortlich, ein internationaler Postkurierdienst von schnellen Reitern wurde eingerichtet, die einen Brief von Rom nach Trient in nur 46 Stunden beförderten. Für das leibliche Wohl sorgten eine Reihe neuer Gasthäuser. Eines davon, die **Osteria alle Due Spade,** existiert als nobles Traditionslokal noch heute (Via Don Rizzi, ○○○).

Seite
451

(16. Jh.) mit einem ungewöhnlich reichen Relief aus bossierten Quaderflächen und breiten Gesimsbändern.

In der Via San Pietro steht **San Pietro ❻**, das einzige gotische Gotteshaus der Stadt. Die Kirche wurde 1472 bis 1482 unter Bischof Johannes von Hinderbach für die deutsche Gemeinde errichtet (ihr Äußeres hat man im 19. Jh. umgestaltet).

Die Hauptstraße des deutschen Viertels war die **Via del Suffragio** jenseits der Via San Marco (an der Kreuzung eine Fassade mit Fresken des 16. Jhs. zur Herkulessage) mit ihren alten Laubengängen. Sie endet an der Piazza R. Sanzio, wo ein Stadttor zur Landstraße nach Bozen hinausführte. Diese **Torre Verde ❼** mit dem grünen Dach stammt von einem Bollwerk der Stadtmauer, die entlang dem einstigen Flussufer bis zur Torre Vanga verlief.

Die Bischofsburg ****Castello del Buonconsiglio ❽** – aus verschiedenen Bauperioden vom Mittelalter bis zum Barock – gehört zu den eindrucksvollsten Burgresidenzen Italiens. Ältester Kern ist eine Festung des 13. Jhs. um den römischen Augustusturm an der Stadtmauer.

Ein Umbau erfolgte um 1400 durch Bischof Georg von Liechtenstein, der sich in der Torre Aquila (Adlerturm, Besichtigung: Info beim Museumswärter) einen Privatsalon schuf, dekoriert mit einem Reigen bunter ****Monatsbilder**, der zu den schönsten Werken der höfischen Gotik gehört. Man sieht darauf Bauern beim Arbeiten und Adelige bei allerlei Vergnügungen.

Im Jahr 1475 entstand unter Johannes von Hinderbach ein neuer Cortile,

❶ Palazzo del Pretorio
❷ Case Cazuffi
❸ Dom
❹ Palazzo Geremia
❺ Palazzo delle Albere
❻ San Pietro
❼ Torre Verde
❽ Castello del Buonconsiglio

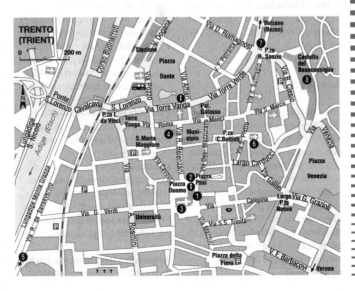

Castello del Buonconsiglio

der sich in einer dekorativen *Loggia mit venezianisch-gotischen Bogenformen zur Stadt hin öffnet.

Bernhard von Cles setzte den Block des »Magno Palazzo« in Renaissanceformen (1528–1536) daneben. Die Österreicher degradierten das Kastell im 19. Jh. zur Kaserne und im Ersten Weltkrieg zum Gefängnis, in dem Cesare Battisti, Kämpfer für ein italienisches Trient, exekutiert wurde.

Das Castello ist heute Sitz des ***Museo Provinciale,** das interessante Kunst des Trentino in historischen Räumen zeigt (tgl. außer Mo 10–18 Uhr).

Ausflüge

Den eiszeitlichen schroffen Felsblock **Doss Trento** (307 m) über dem Etschtal krönt heute ein Ehrentempel für den Widerstandskämpfer Cesare Battisti und das **Museo degli Alpini** (tgl. außer Mo 10–12, 13.30–17 Uhr).

Der **Monte Bondone** (19 km westlich von Trient) liegt mit vier Gipfeln über 2000 m, ein beliebtes Ski- und Wandergebiet; ***Giardino botanico alpino** mit über 2000 teilweise seltenen Gebirgspflanzen (Sommer 9–12, 14.30–17 Uhr).

Tipp In Mattarello (an der SS12) liegt das ***Museo dell'Aeronautica** mit 20 Flugzeug-Oldtimern (tgl. außer Mo 9–13, 14–17 Uhr).

Infos

APT, Via Manci 2, Tel. 0461983880, Fax 0461984508; www.apt.trento.it.

Accademia, Vicolo Colico 4/6, Tel. 0461233600, Fax 0461230174. Elegantes Altstadthotel mit gutem Restaurant. ○○○
❚ **Aquila d'Oro,** Via Belenzani 76, Tel./Fax 0461986282. Herrlich zentral beim Domplatz. ○○
❚ **Villa Madruzzo,** Ponte Alto 26 (außerhalb in Richtung Val Sugana), Tel. 0461986220, Fax 0461986361. Barockvilla mit modernen Zimmern und Restaurant. ○○
Camping: **Mezzavia** in Sopramonte (7 km).

Al Vò, Vicolo del Vò 11, Tel. 0461985374. Innovative Tridentiner Spezialitätenküche. ○○○
❚ **Bergamini,** Cognola 3, Ortsteil Bergamini, Tel. 0461983079. Altes Tridentiner Bauernhaus in ländlicher Umgebung, feinste Weine und Küche, z. B. Pasta mit Trüffeln, ○○
❚ **Locanda Gius Port'Aquila,** Via Cervara 66, Tel. 0461238696. Traditionslokal bei der Bischofsburg (So geschl.). ○○
❚ **La Buca di Bacco,** am Castello di Buonconsiglio. Urige Osteria im Felsenkeller unter der Torre dell'Aquila. Mo und mittags geschl. ○○
❚ **Enotheken: Lunelli** (Largo Carducci 12), **Dolce Tre** (Largo Sauro 64).

Veranstaltungen: **Trento Musicantica** (September), **Weinmesse** (Mai).

**Verona

Römisch, romanisch, ritterlich

Verona (59 m, 255 900 Einw.) besitzt viele Attraktionen. Opernliebhaber wallfahren zu den Sommerfestspielen in der römischen Arena, romantische Gemüter zu den Weihestätten der tragischen Liebesgeschichte von Romeo und Julia, Kunstliebhaber zu den großartigen Kirchen des Mittelalters. Getränkt von Geschichte, erfüllt von lebendiger Gegenwart, bietet die Stadt ihren Besuchern eine malerische historische Kulisse unter südlichem Himmel, schöne Geschäfte und eine hervorragende Küche.

Schauplatz für Freiluft-Opernaufführungen ist die antike Arena

Von Rom selbst einmal abgesehen, gibt es in keiner anderen italienischen Stadt so viele Spuren der Römerzeit. Das antike Wegenetz bestimmt noch heute den Straßenverlauf der Altstadt in der Etschschleife. Veronas Entwicklung war immer mit seiner Lage an der Kreuzung großer Fernstraßen verbunden, von den antiken Konsularstraßen bis zum modernen Autobahnknoten. Seine einstige strategische Bedeutung bezeugen die Reste dreier Festungsringe aus römischer, venezianischer und österreichischer Zeit.

Nach dem Untergang Roms residierte der Ostgotenkönig Theoderich in der Stadt, der in die deutsche Sage als Dietrich von Bern (Bern = Verona) einging. Danach hielten Langobarden und Karolinger in den verfallenden römischen Mauern Hof.

Im 11. Jh. wurde Verona Stützpunkt deutscher Kaiser. Das 12. Jh. brachte die Stadtfreiheit (1136). Von 1262 bis 1387 währte die Ritterherrschaft der Scaliger. Wie alle Tyrannen des Mittelalters schmückten sie sich mit Geist und Kunst. Dante, aus dem heimatlichen Florenz verbannt, fand bei Cangrande I. della Scala Exil. 1405 unterwarf sich Verona freiwillig der venezianischen Republik. Nach dem Ende Venedigs war die Stadt im 19. Jh. Teil des habsburgischen Oberitalien, bis sie 1866 Italien angegliedert wurde.

Der Schritt ins Industriezeitalter hielt mit Verspätung nach dem Ersten Weltkrieg Einzug. Die schweren Schäden durch den Zweiten Weltkrieg fallen heute kaum mehr ins Auge. Danach kam mit der rasanten Entwicklung zum Industrie- und Handelszentrum auch die Zersiedlung des Umlands.

Tipp **Parkgaragen** finden Sie u. a. an der Piazza Cittadella (Nähe Piazza Brà) und V. Bentigodi (Corso Porta Nuova). Am Rathaus (Municipio, Piazza Brà) kann man **Fahrräder mieten** *(noleggio biciclette).*

Tipp Für die Besichtigung von Dom, Sant' Anastasia, San Zeno, San Lorenzo und San Fermo (tgl. außer Mo 10–13, 13.30–16 Uhr) wird ein **Sammelticket** angeboten.

Um die *Piazza Brà ❶

Die weiträumige Piazza Brà ist das großartige Foyer des alten Verona, begrenzt von der römischen ****Arena,** monumentalen Säulenfassaden und

Seite 451

Seite
456

dem **Liston,** der breiten Promenade des 18. Jhs., wo sich unter den Arkaden die Stühle der Kaffeehäuser nahtlos aneinander reihen. Schon 1828 war das so, denn Heinrich Heine schrieb: »Auf dem Platze Bra spaziert, sobald es dunkel wird, die schöne Welt von Verona oder sitzt dort auf kleinen Stühlchen vor den Kaffeebuden und schlürft Sorbet und Abendkühle und Musik.«

Das **Caffè Liston** und das **Baglioni** sind heute die traditionellen Treffs der Veroneser.

Zu einem Besuch in die stille Welt klassischer Bildung lädt das **Museo Lapidario Maffeiano ❷** ein, an der südwestlichen Ecke (im Hof des Teatro Filarmonico), eine Sammlung mit steinernen antiken Fundstücken (Di–So 9–14 Uhr).

An der *Piazza delle Erbe ❸

Die Via Mazzini, eine der ältesten Fußgängerstraßen Italiens, ist ein einziges Schaufenster und die immer belebte Hauptverbindung ins Zentrum der Altstadt, zur Piazza delle Erbe. Das Marktzentrum erstreckt sich auf dem Platz des römischen Forums, dessen Pflaster 4 m unterhalb des heutigen Straßenniveaus liegt. Das städtische Wahrzeichen, die **Madonna di Verona** in der Platzmitte, eine antike Statue, die im 14. Jh. einen neuen Kopf erhielt, steht über einer Brunnenschale aus den römischen Thermen. Malerisch sind die Platzwände: die **Case dei Mazzanti** mit bunten Fresken (1530), die schmalbrüstigen Turmhäuser an der Ecke zur Via Mazzini, die romanische Loggia der Casa dei Mercanti (im 19. Jh. erneuert) und am Kopfende der barocke Palazzo Maffei (1680).

Spektakel bis heute

Das bald 2000jährige Amphitheater von Verona ist neben dem Kolosseum in Rom das eindrucksvollste seiner Art. Von der äußeren Ringmauer, die beim Erdbeben von 1183 einstürzte, stehen nur noch vier Bögen. Obwohl die Arena jahrhundertelang als Steinbruch für Kirchen und Paläste diente, misst sie 152 m in der Länge und 123 m in der Breite und fasst in ihrem gewaltigen Oval 22 000 Zuschauer.

In der Antike ergötzte man sich an Gladiatorenspielen und Tierhetzen, für die man sogar Panter und Löwen aus Afrika importierte. Im frühen Mittelalter bauten die Bischöfe das Amphitheater zur Burgfestung um. Ein grausiges Spektakel war

1278 die Verbrennung von 166 Bürgern aus Sirmione, die man der Ketzerei für schuldig befunden hatte. Unter den Scaligern wurde die Arena Schauplatz für Turniere und andere farbenprächtige Ritterspiele. Im Barock sah man hier Stierkämpfe und Komödien. Im 19. Jh. gab es erstmals große Konzerte, im Wechsel mit Zirkusvorstellungen, Karnevalsumzügen, Radrennen u. ä. Die Aufführung von Verdis »Aida« zur Feier des hundertsten Geburtstags des Komponisten 1913 war der Auftakt zu den berühmten sommerlichen Opernfestspielen, die die Arena alljährlich in das größte Opernhaus der Welt verwandeln und über 600 000 Besucher anziehen.

Seite
456

Die Loggia del Consiglio ist ein Juwel der Frührenaissance

Ein hoher Bogen *(Arco della Costa)* verbindet Herz und Haupt der Stadt, Volksplatz und Staatsplatz. Die auf allen Seiten durch Bögen hofartig geschlossene ***Piazza dei Signori** ist die großartige städtebauliche Artikulation der Regierungsmacht.

Das älteste Gebäude, der **Palazzo del Comune ❹**, stammt aus der Zeit der Stadtfreiheit (Ende 12. Jh.); sein *Innenhof zeigt noch den Originalzustand. Auf die 83 m hohe Torre dei Lamberti kann man hinauffahren (Aussicht!). Die schöne Außentreppe des Hofs stammt von 1450. Der Palast daneben war der Sitz des venezianischen Statthalters. Ein Bogen über die Via S. Maria Antica verbindet ihn

mit dem **Palazzo del Governo** (heute Präfektur) **❺**, einem mächtigen Backsteinbau mit Ghibellinenzinnen. Die Scaliger-Residenz wurde kurz nach 1300 errichtet, die so berühmte Gäste wie Dante und Giotto beherbergte.

Ein Schmuckstück der Frührenaissance ist die ***Loggia del Consiglio** (1490), perfekt harmonisch in den Proportionen und zart dekoriert mit fein ziseliertem Ornament.

🍴 Würde und Eleganz atmet auch das **Antico Caffè Dante,** das älteste am Platz.

An die Piazza dei Signori schließt sich der Familienfriedhof der Scaliger mit den ***Arche Scaligere ❻** an. Vor der kleinen romanischen Kirche Santa Maria Antica bauen sich die ungewöhnlichsten Grabdenkmäler auf: steinerne Sarkophage unter riesigen gotischen Tabernakeln, auf deren hohen Spitzen Reiterstatuen der Verstorbenen balancieren. Ein schmiedeeisernes Gitter, in dem sich das Wappensymbol der Scaliger, die Leiter (ital. *scala*), vielfach wiederholt, umgibt den Bezirk. Das Original der Rei-

Andar per goti

Unters Volk mischt man sich am besten am Tresen einer Osteria bei einem »goto de vin«, einem Zehntel Wein, und kleinen Appetithappen, »cicheti«, z. B. im **Carro armato,** Vicolo Gatto, Tel. 0458030175 (Mi geschl.).

Seite
456

terstatue Cangrandes I. (gest. 1329) kann man im Museum des Castelvecchio genauer betrachten. In der Via Arche Scaligere zeigt man die **Casa di Romeo** (Nr. 2–4).

**Sant'Anastasia ❼

Die majestätische gotische Kirche Sant'Anastasia (15. Jh.) schmückt ein prächtiges Portal aus polychromem Marmor (14. Jh.) vor der Fassade. Der gotische *Innenraum mit den buckligen Weihwasserträgern, den »due gobbi« (16. Jh.), enthält eine reiche Ausstattung. Man sollte sich einige der *Chorkapellen näher ansehen. Schöne *Fresken (um 1390) von Altichiero Altichieri schmücken die Cappella Cavalli ganz rechts. Auf dem Querhausaltar daneben ist eine *Sacra Conversazione aus der Frührenaissance zu bewundern. Das *Grabmonument (1424–1429) in der Hauptkapelle zeigt die Reiterstatue des Condottiere Cortesia Serego, das der Donatello-Mitarbeiter Nanni di Bartolo schuf. In der nächsten Kapelle lauscht eine Renaissancegesellschaft aus der Zeit um 1500 einer *Predigt Jesu vor einer Gardaseelandschaft.

❶ Piazza Brà
❷ Museo Lapidario Maffeiano
❸ Piazza delle Erbe
❹ Palazzo del Comune
❺ Palazzo del Governo
❻ Arche Scaligere
❼ Sant'Anastasia
❽ Dom Santa Maria Matricolare
❾ Baptisterium San Giovanni in Fonte
❿ Biblioteca Capitolare
⓫ Casa di Giulietta
⓬ San Fermo Maggiore
⓭ Porta Borsari
⓮ Palazzo Bevilacqua
⓯ San Lorenzo
⓰ Castelvecchio
⓱ Römisches Theater
⓲ Santo Stefano
⓳ San Giorgio in Braida
⓴ Santa Maria in Organo

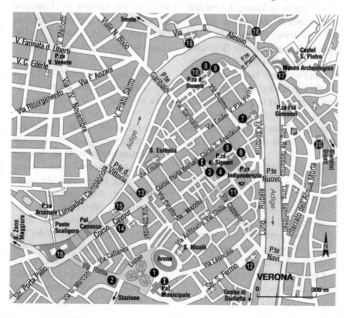

Seite
456

Das kostbarste Fresko wurde von der Wand gelöst und ist in einem Nebenraum zu besichtigen (Eingang im linken Querhausarm). Das um 1435 entstandene Meisterwerk Pisanellos zeigt den ***hl. Georg** als blond lockigen jungen Ritter mit der Prinzessin, für die er den Drachen töten wird.

Von Art-déco-Objekten bei **Graffiti** bis zu altem Schmuck und Uhren bei **Antiqua:** Am Corso Sant' Anastasia und in der benachbarten Via Sottoriva konzentrieren sich die Läden auf Antikes.

Zum Haus der Julia pilgern Verliebte aus aller Welt

Piazza Duomo

Die Via Duomo mit schönen Palästen des 15. und 16. Jhs. führt direkt auf den Domplatz. Der ****Dom Santa Maria Matricolare ❸** wurde nach dem Erdbeben von 1117 neu errichtet und im 15. Jh. aufgestockt. Imposant staffeln sich die Giebel der Westfassade über dem Haupteingang. Die großartige romanische ***Portalplastik** (1139) hat der berühmte Meister Nicolò signiert, der auch die Portalzone von San Zeno (s. S. 459) gestaltete. Der dreischiffige Innenraum, in dem mächtige Bündelpfeiler aus rotem Veroneser

Julia – die Heilige der Liebenden

An »Julia, Verona« richten Rat suchende Liebeskranke von Tokio bis Kansas City ihre Hilferufe. Und sie bleiben nicht ungehört, denn der **Club di Giulietta** beantwortet jedes Schreiben. Die Volksfantasie hat Shakespeares unsterbliche Geschichte von der tragischen Liebe zwischen Romeo und Julia mit außerordentlich suggestiven »Original«-Schauplätzen unterlegt. Als **Casa di Giulietta** wurde Reisenden bereits im 19. Jh. der romantische mittelalterliche Palazzetto in der Via Cappello gezeigt. 1935 erhielt er passend zum Text von Shakespeares Szene »in geheimer Nacht«

einen Balkon, denn über einen solchen war der selig verliebte Romeo zum Fensterln eingestiegen.

Ein ähnlich malerisches Wohnhaus des 14. Jhs. in der Via Arche Scaligere wurde zur **Casa di Romeo** erklärt (s. S. 456). Besonders anrührend jedoch ist der Ort, den man für das Grab der Julia **(Tomba di Giulietta)** fand, das kleine, abgelegene Kapuzinerkloster San Francesco in der Via Pontiere im Südosten der Stadt, wo man ins dämmerige Licht uralter Gewölbe zu einem offenen Sarkophag aus rotem Marmor hinabsteigt.

Seite 456

Marmor die gotischen Gewölbe stützen, ist hallenartig weit. Aus dem Chorraum leuchten die gesäuberten Fresken von 1534 wie neu. In der ersten Kapelle links ist eine *Himmelfahrt Mariens (Assunta) von Tizian zu bewundern. In dem knienden Apostel rechts soll Tizian Sanmicheli porträtiert haben, den großen Veroneser Renaissancearchitekten.

Mit dem Dom sind weitere sehenswerte Bauten verbunden: das *Baptisterium San Giovanni in Fonte ❾ mit außergewöhnlich schönen Reliefs von 1200 am Taufbecken, der romanische **Kreuzgang** und die noch ältere Kirche **Sant'Elena**. Die *Biblioteca Capitolare ❿ neben dem Dom ist weltberühmt für ihre Sammlung antiker und frühmittelalterlicher Handschriften (tgl. außer So, Fei 9.30–12.30 Uhr).

Auf der Römerachse

Auf den Hauptstraßen der Römerstadt, die sich rechtwinklig am Forum (Piazza delle Erbe) kreuzten, spazieren die Veroneser bis heute. Die von der Piazza delle Erbe abgehende **Via Cappello** mit der gotischen **Casa di Giulietta** ⓫ (tgl. außer Mo 8–19 Uhr), wohin Julia-Verehrer in Strömen pilgern, liegt über dem antiken *Cardo maximus*. Ein Teil des römischen Stadttors, *Porta dei Leoni, ist auf der linken Seite sichtbar.

Vor den Mauern der Römerstadt wurde über den Grabkapellen frühchristlicher Märtyrer im 8. Jh. das Benediktinerkloster **San Fermo Maggiore** ⓬ gegründet. Der Baukomplex mit malerischer Chorseite und zwei übereinander liegenden Kirchen ist einer der interessantesten Veronas. Die saalartige Oberkirche (14. Jh.) mit einer besonders schönen *Holzdecke aus dem Jahr 1314 enthält viele Fres-

ken (u. a. eine *Verkündigung von Pisanello an der linken Seitenwand), Grabmäler und eine prächtige Kanzel von 1496. Ganz besonders eindrucksvoll ist die kryptenartige romanische *Unterkirche mit Fresken an den Pfeilern aus dem 13./14. Jh.

Hinter der Piazza delle Erbe führt der Corso Porta Borsari entlang. Die schnurgerade Achse entspricht dem *Decumanus maximus* des römischen Verona.

An der römischen *Porta Borsari ⓭, deren Außenfront mit übergiebelten Torbögen und Fenstern seit nahezu 2000 Jahren die Straße überbrückt, mündete die Via Postumia, die quer durch Oberitalien von Genua bis nach Aquileia führte.

🍴 Zu einer Rast lädt das kleine **Caffè Sileno** neben dem Römertor ein, das mit pompejanischen Fresken dekoriert ist.

Am Corso Cavour, Teil der römischen Via Postumia, steht auf Nr. 19 Sanmichelis **Palazzo Bevilacqua** ⓮ von 1534, dessen spiralig kannellierte Säulen deutlich von der Porta Borsari inspiriert sind.

Gegenüber liegt der Eingang zu einem faszinierenden Kirchenraum der Romanik (11./12. Jh.). Das heute schmucklose dreischiffige Innere von **San Lorenzo** ⓯ zeigt das unverputzte Schichtmauerwerk aus gelblichem und rotem Stein und ist für italienische Verhältnisse ungewöhnlich schmal und hoch. Ungewöhnlich für eine romanische Kirche ist auch die Helligkeit, die über die Emporen den Raum erfüllt.

Vorbei am Palazzo Canossa von Sanmicheli (Nr. 44) und den römischen *Arco dei Gavi erreicht man das *Castelvecchio ⓰. Cangrande II. della Scala ließ 1354–1356 aus Furcht vor

Romanische Bildhauerkunst hat das Hauptportal von San Zeno gestaltet

Fast tausend Jahre alt sind die Bronzetüren von San Zeno

Unruhen die mit einer Fluchtbrücke über die Etsch (Adige) gesicherte Burg errichten. Nach einem Umbau von Carlo Scarpa beherbergt sie das *Civico Museo dell'Arte mit einer Sammlung Veroneser und venezianischer Malerei (tgl. außer Mo 9–19 Uhr).

**San Zeno Maggiore

Abseits des Altstadtkerns liegt die großartige romanische Basilika San Zeno Maggiore, jahrhundertelang das eigentliche geistliche Zentrum des bürgerlichen Verona, deren Bau (1118 bis 1135) mit dem Aufstieg zur freien Stadtkommune verknüpft war. Architektur, Skulptur und Ausstattung sind in San Zeno gleichermaßen bedeutend. Der hohe **Campanile** ist der älteste des mittelalterlichen Verona.

Die herrliche **Portalanlage** entwarf und skulptierte der große Maestro Nicolò, einer der ersten romanischen Bildhauer Oberitaliens, von dessen Hand auch die Fassadenreliefs der Dome von Verona (s. S. 457) und Ferrara stammen. Im Giebelfeld überreicht der hl. Zeno das Banner der Stadtkommune an die Bürger von Verona. Seine Wundertaten schildert der Fries darunter. Stark ist die Ausdruckskraft der 24 Bronzetafeln des Portals mit Szenen aus dem Alten und Neuen Testament sowie dem Leben des Kirchenpatrons (1100–1200).

Vom erhöhten Eingang blickt man tief in einen weiten, hohen **Innenraum** von strenger Einfachheit. Die hölzerne Schiffskieldecke wurde 1384 vollendet. Der über der **Krypta** erhöhte Chor enthält als Hauptaltar das berühmte **Triptychon** (1459) von Andrea Mantegna mit einer von Engeln flankierten Madonna und Heiligen. Sehenswert ist auch der **Kreuzgang** des 14. Jhs., der einzige erhaltene Teil des Klosters, das 1810 auf Abbruch verkauft wurde.

Seite 456

Den Bezirk von San Zeno beschließt gegenüber die Kirche **San Procolo**. Vor der *Krypta ist ein Teil des antiken Friedhofs freigelegt.

Tipp Jeden 3. So im Monat **Antiquitätenmarkt** auf der P.za San Zeno.

Jenseits der Etsch

Wer länger als einen Tag in Verona bleibt, sollte über den Ponte della Pietra im Norden auf die andere Flussseite wechseln. Der Hügel **San Pietro** ist der älteste Siedlungskern der Stadt. Zur Römerzeit erhob sich an der Stelle der österreichischen Festung ein römischer Tempel.

In Panoramalage ist darunter das *Römische Theater ⊕ (1. Jh.) in den Hang gebettet (Museo Archeologico, tgl. außer Mo 9–19 Uhr). Zwei interessante Kirchenbauten stehen flussaufwärts: *Santo Stefano ⊕, die erste Kathedrale Veronas, eine Gründung des 5. Jhs., mit frühchristlichen und mittelalterlichen Relikten und einer Krypta des 10. Jhs., sowie *San Giorgio in Braida ⊕, ein Bau der Frührenaissance (ab 1477) mit einer weithin sichtbaren Kuppel von Sanmicheli. Den Hochaltar schmückt ein prächtiges Gemälde von Paolo Veronese: *Martyrium des hl. Georg (1566).

Vor der Kirche steht die ebenfalls von Sanmicheli erbaute **Porta San Giorgio** (1525), das älteste der schönen Festungstore, die heute noch die Ausfallstraßen der Altstadt markieren.

Flussabwärts liegt *Santa Maria in Organo ⊕ mit einer Fassade von Sanmicheli, Fresken und Chorgestühl der Renaissance und einer vorromanischen *Krypta. Von hier ist es nicht mehr weit bis zu den *Giardini Giusti. In den prächtigen Gärten des gleichnamigen Palazzo wusste schon Goethe zu lustwandeln.

Infos

i **APT**, Via degli Alpini (Piazza Brà), Tel. 0458068680, Fax 0458003638; www.tourism.verona.it.

Giulietta e Romeo, Vicolo Tre Marchetti 3 (bei der Arena), Tel. 045 003554, Fax 0458010862, www.giuliettaeromeo.com. Modernisierter Palazzo. ○○–○○○
▮ **De Capuleti**, Via del Pontiere 26, Tel. 0458000154, Fax 0458032970, www.bestwestern.it_capuleti_vr. Gut, zentral. ○○
▮ **Torcolo**, Vicolo Listone 3, Tel. 0458007512, Fax 0458004058. Nett und preiswert. ○
Camping: **Romeo e Giulietta**, Via Bresciana 54 (SS11, S. Massimo), Tel. 0458510243.

Al Calmiere, Piazza San Zeno 10, Tel. 0458030765. Hausgemachte Pasta und köstliche Fleischgerichte (Mi, Do abends geschl. ○○
▮ **Locanda di Castelvecchio**, Corso Cavour 49 Tel. 0458030097. Authentische Veroneser Küche (Di, Mi mittags geschl.). ○○
▮ **Alla Colonna**, Largo Pescheria Vecchia 4. Gute Regionale Gerichte, preiswert (So geschl.). ○–○○

Der Treff für die späten Stunden ist **Il Posto**, Via Colonello Fincato 32, mit Livemusik.

Delikatessen: **Salumeria Albertini**, Corso Sant'Anastasia 41.

Veranstaltungen: **Opernfestspiele** in der Arena; Reserv. mit Kreditkarte: Tel. 0458005151, Fax 0458013287; per Post: Ente Arena, Piazza Brà; Infos auch: Tel. 045590109, 045590726, Fax 0458011566; E-Mail: ticket@arena.it, www.arena.it.

**Vicenza

Die Stadt Palladios

Die Provinzhauptstadt Vicenza (39 m, 107 500 Einw.) ist eine Stadt mit Stil, weltberühmt durch die klassischen Bauten, mit denen der große Renaissancearchitekt Andrea Palladio das Stadtbild geprägt hat. An den Straßen reiht sich ein Palast an den anderen, die Geschäfte sind elegant, die Atmosphäre ist von vornehmer Zurückhaltung. Aristokratische Villen zieren die Hügel der Umgebung. Sogar die Industrie beschäftigt sich mit Edlem. Vicenza ist eines der weltweit größten Zentren der Gold- und Juwelenverarbeitung mit Hunderten von Firmen und internationalen Fachmessen.

Sanierungsmodell der Renaissance: Palladios Basilika

Die Stadt am Fuß der Monti Berici war nie bedeutend, hat aber ihre Lage an der wichtigsten Handelsroute Oberitaliens immer geschickt genutzt. Die Stadtentwicklung kennzeichnet seit der Römerzeit eine verblüffende Kontinuität.

Der Hauptplatz liegt auf dem Forum des römischen Vicetia (49 v. Chr. zum Municipium erhoben). Das zentrale Straßenkreuz der Römerzeit bestimmte die mittelalterliche Neuplanung, obwohl die Stadt in den Stürmen der Völkerwanderung zerstört und entvölkert worden war.

Anfang des 12. Jhs. wurde der alte römische Stadtkern um Cardo und Decumanus in vier Viertel aufgeteilt, die als Zentrum jeweils eine Kirche erhielten: Dom, San Lorenzo, Santa Corona und San Michele. Unter der Herrschaft der Scaliger wurden die Stadtmauern um die Vorstädte im Osten und Westen erweitert, unter der Herrschaft Venedigs, der sich Vicenza 1404 freiwillig unterstellte, auch im Süden und Norden.

Im 15. und 16. Jh. versuchte die aristokratische Elite, sich gegenseitig mit repräsentativen Palästen zu übertrumpfen, die noch heute das Straßenbild prägen und deren Krönung die variantenreichen Entwürfe Palladios sind.

Sightseeing in Vicenza

Für einen ersten Überblick genügt ein Tag, für eine eingehendere Besichtigung von Stadt und Umgebung sollte man drei Tage investieren. Tipp: Von den Parkplätzen am Stadion (Via Bassano) und am Mercato Nuovo (Via Farini) verkehrt ein Pendelbus (Centrobus) in die Altstadt.

Seite 464

Seite
464

An der *Piazza dei Signori

Die **Piazza dei Signori** ist der Salon der Stadt. Dort sollte man sich erst einmal einen Logenplatz auf der Terrasse des **Gran Caffè Garibaldi** suchen und die großartige Fassadenwand von Palladios so genannter ****Basilika ❶** genauer betrachten. Der Name signalisiert den Bezug auf die Antike. Er stellt den mittelalterlichen Justizpalast, der hier auf dem Platz des römischen Forums stand, in die Tradition der Forumsbasilika, die Sitz der Rechtsprechung im alten Rom war.

Mit seinem Entwurf, einem Meisterstück architektonischer Verkleidungskunst, gewann der bis dahin unbekannte Architekt 1546 den Wettbewerb zur Restaurierung des Palazzo della Ragione, dessen doppelstöckige Loggien eingestürzt waren. Die Aufgabe war eine zweifache: ein statisches Stützkorsett für das alte Bauwerk und ein dekoratives Fassadenbild für die Piazza. Mit geradezu feierlichem Ernst trug Palladio hier seine Vorstellung einer Baukunst nach den Regeln und mit den Würdemotiven der Antike vor.

In freiester Weise variierte er das Vorbild des Kolosseums in Rom und ummantelte den gotischen Kern mit zweigeschossigen Pfeilerarkaden, gegliedert durch Halbsäulen. Um die Unregelmäßigkeiten des Altbaus zu kaschieren, fügte er neben den Bögen Rechtecköffnungen ein. Ihre Breiten wechseln unauffällig; so werden die verschiedenen Achsenbreiten ausgeglichen, ohne die Bogengröße zu verändern. Dadurch erhielt die Fassade eine reiche rhythmische Gliederung durch große und kleine Säulen und schattenreiche Öffnungen verschiedener Form und Größe. Diese Arkadenform fand so viele Nachahmer, dass sie als »Palladio-Motiv« in die Architekturgeschichte einging.

Neben der Basilika ragt der gotische Stadtturm 82 m in die Höhe, die **Torre di Piazza.** Den Schlussakkord des Platzensembles bilden zwei **Säulen,** von denen die eine den geflügelten Löwen als Machtsymbol Venedigs trägt, die andere eine Statue des Erlösers.

Die zierliche Bogenreihe an der Fassade des um 1500 entstandenen **Palazzo Monte di Pietà** gegenüber der Basilika zeigt, wie nachdrücklich Palladios Architektur neue Akzente setzte. Besonders markant ist der Kontrast zur ***Loggia del Capitaniato** daneben, ein Spätwerk Palladios (1570) mit kolossalen Säulen auf hohen Sockeln bis zum Dachgesims.

Mit süßen Verführungen locken die traditionsreichen Konditoreien **Sorarù** an der Basilika und die **Offelleria della Meneghina,** Contrà Cavour 18.

Rund um den *Corso Palladio

Der **Corso Palladio,** die schnurgerade Hauptachse der Altstadt, liegt auf dem *Decumanus maximus* der Römerstadt. Hier und in den Nebenstraßen reihen sich elegante Geschäfte, Buchhandlungen, Delikatessenläden und Paläste. An der Ecke zur Contrà Cavour – die Altstadtstraßen heißen in Vicenza »Contrà«, nicht »Via« – residiert das **Rathaus ❷** in einem Palast des Palladio-Mitarbeiters und Nachfolgers Vincenzo Scamozzi von 1592. Die Fensterarkaden gotischer Paläste erinnern häufig an venezianische Vorbilder, so etwa der schöne ***Palazzo del Toso-da Schio ❸** aus dem Jahr 1477 auf Nr. 147.

In dem schmalen Haus Nr. 163, der **Casa del Palladio ❹,** deren Loggia das

»Palladio-Motiv« zeigt, soll der Baumeister gewohnt haben.

An der Piazza Matteotti zeigt der ***Palazzo Chiericati ❼** eine luftige Fassade, die sich mit zwei Kolonnadenreihen zum Platz hin öffnet. Wie bei den meisten Bauten verwendet Palladio auch hier Ziegel und nicht kostbaren Marmor. Seine Architektur sollte in erster Linie durch gute Form überzeugen. Der Palazzo ist Sitz des ***Museo Civico** mit einer bedeutenden Gemäldesammlung vicentinischer und venezianischer Malerei (tgl. außer Mo 9.30 bis 12, 14.30–17, So 9.30–12.30 Uhr).

Den hölzernen Bau des ***Teatro Olimpico ❽** hinter den Mauern des ehemaligen Carrara-Kastells (13. Jh.) entwarf Palladio für die Gesellschaft der Accademia Olympica (ab 1580 ausgeführt). 1585 mit einer Aufführung des »Oedipus Rex« von Sophokles eingeweiht und danach nie mehr benutzt, hat es als Rekonstruktion des antiken Theaters aus dem Geist des Humanismus die Zeiten

Vorhof des Teatro Olimpico

überdauert. In dem beeindruckenden Bühnenraum von Scamozzi mit originaler Kulisse werden jährlich im September Klassiker aufgeführt (tgl. 9.30 bis 12.30, 15–17.30 Uhr).

Seite 464

Palladio und die Folgen

Palladio, eigentlich Andrea di Pietro (1508–1580) ließ sich Zeit bis zu seinem ersten architektonischen Auftritt. 36 Jahre war der Steinmetz bereits, als er die Basilika von Vicenza errichtete. Niemand vermaß so genau wie Palladio die Ruinen in Rom und studierte so intensiv Schriften des römischen Architekten Vitruv, um den geheimen Gesetzen der antiken Baukunst auf die Spur zu kommen. Palladios Stil ist nicht leicht zu beurteilen. Er war kein kalter, pedantischer Klassizist, sondern auf der ständigen Suche nach ewigen Normen für Schönheit und Harmonie, die man nach seiner Überzeugung nur gewinnen konnte »aus der Übereinstimmung des Ganzen mit den Teilen, sodass ein Gebäude als ein Körper mit vollkommenen Proportionen erscheint, in dem jedes Glied vom Standpunkt des ganzen Körpers notwendig ist«. Seine weltweite Wirkung verdankte Palladio weniger seinen ausgeführten Bauten als seiner in den »Quattro Libri dell'Architettura« veröffentlichten Architekturlehre. Durch sie wurde ein klassizistischer »Palladianismus« weltweit verbreitet, von England bis zum Mississippi, von Finnland bis Neuseeland.

Seite
464

*Santa Corona ❼, die dreischiffige Basilika des weitläufigen Dominikanerklosters, entstand 1260–1270 und ist der Dornenkrone Christi gewidmet. Der Chorraum wurde 1480 neu gebaut. Ein Hauptwerk des venezianischen Renaissancemeisters Giovanni Bellini enthält der 5. Seitenaltar links: *Taufe Christi (um 1504), ein Stimmungsbild in verklärter Atmosphäre.

In der **Contrà Porti,** der nobelsten Straße der Stadt, reihen sich die Paläste dicht aneinander: zwei von Palladio, **Iseppo da Porto** (Nr. 21, Tiepolo-Fresken, Mo–Fr 8.30–12.30, 15 bis 19 Uhr) und **Barbarano-Porto** (Nr. 11), andere aus der Spätgotik (Nr. 14, Nr. 17 und Nr. 19).

❶ Basilika
❷ Rathaus
❸ Palazzo del Toso-da Schio
❹ Casa del Palladio
❺ Palazzo Chiericati
❻ Teatro Olimpico
❼ Santa Corona
❽ Palazzo Thiene
❾ San Lorenzo
❿ Palazzo Valmarana-Braga
⓫ Loggetta Valmarana
⓬ Dom Santa Maria Maggiore
⓭ Rione Barche

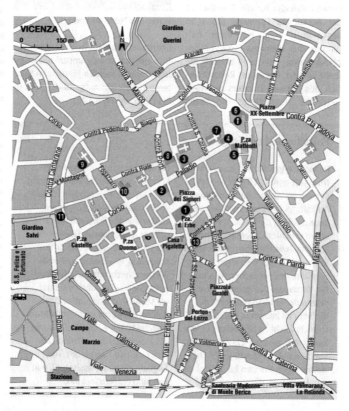

Seite
464

Im **Palazzo Thiene ❽** auf Nr. 6 (1490) der Contrà Porti bewirtet seit 500 Jahren ein Gasthaus. Das Restaurant **Tre Visi** (○○) verlockt zu Stockfisch »alla vicentina« und einem Glas Wein von den Monti Berici.

Die Hauptfront des Palazzo blickt auf die parallel verlaufende Contrà S. Gaetano da Thiene und stammt ebenfalls von Palladio. Die *Fassade (1542 bis 1546) ist ungewöhnlich »antiklassisch«, kräftige Quader umklammern die Säulen der Fensterrahmungen.

Ein Bummel führt über die Contrà Riale zum geschäftigen Corso Fogazzaro. Er öffnet sich auf den Platz vor der Franziskanerkirche ***San Lorenzo ❾**, einem frühgotischen Backsteinbau mit schöner Portalplastik aus dem 14. Jh. Auf Nr. 16 des Corso zeigt Palladios ***Palazzo Valmarana-Braga ❿** das majestätische Motiv hoher, durchlaufender Pilasterbänder, das später zu einem typischen Gestaltungsmerkmal des Barock werden sollte.

Der Corso Palladio endet im Westen an der Piazza Castello. Davor liegt der Piazzale de Gasperi mit einem Turm der einstigen Scaligerburg. Der Fischteich mit der palladianischen **Loggetta Valmarana ⓫** und der grüne **Giardino Salvi** gehörten zu einer großen Gartenanlage der Valmarana auf dem Gelände der Scaligerburg.

Außerhalb der Altstadt steht am Corso San Felice die Kirche ***Santi Felice e Fortunato,** an der sich besonders gut die lange Baugeschichte seit dem 4. Jh. ablesen lässt.

Ein Meisterwerk der Gotik ist das Portal von San Lorenzo

Vom *Dom zum Rione Barche

Der **Dom Santa Maria Maggiore ⓬**, im 13. Jh. auf älteren Vorgängerbauten errichtet, im 15. Jh. umgebaut (Fassade, Chor) und nach schweren Kriegszerstörungen wieder hergestellt, enthält im Inneren sehenswerte Altargemälde, u. a. ein *Polyptychon (1366) von Lorenzo Veneziano (5. Kapelle rechts).

Vom Domplatz geht es weiter über die Contrà Pigafetta zur ***Casa Pigafetta** mit einer dekorationsfreudigen Mixtur aus spätgotischen und Renaissancemotiven und zur Piazza delle Erbe, dem Marktplatz an der Rückseite der Basilika. Hier wirken die Gebäude altertümlich und verwinkelt.

Bevor man den Retrone beim Ponte San Michele überquert, kann man noch durch das frisch sanierte Quartier am ehemaligen Flusshafen, den **Rione Barche ⓭**, bummeln.

Hügelvillen über Vicenza

Zwei berühmte Villen am Abhang des Monte Berico oberhalb der Stadt kann man mit dem Auto, aber auch zu Fuß besuchen.

Die äußerlich eher bescheidene ***Villa Valmarana ai Nani** (1669) in idyllischer Lage enthält einen bedeutenden ****Freskenzyklus** (1757) von

Seite 464

Giovanni Battista Tiepolo im Haupthaus und seinem Sohn Giandomenico in der Foresteria. Während der Vater in eine Fantasiewelt mythologischer Liebesgeschichten entführt, ist der Blick des Sohns irdisch und ironisch: Karnevalsszenen, bäuerliches Genre, Villenleben (Mi, Do, Sa, So, Fei 10–12, nachm. außer Mo tgl. 15–18 Uhr).

Die Villa Almerico-Capra, kurz *La Rotonda genannt, ist die berühmteste Villa Palladios und wurde 1566–1567 errichtet. Auf einer niedrigen Anhöhe gelegen, wendet der majestätische quadratische Kuppelbau allen vier Himmelsrichtungen eine klassische Tempelfront auf hohem Treppenpodest zu. Hier geht die Form eindeutig vor der Funktion. Das erkannte bereits Goethe, der trotz seiner Begeisterung für Palladio die Villa »wohnbar, aber nicht wöhnlich« (sic!) fand (Haus: Mi 10–12, 15–18 Uhr, nur Garten: Di–So 10–12, 15–18 Uhr.)

Auf dem Rückweg besucht man die spätbarocke Wallfahrtskirche **Basilica di Monte Berico** in dominierender Höhe mit schönem Panoramablick über die Stadt. Die Anstrengung lohnt sich, denn im Refektorium des Klosters ist eines der berühmten Gastmähler Veroneses zu bewundern, die *Cena di S. Gregorio Magno (1572).

Beliebte Schlemmerziele in den Monti Berici sind die soliden Trattorien **Zamboni** in Lapio und die **Antica Hostaria di Penacio** in Soghe, beide bei Arcugnano.

Infos

APT, Piazza Matteotti 12; Tel./Fax 0444320854; geöffnet 9–12.30, 15–18.30, So 9.30–12 Uhr; www.ascom.vi.it/aptvicenza. Informationen auch zu den **Palladio-Villen.**

Castello, Contrà Piazza del Castello 24, Tel. 0444323585, Fax 0444323583. Mittelklassehotel am Altstadtrand. ○○

▮ **Palladio,** Via Oratorio dei Servi 25, Tel. 0444321072, Fax 0444547328. Nur 100 m von der Basilika. ○

▮ **San Raffaele,** Viale X Giugno 10, Tel. 0444545767, Fax 0444542259. Richtung Monte Berico, Garten. ○

▮ **Villa Michelangelo,** 7 km außerhalb in Arcugnano, Via Sacco 19, Tel. 0444550300, Fax 0444559490; www.hotelmichelangelo.com. Absolute Ruhe in Panoramalage, Garten und Schwimmbad. ○○○

Zi Teresa, Contrà Sant'Antonio 1, Tel. 0444321411 (Di geschl.). Großes, immer gut besuchtes Restaurant; feine Gerichte und köstliche Steinofenpizza. ○

▮ **Righetti,** Piazza Duomo (Sa/So geschl.). Self Service mit Ambiente. ○–○○

Libreria Traversi, Corso Palladio 172. Das Sortiment umfasst Bücher über Kino und Comics (fumetti).

Palladio-Villen in der Umgebung

Mit Ausflügen zu den über 50 Villen aus dem 16.–18. Jh. in der Umgebung könnte man mühelos ein vierzehntägiges Reiseprogramm bestreiten.

▮ *Villa Cordellina in Montecchio Maggiore (14 km nach Westen; *Tiepolofresken);

▮ *Villa Godi in Lugo (30 km nach Norden);

▮ **Villa Pisani** in Bagnolo di Lonigo (23 km nach Süden);

▮ **Villa Pojana** in Pojana Maggiore (42 km nach Süden).

**Padua

Seite
471

Wissenschaft und Wunderglaube

Padua (12 m, 215 000 Einw.) ist nach Venedig und neben Verona die größte und wichtigste Stadt des Veneto. Hier vertrugen sich immer schon Alt und Neu, Tradition und Fortschritt, freie Gedanken und konservative Frömmigkeit. Fast 70 000 Studenten zählt die 1222 gegründete traditionsreiche Universität. Fast ebenso alt ist die Basilika des heiligen Antonius, eine der bedeutendsten Wallfahrtsstätten Italiens. Von jeher wurde Paduas kommerzieller Reichtum auch in Kunst investiert. So gehören die Fresken des großen Giotto in der Arenakapelle zu den absoluten Höhepunkten einer Kunstreise.

Bildergeschichten aus dem Mittelalter zieren den Salone in Padua

(1338–1405) stark gefördert. Von 1405–1797 verblieb Padua unter dem sanften Joch Venedigs. Nach der verhassten Habsburgerherrschaft erfolgte 1866 der Anschluss an das Königreich Italien. Schwere Schäden erlitt die Altstadt während der Luftangriffe des Zweiten Weltkriegs.

Padua ist eine der ältesten Städte des Veneto. Schon lange bevor die Römer kamen, existierte eine bedeutende Siedlung der Veneter in der Flussschleife, deren Rund heute noch im Straßenplan der Altstadt sichtbar ist.

Vom Patavium der Römerzeit, dessen Größe und Reichtum von Zeitzeugen überliefert ist, sind kaum Spuren geblieben. Daran sind die Langobarden schuld, die Padua im Jahre 601 dem Erdboden gleichmachten. Erst im 11. Jh. entfaltete sich unter Förderung der Bischöfe neues Leben auf dem Boden der Römerstadt. 1175 wählte man den ersten *Podestà* als Oberhaupt der freien Stadtkommune, im Jahr 1218 entstand am Markt ihr stolzes Symbol, der Palazzo della Ragione. 1222 wurde die Universität gegründet.

Kunst und Wissenschaft wurden im 14. Jh. unter der Herrschaft der Carrara

Tipp Günstig ist das **Sammelticket** »Biglietto unico« (ca. 8,5 €) für die wichtigsten **Museen und Kirchen** der Stadt.

Die **Arena-Kapelle** ist nur nach Voranmeldung zu besichtigen Tel. 0498204550.

Rund um den *Palazzo della Ragione

Die Mitte der Bürgerstadt ist bis heute der **Palazzo della Ragione ❶**, der Rats- und Gerichtssaal von 1218 (Erweiterung 1309), ein mächtiger frei stehender Bau mit zweigeschossigen Loggien und einem gewaltigen Kielbogendach. **Salone** nennen ihn die Paduaner nach dem riesigen Versammlungsraum im Obergeschoss, der den Bau in ganzer Länge und Breite (80 m x 27 m) ausfüllt. Er ist über und über mit *Fresken bemalt, die

Seite 471

u. a. den Einfluss der Sternzeichen zum Thema haben, der größte Zyklus dieser Art. Die Ausmalung durch Giusto de'Menabuoi und andere geschah erst nach dem Großbrand von 1420, der Unersetzliches vernichtete: den ursprünglichen Freskenschmuck von Giotto. Das überdimensionale Holzpferd im Saal stammt von einem Festumzug des 15. Jhs. (tgl. außer Mo 9–19 Uhr, im Winter bis 18 Uhr).

Vor dem Palazzo della Ragione breitet sich auf der *Piazza delle Erbe der farbige Gemüse- und Obstmarkt aus, der bereits auf die Frühzeit der Kommune im 12. Jh. zurückgeht.

An der Ostseite der Piazza delle Erbe ist der Palazzo della Ragione über einen Bogen mit dem **Rathaus** im ehemaligen Stift Palazzo del Podestà verbunden.

Das Labyrinth der Marktstände setzt sich unter den Arkaden und Gewölben des Salone fort bis zur Piazza delle Frutta an seiner Rückseite. Von hier führt die Via Marsilio da Padova entlang an der einladenden Terrasse des **Caffè Margherita** zu einem Torbogen unter der *Casa di Ezzelino (12. Jh.).

Die dahinter liegenden Straßen um die **Piazza Insurrezione** sind das Ergebnis einer städteplanerischen Verfehlung der 20er-Jahre des 20. Jhs., als das mittelalterliche Stadtviertel Santa Lucia abgerissen und ohne Rücksicht auf historische Strukturen neu bebaut wurde.

Nur ein paar Schritte trennen das Zentrum der Bürgerstadt von dem der Machthaber, wo einst an der **Piazza dei Signori** der Herrschersitz *(Reggia)* der Carrara stand. Nach ihrem Sturz richteten hier die Venezianer die Säule mit dem Markuslöwen als Siegeszeichen auf und säumten die Piazza mit eleganten, neuen Verwaltungsbauten: der schön proportionierten *Loggia del Consiglio ❷ (1496–1523; von Giovanni Falconetto, dem Paduaner Renaissancebaumeister) und den Flügeln des **Palazzo del Capitanio ❸** (1598–1605) gestaltet von Falconetto mit einem Uhrturm in der Mitte (1534, Uhr von 1437).

Durch den Bogen des Uhrturms gelangt man auf die Corte Capitaniato, einen hofartigen Platz, der einst zur Reggia (Residenz) der Carrara gehörte. Hier liegt auf der linken Seite das **Liviano ❹**, Sitz der philosophischen Fakultät der Universität. Die Caféstühle unter schattigen Bäumen sind ein beliebter Treff der Studenten zu einem mittäglichen *spuntino*, einem Imbiss.

Durch die Via Accademia erreicht man das religiöse Zentrum der Stadt, die Piazza del Duomo. Neben dem **Dom ❺**, gegründet im 9. Jh., dessen Baugestalt nach dem Neubau (1551 bis 1754) keine mittelalterlichen Spuren mehr aufweist, liegt das romanische *Baptisterium ❻, die Taufkapelle (12./13. Jh.), die von den Carrara zum Familienmausoleum umfunktioniert wurde. Der schlichte Kubus ist innen bis in die Kuppel hinauf mit einem *Freskenzyklus bemalt, in dem sich Einflüsse der Arena-Kapelle Giottos (s. S. 471) und byzantinische Bildtraditionen mischen. Er ist das Hauptwerk des Florentiners Giusto de'Menabuoi, das um 1380 im Auftrag von Fina Buzzacarini, der Gattin des kunstsinnigen Carrara-Fürsten Francesco il Vecchio, ausgeführt wurde (9.30–13.30, 15 bis 19 Uhr).

Paduas **Shoppingmeile** liegt zwischen Piazza Garibaldi und Canton del Gallo. Antiquitätenfreunde zieht es in die Via Zabarella, Via Soncin und Via Solferino.

Vom Dom zum Santo

Vom Domplatz zweigt die **Via Soncin** ab, wo sich bei Nr. 13 ein besonders sympathischer Ort für eine Erholungspause bietet, die **Osteria L'Anfora** (O).

Die Straße führt weiter zu einem kleinen Platz an der Mündung der **Via Solferino** und in ein noch ganz mittelalterliches Padua enger Gassen mit den heimeligen Laubengängen, die vor Sommerhitze und Regen schützen. Der napoleonische Kataster hat sie einst vermessen und insgesamt nicht weniger als 24 km registriert!

An der Ecke gibt es ein kleines, nettes **Café**, gegenüber die schicke **Enoteca La Vecchia**, wo man auch gut essen kann, z. B. Lamm mit Minze (OO).

Um die Via Soncin und Solferino lag zwischen 1603 und 1797 das jüdische **Ghetto**. Paduas Universität war damals die einzige, die Juden zum Medizinstudium zuließ. Die letzte der drei Synagogen, von den Nazis 1943 in Brand gesteckt, wurde 1998 restauriert.

Über die Via Roma und Via Umberto gelangt man in südlicher Richtung zur weiten Fläche des ***Prato della Valle**, der im Jahr 1775 nach der Trockenlegung eines sumpfigen Wiesenareals am Stadtrand zu einem neuen Markt- und Messeplatz von barocker Pracht umgestaltet wurde. 78 Statuen berühmter Bürger flankieren einen elliptischen Ringkanal, über den zierliche Brücken zu einer zentralen Inselwiese (prato) führen. Hier finden noch immer Märkte statt.

Auf dem Prato della Valle treffen sich jeden dritten Sonntag im Monat beim großen **Mercatino d'Antiquariato** die Schnäppchenjäger.

Barocker Marktplatz: Prato della Valle

Seite 471

Den Prato della Valle umgibt noch die ursprüngliche niedrige Wohnbebauung, aus der nur die mächtige Silhouette der Benediktinerkirche ***Santa Giustina** ❼ herausragt. Über älteren Vorgängerbauten errichtete man im 16. Jh. eine neue Klosterkirche von kolossalen Ausmaßen (122 m Länge) mit acht Kuppeln nach dem Vorbild der benachbarten Antoniusbasilika.

Der am Plan venezianischer Renaissancekirchen orientierte Innenraum mit seinen gigantischen Pfeilern ist von schier erdrückenden Dimensionen. Am interessantesten sind die Teile der älteren Bauten zwischen südlichem Querhaus und Chor, darunter der ***Sacello di San Prodoscimo** aus dem 6. Jh. und die Sakristei von 1462. In der Cappella di Santa Luca ist Elena Lucrezia Cornaro Piscopia begraben, die als erste Frau der Geschichte im Jahr 1678 in Padua die Doktorwürde erlangte (9–12, So 15–20 Uhr).

Auf dem weiteren Weg zum Santo sollte man nicht den Eingang zum ***Orto Botanico** ❽ übersehen, dem ältesten seiner Art, der 1545 von der Universität zum Studium der Heilpflanzen angelegt wurde und über den damals exotische Importe wie die Kartoffel und die Sonnenblume in Europa verbreitet wurden. Der älteste Baum, die 1578 gepflanzte »Goethe-

Seite 471

palme«, hat der Dichterfürst bereits bewundert, der bei seinem Besuch angesichts der botanischen Vielfalt des Gartens über seine Theorie einer »Urpflanze« nachdachte (tgl. außer So 9–13, 15–18 Uhr, Winter 9–13 Uhr).

Die Basilika **Sant'Antonio ❾, kurz Il Santo, wurde 1232, ein Jahr nach dem Tod des Heiligen, über seinem Grab errichtet. Architekturgeschichtlich stellt der Bau ein Unikum dar in seiner Synthese von spitzen gotischen Giebelfassaden, Kuppeln nach dem Vorbild von San Marco in Venedig und minarettartigen Türmen (6.30 bis 19.45 Uhr, Winter bis 19 Uhr).

Die Basilika enthält *Bronzewerke von Donatello am Hochaltar und großartige Fresken von Altichieri (1372 bis 1377) in der *Cappella di San Felice im rechten Querhausarm, mit einer Kreuzigung und Heiligenszenen, auf denen auch Petrarca und Franceso il Vecchio da Carrara mit rotem Barett und weißer Feder dargestellt sind. Im linken Querhaus befindet sich die *Cappella dell'Arca del Santo, die Grabkapelle des hl. Antonius.

Stolz wie ein römischer Imperator blickt der Bronzereiter vor der Basilika über den Andenkenkitsch auf der

Die Basilika des heiligen Antonius ist das Ziel vieler Wallfahrten

Piazza del Santo zu seinen Füßen hinweg. Das *Standbild des Gattamelata ist ein Meisterwerk Donatellos (1452) und stellt Erasmo de' Narni dar, einen bekannten Condottiere (Söldnerführer) im Dienste Venedigs, der wegen seiner Verschlagenheit »die gefleckte Katze« hieß.

Rechts von der Basilika schließt sich die *Scuola del Santo ❿ an mit *Fresken des frühen 16. Jhs. aus dem Leben des Heiligen, an denen der junge Tizian mitwirkte, und das *Oratorio San Giorgio ⓫ mit besonders schönen Fresken von Altichieri aus dem Jahr 1384 (9–12.30, 14.30–19 Uhr).

Sant'Antonio

Am 13. Juni feiert nicht nur Padua ein großes Stadtfest zu Ehren des hl. Antonius, sondern auch Lissabon, wo der Heilige mit dem Lilienzweig 1195 als Fernando de Bulhões geboren wurde. In Padua starb er 1231 als berühmter franziskanischer Prediger und Wunderheiler. Obwohl er nur die letzten Monate seines Lebens hier verbrachte, nahm die ganze Bevölkerung an seinem Begräbnis teil. Schon ein

Jahr später wurde er heilig gesprochen und zum himmlischen Fürsprecher Paduas ernannt. Kurz darauf, am 30. Mai 1232, beschloss man den Bau einer Kirche zu Ehren des neuen Schutzpatrons. Heute ist Sant'Antonio der populärste Heilige Italiens, der durch seine Wunder allen hilft, die etwas verloren haben: den Glauben, die Gesundheit, die Liebe oder den Geldbeutel.

Die Via del Santo ist der Beginn einer Straßenachse, die von der Basilika schnurgerade zurück ins Zentrum führt. Ein kleiner Abstecher durch die Via Altinate, die einstige Landstraße nach Venedig, führt zur schlicht-schönen romanischen Kirche *Santa Sofia.

*Eremitani-Kirche und **Arena-Kapelle

Als 1944 ein Bombenangriff die *Eremitani-Kirche ⑫ und das zugehörige Kloster in Schutt und Asche legte, ging mit den einstürzenden Mauern u. a. das Frühwerk von Andrea Mantegna in der *Ovetari-Kapelle verloren, einer der bedeutendsten Freskenzyklen der Frührenaissance. Nur zwei Bildszenen sind teilweise erhalten, anhand derer man die Größe des Verlusts ermessen kann (8.15–12.15, 16–18 Uhr).

Im rekonstruierten Klosterkomplex hat man mit dem **Museo Civico Eremitani ⑬ ein neues Museumszentrum eingerichtet, zu dem u. a. das *Archäologische Museum und eine *Pinakothek gehören (tgl. Di–So 9–19 Uhr).

Über das Museum erhält man Zugang zur **Arena-Kapelle ⑭, offiziell **Cappella degli Scrovegni**. Sie wurde von dem Bankier Enrico Scrovegni kurz nach 1300 zusammen mit einem Palast (abgebrochen) auf dem Gelände des römischen Amphitheaters (Arena) in Auftrag gegeben. 1305 holte er den großen Giotto aus Florenz, der mit den einzigartigen **Fresken sein Meisterwerk schuf. Unter dem blauen Himmelsgrund der Wölbung wird das Leben Christi und Mariens in einer neuen, zukunfsweisenden Bildsprache illustriert; eine lapidare, aufs Wesentliche konzentrierte Komposition. Den Altar schmückt eine wunderbare *Madonnenstatue des Künstlers Giovanni Pisano.

❶ Palazzo della Ragione
❷ Loggia del Consiglio
❸ Palazzo del Capitanio
❹ Liviano
❺ Dom
❻ Baptisterium
❼ Santa Giustina
❽ Orto Botanico
❾ Sant'Antonio
❿ Scuola del Santo
⓫ Oratorio San Giorgio
⓬ Eremitani-Kirche
⓭ Museo Civico Eremitani
⓮ Arenakapelle
⓯ Caffè Pedrocchi
⓰ Universität

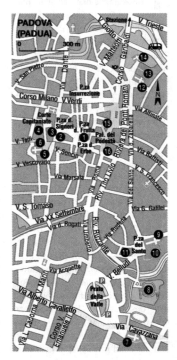

Die Arenakapelle birgt die schönsten Fresken Giottos

*Caffè Pedrocchi und Universität

Unbedingt einkehren sollte man an der Piazza Cavour in das traditionsreiche (seit 1831) und berühmteste Kaffeehaus der Stadt, das *Caffè Pedrocchi ❶. Zu seiner Zeit hieß es das »Café der offenen Türen«, weil es rund um die Uhr geöffnet war. Hier versammelten sich 1848 die rebellischen Geister der Universität, um den Aufstand gegen die Österreicher (Insurrezione) anzuzetteln (Di–So 9.30–12.30, 15.30–18.30 Uhr).

An der Via VIII Febbraio steht das Hauptgebäude der **Universität** ⓭, genannt *Il Bò* (Ochse) nach dem Gasthof zum Ochsen, der hier bis zum 16. Jh. stand. Die 1222 gegründete Universität bildete nicht nur die geistige Elite Venedigs aus, sondern genoss auch internationalen Ruf. Ihr größter Ruhm ist bis heute die medizinische Forschung. Bei einer Führung kann man u. a. das Katheder besichtigen, an dem Galilei 1592–1610 lehrte, und das berühmte *Teatro Anatomico, den Anatomiesaal von 1592, in dem trotz kirchlichen Verbots heimlich in der Nacht Leichen seziert und die Grundlagen für die moderne Anatomie geschaffen wurden (Führungen Mo, Mi, Fr 15 u. 16, Di, Do, Sa 9 und 11 Uhr).

Infos

APT, Riviera dei Mugnai 8, Tel. 0498767911, Fax 049650794. www.apt.padova.it. **IAT,** im Bahnhof, Tel. 0498752077,

Tipp Brentavillen, in denen man stilvoll übernachten kann, sind z. B. **Villa Ducale** in Dolo, Tel. 0415608020, Fax 0415608004, oder **Villa Margherita** in Mira, Tel. 0414265800, Fax 0414265838 (beide ○○○).

Majestic Hotel Toscanelli, Via dell'Arco 2, Tel. 049663244, Fax 0498760025, www.toscanelli.com. 4-Sterne-Hotel, zentral im Herzen der Altstadt gelegen. ○○○
❚ **Giardinetto,** Prato della Valle 54, Tel. 049656766, Fax 049656972. Hübsches Hotel in grüner Stadtlage. ○○○
❚ **Al Cason,** Via Paolo Sarpi 40, Tel. 049662636, Fax 0498754217. Mittelklasse-Hotel vor der alten Stadtmauer. ○○

Mario e Mercedes, Via S. Giovanni da Verdara 13 (Mi geschl.). Schönes Ambiente und sehr gute Küche unter Altstadtlauben. ○○
❚ **Leonardii,** Via Pietro d'Abano, 0498750083. Enoteca mit guter Küche; So geschl. ○○

Sartoria Arabesque, Via Beato Pellegrino 15. Der Laden für ausgeflippte Garderobe.

**Triest

Seite
475

Im Schatten vergangener Größe

Von der imposanten Wasserfront am azurblauen Golf steigt die Stadt (228 400 Einw.) steil auf zu den weißen Felsen der Karstberge. Eingeengt ist sie heute nicht nur in geografischer Hinsicht, denn die politischen Veränderungen nach zwei Weltkriegen haben die Hafenmetropole des Habsburgerreiches zu einer Grenzstadt im toten Winkel gemacht. Triest ist eine melancholische, verschlossene Stadt, in der Schönheit und Verfall dicht beieinander liegen. Ihr besonderer Reiz für die Besucher liegt nicht zuletzt in der Spurensuche nach der multikulturellen Vergangenheit.

Der alte Name der Stadt, Tergeste, stammt aus vorrömischer Zeit. Unter Kaiser Augustus wurde der Ort zur Grenzfestung des Römischen Reiches gegen die Illyrer ausgebaut und wuchs den Hang hinunter bis zum Hafen. Nach wechselnder Herrschaft von Byzantinern, Goten, Langobarden, Franken und einer kurzen Epoche als freie Stadt unterstellte sich Triest 1382 der Herrschaft der Habsburger, um Venedigs Machtanspruch zu entgehen, und blieb danach für über 500 Jahre österreichisch.

Der kometengleiche Aufstieg begann erst 1719 mit der Ernennung zum Freihafen. Unternehmungslustige strömten aus allen Himmelsrichtungen in die Stadt, die zu einem typischen Produkt des Vielvölkerstaats der Donaumonarchie wurde. Von Napoleon dreimal besetzt, kam Triest 1814 endgültig wieder an Österreich und erlebte im 19. Jh. seine größte Blütezeit als Handelszentrum.

Weltstadtformat: das Rathaus an der Piazza dell'Unità

Die kosmopolitische Metropole des Fin de Siècle hatte zwei Gesichter: Ihr offenes geistiges Klima brachte mit Italo Svevo einen der größten Schriftsteller der frühen Moderne hervor (s. S. 441), andererseits schürte eine nationalistische Bewegung, die den Anschluss Triests an Italien forderte, die Spannungen zwischen den ethnischen Gruppen. Die Vereinigung mit Italien 1918 rückte die Stadt aus der Mitte in eine Randlage, erst recht die Folgen des Zweiten Weltkriegs, als Triest mit Istrien sein Hinterland an Jugoslawien verlor. Übrig blieb die kleinste Provinz Italiens (212 km²), die 1964 mit Friaul vereinigt wurde.

Piazza dell'Unità

An Sonntagen liegt die zum Meer hin geöffnete **Piazza dell'Unità** ❶ da wie von de Chirico entworfen; ein weites, menschenleeres Rechteck am Meer (16 000 m²), auf das die riesigen Kuben der Paläste ihre Schatten werfen.

Seite 475

An der Kopfseite steht das gewaltige Rathaus, der **Palazzo Comunale** (1875). Zurückhaltender präsentiert sich die **Casa Stratti** an der Nordseite mit dem legendären *Caffè degli Specchi* (seit 1839). Mosaiken glänzen auf dem weißen **Palazzo del Governo** (heute Prefettura) an der Hafenseite, den der Wiener Architekt Emil Artmann 1905 errichtete.

Gegenüber erhebt sich der Palazzo des **Lloyd Triestino,** ein Gebäude des Wiener Ringstraßen-Architekten Heinrich Ferstel, 1880–1883 entstanden. Es ist ein Symbol des alten Triest, Sitz der ältesten (seit 1830) und größten Schifffahrtsgesellschaft an der Adria, deren Dampfer von Alexandrien bis China und Japan verkehrten. Auf dem Molo Audace vor der Piazza, benannt nach dem jubelnd begrüßten ersten italienischen Torpedoschiff, das hier im Ersten Weltkrieg vor Anker ging, gehen die Triestiner gerne spazieren und bewundern das Uferpanorama.

Zum Colle San Giusto

Hinter dem Rathaus gelangt man über eine kurze Stichstraße zur Via del Teatro Romano. Die klotzige faschistische Architektur ist eine Reminiszenz an Mussolini, der hier einen Teil der Altstadt abreißen ließ.

Ein Treppensteig führt zur barocken Kirche **Santa Maria Maggiore ❷** und zur kleinen mittelalterlichen Backsteinkirche **San Silvestro** hinauf, seit Ende des 18. Jhs. Sitz der Waldenser-Gemeinde, die von einer Gruppe Schweizer Kaufleute gegründet wurde. Nahebei versteckt sich der *Arco di Riccardo* im Altstadtgewinkel, ein kleiner römischer Torbogen, der zur Stadtmauer des 1. Jhs. gehörte.

Auf der Kuppe des **Colle di San Giusto** steht als ältestes Denkmal der Stadtgeschichte die Ruine der römischen Forumsbasilika.

Die *Kathedrale San Giusto ❸, die dem römischen Märtyrer Justus geweiht ist, ist ein hochinteressantes Konglomerat von Bauelementen verschiedener Epochen. Römische Versatzstücke und eine byzantinische Madonna schmücken den *Campanile* (über einem antiken Torbau zum Forum errichtet), und römische Grabsteine rahmen das Portal der Westfassade mit dem schönen gotischen Radfenster. Der asymmetrische fünfschiffige Raum entstand im 14. Jh. durch die Verbindung der romanischen Basiliken Santa Maria Assunta und San Giusto zu einem Gebäude. Beachtenswert: die *Kapitelle aus dem 11. Jh. und das *Mosaik mit dem byzantinischen Madonnenbild in der linken Seitenapsis (um 1200).

Die Via della Cattedrale führt hinunter zum **Museo di Storia ed Arte ❹** mit dem romantischen *Lapidarium (Orto lapidario)*, das Grabinschriften und Architekturfragmente aus den Gebieten um Triest, Aquileia und Istrien ausstellt (tgl. Di–So 9–13, Mi bis 19 Uhr).

Der Hügel wird von dem wuchtigen **Kastell ❺** gekrönt, im 14. Jh. von den Venezianern erbaut, bis 1770 Residenz der kaiserlichen Statthalter. Das Waffenmuseum (tgl. Di–So 9–13 Uhr) mag man sich schenken, nicht jedoch den Panoramablick über die Stadt (tgl. 8 Uhr bis Sonnenuntergang).

Über den Parco della Rimembranza, in dem Täfelchen an die Gefallenen zweier Weltkriege mahnen, gelangt man hügelabwärts (links halten) zum *Teatro Romano ❻. Das mit seinem Sitzrund in den Hang gebettete antike Theater (um 100 n. Chr.) bot 6000 Zuschauern Platz und freien Blick auf das Meer. Das Terrain von hier bis zum Hafen wurde erst später aufgeschüttet.

*Borgo Teresiano

Maria Theresia selbst hatte den Plan für den Borgo Teresiano abgesegnet, das neue Stadtviertel des Handels und der Schifffahrt, das als Schachbrettanlage über trockengelegten Salinen um die Achse des kurzen Canal Grande entstand. Wo heute nur noch Sportboote dümpeln, war damals die Anlegestelle für Lastensegler. Die Aufteilung der Kaufmannshäuser wurde streng reglementiert: unten die Läden, darüber die Wohnung und ganz oben die Kontore.

Der Canal Grande endete einst direkt vor der Kirche **Sant'Antonio Nuovo ❼**, einem kühlen klassizistischen Pantheon, das als Blickfang seine Stirnseite markiert (1825–1849).

Bei der Brücke öffnet sich die **Piazza del Ponterosso**. An den Marktständen und in den Läden werden Billigtextilien für die zu Einkaufstouren scharenweise einfallenden Nachbarn aus Ex-Jugoslawien feilgeboten.

Der pompöse neo-byzantinische Kuppelbau zwischen Sant'Antonio Nuovo und Ponterosso mit glänzenden Mosaiken an der Fassade ist die Kirche **San Spiridone** (1869) der serbisch-orthodoxen Gemeinde (tgl. Di–Sa 9–12, 16–18.30, So 9–12 Uhr). Die Kirchen der verschiedensten Konfessionen sind bis heute ein lebendiger Rest der multiethnischen Vergangenheit Triests.

An der Ecke zum Hafen liegt der riesige **Palazzo Carciotti ❽**, 1798–1805 vom bedeutendsten Architekten des Triestiner Klassizismus, Matthäus

Seite **475**

❶ Piazza dell'Unità
❷ Santa Maria Maggiore
❸ Kathedrale San Giusto
❹ Museo di Storia ed Arte
❺ Kastell
❻ Teatro Romano
❼ Sant'Antonio Nuovo
❽ Palazzo Carciotti
❾ Piazza della Borsa
❿ Piazza Goldoni
⓫ Museo Morpurgo
⓬ Synagoge
⓭ Piazza Hortis
⓮ Palazzo Revoltella
⓯ Museo Sartorio

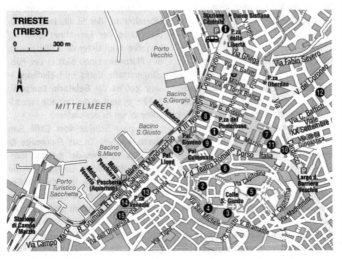

Seite 475

Pertsch, für den griechischen Kaufmann Demetrio Carciotti errichtet.

Einen großen klassizistischen Dreiklang bildet das gesellschaftliche Zentrum des alten Triest an der *Piazza della Borsa* ❸.

Die **Borsa Vecchia** (1806–1809), halb dorischer Tempel, halb römischer Triumphbogen, und das **Teatro Verdi** (1801), die Oper, werden durch die Galleria des Tergesteo (1804), eine überdachte Passage mit Läden und Café, miteinander verbunden. Hier war im 19. Jh. der Treffpunkt von »tout Triest«. Die hohen Glas-Eisen-Gewölbe hat man 1957 leider abgehängt.

Klassizistisch ist auch die Zweiturmfassade von **San Niccolò dei Greci** (1782–1821), der Kirche der griechisch-orthodoxen Gemeinde, noch heute eine der größten religiösen Minderheiten Triests (tgl. 9–12, 16–18 Uhr, Fr und So nachm. geschl.).

Tipp Für eine Ruhepause empfiehlt sich das elegante, stuckverzierte **Caffè Tommaseo** (seit 1830) an der Piazza Tommaseo, für den kleinen Hunger das volkstümliche **Buffet da Pepi** in der Via Cassa di Risparmio 3, Tel. 040366858.

Città moderna

Die lebhafte Hauptachse der Stadterweiterung des 19. Jhs. ist die Via Carducci. An der **Piazza Goldoni** ⑩ bildet der monumentale Treppenaufgang zum Kastell, die *Scalinata dei Giganti*, einen bühnenreifen Rahmen für den Eingang in den Tunnel, der durch den Colle San Giusto stadtauswärts führt.

Ein Tipp für Nostalgiker: Im *Museo Morpurgo* ⑪ (Via Imbriani 5, tgl. außer Mo 9–13, Mi bis 19 Uhr), dem Palast eines jüdischen Bankiers von 1875, ist die *Wohninszenierung der Belle Épo-

Ein Relikt der k. u. k. Zeit: Caffè San Marco

que zu bestaunen, die vom Murano-Lüster bis zu den Draperien im Originalzustand erhalten ist.

In die schnurgerade Via Carducci mündet die Via Cesare Battisti (bekannt für ihre schönen Geschäfte!). Hier liegt das traditionsreiche **Caffè San Marco** (Mi geschl.) von 1914, ein Kaffeehaus mit morbidem k. u. k. Charme, wie man es nicht einmal mehr in Wien findet.

Der parallel verlaufende **Viale XX Settembre** ist die Promenade des jungen Triest. Hier spürt man nichts von der Überalterung der Stadt, in der über die Hälfte der Einwohner älter als 65 Jahre sind! Unter dem Blätterdach der Platanen reihen sich in der Fußgängerstraße Cafés und Eisdielen – sehr gut ist die **Gelateria Zampolli**. Auf Nr. 35 sind an der Fassade Jugendstilheroinen zu bewundern.

Ein paar Schritte vom Caffè San Marco erinnert Triests **Synagoge** ⑫ (1908–1912), eines der größten jüdischen Gotteshäuser Europas, an die einstige Bedeutung der jüdischen Gemeinde, die nach der Proklamation des Freihafens enorm angewachsen war. Unter dem fortschrittlichen Kaiser Joseph II. wurde 1785 das Ghetto aufgehoben. Doch Deportation und Emigration im Zweiten Weltkrieg haben auch die jüdische Bevölkerung Triests stark dezimiert. Im Süden von Triest befand sich das einzige deutsche KZ in Italien (Risiera di San Sabba, Ratto Pileria, Mo–Sa 9–13 Uhr).

Tipp Wer nach langem Pflastertreten Lust auf einen Ausflug hat, kann sich von der Piazza Oberdan mit der Standseilbahn auf 336 m Höhe nach **Villa Opicina** (5 km, 30 Min. Fahrzeit) bringen lassen. Von der Haltestelle am Obelisken in Poggio Reale (*Aussicht) gibt es Höhenwege, schön ist der Weg Nr. 1 bis zum Aussichtspunkt **Vedetta Alice**.

Altstadtgassen und Kaufmannspaläste

Gleich hinter der Wasserfront liegt ein Labyrinth von düsteren Gassen. Nur ein paar Schritte sind es vom Rathaus zur Piazza Cavana und zum ältesten Stadtviertel Triests. Grauer Verfall herrscht in den Gassenschläuchen, in denen sich nicht einmal die Windstöße der Bora verfangen, die in der kalten Jahreszeit mit Geschwindigkeiten bis zu 150 km/h durch die Stadt fegen. Am Rand der Altstadt entlang führt die Via Cavana mit kleinen Läden, Kneipen und ein paar Antiquariaten. Sie endet an der **Piazza Hortis ⊕**, einem grünen Platz mit der **Biblioteca Civica** (Italo-Svevo-Archiv) und zwei gastronomischen Stationen.

Das populäre **Buffet da Siora Rosa**, Tel. 040301460, bietet traditionelle Gerichte wie die *jota* (s. S. 444, ○), das **Ristorante ai Fiori** eine feine Fischküche (○○).

Eine Ecke weiter wird es herrschaftlich. In zwei einstigen Kaufmannspa-

Fürstlich lebten die Handelsbarone: Palazzo Revoltella

Seite 475

lästen lässt sich der Wohngeschmack neureicher Triestiner Familien im 19. Jh. bestaunen.

Der ****Palazzo Revoltella ⊕** (Via Diaz 27, 10–19 Uhr, So nachm. u. Di geschl.), 1858 von dem Schinkel-Schüler Friedrich Hitzig erbaut, enthält heute eines der bedeutendsten italienischen Museen zeitgenössischer Kunst und Raumfluchten mit großbürgerlicher Möblierung aus der Mitte des 19. Jhs. Der einstige Besitzer, Barone Pasquale Revoltella, war ein erfolgreicher Unternehmer. Er stiftete u. a. das Geld für ein scherzhaft «Revolverschule» (ital. *rivoltella*) genanntes Sprachinstitut, an dem der irische Autor James Joyce unterrichtete und als Englischlehrer mit Italo Svevo zusammentraf.

Ein weiterer Kaufmannspalast mit großbürgerlichem Interieur ist das heutige **Museo Sartorio ⊕** (Largo Papa Giovanni XXIII, tgl. außer Mo 9 bis 13 Uhr), eine klassizistische Villa (1840) in einem ummauerten Garten.

Infos

Seite 475

APT, Riva III Novembre 9. Tel. 0403478312, Fax 0404378380. www.triestetourism.it. Ermäßigungen mit der Gästekarte »T for you«.

Golfrundfahrten werden ab Riva del Mandracchio angeboten. Außerdem Schiffsverbindungen nach Grado und Istrien.

Grand Hotel Duchi d'Aosta, Piazza Unità d'Italia 2, Tel. 0407600011, Fax 040366092, www.grandhotelduchidaosta.com. Erstes Haus am Platze. ○○○

■ **Colombia,** Via delle Geppa 18, Tel. 040369191, Fax 040369644, www.hotelcolombia.com. Gutes, neueres Haus. ○○–○○○

■ **Italia,** Via di Geppa 15. Preiswerte Unterkunft. ○○

■ **Al Teatro,** Capo di Piazza 1, Tel. 040366220, Fax 040366560. Ein gemütliches Haus. ○

■ **Riviera e Maximilian's,** Grignano, Tel. 040224551, Fax 040224300, www.magesta.com. An der Küste, in der Nähe von Schloss Miramare. ○○

Jugendherberge: **Tergeste,** Grignano, Viale Miramare 331, Tel./Fax 040224102.

Camping: **Pian del Grisa,** Villa Opicina, an der SS202, Tel. 040213142, Fax 040211610.

Buffets

Buffets heißen die typischen Triestiner Gästehäuser, in denen man preiswert Speisen nach k. u. k. Tradition auf der Basis von frischem Kesselfleisch, scharfem Kren (Meerrettich) und Kraut serviert.

Re di Coppe, Via della Geppa 11, Tel. 040370330 (Sa/So geschl.). Warme Küche von 7–20 Uhr. Populär. ○–○○

■ **Buffet Masé,** Via Valdirivo 32, Tel. 040639428 (Sa, So geschl.). Gutbürgerliche Küche, insbesondere köstliche Suppen. ○–○○

■ **Birreria Forst,** Via Galatti 11, Tel. 040365276 (So geschl.). Gulasch und Bier vom Fass. ○○

Tipp Eine Institution ist die Pasticceria **La Bomboniera** in der Via XXX Ottobre, wo es die typisch triestinischen *dolci mitteleuropei* gibt: *strudel, krapfen* und *chiffeletti* (Kipferl); Sacher- und Dobostorten, *presnitz* und *putizza* (Teigrollen mit Zitronat, Sultaninen, Nüssen und Schokolade).

Ausflüge

Am Tor zur Provinz von Triest liegt der Eingang in die Unterwelt. Das Mündungsgebiet des Flusses **Timavo** nördlich von Duino (27 km nördlich von Triest) ist ein mythischer Ort. Wo aus den Kalksteinriffen des Karst unvermutet der Fluss mit drei Armen zu Tage tritt, vermutete der römische Dichter Vergil den Eingang ins Schattenreich, Dante eine der vier Pforten zur Hölle.

Die Spuren von römischen und frühchristlichen Bauten unter der Kirche San Giovanni al Timavo bezeugen die heilige Ehrfurcht, die man diesem merkwürdigen Ort immer entgegenbrachte. Aufgrund eines geologischen Phänomens verschwindet der Timavo nicht weit von seiner Quelle in Slowenien in unterirdischen Höhlen, aus denen er erst nach 35 km, 2 km vor der Mündung ins Meer, wieder auftaucht.

Zwischen den beiden Orten **Duino** und **Sistiana** kann man in herrlicher Aussichtslage über der Küste auf einem Dichterpfad wandeln, der *Passeggiata di Rilke*. Er erhielt seinen Namen zu Ehren von Rainer Maria Rilke, der seine »Duineser Elegien« 1911/12 als Gast auf dem Schloss von Duino verfasste (Panoramalage über dem Meer; Privatbesitz, Besichtigung nicht möglich).

Direkt über der Steilküste führt die herrliche ***Panoramastraße** von Duino bis Grignano/Miramare. Weiter oberhalb kann man über die Karsthügel von Villa Opicina bis Visogliano über die »Strada del Terrano« kurven, eine Weinstraße, an der verschiedene einfache Buschenschenken, die *osmizze*, zur Einkehr einladen. Im Weinbauzentrum des Karstes bieten die slowenischen Winzer ihren roten Terrano zum Verkosten an.

In **Monrupino** (11 km nordöstlich von Triest) mit einer alten Wehrkirche laden die Trattorien **Carso da Bozo** und **Pod Jabron** mit guter Regionalküche ein. Hier wird auch der typische Tabor-Käse hergestellt.

Seite
505

Im Weiler Rupingrande gibt es ein kleines Bauernhofmuseum, die **Casa Carsica** (nur So 11–12.30, 15–18 Uhr).

Im beliebten Ausflugslokal **Krizman** besteht auch die Möglichkeit zu übernachten. ○○

Dass in **Muggia** (10 km südlich von Triest) Venezianer herrschten, sieht man an der Piazza des Hafenstädtchens: eine Loggia am Rathaus mit dem Markuslöwen und eine marmorne Domfassade (15. Jh.). Beliebt für Hochzeiten ist die Altstadtkirche ***Santa Maria Assunta** (11./12. Jh.).

Märchen ohne Happy-End

An der Uferpromenade der Riviera von Barcola führt die Straße an der Küste entlang in Richtung Norden nach Grignano, wo auf einer felsigen Landspitze das romantische Märchenschloss ****Castello di Miramare** thront. Mit diesem Gebäude verbindet sich die unglückliche Geschichte des Erzherzogs Maximilian, eines Bruders von Kaiser Franz Joseph, und seiner jungen, schönen Gemahlin Charlotte. Blind für die Ränke eines abgekarteten Großmachtspiels ließ sich der ehrgeizige und wirklichkeitsfremde Maximilian 1864 zum Kaiser von Mexiko ausrufen, ohne die Verhältnisse des Landes zu kennen, und wurde dort drei Jahre später von Aufständischen erschossen.

Schon 1856, als die Mexiko-Mission noch in weiter Ferne lag, hatte Maximilian mit dem Bau eines würdigen Wohnsitzes für seine schwärmerischen Königsträume begonnen. Fertig gestellt wurde das Schloss erst 1870, vier Jahre nach seinem Tod.

Bis heute ist die gesamte Innenausstattung erhalten. So kann man hier den eklektischen Geschmack fürstlicher Wohnkultur des 19. Jhs. in ihrer operettenhaften Inszenierung studieren wie sonst nirgends. Wunderschön ist der auf Terrassen angelegte Park mit exotischen Bäumen, die Maximilian teilweise selbst von Reisen mitbrachte (tgl. 9–18, Sa im Aug. bis 21.15 Uhr).

Tour 1

Seite 482

Etschtal: Wein und Burgen

Mezzocorona → Cembra-Tal → **Trient → *Castel Beseno → *Rovereto → *Castello d'Avio → Valpolicella → **Verona → Soave (ca. 250 km)

Wein- und Obstgärten ziehen sich durch das ganze Trentino an der Etsch (Adige) entlang und in die Seitentäler hinein. Mittelalterliche Burgen und die Spuren der großen Kriege bezeugen die strategische Rolle der alten Brennerroute in der Geschichte. Die Täler der Valpolicella und die Hügellandschaft bei Soave mit der mächtigen Scaligerburg sind die weltbekannten Weinregionen Veronas (eine Tagestour).

Von Mezzocorona bis Rovereto

Mezzocorona ❶ ist für alle, die von Norden kommen, der erste Ort des Trentino. Auf dem Kiesboden des Campo Rotaliano, des Schwemmlands zwischen San Michele, Mezzocorona und Mezzolombardo am Zusammenfluss von Etsch und Noce, wächst der Teroldego, eine alte Rebsorte, aus der ein trockener, rubinfarbener Roter gekeltert wird.

Von **Lavis** (8 km nördlich von Trient), einem Weinbauzentrum an der alten Brennerstraße (SS12), sollte man einen Abstecher ins östlich gelegene **Cembra-Tal** machen. Hier wird seit Menschengedenken Wein auf steilen Terrassen angebaut, die aus dem Por-

phyrgestein herausgehauen wurden. An den Nordhängen des Tals reihen sich die Porphyrsteinbrüche. Die Höfe und Dörfer haben leider nicht das Lokalkolorit des benachbarten Südtirol, Denkmalpflege wird hier noch klein geschrieben. Der Hauptort **Cembra** (667 m, 1650 Einw.) besitzt einen kleinen historischen Kern und eine gotische *Pfarrkirche mit schönen Fresken. Zurück in Lavis sind es nur noch 15 km bis Trient (s. S. 447).

Durch das **Val Lagarina,** das untere Etschtal von Trient bis zum Austritt des Flusses aus dem Gebirge in die Ebene, geht die Fahrt weiter auf der verkehrsreichen SS12 nach Besenello. Von dort aus führt eine enge Straße zum *Castel Beseno ❷ hinauf, dem größten Burgkomplex des Trentino (April–Okt. tgl. außer Mo 9–12, 14 bis 17.30 Uhr; Parkplatz unter der Burg, Fußweg 20 Min.; Zubringerbus am Wochenende). Das Kastell war von 1470 bis 1973 im Besitz der Trapp-Familie. Der älteste Kern ist der Palazzo Marcabruno (Freskenzyklus aus Monatsbildern, 15. Jh.).

*Rovereto ❸

Das Zentrum des Val Lagarina war immer eine Stadt des Handels und der Industrie (204 m, 33 000 Einw.). Umso mehr überrascht der idyllische Altstadtkern, an dem der Touristenstrom vorüberrauscht. Im 16. Jh. entstanden mit den Seidenspinnereien die ersten großen Manufakturen, von denen das ganze Tal lebte.

Unter den Habsburgern erlebte Rovereto im 18. Jh. seine Blütezeit und entwickelte sich auch zum »Athen des Trentino«, das den Philosophen Antonio Rosmini (1797–1855), Wissen-

Malerische Fassade in Rovereto

1

Seite 482

schaftler und Musiker hervorbrachte, worauf man noch heute stolz ist, ebenso wie auf den Besuch des jungen Mozart, der 1769 in Rovereto sein erstes Konzert in Italien gab.

Der baumbestandene Corso Rosmini verbindet den Bahnhof mit der Altstadt. Hier steht der **Palazzo Rosmini**, das Geburtshaus des Philosophen, das Museum **Archivio del 900** (Nr. 58) mit einigen Bildern futuristischer Maler (Boccioni, Depero, Marinetti) und das renommierte **Ristorante Novecento** im Hotel Rovereto (Nr. 82, ○○). Am Kopfende erweitert sich der Corso zur Piazza (Café). Dort biegt man rechts zur malerischen **Piazza Battisti** ab (barocker Neptunsbrunnen), in die die Straßen der Altstadt münden.

Die Via Rialto führt zum Turm von **San Marco** (1483) und zur gleichnamigen barockisierten Kirche und setzt sich fort in der Via della Terra, die den Gemeindebezirk *(terra)* vom Burgbezirk trennt. Am Ende der Straße (Nr. 53) ist ein sehenswertes kleines *Museum in seinem einstigen Wohnhaus dem futuristischen Künstler Fortunato Depero (1892–1960) gewidmet (Di–So 10–12.30, 14.30–19 Uhr).

Von hier geht es zu der gewaltigen Anlage des **Castello** hinauf, um 1300 errichtet, von den Venezianern durch Bastionen erweitert, im 19. Jh. von den Österreichern in eine Kaserne umgewandelt. Heute befindet sich darin das Museo della Guerra (Dokumentation der beiden Weltkriege, April bis Nov. 8.30–12.30, 14–18 Uhr).

Unterhalb der Burg liegt das **Rathaus** in einem Palast des 15./16. Jhs. Dahinter fließt das Flüsschen Lena, an dem sich jenseits der Brücke ehemalige Seidenspinnereien reihen, die einst von Wassermühlen betrieben wurden.

Vom Rathaus gelangt man über die malerische **Via Portici** mit einigen Kunsthandwerksbetrieben und der ältesten Spinnerei von 1580 (Ecke Piazza Malfatti) zurück zur Piazza Battisti.

TOUR 1
0   15 km
N

Bolzano, Mezzocorona ❶
Lavis
Pergine
Trento (Trient)
Cornetto 2179
Mattarello
Besenello
Cast. Besono ❷
Riva del Garda
Nogaredo ❹ Arco
Rovereto
Isera ❸
Albaredo
Serravalle all'Adige
S. Antonio
Cast. di Sabbionara d'Avio ❺
Malcesine
Avio
Ala
M. Tomba 1768
Soruzzino
Recoaro Terme
Spiazzi
Peri
Bosco Chiesanuova
Giazza
Crespadero
Rivoli Veronese
Dolce
Breonio
Fumane
Stallavena
Bolca
S. Ambrogio
Negrar
Grezzana
Montecchia di Crosara
Pastrengo
Settimo
Mezzane di Sotto
Illasi
Bussolengo
Verona
Soave ❼
Modena
Caldiero

APT, Via Dante 63, Tel. 0464430363, Fax 0464435528.

Rovereto, Corso Rosmini 82, Tel. 0464435222, Fax 0464439644. Ruhiger Garten und gutes Restaurant. ○○

Alla Lanterna, Piazza Malfatti 12 (Mi, Do geschl.). Saisongerichte in gemütlichem Ambiente. ○○

▌**Mozart 1769,** Via Portici 36 (Di geschl.). Rosa-weißer Rokokosalon. ○○

Veranstaltungen: Internationales Mozartfestival im September.

Im Land des Marzemino

Jenseits der Etsch gedeiht auf Basalt-
böden die berühmteste Rebe des
Trentino, der Marzemino, der schon in
Mozarts »Don Giovanni« gepriesen
wird.

Hoch über **Nogaredo** ❹ liegt ***Castel Noarna,** Mittelpunkt eines Weinguts, das schöne *Deckenmalereien
der Michelangelo-Schule besitzt. Hier
finden im Sommer **Schlosskonzerte**
statt. In der Burg wurden einst Hexen
gefoltert, enthauptet und verbrannt.
Von den berüchtigten Hexenprozes-
sen von Nogaredo im 17. und 18. Jh.
raunt man noch heute. So heißt auch
die einladende Osteria am Hauptplatz
»Le Strie« (Die Hexen).

Über Nogaredo fährt man durch Re-
bengärten weiter zu dem hübschen
Weinort **Isera** (Postkarten-Museum),
der Heimat des Marzemino, den man
z. B. in der **Cantina d'Isera** oder im
führenden Weingut Tarczal im Ortsteil
Marano verkosten kann.

Malerisch liegt das ***Castello di
Sabbionara d'Avio** ❺, mitunter die
schönste Burgruine des Trentino, über
dem Etschtal (Ausfahrt Avio). Die Burg
gehört seit dem 12. Jh. den Grafen von
Castelbarco, die einst die größten
Feudalherren im Val Lagarina waren
und die Burg nach dem Vorbild der
Scaligerburgen des 14. Jhs. zu einer
Wohnresidenz umbauen ließen. Besonders eindrucksvoll sind die gut
erhaltenen *Fresken aus dem 14. Jh.:
Ritterkämpfe in der sog. Casa delle
Guardie und Fragmente von ritterlichen Liebespaaren im Bergfried des
12. Jhs. Unter Weinlaub kann man in
der kleinen Burgschenke die Stille
hoch über dem Tal genießen (tgl. außer Mo 10–13, 14–18 Uhr).

Nach der Klause von Rivoli tritt die
Etsch aus dem Gebirge in die Ebene.
Rivoli Veronese unweit der Autobahn

*Auf die Rebgärten des Etschtals blickt
das Castello d'Avio*

(Ausfahrt Affi) ist ein wenig ansehn-
liches Dorf, das im Januar 1797 als
Schauplatz des napoleonischen Siegs
in der Entscheidungsschlacht gegen
Österreich in die Geschichte einging
und namengebend für die berühmte
Pariser Rue de Rivoli wurde.

Valpolicella

In Richtung Verona stapeln sich an der
Landstraße die Marmi, Marmor- und
Granitblöcke, die in der Gegend gebrochen werden. An den Ausläufern
der Lessinischen Berge liegt **Sant'Ambrogio di Valpolicella** ❻. Von dort
kommen zwei berühmte Rote: der
Rosso di Verona und der starke, süße
Recioto-Wein – aber auch der Marmor,
der die Paläste und Kirchen bis nach
Venedig schmückt.

Hier beginnt das berühmte Weinanbaugebiet **Valpolicella,** dessen Zentren in den Tälern um Fumane, Negrar
und Marano liegen. Für seine Erkundung sollte man allerdings etwas Geduld mitbringen.

1

Seite
482

Ein Abstecher lohnt nach **San Giorgio di Valpolicella** (romanische *Pfarrkirche), von wo aus der Blick bis zum Gardasee reicht.

Eine gute Einkehrmöglichkeit bietet in San Ambrogio das **Ristorante dalla Rosa Alda.** ○○

Im tiefer liegenden **Gargagnago** mit dem bekannten Weingut **Masi** steht in einem großen ummauerten Park die imposante Villa Serego Alighieri der gleichnamigen Grafen, die ihren Stammbaum von Dante ableiten. In der Foresteria kann man auch herrschaftlich logieren (Tel. 0457703622, Fax 0457703523).

Die **Weine** des Gutes **Masi** zählen zu den besten des Valpolicella. Weinverkauf 10 bis 18 Uhr, am Eingangstor klingeln!

Soave ❼

Zentrum eines weiteren weltberühmten Weinbaugebiets ist das Städtchen Soave (5900 Einw.) unterhalb des gewaltigen *Castello mit den Schwalbenschwanzzinnen der Scaliger. Cansignore della Scala ließ die Burg und die riesige Mauer mit 24 Türmen errichten, die noch heute die Burg und die Stadt umschließt (Castello mit Interieurs von 1892, Di–So 9–12, 15–18.30 Uhr).

Tipp In der Via Roma, der Hauptstraße der Altstadt, kann man sich bei der **Enoteca del Soave** und bei der Weinkellerei **Coffele** mit Soave-Weinen eindecken. Besonders gute Tropfen führt **Bisson** (Via Bisson). Am Ende der Via Roma kehrt man in die **Enoteca Il Drago** unter einer gotischen Loggia ein.

Lo Scudo, Via S. Matteo 46 (So, Mo geschl.). Gute Fischküche, angenehmes Ambiente. ○○

Auch in der **Soave-Region** verführt in den Dörfern wenig zur Einkehr. Trotzdem sollte man eine kleine Rundfahrt in das landschaftlich schöne Hügelgebiet unternehmen.

Tourenvorschlag: Soave – Illasi – Tregnago – Sant'Andrea – Bolca (berühmte Fossilienfunde) – Montecchia di Crosara (kaltgepresstes Öl beim **Frantoio dalla Fina** und **Ristorante Alpone** in Costalunga) – Monteforte d'Alpone (**Enoteca del Soave,** Piazza Salvo d'Acquisto; ○○).

Bestseller der Region

Der Soave, früher der einfache Hauswein Veronas, setzte sich in den 1970er-Jahren an die Spitze einer neuen Generation der leichten, frisch-fruchtigen Weißweine. Der Soave Bolla wurde ein internationaler Renner.

Zwar hat die Massenproduktion zu einer Verflachung des Geschmacks geführt, doch einige Winzer setzen inzwischen wieder erfolgreich auf Qualität, gestützt auf die Eigenart der einheimischen Rebsorten Garganega und Trebbiano (z. B. Anselmi, Pieropan oder Bolla).

Der beste Wein, der Soave Classico, wächst auf den Hügeln im nördlichen Umkreis von Soave und Monteforte d'Alpone und ist von strohgelber Farbe, leicht duftig und zart fruchtig. Er passt vorzüglich zu leichten Antipasti, Gemüsen und Fisch.

Seite 482

Tour 2

Die Perlen des Veneto

**Vicenza → *Lugo di Vicenza → *Marostica → **Bassano del Grappa → Cittadella → *Castelfranco → **Asolo → **Palladio-Villen (ca. 160 km)

Die Fahrt führt von Vicenza ins Hügelland am Fuß der Berge: zur malerischen Grappa- und Spargelstadt Bassano del Grappa, in das romantisch in Zypressenhügel gebettete Asolo, zu den berühmtesten Palladio-Villen in Maser und Fanzolo und den mittelalterlichen Mauerstädtchen Marostica, Cittadella und Castelfranco. Auch für Gaumenfreuden ist reichlich gesorgt (Dauer: etwa zwei Tage).

Die SS248 verläuft von Vicenza (s. S. 461 ff.) nach Norden in Richtung Marostica. Vor Sondrigo biegt man links ab nach **Breganze ❾**. Dieser Ort am Fuß des Hochplateaus von Asiago ist das Zentrum des gleichnamigen Weinbaugebiets, das sich bis Marostica und Bassano del Grappa erstreckt.

Burgen beherrschen viele Orte: Castello Inferiore in Marostica

Seite 487

2

gischen Szenen (1552–1557 von G. B. Zelotti u. a.) ist die älteste von vielen ähnlichen Villendekorationen des 16. Jhs. Zu sehen ist auch eine Sammlung italienischer Malerei des 19. Jhs. und ein Museum fossiler Funde (März bis Ende Sept. Di, Sa, So 15–19 Uhr). Die **Villa Piovene Porto Godi** auf dem Nachbarhügel ist vermutlich ebenfalls ein Jugendwerk Palladios, wurde aber im 18. Jh. durch einen feierlichen Säulenportikus und die große Freitreppe bereichert. Schön ist der romantische *Park des 19. Jhs. mit natürlichen Grotten (Park tgl. 14–19 Uhr).

*Lugo di Vicenza ❿

Zwei Villen auf einer sanften Anhöhe lohnen die Fahrt nach Lugo di Vicenza. Die ***Villa Godi-Malinverni** ist die älteste Villa Palladios (s. S. 463), ab 1537 geplant, noch ohne antike Zitate. Maßvolle Schlichtheit und Harmonie der Proportionen zeigen aber bereits die typische Handschrift des Meisters. Der *Freskenzyklus mit mytholo-

*Marostica ⓫

Der Altstadtkern von Marostica (12 000 Einw.) am Fuß eines burgbekrönten Hügels liegt zwischen den Wehrmauern des 14. Jhs., die sich bis zum Castello Superiore hinaufziehen.

Tipp Auf dem weiten Geviert der Piazza vor dem Castello Inferiore in Marostica findet alle zwei Jahre

2

Seite
487

im September die große **Schachpartie** mit lebenden Figuren in historischen Kostümen statt. Sie erinnert an die Sage von der schönen Lionora, um die sich zwei junge Herren duellieren wollten. Der weise Vater der Umworbenen überzeugte die beiden jedoch, ihren Wettbewerb auf unblutige Weise am Schachbrett auszutragen. Dem Sieger wurde Lionora zugesprochen, dem Verlierer ihre Schwester.

Das Restaurant am Platze heißt natürlich **Scacchiera** (»Schachbrett«; So u. Mo geschl., ○○). Wer sich die Einkehr verdienen möchte, kann auf dem malerischen Fußweg zum Castello Superiore hinaufsteigen (Restaurant Di geschl.; *Panoramablick).

****Bassano del Grappa** ⑫

Bassano (129 m; 40 000 Einw.) ist die größte unter den kleinen Städten der Provinz Vicenza. Wunderschön ist das Flusspanorama an der Brenta mit der berühmten Holzbrücke, dem Wahrzeichen der idyllisch gelegenen Kleinstadt.

Von Palladio geplant, wurde der ***Ponte Vecchio** nach mehrfacher Zerstörung durch Hochwasser und Krieg immer wieder aufgebaut, zuletzt 1948, als er von deutschen Truppen beim Rückzug gesprengt wurde. Zusammen mit dem Monte Grappa (s. S. 487) ist die Brücke ein patriotisches Wallfahrtsziel; zu Ehren des italienischen Alpenkorps, das Bassano am Monte Grappa verteidigte, wird sie auch Ponte degli Alpini genannt.

Tipp Feinste Brände erhält man im urigen Ausschank der **Grapperia Nardini** (seit 1779) an der Holzbrücke und in der benachbarten **Distelleria**

Poli mit ihrem kleinen, interessanten Grappa-Museum.

Spezialitäten der Gegend von Bassano ist zudem Spargel *(asparago)*, der im Frühling auf Märkten und Speisekarten angeboten wird.

Eine Auswahl schöner Keramik hat man im Laden **Maioliche Ceramiche Parise** (Salita B. Ferracina 4, bei der Brücke).

Benachbart ist der über dem Fluss gelegene ***Palazzo Sturm** mit dem interessanten Keramikmuseum in historischen Räumen (tgl. außer Mo 9–12.30, 15.30–18.30, So 15.30–18.30 Uhr).

Zwischen Brücke und zentraler ***Piazza della Libertà** findet man in den Altstadtstraßen malerische Fassaden und verlockende Schaufenster. Delikatessen verkauft u. a. die Casa del Porcino (Via Menarola 21).

Die Piazza schmückt die Kirche **San Giovanni Battista** (18. Jh., in palladia-

---

Trester für Kenner

»Die« (nicht »der«) Grappa *(grappe* sind die Stiele des *grappolo,* der Traube) wird aus flüssigem Trester und Gärrückständen gewonnen. Früher ein Alltagsschnaps, der in den Privathäusern gebrannt wurde, ist sie heute zu einem Produkt für anspruchsvolle Liebhaber arriviert. Grappe aus edlen Trauben und in edlen Fläschchen erzielen Spitzenpreise und sind auch als Sammelobjekte begehrt. Die berühmtesten Hersteller sind Nonino im Friaul, der eine besonders exquisite Palette anbietet, und Nardini in Bassano mit der längsten Tradition.

nischer Tradition) und die ***Loggia del Comune,** Ecke Via Matteotti, ein graziler Bau des 15. Jhs. mit einer Uhr aus dem 16. Jh. und den Wappen der venezianischen Statthalter *(Podestà).*

An der Piazza Garibaldi steht die schlichte Franziskanerkirche **San Franceso** (1287–1331). Im ehemaligen Kloster zeigt die ***Pinakothek** des **Museo Civico** u. a. 17 Werke von Mitgliedern der Künstlerfamilie dal Ponte aus Bassano, die eine eigenwillige manieristische Variante der venezianischen Malerei repräsentieren. Hauptmeister ist Jacopo dal Ponte, genannt Bassano.

Die Via Matteotti führt von der Piazza della Libertà zu den Resten des **Castello Superiore** und zum **Dom** mit zwei Altartafeln von Leandro Bassano.

Die Via Bonamigo verbindet die Piazza mit dem Viale dei Martiri, einer Straße am einstigen Rand der Stadtmauer. Der Name erinnert an die 31 Partisanen, die hier 1944 von Hitlertruppen gehenkt wurden.

APT, Largo Corona d'Italia 35, Tel. 0424524351, Fax 0424525301.

Al Castello, Via Bonamigo 19, Tel./Fax 0424228665. 1a-Lage. Unbedingt reservieren! ○

Alla Riviera, Via S. Giorgio 17, Tel. 0424503700 (Mo abends, Di geschl.). Traditionslokal a. Fluss. ○

Bassano, Marostica und Asolo werden am Wochenende von Ausflüglern regelrecht gestürmt. Für einen Besuch besser einen Tag in der Woche wählen!

*Monte Grappa

1775 m hoch erhebt sich im Rücken von Bassano del Grappa der Monte Grappa, zu dem man auf landschaftlich schöner Straße in die majestätische Gipfelregion hinauffahren kann

2

Seite 487

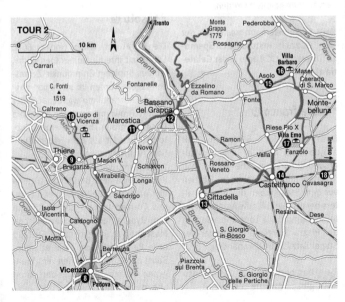

(30 km). In Ezzelino da Romano beginnt die Strada Cadorna, die im Ersten Weltkrieg als Nachschubstraße auf den Monte Grappa aus dem Fels geschlagen wurde. An die Verteidigung des Bergs als letztes Bollwerk vor der Ebene erinnert auf dem Gipfel der Santuario di Monte Grappa, das Mahnmal für die Soldaten, die hier 1917/18 an der Alpenfront starben – 12 615 Italiener, 10 590 Österreicher.

Cittadella ⑬

Mit einem vollständig erhaltenen elliptischen ***Mauerring** (13. Jh.) von 1461 m Länge, mit 28 Türmen, vier Toren, Wehrgang und Wassergraben, ist der Ort ein einzigartiges Relikt des mittelalterlichen Festungsbaus. Die **Torre di Malta** an der Porta Padova im Süden ließ 1251 der schreckliche Ezzelino da Romano als Kerker errichten, in dem als politische Gefangene eine Reihe von Paduaner Adeligen grausam zu Tode gefoltert wurden.

Einkehren kann man auf der Piazza im **Ristorante La Speranza** (Di geschl., ○○) oder in der **Gelateria al Duomo.**

*Castelfranco ⑭

Das schmucke Städtchen mit 29 500 Einw. liegt in einem Mauerquadrat von 1195. Die weiten, von Arkadenhäusern gerahmten Flächen vor dem Stadtgraben dienten seit alters her als Markt für die Agrarprodukte der Region. Die Loggia Paveion an der Piazza Giorgione war früher der Stapelplatz für die Kornhändler.

Das beste Eis von Castelfranco gibt es im **Caffè Centrale.**

Auf einer Felsinsel im Wassergraben steht das Denkmal für den weltberühmten Sohn der Stadt, **Giorgione** (um 1478–1510), den Begründer der venezianischen Malerei der Hochrenaissance. Er ersetzte die harten Umrisse und die bunte kräftige Farbigkeit der Frührenaissance durch eine weiche Tonmalerei, in der Mensch und Natur sich in arkadischer Harmonie verbinden.

Eines der wenigen gesicherten Werke des Künstlers bewahrt der klassizistische ***Dom** (18. Jh.): die *Pala di Castelfranco, eine thronende Madonna mit den Heiligen Franziskus und Liberale. Neben dem Dom steht das Geburtshaus des Meisters, die **Casa di Giorgione** (Di–So 9–12, 15–18 Uhr).

Ein angenehmes Hotel liegt direkt an der Stadtmauer: **La Torre,** Tel. 0423498707, Fax 0423498737, www.hotelallatorre.it. ○○

**Asolo ⑮

Die Hügel von Asolo (190 m, 6650 Einw.) mit ihrem mediterranen Klima, wo aus üppigem Grün dunkle Zypressen ragen, wurden im 19. Jh. von englischen Romantikern wie dem Dichter Robert Browning entdeckt. Eleonora Duse, die große Theater-Heroine, lebte hier und ist auf dem Friedhof von Sant'Anna begraben.

Der anmutige Ort war schon in der Renaissance eine Berühmtheit, denn hier unterhielt die Venezianerin Catarina Cornaro (1454–1510), Ex-Königin von Zypern, einen humanistischen Musenhof. Ihre Residenz im Castello della Regina ist nicht mehr erhalten. Sonst hat Asolo mit seinen verschlungenen Wegen am Hang den alten Charme bewahrt.

*Palladios Villa Emo ist noch heute
Zentrum eines Landguts*

*Reste von Fresken entdeckt man an
vielen alten Häusern*

An der zentralen Via Browning
mit ihren schattigen Arkadengängen gibt es schöne Geschäfte, den
Delikatessenladen **Sgarbossa** und die
einladende **Enoteca** in Asolo (Nr. 185).
Hier findet man eine hervorragende
Auswahl an Weinen, die man probieren kann. Käsehäppchen sowie Fischgerichte sorgen für eine feste Grundlage. Tel. 0423952070; Mo geschl.
▌ Legendär ist die **Tessoria Asolana**
(seit 1848, Via Marconi 134), wo (nur
auf Bestellung) kostbare Seiden auf
Handwebstühlen nach traditionellen
Farbmischungen hergestellt werden.
▌ In der **Scuola Asolana di Antico
Ricamo** (Via Sottocastello 5a) wird
Wäsche wie anno dazumal bestickt.

Exklusivität verspricht die
Villa Cipriani, Tel. 0423952166,
Fax 0423925095;
web.tin.it/veneto/hotel/cipriani.
○○○

Ca' Derton, Piazza d'Annunzio,
Tel. 0423529648 (Mo geschl.).
Reell und gut. ○○
▌ **Locanda Ai Due Mori** (Mi geschl.)
Tel. 0423952256. Panoramablick von
Terrasse und Gastraum. ○○

Antiquitätenmarkt auf der P.zza
Maggiore jeden 2. So im Monat.

Seite
487

Liebhaber des klassizistischen Bildhauers Antonio Canova sollten seinen
Heimatort **Possagno** (9 km nordwestlich von Asolo) besuchen. Zu besichtigen sind das *Geburtshaus sowie die
*Gipsoteca mit einem Saal mit Gipsmodellen in Originalgröße (durch Orientierungspunkte markiert, nach denen die Mitarbeiter Canovas die Marmorunikate ausführten). Über dem
Ort thront das riesige Pantheon (Pfarrkirche), das sich der Künstler als Mausoleum ab 1819 errichten ließ.

**Palladio-Villen

Von den 19 Villen, die Andrea Palladio
gebaut hat, ist die ****Villa Barbaro** ⑯
in Maser (7,5 km östlich von Asolo) sicherlich die schönste (um 1558), auch
wegen der prächtigen Innendekoration durch den großen Renaissancemaler Paolo Veronese, den Meister
venezianischen Festgepränges. Auftraggeber waren die Brüder Daniele
und Marcantonio Barbaro, zwei gebildete venezianische Aristokraten. Bauherren und Baumeister huldigten denselben, an der Antike orientierten
Idealen. Anmutig öffnet sich die Villa
am Hügelfuß mit breiter Front auf die
Ebene, ein vornehmer Giebelbau mit
ionischen Frontsäulen, seitlich ge-

rahmt von den *barchesse* (s. S. 440). Die stilvolle Kulisse für heitere Feste bilden Veroneses ****Fresken** mit illusionistischen Effekten und einer gemalten Säulenarchitektur in perfekter Harmonie mit Palladios Baukunst (März–Okt. Di, Sa, So, Fei 15–18 Uhr; Nov.–Febr. Sa, So, Fei 14.30–17 Uhr; Ostern geschl.).

Über die SS307 und eine Nebenstrecke (ab Caselle) gelangt man Richtung Süden nach Fanzolo (17 km) zur ****Villa Emo ⑰**, einer weiteren Palladio-Villa (um 1564) – im Besitz der Familie des Bauherrn, der Grafen Emo.

Die Emos widmeten sich im 16. Jh. intensiv der Landwirtschaft und führten den Maisanbau im Veneto ein, Basis für die künftige Volksspeise der Region: die Polenta. An diese Pioniertat erinnern die Maisbündel auf den Festons der Fresken (1565 vom Veronese-Mitarbeiter G. B. Zelotti), auf denen die Familie in mythologischen Kostümen gefeiert wird. Der rampenartige Aufgang zum Hauptportal hatte auch einen praktischen Zweck: Er diente als Dreschplatz (April–Sept. Di, Sa, So 15–19 Uhr, Ostern geschl.).

Bei **Cavasagra ⑱** (Gemeinde Vedelago, etwa 6 km südl.) liegen 1000 ha sumpfiges Schilfgebiet, wo aus Karstquellen *(risorgive)* die Sile entspringt, einst die wichtigste Verbindung Trevisos zur Adria (noch heute schiffbar), der viel von seiner ursprünglichen Flusslandschaft bewahrt hat und bei Kajakfahrern beliebt ist.

Auf köstlich frischen Flussaal *(bisato)* aus der Sile ist man in der **Locanda Righetto** in Quinto di Treviso spezialisiert.

Sie gilt als eine der schönsten Villen Palladios: Die Villa Barbaro in Maser

Seite 494

Tour 3

Kuren und Kultur

**Padua → Abano Terme → Teolo → *Monselice → *Este → Montagnana → Polesine (ca. 180 km)

Die Rundfahrt erschließt die euganeischen Hügel, von den bekannten Thermalbädern Abano und Montegrotto am Nordrand über grüne Idyllen mit Wein, Wald und Villen bis zu den alten Burgstädtchen im Süden. Ein Abstecher führt ins Polesine, die Tiefebene zwischen Etsch und Po, bis nach Adria, das dem Meer seinen Namen gegeben hat. (Dauer: ein Tag)

In den Colli Euganei

Südwestlich von ****Padua** (s. S. 467) ragen die **Colli Euganei** bis zu 600 m aus der Ebene. Im Mikroklima der Hügel gedeihen auch Olivenbäume und Feigenkakteen, an den Hängen Wein und Obst. Eine Spezialität der Euganei ist der Moscato, ein delikater weißer Spumante. Die markierte **Strada dei Vini** führt zu den Erzeugern.

Abano Terme ⑲

Zentrum des Kurortes (17 730 Einw.) ist der grüne **Viale delle Terme** mit den alten Nobelhotels Orologio und Trieste e Victoria. Eine majestätische Säulenfront markiert den Eingang zur ältesten Heilquelle Montirone.

APT, Via Pietro d'Abano 18, Tel. 0498669055, Fax 0498669053. www.termeeuganeeapt.net

3

Seite
494

Auf der Kurpromenade von Abano Terme trifft man sich zur Passeggiata

»Boutique« Hotel Due Torri, Via Pietro d'Abano 1, Tel. 0498669101, Fax 0498669779, www.gbhotels.it. Luxus im renovierten Patrizierhaus mit Beauty- und Fitness-Center. ○○○

▌ **Bristol Buja,** Via Monteortone, Tel. 0498669390, Fax 049667910, www.bristolbuja.it. 5-Sterne-Thermalhotel mit eigener Kurabteilung, Schönheitsfarm und Mitgliedschaft bei drei Golfplätzen. ○○○

▌ **Garden Terme,** Corso Terme 7, Montegrotto, Tel. 0498911699, Fax 0498910182, www.gardenterme.it. Ein Haus zum Wohlfühlen. ○○○

Thermen mit Tradition

Die heißen Quellen der Euganei, deren Heilkraft schon die alten Veneter entdeckten, entstehen durch ein geothermisches Phänomen: In den Voralpen dringt Regenwasser bis in 3000 m Tiefe und tritt 25 Jahre später nach etwa 100 km, auf über 80 °C erwärmt und mit Mineralien angereichert, wieder an die Oberfläche. Montegrotto war als *Mons Aegrotorum* (Berg der Kranken) schon zur Zeit der badebegeisterten Römer ein Kurbad, wie die Ausgrabungen belegen.

Heute sind Montegrotto, Abano Terme, Galzignano (9 km nördlich von Arqua Petrarca), Teolo (s. S. 493) und Battaglia Terme (s. S. 493) gepflegte Kurorte, die auch viele deutsche Gäste anziehen.

Abano Terme ist der Mittelpunkt des größten Fangotherapiezentrums von Europa. Jedes seiner insgesamt 120 Hotels hat eine Kuranlage mit eigener Quelle. Wärmeliebende Algen lassen in Thermalbecken den heilsamen Fangoschlamm reifen, der Rheumaund Arthrosekranken Linderung verspricht, ergänzt durch Anwendung jod- und bromhaltiger Mineralwässer und die Inhalation feucht-heißer Luft in eigens dafür eingerichteten Schwitzgrotten.

*Abbazia di Praglia ⑳

Im 11. Jh. gegründet, stellt sich die große Benediktinerabtei heute als einheitliche Renaissanceanlage um vier große Kreuzgänge dar. Die Kirche (1490–1560) wurde von Tullio Lombardo errichtet, wichtigster Vertreter der Architektenfamilie, deren Bauten die erste Phase der Renaissance im Veneto prägen (Führungen halbstündlich tgl. außer Mo, Fei 15.30–17.30, im Winter 14.30–16.30 Uhr). Das Kloster ist heute ein internationales Zentrum der Buchrestaurierung. Außerdem werden Honig und Heilkräuter aus eigenem Anbau verkauft.

Vorbei an Weingärten und Villen fährt man hinein in die Hügel nach **Luvigliana**, wo sich Falconettos Villa dei Vescovi (16. Jh.) beherrschend am Hang erhebt (Di–So 15.30–17.30 Uhr).

Über Torreglia Vecchia liegt der **Monte Rua** (10 km von Abano, 403 m) mit einem Einsiedlerkloster *(Eremo)* der Camaldulenser (***Panorama**).

Einen idyllischen Gastgarten besitzt das Restaurant **Rifugio Monte Rua** (Di geschl., ⬭⬭).

Teolo ㉑

Der Ort, aus dem der römische Geschichtsschreiber Titus Livius stammen soll, ist ein Kurzentrum in hübscher Lage und Ausgangpunkt für schöne Spaziergänge. Im Palazzo dei Vicari, wo die venezianischen Statthalter residierten, gibt es ein Museum mit Malerei des 19. und 20. Jhs. (tgl. außer Sa 15–19 Uhr).

Villa Lussana. Angenehmes Haus mit gutem Restaurant und eigenem Wein. Tel./Fax 0499925530, www.hotelvillalussana.libero.it. ⬭⬭.

Tipp Das Spitzengut im Weinbauzentrum Vo Euganeo ist **Ca' Sceriman** in Boccon. Mittelpunkt ist eine elegante Barockvilla mit schöner Gartenanlage und einer Enoteca zum Verkosten und Kaufen (tgl. außer Mo).

*Arqua Petrarca ㉒

Viel von seiner mittelalterlichen Atmosphäre hat sich der bukolische Ort Arqua Petrarca (80 m, 1950 Einw.) bewahrt, in dem der Dichter Francesco Petrarca (1304–1374) in Zurückgezogenheit seine letzten Lebensjahre verbrachte, und zwar in der ***Casa del Petrarca** (Tel. 0429718294, Di–So 9.30 bis 12.30, 15–19 Uhr). Vor der Pfarrkirche steht die Tomba del Petrarca, der Sarkophag des Dichters (14. Jh.).

Tipp Für Feinschmecker: roter Moscato in der **Enoteca da Loris** (Via Valeselle), kaltgepresstes Olivenöl beim **Frantoio Cardin** (P.za Petrarca) oder Honig aus lokaler Produktion.

Gut und nicht zu teuer isst man im **La Pergola,** Via Roma 1 (Di geschl., ⬭⬭).

Valsanzibio

Im Norden von Arqua beginnt ein Naturpfad um die Hügel (rot-weiße Markierungen). Ebenfalls nördlich liegt Valsanzibio (7 km) mit der **Villa Barbarigo,** die einen berühmten *Garten aus dem 17. Jh. besitzt (Garten 9–12, 14–19, So, Fei nur 14–19 Uhr). Die vom Haupteingang (Bad der Diana) ansteigenden Terrassen mit Wasserbecken und Statuen werden malerisch vom Hügelpanorama gerahmt. Eine Besonderheit ist das barocke Buchslabyrinth (1500 m lang). Benachbart liegt

3

Seite 494

der **Golfclub Padua,** einer der schönsten Golfplätze Italiens (www.golfclub-padova.de).

Battaglia Terme ㉓

Der Canale di Battaglia durch Battaglia Terme (11 m, 41 100 Einw.) in Richtung Padua war einst von Villen gesäumt wie der Brenta-Kanal zwischen Padua und Venedig (s. S. 20). Zu besichtigen ist noch das ***Castello di Cataio** (1570–1573), die Villa eines venezianischen Condottiere, mit einem englischen Landschaftsgarten (Di, So 14.30–18.30 Uhr).

*Monselice ㉔

Der Ort (17 400 Einw.) liegt am Fuß der Euganei vor der Ebene. Hübsch ist die zentrale **Piazza Mazzini** (1870 neu ge-

staltet) mit einer Loggia des 16. Jhs. und dem Stadtturm aus dem 13./16. Jh.

La Torre (So, Mo geschl.). Spezialisiert auf Trüffeln und andere Pilze. ○–○○

Die Schönheiten Monselices liegen alle am Hang entlang der ***Via del Santuario** (Aufgang von der Piazza Mazzini). Besonders sehenswert ist das ***Castello Cini-Ca'Marcello,** ein restaurierter Burgkomplex, der mit Möbeln aus Mittelalter und Renaissance ausgestattet wurde. Beim Besuch dieser größten historischen Möbelsammlung in Italien begibt man sich auf eine faszinierende Zeitreise (Tel. 042972931, Führungen tgl. außer Mo und Mi 9, 10, 11 und 15, 16, 17 Uhr).

Hangaufwärts (rechts Enoteca mit romantischem Garten) passiert man die **Villa Nani-Mocenigo** mit grotes-

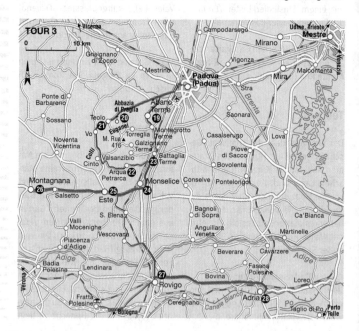

ken Gnomen auf der Mauer, die auf den Familiennamen anspielen (ital. *nani* – Zwerge), und kommt zum ***Duomo Vecchio,** der ehemaligen Kathedrale mit einer streng-schönen spätromanischen Außengliederung (13. Jh.), besonders an der Chorseite.

Eine Reihe von sechs Kapellen und eine kleine Kirche vor dem Aufgang zur **Villa Duodo** bilden den Santuario delle Sette Chiese. Pietro Duodo, der Erbauer der Villa, bewahrte hier die Reliquien, die er vom Papst 1592 für seine Dienste als Gesandter Venedigs am Heiligen Stuhl erhalten hatte. Der Aufstieg zur Burg ist gesperrt.

 Tipp In **Rivella** vor Monselice sollte man die wunderschöne *Gartenanlage der eleganten Villa Emo Capodilista (1588 von Vincenzo Scamozzi) besuchen, 1960 von der Contessa Emo mit bezaubernden Blumenparterres neu angelegt (Tel. 0429781970, Do–Sa 14–19, So 10–19 Uhr).

*Este ㉕

Von ihrer uralten Bedeutung hat die Kleinstadt Este westlich von Monselice kaum mehr als die Erinnerung bewahrt. Vor 3000 Jahren war der Ort das bedeutendste Zentrum der Veneter, die im Gebiet der Colli Euganei siedelten. Aus vorgeschichtliche und römischer Zeit besitzt Este reiche Bodenfunde (ausgestellt im Museo Nazionale Atestino, s. u.).

Die mit Türmen bewehrten Mauern des ***Castello** (14. Jh.), der Burgruine am Hang, bilden heute den monumentalen Rahmen für den ***Stadtpark,** vor dessen Aufgang das reichhaltige ***Museo Nazionale Atestino** steht (tgl. außer Mo 9–19 Uhr, Winter geschl.). Gegenüber liegt das Zentrum um die **Piazza Maggiore** mit dem Rathaus

In den Mauerruinen der Burg von Este liegt der Stadtpark

(16. Jh.) und der breiten **Via Matteotti** (Konditorei Cortellazzo). Westlich der Piazza erreicht man über die Via Cavour den **Dom Santa Tecla** (um 1700) mit einem dramatischen *Hochaltarbild von Tiepolo (1759), das die Befreiung der Stadt von der Pest durch Fürbitte der hl. Thekla darstellt.

Tavernetta da Piero Ceschi, Via Pescheria Vecchia 16. Hier ist man gut bedient (Do geschl.). ○–○○

Tipp Este ist ein bekanntes Keramikzentrum. Gute Adressen sind: **Este Ceramiche Porcellane,** Via S. Sabina 31, beim Dom und **Ceramiche Moretti** in der Via San Girolamo 39.

*Montagnana ㉖

besitzt eine bestens erhaltene **Stadtmauer** mit 24 Türmen, 1360–1362 unter den Carrara errichtet. Man kann sie außen im grünen Stadtgraben umwandern. An den Schmalseiten stehen

3

Seite **494**

sich die Rocca degli Alberi (Jugendherberge!) und das Castello di San Zeno (Museum) gegenüber, die Burg Ezzelinos da Romano (1242).

An der Hauptachse **Via Matteotti** liegt der Hauptplatz mit dem Dom (1431–1502).

Tipp Der Prosciutto von Montagnana zählt zu den vorzüglichsten Italiens. Man kann ihn als Antipasto in der **Hostaria San Benedetto,** Via Andronalecca, wählen oder als Souvenir bei **Mantoan** in der Via Carrarese 33 erstehen.

Seite 494

Ins Polesine

Das südlichste Ende des Veneto ist das Land zwischen Etsch und Po, dessen Geschichte vom ewigen Kampf der Menschen mit der Naturgewalt des Wassers geprägt war.

Das riesige Delta des Po umfasst 400 km². Mehrfach hat der Hauptarm seinen Lauf nach Überschwemmungskatastrophen geändert, im 6. Jh. v. Chr. von Ravenna nach Ferrara und 1152 in die Gegend zwischen Chioggia und Comacchio, wo er bis heute mündet. Seit der Römerzeit wird das Land durch Trockenlegung urbar gemacht und durch Dämme geschützt.

Für die Fahrt nach Rovigo empfiehlt sich die Nebenstrecke über **Sant'Elena d'Este** (Villa Miari de'Cumani mit einem romantischem Park, tgl. außer Mo 9.30–12.30, 14.30–19.30 Uhr) und **Vescovana** (Villa Pisani mit Freskensälen und Park, Mo 14–17 Uhr).

Rovigo ㉗

Die Hauptstadt (52 470 Einw.) des Polesine ist nicht übermäßig attraktiv. Das historische Stadtbild wurde leider nur im Umkreis der Piazza Vittorio Emmanuele und Piazza Garibaldi bewahrt. Venezianische Malerei zeigt die 1580 gegründete *Pinakothek der **Accademia dei Concordi.** Über die Piazza Garibaldi – mit der netten Weinbar **Caffè Garibaldi** – erreicht man die *Rotonda** (Beata Vergine del Soccorso), eine barocke Marienkirche (16./17. Jh) mit einer *Gemäldeserie des 17. Jhs.

In **Fratta Polesine** (17 km südwestl. von Rovigo) engagierten sich im 16. Jh. venezianische Patrizier für die Kultivierung des umliegenden Landes, wovon noch mehrere Gutshäuser zeugen. Eine ist die *Villa Badoer** (Di–So 9–12, 15–19 Uhr, im Winter bis 17 Uhr), die zu den berühmtesten Palladio-Villen rechnet. Der Entwurf von 1566 ist von klassischer Schönheit und verbindet das Herrenhaus mit kurvig ausschwingenden Seitenflügeln.

Adria ㉘

Der Ort (21 225 Einw.) war einer der größten Häfen an dem Meer, das heute noch seinen Namen trägt, bis er durch zunehmende Verlandung während der Römerzeit von Classis (Ravenna) abgelöst wurde. Heute liegt Adria 25 km von der Küste entfernt, und noch immer schiebt sich die Po-Mündung jährlich 60 m weiter ins Meer vor.

Adria ist ein Provinzstädtchen mit einer malerischen Ecke um den **Canalbianco** am **Ponte di Castello,** wo man auf eine *ombra* beim Pozzo dei Desideri einkehren kann. Im *Museo **Archeologico nazionale** (Piazzale degli Etruschi, 9–13, 15–19 Uhr) ist die große Vergangenheit Adrias vom 6.–1. Jh. v. Chr. dokumentiert.

i Radfahren, Bootsausflüge, Fischen in der unberührten Landschaft des Po-Deltas: **Proloco** in Porto Tolle, Largo Europa 2, Tel./Fax 0426380584.

Tour 4

Von *Treviso zum Dolomitenrand

*Treviso → Conegliano → Valdobbiadene → *Feltre → Belluno → *Vittorio Veneto → *Pordenone (195 km)

Treviso, die kleinste Provinzhauptstadt des Veneto, ist Ausgangspunkt für eine Fahrt in die Prosecco-Hügel. An der Piave entlang geht es nach Feltre und Belluno bis vor die Kulisse der Dolomiten. Dort liegt Vittorio Veneto, Ausgangspunkt für den Abstecher in die grüne Ebene des Friaul nach Pordenone. (Dauer: zwei Tage)

*Treviso ㉙

Die Stadt (15 m, 83 600 Einw.) wird von Sile und Botteniga umflossen, ihre Altstadt liegt wie eine beschauliche Insel im Getriebe einer Industrieregion, die sich bis Mestre und Padua erstreckt. Der Wasserreichtum der Gegend war und ist noch heute die Grundlage für eine blühende Landwirtschaft. Ein geschätztes Produkt ist der rote Radicchio di Treviso (s. S. 443), dem im Dezember sogar ein Gastronomie-Festival gewidmet ist. Markenzeichen der hiesigen Industrie ist der Textilgigant Benetton.

Der Ruf von *la dolce vita* in Treviso hält sich, seit im Mittelalter Troubadoure die Trevisaner Schönen besangen und Boccaccio die Verführungskunst als *danza trevisana* verewigte. Dabei hat Trevisaner Lebensart heute mehr mit Kochkunst als mit Liebeskunst zu tun.

Kanalidylle in Treviso

Der Denkmalsbestand ist überschaubar. Die wichtigen Bauten stammen aus der großen Zeit Trevisos vom 12.–14. Jh. Die **Piazza dei Signori** ist seit der Römerzeit nicht nur das geografische Zentrum. Im Umkreis der großen Caféterrassen und eleganten Läden herrscht vor der Kulisse des mächtigen ***Palazzo dei Trecento,** des romanischen Kommunalpalasts, munteres Treiben, auch am Abend. Wie viele andere Bauten Trevisos ist er während der Bombenangriffe im Zweiten Weltkrieg schwer getroffen und danach fast völlig rekonstruiert worden. Treviso war die am meisten bombardierte Stadt ganz Italiens.

An der Piazza Ancilotto hinter dem Palazzo dei Trecento kann man gut einkehren, zum Essen in das Traditionsrestaurant **Beccherie** (○○) auf eine *ombra*, ein Glas Wein, in die **Enoteca da Secondo** und ins **La Pace** (bis 2 Uhr).

An der Piazza dei Signori führt die gerade Hauptachse der Altstadt auf der Trasse des römischen *Cardo maximus* entlang. Der schönste Abschnitt ist die ***Via Calmaggiore,** die in nordöstlicher Richtung zum malerischen, stark

4

Seite 501

verschachtelten ***Domkomplex** (12. bis 19. Jh.) mit **Baptisterium** führt.

Der ***Dom San Pietro** birgt eine reiche Ausstattung. Sehenswert sind die Chorkapellen der Renaissance (Pietro Lombardo, um 1500), u. a. mit ***Fresken** von Pordenone (1520) und einer frühen ***Verkündigung** Tizians.

Über die Via Canova mit der spätgotischen **Casa da Noal** (Nr. 36; Ausstellungen) und den nach Westen abknickenden Borgo Cavour gelangt man zum ***Museo Civico** mit einer sehenswerten Sammlung venezianischer Malerei und einer archäologischen Abteilung (Di–Sa Mo 9–12, 14–17, So 9–12 Uhr).

In entgegengesetzter Richtung (SO) gelangt man von der Piazza dei Signori zur gotischen **Loggia dei Cavalieri,** einem baulichen Unikum aus dem Mittelalter, damals eine Art Clubhaus, in dem sich ritterliche Herren zum Schach- und Würfelspiel trafen.

Über die Via S. Margherita erreicht man den Sile, dem man ein Stückchen flussabwärts bis zum Zusammenfluss mit dem Kanal Cagnan am Ponte Dante folgen kann. Über den Laubengang spaziert man zurück zum Zentrum über die **Piazza Santa Maria** zur gleichnamigen Kirche mit schöner spätgotischer Fassade und weiter zur Piazza S. Leonardo.

Nächste Station ist die ***Pescheria,** der Fischmarkt, idyllisch auf einer Insel im Wasser unter Kastanienbäumen gelegen. Nördlich davon bewahrt die Bettelordenskirche ***San Francesco** (13. Jh.), eine »Predigtscheune«, Grabdenkmäler großer Familien und Fresken von Tommaso da Modena. Die Via Campana führt über zwei Brücken zu den schönsten Winkeln am Wasser.

In der Via Campana gibt es auch gute Lokale, z. B. **Alla Colonna, Via Campana,** ○○.

San Nicolò ist ein Meisterwerk der Backsteingotik

Etwas abseits im Südwesten der Altstadt findet man die kunsthistorisch bedeutendste Kirche ****San Nicolò** (1389 fertig gestellt), eines der eindrucksvollsten Beispiele der italienischen Backsteingotik. Die Ausstattung umfasst u. a. ***Fresken** des 14. Jhs. an den Pfeilern von Tommaso da Modena und seiner Schule.

Den Kapitelsaal *(Sala del Capitolo)* des ehemaligen **Klosters** *(Seminario Vescovile)* schmückt der bedeutendste ***Freskenzyklus** (1352) von Tommaso (8–19 Uhr).

Tipp Die **Drogheria Foresti,** Via Martiri della Libertà 66, führt eine unglaubliche Auswahl an Kräutern, Tees, Gewürzen und anderen aromatischen Köstlichkeiten dieser Art aus aller Welt.

APT, Via Toniolo 41, Tel. 0422540600, Fax 0422541397. www.sevenonline.it/tvapt

Campeol, Piazza Ancilotto 10, Tel. 042256601, Fax 0422540871. Klein, zentral. ○

Seite 501

Toni del Spin, Via Inferiore 7, Tel. 0422543829 (So, Mo mittags geschl.). Volkstümliche Trattoria wie anno dazumal. ○—○○

Für regionale Delikatessen: **Danesin,** Corso del Popolo 28.

Die schnurgerade Verbindung nach Mestre im Süden (SS13) ist ein einziges Gewerbegebiet. Die Italiener nennen die Strecke traditionell *Terraglio,* denn hier wurde ein Kanal zugeschüttet, der einst Venedig mit Treviso verband und an dem sich die schönen Villen so dicht reihten wie sonst nur am Brentakanal.

Die etwas abseits in Zerman bei Mogliano gelegene **Villa Condulmer** aus dem 18. Jh. wurde in eine prächtige Herberge umgewandelt, der dazugehörige Park in einen Golfplatz; Tel. 041457100, Fax 041457134. ○○○

Im Land des Prosecco

Conegliano ③⓪
Die moderne Industriestadt (72 m, 35 650 Einw.) besitzt einen stimmungsvollen ***Altstadtkern** zu Füßen eines Hügels mit einer Burgruine (Museum, Aussichtsrestaurant) und ist Zentrum der Weinbauregion zwischen Valdobbiadene und Vittorio Veneto, aus der der Prosecco stammt. Das historische Zentrum erstreckt sich entlang der **Via XX Settembre,** einer Arkadenstraße mit stattlichen Palazzi und dem schönsten Gebäude der Stadt, der ***Scuola dei Battuti** (14./15. Jh.). Benachbart ist der **Dom** mit einer *Sacra Conversazione (1493) von Cima da Conegliano, das einzige Werk, das der Maler in seiner Vaterstadt hinterließ (**Cima-Museum** hinter dem Dom). Mittelpunkt ist die **Piazza Cima** mit dem klassizistischen Stadttheater, dem **Caffè al Teatro** und der angenehmen **Trattoria alle Stelle** ○○.

 APT, Via Colombo 45, Tel. 043821230, Fax 043821230.

*Strada del Vino di Prosecco
Die gut markierte Weinstraße (42 km) führt zu hübschen Dörfern und Weingütern (vom Castello entlang der *Strada del vino bianco*). *San Pietro Vecchio mit Fresken aus dem 13.–15. Jh ist in **San Pietro di Feletto ③①** sehenswert. Am Weg gibt es immer wieder einladende Osterien, wie die **Osteria dei Colli** in Farra di Soligo.

Köstliches Prickeln

Auf den Hügeln zwischen Conegliano und Valdobbiadene nördlich von Treviso gedeiht die Prosecco-Rebe, aus der schon zur Römerzeit der hoch geschätzte *Pulcinum* gekeltert wurde. Die große Stunde des Prosecco schlug jedoch erst in jüngerer Vergangenheit, als Antonio Carpenè den Wein im Champagner-Verfahren zum Perlen brachte. Seinen Namen trägt die älteste und führende Weinfirma Carpenè-Malvolti (seit 1868) in Follina. Beim Prosecco unterscheidet man eine liebliche *(frizzante)* und eine trockene Variante *(spumante)*. Die beste Sorte ist der Cartizze mit 11 % Alkoholgehalt *(frizzante)* bzw. 11,5% *(spumante)*. Er stammt aus einem nur 108 ha großen Gebiet um Santo Stefano bei Valdobbiadene. Echter DOC-Cartizze ist wegen der geringen Produktionsmenge quasi nur im Veneto erhältlich.

4

Seite **501**

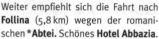

Die Altstadt von Feltre stammt aus der Renaissance

Seite 501

Weiter empfiehlt sich die Fahrt nach **Follina** (5,8 km) wegen der romanischen ***Abtei**. Schönes **Hotel Abbazia**.

Die Region des Cartizze liegt bei Santo Stefano und San Pietro di Barbozza. Das Cartizze-Zentrum **Valdobbiadene** ⓬ (253 m, 10 750 Einw.) hat nach Zerstörung des historischen Zentrums im Ersten Weltkrieg nicht viel Historisches zu bieten.

Im September findet in der schönen Parkvilla dei Cedri die **Mostra Nazionale dello Spumante** statt.

Besten Prosecco und Cartizze probiert und kauft man bei den Produzenten **Desiderio Bisol** und **Ca' Salina** oder **Ruggeri** in Santo Stefano bei Valdobbiadene.

In Richtung Dolomiten

Am Eingang zu den Dolomiten liegen Feltre und Belluno, die nördlichsten Städte des Veneto. Wegen ihrer strategischen Bedeutung war die Region Zankapfel zwischen den Mächten und hat in den Weltkriegen stark gelitten.

Belluno ist das Tor zu den Ostalpen

*Feltre ㉝

Die Stadt (19 785 Einw.) schmiegt sich an den Rand eines weiten Talbeckens. In der Römerzeit war sie Kontrollpunkt an der Militärstraße von der oberen Adria nach Raetien. Nach der üblichen Entwicklung im Mittelalter – Bischofsstadt, freie Kommune, Signorienherrschaft – wurde Feltre 1404 venezianisch. Seine Treue zur Markusrepublik wurde 1510 im Krieg der Liga von Cambrai gegen Venedig schwer bestraft, als die Stadt völlig verwüstet wurde.

Die Altstadt liegt am Hang um die Längsachse der ***Via Mezzaterra** mit einem schönen Ensemble von Wohnpalästen des 16. Jhs., einige davon mit Außenfresken (Nr. 9, 19, 35, 41).

Bei Signora Ponti kann man sich bei Nr. 24 in der **Hostaria Novecento** (Mo geschl.) verwöhnen lassen, etwa mit Steinpilz-Brie-Quiche oder Entenbrust mit Kirschen. ○○

An ihrem oberen Ende weitet sich die Straße zur ***Piazza Maggiore,** wo schon das Forum des römischen Feltrinum lag, einer malerischen Platzbühne auf verschiedenen Ebenen, über die ein Markuslöwe auf seiner Säule wacht. (Ein steiler Treppensteig führt von der Piazza zur Unterstadt und zum Dom aus dem 16. Jh. mit Ausgrabungen aus römischer und frühchristlicher Zeit.) Auch die **Via Luzzo** zeigt schöne Palastfassaden. Das ***Museo Civico** (auf Nr. 23) wartet seit Jahren auf seine Wiedereröffnung. Besichtigen kann man jedoch das **Museo d'Arte Moderna** (Via Paradiso, Juni–Sept. tgl. außer Mo 10–13, 16–19 Uhr).

> **i** **APT,** Piazzetta Trento e Trieste 9, Tel. 04392540, Fax 04392839.

> **Tipp** **Palio di Feltre** (historisches Stadtfest) am ersten August-Wochenende.

Abstecher in die Ostdolomiten

Von Sedico zwischen Feltre und Belluno (SS50) verspricht ein Abstecher großartige Landschaftserlebnisse zu Füßen von Marmolada, Civetta und Pelmo (ca. 110 km). Er führt durch das Agordino mit seinen Hauptorten **Agordo** ㉞ und Alleghe (See) bis **Caprile** ㉟ und über Selva di Cadore durch das Zoldotal zurück nach Longarone, das 1963 bei der Staudammkatastrophe von Vajont zerstört wurde (s. S. 434).

Belluno ㊱

Das Städtchen (383 m, 35 600 Einw.) ist das Zentrum der nördlichsten Provinz des Veneto. Die **Altstadt** liegt in strategischer Position auf einem Sporn über dem Zusammenfluss von Piave und Ardo, wo sich einst ein römisches Bollwerk und ein byzantinisches Kastell befanden. Die Panoramablicke auf die gegenüberliegenden Uferhänge sind nicht mehr so malerisch, seit sich Neubauviertel ausbreiten, Industrie und Gewerbe florieren.

Das historische Zentrum wurde nicht so sorgfältig saniert wie anderswo im Veneto. Schön ist die im 16. Jh. angelegte **Piazza dei Martiri** vor dem Eingang in die Altstadt, eine grüne Anlage mit hohen Koniferen, eingefasst von einer geschwungenen Häuserfront.

Ein Renaissancetor führt in den alten Stadtkern, der wie in Feltre aus einer langen Mittelachse (Via Mezzaterra) mit zwei Parallelstraßen besteht. Ein uriger Rastplatz ist die **Enoteca Mazzini** (Mi geschl.) unter den Lauben der Via Mazzini (Ecke Via Rialto). Stimmungsvoll ist die **Piazza Mercato,** früher genannt Piazza del Foro nach ihrer Lage über dem römischen Forum.

Auf einer Terrasse über dem Piave liegt die **Piazza del Duomo,** wo die monumentalen Bauten versammelt sind: der **Dom** (7. Jh. und 16.–18. Jh.)

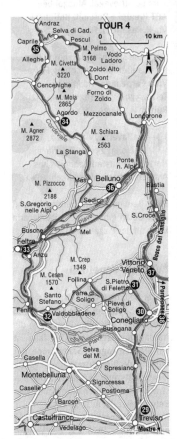

mit dem barocken *Campanile* und der **Bischofspalast** (rekonstr. 1875), zu dem der mittelalterliche Stadtturm gehörte. Der schöne ***Palazzo dei Rettori** von 1491 wurde im 16. Jh. um die rechten Achsen und den Uhrturm erweitert. Östlich der Piazza zeigt das **Museo Civico** eine Sammlung regionaler Kunst.

IAT, Piazza dei Martiri 7. Tel. 043794083; www.apt-belluno-feltre-alpago.it. ▪ Auskünfte über Alpintourismus sowie Wandern und Reiten in den Voralpen (Nevegal, Alpago) bei: **APT Prealpi e Dolomiti Bellunesi,** Via R. Pesaro 21, Fax 0437940073.

Die schönste Unterkunft liegt außerhalb in Richtung Feltre: **Villa Carpenada,** Via Mier 158, Tel. 0437948343, Fax 0437948345. Ruhige Waldlage. ○○○

La Taverna, Via Cipro 7, Tel. 043725192. Osteria im Herzen der Altstadt, gemütliches Ambiente, traditionelle Küche. ○○

Tipp Bellunos beste Semifreddi und Gelati gibt es in der **Pasticceria Deon** an der Piazza Tre Martiri.

*Vittorio Veneto ⑰

Hinter Belluno biegt man wieder nach Süden ab. Auf der SS51 nach Vittorio Veneto sind gewaltige Eingriffe in die Natur unübersehbar. 45 km lang ist der Stausee **Lago di Santa Croce,** der die Energie für vier talwärts liegende Elektrizitätszentralen liefert. Die Talstrecke überspannen die gigantischen Betonpfeiler der Autobahn.

Vittorio Veneto (138 m, 29 300 Ew.) entstand erst 1866 aus der Vereini-

gung zweier Nachbargemeinden am Meschiofluss und wurde nach dem ersten italienischen König Vittorio Emanuele benannt. Das nördliche *Serravalle* (Talriegel), seit jeher Kontrollpunkt am engen Talschluss zwischen Ebene und Gebirge, hat anders als *Ceneda* sein historisches Ortsbild recht gut bewahrt.

Man sollte die Stadt zu Fuß von Norden über die Via Roma erkunden, vorbei an der Burgfestung zur ***Piazza Flaminio** hinuntergehen. Auf dem seit dem 16. Jh. kaum veränderten Platz lohnt ein Essen in der **Trattoria alla Cerva** (Tel. 043857353; Di geschl., ○○). Die malerische ***Loggia Serravallese** ist der alte Regierungspalast und heute Sitz des Regionalmuseums **Museo Cenedese.**

Am anderen Meschio-Ufer liegt der barocke **Dom** (Hochaltarbild der Tizian-Werkstatt). Dahinter gibt es einen reizvollen **Höhenweg** (25 Min.) zur gotischen Kirche Sant'Augusta.

Von der Piazza Flaminio in Richtung Süden führt die von dunklen Lauben gesäumte alte Hauptstraße, die **Via Martiri della Libertà** – mit modernen Läden in altersgrauen Palästen.

Ihre Fortsetzung bildet die Via Cavour, wo man auf Nr. 39 in der **Locanda al Postiglione** gut speisen kann (Di geschl., ○○).

Um die Ecke liegt die Hospitalkirche **San Lorenzo** mit einem der schönsten *Freskenzyklen venezianischer Malerei aus dem frühen 15. Jh.

Beliebtes Ausflugsziel von Vittorio Veneto ist eine Fahrt auf die früher bewaldete Hochebene des **Cansiglio** (Abzweigung der Straße in Serravalle, über Fregona, SS422), wo sich sehr viele Sportmöglichkeiten bieten.

APT, Piazza del Popolo (beim Bahnhof), Tel. 043857243, Fax 043853629.

Den Vogelmarkt von Sacile gab es schon im Mittelalter

*Pordenone ㊳

Auf halbem Weg zwischen Vittorio Veneto und Pordenone liegt in einem fruchtbaren Gartenland ***Sacile** (25 m, 17 000 Einw.), ein anmutiges Städtchen am Livenza. Malerisch spiegeln sich die Trauerweiden im Wasser, schöne Geschäfte und der Vogelmarkt Sagra dei Osei (seit dem 14. Jh.) im August sind seine Attraktionen.

Pordenone, die Hauptstadt (24 m, 50 160 Einw.) Westfriauls, war schon in der Antike ein Handelshafen am Noncello, seit dem 10. Jh. österreichische Enklave und ab 1508 venezianisch. Die Stadt ist der Geburtsort von Giovanni Antonio de'Sacchis, genannt Pordenone (1483–1539), der sich mit seinem eigenwilligen Manierismus neben den großen Renaissancemalern Venedigs behaupten konnte.
Der Altstadtkern besteht praktisch aus einer einzigen Straßenachse, dem ***Corso Vittorio Emanuele,** einer ununterbrochenen Einkaufsmeile in der schönen Kulisse historischer Laubenhäuser. Ein guter Ort zum Rasten ist das **Caffè Municipio** (Nr. 56) unweit des prächtigen barocken ***Palazzo Gregoris,** der auch am Canal Grande stehen könnte.

Ein bauliches Unikum ist das Rathaus von Pordenone

Das östliche Ende des Corso markiert die originelle Silhouette des gotischen **Palazzo del Comune,** dem 1542 ein Uhrturm vorgesetzt wurde. Imponierend ist der hohe *Campanile (1271 bis 1347) des **Doms.** Am ersten Seitenaltar rechts ist die *Madonna della Misericordia (1515) von Pordenone zu bewundern. Über die intime Piazza San Marco gelangt man zum Noncello, den ein schöner Flusspark begleitet.

APT, Corso Vitt. Emanuele 38, Tel. 04341912, Fax 0434523814

Villa Ottoboni, Via 30 Aprile, Tel. 0434208891, Fax 0434208148, www.getourhotels.com. Das erste Hotel am Platze. ○○○
❚ 15 km südlich wohnt man erholsam und komfortabel in der **Villa Luppis** Rivarotta/Pasiano Tel. 0434626969, Fax 0434626228, www.villaluppis.it. Park, Pool, Tennis. ○○○

Vecia Osteria del Moro, Via Castello 2, Tel. 043428658. Gasthaus mit Tradition. ○○

4

Seite 501

Auf den Spuren der Antike

Altino → San Donà di Pieve → *Portogruaro → Caorle → **Aquileia → Grado → Redipuglia (ca. 280 km)

Im Hinterland der Badeküste zwischen Jesolo und Grado liegen an der Route der antiken Via Annia römische Ruinen. Eindrucksvolle Kirchenbauten des frühen Christentums überlebten am Küstensaum. Große Eingriffe prägen das Bild der Landschaft, Flüsse wurden umgeleitet, Sümpfe trockengelegt und der einsame Lagunenrand in einen Urlaubsstrand verwandelt. (Dauer: ca. ein Tag)

Im Hinterland der Lagune

Seite 504

Von der Autobahnausfahrt Quarto d'Altino (11 km östl. Mestre, 8 km vom Autobahnkreuz nach Treviso) erreicht man nach 6 km **Altino** ㊴ mit dem Ausgrabungsfeld des römischen *Altinum*. Nur der Name ist dem Ort geblieben, der, von Hunnen und Langobarden zerstört, in den Sümpfen versank. Grabungen und Museo Archeologico Nazionale: Di–So 9–12.30, 15.30–18 Uhr.

Am Lagunenrand kommt man nach **Portegrandi** ㊵, wo einst die Sile mündete. Um die Verlandung durch die Anschwemmungen der Flüsse zu verhindern, lenkte Venedig im 16./17. Jh. den Unterlauf von Sile, Piave und Livenza in Gebiete außerhalb der Lagune ab. Die Fahrt am Lagunenrand von Portegrandi über Caposile bis Jesolo ist wegen der ursprünglichen Wasserlandschaft lohnend.

San Donà di Piave ㊶ (33 450 Ew., 3 m), nach der Zerstörung im Ersten Weltkrieg neu aufgebauter Industrieort, ist das Zentrum der »Bonifica«. Die Entwässerung und Bebauung des ausgedehnten Sumpfgebiets ist im Museo della Bonifica (Viale Primavera, Di–So 9–12, 16–18 Uhr) dokumentiert.

*Portogruaro ㊷

Portogruaro (24 760 Einw.) eignet sich gut als Standort für Entdeckungen in der Umgebung. Es besitzt einen reizvollen alten **Stadtkern** entlang dem Flüsschen, ein gotisches ***Rathaus**, mittelalterliche **Laubenhäuser** (besonders schön Nr. 23 bis 39, Nr. 30) und zwei alte Flussmühlen (15. Jh.).

Sehenswert ist das ***Museo Nazionale Concordiese** (Via del Seminario 22, Di–So 9–14 Uhr) mit Funden aus Concordia Sagittaria (s. S. 505).

APT, Borgo S. Agnese 57, Tel./Fax 042173558.

Antico Spessotto, Via Roma 2, Tel. 042171040, Fax 042171053, www.hotelspessotto.it. ○○

Tre Scalini (Mo, Di geschl.). Malerisch am Lemene gelegen. ○○
❚ **Osteria Bacaro,** Via Martiri d. Libertà 141, Tel. 0042171922 . Gemütliche Trattoria mit bodenständiger Küche. ○

Ausflüge von Portogruaro

Concordia Sagittaria (2 km) bewahrt im Umkreis der Kathedrale (*Baptisterium 1098) sehenswerte Relikte aus römischer und frühchristlicher Zeit .

Sesto al Reghena ㊸ (9 km nördl.) fasziniert wegen seiner ehemaligen Benediktinerabtei **Santa Maria in Sylvis, der stimmungsvollste frühmittelalterliche Kirchenkomplex der Region. 1200 entstand die *Kirche mit dem ungewöhnlichen Atrium, dem Vestibül und den Fresken (12. bis 16. Jh). Die Krypta (10. Jh.) bewahrt einen langobardischen Sarkophag (8. Jh.).

Badeorte an der Adria

Caorle ㊹
Bis in die 1930er-Jahre war es der einzige Küstenort (heute 11 350 Einw.) zwischen Venedig und Grado und hatte als Fischerinsel in der Lagune kaum Verbindung zum Hinterland. Nachdem sich die Bewohner von Concordia Sagittaria vor den Hunnen Attilas 452 hierher geflüchtet hatten, wuchs die Bedeutung des Ortes, der sogar einen eigenen Patriarchen besaß. Davon zeugt die *Kathedrale aus dem 11. Jh. mit dem zylindrischen *Campanile.

Östlich von Caorle liegen große *Valli di Pesca,* eingedeichte Brackwasserzonen, in denen Fischzucht betrieben wird. Sie sind durch einen Küstenstreifen, die **Valle Vecchia,** vom Meer getrennt, dem einzigen nicht urbanisierten Strand der oberen Adria (12 km via Lugugnana nach Brussa).

ℹ️ **APT,** Piazza Papa Giovanni XXIII, Tel. 042181085.

Schiffsverbindungen: Im Sommer um 9 und 14.30, Sa, So nur 14.30 Uhr zweistündige Schiffsausflüge in die Lagune mit Imbiss in einem *casone.*

Rummel am Strand
Bibione ㊺ hat sich auf einer Landzunge entwickelt. Im Ortsteil Bibione Pineda sind Restflächen des ursprünglichen Pinienwaldes erhalten.

Jenseits des Tagliamento liegt **Lignano 46**, der größte und betriebsamste Ferienplatz der Region an der Lagune von Marano. Besuchenswert ist der kleine Fischerort **Marano Lagunare.**

Vedova Raddi alla Laguna, in Marano (Mi geschl.) Fangfrischer Fisch. ○○

Aquileia 47

Von Aquileia (5 m, 3400 Einw.), der glanzvollen Kapitale der römischen Region Venetia et Histria, die als Hafenstadt in der Antike jene Stellung einnahm, die später Venedig und dann Triest innehatten, ist nach der Zerstörung durch Hunnen und Langobarden nur sehr wenig übrig geblieben: ein paar Säulen am Forum, Ladekais und Rampen am Flusshafen, Straßenpflaster und Grabanlagen.

Aus dem mächtigen Bistum von Aquileia, das bereits 313 gegründet wurde, erwuchs der mittelalterliche Feudalstaat der Patriarchen von Aquileia, der unter der Oberhoheit des Heiligen Römischen Reiches das Friaul beherrschte.

Nach den Zerstörungen durch Hunnen (452) und Langobarden (552) wurde Aquileia aufgegeben, die Bevölkerung flüchtete mit dem Bischof nach Grado. Der Lagunenbereich blieb als Seevenetien unter byzantinischer Hoheit. Von Byzanz übernahmen die Bischöfe von Aquileia den in der Ostkirche üblichen Titel eines Patriarchen. Im Mittelalter verlegten die teilweise aus deutschem Adel stammenden Patriarchen ihren Sitz zuerst nach Cormons, dann nach Cividale und Udine. Seit dem 14. Jh. durch die Expansion Venedigs geschwächt und in der Folge wieder auf den geistlichen Bereich beschränkt, wurde das Patri-

archat von Aquileia schließlich 1751 aufgelöst.

Der Bau der ***Kathedrale** erfolgte unter dem Patriarchen Poppo (1019 bis 1042) als Teil seiner ehrgeizigen Initiative zur Wiederbelebung Aquileias. So beeindruckend die große Basilika mit der freskierten Hauptapsis auch wirkt, die große Attraktion ist der prächtige ****Mosaikfußboden**, der zu der ältesten, 310/319 errichteten Kirche gehört – mit 645 m² der größte der christlichen Spätantike. In ein Meer von Fischen sind Bildszenen zur Jonaslegende eingefügt (tgl. 9–18 Uhr).

Ehrfurchtsvoll stimmt auch die ***Krypta** (9. Jh.) mit byzantinischen Fresken (um 1180). Auf einem tieferen Terrain, das man über das linke Seitenschiff erreicht, liegt die sog. *Cripta dei Scavi* mit römischen Fundamenten. Im ***Museo Archeologico** auf der anderen Seite der Hauptstraße sind u. a. kunsthandwerkliche Meisterwerke aus dem römischen Aquileia zu sehen (Di–So 9–14, im Sommer bis 19 Uhr). Das frühchristliche Aquileia ist im **Museo Paleocristiano** dokumentiert (tgl. außer Mo 9–14 Uhr).

Pro Loco, Piazza Capitolo 4, Tel. 043191087,

La Colombara, Via Zilli 34 (Mo geschl.). Am besten sind die Fischspezialitäten. ○○

Grado 48

Der traditionsreiche Badeort (10 000 Einw.), dessen Altstadt auf einer mit dem Festland verbundenen Laguneninsel liegt, war in der Antike der Seehafen Aquileias und nach dessen Zerstörung Fluchtort für seine Bewohner, schließlich auch für den Patriarchen, der 568 dorthin übersiedelte. Als

5

Seite
505

Am berühmten sonnigen Strand von Grado

Aquileia nova wurde es kirchliche Hauptstadt Seevenetiens.

Aus dieser Zeit stammen die alten Kirchen: Die dreischiffige ***Kathedrale Santa Eufemia,** 579 geweiht und 1935/1952 originalgetreu restauriert, enthält ein ***Fußbodenmosaik** aus dem 6. Jh. Daneben stehen das Baptisterium (5. Jh.) und die Kirche Santa Maria delle Grazie, ebenfalls 6. Jh.

APT, Viale Dante Alighieri 78, Tel. 0431899220, Fax 0431899278 (Mai–Nov.).

Schiffsausflüge: Motorboote pendeln regelmäßig zur Insel Barbarana (Wallfahrtskirche), nach Porto Buso, Aquileia, Lignano.

Jenseits des Isonzo beginnt die Welt der Karsthügel (s. S. 432). Auf der Autobahn in Richtung Triest erkennt man den Soldatenfriedhof von **Redipuglia,** erbaut in der Form einer Stufenpyramide, unter der 100 182 überwiegend namenlose Soldaten ruhen, die im Ersten Weltkrieg am Isonzo gefallen sind.

5

Seite 505

Massaker am Isonzo

Der Isonzo ist als Grenzfluss schon in der »Rabenschlacht« von 489 zwischen Theoderich d. Gr. und Odoaker umkämpft worden. 1915 bis 1917 erlangte der Fluss traurigen Ruhm durch 12 blutige Schlachten zwischen Italien und Österreich, die die ganze Region verwüsteten und die Industriestadt Monfalcone vernichteten. Unvorstellbar grausam entwickelten sich die Kämpfe in der Karstlandschaft, die weder Schutz vor Hitze noch

Regen bot. Stellungen musste man in den Fels sprengen, Tote konnten nicht bestattet werden. Auf Spuren des Ersten Weltkriegs stößt man bis zur Piave, wohin die Front sich nach der italienischen Niederlage am Isonzo *(Caporetto)* verlagerte. Als freiwilliger Kriegsteilnehmer trat auch Ernest Hemingway in Erscheinung, dessen Erlebnisse sich in Romanen wie »In einem anderen Land« und »Über den Fluss und in die Wälder« spiegeln.

Ein Uhrturm wie in Venedig: Piazza della Libertà in Udine

Tour 6

Im Herzen Friauls

*Udine → *Cividale → Cormons → *Gorizia → *Gradisca d'Isonzo → Palmanova (ca. 135 km)

Die Route beginnt in Udine, der alten Hauptstadt des Friaul, und führt über die Langobardenstadt Cividale nach Cormons ins Zentrum des Collio, wo auf sanften Hügeln die Reben für die besten Weißweine Italiens reifen. Zwischen Cormons und Gorizia (Görz) an der slowenischen Grenze wandelt man auf den Spuren der Donaumonarchie mit Zwiebelhauben und Biedermeierhäusern, Apfelstrudel und Kaiserfest, stößt aber auch immer wieder auf Relikte des Ersten Weltkriegs. (Dauer: etwa zwei Tage)

*Udine ⓳

Das Zentrum Friauls ist ein Ort, an dem es sich leben lässt. Udine (113 m, 98 166 Einw.) galt immer schon als die »venezianische« unter den Städten Friauls, nicht nur wegen der zentralen Piazza della Libertà mit ihren Markusplatz-Zitaten, sondern auch wegen der leichteren Lebensart und des pulsierenden Lebens auf den Straßen.

Die Entwicklung der Stadt erfolgte im Mittelalter nach Verleihung des Marktrechts 1223 durch den Patriarchen Berthold von Andechs. Danach wurde die Residenz der Patriarchen von Aquileia und das Parlament der »Patria del Friuli« von Cividale auf den Hügel von Udine verlegt. 1420 kapitulierte Udine vor Venedigs Truppen und blieb bis zum Einmarsch Napoleons 1797 ein Teil der Markusrepublik.

*Piazza della Libertà

Sie ist ein Gesamtkunstwerk wie für eine Bühne entworfen, mit Kulissen, die sich bei wechselndem Standort zu immer neuen malerischen Bildern verschieben. Der wie ein kostbarer Schrein in den Platz hineinragende Kommunalpalast ***Loggia del Lionello** (1448–1456) ist ein Meisterwerk der venezianischen Spätgotik.

Gegenüber, am Fuß des Burghangs, liegt der ***Porticato San Giovanni,** eine lang gestreckte Loggia (1532) mit einer Kuppelkapelle, hinter der ein Uhrturm (1527) aufragt. Barocke Statuen, zwei Säulen, eine davon mit dem Markuslöwen, und ein Brunnen von 1542 dekorieren die Piazza.

Imposanter Castello-Hügel

Durch ein Palladio-Tor mit roh behauenen Quadern (1556) steigt man an spätgotischen Arkaden entlang hinauf zum **Castello,** wo in einem nach dem großen Erdbeben von 1511 errichteten nüchternen Baublock bis 1797 die venezianischen Statthalter residierten. Im Piano Nobile ist noch der Parla-

6

Seite
512

mentssaal mit Fresken des Raffael-Schülers Giovanni da Udine (1560) zu besichtigen. Die **Musei Civici** im Castello (Di–Sa 9.30–12.30, 15–18, So 9.30–12.30 Uhr) beherbergen u.a. eine *Gemäldegalerie mit Werken friulanischer und venezianischer Meister von Carpaccio bis Tiepolo.

Die Kirche **Santa Maria di Castello,** die älteste Pfarrkirche Udines, geht auf das 6. Jh. zurück. Der große Erzengel, der als Windfahne den Glockenturm bekrönt, ist das Wahrzeichen von Udine.

Auf der Rückseite des Kastellhügels liegt das weite, grüne Rund der **Piazza 1° Maggio** (Parkplatz), seit alter Zeit ein beliebter Ort für Volksfeste und Märkte. Infobüro s. S. 510.

*Palazzo Arcivescovile

Von der Piazza 1° Maggio nach Südosten ist es nicht weit bis zur Erzbischöflichen Residenz (an der Piazza Patriarcato), in der man die restaurierten glanzvollen ****Freskenzyklen** von Giovanni Battista Tiepolo bewundern kann (*Museo Diocesano*, Mi–So 10–12, 15.30–18.30 Uhr). Das Deckenbild des *Treppenhauses zeigt einen Engelssturz in Hell-Dunkel-Kontrast, ein Frühwerk von 1726. In den alttestamentarischen Szenen der ****Galleria** (1727–1728) beweist Tiepolo seine festlich-virtuose Inszenierungskunst und seinen Farbzauber. Das Thema des großen Figurenreigens an der Decke der *Sala Rossa (um 1730) ist das Urteil Salomons.

Landschaft mit Schicksal

Über den Tagliamento, der mit seinem riesigen Geröllbett das Friaul in zwei Hälften teilt, kamen seit Menschengedenken Eroberer aus dem Norden. In vorgeschichtlicher Zeit wanderten die keltischen Karner ein und vertrieben die Veneter. Nach der römischen Friedenszeit folgten Not und Zerstörung durch Hunnen, Goten und Langobarden, die von 568 an für zweihundert Jahre ihre kriegerische Herrschaft in Oberitalien ausübten. Im 15. Jh. fiel der größte Teil des Friaul an Venedig, während die Grafschaft Görz bis 1918 österreichisch blieb.

Trotz der vielen fremden Herren, die Kunst, Kultur und Küche beeinflussten, bewahrten die Friulaner ihre eigene Identität, vor allem durch ihre Sprache, das Furlan, das auch eine bis heute lebendige Volksliteratur hervorgebracht hat.

Wenn man heute durch die Dörfer und Städtchen mit den vielen neuen Häusern fährt, kann man sich nicht vorstellen, dass hier vor 20 Jahren alles in Trümmern lag. Eine der größten Erdbebenkatastrophen Europas zerstörte 1976 Burgen und Dome, Paläste und Wohnhäuser. In den im Epizentrum gelegenen Städten Gemona (S. 517) und Venzone (S. 518) blieb fast kein Stein auf dem anderen. Fast 200 Orte waren betroffen, 15 000 Häuser wurden zerstört, 1000 Menschen starben. Mit in- und ausländischer Finanzhilfe wurde seither nicht nur mit beispielhafter Energie wieder aufgebaut, sondern ein regelrechtes Wirtschaftswunder in Gang gesetzt, das »Modello Friuli«. Unter dem trotzigen Motto »Friaul lebt!« bauten die Friulaner ihre Heimatorte wieder auf, und zwar so weit wie möglich im alten Stil.

6

Seite
512

Rund um den Dom

Ein weiteres Frühwerk Tiepolos enthält der mächtige **Dom** (im 13. Jh. begonnen, barockisiert mit der Ausmalung der *Cappella del Sacramento (1726) hinter der Kanzel. Einen Extrablick verdient der Campanile, der über einem gotischen Baptisterium mit *Fresken des 14. Jhs. errichtet wurde.

Im kleinen ***Oratorio della Purità** des 18. Jhs. an der Südseite des Doms hat Tiepolo ein Deckenfresko *Himmelfahrt Mariens (1759) von unbeschreiblich transparenter Farbigkeit hinterlassen. Zur Besichtigung wendet man sich nach 15.30 Uhr an den Küster im Dom.

Im Marktviertel

Stimmungsvoll ist die ***Piazza Matteotti**, Udines alter Marktplatz (seit 1278), mit einem Ensemble schmaler historischer Häuser mit Laubengängen und dem malerischen Fassadenbild der Kirche **San Giacomo** (16. Jh.) und dem Oratorium (18. Jh).

Daneben führt ein Durchgang zum ehemaligen Stadtgraben hinaus, wo man sich in der volkstümlichen **Osteria alla Ghiacciaia** (○○) unter einer großen Glyzinie am Wasser für den weiteren Weg stärken kann.

Der älteste Markt Udines war die breite Kurve der **Via Mercatovecchio**, die von der Piazza della Libertà nach Norden verläuft. Hier und in der weiter stadtauswärts führenden Via Gemona stehen einige Gebäude aus dem 16. und 17. Jh., wie der Palazzo Antonioni.

Die etwas abgelegene ***Galleria d'Arte Moderna** wartet mit einer hochrangigen Sammlung italienischer Malerei des 20. Jhs. auf (Piazzale Paolo Diacono, Di–So 9.30–12.30, 15–18, So 9.30–12.30 Uhr).

APT, Piazza I Maggiore 6, Tel. 0432295972, Fax 0432504743.

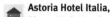

Astoria Hotel Italia, Piazza XX Settembre 24, Tel. 0432505091, Fax 0432509070, www.hotelastoria.udine.it. Zentral, elegantes Restaurant. ○○○

▮ **Albergo La Foresteria,** Villa di Tissano, SS 352 10 km südl. von Udine in Tissano, Tel./Fax 0432990399, www.villaditissano.it. Stilvolles friulanisches Landhaus mit Park, Pool, Zoo und Reitmöglichkeit. ○○

Al Passeggio, Viale Volontari della Libertà 49, Tel./Fax 043246216. Köstliches Essen, das man nur in den höchsten Tönen loben kann. ○○–○○○

▮ **Alla Colonna,** Via Gemona 98, Tel. 0432510177 (So, Mo mittags geschl.). Osteria mit Geschichte und viel Atmosphäre. ○○

▮ **Caffè Caucigh,** Via Gemona 36. Das älteste Kaffeehaus in Udine. ○○

*Cividale del Friuli ⑩

Man kann sich gut vorstellen, dass sich die langobardischen Krieger aus dem Norden hier wohl fühlten, zwischen Wasser, Fels, Wald und Hügeln. Die Stadt (135 m, 11 141 Einw.), deren Panorama sich jenseits des 20 m hohen **Ponte del Diavolo** (Teufelsbrücke) über der Natisone-Schlucht aufbaut, hat heute etwas von einer geschlossenen Festung. Die grauen Campanili ragen wie Wehrtürme über den Altstadthäusern auf und die alten engen Gassen, die hier *strette* heißen (von *stretto* – eng), liegen in tiefen Mauerschatten.

Von dem römischen Forum Julii, den die Stadt ihrer Gründung durch Julius Caesar verdankt, leitet sich der Name der Region, Friuli, ab, und von dem langobardischen Civitas Forum Julii

6

Seite 512

Tor zu Cividale: die Teufelsbrücke über die Natisone-Schlucht

der heutige Stadtname. Den Longobarden, die sie 568 zur ersten Hauptstadt ihres oberitalienischen Reiches machten, verdankt sie ihren Ruhm. 737 verlegten die Patriarchen des zerstörten Aquileia ihren Sitz nach Cividale und residierten bis 1238 hier. Heute kommen die Besucher wegen der einzigartigen Schätze aus der Langobardenzeit.

Tipp Zwei süße Adressen für Eis und kleine Küchlein: **Pasticceria Ducale,** Piazza Pico 18, und **Il Dolce Freddo,** Via Borgo di Ponte.

*Tempietto Longobardo nennt man das kleine Oratorium von Santa Maria della Valle über einem Felshang am Natisone, das alle Erdbeben überlebte (10–13, 15–18.30 Uhr). Der von der Zeit

Wer waren die Langobarden?

Wahrscheinlich stammten die langbärtigen Kriegernomaden, die 568 in Italien einfielen und in einer Blitzaktion die Halbinsel eroberten, aus Skandinavien. Ihr erster Herzogssitz wurde Cividale, ihre Königsstadt Pavia. Ein schauerliches Drama, gemixt aus Verrat, Mord und Rache, erzählt man sich vom ersten König Alboin und seiner Gattin Rosamunde. Wenig weiß man trotz langer Forschung über die Langobarden, die 200 Jahre den größten Teil Italiens beherrschten. Nach ihrer Niederwerfung durch Karl d. Gr. gingen sie spurlos in der Bevölkerung auf. Nur noch

ein paar Wörter (z. B. *scherzo, fiasco* oder *guerra,* der Krieg) und der Name der Lombardei erinnern an das Eroberervolk. Die wenigen Relikte aus langobardischer Zeit stammen fast alle aus der Gegend von Cividale: die Langdolche der Krieger, Fibeln, Broschen und goldene Kreuze. Gold- und Waffenschmiede besaßen sie wohl selbst, alles andere wurde in Auftrag gegeben oder importiert. In dem multikulturellen Formenmix der erhaltenen Architektur- und Skulpturfragmente überlagern sich Motive aus der römischen Antike, Byzanz und dem Orient.

6

Seite 512

gezeichnete, geheimnisvolle Kapellenraum ist einer der eindrucksvollsten Räume des frühen Mittelalters. Über sein genaues Alter – ob 8. oder 9. Jh., langobardisch oder karolingisch – streiten sich die Gelehrten, auch die ursprüngliche Bedeutung ist nicht gesichert. Ganz ungewöhnlich sind die ursprünglich bemalten Stuckreliefs der Westwand mit einer Dekoration aus großen plastischen Rosetten, Trauben und einem steifen, durchbrochenen Rankensaum sowie einer Prozession von sechs großen weiblichen Gewandfiguren in byzantinischer Tradition.

Mehr über die Langobarden erfährt man beim Besuch des ***Museo Archeologico** am Domplatz, vorausgesetzt, man kann Italienisch lesen. Hier werden anhand reicher Gräberfunde Kleidung, Lebensweise und Kriegshandwerk der Langobarden dokumentiert (Di–So 9–18.30 Uhr).

Hauptwerke der Langobardenkunst enthält das ***Museo Christiano** des Doms: das achteckige *Taufbecken des Patriarchen Calixtus (737–756) mit Säulenbaldachin sowie den *Altar des Ratchis mit kerbschnittartigen, ornamental vereinfachten Figurenreliefs (9.30–12, 15–19 Uhr).

APT, Corso d'Aquileia 10, Tel. 0432731398, Fax 0432731398

Locanda al Castello, Via del Castello, Tel. 0432733242, Fax 0432700901, www.alcastello.net. Restaurant mit Gästezimmern auf einer Burg in Hügellage außerhalb des Zentrums. ○○

Taverna Longobarda heißt das Lokal mit typischer Regionalküche, Via Monastero Maggiore 5, Tel. 0432731655 (Di abends, Mi geschl.). ○○

Tipp Schmuck im »Langobarden-Design« gibt es bei der **Bottega Longobarda,** Stretta Cerchiari 7 zu kaufen.

Cormons ⑤

Der Weg nach Cormons führt durch Felder und Weinberge. Nach ca. 8 km liegt rechts die **Rocca Bernarda,** eine der typischen burgartigen Villen des Friaul mit vier Rundtürmen (1567), heute ein Weingut des Malteserordens, wo man auch Wein kaufen kann.

Cormons (56 m, 7566 Einw.) ist das Zentrum des Collio mit der renommierten ***Enoteca regionale** am hübschesten Platz des Städtchens, wo man sich mit den guten Tropfen der Gegend bekannt machen kann (Tel. 0481630371, Mi nachm. bis Mo 11–13, 17–22, im Sommer bis 24 Uhr).

Dass Cormons seit dem 12. Jh. der Grafschaft Görz angegliedert und von 1497 bis 1918 österreichisch war, kann man an den barocken Turmhauben der Kirche Rosa Mistica, eines heißgeliebten Denkmals für Kaiser Maximilian I., und an dem jährlich zur Sommerzeit stattfindenden Fest im benachbarten Weiler **Giassico** erkennen. Zu diesem Anlass wird der Geburtstag von Kaiser Franz Joseph gefeiert.

Enoteca, Piazza XXIV Maggio.

In **Villanova de Judrio** (ca. 4 km westlich) kann man sich in einem antik möblierten Herrenhaus einmieten. Tel./Fax 0432758000. ○○

Al Cacciatore, Subida da Monte (außerhalb, Di, Mi geschl.). Küche mit deutlich slowenischem Einschlag, u. a. Wildgerichte; einige Gästezimmer für angenehme Nächte. ○○

I Al Giardinetto, Via Matteotti, 54 (Mo, Di geschl.). Erstklassige Friulaner Küche und Weine. ○○

I Il Mulino in Visinale (Richtung Cividale), Via S. Martino 17 (Mi geschl.). In einer restaurierten Mühle. ○–○○

Die Weinstraße des Collio

Ab Cormons empfiehlt sich eine Fahrt über Subida – Pradis – Spessa (berühmtes Weingut M. Schioppetto) – Russiz Superiore (ausgezeichnete Weine des Guts Felluga) und an der slowenischen Grenze entlang nach San Floriano del Collio, einem Weinort in wunderschöner Panoramalage.

Das **Castello di San Floriano** (Golfhotel, Restaurant) der Grafen Formentini ist die einladendste Herberge des Collio inmitten eines Weinguts. Golf, Pool, Tennis, Reiten. Tel. 0481884051, Fax 0481884052, www.romantikgolfhotel.it. ○○○

Entlang der **Weinstraße** gibt es eine Reihe von Osterien und Buschenschenken *(private)*. Einige Winzer bieten auch Unterkünfte an. Infos über **Agriturismo** in Cormons.

An 60 000 Gefallene des Ersten Weltkriegs erinnert ein Denkmal in **Oslavia**.

Über Gorizia/Görz wacht die trutzige Burgfestung

*Gorizia/Görz ㊾

Das italienisch-österreichisch-slowenische Gorizia/Görz/Gorica (84 m, 38 400 Einw.) hat ein schwieriges historisches Erbe. Der Grenzstadt-Status am Schnittpunkt verschiedener Kulturen bestimmte und belastete sein Schicksal ähnlich wie das von Triest. Bis heute ist die Stadt geteilt. Auf der italienischen Seite liegt der größte Teil mit der Altstadt, jenseits der Bahn das slowenische Nova Gorica.

Aus Bayern stammten ursprünglich die Grafen von Görz, die seit dem frühen 12. Jh. die Herrschaft über den Burgort und danach über ein großes verstreutes Territorium erlangten, zu dem u. a. Tirol, Kärnten und ein Teil Istriens gehörten. In die Zange zwischen Venedig und Habsburg geraten, fiel Görz nach dem Tod des letzten Grafen (1500) an das Habsburgerreich.

Schwer umkämpft im Ersten Weltkrieg, wurde es nach dem Untergang der Donaumonarchie 1918 italienisch. Trotz Kriegsschäden hat Görz viel von seinem k. u. k.-Charme bewahrt. Das historische Zentrum besteht aus der **Oberstadt** um die Burg und der **Unterstadt** entlang der Straßenachse, die Teil der Transitroute zwischen Italien und Osteuropa war.

6

Seite 512

*Oberstadt

Zentrum von Görz ist die Burg auf dem 150 m hohen **Borgo Castello** (Fußweg durch den Stadtpark). Burg und Burgviertel, im Ersten Weltkrieg schwer beschädigt, wurden in den 1930er-Jahren rekonstruiert.

Ein Besuch des *Castello** mit seinen historisch möblierten Zimmerfluchten lohnt sich schon wegen der *Aussicht** (Di–So 9.30–13.30, 15 bis 19.30 Uhr). Das **Museo provinciale della Grande Guerra** zeigt u. a. eine Dokumentation der Isonzo-Schlachten (s. S. 507; Di–So 10–18 Uhr).

Unterstadt

Der Viale G. d'Annunzio führt vom Castello zur **Piazza Cavour,** dem ältesten Marktplatz der Unterstadt, der sich seit dem Mittelalter am Fuß des Burgbergs entwickelte. Die benachbarte **Piazza S. Antonio** entstand an der Stelle eines Franziskanerklosters, zu dessen Kreuzgängen die Arkaden am Platz gehörten.

Der **Palazzo Lantieri** am Platzende (Nr. 2) rühmte sich illustrer Gäste, darunter Casanova, Goldoni und Papst Pius VI. (Ausstellungen).

An der Rückseite der Piazza Cavour liegt der **Dom** (nach dem Ersten Weltkrieg erneuert) mit barocker Innenausstattung um 1700.

Die Via Rastello, die Hauptstraße des mittelalterlichen Görz, mit der Casa Volker von 1441 führt von der Piazza Cavour zur **Piazza della Vittoria,** lange der große Markt-, Fest- und Paradeplatz der Stadt. Hier steht die große barocke Jesuitenkirche *Sant'Ignazio** (1654–1724).

Weiter nach Norden geht es durch die Via Carducci mit schönen Bürgerhäusern zur **Piazza Amicis** mit dem **Palazzo Attems-Petzenstein,** um 1740 von Nicolò Pacassi, dem wichtigsten Görzer Baumeister des 18. Jhs.,

errichtet. Links am Palast vorbei führt eine Straßenkurve ins ehemalige jüdische Ghetto (Via Ascoli) mit Synagoge des 18. Jhs.

Heutige Hauptachse der Stadt ist der nach Süden führende *Corso Giuseppe Verdi/Corso Italia** mit verlockenden Geschäften und pittoresken Häuser-Ensembles. Der Corso Italia, ab 1864 als Verbindungsstraße zum Bahnhof entstanden, besitzt schöne Fassaden vom Historismus bis zum Jugendstil und ist der gesellige Mittelpunkt der Stadt. Ein barocker Palast mit englischem Park ist das **Municipio** (Rathaus, vom Corso Verdi über die Via Garibaldi zu erreichen).

APT, Via Diaz 16, in Nähe des Corso Verdi, Tel./Fax 04813861.

Eurodiplomat Hotel, Corso Italia 63, Tel. 048182166, Fax 048131658, www.eurodiplomat hotel.it. Im Herzen der Stadt, frisch renoviert, mit Garage. ○○

Alla Luna, Via G. Oberdan 13, beim Corso Verdi, Tel, 0481530374 (So abends, Mo geschl.). Küche der Donaumonarchie. ○
▮ **Rosen Bar,** Via Duca d'Aosta 96, Tel. 0481522700 (So, Mo geschl.). Die älteste Osteria von Görz mit »cucina mitteleuropea«. ○

*Gradisca d'Isonzo ⑤

Ins Zentrum von Gradisca d'Isonzo (32 m, 6500 Einw.) führt ein gepflegter Park mit alten Kastanienbäumen, gesäumt von Caféterrassen. Das schmucke Städtchen, ein kleines regelmäßiges Planquadrat mit Burgruine, auf drei Seiten von den alten Mauern und Toren umgeben, wurde von den Vene-

6

Seite 512

zianern ab 1497 als Bollwerk gegen die Türken errichtet.

Schon 1509 fiel die Festungsstadt an die Habsburger und blieb bis 1918 österreichisch. Barocken Charme haben die kleinen Straßen der Altstadt bewahrt, deren Gesicht das 18. Jh. prägte. Die repräsentativsten Bauten stehen in der Via Ciotti, u. a. der *Palazzo Torriani (1644–1705), heute Rathaus und das Museum friulanischer Malerei Luigi Spazzapan (Di–So 10 bis 12.30, 15.30–18 Uhr). An der Via Bergamas erhebt sich der kleine Dom mit plastisch-barocker Fassade.

i APT, Via Ciotti 49 (Palazzo Torriani), Tel. 048199217, Fax 048199880.

Ħ Gute Collio-Weine zu herrlichem Prosciutto offeriert die **Osteria Mulin Vecio**, Via Gorizia 2, Tel. 048199783 (Mi, Do geschl.). ○
■ Eine Institution für Weinliebhaber ist die **Enoteca La Serenissima** in der Via Battisti 26.

*Palmanova ㊴

Diesen Ort (27 m, 4900 Einw., beim Autobahnkreuz A4/A23) müsste man eigentlich aus der Luft betrachten, um seine Anlage als neunspitziger Zackenstern mit radialer Straßenführung würdigen zu können. Er entstand 1593 bis 1683 als venezianische Festungsstadt – Bollwerk gegen die Türken und Machtgebaren gegenüber Österreich. Ironie der Geschichte: Napoleon fällte hier 1797 mit der Unterzeichnung der Kriegserklärung an Venedig das Todesurteil für die tausendjährige Markusrepublik. Das Dokument ist im **Civico Museo Storico** (Borgo Udine, westlich des Hauptplatzes) aufbewahrt (tgl. außer Mi 10–12, 16–19 Uhr).

Tour 7

Am Tagliamento nach Karnien

*Udine → *Spilimbergo → Gemona → *Venzone → Tolmezzo → Zuglio (ca. 150 km)

Die Route führt von Udine nach Westen über die Dogenvilla in Passariano zum Tagliamento. Am anderen Ufer geht es nach Norden bis Spilimbergo und zur Schinkenstadt San Daniele. Das Erdbeben hat die alten Städte Gemona und Venzone gezeichnet. Endpunkt ist Tolmezzo, das Zentrum des karnischen Alpenlands und Ausgangspunkt für Ausflüge in die Täler. (Dauer: etwa zwei Tage)

*Villa Manin

Etwa 23 km westlich von *Udine ㊾ (s. S. 508) zweigt man kurz vor Codroipo von der SS13 nach **Passariano** ㊸ (35 m, 15 000 Einw.) ab, wo sich die venezianische Patrizierfamilie Manin auf ihrem Gut im 18. Jh. einen schlossartig großen Komplex errichten ließ. Die majestätische Villa Manin war die Residenz des letzten venezianischen Dogen Ludovico Manin (1789–1797), später Hauptquartier Napoleons, der sie »zu groß für einen Grafen, zu klein für einen König« befand und hier 1797 den Friedensvertrag von Campoformio (s. S. 437) unterzeichnete, mit dem das Ende der Republik Venedig besiegelt wurde. Heute ist die Villa **Kultur- und Ausstellungszentrum** (Di–So 9 bis 12.30, 14–17 Uhr). Großer Park mit Seen sowie luxuriöses **Ristorante del Doge** (Mo geschl., ○○○).

7

Seite 519

In der Villa Manin in Passariano wohnte der letzte Doge

Tipp Veranstaltungen: **Konzert-sommer** Juli/August; **Antiquitä-tenmessen** April und Dezember.

Westlich des Tagliamento

5 km westlich des Flusses liegt **Casarsa della Delizia** ⑤⑥, wo Pier Paolo Pasolini seine Jugendjahre verbrachte und seine ersten Gedichte in friulanischer Sprache schrieb (»Poesie a Casarsa«, 1942). Auf dem Friedhof ist er neben seiner Mutter begraben.

 La Delizia (Via Udine 24) bietet preiswerte Weine der Winzergenossenschaft von Grave del Friuli.

Valvasone (5 km) besitzt einen historischen Ortskern sowie in der Pfarrkirche eine *Renaissanceorgel von 1552 mit von Pordenone bemalten Flügeln.

In **Provesano** sind die *Fresken (1496) von Gianfrancesco di Tolmezzo im Chor der Pfarrkirche sehenswert.

*Spilimbergo ⑤⑦

Auf einer Terrasse über dem Tagliamento liegt der bekannte alte Ort (132 m, 11 000 Einw.) mit einer traditionsreichen Mosaikschule.

Von den mittelalterlichen Bauten des **Castello** überlebte nur der *Pa-lazzo Dipinto (15. Jh.) mit seinen gut erhaltenen Außenfresken die Erdbeben von 1511 und 1976. Waltherpertoldo von Spengenberg legte 1284 den Grundstein zum *Dom (1284–1376; reicher Freskenschmuck). Ein wichtiges Werk Pordenones sind die 1524/1525 bemalten *Orgelflügel mit effektvollen Verkürzungen von manieristischer Dynamik.

Im Gegensatz zur wenig geglückten Wiederherstellung des Ensembles um den Domplatz nach dem Erdbeben vermittelt der **Corso Roma,** den man durch einen großen Torturm (mit netter Enoteca »Torre Orientale«) betritt, sehr viel authentische Atmosphäre.

i Pro Spilimbergo, im Castello.

La Torre, im Palazzo Dipinto des Kastells (So abend, Mo geschl.). Schlichtes Understatement, kleine Karte, feine Weine. ○○
Da Afro, Via Umberto I 14, Tel. 04272264, (Di geschl.). Nicht billig, aber jede Lira wert. ○○○

Tipp Für Fotofans: **Foto-Ausstellungen; Fotoartikel-Flohmarkt** im Juli.

San Daniele del Friuli ⑤⑧

Auf einem der ersten Moränenhügel gelegen, die von der Ebene zu den Bergen überleiten, machen die Häuser der Altstadt, der barocke Dom und die Rathausloggia aus der Renaissance einen ziemlich neuen Eindruck. Dies ist das Resultat von Restaurierung und Rekonstruktion in der Kleinstadt (252 m, 7500 Einw.) nach den schweren Erdbebenschäden von 1976.

7

Seite 519

Gut erhalten ist die spätgotische Kirche **Sant'Antonio Abate** (Via Garibaldi) mit einem *Freskenzyklus (1498 bis 1522) von Pellegrino San Daniele – nach Pordenone der wichtigste Renaissancemaler des Friaul.

APT, Via Roma, Tel. 0432940765, Fax 0432940765.

Al Ponte, Via Tagliamento 13, Tel. 0432954909 (Mo, Di geschl.). Herzhafte Gerichte, im Winter am *focolâr,* sommers im Garten. ○○
■ **Aibintars,** Via Trento e Trieste 63, Tel. 0432957322. Friulanische Spezialitäten. ○○

Tipp Jährlich Ende August großes **Schinkenfest,** Probierstände und Tische im Freien.

Prosciutto

Schweinernes war immer die Wirtschaftsbasis für die seit 1139 bestehende Marktgemeinde **San Daniele.** Den zartsüßen, luftgetrockneten Schinken ließen sich schon im Mittelalter Bischöfe und Prälaten auf der Zunge zergehen. Seinen unverwechselbaren Geschmack erhielt er durch das Klima am Ort mit wechselnd feuchter und trockener Luft. Heute werden unter dem gesetzlichen Gütezeichen DOT ca. 1,7 Mio. Schinken pro Jahr produziert; das Mikroklima wird in Produktionshallen künstlich erzeugt. Zum Probieren lädt u. a. die **Casa del Prosciutto** (Via Ciconi) ein. Bei **Prolongo** (Via Trento e Trieste 115) kann man noch nach traditioneller Art erzeugten Prosciutto kaufen!

Castello di Colloredo di Monte Albano ⑤⑨

Auf der Weiterfahrt zur SS13 nach Gemona kommt man an dem schon von weitem sichtbaren Castello vorbei. Die großartigste Wohnburg des Friaul wurde durch das letzte Erdbeben stark beschädigt, und sein Charme ging trotz aller Bemühungen verloren – nicht nur der größte Teil der berühmten Fresken von Giovanni da Udine. Das Castello ist wie die übrigen Burgen und Villen des Friaul nur nach Voranmeldung zu besichtigen.

Exklusive Führungen für Besucher: **Visite Esclusive e Guidate,** Tel. Fax 0432503031.

Die **Taverna** ist eines der anspruchsvollsten Restaurants im Friaul (So abend, Mi geschl.). ○○○
■ **Antica Trattoria Boschetti** in Tricesimo bei der Einmündung der Landstraße in die SS13. Der klassische große Gourmettempel Friauls (So abends, Mo geschl., preiswertes Mittagsmenü; ○○○).

Gemona del Friuli ⑥⓪

Die Ortschaft (230 m, 11400 Einw.), in Hanglage über dem Tagliamento, und das 8 km entfernte Venzone (s. S. 518) im Tal lagen dem Epizentrum des Erdbebens von 1976 am nächsten und wurden fast völlig zerstört. Zumindest im Kernbereich ist durch den Wiederaufbau das alte Gesicht wieder erkennbar. Beide Städte liegen an der alten Verbindungsstraße am Tagliamento (heute SS13), die es als Via Augusta schon zur Römerzeit gab. Beide hatten Zoll- und Marktrecht und unter dem Patriarchat von Aquileia eine nahezu autonome Selbstverwaltung.

7

Seite **519**

Vom Erdbeben verschont:
gotisches Fresko in Gemona

Gemona war immer der größere und bedeutendere Ort. Das sieht man schon an dem mächtigen, romanisch-gotischen **Dom** (1290–1337), der am wenigsten beschädigt wurde. Seine Fassade besitzt ein eigenwilliges Bildwerk: eine Statuengalerie mit einer thronenden Madonna, flankiert von den Heiligen Drei Königen. Rechts weist der Engel den in Schlaf Versunkenen im Traum den Weg, links bringen sie dem Kind ihre Gaben dar. Ungewöhnlich ist auch die 7 m hohe Riesenfigur des hl. Christophorus. Der Innenraum wurde im 15. Jh. umgebaut (im 19. Jh. restauriert). Interessant die so genannte **Krypta,** zwei unterirdische Kapellenräume mit einem bemerkenswerten gotischen *Kreuzigungsfresko (14. Jh.).

7

Seite 519

Angenehme Rast verspricht das **Caffè al Duomo** gegenüber dem Dom.

Die vom Dom in die Stadt führende **Via Bini** hat ihren alten Charakter weitgehend wieder gewonnen.

Pro Gemona,
Via Caneva 15.

Boschetto, Via S. Daniele (Mo geschl.). Klassisch italienische Küche; Gastgarten. ○

*Venzone ⑤

Praktisch die gesamte Altstadt von Venzone (230 m, 2324 Einw.) ist zusammen mit ihrem mittelalterlichen Mauerring 1976 durch Erdstöße in Trümmer gelegt worden. Hier, wo die Zerstörung am größten war, hat man den ummauerten alten Ortskern um die Piazza mit dem **Palazzo Comunale** mit besonderer Sorgfalt und finanzieller Hilfe aus dem Ausland rekonstruiert.

Heute fasziniert die gelungene Wiederherstellung ebenso wie früher das historische Ensemble. Der **Dom** wurde aus dem originalen Steinmaterial wieder aufgebaut.

Zu empfehlen ist die Trattoria **Caffè Vecchio,** Via Mistruzzi 2, Tel. 0432985011 (Di geschl.). ○○

Tolmezzo ⑫

Der Hauptort (323 m, 10 700 Einw.) Karniens, des gebirgigen Nordens von Friaul, liegt am Zusammenfluss von Tagliamento und But. Als Tumez im 12. Jh. im Besitz der Patriarchen von Aquileia erstmals aktenkundig, ist es bis heute das kommerzielle Zentrum der karnischen Region.

Um 1500 florierte die so genannte Schule von Tolmezzo. Der bedeutendste Repräsentant ist Gianfrancesco di Tolmezzo (1450–1510), Lehrer von Pordenone, dem größten Renaissancemaler des Friaul.

Im 18. Jh. war Tolmezzo mit seinen Webereien, die damals bereits 4500 Arbeitskräfte (vorwiegend Frauen) beschäftigten, ein wichtiges Produktionszentrum in der Frühgeschichte der Industrialisierung.

Eine beinahe alpine Atmosphäre besitzt die ***Altstadt** mit schattigen Laubengängen, hölzernen Klappläden und vorspringenden Dachtraufen. Hauptplatz ist die Piazza XX Settembre mit der **Pfarrkirche,** die mit einem Bilderzyklus des karnischen Barockmalers Nicola Grassi geschmückt ist.

Laubencafé und Ristorante ist das **Roma** (mit karnischer Regionalküche). ○○○

Sehr sehenswert ist das volkskundliche ***Museo Carnico delle Arti Populari** (Piazza Garibaldi 2, tgl. außer Mo 9–12, 14–18 Uhr).

Ausflüge von Tolmezzo

Tolmezzo liegt am Eingang zu mehreren Tälern der Karnischen Alpen, die einen Abstecher lohnen (s. Gesamtübersichtsplan). Am Tagliamento entlang gen Westen kommt man ab **Socchieve** ⓺ mit der Kirche San Martino, die *Fresken von Gianfrancesco da Tolmezzo enthält, in die Region der Forni Savorgnani. Über Ampezzo gelangt man zum schön gelegenen **Forni di Sopra.** In **San Floriano,** dem Zentrum der Skiregion Varmost, sind abermals *Fresken von Gianfrancesco da Tolmezzo (um 1500) zu bewundern.

Von Ampezzo führt eine kurvige Fahrt ins Val Lumiei zu der Streugemeinde von **Sauris di Sopra** (38 km, 1400 m), einer altbayerischen Sprachinsel mit charakteristischen Bauernhäusern und renommierter Schinkenproduktion (zum Probieren: Trattoria **Alla Pace**, Sauris di Sotto, Via Roma, ○○).

Lohnend ist auch eine Fahrt von Tolmezzo aus über das Degana-Tal *(Canale di Gorto)* ins Val Pesarina nach **Prato Carnico** (*Flügelaltar von 1534 in der Pfarrkirche) und nach **Pesariis** (29 km), wo durch die lange Abgeschiedenheit des Tals zahlreiche alte Häuser erhalten sind.

Von Tolmezzo aus fährt man nach Norden im Tal des But zum Plöckenpass, wo man nach 16 km **Zuglio** ⓸ erreicht, ehemals Julium Carnicum, der äußerste römische Vorposten gegen die transalpinen Völker (Ausgrabungen). Nahebei liegt auf einem Waldhügel an der Straße nach Fielis die älteste Kirche Karniens, die ***Pieve di San Pietro in Carnia,** gegründet im 5. Jh.; der heutige Bau (8. und 14./15. Jh.) zeigt eine reiche Ausstattung, u. a. Holzskulpturen und ein geschnitztes Altarretabel von Domenico da Tolmezzo, 1494.

7

Seite
519

Special

Olivenöl

Neben dem Rebstock hat im hügeligen Hinterland Liguriens vor allem der Ölbaum sein Zuhause. Die kleinen, knorrigen Bäume liefern den Grundstock der ligurischen Küche: das Olivenöl. Vor dem Ansturm der Touristen auf die italienische Riviera stellte der Ölbaum jahrhundertelang eine der wichtigsten Lebensgrundlagen der Ligurier dar und prägte ihr Leben. Beharrlichkeit und Geduld fordert die Pflege eines Ölbaums vom Menschen, denn er braucht 20 bis 25 Jahre, ehe er zum ersten Mal Früchte trägt.

Das Olivenöl, das in Ligurien gewonnen wird, gehört mit seinem feinen fruchtigen Geschmack zu den besten Sorten Italiens.

Das flüssige Gold

Öl aus der Mühle

Spitzen-Olivenöl »extra vergine« kann man in Albenga gleich in der Ölmühle kaufen. Der Antico Frantoio Sommariva in der Altstadt führt feinste Öle, die sich durch ihren niedrigen Säuregehalt auszeichnen.

▌ **Antico Frantoio Sommariva,** Via Mameli 7, Albenga, Tel. 01 82 55 92 22. Mo–Sa 9–12.30 und 15.30–19 Uhr.

Günstige, hervorragende Ölangebote gibt es bei:

▌ **Giuseppe Ghiglione,** Via Ciancergo 23, Dolcedo, Tel. 01 83 28 00 43. Gute Ölauswahl, darunter eine besondere Spezialität: Hinter dem urigen Namen »Primuruggiu« verbirgt sich ein Öl der Spitzenklasse, kalt gepresst und von außerordentlich weichem, geschmeidigen Charakter.

▌ **Benza Frantoiano Olio,** Via Dolcedo Caramagna 180, Dolcedo, Tel. 01 83 28 01 32.

In den Öltälern

Rund eine Million Olivenbäume stehen in Reih und Glied an den Hängen der Täler im Hinterland von Imperia. In den vor kalten Winden geschützten *valli* finden sie ein besonders günstiges Klima, das vor allem die Taggiasca-Olive braucht, die nach dem kleinen Ort Taggia benannt ist. Aus ihr wird eines der besten Öle gepresst, das durch sein feines, zartes Aroma besticht. Man kann es bequem in Dolcedo kaufen.

520

Essen in der Ölmühle

Die Gebrüder Bavassano haben in Porto Maurizio/Imperia Ende der 1970er-Jahre eine alte Ölmühle in eine urgemütliche Osteria verwandelt. Man sitzt auf alten Mühlsteinen oder ausrangierten Kirchenbänken an langen Holztischen, auf denen unverfälschte ligurische Gerichte serviert werden. Selbstverständlich sind alle mit bestem Olivenöl zubereitet.

❚ **Osteria dell'Olio grosso,** Piazza Parasio 36, Porto Maurizio/ Imperia, Tel. 0 18 36 08 15. Nur abends geöffnet. ○○

Museale Ehren

Dass man mit Öl reich werden kann, belegt die prachtvolle Jugendstilvilla der Familie Carli in Imperia. Die Carlis gehören zum alten Öladel Liguriens und erzielen beachtliche Gewinne aus der Herstellung ihres Olio extra vergine. Kein Wunder, dass sie zu Ehren der Olive ein Museum einrichteten, das zu den schönsten und umfangreichsten seiner Art zählt. Zehn Abteilungen dokumentieren in der Jugendstilvilla alles Wissenswerte über die Olive und die Ölherstellung von der Geschichte, den Arbeitsgeräten bis zu archäologisch interessanten Funden. Im Museumsshop gibt es natürlich nur feinstes Öl zu kaufen.

❚ **Museo dell'Olivo,** via Garessio 13, Oneglia/Imperia. Mi–Mo 9–12 und 15–18.30 Uhr.

> **Tipp**
>
> **Öl in Topqualität**
>
> Ligurisches Olivenöl gibt es in vielen unterschiedlichen Qualitäten. Das beste, in einem besonders schonenden Verfahren hergestellte Öl ist mit dem Prädikat »Spremitura a freddo« versehen. Dieser auf dem Etikett vermerkte Zusatz garantiert, dass die Oliven nach der Ernte (November bis Januar) zermahlen und kalt ausgepresst wurden – ein Verfahren, bei dem die Geschmacks- und Nährstoffe weitgehend erhalten bleiben.

Villen und Paläste

Che bello, diese Villen in Eiscremefarben, die die Riviera bis heute als Lieblingsplatz der VIPs aus ganz Europa ausweisen, Domizile des süßen Lebens. Bellissimo, diese Villen der Belle Epoque, in denen noch die Grandezza vergangener Tage spürbar ist, als die glamouröse Gesellschaft Kurs auf die Riviera nahm. Die himmlische Natur verführte zum himmlischen Bauen im großen Stil, immer bemüht um perfekte Harmonie. So entstand ein prachtvolles Villenaufgebot.

Paläste
fürs Publikum

Übernachten in der Beletage

Wer nicht in einen Palazzo hineingeboren war und keine Mittel für die Errichtung einer eigenen Villa hatte, konnte an der Riviera um die Wende des 19. zum 20. Jh. zwischen zahlreichen neu gebauten Palasthotels wählen. In den üppigsten Formen des Historismus, Eklektizismus und des Jugendstils entstanden in San Remo, in Bordighera oder Rapallo feinste Nobelherbergen, die noch mit Samt und Seidenbrokat, Marmor und Mondänem zum Bleiben einladen.

Die Nacht in welthistorischer Aura verbringen: Das **Imperial Palace** in Santa Margherita Ligure ist eines der traditionsreichsten Luxushotels der Welt. Und Schauplatz von Weltgeschichte. 1922 wurde hier zwischen Deutschland und Russland unter Lüstern der Vertrag von Rapallo (s. S. 560) ausgehandelt. Prominenz versammelte sich auch im **Grand Hotel Miramare.** Seitdem die Luxusvilla 1904 ihre Pforten öffnete, übernachteten hier Humphrey Bogart, Liz Taylor, Luciano Pavarotti oder Kaiser Haile Selassie I. von Äthiopien. Und alle bewiesen guten Geschmack. Bordighera war eines der ersten Traumziele an der Riviera um die Mitte des 19. Jahrhunderts. Villen neben Villen – in der **Villa Elisa** im schönsten Stil der Belle Epoque findet man die geeignete Umgebung, um sich auf die Noblesse des Badeortes einzustimmen. Der Geldadel trifft sich im **Royal** in San Remo. Eine gut gefüllte Brieftasche muss man allemal mitbringen.

❚ **Imperial Palace,** Via San Michele di Pagana 19, Santa Margherita Ligure, Tel. 01 85 28 89 91, Fax 01 85 28 42 23, www.imperialpalace.com. ❍❍❍
❚ **Grand Hotel Miramare,** Santa Margherita Ligure, Via Milite Ignoto 30, Tel. 01 85 28 70 13, Fax 01 85 28 46 51. www.grandhotelmiramare.it. ❍❍❍
❚ **Villa Elisa,** Bordighera, Via Romana 70, Tel. 01 84 26 13 13, Fax 01 84 26 19 42. www.villaelisa.com. ❍❍❍
❚ **Royal,** Corso Imperatrice 80, Porto Maurizio/Imperia, Tel. 01 84 53 91, Fax 01 84 66 14 45, www.royalhotelsanremo.com. ❍❍❍

Villa fürs Volk

Man muss nicht gleich eine Nacht in der Villa verbringen, um ligurische Villenkultur zu erleben. Eine der ältesten und schönsten Villen an der Riviera, die **Villa Durazzo Centurione** in Santa Margherita Ligure, ist für die Öffentlichkeit zugänglich. Der schöne Renaissancebau, in dem im Sommer Kammerkonzerte stattfinden, ist von einem prachtvollen Garten umgeben, der zum Lustwandeln einlädt und grandiose Blicke über das Meer öffnet.

▌ **Villa Durazzo Centurione,** Piazza San Giacomo 3, Porto Maurizio/Imperia (April–Sept. 9–19, Okt.–März 9–17 Uhr). Das Konzertprogramm kann man vor Ort oder bei der APT (Via XXV Aprile 2/B, Tel. 0 18 51 60 34) erfragen.

Kino im Palazzo

Cineasten kommen in den Kinopalästen des Art déco in San Remo auf ihre Kosten. Im **Tabarin** geht man fürstlich ins Kino, der Film spielt da keine so große Rolle mehr ...
Das **Ariston** ist ein Kulturpalast, in dem neben Film- auch Theatervorführungen stattfinden. Die Programme beider Kulturpaläste kann man aus der Tageszeitung entnehmen.
▌ **Tabarin,** Via Mateotti 107, San Remo, Tel. 01 84/ 50 70 70
▌ **Ariston,** Via Mateotti 218, San Remo, Tel. 01 84/ 50 70 70.

Rollende Kugel im Palazzo

Abends beleuchten Scheinwerfer das **Spielcasino** von San Remo und setzen das Schnörkelwerk der Fassade im Liberty-Stil in üppiges Licht. Der 1906 errichtete Palazzo hat eine unendliche Flut von Verwünschungen und Dankeshymnen unbeschadet überstanden. Zutritt hat jeder volljährige Erwachsene in Abendgarderobe (tgl. 10–2.45 Uhr).
▌ **Spielcasino,** Corso degli Inglesi, San Remo, Tel. 01 84/53 40 01, Fax 01 84/53 18 82.
www.casinosanremo.it

Sie nennen sich fünf Länder, sind streng genommen fünf Dörfer und - wenn man es richtig bedenkt – eigentlich eine eigene Welt. Eine Welt, so fernab von allem, als sei Genua nicht nur eine Autostunde, sondern einen ganzen Kontinent weit entfernt. Jahrhundertelang waren die fünf, zwischen Meer und Felsen einge-

Die Cinque Terre und die Region Ligurien im Internet:
- www.cinqueterre.it
- www.regione.liguria.it

zwängten Dörfer vom Rest der Welt mehr oder weniger abgeschnitten und nur auf schmalen Felsenpfaden oder vom Wasser aus erreichbar. Die steile Hanglage hat denn auch die touristische Erschließung im großen Stil verhindert – zum Glück für die Cinque Terre.

Refugien zwischen
Felsen und Meer

Die Cinque Terre zu Fuß

Die Erkundung der Cinque Terre ist für ungeübte Wanderer kein leichtes, aber ein lohnendes Unterfangen. Die klassische Route über den Wanderweg, der die fünf Orte Monterosso, Vernazza, Corniglia, Manarola und Riomaggiore verbindet (12 km; etwa 5–6 Std.), steigt gleich bei Monterosso auf 200 Meter

Tipp Zum Wandern in den Cinque Terre braucht man gutes Schuhwerk, denn die Saumpfade sind steinig und uneben – Stolpergefahr! Zur Hauptwandersaison im Frühjahr und im Herbst kann es auf den Wegen auch sehr voll werden. Dann macht man sich am besten frühmorgens oder nachmittags auf.

an, hinter Vernazza geht es noch einmal 200 Meter in die Höhe. Doch Anstrengung und Mühe werden wettgemacht durch atemberaubende Ausblicke in eine großartige Landschaft.

Ausgangs- und Endpunkte der Tour sind auch bequem mit dem Zug zu erreichen. Wem der gesamte Fußmarsch zu mühsam ist, der nimmt in einem der Dörfer den Zug bis zum nächsten Ort oder fährt die Strecke mit der Bahn wieder zurück.

Auf der Hälfte des Weges von Monterosso nach Riomaggiore liegt Corniglia, der kleinste Ort der Cinque Terre und der einzige, der sich auf einer 100 Meter hohen Klippe befindet. Hier kann man in der **Cantina de Mananan** vorzüglich speisen; empfohlen seien vor allem die *pansoti,* eine hausgemachte ligurische Nudelspezialität mit Nusssauce.

- **Wanderkarten** gibt es an nahezu jedem Kiosk in den Orten der Cinque Terre sowie beim Tourismusverein von Monterosso, Via Fegina 38, Tel. 01 87 81 75 06.
- **Cantina de Mananan,** Via Fieschi 117, Corniglia, Tel. 01 87 82 11 66. Die Öffnungszeiten sind mittags etwas unregelmäßig, daher vorher anrufen. ○○

Vino Dolce

Ein Eldorado für Freunde des Sciacchetrà, des berühmten Likörweins der Cinque Terre, ist die **Enoteca Internazionale di Giusti** in Monterosso. Der süße, bernsteinfarbene Dessertwein, der zusammen mit Panettone und Amaretti den krönenden Abschluss eines guten Menüs bildet, wird aus einem Versatz der Reben Vermentino, Bosco und Alberola gewonnen.

▌**Enoteca Internazionale di Giusti,** Monterosso, Via Roma 62, Tel. 01 87 81 72 78.

Tipp **I Santi und ihre Feste**

Wein, Tanz und Musik sowie eine große Fischpfanne oder eine Spaghettata al pesto – einmal im Jahr veranstalten die Orte der Cinque Terre zu Ehren ihrer Heiligen ein buntes, fröhliches Volksfest.

▌Monterosso: 24. Juni; Festa di San Giovanni
▌Vernazza: 20. Juli; Festa della Santa Margherita
▌Corniglia: 29. Juni; Festa di San Pietro
▌Manarola: 10. August; Festa di San Lorenzo
▌Riomaggiore: 24. Juni; Festa di San Giovanni

Informationen bei APT, Via Fegina 38, Monterosso, Tel. 01 87/ 81 75 06

Meererkundungen

Neben den malerischen Dörfern und einer Bilderbuch-Landschaft bieten die Cinque Terre ein Meer mit einer bunten Unterwasserwelt. In zerklüfteten Felsenriffs tummeln sich schillernde Fischschwärme, Wasserpflanzen, Seeigel, Muscheln, Kraken und Seegurken lassen sich beobachten. Tauchkurse und Exkursionen bietet an:

Schiffstour

Einen der schönsten Blicke auf die nahezu senkrecht an den Hang geklebten Orte der Cinque Terre hat man auf einer Fahrt mit dem Schiff zwischen Monterosso und Riomaggiore. Die Schiffe verkehren von Frühjahr bis Herbst.

▌Informationen bei der Schifffahrtsgesellschaft unter Tel. 01 87 77 77 27.

▌**Cinque Terre Diving Center,** Via San Giacomo, Riomaggiore, Tel./Fax 01 87 92 00 11. Wer sich lieber über Wasser aufhält, kann hier auch ein Kanu oder Boot ausleihen.

Ligurien – ein Land mit Janusgesicht

Ligurien hat zwei Gesichter. Neben den Badeorten, die sich an der Mittelmeerküste von Bordighera im Westen bis zu den Cinque Terre im Osten wie Perlen aneinander reihen, darf man das Hinterland nicht vergessen. Zur Region, die seit 150 Jahren als »italienische Riviera« touristisch vermarktet wird, gehören nicht nur die viel gepriesenen Rivieraorte wie San Remo und Portofino, die alljährlich Hunderttausende sonnenhungriger Badegäste anziehen. Da sind auch die stillen Bergdörfer im Landesinneren, die, oft nur wenige Kilometer vom Meer entfernt, einer anderen, längst vergangenen Zeit anzugehören scheinen. Ligurien hat nur wenig Platz, ist zwischen Meer und Bergen auf engstem Raum zusammengedrängt – was die landschaftlichen Kontraste zwischen üppiger Mittelmeervegetation und strenger Gebirgswelt schärfer akzentuiert. Und die Ligurer unten an der Küste, die seit Jahrhunderten von Seefahrt und Fischfang leben, scheinen mit den Ligurern in den Bergen, die dem kargen Boden handtuchgroße Felder abringen müssen, nur wenige Gemeinsamkeiten zu teilen.

Lage und Landschaft

Mit einer Fläche von 5418 km² (was ein knappes Drittel von Sachsen oder ein gutes Drittel von Schleswig-Holstein ausmacht) ist Ligurien – vor dem Molise und dem Aostatal – die drittkleinste Region Italiens. Das zwischen 7,5 und 38 km breite Land drängt sich auf einer Länge von rund 275 km sichelförmig an den Golf von Genua, den nördlichsten Teil des Ligurischen Meeres. Berge und Hügel bilden die *Regione Liguria,* die in der Touristikwerbung zu Recht als farbiger, kontrastreicher Regenbogen propagiert wird und die Alpen mit dem Apennin verbindet; als Koppelungspunkt dieser beiden mächtigen Gebirgsketten wird gemeinhin der 465 m hohe Colle di Cadibona bei Savona angesehen. Höchster Gipfel ist mit 2200 m der in den Westalpen gelegene italienisch-französische Grenzberg Monte Saccarello. Vom schmalen Küstenstreifen gehen überwiegend kurze Gebirgstäler aus. Sie steigen in wenigen Kilometern aus der mediterranen Klimazone mit Palmen, Weinbergen und Olivenhainen bis zur alpinen Zone mit Buchen, Lärchen und dichten Tannenwäldern an – was das ligurische Landschaftsbild äußerst interessant und abwechslungsreich macht. Da sich die Berge dicht an die Meeresküste heranschieben, entstehen klimatische Extreme: Den mediterran geprägten Südhängen stehen Nordhänge gegenüber, an denen man sich mitunter nach Mittel- oder Nordeuropa versetzt glaubt.

Hochwasser

Durch Liguriens Täler fließen Sturzbäche, die bei starken Regenfällen anschwellen und immer öfter über die Ufer treten: Die Ufer der Flüsse und Bäche wurden in Zement gefasst, so dass die Fluten ungehindert ins Tal hinunterschießen. Die Berghänge, die in vergangenen Zeiten das Wasser absorbieren konnten, hat man verbaut und zubetoniert. Die Folge sind verheerende Hochwasser in Genua und vielen anderen Küstenorten.

Nicht nur Hochwasser, auch Erdrutsche machen Ligurien zu schaffen. Wer nach langen Regenzeiten ins Landesinnere fährt, sollte sich nach der Befahrbarkeit der Bergstraßen erkundigen. Dass der Boden bei Regen schnell aufweicht, lässt sich darauf zurückführen, dass das Land überwiegend aus weichem Sandstein und leicht erodierbarem Mergel besteht, die sich während der Kreidezeit (vor 65 bis 130 Mio. Jahren) gebildet haben und sich ganz im Westen sowie in einem weiten Gebiet östlich von Genua ausdehnen. Die Apenningipfel im Hinterland von Savona und Genua bestehen aus Ophiolithen (»Schlangenstein«), zu denen auch das grüne Serpentingestein, ein kristalliner Schiefer, gehört, ohne das der faszinierende Helldunkel-Effekt vieler ligurischer Kirchen und Paläste nicht denkbar wäre (ein klassischer Serpentinberg ist der Monte Beigua, siehe S. 578).

Hochinteressant ist auch das Kalkstein- und Dolomitgebiet, das sich vor 200 bis 250 Millionen Jahren im Triasmeer gebildet hatte und die Berglandschaft zwischen Albenga und Savona charakterisiert. Außer Kletterern, die hier griffige Steilwände finden, kommen auch Höhlenforscher auf ihre Kosten. Im Hinterland von Finale Ligure und bei Toirano (wie auch bei Ventimiglia) liegen einige touristisch erschlossene Höhlen, in denen schon die ligurischen Ureinwohner gelebt haben.

Neben Serpentin und Marmor (bekannt sind der *Portoro* aus Portofino, der rote und grüne Marmor aus Levanto sowie der grüne Marmor aus Pegli) war in der Region Ligurien auch der Schiefer immer ein äußerst beliebtes Baumaterial. Er wird bis heute in der Valle Fontanabuona bei Lavagna gebrochen, und bei einem Gang durch ligurische Ortschaften sollte man die schönen, oft reich verzierten Schieferportale nicht übersehen.

Klima und Reisezeit

Es war das sanfte, milde Klima, das um die Mitte des 19. Jhs. die ersten (englischen) Touristen an die italieni-

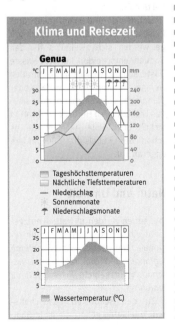

Klima und Reisezeit

Genua

Tageshöchsttemperaturen
Nächtliche Tiefsttemperaturen
— Niederschlag
Sonnenmonate
↑ Niederschlagsmonate

Wassertemperatur (°C)

sche Riviera gebracht hatte. Im Gegensatz zu den Gästen von heute, die die ligurischen Badestrände vom späten Frühjahr bis in den ersten Herbst hinein bevölkern, kamen sie zum Überwintern an die Mittelmeerküste – was verständlich wird, wenn man einen Blick auf die mittleren Temperaturen wirft.

Die durchschnittliche Wintertemperatur sinkt an der Küste selten unter 8 °C und erreicht am Küstenstrich Alassio–San Remo sogar fast 10 °C – Temperaturen, wie man sie in Italien erst wieder am Golf von Neapel antrifft! Sehr angenehm und dank einer frischen Meeresbrise erträglich sind die Sommertemperaturen, die an der Küste zwischen La Spezia und Alassio 22 °C bis 24 °C betragen. Zu Schnee-

Die Natur lässt sich zu ihrem üppigsten Schauspiel hinreißen

fällen kommt es in Genua durchschnittlich an einem bis zwei Tagen jährlich, in La Spezia an zwei bis sechs Tagen. Die regenärmsten Monate sind Juli und August.

Ligurien ist rund ums Jahr ein gutes Reiseland. Bade- und Sonnenhungrige werden sich zweifellos für den Sommer entscheiden, kulturbewusste Gäste sollten, weil dann die Straßen weniger verstopft und Hotels oder Campingplätze weniger überfüllt sind, das Frühjahr, den Herbst oder (warum nicht?) den Winter wählen, der es schon den nebelsatten Engländern angetan hat.

Natur und Umwelt

In Ligurien wurden 13 Naturschutzgebiete eingerichtet, darunter zehn regionale Naturparks *(Parchi naturali regionali)* und drei regionale Landschaftsschutzgebiete *(Riserve naturali regionali)*.

Zu den schönsten Landschaftsschutzgebieten gehört die Isola Galli-nara, eine 11 ha große Insel. Nur wenige Kilometer vor der hoffnungslos verbauten Küste gelegen, zeigt sie mit ihrer überaus reichen Flora (über 200 Arten), wie die ligurische Küstenvegetation vor dem Einzug des Massentourismus ausgesehen hat (kein Landgang möglich, Besichtigung nur vom Meer aus).

Das Landschaftsschutzgebiet Rio Torsero (4 ha) ist für seine vorzüglich erhaltenen Fossilienlager aus dem Pliozän (5,2–1,3 Mio. Jahre) bekannt. Der im Hinterland von Chiavari gelegene Naturpark Aveto (10 380 ha) umfasst außer den nördlich der Wasserscheide gelegenen Quellen des Aveto, der zum Einzugsgebiet des Po gehört, auch eiszeitliche Seen und eine reiche, für Feuchtgebiete typische Flora.

Der Naturpark Monte di Portofino (4650 ha) gehört mit seinen landschaftlichen Schönheiten und seinen kunsthistorischen Sehenswürdigkeiten wie dem Kloster San Fruttuoso bei Portofino zu den Höhepunkten jeder Ligurienreise (s. Tour 1, S. 557 f.) – was auch für die berühmten Cinque Terre (s. Tour 2, S. 564 ff.) gilt, die gemein-

Cinque Terre: Adlerhorsten ähnlich kleben die kleinen Dörfer an der Felsküste

sam mit dem Gebiet von Montemarcello durch den Naturpark Bracco-Mesco – Cinque Terre – Montemar- cello (15 390 ha) geschützt werden.

Eine Sehenswürdigkeit für sich ist die 317 km lange Rivieraküste, die überwiegend felsig ist, aber ihren ursprünglichen Charakter nur noch in wenigen Gegenden erhalten hat. Badefans können ganz beruhigt sein: Nur 3,6 % der ligurischen Badestrände waren in den vergangenen Jahren »off limits« (noch bessere Werte haben nur die Toskana, Molise und die nördliche Adria) – wobei die an der westlichen Riviera (*Riviera di Ponente*, Provinzen Imperia und Savona) gelegenen Orte noch besser abschneiden als die der östlichen Riviera *(Riviera di Levante)*, wo die Häfen Genua und La Spezia eine große Meeresverschmutzung verursachen.

Ligurien ist die waldreichste Region Italiens: 53 % des Landes sind von Macchia, Buschwald, Buchen, Kastanien und Kiefern bedeckt.

Bevölkerung

In Ligurien leben 1,63 Millionen Menschen. Mit 305 Einwohnern pro km² liegt die Bevölkerungsdichte weit über dem gesamtitalienischen Durchschnitt (190), so dass die Region nach Kampanien und der Lombardei die dritthöchste Bevölkerungsdichte aufweist, obwohl die Einwohnerzahl seit den siebziger Jahren ständig leicht zurückgeht. Der größte Teil der Bewohner drängt sich in dem schmalen Küstenstreifen zusammen (stellenweise über 1000), während in einigen Berggemeinden weniger als 50 Menschen pro km² leben. Neue Arbeitsmöglichkeiten in der Industrie, insbesondere der Tourismusindustrie, sowie das immer schwierigere (Über-)Leben in den oft abgelegenen Bergdörfern haben zu einer Land- und Gebirgsflucht geführt. Die leer stehenden Häuser und die oft ganz verlassenen Dörfer sind heute willkommen als Zweitwohnsitz für zivilisationsmüde Nord- und Mitteleuropäer, aber auch für Italiener aus den Nachbarregionen.

Ligurisch – eine Sprache?

Wer an der Riviera bei Gesprächen der Einheimischen kaum etwas versteht, braucht nicht gleich an seinen Italienischkenntnissen zu zweifeln. Das Ligurische, das zur Gruppe der norditalienischen Dialekte gerechnet wird, ist selbst für andere Italiener ein recht harter, schwer verständlicher Dialekt. Eines seiner Merkmale ist die Tendenz, verschiedene Laute zusammenzuziehen, Konsonanten zwischen Vokalen ausfallen zu lassen und lange u- und o-Laute oder deren Diphthonge in Umlaute zu verwandeln. Was sich für Nichtlinguisten kompliziert anhört, mag an einigen Beispielen verdeut-

Alltag in Savona

licht werden: »nuovo« (neu) wird zu *növu,* »nuora« (Schwiegertochter) zu *nöa* und »cuore« (Herz) gar zu *cö*. Originelle Abwandlungen haben auch die Ortsnamen erfahren, die sich oft stark von den offiziellen Versionen unterscheiden: »Genova« heißt bei den Einheimischen *Sena,* «Savona« *Sana,* »Pietra« (Ligure) *Pria,* »Rovereto« *Ruveóu* und »Arenzano« *Aensén*. »San Remo« hatte ursprünglich »San Romolo« geheißen, das im einheimischen Dialekt zu *San Römu* geworden war und als »San Remo« ins Schriftitalienische »übersetzt« wurde.

Wirtschaft

Hotels geben an der Riviera den Ton an: Jährlich 7000 Gäste pro km² genießen ein Dolce Vita am Meer: Den Ligurern bringt der Massenfremdenverkehr relativen Wohlstand – immerhin avancierte die Region zur drittreichsten Italiens. Da die Ballungsräume des Tourismus fast alle an der Küste liegen, hat man sich im Landesinneren neben der Eisenerzeugung vor allem auf die Lebensmittelindustrie, vornehmlich die Ölgewinnung, spezialisiert. In den Städten Liguriens floriert

darüber hinaus der Schiffs- und Eisenbahnbau.

Mit Umsatzrekorden warten die ligurischen Häfen auf. Genua ist der bedeutendste italienische Hafen für den internationalen Warenverkehr. Zusammen mit La Spezia und Savona – *dem* Exporthafen für Fiat- und Lancia-Autos – deckt Genua ein Fünftel des italienischen Personen- und ein Sechstel des italienischen Warenverkehrs. An der westlichen Riviera prägt die Blumenzucht mit ihren zahllosen Treibhäusern die Landschaft.

Politik und Verwaltung

Ligurien ist eine der 20 Regionen, in die Italien aufgeteilt ist. Die Region, deren Hauptstadt Genua (ital. Genova) mit 641 000 Einwohnern ist, untergliedert sich ihrerseits in die vier Provinzen Genua, Imperia, La Spezia und Savona.

In politischer Hinsicht ist eine italienische Region äußerst weisungsgebunden (mit Ausnahme der autonomen Regionen Aostatal, Friaul-Julisch-Venetien, Sardinien, Sizilien und Trentino-Südtirol). Die eigene Entscheidungsgewalt ist laut Statut sehr begrenzt, auch wenn ein Regionalparlament, -präsident und -ministerrat auf föderale Strukturen deuten.

Steckbrief Ligurien

- **Provinzen:** Genua (Genova), Imperia, La Spezia, Savona
- **Fläche:** 5418 km²
- **Bevölkerung:** 1,63 Millionen
- **Bevölkerungsdichte:** 305 pro km²
- **Hauptstadt:** Genua
- **Einwohner:** 641 000

Geschichte im Überblick

Altsteinzeit Bis 300 000 Jahre alte Spuren menschlicher Besiedlung in verschiedenen ligurischen Höhlen. Bronzezeit In der Vallée des Merveilles entstehen Zehntausende von Felszeichnungen.

6. Jh. v. Chr. Die Ligurer werden von einfallenden Galliern aus der Po-Ebene vertrieben, ein Teil lässt sich im heutigen Ligurien nieder.

180 v. Chr. Die römische Eroberung Liguriens gilt als abgeschlossen.

5.–6. Jh. Nach dem Ende des Römischen Reiches wird das Land von Herulern und Goten heimgesucht, kommt dann unter byzantinische Herrschaft.

641 Genua wird vom Langobardenkönig Rothari erobert.

10. Jh. Um die Jahrhundertmitte wird Ligurien vom italienischen König Berengar II. in drei Marken aufgeteilt.

11.–12. Jh. Kreuzzüge und Orienthandel bringen Wohlstand. Infolge der Schwächung der Feudalherrschaft machen sich einige Städte selbständig.

13. Jh. Genua besiegt die Seerepubliken Pisa und Venedig.

1339 Simone Boccanegra wird in Genua zum ersten Dogen gewählt.

1378–1381 Genua unterliegt Venedig im Chioggia-Krieg und verliert seinen Einfluss im Orienthandel. Es wird jahrzehntelang zum Spielball ausländischer Mächte (Mailand, Frankreich).

1528 Andrea Doria befreit Genua von den Franzosen und steht der Stadt 30 Jahre lang als Alleinherrscher vor.

1576 Genua bekommt eine republikanische Verfassung und verteidigt seine Unabhängigkeit gegen die Angriffe der Savoyer (1673), der Franzosen (1684) und der Österreicher (1746).

1797 Die genuesische Adelsrepublik wird vom französischen Revolutionsheer erobert und in die demokratische, von Frankreich abhängige Ligurische Republik verwandelt.

1805 Die Ligurische Republik wird Frankreich angeschlossen.

1814 Der Wiener Kongress verleibt Ligurien als »Herzogtum Genua« dem savoyischen Königreich Sardinien ein.

1860 Nizza und das Umland werden an Frankreich abgetreten.

1861 Ligurien wird Teil des Königreichs Italien unter Vittorio Emanuele II.

1887 Schweres Erdbeben in Westligurien.

1943 Heftige Partisanenkämpfe in den Bergen gegen die deutsche Besatzung.

1948 Ligurien (Liguria) wird eine der 20 Regionen der Republik Italien.

1992 Anlässlich der Kolumbusfeiern (500 Jahre Entdeckung Amerikas) wird Genuas Alter Hafen zur Touristenattraktion ausgebaut. Ab 1992 kommt es an der Rivieraküste und im ligurischen Hinterland jährlich zu schweren Hochwasserkatastrophen.

2000 Ligurien wählt bei den Regionalwahlen mit 50,8 % das Mitte-Rechts-Bündnis.

2001 Beim G8-Gipfel in Genua geht die italienische Polizei mit ungebührlicher Brutalität gegen Globalisierungsgegner vor.

Kultur gestern und heute

Von den Anfängen

Die ältesten ligurischen Kunstwerke – die zwischen 5000–6000 Jahre alten Felszeichnungen am Mont Bégo – sind nicht ganz mühelos zu erreichen: Sie liegen auf französischem Territorium und setzen eine mehrstündige Bergtour voraus. Die bronze- und eisenzeitlichen rätselhaften Stelenstatuen aus der liguriennahen Lunigiana stellt das Museum von La Spezia aus. Römischen Baueifer belegen noch heute die Römerstraße zwischen Albenga und Alassio, fünf römische Brücken in der Val Ponci bei Finale sowie die Ruinen römischer Villen in Bussana und San Remo. Doch die besterhaltenen Bauwerke der römischen Antike findet man in Ventimiglia, dem »Albintimilium« der Römer, und in Luni, dem einstigen römischen Marmorhafen.

Stelen aus der Eisenzeit belegen eine lange Zivilisation

Vom Mittelalter zur Renaissance

Unendlich lang ist das Verzeichnis der Orte, die mit mittelalterlicher Kunst und Architektur aufwarten können. Zu den ganz großen Werken, die sich kein Besucher entgehen lassen sollte, sind das frühchristliche Baptisterium und der Dom in Albenga zu zählen, die Basilica dei Fieschi bei Chiavari und die Abbazia di Borzone in ihrem Hinterland, das Baptisterium, die Kathedrale und die Kirche San Michele in Ventimiglia, die Klosterkomplexe San Domenico in Taggia und San Fruttuoso di Capodimonte bei Portofino, die Kirchen San Paragorio in Noli und San Pietro in Portovenere.

Zu einer Hochburg gotischer Malerei mit ersten Renaissanceanklängen wurde in der zweiten Hälfte des 15. Jhs. das Dominikanerkloster in Taggia, wo der Piemonteser Künstler Giovanni Canavesio (bekannt 1480–1550) und der einheimische Ludovico Brea (um 1450–1523) tätig waren. Zur gleichen Zeit schmückten etliche lokale Steinmetzen Paläste und Kirchen mit kunstvollen gotischen Schieferportalen.

Temperament in das ligurische Kunstambiente bringt der florentinische Maler Perin del Vaga, der den genuesischen Palazzo Doria 1530 mit prachtvollen Fresken ausmalt und über seinen Nacheiferer Luca Cambiaso (1527–1585) auf ganze Künstlergenerationen des Barock nachwirkt (Bernardo Strozzi, Bernardo Castello, Gregorio und Lorenzo De Ferrari).

Kurz vor der Mitte des 16. Jhs. kommt der umbrische, in Rom geschulte Baumeister Galeazzo Alessi nach Genua, realisiert hier ab 1548 mit der Renaissancevilla Giustiani-Cambiaso das Vorbild für unzählige Stadtpaläste und Landvillen, die in den folgenden zwei Jahrhunderten an der Riviera entstehen.

Auf dem Weg in die Moderne

Ein neuer Bauboom setzt in der zweiten Hälfte des 19. Jhs. im Stil des Historismus und Jugendstils ein.

Einer der bekanntesten Architekten Italiens, Pier Luigi Nervi, entwarf 1960 den Bahnhof von Savona. Aldo Rossi schuf 1983 das neue Opernhaus Teatro Carlo Felice. Renzo Piano (Centre Pompidou, Paris; Potsdamer Platz, Berlin) gestaltete für die Kolumbusfeiern seiner Heimatstadt Genua 1992 den Alten Hafen zum Freizeitzentrum um. Aus Genua stammt der Komponist und Violinvirtuose Niccolò Paganini (1782–1840), der bereits als Kind für Furore sorgte und 1808 seinen Siegeszug durch Europa antrat. Der Dichter Eugenio Montale (1896–1981) aus Monterosso erhielt 1975 den Nobelpreis für Literatur. Auch der Schriftsteller Italo Calvino (1923–1985), ein grandioser Erzähler zwischen Wirklichkeit und Fiktion, hat einen Teil seiner Jugend in Ligurien verbracht.

Veranstaltungskalender

Zum Kulturangebot an der Riviera gehören auch zahlreiche Volksfeste:

▌ **Festival della canzone italiana in San Remo** (Feb.): Italiens größter Italo-Schlagerwettbewerb.

▌ **Sebastiansfest** in Dolceacqua und Camporosso (So nach 20. Jan.): Ein mit farbigen Hostien geschmückter Lorbeerbaum wird durch den Ort getragen.

▌ **Osterprozessionen:** Gründonnerstag und Karfreitag in Ceriana, am Karfreitag in Savona und in Triora.

▌ **Sagra del pesce** in Camogli (2. Sonntag im Mai): In einer riesigen Bratpfanne werden zentnerweise Fische gebraten und gratis an die Gäste verteilt.

▌ **Festa della barca** in Baiardo (Pfingstsonntag): ritueller Tanz um einen mit Zweigen geschmückten Baumstamm, der auf heidnische Fruchtbarkeitskulte zurückgeht.

▌ **Infiorata** in Diano Marina und Sassello (So nach Fronleichnam): Die Straßen der Städtchen verwandeln sich in Blumenteppiche.

▌ **Johannisfest** in Genua (24. Juni): feierliche Prozession zum Patronatsfest.

▌ **Nostra Signora di Montallegro** in Rapallo (1.–3. Juli): Prozession und Feuerwerk an der Wallfahrtskirche.

▌ **Stella Maris in Camogli** (1. Sonntag im August): Bootsprozession.

▌ **Palio del Golfo** in La Spezia (1. Sonntag im August): Fest auf dem Meer mit Bootsregatta und Feuerwerk.

▌ **Corteo Storico** in Ventimiglia (2. Sonntag im August): Umzug in historischen Kostümen.

▌ **Torta dei Fieschi** in Lavagna (14. Aug.): Fest zur Erinnerung an eine mittelalterliche Fieschi-Hochzeit mit Riesentorte und Ritterturnier.

▌ **Cristo degli Abissi** in San Fruttuoso (29. Juli): Taucher begeben sich zur bronzenen Christusstatue auf dem Meeresgrund.

▌ **Regata dei Rioni** in Noli (2. Sonntag im September): Ruderregatta der vier Stadtteile mit farbenprächtigem historischem Umzug.

▌ **Santa Lucia** in Toirano (13. Dez.): Luciafest mit Fackelzug.

Essen und Trinken

Die ligurische Küche ist eine Bauernküche. An dieser Tatsache ändern auch die vielen Rivierarestaurants nichts, die ihren Gästen Fisch in allen Varianten und Saucen präsentieren. Wie die Ligurer – trotz ihrer 300 Kilometer langen Meeresküste, trotz ihrer glorreichen Seefahrtsgeschichte – ihrem Wesen nach eher traditionsbewusste Bauern sind als weltoffene, abenteuerlustige Seefahrer, so ist auch die echte ligurische Küche stark vom Land und von den Produkten des Hinterlandes geprägt.

Fisch ist Grundnahrungsmittel

Hauptzutat der *Trenette con pesto*, des ligurischen Leib- und Magengerichtes, ist Basilikum, das hier besonders kräftig duftet und das sich schon die einheimischen Seefahrer auf ihre monatelangen Reisen mitnahmen, um sich vor Vitaminmangel und damit vor Skorbut zu schützen. Neben Basilikum gehören Knoblauch, geriebener Parmesan und Olivenöl zu den Zutaten der *Pesto*-Sauce.

Eine ganz besondere Rolle spielen in der ligurischen Küche die *ceci*, kleine gelbe Kichererbsen, die eigentlich aus orientalischen Kochtöpfen stammen und vielleicht ein Souvenir der ligurischen Seefahrer aus dem Morgenland waren. Kichererbsen sind die

Farinotti und Farinate

Farinotti sind Genuas sozialer Lebensnerv. Die kleinen Lokale, die meist nicht einmal einen Namen tragen, liegen abseits der üblichen touristischen Routen, doch wer die mediterrane Hafenstadt in ihrem Kern entdecken will, der mische sich unters Volk in einem Farinotto. Die Genuesen frönen hier bei einem Gläschen Wein und einigen Häppchen bereits am Vormittag ihrer größten Leidenschaft: dem Reden über Gott und Fußball. Es sind jeden Tag die gleichen Leute, die sich in den Farinotti treffen: die Handwerker, der Obstverkäufer, der Avvocato von nebenan und die Signora, die gerade ihre Einkäufe erledigt hat.

Farinotti verdanken ihren Namen der Farinata, einer Art Brot aus Kirchererbsenmehl, Olivenöl, Wasser und Salz, das auf dem Kupferblech im Holzofen gebacken sein will. »Nimm sie mit zwei Fingern, beiß' von ihr ab, und schon hast du ein köstliches Mahl zu dir genommen«, schwärmte im 18. Jh. ein Farinata-Fan über die einfache Handhabung der Brote, die unendlich variierbar sind – man isst sie mit Kräutern, Sardinen, Zwiebeln etc. Doch eigentlich kehrt man in die Farinotti nicht wegen der Farinata ein, sondern wegen der Geselligkeit – liebster Zeitvertreib der ständig und überall palavernden Hafenstadtbewohner.

Dolce far niente am Strand

Urlaub aktiv

Baden

An der 317 km langen Rivieraküste fehlt es nicht an Bademöglichkeiten. Doch nur die wenigsten Strände sind frei zugänglich. Einerseits gehört zu vielen Hotels ein eigener privater Badestrand, andererseits gibt es nicht weniger als 460 *stabilimenti balneari,* sog. Badeanstalten, das heißt: abgesperrte Strände, für die Eintritt erhoben wird. Das können malerische Badebuchten sein sowie lange, meist kinderfreundliche Sand- und Kieselstrände.

Wer Ruhe sucht, sollte sich an die Felsküste zurückziehen, die allerdings oft schwer zugänglich ist.

Golf

In Ligurien gibt es fünf sehr schön gelegene Golfplätze: Zwei 9-Loch-Plätze liegen in Arenzano (Provinz Genua) und in Marigola bei Lerici (Provinz La Spezia), drei 18-Loch-Plätze in Garlenda (Provinz Savona), Rapallo (Provinz Genua) und San Remo (Provinz Imperia).

Federazione Italiana Golf (FIG), Comitato Regionale Liguria, Piazza Rossetti 5/9, I-16129 Genova, Tel. 0 10 59 24 10.

Reiten

Immer beliebter werden auch in Ligurien die Ferien hoch zu Ross. Vor allem das hügelige und gebirgige Hinterland eröffnet viele Möglichkeiten für Ausritte, Tagesausflüge und mehrtägige Pferdetrekkingtouren.

Grundlage für eine kräftige *Mesciua* und ein *Zimino di ceci,* zwei Gemüsesuppen, sowie für die zwei Klassiker der einheimischen Gastronomie, die *Panissa* und die *Farinata.* Bei der *Panissa* handelt es sich um eine Art Kichererbsenbrei, der in Scheiben geschnitten und in Öl gebraten wird, bei der *Farinata* um einen dünnen Fladen aus Kichererbsenmehl, den man in volkstümlichen »Farinotti«-Lokalen kosten sollte. Eine andere typische ligurische Spezialität dieser Armeleuteküche ist die *Focaccia,* ein aus Brotteig geformter, mit Öl begossener und im Ofen gebackener Fladen.

Beliebte Vor- oder Hauptgerichte sind gesalzene Torten, von denen die mehrschichtige, mit Gemüse, Eiern und anderen Zutaten gefüllte *Torta pasqualina* die bekannteste ist. Bei den Fleischgerichten wird Hühnern und Kaninchen der Vorzug gegeben, bei den Fischen sind die (natürlich gefüllten) Sardinen und der variantenreich zubereitete Stockfisch beliebt.

Zu einem guten Essen gehört auch ein guter Tropfen, wie der weiße, delikate *Cinque Terre,* der rote, vollmundige *Rossese di Dolceacqua* oder der weiße und rote, leicht fruchtige *Colli di Luni.*

 Auskünfte erteilen die Fremden-
verkehrsämter und die **Federa-
zione italiana sport equestri,** Comitato Regionale, Piazza Colombo 1,
16121 Genova, Tel. 0 10 54 15 85.

Angeln

Für Binnengewässer ist eine Genehmigung erforderlich (nähere Auskunft erhält man bei den APT-Stellen); im
Meer kann man auch ohne Erlaubnis
angeln.

Segeln

Was schon die alten Ligurer und die
Römer zu nutzen wussten, kommt
auch heute den Segelfreunden zugute: Die italienische Riviera besitzt viele günstige Anlegeplätze, die zu gut
ausgestatteten Segel- und Jachthäfen
ausgebaut worden sind.

In den meisten größeren Badeorten
können Segelboote auch ausgeliehen
werden.

 **Federazione Italiana Vela,**
Comitato Regionale, Viale
Brigata Bisagno 2/17, I-16129 Genova,
Tel. 0 10 58 94 31 und lokale Fremden-
verkehrsämter.

Surfen

In fast allen Badeorten gibt es auch
Surfmöglichkeiten mit Schulen und
Surfbrettverleih. Auskünfte erteilen
die lokalen Fremdenverkehrsämter.

Wandern und Klettern

In den ligurischen Alpen und im liguri-
schen Apennin werden immer mehr
Wanderwege erschlossen. Terrain der
Alpinisten sind die Kletterwände am
Pietravecchia im westlichen Ligurien,
um Albenga und im Gebiet von Finale
Ligure.

 **Club Alpino Italiano (CAI),**
Galleria Mazzini 7, I-16129
Genova, Tel./Fax 0 10 59 21 22.

Wintersport

Mildes Rivieraklima und Wintersport
schließen einander nicht aus. Die drei
ligurischen Wintersportgebiete sind:

▍ **Alberola bei Sassello,** am Nord-
hang des 1287 m hohen Monte Bei-
gua (Infos für die Prov. Savona: IAT,
Via Badano 45, I-17046 Sassello SV,
Tel. 0 19 72 42 0 20, Fax 0 19 72 38 22);
▍ **Monesi di Triora** am 2200 m hohen
Monte Saccarello (Infos für die Prov.
Imperia: Pro Loco, Corso Italia 7,
I-18010 Triora IM, Tel. 0 18 49 44 77);
▍ **Santo Stefano d'Aveto,** das am
besten ausgestattete Skisportzen-
trum Liguriens (Infos für die Prov.
Genua: IAT, Piazza del Popolo 6,
I-16049 Santo Stefano d'Aveto GE,
Tel. 0 18 58 80 46, Fax 01 88 86 18).

 Auskunft über Tourenskimög-
lichkeiten erhält man beim **Club
Alpino Italiano (CAI)** (s. »Wandern«).

Unterkunft

Hotels und Pensionen

Die Hotels, die größtenteils in den Badeorten liegen, werden nach Komfort und Service von einem Stern (einfach) bis zu fünf Sternen (Luxushotel) klassifiziert. Außer in Hotels kann man sein müdes Haupt auch in Pensionen und Frühstückspensionen betten. Für einen Urlaub in der Hochsaison (Juli–Aug.) ist die Unterkunft aber unbedingt im Voraus zu buchen; oft werden die Zimmer nur mit Halb- oder auch Vollpension vermietet. Das Frühstück ist im Zimmerpreis nicht immer inbegriffen.

i Hotelverzeichnisse sind erhältlich bei den **ENIT-Büros** in Deutschland, Österreich und der Schweiz, bei der **Agenzia regionale per la Liguria,** Piazza Matteotti 9, 16123 Genova, Tel. 01 05 30 82 01, Fax 01 05 95 85 07, Internet: www.turismo.liguriainrete.it, und bei den jeweiligen Informationsbüros.

Ferienwohnungen und Agriturismo

Sehr beliebt ist auch der Aufenthalt in Ferienwohnungen und Mietvillen. Auskunft hierüber erteilen die örtlichen Fremdenverkehrsämter.

Wer Kontakt mit der Natur (und mit den Einheimischen) sucht, ist mit dem Agriturismo – einer Art »Urlaub auf dem Bauernhof« – gut beraten. Er gewinnt zunehmend bei Familien mit Kindern an Beliebtheit. Landwirte vermieten Zimmer oder Appartements unterschiedlicher Ausstattung und Preislage. Oft werden Produkte aus dem eigenen (ökologischen) Anbau verkauft. Informationen: Örtliche Fremdenverkehrsämter und Agriturist Regionale, Via Ivrea 11/10, I-16129 Genova, Tel. 01 05 53 18 78.

Camping

Trotz des reichen Angebots an Campingplätzen verschiedener Kategorien (1–4 Sterne) ist in der Hochsaison rechtzeitige Anmeldung geboten, da viele Plätze von Dauercampern belegt sind. Abseits der Küste ist man auf freie Übernachtungsplätze angewiesen, die in kleinen Ortschaften zu finden sind. In mehreren Küstenorten ist das Übernachten in Wohnmobilen auf öffentlichen Parkplätzen untersagt.

i Ein Verzeichnis der ligurischen Campingplätze erhält man bei der **Agenzia regionale per la Liguria,** Piazza Matteotti 9, I-16123 Genova, Tel. 01 05 30 82 01, Fax 01 05 95 85 07, Internet: www.turismo.liguriainrete.it. Eine gute Auswahl vermittelt der ADAC-Campingführer.

Jugendherbergen

An der Riviera gibt es fünf Jugendherbergen (Finale Ligure, Manarola in den Cinque Terre und Genua, zwei in Savona), von denen nur das **Albergo per la Gioventù** »Priamar« in Savona ganzjährig geöffnet ist. Die Jugendherbergen »Wuillermin« in Finale und »Villa de Franceschini« in Savona sind Mitte Oktober bis Mitte März geschlossen, die Jugendherberge in Genua vom 20. Dezember bis Ende Januar. Nähere Informationen bei der **Associazione Italiana Alberghi per la Gioventù (AIG),** Comitato Regionale, Salita Salvatore Viale 1/8, I-16128 Genova, Tel./Fax 0 10 58 64 07.

Reisewege und Verkehrsmittel

Anreise

Mit dem Auto

Die Hauptrouten zur Riviera führen über Österreich und den Brennerpass sowie über den Schweizer Kleinen St. Bernhard und den Gotthard. In der Po-Ebene finden diese Straßen und Autobahnen Anschluss an das dichte norditalienische Autobahnnetz, das in La Spezia, Genua und Savona auf die ligurische Küstenautobahn trifft. Die italienischen Autobahnen sind mautpflichtig.

Mit der Bahn

Genua ist von den größten Städten Deutschlands aus direkt zu erreichen. Viele Züge fahren von der ligurischen Hauptstadt aus weiter bis Ventimiglia im Westen oder bis La Spezia im Osten.

Mit dem Flugzeug

Der Flughafen in Genua (»Cristoforo Colombo«, 7 km) wird täglich von Zürich und München aus angeflogen. Daneben gibt es ab und zu Charterflüge von/nach Albenga.

Reisen im Land

Mit dem Auto und Motorrad

Für Autos gelten folgende Tempolimits: 50 km/h in geschlossenen Ortschaften, 90 km/h auf Landstraßen, 90–110 km/h auf Schnellstraßen, 130 km/h auf Autobahnen. Die Polizeikontrollen sind strenger geworden; übermäßiger Alkoholkonsum und hohe Geschwindigkeitsüberschreitungen können den Führerschein kosten.

An Liguriens Küste entlang schippern

Für Motorradfans bietet das ligurische Hinterland mit seinen kurvenreichen Straßen geradezu ein ideales Gelände.

Mit öffentlichen Verkehrsmitteln

Ein ideales Verkehrsmittel, um den Verkehrsstaus an der Küste auszuweichen, ist die Bahn. Das Netz der Bahnverbindungen ist gut ausgebaut; auf der Strecke entlang der Küste fahren Züge im Stundentakt.

Unerlässlich sind die Busse, die für bequeme und preisgünstige Verbindungen mit den im Hinterland gelegenen Ortschaften sorgen. Mit größeren Orten besteht meist viermal täglich eine Verbindung.

Zauberwort Ferrovia

Ohne die Eisenbahn geht wenig in den Cinque Terre. Denn auch alle Fernzüge müssen den schmalen, weitgehend untertunnelten Küstensaum passieren. Ein Vorteil für Wanderer: Es gibt jede Menge schnelle und billige Verbindungen, z. B. mit dem 24-Stunden-Ticket.

*Genua

Zwischen Marmorpalazzi und Hafenkneipen

Von seiner schönsten Seite präsentiert sich Genua bis heute dem Schiffsreisenden: unten der lebendige Hafen, darüber am Berghang zusammengedrängt die helle, leuchtende Stadt. Marmorne Prachtbauten haben ihr vor Jahrhunderten den Beinamen »Die Stolze« eingebracht, Madame de Staël bezeichnete die Via Garibaldi als »Rue des Rois«. Nicht zu Unrecht: Die Doria herrschten hier mit der großzügigen Macht- und Prachtentfaltung von Königen. Aber trotz seines Kunstreichtums, trotz seiner vielen interessanten Museen ist Genua unter den italienischen Städten eine etwas verkannte Schönheit. Malerisch, wenn auch dringend sanierungsbedürftig ist die riesige Altstadt, in deren schmalen, dunklen Gassen man noch die Atmosphäre vergangener Zeiten atmen kann. Prachtvolle Stadtpanoramen genießt man vom Righi-Belvedere und den Forts; Genuas »chinesische Mauer« verteidigte die Stadt einst gegen Überfälle von der Landseite.

Wer sich Genua (etwa 640 000 Einw.) vom Meer her nähert, hat auch heute noch einen ganz ähnlichen Eindruck wie Heinrich Heine während seiner Reise von München nach Genua im Jahr 1829: »Sie ist auf einem Felsen gebaut, am Fuße von amphitheatralischen Bergen, die den schönsten Meerbusen gleichsam umarmen. Die Genueser erhielten daher von der Natur den besten und sichersten Hafen.« Und eben dieser Hafen spielte in der mehr als 2500-jährigen Geschichte der Stadt immer die Hauptrolle.

Stadtgeschichte

Seite
545

Der Weg zur Großmacht

Die vorrömischen Ligurer hatten von dem Ankerplatz Genuas aus Handel mit Griechen und Etruskern, Phöniziern sowie Kelten getrieben, und auch die Römer, denen Genua in den Punischen Kriegen treu zur Seite stand, wussten die günstige Lage der Stadt zu schätzen.

Nach ostgotischer, byzantinischer, langobardischer und fränkischer Herrschaft begann Genua Selbstbewusstsein zur Schau zu stellen. Es lehnte sich gegen die Sarazenen auf, wagte sich auf das Meer vor, um die Piraten zu bannen. Genuesische Seemänner und Kaufleute segelten zuerst nach Korsika und Sardinien, nahmen dann an den Kreuzzügen teil, gründeten im Orient Handelsniederlassungen und brachten reichste Beute und die Reliquien von Johannes dem Täufer mit in die Heimat.

Es kam zu kriegerischen Auseinandersetzungen mit Pisa, das 1284 in der Meloria-Seeschlacht vor Livorno besiegt wurde, und mit Venedig, das (vorerst) in der Schlacht bei der dalmatinischen Insel Curzola unterlag. Genua hatte Besitzungen und Niederlassungen in Konstantinopel und am Schwarzen Meer, in Armenien sowie Syrien, besaß Korsika und einen Teil Sardiniens, Häfen und Warenlager in Nordafrika: Es war eine der Großmächte der Welt.

Fieschi und Doria

Statt Reichtum und Macht friedlich zu genießen, begannen die einheimischen Familien einander zu bekämpfen: Fieschi, Grimaldi, Guarchi und Montalto kontra Doria, Spinola, Adorno und Fregoso. Genua wurde von den Aragonesen bedroht und von Venedig besiegt, musste sich der Schutzherr-

Seite 545

schaft der unterschiedlichsten Herren unterstellen, verlor mit der Entdeckung Amerikas seine Bedeutung als Seemacht und lief Gefahr, in den französisch-spanischen Kämpfen erdrückt zu werden.

Doch da trat Andrea Doria auf den Plan, ein geschickter, kriegserprobter Admiral. Er kehrte seinem bisherigen Herrn, dem französischen König Franz I., den Rücken und umwarb dessen Erzfeind, den habsburgischen Kaiser Karl V. Genua wurde 1528 zur selbständigen Republik ausgerufen, Andrea Doria war bis 1560 ihr absoluter Herr.

Im Jahre 1547 kam es zu einer Verschwörung gegen Andrea Doria, der »Verschwörung des Fiesco zu Genua«, die dank Friedrich Schiller Literatur geworden ist. Gian Luigi Fieschi stand kurz vor dem Sieg über Doria, als er auf einem Schiffsdeck ausrutschte, mitsamt Waffen und Rüstung ins Meer stürzte und ertrank. Von diesem Moment an wurden die Fieschi, die erbittertsten Doria-Feinde, für immer aus der genuesischen Geschichte gestrichen.

Wirtschaftliche Blütezeit

Auf der politischen Weltbühne hatte Genua Macht eingebüßt, erlebte aber im 16. und 17. Jh. eine wirtschaftliche Blütezeit. Es entstanden neue Kirchen, glanzvolle Paläste und prachtvolle Straßen. Dann wieder war Genua verschiedenen Staaten ausgeliefert, welche die Stadt belagerten und angriffen: Savoyer und zu napoleonischer Zeit Franzosen, Engländer, Österreicher und wieder Franzosen, bis die genuesische Republik mit dem Wiener Kongress 1814 schließlich zu Piemont kam und 1860 zum neuen, geeinten Italien.

Andrea Doria

In den italienischen Geschichtsbüchern wird er als Held und Retter Liguriens verherrlicht. In Wirklichkeit war Andrea Doria ein cleverer, recht wetterwendischer Söldnerführer, dem es dank geschickter politischer Schachzüge gelang, sich zum jahrzehntelangen Herrscher Genuas aufzuschwingen.

Andrea Doria kommt 1466 in Oneglia zur Welt, tritt mit 17 Jahren die militärische Laufbahn an und beginnt, den verschiedensten Herrschern zu dienen. Doria bekämpft einen Volksaufstand auf Korsika, wird zum Piratenschreck und vermietet Schiffe, besiegt 1521 die päpstlich-kaiserliche Flotte (Papst Leo X. und Kaiser Karl V.), die Genua zu erobern sucht, und stellt seine Schiffe in den Dienst des Franzosenkönigs Franz I. Gemeinsam mit seinem Cousin Filippino zerschlägt er im April 1528 erneut die Flotte Kaiser Karls V., wendet dann aber unvermittelt sein Fähnchen und tritt wenige Wochen später mit seiner Flotte in kaiserliche Dienste. Als Gegenleistung verlangt er Unabhängigkeit und Handlungsfreiheit für Genua. Mit Unterstützung von Karl V. wird er strenger Diktator der Stadt. Als oberster Beamter gibt er Genua eine aristokratische Verfassung, die ihm seinen Machtanspruch sichert. 30 Jahre bestimmt der Admiral die Geschicke der Stadt, bis er 1560 stirbt.

*Weite Plätze geben Genua
mitunter imperiales Flair*

Genua im 20. Jh.

Genua ist – trotz aller Krisenanzeichen der letzten Jahrzehnte – bis heute Italiens wichtigste Hafenstadt. Doch das Kolumbusjahr 1992 hat der Stadt längst nicht den erhofften Auftrieb gegeben. Heute kommt Genua eher wegen seiner Altstadtprobleme in die Presse als wegen seiner reichen Kunst- und Bauwerke, die selbst von den meisten Italienern unterschätzt werden.

Genua ist für Touristen sicherlich keine leicht zu erobernde Stadt. Statt seine Schönheiten anzupreisen und zur Schau zu stellen, versteckt es sie hinter dunklen Palastfassaden und in verkehrsgequälten Straßen: »Mehr sein als scheinen« könnte das Motto der Genuesen sein, die ihr Privatleben immer eifersüchtig behüten und die Touristen nicht angelockt, sondern lieber auf die Badeorte an der Riviera di Levante, di Ponente und dei Fiori umgeleitet haben.

Doch in jüngster Zeit hat die Stadt sich ein neues Make-up gegeben, und aus dem hellgrauen Häusergewirr, das sich zwischen Meer und Bergen auf kleinstem Raum zusammendrängt, leuchten frisch restaurierte Palazzi mit gelben, roten, rostbraunen Fassaden und unerwartet schönen Gärten auf. Ferner ist es das ausgeprägte Eigenleben Genuas, das die Stadt so anziehend macht.

*Prachtvolle Architektur prägt
das Stadtbild*

Weg 1

Die Altstadt

Genua besitzt eine sehr ausgedehnte Altstadt, die mit ihren vier Quadratkilometern als größte in Europa gilt. Leider entspricht diesem Superlativ nicht auch der Erhaltungszustand. Zahlreiche Häuser sind im Begriff zu verfallen, von den Fassaden bröckelt unübersehbar der Putz ab, während der Schwamm das Mauerwerk zerfrisst.

Während die Einheimischen die schmalen, düsteren Gassen, die »carrugi«, und die unkomfortablen Wohnungen verlassen, ziehen Nord- und Zentralafrikaner zu, die – teilweise illegal eingewandert – in leer stehenden Häusern einen provisorischen Unterschlupf finden. Von den rund 40 000 Einwohnern sind, so schätzt man, mehr als die Hälfte Ausländer. Hier in der Altstadt, auf deren Castello-Hügel sich im 6. Jh. v. Chr. die

Seite
545

Seite
545

*Kunst und Leben gehen in Genua
Hand in Hand*

*S. Maria del Castello: Prachtentfaltung
so weit das Auge reicht*

ersten ligurischen Siedler niedergelassen hatten, pulsiert bis heute das Herz Genuas.

Zur Kirche San Donato

Von der modernen **Piazza De Ferrari,** dem verkehrsreichsten Platz Genuas, steuert man zunächst die **Piazza Dante** an, wo Gegenwart und Vergangenheit zusammentreffen: Zwei Hochhäusern (1940) steht die **Casa di Cristoforo Colombo** gegenüber, in welcher der 1451 in Genua geborene Christoph Kolumbus seine Kindheit verbracht haben soll (das Haus wurde im 18. Jh. rekonstruiert). Schöne Kapitelle hat der benachbarte romanische **Kreuzgang Sant'Andrea** (12. Jh.), hinter dem sich das gut erhaltene, zweitürmige Stadttor **Porta Soprana ❶** auftut, ein Teil der mittelalterlichen Stadtmauer des 12. Jhs. Auf dem Weg zur Kirche **San Donato ❷** sollte man durch die Altstadtgassen bummeln, wo man (z. B. Via Giustiniani) Handwerkern bei der Arbeit zuschauen

kann, sich aber auch bewusst wird, wie dringend sanierungsbedürftig Alt-Genua ist. Allzu gut hat es der Baumeister Alfredo D'Andrade gemeint, der die Kirche San Donato 1888 restauriert und dabei so verfälscht hat, dass von der romanischen Anlage des 12. Jhs. nicht viel übrig geblieben ist. Die dreischiffige Innenhalle ruht teilweise auf römischen Säulen. Bemerkenswert sind eine »Gottesmutter mit Kind« von Niccolò da Voltri (Ende 14. Jh.) und eine »Anbetung der Hl. Drei Könige« des niederländischen Malers Joos van Cleve.

Ligurische Bildhauerkunst

Wie gelungen ein Kreuzgang zu einem Museum umgestaltet wurde, zeigt das **Museo di Architettura e Scultura Ligure ❸** in den Nebengebäuden der Kirche Sant'Agostino. Die Exponate – vor allem Architekturfragmente, Plastiken, abgelöste Fresken und Grabsteine aus genuesischen Kirchen – geben einen guten Überblick über die ligurische Bildhauerkunst vom 6. bis 18. Jh. Zu den Höhepunkten der Sammlung gehören das Grabmal für Simone Boccanegra, den ersten Dogen Genuas (pisanischer Künstler des 16. Jhs.), und das 1313 von Giovanni Pisano vollendete, nur bruchstückhaft erhaltene Grabmal für Margarete von Brabant, die Frau Kaiser Heinrichs VII., die 1311 in Genua an Pest starb. Auch die gotische Kirche Sant'Agostino selbst ist in jüngster Zeit zweckentfremdet und in ein modernes Kulturzentrum verwandelt worden (Di–Sa 9–19, So 9–12.30 Uhr, Mo geschl.).

*Santa Maria di Castello ❹

Die vielleicht älteste der fast 20 Marienkirchen in Genua ist Santa Maria di Castello aus frühchristlicher Zeit. Der heutige romanische Bau (12. Jh.) geht auf die »Magistri Antelami« zurück, Baumeister und Steinmetze aus dem nordlombardischen Val d'Intelvi, die in mehreren Ländern tätig waren und damals auch mit der Anlage neuer Hafenbauten begonnen hatten.

Ein Häusermeer tut sich bei der Ankunft im Hafen von Genua auf

Die Dominikanermönche, die den Gebäudekomplex bis heute besitzen, ließen im 15. und frühen 16. Jh. an die dreischiffige Kirche ein Kloster mit drei Kreuzgängen anbauen.

Hinter der bescheidenen Fassade des Gotteshauses erwarten die Besucher Gärten, freskengeschmückte Wandelgänge und weite Loggien, die sich in Richtung Hafen öffnen. Ein kleines **Museum** zeigt kostbare Kirchenbücher und Wiegendrucke (Museum und Kreuzgänge tgl. 9–12 und 15.30 bis 18 Uhr).

Neben Santa Maria di Castello ragt der Torre Embriaci (12. Jh.) auf, der besterhaltene von mindestens 66 privaten Wohntürmen, die im 13. Jh. bestanden. Während andere Geschlechtertürme in Genua nicht höher als rund 24 m sein durften, behielt der Embriaci-Turm seine 41 m Höhe, da die Embriaci sich bei Kreuzzügen große Verdienste erworben hatten.

Durch die Via Canneto il Curto (und nach einem Abstecher in die Via Canneto il Lungo mit Schiefer- und Marmorportalen, Reliefs und Friesen an noblen Palazzi) gelangt man zum Palazzo San Giorgio.

*Palazzo San Giorgio ❺

Der Palazzo San Giorgio ist einer der Symbolbauten Genuas. 1260 als Regierungssitz des Stadthauptmanns Guglielmo Boccanegra erbaut, diente er als Rathaus, später als Zollhaus. Im 15. Jh. richtete sich hier die einflussreiche Staatsbank Banco di San Giorgio ein; denn Genuas Bankiers finanzierten in der Renaissance auch die Kriege und Kapricen der spanisch-habsburgischen Monarchie, als Karl V. und Philipp II. das halbe Mittelmeer beherrschten. Im ersten Stock ist der Saal des **Capitano del popolo,** der mittelalterliche Rats- und Versammlungssaal, noch zugänglich. Bei Restaurierungsarbeiten kamen an den Außenwänden des Palastes die Fassadenfresken von Lazzaro Tavarone (17. Jh.) wieder zum Vorschein.

Italiens größter *Hafen

Der Alte Hafen ist von dem Genueser Stararchitekten Renzo Piano für das Kolumbusjahr 1992 zu einem Expogelände mit Panoramakran *(grande bigo),* Meerespavillon und Kinderstadt ausgebaut worden.

Tipp Das neue **Acquario** am Ponte Spinola – das größte Europas – besitzt mehr als 50 Bassins mit einem

Seite
545

Fassungsvermögen von 4,5 Millionen Litern Wasser, eine Ausstellungsfläche von 13 000 m² und mehr als 5000 Tiere. In zwei unterirdischen Etagen befinden sich Labors, Kontrollstationen und Schalttafeln, mittels derer den Fischen, Delphinen und anderen Meerestieren nahezu ideale Bedingungen garantiert werden (Mo–Fr 9.30–19, Sa, So, Fei 9.30–20 Uhr, Nov.–Feb. Mo geschl., Juli–Aug. tgl. 9.30–23 Uhr).

Um sich ein Bild vom Leben im Hafen zu machen, sollte man von der Calata Zingara aus zu einer knapp einstündigen **Hafenrundfahrt** starten. Bei der Schiffstour an insgesamt 19 km langen Hafendämmen und 28 km langen Kais vorbei wird man stets vom 117 m hohen Leuchtturm Lanterna begleitet, dem genuesischen Stadtsymbol. Wer vom Ponte dei Mille aus eine Kreuzfahrt antritt, sollte nicht versäumen, sich die Stazione Marittima im schönsten Jugendstil anzuschauen (beim Istituto Idrografico della Marina, das hier seinen Sitz hat, bekommt man Seekarten von allen italienischen Küsten).

Bunt wie ein arabischer Souk sind die Portici di Sottoripa, unter deren Lauben altgenuesische Traditionen und farbig-kosmopolitisches Hafentreiben aufeinander treffen.

Neben winzigen Läden findet man hier die *friggitorie*, »Bratküchen«, in denen man sich mit Stockfisch, Gemüse oder Kichererbsenfladen stärken kann.

Palazzo Spinola ❻

Von den Portici di Sottoripa aus gelangt man durch eine der Seitengassen in die Via San Luca und zum Palazzo Spinola, der 1580 einem mittelalterlichen Quartier aufgepfropft wurde. Mit seiner Stuckfassade und

Bacino

Porto Vecchio

❶ Porta Soprana
❷ S. Donato
❸ Museo di Architettura
❹ S. Maria di Castello
❺ Palazzo S. Giorgio
❻ Palazzo Spinola
❼ Dom S. Lorenzo
❽ Palazzo Ducale
❾ Piazza S. Matteo
❿ Galleria di Palazzo Rosso
⓫ Galleria di Palazzo Bianco
⓬ SS. Annunziata
⓭ Palazzo Reale
⓮ Palazzo Doria Pamphili

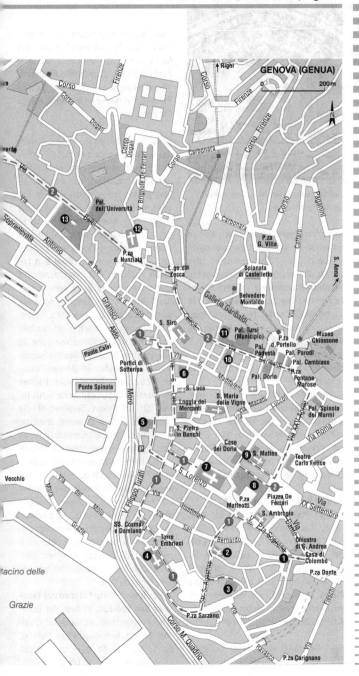

GENOVA (GENUA)

0   200 m

Seite
545

Die Kathedrale: Der hl. Laurentius wird als Märtyrer verehrt

den reich eingerichteten Innenräumen ist er ein bedeutendes Beispiel eines genuesischen Patrizierpalastes des 16. bis 18. Jhs. Die hier untergebrachte *Galleria Nazionale di Palazzo Spinola umfasst kostbare Kunstwerke des 14. bis 18. Jhs., unter denen die Gemälde »Ecce Homo« von Antonello da Messina, »Betende Madonna« von Joos van Cleve und »Porträt eines Knaben« von Anton van Dyck die Glanzlichter sind.

Im dritten und vierten Stockwerk zeigt die **Galleria Nazionale della Liguria** ihre Meisterwerke, u. a. ein dreiteiliges Altarbild von Joos van Cleve und ein »Porträt von Gio Carlo Doria« von Peter Paul Rubens (Mo 9–13, Di–Sa 9–19, So, Fei 14–20 Uhr).

Zum **Dom San Lorenzo ❼

An der **Piazza Banchi,** die bis zum 18. Jh. das handelspolitische und urbane Zentrum war, liegen die **Loggia dei Mercanti** (spätes 16. Jh.), die im 19. Jh. die erste italienische Handelsbörse aufnahm, und die Kirche **San Pietro in Banchi,** die während des Pestjahres 1579 im ersten Stock eines Adelspalais wieder aufgebaut wurde.

Genua ist ein ausgesprochenes Kaffeehaus- und Confiseriepara-

dies, dessen Kultstätten seit Generationen dem Altstadtverfall trotzen. Ein Muss ist das von Graubündner Zuckerbäckern gegründete **Klainguti,** Piazza Soziglia 102; das eleganteste Publikum verkehrt im **Mangini,** Piazza Corvetto 3.

Böswillige glauben zu wissen, warum die Genuesen sich den hl. Laurentius zum Schutzpatron erwählt haben. Der römische Erzdiakon, der 258 auf einem glühenden Rost den Märtyrertod erlitt, wird immer mit einer Geldbörse dargestellt – was ihn den (angeblich) geizigen Genuesen sympathisch und somit verehrungswürdig macht. Der dem Heiligen geweihte **Dom San Lorenzo** aus dem 9. Jh. wurde zerstört und im frühen 12. Jh. wieder aufgebaut. Ihre heutige Gestalt erhielt die dem hl. Laurentius geweihte Kathedrale im 13. Jh. Nach dem Vorbild nordfranzösischer Kathedralen wie in Chartres und Rouen entwarfen französische Baumeister die strenge Fassade, die zugleich die charakteristischen Schwarz-Weiß-Streifen bekam. Als Juwel gilt im linken Seitenschiff die *Cappella di San Giovanni Battista. Genuas Kaufleute waren stolz, dass es ihnen gelungen war, 1098 die sterblichen Überreste Johannes des Täufers in ihre Heimatstadt zu bringen. Eine angemessene Unterbringung fanden die Reliquien der heutigen Stadtpatrons aber erst im 15. Jh., als Domenico und Elia Gaggini diese Renaissancekapelle errichteten, in der auch zwei Statuen des toskanischen Bildhauers Andrea Sansovino zu bewundern sind (16. Jh.).

Das benachbarte *Museo del Tesoro di San Lorenzo,** in dem der Domschatz ausgestellt ist, umfasst Gold- und Silberschmiedearbeiten vom 9. bis 19. Jh. (Mo–Sa 9–11 und 15 bis 17.30, So, Fei 15–17.30 Uhr).

Geometrie und klare Linien auf der Piazza San Matteo

Seite 545

Weg 2

Superbe Palazzi

Auftakt dieses Weges ist wieder die **Piazza De Ferrari.** Er wird zeigen, dass die Reisenden vergangener Zeiten Recht hatten, als sie Genua als »marmorschön« priesen und von seinen Prachtstraßen fasziniert waren – dass Genua seinen Beinamen *La Superba,* die »Stolze«, zu Recht trägt.

Gleich am Platz liegt das klassizistische ***Teatro Carlo Felice,** das nach jahrzehntelangen Debatten rechtzeitig zur Kolumbus-Expo 1992 wieder aufgebaut wurde. Das 1827 von Carlo Barabino errichtete Opernhaus, das im Zweiten Weltkrieg zerstört wurde, lebte nach einem Entwurf des Architekten Aldo Rossi zu neuem, postmodernem, aber nicht unumstrittenem Glanz auf.

Palazzo Ducale ❽

Nach zehnjährigen Restaurierungsarbeiten erstrahlt auch der riesige Palazzo Ducale, der heute als *Palazzo della Cultura,* »Kulturpalast«, fungiert, wieder in der Pracht des späten 16. Jhs., als er Regierungssitz der genuesischen Republik war. Aufpoliert wurden nicht nur die noblen Innenhöfe, die freskenverzierte Kapelle, der stuck- und freskenreiche **Salone del Gran Consiglio,** der mit glorifizierenden Gemälden versehene **Salone del Minor Consiglio,** der siebenstöckige Turm und das prachtvoll verzierte Dogenappartement, sondern auch Nebenräume in unterirdischen Zwischen- und Dachgeschossen.

Auf einer Fläche von 38 000 m² ist Platz für Kultur und Handel, Handwerk und Gastronomie, und als senkrechte Verbindung dient eine vom Architekten Giovanni Spalla ersonnene, hochmoderne spiralförmige Stahlrampe, die als »hängende Straße« bezeichnet wird.

Piazza San Matteo ❾

Ganz im Zeichen der in Genua allgegenwärtigen Doria steht die nahe Piazza San Matteo. Vom 12. Jh. an hatte die einflussreiche Patrizierfamilie diesen Platz, der bis heute seine mittelalterliche Atmosphäre bewahrt hat, zu ihrem privaten Hauptquartier

Seite 545

gemacht. Martino Doria ließ hier 1125 eine erste Kirche **San Matteo** errichten, an deren Stelle 1278 – als Privatkirche der Doria – das heutige gotische Bauwerk entstand. Neben der Kirche, in deren Krypta der große Andrea Doria in einem vom manieristischen Bildhauer Giovanni Montorsoli geschaffenen Grab ruht, entstanden der **Palazzo di Branca Doria,** der **Palazzo di Domenicaccio Doria,** der ehemals den Doria gehörende **Palazzo Quartara** mit einem Relief des Drachentöters Georg (von Giovanni Gagini, 1457) am Portal, der mächtige **Palazzo di Lamba Doria** und der **Palazzo di Andrea Doria** mit zarten spätgotischen Elementen. Was die Piazza San Matteo so intim-einheitlich macht, sind die helldunklen Querstreifen, die sich wie ein Band über alle den Platz säumenden Bauwerke hinziehen.

Oft spannender als ein Markt sind die kleinen Läden der **Via Macelli di Soziglia** mit den kostbaren marmornen Verkaufstresen aus dem 19. Jh.

****Via Garibaldi**

Bevor es 1558 bis 1583 zur Anlage dieser *Strada Nuova* mit ihren anfangs elf Palästen kam, dürfte es hier im Genua des 16. Jhs. nicht anders zugegangen sein als bei Zwangsenteignungen, Grundstückskäufen und Bauspekulationen im ausgehenden 20. Jh. Bei drei öffentlichen Versteigerungen verkaufte die Stadt an einer 250 m langen Straße Bauparzellen an fünf tonangebende Familien, die sich hier unter Mitarbeit namhafter Architekten ein Elitequartier einrichten konnten. Unter diesen Familien fehlen jedoch zwei Namen: Die einst mächtigen Fieschi waren seit ihrem 1547 misslungenen Anti-Doria-Putsch »out«, und die Doria hatten sich kurz vorher im Wes-

ten der Stadt den an Pracht kaum zu übertreffenden Palazzo del Principe angelegt.

Die Pallavicino ließen die Paläste Cambiaso (Nr. 1) und Carrega Cataldi (Nr. 4) erbauen, die Lomellino den Palazzo del Podestà (Nr. 7) und den Palazzo Campanella (Nr. 12), die Lercari den Palazzo Lercari-Parodi (Nr. 3), die Spinola legten ihr Kapital in den Palästen Gambaro (Nr. 2), Spinola (Nr. 5), Doria (Nr. 6) und Cattaneo Adorno (Nr. 8–10) an, während die Grimaldi hier einen Vorgängerbau des Palazzo Bianco (Nr. 11) erstellen ließen und den **Palazzo del Municipio,** das heutige Rathaus.

Hinter den strengen Fassaden verbergen sich Banken, vornehme Innenhöfe und prachtvolle Innenräume mit reichen Kunstschätzen – wovon man sich im Palazzo Rosso und im Palazzo Bianco überzeugen kann.

Im 17. Jh. war die Familie Brignole Sale auf den Plan getreten. Zwischen 1671 und 1677 ließ sie an der Via Garibaldi den Palazzo Rosso errichten, in dessen Sälen die **Galleria di Palazzo Rosso ❿** vom Kunstsinn und Vermögen der einstigen Besitzer zeugt: Werke von Veronese, Tizian, Tintoretto, Caravaggio, Guercino und Guido Reni, von van Dyck, Dürer, Ribera und Muril-

---

Belvedere Montaldo

Wer nach dem Besuch der Palazzi in der Via Garibaldi eine Verschnaufpause braucht, kann von der Galleria Garibaldi aus mit dem »ascensore« (Aufzug) zur Spianata di Castelletto mit dem Belvedere Montaldo gelangen: Das Panorama auf Dächer, Türme und Hafen der Stadt lohnt den Abstecher.

Seite 545

lo sind die Höhepunkte der Sammlung (Di, Do, Fr 9–13, Mi, Sa 9–19, So 10 bis 18 Uhr, Mo geschl.).

Im frühen 18. Jh. bauten ebenfalls die Brignole einen Grimaldi-Palast zum Palazzo Bianco um und statteten ihn mit prunkvollen Rokokodekorationen aus, in dem die ***Galleria di Palazzo Bianco ⑪** heute ihren Sitz hat. Neben namhaften ligurischen Malern wartet die Sammlung mit Werken der Niederländer Peter Paul Rubens und Anton van Dyck auf sowie der Spanier Zurbarán und Murillo (Öffnungszeiten: wie Palazzo Rosso).

I Tre Merli, Amerikas Italo-Wine-Bar mit den drei Amseln, ist in die Heimat zurückgekehrt. Jazz und Snacks bis 1.30 Uhr nachts (Vico dietro il coro della Maddalena 26r, Tel. 01 02 47 40 42).

Via Balbi

Von der Via Garibaldi kommt man über den Largo della Zecca zur Kirche **Santissima Annunziata del Vastato ⑫** (16./17. Jh.). Durch eine 1867 angelegte klassizistische Säulenhalle betritt man einen überreich mit Marmorintarsien, Stuckaturen und Fresken ausgeschmückten, stilistisch sehr einheitlichen Innenraum, der mit Altarbildern von Luca Cambiaso, Domenico Piola, Bernardo Strozzi und anderen einheimischen Künstlern als Pinakothek der genuesischen Malerei des 17. Jhs. angesehen werden kann.

Unermesslich viel Kapital müssen die Balbi angesammelt haben, als sie 1602 bis 1620 die heutige Via Balbi erschließen und gleich mit sieben Familienpalästen versehen ließen. Auf ein Jesuitenkolleg geht der **Palazzo dell'Università** (17. Jh.) zurück, in dessen vornehmen, portikus- und loggiagesäumten Innenhof man leicht einen Blick werfen kann. Ganz und gar zu-

Vollendete Baukunst: der Palazzo Reale in der Via Balbi

gänglich ist der ***Palazzo Reale ⑬** auf der anderen Straßenseite, der seinen Namen von den savoyischen Königen hat und 1643–1655 ursprünglich als Palast für Stefano Balbi angelegt wurde. Der Architekt Carlo Fontana veränderte und erweiterte den Bau im 18. Jh. In den mit Prunkliebe ausgeschmückten Barock- und Rokokosälen der Beletage logiert die Galleria di Palazzo Reale (Mo, Di 9–13.45, Mi bis So 9–19 Uhr), die einen freskengeschmückten Spiegelsaal und eine Gemälde- und Skulpturensammlung besitzt.

Der Park mit phantasievollen Bodenmosaiken öffnet sich kulissenhaft gegen den Hafen und die gleich unter dem Palast gelegene **Via di Pré.** Von der stolzen Pracht des Palazzo Reale macht man einen Sprung in die volkstümliche Seele Genuas: In der Via di Pré (und in der parallel verlaufenden Via Gramsci) steht alles zum Kauf, von geschmuggelten Zigaretten über Elektrogeräte bis hin zu Liebesabenteuern.

Es wäre falsch, diese Straße für eine italienische Ausgabe der Reeper-

Seite
545

bahn zu halten. Prostitution und Drogenhandel stehen zwar nicht gerade schlecht im Kurs. Aber den vielen »trattorie« und »friggitorie« nach zu urteilen, sind die Genuesen hier eher kulinarischen Freuden zugetan. Alles wirkt neapolitanisch-südländisch, besonders die vielen Altärchen und Nischen mit Madonnen und Heiligen, die von den Hauswänden ungerührt auf das nicht gerade fromme Treiben herabschauen.

Schon vor 800, 900 Jahren schifften sich Kreuzfahrer und Jerusalempilger in Genuas Hafen ein. Hunderttausende dieser religiösen »Touristen« hielten sich, während sie auf die Nahostschiffe warteten, in der **Commenda di Pré** auf, einem Hospiz des 11. Jhs. Zu dem vorbildlich restaurierten Gebäudekomplex gehört auch die zweistöckige Kirche *San Giovanni di Pré aus dem Jahr 1180.

*Palazzo Doria Pamphili ⑭
Der Palazzo Doria Pamphili (Führungen Sa 15–18, So 10–13 Uhr, ab Mitte Okt. tgl. außer Mo 10–17 Uhr) hat viel von seiner ursprünglichen Schönheit eingebüßt. Der eben an die Macht gekommene Andrea Doria hatte mit der Erneuerung dieses Palastes im Jahr 1528 begonnen. Schon fünf Jahre später konnte er hier seinen Gönner und Schuldner Kaiser Karl V. beherbergen.

Um die Mitte des 16. Jhs. dehnte sich der Palast vom Meer (mit Privathafen) bis auf den Hügel aus. Mit seinen freskenreichen Sälen (vom Raffaelschüler Perin del Vaga ausgemalt), Hängegärten, Terrassen, Brunnen und Statuen wurde er zum Vorbild anderer genuesischer Renaissancebauten. Dieses »Paradies«, wie der Palast und sein üppiger Park einst genannt wurden, ist leider durch eine Bahnlinie und neue Straßen arg zerstückelt und zerstört worden.

Tipp Möchte man die Tour mit angenehmeren Eindrücken beenden, sollte man an der Piazza Principe in die Zahnradbahn nach **Granarolo** einsteigen. Aus 220 m Höhe blickt man auf die Altstadt und den Hafen mit dem Leuchtturm Lanterna und dem *Matitone* (Riesenbleistift), einem schwarz-weiß gestreiften Büroturm mit Spitze.

Außerhalb des Zentrums

In der Stadt, in der Kolumbus zur Welt kam, darf ein Museum über präkolumbische Kulturen selbstverständlich nicht fehlen. Das **Museo Americanistico »Federico Lunardi«** in der klassizistisch umgestalteten Villa Gruber (ursprünglich 16. Jh.) dokumentiert die faszinierende Maya- und Andenarchäologie und zeigt ethnographisches Material aus vielen Ländern Südamerikas. Angeschlossen sind eine Bibliothek und Fotothek (Salita della Sanità 43, zzt. in restauro).

Ausflüge

Genuas Stadtmauer
Da die Genuesen sich von der Landseite her immer bedroht fühlten, hatten sie sich schon um das Jahr 200 n. Chr. mit einer Mauer umgeben, die im Laufe der Geschichte der wachsenden Stadt angepasst und entsprechend erweitert wurde. In der Zeit zwischen 1626 und 1632, als Genua Angriffe der immer mächtigeren Savoyer fürchtete, entstand die siebente Stadtmauer: eine 12 650 m lange »chinesische Mauer«, die sich über die Kämme der die Hafenstadt einschlie-

Abendstimmung bei Genua

Seite 545

ßenden Hügel hinzog und bis heute noch weitgehend erhalten ist. Doch auch diese Rückendeckung reichte den Savoyern, die ab 1815 Herren in Genua waren, noch nicht aus. Sie versahen die Stadtmauer mit einem guten Dutzend Festungen, die heute die Hauptsehenswürdigkeiten des 1990 gegründeten, 876 ha großen *Parco Urbano delle Mura* ausmachen, des »städtischen Mauerparks«.

Tipp Wer diese Forts abwandern (ca. 4–5 Std.) oder per Mountainbike abradeln möchte (ca. 3 Std.), kann mit der 1,5 km langen Zahnradbahn (Talstation am Largo Zecca) auf den 302 m hohen *Righi fahren, einen der schönsten Aussichtspunkte der Stadt. An der ziegelroten Torre della Specola (19. Jh.) vorbei erreicht man das Forte Castellaccio. Die im 19. Jh. rundum erneuerte Festung, die im Mittelalter Schauplatz guelfisch-ghibellinischer Auseinandersetzungen war, hat zwar eine prachtvolle Lage, ist aber leider für den Publikumsverkehr geschlossen.

Eine Rast kann man in der **Osteria du Richettu** (○) direkt am Fort einlegen.

Auf dem weiter nördlich gelegenen Monte Peralto erhebt sich am höchsten Punkt der Stadtmauer das mächtige **Forte Sperone**. Türme mit Schießscharten, Kasematten, ein Pulvermagazin, verschiedene Säle und Lagerräume bilden hier eine wahre Zitadelle, die besichtigt werden kann (2. So im Monat Gratisführungen von 9.30–11.30 sowie 14.30–17.30 Uhr, alle halbe Stunde).

Von der Sperone-Festung erblickt man weiter unten im Westen die Forts Begato und Tenaglia, im Osten die Forts Quezzi, Ratti und Richelieu.

Vom Forte Sperone kann man über das sehr gut erhaltene Forte Puin und das stimmungsvoll gelegene Forte Fratello Minore zum **Forte Diamante** aufsteigen. Diese ab 1747 errichtete, 667 m hoch gelegene Festung stellt die Krönung des genuesischen Verteidigungssystems dar. Sie wurde im 18. Jh. angelegt, nachdem österreichische Truppen diesen strategisch bedeutenden Bergkamm oberhalb der Stadtmauer besetzt hatten.

Von den sternförmigen Terrassen des Diamante-Forts überblickt man Genua, an klaren Tagen die westliche Riviera bis Ventimiglia, in der Ferne die Ligurischen Alpen – und ganz in der Nähe originelle »Eislöcher«: In 4–5 m tiefen Gruben wurde früher Schnee kiepenweise zusammengetragen, damit die Stadt auch im Sommer mit Eis versorgt werden konnte.

Im Villenvorort Pegli

Die **Villa Doria-Centurione** (1. Hälfte des 16. Jhs.) in Genuas westlichem Villenvorort Pegli beherbergt das Schiffsmuseum *Museo navale*, das die Geschichte und Entwicklung des Hafens von Genua sowie die Segel- und Motorschifffahrt dokumentiert. Hochinteressant sind neben rekonstruierten Karavellen, mit denen Kolumbus Amerika entdeckte, alte Seekarten (Di bis Do 9–13, Fr–Sa 9–19 Uhr, So, Mo geschl.).

Bevor Pegli um die Mitte des 19. Jhs. als Fremdenverkehrsort lanciert wurde, ersann der Theaterimpresario Michele Canzio im Jahr 1837 die ***Villa Durazzo Pallavicini,** zu der ein traumhafter *Park gehört. In der vorbildlich restaurierten Anlage kann man eine üppige Vegetation, einen palmenreichen Tropengarten, einen Kamelienwald, Grotten und Wasserspiele bewundern. Die Villa ist Sitz des *Museo Civico di Archeologia Ligure*, das außer archäologischen Funden auch Knochenfunde aus ligurischen Höhlen zeigt (Di–Do 9–18, Fr–So 9–12.30 Uhr, Mo geschl.).

Tipp Eine enge, wilde Stichstraße von Mele (von Genua via Voltri) führt hinauf nach **Acquasanta** in den Genueser Bergen (21 km vom Zentrum), einer Idylle mit Thermentempelchen, barocker Wallfahrtskirche und vorzüglicher ligurischer Kost in der **Lücanda da ü Parodi,** Tel. 0 10 63 80 19 (auch Bahnstation der Linie Genua–Ovada).

Baukunst in Albaro

Den östlichen Stadtteil Albaro dominiert die **Villa Giustiniani-Cambiaso.** Der umbrische Baumeister Galeazzo Alessi (1512–1572) schuf mit diesem von der römischen Renaissance geprägten Bauwerk den Prototyp der genuesischen Paläste. Die im Jahr 1548 begonnene grandiose Villenanlage (öffentlich zugänglicher Garten) zeichnet sich durch ihre landschaftsbeherrschende Lage und ihre Loggien aus (Autobus 15, 41).

Pompöse Totenstadt: der Friedhof von Staglieno

Seite 545

Gemälde in Nervi

Nervi, der Villenvorort im Osten Genuas, ist für die panoramareiche Seepromenade **Passeggiata Anita Garibaldi** bekannt, für seine gepflegten Parks (berühmt der Rosengarten im **Parco Grimaldi**) und für seine kunstreichen, in Museen verwandelten Villen. Die **Villa Serra** beherbergt die *Galleria d'Arte Moderna* mit einer reichen Sammlung ligurischer Malerei des 19. und 20. Jhs. (zzt. geschl.), die **Villa Grimaldi** eine mit multimedialen Exponaten ausgestattete Sammlung

Unsterblicher Ruhm

Sogar ein ***Friedhof** ist in Genua eine Sehenswürdigkeit. Im nördlichen Vorort **Staglieno,** nahe bei der heutigen Autobahnausfahrt, entstand nach Plänen des Architekten Giovanni Battista Resasco von 1840 an eine pompöse Totenstadt: Selbstdarstellung für die Ewigkeit.

In langen, überwölbten Gängen reihen sich Grabdenkmäler aneinander, die mit ihren klassizistischen und romantischen, neugotischen, naturalistischen und Jugendstilskulpturen zu einem

sonderbaren »Museum« der ligurischen Bildhauerkunst geworden sind. Mehr als Trauer und Trübsinn drücken die Grabfiguren Prunksucht und (nicht immer unterschwellige) Erotik aus. Die berühmteste unter diesen Statuen ist das 1881 geschaffene Standbild von Caterina Campodonico, einer Brezelverkäuferin. Sie hatte ein Leben lang gespart, um sich in Staglieno, mit Seidenschal, Spitzenbluse und Brokatrock angetan, in Stein verewigen zu lassen (Autobus 12, 14, 34 und 48).

Seite 545

moderner Kunst (Di bis Sa 9–19 Uhr, So 9–13 Uhr, Mo, Fei geschl.) und die **Villa Luxoro** das gleichnamige Museum mit schönen genuesischen Möbeln und Gemälden des 17. und 18. Jhs. (Di–Sa 9–13 Uhr, So, Mo und Fei geschl.).

Infos

i APT, Via Roma 11,
Tel. 0 10 57 67 91,
Fax 0 10 58 14 08 (Mo–Fr 8.30–13.15 und 14.15–16.45 Uhr).
Infobüros: Porto Antico (Hafen), Tel. 0 10 24 87 11, Fax 01 02 46 76 58; Flughafen »Cristoforo Colombo«, Tel. 01 06 01 52 47; Bahnhof Porta Principe, Tel. 01 02 46 26 33.

Internationaler Flughafen Cristoforo Colombo (6 km), Flughafenbusse ab Piazza Principe.
Fährverbindungen: Sardinien, Sizilien.
Öffentliche Verkehrsmittel: Die wichtigsten öffentlichen Verkehrsmittel sind **Stadtbusse** und der erste Abschnitt der **U-Bahn,** die derzeit den nördlichen Vorort Rivarolo mit dem Bahnhof Porta Principe verbindet. Doch in einer an den Hang gebauten Stadt wie Genua, deren Straßen auf mehreren Ebenen übereinander liegen, dürfen auch **Zahnradbahnen** *(funicolari)* und **Aufzüge** *(ascensori)* nicht fehlen. Neben den Zahnradbahnen Largo Zecca-Righi und Porta Principe-Granarolo kann man daher auch die verschiedenen Aufzüge benutzen, um sich von einer »Etage« zur anderen zu begeben. Sie sind billig (0,30 € pro Fahrt) und verkehren von morgens bis nachts (z. B. *ascensori* Galleria Garibaldi–Belvedere Montaldo und Piazza del Portello– Belvedere Montaldo).

Zeit für die Bar muss jeden Tag bleiben

🏠 **Savoia Majestic,** Via Arsenale di Terra 5, Tel. 0 10 26 16 41, Fax 0 10 26 18 83, www.hotelsavoia genova.it. Nähe Bahnhof Porta Principe. Moderner Komfort in einem Hotelpalast, der viele gekrönte Häupter gesehen hat. ○○○
▮ **La Pagoda,** Via Capolungo 15, Tel. 01 03 72 61 61, Fax 0 10 32 12 18, www.villapagoda.it. Elegantes Haus im Villenvorort Nervi. ○○○
▮ **Metropoli,** Piazza Fontana Marose, Tel. 01 02 46 88 88, Fax 01 02 46 86 86, www.bestwestern.it/metropoli_ge. Zentral gelegen, ideal zum Sightseeing. ○○–○○○
▮ **Agnello d'Oro,** Via delle Monachette 6, Tel. 01 02 46 20 84, Fax 01 02 46 23 27, www.hotelagenllodoro.it. Gute Lage und familiärer Service. ○○
▮ **Capannina,** Via Tito Speri 7, Tel. 0 10 31 71 31, Fax 01 03 62 26 92, E-Mail: locapannina@mclink.it. Ruhig und dicht am Meer im malerischen Vorort Boccadasse gelegen. ○○

🍴 **Gaia,** Vico dell'Argento 13r, Tel. 0 10 29 29 64. Täglich wechselndes, hervorragendes Speisenangebot. ○○

Lichte, elegante Stimmung in der Galleria Mazzini bei der Via Roma

▌ **Trattoria da Rina,** Via Mura delle Grazie 3r, Tel. 01 02 46 64 75. Gemütliches Fischlokal in Hafennähe. ○○
▌ **Da Genio,** Salita San Leonardo 61, Tel. 0 10 58 84 63. Bodenständiges Restaurant mit klassisch-ligurischer Küche. So geschl. ○○
▌ **Ferrando,** Via Carli 110, Tel. 0 10 75 19 25. Auf den Hügeln hinter der Stadt gelegen; die einheimischen Spezialitäten werden durch frische Kräuter verfeinert. ○
▌ **Da Maria,** Vico Testadoro 14r, Tel. 0 10 58 10 80. Unverfälschte genuesische Küche in einer Altstadtgasse. ○
▌ **Sa Pesta,** Via dei Giustiniani 16r, Tel. 0 10 20 86 36. »Farinotti« heißen einfach-urtümliche Lokale wie dieses, wo man die »farinata«(s. S. 534) aus Kichererbsenmehl und andere traditionelle Gerichte kosten kann. ○

Teatro Carlo Felice,
Tel. 0 10 58 93 29 (Kasse) und 01 05 38 11 (Infos). Postmodernes, prestigeträchtiges Opernhaus, auch Konzerte und Ballette.

▌ **King's Barman,** Via Innocenzi IV, Tel. 0 10 58 68 94. Vorzügliche Cocktails und Longdrinks, im Sommer werden sie in einem hübschen Garten.
▌ **Makò,** Tel. 0 10 36 76 52. Viel besuchte Diskothek direkt am Corso Italia.

Die elegantesten Geschäftsstraßen Genuas sind die Via XX Settembre und die umliegenden Straßen und Plätze (Via Roma, Via XXV Aprile, Via Piccapietra, Piazza Dante, Corso Buenos Aires). Charakteristische Läden tun sich in den Altstadtgassen auf. Nicht allzu überteuerte Antiquitäten findet man bei **Rubinacci,** Via Garibaldi 7; selbst gefertigten Schmuck bei **Filigrana Italiana,** Via XX Settembre 2 (Gold- und Silberfiligran); Bücher bei **Di Stefano,** Via Ceccardi 40r, und im Antiquariat **Bardini,** Salita del Fondaco 32r; handgearbeitete Schieferobjekte bei **L'Isola,** Via Canneto il Lungo 83r.

Tipp Schifffahrtsmesse **Salone Nautico** (Okt.), Blumenmesse **Euroflora** (alle 5 Jahre, die nächste wieder 2006), Internationaler Violinwettbewerb **Niccolò Paganini** (Okt.), **Patronatsfest** am Johannistag (24. Juni).

Seite 545

Genuas Märkte

Pittoresk sind die Märkte der Stadt: Der Fischmarkt **Mercato del pesce** an der Piazza Cavour (tgl. 8.30 bis 9.30 Uhr) ist für jedermann zugänglich, den farbenfrohen Flohmarkt **Mercatino delle pulci** findet man an der Piazza Lavagna.

Tour 1

1

Seite
559

Zwischen Noblesse und VIPs

Recco → *Camogli → **Portofino → Santa Margherita Ligure → Rapallo → Chiavari → Lavagna → Sestri Levante (ca. 50 km)

Die Route führt entlang der »Riviera di Levante«, der östlichen Riviera, an der sich noble Ortschaften gleich Perlen auf einer Kette reihen. Camoglis bonbonfarbene Fischerhäuser sind zu einem fotogenen Aushängeschild Liguriens geworden. Im exklusiven Portofino bewegen sich die VIPs fast unter sich, um Santa Margherita und Rapallo sind kunstreiche Villen in romantische Parks gebettet, und aus Zoaglis Webereien bezogen Fürsten und Kardinäle kostbare Seidensamtstoffe. Romantik wird in Sestri Levante groß geschrieben: In dem Städtchen, das sich halbmondförmig gegen die «Märchenbucht» öffnet, wird alljährlich der Andersen-Märchenpreis vergeben. Einen Tag sollte man für diese Tour einplanen.

Recco

Recco ist Auftakt der Route, die der schon zu Römerzeiten viel befahrenen Via Aurelia (Staatsstr. Nr. 1) östlich von Genua folgt. Die Einheimischen wissen in diesem Ort besser als anderswo, was die Stunde geschlagen hat. Seit dem frühen 19. Jh., als einige nach Deutschland ausgewanderte Familien wieder in die ligurische Heimat zurückgekehrt waren, werden hier sowie im höher gelegenen Dorf Uscio Turm-

uhren hergestellt und Kirchenglocken gegossen. Der Badeort ist heute eine gesichtslose Kleinstadt, die bei den Bombenangriffen im Zweiten Weltkrieg ihren Charakter eingebüßt hat. Doch in gastronomischer Hinsicht revanchiert sich Recco für seine Aschenputtelrolle: Das Städtchen gilt als eine der Hochburgen der ligurischen Küche. Die fladenbrotartigen *focacce* (s. S. 535), die hier aus zwei dünnen, mit Käse gefüllten und gebackenen Teigblättern bestehen, sollen nirgends besser schmecken als in Recco.

La Baita, Via Alpini d'Italia 8, Ortsteil Collodari, Tel. 0 18 57 58 82. Köstliche *torte salate* und Pastavariationen. ○○

*Camogli

Auch nach Camogli kommen viele nur zum Essen. Am zweiten Maisonntag, wenn in einer vier Meter großen Pfanne, in 500 Litern Öl mehrere Zentner Fisch brutzeln, gibt es Gratisbratfisch für alle. Doch nicht nur deshalb lohnt sich ein Besuch. Mit seinen bonbonfarbigen, schmalen und hohen Fischerhäusern ist Camogli ein attraktives Werbeplakatmotiv für die ligurische Riviera geworden. Die vielfenstrigen Fassaden, vor denen sich im Sommer Cafés, Restaurants und ein sonnenschirmbespannter Badestrand ausdehnen, sollen ihre schönen Farben für die heimkehrenden Fischer bekommen haben, damit sie ihr Wohnhaus schon von weitem erkennen konnten.

Im **Museo Marinaro »Gio Bono Ferrari«** in Camogli wird die Erinnerung an die goldenen Zeiten der Segelschifffahrt des 19. Jhs. wach gehalten, als der Ort eine größere Flotte besaß als Genua und Hamburg und sie den

Der Uhrturm von Camogli kündigt sich schon von weitem an

1

Seite 559

freunde empfiehlt sich der Fußweg. Was man braucht, sind bequemes Schuhwerk, drei Stunden Ausdauer und Trittsicherheit auf dem teilweise ausgesetzten, wenn auch gesicherten Steig. Man kann den landschaftlich reizvollen Weg in weiteren gut zwei Stunden bis Portofino fortsetzen; bei starkem Seegang laufen die Schiffe San Fruttuoso nicht an.

Die Entstehungsgeschichte der Abtei reicht weit ins Mittelalter zurück. Als die Araber im frühen 8. Jh. in Spanien einfielen, verließ Bischof Prosperus von Tarragona sein Land und suchte in Norditalien Zuflucht. Um den Reliquien des hl. Fructuosus, die er übers Meer herübergerettet hatte, gebührende Verehrung zukommen zu lassen, entstanden hier bald eine Kirche und ein Kloster. Doch vor den Sarazenen war auch dieses Bauwerk nicht sicher. Es wurde zerstört, im 10. Jh. von Benediktinern wieder aufgebaut und im 13. Jh. von den Doria verschönert und um den Abtspalast erweitert. Dieses mächtige Geschlecht ließ hier zwischen 1275 und 1305 sechs seiner Angehörigen bestatten, da die Familienkirche San Matteo in Genua wegen Umbauarbeiten unzugänglich war. Die gotischen Gräber mit den waagerechten schwarz-weißen »Doria«-Streifen im Untergeschoss sind von eindrucksvoller Schönheit.

Krieg führenden Nationen mietweise zur Verfügung stellte. An die 3000 hochseetüchtige Segelschiffe sind in einem Jahrhundert vom Stapel gelaufen (tgl. außer Di 9–1.45, Mi, Sa/So a. 15–17.30 Uhr; Tel. 01 85 72 90 49).

Auf einem Felsvorsprung ragt die im Inneren marmor- und stuckreiche **Basilica di Santa Maria Assunta** mit klassizistischer Fassade empor, neben ihr das trutzige, nur aus einem einzigen Turm bestehende, mittelalterliche **Castel Dragone.**

*Benediktinerabtei San Fruttuoso

Die Benediktinerabtei San Fruttuoso di Capodimonte (Mai–Okt. 10–13 und 14–18 Uhr, März und April 10–13 und 14–16 Uhr, Nov.–Jan. nur Sa und So 10–13 und 14–16 Uhr, Feb. sowie ganzjährig Mo geschl.) erreicht man von Camogli aus mit dem Schiff, an der Punta Chiappa vorbei. Für Wander-

Tipp San Rocco oberhalb von Camogli ist Ausgangspunkt für eine Wanderung auf den **Monte Portofino,** den höchsten Berg des Naturparks, in den das Vorgebirge von Portofino 1935 verwandelt wurde. Mit seinen 610 m ist er zwar kein Gigant, kann aber mit einem Rundblick aufwarten, der an klaren Tagen bis nach Elba und Korsika reicht. Nicht weniger als 700 Pflanzenarten haben die Botaniker auf seinem Rücken registriert.

Beschaulichkeit und Farbenpracht am Hafen von Portofino

 IAT, Via XX Settembre 33,
I-16032 Camogli,
Tel./Fax 01 85 77 10 66.

Cenobio dei Dogi, Via
Cuneo 34, Tel. 01 85 72 41,
Fax 01 85 77 27 96, www.cenobio.it.
Exklusive Patriziervilla mit allem
Komfort. ○○○

▮ **La Camogliese,** Via Garibaldi 55,
Tel. 01 85 77 14 02, Fax 01 85 77 40 24.
Familiär, akzeptabler Preis. ○○

Vento Ariel, Calata Castelletto 1, Tel. 01 85 77 10 80. Vorzügliche Fischgerichte, Hafenblick. ○○

✶✶Portofino

Nach Portofino kommt man über die
schmale Küstenstraße, die ab Santa
Margherita an hochsommerlichen Wochenenden hoffnungslos verstopft ist.
Doch auch der stockende Verkehr hat
einen Vorteil: Man kann unterwegs
Blicke auf die von prachtvollen Parks
umgebenen Villen werfen, auf Fels-
klippen und romantische Badebuchten. Schon die Phönizier wussten,
dass die kleine Bucht von Portofino
der sicherste natürliche Ankerplatz
der ligurischen Küste ist. Die Römer
nannten den Ort *Portus Delphini*,
»Delphinhafen«.   Jahrhundertelang
waren hier die Fischer unter sich, bauten um den Hafen schmale, hohe Häuser, die sie mit Pastellfarben bemalten, als hätten sie Stadtarchitektur
studiert. Doch dann kamen die Fremden, und Portofino wurde eine der viel
gerühmten Hochburgen der Riviera für
den Geldadel. Anstatt schaulustig auf
die Reichen am Jachthafen zu warten,
sollte man unter biblisch anmutenden
Olivenhainen einen Spaziergang zum
Leuchtturm an der aussichtsreichen
Punta del Capo machen, vorbei an der
herrlich gelegenen Kirche San Giorgio
aus dem 12.Jh., 1950 wieder aufgebaut, und am Castello di San Giorgio,
einer um 1600 errichteten genuesischen Bastion zur Verteidigung des
Golfes.

IAT, Via Roma 35, I-16034 Portofino, Tel./Fax 01 85 26 90 24.

Piccolo Hotel, Via Duca degli
Abruzzi 31, Tel. 01 85 26 90 15,

Sehen und gesehen werden ...

Fax 01 85 26 96 21, E-Mail: dopiccol@tin.it. 4-Sterne-Haus in einem Park, von den Zimmerbalkons prächtiger Golfblick. ○○○

▌ **Eden,** Vico Dritto 20,
Tel. 01 85 26 90 91, Fax 01 85 26 90 47, www.edenhotel.com. Zentral gelegenes, komfortables Hotel. ○○–○○○

Il Pitosforo, Molo Umberto 19, Tel. 01 85 26 90 20,
Fax 01 85 26 90 47. Ein Portofino-Mythos direkt am Hafen, exklusiv die Gäste und Preise. ○○○

Santa Margherita Ligure

Weniger exklusiv-reserviert als Portofino gibt sich Santa Margherita Ligure, das sich ebenfalls am Fuß des Monte di Portofino ausdehnt. Das Publikum ist jung und vergnügungsfreudig, und in seinen Hotels ist Platz für jeden Geldbeutel und jeden Gusto. Die palmengesäumte Uferpromenade lädt zu genussreichem Schlendern ein; durch einen üppigen Rivierapark mit exotischen Pflanzen und Statuen gelangt man zur eleganten Renaissancevilla **Durazzo Centurione**. Der vornehme, um 1560 errichtete Bau ist heute der stimmungsvolle Rahmen für sommerliche Klassikkonzerte (April–Sept. 9 bis 19, Okt.–März 9–17 Uhr).

Bevor »Santa« vom noblen Publikum entdeckt wurde, war es ein Fischerdorf. Man sollte daher einen Sprung in die Kirche **Sant'Erasmo** machen. Votivbilder bezeugen, welchen Gefahren Fischer und Seeleute am nicht immer sanften Mittelmeer ausgesetzt waren. Der Fischfang hatte dem Städtchen immerhin so großen Wohlstand eingebracht, dass es begehrenswert wurde: Langobarden, Sa-

Seite
559

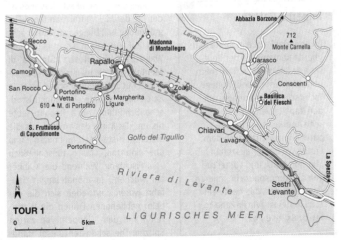

razenen und Venezianer eroberten den Ort, im 16. Jh. der berüchtigte Korsarenführer Dragut und im 20. Jh. die Badetouristen. Doch die Einheimischen haben den Fremdenverkehr gut zu verwalten gewusst, und auf den umliegenden Hügeln haben Olivenhaine, Steineichenwälder und Mimosensträucher noch nicht anonymen Residenzkomplexen weichen müssen.

IAT, Via XXV Aprile 2b, I-16038 Santa Margherita Ligure, Tel. 01 85 28 74 85, Fax 01 85 28 30 34.

Laurin, Lungomare Marconi 3, Tel. 01 85 28 99 71, Fax 01 85 28 57 09, www.laurinhotel.it. Traditionsreich, in Hafennähe. ◯◯
▮ **Villa Anita,** Via Tigullio 10, Tel. 01 85 28 65 43, Fax 01 85 28 30 05, www.topwork.net/turismo/it/ -vanita.htm. Gemütlich, im Grünen. ◯
▮ **Agriturismo Gnocchi,** oben in S. Lorenzo della Costa, Via Romana 53, Tel./Fax 01 85 28 34 31. Landurlaub, zwischen Antiquitäten und Ölbäumen.

Imperial Palace

Im Imperial Palace in Santa Margherita kamen 1922 der deutsche Außenminister Rathenau und sein sowjetischer Kollege Tschitscherin zusammen, um den Rapallo-Vertrag (diplomatische Anerkennung und Reparationenverzicht nach dem Ersten Weltkrieg) auszuhandeln. Marmor, Stuck und Lüster prägen die Atmosphäre im Inneren des Gebäudes, das heute ein Luxushotel ist (Via Pagana 19, Tel. 01 85 28 89 92. ◯◯◯).

Il Frantoio, Via Giuncheto 23a, Tel. 01 85 28 66 67. Vorzügliche Küche in der ehemaligen Ölmühle der Villa Durazzo (auch Pizza!). ◯◯

Rapallo

Nur das kleine Kastell (16. Jh.) am Hafen von Rapallo erinnert noch an die gefahrvollen Zeiten, als sich die Einheimischen gegen Überfälle verteidigen mussten. Heute hat sich das Städtchen, nach Portofino und Santa Margherita die dritte »Perle« am Golfo del Tigullio, dem Fremdenverkehr verschrieben. An der palmengesäumten Uferpromenade **Lungomare Vittorio Veneto** reihen sich nostalgische Jugendstilbauten und charmante Cafés mit Glasveranden, im **Chiosco della Banda Cittadina** (Anfang 20. Jh.) spielen noch heute kleine Orchester auf. Neben dem **Oratorio dei Bianchi** (Öffnungszeiten: Sa, So 10–12 und 16 bis 18 Uhr), das Prozessionskreuze zeigt, kann man noch die Kirche **Santo Stefano** besichtigen, die über 1000 Jahre alt ist, ihre heutige Gestalt aber bei einem Umbau im 17. Jh. bekam.

Eines der großen Feste Rapallos ist der Tag der hl. Jungfrau von Montallegro Anfang Juli. Die ganze Stadt macht sich auf zur 612 m hoch gelegenen Wallfahrtskirche **Nostra Signora di Montallegro,** die man mit dem Bus erreicht. Mit ihrer neugotischen Fassade ist sie nicht gerade eine kunsthistorische Schönheit. Auch Rapallo lebte bis um die Mitte des 19. Jhs., als die ersten Touristen dort im milden Klima überwinterten, fast ausschließlich vom Fischfang. Während die Männer auf wochen-, ja monatelanger Seefahrt waren, vertrieben sich die daheim gebliebenen Frauen die Wartezeiten mit dem Klöppeln von zarten Spitzen. Die schönsten dieser Hand-

Rapallo: Mit Kanonen musste man sich vor Piraten schützen

arbeiten sind im **Museo del Pizzo al Tombolo** in der Villa Tigullio zu sehen (Di, Mi, Fr und Sa 15–18, Do 10 bis 11.30 Uhr, Sept. geschl.).

Tipp Ob man Thomas Mann, Ezra Pound oder Gerhart Hauptmann hieß, nach Rapallo reiste man im Winter, der Ruhe und des milden Klimas wegen. Im Lesesaal der **Villa Tigullio** hat sich diese Welt von gestern konserviert.

IAT, Lungomare Vittorio Veneto 7, I-16035 Rapallo Tel. 01 85 23 03 46, Fax 0 18 56 30 51.

Astoria, Via Gramsci 4, Tel. 01 85 27 35 33, Fax 0 18 56 27 93, www.eurose.it/astoria. Jugendstilvilla am Meer. ○○
Bandoni, Via Marsala 24, Tel. 0 18 55 04 23, Fax 0 81 55 72 06. Ansprechendes Familienhotel mit Meerblick von vielen Zimmern. ○–○○

U Giancu, Via San Massimo 78, Tel. 01 85 26 05 05. Originelle Cartoons, vegetarische Küche. ○○

Auf dem Weg nach Chiavari

In **Lorsica** und **Zoagli,** Badeorten auf dem Wege nach Chiavari, spezialisierte man sich auf das Weben edelster Seidenstoffe, mit denen europäische Fürsten- und Königshäuser beliefert wurden. Die Firma Gaggioli webt ihre Seidensamtstoffe bis heute auf einem Handwebstuhl des 18. Jhs. Billig sind die Stoffe nicht. Kein Wunder: Die Tagesproduktion liegt bei drei Metern.

Vor Chiavari kommt steil über dem Meer die Wallfahrtskirche *Madonna delle Grazie (um 1430) ins Blickfeld. Ihren Innenraum hat der ligurische Künstler Teramo Piaggio mit einem bedeutenden Freskenzyklus ausgemalt: Die 1539 geschaffenen Szenen aus dem Leben Jesu bestechen durch ihre rosa und seegrünen Pastelltöne. Von Luca Cambiaso stammt das »Jüngste Gericht« (Mitte des 16. Jhs.).

Chiavari und Lavagna

Die Via Aurelia, die sich durch das Städtchen **Chiavari** zieht, wird im Ortszentrum zur Via Martiri della Liberazione. Mit ihren Arkaden und ihren vielen Läden ist sie bis heute die Hauptgeschäftsstraße der Stadt – wie zu mittelalterlichen Zeiten, als Chiavari im 12. Jh. von den Genuesen als Grenzfeste gegen die Fieschi-Besitzungen am anderen Ufer des Entella-Flusses angelegt wurde.

Ihre Glanzzeit erlebte die Stadt im Mittelalter. Sie war ein Warenumschlagplatz für den Handel mit der Po-Ebene und wurde mit Burg sowie Ringmauer so gut befestigt, dass selbst Reisende des 16. Jhs. den Ort zu den schönsten ummauerten Städten Europas zählten. Doch die Mauern fielen im 18. Jh., um Platz für neue Palazzi und Wohnhäuser zu schaffen.

1
Seite 559

An der ligurischen Riviera nützen Sonnenhungrige jedes Fleckchen

Chiavari gibt sich heute als moderner Seebad. Die imposantesten Bauwerke sind der weite Palazzo Rocca (1629) mit Pinakothek, gleich daneben liegt das archäologische Museum (Via Costaguta 4, Di–Sa sowie 2. und 4. So im Monat 9–13.30 Uhr), das Fundstücke der vorrömischen Nekropole präsentiert. Sehenswert sind auch die mächtige, im 19. Jh. umgebaute barocke Kathedrale und der mittelalterliche Palazzo dei Portici Neri (Via Ravaschieri 27–33).

Nur die Brücke über die Entella trennt Chiavari von **Lavagna,** dessen Jachthafen mit 1600 Ankerplätzen der größte von Europa ist. Während die Bewohner von Chiavari brave, gehorsame Untertanen von Genua waren, pochten die in Lavagna herrschenden Grafen Fieschi jahrhundertelang auf ihre Unabhängigkeit. Papst Hadrian V., ein Angehöriger dieser mächtigen Adelsfamilie, ließ im 13. Jh. im nahen Dorf San Salvatore dei Fieschi die *Basilica dei Fieschi errichten, einer der schönsten romanisch-gotischen Bauten Liguriens – zusammen mit dem benachbarten Palazzo dei Fieschi ein steinernes Machtsymbol.

IAT, Corso Assarotti 1, I-16043 Chiavari, Tel. 01 85 32 51 98, Fax 01 85 32 47 96.

Monte Rosa, Via Marinetti 6, Tel. 01 85 30 03 21, Fax 01 85 31 28 68, www.hotelmonterosa.com Einladendes Haus im Stadtzentrum. OO

▮ **Mare e Monti,** Sant'Andrea di Rovereto, Via Aurelia 86, Tel. 01 85 31 80 68, Fax 01 85 31 80 68, E-Mail: mareemonti@tin.it Familiäre Atmosphäre und schöner Blick auf den Tigullio-Golf. O

▮ **Villa le Rose,** Salita Bacezza 13, Tel. 01 85 30 34 93. Preiswerte Unterkunft in betagter Villa. O

Cantina Reggiana, Via G. Raggio 27, Tel. 01 85 30 83 38. Hier wird ligurische Hausmannskost in netter Atmosphäre aufgetischt. OO

▮ **Luchin,** Via Bighetti 51–53, Tel. 01 85 30 10 63. Nirgendwo wird der ligurische Kichererbsenkuchen stilvoller serviert; das Interieur stammt von 1907! O

Sestri Levante

Sestri Levante ist ein beschauliches Seebad, dessen Altstadt noch viel Atmosphäre bewahrt hat. Romantisch gibt sich die Seepromenade, die sich an der **Baia delle Favole** hinzieht. Auf der weit ins Meer reichenden Isola steht die romanische Kirche **San Nicolò dell'Isola** (12. Jh.), nicht weit davon liegt der Eingang zum Parco dei Castelli (nur für Hotelgäste). Hier steht der **Marconi-Turm,** in dem der Physiker Guglielmo Marconi (1874–1937) mit UKW-Wellen experimentierte.

 IAT, Piazza Sant'Antonio 10, I-16039 Sestri Levante, Tel. 01 85 45 70 11, Fax 01 85 45 95 75.

 Grand Hotel dei Castelli, Via alla Penisola 26, Tel. 01 85 48 57 80, Fax 0 81 54 47 67, www.rainbownet.it/htl.castelli. First-Class-Hotel in mittelalterlicher Stilimitation, inmitten des Parco dei Castelli gelegen. Mit Lift zum Meer. ○○○

▮ **Due Mari,** Via Coro 18, Tel. 0 18 54 26 95, Fax 0 18 54 26 98. Moderner Komfort in einer schön gelegenen Villa. ○○

1

Seite 559

»Lavagna« aus Lavagna

Schiefertafeln, die lavagne, die früher in jeden Schulranzen gehörten, kamen aus dem ligurischen Ort Lavagna, einer Hochburg der italienischen Schieferproduktion. Bis heute werden in der Valle di Fontanabuona hinter Lavagna, in fast 1000 m Höhe, noch kilometerlange Stollen in die Berge getrieben, um dieses aus Kiesel, Tonerde, Kalziumkarbonat, Magnesium, Eisen und Wasser bestehende Gestein zu brechen. Vor 50 bis 60 Millionen Jahren hatte es sich abgelagert, und schon die ligurischen Ureinwohner nutzten es für eisenzeitliche Gräber und Grabumzäunungen. Ein regelrechter Schieferboom setzte dann im 13. Jh. ein, als die Bildhauer erkannten, dass sich dieses Material leicht bearbeiten ließ: zu Kapitellen, Weihwasserbecken, Portalplastiken, zu Fußböden in noblen Adelspalästen und strengen Klöstern.

Aus Schiefer und Marmor sind die dunkelgrau-weiß gestreiften Kirchenfassaden (wie San Salvatore dei Fieschi bei Lavagna), die zum ligurischen Landschaftsbild gehören – ganz zu schweigen von den unzähligen Dächern, die mit Schieferplatten gedeckt wurden. Ein ligurisches Gesetz verlangt, dass ein Schieferdach wieder nur durch ein Schieferdach ersetzt werden darf.

Auf die Kunst, einen Schieferblock in dünne, völlig glatte Platten von acht, sechs, ja gar drei Millimeter Stärke zu spalten, verstehen sich heute noch etliche „spacchìn“. Doch verschwunden sind die Prozessionsgängerinnen des Schiefers: junge und ältere Frauen, die im 19. Jh. bis zu 70 Kilo schwere Schieferplatten auf dem Kopf transportierten. Einträglich ist die Schieferindustrie heute nur noch in der Fontanabuona. Für Billardtische gibt es kein besseres Material als ligurischen Schiefer, der sich auch bei zeitgenössischen Architekten zunehmender Beliebtheit erfreut.

Pittoreske *Cinque Terre

2

Seite 568

**Levanto → Monterosso al Mare →
Vernazza → Corniglia → Manarola
→ Riomaggiore (ca. 45 km)**

Adlerhorsten ähnlich kleben die
kleinen Dörfer der »Cinque Terre« mit
ihren bunten, zusammengewachsenen Häusern an der Felsenküste. Als
»Paradies auf Erden« hat schon Lord
Byron diesen Küstenstrich bezeichnet. Bis zum 19. Jh. tranken die Einheimischen den Wein, den sie mühsam an den Hängen anbauen, noch
allein und in völliger Abgeschiedenheit. Heute teilen sie ihn mit den vielen Touristen, die zu jeder Jahreszeit
in die Dörfer mit den steilen Gassen
und den handtuchgroßen Plätzen
kommen. Schlechte Zufahrtsmöglich-
keiten haben die Cinque Terre bisher
vor dem Massenansturm bewahrt.
Umso mehr kommen Wanderer auf
ihre Kosten, die gut markierte Wege,
atemberaubende Ausblicke und gemütliche Einkehr finden. Einen Tag
sollte man für diese Tour einplanen.

Um Missverständnissen vorzubeugen:
Die 45 km Routenlänge sind eine rein
theoretische Angabe. Denn niemand-
dem würde es einfallen, die *Cinque
Terre* per Auto abzufahren – was zwar
möglich ist, aber an Wahnwitz grenzt.
Die Stichstraßen, die zu den »fünf
Dörfern« Monterosso, Vernazza, Corniglia, Manarola und Riomaggiore hinunterführen, sind schmal, steil und
kurvenreich; die ohnehin raren Parkplätze an den Ortsrändern sind den
Einheimischen vorbehalten. Doch vor

*Natur und Mensch haben hier pittoresk
zusammengearbeitet*

allem bringt man sich bei einer
Autofahrt um den Cinque-Terre-Ge-
nuss, den man nur zu Fuß erleben
kann.

Tipp Für Wanderer bieten die Cinque
Terre ein reiches Betätigungs-
feld. Neben dem **Sentiero Azzurro,**
dem »blauen Weg«, der hoch über
dem Meer durch die Dörfer führt, je
nach Wetter und Jahreszeit aber überlaufen sein kann, bietet sich der
Kammweg **Sentiero Rosso No. 1** an,
der bis auf über 700 m ansteigt, oder
die am Hang verlaufende **Via dei Santuari,** die fünf Wallfahrtskirchen miteinander verbindet (s. S. 565).

Levanto

Das kleine Seebad Levanto kann mit
so manchen Sehenswürdigkeiten aufwarten. Die **Loggia del Comune** an der
Piazza del Popolo stammt mit ihren
auf romanischen Kapitellen ruhenden
Arkaden aus dem 13. Jh., noch dreißig

Jahre älter ist die **Pfarrkirche Sant'Andrea** mit ihrer Streifenfassade. Ein Flachrelief am Oratorio di San Giacomo (16. Jh.) belegt, dass der »Jakobsweg« nach Santiago de Compostela auch durch Levanto führte.

Monterosso al Mare

Etwa vier Stunden dauert der Weg von Levanto bis Riomaggiore. Bis Monterosso al Mare sollte man die Bahn nehmen. Das rechte Cinque-Terre-Ambiente mit zusammengewachsenen Häusern, steilen Gassen und bis auf die Dorfpiazza gezogenen Fischerbooten will hier zwar noch nicht aufkommen. Aber dafür kann Monterosso mit dem einzigen Küstenstrich aufwarten, der den Namen »Badestrand« verdient. In Monterosso liegt auch die älteste der fünf Cinque-Terre-Pfarrkirchen. Dass die Ende des 13., Anfang

des 14. Jhs. erbaute Kirche **San Giovanni Battista** dem genuesischen Schutzpatron Johannes dem Täufer geweiht wurde, deutet auf stabile Herrschaftsverhältnisse: Der Küstenstrich war seit dem Jahr 1276 in Genuas Hand. Aus Genua kamen auch Künstler wie Luca Cambiaso, Bernardo Castello und Bernardo Strozzi, deren Werke (16./17. Jh.) die am Hang gelegene Kapuzinerkirche **San Francesco** (1619) schmücken.

Ein Ziel von Literaturpilgern ist die ziegelrote Villa des Dichters Eugenio Montale (1896–1981, Nobelpreis 1975), der hier viele Sommer seiner Jugend verbrachte. Das Meer wird in seinen Gedichten immer aus der Ferne und Höhe gesehen – wie eben aus diesem Landhaus seiner Familie.

2

Seite
568

Der **Sentiero Azzurro** (Nr. 2, blau-weiße Markierung), der nach Riomaggio-

Auf den Spuren mittelalterlicher Pilger

Man möchte es kaum glauben: Die Bewohner der Cinque Terre, dieser ganz dem Meer zugewandten ligurischen Prachtküste, hatten ursprünglich oben auf den Bergen gesiedelt und von der Landwirtschaft gelebt. Erst zwischen dem 10. und 12./13. Jh. trauten sie sich aus ihren Siedlungen oben am Berghang, die um Klöster und Kirchen entstanden waren, ans Meer hinunter. So wird eine Tour – mit dem Auto, dem Mountainbike oder hoch zu Ross – zu den über den Cinque-Terre-Dörfern gelegenen Wallfahrtskirchen eine Fahrt in die Geschichte dieser faszinierenden Landschaft. Über jedes der fünf Dörfer wacht oben am Berghang ei-

ne kleine Pfarrkirche. Da liegt oberhalb von Monterosso in 465 m Höhe die Kirche Madonna di Soviore, wo im Sommer Konzerte klassischer Musik abgehalten werden. Zu Vernazza gehört die Kirche Nostra Signora di Reggio, zu Corniglia Nostra Signora delle Grazie, zu Manarola Nostra Signora della Salute und zu Riomaggiore schließlich die Kirche Madonna di Montenero, allesamt Marienheiligtümer, welche die Via dei Santuari (»Straße der Wallfahrtskirchen«) verbindet. Erholung von dieser anregenden Tour findet man im Kloster der Madonna di Soviore hoch über Monterosso, wo man preiswert essen und logieren kann (Tel. 01 87 81 73 85; ○).

2

Seite
568

re führt, verläuft noch heute auf mittelalterlichen Saumpfaden, auf denen die Einheimischen schon seit Jahrhunderten Waren transportierten. Kleine, dicht bepflanzte Gärten, archaische Olivenhaine und sorgsam gepflegte Weinberge säumen den Weg, der faszinierende Ausblicke auf die Küste freigibt. Die Landschaft scheint nur aus schmalen, wie von einem Grafiker ersonnenen Geländeterrassen zu bestehen, aus mühsam angelegten Trockenmauern, die ein heftiger Regenguss zerstören kann.

Vernazza

Vernazzas mehrstöckige Häuser sind wie zu einem einzigen, labyrinthartigen Bauwerk zusammengewachsen, schmale Gassen führen an reliefgeschmückten Portalen vorbei, und über den Ort wacht ein aus dem Steilfelsen wachsender mittelalterlicher Rundturm, der ebenso wie der klotzige Sarazenenturm am Hafen längst seine Funktion verloren hat. Treffpunkt ist die kleine Piazza hinter der im 14. Jh. entstandenen Pfarrkirche **Santa Margherita d'Antiochia** direkt am Hafen: Um hier im Ort, wo jeder Meter kostbar ist, keinen Platz zu vergeuden, hat die Kirche eine abgeflachte, dem Platz zugewandte Apsiswand mit eigenem Eingang bekommen. Der achteckige Glockenturm bringt eine charakteristische Note ins Dorfbild.

Corniglia

Im Gegensatz zu den anderen Dörfern liegt Corniglia nicht direkt am Meer, sondern streckt sich auf einem 100 m hohen, schiffsbugartigen Felsen aus. Nicht Fischer, sondern Weinbauern sind hier zu Hause. Sehr rar ist der

bernsteinfarbene *Sciacchetrà*-Wein, der aus wochenlang gedörrten Trauben gepresst wird. Nicht weniger süffig ist der Weißwein *Cinque Terre DOC*, der ebenso aus Albarola-, Bosco- und Vermentino-Trauben gewonnen wird. An der Pfarrkirche **San Pietro** (1335) fällt eine Fensterrose aus Carrara-Marmor auf. Fast Schwindel erregend ist der Blick von der Belvedere-Terrasse auf die Küste, zu der 377 Stufen hinunterführen.

Manarola

Unten am Bahnhof führt der Wanderweg dann weiter nach Manarola. Die rosa, rostbraunen, gelben und hellgrünen Häuser drängen sich dicht aneinander. Auch hier findet sich eine gotische Pfarrkirche: **San Lorenzo** aus dem 14. Jh. mit einer marmornen Fensterrose. Die Piazza ist klein und der Hafen so winzig, dass die bunten Fischerboote an Land gezogen werden müssen.

Die wohl edelste Genossenschaftskantine Italiens ist die von 250 Cinque-Terre-Bauern gegründete **Cooperativa** in Groppo oberhalb von Manarola, wo es außer schlanken Weißweinflaschen auch lokalen Grappa zu kaufen gibt (Tel. 01 87 92 04 35).

Riomaggiore

Die **Via dell'Amore** verbindet mit einem bequemen, in senkrechte Felsen gehauenen Steig Manarola mit Riomaggiore. In Wirklichkeit wurde der Weg in den 1930er-Jahren nicht für romantische Mondscheinpromenaden

Weinterrassen um Corniglia

Viel Platz haben die Berge für Riomaggiore nicht gelassen

angelegt, sondern um rascher zu einem hier gelegenen Pulvermagazin zu gelangen.

Wiewohl Riomaggiore von La Spezia her auch auf einer Straße zu erreichen ist, atmet man hier noch den Geist vergangener Zeiten. Einer der ersten Touristen im Dorf war der Maler Telemaco Signorini. Der führende Vertreter der italienischen »Macchiaioli«-Künstlergruppe, die sich zum impressionistischen Malen in der Natur bekannte, kam zum ersten Mal 1860 nach Riomaggiore, vierzehn Jahre vor der Eisenbahn. »Mehr als von Häusern ist der Bach … von Spelunken gesäumt, aus denen jeder nur erdenkliche Dreck herausrinnt«, schrieb er von seiner ersten Begegnung mit dem östlichsten Cinque-Terre-Dorf. Trotzdem ging es Signorini nicht anders als jedem Besucher von heute: Die Cinque Terre mit ihren Märchendörfern ließen ihn nicht mehr los. Signorini verbrachte von 1892 bis 1899 jeden Sommer hier und hielt auf der Leinwand viele

charakteristische Winkel von Riomaggiore fest. Ihm zu Ehren ist im Dorf, das mit seinen vielstöckigen Häusern jeden Augenblick in den tief eingeschnittenen Rio Major abzurutschen scheint, die Hauptstraße benannt, die vom Bahnhof zur Kirche ansteigt.

Die gotische Pfarrkirche **San Giovanni Battista** wurde als letzte der Cinque-Terre-Kirchen um 1340 begonnen. Aus dieser Zeit ist die Fensterrosette erhalten.

Infos

ℹ️ **IAT,** Via Fegina, I-19016 Monterosso al Mare, Tel. 01 87 81 72 04 und 01 87 81 75 06.

Fährverbindungen: Wer die Cinque Terre per Schiff erreichen möchte, kann das von Portovenere, im Hochsommer auch von Rapallo, Chiavari, Levanto, Lerici oder La Spezia aus.

TOUREN 2 UND 3

0   5km

Porto Roca, Monterosso al Mare, Via Corone 1, Tel. 01 87 81 75 02, Fax 01 87 81 76 92, www.portoroca.it. Senkrecht über dem Meer mit faszinierender Aussicht. ○○○

▮ **Palme,** Monterosso al Mare, Via IV Novembre 18, Tel. 01 87 82 19 13, Fax 01 87 82 90 81. Gepflegt und von einem schönen Garten umgeben. ○○

▮ **Ca' d'Andrean,** Manarola, Via Discovolo 101, Tel. 01 87 92 00 40, www.cadandrean.it. Komfort in einer ehemaligen Ölmühle. ○

▮ **Due Gemelli,** Campi bei Riomaggiore, Via Litoranea 9, Tel./Fax 01 87 92 01 11. Unvergleichlich schöne Lage hoch über dem Meer, umgeben von Weinbergen. ○

Gambero Rosso, Vernazza, Piazza Marconi 7, Tel. 01 87 81 22 65. Ein Klassiker mit Atmosphäre und gepflegter Küche. ○○–○○○

▮ **Ristorante Cecio,** Corniglia, Via Serra, Tel. 01 87 81 21 38 und 01 87 81 20 43. Lokale Küche, Garten mit Meeresblick. ○○

▮ **De Mananan,** Vernazza, Via Fieschi 117, Tel. 01 87 82 11 66. Rustikale »Osteria« in einem Palazzo des 14. Jhs., nicht nur Fisch. ○○

▮ **Cappun Magro,** Casa di Marin, Groppo-Riomaggiore, Via Volastra 19, Tel. 01 87 92 05 63. Ligurische Spezialitäten mit Blick auf Manarola. Nur abends geöffnet. ○

2

Seite 568

Tipp Für erfahrene Bergsteiger bietet sich eine Wanderung auf der **Alta Via delle Cinque Terre** an. Diese acht- bis neunstündige Bergtour führt anfangs zu dem Aussichtskap Punta Mesco bei Monterosso, schließlich bis zur 330 m hohen Colla di Gritta sowie zur Wallfahrtskirche Madonna di Soviore (s. Exkurs S. 565). Man folgt dem Weg Nr. 1 zwischen dem blauen Meer und dem grünen, einsamen Gebirge.

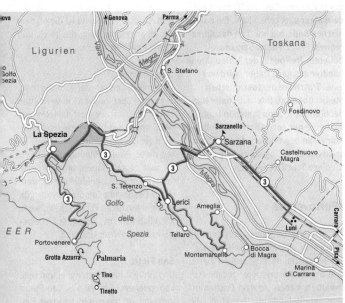

Zwischen Kriegs- und Marmorhäfen

*Portovenere → La Spezia → Lerici → Sarzana → Luni (ca. 85 km)

Das Arsenal für Kriegsschiffe, die seit 150 Jahren in La Spezia hergestellt werden, hat der Stadt einen militärischen Anstrich gegeben, und kriegerische Auseinandersetzungen hat es in vergangenen Zeiten oft auch um die Burg von Lerici gegeben. Doch nicht Waffengewalt haben diese Gegend in aller Welt berühmt gemacht, sondern ihre landschaftliche Schönheit. Die Romantiker waren hier zu Hause, der Schweizer Maler Arnold Böcklin, die englischen Dichter Lord Byron und Percy B. Shelley, der in diesem »Golf der Dichter« auf dem Meer ums Leben kam. Ein italienisches Bilderbuchdorf ist das Korsarennest Portovenere. Sarzana, ein beliebter Treffpunkt der Antiquitätenhändler aus ganz Italien, wird von einer Trutzfeste der toskanischen Medici überragt. Internationaler Handel blühte vor 2000 Jahren in Luni, wo heute nur noch stimmungsvolle Ruinen an den reichen Marmorhafen erinnern. Einen Tag sollte man sich für diese Tour Zeit nehmen.

*Portovenere

Als gewiefte Seefahrer wussten die Genuesen, wie im Mittelalter ein sicherer Küstenort auszusehen hatte. Und als sie Portovenere im Jahr 1113 erwarben, gaben sie dem Fischerdorf eine städtebauliche Struktur, die selbst den Attacken erfahrenster Korsaren widerstehen konnte. Als genuesische Grenzfeste musste Portovenere jeden Moment mit feindlichen Angriffen rechnen, mit Piratenüberfällen oder mit Aggressionen von der pisanischen Burg in Lerici am gegenüberliegenden Ufer des Golfs: daher die zum Meer hin geschlossene Häuserfront, die leicht zu verteidigen war, daher die engen, winkligen Gassen, die bei Gefahr in Sekundenschnelle verriegelt wurden. Die Häuser wuchsen damals aus militärischen Erfordernissen direkt aus den Felsen heraus. Im Ernstfall konnten die Klippen mit rutschigem Talg beschmiert werden, während die Frauen aus den Fenstern Teer oder heißes Öl auf die Feinde gossen. So wurden die Gegner mit simplen, aber wirksamen Methoden vertrieben. Genua hatte Portovenere, um dessen strategische Bedeutung es wusste, von Anfang an mit Samthandschuhen angefasst, hatte es mit einem Kastell und zwei Kirchen ausstaffiert. Ortsbeherrschend ist die ab dem 12. Jh. angelegte Burg, die im 16. und 17. Jh. erweitert wurde.

San Lorenzo

Bemerkenswert an der romanischen, 1131 von Papst Innozenz II. geweihten Kirche sind in der Portallünette das »Martyrium des hl. Lorenz« und im Innern ein kleines Marienbild: Engel sollen diese »Weiße Madonna« auf Pergament gemalt haben, um 1399 eine verheerende Pestepidemie abzuwenden. Besonders eindrucksvoll gibt sich die Kirche im Fackelschein, wenn sie alljährlich am 17. August Ziel einer nächtlichen Prozession wird.

San Pietro

Das äußerst malerisch auf einem Felskap gelegene Gotteshaus San Pietro entstand ab 1250, ein strenger Bau

*Umbrandete Kirche: San Pietro
in Portovenere*

mit einer später angelegten vierbogigen Loggia, die einen wundervollen Blick auf die Cinque Terre bis zur Punta Mesco freigibt. Am Fuß des Felsens erinnert die **Grotta Byron** an den englischen Romantiker, der sich – nach langen Schwimmtouren – gern hierher zurückzog, um mit lauter Stimme seine Verse zu deklamieren.

Am Hafen

Eine lange Freitreppe führt zur **Calata Doria** am Hafen zurück, wo vor farbigen Häusern buntes Treiben herrscht. Schmale Gassen gehen von hier zur **Via Capellini,** der malerischen Hauptstraße, in der man viele Läden mit eleganten Schieferportalen findet.

Das sonntägliche Fischessen vor den Fischerpalästen in Portovenere ist eine Institution. Total überfüllt – natürlich mit Einheimischen – ist die **Trattoria Iseo,** Calata Doria 9, Tel. 01 87 79 06 10. ◯◯

Isola Palmaria und Isola del Tino

Unerlässlicher Bestandteil eines Besuchs von Portovenere ist eine 10-minütige Bootsfahrt zur **Isola Palmaria,** einer mit dichtester Macchia bewachsenen, höhlenreichen Felseninsel, auf der Reste steinzeitlicher Siedlungen ans Tageslicht gekommen sind. Die

Ruinen der Abtei San Venerio (11. Jh.) liegen auf der sehr viel kleineren **Isola del Tino,** die nur zum Venerius-Fest am 13. September und am darauf folgenden Sonntag besucht werden darf.

IAT, Piazza Bastreri 1, I-19025 Portovenere, Tel. 01 87 79 06 91, Fax 01 87 79 02 15.

Paradiso, Via Garibaldi 34, Tel. 01 87 79 06 12, Fax 01 87 79 25 82, www.paradisohotel.net. Familiäre Atmosphäre, prachtvolle Lage. ◯◯

Taverna del Corsaro, Calata Doria 102, Tel. 01 87 79 06 17. Fisch ist König in diesem stimmungsvollen Lokal. ◯◯
❚ **Antica Osteria del Carrugio,** Via Capellini 66, Tel. 01 87 79 06 17. Sympathisches, altertümlich eingerichtetes Restaurant im Zentrum. ◯
❚ **Locanda Lorena** auf der Palmaria-Insel, Tel. 01 87 79 23 70. Prachtvolle Aussichtsterrasse zum Speisen und acht Zimmer für einen erholsamen Aufenthalt. ◯◯

La Spezia

Als Napoleon 1797 Ligurien eroberte und in La Spezia einzog, war er von dem kaum 3000 Seelen zählenden Fischerdorf begeistert: »Es ist der schönste Hafen der Welt, seine Reede ist besser geschützt als die von Toulon, und er kann sowohl vom Lande als auch vom Meer her leicht verteidigt werden.« Der Korsenkaiser hatte große Pläne im Kopf, wollte La Spezia in einen Militärhafen verwandeln und hier 12 000 Personen ansiedeln. Doch politische Schicksalsschläge ließen ihm keine Zeit zu diesem Projekt, das um 1860 von den Politikern des eben

3

Seite 569

3

Seite
569

Leuchttürme weisen den Weg übers Meer und sind beliebter Treffpunkt

Gleichklang der Arkaden auf der Piazza Verdi in La Spezia

geeinten Italiens wieder aufgenommen wurde. La Spezia bekam ein Arsenal und später einen Handelshafen. Heute ist die Stadt mit 98 000 Einwohnern die zweitgrößte Liguriens und Italiens wichtigster Marinestützpunkt. Doch ihr wirtschaftliches Gewicht entspricht nicht der touristischen Bedeutung. La Spezia präsentiert sich modern und recht anonym. Einige Sehenswürdigkeiten verdienen aber

Prämierungswürdig

Als Europas schönstes Museum ist 1999 das **Museo Amedeo Lia** von einer EU-Kommission nominiert worden. Die 1996 in einem restaurierten Franziskanerkloster eröffnete hochkarätige Gemälde- und Kunstsammlung (Tizian, Tintoretto, Pontormo), Stiftung eines Industriellen, ist La Spezias ganzer Stolz. Via del Prione 234, Di–So 10–18 Uhr.

Beachtung. Neben dem Arsenal liegt das **Museo Tecnico Navale,** das römische und griechische Ruderschiffe, Caravellen, mit denen der Ligurer Christoph Kolumbus die Neue Welt entdeckte, und italienische Motorschiffe des 19. Jhs. zeigt. Interessant ist auch die Sammlung von Galionsfiguren: Die 1864 im Atlantik gefundene, barbusige »Atlanta« soll einigen Männern den Kopf verdreht haben (Di, Mi, Do, Sa 9–12 und 14–18, Mo und Fr 14–18, So 8.30–13.15 Uhr).

Das **Museo Civico Formentini** wurde vor kurzem völlig umgestaltet. Es beherbergt nur noch eine volkskundliche Sammlung (Di–So 8–13 Uhr). Die archäologische Kollektion und die berühmten Stelen aus der Lunigiana präsentiert nun das neu eröffnete **Museum im Castello San Giorgio.** Der Fieschi-Bau aus dem 12. Jh. präsentiert jetzt diese abstrakten, steinernen Frauen- und Männergestalten, die ersten europäischen Menschendarstellungen aus der Bronze- und Eisenzeit (um 2000 v. Chr.) in modernem didaktischem Ambiente (tgl. außer Mo 9.30–12.30, 17–20 Uhr; im Winter 14–17 Uhr).

Am Fuß des aussichtsreichen Burghügels liegt die Kirche **Santa Maria Assunta.** Die schöne »Marienkrönung«, eine bedeutende Terrakotta von Andrea della Robbia (um 1500), mag die Kirche darüber hinwegtrösten, dass sie 1975 ihren jahrhunderte-alten Kathedraltitel an die Kirche **Cristo Re** abtreten musste. Dieser neue Dom ist mit seinem kreisförmigen Grundriss eine beachtliche Arbeit des Architekten Adalberto Libera (1903–1963), der sich in den 1920er- und 1930er-Jahren als Vertreter des italienischen Rationalismus hervorgetan hatte.

Überhaupt ist La Spezia reich an Beispielen funktionaler Baukunst: Das **Quartiere Umberto I** nördlich vom Museo Civico wurde im 19. Jh. nach dem Vorbild der französischen »Cités Ouvrières« und der Krupp-Siedlung in Essen als Arbeiterviertel angelegt.

APT, Viale Mazzini 45, I-19100 La Spezia, Tel. 01 87 77 09 00, Fax 01 87 77 09 08.

Firenze e Continentale, Via Paleocapa 7, Tel. 01 87 71 32 10, Fax 01 87 71 49 30, www.hotelfirenze continentale.it. Moderner Komfort in einem älteren Bauwerk. ○○

Aütedo, Viale Fieschi, Ortsteil Marola, Tel. 01 87 73 60 61. Viele ligurische Spezialitäten im alten Seemannsviertel. ○○

Tipp Ein nächtliches Feuerwerk begleitet die **Ruderregatta »Palio del Golfo«,** die alljährlich am ersten Augustsonntag stattfindet.

San Terenzo, Lerici, Tellaro

Die weite Bucht von La Spezia wird auch als »Golf der Dichter« bezeichnet. Denn die an ihrer Ostseite gelegenen Dörfer haben im 19. Jh. viele romantische Gemüter angezogen. In **San Terenzo** hielten sich der Schweizer Maler Arnold Böcklin und die eng-

Das Shelley-Museum gedenkt eines rivieraverliebten Dichters

Seite 569

lischen Dichter Lord Byron und Percy B. Shelley auf. Im Juni 1822 hatte Shelley mit der Arbeit an »The Triumph of Life« begonnen. Anfang Juli segelte er zu seinem Freund Lord Byron und zum Schriftstellerkollegen James H. L. Hunt nach Pisa, geriet aber auf der Rückreise in einen Sturm und ertrank. Von der Villa Magni (Privatbesitz) ging Shelleys tragische Fahrt aus. Im Jahr 2002 soll im Kastell von San Terenzo ein großzügiges Literaturmuseum für Shelley und seine Frau Mary Wollstonecraft, Schöpferin der Frankensteinfigur, eröffnet werden.

Tipp Computerrekonstruierte Dinos und simulierte Erdbeben des Ende 1998 eröffneten **Museo Paleontologico** in der Burg von San Terenzo sind ein Renner! (Nov.–März Di–Sa 9–13 und 14.30–17.30, So, Fei 9–18, April–Juni, Sept, Okt. Di–So 9–13 und 15–19, Juli/Aug. 10–13 und 17–24 Uhr.)

Der touristische Bauboom hat San Terenzo mit **Lerici** verschmolzen und beiden Orten viel von ihrer Atmosphä-

Mächtig, auf jeden Feind gefasst erhebt sich die Festung Sarzanello über Sarzana

Hafenidylle in Tellaro

3

Seite 569

re genommen. Ortsbeherrschend ist in Lerici die imposante, im Jahr 1241 erbaute Burg.

Winzige Badebuchten und stimmungsvolle Höhlen liegen an der Küste zwischen Lerici und **Tellaro,** das sich mit seiner aus den Felsen wachsenden Kirche und den farbigen, verschachtelten Häusern noch den Charme eines Fischerdorfes bewahrt hat. D. H. Lawrence ließ sich im nahen Fiascherino nieder; der italienische Schriftsteller und Regisseur Mario Soldati fand in Tellaro seine zweite Heimat.

IAT, Via Baggini 6, I-19032 Lerici, Tel./Fax 01 87 96 73 46.

Byron, Via Biaggini 19, Tel. 01 87 96 71 04, Fax 01 87 96 74 09, E-Mail: hbyron@cdh.it
Direkt am Meer gelegen mit entsprechend faszinierender Aussicht. ○○

▮ **Villa Maria Grazia,** Fiascherino, Tel. 01 87 96 75 07. Wenige Zimmer inmitten biblischer Olivenhaine. ○–○○

La Marina di Tellaro, Loc. Tellaro, Piazza Figoli 3, Tel. 01 87 96 47 13. Fischspezialitäten auf der zentralen Piazza. ○○

Montemarcello und Ameglia

Wie eine Galionsfigur schiebt sich **Montemarcello** auf seinem Kap gegen das Meer vor. Schmale Gassen zwischen steinernen oder rosafarbenen Häusern, Jasminduft und eine prachtvolle Aussicht haben viele Mailänder VIPs und Intellektuelle angezogen, die sich in alten Bauernhäusern, ausgedienten Ölmühlen und mittelalterlichen Wachttürmen niedergelassen haben.

Auf einer Höhenstraße oder über das Seebad Bocca di Magra gelangt man nach **Ameglia.** Um einen Burghügel drängen sich hohe, schmale Bauern- und Fischerhäuser aus den vergangenen 300 Jahren; vom Kirchenvorplatz genießt man einen herrlichen Ausblick auf die Ebene von Luni und die Apuanischen Alpen, die schon zur Toskana gehören. Auch kulinarisch hat Ameglia einiges zu bieten.

Paracucchi-Locanda dell'Angelo, Ameglia, Viale XXV Aprile 60, Tel. 0 18 76 43 91. Das an ein Hotel angeschlossene Restaurant zählt schon seit Jahren zu den besten italienischen Gastronomietempeln. ○○○

▮ **Dai Pironcelli,** Montemarcello, Via della Mura 45, Tel. 01 87 60 12 52. Lokale Fisch- und Fleischgerichte, serviert mit Charme. ○○

Sarzana

Sarzana wäre niemals zu seiner heutigen Bedeutung angewachsen, wenn sich nicht vom 10. Jh. an Flüchtlinge aus dem nahen, versumpfenden Luni hier angesiedelt hätten. 1204 wurde auch der Bischofssitz hierher verlegt. So wurde Sarzana wegen seiner für Krieg, Kommunikation und Kommerz günstigen Lage hofiert wie kaum eine andere Stadt: von Pisa, Lucca, Mailand, Genua und Florenz.

Im Auftrag von Lorenzo de' Medici entstand 1488 die mächtige, von Wall-gräben umgebene **Cittadella,** an der auch Renaissancebaumeister Giuliano da Sangallo mitwirkte.

Noch eindrucksvoller ist die nordöstlich der Stadt auf einem Hügel gelegene Festung **Sarzanello** mit einem dreieckigen Grundriss. Trotz zahlreicher Umbauten hat die Feste ihr trutziges Äußeres bewahrt und bietet heute kulturellen Veranstaltungen ein Zuhause.

Toskanische Baukünste prägen auch die Altstadt. Die romanisch-gotische Kathedrale ***Santa Maria Assunta** (13./15. Jh.) bewahrt erstaunliche

Seite 569

3

Die Wanderbuchhändler aus der Lunigiana

Dass die Lunigiana in vergangenen Zeiten kein entlegenes Tal war, bezeugen die vielen Burgen und Burgruinen, die über den Ortschaften aufragen.

In den romanischen Kirchen des Tals trafen künstlerische Einflüsse aus Ligurien, der Lombardei, der Toskana und der Emilia zusammen. Auch die faszinierenden Stelenstatuen, die in Pontremoli und in La Spezia zu sehen sind, zeugen von hoher bildhauerischer Qualität. An die 60 dieser rätselhaften anthropomorphen Sandsteinstatuen sind im Tal entdeckt worden, wo sie vor 3000 bis 5000 Jahren entstanden.

In Pontremoli, dem Hauptort der schon toskanischen Lunigiana, die sich von Sarzana gegen die Apenninpässe vorschiebt, wird heute alljährlich der »Premio Bancarella« vergeben, einer der angesehensten und von verlegerischen Schachzügen kaum manövrierten italienischen Literaturpreise. Die Jury besteht ausschließlich aus Buchhändlern – denn Buchhändler haben den Ruf der Lunigiana in alle Welt getragen. Das Leben war im 19. Jh. hart und karg in diesem armen Apennintal, und so versuchten die Einheimischen ihr Glück als Wanderhändler: anfangs mit Messern und Schleifsteinen, mit Wolle sowie Garnen. Und dann mit Büchern. Die Männer beluden ihre Rückenkiepe mit neuen und gebrauchten Büchern, stellten auf Märkten und Dorfplätzen ihre bancarella auf, ihren Bücherstand. Und sie machten ihr Glück. Aus der Lunigiana stammende Familien wie die Bertoni, die Fogola, die Giovannacci, die Lorenzelli, die Maucci und die Tarantola wurden die größten italienischen Buchhändler, deren Nachfahren bis heute in norditalienischen Städten anzutreffen sind. Auf dem Hauptplatz des Lunigiana-Dorfes Montereggio erinnert ein Denkmal an die große Tradition der Wanderbuchhändler.

Antiquitätenmarkt in Sarzana

Kunstwerke, darunter das toskanische *Kreuz des Meisters Guglielmo (1138) und zwei marmorne Flügelaltäre von Leonardo Riccomanni aus Pietrasanta (15. Jh.).

Sarzana, heute ein kleiner, eher verschlafener Ort, war in der Vergangenheit ganz und gar keine Provinzstadt. Im Mittelalter zogen Pilger durch die Straßen: auf der Via Francigena nach Rom und ins Heilige Land, auf dem Cammino di Santiago nach Compostela.

Trödel und Antiquitäten

Jedes Jahr im August kommen Trödler aus ganz Italien nach Sarzana, um bei der **Soffitta in strada** ihre Altwaren in den Altstadtgassen auszubreiten, während die Antiquitätenhändler ihre wertvollen Altertümer im prachtvollen Palazzo degli Studi ausstellen.

Tipp Für Weinkenner lohnt sich ein Ausflug nach Castelnuovo Magra. In der **Enoteca pubblica** im Rathaus (Tel. 01 87 67 53 94) und in der alten Mühle **Mulino del cibus** (Tel. 01 87 67 61 02) in Canale bekommt man beste ligurische Tropfen.

Luni

Die Römer hatten die Siedlung Luni im 2. Jh. v. Chr. als antiligurische Militärfestung anlegen lassen, die sich bald zu einem lebendigen Hafen entwickelte. Hier wurden Wein und Käse aus der (toskanischen) Lunigiana, Holz aus den Apenninwäldern und v. a. Marmor aus den »Lunae Montes«, den Apuanischen Alpen, nach Rom verschifft. Doch mit dem Niedergang des römischen Imperiums ließ die Nachfrage nach Marmor nach. Zudem schwemmte der Magra-Fluss so viel Material an, dass Luni zu verlanden begann. Die Bevölkerung siedelte nach Sarzana um, der Hafen verwaiste.

Bei Ausgrabungen ab 1837 kamen ein Forum, ein Dianatempel, ein Theater und mit Mosaiken sowie Fresken ausgeschmückte Villen wie die **Casa dei Mosaici** (3./4. Jh. v. Chr.) und die **Casa degli Affreschi** ebenso ans Tageslicht wie ein 5000 Zuschauer fassendes **Amphitheater**.

Im **Museo Archeologico Nazionale** belegen Statuen und Kaiserbüsten das erstaunliche künstlerische Niveau im antiken Hafen Luni, heute 2 km vom Meer entfernt. Zudem gibt das Museum Einblicke in die Marmorgewinnung zur Römerzeit (Di–So 9 bis 19 Uhr).

Il Cantinone,
Via Fiasella 59, Sarzana,
Tel. 01 87 62 79 52. Traditionsreiche Küche im ehemaligen Weinkeller. ○○

Tour 4

Keramik, Kunst und Kammermusik

Varazze → Albisola Marina → Savona → (Millesimo →) Noli → Finale Ligure → *Verezzi → Toirano → *Albenga → Alassio → Laigueglia → *Cervo (ca. 100 km, ohne Ausflug ins Hinterland)

Mediterrane Seepromenade in Albisola Marina

Die modernen Keramikkünstler von Albisola sind so fleißig und einfallsreich, dass sie die Strandpromenade mit ihren Werken gepflastert haben. Mittelalterliche Künstler haben Noli und die vieltürmige Stadt Albenga bereichert, die schöne Piazza von Verezzi wird im Sommer zur Theaterkulisse, der Kirchenvorplatz von Cervo zur Bühne internationaler Kammermusikkonzerte. Kultur wird groß geschrieben in den Orten dieser Route, die in den Höhlen von Toirano weit in die ligurische Vorgeschichte zurückführt. Ganz dem Zeitgeist hat sich die Provinzhauptstadt Savona verschrieben, in deren Hafen Fiats und Lancias den Weg in die Welt antreten. Zwei Tage sollte man für die kulturelle Reise einplanen; wer auch die Bergwelt erkunden will, muss noch einen Tag mehr rechnen.

Varazze

Varazze wartet neben Segelschiffswerften und einem 1,5 km langen Sandstrand auch mit der Pfarrkirche **Sant'Ambrogio** auf, die auf dem Fundament eines romanisch-gotischen Vorgängerbaus errichtet wurde, von dem noch der Glockenturm erhalten

ist. Den Innenraum schmücken das mehrteilige Altarbild »Der hl. Ambrosius mit Heiligen und musizierenden Engeln« des genuesischen Malers Giovanni Barbagelata (um 1500) und ein Mariengemälde von Luca Cambiaso, einem ligurischen Künstler des 16. Jhs.

4

Seite 581

1935 stellte Giuseppe Olmo aus dem Badeort **Celle Ligure** einen Weltrekord im Stunden-Radfahren auf. Seine Erben bauen bis heute Topräder. Fabrikverkauf in Celle Ligure, Via Aurelia 22, Tel. 0 19 99 01 57.

Albisola Marina

Die Begeisterung für Keramik ist in Abisola Marina so groß, dass sogar die Uferpromenade **Lungomare degli Artisti** mit Fliesen gepflastert wurde. Den bunten Fliesenteppich haben zeitgenössische italienische Künstler wie Agenore Fabbri, Lucio Fontana und Aligi Sassu, der Däne Asger Jorn und der Kubaner Wifredo Lam gestaltet. Heute kann man den Keramikern beim Töpfern zuschauen, die Tradition ist seit dem 16. Jh. ungebrochen. Die Geschichte der Keramikindustrie dokumentiert das **Museo Manlio Trucco** in Albisola Superiore (Di–Sa 10–12, 15.30–18.30, So 15–18.30 Uhr; Juli/

Aug. abends geöffnet). Im »oberen« Teil Albisolas bietet die luxuriöse **Villa Gavotti** nur selten Einblick (Infos beim IAT), dafür können der Park und die feinen Innenräume der **Villa Faraggiana** in Albisola Marina bewundert werden (März–Okt. Di–So 15–18.15 Uhr).

IAT, Piazza Sisto IV, I-17012 Albisola Marina, Tel. 01 94 00 20 08, Fax 01 94 00 30 84.

Park Hotel, Albisola Capo, Via Alba Docilia 3, Tel./Fax 0 19 48 23 55. Kleines, aber feines Haus (nur 11 Zimmer). ○○

Gianni ai Pescatori, Corso Bigliati 82, Tel. 0 19 48 12 00. Ligurische Fischgerichte, toskanische Weine und stilvolles Ambiente. ○○○

La Familiare, Piazza del Popolo 8, Tel. 0 19 48 94 80. Der Name ist Programm mit unverfälschter ligurischer Küche. ○○

Abstecher nach Sassello

Wer von Albisola aus einen Abstecher zum 385 m hoch gelegenen **Sassello** (23 km) machen möchte, um hier die typischen »Amaretti«-Mandelplätzchen zu kosten, kommt an dem un-

4

Seite 581

Beigua-Naturpark

Naturfreunde sollten es nicht versäumen, von Varazze aus einen Abstecher auf den 1287 m hohen ***Monte Beigua** (20 km) zu machen. Die Fahrt lohnt sich schon allein wegen des prächtigen Gipfelpanoramas, das an klaren Tagen vom Monte Rosa im Norden bis nach Korsika im Süden reicht. Das Bergmassiv, das unter Naturschutz steht und einen der 13 regionalen Naturparks bildet, ist in der Luftlinie nur fünf bis sechs Kilometer vom Meer entfernt; Klima und Pflanzenwelt weisen deshalb heftige Kontraste auf: Kahle, steile, der Sonne ausgesetzte Südwände mit Mittelmeerklima stehen hier den sanfteren, waldigen Nordhängen gegenüber, deren Vegetation vom kontinentalen Klima bestimmt wird. Dass die Südwände so nackt und öde sind, ist aber nicht nur klimatischen Faktoren zuzuschreiben. Vom Mittelalter an sind die Wälder auf dieser Hangseite für die Indus-

triebetriebe an der Küste wie Werften, Glasfabriken, Eisenhüttenwerke und Ziegelbrennereien bedenkenlos ausgebeutet worden; häufige Waldbrände setzen noch heute den trockenen Kiefernwäldern stark zu. Darüber hinaus mögen viele Pflanzen nicht das Magnesium, das der dunkelgrüne Serpentin des Berges im Laufe der Jahrhunderte angereichert hat. Große Beliebtheit genoss der Monte Beigua dagegen bei den mittelalterlichen Baumeistern, die für die charakteristischen »Zebrafassaden« vieler ligurischer Kirchen und Palazzi gern auf dieses Gestein zurückgriffen. Und lange vor ihnen haben ligurische Hirtenkünstler auf den vegetationsarmen Serpentinwänden des Monte Beigua einzigartige **Felszeichnungen hinterlassen, denen die Wissenschaftler ein Alter von mindestens 5000 bis 6000 Jahren zuschreiben.

scheinbaren Dorf **Stella** vorbei, das seit einigen Jahren einen Zustrom von »politischen« Pilgern zu verzeichnen hat: Es ist Geburtsort und Begräbnisstätte von Sandro Pertini (1896–1990), der, zu faschistischer Zeit verfolgt und inhaftiert, 1978–1985 das Amt des italienischen Staatspräsidenten bekleidete. Er gilt bis heute als Beispiel moralisch-politischer Redlichkeit.

Savona

Wäre Savona (65 000 Einw.) nicht schon seit über 2000 Jahren eine bedeutende Hafenstadt gewesen, hätte man es im 20. Jh. erfinden müssen: Woche für Woche nehmen fabrikneue Fiat- und Lancia-Autos, die in Turin hergestellt werden, von Savonas Hafen aus ihren Weg in alle Welt.

Die Geschichte der Stadt ist auf das Engste mit dem nahen, sehr viel kleineren **Vado Ligure** verbunden: Wie auf einer Wippe erlebte der eine Ort einen Niedergang, wenn der Nachbarort einen politisch-wirtschaftlichen Aufschwung verzeichnen konnte. Zur Zeit der Punischen Kriege war Savona als Verbündeter Hannibals »in«, unter den Römern war es Vado, im Frühmittelalter zuerst Savona und dann wieder Vado, bis der italienische König Berengar II. Savona im 10. Jh. zur Hauptstadt eines Teils der Mark Ivrea erhob und Vado von da an für immer im Schatten der Nachbarin stand. Doch auch Savona selbst waren nicht immer goldene Zeiten beschieden: Im frühen 16. Jh. wurde der Hafen von den Konkurrenz fürchtenden Genuesen zugeschüttet, und im Zweiten Weltkrieg erlitt die Stadt allerschwerste Bombenschäden.

Tipp Wer sich für zeitgenössische Architektur interessiert, sollte sich

Ein mittelalterlicher Festungsturm wacht über den Hafen von Savona

im westlichen Stadtteil von Savona den Hauptbahnhof (1960) und den Palazzo della Provincia (1964) anschauen, beides Werke des namhaften italienischen Baumeisters Pier Luigi Nervi (1891–1979).

Zwischen Hafen und Dom

Aus dem Mittelalter sind am alten Hafen noch drei Türme erhalten, darunter der **Torre di Leon Pancaldo,** benannt nach dem savonesischen Seefahrer, der Magellan 1521 bei seiner Weltumseglung begleitete. Im 15. Jh. bereicherten die Della Rovere, mit Sixtus IV. und Julius II. auf den Papstthron gelangt, ihre Heimatstadt: Sixtus IV. ließ an den Domkreuzgang als Grabstätte seiner Eltern die **Sixtinische Kapelle** anbauen, die im Settecento ihren heutigen Rokokoglanz bekam. 1495 beauftragte Giuliano della Rovere, der spätere Papst Julius II., den toskanischen Architekten Giuliano da Sangallo mit dem Bau des **Palazzo della Rovere** (Innenräume nicht zu besichtigen). Rund hundert Jahre später entstand der heutige Dom. Die

4

Seite **581**

*Gewölbe geben den Takt in der
Festung Priamar an*

Genuesen, die Savona im Jahr 1528 erobert hatten, ließen ein ganzes Viertel
samt dem ehemaligen Dom und Bischofspalast niederwalzen, um an
seiner Stelle die **Zwingfeste Priamar**
(1542/43) zu errichten. Im Innenraum
des an der jetzigen Stelle neu errichteten **Doms** und im anschließenden **Museo del Tesoro della Cattedrale,** das
den Domschatz bewahrt, findet man
u. a. schönes holzgeschnitztes Chorgestühl (Anf. 16. Jh.) und Werke der
Renaissancekünstler Ludovico Brea,
Luca Cambiaso und Albertino Piazza
(Öffnungszeiten: nach Vereinbarung,
Tel. 0 19 82 59 60).

Die nahe Rokokokapelle **Nostra Signora di Castello** bewahrt ein mehrteiliges Altarbild von Vincenzo Foppa
und Ludovico Brea.

Keramikinteressierte finden neben
ligurischen Gemälden eine umfangreiche Sammlung in der ***Pinacoteca
Civica** (Mo–Sa 8.30–13 Uhr, Di, Do
8.30–18.30, Juli/Aug. Mo–Sa 8.30–13,
18.30–23.30 Uhr).

Via Paleocapa und Priamar

Um die Atmosphäre Savonas zu erfassen, sollte man durch die Hauptgeschäftsstraße **Via Paleocapa** und ihre
mittelalterlichen Seitengassen schlendern sowie zur **Festung Priamar** aufsteigen. Dort zeigt das **Museo Archeo-**

logico u. a. eine eindrucksvolle Nekropole und römische Bodenmosaike
(Öffnungszeiten: Di–Sa 10–12.30 und
15–17, So 10–12 Uhr), das **Museo Sandro Pertini** stellt Zeichnungen und
Skizzen zeitgenössischer italienischer
Künstler aus (Mo–Sa 8.30–13 Uhr).

Auf dem **Mercato Coperto** in der
Via Giuria in Hafennähe kann
man sich morgens Kuttelsuppe *(Trip-
pe in brodo)* schmecken lassen, die
als Seemannsfrühstück beliebt ist.

IAT, Via Guidobono 125r,
I-17100 Savona,
Tel. 01 98 40 23 21, Fax 01 98 40 36 72.

Mare, Via Nizza 89,
Tel. 0 19 26 40 65,
Fax 0 19 26 32 77, E-Mail:
Marehtl@tin.it. Modern, elegant
und direkt am Meer. ○○

Osteria Bacco,
Via Quarda Superiore 17r,
Tel. 01 98 33 53 50. Hafenlokal mit
vorzüglicher ligurischer Küche, an-
gemessene Preise. ○○
▮ **Antica Osteria Bosco delle Ninfe,**
Via Ranco 10, Tel. 0 19 82 39 76. Ein
Lokal mit traditionellen Gerichten in
schöner Lage. ○○

Abstecher ins Hinterland

»Muranoglas« ist ein internationaler
Begriff – aber wer kennt schon »Alta-
re-Glas«? Dabei kann die Glaserzeu-
gung in **Altare,** 15 km von Savona entfernt, vielleicht sogar auf eine längere
Tradition zurückblicken als die venezianische Laguneninsel. Die Glasindustrie in Altare dürfte schon im 11. Jh.
von flämischen Meistern eingeführt
worden sein. Neben großen Betrieben
für Press- und Flaschenglas gibt es

4

**Seite
581**

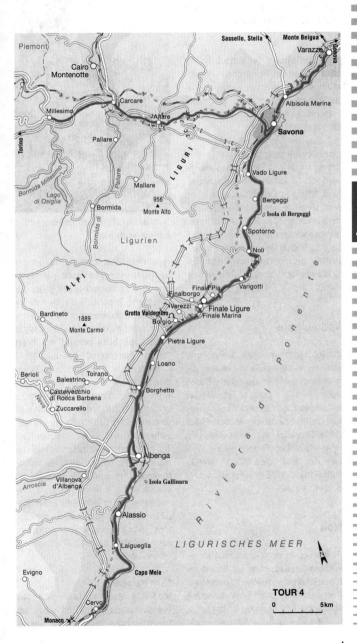

4

Sassello, Stella · Monte Beigua · Varazze · Genova

Piemont

Cairo
Montenotte

Millesimo · Carcare · Altare · Albisola Marina

Torino

Pallare · **Savona**

Vado Ligure

Bormida Millesimo · *Lago di Osiglia* · Mallare · Bergeggi

Bormida · *Isola di Bergeggi*

956 ▲ Monte Alto · Spotorno

Ligurien · Noli

LIGURI

Bormida di Pallare

ALPI · Varigotti

Finale Pia · Finalborgo · Verezzi · **Finale Ligure**

Grotta Valdemino · Borgio · Finale Marina

Bardineto · 1889 ▲ Monte Carmo

Pietra Ligure

Berioli · Balestrino · Toirano · Loano

Castelvecchio di Rocca Barbena · Zuccarello · Borghetto

Neva

Albenga

Arroscia · Villanova d'Albenga · ○ Isola Gallinara

Riviera di Ponente

Alassio

Laigueglia · LIGURISCHES MEER

Evigno · Capo Mele

Cervo

Monaco

TOUR 4

0 — 5km

N

heute noch kleine Werkstätten, in denen das Glas mundgeblasen wird (**Soffieria artistica Bormioli,** Via Paleologo 16).

Tipp Das **Museo del Vetro** zeigt Arbeiten der heimischen Glasproduktion, u. a. eine um 1900 geblasene, 130 cm hohe und 30 kg schwere Flasche (Di 15–17, Mi–Fr 15–18, Sa 10–12, 15–18 Uhr).

Über Carcare gelangt man nach weiteren 15 km in das Dorf **Millesimo.** Es wird von der Ruine einer der im Hinterland häufigen Carretto-Burgen überragt, bietet seinen Bewohnern mit einem laubengesäumten, mittelalterlich anmutenden Hauptplatz einen romantischen Treffpunkt und wartet mit der ursprünglich romanischen Kirche Santa Maria extra Muros mit Freskenfragmenten des 15. Jhs. auf.

4

Seite 581

Vado Ligure

Zur Rückkehr an die Küste empfiehlt sich die Autobahn Turin–Savona, die mit einer sehr malerischen Trasse nach Vado Ligure führt. Außer Industrieanlagen besitzt dieser Hafen für Erdölprodukte ein **Museo Civico** (Villa Gropallo) mit römischen und mittelalterlichen Funden sowie Werken des Bildhauers Arturo Martini (1889–1947) (Di, Sa, So 15–18, Do, Fr 9.30–12.30 Uhr).

Noli

Politik wurde in Noli, einem viel besuchten Seebad, einst auf hohem internationalem Niveau betrieben. Nachdem Noli sich im ersten Kreuzzug von 1097 Einfluss verschafft hatte, wurde es im 12. Jh. selbständige See-

Dicht an das alte Kastell schieben sich in Noli die Neubauten

republik. Später kämpfte Noli an der Seite Genuas gegen Venedig und Pisa. Erst zu napoleonischer Zeit verlor die nolesische Republik – die kleinste innerhalb der italienischen Grenzen – ihre Unabhängigkeit (1797). Die **Loggia della Repubblica** erinnert mit ihrem Namen noch an große Zeiten.

Mehr als andere ligurische Küstenorte hat Noli sich sein mittelalterliches Flair erhalten. Da ist die kulissenhafte Burgruine (12. Jh.), deren Mauern sich vom Hügel bis zur Stadtmauer herabziehen, da sind die malerischen Gassen mit den Strebebögen von Haus zu Haus und die fünf rostbraunen Wohntürme des 13. und 14. Jhs. An die 70 Wohntürme soll Noli im 13. Jh. besessen haben, denn jeder Reeder und Kapitän hatte das Recht, einen mindestens 50 m hohen Turm zu errichten: zur Verteidigung und als Machtsymbol seiner Familie.

*San Paragorio

Die Kirche, deren Restaurierung 1999 abgeschlossen wurde, ist einer der bedeutendsten romanischen Sakralbauten in Ligurien. Sie wurde um die Mitte des 11. Jhs. auf den Grundmauern eines frühchristlichen Vorgängerbaus errichtet. Aus dieser Zeit stammen noch die Steinsarkophage an der Nordseite der Kirche. Der dreischiffige Innenraum birgt ein romanisches Lesepult, einen hölzernen Bischofsthron (12. Jh.), Freskenreste (15. Jh.) und ein hölzernes Kruzifix des 12. Jhs. mit einem tunikabekleideten Christus.

San Pietro und Nostra Signora delle Grazie

Einen kurzen Besuch ist auch die Kathedrale **San Pietro** (13. und 17. Jh.) wert. Außerhalb des östlichen gotischen Stadttors erhebt sich die zitronengelbe, mit weißen Rokokostuckornamenten verzierte Kirche **Nostra Signora delle Grazie** (18. Jh.). Von ihrem Vorplatz hat man – vor allem abends – einen faszinierenden Blick auf Noli und die Bucht.

IAT, Corso Italia 8, I-17026 Noli, Tel. 01 97 49 90 03, Fax 01 97 49 93 00.

El Sito, Via La Malfa 2, Tel. 0 19 74 81 07, Fax 01 97 48 58 71, E-Mail: elsitop@tin.it. Aussichtsreiche Lage, bodenständige Küche, guter Service. ○–○○

Regata Storica

Alljährlich am zweiten Septembersonntag wird Noli wieder zur stolzen Seerepublik. Denn dann messen die vier *rioni* (Stadtteile) bei einem Wettrudern ihre Kräfte. Bei der »Regata Storica« gibt es jede Menge historische Kostüme zu sehen.

Lilliput, Fraz. Voze, Via Zuglieno 49, Tel. 0 19 74 80 09. Klassische ligurische Küche, mit Meeresblick. ○○○

Als kulinarisches Souvenir eignen sich die in Salzlake eingelegten Sardinen.

Finale Ligure

Das Städtchen Finale Ligure setzt sich aus den drei Orten Finale Pia, Finale Marina und Finalborgo zusammen.

Finale Marina

Der früher einmal bedeutende Handelsort ist heute ein modernes Seebad mit schönem Sandstrand und gepflegter Palmenpromenade. Auf der **Piazza Vittorio Emanuele II.** erinnert ein imposanter Triumphbogen an den Durchzug der spanisch-habsburgischen Thronfolgerin Margherita, als sie sich 1666 zur Vermählung mit dem österreichisch-habsburgischen Kaiser Leopold I. nach Wien begab.

Die barocke Kirche **San Giovanni Battista,** die über den Resten einer frühchristlichen Basilika (5.–8. Jh.) errichtet wurde, ist von Häusern und eleganten Stadtpalais des 16.–18. Jhs. umgeben.

Gnabbri, Via Polupice 5, Tel. 0 19 69 32 89. Urligurische Trattoria mit viel einheimischem Publikum (Di–Sa mittags geschl., Mo ganztägig geschl.). ○

Finale Pia

Der Ort entstand im Mittelalter um die Kirche **Santa Maria di Pia,** hinter deren Rokokofassade sich ein barocker Innenraum auftut. Die ursprüngliche romanisch-gotische Gestalt zeigt nur noch der Glockenturm. Die benach-

4

Seite **581**

4

Seite
581

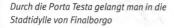

Durch die Porta Testa gelangt man in die Stadtidylle von Finalborgo

barte Abtei wurde im 16. Jh. von benediktinischen Olivetanermönchen gegründet, die aus ihrer toskanischen Heimat Keramikkünstler mitbrachten (Arbeiten im Della-Robbia-Stil).

Finalborgo

Der Ort liegt etwas landeinwärts, daher sind ihm verschandelnde Touristikbauten erspart geblieben. So präsentiert sich der Ort als Städtchen des 15. Jhs., das einer der Carretto-Markgrafen neu gründete, nachdem eine ältere Ortschaft bei Kämpfen zwischen Genua und den Del Carretto zerstört worden war. Der spätgotische, einem Turm der Ringmauer aufgesetzte Glockenturm der Pfarrkirche **San Biagio** gilt als Wahrzeichen des Städtchens. Im heute barocken Innenraum finden sich erlesene Marmorwerke des 18. Jhs. Ein kleiner Spaziergang (ca. 15 Min.) führt zum **Castel Gavone**, einem eindrucksvollen Ruinenkomplex, der von einer Festung des 15. Jhs. übrig geblieben ist. Sehr fotogen er-

hebt sich der ganz mit hellen Diamantquadern verkleidete Torre dei Diamanti, der im Inneren noch Freskenreste aufweist.

Unerlässlich ist ein Besuch des **Museo Civico del Finale** in einem Kreuzgang des ehemaligen Klosters Santa Caterina. Es dokumentiert mit stein- und eisenzeitlichen Fundstücken aus den umliegenden Höhlen sowie römischen und mittelalterlichen Exponaten die (Vor-)Geschichte des Finalese (Sommer: Di–Sa 10–12 und 15–18 Uhr, Okt.–Mai 9–12 und 14.30–16.30 Uhr, ganzjährig: So/Fei 9–12 Uhr).

Ein Muss in Finalborgo – berühmt für sein Basilikum – ist die Einkehr in eines der Restaurants zu einer *Pasta con Pesto,* dem typischen Nudelgericht mit Basilikumsauce.

Tipp Eine kurze Fahrt führt von Finale Pia aus in die **Val Ponci,** wo fünf Brücken aus dem 2. Jh. von den Bemühungen der Römer zeugen, auch in der »Provinz« ein gutes Straßennetz anzulegen: Hier verlief die Via Julia Augusta, die 13 n. Chr. gebaut, im 2. Jh. von Kaiser Hadrian restauriert und mit den Brücken versehen wurde. Von hier aus kann man auf das **Altopiano delle Manie,** ein pflanzen- und tierreiches Kalkhochplateau mit Grotten und Höhlen, wandern. In der Caverna delle Fate und der Arma delle Manie haben die ligurischen Ureinwohner bereits vor 300 000 Jahren Zuflucht gesucht und sich von der Jagd auf Höhlenbären erholt. Auf der Steinplatte des Ciappo del Sale sind noch Felszeichnungen zu erkennen.

i **IAT,** Via San Pietro 14, I-17024 Finale Ligure, Tel. 0 19 68 10 19, Fax 0 19 68 18 04.

In einer unterirdischen Märchenwelt

Punta Est, Via Aurelia 1,
Tel./Fax 0 19 60 06 11,
www.puntaest.com. Komfort in einer
steil über dem Meer gelegenen Villa
aus dem 18. Jh. mit Park. ○○○

Osteria del Tempo Perso,
Gorra, Via Provinciale 7,
Tel. 0 19 69 60 93. Romantisches
Ambiente im Hinterland mit tradi-
tioneller ligurischer Küche. ○○
▮ **Torchi,** Finalborgo, Via
dell'Annunziata, Tel. 0 19 69 05 31.
Eleganz und gekonnte Gastronomie
in einer ehemaligen Ölmühle aus
dem 16. Jh. ○○○

Tipp Alljährlich im Juli findet die **Festa del marchesato** mit Pferde-
rennen und historischem Umzug statt.

Borgio Verezzi

Auch im Gebiet von Borgio Verezzi gibt
es zahlreiche Höhlen, von denen
die stalaktitenreiche Tropfsteinhöhle
Grotta Valdemino am einfachsten zugänglich ist (tgl. 9–11.45 und 15 bis
17.45 Uhr, Okt.–April 9–11.30 und
14.30–17 Uhr). Aber den Hauptreiz
dieses Doppelortes – Borgio liegt am

Meer, Verezzi am Hügelhang – machen
andere Sehenswürdigkeiten aus: **Borgio** besitzt die Pfarrkirche San Pietro
mit einer klassizistischen Fassade und
die Friedhofskirche Santo Stefano mit
romanisch-gotischen Bauelementen.
Im nur 200 m höher gelegenen ***Verezzi** fühlt man sich in eine andere
Welt versetzt. Die vier winzigen Orte
Poggio, Piazza, Roccaro und Crosa,
aus denen Verezzi besteht, wirken mit
ihren kubischen, zusammengedrängten Häusern wie ein Stück Arabien auf
ligurischem Boden. In **Piazza,** dem
größten der vier Orte, wird die einzigartig stille Piazza Sant'Agostino im
Sommer zur stimmungsvollen Kulisse
von Theateraufführungen. Ein Schauspiel der Natur sind die von Trocken-
mauerterrassen durchsetzten Hänge
mit ihren Öl- und Mandelbäumen,
Weinreben und Johannisbrotbäumen.

4

Seite 581

**Antica Osteria Saracena del
Bergallo,** Verezzi, Via Roma 17,
Tel. 0 19 61 04 87. Lokale Speziali-
täten, prachtvoller Ausblick. ○○
▮ **Da Caxetta,** Borgio, Piazza San
Pietro, Tel. 0 19 61 01 66. Unver-
fälschte ligurische Küche unter
alten Gewölben. ○○

Tipp **Festival Teatrale** mit erstklassigen Theateraufführungen
auf der Piazza Sant'Agostino in
Verezzi (Juli–Aug.).

Pietra Ligure und Loano

Pietra Ligure und Loano sind modern und verbaut, wie es bei Seebädern an der schmalen ligurischen Küste kaum zu vermeiden ist. Doch ihre ältesten Stadtteile sehen noch malerisch und altertümlich aus. Über **Pietra Ligure** ragt eine ursprünglich mittelalterliche, später jedoch umgebaute Burg auf. In **Loano** ist das Castello ein prächtiger, parkumgebener Palast, den Giovanni Andrea Doria um die Wende vom 16. zum 17. Jh. errichten ließ.

Die Doria, von 1263 bis 1737 fast ununterbrochen Herren in Loano, erbauten im frühen 17. Jh. den **Convento di Monte Carmelo,** in dem sie sich bis 1793 begraben ließen. Der Aufstieg (15 Min.) zum schön gelegenen Karmeliterkloster lohnt sich allein schon wegen der prachtvollen Aussicht auf Ebene und Meer.

 **IAT,** Corso Europa 19, I-17025 Loano, Tel.0 19 67 60 07, Fax 0 19 67 68 18.

Abstecher nach Toirano

Vom recht anonym wirkenden Badeort Borghetto Santo Spirito ist eine Fahrt nach Toirano (3 km) ein Muss. Mehrere mittelalterliche Bauten und Palazzi mit Schieferportalen machen das Dorf sehenswert. Seinen Ruhm aber verdankt es den nahen **Tropfsteinhöhlen.**

Im **Museo Preistorico della Val Varatella** sind neben Tierfossilien vor allem vorgeschichtliche Geräte und Keramiken zu sehen, die in den umliegenden Höhlen gefunden wurden. Faszinierender ist aber die Besichtigung der Höhlen selbst: In der **Grotta della Bàsura,** der »Hexengrotte«, sind die Fußabdrücke des Cromagnonmenschen entdeckt worden, der hier vor

In der Hexengrotte fand man Fußspuren von vor 15 000 Jahren

15 000 Jahren gelebt und mit dem gigantischen Höhlenbären gekämpft hat. Kalkspatkristalle und zarte, weiße Eisenblüten aus Aragonit zaubern in der benachbarten **Grotta di Santa Lucia** eine unterirdische Märchenwelt (Museum: tgl. 9.30–12, 14–16.30 Uhr, Juli/Aug. 9.30–17.30 Uhr; Höhlen: tgl. 9–12 und 14–17 Uhr).

*Albenga

Unerwartet weit dehnt sich an der ansonsten platzarmen Rivieraküste die Ebene um Albenga aus, fruchtbares Schwemmland, auf dem Frühgemüse angebaut wird. Doch Albenga ist vor allem ein Musterstädtchen mittelalterlicher Baukunst.

**Baptisterium

Zum frühchristlichen Baptisterium führen mehrere Stufen hinab, da es infolge der zahllosen Überschwemmungen, die Albenga im Laufe der Jahrhunderte heimgesucht haben, heute etwa 2 m unter Straßenniveau liegt. Der außen zehneckige, aber innen achteckige Bau geht auf das 5. Jh. zurück. In der Mitte der Kapelle erhebt sich ein unvollständig erhaltenes Taufbecken. Ein kostbares byzantinisches

4

Seite 581

Ladung eines versunkenen Fracht-
schiffes: römische Amphoren

Mosaik aus der Zeit um 500 schmückt die zentrale Nische gegenüber dem Eingang. Die Blumenornamente und Flechtbänder, die das Arkosolgrab rechts vom Eingang zieren, sind eine langobardische Arbeit des 8. Jhs.

San Michele

Der Dom entstand ab dem 11. Jh. an der Stelle eines Vorgängerbaus aus dem 5. Jh. Viele Epochen haben sich am Dom verewigt: Die Skulpturen über dem Hauptportal stammen aus der Romanik, der Glockenturm ist spätgotisch, das Hauptportal selbst barock. Unter dem Chor befinden sich Reste einer Krypta aus dem 9. Jh.

Museen

Albenga wurde von den vorrömischen Ingaunern als »Albium Ingaunum« gegründet, dann aber 181 v. Chr. von den Römern erobert, die sich den Weg nach Spanien sichern mussten. Aus der Römerzeit hat die Altstadt nur die schachbrettartige Anlage übernom-

men, doch in Albengas Museen sind bedeutungsvolle Zeugen der römischen Antike zu finden.

Das **Civico Museo Ingauno,** das seinen Sitz im Palazzo Vecchio del Comune (14. Jh.) hat, beherbergt römische Inschriften und Skulpturen (tgl. außer Mo 10–12, 15. Juni bis 30. Sept. 16 bis 19 Uhr, Winter 15–18 Uhr,). Originelle Funde zeigt das **Museo Navale Romano.** Die Sammlung umfasst einen Teil der aus etwa 10 000 Weinamphoren - bestehenden Ladung eines römischen Frachtschiffes, das Ende des 1. Jhs. v. Chr. vor Albenga gesunken ist. Ein Abenteuer für sich war die Bergung der Fracht. Bereits im Jahre 1925 gingen einem Fischer mehrere Amphoren ins Netz; aber erst 1950 wurde die Ladung, die 40 m tief auf dem Meeresgrund ruhte, ans Ufer gebracht. Das Schiff selbst konnte dagegen bis heute noch nicht geborgen werden (tgl. außer Mo 10–12 Uhr, Okt.–Mitte Juni 15–18 Uhr, Mitte Juni–Sept. 16–19 Uhr).

Pontelungo

Der vielbogige, unter den Römern angelegte Pontelungo, der einst die Centa überspannte, wurde dem Verfall überlassen, als sich der Fluss ein neues Bett grub. Nichtsdestotrotz hat die Brücke, die zur Via Aurelia gehörte, die Jahrhunderte überdauert.

IAT, Viale Martiri della Libertà 1, I-17031 Albenga, Tel. 01 82 55 84 44, Fax 01 82 55 87 40.

Hotel La Collina, Arnasco, Piazza IV Novembre 7, Tel. 01 82 76 10 22, Fax 01 82 58 58 25. Günstig, freundlich und ruhig ist es im Ölbauernort 8 km oberhalb von Albenga. Große Terrasse, vorzügliche Halbpension, ideal für Familien. ○

4

Seite
581

Camping: Caravan- und Camping-reisende finden in Albenga und seiner unmittelbaren Umgebung 20 Campingplätze, sei es am Meer, in den Bergen oder in kleinen mittel-alterlichen Orten.

Antico frantoio Sommariva, Via Mameli 7. Vorzügliches Olivenöl »extra vergine« aus einer traditions-reichen Ölmühle in der Altstadt.

Alassio

Statt auf Kunstwerke und alte Bau-denkmäler wie Albenga setzt das berühmte Seebad auf sein mildes Kli-ma, das schon im 19. Jh. die ersten englischen Touristen angezogen hat, auf seinen langen, feinen Sandstrand und auf Unterhaltung. In dem bunten Gewimmel der Stadt scheint denn auch die Kirche **Sant'Ambrogio** mit ih-rem schönen Renaissanceportal un-terzugehen.

Hauptattraktion von Alassio ist der **Muretto** (Ecke Corso Dante/Via Ca-vour), das »Mäuerchen«, auf dessen farbigen Keramikkacheln sich Film-, Musik-, Literatur-, Show- und Sport-stars wie Vittorio de Sica, Beniamino Gigli und Helmut Zacharias, Ernest He-mingway und Giuseppe Guareschi, Dario Fo und Louis Armstrong, Fausto Coppi und Sandro Mazzola verewigt haben.

Tipp Das **Caffè Balzola,** Piazza Mat-teotti 26, ist ein Stück multikul-turelle Alassio-Identität. Seit 1902 verbreitet es sein »Aber-bitte-mit-Sahne-Flair«, deutsches Bier wird seit 1928 gezapft, Stammgast war Maxim Gorki. »Alassio-Küsse« testen!

Seebad Alassio

Vor Alassio und Albenga liegt die **Isola Gallinara,** die wegen ihrer seltenen, auch endemischen Pflanzen heute zum Naturpark erklärt wurde und da-her unzugänglich ist (s. S. 528).

i **IAT,** Piazza della Libertà 5, I-17021 Alassio, Tel. 01 82 64 70 27, Fax 01 82 64 78 74.

Flora, Via Doria 34, Tel. 01 82 64 03 36, Fax 01 82 64 03 38, www.florahotel.it. Traditionshaus direkt am Meer. ○○

Palma, Via Cavour 5, Tel. 01 82 64 03 14. Die nahe Provence beeinflusst die Einrichtung und die erlesene Küche. ○○○
▌**Sail Inn,** Via Brennero 30, Tel. 01 82 64 02 32. Elegantes Lokal in der westl. Altstadt, abends auch Pizza. ○○○–○○

Abends pulsiert in Alassio im *budello,* dem »Schlauch« der Hauptgeschäftsstraße Via XX Settem-bre, das Leben. Cafés, Diskos und Res-taurants sorgen hier bis spät in die Nacht für Unterhaltung.

Laigueglia

Fast mit Alassio verwachsen ist das stillere Laigueglia, das noch den Cha-rakter eines ligurischen Fischerdorfes hat. Verspielt wirken die Turmkuppeln der barocken Pfarrkirche **San Matteo** (18. Jh.).

Mit dem Auto oder zu Fuß gelangt man von Laigueglia zu der **Colla Mi-cheri.** Thor Heyerdahl, der norwegi-sche Zoologe und Volkskundler, hat sich 1958 in das winzige Hügeldorf verliebt, es erworben, vorbildlich res-tauriert und zu seinem Wohnsitz ge-wählt.

4

Seite 581

*Cervo

Cervo liegt als Bilderbuchdorf hoch über dem Meer. Das Kammermusikfestival (s. u.) hätte keine schönere Bühne finden können als den Vorplatz der barocken Kirche ***San Giovanni Battista**. Musiker und Publikum drängen sich auf dem kleinen, unebenen Platz. Die Kulisse bilden bunte Häuser mit Terrassen und Aufgängen voller duftender Kräuter, und im Hintergrund erstreckt sich das Meer. Die Bewohner von Cervo waren im 17. Jh. als Korallenfischer zu Wohlstand gelangt, und so stifteten sie diese Kirche, deren Inneres reich an Stuck und Marmor ist.

Schmale, strenge Gassen, durch die viele Monate im Jahr der Wind pfeift, führen von der Kirche zum Castello. In diesem imposanten Burgenbau des Mittelalters hat das **Museo Etnografico del Ponente Ligure** seinen Sitz, eine umfangreiche volkskundliche Sammlung, die das Leben der Seemänner und Bauern von Cervo dokumentiert (tgl. 9–12.30, 16–19 Uhr). Ein Stück Vergangenheit und gutes Olivenöl findet man auch im Museo dell'Olio »U Gumbu«.

Tipp 1964 war der ungarische Geiger Sándor Végh so bezaubert von Cervo, dass er hier ein **Festival für Kammermusik** (Juli/Aug.) begründete. Bis heute zieht es alljährlich internationale Spitzenstars an (Kartenbüro Juli/Aug.: Tel. 01 83 40 81 78).

i IAT, Piazza Santa Caterina 2, I-18010 Cervo, Tel. 01 83 40 80 10, Fax 01 83 40 81 97.

Bellavista, Piazza Castello 2, Tel. 01 83 40 80 94, www.cooadi.it/hotels/bellavista. Einziges Hotel am Ort mit schlicht ausgestatteten Zimmern. ○○

Tour 5

Von Oliven, Öl und Nudeln

Imperia → Pontedassio → Pieve di Teco → Triora → **Taggia → *Bussana Vecchia (ca. 100 km)

Feinschmecker sind mit dieser Route gut beraten. Die kulinarische Fahrt beginnt beim Olivenmuseum in Oneglia und führt ins Hinterland nach Pieve di Teco, wo die mittelalterlichen Salztransporteure unter Lauben Rast und Einkehr fanden. Triora ist nicht nur für seine Hexenprozesse aus dem Jahr 1587 berüchtigt, sondern auch für sein spätsommerliches »Schneckenfest« berühmt. Auch Kunstfreunde kommen auf ihre Kosten: Die Pfarrkirche in Triora und das Dominikanerkloster in Taggia sind mit wertvollen Werken alter Meister ausgeschmückt. Maler, Bildhauer und Keramiker aus aller Welt sind in das Ruinendorf Bussana Vecchia eingezogen und haben es in eine Künstlerkolonie verwandelt. Die kurvenreichen, schmalen Straßen im ligurischen Hinterland, besonders zwischen Pieve di Teco und Triora, fordern dem Autofahrer Können und Geduld ab. Um sich nicht zu stressen, sollte man zwei Tage für die Tour einplanen.

Imperia

Imperia ist keine gewachsene Stadt, sondern eine Zusammenlegung zweier Orte. Westlich der Impero-Mündung liegt auf einem Hügel das mittelalterliche Porto Maurizio, doch

4

Seite 581

der Motor der städtischen Wirtschaft ist das modernere Oneglia im Osten. 1923 wurden die beiden Nachbarstädte zusammengeschlossen, nachdem sie sich jahrhundertelang feindselig gegenübergestanden hatten: Porto Maurizio zeigte sich als treue Verbündete Genuas, Oneglia dagegen war als Seehafen des savoyischen Staates bedeutsam. Um nicht den Unmut eines der beiden Orte heraufzubeschwören, wurden das Rathaus und das Postamt auf halbem Wege zwischen den beiden Ortschaften angesiedelt. Ihren Namen bekam die neue Stadt nach dem Impero-Bach, der sie bis dahin getrennt hatte.

Porto Maurizio

Die Bewohner von Porto Maurizio glaubten sicher an ein kommendes Wirtschaftswunder, als sie im späten 18. Jh. mit dem Bau des mächtigen Doms **San Maurizio** begannen. Doch die Wirren der napoleonischen Zeit machten diese Zukunftsträume zunichte; Porto Maurizio kam kaum über den Hügel hinaus, auf dem es sich bis heute malerisch zusammendrängt, und der klassizistische Dom San Maurizio wirkt übermäßig groß und pompös. Der 1781 projektierte Bau wurde erst 1838 abgeschlossen – die übergroße Kuppel war eingestürzt und durch eine kleinere ersetzt worden. Im Innenraum beeindrucken die Gemälde von Gregorio De Ferrari und Domenico Piola, zwei angesehenen ligurischen Künstlern des frühen 18. Jhs., die den Weg vom strengen, schweren Barock römischer Prägung zum heiteren Rokoko ebneten.

Das **Museo Navale Internazionale del Ponente Ligure,** das zusammen mit der **Pinacoteca Civica** (Di–So 16–19 Uhr) in einem klassizistischen Gebäude am Domplatz untergebracht ist, dokumentiert die Seefahrtsge-

Die Kirche der Seefahrer im Hafen von Imperia

schichte der westlichen Riviera (Mi, Sa 16–19.30, Juli und Aug. Mi, Sa 21–23 Uhr).

Gleich in der Nähe des Doms führen enge Gassen in die Altstadt Parasio. Auf den Resten der alten Stadtmauer ruht die ursprünglich mittelalterliche Kirche **San Pietro,** die mit besonders schönen Fresken ausgemalt ist.

Von der Terrasse der Kirche, die einen weiten Blick auf die Riviera freigibt, erreicht man den ebenfalls auf den Resten der Stadtmauer errichteten Loggiengang des **Convento di Santa Chiara** (18. Jh.).

Elegante Schieferportale und Skulpturenschmuck an Häusern und Palästen bekunden, dass der »Parasio«, dessen Name angeblich auf einen alten »Palatium« zurückgeht, einmal bessere Zeiten gesehen hat. Heute ist davon nur noch in den guten Buchhandlungen der Flaniermeile Via XX Settembre zu lesen. In altligurische Atmosphäre taucht man am Meer, unterhalb des »Parasio«, von

5

Seite 601

Moderne Formenkunst in Imperia

Porto Maurizio ein: im Stadtteil Borgo Foce, wo man Fischern noch beim Netzeflicken zuschauen kann, oder im nahen Borgo Marina, der um ein mittelalterliches Hospiz des Malteserordens entstanden ist.

Tipp Ein Abstecher führt zur Wallfahrtskirche **Madonna delle Grazie** (10 km). Ein stummes Hirtenmädchen hatte zu sprechen begonnen, nachdem ihm hier die Jungfrau Maria erschienen war. 1450 begann man mit dem Bau der idyllisch gelegenen Kirche, die von den Brüdern Tomaso und Matteo Biazaci 1483 mit Fresken ausgemalt wurde. Die drastisch-realistische Schilderung könnten in vergangenen Jahrhunderten manchen Sünder zu einem frommeren Leben bekehrt haben.

Oneglia

Oneglia mag sich weniger geschichtsträchtig zeigen als Porto Maurizio, kann sich aber rühmen, die Heimat von Andrea Doria (1466–1560) zu sein, dem wetterwendischen Kondottiere und Realpolitiker, der Genua 30 Jahre lang Unabhängigkeit und Frieden si-

cherte. Das Geburtshaus des umstrittenen Helden liegt (wie könnte es anders sein!) in der Via Andrea Doria.

IAT, Viale Matteotti 37, I-18100 Imperia, Tel. 01 83 66 01 40, Fax 01 83 66 65 10.

Croce di Malta, Via Scarincio 148, Tel. 01 83 66 70 20, Fax 0 18 36 36 87, www.hotelcroce dimalta.com. Modern und mit Blick auf den Hafen. ○○

Osteria dell'Olio Grosso, Piazza Parasio 36, Tel. 0 18 36 08 15. Gemütliche Atmosphäre und gute Fischgerichte, in der Altstadt von Porto Maurizio. ○○
▌**U Papa,** Piazza Andrea Doria 13, Tel. 01 83 29 43 10. Hinter dem Markt, ligurische Küche in Oneglia. ○

Öl für Päpste

Hinter dem Bahnhof von Oneglia hat die Firma Carli, päpstliche Öllieferanten, in einer Jugendstilvilla das **Museo dell'Olivo** (tgl. außer Di 9–12 und 15–18.30, Ende Juli–Ende Aug. tgl. außer Di 9–12, 16–19.30 Uhr) nach modernsten Kriterien musealer Gestaltung eingerichtet. In zehn Abteilungen dokumentiert das Museum die uralte Kultur des Olivenanbaus, der im Mittelmeerraum so große Bedeutung gefunden hat, dass hier bis heute 95 % des Olivenöls produziert werden. Die Ölgewinnung, der Handel und die Rolle des Olivenöls in der Gastronomie sowie botanische und medizinische Aspekte gehören zu den vielen Themen des Museums.

Seite 601

5

Tipp Auf der Fahrt durch das Tal des Impero-Flusses ins ligurische Hinterland sollte man sich auch rechts und links der Staatsstraße etwas umsehen. Die beiden malerischen Dörfchen **Bestagno** und **Villa Guardia** oberhalb Pontedassio stammen noch aus dem Mittelalter, und in **Borgomaro** wurde einst das Olivenöl vermarktet, das von Ligurien aus ins benachbarte Piemont ging.

Das ligurische Bergland ist eine alte Kulturlandschaft

Pieve di Teco

Dass die heute entlegenen Ortschaften im ligurischen Hinterland einst bedeutsam waren, beweist Pieve di Teco. Die klassizistische Pfarrkirche **San Giovanni Battista** (1792–1806) ist ein Werk des Baumeisters Gaetano Cantones, von dem auch die Entwürfe zum Dom von Porto Maurizio und zur Pfarrkirche in Pietra Ligure stammen.

Kunst, Architektur und Kapital kamen in diese Gegend über die viel befahrenen Salzstraßen, die vom Meer über die ligurischen Alpen- und Apenninpässe in die piemontesisch-lombardische Ebene führten und in Pieve di Teco zusammentrafen.

In dem 1233 gegründeten Markt entstanden Papiermühlen, Seifenfabriken, Seilerwerkstätten, Webereien sowie Gerbereien, und die Handelskarawanen, die seit dem Mittelalter kostbares Salz von der ligurischen Küste über die Berge transportierten, kehrten gern zur Rast unter den schattigen Lauben des **Corso Ponzoni** ein. Elegante Palazzi sowie kunstvolle Schieferportale zeugen hier noch von vergangenem Wohlstand.

ℹ **IAT,** Piazza Brunengo 1, I-18025 Pieve di Teco, Tel. 0 18 33 64 53 (im Sommer geöffnet).

Abstecher zum Monte Saccarello

Wer gerne wandert, der wird kaum der Versuchung widerstehen können, von Pieve di Teco aus einen Abstecher ins Bergdorf **Monesi** (1310 m) zu unternehmen und von dort in einem ca. dreistündigen Aufstieg den **Monte Saccarello** zu besteigen. Mit seinen 2200 m ist er der höchste Berg Liguriens. Seine Nordhänge verwandeln sich im Sommer in einen einzigen Alpenrosengarten. Da der Berg an der italienisch-französischen Grenze liegt, war er zwischen den beiden Weltkriegen aus strategischen Gründen mit einem dichten Wegenetz versehen worden, das heute den Wanderern zugute kommt.

Molini di Triora

Eine kurvenreiche, teilweise steile Straße führt von Pieve di Teco über das Bergdorf Rezzo nach Molini di Triora und Triora. Der Ort Molini di Triora ist nach den 23 Mühlen (ital. *mulini*) benannt, die hier einst in Betrieb waren. Das verschlafene Städtchen eignet sich gut als Ausgangspunkt für Ausflüge und Wanderungen: Mit dem Auto erreicht man das weite

5

Seite 601

Mattengelände der Colla di Langan, 1127 m, und der Colla Melosa, 1540 m, wo sich die Schutzhütte Franco Allavena befindet (geöffnet Dez.–Okt.; Tel. 01 84 24 11 55).

Auf Höhlenforscher warten im Pietravecchia-Toraggio-Massiv zahllose Karsthöhlen, während Bergsteiger sich auf den *Sentiero degli Alpini wagen können. Dieser in steile Kalkwände eingehauene Steig ist in den Jahren 1936–1938 angelegt worden, um auf der Ostseite des an der Grenze gelegenen Monte Pietravecchia über einen von den Franzosen nicht einzusehenden Nachschubweg für einen eventuellen Gebirgskrieg zu verfügen – der dann auch bald eintrat.

Enge Gassen prägen das Stadtbild von Triora

Tipp Man sollte den »Alpinisteig« von der Colla Melosa aus nicht auf dem Hin- und Rückweg begehen, sondern sich die Umrundung des **Monte Pietravecchia** (2038 m) vornehmen, deren Höhepunkt der »Sentiero degli Alpini« darstellt. Es sind sechs Stunden Wanderung durch eine meeresnahe Gebirgswelt, die faszinierende Landschaftsbilder bietet, aber Trittsicherheit verlangt.

In der **Bottega di Angela Maria,** Piazza Roma 26, kaufen Feinschmecker Kichererbsen- und Maronenmehl, Berghonig oder ligurischen Hirtenkäse. Bei **Giordano** in Badalucco (auf halbem Wege nach Taggia), Strada Poggio 23, gibt es edle Pfeifen aus ligurischem Wurzelholz.

Triora

Hexen, Aberglaube und Zauberkünste sind in Triora zu Hause. Als das Gebiet von Triora 1587 von einer Hungersnot heimgesucht wurde, suchte man nach einem Sündenbock – und man fand

ihn in 200 Frauen, die der Hexerei bezichtigt wurden und in Genua vor Gericht kamen. Viele wurden gefoltert, einige beichteten nächtliche Zusammenkünfte mit dem Teufel, um ihr Leben zu retten, an die 15 wurden zum Tode verurteilt. Den »bàgiue«, wie die Hexen im einheimischen Dialekt heißen, widmet sich u. a. das **Museo Etnografico Alta Valle Argentina** (im Sommer tgl. 15–18.30, im Winter 14.30–18, Sa, So, Fei und Aug. auch 10–12 Uhr).

Triora ist ein beschauliches Dorf mit Portalen aus Schiefer und schwarzem Stein. Ziegel- und kopfsteingepflasterte Gassen und Bogengänge führen durch ein Labyrinth von malerischen Häusern, deren Bewohner aber oft schon vor langer Zeit in die Stadt gezogen sind. Triora hat heute nur noch 300 Einwohner, vor 40 Jahren waren es viermal so viele. Im Ort findet man die Ruinen von fünf Festungen und Burgen, drei der ursprünglichen sieben Stadttore und fast ein Dutzend Kirchen und Kapellen. Die ursprünglich romanisch-gotische, später aber

5
Seite 601

umgebaute **Assunta-Pfarrkirche** bewahrt ein Gemälde von Luca Cambiaso und ein von Taddeo di Bartolo aus Siena ausgeführtes Tafelbild »Jesu Taufe« von 1397, angeblich das älteste Gemälde Westliguriens.

 IAT, Corso Italia 7,
I-19010 Triora, Tel. 0 18 49 44 77.

 Colomba d'Oro,
Corso Italia 66,
Tel. 0 18 49 40 51, Fax 0 18 49 40 89.
Freundlich, sauber, in einem alten Kloster (Ostern bis Ende Sept.). ○

**Taggia

Eines der schönsten Städtchen Liguriens ist Taggia. Einer Überlieferung nach sollen Benediktinermönche aus dem Piemont im 7. Jh. die einheimische Bevölkerung, die sich bis dato der Weidewirtschaft, dem Handel und

*Das Bergstädtchen Taggia
ist die Krone Liguriens*

der Seefahrt gewidmet hatte, nicht nur zum rechten Glauben, sondern auch zum Olivenanbau bekehrt haben. Und es waren Oliven, Südfrüchte, Mandeln und Feigen, die der Stadt den Wohlstand brachten. Noch heute künden die Kirchen, die prunkvollen Adelspaläste sowie die noblen Portale von dem einstigen Reichtum. In der Via Curlo, Via Gastaldi, Via San Dalmazzo und der Via Soleri sind die

5

Seite 601

Im »Öltal« Valle Argentina

Wer sich auch zu Hause den Luxus leisten möchte, seinen Salat mit ligurischem Olivenöl anzumachen, muss recht tief in die Tasche greifen: »Olio extra vergine d'oliva« von der italienischen Riviera ist teuer, vielleicht das teuerste Öl, das in ganz Italien produziert wird. Die Taggiasca-Oliven, die in der Valle Argentina im Hinterland von Imperia fast die gesamte Produktion ausmachen, ergeben pro Hektar 40 Zentner Oliven (andere Olivenarten haben in anderen Gegenden Italiens einen Pro-Hektar-Ertrag von 120–200 Zentnern!). Bei Wanderungen durch die Valle Argentina, die als das ligurische »Öltal« gilt, und

durch ihre Seitentäler kommt man an alten Ölmühlen vorbei (besonders viele sind noch in und um Dolcedo erhalten) und an den caselle, kleinen, runden oder quadratischen Bauten in Trockenmauertechnik, die als Schuppen und Unterstand dienten und für die ligurische Berglandschaft so charakteristisch sind. Der Vergangenheit gehören auch die sciascelline an, Mädchen und junge Bauersfrauen aus der piemontesischen Ebene oder aus abgelegenen Apennindörfern, die bis vor wenigen Jahrzehnten noch zur Olivenernte über die Berge ans ligurische Meer kamen.

schönsten dieser Paläste zu sehen. An den reliefgeschmückten Schieferportalen findet man biblische Symbole und Adelswappen; die napoleonischen Revolutionstruppen haben hier 1797 ihren Zorn gegen adelige Vorrechte ausgelassen. Über das an dieser Stelle sehr breite Flussbett des meist recht unscheinbaren Argentina-Baches, der nach Regenfällen aber unvermittelt und heftig anschwellen kann, führt eine 260 m lange, ursprünglich mittelalterliche Brücke mit 16 Bögen.

Tipp Jeden dritten Sonntag im Monat stellen Händler unter den pittoresken Laubenarkaden der Via Soleri (volkstümlich U Pantan) in Taggia ihre Ware aus; jeden dritten Samstag im Monat in Arma di Taggia.

Madonna del Canneto

In der romanischen Kirche, die in der Oberstadt liegt, sind außer einer Krypta des 12. Jhs. auch Fresken des 16. Jhs. von Giovanni und Luca Cambiaso und Francesco Brea zu sehen, einem Neffen des berühmteren Ludovico Brea.

**Dominikanerkloster

Werke von Ludovico Brea birgt auch das vor Taggias Stadttoren gelegene Dominikanerkloster. Allein die Klosterkirche ist mit fünf kostbaren Altarbildern des bedeutenden Malers (um 1450–1523) ausgestattet. Für die Dominikanermönche schuf er in der Zeit zwischen 1483 und 1513 mehrteilige Tafelbilder, die auf gotischem Goldgrund die Madonna der Barmherzigkeit, die hl. Catarina von Siena, die Taufe Christi und die Verkündigung zeigen.

Die neuen Kunsttendenzen der Renaissance, mit denen Ludovico Brea in der Lombardei in Berührung kam, sind dagegen in der **Rosenkranzmadonna** zu erkennen, wo der irreale Goldgrund endgültig einer realen Landschaft mit Leonardo-da-Vinci-Anklängen weicht. Vor Brea hatte der Piemonteser Giovanni Canavesio schon das Altarbild des hl. Dominikus gemalt, das ebenfalls im Besitz der Klosterkirche ist.

Canavesio, Ludovico und Francesco Brea begegnet man auch im **Kapitelsaal** und im kleinen **Museum** des Klosters, die auf Anfrage zugänglich sind (tgl. außer So 9.30–12 und 15.30 bis 18 Uhr).

IAT, Via Boselli (Villa Boselli), I-18011 Arma di Taggia, Tel. 0 18 44 37 33, Fax 0 18 44 33 33.

La Conchiglia, Arma di Taggia, Via Lungomare 33, Tel. 0 18 44 31 69. Charmantes Ambiente in einem alten Fischerhaus am Meer, ligurische Küche. ○○—○○○

*Bussana Vecchia

Eine aussichtsreiche Straße führt von Arma di Taggia nach Bussana Vecchia. Der herrlich gelegene Ort wurde 1887 von einem heftigen Erdbeben zerstört. Während am Meer das neue Bussana erstand, begann für das Hügeldorf Bussana Vecchia der unaufhaltsame Verfall. Häuser und Mauern stürzten ein, wurden von Pflanzen und Gras überwuchert. In den 1950er-Jahren machten süditalienische Familien einen ersten Versuch, das tote Dorf zu neuem Leben zu erwecken. Doch auch sie mussten die baufälligen Häuser räumen. 1963 wagten Künstler einen neuen Versuch: Sie begannen – trotz heftigster Einwände seitens der Gemeinde San Remo – die Häuser zu restaurieren, eröffneten Ateliers und Läden.

5

Seite 601

Tour 6

Mondänität und Urwüchsigkeit

*San Remo → Ceriana → Baiardo → Apricale → Dolceacqua → *Bordighera (ca. 50 km)

Deutsche Kaiser, russische Zaren, englische Lords begannen im 19. Jh. an der italienischen Riviera zu überwintern: Der Tourismus war geboren. Mondän-nobles Flair ist in den Parkvillen, den eleganten Jugendstilhotels, den palmengesäumten Seepromenaden von San Remo und Bordighera noch heute zu spüren. Ganz anders die Atmosphäre in den Bergdörfern, zu denen von der Küste steile, kurvenreiche Straßen hinaufführen. Hier findet man Ruhe, atemberaubende Gebirgspanoramen und traditionelle Bräuche, die – wie die »Festa della barca« in Baiardo – noch auf heidnische Urzeiten zurückgehen. Zum Schutz vor den Sarazenen sind in dieser Gegend schon vor Jahrhunderten charakteristische Labyrinthdörfer wie Dolceacqua entstanden, in denen die Zeit stehen geblieben zu sein scheint. Wer einen Tag für die Tour einplant, hat auch Zeit, durch die kleinen Dörfer in den Bergen zu schlendern.

Russische Zaren und Großfürsten hinterließen der Stadt eine Kirche

schen Ligurer Wallburgen auf den Hügeln und Bergen um San Remo angelegt, im 2. Jh. v. Chr. gründeten die Römer hier den Ort Villa Matutiana, der um die Wende vom 7. zum 8. Jh. vom genuesischen Bischof Romolo christianisiert und nach ihm benannt wurde. Im Dialekt der Einheimischen wandelte sich San Romolo jedoch zu San Römu.

Man muss sich wundern, dass San Remo Giovanni Ruffini noch kein Denkmal gesetzt hat. Der 1807 in Genua geborene und 1881 in Taggia gestorbene Schriftsteller gehört zwar nicht zu den großen Namen der italienischen Literatur, hat aber den Grundstein zum touristischen Erfolg der italienischen Riviera gelegt.

In San Remo und Bordighera spielt der etwas kitschige Liebesroman »Doktor Antonio«, den Giovanni Ruffini 1855 in englischer Sprache in Edinburgh veröffentlichte.

Der Publikumserfolg war groß, und nicht wenige der Leser beschlossen,

*San Remo

Mit dem Namen San Remo verbindet man mondänes Treiben. Dabei müsste die Stadt eigentlich San Romolo heißen, wie ein auf den Bergen hinter der Stadt gelegenes Dorf. Um das 6./5. Jh. v. Chr. hatten die vorrömi-

6

Seite 601

es den Romanhelden nachzutun und das Traumambiente der ligurischen Küste zu genießen. Kleine Touristentrupps flüchteten aus den britischen Nebeln ins milde Rivieraklima, wo sie die langen Wintermonate verbrachten und die damals sehr verbreiteten Lungenleiden ausheilten. Die ersten Gäste wurden von der Gräfin Adele Roverizio di Roccasterone in einer privaten Villa beherbergt, 1860 wurde das Grand Hôtel Londra erbaut, bald darauf das Royal, das bis heute exklusivste Haus im Ort. Bis zur Wende zum 20. Jh. entstanden 25 Hotels und annähernd 200 Villen. Heute kann der Besucher unter rund 250 Hotels, Campingplätzen und Feriendörfern wählen.

Auch in punkto Freizeitangebot hat sich San Remo mit Golfplatz, Reitbahn, Tennis- und Minigolfplätzen, Segel-, Windsurf- sowie Wasserskischulen den Bedürfnissen des modernen Tourismus angepasst; hier finden Radrennen, Autorallyes und Segelregatten von internationalem Rang statt.

Zeugnisse der Belle Epoque und des Jugendstil

Obwohl San Remo nach dem Zweiten Weltkrieg in die Liste der Massentourismusziele eingegangen ist, hängt es noch gern seinen Erinnerungen an bessere Zeiten nach, als hier – im Kielwasser der ersten englischen Touristen – Kaiser(innen) und Zar(inn)en eintrafen, Prinzen, Fürsten und andere (Geld-)Adelige in ihrem Gefolge sowie Schriftsteller und Künstler von Weltrang. Die Belle Epoque hat überall ihre Zeichen hinterlassen: in den Grandhotels mit ihren Zuckerbäckerfassaden, die bis heute das Stadtbild prägen, sowie am palmengesäumten **Corso**

Morbide Altstadt von San Remo

Imperatrice, der zu Ehren der Zarin Maria Alexandrowna benannten »Kaiserinallee« mit der blumengirlandengeschmückten »Frühlings«-Statue und in den eleganten Villen.

Um die Wende zum 20. Jh. hielt der Jugendstil in San Remo glorreichen Einzug und hinterließ so prachtvolle Palais wie die **Villa Nobel,** in der Alfred Nobel seine letzten Lebensjahre (1891–1896) verbrachte und die jetzt Sitz des Internationalen Instituts für Menschenrechte ist, und das **Casinò Municipale.** Das Spielcasino, das 1904–1906 nach Entwürfen des französischen Architekten Eugène Ferret entstanden ist, bringt der Stadt neun Millionen ein. Chemin de fer, Black Jack und andere Glücksspiele verlieren auch dann nicht ihre Faszination, wenn laut Pressemeldungen das Spielcasino verdächtigt wird, an den Roulettetischen schmutziges Mafiageld zu »waschen«.

Am Corso Imperatrice

Den Beginn des Corso Imperatrice markiert die russisch-orthodoxe Kirche **San Basilio,** die im späten 19. Jh. von der russischen Kolonie gestiftet wurde (im Sommer tgl. 9.30–12.30 und 15–18 Uhr; im Winter nach Vereinbarung unter Tel. 01 84 53 18 07).

Im **Palazzo Borea d'Olmo** (16. Jh.) zeigt neben einer Pinakothek von lokaler Bedeutung das Civico Museo Archeologico stein-, bronze- und eisenzeitliche Funde aus der Umgebung sowie Ausgrabungsmaterial aus der Römerzeit (Di–Sa 9–12 und 15–18 Uhr, So, Mo geschl.).

Tipp Freunde feiner Süßigkeiten sind gut in der **Pasticceria San Romolo** (Via Carlo 6) aufgehoben, wo man sich durch das süße San Remo kosten kann. Empfohlen seien vor allem die Baci di San Remo.

6

Seite 601

An der Piazza San Siro

Die Fassade des spätromanischen Doms **San Siro**, der im 13. Jh. auf den Resten einer älteren Kirche entstand, wurde bis um 1900 vollständig erneuert. Dem linken, mit Flachreliefs verzierten Portal gegenüber liegt das **Battistero,** ein ursprünglich dreischiffiges romanisches Gotteshaus, das sich heute als Zentralbau des 17. Jhs. präsentiert.

In der Altstadt La Pigna

Die elegant-nostalgische Blumenmetropole unten am Meer ist nur eines der Gesichter von San Remo. Älter und ziemlich heruntergekommen ist die Altstadt, die sich am Hügel zusammendrängt. Das malerische Gewirr aus Gassen, Treppen, überwölbten Durchgängen und stützenden Strebebögen wird heute überwiegend von Alten und Armen bewohnt, von süditalienischen Arbeitern, die in der Blumenzucht beschäftigt sind, und von nordafrikanischen Zuwanderern, die noch auf der Suche nach Integration sind.

Die Altstadt wird von der hoch gelegenen, barocken Wallfahrtskirche **Madonna della Costa** (17. Jh.) bewacht; von ihrem Vorplatz eröffnet sich das Stadt- und Golfpanorama.

Heute ist San Remo auf dem besten Weg, ein riesiges Altersheim zu werden. Ein Drittel der Bewohner ist bereits über 60, gut situierte Rentner aus den Nachbarregionen, die hier besonders gern überwintern, verwandeln den Ort zusehends in ein italienisches Florida. Und wie in den besten Zar-Zeiten strömen in jüngster Zeit Russen en masse nach San Remo und in andere Rivieraorte und quartieren sich, die Geldtaschen voller Dollars, in den teuersten und exklusivsten Hotels ein.

Grazie dei fiori

»Danke für die Blumen!« Seit 1951 Nilla Pizzi mit diesem Titel das erste **Festival della Canzone Italiana** gewann, wird das Teatro Ariston in San Remo jeden Februar zum Mekka der Fans italienischer Schlager.

6

Seite **601**

APT, Largo Nuvoloni 1, I-18038 San Remo, Tel. 01 84 57 15 71, Fax 01 84 50 76 49.

Royal, Corso Imperatrice 80, Tel. 01 84 53 91, Fax 01 84 66 14 45, www.royalhotelsanremo.com. Hier bettet die crème de la crème ihr Haupt. Exquisit speisen im Hotel-Restaurant **I Fiori di Murano.** Beide ○○○

Villa Maria, Corso Nuvolini 30, Tel. 01 84 53 14 22, Fax 01 84 54 14 25. Modernisierte Adelsvilla. ○○

Paolo e Barbara, Via Roma 47, Tel. 01 84 53 16 53. Phantasiereiche, exklusive Küche. ○○○

Il Bagatto, Corso Matteotti 145, Tel. 01 84 53 19 25. Auserlesene moderne Gastronomie im alten Palazzo der Herzöge Borea d'Olmo. ○○○

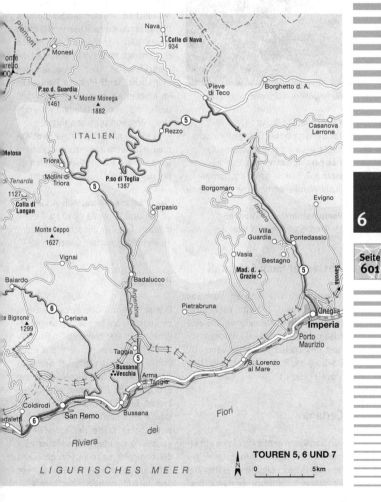

TOUREN 5, 6 UND 7

6

Seite 601

*Als die Erde bebte, stürzte
San Nicolò in Baiardo ein*

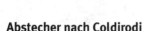

Kunst gehört in Ligurien zum Alltag

▮ **Bacchus,** Via Roma 65,
Tel. 01 84 53 09 90. Deftige ligurische
Küche in elegantem Ambiente. ○
▮ **Le cantine sanremesi,** Via Palazzo 7, Tel. 01 84 57 20 63. Gemütlicher Weinkeller, typische Gerichte. ○

Veranstaltungen: Radrennen
Mailand–San Remo im März.

Abstecher nach Coldirodi

Kunstinteressierte können von San
Remo aus einen Abstecher zur **Pinacoteca Rambaldi** unternehmen, die eine
zusammengewürfelte Gemäldesammlung des 15. bis 19. Jhs. bewahrt (Di,
Do–So 9–12, Fr, Sa auch 15.30–18 Uhr,
Mo, Mi geschl.).

Ceriana

Von San Remo geht es in einige gut erhaltene Bergdörfer. Sie zeigen das
herbere Gesicht Liguriens. Erstes Ziel
ist das mittelalterlich geprägte Dorf

Ceriana mit einer interessanten städtebaulichen Struktur: Die Straßen mit
den zusammengewachsenen Häusern
folgen den Höhenlinien des steilen
Hügelhangs. Im Ortsbild dominiert die
Barockfassade der zweitürmigen
Pfarrkirche **Santi Pietro e Paolo,** die
im Inneren ein mehrteiliges Altarbild
des 16. Jhs. und ein Tafelbild von Francesco Brea von 1545 bewahrt.

In die romanische Kirche **Sant'Andrea** mit ihrem spitzen Glockenturm
wurden noch vier dorische Säulen eines heidnischen Tempels integriert.

Fontana bianca, Valle Armea
Nord, Tel. 01 84 55 10 79. Gemütliche Trattoria mit schmackhaften,
abwechslungsreichen Gerichten. ○

Baiardo

Das auf 900 m Höhe gelegene Bergdorf Baiardo hat sich seinen ursprünglichen Charakter bewahrt. Tragisch für
den Ort war das schwere Erdbeben
vom 23. Februar 1887, bei dem das
Dach der Kirche **San Nicolò** einstürzte
und über 200 Menschen ums Leben
kamen. Die Kirchenruine in der Oberstadt mahnt noch heute an die unberechenbaren Kräfte der Erde. Bewegend wirkt inmitten dieser Mauerreste
der original erhaltene, von barocken
Putti umflogene Antoniusaltar, vor
dem noch Messen zelebriert werden.

Tipp Jedes Jahr am Pfingstsonntag begehen die Bewohner von Baiardo die **Festa della barca**. An ein Schiff (ital. *barca*) erinnert bei diesem Fest, das die Volkskundler auf heidnische Maibräuche zurückführen, nur der schiffsmastähnliche Kiefernstamm, der, entrindet und mit einem jungen Laubbaum bestückt, auf dem Kirchplatz aufgestellt wird. Eine in Trachten gekleidete Volkstanzgruppe tanzt um diesen Baum einen langsamen Reigen und singt dazu das traurige Lied von der Tochter des Burgherren von Baiardo, die sich in einen Schiffskapitän unglücklich verliebt hatte.

Tipp Wer gut zu Fuß ist, sollte von Baiardo aus eine Wanderung auf den 1299 m hohen **Monte Bignone** unternehmen, den hinter San Remo gelegenen Aussichtsberg (4,5 Std.).

Apricale

Noch einige Kilometer auf einer dieser schmalen Panoramastraßen, die für das ligurische Hinterland charakteristisch sind, und man ist in Apricale. Gotische Stadttore des 13. Jhs. führen in das Dorf, das sich – wie andere ligurische Dörfer – zunehmend entvölkert. Äußerst malerisch ist der **Hauptplatz.**

Blumenzucht an der westlichen Riviera

Dem französischen Schriftsteller Alphonse Karr (1808–1890) wird das Verdienst zugeschrieben, an der italienischen Riviera die Blumenzucht eingeführt zu haben. Als er wegen seiner satirisch-revolutionären Schriften aus Frankreich verbannt wurde und im damals italienischen Nizza im Exil lebte, widmete er sich intensiv dem Anbau von Rosen und Nelken, die er dann per Bahn nach Paris versandte. Der Erfolg war groß, und die ligurischen Bauern begannen, es ihm nachzutun.

Nicht dass die einheimischen Landwirte bis dahin untätig herumgesessen hätten. Bereits im 7. Jh. hatten Benediktinermönche an der Riviera den Olivenanbau eingeführt und seit dem 12. Jh. wurden hier Agrumen gezüchtet: Apfelsinen, Zitronen und Mandarinen, sowie Zedern und Bergamotten für die Parfümindustrie.

Als um die Mitte des 19. Jhs. neue Kreuzungs- und Vermehrungstechniken für Nelken ersonnen wurden, war die Entwicklung einer Massenblumenzucht nicht mehr aufzuhalten. Groß angelegte Nelken-, Rosen- und Orchideenbeete verdrängten Palmen- und Olivenhaine, Zitruspflanzungen sowie Weinberge, und im Laufe der Zeit verwandelte sich die Hügellandschaft zwischen San Remo und Bordighera in ein einziges, glasverschaltes Treibhaus.

Eine Fläche von 1500 ha Land ist heute mit Blumen bepflanzt, rund 10 000 Personen haben hier Arbeitsplätze gefunden. Jetzt bekommen die ligurischen Blumenzüchter jedoch Konkurrenz zu spüren, besonders aus Spanien, Kolumbien und Kenia. Aber den Rang hat der italienischen Blumenmetropole San Remo bis heute niemand ablaufen können.

6

Seite 601

Auf mittelalterlichen Lauben erheben sich hier die Pfarrkirche **Purificazione di Maria,** im 19./20. Jh. wieder aufgebaut, und ihr gegenüber das **Oratorio di San Bartolomeo** mit Rokokostuckaturen. An dieser Piazza liegt auch der **Palazzo del Comune,** an dem (wie im ganzen Ort) zeitgenössische »murales« das bäuerliche Leben und ligurische Landschaftsbilder darstellen. Außerhalb der ehemaligen Ringmauer trifft man auf die festungsartige, spätmittelalterliche Kirche **Santa Maria degli Angeli,** deren einschiffiger Innenraum ganz mit Freskenzyklen des 15. bis 18. Jhs. überzogen ist. Die später umgebaute Friedhofskirche **Sant'Antonio Abate** hat noch eine schlichte romanische Apsis.

Abstecher nach Perinaldo

Ein Abstecher nach Perinaldo ist auch ein Abstecher aus dem abgelegenen Bergland in die internationale Welt der Wissenschaften. 1625 wurde hier Giovanni Domenico Cassini geboren, der Stammvater einer Dynastie von Astronomen und Mathematikern, die mehrere Generationen lang das Amt des Leiters des Pariser Observatoriums bekleidete. Verdienste um die Astronomie erwarb sich auch Cassinis Neffe Giacomo Filippo Maraldi, der 1665 ebenfalls in Perinaldo zur Welt kam und am Hof des Sonnenkönigs Ludwig XIV. eine führende Position innehatte. Nach ihm ist die Hauptstraße des lang gestreckten Dorfes benannt. Originell ist die Lage der Kirche **Santuario della Visitazione** unterhalb des Ortes, die auf Initiative von Cassini nach dem »ligurischen Längenkreis« ausgerichtet wurde.

Bergdorf Apricale

ₐ Dass die Astronomie ein wichtiges Thema in Perinaldo ist, beweist auch das Restaurant **Pianeti di Giove.** Sein Name lautet übersetzt »Jupiterplaneten«. ○

Isolabona und Pigna

Nach kurvenreichen Bergstraßen ist man in **Isolabona** wieder unten im Tal angelangt, in der oliven- und rebenreichen Val Nervia. Vor der Fahrt in Richtung Küste sollte man sich von hier noch einmal den Bergen zuwenden. An der Wallfahrtskirche **Nostra Signora delle Grazie** vorbei, in der es eine seltene Darstellung des Jessebaums (16. Jh.) zu bewundern gibt, erreicht man das auf den ersten Blick herbe, in Wirklichkeit kunstreiche Dorf **Pigna.** Der Ort war im Mittelalter unten im Tal angesiedelt, wurde dann aber aus strategischen Gründen auf den Hügel verlegt. Die Fassade der Pfarrkirche San Michele (1450) schmückt eine prächtige marmorne Fensterrose, die Premiere des lombardischen Baumeisters und Bildhauers Giovanni Gagini. Das mehrteilige Altarbild im Inneren, eine Darstellung des hl. Michael, ist ein reifes Werk des piemontesischen Malers Giovanni Canavesio (um 1500), der auch die Friedhofskirche San Bernardino mit volkstümlichen Fresken ausgemalt hat.

ₐ **Trattoria Degli Amici da Piombo,** Via Roma 16, Isolabona, Tel. 01 84 20 81 24. Vom Stockfischsalat bis zu baccalà-Nudeln. Juni–Sept. und Mo geschl. ○○
▌ La Posta, Via San Rocco 60, Tel. 01 84 24 16 66. Küche wie zu Großmutters Zeiten in einem einfachen Lokal (am besten Sa und So, nur mittags geöffnet, im Sommer auch abends). ○

6

Seite 601

Dolceacqua: Eine Steinbrücke verbindet die beiden Stadtteile

❙ Osteria del Portico,
Castel Vittorio, Via Umberto 16,
Tel. 01 84 24 13 52. Einfaches Wirtshaus mit reicher und traditionsreicher Speisekarte. ○

Dolceacqua

Eine viel fotografierte Steinbrücke, die vor über 100 Jahren auch den französischen Maler Claude Monet faszinierte, verbindet die zwei Ortsteile von Dolceacqua miteinander. Im mittelalterlichen **Terra** wird verständlich, wie die ligurischen Dörfer sich gegen feindliche Angriffe verteidigen konnten: Nur die Einheimischen kennen sich im labyrinthartigen Gassengewirr aus, dessen Schlüsselstellen bei Gefahr verriegelt werden konnten.

Hoch über dem Ort ragt die Ruine einer **Doria-Burg** auf, in der im Sommer kulturelle Veranstaltungen stattfinden (Sa, So 10 bis 8 Uhr, Juli, Aug. tgl.). Vor der mit Marmoraltären und Stuckaturen reich ausgeschmückten barocken Pfarrkirche Sant'Antonio erinnert ein modernes Denkmal an Pier Vincenzo Mela, der im 18. Jh. entdeckte, wie man Pressrückstände der Oliven wiederverwenden und zu Öl verarbeiten kann. Aus handverlesenen und kaltgepressten Früchten stammen hingegen die besten Olivenöle, die hier angeboten werden.

ℹ IAT, Via Barberis Colomba 1,
I-18035 Dolceacqua,
Tel. 01 84 20 66 66
(Sa, So, Juli, Aug. tgl.).

🍴 Gastone, Piazza Garibaldi 2,
Tel. 01 84 20 65 77. Kaninchen- und Lammgerichte, in der Nähe der Burg. ○○

*Bordighera

Über Camporosso mit seiner kunstreichen Pfarrkirche gelangt man wieder an die Küste zurück und erreicht Bordighera. Auch hier, wie in San Remo, gibt es zwei Stadtteile mit völlig unterschiedlichem Charakter: Auf dem **Capo Sant'Ampelio** drängt sich die kleine Altstadt zusammen, die einst Fischern und Bauern gehörte und von der Spianata del Capo aus herrliche Küstenblicke eröffnet. In der Ebene dagegen breitet sich die elegante Gartenstadt aus, die sich dem Fremdenverkehr verschrieben hat.

6

Seite 601

Rossese di Dolceacqua

Ein guter Begleiter zu einheimischen Gerichten, die immer mit dem jungfräulichen *Olio d'oliva* zubereitet werden, ist der rote *Rossese di Dolceacqua,* neben dem *Cinque Terre* und dem *Colli di Luni* der berühmteste DOC-Wein Liguriens. Er war schon der Lieblingswein von Napoleon. Diesen Spitzentropfen zieht in Dolceacqua **Giobatta Mandino Cane**, Via Roma 21,
Tel. 01 84 20 61 20.

Den **Municipio** (19. Jh.) entwarf Charles Garnier, der Baumeister der Pariser Oper. Ende des 19. Jhs. avancierte auch Bordighera zur beliebten Sommerfrische der Engländer, unter ihnen der Botaniker Clarence Bicknell, der auch als anglikanischer Pastor wirkte. Er gründete in Bordighera die Internationale Stadtbibliothek und das **Museo Bicknell,** dessen Hauptsehenswürdigkeit Abdrücke der Felszeichnungen vom Mont Bégo (siehe Tour 7, S. 613) sind (im Sommer Di–So 9–13, und 15–17 Uhr, im Winter kürzer; Tel. 01 84 26 36 01).

IAT, Via Vittorio Emanuele 172, I-18012 Bordighera, Tel. 01 84 26 23 22 und 01 84 26 44 55.

Cap Ampelio, Via Virgilio 5, Tel. 01 84 26 43 33, Fax 01 84 26 42 44. Hügellage, üppiger Garten; der Service ist perfekt. ○○

❚ **Della Punta,** Via Sant'Ampelio 27, Tel. 01 84 26 25 55, Fax 01 84 26 89 25, www.hoteldellapunta.it. Panoramalage direkt am Meer für Strandfans. ○○

La Via Romana, Via Romana 57, Tel. 01 84 26 66 81. Jugendstilambiente im Luxushotel Londra, erlesene Küche. ○○○

❚ **Circolo Porta Sottana,** Via Dritta 20, Tel. 01 84 26 01 80. Ligurische Küche in der Altstadt (Mi–So abends). ○–○○

❚ **A Tartara,** Via Vittorio Emanuele 62, Tel. 01 84 26 13 92. Kleine Osteria, in der man köstliche *farinata,* ligurische Kichererbsenfladen, bekommt. ○

Donnerstags findet am Lungomare Argentina ein bunter **Wochenmarkt** statt, auf dem auch zahlreiche Bauern ihren Käse, Honig, ihr Öl und ihre Oliven anbieten.

Tour 7

Heimat der ersten Ligurer

Ventimiglia → Airole → Tende (Tenda) (ca. 50 km)

Diesseits und jenseits der Grenze trifft man bei dieser Route, die ins benachbarte französische Val de Tende hinüberführt, auf die Spuren der ersten Siedler Liguriens. In den Höhlen der Balzi Rossi bei Ventimiglia genossen die Vorfahren der heutigen Rivierabewohner schon vor 200 000 Jahren das milde Klima, an den Felswänden der Vallée des Merveilles beim französischen Ort Tende haben Menschen vor 4000 bis 6000 Jahren ihren Alltag und ihren Glauben in 45 000 Felszeichnungen erzählt. Zu einer Touristenattraktion hat sich auch der Wochenmarkt in Ventimiglia entwickelt, viele Käufer kommen aus dem nahen Frankreich herüber.

Die Reise in die Vergangenheit braucht Ruhe, deshalb sollte man sich für diese Tour einen ganzen Tag Zeit nehmen.

Ventimiglia

Ventimiglia wird von den meisten Besuchern schnell abgehakt und als chaotisch gewachsene, uninteressante Grenzstadt abgetan, die nur einen Besuch zum freitäglichen Wochenmarkt verdient. Aber man tut der Stadt damit unrecht: In der westlich der Roia auf einem Hügel zusammengedrängten Altstadt wie in der Neustadt, die

7

Seite 600

Die Römer feierten hier ihre Artisten

Area Archeologica di Albintimilium
Das Ausgrabungsgelände am östlichen Stadtrand von Ventimiglia bezeugt, dass hier vor 2000 Jahren eine blühende Römerstadt bestanden hat. Die trapezförmige Stadtmauer und drei Stadttore aus der Zeit um 70–50 v. Chr., Thermen aus der Zeit von Kaiser Augustus und ein Amphitheater aus dem 2. und 3. Jh. n. Chr., das 4000 bis 5000 Zuschauer fassen konnte, sind noch zu erkennen. Die Römer haben sich immer als großzügig erwiesen, wenn es darum ging, strategisch wichtige Städte mit öffent-

Dicht an dicht wohnt man in der Altstadt von Ventimiglia

sich östlich des Flusses ausdehnt, finden sich neben manch interessanter Sehenswürdigkeit auch Reste der Römerstadt.

In der Altstadt
Die ziemlich morbide Altstadt mit den hohen, düsteren Häusern und der zum Trocknen aufgehängten Wäsche lässt eher an Süditalien denken als an die Riviera. Doch gerade in diesen mittelalterlichen Straßen präsentiert Ventimiglia die nobelsten Zeugen seiner langen Geschichte.

Der Dom *Santa Maria Assunta, dessen Krypta vorromanische Plastiken birgt, und das achteckige, mit der Kathedrale verbundene **Baptisterium** gehen aufs 11. Jh. zurück, sind aber im Laufe der Jahrhunderte immer wieder verändert und umgebaut worden. Die Kirche **San Michele** stammt aus der Zeit um 1100 und war die Familienkapelle der Grafen von Ventimiglia.

7

Seite 600

Fernwanderweg *Alta Via

An der Küste bei Ventimiglia beginnt die **Alta Via dei Monti Liguri,** ein gut markierter Wanderweg, der auf der Wasserscheide anfangs der Westalpen und dann des ligurischen Apennins verläuft und nach rund 440 km in Ceparana nördlich von La Spezia endet. Dieser längste Fernwanderweg auf italienischem Boden ist in 44 Etappen unterteilt, die zwischen 5 und 17 km lang sind und Höhenunterschiede bis zu 952 m aufweisen. Den höchsten Punkt der Alta Via bildet

lichen Bauten auszustatten – und »Albintimilium« lag an der nach Gallien
und Spanien führenden Handels- und
Heerstraße Via Julia Augusta.

Die hier ans Tageslicht beförderten
Fundgegenstände sind im **Museo Civico Archeologico** ausgestellt (Di–Sa
9–12.30, 15–17 Uhr, So 10–12.30 Uhr).

IAT, Via Cavour 61,
I-19039 Ventimiglia,
Tel./Fax 01 84 35 11 83.

Sole Mare, Passeggiata Marconi 22/A, Tel. 01 84 35 18 54,
Fax 01 84 23 09 88,
www.hotelsolemare,it. Außerhalb
des Zentrums gelegenes Hotel;
einige Zimmer mit Meerblick. ○○

Marco Polo, Lungomare
Cavallotti, Tel. 01 84 35 26 78.
Direkt am Meer gelegenen, ligurisch-
provenzalische Küche. ○○

Tipp Alljährlich am zweiten Augustsonntag findet die **Regata dei
Sestieri** mit einem historischen Umzug statt.

*Balzi-Rossi-Höhlen

Noch sehr viel weiter in die Vergangenheit führen die Balzi-Rossi-Höhlen, die sich am Fuß roter Kalkfelsen in
Grimaldi auftun, ganz in der Nähe der
italienisch-französischen Grenze. Gegen Ende des 19. Jhs. beteiligte sich
auch ein erlauchter Archäologe an den
Ausgrabungen, die einige Jahrzehnte
zuvor begonnen hatten: Fürst Albert I.
von Monaco untersuchte die nach ihm
benannte **Grotta del Principe.** Den in
der »Fürstenhöhle« entdeckten Resten eines Arcanthropus-Menschen
(Homo erectus) wird ein Alter von
rund 200 000 Jahren zugeschrieben.
Sehr viel jünger sind drei menschliche
Skelette der altsteinzeitlichen Cro-
magnon-Rasse (15 000–30 000 Jahre),
die in der **Barma-Grande-Höhle** gefunden wurden.

Das vor den Höhlen gelegene
Museo Preistorico dei Balzi Rossi
(Mo–Sa 9–12.30 und 15 –7 Uhr, So/Fei
10–12.30 Uhr) dokumentiert die unterschiedlichen Funde, die in diesen direkt am Meer gelegenen Höhlen ans
Tageslicht gekommen sind.

mit seinen 2200 m der Gipfel des
Monte Saccarello an der italienisch-
französischen Grenze. Was diesen ligurischen Höhenweg so interessant
macht, ist die Bekanntschaft mit einer
ungewöhnlich abwechslungsreichen
Natur, in der mediterrane und alpine
Charaktere zusammentreffen, und der
Einblick in Geschichte und wirtschaft-
lich-soziales Leben: Zahlreiche Abschnitte der »Hohen Straße« verlaufen auf uralten Handelswegen. Sie
führt in einsame, charakteristisch
ligurische Bergdörfer, die von den Ein-

heimischen zunehmend verlassen
werden, und streift imposante Ruinen von alten Befestigungsanlagen, die in einem so heftig umstrittenen Gebiet immer unabdingbar
waren. Auch weniger trainierten
Bergwanderern braucht dieser
Höhenweg (bei aller Umsicht)
keine Angst zu machen, da man ihn
an vielen Stellen unterbrechen und
ins nächste Dorf absteigen kann.
(Informationen erhält man bei den
Informationsbüros APT, IAT,
Pro Loco.)

7

Seite
600

Villa Hanbury: tropische Innenhofidylle

Exotische Pflanzenpracht im Giardino Hanbury

Balzi Rossi, San Ludovico, Via Balzi Rossi 2, Tel. o 18 43 81 32. Die prachtvolle Lage und die hervorragende Küche dieses Gourmetlokals ziehen auch Stammgäste aus Frankreich an. ○○○

▮ **Baia Beniamin,** Grimaldi Inferiore, Corso Europa 63, Tel. o 18 43 80 02. Ein Paradies für die Augen, eine Freude für den Gaumen und dazu einige komfortable Zimmer. ○○○

**Giardino Hanbury

Das Museum der Balzi Rossi wurde 1898 von Thomas Hanbury gegründet, einem erfolgreichen britischen Kaufmann, der sich hier an der Riviera noch größeren Ruhm durch den Giardino Hanbury erworben hat. Als er 1867 – wie viele seiner Landsleute – an die Riviera kam, um sich von einer Bronchitis zu erholen, verliebte er sich in das von Bougainvilleen und Aleppokiefern, Ölbäumen sowie Zitrusgewächsen bedeckte **Kap Mortola** bei Ventimiglia, kaufte es samt Villa und begann mit der Anlage eines botanischen Gartens, in dem exotische Pflanzen akklimatisiert wurden. Anfangs unterstützte ihn dabei sein Bruder Daniel, ein erfahrener Botaniker, später der deutsche Gärtner Ludwig Winter, dem an der Riviera viele Gärten zu verdanken sind und der die Blumenzucht förderte.

Auf dem 180 000 m² großen Grundstück, das bis ans Meer abfällt und vor kalten Nordwinden geschützt ist, gedeihen heute mehr als 4000 Pflanzenarten aus den fünf Kontinenten der Erde. 3 km lange Wege, die im unteren Parkteil mit der altrömischen Straße Via Julia Augusta zusammentreffen, führen an Palmen und Agaven vorbei, an Bananenbäumen sowie Bambussträuchern, am japanischen Garten, am exotischen Obsthain und am australischen Buschwald. Der Hanbury-Garten wird von Experten der Universität Genua vorbildlich instand gehalten (15. Juni bis letzter So im Sept. tgl. 9–18 Uhr, letzter So im Sept. und Okt. sowie letzter So im März bis 14. Juni tgl. 10–17 Uhr, Nov. bis letzter So im März 10–16 Uhr, Mi geschl. Der Ausgang schließt jeweils 1 Std. später).

Ein kleines **Gartencafé** mit herrlicher Aussicht auf die Küste rundet den botanischen mit kulinarischem Genuss ab.

Seite 600

7

Über Airole nach Breil-sur-Roya

In Ventimiglia beginnt die Val Roia, die – obwohl sie fast 40 km lang auf französischem Gebiet verläuft – die beste Verbindung aus dem westlichsten Ligurien nach Cuneo und Turin im Piemont darstellt. Im Mittelalter führte auch die alte Salzstraße aus den Salinen von Nizza in die piemontesisch-lombardische Ebene durch das Tal.

Anfangs unterscheiden sich die Dörfchen im Tal kaum von anderen Hügelorten im ligurischen Hinterland. Die steinernen Häuser drängen sich wie Schutz suchend zusammen, auf den Hängen dehnen sich uralte, silbriggrüne Olivenhaine aus.

Bei der Ernte werden die Oliven mit Stangen von den Bäumen geschlagen

In **Airole** leuchtet aus diesem felsengrauen Häuserknäuel, das sich in konzentrischen Ringen zusammenschließt, die hellgelbe, stuckverzierte Fassade der barocken Pfarrkirche Santi Filippo e Giacomo (17. Jh.) auf.

Zum Dorf San Michele gehört der malerische Weiler **Fanghetto**, direkt an der französischen Grenze, der jahrhunderteweit vom mondänen Badebetrieb an der Küste entfernt zu liegen scheint und noch mit einer romanischen Brücke aufwartet.

A Cantina de Giuanin, Fanghetto, Tel. 01 84 22 24 01. Einfache, angenehme Dorfgaststätte mit guter ligurischer Küche (Mo geschl.). ○–○○

Die Landschaft wird nun allmählich herber und alpiner, Lärchen- und Tannenwälder haben die letzten Ölbäume verdrängt, und die erste größere Ortschaft auf französischem Boden ist das am linken Roya-Ufer gelegene **Breil-sur-Roya.**

Nach Saint-Dalmas-de-Tende

Nur eine Straße und ein kleiner Bach haben Platz in der Gorges de Saorge, einer abenteuerlich schmalen Schlucht, an deren Ausgang man einen faszinierenden Blick auf das außergewöhnlich malerische Bergdorf **Saorge** hat, das sich mit hohen Häusern an einen steilen Berghang schmiegt.

Tipp Eine Bergwanderung (etwa 3 Std.) auf einem mittelalterlichen Verbindungsweg zwischen Saorge und dem ligurischen Pigna (s. Tour 6, S. 605) führt auf den 1161 m hohen **Passo Muratone**. Von diesem Pass aus kann man die Tour, die hier auf dem italienisch-französischen Grenzkamm verläuft, zum an höhlenreichen Toraggio-Pietravecchia-Massiv fortsetzen, dessen Attraktion der Sentiero degli Alpini ist (s. Tour 5, S. 594). Durch die Gorges de Bergue, eine weitere Schlucht mit rostfarbenen und grünen Schieferwänden, führt der Weg nach **Saint-Dalmas-de-Tende**.

7

Seite 600

Wallfahrtskirche *Notre-Dame-des-Fontaines

Kunstfreunde begeben sich von Saint-Dalmas-de-Tende mit dem Auto ins mittelalterliche La Brigue und von hier 4 km weiter zur Wallfahrtskirche Notre-Dame-des-Fontaines, die aus einer wildromantischen Schlucht emporragt. Die außen fast unscheinbare Kirche, die erstmals 1375 bezeugt wird, birgt einen Kunstschatz, der im ganzen Alpenraum vielleicht einzigartig ist. Der piemontesische Künstler Giovanni Canavesio (s. Tour 5, S. 596, und Tour 6, S. 605) hat den Innenraum mit großartigen **Freskenzyklen ausgemalt. Auf einer Fläche von mehr als 320 m² beeindrucken u. a. die Darstellungen »Jüngstes Gericht«, »Leidensweg Christi« und »Marienleben«. Canavesio, dem hier auch Gehilfen zur Seite standen, verbindet in den Szenen märchenhaftes Fabelerzählen mit realistisch-spöttischen Darstellungen. Die Zyklen wurden am 12. Oktober 1492 vollendet – am selben Tag, als Kolumbus Amerika entdeckte.

Am Mont Bégo

Der 2872 m hohe Mont Bégo westlich von Saint-Dalmas-de-Tende gilt als heiliger Berg der ligurischen Ureinwohner, und in der **Vallée des Merveilles** an seiner Südwestflanke sind in 1900 bis 2700 m Höhe an die 45 000 **Felszeichnungen** entdeckt worden, die größtenteils aus der Bronzezeit (um 1800–1500 v. Chr.) stammen. Sie stellen Waffen und pflügende Bauern dar, Hütten, Felder und geometrische Figuren sowie Horntiere, wahrscheinlich Symbole eines uralten Fruchtbarkeitskults. Das außergewöhnliche Freilichtmuseum der Vorgeschichte ist erstmals im 19. Jh. vom englischen Botaniker und Pfarrer Clarence Bicknell (Tour 6, s. S. 607) erschlossen worden, der hier von 1881 an fast zwölf Sommer in einem eigens erbauten Haus in Casterino am Nordwestfuß des Mont Bégo verbrachte. Das Gebiet der Felszeichnungen gehört seit 1979 zum französischen **Parc National du Mercantour.** Einige Gebiete sind nur in Begleitung von Führern zugänglich.

Vom Lac des Mesces (1375 m), den man von Saint-Dalmas-de-Tende mit dem Auto erreicht, sind es zu Fuß noch zweieinhalb Stunden bis in die Vallée des Merveilles (Juni bis Mitte Okt. zugänglich). Der berühmteste Stein in diesem »Tal der Wunder« ist der Chef de Tribu, der »Häuptling«. Und der darf berührt werden; denn hier oben befindet sich eine Kopie, während die echte Felszeichnung im Museum von Tende (Tenda) sichergestellt worden ist.

Tende (Tenda)

Der alte malerische Handelsort Tende (Tenda) wird von den Resten einer mittelalterlichen Burg überragt, die von französischen Truppen 1691 zerstört wurde. Viele Häuser im Ortszentrum haben reliefgeschmückte Portale mit Inschriften des 15. und 16. Jhs. Besonders schön ist das Hauptportal des 1518 geweihten **Doms Notre-Dame de l'Assomption.** Mariä Himmelfahrt, Mariä Verkündigung und Jesus mit den zwölf Aposteln haben Steinmetze aus Cenova in das grüngraue Serpentingestein eingemeißelt.

Airole, ein typisches Dorf im ligurischen Hinterland

7

Seite 600

ℹ **Syndicat d'Initiative,** c/o Mairie, F-06430 Tende.

Amarone, Barolo, Prosecco

Oberitalien ist ein Paradies für Weintrinker – viele international berühmte Tropfen gedeihen zwischen Alpen und Po. Das Angebot reicht vom weltweit meistvertretenen Weißwein, dem gefälligen Soave, bis zu den sündteuren Barbaresco-Editionen des Nobelwinzers Angelo Gaja, vom leichten ligurischen Nostralino bis zum vollmundigen Romagna-Sangiovese, erfrischenden Lambrusco und seltenen süßen Fragolino-Sekten aus Hybridtrauben. Einen kleinen Vorgeschmack gibt es im Internet unter www.agriline.it.

Sehen, kosten, genießen

▌ **La Fiera Vinitaly** – Italiens größte Weinmesse versammelt jeden April in Verona an die 3300 Aussteller aus 21 Nationen. Info: Tel. (00 39) 04 58 29 81 70; www.vinitaly.com. Eintritt 30 €.

▌ **Museo del Vino Zeni,** Via Costabella 9, Bardolino, 15. März–Okt. tgl. 9–13, 14–18 Uhr. Bardolino und Bianco di Custoza zum Selbstzapfen.

▌ **Elena Walch,** Castel Ringberg, Andreas-Hofer-Str. 1, Tramin, Tel. 04 71 86 01 72. Die Edeltraminer im Jesuitenkloster haben ihren Preis.

▌ **Serego Alighieri-Masi,** Gargagnago di Valpolicella, Tel. 04 56 80 05 88. Auf dem Gutshof, der einem Nachfahren Dantes gehört, werden edelste 16%-ige Amarone-Weine, prefillossero aus über 100-jährigen Trauben sowie die Produktpalette von Masi angeboten.

Mythos Piemont

Die Trüffellagen zwischen dem nebligen Hügelland der Langhe und dem Monferrato entzücken nicht nur betuchte Weinkenner. Auch preislich ganz oben stehen der wuchtige, z. T. Jahrzehnte lagerfähige Barolo und der geschmeidige Barbaresco. Entdeckungen lassen sich unter den Nebbiolos und Barberas machen. Chic ist in Italien der als »kleiner Chablis« bezeichnete Gavi di Gavi aus der Cortese-Rebe und der edelnussige Arneis.

▎ **Marsaglia,** Via Mussone 2, Castellinaldo, Tel. 01 73 21 30 48, Fax 01 73 21 30 48. Emilio und Marina würden wohl den Wettbewerb als freundlichste Winzer Italiens gewinnen. Erlesener Arneis.

Prosecco oder Franciacorta

Die beiden kann man eigentlich nicht miteinander vergleichen. Denn Prosecco ist (ordinärer) Tankgärungs-Sekt, während ein Franciacorta nach dem aufwändigen französischen Handrüttelsystem in der Flasche gärt. Wer trotz des manchmal bedenklichen Überangebots an Prosecco edelste Sorten, darunter den blumig duftenden Cartizze, probieren will, tummelt sich am besten auf der venetischen Strada del Prosecco, die 50 km vom Prosecco-Mekka Valdobbiadene bis nach Conegliano führt. Ansonsten oft köstlich: Ein stiller *prosecco spento* vom Bauern. Die edle Welt des Franciacorta nordwestlich von Brescia ist auch in Italien erst vor 20 Jahren in Mode gekommen, verheißt indessen raffinierteste Tafel- und Zechfreuden. Internet: www.prosecco.it

▎ **Azienda Agricola Bisol Desiderio e Figli,** Via Fol 33, Valdobbiadene, Fraz. S. Stefano, Tel. 04 23 90 01 38, Fax 04 23 90 05 77. Das 1800 gegründete Weingut keltert preisgekrönte Cartizze-Sekte. Deutsche Führung nach Voranmeldung.

▎ **Ca del Bosco,** Via Case Sparse 20, Erbusco, Tel. 03 07 76 06 00, Fax 7 26 84 25. Legendäre Champagnerkellerei mit schöner Taverne.

Gütesiegel

DOC Di Origine Controllata – geschützte Herkunft
DOCG Di Origine Controllata e Garantita – geschützte und garantierte Herkunft
IGT Indicazione Geografica Tipica – individuelle Weine mit garantierter Herkunft
Vino da Tavola – Tafelwein

Palmengärten und Blumenparadiese

»Willst du einen Moment glücklich sein, so trinke ein Glas Wein. Willst du ein Jahr glücklich sein, so heirate. Willst du ein ganzes Leben glücklich sein, so pflanze einen Garten.« Nach diesem chinesischen Motto müssten viele Menschen in Oberitalien glücklich sein. Denn die Pflanzen- und Blütenpracht des Südens, der Riviera und der klimatisch begünstigten Seen laden zum Anlegen von grünen Oasen geradezu ein.

Von Hanbury bis Heller

Kein Wunder, dass der englische Gesellschaftssport des Gardening seinen schönsten Triumph in Italien feiert: Die **Villa Hanbury** wurde ab 1867 von Sir Thomas Hanbury und dem Heidelberger Botaniker Ludwig Winter in Mortola nahe der französischen Grenze angelegt. Der Park umfasst Raritäten wie den Australian Garden und den Japanese Garden, einen chinesischen Drachenbrunnen sowie einen maurischen Kiosk. Auf über 3 km Wegenetz begegnet man über 4000 Pflanzenarten, darunter Agaven, Araukarien, Passionsblumen und Papyrus.

McEacharn, ein schottischer Lord, verwandelte Ende des 19. Jhs. den Park der **Villa Taranto** in Verbania am Lago Maggiore in ein Rhododendron- und Azaleenparadies voller Kaskaden und Brunnen. Kaum ein anderer Park Italiens bezaubert mit so vielen exotischen Gewächsen wie dieser.

Der **Giardino Heller** wurde ab 1913 von Arturo Hruska, einem leidenschaftlichen Gärtner und Zahnarzt des letzten Zaren, als »Weltgarten« angelegt. 1988 kaufte ihn André Heller und setzte mit Asiatica, skurrilen Figuren und modernen Plastiken neue Akzente.

▮ **Villa Hanbury,** Mortola, Juni–Sept. Do–Di 9–18, Okt.–Mai 10–17 Uhr.
▮ **Villa Taranto,** Verbania, April–Okt. tgl. 8.30–19.30 Uhr.
▮ **Giardino Heller,** Gardone, Via Roma, März–15. Okt. tgl. 8–18/19 Uhr.

Adlige Gärten einst und jetzt

Ein Kleinod italienischer Gartenkunst des 17. Jhs. liegt in
Valsanzibio in den Euganeischen Bergen: Die **Villa Barbarigo**
lädt mit einem 1500 m langen Buchsbaumlabyrinth,
Brunnen und Bosketts zum Entdeckungsspaziergang ein
(Mo–Sa 9–12, 14–19 Uhr, So nur vormittags).

Tipp Penelope Hobhouse,
Gärten in Italien,
Birkhäuser Verlag, Biel-
Benken 1998. Hinreißender
Fotoband nicht nur für
Gartenfreaks.

Erst im 20. Jh. entstand der **Giardino
Sigurtà** in Valeggio sul Mincio am südlichen Gardasee: Der »Blumengraf« Carlo
Sigurtà schuf in 40 Jahren ein Paradies aus
Seerosenteichen, Buchsbaumskulpturen
und Kräutergärten. Ein 7 km langer Rundweg für Autofahrer mit Stopps für Spaziergänge führt durch sein 500 000 m²
großes Reich (März–Nov. tgl. 9–19 Uhr,
Tel. 04 57 95 02 03 und 04 56 37 10 33;
www.lagodigarda-e.com/sigurta).

Blumenmärkte und Blütenkorsi

Es begann mit den neuen Transportmöglichkeiten der Eisenbahn: 1874 wurden von Ospedaletti an der Riviera die ersten
Blumen zum Pariser Markt gebracht. Heute sind weite Teile
der Riviera dei Fiori mit Nelken-,
Rosen-, Gladiolen-, Strelitzien-,
Orchideen- und Irisplantagen
übersät. Das Zentrum des
Blumenexports ist San Remo:
Wer das Treiben im neuen Blu-
mengroßmarkt (Richtung Taggia)
mitbekommen will, muss früh auf-
stehen: Schon um 5 Uhr morgens
herrscht hier Hochbetrieb.

Tipp Die schönsten Umzüge mit
bunten Blumenwagen und
herrlichen Blumenfiguren finden im
Februar in San Remo und am 1. Sep-
tembersonntag in Verbania statt.
Info: **IAT San Remo,**
Tel. 01 84 57 15 71, und
IAT Verbania, Tel. 03 23 50 32 49.

MUSIK liegt in der Luft

Von Verdi bis Zucchero, von der Scala bis zum Straßenmusikanten, vom Pavarotti-Konzert bis zum Trentiner Bergsteigerchor – in Oberitalien sind viele Weltstars der Musik zu Hause.

Ein Abend in der Oper

Von einer Premiere in der **Mailänder Scala** können die meisten nur träumen. Numero uno in Italien: Das eleganteste Opernhaus der Welt wurde schon unter Maria Theresia 1777 errichtet. Auch architektonisch faszinierend ist Aldo Rossis postmodernes **Teatro Carlo Felice** in Genua – der Zuschauerraum ist einer Piazza nachgebildet. Das **Teatro Regio** in Turin steht für ambitionierte Inszenierungen. Die Freunde des **Teatro La Fenice** in Venedig bangen dem Jahr 2003 entgegen: Wird mit der Wiedererrichtung des 1996 abgebrannten Hauses das alte Fenice-Feeling wiederkehren?

▌**Teatro alla Scala,**
Via Filodrammatici 2, Milano,
Tel. 02 72 00 37 44, 02 86 07 87.
Museo della Scala,
Mo–Sa 9–12, 14–18 Uhr.
▌**Teatro Carlo Felice,**
Piazza de Ferrari, Genua,
Tel. 01 05 38 13 04 oder
01 05 38 12 26.
▌**Teatro Regio,** Piazza Castello
215, Turin, Tel. 01 18 81 51,
Fax 01 18 81 52 14.

▌**Teatro La Fenice,** Venezia. Venedigs Opernlegende spielt provisorisch in der Palafenice-Zelthalle auf der Isola nuova di Tronchetto, Tel. 04 15 20 40 10. Tel. Vorbestellung aus Italien: 1 47 88 22 11; aus dem Ausland: 00 39 06 32 65 80 10; www.teatrolafenice.it. Kartenvorverkauf in Venedig: Cassa di Risparmio, Campo San Luca, Tel. 04 15 21 01 61 oder 0 41 78 65 01, Fax 0 41 78 65 80.

Liedermacher und Schlagerstars

Noch immer wird wie seit 1951 jeden Februar beim Schlager-festival im Kasino von San Remo der Hit der Saison gekürt. Ansonsten swingt die Szene in der Emilia: Bologna ist die Musikhochburg. Liedermacher wie Gianni Morandi, Lucio Dalla, Lucio Battisti, Vasco Rossi, Luca Carboni, der Rapper Giovannotti und Zucchero, der 1992 Pavarotti and Friends mitbegründet hat, sind nur die Stars auf der Spitze des Eisbergs.

Einige besonders trendige Treffs in Bologna sind:
▌ **Circolo Anarchico Berneri,** Cassero di Porta S. Stefano.
▌ **Covo delle Guerriere,** Via Tanari Vecchia.
▌ **Locanda Blues,** Via Costa Andrea 34, Tel. 05 16 15 37 54.

Pavarotti and Friends

Seit 1994 tritt der Maestro mit »Freunden« wie Elton John oder den Spice Girls für wohltätige Zwecke in seiner Heimat-stadt Modena auf (Ende Mai/Juni). Tickethotline EVR, Tel. 0 22 18 87 50 88, Fax 0 22 18 87 51 00.

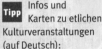

Tipp Infos und Karten zu etlichen Kulturveranstaltungen (auf Deutsch): www.events-italien.de

Belcanto auf der Piazza

Viva Verdi: In Verdis Geburtsort Bussetto findet jeden Sommer auf der nach dem Kom-ponisten benannten Piazza das Verdi-Festival statt. Junge Sänger schmettern die schönsten Arien aus »La Traviata«, »Aida« oder »Rigoletto« unter freiem Himmel.

Tipp E. Baur/ I. Ohlbaum, **Zu Gast bei Verdi,** Heyne Verlag, München 2001. Der große Meister auch mal ganz privat, garniert mit zauberhaften Fotos.

▌ **IAT Bussetto,** Piazza Giuseppe Verdi 24, Tel. 05 24 93 00 31.
▌ **Geburtshaus** von Giuseppe Verdi in Roncole (3 km von Busseto, Di–So 9–12, 15–19 Uhr).
▌ **Villa di S. Agata** (4 km nördlich von Busseto), Wohnhaus Verdis mit seinem Mailän-der Sterbezimmer (Di–So 9–11.30, 15–18.30 Uhr).

Proseccocharme und Big Business ...

Cin, cin ... Italien ist das Land des Lebensgenusses, und die Menschen im Norden machen da keine Ausnahme. Doch der Geschäftstermin in der Bar, die demonstrativ zur Schau getragene *dolce vita* täuschen leicht darüber hinweg, dass Oberitalien eine Region ist, die sich ökonomisch im Aufwind befindet und Deutschland in weiten Bereichen bezüglich Lebensstandard und Einkommen abgehängt hat. Mailand, Turin, Veneto und die Poebene – hier ist die Lira »eurofest« geworden.

Viva la differenza

Italien ist eine Nation und doch keine Einheit. Im Heimatland des *individualismo* sind auch die Städte stolz auf ihre eigene, unverwechselbare Identität und betonen sie gern: *prima veneziani, poi italiani* – erst Venezianer, dann Italiener, die Abwandlung eines alten Sprichworts trifft auch das Lebensgefühl der meisten Oberitaliener.

Diese liebenswerte, heimatstolze Halsstarrigkeit hat auch das reiche, industrialisierte Oberitalien vor moderner Gesichtslosigkeit und Beliebig-

keit bewahrt. Im lombardischen Bergbauerndorf Bagolino wird diskutiert, von welcher Almweide der drei Jahre gelagerte *bagoss*-Käse am besten schmeckt, während in Mailand die Börsenkurse für ganz Italien festgezurrt werden. In der Emilia Romagna macht Pavarotti Oper zu Business, während Ferrari in Maranello Motoren zu Kunst erhebt. An Lago Maggiore, Gardasee und Riviera werden Palmen- und Villenträume wahr – während international fast unbemerkt Südtirol zur wirtschaftlichen Topregion Europas avancierte.

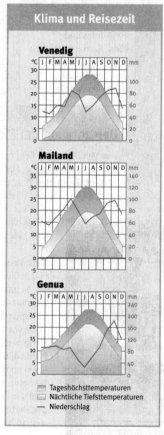

Klima und Reisezeit

Venedig

Mailand

Genua

░ Tageshöchsttemperaturen
░ Nächtliche Tiefsttemperaturen
— Niederschlag

Sextener Dolomiten, Zsigmondy-Hütte

Castello Bernini in Lazise, Gardasee

Nord e Sud

Norditalien, der blassere Landesteil, weniger von Sonne verwöhnt und von mediterraner Leichtigkeit geprägt als der Süden? Mag sein, aber niemand kann leugnen, dass diese Region im Spagat zwischen Lebensstil und Lifestyle, zwischen Renaissancegemälden und Alessi-Design, zwischen Teatro alla Scala und Zucchero-Blues spannend ist und voller Überraschungen steckt ... Zumal längst auch südlicher Touch im Norden Einzug gehalten hat. Denn Millionen aus dem Süden zugewanderter und zumeist integrierter Binnengastarbeiter sorgen dafür, dass man auch in Mailand Pizza essen oder cremigen schwarzen Espresso genießen kann – fast wie in Neapel.

Nicht immer freilich gestaltet sich diese Begegnung zwischen dem reichen Norden und dem armen Süden harmonisch. Für viele Oberitaliener ist der *mezzogiorno* (Süden), dem man mangelnde Steuerdisziplin und Versorgungsmentalität vorwirft, ein Reizthema.

Gletscher und Palmen

Oberitaliens Landschaft bietet alle Impressionen von Nord bis Süd, von ewigem Schnee bis Palmenhain, Berghütten bis Badespaß, Maronenhaine bis Weinberge – entsprechend vielfältig lässt sich der Urlaub gestalten.

Der südliche Hauptkamm der Alpen von den Seealpen an der französischen Grenze zum Monte-Rosa-Gletscher, Adamello, Südtiroler Gebirgstälern, Dolomiten und Karnischen Alpen schließt Oberitalien nach Norden ab. Touristen-Magnete sind die türkisblauen Gletscherseen des Voralpenlandes wie Gardasee, Lago di Como oder Lago Maggiore.

Auf gelbe Maisfelder und frisch geflutete Reispflanzungen trifft man in der industrialisierten Poebene, charakteristisch sind auch die Lagunenlandschaft um Venedig und die adriatische Sandküste.

Im Süden bilden die Steilküste des ligurischen Apennin und der herbe toskano-emilianische Apennin noch immer ein Verkehrshindernis.

Klima und Reisezeit

Wer südliches Flair in Norditalien sucht, wird meist im Sommer oder Frühling an Riviera oder Adria reisen. Doch auch der klassische Wintertourismus ist in Orten wie San Remo, Bordighera mit ihrem milden Klima keineswegs ausgestorben. Ein Sonderfall ist das meist hoffnungslos überfüllte Venedig – Genießer ziehen inzwischen gezielt Ende November durch die nebelverhangene, aber endlich authentische Stadt. Auch in die Poebene sollte nicht reisen, wer auf Nebel allergisch reagiert – oft liegt sie im Winter monatelang unter einem dichten Schleier.

Alpen und Voralpen folgen eigenen touristischen Rhythmen. An den oberitalienischen Seen ist von Ostern bis Oktober Saison, ideale Badezeit herrscht von Ende Juni bis September. Aostatal, Südtirol und teilweise auch das Trentino haben als Wander- und Skigebiete im Sommer und Winter Hauptsaison. Die ligurische Küste und die Cinque Terre sind im Sommer chronisch überfüllt, denn hier strebt auch halb Mailand ans verlockende Meer – die Adria mit ihrer Hochburg Rimini, weiten Stränden und breiten Uferstraßen verkraftet den Massenansturm etwas leichter.

Natur und Umwelt

Norditaliener haben in den letzten Jahren ein geschärftes Umweltbewusstsein entwickelt. Davon profitiert auch der Tourismus: So ist beispielsweise 1994 eine Ringkanalisation um den Gardasee fertig gestellt worden. Auch die Qualität des tyrrhenischen und adriatischen Meerwassers hat sich in den letzten Jahren durch Einsatz von Kläranlagen deutlich verbessert. Ligurien ist die italienische Region mit den meisten blauen EU-Flaggen für absolut sauberes Wasser.

Daneben gibt es auch Problemzonen, mit denen jede Industriegesellschaft zu kämpfen hat: Die bekannteste ist die Lagune von Venedig, deren ökologisches Gleichgewicht durch die veraltete Industrie von Mestre und Marghera empfindlich gestört wird. Doch auch hier versucht man, aus der Not eine Tugend zu machen, und stellt aus den Algen der Lagune ein hochwertiges Schreibpapier her ...

Naturschutzparks wird man nicht nur in den Alpen finden, wo vom Monte Baldo bis zu den Dolomiten, vom Monte Rosa bis ins karnische Karstland aktiver Naturschutz praktiziert wird. Auch sonst sind in den letzten Jahren zahlreiche Gebiete großzügig als Naturreservate ausgewiesen und mit markierten Wanderwegen versehen worden. Eins der schönsten ist die Tigullio-Halbinsel oberhalb Portofinos.

Steckbrief

Größe: 119 887 km² (ca. 40 % der Fläche Italiens)
Provinzen: Alto-Adige (Südtirol)-Trentino, Veneto, Friuli-Venezia-Giulia, Emilia Romagna, Liguria, Piemonte, Valle d'Aosta, Lombardia
Größte Städte: Mailand (1 301 000 Einw.), Turin (904 000 Einw.), Genua (636 000 Einw.)
Bevölkerung: 25,713 Mio. Einw. (rund 44 % Gesamtitaliens)
Bevölkerungsdichte: 191 Einw./km²
Wirtschaft: Beschäftigungsquote 51%, Arbeitslosenquote 5,4 % (22 % in Süditalien!)

Die Steilküsten der Riviera und der oberitalienischen Seen sind wegen der mediterranen Blumenpracht ihrer Villen und Gärten berühmt: Bougainvilleen, Ölbäume und Oleander als Verheißung des Südens! Daneben offeriert Oberitalien den gesamten Reichtum der Alpenflora und Fauna: Murmeltier heißt italienisch *marmotta* und Edelweiß *stella alpina* ...

Bevölkerung und Sprache

In Norditalien leben 25,7 Mio. Menschen, die sich unterschiedlichsten Regionalkulturen zugehörig fühlen. Historisch gesehen ist die Region romanisiertes Keltenland, in das immer wieder germanische Völker eingedrungen sind: So enthält das Telefonbuch von Monza noch heute zu 60 % Langobardennamen wie Lamberti oder Ermenegildo.

Der Reichtum Norditaliens und seine schon immer bürgerliche Geschäftswelt steht auch im 3. Jahrtausend in scharfem Gegensatz zu Süditalien mit seiner von mediterran-feudalen Strukturen geprägten Kultur des Müßiggangs. Doch ohne zugewanderte Süditalianer geht nichts mehr in Mailands Modewelt, in Turins Werkhallen und in der Gastronomie von Venedig bis Varazze.

Italiener sind Familienmenschen, das gilt heute wie eh und je. Nur kommt vielen allmählich die Familie abhanden: Die kinderreichen Großfamilien sterben in Oberitalien aus. Im Gegenteil, mit Geburtenraten, die in bestimmten Regionen gerade noch bei 1,2 liegen, zeigen sich die Norditalienerinnen als die am wenigsten »gebärfreudigen« Frauen der Welt. Der vermutliche Grund: *La Italiana* hat ganz einfach die ihr traditionell aufgebürdete Übermutterrolle satt. Frauen in Oberitalien richten heute lieber ihr Hauptaugenmerk auf Ausbildung und Karriere, weshalb der Anteil an Frauen in Führungspositionen deutlich zunimmt.

In Norditalien spricht man nicht nur Italienisch. Südtirol ist deutsches, zusammen mit dem Trentino teilweise auch ladinisches Sprachgebiet. Im Aostatal wird französisch parliert, in Friaul hört man das dem Ladinischen verwandte Furlan. Kleine slowenisch-istrische Minderheiten leben in Triest und Hinterland.

An der Adria wie hier in Chioggia spielt die Fischerei noch eine Rolle

Padania und die Lega Nord

Es gibt Radiosender und Zeitungen für das Po-Land Padania – ein eigener norditalienischer Staat wird es trotzdem nicht werden. Doch Umberto Bossi und seine Regionalpartei Lega Nord haben – von zu radikalen Tönen einmal abgesehen – die Probleme des italienischen Zentralstaats deutlich gemacht: den krassen Unterschied zwischen Nord und Süd und den Mangel an föderativen Strukturen, an »Bundesländern«, denn alles wird in Rom entschieden. Da tut das »Europa der Regionen« ganz gut. Jedenfalls hat das zum Revival keltischer und langobardischer Identität in Norditalien geführt, während mancher heute auf den Nationalhelden Garibaldi schimpft, der den wirtschaftlich schwachen Süden einst erobert hatte.

Eine Vielzahl interessanter Insider-Texte über Kultur, Alltagsleben und die Mentalität der Italiener finden Sie in dem Band **Land & Leute Italien** von Sabina Kienlechner, Polyglott-Verlag, München 2000.

Wirtschaft

Fiat, Olivetti, Montedison, Versace, Armani, Krizia, Benetton, Lancia, Alfa Romeo – die Reihe italienischer Weltmarken ist lang, und alle kommen sie aus Oberitalien, wenn auch manche Ideenfeuerwerke wie Gianni Versace aus Kalabrien zugewandert sind.

Das norditalienische Wirtschaftswunder, das neben traditionellen Hochburgen wie der Börsenmetropole Mailand und der Industriestadt Turin auch einst strukturschwache Regionen wie das Veneto oder Piemont erfasst hat, besitzt viele Väter. Ganz wichtig: Effiziente Familienunternehmen, die aus traditionellen Branchen Marktführer machen – man denke nur an die Fiat-Familie Agnelli oder das venetische Familienimperium Benetton.

In Maranello bei Modena entstehen die berühmten Ferraris

Dazu kommt das ausgeprägte Arbeits-ethos der Oberitaliener, Streiks sind hier mittlerweile sehr selten. Die größ-ten Probleme der norditalienischen Wirtschaft bestehen in ihrer mangeln-den europäischen und globalen Ko-operation.

Ein anderes Phänomen ist partieller Arbeitskräftemangel, der teilweise durch Immigration auch aus Nicht-EU-Staaten *(extraterritoriali)* und den ehemaligen Kolonien wie Somalia und Eritrea ausgeglichen wird.

Politik

Mailand müsste eigentlich das Machtzentrum Italiens sein. Denn nir-gendwo sonst ist das Steueraufkom-men höher und wird erfolgreicher gewirtschaftet. Doch vor lauter Geld-verdienen fanden Oberitaliens Eliten oft nicht zur Politik, überließen dieses Geschäft lieber den Süditalienern. So kam es, dass das Land jahrzehnte-lang von Christdemokraten, Sozialis-ten und Liberalen regiert wurde, einer großen demokratischen Koalition mit mafiösem Touch. Dass sich auch der Norden mit der weit verbreiteten Schmiergeldmentalität zu arrangieren wusste, beweisen die spektakulären Aufklärungen des Justizpools der *Mani Pulite* (»Saubere Hände«), die auch in Mailand Korruption bis in al-lerhöchste Kreise auf die Schliche kamen. Dies läutete das Ende der bis-her staatstragenden Parteien ein.

1994 hat Italien politisch einen neuen Anfang gemacht. Ein linkslibe-rales Bündnis schart sich um die mitt-lerweile sozialdemokratisch auftre-tende exkommunistische PDS (Partito del Socialismo), während die vom lombardischen Medienmogul und Fuß-ballpräsidenten Silvio Berlusconi ge-leitete Sammelbewegung Forza Italia eher für konservatives und wirt-schaftsliberales Gedankengut steht. Sowohl die ex-faschistische Alleanza Nazionale wie die erstaunlich erfolg-reiche Rifondazione Comunista be-kennen sich inzwischen klar zu den demokratischen Institutionen Italiens. Immer noch für Aufsehen sorgt der Aktionismus der separatistischen Le-ga Nord (s. S. 624).

Geschichte im Überblick

219 v. Chr. Hannibal überquert die Alpen.

191 v. Chr. Oberitalien wird als Gallia Cisalpina römische Provinz.

374 Der hl. Ambrosius aus Trier wird Bischof von Mailand.

421 Sagenhafte Gründung Venedigs.

489 Ostgotenkönig Theoderich macht Verona zu seiner Hauptstadt.

535 Ravenna wird Hauptstadt des byzantinischen Italien.

568 Die Langobarden erobern Oberitalien.

774 Karl der Große besetzt die Lombardei.

1088 Gründung der Universität Bologna.

1093 Gründung des Lombardischen Städtebundes.

1204 Die Venezianer plündern Konstantinopel.

1346 Die Genuesen schleppen die Pest aus der Krim ein.

1466–1560 Admiral Andrea Doria beherrscht Genua.

1492 Der Genuese Cristoforo Colombo entdeckt Amerika.

1535 Mailand wird spanisch.

1546 Konzil von Trient.

1701–1714 Spanischer Erbfolgekrieg: Die Lombardei und Mantua werden österreichisch.

1796–1815 Norditalien unter Napoleon Teil des frz. Empire.

1797 Ende der Republik Venedig.

1821–1842 Alessandro Manzoni veröffentlicht den Nationalroman »Die Verlobten« (*I Promessi Sposi*).

1848 Revolution in Mailand, Genua etc.

1860 Gründung des Königreichs Italien durch Garibaldi und Graf Cavour.

1866 Österreich tritt Venedig und das Veneto an Italien ab.

1893 Genoa, Italiens erster Fußballclub wird gegründet. In der Elf spielen zehn britische *residents* und ein einziger Italiener.

1899 Fiat-Gründung.

1915–18 Der 1. Weltkrieg verläuft an der Alpenfront besonders blutig (Piave und Isonzo-Schlachten).

1919 Im Frieden von St-Germain werden Südtirol, das Trentino und Triest sowie das Hinterland italienisch.

1922 Benito Mussolini aus Predappio (Emilia Romagna) wird Duce.

1943–45 Mussolini gründet in Salò am Gardasee die Repubblica Sociale, eine Marionettenrepublik von Hitlers Gnaden. Schwere Partisanenkämpfe und Massaker.

1946 Italien wird Republik; Autonomiepaket Südtirol.

1992 Große Wahlerfolge der Lega Nord; Hochwasserkatastrophe in Turin.

1994 Das Mailänder Antikorruptionskomitée »Mani pulite« deckt reihenweise Bestechungsaffären auf, die bis in höchste Regierungskreise reichen.

1999 Turin erhält den Zuschlag für die Olympischen Winterspiele 2006.

2000 Seit April amtiert die 58. Nachkriegsregierung unter dem parteilosen Ministerpräsidenten Giuliano Amato.

2001 Bei den Wahlen zum römischen Parlament tritt der Lombarde Silvio Berlusconi als Spitzenkandidat von Forza Italia gegen Roms grünen Bürgermeister Francesco Rutelli an.

Kultur gestern und heute

Felsritzungen und Triumphbögen

Am Anfang der oberitalienischen Kunstgeschichte stehen über 200 000 Felsritzungen in der lombardischen Val Camonica, die neben steinzeitlichen Reitern Jäger, Wildtiere und Herden darstellen.

»Die Welschen«: Das Wort (vgl. *Wales, gallisch*) bezeichnet die ursprünglich keltischen Norditaliener, die im 2. Jh. v. Chr. lateinische Sprache und Kultur annahmen. Schulbuch-Klassiker wie Catull, Plinius, Vergil und der Architekturhistoriker Vitruv sind übrigens »Norditaliener«.

Die Poleposition als wichtige Garnisonen und Straßenstationen Richtung Frankreich, Alpen und Norden machte Mediolanum (Mailand), Brixia (Brescia) und Verona reich und mächtig: Die Arena, die Stadttore von Turin, Rimini und Susa, die Catullsvilla in Sirmione und der Augustusbogen in Aosta sind ebenso Zeugen antiker Macht- und Prachtentfaltung wie die Reste römischer Straßen. In Folge des Aufschwungs wurde Mailand im 4. Jh. unter Bischof Ambrosius zu einem Zentrum christlicher Doktrin und Kunst.

Goldschmuck und Mosaiken

Norditalien ist der Schauplatz der Völkerwanderung. Dabei traten Ostgoten und die Langobarden durchaus auch als Bewahrer antiker Kultur auf. Ihre interessantesten Eigenleistungen sind das hünengrabhafte Theoderichsmausoleum in Ravenna sowie langobardi-

Mosaik in der Vorhalle des Markus-Dom in Venedig

sche Ornamentik und Goldschmiedekunst. Zur selben Zeit stehen die Romagna und die angrenzenden adriatischen Regionen ganz im Bann von Byzanz. In der Exarchenresidenz Ravenna entstehen herrliche Kirchen mit erlesensten Mosaiken wie S. Vitale, S. Apollinare in Classe oder das Mausoleum der Galla Placidia.

Paläste und Dome

In Norditalien entwickeln sich ab dem 11. Jh. freie Kommunen, die vom Bürgertum regiert werden und allmählich eine blühende Geldwirtschaft auf den Weg bringen. Zinnenbekrönte Stadtpaläste in Bologna, Trient oder Bergamo dokumentieren diese stolze Vergangenheit.

Ganz vorne dabei sind die Seerepubliken Genua und Venedig, die Hegemonialstellungen innehaben und Handelsbeziehungen bis in den Orient unterhalten. Venedigs Reichtum manifestiert sich vor allem in Norditaliens prunkvollster Kirche, dem schatzhausartigen Markusdom mit seinem kostbaren Mosaikschmuck. Doch auch in den anderen Städten Oberitaliens werden grandiose romanische und gotische Dome errichtet: S. Zeno in Verona, die Antoniusbasilika von Padua, die Kathedralen von Pavia, Mailand und Bologna. Daneben stehen schlichte Dorfkirchen – vor allem Piemont, Ligurien und Südtirol besitzen malerische Ensembles.

Zugleich betätigen sich die reichen Bürger als Kunstmäzene. So wird die dynamische Eigenentwicklung der italienischen Plastik und Malerei begünstigt. Von Ikonen und romanischen Fresken (etwa S. Proculus in Naturns) führt die Entwicklung zum ersten Paukenschlag der Moderne: Giottos (1267–1337) Fresken in der Arenakapelle der Universitätsstadt Padua. Literarisch verdrängt das Italienische das Französische und Lateinische: Dante (1265-1321), Italiens größter Dichter, lebt jahrelang im Exil in Verona und Ravenna.

Fürstenhöfe und Humanisten

Condottieri und Fürsten erwiesen sich als großzügige Förderer der Renaissancekünstler. Herzogshöfe wie Mantua mit dem von Mantegna ausgemalten Palazzo Ducale der Gonzaga, wie das Ferrara der Familie d'Este oder das Mailand der Sforza und Visconti fördern auch in Norditalien das Aufblühen humanistischer Gelehrsamkeit und Malerei. Die Idee der Residenz und *città ideale* wird von Künstlern wie Leonardo da Vinci (Abendmahl, 1495–1497, Navigli-Kanäle von Mailand) und Bramante (Mailänder Kirchen) teilweise realisiert. Wegbereiter der künstlerischen Entwicklung ist Venedig, das mit Größen wie Giorgione

(1477? bis 1510), Tizian (1490?–1576), Tintoretto (1518–1594) und Veronese (1528 bis 1588) die prächtigste Schule der Eleganz hervorbringt und zum ersten Mal in der Malerei voll auf die Leuchtkraft der Farbe setzt. Die Schule von Brescia und Bergamo ist berühmt für ihre Porträts.

Palladio-Villen und Barock-Maler

Im Manierismus und – vollends – im Barock triumphiert der Adel und mit ihm feudale Bauideen. In Venedig und im Veneto entstehen Prunkkirchen, Canal-Grande-Paläste, auf der Terraferma weitläufige Villen, allesamt an den Säulenkompositionen Andrea Palladios (1508–1580) orientiert. Als besonderes Kunstzentrum wird seine Heimatstadt Vicenza ausgebaut. Die Barockmalerei blüht in der Schule von Bologna, der Künstler wie Guido Reni (1575–1642) und Annibale Carracci (1560–1609) angehören. Im 18. Jh. setzt Giambattista Tiepolo mit seinen furiosen Gemälden die große Tradition venezianischer Malerei kongenial fort. In Genua, dessen Banken die spanische Eroberung Amerikas finanzieren, geben Adelsbankiers wie die Doria, Grimaldi und Adorno die prunkvollen Palazzi an der Via Garibaldi in Auftrag.

Im Westen erwacht eine neue Macht. Das Königreich Sardinien-Savoyen-Piemont lässt in und um seine Hauptstadt Turin im 17. und 18. Jh. einige der avantgardistischsten Schlösser der Zeit wie die Palazzi Madama und Stupinigi errichten. Der piemontesische Barock wird zum internationalen Vorbild.

Der Adel wird auch zum Mäzen einer neuen Musikform, der Oper, die ihre ersten Triumphe in Mantua und in Venedig feiert.

Napoleon und die Folgen

Unter Napoleon ist Italien Teil des Empire – Stendhal hat in Romanen wie »Die Kartause von Parma« diese Zeit des Umbruchs geschildert, der Veneter Antonio Canova (1757–1822) klassizistische Statuen gemeißelt. Das erwachende Nationalgefühl äußert sich in der Carbonari-Bewegung und Aufständen (1848). Der Mailänder Alessandro Manzoni verfasst »Die Verlobten« *(I Promessi Sposi)*, Italiens sprachbildenden Nationalroman; Giuseppe Verdi komponiert patriotische Opern. Nach der Einigung setzt sich das bürgerliche Italien in Szene: als typischster Bau des *Umbertinismo* gilt die Galleria in Mailand.

Alessi-Küchenartikel

Liberty und Futurismus

Um die Wende vom 19. zum 20. Jh. setzt sich der neue Stil zumeist in Jugendstilvillen und Hotels durch (z. B. Villa Laurin in Gardone, Casino von San Remo, Cafés in Triest). Der Futurismus eines Umberto Boccioni und Carlo Carrà mündet in die bewusst moderne faschistische Reißbrettarchitektur. Typische Bauten sind das Forum für Brescia, der Triumphbogen in Bozen, der Hauptbahnhof in Mailand oder Gabriele d'Annunzios dekadente Dichtervilla Il Vittoriale in Salò.

Wolkenkratzer und Design

Norditalien gilt als Hochburg moderner Architektur und genialer Innenraum-Konzeptionen. So hat der Venezianer Carlo Scarpa das Castelvecchio in Verona und das Museo di Palazzo Madama in Turin neu gestaltet. Auch Genua fördert Zukunftsarchitektur gezielt: etwa Aldo Rossis postmodernes Opernhaus (1983–90) oder den 1992 von Renzo Piano als Kulturzentrum ausgebauten Alten Hafen.

Ohne norditalienisches Design sähe die westliche Welt entschieden langweiliger aus. Aldo Rossi betätigte sich als Haushalts-Designer, bei edlen Tuchen alla Armani oder Prada schlagen Herzen höher und bei Bertone und Pininfarina lassen auch deutsche Automobilfirmen maßschneidern.

Zentrum der Medien

Oberitalien spielt eine wichtige Rolle in Film, Medien und Literatur. Starregisseure wie Federico Fellini, Luchino Visconti oder Pierpaolo Pasolini stammten aus Rimini, Mailand bzw. Bologna. Der unglückliche Piemontese Cesare Pavese, Nobelpreisträger Eugenio Montale, das Krimigespann Fruttero & Lucentini und Bestsellerprofessor Umberto Eco haben der modernen italienischen Literatur zu Weltgeltung verholfen. Die traditionsreiche Tageszeitung *Corriere della Sera* erscheint natürlich in Mailand, wo die führenden Verlagshäuser Italiens, Mondadori, Rizzoli und Feltrinelli zu Hause sind.

Feste und Veranstaltungen

Italien ist immer noch ein Land zahlloser kleiner Dorf- und Stadtfeste, voller Heiligenprozessionen und Dorfsagras, bei denen auch Besucher herzlich integriert werden. Höhepunkte des Jahreszyklus sind die Osterprozessionen *(pasqua)* vor allem an Karfreitag, die verschiedenen Erntedank- und Weinfeste und die Weihnachtskrippen *(presepi)*. Eine italienische Institution sind auch die stark oldie-lastigen *feste dell'unità,* organisiert von der Kommunistischen Partei PCI bzw. ihrer Nachfolgeorganisation PDS (Partito del Socialismo).

Daneben gibt es die großen, oft telegen inszenierten *spettacoli:* Karneval in Venedig, Schlagerfestival in San Remo, großes Fischbraten in Camogli oder Palio und Fahnenwerfer in Ferrara. Ein besonderes Vergnügen ist dabei, zuzuschauen, mit welcher Sicherheit und Freude Italiener historische Trachten zu tragen verstehen: Aus mancher emanzipierten Frau in Jeans wird über Nacht eine überzeugende, stolze Renaissancefürstin im reich verzierten Brokatmieder.

Besonders malerisch sind die Umzüge mit reich geschmückten Blumenwagen und Blumenfiguren in San Remo oder Verbania (Anfang September) oder die mit Blumenteppichen ausgelegten Straßen bei der *Infiorata* im ligurischen Sassello (Sonntag nach Fronleichnam).

Karneval in Venedig

Veranstaltungskalender

Februar: Festival di S. Remo: Eros Ramazotti oder Pino Daniele – Italiens größtes Schlagerevent füllt das Kasino von San Remo.

Carnevale a Venezia: Seit 1979 verwandelt sich die Lagunenstadt zur Faschingszeit wieder in einen Schauplatz casanovahaften Maskentreibens.

März/April: Processione di Venerdì Santo: Die Karfreitagsprozession im ligurischen Savona gilt als die ergreifendste Norditaliens.

Mai: Sagra del Pesce: Fisch für alle, ohne Ende! In Camogli wird am 2. Maisonntag die größte Bratpfanne der Welt geschwenkt.

Juni – August: Arena di Verona: 600 000 Besucher pro Festspielsaison für die Opernaufführungen im römischen Amphitheater.

Busker's Festival: Straßenmusikanten aus aller Welt bringen in der letzten August-Woche die Renaissancestadt Ferrara zum Erklingen.

September: Regata storica: Aller Prunk der Serenissima lebt am 1. Septemberwochenende in einer historischen Bootsprozession an Venedigs Canal Grande wieder auf.

Oktober: Fiera del Tartufo: Die größte Trüffelmesse Italiens vereint im piemontesischen Alba Schnüffler, Hunde und Scharen von *Tartufo*-Fans.

Dezember: Teatro La Scala: Die Saisoneröffnungs-Premiere der Primadonna unter den Opernhäusern beginnt traditionell am 7. Dezember (Spielzeit bis Juli).

Risotto, Ravioli und Riesenkrebse

Lasagne, spaghetti carbonara oder *pizza?* Internationales Italoeinheitsfood! Kenner wissen es besser: Jede Stadt auf der Apeninnenhalbinsel ist auf ihre kulinarischen Spezialitäten stolz, die regionale Vielfalt unüberschaubar. Das gilt auch für das Schlaraffenland Oberitalien, in dem ebenso faszinierend wie abwechslungsreich aufgekocht wird.

Kulinarische Spezialitäten aus Oberitalien sind ein beliebtes Mitbringsel

Schüttelbrot und Cucina gardesana

Was wäre Südtirol ohne seine Törggelenfreuden: Maronen, Hüttenkäse, selbst gemachter Speck und Schüttelbrot. Neben spinatgefüllten Schlutzkrapfen, Speckknödelsuppe, Terlaner Weinsuppe und Kraut gibt es zahlreiche Restaurants, die sich ambitionierter Italo-Austroküche verschrieben haben.

Strangolapreti, »Priesterwürger«, heißt das Vorzeigegericht des Trentino: Köstlich zarte, fast schaumige Spinatnockerl, die mit Pfeffer und Butter gereicht werden. Mariniertes Salzfleisch *(carne salata)* ist ein ebensolcher Gaumenschmaus wie die sonst aus Italien fast verschwundene Eselssalami.

Am Gardasee wird nicht nur international gekocht. Bessere Familientrattorien zaubern Delikatessen wie frittierte Döbelklößchen *(polpettine di cavedano),* Felchenrisotto *(risotto al lavarello)* oder gebackene Gardaseeforelle *(carpione)* mit marinierter Zitronenschale. Probieren Sie im Winter in einer Bergtrattoria des Westufers einen *spiedo,* einen kunstvoll über Holzfeuer gegrillten Fleisch-Geflügelspieß, der mit Almbutter bestrichen wird.

Sarde in saor und Spargelrisotto

Die wahre Küche des reichen, einst chronisch übervölkerten Venedig ist eine Sparküche der einfachen Leute und der Billigfische: Probieren Sie *bigoi in salsa* (Spaghetti mit Sardellensauce) oder *sarde in saor,* eine Art venezianischen Brathering, oder auch die schwarzen Spaghetti mit Tintenfisch-Beuteltinte. Typisch ist auch *fegato alla veneziana,* in Weißwein und Zwiebeln geschmorte Kalbsleber, von *polenta* begleitet. Eine Entdeckung sind die winzigen Weinstuben der Stadt, in denen Schnittchen mit gebutterter Stockfischcreme *(baccalà mantecato)* gereicht werden.

Im Veneto gelingt das Wunder einer leichten Bauernküche: Überall gibt es zur Saison zarte Spargelrisotti; eine zartbittere Beilage zum Fohlensteak ist gegrillter Trevisaner Stangen-Radicchio. In der Winterzeit wird in Verona zugeschlagen: das klassische Festmahl *bollito misto* kann bis zu zehn Sorten gekochtes Fleisch (Zunge, Kalb, Huhn, Schwartenwurst etc.) enthalten, dazu gibt es Grüne Sauce und *pearà*, eine Art gerührte Mark-Semmel-Paste.

Im Friaul und in Triest sprechen die Köche schon halb österreichisch – auf der Karte finden Sie deshalb Gulasch und Kaiserfleisch neben der Bohnen-Graupensuppe *jota* – nachher gibt's *guguluf* (Guglhupf). Den zarten »süßen« Schinken aus S. Daniele ziehen nicht wenige Kenner noch dem Parmaschinken vor.

Emilia Emilia

Die Emilia Romagna gilt als Schlaraffenland Italiens: Parmaschinken, echter Parmesan und 10-jähriger, sirupdicker, duftender Aceto Balsamico tradizionale aus Modena, von dem jedes Tröpfchen ein Vermögen kostet. Und natürlich hausgemachte, dottergelbe *tagliatelle*, die mit stundenlang geköcheltem Bolognese-Sugo auf den Tisch kommen. Dazu hoch das Glas Lambrusco und *buon appetito!*

Trüffeln oder Olivenöl

In Ligurien ist man auch kulinarisch am Mittelmeer. Hier, im Hinterland von Imperia, wird das mildeste, feinste Olivenöl Italiens gepresst, werden zehngängige Antipastileckereien und feinste Gemüsetorten gezaubert. Und hier öffnet sich auch das Pastaparadies: winzige *troffie*-Nudeln mit *pesto alla genovese,* einem Sugo aus gemörsertem frischem Basilikum, Olivenöl, Parmesan und Pinienkernen, oder *ravioli* – eine ligurische Erfindung. Daneben finden sich Tunfisch, Venusmuscheln und bouillabaisseähnliche Fischsuppen auf der Speisekarte.

Im Piemont ist alles anders – oder eben fast französisch. Also Butter statt Olivenöl, mit Sahne angereicherte Saucen, lieber Reis als Nudeln – das ergibt eine preisgünstige europäische Hochküche mit lokalem Touch. Unbedingt probieren: eine *bagna caoda,* rohes Gemüse, das in Sardellensauce gedippt wird und natürlich die weißen Trüffeln von Alba, die zehntelgrammweise über das Omelett oder die Nudeln gehobelt werden.

Kürbis und Cassoeu

Nirgendwo ist die Sternerestaurant-Dichte so hoch wie um Mantua. Doch die Grundlage der Hohen Kochschule bildet noch immer eine solide *cucina casalinga:* mit dunkelorangem Kürbis gefüllte *tortelli di zucca* mit Mohnbutter oder die berühmten Tortellini mit dreierlei Fleischsorten von Valeggio, *anguillotti*-Aale mit Lorbeer oder marinierter Hecht. Und als leider meist nur drittklassig gekochter Klassiker *zuppa pavese,* im Idealfall eine kräftig konzentrierte Hühnerbrühe mit Dotter, einer Scheibe Toast und einem Hauch *parmigiano.*

In Mailand trifft man so selten auf die einheimische Küche wie in London auf die britische – man speist hier Pizza oder sizilianisch. Echt wären *ossobuco alla milanese* (geschmorte Beinscheibe), *risotto alla milanese* mit Rindermark und Safran, *costoletta alla milanese* (ein hauchdünnes »Wiener Schnitzel« mit Blutströpfchen in der Mitte – angeblich zur Maria-Theresia-Zeit von Mailand nach Wien exportiert) oder *cassoeu,* ein Schwartenwurst-Kohl-Eintopf.

Urlaub aktiv

Dolomiti-Superskipass, Beachvolleyball in Rimini, Torbole-Surf am Gardasee: Norditalien besitzt mit Adria, Riviera und seinen alpinen Regionen einige der attraktivsten Urlaubsziele Europas. Wer unter Aktivurlaub kreatives Lernen versteht, kann Kochkurse, Sprachkurse oder Keramikworkshops belegen oder versuchen, in Venedig die vertrackte Rudertechnik der *gondolieri* zu erlernen.

Wassersport

Wasserspaß ohne Grenzen in Riccione

Großes Plus für Gardasee, Lago Maggiore, Riviera und Teile der Adria: Die Wasserqualität ist bis auf die Nähe größerer Städte im Allgemeinen ausgezeichnet. Auskünfte beim ADAC oder unter Tel. 0 89/76 76 48 84 bzw. 0 18 05/23 22 21.

Oberitalien ist für sein geregeltes Strandleben bekannt. Freie Strände *(spiagge libere)* sind eher selten, hier herrschen Badeanstalten *(stabilimenti bagni)* mit bunt gestreiften Liegestühlen *(lettini)* und Sonnenschirmen *(ombrelloni)* vor.

Segler fühlen sich an den oberitalienischen Seen und der Riviera besonders wohl, der nördliche Gardasee mit seinen alpinen Fallwinden gilt als eines der besten Surfreviere Europas.

Angeln

Hochseeangeln im Meer bedarf keiner speziellen Erlaubnis. Für das Süßwasserfischen muss man sich hingegen Erlaubnisscheine in Sportfischerfachgeschäften oder bei der lokalen Sektion der Federazione Italiana della Pesca Sportiva besorgen.

Wintersport

Mondän geht es in Cortina d'Ampezzo und Madonna di Campiglio zu, über einen bestens ausgebauten Skizirkus verfügt auch das Aostatal mit dem Wintersportzentrum Courmayeur. Südtirol lockt mit Skigebieten wie Seiser Alm, Plose, Kronplatz, Schnalstal oder dem schneesicheren Sulden am Ortler Snowboarder, Carver und Drachenflieger, aber auch Liebhaber bodenständiger Hüttengemütlichkeit. Saison ist von Dezember bis Ostern.

Rad fahren

In der Poebene ist Fahrrad fahren Volkssport, sind Giro d'Italia-Helden vom Uroma-Idol Fausto Coppi bis elefantino Pantani immens populär – und gute Rennradschmieden gibt es auch: z. B. Olmo in Celle Ligure. Die Umgebung des Gardasees wird von Mountainbikern gestürmt. Die örtlichen APTs erteilen Auskünfte über Routen, Fahrradverleiher und Mountainbike-Touren. In Regionalzügen kann man auch seinen Drahtesel mitnehmen.

Gardasee – ideales Terrain für Biker

Bergsport

Auch die Italiener haben Wandern als Freizeitsport entdeckt. Nicht nur die Alpen mit Dolomiten, Monte Rosa und Ortler locken. Der ligurische Fernwanderweg Via Alta erschließt den ursprünglichen Apennin, und herbstliche Weinbergwanderungen in den Cinque Terre finden immer mehr eingeschworene Liebhaber. Alpenverein und CAI (Club Alpino Italiano) unterhalten zahlreiche bewirtschaftete Gebirgshütten.

Kletterer und Freeclimber werden sich in Arco am nördlichen Gardasee besonders wohl fühlen. Info: **Alpenverein,** München, Tel. 0 89/55 17 00, oder **CAI,** z. B. Sektion Bologna, Via Independenza 2, Tel. 0 51 23 48 56; www.cairoma.it.

Reiten

Maneggi (Reitställe) sind in Oberitalien besonders häufig in den bergigen Regionen – viele Agriturismo-Betriebe bieten auch Reiterferien an (www.agriturist.it).

Golf

In Italien wird Golf immer populärer. Gerade in den letzten Jahren sind viele neue und landschaftlich reizvolle Golfplätze entstanden. Eine Liste verschickt die **Federazione Italiana Golf,** Viale Tiziano 74, 00196 Roma, Tel. 06 36 85 81 08, Fax 0 63 22 02 50.

Wellness

Kuren ist gefragt, vor allem in Abano und Montegrotto, wo man bestens auf deutsche Gäste eingestellt ist. Altmodischer Charme herrscht im Appeninenbad Salsomaggiore Terme vor. Rivieraorte wie Rapallo locken mit Salzluftbädern auch im Winter. Am Gardasee gibt es in Sirmione und Umgebung topmoderne Beauty-Center, Meran und Bardolino werben mit Traubentrinkkuren. Details findet man in der Broschüre »Thermalorte Italia«, bei den ENIT-Büros (s. S. 996) erhältlich, oder unter www.terme.it.

Kurse

Kurse für italienische Sprache und Kultur (auf Wunsch auch mit Zimmervermittlung) bietet z. B. in Venedig die **Società Dante Alighieri,** Tel. 0 41 76 85 46, an oder am Gardasee die **Scuola del Lago** in Villavetro di Gargnano, Tel. 03 03 75 68 04, Fax 03 03 77 38 60. Töpferkurse gibt es z. B. in der ligurischen Keramikmetropole Albisola Superiore in der **Scuola di Ceramica**, Tel. 0 19 48 57 85.

Den Umgang mit Pinsel und Palette üben kann man in San Felice am Gardasee und Jano in den Bologneser Hügeln mit **Malreisen,** Dreisstr. 11, 76135 Karlsruhe, Tel. 07 21/8 30 22 61, Fax 8 30 22 61; www.malreisen.de.

Unterkunft

In einer renovierten palladianischen Villa logieren oder in einem Bauernhof nächtigen, beim Aufwachen auf den Canal Grande oder den Monte Rosa schauen? Das Angebot an Hotels und Pensionen in Norditalien reicht von nüchternen Business-Hotels und adriatischen Bettenburgen bis zu bezaubernden *residenze d'epoca*, Selbstversorgerappartements und Altstadt-Locandas. Klassifizierte Unterkunftsverzeichnisse mit Preislisten sind in den ENIT-Büros (s. S. 996) und den lokalen APT-Tourismusinformationen erhältlich.

Einladend: Hotel Flora, Venedig

Tipp **Senza Colazione:** Viele Hotels und Pensionen berechnen das Frühstück gesondert, meistens ist es relativ teuer. Besser geht man für Cappuccino und Brioche (Hörnchen) in die nächste Bar.

Charming Hotels

Die Häuser sind nicht ganz billig, bieten aber individuelle Zimmer und Küche, meist in historischem Gemäuer. Info bei **Charming Hotels,** Via Pinciana 25, Rom, Tel. 0 68 41 19 40, Fax 06 85 21 02 10.

Agriturismo – Urlaub auf dem Bauernhof

Stark im Kommen ist der *agriturismo*, sind doch Italiens Bauernhöfe oft äußerst reizvolle historische Gebäude – von der ligurischen Olivenöl- bis zur piemontesischen Reismühle, vom Trentiner Bergbauern-Maso bis zum venetischen Weingut oder der Adriafischerhütte. Die Betreiber bieten den

Gästen selbst produzierte Lebensmittel an. Viele Betriebe öffnen nur saisonal. Internet: www.agriturist.it und www.agritour.net/itald.htm.

▮ **Agriturist Lombardia,**
Viale Isonzo 27, 20315 Milano,
Tel. 02 58 30 21 22, Fax 02 58 30 08 81.
▮ **Agriturist Emilia-Romagna,**
Piazza Martiri 5, 40121 Bologna,
Tel. 0 51 25 18 66, Fax 0 51 25 33 15.
▮ **Agriturist Alto Adige,**
Via Macello 4D, 39100 Bolzano,
Tel. 04 71 99 93 33, Fax 04 71 98 11 71.

Jugendherbergen

Ostelli di Gioventù sind in allen größeren Städten Oberitaliens vorhanden. Wer nicht Mitglied im Internationalen Jugendherbergsverband ist, kann trotzdem zu höheren Tarifen nächtigen. Auskünfte erteilen das **Deutsche Jugendherbergswerk,** Bismarckstr. 8, 32756 Detmold, Tel. 05 23/19 93 60, und die **Associazione Italiana Alberghi per la Gioventù,** Via Cavour 44, 00184 Roma, Tel. 0 64 87 11 52.

Reisewege und Verkehrsmittel

Mit dem Auto

Das Straßen- und Autobahnnetz ist gut ausgebaut, lediglich schwieriges Terrain wie die ligurischen Seealpen oder die Brescianer Berge verlangen besondere Fahrkünste. Im Winter können Winterreifen oder Ketten erforderlich sein. Informationen zum Straßenzustand gibt es unter der Tel. 194.

Autofahren in Italien ist nicht billig. 1 l Benzin kostet ca. 1,10 €, dazu kommen hohe Autobahngebühren. Strafbescheide werden rechtskräftig ins Heimatland nachgeschickt! Es herrscht Gurtpflicht, zudem die 0,5-Promille-Grenze. Autodiebstähle in Großstädten gibt es wie andernorts auch. Zahlreiche Innenstädte sind zumindest teilweise für Privat-PKW gesperrt. Oft ist es schwierig, einen Parkplatz zu ergattern.

> **Tipp** Viele Tankstellen schließen mittags und sonntags, dafür gibt es **Tankautomaten** (für Geldscheine und Kreditkarten).

Mit der Bahn

Die italienischen Staatsbahnen FFSS sind in den letzten Jahren sehr zuverlässig geworden. Das Preisniveau liegt deutlich unter dem deutschen, es werden mehr Nebenstrecken befahren. Wichtig: Fahrkarten müssen vor Fahrtantritt im Bahnhof an den dort aufgestellten Automaten abgestempelt werden! Für längere Strecken sollte man unbedingt Plätze reservieren. Zugverbindungen findet man unter www.bahn.de.

Aliscafo zwischen Torbole und Riva, Gardasee

Mit dem Flugzeug

Norditaliens Airportdrehscheibe ist Mailand. Daneben werden Venedig, Verona, Bologna, Turin und das schweizerische Lugano täglich von Deutschland aus angeflogen, im Sommer gibt es Charterflüge nach Rimini. Zudem bestehen zahlreiche inneritalienische Verbindungen.

Mit dem Rad/Motorrad

Gerade die Alpenpässe und die Gardaseeregion sind ein Radsportdorado – viele Hotels und Restaurants haben sich darauf eingestellt. Für Motorradfahrer gilt Helmpflicht!

Mit dem Schiff

Man kann Norditalien auch über die internationalen Kreuzfahrthäfen Genua, Triest und Venedig ansteuern. Gerade die Orte der ligurischen Riviera lassen sich im Sommer bestens per Linienboot besuchen. Auf den großen oberitalienischen Seen verkehren ebenfalls Fähren und Ausflugsschiffe. Per Hausboot kann man das Podelta und die Lagune von Venedig erkunden.

Seite
640

***Venedig

Königin der Lagune

Canal Grande, Markusplatz, Gondeln – die Magie der auf Pfählen errichteten Wasserstadt erlebt jede Generation unverändert frisch, auch wenn man sie mit vielen teilen muss – allerdings mit immer weniger Venezianern. Gerade 60 000 leben noch in der Altstadt. Die Übrigen können sich die teuren Mieten nicht mehr leisten oder möchten einfach lieber Auto fahren und modern leben.

Der Markusdom mit seinen fünf Kuppeln

Geschichte

Die ersten Siedler waren vor den Hunnen in die Lagune geflohen, ab 811 regierten Dogen am Rialto. Hier entstand die größte Seemacht des Mittelalters, die Konstantinopel, Zypern und Kreta umfasste. Der Reichtum wurde in Kunst und Palazzi umgemünzt. 1404 begann die Eroberung der Terraferma, des Festlands bis Bergamo. Mit der Entdeckung des Seewegs nach Indien fiel das Orient-Monopol, der Niedergang wurde 1797 durch die Auflösung der Republik besiegelt. Venedig avancierte zum Touristenmagneten Nummer eins und lebt bis heute von romantischen Träumen und Fantasien. Alle zwei Jahre (2003, 2005...) wird hier die internationale Kunst- und Filmbiennale gefeiert.

Wahrzeichen ***Markusdom

Napoleon hatte Recht: Der Welt prächtigster Salon – ist der Markusplatz. Mondäne Caffès wie Florian und Quadri, die Endlosarkaden der Alten und Neuen Prokuratien, der 95 m hohe Campanile und als Höhepunkt der gleißende *****Markusdom ❶** (Basilica di San Marco), 1063–71 zu Ehren der Reliquien des aus Alexandria unter Bergen von Schweinefleisch herausgeschmuggelten Apostels entstanden. Der Innenraum mit seinen Kuppeln erinnert an die Hagia Sophia in Istanbul. Im one-way-Verfahren wälzt man sich unter den Mosaiken durch: Hauptattraktion ist die Pala d'Oro (Mo–Sa 9.30–16.30, So 14–16.30 Uhr), ein goldener Altaraufsatz mit 526 Perlen und 1401 Edelsteinen. Die 1204 aus Konstantinopel geraubten Originalbronzepferde logieren sicher im Dachstuhl (tgl. 9.30–16.30 Uhr).

Macht und Meer

Die Seerepublik wurde vom ****Dogenpalast ❷** (Palazzo Ducale, Sommer 9–19, Winter bis 17 Uhr, Kassenschluss 90 Min. früher!) aus regiert: Ein mit Seefront errichteter Riesenbau, hier residierte auch der Große Rat, für den Tintoretto mit seinem »Paradies« das größte Ölbild der Welt schuf. Der lange Rundgang schließt die **Seufzerbrücke** mit ein, sie führte zu den Bleikammern des Staatskerkers. Hinterher kann man bei einem Uferspaziergang an der Riva degli Schiavoni frische Luft schnappen.

Seite 640

Panoramablick auf den Dogenpalast und den Markusplatz

**Accademia und Dorsoduro

Luxuriöse Boutiquen liegen auf dem Weg zur hölzernen Accademiabrücke. Das 1996 niedergebrannte Opernhaus **Teatro La Fenice ❸** soll 2002/3 neu eröffnet werden. Die 1750 gegründete **Accademia ❹** (Mo–Sa 9–19, So 9 bis 14 Uhr) schildert die Entwicklung der venezianischen Malerei von kostbaren Ikonen bis zu Tiepolo.

Die links anschließenden Gassen von **Dorsoduro** gelten als feinste Wohnadressen Venedigs. Hier kaufte die schrille Amerikanerin Peggy Guggenheim (1898–1979) den **Palazzo Venier dei Leoni** direkt am Canal Grande. Nach ihrem Tod wurde ihre einzigartige Sammlung moderner Kunst als **Guggenheim Foundation ❺** (Mi bis Mo 11–18 Uhr) der Öffentlichkeit zugänglich gemacht.

Krönender Abschluss des Stadtbildes: Zur von Baldassare Longhena auf 176 627 Pfählen errichteten Kuppelkirche *S. Maria della Salute ❻** (1631 bis 87) aus weißem istrischem Marmor wird jeden 21. November eine Schiffsbrücke für das Salute-Fest gelegt – nach der Messe gibt es Glühwein und *fritelle*-Krapfen.

Beim Spaziergang um die Landzunge kommt man zu den breiten Zattere mit Blick auf die Giudecca mit den Palladio-Kirchen **S. Giorgio** und **Il Redentore** (wird derzeit restauriert). Gönnen Sie sich bei Nico auf der Uferterrasse ein *Gianduia*-Nougateis!

Labyrinth Venedig

Adressen in Venedig sind Glückssache, denn meistens nennen sie nur den Sestiere (Stadtsechstel: S. Marco, Dorsoduro, Castello, S. Polo, S. Croce und Cannaregio) und eine Hausnummer. Lassen Sie sich im Zweifelsfalle einfach treiben oder fragen Sie in der nächsten Bar.

Rialto und Rialtomarkt

Viele verlassen den Vaporetto-Dampfer schon bei der **Rialtobrücke ❼**. Das Wahrzeichen von Venedig entstand 1588–91 an Stelle einer Holzbrücke. Schön ist es, früh auf dem farbenfro-

Seite 640

hen Rialtomarkt den anlandenden Gemüsekähnen und den Fischerbooten zuzusehen.

Eine der beliebtesten »Hauptstraßen« Venedigs führt von dort via Campo S. Polo zur riesigen gotischen Franziskanerkirche **★★S. Maria dei Frari ❽**. Über ihrem Hochaltar strahlt Tizians ★Assunta (1518) in edelsten Rottönen. Gleich daneben malte Tintoretto 1564–87 für die **★★★Scuola di S. Rocco ❾** (April–Okt. tgl. 9–17.30,

Nov.–März Mo–Fr 10–13, Sa, So 10 bis 16 Uhr) einen grandiosen biblischen Zyklus mit 60 Bildern.

Erholung vom geballten Kunstgenuss bietet der Einheimischentreff **Gelateria Causin,** Campo S. Margherita 2962. Das Pistazieneis in diesem Eiscafé der 1950er Jahre gilt als unübertroffen. In einer Seitengasse liegt die **★★Scuola dei Carmini ❿** (Mo–Sa 9–12, 15–18 Uhr) mit sinnlich-religiösen Deckengemälden Tiepolos.

❶ Markusdom
❷ Dogenpalast
❸ Teatro La Fenice
❹ Accademia
❺ Guggenheim Foundation
❻ S. Maria della Salute
❼ Rialtobrücke

❽ S. Maria dei Frari
❾ Scuola di San Rocco
❿ Scuola dei Carmini
⓫ Ghetto
⓬ Ca' d'Oro
⓭ SS. Giovanni e Paolo

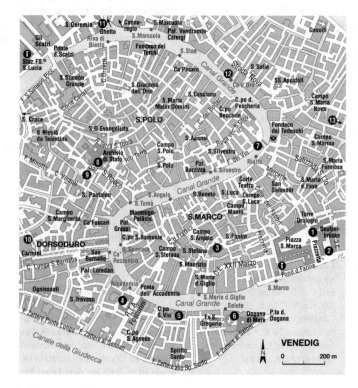

VENEDIG
0   200 m

Seite
640

Die Werkstatt **La Scialuppa** in der Calle dei Saoneri S. Polo 2681 (Nähe Frari) ist eine Fundgrube für Gondelbausätze, Seemannsvotivbilder und Schiffsmodelle (auch als Kinderspielzeug).

Tipp **Gondola und Vaporetto:** Gondelfahren kostet ungefähr so viel wie eine Stunde Taxifahren, nämlich rund 62 Euro. Ansonsten ideal für den Canal Grande: Die *vaporetti* (Linienboote) 1 und 82 (24- und 72-Std.-Tickets).

**Ghetto und **Zanipolo

Vom Bahnhof führt der »Boulevard« Lista di Spagna ins Volksviertel Cannaregio mit dem Canale di Cannaregio. Einzigartig ist das 1516 errichtete **Ghetto ⓫** mit herrlichen Synagogen und dem kostbar ausgestatteten **Museo Ebraico** (So–Fr 10–16/19 Uhr). Bis zu 5000 Menschen lebten hier

Glaskunst aus Murano

auf 7000 km². 1943 verschleppten deutsche Truppen 200 venezianische Juden in KZs.

Die **Ca' d'Oro ⓬** mit dem Museo Franchetti und seinen wertvollen Gemälden und Skulpturen (Mo–Sa 9–14, So 9–13 Uhr) gilt als schönster gotischer Canal-Grande-Palazzo Venedigs.

Die venezianisch *Zanipolo* genannte gotische Dominikaner-Kirche **SS. Giovanni e Paolo ⓭** ist mit 101,5 m Länge die größte Venedigs: hier wurden die meisten Dogen in prunkvollen Katafalken bestattet. Davor wacht das berühmte *Reiterstandbild Colleonis von Andrea Verrocchio (1496).

Lagunenausflüge

Abfahrt Fondamenta Nuove: Die Glasbläserinsel **Murano** (Linie 52) lockt mit Bleikristall in raffiniertesten Farben und Formen. Ihren eigenen Rhythmus lebt die Spitzenklöpplerinnen-Insel **Burano** – sie ist ein beliebter Sonntagsausflug der Einheimischen. Ein Must ist die einsame schilfbestandene Insel **Torcello,** die von der 1088

Bacari – Zechen mit den Venezianern

Venedigs versteckte typische Bars locken mit köstlichen Weinen und leckeren *cicheti*-Häppchen. Ab 8 Uhr früh treffen sich hier die Einheimischen zu einer *ombra,* einem 0,1 l-Gläschen Wein im Stehen.

▐ **Mascaron,** Calle Lunga S. Maria Formosa 5225. Nostalgieambiente.

▐ **Vivaldi,** S. Polo, Calle della Madonetta 1457. Jung und engagiert.

▐ **Vedova (Ca' d'Oro),** Cannaregio 3912. Berühmt für seine Fischlasagne.

Einkaufsparadies Venedig

Regata Storica auf dem Canal Grande

gebauten Kathedrale S. Maria Assunta überragt wird (*Weltgerichtsmosaik des 12. Jhs.).

Der **Lido** mit seinen Sandstränden und Hotelpalästen ist nur noch zur Filmbiennale Treffpunkt der Großen Welt. Die Insel lockt sonst eher zum Baden und Radfahren.

Infos

IAT, San Marco 71 F,
Tel. 04 15 29 87 11,
Fax 04 15 23 03 99; **IAT,** Bahnhof
S. Lucia, Tel. 04 15 29 87 27,
tgl. 8.15–18.45 Uhr;
www.comune.venezia.it oder (übersichtlicher) www.venice.banana.it.

Flughafen: In Tessera bei Mestre, Verbindung in die Stadt (13 km) per Bus zum Piazzale Roma oder mit dem Vaporetto oder Motorboot *(motoscafo)* nach San Marco über den Lido.
Bahn: Stazione Santa Lucia, am westl. Ende des Canal Grande.
Vaporetti: 6–23 Uhr, Fahrpläne bei ACTV, Corte dell'Albero, San Marco.

Locanda ai Santi Apostoli, Rio Terrà S. Agnese 2283/A, Dorsoduro, Tel. 04 15 21 26 12. Restaurierter Canal-Grande-Palazzo, zwei Zimmer haben Rialto-Blick! ○○

Bernardi Semenzato, Cannaregio 4363, Tel. 04 15 22 72 57. Kleine Zimmer in einer stillen Gasse mit guten Osterien. Oben wohnt man besser. ○

Madonna, C. della Madonna 594, S. Polo,
Tel. 04 15 22 38 24. Meerspinnen und schwarzer Reis. Viele Einheimische, viele Touristen. Mi Ruhetag. ○○
Al Bacco, Fond. Capuzine, Cannaregio 3054, Tel. 0 41 72 14 15. Schönes altes Fischlokal an einem Kanal. Mo Ruhetag. ○○

Gianni Basso, Calle del Fumo 5306, Cannaregio. Handpresse für Vistenkarten und Ex libris zu maßvollen Preisen.
Venetia-Studium, Calle Larga 2403, S. Marco. Seidene Fortuny-Kleider und Orientlampen.
Ca' Macana, S. Barnaba 3172, Dorsoduro. Handgefertigte Karnevalsmasken.

Martini Scala, Fenice 2007, S. Marco. Treff der Markuslöwen bis 3.30 Uhr.

Tipp **Regata Storica:** Der prächtige Barkenzug findet seit 700 Jahren am 1. Septembersonntag auf dem Canal Grande statt.

*Mailand

Seite
646

Motor Italiens

Mode, Metropolitana, Mittagessen im Stehen, *telefonino* am Ohr: Italiens Wirtschaft pulsiert in Milano! Die coole Metropole der Börse, Banken und Verlage gilt mit ihren 1,3 Mio Einwohnern als heimliche Hauptstadt des Landes.

Geschichte

Mediolanum soll von Kelten nach Deutung eines Wildschweinorakels gegründet worden seien. Im 4. Jh. wurde der Verkehrsknotenpunkt zeitweilig zum Regierungssitz des römischen Reiches: Kaiser Konstantin stellte 313 im Mailänder Toleranzedikt das Christentum den heidnischen Religionen gleich, Bischof Ambrosius begründete den liturgischen Kirchengesang.

Nach der Völkerwanderung gelangte Mailand als Haupt des lombardischen Städtebundes ab dem 11. Jh. zu neuer Macht. Unter dem Patronat der Adelsfamilien Visconti und Sforza avancierte es zu einem Zentrum der Renaissancekultur, das Künstler wie Leonardo da Vinci anlockte. Spanier, Österreicher und Franzosen herrsch-

Auf der Dachterrasse des Doms

ten über Mailand, bevor es sich ab dem 19. Jh. zu Italiens dynamischster Industriestadt wandelte.

***Dom und **Galleria

***Il Duomo ❶**: Kunsthistoriker rümpfen die Nase über den mit über 3000 Figuren übersäten spätgotischen Koloss, dessen Bauzeit sich von 1385 bis 1950 hinzog. Mit 11 700 m² ist S. Maria Nascente die drittgrößte Kirche des Abendlandes. Das eher düstere Langhaus birgt kostbares liturgisches Gerät. Barockbischof S. Carlo Borromeo (1538–84), der sich bei der Pflege Pestkranker aufopferte, ruht in einem Bergkristallsarkophag in der Krypta. Innen in der Fassade führt eine Treppe zu der Ausgrabung der Taufkirche S. Giovanni alle Fonti. Etwas besonderes: dem Dom auf's Dach steigen (tgl. 9–16.30 Uhr, Aufzug oder Treppen).

Tipp **Kaffeepause mit Domtouch:** Die Dachterrasse des Kaufhauses **La Rinascente,** Piazza Duomo 10,

Senza macchina

Auch Mailand ist um die Rettung seiner historischen Bausubstanz bemüht, und so gab es in Abstimmung mit dem Umweltminister am 11.2.2001 den ersten abgasfreien Sonntag: Von 10 bis 18 Uhr blieb die Innenstadt autoleer!

Seite
646

Die elegante Galleria Vittorio Emanuele II – beliebter Treffpunkt der Mailänder

ist ein heißer Tipp, um bei Cappuccino oder Snacks von oben auf die Domflanke zu blicken.

Die 1865–67 vom Bologneser Giuseppe Mengoni errichtete Stahl- und Glaskonstruktion der ****Galleria Vittorio Emanuele II ❷** ist mit ihren mondänen Läden und Eiscafés noch immer der Treffpunkt des großbürgerlichen Mailand. Der Architekt stürzte kurz vor Vollendung vom Baugerüst. Alles nur Aberglaube? Das Betreten des Stiermosaiks unter der 47 m hohen Kuppel steigert angeblich die Manneskraft der Milanesi …

Musik, Museen und Mode

Musik ist Religion – das gilt besonders für die ****Scala ❸**. Italiens berühmtestes Opernhaus wurde ab 1777 im Auftrag Maria Theresias von Giuseppe Piermarini errichtet. Das ***Museo della Scala** (Mo–Sa 9–12, 14–17 Uhr) erzählt von großen Abenden, schwärmt von Rossini, Verdi, Toscanini und der Callas. Gleich vis-à-vis steht der

Palazzo Marino, das Mailänder Rathaus; seine Fassade fußt auf einem Alessi-Entwurf, wurde aber erst 1888 vollendet. Die elegante Via Manzoni führt zum ****Museo Poldi-Pezzoli ❹** (Di–Sa 9.30–12.30, 14.30–18, So 9.30 bis 12.30 Uhr) mit einer erlesenen Privatsammlung von Meisterwerken

König Schneider

Trussardi, Krizia, Versace, Armani, Prada, Missoni, Dolce & Gabbana oder Gucci. Gegenüber dieser Mode-Phalanx musste sogar Paris ins zweite Glied treten. In Milano werden die weltweiten Trends von klassisch bis schrill gesetzt. Und die Tycoons der Branche verstehen es, sich nicht nur auf dem Laufsteg zu inszenieren. Zum Edelshopping *alla milanese* lockt vor allem die berühmte ***Via Montenapoleone,** die mit den umliegenden *borghi* das »Goldene Dreieck« bildet.

Prada – einer der Modetrendsetter

der venezianischen und toskanischen Schule sowie Silber, Muranoglas und Waffen. Noch ein Paradies der Künste: Die ****Pinacoteca di Brera ❺** (Di–Sa 9 bis 22, So 9–12.45, 14.30–20 Uhr) gehört zu den Top-Gemäldesammlungen des Landes.

**Castello und Cenacolo

Viele starten ihren Mailandbesuch beim 1450 errichteten ****Castello Sforzesco ❻** (Di–So 9.30–17.30 Uhr) mit dem ausgedehnten Parco Sempione englischen Stils. Das Cenacolo Vinciano der Kirche ****S. Maria delle Grazie ❼** birgt Leonardo da Vincis *****Letztes Abendmahl** (Di–Fr 9–21, Sa 9–24, So 9–20 Uhr), das nach 22-jähriger, aufwändigster Restaurierung seit 1999 im Glanz der ungewohnt hellen Originalfarben erstrahlt.

Tipp Für das **Abendmahl** unbedingt lange vorher anmelden unter Tel. 0 21 99 19 91 0 oder 0 24 98 75 88 bzw. www.promemoria.net.

Jede Viertelstunde werden maximal 25 Personen eingelassen!

Seite
646

**S. Ambrogio und *S. Satiro

Christliches Mailand wird in der 386 begonnenen, altehrwürdigen ****Basilica S. Ambrogio ❽** präsent, in der die lombardischen Könige mit der Eisernen Krone gekrönt wurden. Ältester Bauteil ist die inkorporierte Kirche S. Vittore in Ciel (4. Jh.) mit kostbaren Mosaiken. Vor dem Gotteshaus quirlt in der Adventszeit der lebendige **Markt Ohbej Ohbej** (»oh, schön, oh schön!«).

Mailands schönste Renaissancekirche, die Basilica ***S. Maria presso S. Satiro ❾**, steht in Domnähe. Bramante hat hier 1478 mit der gemalten Chorerweiterung ein Meisterstück verwirklichter Zentralperspektive geschaffen. Die ****Pinacoteca Ambrosiana ❿** (Di bis So 10–17.30 Uhr) birgt neben kostbarsten Handschriften u. a. auch Caravaggios berühmten »Früchtekorb«.

Infos

APT, Via Marconi 1,
Tel. 02 72 52 41,
Fax 02 72 52 42 50;
Bahnhof Tel. 02 72 52 43 60/70;
www.comune.milano.it
oder www.thecity.it/milano;
Museen:www.mimu.it

Flughafen: Malpensa (46 km), Bus- und Bahnverbindung in die Stadt. Linate (10 km).
Bahn: Stazione Centrale, stündl. Züge nach Turin, Bologna etc.
Mit **U-Bahn** (Metropolitana), **Bus** oder **Straßenbahn** ist die Innenstadt bestens zu erreichen.

Seite 646

Gran Duca di York,
Via Moneta 1°, Tel. 02 87 48 63, Fax 0 28 69 03 44. Im ehemaligen Gästehaus der Biblioteca Ambrosiana lässt sich stilvoll logieren. ◯◯

Trattoria Milanese, Via S. Marta 11, Tel. 02 86 45 19 91. Mailänder Schnitzel und Schweinefleisch-Gänse-Kohl-Eintopf. ◯◯
▐ **Al Pont de Ferr,** Ripa Porta Ticinese 55, Tel. 02 89 40 62 77. Gemütliche Trattoria mit feiner Küche. ◯◯

Porta Ticinese und **Navigli** – Entlang der Kanäle (U-Bahn Porta Genova) boomen die Szene-Treffs.

Libero Outlet Factory,
Via Solferino 11. Designerlabels zu Schnäppchenpreisen.
▐ **Peck,** Via Hugo 4. Italiens berühmtestes Delikatessengeschäft mit Imbiss.
▐ **Viale Papignano:** Di und Sa Markt mit Lebensmitteln und Kleidung.

❶ Il Duomo
❷ Galleria Vittorio Emanuele II
❸ Scala
❹ Museo Poldi-Pezzoli
❺ Pinacoteca di Brera

❻ Castello Sforzesco
❼ S. Maria delle Grazie
❽ S. Ambrogio
❾ S. Maria presso S. Satiro
❿ Pinacoteca Ambrosiana

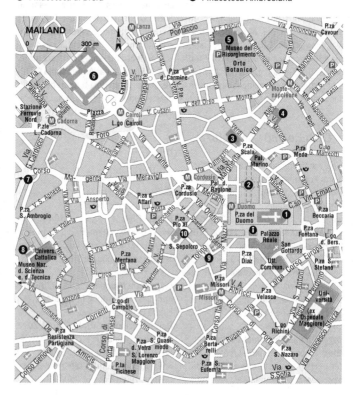

****Turin**

Seite
650

Fiat und Risorgimento

Torino (904 000 Einw.) ist eine Überraschung. Denn statt proletarischer Werkshallen präsentiert sich das Zentrum als elegante Residenzstadt mit französisch inspirierten Kolonnaden und den feinsten Kaffeehäusern Italiens, von denen schon Nietzsche schwärmte. Die Heimat von Cinzano und Vermouth war 1861–1864 sogar Italiens Kapitale.

Caffè Torino, Piazza S. Carlo

Geschichte

Taurasia hieß die Kelten- und Römersiedlung am Zusammenfluss von Po und Dora Riparia – noch heute führt Juventus Turin einen Stier (lat. *taurus*) im Wappen. Doch erst im 17. Jh. übernahm Torino seine Starrolle: Es stieg zur Hauptstadt Savoyen-Piemonts

auf. Richtungweisend wurden vor allem die Barockbauten des Priester-Architekten Guarino Guarini. Als Herzog Carlo Emanuele II. 1706 zum König ernannt wurde, ließ er seine Residenzstadt von dem Sizilianer Filippo Juvarra weiter prächtig ausbauen. Im 19. Jh. wurde die Universitätsstadt zum Vorreiter des *Risorgimento* und der italienischen Einigung: Seit 1864 die Hauptstadtrolle verloren ging, hat sich Turin wieder auf seine Verpflichtungen als Industrie-, Fußball- und Intellektuellenmetropole besonnen.

Tutto Fiat

Die Agnelli-Story begann 1899 mit der Gründung der Fabbrica Italiana Automobili Torino durch Giovanni, den Großvater des Senators und Firmenchefs. Von da an war Turin Fiat, nicht weniger als rund 284 000 Arbeiter strömten einst täglich in die Werkshallen, darunter die 1916–22 errichtete Lingotto mit Testpiste auf dem Dach. Fiat hat den *Topolino,* das »Mäuschen«, den »Volkswagen« Italiens, entworfen, Granden wie Lancia, Alfa Romeo und Ferrari geschluckt und jedes achte Auto in Europa gebaut.

Rund um die Piazza Reale

Im Herzen der Stadt liegt der ***Palazzo Madama ❶**, der aus dem Umbau des mittelalterlichen Kastells entstand. Hinter der Prunkfassade Juvarras (1718) verbergen sich Königinnengemächer und das **Museo Civico d'Arte Antica** (wegen Restaurierung geschl., Auskunft: Tel. 0 11 54 38 23).

Beliebter Treffpunkt ist die großzügige Piazza Reale mit dem ***Palazzo Reale ❷** (Di–So 9–19 Uhr), der Residenz der Savoia mit renovierten Prunkgalerien und der Armeria (Waffensammlung, Di, Do 13.30–19, Mi, Fr, Sa 9–14 Uhr).

Die Kirche ***S. Lorenzo ❸** zählt mit ihrer eigentümlichen Verschneidung

Seite
650

Alt und neu im Museo dell'Automobile

In der Nähe der römischen **Porta Palatina** ❺ und der Piazza della Repubblica findet morgens ein typischer Lebensmittelmarkt statt (jeden 2. So Antiquitätenmarkt Gran Balón).

Blick vom Monte Cappuccini auf die Mole Antonelliana

Museen und Kolonnaden

gotischer und barocker Formen zu den Meisterwerken Guarinis.

Turins Kathedrale **S. Giovanni Battista** ❹ zieht seit Jahrhunderten Pilger an, wird hier doch in Guarinis – mit himmelstrebender Kuppel an eine gigantische Elfenbeinschnitzerei erinnernder – **Cappella della Santa Sindone** das Grabtuch Jesu Christi aufbewahrt. Nach dem verheerenden Brand 1997 wurde die Cappella Guarini inzwischen restauriert, die Sacra Sindone hatte der mutige Feuerwehrmann Mario Trematore in Sicherheit gebracht. Die Original-Reliquie soll allerdings nur noch alle 10 bis 15 Jahre (zuletzt im Herbst 2000) ausgestellt werden.

Tipp Im **Museo della Sindone** ❻ (Mo–Sa 9–12, 15–18 Uhr) wird das Mysterium des nicht unumstrittenen, faszinierenden Grabtuchs, das tatsächlich Pollen aus dem Heiligen Land enthält, wissenschaftlich beleuchtet.

Via Roma nennt sich Turins schnurgerade, kolonnadengesäumte Prunk- und Shoppingmeile, sie mündet auf die salonartige ockergelbe **Piazza S. Carlo** mit den Zwillingskirchen S. Carlo und S. Cristina. Hier sind Sie richtig, um in einem Kaffeehaus die berühmte Toriner Nougat-*Gianduia* zu schlemmen.

Das *Museo Egizio* ❼ (Di–Fr 9–21, Sa 9–24, So 9–20 Uhr, im Winter Di–Sa 9–19, So 9–14 Uhr) birgt die nach Kairo größte Sammlung ägyptischer Kunst, im selben Gebäude hat auch die **Galleria Sabauda** mit Gemälden und Skulpturen von der Gotik bis zum 18. Jh. (Di, Mi, Fr 9–14, Do 14–19, Sa 9–14, 21–24, So 9–20 Uhr, im Winter Di, Mi, Fr–So 9–14, Do 10–19 Uhr) ihren Sitz.

Im geschichtsträchtigen ziegelroten *Palazzo Carignano* ❽ (Di–Sa 9–19, So 9–13 Uhr) von Guarini zeigt heute das Museo del Risorgimento seine Exponate zur Einigungsbewegung Italiens.

Weithin sichtbar erhebt sich die Basilica di Superga auf einem Hügel über dem Po

Via Po

Kaffeehäuser, Hoflieferanten, Eismacher und Studententreffs: Unter den Kolonnaden der Via Po pulsiert Torino. Jeder Italiener kennt die ***Mole Antonelliana ❾**, das 170 m hohe Wahrzeichen der Stadt: Einst als Synagoge begonnen, ist sie ein Meisterwerk historistischer Stahlarchitektur (Panoramalift, Mo geschl.). Die pantheonähnliche Kirche **Gran Madre di Dio ❿** auf dem anderen Poufer enstand zu Ehren der Rückkehr von Vittorio Emanuele I nach Turin 1814. In einem Uferpark prunkt das französisch inspirierte **Castello del Valentino ⓫**. Ebenfalls im Süden lockt das ***Museo Nazionale dell'Automobile Carlo Biscaretti di Ruffia ⓬** (Corso Unità d'Italia 40, Di–So 10–18.30 Uhr) mit über 150 Oldtimern.

*Superga und *Stupinigi

Eine Kirche, so berühmt, dass sogar Sportschuhe nach ihr heißen. Die hoch auf einem Hügel über dem Po thronende ***Superga** ist das Symbol Piemonts: sie wurde 1717 von Filippo Juvarra nach einem entscheidenden Sieg über die Franzosen errichtet und birgt Gräber der savoyischen Herrscher (Zahnradbahn von Sassi). Vom selben Architekten stammt das pompöse Jagdschlösschen ***Stupinigi** (südl. Stadtrand, Di–So 10–18, im Winter bis 17 Uhr), das von einer riesigen Hirschskulptur bekrönt wird.

Infos

APT, Via Bogino 9,
Tel. 01 18 18 50 11,
Fax 0 11 88 34 26; www.comune.torino.it oder www.cittaditorino.it.

Flughafen: Città di Torino Caselle (18km), Bus zur Stazione Porta Nuova.
Bahn: Stazione Porta Nuova, Corso Vittorio Emanuele II.

Villa Sassi, Via Traforo del Pino, Tel. 01 18 98 05 56, Fax 01 18 98 00 95. Herrschaftliche Barockvilla mit großem Park. ○○○

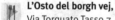

Seite
650

Roma e Rocca Cavour, Piazza Carlo Felice 60, Tel. 01 15 61 27 72, Fax 01 15 62 81 37. Zentral gelegener kleiner Familienbetrieb. ○○

L'Osto del borgh vej, Via Torquato Tasso 7, Tel. 01 14 36 48 43. Spezialitäten sind hier Trüffelfondue oder Kaninchenaspik. So Ruhetag. ○○–○○○

Al Gatto Nero, Corso F. Turati 14, Tel. 0 11 59 04 14. Ausgezeichnete Fischspezialitäten. So und August geschl. ○○–○○○

Alberoni, Corso Moncalieri 288, Tel. 01 16 61 54 33. Nettes Lokal am Po, Piemonteser Küche. Mo geschl. ○○

Voom Voom, Via Ventimiglia 152, Tel. 01 16 63 74 62. Techno a Torino.

Caffè Baratti & Milano, Piazza Castello 27, Tel. 01 15 61 30 60. In diesem Refugium piemontesischer Kaffeehauskultur werden zart schmelzende Haselnuss-*Gianduiotti* verkauft, für Kenner das beste Nougat der Welt.

La Petite Cave, Corso De Gaspari 2. Gilt als eine der besten Weinhandlungen der Stadt.

Il Vinaio, Via Cibrario 38. Die richtige Adresse für Barolo und andere besondere Weine.

❶ Palazzo Madama
❷ Palazzo Reale
❸ San Lorenzo
❹ S. Giovanni Battista
❺ Porta Palatina
❻ Museo della Sindone

❼ Museo Egizio
❽ Palazzo Carignano
❾ Mole Antonelliana
❿ Gran Madre di Dio
⓫ Castello del Valentino
⓬ Museo Nazionale dell'Automobile

****Bologna**

Seite 653

Fett, gelehrt, rot?

Die Adjektive *la grassa, la dotta, la rossa* fallen Italienern spontan bei der Hauptstadt der Emilia Romagna (381 000 Einw.) ein. Bis 1999 wurde die Wirtschaftsmetropole und Heimat des EU-Präsidenten Romano Prodi von einer Endlosreihe frei gewählter kommunistischer Bürgermeistern recht effizient regiert. Die Alma Mater ist mit Gründungsdatum 1088 die älteste Universität der christlichen Welt. Und natürlich denkt man bei La Grassa nicht nur ans Geld, sondern auch an die üppige Küche *alla bolognese.* Bologna ist geballte italienische Kreativität, und seine Kolonnaden gelten als die schönsten Shoppingmeilen Italiens.

Fontana di Nettuno (Neptunsbrunnen)

Geschichte

Die emilianische Villanova-Kultur gilt als protoetruskisch, das römische Bononia an der Via Aemilia gab der heutigen Stadt den Namen. Im Mittelalter war Bologna berühmt für Seiden-, Hanf- und Tuchhandel. Die Stadtherrschaft der Bentivoglio endete im 16. Jh., als die Päpste Bologna eroberten. Bereits im 19. Jh. galt Bologna als sozialistische Stadt, die auch zur Partisanen-Resistenza gegen Mussolini und die deutschen Truppen stand. 1999 gelangte mit Giorgio Guazzaloca erstmals ein konservativer Bürgermeister ins Amt.

****Piazza Maggiore**

Hier schlägt das Herz Bolognas: Im Schatten mittelalterlicher Rathaus-

paläste diskutieren und lachen Studenten auf den Treppen der Basilica di S. Petronio oder des Neptunsbrunnens, unter den Kolonnaden des Pavaglione eilen opernhafte elegante Signoras von Luxusladen zu Luxusladen – dafür wehen hier am 1. Mai die roten Fahnen.

Blickfang ist die Prunkkirche ****S. Petronio ❶**, ab 1390 in bewusster Konkurrenz zu Mailand und Florenz erbaut – 44 m hoch ragt das Mittelschiff auf! Ein passender Rahmen für die Kaiserkrönung Karls V. im Jahr 1530 und 17 Jahre später Mitschauplatz des Tridentinum (s. S. 661). Der wunderbaren konzentrierten Bildsprache der Frührenaissance begegnet man an der ab 1425 von dem Senesen Jacopo della Quercia begonnenen Porta Magna, an der er 13 Jahre arbeitete: Ihre Reliefs und Prophetenbüsten haben den jungen Michelangelo zutiefst beeindruckt.

Palazzi, Palazzi

Vis-a-vis steht der **Palazzo del Podestà** mit dem Stadtturm Torre dell'

Seite
653

Blick vom Asinelli-Turm

Arengo, an den sich der ***Palazzo di Re Enzo ❷** anschließt. Hier bleiben Stadtführer gerne stehen, um vom unehelichen blonden Sohn des Stauferkaisers Friedrich II. zu erzählen, der hier von 1249 bis zu seinem Lebensende 1272 in Ehrenhaft gehalten wurde – ein begnadeter Minnesänger, getröstet von den Damen Bolognas.

Il Gigante nennen die Bolognesen den kessen nackten Neptun mit Dreizack des Franzosen von Giambologna (1563–66) auf der **Fontana di Nettuno.** Gegenüber beherbergt der mehrteilige **Palazzo Comunale ❸** u. a. das ***Museo Giorgio Morandi** (Di–So 10–18 Uhr), das dem Maler (1890–1964) berühmter Flaschen-Stillleben gewidmet ist.

Bononia docet

Bologna lehrt: Universitätsgeschichte wird im ***Palazzo dell'Archiginnasio ❹** (Mo–Fr 9–19, Sa 9–14 Uhr) lebendig, der bis 1803 das Rektorat beherbergte. Das Teatro Anatomico (Mo–Sa 9–13 Uhr) wurde 1562 als medizinischer Vorlesungssaal errichtet – einschließlich Kabine für den päpstlichen

Zensor. Heute wird der Innenhof des Palazzo sommers zum Schauplatz des Kulturfestivals »Bologna sogna«. Das benachbarte **Museo Civico Archeologico ❺** (Di–Sa 9–14, So 9–13, 15.30 bis 19 Uhr) bietet Archäologie von den Ägyptern bis zu den Villanova-Uretruskern.

Die lebhafte Geschäftsstraße Via Farini führt zur Kirche **S. Domenico ❻** (13. Jh.), mit ihrem reichen Bilderschmuck eine wahre Pinakothek barocker Malerei. Kostbarstes Exponat ist der Sarkophag des in Spanien geborenen Ordensgründers (1170–1221): die *Arca wurde von Nicola Pisano 1267 entworfen und Jahrhunderte später von Michelangelo vollendet.

Türme und Gemälde

Bologna von oben: Von den fast 200 mittelalterlichen Geschlechtertürmen des Stadtadels haben sich nur zwei spektakuläre erhalten: der schiefe **Garisenda** und **L'Asinelli ❼**, der auf fünfhundert Stufen zu ersteigen ist. Romanikfreunde sollten die altehrwürdige Kirche ***S. Stefano** besuchen. Links grenzt die Grabkapelle S. Sepolcro (5. Jh.) an, sie birgt das Grab von Bolognas Stadtheiligem S. Petronio. Neben der modernen Universität lockt die barocke Fantasie großer Vertreter der bolognesischen Malschule – Guido Reni, Annibale Carracci, Guercino – in der ***Pinacoteca Nazionale ❽** (Di–Sa 9–13.30, So 9–13 Uhr).

Infos

ℹ **IAT,** Piazza Maggiore 6, Galleria d'Accursio,
Tel. o 51 23 96 60, Fax o 51 23 14 54; www.cittadibologna.it oder www.comune.bologna.it.

Flughafen: Guglielmo Marconi,
mit dem Taxi in die Stadt (6 km).
Bahn: Bologna Centrale,
Piazza Medaglie d'Oro.
Bus: Bahnhof Piazza XX Settembre.

 Grand Hotel Baglioni,
Via Indipendenza 8,
Tel. 0 51 22 54 45, Fax 0 51 23 48 40.
Schon Lady Di hat in diesem
luxuriösen Palast residiert. ○○○

Gianni – a la vècia Bulàgna, Via
Clavature 18, Tel. 0 51 22 94 34.
Der Nudelkönig von Bologna, herrliche Nachspeisen. Reservierung notwendig! Mo Ruhetag. ○○

Cantina Bentivoglio, Via Mas-
carella 4/b, Tel. 0 51 26 54 16.
Im Keller eines alten Palazzo feiert
Bolognas Jugend bei Wein und Livemusik (Sept.–Mai).

Seite
653

❶ S. Petronio
❷ Palazzo di Re Enzo
❸ Palazzo Comunale
❹ Palazzo dell'Archiginnasio

❺ Museo Civico Archeologico
❻ S. Domenico
❼ Torre Asinelli
❽ Pinacoteca Nazionale

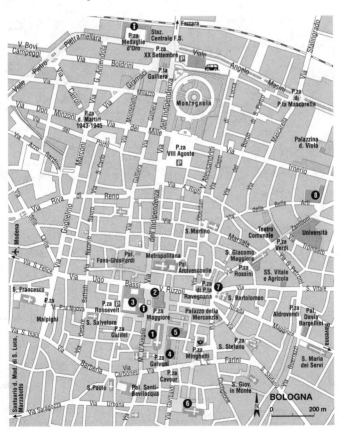

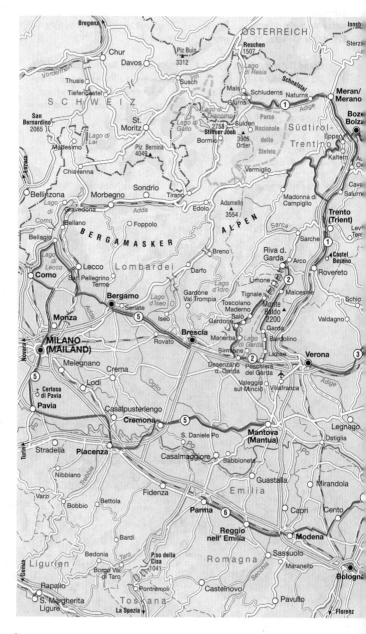

654

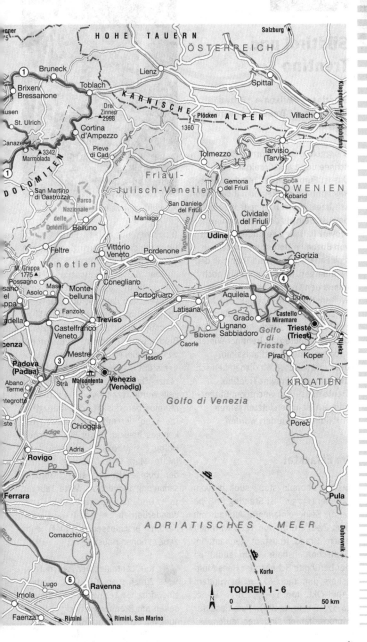

TOUREN 1 - 6

0   50 km

1

Seite
654

Südtirol und Trentino

Sterzing → *Brixen → *Bozen
→ *Meran → *Trento → Rovereto
(188 km)

Törggelen, Gipfelstürme, Pulverschnee und 1,8 % Arbeitslose:
Das ist Europarekord. Mit dem neuen
Reichtum hat die Region mit den Blau-
schürzenschützen zu neuem Selbstbewusstsein als doppelsprachige
Provinz in Italien gefunden. Südlich
von Bozen im Unterland verstecken
sich Eppan, Kaltern und Tramin in den
Weinbergen. Meran versprüht noch
immer den Charme eines Kurortes.
Weitere Highlights: perfekt durch-
organisierter Skizirkus im Grödnertal, Pustertaler Speckplatten und die
Dolomitenroute zum Trentiner Wintersportort Canazei. Italianissimo,
doch erst seit 1918 wirklich italienisch:
die autonome Provinz Trentino.
Trento mit seinen wuchtigen Bürgerhäusern ist in den letzten Jahren
vorbildlich restauriert worden.

Im Eisacktal

Erster Shoppingstop südlich vom
Brenner (1375 m) ist **Sterzing** (it. *Vipiteno*). Seine einladende Altstadt mit
dem Zwölferturm von 1468 wird seit
einem Brand Neustadt genannt. Im
Deutschordenshaus (1 km südl.) ist
der berühmte Schnitzaltar Hans Multschers (um 1400–67) zu bewundern
(April–Okt. Mo 14–17, Di–Fr 10–12,
14–17, Sa 10–12 Uhr). Paradiese für
Motorradfahrer sind der Jaufenpass

Adlerbrückengasse, Brixen

(2099 m) und das Penser Joch
(2214 m), die von Sterzing nach Meran
bzw. ins Sarntal führen.

Über die habsburgische Bastion
Franzensfeste und das hübsche
Klausen, von der weit über tausendjährigen Klosteranlage von Säben
überragt, erreicht man die reizvolle
Bischofsstadt *Brixen (*Bressanone*,
22 km). Beim Flanieren unter den Lauben stößt man auf den weiten *Domplatz: Das Gotteshaus ottonischer
Zeit wurde 1745–55 mit kostbarem
Marmor barockisiert, der Kreuzgang
(ab 1200) ist mit Renaissance-Fres-
ken geschmückt. In der Bischöflichen
Hofburg sind das Diözesanmuseum
(Mitte März–Okt. Di–So 10–17 Uhr),
der Domschatz und eine *Krippensammlung (Advent bis Mitte Februar
14–17 Uhr) untergebracht. Ski- und
Wanderbetrieb herrscht auf der
bestens erschlossenen **Plose,** dem
2504 m hohen Hausberg.

Kurt Lanthaler, **Der Tote im Fels,**
Zürich 1999. Kein Ötzi, sondern
eine »frische« Leiche wird bei Bauar-
beiten am Brenner entdeckt ... Span-
nung mit echtem Südtirol-Feeling.

Kloster Neustift

Waltherplatz in der Bozener Altstadt

Tipp Nach dem Besuch der Rokoko-kirche und der kostbaren Biblio-thek (Führungen werktags 10, 11, 14, 15, 16 Uhr) des Augustinerchorherren-stifts **Neustift** am nördlichen Stadt-rand von Brixen schmeckt der kloster-eigene Wein in der Probierstube.

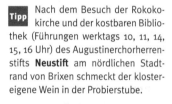

i **Tourismusverein,** Bahnhof-str. 9, Tel. 04 72 83 64 01, Fax 04 72 83 60 67.

Elephant, Weißlahnstr. 4, Tel. 04 72 83 27 50, Fax 04 72 83 65 79. Traditionsreiches Haus mit Tennisplatz. ○○○

Zum Auenhaus, Vignetistr. 1, Tel. 04 72 83 83 44. Kreative Küche, Spezialität Lachsforelle. ○○○
❚ **Finsterwirt,** Domgasse 3, Tel. 04 72 83 53 43. Südtiroler Institu-tion, behagliche Stuben. ○○–○○○

*Bozen

Die Landeshauptstadt (*Bolzano,* 69 km) ist zweisprachig, denn rund 70 % der etwa 97 000 *Bolzanini* sind italienischer Muttersprache, und noch immer erinnert der faschistische Tri-umphbogen an der Talferbrücke an die Italienisierungswelle nach der Anglie-derung an Italien. Dafür bewahrt das Zentrum zwischen Waltherplatz und den Lauben noch deutsch-Südtiroler Identität.

Altstadt
Am **Waltherplatz** (zentrales Parkhaus) grüßt das Denkmal des Südtiroler Minnesängers Walther von der Vogel-weide. Die stimmungsvollen *Lauben, mittlerweile mit luxuriösen italieni-schen Modeboutiquen durchsetzt, führen zum Obstmarkt mit Würstel-ständen und Käseverkäufern.

Absolutes Highlight (über 1 Mio. Besucher!) ist das *Archäologische Museum (Di–So 10–17/18, Do bis 20 Uhr), das den im Schnalstal gefun-denen steinzeitlichen Ötzi und andere Funde der Vor- und Frühgeschichte topmodern und anschaulich präsen-tiert. Gleich gegenüber zeigt das *Städtische Museum (Di–Sa 9–12, 14.30–17.30, So 10 bis 13 Uhr) alte Bauernstuben und Dokumente zur Kultur Südtirols.

1

Seite **654**

1

Seite
654

Weitere Attraktionen bilden Bozens Kirchen: der im Wesentlichen spätgotische ***Dom** am Waltherplatz mit dem filigranen Turmaufsatz Hans von Schussenrieds, das **Franziskanerkloster** mit Kreuzgang und dem Weihnachtsaltar von Hans Klocker (um 1500), die **Dominikanerkirche** mit frühen Fresken (um 1330–40) und das stimmungsvolle Kirchlein **St. Johann** im Dorf.

Tipp Den besten Cappuccino Bozens gibt es bei Frau Erika in der **Bar Rubens** im Durchgang der Lauben 19, Tel. 04 71 97 45 51, So geschl.

Neustadt
Spaziergänge am parkartigen Talferufer geleiten zum malerischen **Schloss Maretsch** (16. Jh.) an der Wassermauerpromenade. Die Talferbrücke führt hinüber in die italienischsprachige Neustadt und zum **Monumento della Vittoria,** dem riesigen faschistischen Triumphbogen. Auf das höchst umstrittene Bauwerk wurden auch schon Sprengstoffattentate verübt. Eine Idylle ist der Stadtteil Gries mit dem barocken Benediktinerstift Muri und der alten gotischen **Pfarrkirche am Berg** (****Michael Pacher-Flügelaltar mit Marienkrönung, Mo–Fr 10.30–12, 14.30 bis 16 Uhr).

Bozens steiles nördliches Hinterland lädt zu Törggelenfreuden in versteckten, ursprünglichen Orten wie St. Magdalena, Ritten und Jenesien.

i **Städtisches Verkehrsamt,** Walther-Platz 8, Tel. 04 71 30 70 00, Fax 04 71 98 01 28.

Parkhotel Laurin, Laurinstr. 4, Tel. 04 71 31 10 00, Fax 04 71 31 11 48. Der Jugendstilcharme der Grande Dame ist frisch aufpoliert. ○○○

Südtiroler Hausschmuck in Kastelruth

¶ **Gummer,** Weggensteinstr. 36, Tel. 04 71 97 02 80. Tafelspitz und Spargelspezialitäten in versteckter Traditionsgaststätte am Altstadtrand. So Ruhetag. ○○

Athesia, Silbergasse 21/E. Südtirols Verlagsriese hat alle Bücher über das Land.

Pustertal, Grödnertal, **Dolomitenstraße

Von Brixen erreicht man das relativ ursprünglich gebliebene **Pustertal,** seine Hauptorte sind Bruneck (34 km) und Toblach (61 km) mit dem Grenzübergang nach Osttirol. Bei Klausen zweigt das gut erschlossene ladinischsprachige **Grödnertal** mit dem Zentrum St. Ulrich ab, das via Skischaukel mit dem Schlerngebiet und dessen Hauptorten Kastelruth und Seis verbunden ist. Die ****Dolomitenstraße** führt von Bozen durch das Eggental und über den Karerpass zu Rosengarten und Marmolada (3342 m) und dem Trentiner Skizentrum Canazei bzw. weiter über das Pordoi-Joch nach **Cortina d'Ampezzo,** Italiens mondänstem Wintersportort. Südlich davon gelangt man im Fassa- oder Fleimstal zum Ferienort **Cavalese** mit seinem reizvollen Stadtpark.

Prächtige Bergwelt am Rosengarten

Obst gedeiht bestens im Unterland

1

Seite
654

Das Unterland

Südsüdtirol ist Apfel- und Weinbaugebiet. Die malerische Weinstraße führt durch die einladenden mittelalterlichen Ortskerne von **Eppan, Tramin** und **Kaltern.** Hochsaison ist hier im Herbst, wenn in urigen Buschenschanken und Weinkellern eine Merende aus Speck, Maronen und jungem Wein gereicht wird. Der 1,4 km² große **Kalterer See** bietet von Mai bis September angenehme Badetemperaturen. Über das ursprünglich gebliebene Weinbauerndorf **Kurtatsch** erreicht man die die Sprachgrenze bildende Salurner Klause.

i **Tourismusverein Kaltern,** Marktplatz 8, Kaltern,
Tel. 04 71 96 31 69, Fax 04 71 96 34 69; www.sudtirol.com

Saltnerhof, Kaltern, Saltnerweg 34, Tel. 04 71 96 25 42. Garni beim Weinbauern. ○

Ritterhof, Kaltern, Weinstr. 1, Tel. 04 71 96 33 30.
Köstliche Fischspezialitäten. So abends und Mo geschl. ○○
Marklhof, Girlan, Marklhofweg 14, Tel. 04 71 66 24 07. Ausflugslokal mit bodenständiger Kost. So abends und Mo geschl. ○

*Meran und Umgebung

Die Kurstadt (97 km) im Burggrafenamt mit ihren riesigen k.u.k. Hotelpalästen muss um junge Gäste kämpfen. Dabei sind ihre Lauben ungewöhnlich pittoresk, und der Bummel entlang der ***Etschpromenade** und den Kuranlagen von 1914 zeigt den schönsten Park Südtirols. Daneben locken zwei interessante Sammlungen: Das ***Frauenmuseum Evelyn Ortner** (März–Dez. Mo–Fr 9.30 bis 12.30, 14.30–18.30, Sa 9.30 bis 13 Uhr) präsentiert 200 Jahre Modegeschichte, das **Stadtmuseum** (Di–Sa 10–17, So 10–13, im Sommer So 16–19 Uhr) volkskundliche Exponate.

Bei Spaziergängern sind die sonnenverwöhnten Orte der Umgebung wie **Dorf Tirol** und **Hafling** beliebt. Das endlos lange **Ultental** lockt mit Wanderferien. Im teils recht verbauten **Passeiertal,** der Heimat des Freiheitshelden Andreas Hofer, werden unverfälschte Südtiroler Volksfeste gefeiert.

i **Kurverwaltung,** Freiheitsstr. 35, Tel. 04 73 23 52 23,
Fax 04 73 23 55 24.

Palace Hotel, Cavourstr. 2/4, Tel. 04 73 27 10 00,
Fax 04 73 27 11 81. Gediegen, komfortabel mit gutem Restaurant. ○○○

1

Seite 654

Reinhold Messner, Besitzer von Schloss Juval im Vinschgau

🍴 **Sissi,** Galileistr. 44, Tel. 04 73 23 10 62. Andrea Fenoglio kocht hier mit Liebe und Bedacht. Mo Ruhetag. ⊙⊙

Das Vinschgau

Prominentester Vinschgauer ist Reinhold Messner, der im Castel Juval am Fuß des Schnalstals lebt. Uralte Kirchenkunst ist in **Naturns** zu bewundern: Die Wandmalereien von **St. Prokulus datieren ins 8. Jh.! Richtung Reschenpass steigt die Vinschgaustraße ständig bergan: wichtige Etappe ist **Mals** mit seinen romanischen Kirchen, ein Kleinod die Handelsstadt *Glurns (54 km von Meran) mit uralten Wirtshäusern und Zirbenholzstuben. Skifans sind in **Sulden** am Ortler bis Anfang Mai gut aufgehoben.

🍴 **Schlosswirt Juval,** Kastelbell Tschars, Tel. 04 73 66 82 38. Burgschenke im Messnerschloss. Mi geschl. ⊙⊙

*Trento

Der Sitz des mächtigen Fürstbischofs von Trento (Trient, 101 500 Einw., 120 km) umfasst ein wohlrestauriertes Centro Storico – Adelige und reiche Domherren haben hier Renaissancepalazzi – oft sogar mit bemalten Fassaden – in Auftrag gegeben.

Der romanische *Dom S. Vigilio wurde ab 1212 unter Baumeister Federico Vanga errichtet, den Fassadenturm ziert eine barocke welsche Haube. Der Innenraum birgt kostbare Fresken und eine Kreuzigungsgruppe des Nürnbergers Sixtus Frei, vor der die Beschlüsse des Konzils verkündet wurden. Das *Castello del Buonconsiglio (tgl. 9–12, 14–17.30 Uhr) mit sei-

---

Leben mit dem Proporz

1919 wurde im Frieden von St-Germain Südtirol Italien zugeschlagen. Der Faschismus übte sich ab 1922 mit brutalen Methoden in der Zwangsitalianisierung des Landes. 1946 wurde im De Gasperi-Gruber-Abkommen die Zweisprachigkeit und Autonomie offiziell festgelegt, in den folgenden Jahren unter Führung der Südtiroler Volkspartei (SVP) das »Paket« verwirklicht – ein weltweites Vorbild für die Lösung ethnischer Probleme, auch wenn sich manche italienischsprachigen Südtiroler »fremd im eigenen Land« fühlen. Umgekehrt entdeckt die deutschsprachige Jugend zunehmend die Faszination Italiens. Die Neugründung der Universität Bozen wie auch anderer hochkarätiger Ausbildungsstätten (etwa für Jungmanager) fördert den Kulturaustausch und eine größere Weltoffenheit.

Herrliche Kulisse am Domplatz, Trento

APT, Via Manci 2,
Tel. 04 61 98 38 80,
Fax 04 61 23 24 26;
www.provincia.tn.it.

Aquila d'Oro, Via Belenzani 76,
Tel./Fax 04 61 98 62 82.
Direkt am Dom. ○○

Osteria a le Due Spade, Via
Don Rizzi 11, Angolo Via Verdi,
Tel. 04 61 23 43 43. Renaissanceambiente: Hier haben schon die Konzilsväter getrunken. So und Mo mittags geschl. ○○○

Vallagarina und Rovereto

Südlich von Tento wird das Etschtal auch *Vallagarina* genannt. Oberhalb von Besenello wacht das **Castel Beseno** (April–Okt. Di–So): Die größte Burg des Trentino gehörte früher der Trappfamilie.

Die kleine Handelsstadt **Rovereto** (188 km), einst für ihre Seidenspinnereien berühmt, besitzt ein sorgfältig restauriertes Zentrum. Im venezianisch-österreichischen Kastell dokumentiert ein Museum (April–Nov. 8.30 bis 12.30, 14–18 Uhr) die Weltkriegshandlungen an der Alpenfront.

APT, Rovereto, Via Dante 63,
Tel. 04 64 43 03 63,
Fax 04 64 43 55 28.

Hotel Rovereto, Corso Rosmini 82, Tel. 04 64 43 52 22,
Fax 04 64 43 96 44. Bei Geschäftsleuten beliebtes Traditionshotel. ○○

Antico Filatoio, Via Tartarotti 12, Tel. 04 64 43 72 83.
Anna Maria Prosser kreiert Alttrentiner Wirsing- und Quittengerichte neu. Di Ruhetag. ○○

nen Baugliedern verschiedener Epochen wurde unter Bischof Bernhard von Cles (1485–1539) um Renaissancetrakte erweitert.

Zwischen Brenta und Adamellogletscher liegt das bekannte Skizentrum **Madonna di Campiglio** (68 km).

Das Tridentinum

Das Konzil von Trient hat die Christenheit verändert. 1545–63 wurden hier die entscheidenden Weichen für die Gegenreformation gestellt – noch heute Grundlagen katholischer Lehre. Wieso gerade Trient? Erstens war die Stadt militärisch sicher, zweitens lag sie diplomatisch höchst günstig auf halbem Wege zwischen dem päpstlichen Rom und dem lutherisch angehauchten Deutschland, und drittens spielten die Tridentiner Bischöfe, wie etwa Bernhard von Cles, eine wichtige Vermittlerrolle.

1

Seite 654

2

Rund um den Gardasee

***Malcesine → *Garda → **Sir-
mione → *Salò → *Riva → Torbole
(144 km)**

Seite
654

Idyllischer Hafen von Garda

Bella Italia: Der Deutschen liebster
See präsentiert einen Süden ohne
Anpassungsprobleme, wo die Speisekarten deutsch sind und Lampion-
kerzen auf den Tischen brennen –
60 % des Grundbesitzes befindet
sich mittlerweile in nichtitalienischer
Hand. Die Rundfahrt im Uhrzeigersinn bedeutet an die 200 km Strecke
– und manchmal viele Staus. Drei
Tage sind das Minimum für den See-
besuch, einen Vorgeschmack gibt es
unter www.lagodigarda.it.

Von *Malcesine nach Lazise

Touristisch voll erschlossen präsentiert sich die venetische Ostküste. Im
romantischen ***Malcesine,** wo einst
Goethe beim Zeichnen der malerischen ***Scaliger-Burg** ertappt und
darob unbekannter- und peinlicher-
weise der Spionage verdächtigt
wurde, drängeln sich im Sommer die
Tagestouristen. Im zinnenbekrönten
Palazzo dei Capitani del Lago residierte früher der venezianische Gouver-
neur. Klassischer Malcesinetrip ist die
Gondelfahrt auf den 2200 m hohen
Monte Baldo, der auch Paraglider
anlockt. Die Streusiedlung **Brenzone**
wartet mit schönen Stränden auf, eleganter geht es in ***Torri del Benaco**
mit seinem intimen Jachthafen und
der properen Altstadt zu.

Tipp Zwischen Torri del Benaco und
Toscolano verkehrt etwa halb-
stündig eine **Autofähre.**

Das absolute Traumhotel des Sees
ist die ****Locanda S. Vigilio** im Fährhaus der Renaissancevilla des Humanisten Agostino Brenzone (1462 bis
1560), einem Bau des Veronesers Fes-
tungsarchitekten Michele Sanmicheli
(in Privatbesitz).

*Garda (»die Warte«) hat dem See
einst den germanischen Namen gegeben. Die immer wieder umgebaute
Ostgotenfestung La Rocca beherbergt
heute ein Kloster mit Kräutershop
(schöne 1-Std.-Wanderung). Die Seepromenade *Lungolago Regina Adelaide ist eine ideale Bühne, um das
anerkannt gute heimische *gelato* zu
schlecken.

Wein zu Schlaraffenpreisen gibt es
in ***Bardolino.** Die lang gestreckte
*Piazza Matteotti mit der klassizis-
tischen Tempelfront-Fassade der Kirche SS. Nicolo e Severo ist einer der
schönsten Feiluftsalons Norditaliens.
Aber auch die romanischen Kirchlein
S. Severo und S. Zeno lohnen einen
zweiten Blick, vor allem ihrer Fresken
wegen.

Venedig lässt grüßen: In ***Lazise**
(37 km), der Partnerstadt des bayerischen Rosenheim, trutzt ein zinnenbe-

Vergnügungen pur: Gardaland

wehrtes Arsenal mitten im pittoresken *Hafenbecken. Hier wurde einst die Kriegsflotte für den Gardasee flott gemacht. Heute ist der hübsche Ort für seine Fischtrattorien berühmt: probieren Sie ein *risotto alla tinca!*

Tipp In **Gardaland passt Abu Simbel zur Barbieworld und der Pharaonentempel zum Petersilmonster Prezzemolo. Die Hauptattraktion? Italienischen *bambini* beim Staunen zugucken. (Ende März–Anfang Okt. sowie an Wochenden bis Anfang Nov. 9.30–18.30 Uhr, Mitte Juni bis Mitte Sept. 9–24 Uhr)

IAT, Malcesine, Via Capitanato 6–8, Tel. 04 57 40 00 44, Fax 04 57 40 16 33.
▮ **IAT,** Garda, Lung. Regina Adelaide 3, Tel. 04 56 27 03 84, Fax 04 57 25 67 20.

Reporter, Malcesine, Viale Roma 40, Tel. 04 57 40 05 60, Fax 04 56 57 01 14. Elegante Jugendstilvilla mit 9 Zimmern. ○○–○○○
▮ **Pinternagel,** Marciaga, Ca' Rossar 1, Tel. 04 56 27 90 61 oder 04 56 21 04 51. Wunderschönes Rustico mit Garten beim Golfplatz oberhalb von Bardolino. Wochenweise zu mieten. ○–○○

La Loggia Rambaldi, Bardolino, Piazza Principe Amedeo 7, Tel. 04 56 21 00 91. Ob drin im alten Fährhaus oder draußen bei Pizza, schöner kann man kaum am Lago sitzen. Di Ruhetag. ○○
▮ **La Taverna da Oreste,** Lazise, Via F. Fontana 32, Tel. 04 57 58 00 19. Berühmter Risotto und guter Grillfisch vom offenen Feuer. Januar und Mi geschl. ○○
▮ **Agriturismo la Colombara,** Loc. Gaium, Rivoli Veronese, Tel. 04 56 26 91 50. Salami, Spargel und Kiwi im Eigenanbau über dem Etschtal. Unbedingt vorbestellen! Mo, Di geschl. ○

Disco Corsaro, Malcesine, Via Paina 17. Bis 3 Uhr unter der Burg abhotten.

Das Südufer

Am flachen Südufer zwischen Peschiera und Desenzano herrscht nicht nur italienischer Alltag, sondern auch Saturday Night Fever: Schließlich fällt die Jeunesse dorée von Verona bis Brescia gerne in die hier zahlreich vorhandenen Topdiscos ein.

Militärhistorisch eine Fundgrube ist **Peschiera** (48 km), von den Österreichern als Grenzfestung und Hafen ausgebaut. Machen Sie einen südlichen Abstecher zur Tortellini-Metropole **Valeggio,** wo seit 1393 eine gigantische, 600 m lange **Visconti-Brücke aus Backstein en Garda-Abfluss Mincio überspannt.

Der auf einer Halbinsel gelegene Ort **Sirmione mit seinem vielfotografierten Scaligerkastell ist trotz allen Massensturms vornehm teuer geblieben. Man pflegt das Andenken an die Callas, die gerne hier weilte. Eine weitere VIP ist der römische Lie-

2

Seite
654

Scaligerkastell in Sirmione

besdichter Catull, dessen Familie man wohl irrtümlich die **Thermenvilla Punta Grotte (März–Mitte Okt. Di–Sa 8.30–19, So 9–18, sonst Di–Sa 9–16, So 9–16.30 Uhr) an der Spitze der Halbzunge zuschreibt. Schon der privilegierte Seeblick lohnt den Eintritt!

Desenzano (68 km) ist eher eine Industriestadt mit feinen Boutiquen – der Alte Hafen mit der Piazza Matteotti lädt zum Bummel im größten Ort, Tiepolos *Abendmahl im Dom ist das kostbarste Gemälde am Lago. Ur-

sprünglich geht es dafür in den Valtenesi zu. Die Endmoränenhügel, in denen Trüffeln und die Trauben für edle Rotweine gedeihen, gelten gerade noch als letzter Geheimtipp des Gardasees, auch wenn in Orten wie Padenghe, Moniga und Manerba immer mehr Häuslebauer-Kreationen das Bild bestimmen.

Tipp Auf dem ***Mercato Coperto di Formaggio** in Gavardo, Via Mulino 1, Tel. 0 36 53 11 10, duftet es nach Trüffeln, Ziegensahne und lombardischen Almkäsen.

i **IAT,** Sirmione, Viale Marconi 2, Tel. 0 30 91 62 45, Fax 0 30 91 62 22.
▮ **Associazione Comuni Valtenesi,** Tel. 0 36 56 25 41.

Mayer e Splendid, Desenzano, Piazza Matteotti, Tel. 03 09 14 22 53, Fax 03 09 14 14 09. Grande Dame mit zweihundertjähriger Tradition am Hafen. ○○
▮ **Camping Rio Ferienglück,** Loc. Pianarolli, Manerba, Tel. 03 65 55 14 50. Gepflegte Anlage mit 15 Mietchalets und Strand. ○

Die besten Bademöglichkeiten

▮ **Bar Benacus,** S. Felice del Porto, Tel. 0 33 88 47 83 48. Kleine, schicke Bar mit Badesteg und Liegestühlen
▮ **Baia delle Bionde,** Sirmione. »Blondinenstrand« mit hohem Flirtfaktor.
▮ **Baia delle Sirene,** Tel. 04 57 25 66 76. Nicht ganz billig, aber dafür ist man im Zypressen-Schatten von S. Vigilio unter sich und kann Pingpong spielen.

▮ **Parco Le Fontanelle,** Gargnago. Kostenloser Familienstrand mit viel Rasen und Olivenbäumen.
▮ **Lido Azzurro,** Toscolano Maderno. Typischer italienischer Liegestuhlstrand mit aufmerksamen Beachboys und viel Sand.
▮ **Le Ninfee,** S. Martino della Battaglia, Via del Pilandro, Tel. 03 09 91 04 14. Wasserpark mit aufregender Anaconda-Rutschbahn und Pooldisco.

Seite 654

Wenig Platz haben Orte wie Limone am steilen Westufer

 Villa Vento, Custoza, Via
Ossario 34, Tel. 0 45 51 60 03.
Die Villa des Veroneser Tenors
Bepi Lugo ist in ein Ristorante mit
Opernstüberl umgewandelt worden.
Mo, Di Ruhetag. ○○

▌ **Moro Bianco,** Manerba, Loc.
Crociale, Via Campagnola 2,
Tel. 0 36 55 52 50 00. Intimes Fein-
schmeckerrestaurant mit traumhaften
Trüffelspezialitäten. Mi Ruhetag. ○○

Discoteca Sesto Senso,
Desenzano, Via del Molin 99,
Tel. 03 09 14 26 84. Themendance
und Salsatreff.

Bolle e Spruzzi, Via Vitt. Emanuele 82, Sirmione. Gardasee-
keramik und Masken.

▌ **Artigianato Morelli,** Via Vitt. Emanuele 56, Sirmione. Italiens berühmtestes Schachgeschäft.

Von *Salò nach *Limone

*Salò (89 km) am Brescianer Westufer
war unter Mussolini 1943–45 sogar
Hauptstadt Restitaliens – von Hitlers
Gnaden. Die elegante *Altstadt um
den Palazzo della Magnifica Patria
della Riviera ist einen Bummel wert –
schon wegen der marmorgepflaster-
ten Seepromenaden.

In **Gardone** residierte Mussolinis
abruzzesischer Leibpoet Gabriele
d'Annunzio (1863–1938): Der zugleich
sensible wie militaristische Lyriker
ließ sich hier das *Vittoriale (April bis
Sept. tgl. 8.30–20, Okt.–März tgl. 9
bis 17 Uhr) zu einem Schiffspark mit
schwülstigem Dandylabyrinth ausbau-
en, in dem er Verehrerinnen wie die
Malerin Tamara de Lempicka empfing.
Sein Haus kann nur mit einer Führung
besichtigt werden (April–Sept. tgl. 10
bis 18, Okt.–März Di–So 9–13, 14 bis
17 Uhr). Freier atmen lässt es sich in
André Hellers bezauberndem **Giardino Heller, der südchinesischen Gärten nachempfunden ist (15. März bis
15. Okt. 9–18 Uhr; s. S. 616).

Die Papiermacherstadt **Toscolano-
Maderno** besitzt nette Strände, dahinter beginnt die tunnelreiche Uferstraße Gardesana Occidentale: 74
Tunnel auf 44 km! Der Lohn: Der
ebenso malerische wie restlos überfüllte ehemalige Fischerort *Limone
(122 km) am Nordende des Sees.
Wanderfreuden und urige Bergdörfer

Torbole – Treffpunkt der Surfer

Garda Trentino

K.u.k. Flair sagt man ***Riva** (132 km) nach, das bis 1918 österreichisch war. Auch Autoren wie Kafka und Thomas Mann fühlten sich hier wohl. Heute stolziert man über die Piazza 3 Novembre, auf der noch immer manchmal *Alpini* aufspielen, zur Piazza delle Erbe und freut sich an den mit Blumenrabatten bestandenen Uferpromenaden. Die Wasserburg Rocca beherbergt ein Museum (Di–Sa 9.30 bis 17.30, Juli, Aug. Di–Sa 9.30 bis 22.30 Uhr) mit interessanten Sammlungen zur Geschichte des Sees.

Arco mit der *Burg der Grafen von Arco gilt zu Recht als Climberparadies, während in **Torbole** (144 km) die Surferzunft trainiert.

locken in Orte wie **Tignale** und **Tremosine** im hoch gelegenen Hinterland.

> **IAT,** Salò, Lung. Zanardelli 39, Tel./Fax 0 36 52 14 23.
>
> **▌ APT,** Limone, Via Comboni 15, Tel. 03 65 95 40 70.

> **Locanda agli Angeli,** Gardone Sopra, Piazza Garibaldi 2, Tel. 0 36 52 08 32. Wenige, sehr gemütliche Zimmer, entzückende Trattoria. ○○
>
> **▌ Miralago,** Pieve di Tremosine, Piazza Cozzaglio 2, Tel. 03 65 95 30 01, Fax 03 65 95 30 46. Atemberaubende Aussichtsterrasse und gute Halbpension. ○○

> **Enoteca S. Giustina,** Salita S. Giustina 8, Salò, Tel. 03 65 52 03 20. Durst nach Mitternacht ... In dieser winzigen, einzigartigen Enoteca gibt es bis 5 Uhr früh Spitzenweine der Valtenesi und Edelschinken. Mo Ruhetag. ○–○○

> **IAT,** Riva, Giardini di Porta Orientale 8, Tel. 04 64 55 44 44, Fax 04 64 52 03 08.

> **Lido Blu,** Torbole, Foce di Sarca, Tel. 04 64 50 51 80, Fax 04 64 50 59 31. Topmodernes Strandhotel mit Surfschule. Yuppietreff. ○○○

> **Spaghetti-Haus,** Riva, Via Masetto 6, Tel./Fax 04 64 55 18 86. 40 Sorten Spaghetti, Riesenportionen und Kinderspielplatz. ○
>
> **▌ La Terrazza,** Torbole, Via Pasubio 15, Tel. 04 64 50 60 83. Das beste Lokal am See für Süßwasserfisch. Di Ruhetag. ○○○

> **Cutty Sark,** Torbole, Via Pontalti 2. Breakdance für Extremsurfer.

Die Felsen bei Arco gelten zu Recht als Kletterparadies

Seite 654

2

3

Seite
654

Tour 3

Veneto

**Verona → **Vicenza → *Padua → Treviso (145 km)

Markuslöwen und Managertypen: Der Löwe mit dem Evangelium gehört dazu. Denn das Veneto, das von Verona bis Venedig reicht, ist von Jahrhunderten segensreicher venezianischer Verwaltung geprägt. Veneto, das bedeutet auch so erfolgreiche Weine wie Soave oder Valpolicella, die größten Silberschmieden Europas und die bedeutendsten Marmorwerke. Die Tour führt von Verona gen Osten. Von Vicenza kann man Abstecher ins venetische Voralpenland unternehmen. Nahe bei Padua, der Heimat des hl. Antonius, liegen Kurorte wie Abano. Von Treviso aus locken die Prosecco-Straße und das Piavetal.

**Verona

Von der Fiera Vinitaly bis zur Verdi-Oper – die reiche Etschmetropole Verona (255 000 Einw.) weiß Feste zu feiern und entkorkt dazu gerne einen Prosecco. Die weltberühmten Opernevents in der römischen Arena locken jeden Sommer an die 600 000 Besucher in die Etschmetropole! Beim Stadtbummel verbinden sich Luxus-Shopping und Begegnungen mit den eindrucksvollen Zeugen einer über 2000-jährigen Geschichte: Nach Rom soll Verona die Stadt mit den meisten römischen Ruinen sein. 1262–1387 diktiert die Familie der Scaliger die Politik und sorgt für blutrünstige Episoden. Jahrhunderte venezianischer und

Freiluftsalon: Piazza Brà mit Arena

österreichischer Herrschaft wirken bis heute im Stadtbild nach.

**Arena und **Piazza delle Erbe

Die Arena, das 22 000 Personen fassende römische ****Amphitheater** (Di bis So 9–18.30, in der Festspielzeit bis 15 Uhr), liegt an der weit- und weitläufigen **Piazza Brà**. Die schon im 18. Jh. gepflasterte Promenade des Liston mit ihren bis nach Mitternacht geöffneten Cafés dient als Freiluftsalon und Laufsteg Veronas.

Die mit rosa Valpolicella-Marmor eingelegte *Via Mazzini, eine der ersten Fußgängerzonen Italiens, führt zur von Palazzi gesäumten ****Piazza delle Erbe,** auf der jeden Vormittag einer der malerischsten Märkte Italiens abgehalten wird. Schon in der Antike befand sich hier das Forum.

Weltberühmt ist die gotische ***Casa di Giulietta** (Haus der Julia, Di–So 8–18.30 Uhr) in der Via Cappello, wie die vielen Love-Graffiti im Innenhof beweisen: Romeo und Julia sind Veroneser!

Tipp **Festspielprogramm** und **Karten** für die Arena: Piazza Brà 28, Tel. 04 58 05 18 11, Fax 04 58 01 15 66 und Via Dietro Anfiteatro 6b, Tel. 04 58 00 51 51, Fax 04 58 01 32 87, oder direkt im Internet buchen unter www.arenadiverona.com.

Dante-Denkmal auf der Piazza dei Signori

*Piazza dei Signori

Ein Denkmal des nachdenklich-streng dreinblickenden Dichters Dante Alighieri steht im Mittelpunkt des Veroneser Machtzentrums. Der riesige **Palazzo del Comune** (12. Jh.) aus Backstein wird von der 83 m hohen Torre dei Lamberti (Panoramalift!) überragt. Der angrenzende **Palazzo del Governo** (ab 1300) mit typischen ghibellinischen Schwalbenschwanzzinnen war die Residenz der Scaliger – hier fand der aus Florenz vertriebene Verfasser der »Divina Commedia« Unterschlupf. Die elegante **Loggia del Consiglio** (um 1490) wird von Marmorstatuen antiker Veroneser bekrönt.

An einer Ecke der Piazza bei der kleinen Kirche *S. Maria Antica haben Scaliger-Fürsten in den bizarren ***Arche Scaligere** ihre letzte Ruhe gefunden. Auf den Spitzen dieser steinernen gotischen Trauergerüste balancieren Reiterstatuen der Verstorbenen, die Hundenamen wie Cangrande (großer Hund) oder Mastino (Bulldogge) trugen.

Chiese di Verona

Ein Sammelticket gilt für die berühmtesten Kirchen der Altstadt: Faszinierendste Bauteile des ***Doms** sind das romanische Greifenportal und der Kreuzgang.

Dominikanischer Prunk herrscht in ***S. Anastasia:** Werfen Sie einen Blick auf die beiden berühmten *gobbi*, die – übrigens verschieden alten – Buckligen tragen die Taufbecken.

Die ***Basilika S. Zeno Maggiore** am Altstadtrand wird durch ein berühmtes ****Bronzeportal** (um 1100–1200) mit biblischen Szenen verschlossen. Religiöse Kunst ist in der von Stararchitekt Carlo Scarpa modern umgestalteten Scaligerburg ***Castelvecchio** (Di–So 9–19 Uhr) ausgestellt.

Veronetta

Die römische Etschbrücke *Ponte Pietra führt hinüber zum liebevoll Veronetta genannten Nordufer. Im **Römischen Theater** (Di–So 8–13.30 Uhr) finden während des Opernfestivals Rahmen-Programme statt. Der Aufstieg (auch Auffahrt möglich) zum ***Castello di S. Pietro** wird mit einem herrlichen Verona-Panorama belohnt.

Tipp Der Bilderbuch-Weinort **Soave** liegt rund 20 km östlich von Verona. Die hügelige Valpolicella-Region beginnt schon am nördlichen Stadtrand.

i **APT,** Piazza delle Erbe 42, Tel. 04 58 00 00 65, Fax 04 58 01 06 82.

Victoria, Via Adua 8, Tel. 0 45 59 50 44, Fax 0 45 59 01 55. Sehr komfortables Hotel in einem schönen alten Palazzo, in dem auch noch Reste römischer Mauern und Mosaiken zu sehen sind. ○○○

3

Seite
654

Locanda di Castelvecchio, Corso Cavour 49, Tel. 04 58 03 00 97. Ein Wintertipp für gekochten *bollito misto* mit Grüner Sauce. Mo und Di mittags geschl. ○○○

Salumeria Albertini, Corso S. Anastasia. Ausgezeichnete venetische Salami.

Berfi's, Via Lussemburgo 1, Tel. 0 45 50 80 24. Numero uno unter Veronas Nightclubs.

Seite 655

**Vicenza

Die Provinzhauptstadt (107 000 Einw., 50 km) besticht durch elegante Geschäfte und noble Bauten. Manche der hier ansässigen Juweliere und Silberschmuckfabrikanten residieren in Palladio-Villen, die schnurgerade Hauptstraße heißt – natürlich – **Corso Palladio.**

Den ersten Schritt zum Weltruhm tat der in Vicenza aufgewachsene Architekt (1508–80) mit der Marmorverkleidung (1546) der Loggien des mittelalterlichen Rathauspalastes, der ****Basilica,** bei denen sein Lieblingsmotiv aus Bögen und flankierenden Säulen in Vollendung angewandt wird. Ebenfalls an der Piazza dei Signori errichtete der Meister 1570 die kolossale Fassade der ***Loggia del Capitaniato,** einer Art Polizeiwache.

Weitere »Pflichtpunkte« des Palladio-Programms sind der ***Palazzo Valmarana-Braga** und der ***Palazzo Chiericati** an der Piazza Matteotti, der die Gemäldesammlung des **Museo Civico** (Di–Sa 9.30–12, 14.30–17, So 9.30 bis 12 Uhr) beherbergt. Das ***Teatro Olimpico** (tgl. 9–12, 15–17 Uhr) gleich vis-à-vis sollte man sich keinesfalls entgehen lassen – es wurde einer antiken

Loggia del Capitaniato

Bühne nachempfunden und im Jahr 1585 mit einer Sophokles-Tragödie festlich eingeweiht (Aufführungen im September).

Tipp Vicenza – da denkt der Italiener spontan an **baccalà alla vicentina** – Stockfisch nach Vicentiner Art. Probieren Sie die milde, in Milch gewässerte und im Backofen mit Sardellen gebackene Spezialität in einem Altstadt-Ristorante.

Vicenzas Hügel sind mit Villen förmlich »gespickt«. Spazieren Sie durch den Arco delle Scalette am südlichen Stadtrand hinauf zur ***Villa Valmarana ai Nani,** die von Giambattista Tiepolo und seinem Sohn Domenico 1757 mit mythologischen Motiven aus Homers Ilias und Odyssee wie auch Karnevals-Szenen ausgemalt wurde (tgl. 15 bis 18 Uhr, Mo, Do, Sa, So auch 10–12 Uhr).

Weiter führt der Pfad zur berühmten Villa ***La Rotonda** von Palladio (1566–67), einem quadratischen Kuppelbau mit vier Tempelfronten (Haus Mi 10–12, 15–18, Garten Di–So 15 bis 18 Uhr). Lohnend ist der Fernblick von der Wallfahrtskirche **Basilica di Monte Berico.**

APT, Piazza Duomo 5, Tel. 04 44 54 41 22, Fax 04 44 32 50 01.

Palladio, Via Oratorio dei Servi 25, Tel. 04 44 32 10 72, Fax 04 44 54 73 28. Einfach, aber zentral – nur 100 m von der Basilica gelegen. ○

Nuovo Cinzia e Valerio, Piazzetta Porta Padova 65/67, Tel. 04 44 50 52 13. Fischlokal auf der Stadtmauer. So abends, Mo und August geschl. ○○○

Ausflug ins Voralpenland

Durch das Weingebiet von **Breganze** fährt man nordwärts ins venetische Voralpenland. Kultstatus unter Grappaspechten genießt der reizende Ort *Bassano del Grappa** (36 km von Vicenza), der an Wochenden von italienischen Ausflüglern gestürmt wird. Denn direkt an der malerischen zuletzt im 2. Weltkrieg zerstörten *Holzbrücke über die Brenta schenkt die Grapperia Nardini seit 1779 ihren Tresterschnaps aus. Wer's milder mag: Bassano glänzt im Frühling als Spargelstadt. Ansonsten passiert man bei einem Altstadtbummel zur Loggia del Comune (15. Jh.) die verführerischen Auslagen etlicher Delikatessenge-

Bassano – die Grappahochburg

3

Seite **655**

schäfte... Eine Panoramastraße führt 30 km nördl. zum 1917/18 blutig umkämpften 1775 hohen **Monte Grappa.**

Nomen est omen: Das 10 km südlich gelegene **Citadella** bewahrt einen vollständigen Mauerring mit 28 Türmen (13. Jh.). **Castelfranco** pflegt das Andenken an seinen größten Sohn, den Maler Giorgione (um 1478–1510). Der Lehrer Tizians malte als junger Mann für den Dom die sog. *Pala di Castelfranco.

Grappa

Die Grappa (der Edelstoff ist wirklich weiblich!) wird zwar in ganz Italien getrunken, doch eigentlich ist der Tresterschnaps eine rein norditalienische Spezialität und nirgendwo mehr zu Hause als in den Gebirgen des Veneto, wo Holzfäller ihren Tag mit einem *caffè corretto,* einer Art Cocktail aus Espresso und Grappa, beginnen. Alles hängt hier übrigens an der Qualität der *vinaccia* (Trester) und des Brennvorgangs im *alambicco:* die Traubenreste dürfen nicht zu trocken (und damit nicht maschinengepresst!), aber auch nicht angefault sein, zudem müssen Kopf *(testa)* und Schwanz *(coda)* säuberlich vom reinen Hauptdestillat getrennt werden. Kein Wunder, dass beste Grappe mittlerweile astronomische Preise erzielen.

Possagno, Heimat von Antonio Canova

S. Antonio, Stadtpatron von Padua

Das verwunschene ***Asolo** mit seinen Treppenwegen war schon in der Renaissance Ferienort: Hier herrschte die Ex-Königin von Zypern, Caterina Cornaro (1454–1510), über einen humanistischen Musenhof. Die Schauspielerin Eleonora Duse hat Asolo geliebt – auf ihrem Grab werden noch heute frische Rosen niedergelegt.

In **Possagno** erinnern Geburtshaus, Pantheon-Grabeskirche und die Gipsoteca mit originalgroßen Gipsmodellen an den klassizistischen Bildhauer Antonio Canova (1757–1822).

Palladio-Klassizismus in Reinkultur spiegelt die zu venezianischen Festen geradezu auffordernde ****Villa Barbaro** in Maser (um 1558; März–Okt. Di, Sa, So 15–18 Uhr, Nov.–Febr. Sa, So 14.30–17 Uhr), die durch Paolo Veronese eine kongeniale Ausmalung erhielt. Palladios ***Villa Emo** in Fanzolo wurde um 1564 für eine Familie reicher Maispflanzer errichtet: die Pioniere der Polenta (Tel. 04 23 48 70 43).

APT, Bassano del Grappa, Largo Corona d'Italia 35, Tel. 04 24 52 43 51, Fax 04 24 52 53 01.

Villa Cipriani, Via Canova 298, Asolo, Tel. 04 23 52 34 11, Fax 04 23 95 20 95. Eins der Traumhotels Italiens voller Duse-Erinnerungen. ○○○

La Cusineta, Breganze, Via Pieve 19, Tel. 04 45 87 36 58. Täubchen oder Stockfisch? Mo Ruhetag. ○/○○

*Padua

Padova (215 000 Einw., 78 km) rangierte einst im globalen Uni- und Wallfahrtswettbewerb unter den Top-Five. Heute zählt die bereits 1222 gegründete Universität zwar 70 000 Studenten, doch stammen diese meist aus Norditalien selbst. Aus Portugal hingegen kam der populäre franziskanische Stadtpatron, der hl. Antonius von Padua (1195–1231), dargestellt mit dem Jesusknaben und weißer Lilie.

**Basilica S. Antonio und Piazza

Die Grabeskirche des Heiligen ist das berühmteste Bauwerk der Stadt. 1232 errichtet, spiegelt sie damals topmoderne Multi-Kulti-Architektur der Kreuzritterzeit wider: byzantinische Kuppeln, minarettartige Türmchen und eine frühgotische Rosettenfassade – ein auf Außenwirkung zur riesigen Piazza del Santo hin angelegtes imposantes Stilpotpurri. Im rechten Querschiff malte Altichiero Altichieri 1372–77 herrliche hochgotische Heiligenfresken; im linken Arm wird die Arca, das Heiligengrab, von stummen

Seite 655

Die Fresken in der Arenakapelle sind ein Meisterwerk Giottos

3

Seite
655

Betern verehrt. Der Florentiner Donatello schuf die Bronzen des Hochaltars und das berühmte ***Reiterstandbild des Gattamelata** (1452) auf der Piazza: Das erste Reiterdenkmal der Neuzeit verherrlicht einen umbrischen Condottiere, der seiner Gerissenheit wegen den Übernamen »gefleckte Katze« erhielt.

Tipp 1831 öffnete das ****Café Pedrocchi** an der Piazza Cavour seine Türen und hielt sie einst rund um die Uhr offen. Hier wurde der 1848-Aufstand gegen die verhassten Österreicher geplant – heute kredenzt man hier Sachertorte.

Die Altstadt
Um die von einer Markussäule überragte **Piazza dei Signori** scharen sich die altehrwürdigen Regierungsbauten der seit 1175 freien Kommune: ***Loggia del Consiglio** (1496–1523) und **Palazzo del Capitano** (1598–1605). Die angrenzende **Piazza delle Erbe** dient seit dem 12. Jh. als Kulisse bunten Markttreibens. An den **Dom** schmiegt sich die sehenswerte romanische, mit

Fresken ausgemalte ***Taufkapelle** (tgl. 9.30–13.30, 15–19 Uhr).

In einem Park an der Brenta liegt das ***Museo Civico Eremitani** (Di–So 9–19 Uhr), über das man in die ****Arenakapelle** *(Capella degli Scrovegni)* gelangt. Die für den Banker Enrico Scrovegni 1305 vom Toskaner Giotto geschaffenen Fresken biblischer Themen zählen zu den absoluten Sternstunden italienischer Malerei.

Paduas **Shoppingmeile** verläuft zwischen Piazza Garibaldi und Canton del Gallo. In der Via Zabarella und Via Soncin gibt's Antikes.

APT, Riviera dei Mugnai 8, Tel. 04 98 76 79 11, Fax 0 49 65 07 94.

Majestic Hotel Toscanelli, Via dell'Arco 2, Tel. 0 49 66 32 44, Fax 04 98 76 00 25. Gediegener Luxus mitten im *centro storico.* ○○○

Leonardi, Via Pietro d'Abano 1, Tel. 04 98 75 00 83. Eine Fundgrube für Weinkenner, die ihre Degus-

Die Villa Pisani am Brentakanal – einst prunkvolle Sommerresidenz

Seite
655

tation gern von einem Risotto oder einem Fischgericht begleitet sehen. Mo Ruhetag. ○

🎁 **Sartoria Arabesque,** Via Beato Pellegrino 15. Exzentrische Italofummel.

Ausflüge

Padua ist (mit Venedig) Ausgangspunkt für einen Besuch der historischen Villen am Brentakanal, den man am einfachsten per Rad oder mit dem *Burchiello*-Schiff unternimmt (März bis Nov., Tel. 04 15 22 48 70).

Die schlossähnliche Dogenresidenz ***Villa Pisani** (18. Jh., tgl. 9–18 Uhr) in Strà wirbt mit Labyrinthpark und Tiepologemälden. Palladios säulengeschmückte ***Villa Malcontenta** (1550 bis 1560; Di, Sa 9 bis 12 Uhr) in Fusina wurde sogar in den USA kopiert und diente als Kulisse für Joseph Loseys »Don Giovanni«-Film.

Südwestlich von Padua locken die bis zu 600 m hohen **Colli Euganei** mit Bauernwein und Olivenhainen. In **Abano Terme** (11 km südwestl.) und **Montegrotto** mit seinen Thermalgrotten ist man fest auf deutschen Kur- und Fangotourismus eingeschworen –

moderne Hotels (es gibt über 120!) überwiegen im Stadtbild. Viele Italiener trifft man in **Arquà Petrarca** in der Casa di Petrarca (Di–So 9.30–12.30, 15–19 Uhr), wo der Dichter (1304–74) der Laura-Sonette wirkte.

i **APT,** Abano, Via Pietro d'Abano 18, Tel. 04 98 66 90 55, Fax 04 98 66 90 53.

Treviso und Piavetal

Die kleine Provinzhauptstadt Treviso (145 km) ist berühmt durch die Bekleidungsfirma Benetton und für den langblättrigen Radicchio, der hier geröstet auf den Tisch kommt. Die Altstadt mitten im Industriegebiet wirkt mit ihren Märkten und Trinkstuben recht anheimelnd. Nordwärts erreicht man bei Conegliano die **Prosecco-Straße** (s. S. 615), auf der man einen Abstecher ins Piavetal und zur malerischen Renaissance-Altstadt ***Feltre** unternehmen sollte.

i **APT,** Treviso, Palazzo Scotti, Via Toniolo 41, Tel. 04 22 54 06 00, Fax 04 22 54 13 97.

Tour 4

Friaul und Julisch-Venetien

*Triest → Grado → **Aquileia → *Cividale → Udine (146 km)

Triest, multikulturelle Stadt und Italiens größter Containerhafen, und sein Hinterland liegen touristisch im toten Winkel an der slowenischen Grenze. Hauptattraktionen sind die Lagunenstadt Grado mit ihren Sandstränden und die alte Patriarchenresidenz Aquileia. Das gebirgige Friaul hat seine knorrige Ursprünglichkeit bewahrt – auch wenn viele Häuser nach der Erdbebenkatastrophe 1976 neu aufgebaut wurden. Die Tour verläuft vom Grenzort Görz zur Langobardenveste Cividale und dem venezianisch geprägten Udine. In den verkarsteten Collio-Hügeln reift Italiens rassigster Weißwein, die Schinken von S. Daniele del Friuli gelten als die zartesten im Land.

Palazzo Lloyd Triestino, Piazza dell'Unità

4

Seite
655

*Lloyd Triestino von Ringstraßenbaumeister Heinrich Ferstel und dem berühmten, 1839 eröffneten *Caffè degli Specchi.

Nördlich schließt sich die *Piazza della Borsa mit prunkvollen klassizistischen Gebäuden und Gallerien an. Dahinter beginnt der schachbrettartige *Borgo Teresiano, ein Händlervier-

*Triest

Bis 1918 Österreichs Tor zum Mittelmeer – diese Vergangenheit im Vielvölkerstaat prägt die 230 000 Einwohner zählende Stadt bis heute. Viele Bewohner tragen deutsche oder slawische Nachnamen, in den Weinstuben gibt es *crain con cren e crauti* (Krainerwürstel mit Meerrettich und Sauerkraut), und die Kaffeehäuser gelten trotz Illy-Kaffees als die wienerischsten Italiens.

Die weitläufige **Piazza dell'Unità** dient als Salon der Stadt, gerahmt wird sie von Regierungsbauten, dem

Lebendiger Doppeladler

Bis 1918 gehörte dieses Durchzugsland zu Österreich: Hier führen die Einheimischen gern das Schlagwort von der *cultura mitteleuropea* im Munde, fühlen sich den austro-ungarisch und böhmisch-slawischen Traditionen der Habsburger Monarchie noch immer verbunden – auch wenn man in erster Linie *furlan* ist und stolz auf der eigenen Sprache beharrt. Im Friaul sind die Ortsschilder zweisprachig: Italienisch und Furlan!

Wiener Ambiente im Caffè San Marco

Märchenschloss Miramare

4

Seite
655

tel, dessen Bauplan von Maria Theresia höchstselbst abgesegnet wurde.
Es wird vom schnurgeraden Canal
Grande durchzogen, die klassizistische Kirche **S. Antonio Nuovo** (1825
bis 1849) bildet den Blickfang an dessen Ende.

Von der Piazza dell'Unità kann man
auf den Karsthügel **Colle S. Giusto** mit
venezianisch-österreichischem Kastell
und gleichnamiger Kathedrale (14. Jh.)
spazieren. In den Berg hinein ist ein
römisches Theater mit 6000 Sitzplätzen gebettet. Nördlich des Hügels entdeckt man in der Via Battisti in der
Nähe der Synagoge das nostalgische
*Caffè San Marco von 1914.

in der Via Diaz im Süden Triests beherbergt der 1858 errichtete *Palazzo
Revoltella (Mi–Sa, Mo 10–13, 15–20,
So 10–13 Uhr, Sommer Abendöffnungen) eine bedeutende Sammlung
moderner Kunst und ein Kunstcafé.
Italiens einziges KZ mahnt in der Reismühle von **S. Sabba** (Mo–Sa 9–13 Uhr)
am südlichen Stadtrand mit Bildern
des Grauens.

Habsburgischer Adriaprunk ist im
Schloss Miramare (tgl. 9–18, im
Winter 9–13 Uhr) an der Uferstraße
Richtung Grignano präsent: Der unglückliche Kaiser Maximilian von Mexiko ließ sich das Märchenschloss ab
1856 errichten.

i **APT,** Via San Nocolò 20,
Tel. 04 06 79 61 11,
Fax 04 06 79 62 99;
www.retecivica.trieste.it

**Starhotel Savoia Excelsior
Palace,** Riva del Mandracchio 4,
Tel. 04 07 79 41, Fax 0 40 63 82 60.
Wohnen wie der Kaiser und ausge-
zeichnet essen im Restaurant Savoy
Inn. ○○○

Buffet da Pepi, Via Cassa di
Risparmio 3, Tel. 0 40 36 68 58.
Prager Schinken, Würstel und
Liptauersemmeln. So Ruhetag. ○

Literatur zwischen Kulturen

Wie Kafka mit Prag, so wirbt
auch Triest mit seinen Literaten.
Hier, wo jüdische und slawische
Kultur auf italienische und
österreichische prallte, ergab
sich stets ein Austausch von
Inspirationen: Der Ire James
Joyce, der jüdische Lackfabrikant
Italo Svevo (1861–1928) und
der Habsburgforscher Claudio
Magris (geb. 1939) haben hier
Weltliteratur geschrieben.

S. Eufemia in Grado

Grado

Nirgendwo ist das Mittelmeer nördlicher als in der Lagune von Grado (53 km). Hier fühlen sich Herr und Frau Österreicher besonders wohl, kann man doch via Autobahn in rund vier Stunden von Wien herüberrauschen. Neben Sandstränden, Fischtrattorien und Bootstouren durch die Laguna di Grado und Laguna di Marano bietet Grado auch eine faszinierende Geschichte. Der Fischerort war einst mächtiger als Venedig. Daran erinnert noch die 579 geweihte Kirche ***S. Eufemia** mit ihrem Fußbodenmosaik des 6. Jhs. Daneben haben das **Baptisterium** (5. Jh.) und die Kirche **S. Maria delle Grazie** die Zeiten überdauert.

Wer Fischer beim Netzeflicken fotografieren möchte, sollte ins beschauliche **Marano Lagunare** fahren. Ein beliebter Badeorte ist auch **Lignano** mit dem schönen Beinamen *Sabbiadoro* (Goldstrand). Von hier ist es nur noch ein Katzensprung zu den venetischen Stränden von **Bibione** und **Caorle.**

i **APT,** Grado, Viale Dante Alighieri 72, Tel. 04 31 89 91, Fax 04 31 89 92 78.

De Toni, Piazza Duca d'Aosta 37, Tel. 04 31 80 104. Nette Trattoria. Mi Ruhetag. ○

**Aquileia

Machtzentrum und wichtigste Adriastadt war zur Römerzeit das 5 m hoch gelegene Aquileia (64 km), dessen Einwohner vor den Hunnen- und Germaneneinfällen der Völkerwanderung in die Lagune flohen und so Grado und Venedig begründeten. Eine große romanische ***Kathedrale** überragt das heutige Dorf – die Bischöfe von Aquileia stehen im Patriarchenrang! Das Gotteshaus wurde 1019–1042 unter Patriarch Poppo errichtet und überwölbt eine einzigartige Preziose: den 645 m² großen ****Mosaikfußboden** der 310–319 unter dem ersten Bischof Theodorus errichteten Kirche mit Meeresszenen und der Jonaslegende.

Duino

Nicht nur Rilke-Fans wird es nach Duino ziehen, wo der Poet in dem auch heute in Privatbesitz befindlichen Schloss 1911/12 seine berühmten Duineser Elegien schrieb. Der Dichterpfad ***Passeggiata di Rilke** lockt zu Steilküstenwanderungen. Oberhalb der malerischen Küstenstraße nach Grignano locken *osmizze* genannte Buschenschanken an der Weinstraße Richtung Terra Opicina.

Gorizia

Gorizia/Gorica/Görz (98 km): Heute ist die Stadt, die einst von bayerischen Grafen beherrscht wurde, zwischen Italien und Slowenien geteilt. Im Burgviertel bietet das **Castello** (Di–So 9.30 bis 13.30, 15–19.30 Uhr) prachtvolle Aussicht und historische Zimmerfluchten. Die reizvolle Unterstadt gruppiert sich um **Piazza Cavour** und **Piazza della Vittoria.**

4

Seite **655**

*Cividale

Das malerische Langobardennest (129 km) über der Natisone-Schlucht mit der Teufelsbrücke hat dem Friaul einst seinen Namen gegeben. Denn in römischer Zeit hieß der Ort Forum Julii. 568 erhoben die Langobarden den Ort zu ihrer ersten italienischen Hauptstadt, 737–1238 residierten hier die Patriarchen von Aquileia. Das Leben zur Langobardenzeit dokumentiert das ***Museo Archeologico** anhand reicher Kunstschätze (tgl. 9 bis 18.30 Uhr). Im ***Museo Cristiano** (tgl. 9.30–12, 15–19 Uhr) des Doms sollte man sich den reliefgeschmückten *Altar des Ratchis und das Taufbecken des Patriarchen Calixtus ansehen.

Zartsüße Schinken aus San Daniele waren schon im Mittelalter beliebt

Seite
655

ℹ️ **APT,** Cividale, Corso d'Aquileia 10, Tel. 04 32 73 13 98, Fax 04 32 73 13 98.

🍴 **Il Cantiniere Romano,** Via Ristori 31, Tel. 04 32 73 20 33. 1901 gegründete Enoteca, es gibt Kürbisrisotto, Graupensuppe und Prager Schinken. So Ruhetag. ○–○○

🎁 Die **Bottega Longobarda,** Stretta Cerchiari 7, verkauft selbst gemachten Schmuck im Langobardenlook.

Udine

Die Hauptstadt des Friaul (146 km) mit ihrem venezianischem Flair gewinnt rasch die Herzen ihrer Besucher. Die ***Piazza della Libertà** mit der spätgotischen **Loggia del Lionello** und dem **Porticato di S. Giovanni** von 1533 wirkt wie ein grandioser Freiluftsalon. Der ****Palazzo Arcivescovile** (Museo Diocesano, Mi–So 10–12, 15.30 bis 18.30 Uhr) wurde vom jungen Tiepolo

mit wundervollen Fresken ausgemalt. Machen Sie einen Spaziergang auf die 1511 nach einem Erdbeben errichtete **Festung** und zur Kirche **S. Maria di Castello** (6. Jh.), die von einem riesigen Gabriel als Wetterfahnen-Erzengel beschützt wird.

ℹ️ **APT,** Piazza I Maggio 7, Tel. 04 32 29 59 72, Fax 04 32 50 47 43.

🏨 **La' di Moret,** Viale Tricesimo 276, Tel./Fax 04 32 54 50 96. Osteria-Hotel mit Tennisplatz, Sauna und Swimmingpool am Stadtrand. ○○

🍴 **Ai Tre Musoni,** Via Marsala 40, Tel. 04 32 60 21 76. Tajut-Gläschen ab 7 Uhr früh. So Ruhetag. ○

Tipp **Schinkenfest:** Jeden August wird im karnischen **S. Daniele del Friuli** (24 km nordwestl.) der »süße« *prosciutto* mit einem Festival gefeiert. Info Tel. 04 32 94 07 65.

Tour 5

Lombardei

**Mantua → **Pavia → **Como → *Bergamo → Brescia (343 km)

High Tech, Mode und Maiskammer zwischen Po und Alpen – das »padanische« Kernland der Langobarden erwirtschaftet das höchste Pro-Kopf-Einkommen Italiens und besteht doch nicht nur aus Industrie. Die Gonzaga-Residenz Mantua prunkt mit ihrem grandiosen Herzogspalast, die Geigenbauerstadt Cremona fasziniert nicht nur Violinvirtuosen. Ebenfalls in der Poebene ruht die uralte Langobardenkapitale Pavia. Como mit seinen berühmten Seidenspinnereien, das malerisch gelegene Bergamo und die Bankenmetropole Brescia: allesamt noch Geheimtipps für Liebhaber italienischen Lebensstils.

Die Sala di Psiche im Palazzo del Tè

**Mantua

Italsider-Stahlwerke und Heimat des römischen Ependichters Vergil: Die Gonzaga-Residenz Mantua *(Mantova)*, deren Altstadt sich auf einer natürlichen Seebühne des Mincio-Flusses ausbreitet, ist eine der großen Kunstmetropolen der italienischen Renaissance.

Von 1328 bis 1708 regierten die Gonzaga Mantua und ließen sich als Herzöge den gewaltigen, 34 000 m² großen ***Palazzo Ducale** (Di–So 9–13, 14.30–18, So 9–13 Uhr) errichten. Der Rundgang durch dieses Labyrinth des Reichtums passiert Antiken und Gemälde, die Reitschule Cavallerizza und als Höhepunkt die *****Camera degli Sposi.** Das Schlafzimmer Fürst Ludovi-

cos und seiner Gemahlin, der Herzogin Barbara von Brandenburg, wurde 1465–74 von Andrea Mantegna mit bahnbrechenden *trompe-l'œuil*-Malereien (aus dem Himmel lugende entzückende Putti!) und Familienporträts ausgeschmückt.

Der nahe Bürgermeisterpalast Broletto (ab 1190) beherrscht die reizvolle ***Piazza Erbe,** auf der vormittags die Gemüsehändler ihre Waren anpreisen. Vis-à-vis erhebt sich Leon Battista Albertis ****S. Andrea.** Diese Idealkirche der Renaissance wurde nach dem Tode des Florentiner Architekturpapstes 1472 von Luca Fancelli vollendet. Unzählige Kerzen brennen am Grab Andrea Mantegnas (1431–1506). Die romanische Rotunde **S. Lorenzo** (11. Jh.) liegt mittlerweile anderthalb Meter unter Bodenniveau. Eine einzigartige Mischung aus Hörsaal und Bühne ist das ****Teatro Scientifico Bibiena** (tgl. 9–12.30, 15–17.30 Uhr), in dem schon Mozart auftrat.

Apropos Musik: *La Donna è mobile,* der Welt berühmteste Opernarie, hat ihre Wurzeln in Mantua: Rigoletto war

5

Seite 654

einst Hofnarr der Gonzaga – an der Piazza Sordello wird sein (fiktives) Haus gezeigt.

Am Stadtrand errichtete das 26-jährige Universalgenie Giulio Romano ab 1525 den ****Palazzo del Tè** (Di–So 9–18 Uhr), ein Hauptwerk des Manierismus. Die gewagten erotischen Fresken in der Sala di Psiche künden von neuheidnischer Sinneslust.

Tipp Minciowellen und Lotosblumenteiche: Zum Mantuabesuch gehört einfach eine **Bootsfahrt,** auf Wunsch bis nach Venedig. Navigazione Fluviale Turistica, Via S. Giorgio, Tel. 03 76 36 08 70 oder 0 37 63 08 69.

APT, Piazza A. Mantegna 6,
Tel. 03 76 32 82 53,
Fax 03 76 36 32 92.

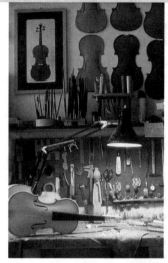

Cremona ist berühmt für seine Geigen

Il Leone, Piazza IV Martiri 2, Pomponesco,
Tel. 0 37 58 60 77, Fax 0 37 58 67 70. Gonzaga-Villa im Vorort mit Swimmingpool und noblem Salon. ○○

Antico Ristorante ai Garibaldini, Via S. Longino 7, Tel. 03 76 32 82 63. Tische gleich gegenüber S. Andrea. Seit 1866 für *pasta all'anatra* (Nudeln mit Ente) berühmt. Mi und Aug. geschl. ○○

Panificio Freddi, Piazza Cavalotti 7. Der Shop für Pastafans.

Cremona

Die Stadt ist weltberühmt für Stradivari-, Guarneri- und Amati-Geigen. Das wohlhabende Cremona (62 km) am Po ist noch immer ein Mekka des Musikinstrumentenbaus und die Sala dei Violini im ***Palazzo del Comune** birgt unschätzbar wertvolle Geigen. Natür-

lich gibt es – im Museo Civico – auch ein **Museo Stradivariano** (Di–So 9.30 bis 12.15, 15.15–17.45 Uhr). Doch weiß Cremona auch mit einem eindrucksvollen Altstadtensemble zu begeistern. Der Domcampanile **Torrazzo** ist mit seinen 111 m der höchste Italiens.

APT, Cremona, Piazza del Comune 5, Tel. 0 37 22 17 22, Fax 03 72 53 40 59.

Astoria, Via Bordigallo 19, Tel. 03 72 46 16 16, Fax 03 72 46 18 10. Das Altstadtkloster genügt höchsten Ansprüchen. ○○○

Osteria Porta Mosa, Via S. Maria in Betlem 11, Tel. 03 72 41 18 03. Einfaches Ambiente, dafür Raffinessen wie Brägenwurst mit Vanille oder lombardischer Stör. So und Aug. geschl. ○○

Morassi, Via Lanaiol. Hier bekommen Sie nach alter Tradition von Meisterhand gebaute Geigen.

Der Ponte Coperto in Pavia

Die weltberühmte Certosa di Pavia

****Pavia**

Die »Schöne im Schatten Mailands«, Römergründung, einst Ostgotenresidenz, später Kapitale des Langobardenreiches und mittelalterliche Krönungsstadt, liegt am Ticino, den der **Ponte Coperto,** eine gedeckte Brücke auf römischen Fundamenten, überspannt (137 km).

Der ***Dom** wurde nach Plänen Leonardos da Vinci und Bramantes ausgeführt, weit älter ist das Langobarden-Gotteshaus ****S. Michele** (7. Jh.) mit ornamentaler Bauplastik. Der Atem der Kirchengeschichte durchweht die altehrwürdige Kirche ****S. Pietro in Ciel d'Oro,** sie birgt die Gräber des Philosophen Boethius und des Kirchenvaters Augustinus.

Die in Arkadenhallen des 18. Jhs. residierende traditionsreiche ***Universität** lohnt einen Blick: trotz 25 000 Studenten (bei 100 000 Einwohnern!) ein akademisches Idyll.

Das mächtige ***Castello Visconteo** nördlich der Altstadt, inmitten eines Landschaftsgartens, wurde ab 1359 nach der Eroberung Pavias durch Mailand errichtet. Es birgt heute zwei Museen (Di–So 9.30–12.30, 15.30 bis 18.30 Uhr).

Besuchermagnet ist die 10 km nördlich gelegene *****Certosa di Pavia** (1390–1549). Ursprünglich als Grablege Gian Galeazzo Viscontis gedacht,

5

Seite **654**

Po und Poebene

Die meisten kennen ihn nur von Autobahnbrücken her. Italiens längster Fluss (652 km) entwässert $^1/_6$ der Gesamtfläche Italiens und entspringt in 2022 m Meereshöhe in den Cottischen Alpen.

Wichtigste Nebenflüsse sind Dora Baltea, Ticino, Adda, Mincio und der appeninische Tanaro. Schiffbar ist der Strom ab Mantua, der riesige Schwemmfächer seines Delta

wächst jährlich um 50–135 ha. Das flache Gefälle schafft Probleme, trotz hoher Eindeichungen tritt der Strom immer wieder über die Ufer, verheerende Überschwemmungen sind die Folge.

Die Poebene ist auch eine Stimmungslandschaft. Der mäandrierende Strom, Pappelhaine, dazu Reis- und Maisfelder verleihen Padanien den Hauch einer Elegie.

wurde der Klosterkomplex zum Paradebeispiel oberitalienischer Renaissance-Architektur und -Malerei.

APT, Pavia, Via F. Filzi 2,
Tel. 0 38 22 21 56,
Fax 0 38 23 22 21.

Villa Glori, Via Villa Glori 10,
Tel. 0 38 22 07 16. Studenten-Enoteca mit Snacks. Mo Ruhetag. ○

Tipp Die alte Langobardenmetropole Monza steht für Italiens berühmteste Formel-1-Strecke. Trost an rennfreien Tagen: das **Museo dell'Autodromo di Monza,** Parco di Monza (Di, Do–So 9–12, 14.30–18 Uhr).

Como und *Comer See

Bellagio – die Schöne am See

Como (227 km) bietet zunächst den Anblick einer Industriestadt. Hier schnurren die Spindeln und Schiffchen der bedeutendsten Seidenspinnereien Italiens. Dafür ist die ummauerte Altstadt *Città Murata* umso reizvoller. Der gotische Dom ***S. Maria Maggiore** und die romanische Kleeblattkirche ***S. Fedele** wurden von einheimischen Steinmetzen, den sog. *maestri comacini,* mit reichem Reliefdekor versehen. Die berühmtesten Comasken lebten und schrieben vor zwei Jahrtausenden: Statuen der Naturforscher und Gelehrten Plinius d. Ä. und Plinius d. J. flankieren das Eingangsportal des Doms.

Comos berühmtester Bau, die in den strengen Formen der lombardischen Frühromanik vollendete, fünfschiffige Kirche ****S. Abbondio** liegt am Stadtrand. Das Gotteshaus erhielt seine Weihe 1095, doch die Fresken in der Apsis – Darstellungen des Jesuslebens und der Apostel – datieren fast 250 Jahre später.

Der ***Lago di Como,** der drittgrößte Voralpensee, präsentiert sich als heitere Villenlandschaft und Nahausflugsziel von Mailand. Am besten erkundet man seine drei lang gestreckten Buchten, die nach Como, und Lecco und der idyllischen Sommerfrische ***Bellagio** ausgreifen, per Boot – die Autorundfahrt beträgt rund 160 km!

APT, Piazza Cavour 17,
Tel. 0 31 26 97 12 oder
03 13 30 01 11, Fax 0 31 26 11 52.

Tre Re, Via Boldoni 20,
Tel. 0 31 26 53 74,
Fax 0 31 24 13 49. Kleines Traditionshotel im Stadtzentrum. ○○

Sant'Anna, Via Turati 1/3,
Tel. 0 31 50 52 66. Köstliche Fischgerichte. ○○○
Tipica Trattoria, Via Pannilani,
Tel. 0 31 26 10 80. Felchen und Forellen im Grünen genießen. ○○

5

Seite
654

Madonna Giovanni Bellinis in der Pinacoteca dell'Accademia Carrara

*Bergamo

Die Renaissancestadt thront in reizvoller Hügellage im Voralpenland. 1428–1797 wurde Bergamo (290 km) mit sanfter Hand von Venedig regiert, wovon noch heute einige Markuslöwen im Zentrum künden. Vor allem die Oberstadt bewahrte ihr geschlossenes Bild, während die im 19. Jh. entstandene *Città Bassa* stark gewachsen ist.

Treffpunkt in der *Città Alta* ist die *Piazza Vecchia mit dem venezianischen Palazzo della Ragione, dem Stadtglockenturm und einem Löwenbrunnen. Die benachbarte *Basilica S. Maria Maggiore mit ihrer hohen Kuppel wurde 1137 begonnen, sie birgt ein erlesenes Chorgestühl. Ein Renaissance-Juwel ist die angrenzende **Cappella Colleoni, 1470–75 von Antonio Amadeo für den in venezianischen Diensten stehenden, schwerreichen Condottiere Bartolomeo Colleoni errichtet und später mit Tiepolo-Fresken geschmückt.

Zwei Museen lohnen den Besuch: Die **Pinacoteca dell'Accademia Carrara** (Mi–Mo 9.30–12.30, 14.30 bis 17.30 Uhr) besitzt eine der besten Sammlungen oberitalienischer Malerei (u. a. Giovanni Bellini). Das **Museo Donizettiano** (März–Sept. Di–Sa 9 bis 12.30, 14.30–18 Uhr) erinnert an Gaetano Donizetti (1797–1848), den Komponisten der »Lucia di Lammermoor«.

Lieblingssport der Bergamasken: Shopping auf dem **Sentierone** (Via Tasso, Via XX Settembre) in der Unterstadt.

APT, Viale Aquila Nera 3, Tel. 0 35 24 22 26, Fax 0 35 24 29 94.

Agnello d'Oro, Via Gombito 22, Tel. 0 35 24 98 83, Fax 0 35 23 56 12. Modern eingerichtetes Hotel in alten Mauern, nettes Restaurant mit Regionalküche. ○–○○

 Ai Prati di San Lunardo, Via S. Bernardino 51, Tel. 0 35 24 74 19. Raffinierte Kalbfleisch- und Polentaspezialitäten. So Ruhetag. ○○

5

Seite **654**

Brescia

Italiens Bankenmetropole (343 km) ist für ihren Reichtum, die Oldtimerrallye *Mille Miglia* und die Eleganz der Brescianerinnen berühmt. Die Heimat Papst Pauls VI. (1963–78) war schon als römisches Brixia mächtig. Im Zentrum blieben trotz weitgehender Zerstörung 1943–45 Bauten aus über 2000 Jahren Geschichte erhalten.

An der lang gestreckten Piazza Paolo VI. grüßt Brescias »Doppelkathedrale«: Der »Winterkathedrale« oder auch »Rotonda« genannte, schlichte alte *Dom entstand im 11. Jh., zu sei-

Uhrturm an der Piazza della Loggia

nen Schätzen zählen Gemälde der einheimischen Meister Moretto da Brescia und Romanino (Cripta di S. Filastrio, 6. Jh.). Die **»Sommerkathedrale«** wurde 1604 im römischen Barock begonnen und 1825 mit einer hohen Kuppel bekrönt. Die ***Biblioteca Queriniana** hinter dem Dom besitzt eine Sammlung kostbarer Handschriften und Wiegendrucke.

Neben dem Dom erstreckt sich der Regierungskomplex des **Broletto** mit dem Torre del Pégol (11. Jh.) und maskengeschmücktem *Innenhof. Gegenüber schlagen zwei Bronzestatuen die Glocke der **Torre dell'Orologio** mit einer 1574 geschaffenen *Sonnenuhr. Ein paar Schritte weiter öffnet sich die noble ****Piazza della Loggia** mit mehreren Kommunalpalästen: Die 1492 begonnene Loggia wurde 1554–62 vom venezianischen Staatsbaumeister Jacopo Sansovino in antikisierender Formensprache vollendet.

Tipp Brescias edelste **Geschäfte** gruppieren sich in der Laubenstraße Via X Giornate und in der Fußgängerzone Corso Zanardelli.

Mussolinis Vorzeigearchitekt Marcello Piacentini konnte sich mit dem faschistischen Kolossal-Ensemble der 1926 begonnenen **Piazza della Vittoria** profilieren.

Die Monumente des römische Brescia liegen zu Füßen des Burgbergs Monte Cidneo. Der wohlerhaltene ***Kapitolstempel** wurde 73 n. Chr. unter Kaiser Vespasian errichtet. Das benachbarte **Römische Theater** diente bis ins Mittelalter Bürgerversammlungen als Tagungsort.

Nach gründlicher Renovierung ist der Komplex des ***Monastero di S. Giulia** wieder zugänglich (Sommer Di, Do–So 10–20, Mi 10–22, sonst Di–So 9.30–17.30 Uhr). Die faszinierende Anlage umfasst romanische Kapellen wie die *Cripta di S. Salvatore* und Renaissancefresken, sie präsentiert keltische und römische Exponate unter den Aspekten modernster Museumsdidaktik.

Das zweite prominente Museum Brescias, die ***Pinacoteca Tosio-Martinengo** (Juni–Sept. Di–So 10–17, Okt. bis Mai Di–So 9.30–13, 14.30–17 Uhr), stellt neben Meisterwerken Raffaels und Veroneses auch solche der Brescianer Malschule aus.

APT, Corso Zanardelli 38, Tel. 03 04 50 52/3, Fax 0 30 29 32 84.

Alabarda, Via Labirinto 6, Tel. 03 03 54 13 77, Fax 03 03 54 13 00. Modern, aber mit netter, informeller Atmosphäre. ○○

Trattoria G. A. Porteri, Via Trento 52, Tel. 0 30 38 09 47. Stimmungsvoll in einer *salumeria* Gänsebrust oder Almkäse-Risotto speisen. So abends und Mo geschl. ○○

Derelli in der Via Gramsci 23 ist eines der berühmtesten Delikatessengeschäfte der Lombardei: Probieren Sie den *bagoss*-Käse von Brescianer Almweiden!

5

Seite
654

Strandvergnügen in Riccione

Tour 6

Emilia Romagna

*Rimini → ***Ravenna → **Ferrara → **Modena → **Parma (253 km)

Die politisch rote Heimat Don Camillos besteht aus zwei Landeshälften: Die Emilia in der Poebene heißt nach der römischen Via Aemilia, die apenninische Romagna wurde nach dem Hinterland Ravennas und der (ost)römischen Herrschaft benannt. Aus dem Osten kommen auch die Mosaiken der Adriastadt Ravenna – eine Zeitreise ins byzantinische Christentum. Tiefste Poebene ist die Renaissancestadt Ferrara. Von dort geht es westwärts zu den drei »Schlaraffen« der Emilia: Modena steht für Essig, Reggio für Parmesan und Parma für Prosciutto, Veilchen und Verdi.

*Rimini

Mit Rimini verfügt die Region über einen internationalen Tourismusmagneten der Spitzenklasse. Längst machen nicht nur deutsche, sondern auch russische Urlauber einen großen Prozentsatz der täglich bis zu 100 000 Badegäste aus. Die ersten Badehütten wurden übrigens schon 1843 vom »Sportgrafen« Baldini aufgestellt. Das Adria-Beachlife dehnt sich kilometerlang bis ins sportliche Seebad **Riccione** (10 km südl.) aus.

Oft übersehen: Neben dem Strand bewahrt Rimini eine traditionsträchtige Altstadt mit der zentralen Piazza Cavour. Das etruskisch-römische Ariminium lag am Schnittpunkt der Heerstraßen Via Flaminia und Via Aemiliana, wovon auch noch heute der

Augustusbogen und die marmorne **Tiberiusbrücke** über die Marecchia zeugen. Stadtherr Sigismondo Malatesta ließ sich von Leon Battista Alberti im 15. Jh. eine zentrale Bettelordenskirche zur luxuriösen Renaissancegrablege des ****Tempio Malatestiano** (tgl. 9.30–12.15, 17.30–18.30 Uhr) ausbauen. An der herrlichen Innenausstattung wirkten führende Renaissance-Maler mit, wie etwa Piero della Francesca, der u. a. ein Fresko des Stifters schuf.

Tipp Riminis bestes *gelato* gibt's bei **Marselli,** Via Tripoli 110, einfach köstlich ist die Eisbombe Arlecchino.

i **IAT,** Piazzale F. Fellini 3, Tel. 0 54 15 69 02, Fax 0 54 15 65 98.

6

Seite **655**

San Marino

Gerade mal 25 000 Einwohner auf 60 km² – und nicht alle sind Duty-Free-Händler! Die Zwergrepublik voller Fahnen ist kitschigschön herausgeputzt und bietet vom 749 m hohen Monte Titano einen fürstlichen Fernblick. Briefmarken kaufen nicht vergessen! Keine Passkontrolle.

Villa dei Fiori, Via Canuti 6, Viserbella, Tel. 05 41 73 82 20, Fax 05 41 73 56 76. Kleines, modernes Hotel in Strandnähe. ○

Osteria de Börg, Via Forzieri 12, San Giuliano, Tel. 0 54 15 60 74. Weinlokal alten Stils: Kuttel- oder Fischsuppe, Wirsing-Käse-Lasagne. Mo Ruhetag. ○–○○

Cellophane, Viale Principe di Piemonte 2, Loc. Miramare di Rimini, Tel. 05 41 37 21 83. Nicht billig, aber dafür authentischer nächtlicher Italoglamour.

***Ravenna

Nicht einmal Konstantinopel kann mit derart vielen Mosaiken aufwarten. Schließlich war Ravenna (51 km) vom 5.–8. Jh. Hauptstadt des weströmischen, ostgotischen und byzantinischen Italien. Heute sorgt vor allem petrochemische Industrie für den Wohlstand der Ravennaten.

Die venezianisch inspirierte **Piazza del Popolo** bildet das Zentrum der mit eleganten Geschäften reichlich bestückten Altstadt. Wegweiser führen zum ****Mausoleo di Galla Placidia** (April–Sept. tgl. 8.30–19, Okt.–März tgl. 9–16.30 Uhr). Der unscheinbare, etwas in den Boden versunkene Ziegelbau wurde schon zu ihren Lebzeiten als Grabmonument für Galla Placidia (388–450), die Tochter Kaiser Theodosius' I. errichtet. Der Mosaikschmuck zeigt einen jugendlichen Guten Hirten, einen besternten Nachthimmel und Hirschpaare, die nach dem blauen Wasser des Ewigen Lebens dürsten. Die benachbarte *****Basilica di S. Vitale** wurde 525 nach dem Vorbild der Hagia Sophia in Konstantinopel als Zentralbau ausgeführt. Auch

Basilica di San Vitale

ihr Äußeres verrät nichts vom Reichtum des Innenraumes – das Bildprogramm der kostbaren Mosaiken (525 bis 548) ist einzigartig. Im Mittelpunkt steht neben biblischen Szenen der Auftritt des byzantinischen Kaiserpaares Justinian und seiner umstrittenen Gattin Theodora. Das ***Museo Nazionale** (Di–So 8.30–13.30 Uhr) im angrenzenden Benediktinerkloster dokumentiert Ravennas Glanzzeiten.

Südlich der Piazza del Popolo wird das **Grab Dantes** verehrt, des italienischen Nationaldichters, der im ravennatischen Exil starb. Der kleine Mausoleumspavillon stammt erst aus dem Jahr 1780. Neben dem barocken Dom S. Urso sollte man das ****Battisterio Neoniano** (Baptisterium der Orthodoxen, April–Sept. tgl. 9–19, Okt. bis März 9.30–16.30 Uhr) wegen seiner luxuriösen Innenausstattung in Marmor-Mosaik besuchen. Skurril ist die Taufe Christi mit dem heidnischen Jordanflussgott! Im **Museo Arcivescovile** (April–Sept. 9–19, Okt.–März 9.30 bis 16.30 Uhr) wird die **Cattedra di Massimiano gezeigt, ein Elfenbeinthron des 6. Jh. n. Chr.

In der **Cappelleria Inglese,** Via Godini 3, Tel. 05 44 21 25 79, bekommen *signori* nicht nur klassische Herrenhüte, sondern auch Ravenna-Baseballkappen.

6 Seite 655

Das Mausoleum Theoderichs in Ravenna

Sant'Apollinare in Classe

Weitere Mosaiken schmücken das ***Baptisterium der Arianer** (tgl. 8.30 bis 12, 14.30–16.30 Uhr) und die *****Basilica S. Apollinare Nuovo** (April bis Sept. 9–19, Okt.–März 9.30 bis 16.30 Uhr), die Hofkirche Theoderichs (519). An den Seitenwänden huldigen von den Hl. Drei Königen angeführte Züge der Märtyrer und Märtyrerinnen Christus und Maria. Suchen Sie das Mosaik des Hafens von Classe und die Stadtansicht Ravennas!

1 km nördlich vom Zentrum fand der Ostgotenkönig Theoderich, der Dietrich von Bern der deutschen Sage, seine letzte Ruhe in einem gigantischen ****Mausoleum,** das römische Sepulchral-Architektur mit der Monumentalität nordischer Hünengräber vereint und von einem 300-Tonnen-Stein verschlossen war. Fünf km Richtung Rimini steht die einstige Hafenbasilika *****S. Apollinare in Classe** nun vereinsamt im Schwemmland. Im feierlichen von Marmorsäulen gestützten Innenraum stellen Mosaiken die Zwölf Apostel als Lämmer dar.

IAT, Via Salara 8/12, Tel. 0 54 43 54 04, Fax 0 54 43 50 40.

Centrale Byron, Via IV Novembre 14, Tel. 05 44 21 22 25, Fax 0 54 43 41 14. *Centralissimo* und

bequem logiert man in diesem renovierten alten Haus. ○–○○

 Oblomov, Via Faentina 275, Fraz. S. Michele, Tel. 05 44 41 43 12. Stadtrand-Osteria mit Degustationsmenus und legendärer Käseauswahl. So, Mo geschl. ○○

 Fragole Amare, Lido di Classe, Via Cadamosto 21, Tel. 05 44 94 89 99. »Bittere Erdbeeren« und süße Sommernächte.

Lex Medusae, Via Trieste 225, Tel. 05 44 42 10 63. Ravennas *gioventù* liebt diese Winterdisco.

**Ferrara

Die ruhige Provinzhauptstadt (123 km) blickt noch immer gern auf die Zeiten zurück, als hier die Familie d'Este 1471 bis 1597 das fürstliche Gepränge eines Renaissancehofs entfaltete, Dichter wie Tasso förderte und die Stadt mit einer neun km langen Mauer umgab. Ihre Residenz, das martialische **Castello Estense,** ist teilweise zugänglich (Di–Sa 9.30–12.30, 13.30 bis 18.30, So 10–18 Uhr). Der Dom **S. Giorgio** geriet durch Um- und Neubauten verschiedener Epochen zum Architekturpotpourri, bewahrte aber seine reich verzierte romanische Fas-

6

Seite **655**

San Giorgio in Ferrara

sade. Hinter dem Gotteshaus befindet sich das **Getto Ebraico,** seit dem 13. Jh. eines der größten Judenviertel Italiens. Am Corso Ercole d'Este liegt der **Palazzo dei Diamanti,** dessen Fassade von rund 12 300 Diamantquadern spanischen Stils gebildet wird (heute Pinacoteca Nazionale, Di–Sa 9–14, So 9–13 Uhr). Das Gartenpalais ****Palazzo Schifanoia** (tgl. 9–19 Uhr) birgt schwer deutbare astrologische Fresken mit heidnischen Götterdarstellungen der Ferrareser Renaissance.

IAT, Castello Estense,
Tel. 05 32 20 93 70,
Fax 05 32 21 22 66.

Duchessa Isabella,
Via Palestro 70,
Tel. 05 32 20 21 21, Fax 05 32 20 26 38. Residieren (und speisen) wie Estefürsten in einem Palais des 15. Jhs. inmitten einer Gartenanlage. Aug. geschl. ○○○

Antica Trattoria Il Cucco,
Via Voltacasotto 3,
Tel. 05 32 76 00 26. Hundertjährige

Wirtschaft im Judenviertel mit Hausmacherpasta. Mi Ruhetag. ○○

**Modena

Als elegante Provinzhauptstadt präsentiert sich Modena (200 km). Blickfang auf der majestätischen Piazza Grande ist der romanische ****Dom** mit expressiven mittelalterlichen Reliefs des Bildhauers Wiligelmo. Unbedingt zu Modena gehört ein Besuch der **Drogheria Fini** in der Rua Frati Minori, um eine sündteure Ampulle holzfassgereiften Aceto Balsamico tradizionale zu erstehen – schon seit 1597 ist das aufwändige Verfahren für den Essig aus süßem Trebbiano-Most bekannt.

Tipp Auch **Reggio** (226 km) wird eher für seine Delikatessenläden als Kunstschätze gerühmt. Im Umland reift der Parmigiano Reggiano, der als bester Parmesan Italiens gilt.

IAT, Modena, Piazza Grande 17,
Tel. 0 59 20 66 60,
Fax 0 59 20 66 59.

La Libertà, Via Blasia 10,
Tel. 0 59 22 23 65,
Fax 0 59 22 25 02. Schön renoviertes Hotel im centro storico. ○○

Fini, Rua Frati Minori 54,
Tel. 0 59 22 33 14. In der guten Stube der Stadt speist man Kochfleisch und Schweinsfüße mit Obstsenf und Balsamessig-Erdbeeren. Mo, Di geschl. ○○○

Tipp Ferraristi zieht es in den Werksort Maranello (15 km südl.), wo in der **Galleria Ferrari** (Di–So 9.30 bis 12.30, 15–18 Uhr) alles über die roten Flitzer erzählt wird.

6

Seite
654

Sportlich-Schnittiges in Maranello

In einem Lager gereifter Parmigiano

**Parma

Die Stadt (253 km) gilt als eine der effizientesten Gemeinden Italiens. 1545 bis 1731 war sie Residenz der Farnese, vom Papst zu Herzögen von Parma-Piacenza erhoben. Unvergessen ist die lange Herrschaft (1815–47) der Gattin Napoleons, der Habsburgerin Maria Luisa.

Der autofreie **Domplatz bildet ein grandioses Ensemble städtischer Hoheit. Den 1106 geweihten **Dom betritt man durch ein löwenbewachtes Hauptportal mit romanischen Monatsdarstellungen. Für den Innenraum malte Parmas großer Renaissancekünstler Correggio 1526–34 eine auffallend heitere Himmelfahrt Mariens. Ein weiteres Must: Antelamis rotmarmorner *Bischofsthron. Derselbe Künstler schuf 1196–1270 das achteckige Baptisterium aus rosa Marmor.

Das nach Bombenschäden restaurierte **Teatro Farnese von 1628 im Palazzo Pilotta (Mi, Do, Sa 9–14, Di, Fr, So 9–19.30 Uhr) zählt noch immer zu den prächtigsten der Welt. Einen »Wallfahrtsort« für Schriftgelehrte und Typographiefans finden Sie ebenfalls im Palazzo Pilotta: das **Museo Bodoniano** (tgl. 9–13 Uhr).

APT, Parma, Via Melloni 1B, Tel. 05 21 23 47 35, Fax 05 21 21 06 11.

Villa Ducale, Via del Popolo 35/A, Tel. 05 21 27 27 27, Fax 05 21 78 07 56. Elegant bei freundlicher Bedienung logieren. ○○

Trattoria dei Corrieri, Via Conservatorio 1, Tel. 05 21 23 44 26. Anheimelnde Gaststube, bei Parmensi sehr beliebt. So Ruhetag. ○○

6

Seite
654

Parmaschinken

Mit Kastanien und Molke gemästete englisch-dänische Schweinerassen liefern den Rohstoff für den *prosciutto di Parma*. Die beste Qualität wird nur schwach gesalzen und bleibt deshalb *dolce* (süß). Die minimale Reifezeit beträgt ein Jahr. Echter Parmaschinken ist kaum unter 25 €/kg zu bekommen. **Specialità di Parma,** Strada Farini 9c – hier hängt der Himmel voller Schinken.

Genuas neuer Alter Hafen

Tour 7

Genua und die Riviera di Levante

*Genua → **Portofino → Sestri Levante → *Cinque Terre → La Spezia (96 km)

La Superba – die Kolumbusstadt Genua wartet mit postmodernen Hochhäusern und Europas ältestem *centro storico* (12. Jh.) auf. Östlich lockt die Riviera di Levante (»aufgehende Sonne«) mit Yachten, Liegestühlen, Fischerdörfern und Steilküsten. Schickes Nightlife findet man in Rapallo und Portofino, Laubengassen in Chiavari, die Baia del Silenzio in Sestri und traumhaft schöne Weinbergwanderungen in den Cinque Terre.

*Genua

»Die Stolze« Seerepublik (*Genova*, 636 000 Einw.) gehört zu den großen Entdeckungen Norditaliens. Denn was zunächst wie ein Verkehrsmoloch mit Containerhafen aussieht, entpuppt sich als eine der charmantesten Kunstmetropolen Italiens. Besonders der urwüchsige Altstadtkern mit seinen historischen Läden verspricht Entdeckungen.

Das römische Genua verehrte den Schutzgott Janus. 1099 begann mit Gründung der bürgerlichen Compagna Genuas Aufstieg zur mediterranen Superseemacht, deren Kontore bis ins Schwarze Meer griffen. 1380 verpasste Venedig der Rivalin eine bittere Niederlage, Cristoforo Colombo (1451 bis 1506) verdingte sich bezeichnender-

weise in spanischen Diensten. Erst unter Andrea Doria (1466–1560) wurde die neue Rolle der Dogenrepublik als Europas Finanzplatz Nummer eins begründet. 1797 endete Genuas staatliche Selbstständigkeit. Der nach Triest und Marseille größte Industriehafen des Mittelmeeres machte Genua reich, steckt aber seit etwa 1980 in einer schweren Strukturkrise. Die Kolumbusfeiern 1992 haben das deutlich angeschlagene Selbstwertgefühl der in wenigen Jahren um 100 000 Einwohner geschrumpften Metropole wieder aufgerichtet.

Genova maestosa

Orientierungspunkt zwischen *centro storico* und Neustadt des 19. Jhs. ist die Piazza de Ferrari, die vom Opernhaus ***Teatro Carlo Felice** überragt wird: Der Innenausbau (1983–1990) des 1997 verstorbenen Stararchitekten Aldo Rossi im Stil einer italienischen Dorfkulisse kontrastiert mit der klassizistischen Fassade von 1828 (Führungen unter Tel. 01 05 38 13 04 oder 01 05 38 12 26).

Der ehemalige Dogenpalast **Palazzo Ducale** wurde weitgehend entkernt und in ein Ausstellungszentrum verwandelt. Genuas wohl schönster Barockbau ist die gegenüberliegende, von der Familie Pallavicini 1589 gestiftete Jesuitenkirche ***SS. Ambrogio e**

Palazzo San Giorgio, Genua

Andrea, für die Rubens die »Beschneidung Christi« und die »Heilung eines Besessenen durch den hl. Ignatius« malte.

Zebrastreifen einmal anders: Genuas Kathedrale ****S. Lorenzo** (13. Jh.) ist im modisch-arabischen Stil des 13. Jh. schwarz-weiß gebändert. Der Innenraum wurde im 16. Jh. vom manieristischen Palazzobaumeister Galeazzo Alessi fertig gestellt. Im ***Domschatz** (Mo–Sa 9–12, 15–18 Uhr) wird der angebliche Gral verwahrt – der Legende nach handelt es sich um die Abendmahlsschale Christi oder den Kelch, in dem Engel sein Blut auffingen.

Die **Piazza S. Matteo** mit ihren ebenfalls gestreiften Palazzi ist Mittelalter pur: Hier war das Stammquartier der Doria. Der große Doge Andrea Doria ruht in dem altehrwürdigen Kirchlein **S. Matteo.**

Café Klainguti,
Piazza Soziglia,
Tel. 0 10 29 65 02. Engadiner Qualität im ersten Kaffeehaus Genuas.

Im Acquario di Genova

Im *Hafen von Genua

Lebensmittelstände, Obstmärkte und Fischverkäufer: In den *caruggi,* den Hafengassen Genuas, pulsiert das Leben – einschließlich Prostitution und afrikanischen Gastarbeiterquartieren. Blickfang ist die **Loggia dei Mercanti** (1598) an der Piazza Bianchi mit schönem Blumenmarkt.

Die Uferstraße Via Sottoripa wird von Autos auf Stelzenschnellstraßen überbraust, aus den Trattorien duftet es nach maghrebinischem Couscous und frittierten Calamari. Der im Verkehrschaos der Uferstraßen verstrickte, frisch restaurierte ***Palazzo S. Giorgio** (um 1570) war Sitz der Staatsbank, Finanzier der spanischen Eroberung Amerikas (Prunkräume Mo–Sa 10 bis 18 Uhr). Der ***Alte Hafen** wurde von Renzo Piano zum Kolumbusjahr 1992 postmodern umgestaltet, mit Ausstellungshallen, Cafés und dem Panoramakran Bigo bestückt.

Hauptattraktion der Hafenmetropole ist das ***Acquario di Genova** (Kasse: Di, Mi, Fr 9.30–17.30, Do bis 21.30, Sa, So 9.30–18.30 Uhr; Internet: www.acquario.ge.it). Mit 50 Wasserbassins und einer Ausstellungsfläche von 13 000 m² ist es der größte Wasserzoo Europas, der darüber hinaus mit einer enormen Artenvielfalt lockt, darunter Humboldtpinguine, Haie, Schildkröten und Delfine.

7

Seite
707

Tipp Hafenrundfahrten führen zur **Laterna,** dem 1543 erbauten, 76 m hohen Leuchtturm und Wahrzeichen der Stadt.

Die teilweise völlig unrestaurierte südliche Altstadt mit ihren typischen Heiligennischen birgt Kostbarkeiten wie den 55 m hohen Geschlechterturm **Torre degli Embriaci** oder die romanische Kirche ***S. Maria di Castello** mit drei Kreuzgängen. Im zerbombten Kloster S. Agostino ist das faszinierende **Museo di Scultura ed Architettura Ligure** eingerichtet worden (Di–Sa 9 bis 19, So 9–12.30 Uhr). Das **Kolumbushaus** an der Porta Soprana ist eine Rekonstruktion des 18. Jh.

Eine der vielen Bars im Hafen von Genua

****Via Garibaldi und Via Pré**

Auch die Deutsche Bank ist in EU-Zeiten mit dabei, denn der Palazzoprunk der ****Via Garibaldi** steht Europas größter Bank wohl an. Hier schufen sich die Adorno und Grimaldi, die Spinola und Pallavicini, Genuas große Bankiersgeschlechter eine Via Aurea, eine Goldstraße, deren diskrete Fassaden nur wenig vom ungeheuren Prunk der Innenräume verraten. Die Gemäldegalerien im **Palazzo Rosso** und ***Palazzo Bianco** (beide Di, Do, Fr, So 9–13, Mi, Sa 9–18 Uhr) bieten auch Normalsterblichen eine Chance, zusätzlich zu den eindrucksvollen Interieurs Gemälde von Dürer, van Dyck, Rubens und des malenden Genueser Priesters Bernardo Strozzi (1581 bis 1644) zu bewundern.

Revolutionäre Heißsporne waren die Väter des heutigen Italien: In der **Casa Giuseppe Mazzini** (Di–Sa 9 bis 12.30 Uhr) wird das Leben des republikanischen Volkstribuns dokumentiert. Eine Hafenstraße, die schon alle Sünden und Völker gesehen hat, ist die **Via Pré** – ihr Ladenangebot ist verführerisch. Am Nordende wartet der faszinierende ***Palazzo Reale** (Mi–Sa 9–19, Mo, Di, So 9–13.45 Uhr) mit Spiegelsaal und Gemäldegalerie.

Alta Genova

Das vornehme Genua wohnt oben. Das beginnt mit den Parks und Villen an der eleganten Piazza Corvetto nördlich der Oper. Und es liegt im berühmten ***Cimitero di Staglieno** (Bus 12, 13, 14) begraben. Hier hat sich die Bourgeoisie mit fantasiereichen Statuen auch nach dem Tode noch selbst inszeniert.

7

Seite 707

Genueser Jeans

Kolumbus hat Amerika entdeckt, ein Genueser Kleidungsstück es erobert. Die im Dialekt *zeneixi* genannten blauen Drillichhosen der Matrosen wurden amerikanisch vernuschelt zu den viel geliebten Jeans!

i **APT,** Via Roma 11/3,
Tel. 0 10 57 67 91,
Fax 0 10 58 14 08.

 Agnello d'Oro,
Via delle Monachette 6,
Tel. 01 02 46 20 84, Fax 01 02 46 23 27.
Familiäres Haus. ○○

Das noble Portofino

▌ **Hotel Fado 78,** Mele, Via Fado 82, Tel. 0 10 63 18 52 und 01 06 97 10 60. Preisgünstiges Hotel im Vorort mit exzellenter Schnellbahnanbindung. ○

 Pintori, Via S. Bernardo 68r, Tel. 01 02 75 75 07. Edelosteria mit großer Weinauswahl. Journalistentreff. So, Mo geschl. ○○
▌ **La Berlocca,** Via dei Macelli di Soziglia 45r, Tel. 01 02 47 41 62. Junges Altstadtlokal mit Traditionsküche. Mo Ruhetag. ○○

I Tre Merli, Vico dietro il Coro della Maddalena 26r, Tel. 01 02 54 13 07 oder 01 02 47 40 95. Vorgetestet in New York und Chicago: Coole Italo-Bar für Dine & Wine & Music bis 2 Uhr früh.

Die Halbinsel von **Portofino

Dort, wo die Bucht von Genua »ihre Melodie zu Ende singt« (Nietzsche), schmiegen sich einige der bezauberndsten Badeorte Italiens in die Buchten des pinienbewaldeten Vorgebirges von Portofino.

Die Seefahrerstadt ***Camogli** mit der einzigartigen Skyline ihrer mehrstöckigen, bonbonfarbenen Kapitänshäuser ist für ihre Promenade berühmt, das auf einem Kap thronende mittelalterliche Castello Dragone bildet die dominante Kulisse.

Cenobio dei Dogi, Via Cuneo 34, Camogli, Tel. 01 85 72 41, Fax 01 85 77 27 96. Luxusherberge mit Pool. ○○○

Tipp Bei der **Sagra del Pesce** (2. So im Mai) in Camogli werden in der größten Pfanne der Welt Fische frittiert und an die Gäste verteilt.

Die viel fotografierte Abtei ***S. Fruttuoso** an der Südspitze der Halbinsel wird vom italienischen Umweltfond FAI verwaltet und lässt sich nur per Boot oder über anspruchsvolle Wanderwege erreichen. Die Badebucht hingegen ist ein chicer Treff.

In ****Portofino** (25 km) zu nächtigen oder auch nur zu parken kommt teuer. Die Traumbucht Liguriens mit den ockergelben Fischerhäusern wurde im 19. Jh. von Engländern »entdeckt«; in den Golden Fifties twistete hier Hollywood, heute stellt Italiens Geldadel seine Yachten hier zur Schau.

i **IAT,** Portofino, Via Roma 35, Tel./Fax 01 85 26 90 24.

Bana, Via Costa Bana 26, Ruta di Camogli, Tel. 01 85 77 24 78. Hausgemachte *pansoti*-Teigtaschen im Ausflugslokal in den Bergen. ○
▌ **La Cantina,** S. Fruttuoso, Tel. 01 85 77 26 26. Saisonal geöffnete Fischertrattoria mit Bollerofen. ○

Tipp Fahren Sie nicht mit dem Auto nach Portofino – stundenlang im Rückstau vorm Parkhaus zu stehen, macht wenig Spaß.

Das leicht verstädterte **S. Margherita Ligure** am Tigullischen Golf ist mit sei-

7

Seite 707

Santa Margherita Ligure

Von Chiavari nach Levanto

Chiavaris Reize lassen sich von der Küstenstraße aus nicht erahnen. Das geschlossene Ensemble der Altstadt lockt mit Lauben und historischen Bauten wie dem Palazzo dei Portici Neri aus dem 13. Jh. Der jeden Vormittag abgehaltene Obstmarkt auf der Piazza Mazzini gehört zu den lebendigsten Liguriens.

Lavagna, die Heimat des Adelsgeschlechtes der Fieschi, lebt noch heute teilweise vom Schieferabbau, im Ortsteil Cogorno treffen Sie auf eine schwarz-weiß gebänderte romanische Kirche, *S. Salvatore dei Fieschi.

Sestri Levante ist einer der beliebtesten Badeorte, als Hauptattraktion gilt die theaterrunde, türkisblaue, von Hotels gesäumte Baia del Silenzio. Die östlich folgenden Buchten zwischen **Moneglia** und dem abgelegenen **Levanto** (35 km) werden immer wieder für ihre Wasserqualität mit der Blauen Flagge ausgezeichnet.

IAT, Chiavari, Corso Assarotti 1, Tel. 01 85 32 51 98, Fax 01 85 32 47 96.

Stella d'Italia, Levanto, Corso Italia 26, Tel. 01 87 80 81 09, Fax 01 87 80 90 44. Traditionelles Strandhotel mit Palmen. ○○

La Cantina del Polpo, Sestri, Piazza Cavour 2r, Tel. 01 85 48 52 96. Weinstube mit großer Auswahl an gebackenen *focacce*. ○

▌**L'Armia,** Chiavari, Corso Garibaldi 68, Tel. 01 85 30 54 41. Ligurische Spezialitäten. Mi Ruhetag. ○○

▌**Bucaniere,** Lavagna, Via XXIV Aprile 69, Tel. 01 85 39 28 30. Rustikale Einrichtung und regionale Gerichte. Mo Ruhetag. ○○

nen Hotelpalästen der Belle Époque immer noch ein nobles Ferienquartier. Die hübsche Altstadt wird von der manieristischen Villa Durazzo mit ihrem prächtigen Park überragt.

Autoren wie Gerhart Hauptmann oder Ezra Pound haben das elegante **Rapallo** geliebt. Trotz vieler Neubauten, die mit dem hässlichen Wort *rapallizzazione* belegt werden – das Zentrum mit kleinen Plätzen und Läden und die mondäne Hafenpromenade Lungomare Vittorio Veneto sorgen für beschwingte Kurstimmung.

7

Seite
707

IAT, Rapallo, Lung. Vitt. Veneto 7, Tel. 01 85 23 03 46, Fax 0 18 56 30 51.

Bandoni, Via Marsala 24, Tel. 0 18 55 72 06, Fax 0 18 55 70 26. Patina statt Komfort im Jugendstilpalazzo. ○

Rapallo ist für **pizzi** (Klöppelspitzen) berühmt. Ein Spitzen-Spitzengeschäft ist Emilio Gandolfi an der Piazza Cavour.

Blick auf Riomaggiore

Vernazza – klein, aber fein

*Cinque Terre

Wanderungen in Schwindel erregend hohen Weinbergen an der Steilküste, ursprüngliche, nur mit der Eisenbahn erreichbare Fischerdörfer, Bötchenfahren und klares Meerwasser. Die einst bettelarmen »Fünf Dörfer« sind längst ein Lieblingsziel des deutschen, schweizerischen und italienischen Massenindividualismus geworden. Der »Blaue Weg« erschließt die Dörfer in bequemen Etappen. **Monterosso** wirkt am »städtischsten« und besitzt die breitesten Strände. Edelschicker Künstlertreff ist das winzige **Vernazza** mit seinem pittoresken Hafen, **Corniglia** hingegen thront auf einer 190 m hohen Bergkuppe. Als Pflichtfoto gilt das in Hanglage gestaffelte **Manarola** mit seinem Minihafen, von wo aus man in 15 Min. auf der Via dell'Amore zum entlang eines Wildbachs angelegten **Riomaggiore** wandern kann.

APT, Monterosso, Via Fegina, Tel. 01 87 81 72 04.

 Fieschi 95, Corniglia, Via Fieschi 95, Tel. 01 87 81 23 38. Einfache Privatzimmer. ○

Trattoria Iseo, Portovenere, Calata Doria 9, Tel. 01 87 79 06 10. Berühmtes Fischlokal mit vielen Plätzen am Meer. ○○–○○○

La Spezia

Das im Schutz einer tief eingeschnittenen Bucht gelegene La Spezia (115 000 Einw., 96 km) mit Kriegshafen und Schiffswerft eignet sich wenig als Touristenziel. Von hier führt eine Stichstraße nach ***Portovenere** mit seinen ausgezeichneten Fischtrattorien und der berühmten Palazzata, wie die jahrhundertealte sturmflutsichere Uferfassade der rostroten, zusammengewachsenen Fischerhäuser genannt wird.

Lerici und **Fiascherino** gelten als toskananahe Aussteigeridyllen am Golfo dei Poeti.

Seite 707

7

8

Seite
707

Tour 8

Riviera di Ponente

***Genua → Noli → *Albenga
→ Imperia → *San Remo → Ventimiglia (126 km)**

Entlang der Blumenriviera mit
französischem Touch reihen sich
mondäne Badeorte wie Alassio und
Bordighera neben wichtigen Häfen
wie Savona und Imperia, dazwischen
verstecken sich herrliche Villengärten und Sandstrände. Im Hinterland
gedeihen Oliven und Weinreben.

*Genua bis Albisola

Genuas Villenvorort **Pegli** (8 km) lädt
in den romantischen englischen Garten der ***Villa Durazzo Pallavicino**
(Di–Sa 9–17, So 9–12.30 Uhr) mit Tempeln und Teichen. Wasserratten werden das **Civico Museo Navale** (Di–Do,
1. und 3. So 9–13, Fr, Sa 9–19 Uhr)
lieben: Kolumbus-Karavellen, Dampf-
schiffe, Seekarten – eine Fundgrube
zum Verständnis der Seefahrer- und
Entdeckernation Ligurien.

Über **Arenzano** mit verträumtem
Stadtpark und das hektische **Varazze**
gelangt man in das kinderfreundliche
Celle Ligure mit seiner verkehrsfreien
Uferpromenade. **Albisola** (26 km) ist
einer der berühmtesten Keramikorte
Italiens (Museum!), sogar an der Uferpromenade blüht ein bunter Terrakot-
takaktus. In Albisola Superiore sind
die Prunkgemächer der *Dogenvilla
Faraggiana (Mi–Mo 15–19 Uhr) vorbildlich restauriert worden.

 APT, Celle, Palazzo Comunale,
Via Boagno, Tel. 0 19 99 00 21,

Fax 01 99 99 97 98, Internet:
www.turismo.liguriainrete.it

Al Mare, Arenzano,
Corso Matteotti 76/2,
Tel./Fax 01 09 12 75 25.

L'Acqua Dolce, Celle, Via L.
Pescetto 5A, Tel. 0 19 99 42 22.
Kleines Fischlokal mit leichter
Küche und liebevollem Service.
Di und Mi mittags geschl. ○○○

Savona

Italiens fünftgrößter Hafen (37 km)
lebt vor allem von Fiat und Lancia: Das
14-stöckige Autosilo fasst 3000 Neu-
wagen. Nach der brutalen Zerstörung
Savonas 1528 durch die Genueser hat
sich doch wieder eine charmante Altstadt entwickelt.

Wahrzeichen ist der Hafenturm
Torre Pancaldi (14. Jh.), der an den
Steuermann des Amerikaumseglers
Magellan erinnert. Die Kathedrale
S. Maria Assunta wurde 1589–1605
im frühbarocken Stil erbaut. Die benachbarte **Cappella Sistina** ließ der
Savoneser Papst Sixtus IV. della Rovere 1481–1483 als Renaissance-Mau-
soleum für seine Eltern errichten, sie
wurde im 18. Jh. rokokoisiert. Die genuesische Zwingburg **Castello Priamar** birgt heute das Museo Pertini,
das sich der modernen Malerei widmet (Di–So 15–18, Sa, So auch 10 bis
12 Uhr).

IAT, Via B. Guidobono 125,
Tel. 01 98 40 23 21,
Fax 01 98 40 36 72.

Riviera Suisse, Via Paleocapa 24, Tel. 0 19 85 08 53,
Fax 0 19 85 34 35. Komfortabel,
schöne Zimmer in altem Palazzo. ○○

▌ **Ostello Priamar,** Corso Mazzini, Tel./Fax 0 19 81 26 53. Jugendherberge in der Festung. ○

🍴 **Vino e Farinata,** Via Pia 15r. Hier gibt's leckere ligurische Kichererbsenpizza. ○

Noli bis Cervo

Die Minirepublik **Noli** (49 km) konnte ihre Selbstständigkeit bis 1797 wahren, die Loggia della Repubblica in dem verschachtelten Uferstädtchen erinnert an stolze Zeiten. Die romanische Kirche *S. Paragorio (12. Jh.) ist nach umfangreichen Restaurierungen wieder zugänglich.

ℹ️ **APT,** Noli, Corso Italia 8, Tel. 01 97 49 90 03, Fax 01 97 49 93 00.

🍴 **Vera Napule – Da Sandro,** Noli, Lungomare, Tel. 01 97 48 51 70. Echte Pizza unter den Lauben. ○

Tipp **Regatta dei Rioni** in Noli (2. So im Sept.): Die vier Stadtviertel treten in historischen Kostümen zum Ruderwettstreit an.

Finale Ligure besteht aus drei Stadtteilen. Finale Marina rühmt sich der schönsten Palmenpromenade Europas, ostwärts schließt sich Finalpia an. Das 2 km vom Meer entfernt gelegene Finalborgo entpuppt sich als entzückendes Künstlerstädtchen mit restaurierten mittelalterlichen Palazzi. Eine Touristenattraktion ersten Ranges sind die Grotten (tgl. 9–12, 15 bis 17 Uhr) mit Höhlenbärenfriedhof im landeinwärts gelegenen **Toirano.**

Das von den Römern gegründete *Albenga gilt mit seinen mittelalterlichen Geschlechtertürmen als das

Seebad Alassio

»S. Gimignano Liguriens«. Älter noch als die altehrwürdige Kathedrale S. Michele ist die frühchristliche **Taufkapelle mit blaugoldenem Mosaik (5. Jh.). Das Museo Navale Romano (beide Di–So 10–12, 15–18 Uhr) präsentiert Unterwasserfunde römischer Amphoren.

Alassio mit seinem feinen Sandstrand hat schon immer Badeprominenz angezogen. Stars von Louis Armstrong bis Zarah Leander haben in dem berühmten Muretto (VIP-Mäuerchen an der Piazza della Libertà) ihre Keramikplaketten eingemauert. Auch der einstige Korallenfischerort **Cervo** (77 km), in malerischer Terrassenlage, hat sich der Musik verschrieben. Seit 1964 findet hier jeden Sommer ein hochkarätig besetztes Kammermusikfestival statt.

ℹ️ **APT,** Alassio, Viale Gibb 26, Tel. 0 18 26 47 11, Fax 01 82 64 46 90.
▌ **APT,** Cervo, Piazza S. Caterina 2, Tel. 01 83 40 81 97, Fax 01 83 40 98 22.
▌ **APT,** Albenga, Viale Martiri della Libertà 1, Tel. 01 82 55 84 41, Fax 01 82 55 87 40.

🏠 **La Collina,** Arnasco, Piazza IV Novembre, Tel. 01 82 76 10 22. Familienhotel mit Terrasse im Olivendorf 8 km nördl. Albenga. ○–○○

8

Seite 707

Imperia

Die Provinzhauptstadt (83 km), die aus sehr unterschiedlichen Teilen besteht, dem modernen Oneglia und dem mittelalterlichen Porto Maurizio, verdankt ihren Namen dem Impero-Fluss. Imperia ist der Haupthafen für die hochwertige ligurische Olivenölproduktion: Das **Museo dell'Olivo** (Mo, Mi–Sa 9–12, 15–18.30 Uhr, Internet: www.museodellolivo.com) der Firma Carli in Oneglia ist zu Recht international für Museumsdesign ausgezeichnet worden: Hier bleibt keine Frage zum Thema Oliven offen. Man kann auch schöne Schnitzereien aus Olivenholz erstehen. **Porto Maurizios** Altstadt auf dem Parasio-Hügel bietet auch abends fröhliches Treiben: In den vielen Weinlokalen treffen sich bevorzugt die Nachtschwärmer.

Eleganz, Spiel und manchmal Gewinn ...

Tel. 0 18 36 08 15. Glasaale und Pigatowein in der Ölmühle. Mi Ruhetag. ○○

Pane e Vino, Oneglia, Via Des Geneys 52, Tel. 01 83 29 00 44. 450 verschiedene Weine und Edelkäse bis 3 Uhr morgens. Mi und So mittags geschl. ○–○○

 IAT, Viale Matteotti 37, Tel. 01 83 66 01 40, Fax 01 83 66 65 10.

Osteria dell'Olio Grosso, Piazza Parrasio 36,

Olio d'Oliva

Die Hanglage macht's. Ligurisches Olivenöl ist gleich dem vom Gardasee ebenso wunderbar mild wie säurearm und damit zarter als das toskanische. Und die Behandlung: Nach schonender Ernte zwischen November und Februar werden die Früchte kalt gepresst zum feinen *olio extra vergine d'olivo*. Eine solche Delikatesse ist ihren Preis ab 9 Euro pro Liter wert und mindert auch noch das Herzinfarktrisiko.

*San Remo

Kasino und Kaiserbad, Zarenkirche und Nobelvilla, 300 Sonnentage mit 2600 Sonnenstunden jährlich. San Remo (109 km), die Hauptstadt der Blumenriviera, lebt vom Grand Tourisme, seit 1860 das Grand Hotel Riviera eröffnet wurde. Der palmenbestandene und von Hotelpalästen gesäumte **Corso Imperatrice** führt zum 1904–06 errichteten **Jugendstilcasino,** vor dem eine Büste von Stammgast Louis Armstrong prangt. Das weiß strahlende Gebäude ist im Februar Schauplatz des Festival di San Remo, bei dem seit 1951 Italiens Schlager der Saison gekürt wird. Die Zwiebeltürmchen der benachbarten orthodoxen Kirche **S. Basilio** erinnern an die traditionell starke Präsenz russischer Feriengäste. Die Altstadt gruppiert sich um den oftmals umgebauten Dom **S. Siro,** von hier aus kann man in die *Pigna*

8

Seite 707

Altstadt von Ventimiglia

Märchenhafter Park der Villa Hanbury

(Pinienzapfen) genannte Oberstadt spazieren. Der Dynamiterfinder Alfred Nobel lebte in seiner neomaurischen Villa (Do–Sa 10–12 Uhr) östlich des Zentrums von 1890 bis zu seinem Tod 1896.

APT, San Remo, Corso Largo Nuvoloni 1, Tel. 01 84 57 15 71, Fax 01 84 50 76 49.

Casino, San Remo (tgl. 14.30 bis 2 Uhr), Ausweispflicht (Eintritt ab 18 Jahren).

Tipp Die Ruinen des im Jahr 1887 durch ein Erdbeben zerstörten Dorfes **Bussana Vecchia** (nordöstl. San Remo) beherbergen heute eine Künstlerkolonie mit Ateliershops.

Zur französischen Grenze

Den noblen Parkalleen von ***Bordighera** sieht man immer noch an, dass hier einst mehr Briten als Italiener lebten. Das labyrinthartige Bergstädtchen **Dolceacqua** im Nerviatal, das von einer Doria-Burg überragt wird, ist für Liguriens edelsten Rotwein, den Rossese di Dolceacqua, berühmt.

Wie ärmlich die Riviera ohne Tourismus wirken kann, zeigt die alte Römersiedlung **Ventimiglia** (126 km) mit

ihren *scuri* (»düster«) genannten Gassen der morbiden Altstadt – Hafenelend à la petit Marseille. Hauptattraktionen sind der stark maghrebinisch besetzte Freitagsmarkt, die romanische Kathedrale S. Maria Assunta und das Civico Museo Archeologico (Di–So 9.30–12.30, 15–17 Uhr, Sommer bis 19 Uhr).

Von hier sind es nur noch 8 km bis zur französischen Grenze. Auf dem Weg dorthin bezaubert den Besucher die verschwenderische Blumenpracht der ****Villa Hanbury** (s. S. 616).

Direkt an der Grenze, in Grimaldi, sind im rötlichen Dolomitkalk der ***Balzi Rossi** steinzeitliche Gräber und Grotten mit Tier- und Menschenskeletten wie auch Höhlenzeichnungen gefunden worden. Das Prähistorische Museum (tgl. 9–19 Uhr) präsentiert u. a. das berühmte Gigantengrab aus der Cromagnonzeit (30 000 bis 15 000 v. Chr.).

Villa Elisa, Bordighera, Via Romana 70, Tel. 01 84 26 13 13, Fax 01 84 26 44 55. Große günstige Stilzimmer. ○○

Trattoria Re, Dolceacqua, Via Patrioti Martiri 26, Tel. 01 84 20 61 37. Fischsuppe *ciuppin,* Gemüsetorte oder Pestopasta. Do Ruhetag. ○○

8

Seite 707

Tour 9

Piemont und Aostatal

**Novara → *Asti → *Alba
→ **Saluzzo → **Aosta
→ Courmayeur (453 km)**

Reisfelder zwischen Mailand und Novara

Reisfelder und edelster Barolo-Wein, Computerindustrie und schnurgerade Autobahnen: Erst in der Neuzeit hat sich das »Land am Fuß der Berge« mit seiner französischen Kultur- und Sprachfärbung klar für Italien entschieden. Die Reiseroute führt vom mailandnahen Industrie- und Reisgürtel von Novara, Vercelli und Alessandria westwärts in die urwüchsigen Trüffelhügel der Langhe mit den mittelalterlichen Städtchen Asti und Alba. In Saluzzo am Rand der französischen Alpen ist nicht nur in der Kunst – vor allem in der Malerei – der französische Einfluss unübersehbar. Offiziell französischsprachig ist das Aostatal am Monte Rosa – Courmayeur steht für luxuriösen Après-Ski.

I due Ladroni, Novara, Corso Cavalotti 15, Tel. 03 21 62 45 81. Eselsfleisch und lokaler Gorgonzola im ehemaligen Antiquitätengeschäft zu den »Zwei Räubern«. Sa mittags und So geschl. ○○

*Vercelli (22 km), Hauptsitz der italienischen Reiswirtschaft, entzückt mit der arkadengesäumten Piazza Cavour und exzellenten Confiserien. Die 1219–27 errichtete Kirche **S. Andrea gehört zu den frühesten gotischen Kirchenräumen Italiens. Sehenswert ist auch die im orientalischen Stil gehaltene Synagoge (19. Jh.) mit ihren bunten Glasfenstern.

Novara bis Alessandria

Die zweitgrößte Stadt des Piemont und Hochburg des Edelblauschimmels Gorgonzola, **Novara,** wird überragt von der 122 m hoch aufragenden Kuppelturmkonstruktion der Basilika *S. Gaudenzio, ein Werk Alessandro Antonellis aus dem 19. Jh. Gleichfalls vom »piemontesischen Eiffel« stammt Novaras Dom (1863–67). Die mittelalterliche Stadtrepublik ist im Rathauspalast Broletto (13.–17. Jh.) an der Piazza della Repubblica präsent.

> ## Bitterer Reis
>
> Der Film mit Anna Magnani hat die *riserie* des Piemont berühmt gemacht. Hier wird seit dem 15. Jh. Reis angebaut, die im Sommer gefluteten Felder bieten hier einen eher exotischen Anblick. Reis ist das Nationalgericht Piemonts, die kostbaren unpolierten Sorten Superfino Arborio oder Vialone Nano sind ideal für einen *risotto con asparagi* oder *al Barolo* (mit Spargel oder mit Barolorotwein).

9

Seite 707

Inmitten von Weinreben: Schloss Barolo bei Alba mit seiner berühmten Vinothek

Tipp In Vercelli ist die gotische Kirche S. Marco in eine riesige **Markthalle** umgewandelt worden.

 **Arsal,** Via Galimberti 44, bietet typisches Alessandriner Silberfiligran an.

Liturgische Kostbarkeiten ersten Ranges bietet das *Museo d'Arte e Storia Antica Ebraica (So 10–12, 15–17 Uhr, Tel. 01 04 27 18 07) in **Casale Monferrato** (47 km). Das Hinterland, das Monferrato mit seinen rebenbestandenen Hügeln, ist eine Bilderbuchlandschaft für Freunde des Barbera.

Die Provinzhauptstadt **Alessandria** (73 km) ist im Stil des 19. Jh. erbaut und berühmt für ihre Silberverarbeitung. Hier erfand 1865 Maestro Giuseppe Borsalino den nach ihm benannten breitkrempigen Hut (Museo del Cappello, Corso Cento Cannoni 23, Tel. 01 31 30 21 oder 20 21 11). Augenfälligste Bauten sind der 106 m hohe Dom und die Zitadelle aus dem 18. Jh.

Alli Due Buoi Rossi, Alessandria, Via Cavour 32, Tel. 01 31 44 52 52, Fax 01 31 44 52 55. Die mit allem Luxus ausgebaute ehemalige Poststation ist das erste Haus am Platz; ausgezeichnetes Restaurant. ○○○

Trüffel- und Weinzentren

Trüffeln und Wein bilden die kulinarischen Hauptattraktionen der schmucken Bürgerstädtchen am Tanaro. *Asti (99 km) ist weltberühmt für seinen süßen Moscato-Spumante, einen Perlwein, der bei italienischen Familienfesten nicht fehlen darf. Die vielen mittelalterlichen Geschlechtertürme haben dem wirtschaftlichen Zentrum des Monferrato den Beinamen »San Gimignano Piemonts« eingebracht.

Wenn Sie Lust auf einen Bummel haben: Das Geburtshaus des italienischen Dramatikers und Lebemannes Vittorio Alfieri (1749–1803) (Di–Fr 10 bis 12, 15.30–17.30, Sa, So 10–12 Uhr), die gotische Kathedrale **SS. Maria Assunta e Gottardo mit furioser Rokoausmalung und die Tauf-Rotunde des Johanniterhospitals S. Pietro (um 1160) verdienen Ihre Aufmerksamkeit. Das Lebensgefühl von Asti vermitteln

9

 Seite 707

701

Piazza Risorgimento in Alba

In der Altstadt von Saluzzo

historischem Gemäuer. Feiertags abends und Mo geschl. ◯◯

❚ **Osteria dell'Arco,** Alba, Piazza Savona 5, Tel. 01 73 36 39 74. Kaninchenklopse oder getrüffelte Spiegeleier in gepflegter Weinstubenatmosphäre. So Ruhetag. ◯◯

die mit der markanten rauchigen Stimme vorgetragenen Chansons des hier geborenen *avvocato* Paolo Conte.

*Alba (121 km), das Zentrum der berühmten hügeligen Rotweinregion Le Langhe, erwacht im Oktober zum Leben, wenn hier der berühmteste Trüffelmarkt Italiens stattfindet. Durch den mittelalterlichen Borgo mit seinen vielen kleinen Läden ist auch sonst gut schlendern.

Tipp Trüffelhunde und ihre Herren treffen Sie samstagmorgen beim Kauf der Edelknollen am Albeser **Trüffelmarkt** im Cortile della Maddalena.

i **APT,** Asti, Piazza Alfieri 29, Tel. 01 41 53 03 57, Fax 01 41 53 82 00.

Albergo Reale, Asti, Piazza Alfieri 6, Tel. 01 41 53 02 40, Fax 0 14 13 43 57. Bei Italienern beliebtes Traditionshotel, direkt am Schauplatz des Palio di Asti. ◯◯

Barolo & Co, Asti, Via Cesare Battisti 14, Tel. 01 41 59 20 59. Feine Küche und Topweine in

Cuneo und **Manta

Die Provinzhauptstadt **Cuneo** (183 km), malerisch am Fuß der Seealpen gelegen, stand wiederholt unter französischer Herrschaft. Ein Spaziergang führt von der weiträumigen Piazza Galimberti in die Altstadt. Faszinierende Kunst im Banne Frankreichs repräsentieren die höfischen Wandmalereien im ****Castello di Manta** (Di–So 9–12, 14–18 Uhr), 1430 von Giacomo Jacquerio für den Markgrafen Valerano von Saluzzo geschaffen.

**Saluzzo

Das ausgesprochen charmante Städtchen (224 km) liegt zu Füßen des Monviso-Gebirges und der Cottischen Alpen. Unter den wuchtigen Laubengängen des intakten *centro storico* locken elegante *pasticcerie* und kleine *alimentari* (Lebensmittelgeschäfte). Einen Höhepunkt italienischer Gotik bildet der raffinierte, aus grünlichem Marmor gearbeitete Chor der Kirche ***S. Giovanni** (ab 1472). Die behäbige ***Casa Cavassa,** einst Stadtvilla der gleichnamigen berühmten Familie, beherbergt ein Museum der Wohnkultur der Renaissance. Wenige Kilometer nördlich lohnt die teilweise in eine landwirtschaftliche Genossenschaft umgewandelte Zisterzienserabtei ***Staffarda** einen Besuch.

APT, Saluzzo, Via Torino 51 A, Tel. 0 17 54 67 10, Fax 0 17 54 67 18.

Astor, Piazza Garibaldi 39, Tel. 0 17 54 55 06, Fax 0 17 54 74 50. Schlichtes, gut geführtes Haus beim Dom. ○

Perpöin, Via Spielberg 19, Tel. 0 17 54 25 52. Urige Einheimischenkneipe mit solider Kost. Fr Ruhetag. ○

Das Aostatal

Die alte Kaiserstadt und Festung **Ivrea** (325 km) an der Dora Baltea gilt als Vorposten des Aostatals. Heute gibt hier der Schreibmaschinen-Gigant Olivetti den Rhythmus vor. Trotz der verkehrsmäßig guten Erschließung (Montblanc-Tunnel nach Frankreich derzeit geschl.) bietet das Aostatal ursprüngliche alpine Erlebnisse.

Der Hauptort ****Aosta** (395 km) überrascht mit einer Fülle römischer Monumente: Die *Gladiatoren-Arena besitzt imposante Abmessungen, das *Theater ist gut erhalten und der *Augustusbogen (25 v. Chr.) betont den Rang der Pass-Stadt. Das 520 gegründete Kloster SS. Pietro ed Orso birgt Fresken des 11. Jh. und einen stimmungsvollen Kreuzgang.

Römerbrücke im Aostatal

Der Alpenkurort **Courmayeur** (453 km) liegt am Fuß des Mont Blanc *(Monte Bianco)* und ist via Skischaukel mit dem französischen Chamonix verbunden. Die italienische Matterhornstation ist **Breuil-Cervinia** (50 km östlich von Aosta) mit Skipisten, die bis nach Zermatt führen.

Tipp Probieren sollte man einmal *bresaola,* die valdostanische Variante des Bündnerfleischs, etwa beim **Metzgermeister Bertolin,** Strada Statale 6, Arnad (42 km östl. von Aosta).

APT, Aosta, Via Promis 8, Tel. 0 16 53 33 52, Fax 0 16 54 05 32.

Edelweiss, Aosta, Via Marconi 42, Tel. 01 65 84 15 90, Fax 01 65 84 16 18. Kleine, saubere Touristenzimmer. ○

Les Pertzes, Cogne (27 km südl. von Aosta), Via Dott. Grappein 94, Tel. 01 65 74 92 27. »Hölzerne« Brasserie mit valdostanischen Schmankerln wie Gamsravioli. Di und Mi geschl. ○○

9

Seite 707

Lago Maggiore

*Stresa → *Verbania → *Ascona → **Locarno → Luino → Angera (122 km)

Blauer See meiner Liebe, von Magnolien umblüht, von Zypressen umsäumt – die luxuriösere Schwester des Gardasees erinnert selbst heute noch an das Schweizer Alpenglühen à la Vico Torriani. In dem Urlaubsparadies zwischen Tessin, Piemont und Lombardei wird Mailänder Geld in ockergelb gestrichene Ufervillen verwandelt. Eine Rundreise führt im Uhrzeigersinn von den Palmenidyllen um Stresa und Verbania und den luxuriösen Borromäischen Inseln ins Tessin. Nach Fränkli, Freigeistern und Uferpromenaden in Ascona und Locarno lockt die Bergwelt der engen malerischen Ostuferstraße.

Die Borromäische Bucht

Das piemontesische ***Stresa** ist die Grande Dame des Lago Maggiore – an der eleganten Uferpromenade und den Jugendstilvillen wird augenfällig, dass hier noch immer der Nobeltourismus zu Hause ist. Am südlichen Ortsrand lockt der herrliche Englische Garten der ***Villa Pallavicino** (15. März bis Okt. tgl. 9–18 Uhr) mit Kängurugehege Groß und Klein zum Herumwandern.

Jede Menge Linienboote steuern die ****Borromäischen Inseln** an, benannt nach dem Aroneser Adelsgeschlecht der Borromeo. Die **Isola Bella** ist ein barockes Capriccio. Von Antonio Crivelli stammte die Idee, der

felsigen Insel die Form eines Schiffes zu geben. Der ab 1632 errichtete Palazzo Borromeo (Ende März–Okt. tgl. 9–12, 13.30 bis 17.30 Uhr) enthält u. a. das sog. Napoleonzimmer, in dem der damalige Oberbefehlshaber der franz. Armee in Italien 1797 nächtigte, einen Ballsaal sowie Tiepolo- und Luca Giordano-Gemälde. Zudem ist der Palazzo von einem in Terrassen angelegten Barockpark voller Grotten und Wassergeheimnisse umgeben.

Die benachbarte **Isola dei Pescatori** mit einem winzigen Fischerdorf und überaus malerischer Kulisse ist oft überfüllt und ein teures Pflaster.

Die Borromeo-Villa des 16. Jhs. (Keramik- und Puppensammlung, geöffnet wie Palazzo Borromeo, Isola Bella) auf der **Isola Madre** wird von einem faszinierenden fünfstöckigen Lustgarten mit exotischen Pflanzen umblüht.

Am Nordrand der Borromäischen Bucht, am Fuß des Monterosso, prangt ***Verbania** (17 km), das an den antiken Namen des Sees erinnert *(lacus Verbanus)*. Der schönere Ortsteil ist ***Pallanza** mit seinem verwinkelten Borgo und dem palmenbestandenen Lungolago. Unbedingt lustwandeln: im Parkparadies der ****Villa Taranto** (s. S. 616).

APT, Stresa, Via Canonica 8, Tel. 0 32 33 01 50, Fax 0 32 33 25 61.

Centro Pastorale S. Francesco, Verbania, Via alle Fabbriche 8, Tel./Fax 03 23 40 85 42. Schlichte Klosterunterkunft. ○

Piemontese, Stresa, Via Mazzini 25, Tel. 0 32 33 02 35. Feinste Piemonteser Küche, Platz lassen für die *dolci!* So Ruhetag. ○○○
▮ **Trattoria Verbano,** Isola dei Pescatori, Tel. 0 32 33 04 08. Edelschlichte

Seite 707

Blütenpracht, so weit das Auge reicht – die Gärten der Villa Taranto

Fischertrattoria (und *albergo)*, an Wochenenden vorbestellen! ○○

🎁 **Premita Compagnia del Formaggio,** Verbania, Piazza San Vittore 25. Großes Angebot an Produkten von Käsereien und Wursterzeugern aus den umliegenden Tälern.

Ein wenig Schweiz

Erste Tessiner Gemeinde ist **Brissago,** berühmt für würzige, krumm gebogene Virginia-Zigarren, die seit 1847 in der Fabbrica Tabacchi am Südrand des Ferienortes produziert werden. Eine der schönsten Renaissancekirchen der Schweiz ist Giovanni Berettas Madonna del Ponte (1520–45). Bootstouren führen auf die idyllischen ***Brissago-Inseln** mit einem Botanischen Garten.

*Ascona (52 km) hat nicht nur Opel inspiriert, sondern vor dem 1. Weltkrieg auch eine bunte Schar von Aussteigern, Indienschwärmern, Nudisten und Utopisten angezogen, die den 321 m hohen **Monte Verità** zum Stammsitz ihrer »Vegetarischen Kooperative« erkoren. Ein Museum erläutert die Ideen der Verfechter einer gesunden fleischlosen Küche (April bis Okt. Di–So 14.30–18, Juli, Aug. 15 bis 19 Uhr). Trotz des ab 1910 einsetzenden Touristenbooms ist die Altstadt charmant unverbaut geblieben. Neben einladenden Boutique-Auslagen gibt es das Malerhaus ***Casa Borrani** von 1620 und den stimmungsvollen ***Renaissancekreuzgang** des Collegio Papio zu besichtigen.

Das blumenreiche ****Locarno** (55 km) ist mit 197 m Seehöhe die tiefstgelegene Stadt der Schweiz. Auf der Piazza Grande mit ihren zahlreichen Kaffeehäusern wird jeden August ein internationales Filmfestival mit Super-Maxi-Freilichtleinwand und Leopardentrophäen für die Sieger gefeiert. Das Museo Civico (April–Okt. Di–So 10–12, 14–17 Uhr) im ***Castello** erinnert an den Locarno-Vertrag von 1925, mit dem Deutschland in den Völkerbund aufgenommen wurde. In der Altstadt und der Contrada Borghese werden Sie prächtig herausgeputzten Bürgerhäusern und liebevoll gepflegten Pfarrkirchen begegnen.

10

Seite 707

Straßencafé in Ascona

Die Rocca di Angera

Ente Turistico di Locarno e Valli, Locarno, Lago Zorzi 1, Tel. 00 41/917 51 03 33, Fax 917 51 90 70.

Nessi, Locarno-Solduno, Via Varenna 79, Tel. 00 41/ 917 51 77 41, Fax 917 51 92 09. Ambitionierter Designer-Neubau. ○○

Grotto Raffael, Losone, Vicolo Canaa 12, Tel. 00 41/ 917 91 15 29. Die Schweizer Version des Heurigen. ○–○○

Tipp **Bocciakurs** (Juli, Aug.) im Grotto Taverna in S. Nazzaro bei Vira, Tel. 00 41/917 95 18 66.

Das raue Ostufer

Das lombardische Ostufer gilt als die arme Seite des Lago Maggiore. Weniger von Sonne begünstigt und weniger prächtig mit Parks und Villen ausgestattet, entfaltet es andere Reize. Schon wegen des felsigen Steilufers hat sich hier weit mehr unberührte Natur erhalten, und die kleinen Orte leben noch nicht restlos im touristischen Rhythmus.

Im winzigen **Maccagno,** dem ersten Ort auf italienischer Seite, suchte 962 schon Kaiser Otto der Große Entspan-nung. Von hier locken gut ausgeschilderte Wandersteige ins grenznahe Gebiet des **Monte Lema** (1620 m).

Der Industrieort **Luino** (90 km) gilt mit seinen fast 16 000 Einwohnern als Hauptstadt des Ostufers, hat aber außer seinem Mittwochsmarkt wenig zu bieten. Literatur-Nobelpreisträger Dario Fo verbrachte hier seine Jugendzeit und ist seit 1997 Ehrenbürger.

Nach dem markanten Vorgebirge Rocca di Caldè erreicht man das in einer Bucht gelegene **Laveno** und den flacheren Teil des Sees. Hauptort ist hier das muntere Städtchen **Angera** (122 km), das von einer mächtigen Festung mit einem Puppenmuseum überragt wird. Eine Bootstour führt ins gegenüberliegende **Arona,** die Heimat des hl. Karl Borromäus, der 1560 Erzbischof von Mailand wurde.

Pro Loco, Angera, Piazza Garibaldi 19, Tel. 03 31 96 02 07, Fax 03 31 96 01 81.

Albergo Maccagno, Maccagno, Piazza Veneto 1/3, Tel. 03 32 56 01 41, Fax 03 32 56 02 41. Einfaches, sauberes Haus. ○

Pizzeria Sibilla, Luino, Corso XXV Aprile 81, Tel. 03 32 53 10 01. Echte Holzbackofenpizza. Mo Ruhetag. ○

10

Seite 707

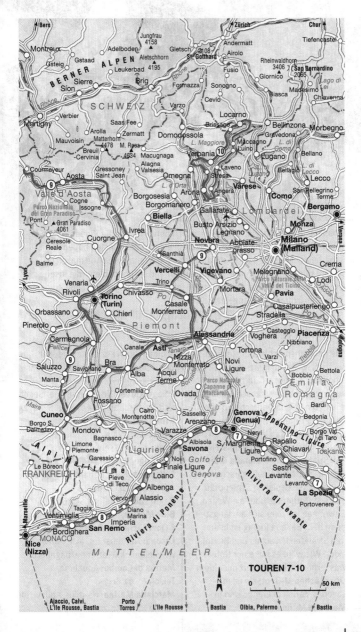

Vom Banana Riding in den Kinderpark

Elbas Sand- und Kieselstrände eignen sich hervorragend für Kinder. Nirgends geht es steil ins Wasser hinein, auch die Kleinen und Kleinsten haben ihren Spaß beim Plantschen und Sandburgenbauen. Wenn die Sonne mal nicht scheint oder die Kinder unter dem Sonnenbrand stöhnen, bietet die Insel Alternativen zum Strand. In den letzten Jahren wurden mehrere neue Kinder- und Vergnügungsparks angelegt.

Im und am Wasser

Alle deutschsprachigen Segelschulen Elbas bieten auch Kurse für Kinder ab sechs bzw. sieben Jahren an. Sie liegen in den Schulferien, dauern mindestens eine Woche, können auf zwei Wochen verlängert werden und schließen mit einer vom DSV in Deutschland anerkannten Prüfung ab (»Jüngsten-schein«). Ab 12/13 Jahren können die Kinder auf größere Boote umsteigen. Viel Spaß verspricht **Banana Riding.** Der Ritt führt auf einem glitschigen gelben Plastikwulst im Schlepptau eines Motorbootes über die Wellen. Gewonnen hat, wer sich am längsten oben hält. Banana Riding ist in an den Stränden in Lacona und Biodola. Oder: Wie wäre es mit einer Unter-wasserbesichtigungsfahrt mit einem **Oberflächen-U-Boot;** sie ist in Lacona, Marina di Campo und in Marciana Marina geboten.

▌**Segelkurse:** Die Adressen der Segel- und Tauchschulen stehen auf S. 24/25,
▌**Informationen zum Tauchen:**
www.cavo-diving.de
www.unterwasserwelt.de/
html/jugend/html
▌**Wasserski und Banana Riding:**
Adressen s. S. 24 und
Bagni Lacona, Tel. 05 65 96 43 64
Blue Marine, Tel. 05 65 91 74 22
▌**Oberflächen-U-Boot:**
Lacona: Nautilus, Tel. 05 65 96 43 64,
www.elbalink.it/aziende/bagnilacona
Marina di Campo: Aqualung,
Tel. 05 65 97 80 75,
Marciana Marina: Nautilus-Aquavision,
Tel. 32 87 09 54 70.

Vergnügungsparks mit Kinderprogramm

Ein klassischer Kinderpark mit Rutschbahnen, Minigolf, Becken mit Bällen, Hüpfburgen und Tischtennisplatten sowie Videospielen ist der **Parco Giochi Paradiso** mit der gleichnamigen Bar an der Strandpromenade von Cavo.

Ob im prähistorischen Park unter Dinosauriern oder im Naturpark bei Straußen, Pfauen, Eseln und Pferden oder doch einfach nur auf dem Kinderspielplatz: Im Vergnügungspark **Elbaland** an der Hauptstraße zwischen Portoferraio und Capoliveri in der Nähe von Acquabona vergnügen sich die Kleinen bestens. Auch die Erwachsenen fühlen sich wohl: Picknicktische und eine Bar laden zur Brotzeit ein.

Die Besonderheit des Kinderspielplatzes **Saltinpark** in Marina di Campo mit Minigolf, Hüpfburgen und einem riesigen Gummiberg ist der »kinderfressende Wal«.

Unterhaltsam und lehrreich ist der Besuch der **Piccola Miniera**. In der 250 m langen naturgetreuen Kopie eines Bergwerkstollens vergnügen sich nicht nur Kinder. Ein Miniaturzug fährt die Besucher durch den Stollen.

> **Tipp** Auch das klassische Kinderkarussell dreht auf Elba seine Runden: Im öffentlichen Park von Procchio (Il Giardino di Procchio) lockt es im Sommer täglich, im Winter bei schönem Wetter an Wochenenden die jungen Besucher.

▌ **Parco Giochi Paradiso,** Lungomare Kennedy, Cavo, (an der Strandpromenade), Tel. 05 65 93 10 90
▌ **Elbaland,** Fonte Murata, Portoferraio, Tel. 33 58 19 46 80, tgl. 12–19 Uhr, im Hochsommer 10–21 Uhr.
▌ **Saltinpark,** Marina di Campo (in der Pineta), Tel. 05 65 93 10 90.
▌ **Piccola Miniera,** Porto Azzurro (an der Straße nach Rio nell'Elba), Tel. 0 56 59 53 50, tgl. April–Okt. 9–13, 14.30–19 Uhr, Juli, Aug. auch 21–23.30 Uhr.

Bis spät nachts geöffnet sind:

Happy Park: Bis spät nachts spielt man Tennis, Tischtennis, Volleyball, Fußball, Billard, Mini-Bowling oder Boccia. Viele vergnügen sich auch bei Videospielen oder auf dem größten Minigolfplatz Elbas, fahren mit Minimotorrädern oder Miniautos und genießen die laue Sommerluft bei Musik und Snacks. Hüpfburgen und klassische Spielplatzgeräte erfreuen die Kinder ebenfalls.

Amadeus: Music-Bar, Restaurant, Pizzeria, Paninothek und Eisdiele sorgen für das leibliche Wohl der Gäste, die sich mit Minimotorrädern oder -autos, Minigolf, Wasserautoskootern und Videospielen die Zeit vertreiben. Für Kleinkinder gibt es einen Baby-Bereich, für die Größeren klassische Spielplatzgeräte und Hüpfburgen.

▌ **Happy Park,** Procchio (Richtung Marina di Campo), Tel. 05 65 90 72 99, mobil 348 51 46 648, im Juli Do, Sa, So, im Aug. tgl. 16–1 Uhr.
▌ **Amadeus,** Porto Azzurro (Richtung Rio nell'Elba), Tel. 05 65 95 82 06, www. elbalink.it/amadeus (Sommer 18–2 Uhr).

Aus Kisten und Kasten ...

Die Floh- und Antikmärkte der Toskana präsentieren neben Antiquitäten (Uhren, Möbel, Silber, Porzellan ...) auch solide Nachbauten, lokales Kunsthandwerk, Trödel, Kitsch und Plunder. Es ist nicht alles Gold, was glänzt und auch nicht alles antik, was eine dicke Staubschicht trägt, doch mit Geduld und etwas Glück kann man auf den Antiquitätenmärkten doch schöne Mitbringsel entdecken.

Die Biobauern sind im Aufwind und vermarkten ihre Produkte direkt – auch auf den Märkten, die daher oft eine bunte Mischung bieten.

Antiquitäten

Die Preise sind im Vergleich zu deutschen Flohmärkten oft gesalzen. Ein Reklame-Aschenbecher aus Plastik oder ein gesprungener Nachttopf wird hier so hoch gehandelt wie eine Übernachtung im Dreisternehotel. Im Gegensatz zu kleinen Orten wie Carmignano oder Montemurlo warten in Arezzo beim größten und bekanntesten Antiquitätenmarkt der Toskana ausschließlich professionelle Händler auf Käufer.

▌ **Anghiari (AR): Antikmarkt** am 2. So im Monat, außer Jan. Feb., Aug., Dez.

▌ **Arezzo: Fiera Antiquaria**, größter Antiquitätenmarkt der Toskana am 1. Sa/So im Monat, das ganze Stadtzentrum ist Verkaufsfläche

▌ **Carmignano (PO): Antiquitäten-** und **Flohmarkt** am 1. So im Monat, außer Aug.

▌ **Empoli (FI): Antiquitätenmarkt** am letzten So im Monat

▌ **Florenz: Mercato Antiquario** am 2. So im Monat auf der Piazza S. Spirito; **Flohmarkt** am letzten So im Monat rund um die Piazza dei Ciompi

▌ **Livorno: Antiquitäten- und Kunsthandwerksmarkt** am 1. So im Monat, im Sommer am Lungomare, im Winter auf der Piazza Grande

▌ **Lucca: Mercato Antiquario** am 3. Sa/So im Monat beim Dom

▌ **Montemurlo (PO): Antiquitätenmarkt** am letzten So im Monat, außer Aug.

▌ **Montepulciano (SI): Antiquitäten- und Kunsthandwerksmarkt** am 2. Sa/So im Monat

▌ **Pietrasanta (LU): Antiquario** am 1. So im Monat

▌ **Pisa: Antiquariat und Kunsthandwerk** am 2. Sa/So im Monat; Ponte di Mezzo

▌ **Pistoia: Mercato dell'Antiquariato** am 2. Sa/So im Monat, Exfabrik Breda

▌ **San Miniato (PI): Antiquitäten** und **Trödel** am 1. So im Monat, außer Juli/Aug.

▌ **Siena: Antiquitäten** und **Trödel** am 3. So im Monat auf der Piazza del Mercato

▌ **Terranova Bracciolini (AR): Antikmarkt Valdarno** am 2. So im Monat

▌ **Greve** in Chianti: **Antikmarkt** am Ostermontag und am 2. So im Okt.

Trödel, Töpfer & Tomaten

Kunsthandwerk

Wer eine schöne große Obstschale oder eine Vase mit persönlicher Note sucht, sollte den Keramikmarkt in Montelupo Fiorentino nicht verpassen, dessen unglaubliche Auswahl an handgefertigten Töpferwaren die Freunde schönen Kunsthandwerks in Entzücken versetzt.

Lebensmittel

Für den Einkauf von Lebensmitteln mit Augenschmaus eignen sich die beliebten Wochenmärkte oder die großen Markthallen von Pisa, Livorno, Lucca und Florenz am besten. Hier kann man beobachten, wie der Herr im feinen Anzug peinlich genau die Qualität der Artischocken und Steinpilze prüft und sich bei der Auswahl des Sonntagsbratens größte Mühe gibt.
Asciano (SI): Mercatino delle Crete, Bioprodukte und lokales **Kunsthandwerk** am 2. So im Monat
Florenz Biomarkt am 3. So im Monat auf der Piazza S. Spirito
Wochenmärkte – nur vormittags bis 13 Uhr – werden abgehalten z.B. in **San Gimignano** donnerstags, in **Montalcino, Pienza** und **Colle Val d'Elsa** freitags, in **Greve** und **Buonconvento** am Samstag.

▮ **Livorno: Kunsthandwerksmarkt,** am 1. So im Monat, im Sommer am Lungomare: im Winter auf der Piazza Grande
▮ **Lucca: Kunsthandwerksmarkt** am 4. Sa/So im Monat auf der Piazza S. Giusto
▮ **Marina di Grosseto: Antiquitäten** und **Kunsthandwerk** am 3. Sa/So im Monat
▮ **Montelupo Fiorentino (FI): Keramikmarkt** am 3. So im Monat
▮ **Montepulciano (SI): Antiquitäten-** und **Kunsthandwerk** am 2. Sa/So im Monat
▮ **Pisa: Antiquitäten** und **Kunsthandwerk** am 2. Sa/So im Monat; Ponte di Mezzo
▮ **Prato: Fierucola Kunsthandwerk** und **Bioprodukte** am 2. So im Monat, außer Juli bis Sept. auf der Piazza del Comune
▮ **Radicofani (SI): Flohmarkt** am 1. So im Monat, April bis Sept.
▮ **San Miniato (PI): Antiquitäten** und **Trödel** am 1. So im Monat, außer Juli/Aug. sowie größter Biomarkt der Toskana am 1. So im Monat, außer Juli/Aug.
▮ **Fiera Antiquaria** in **Arezzo, Mercato delle Arti e Antiquariato** in **Montepulciano, Mercatino delle Cose del passato** in **Greve** in Chianti ...

Weißer **Sand** in der einsamen **Badebucht**

Strände wie aus dem Bilderbuch? Einsam, naturbelassen, man hört nur das Rauschen des Meeres, riecht die salzige Luft und spürt den Wind auf der Haut? Der Traum vieler Urlauber angesichts der Strände, die mit Sonnenschirmen zugepflastert sind, wo ohrenbetäubende Musik zur Aqua-Gym aus Lautsprechern dröhnt und öliger Sonnenmilchduft in der Luft hängt. Es gibt sie aber noch, die unverbauten Flecken, ohne Badeanstalt, selbst in der Toskana und den Marken.

Maremma-Träume

Das dunkle Grün der Monti dell'Uccellina erhebt sich nur wenige Meter hinter dem weißen Strand, der vom blauen Wasser umspült ist. Der Strand von Alberese im Naturpark der Maremma in der südlichen Toskana bei Grosseto erstreckt sich kilometerlang vor der dichten, fast baumhohen Macchia der Hügel. Um dieses Ökosystem zu schützen, ist im Sommer der Zugang von Autos und Menschen begrenzt. Wenn man früh genug und nicht gerade am Wochenende kommt, findet man selbst mitten im Hochsommer noch einsame Stellen, weit entfernt von italienischen Mammas mit Kleinkindern. Auch in den anderen Jahreszeiten lohnt der Abstecher! Die geschützte Küste ist ca. 20 km lang, der schönste Abschnitt südlich der Torre di Collelungo. Direkt an der Ombrone-Mündung im Norden von Marina di Alberese sollte man das Baden meiden.

Von einer Bucht zur nächsten

Der weiße Kalkfelsen des Conero (572 m) dient seit der Antike den Seefahrern als Orientierungspunkt an der flachen Westküste der Adria. Unzählige kleine Buchten liegen unterhalb des Berges, gekennzeichnete Wanderwege und verschlungene Pfade führen durch die Macchia hinunter. Der längste Kieselstrand findet sich in Sirolo (300 m), Sand gibt es in Numana. Zu Fuß oder mit dem Boot erreicht man die schönsten Badeplätze, genießt selbst im Hochsommer abseits vom großen Touristenrummel die Adria und am Abend vielleicht einen Schluck des lokalen Rotweins Rosso Conero ...

Auch die Toskana hat ihre Inseln

Ob Sie nun familienfreundliche Sandstrände suchen (auf Elba in Lacona und Marina di Campo), als sonnenhungriger FKK-Fan breite Granitplatten (im Westteil Elbas), die größte Insel des Toskanischen Archipels bietet sie. Wenn Sie aber Baden in ganz ursprünglicher Natur lieben, empfiehlt sich ein Ausflug auf die kleine Insel Pianosa, wo man in der zauberhaften Bucht Cala Giovanna ins kühle Nass tauchen kann. Herrliche Badebuchten warten auch auf Giglio (neben einem Sandstrand in Giglio Campese), doch sie erreicht man nur vom Meer aus.

❚ **Parco Naturale Regionale della Maremma,** Besucherzentrum in 58010 Alberese, Via del Fante, Tel. 05 64 40 70 98. Zufahrt zum Strand im Norden über Marina di Alberese oder Torre di Collelungo (erreichbar zwischen Spergolaia und Alberese), im Süden von Talamone aus.

❚ **Parco Naturale Regionale Monte Conero,** Parksitz Via Vivaldi 1/3, 60020 Sirolo, Tel. 071 933 1161, Fax 071 933 03 76, Besucherzentrum in Sirolo, Via Peschiera 30/a, Tel./Fax 0719 33 18 79.

❚ **Parco Nazionale dell'Arcipelago Toscano,** Via Guerrazzi 1, Portoferraio (Insel Elba), Tel. 05 65 91 94 11, www.islepark.it;

❚ Ausflüge nach Pianosa:
Il Viottolo, Marina di Campo (Insel Elba), Tel./Fax 05 65 97 90 05, www.ilviottolo.it;

❚ Fährverbindungen nach Elba und Giglio:
Toremar, Piazzale Premuda, Tel. 0 56 53 11 00, Fax 0 56 53 52 94, www.toremar.it

Unberührte Stranddünen – nur zum Anschauen

Badeverbot herrscht im **Naturpark San Rossore** bei Pisa. Dafür überrascht am geschützten, ganz natürlichen Strand eine sonst in der Toskana nicht mehr anzutreffende Dünenlandschaft, die man auf geführten Wanderungen anschauen, aber nicht betreten kann.

❚ **Parco Naturale Regionale Migliarino-San Rossore-Massaciuccoli,** Parksitz Via Aurelia Nord 4, Tel. 050 52 55 00, Fax 050 533 650; Besucherzentrum Cascina Vecchia in der Tenuta San Rossore, Tel. 050 53 0101 (hier auch Anmeldung für die Wanderungen zum Strand, Fahrradtouren und Zugfahrten jeden Sa, So um 10 u. 15.30, im Winter um 10 u. 14.30 Uhr). Für Ausritte und Kutschenfahrten Besucherzentrum La Sterpaia, Tel. 050 52 30 19.

Auf zum **Fest** von **Kirsche** und **Kastanie**

Feste Feiern ist das Höchste für die Menschen in Mittelitalien. Im Zentrum steht dabei das kulinarische Erlebnis, man isst gemeinsam in großer Gesellschaft. Zum Essen können bei einer Sagra Musik und Tanz kommen, ein abschließendes Feuerwerk oder eine Ausstellung zum Thema. Alles dreht sich jedoch um das Produkt, dem das Fest gewidmet ist.

Kirsch- und Kastaniensagra

Die heutigen »Fressfeste« waren einmal dem Erntedank gewidmet, die traditionellen Sagre gelten daher stets einem Agrarprodukt: die Sagra delle ciliege, die Kirschsagra, wird Ende Mai in Lari in den Pisaner Hügeln zur Kirschernte gefeiert. Eine lange Tradition haben auch Kastaniensagre im Herbst (La Castagna in Festa) in den bewaldeten Hügel- und Berggebieten der Toskana, im Süden der Livorneser Provinz (Sassetta, Suvereto) sowie im Mugello und rund um den Monte Amiata (im Oktober Arcidosso, Castel del Piano, Piancastagnaio).

▌APT Via B. Croce 24/26, Pisa, Tel. 05 04 00 96, www.turismo.toscana.it
▌APT dell'Amiata, Via Adua 25, Abbadia San Salvatore, Tel. 05 77 77 58 11

Glossar

Die häufigsten Sagre:
cinghiale – Wildschwein;
fragola – Erdbeere;
ciliege – Kirschen;
castagne – Kastanien;
funghi – Pilze;
tartufo – Trüffel;
pinoli – Pinienkern;
polenta – Maisbrei;
pesce – Fisch;
anguilla – Aal;
tortello – gefüllte Nudel ...

Gäste willkommen ...

Die Produktpalette hat sich im Lauf der Zeit erweitert, gefeiert werden jetzt auch die Sagra della Pizza oder die Sagra dei Tortellini. In kleinen Orten finden besonders viele Sagre statt. Sie werden von der Kommune, einem Sportverein, der Feuerwehr oder einer anderen lokalen Vereinigung organisiert. Man isst hier frisch Gekochtes gut und preiswert, Gäste sind immer willkommen.

In einem großen Zelt oder auf einer Wiese stehen Tische und Bänke, gastronomische Stände verkaufen das Hauptprodukt. Bei einer Sagra del cinghiale (Wildschweinsagra) schlemmt man sich vom Antipasto aus Wildschweinsalami über ein Nudelgericht mit Wildschweinsoße bis zum Hauptgang durch, einem Wildschweingulasch. Bei einer Kirschsagra stehen im Vordergrund die Früchte, aber auch Antipasti, Nudelgerichte und Hauptgerichte kommen auf die Tische.

Die schönsten Sagre

Die Sagra della Bistecca wird am 14. und 15. August in Cortona im Stadtpark Il Parterre abgehalten. Hier werden am größten Grill der Welt (Eigenwerbung der Cortoneser!) die Steaks der Chianina-Rinder zubereitet. Zu den teuersten Sagre zählen die Trüffel-Feste Ende Juli in Terzo San Severo, Anfang August in Montemartano (beide nordwestlich von Spoleto) sowie drei Wochen im November in San Miniato.

Schmackhaftes bieten auch die Fischsagre im Sommer entlang der Küsten: Sagra dei Garagoj (Purpurschnecken) in Marotta (zwischen Fano und Senigallia) oder Sagra del Pesce in Caletta di Castiglioncello südlich von Livorno (beide Anfang Juni), bei der nach dem Cacciucco-(Fischsuppen)-Essen ein Feuerwerk am Sonntagabend das Fischfest abschließt.

Tipp Die Touristeninfobüros der Provinzhauptstädte informieren über die größeren Sagre in ihrer Provinz. Zu den kleineren Sagre findet man über die Plakate an Mauern und Wänden, mit denen die Veranstalter für ihre Feste werben. Augen aufhalten!

▮**APT,** Via Nazionale 42, 52044 Cortona, Tel. 05 75 63 03 52/3
▮**Ufficio Turistico,** Piazza del Popolo, San Miniato, Tel. 0 57 14 27 45, Fax 05 71 41 87 39.
▮**APT,** Piazza dell Libertá 7, 06049 Spoleto, Tel. 07 43 22 03 11
▮**APT Costa degli Etruschi,** Piazza Cavour 6, Tel. 05 86 89 81 11, Fax 05 86 89 61 73, www.livorno.turismo.toscana.it

Skulpturenparks

Natur und Skulptur, Landschaft und Kunst: Diese Wortpaare drücken keine Gegensätze mehr aus. Artefakte werden in die freie Natur integriert, Kunst wird für die Umgebung geschaffen, der natürliche Rahmen als Teil des Kunstobjekts gesehen. In Mittelitalien hat diese Verbindung Tradition: 1552 ließ Fürst Vicino Orsini den **Parco dei Mostri** in Bomarzo (nordwestlich von Viterbo), anlegen: Groteske Steinmonster und phantastische Figuren stehen mitten in dichter Vegetation.

Steinmonster
in dichter Vegetation

Verwunschenes am Amiata

Dieser erste Skulpturenpark inspirierte auch Daniel Spoerri, den rumänischen Globetrotter, zum **Giardino di Daniel Spoerri** in Seggiano am Monte Amiata. Keine großen Monsterfiguren, eher verträumte Skulpturen voller Zauber setzte Spoerri gemeinsam mit befreundeten Künstlern in den weitläufigen Park seines Anwesens. Man muss wandern, schauen, innehalten, den Windgeräuschen in den Kunstobjekten zuhören, um die ganz eigentümliche Stimmung dieses 16 ha umfassenden Parks aufzunehmen. Ein Lokal lädt vor Ort zum Imbiss nach dem Spaziergang.

Schrilles und Buntes im Olivenhain

Bunt, schillernd, leuchtend gibt sich der **Giardino dei Tarocchi** der Künstlerin Niki de Saint Phalle in der Nähe von Capalbio in der dichten grünen Macchia der südlichen Maremma. Zu ihren überlebensgroßen Figuren aus Beton, die mit Glitzerspiegeln und farbenfrohen Kacheln verkleidet sind, inspirierten sie die Tarot-Karten. Ungewöhnlich geformte Figuren wirken als magischer Blickfang, ziehen den Betrachter in ihren Bann. In der »Herrscherin« mit ihren mächtigen Brüsten, einer geheimnisvollen Sphinx, wohnte die Künstlerin bei ihren Aufenthalten im Garten.

Tipp Wildgerichte sind die Spezialität im Hügelland, u. a. in der **Trattoria Da Maria,** Capalbio, Tel. 05 64 89 60 14, Di. geschl. ○○

Kleinere Skulpturenparks

Installationen, die Kunst und Natur vollkommen in Einklang bringen, zeigt die Sammlung Gori in Santomato (8 km östlich von Pistoia) im 20 ha großen Garten der **Villa di Celle.**

Der Bildhauer Quinto Martini (1908–1990) schenkte seinem Geburtsort Seano (3 km nördlich von Carmignano, Provinz Pistoia) die in dem hübschen Museumspark aufgestellten Bronzewerke (tgl. geöffnet, freier Eintritt).

> ▌**Villa di Celle**, Via Montalese 7, 51030 Santomato di Pistoia, geöffnet nach Voranmeldung unter Tel. 05 73 47 99 07, Fax 05 73 47 94 86.

Stonehenge in Umbrien

27 bis zu 4,5 m hohe steinerne Skulpturen erinnern an den magischen Ort in Südengland. Die aus der lokalen *pietra serena* gemeißelten Stelen schufen Künstler aus aller Welt auf der grünen Wiese direkt am Trasimener See. Besonders am Abend, wenn die letzten Sonnenstrahlen den Stein warm erleuchten, geht von diesem **Campo del Sole** (Sonnenfeld) ein ganz eigener Zauber aus.

> ▌**Parco dei Mostri**, Bomarzo, tgl. geöffnet von 8.30 Uhr bis Sonnenuntergang.
>
> ▌**Giardino di Daniel Spoerri**, Seggiano, geöffnet Mitte Juli–Okt. tgl. außer Mo 16–20 Uhr, Ostern–Mitte Juli nur Sa/So nachmittags, sonst Tel. 05 64 95 04 57, Fax 05 64 96 70 93, E-Mail: cred@amiata.net, www.danielspoerri.org;
>
> ▌**Giardino dei Tarocchi** bei Capalbio, 58011 Capalbio, Ortsteil Garavicchio, Tel. 05 64 89 51 22, Fax 05 64 89 57 00, www.nikidesaintphalle.com, geöffnet Mitte Mai–Mitte Okt. tgl. 14.30–19.30 Uhr.
>
> ▌**Campo del Sole**, Tuoro sul Trasimeno, Ortsteil Punta Navaccia, www.comune.tuoro-sul-trasimeno.pg.it; Infobüro Pro-Tuoro, Via Ritorta 1, 06069 Tuoro sul Trasimeno, Tel./Fax 075 82 52 20, E-Mail: tuoro@edisons.it, www.annibale.it

Zwischen den Meeren

Lage und Landschaft

Der Reiz der drei Regionen Toskana, Umbrien und Marken besteht in ihrer Vielseitigkeit. Schroffen Gipfeln mit über 2000 m Höhe in den umbrisch-märkischen Monti Sibillini und den Apuanischen Alpen der Toskana stehen Sandstrände und Felsbuchten an der Adria und dem Tyrrhenischen Meer gegenüber. Dazwischen liegen die Hügelketten des Vorapennin und die weite Hügellandschaft Umbriens und der Toskana. In den nördlichen Marken ragen die Felsen jäh in den Himmel. Umbrien, das als einzige Region des italienischen Stiefels keine Meeresküste besitzt, steuert zu diesem Ensemble seine »blauen Augen« bei – darunter den viertgrößten See Italiens, den Lago Trasimeno.

Vielfältige Flora

Die Vegetationsformen entsprechen den unterschiedlichen Bodentypen und Höhenlagen. Von der Palme bis zum Edelweiß, von den macchia-bewachsenen Hügeln bis zu den fast wüstenartigen Crete (s. S. 774) im

Frühsommerliches Getreidefeld bei Città della Pieve

Süden Sienas, von den verlassenen, versteppten Feldern der Marken bis zum Hochgebirgswald, den Krüppelkiefern und Bergweiden reicht die breite Palette. Doch oft ist es nur eine einzige Landschaft, die dem Besucher vor Augen schwebt: dunkelgrüne Zypressenalleen, goldgelbe Getreidefelder, im Sonnenlicht silbrig glitzernde Olivenbäume und herbstlich bunt gefärbte Weinberge und Laubwälder.

Kulturlandschaften und ungezähmte Wildnis

Am stärksten von Menschenhand gezähmt und geformt wurde die Natur in der Toskana, deren anmutige Hügellandschaft wie ein großer Park wirkt. Nicht minder anziehend sind die vielfältigen Grünschattierungen Umbriens, die vom tiefdunklen Nadelwald bis zum lichten Farbton der Pappeln entlang von Tiber oder Nera reichen. In den Marken erscheint die Natur herber, wilder, die Hügel weniger sanft. Seit alters her gelangt man hier am leichtesten an den parallel verlaufenden Flüssen von der Küste ins noch unbekannte Hinterland.

Charles Dickens war begeistert vom Panorama Mittelitaliens und schrieb: »Wieviel Schönheit erfährt man, wenn man an einem lieblichen klaren Morgen von einer Anhöhe auf Florenz hinabblickt!« Ihm hatte es vor allem die Kunst angetan. Im Herzen Italiens kann man Naturschönheiten ebenso wie die großartige Architektur in Städten, Dörfern und einsam gelegenen Abteien erleben.

Reisezeit

Die schönste Jahreszeit für einen Besuch Mittelitaliens ist der Frühling. Dann verwandeln sich die Wiesen in ein wahres Blütenmeer, färben Mohnblumen die Getreidefelder rot, leuchtet das Gelb des Ginsters in der Macchia. Der Cappuccino lässt sich in dieser Zeit schon im Freien genießen, und das Kulturprogramm in den Städten ist ohne die Sommerhitze noch nicht ganz so anstrengend.

Ob ein Besuch von Florenz oder Perugia im Hochsommer bei bis zu 40 °C noch ein Vergnügen ist, muss jeder selbst entscheiden. Im Landesinneren bewegt sich in dieser Zeit oft tagelang kein Windhauch. Dennoch sind die Kunststädte der Toskana, vor allem die berühmten, überlaufen. Wer im Juli oder August anreist, bekommt auch eine Menge geboten – vom Jazzkonzert über den Tanzabend bis zum Feuerwerk – das meiste umsonst.

Die tyrrhenische Küste wird weniger stark von Touristen besetzt als die Adria. Ideal zum Wandern – und bis in den September hinein auch zum Baden – ist der Herbst, wenn das bunte Laub der Bäume und Weinreben einen farbenprächtigen Blickfang bildet. Den Regenschirm sollte man dann aber ebenso dabeihaben wie im Frühjahr!

Natur und Umwelt

Die Schutzgebiete

Seit einigen Jahren ist man bemüht, die Landschaften Mittelitaliens besser zu schützen. In den Marken stehen 8,9 % der Landesfläche unter Naturschutz, 7 % sind es in Umbrien, 6,5 % in der Toskana. Als erstes Naturschutzgebiet wurde in der Toskana 1975 der Parco dell'Uccellina in der Maremma mit 177 km² eingerichtet. Der mit 540 km² größte Naturpark (1985 gegründet) liegt in den Apuanischen Alpen, der letzte mit 350 km² wurde 1991 im waldreichen Casentino östlich von Florenz ausgewiesen. In den Marken hat man sieben kleinere

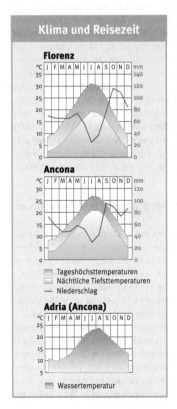

Naturschutzgebiete geschaffen (200 bis 5800 ha) sowie 1990 den Nationalpark der Sibillinischen Berge, der mit seinen 700 km² bis nach Umbrien übergreift. Er bietet Wolf, Dachs, Uhu und Adler ein Revier und ist gut zum Wandern geeignet. Entlang der Grenze zu den Marken liegen die umbrischen Regionalparks um den Monte Cucco (1566 m), den 1290 m hohen Subasio sowie zwischen Spoleto und Cascia um die Gipfel Coscerno (1685 m) und Aspra (1652 m).

Umweltprobleme

Große Industrieanlagen findet man in Mittelitalien nur in den umbrischen Städten Terni und Narni Scalo sowie bei Ancona und Falconara an der Adria. Mit Ausnahme von Florenz fehlen größere Städte mit extremer Smogbelastung. Ihre Zentren sind meist für den Autoverkehr gesperrt und erlauben entspanntes Bummeln.

Probleme bereitet vor allem der Wasserschutz. In der Nähe von Flussmündungen sollte man lieber aufs Baden verzichten. Die Wasserqualität der umbrischen Seen ist dagegen gut, nur der seichte Lago Trasimeno gibt hin und wieder zu Bedenken Anlass.

Bevölkerung und Brauchtum

Den *senso civico* – frei übersetzt als »Gemeinsinn« – haben die Bewohner der drei zentralitalienischen Regionen schon im Mittelalter entwickelt, als die größeren Städte autonome Kommunen bildeten und sogar die kleineren Orte eigene Statuten besaßen. Die Händler und Handwerker organisierten sich in Zünften und Korporationen, die sich sowohl um das Geschick ihrer Mitglieder als auch um den Zustand des Gemeinwesens kümmerten. Auch heute noch gibt es in Mittelitalien erstaunlich viele Kooperativen. Wer durch die Städte und Orte streift, wird oft genug blitzblanke Straßen und eine Piazza, gepflegt und sauber wie ein Wohnzimmer, vorfinden.

Neben dem *senso civico* bestehen auch einige Unterschiede zwischen den *Toscani, Umbri* und *Marchigiani*: Die Umbrer etwa zeichnet extreme Volksfrömmigkeit aus. Über 50 (!) umbrische Heilige und unzählige *beati* (Selige) werden auch heute noch mit großem Eifer verehrt und gefeiert. Auffällig ist die ausnehmende Freundlichkeit der Umbrer.

Kontrastreich wie die Landschaft ist auch die soziale Kultur der Marken von Ancona, von Camerino und von Fermo sowie der Provinz Ascoli Piceno, die erst 1815 als *Le Marche* zusammengefasst wurden. Nicht einmal einen einheitlichen Dialekt kann diese Region aufweisen, verläuft doch am Esino bei Ancona die inneritalienische Sprachgrenze zwischen den nördlichen und südlichen Varianten des Italienischen.

Das Charakteristikum der Toskaner wiederum ist gerade ihre Sprache. Wer Italienisch spricht, wundert sich, dass er die Menschen hier besonders gut versteht. Dante, Petrarca und Boccaccio – die drei italienischen Dichterfürsten – schrieben in toskanischem

(Florentiner) Dialekt. Daher wurde dieser im 16. Jh. zur Nationalsprache erhoben. Heute lehrt man ihn als italienische Hochsprache.

Wirtschaft

Die drei mittelitalienischen Regionen stehen mit ihren Arbeitslosenquoten (Toskana 5,1 %, Umbrien 5,3 %, Marken 4,6 %) weit besser da als der gesamtitalienische Durchschnitt, der sich um 11,8 % bewegt.

Dies liegt weniger an der etwa vorhandenen Großindustrie als vielmehr an den unzähligen Kleinbetrieben, die vor allem in den Marken, wo noch 40,9 % der Beschäftigten in der Industrie arbeiten (Toskana 34 %, Umbrien 32,7 %), das wirtschaftliche Rückgrat bilden. Die Produktpalette ist in allen drei Regionen ähnlich: Schuhe, Möbel, Textilien, Keramik, Papier- und Lederwaren sind aufgrund ihres anspruchsvollen Designs auch im Ausland hoch begehrt.

Die bekanntesten Exportprodukte der Toskana, Wein und Olivenöl von ausgezeichneter Qualität, lassen den Eindruck entstehen, die Wirtschaft der Region basiere ganz auf Agrarerzeugnissen. In der Toskana arbeiten jedoch nur noch 4 % der Erwerbstätigen in der Landwirtschaft, in Umbrien sind es noch 4,8 %, in den Marken lediglich 4 %. Die Betriebe sind fast ausschließlich in Familienbesitz.

Umbrien liegt beim Tabakanbau an dritter Stelle in Italien; Tabak gedeiht vor allem im oberen Tibertal. Die Marken nehmen in puncto Fischfang den vierten Rang ein, und die Toskana bildet die Nummer 2 bezüglich der Anbaufläche für DOC-Weine.

Der Dienstleistungsbereich gibt den Menschen Mittelitaliens Arbeit: etwa 62 % in der Toskana und in Umbrien, rund 55 % in den Marken sind im öffentlichen Dienst oder im Tourismus beschäftigt. Mit über 30 Mio. Übernachtungen hält die Toskana den Spitzenplatz vor den Marken mit elf und Umbrien mit über vier Millionen.

Steckbrief

	Toskana	Umbrien	Marken
▌Fläche	22 993 km² (= 7,6 % der Fläche Italiens)	8456 km² (= 2,8 % der Fläche Italiens)	9694 km² (= 3,2 % der Fläche Italiens)
▌Höchster Berg	Monte Prato (2053 m)	Cima del Redentore (2449 m)	Monte Vettore (2478 m)
▌Küstenlänge	572 km	–	172 km
▌Bevölkerung	3 514 000 Einw.	833 000 Einw.	1 458 000 Einw.
▌Gliederung	10 Provinzen (Arezzo, Firenze, Grosseto, Livorno, Lucca, Massa Carrara, Pisa, Pistoia, Prato, Siena)	2 Provinzen (Perugia, Terni)	4 Provinzen (Ancona, Ascoli Piceno, Macerata, Pesaro-Urbino)
▌Größte Stadt	Florenz (Firenze) (352 200 Einw.)	Perugia (158 300 Einw.)	Ancona (98 400 Einw.)

Geschichte im Überblick

Um 900 v. Chr. Villanova-Siedlungen in Toskana und Marken.

Ab 7. Jh. v. Chr. Rechts des Tibers siedeln in der Toskana und in Umbrien Etrusker, links des Tibers Umbrer und in den Marken Pizener.

Bis 4. Jh. v. Chr. Blütezeit des Etruskerreiches.

280 v. Chr. Abschluss der römischen Eroberung Mittelitaliens.

476 n. Chr. Untergang des Weströmischen Reiches.

568 Die Langobarden nehmen die Toskana und die südlichen Gebiete Umbriens und der Marken ein.

751 Die Langobarden erobern byzantinische Gebiete Mittelitaliens.

774 Karl der Große gewinnt das Langobardenreich und unterstellt es kaiserlichen Grafen; die ehemals byzantinischen Gebiete schenkt er dem Papst und begründet damit den Kirchenstaat.

11./12. Jh. Die Städte profitieren von der Rivalität zwischen Papst- und Kaisertum und bilden autonome Kommunen unter der Oberhoheit von Papst oder Kaiser.

13./14. Jh. Heftige Machtkämpfe zwischen und in den Städten.

15. Jh. Alleinherrschaften einzelner Familien, so genannte Signorien, entstehen; Aufbau von Regionalherrschaften durch Florenz und Siena, um Urbino und Gubbio herrscht die Montefeltro-Familie. Florenz entwickelt sich zum wichtigsten Kulturzentrum Europas, die Renaissance erreicht unter dem Medici Lorenzo il Magnifico ihren Höhepunkt.

1530 Kaiser Karl V. übergibt die Toskana als Herzogtum an die Familie der Medici.

1540/50 Die Unterwerfung Perugias, Anconas und des Herzogtums Camerino sichert den Kirchenstaat in Umbrien und den Marken.

1555 Cosimo I. de' Medici gewinnt Siena zum Herzogtum der Toskana hinzu.

1631 Nach dem Aussterben der Della-Rovere-Familie fällt das Herzogtum Urbino an den Kirchenstaat.

17. Jh. Allgemeiner Niedergang in Mittelitalien. Im Kirchenstaat liegen alle höheren Verwaltungsposten in den Händen des Klerus.

1737 Tod des letzten Medici Gian Gastone; die Toskana fällt an Österreich.

1798/99 Französische Truppen besetzen den Kirchenstaat, Napoleons Schwester erhält die Toskana als Großherzogtum.

1815 Der Kirchenstaat breitet sich in Umbrien und den Marken aus, die Österreicher in der Toskana.

1860 Die Toskana, die Marken und Umbrien werden Teil des neuen Königreichs Italien, 1865 bis 1871 ist Florenz die Hauptstadt Italiens.

1943/44 Die Hafenstädte Ancona und Livorno sowie die Waffenschmiede Terni werden bei Bombenangriffen stark zerstört.

1970 15 neue Regionen, unter ihnen die Toskana, Umbrien und die Marken, entstehen.

1997 Das Erdbeben vom 26.9. verursacht vor allem in Umbrien schwere Schäden.

2001 Mehrjährige Rettungsaktion für den Schiefen Turm von Pisa erfolgreich abgeschlossen.

2002 Abschied für die Lira: Auch in Italien wird der Euro eingeführt.

Kultur gestern und heute

Künstler und Geistesgrößen

Drei der bedeutendsten Vertreter der italienischen Literatur, **Dante Alighieri** aus Florenz (1265–1321), **Francesco Petrarca,** der in Arezzo geboren ist, (1304–1374), und **Giovanni Boccaccio** aus Certaldo, (1313–1375), stammten aus der Toskana. Ihre literarischen Erfolge machten den toskanischen Dialekt zur italienischen Nationalsprache. **Niccolò Machiavelli** (Florenz, 1469–1527) wurde mit seinem Werk Il Principe (»Der Fürst«) als Vater der politischen Wissenschaften berühmt.

Galileo Galilei (Pisa, 1564–1642) zählt zu den wichtigsten Astronomen und Physikern aller Zeiten. Seine Forschungen befreiten die Wissenschaften vom Staub des Mittelalters und stellten sie auf empirisch nachprüfbare Grundlagen. **Giacomo Puccini** (1858–1924) stammte aus Lucca und zählt wie Pietro Mascagni (1864–1945) aus Livorno und **Gioacchino Rossini** (1792–1868) aus Pesaro zu den bedeutendsten italienischen Komponisten. Der Tenor **Beniamino Gigli** (1890–1957) und der Dichter **Giacomo Leopardi** (1798–1837) mit seiner melancholischen Dichtung machten Recanati, ihre Heimatstadt in den Marken, berühmt.

Früheste Siedler

Wer besiedelte das Land zuerst? Aus der Steinzeit wurden in Mittelitalien Steinkeile, Pfeilspitzen und erste Schmuckstücke gefunden, die in den Archäologischen Museen von Perugia und Ancona zu besichtigen sind.

Etruskischer Sarkophag im Museo Etrusco in Volterra

Vorrömische Zeit

Feines Kunsthandwerk wollten die wohlhabenden Etrusker auch im Jenseits nicht missen: So gaben sie ihren Toten Schmuck, Waffen und Gefäße mit in die riesigen Nekropolenanlagen und bestatteten sie in aufwändig verzierten Urnen oder Sarkophagen. Die prächtigsten stehen in den Museen von Florenz, Volterra, Chiusi, Orvieto und Viterbo. Das bedeutendste Zeugnis der umbrischen Kultur sind die Eugubinischen Tafeln, sieben unterschiedlich große Bronzetafeln im Stadtmuseum von Gubbio. Die kriegerische Seite der Pizener (Waffen, Helme, Schilde) zeigt das Archäologische Museum in Ancona.

Die Römer

Straßen und Stützpunkte zur Sicherung des eroberten Landes bildeten den Auftakt römischer Bauaktivitäten. Theater (Volterra, Arezzo, Ascoli Piceno) und Stadtmauern (sehr prächtig in Fano) folgten in einer zweiten Bauphase. Römische Kunst bewundert man in den archäologischen Museen oder in

Kirchen, bei deren Ausstattung Kapitelle, Säulen und Marmorplatten (sog. Spolien) erneute Verwendung fanden.

Romanik

Ein durch Säulen gegliedertes, dreischiffiges Langhaus mit höherem Mittelschiff und offenem Dachstuhl – so sah eine römische Basilica aus, wie sie in der Antike als Gerichts- oder Marktgebäude errichtet wurden. Sie dienten als Vorbild für romanische Kirchenbauten, die das mittelalterliche Kunstschaffen eröffneten. Ebenso wie die Schlichtheit dieser Kirchen fasziniert ihr Schmuck: Fabelwesen, Monster und Drachen zieren Kapitelle, Reliefs und Fassaden – z. B. die von San Pietro fuori le mura in Spoleto. Es entstanden Repräsentationsbauten, die das neue Selbstbewusstsein des aufstrebenden Bürgertums dokumentierten: in Pisa der glanzvolle Dom, in Lucca San Michele in Foro, das Baptisterium und San Miniato al Monte in Florenz sowie San Ciriaco in Ancona.

Gotik

Die Gotik kam mit den Zisterziensern. Bei den neuen Orden des 13. Jhs., den Franziskanern, Dominikanern und Augustinern, fand sie im Kirchenbau großen Anklang. Ein breites Langhaus, ein offener Dachstuhl und aneinander gereihte Querhauskapellen zeichnen diese Ordenskirchen aus – es fehlt der starke Drang französischer und deutscher Kathedralen nach oben. Dies gilt auch für die Fassade des berühmtesten gotischen Bauwerks in Mittelitalien, des Doms von Orvieto.

Ein neues Ideal, die Predigt für das Volk, stand hinter der Konzeption dieser Kirchen. Ihre großartigen Fresken fungierten als »Bibel für das Volk«, da die meisten Menschen damals nicht lesen konnten. Als Vorbild für diese erzählenden Bildzyklen dienten die Wandmalereien der Hauptkirche der Franziskaner, San Francesco in Assisi. Neben **Cimabue** (1240–1302) und **Giotto** (1266–1337) arbeiteten hieran auch **Simone Martini** (1285–1344) und **Pietro Lorenzetti** (1280–1348). Giotto überwand mit plastischen Figuren, einheitlicher Lichtführung und perspektivischer Darstellung die byzantinisch geprägte Malerei. Bedeutendster Vertreter der europäischen Gotik ist der aus den Marken stammende **Gentile da Fabriano** (um 1370–1427). Die Skulptur dieser Epoche fand in **Giovanni Pisano** (um 1245–1318) ihren größten Meister.

Renaissance

Die Rückbesinnung auf antike Ideale, einhergehend mit dem vom Humanismus geprägten neuen Menschenbild, löste eine Revolution in der Kunst aus: Naturgetreu wurden nun individuelle, Gefühle zeigende Menschen, bekannte Landschaften und Architektur ins Bild gesetzt. Die neu entdeckte Zentralperspektive ermöglichte eine klare Raumaufteilung; die Bilder gewannen an Tiefe, Bauten an Harmonie.

Weiterentwicklung antiker Ansätze Verantwortlich für diesen Entwicklungsschub war der Florentiner Baumeister **Filippo Brunelleschi** (1377 bis 1446), den antike Vorbilder inspirierten. **Leon Battista Alberti** (1404–1472) und das Sieneser Allroundgenie **Francesco di Giorgio Martini** (1439–1502) können neben ihm bestehen.

Der führende Bildhauer der Frührenaissance war der Florentiner **Donatello** (1386–1466). Die Wiederein-

Pistoia: Fresken im Museo Civico, Palazzo del Comune

führung des Flachreliefs und die Anwendung der Perspektive darin (»Hl. Georg«, Orsanmichele, Florenz), die erste frei stehende Aktfigur (»David«, Bargello, Florenz) und das erste Reiterstandbild seit der Antike (Padua) sowie die Schaffung neuer Terrakottastatuen weisen ihn als zentralen Kopf der Entwicklung zur Hochrenaissance aus. Zu den großen Künstlern der Epoche zählte auch **Luca della Robbia** (1399–1482), dessen schöne Terrakotta-Arbeiten dieser Technik zum Durchbruch verhalfen.

Masaccio (1401–1428) revolutionierte mit seinen Fresken die Malerei durch die zentralperspektivische Raumdarstellung und die Modellierung der Figuren mittels Licht- und Schattenwirkungen (S. Maria Novella, S. Maria del Carmine, Florenz). **Piero della Francesca** aus Sansepolcro (1415/20–1492) führte diese Anwendung der Perspektive zu einem Höhepunkt. In der zweiten Hälfte des 15. Jhs. setzte sich – wie übrigens auch in der Bildhauerei – ein erzählfreudigerer Stil durch, der mit vielen Details arbeitete.

Mit Perugino und Pinturicchio traten erstmals zwei umbrische Maler führend hervor. Die lieblichen Madonnen und »sanften Krieger« des Pietro Vannucci (um 1450–1523), genannt **Perugino,** aus Città della Pieve erkennt man auf den ersten Blick. Der Peruginer Bernardino di Betto

Michelangelos »David«

(1454–1513), genannt **Pinturicchio,** fand in Perugino sein Vorbild. Die Landschaft Umbriens ist in den Werken beider Künstler stets präsent.

Der bedeutendste Maler der Marken, der Urbiner Raffaello Sanzio, genannt **Raffael** (1483–1520), erhielt seine Ausbildung bei Perugino, suchte aber von 1504 bis 1508 auch Anregungen in Florenz. Seine anmutigen Bilder – wem fallen nicht sofort die zarten Madonnen ein – zeigen dichte Räume und Formen und stellen die geistige Aussage in den Mittelpunkt. Architektur und Landschaft treten bei ihm in den Hintergrund.

Den Toskaner **Michelangelo Buonarroti** (1475–1564) muss man sich als Besessenen vorstellen, der mit aller Kraft den Stein bearbeitete. Seinen Skulpturen ist fast immer eine gewisse Schwere gemein – so, als würden die Körper mit dem Stein ringen.

Nur sein »David« (Accademia, Florenz) scheint durch seine Geistigkeit aus dem irdischen Verhaftetsein herauszutreten. Den Maler Michelangelo bewundert man in Rom (Sixtinische Kapelle); als Architekt hinterließ er jedoch mit der Biblioteca Laurenziana und der Neuen Sakristei auch in Florenz nachhaltige Spuren.

Mit dem Toskaner **Leonardo da Vinci** (1452–1519) sowie Michelangelo und Raffael erreichte die Renaissance in Florenz ihren Höhepunkt – und ihr Ende: Leonardo ging 1506 nach Frankreich, Raffael und Michelangelo zogen (1508 bzw. 1534) nach Rom. Mit der Machtübernahme der Medici-Herzöge fehlte fortan das stimulierende Wetteifern, der Ruin vieler Adelsfamilien tat ein Übriges. Die Eingliederung Umbriens und der Marken in den Kirchenstaat beseitigte die Familienherrschaften und somit die Auftraggeber.

Manierismus

Wie in Gotik und Renaissance, die in Umbrien und den Marken durch Nachahmer toskanischer Meister geprägt waren, öffnete mit seinen Fresken im Dom von Orvieto erneut ein Toskaner, **Luca Signorelli** (1445–1523), die Region Umbrien für die neuen Einflüsse. Die Suche nach emotionaler Ausdruckskraft durch Bewegung, die Michelangelo mit seinen wuchtigen Körpern in verdrehten Haltungen vorwegnahm, bildete das Hauptthema der Maler und Bildhauer des 16. Jhs.

Barock

Im Zuge der Gegenreformation erreichte die Gefühlsbetontheit bis hin zur religiösen Ekstase im Barock ihren Höhepunkt. Der Urbiner Maler **Federico Barocci** (1535–1612) zählt zu den wichtigsten Vertretern dieses Stils. Der bedeutendste Architekt zu Beginn des Barock, der aus den Marken stammende **Bramante** (1444–1510), hinterließ seine Hauptwerke in Rom.

Veranstaltungskalender

■ **Corsa dei Ceri in Gubbio:** Der an einem 16. Mai verstorbene Sant' Ubaldo ist der Stadtpatron von Gubbio. Am Vorabend seines Todestages werden drei *ceri*, monumentale Holzkerzen, von jeweils zehn Männern im Lauf den Berg hinauf zur Basilica Sant'Ubaldo getragen. Jeder *cero* ist einem Heiligen gewidmet: Sant'Ubaldo soll den Maurern beistehen, San Giorgio den Händlern und Handwerkern, Sant'Antonio Abate den Bauern. Den ganzen Tag über werden die *ceri* in den Straßen der Stadt vorgeführt, bis um 18 Uhr der Wettlauf zur Basilika beginnt.

■ **Fronleichnam (Corpus Domini):** In beinahe jeder umbrischen Stadt findet zu Fronleichnam eine feierliche Prozession statt, in Orvieto mit dem Korporale (Hostientuch) zur Erinnerung an das Wunder von Bolsena. In vielen Städten werden die Straßen an diesem Tag oder am darauf folgenden Sonntag mit Blütenteppichen *(infiorate)* geschmückt.

■ **Giostra del Saracino** in Arezzo: Am dritten Juni- und am ersten Septembersonntag wird auf der Piazza Grande das Sarazenenturnier, ein historisches Ritterspiel, ausgetragen. Jedes der vier Stadtviertel stellt zwei in alte Rüstungen gekleidete Ritter, die mit einer Lanze gegen den Sarazenen (eine

19./20. Jahrhundert

Die Jugendstilarchitektur der See- und Heilbäder (Viareggio, Pesaro, Montecatini Terme) zeigt die Internationalisierung der Kunstszene. Einige Künstler wie die Maler und Bildhauer **Alberto Burri** (1915–1995) aus Città di Castello und **Marino Marini** (1901–1980) aus Pistoia (s. dort das Museo Marino Marini) erlangten weit über ihre Heimatregion hinaus Bedeutung.

große, drehbare Holzpuppe) reiten. Für jeden Treffer gibt es Punkte.

▮ **Gioco del Ponte** in Pisa: Das Brückenspiel findet am letzten Junisonntag statt. Ursprünglich verprügelten sich die Mannschaften der Viertel Mezzogiorno und Tramontana auf dem Ponte di Mezzo. Heute schieben die Mannschaften – nach einem farbenprächtigen Umzug mit mehr als 700 Teilnehmern – ein auf Schienen montiertes Gestell, um die Brücke zu erobern. Der Gioco del Ponte ist Höhepunkt des **Giugno Pisano,** zu dem auch die kerzenbeleuchteten Arnoufer am 16. Juni zu Ehren des Stadtpatrons San Ranieri gehören.

▮ **Calcio Storico** in Florenz: Dreimal im Juni (einmal immer am 24. Juni, dem Festtag des Stadtheiligen, Johannes des Täufers) findet das historische Fußballspiel (eher Rugby) in Trachten des 16. Jhs. auf der Piazza Santa Croce statt. Es erinnert an den Zeitvertreib der 1530 in der Stadt eingeschlossenen Soldaten, die den belagernden kaiserlichen Truppen damit vor dem Kampf ihre Geringschätzung demonstrierten.

▮ **Palio delle Contrade** in Siena: Am 2. Juli und am 16. August findet auf dem Campo das berühmte Pferderennen statt, an dem jeweils 10 der 17 Stadtviertel (contrade) teilnehmen. Vorausgeht ein farbenprächtiger Umzug in historischen Gewändern des 14. Jhs., es folgt das Siegesfest.

Der hintergründige Siena-Krimi »Der Palio der toten Reiter« von Carlo Fruttero/Franco Lucentini erklärt quasi nebenbei sehr gut das Festritual und die Bedeutung des Ereignisses für die Sienesen.

▮ **Giostra dell'Orso** in Pistoia: Am 25. Juli, dem Festtag des Stadtheiligen Jakob, bestreiten zwölf Ritter nach dem historischen Umzug ein Turnier, bei dem sie unter Trommelwirbel zwei Bärenfiguren mit Lanzen zu treffen versuchen. Der Bär (orso) ist das Wappentier Pistoias, die giostra Höhepunkt des Luglio Pistoiese mit viel Musik und Kultur.

▮ **Giostra della Quintana** in Ascoli Piceno: Am ersten Augustsonntag lässt man in Ascoli Piceno mit liebevollem Aufwand ein erstmals 1377 erwähntes Ritterturnier auf der Piazza dell'Arengo wieder aufleben. Die schönsten der bei diesem Anlass getragenen Kostüme werden schon Wochen zuvor ausgestellt.

▮ **Palio dei Terzieri** in Città della Pieve: Am Sonntag nach dem 15. August kämpfen nach dem historischen Umzug die drei Stadtviertel wie in der Renaissance um den Sieg im Bogenschießen. Kulinarische Genüsse sind garantiert.

▮ **Sagra del Tordo** in Montalcino: Am letzten Oktoberwochenende wird hier in mittelalterlichen Kostümen gefeiert.

Aus Küche und Keller

Esskultur

In angenehmer Gesellschaft gut zu essen und zu trinken gehört zu den Lieblingsbeschäftigungen der Italiener. Dazu geben die Familienfeiern Anlass und natürlich die großen Feste – hier speist man übrigens meist relativ preiswert! Sagre sind kulinarische Feste, die jeweils einem Produkt gewidmet sind: *Sagra della fragola* (Erdbeere), *del tortello* (gefüllte Nudeln), *del cinghiale* (Wildschwein), *del fungo* (Pilz) etc. Nirgends in Italien liebt man diese Feste, die meist von Musik und Tanz umrahmt werden, mehr als in Mittelitalien (mehr dazu S. 714/715).

Exquisite Zutaten

Eine wichtige Basis der Küche Mittelitaliens ist das hervorragende »Olio d'Oliva Extra Vergine«. Von Goldgelb bis hin zu grünlichen Tönen reichen seine Farbschattierungen. Kurz nach der Pressung schmeckt das Öl noch leichter und säuerlicher als nach einer längeren Lagerung. Vielfältige Kräuter und Gewürze – Rosmarin, Salbei, Thymian, Basilikum, Petersilie, Knoblauch und Zwiebeln – runden den Geschmack der Speisen ab.

In Mittelitalien liebt man die einfache Küche: Spezialitäten sind z. B. geröstetes Knoblauchbrot, beträufelt mit Olivenöl *(fettunta)*, Getreidesuppe *(farro)*, Fleisch vom Grill *(bistecca alla fiorentina)* oder Rucolasalat. Raffinesse sucht man hier vergeblich – doch schmecken wird es garantiert, liegt die Exklusivität der Küche doch in der Qualität ihrer Lebensmittel. Es ist vor allem eine Zutat, die in Umbrien und

Meeresfrüchte als Appetithappen

den Marken jedes Gericht in eine Delikatesse verwandelt: die Trüffel *(tartufo)*, die vielseitig verwendet wird.

Antipasti

Typische *antipasti* (Vorspeisen) sind die *bruschette* (geröstete Weißbrotscheiben), die mit Trüffeln, Sardellen, Olivenöl und Knoblauch *(salsa tartufata)* belegt werden. In der Toskana *crostini* genannt, serviert man sie hier auch mit Leberpastete bestrichen. Herzhafter oder milder Schinken *(prosciutto)* aus dem Montefeltro oder auch Salami bilden in den Marken den Auftakt eines Menüs.

Primi piatti

Zu den beliebtesten *primi piatti* (warme Vorspeisen) zählen in der Toskana die Suppen: z. B. *ribollita,* die aus Gemüse, Kohl und Brot besteht und mit Olivenöl abgeschmeckt wird. *Pasta e fagioli* ist ein Nudeleintopf mit Bohnen. *Pappardelle* mit Hasenragoutsauce *(sugo di lepre)* sind das Nudelgericht der Toskana schlechthin. In Umbrien hingegen genießt man *strangozzi* oder *ciriole* mit scharfem *peperoncino* in der Tomatensauce *(alla spoletina)* sowie *tagliolini* (dünne Bandnudeln) mit Trüffelsauce oder mit hauchdünn über die Pasta gehobelten Trüffelscheiben. Die *vincisgrassi*, eine sättigende Lasagne mit Kalbs- und Hühnerragout, Parmesan und Béchamelsauce, sind hingegen die Nudelspezialität der Marken.

Secondi piatti

Fleisch, Fleisch und nochmals Fleisch – Vegetarier tun sich hier bei den *secondi piatti* (Hauptspeisen) schwer. Aus Wildbret wie Hase *(lepre)*, Wildschwein *(cinghiale)* und Fasan *(fagiano)* werden nicht nur Braten, sondern auch ausgezeichnete Eintöpfe *(in umido)* zubereitet. Die *bistecca alla fiorentina* – ein über Holzkohlenfeuer gegrilltes gewaltiges Fleischstück von den südtoskanischen Chianina-Rindern, das mit feinstem Olivenöl, Salz und Pfeffer gewürzt wird –, kann man sich gut teilen.

Auch in Umbrien kommen Liebhaber von Gegrilltem auf ihre Kosten. Der verführerische Duft von Fleisch, das leise Knistern des Fetts, das aus saftigen Würsten auf die Holzkohle im offenen Kamin tröpfelt, lockt in die Restaurants. Ebenfalls vom Grill werden hier der Scamorza- und der Pecorino-Käse serviert. Artischockenomelettes *(tortino di carciofi)* oder Pilze vom Holzkohlengrill *(funghi alla griglia)* erfreuen auch die Vegetarier. Typisch für Umbrien sind außerdem Schmoreintöpfe mit Fleisch und Gemüse wie z. B. das *stufato*.

An der tyrrhenischen Küste, vor allem aber an der Adria kommen natürlich Fische und Muscheln aller Art auf den Tisch: Der *cacciucco alla livornese*, eine Suppe aus Fischen, Schalentieren und geröstetem Brot, heißt auf der anderen Küstenseite *brodetto* und schmeckt ebenso hervorragend. Vor allem in Umbrien wird auch der Aal *(anguilla)* gefangen. Karpfen *(carpa)* oder Maräne *(coregone,* eine Renkenart), kommen gegrillt *(alla brace)*, im Ofen gegart *(al forno)* oder gedünstet *(in umido)* auf den Tisch.

Neben den klassischen italienischen Beilagen *(contorni)*, die extra bestellt werden müssen – wie Pommes frites *(patate fritte)*, Salat *(insalata)* oder Gemüse *(verdura cotta)* –, sind gegrillte Artischocken *(carciofi)*, Zucchini oder Auberginen *(melanzane)* zu empfehlen. Linsen *(lenticchie)* sind die gängige Spezialität der Gebirgsregionen. Gefüllte frittierte Oliven, die *olive ascolane*, schätzt man vorwiegend in den Marken.

Der stilechte Abschluss

Nach den *dolci* (Süßspeisen) oder der *frutta* (Obst) schließt man das Essen mit einem *amaro* (Magenbitter) oder einem *caffè* ganz italienisch ab. In den Marken zählt die *anisetta* (Anislikör) zu den besonderen Köstlichkeiten, in der Toskana der *Vin Santo,* in den man *cantuccini* (Mandelgebäck) taucht.

Für zwischendurch

Die »Wurstsemmel« Mittelitaliens – *porchetta,* mit Kräutern (Rosmarin, Pfefferkraut etc.) und Knoblauch gefülltes Spanferkel, in einem *panino* (Brötchen) gegessen – wird überall an fahrbaren Ständen verkauft. Als Imbiss eignet sich in den Marken auch die *piadina,* ein flacher Fladen aus Wasser und Mehl (ohne Hefe), den man mit Prosciutto, Salami, Käse *(formaggio)* oder Salat gefüllt isst. In Umbrien findet sich Ähnliches, *torta al testo,* und in der Toskana sind die *focacce* (flaches gewürztes Brot) zu Hause. Beide werden wie die *piadina* auf verschiedenste Weisen belegt.

Der edle Tropfen

Zum Essen trinkt man neben Mineralwasser *(acqua minerale)* meist Wein – Mittelitalien, vor allem die Toskana, ist eines der bekanntesten italienischen Weinanbaugebiete. Der Aufdruck DOC *(Denominazione di Origine Controllata)* oder DOCG *(... e Garantita),* ist die kontrollierte und garantierte Ursprungsbezeichnung, kennzeichnend für hervorragende Weine. Die bekannten Tropfen sind rubinrot und besitzen einen Alkoholgehalt von 11 bis 13 %.

Der *Chianti classico* aus der klassischen Anbauzone zwischen Florenz und Siena trägt im Etikett den schwarzen Hahn. Der *Brunello di Montalcino* gilt als einer der besten Rotweine. Die dunkle *(bruno)* Farbe der Sangiovese-Traube gab diesem aromatischen, leicht rauchigen Wein, der in Eichenfässern reifen muss, seinen Namen. Er kommt wie der herbfeine *Vino nobile di Montepulciano* aus der Region südlich von Siena. Zu den bedeutendsten Weißweinen gehört die *Vernaccia* aus San Gimignano.

Der bekannteste Wein Umbriens ist der trockene weiße *Orvieto classico.* Daneben munden aber auch ausgezeichnet der rubinrote, sehr runde *Torgiano rosso riserva* und eine Reihe von gehaltvollen trockenen Rotweinen aus den *Colli* (Hügel). Zu den herausragenden Tropfen zählt der vollmundige *Sagrantino* aus Montefalco, der leicht zu Kopf steigt (15 %!).

Der *Verdicchio dei Castelli di Iesi,* ein trockener Weißwein, der noch jung getrunken wird, passt hervorragend zu den Fischgerichten der Marken.

Urlaub aktiv

Baden und Wassersport

Die Wasserqualität der Adria in den Marken, der tyrrhenischen Strände in der Toskana und der umbrischen Seen ist gut. Die begehrte blaue Flagge der EU erhielten 2002 Carrara, Forte dei Marmi, Pietrasanta, Camaiore, Viareggio, Tirrenia, Castiglioncello, Vada, Castagneto Carducci, Follonica, Castiglione della Pescaia, Grosseto in der Toskana, in den Marken Gabicce Mare, Fano, Senigallia, Portonovo, Sirolo, Numana, Porto San Giorgio und Cupra Marittima.

Sonnenschirme, Liegestühle, Surfbretter und Boote – Kajaks, Tret-, Ruder-, Segel- und Motorboote – werden an den Stränden vermietet.

Segelschulen finden sich an der Adriaküste in San Benedetto del Tronto, Civitanova Marche, Porto Recanati, Ancona und Senigallia), am Tyrrhenischen Meer in Viareggio, Marina di Pietrasanta und Castiglione della Pescaia, auf Elba und am Lago Trasimeno. Informationen (auch zum Windsurfen und Tauchen) erhält man bei den örtlichen Fremdenverkehrsämtern (APTs, IATs, Pro Locos) und in den Hotels.

Fischen

Angeln im Meer und die Unterwasserjagd sind ohne Genehmigung gestattet. Wer in Flüssen und Seen angelt, benötigt die Erlaubnis der Provinzverwaltung. Touristen bekommen oft preiswerte Sondergenehmigungen.

Federazione Italiana della Pesca Sportiva (Verband der Sportfischer), 00196 Rom, Viale Tiziano 70, Tel. 0 63 20 17 11, Fax 0 63 85 81 09.

Am Höhenwanderweg Madonna del Monte–Chiesi auf Elba

Wandern

»Trekking«, so die Italiener, kommt immer mehr in Mode. Im Apennin, aber auch in den Hügellandschaften Mittelitaliens wurden vom italienischen Alpenverein *(CAI – Club Alpino Italiano)* gekennzeichnete Wege angelegt. Dieser Verein organisiert Touren.

 Der **CAI Prato** (Via del Altopascio 8, 59100 Prato, Tel. 0 57 42 20 04, Fax 0 57 44 84 45 0) gibt gute Wanderführer heraus.

Radfahren

Bei den APTs erhält man Auskünfte über Radverleih, Touren und Karten. Geführte und individuelle Reisen:
»Rückenwind Reisen«,
Industriehof 3, 26133 Oldenburg, Tel. 04 41/48 59 70, Fax 4 85 97 22, www.rueckenwind.de
❚ **Donau-Touristik,** Ledergasse 10, A-4050 Linz, Tel. 07 32-20 80, Fax 2 08 08, www.donau-touristik.at

Reiten

Maneggi (Reitställe) gibt es überall in Mittelitalien. Auskünfte erhält man in den APTs.

Golfspielen

kann man u. a. auf den reizvoll gelegenen Golfplätzen Ugolino bei Florenz, in Punta Ala, Pietrasanta, Tirrenia, Ellera Umbra (bei Perugia), Sirolo (südlich von Ancona) und auf Elba.

ℹ **Federazione Italiana Golf,**
Viale Tiziano 74, 00196 Rom, Tel. 0 63 23 18 25, Fax 0 63 22 02 50, www.federgolf.it

Skifahren

Skigebiete gibt es im Pistoieser Apennin (um Abetone), am Monte Amiata in der Toskana, am Monte Cucco und am Monte Serra Santa sowie in den Monti Sibillini in Umbrien.

Thermalkuren

sind in Mittelitalien praktisch überall möglich. Über die Anwendungen informiert »Thermalorte Italia«, eine Broschüre der ENIT (s. S. 996).

Die Sprache lernen

Sprachenschulen bieten vor allem in Florenz, Pisa, Siena Kurse für Ausländer an. Info über ENIT und die APTs.

Unterkunft

Von der Renaissancevilla bis zum Schloss, zum Landhaus oder der einfachen Ferienwohnung, das Spektrum ist groß. Hotel- und Zimmerverzeichnisse haben die ENIT-Büros (s. S. 996) und lokalen APTs.

Agriturismo

bietet Ferien auf dem Bauernhof. Häufig ist ein Gasthof angeschlossen und sind Sportmöglichkeiten (Reiten, Pool u. a.) geboten; manche Anlagen unterscheiden sich kaum noch von Hotels: **Turismo Verde,** Via Verdi 5, 50100 Florenz, Tel. 05 52 00 22 16 (für die Toskana); in Umbrien: Via M. Angeloni 1, 06100 Perugia, Tel. 07 55 00 29 53; in den Marken: Corso Stamira 29, 60100 Ancona, Tel. 0 71 20 29 87; Fax 07 15 63 14, www.agriturismo.regione. toscana.it; www.turismoverde.it

Feriendörfer

(villaggi turistici) an der Küste wie auch im Hinterland offerieren oft große Hotels Bungalows, Ferienwohnungen oder Camping und sportliche Aktivitäten.

Camping

Mittelitalien hat viele gut ausgestattete Campingplätze, vor allem an den Küsten und am Lago Trasimeno; für die Monate Juli/August sollte man reservieren:
Federazione Italiana del Campeggio, Via Vittorio Emanuele 11, 50041 Calenzano, Tel. 0 55 88 23 91, www.federcampeggio.it

Jugendherbergen

Associazione Italiana Alberghi per la Gioventù, Via Cavour 44, Rom, Tel. 0 64 87 11 52, Fax 0 64 88 04 92, www.ostellionline.org

Reisewege

Mit der Bahn

Vom Ruhrgebiet, aus München, Zürich, Basel, Genf und Wien verkehren täglich Züge nach Florenz. Im Sommer sind Verbindungen von München und Zürich an die Adriaküste (Rimini, Ancona) eingerichtet. In der Haupturlaubszeit fahren täglich Autoreisezüge ab München und Wien bis Rimini sowie von Wien nach Florenz.

Mit dem Auto

Anschluss an das mautpflichtige Autobahnnetz hat man von den Grenzübergängen Brenner und Tarvisio (Österreich) sowie Chiasso (Schweiz). An Wochenenden bilden sich um Mailand, Bologna, Florenz und an der Adria Warteschlangen vor den Zahlstellen. Auf Landstraßen gilt ein Tempolimit von 90 km/h, auf Autobahnen von 130 km/h. Seit 2002 muss man in Italien auf Autobahnen, Schnellstraßen und größeren außerstädtischen Straßen auch tagsüber das Abblendlicht einschalten.

Mit dem Flugzeug

Linienflüge von Deutschland, Österreich und der Schweiz nach Mailand verkehren täglich. Dort steigt man nach Pisa, Florenz, nach Sant' Egidio (bei Perugia) und Ancona/Falconara um. Von München aus werden Pisa und Florenz angeflogen, von Frankfurt/M., Wien, Zürich und Basel aus Florenz (im Sommer auch Flüge von Norddeutschland nach Rimini).

Tipp Vom Flughafen Peretola (Florenz) fahren Busse (Volainbus) der Sita/ATAF halbstündlich für 4 € zum Bahnhof Santa Maria Novella. Vom Flughafen Galileo Galilei in Pisa fährt Bus 3 in 10 Min. zum Bahnhof.

***Florenz

Die Wiege der Renaissance

Florenz, die Hauptstadt der Toskana, gehört mit Venedig und Rom zu den bedeutendsten Kunstzentren Italiens. Die Stadt vereinigt Kunst- und Kulturschätze der Renaissance mit der Eleganz und Liebenswürdigkeit der heutigen Florentiner. Neben den touristischen Höhepunkten lohnt jedoch auch ein Spaziergang durch Viertel wie San Lorenzo oder San Frediano, um den Alltag einer italienischen Großstadt mit teils dörflichem Flair kennen zu lernen.

Geschichte

Stadtgründer Cäsar

Julius Cäsar gründete im Jahr 59 v. Chr. hier, an der Via Cassia, eine Veteranenkolonie, von der nur die rechtwinklige Straßenanlage um das ehemalige Forum (Piazza della Repubblica) erhalten blieb, die man noch gut im Stadtplan erkennen kann.

Die Zunahme des Warenverkehrs auf der Via Cassia um das Jahr 1000 begünstigte den wirtschaftlichen Aufschwung. Damals entstanden schon erste Bauten wie das Baptisterium und San Miniato al Monte.

Die Medici regieren

Die fast schon industriell organisierte Verarbeitung von Wolle und Seide sowie in ganz Europa verzweigte Bankgeschäfte bildeten die Grundlage für den zunehmenden Reichtum in Florenz. Kaufleute und Handwerker schlossen sich in Zünften *(artes)* zusammen und übernahmen die Regierung in der freien Kommune, die Ende des 13. Jhs. mit 100 000 Einwohnern

Palazzo Vecchio, Rathaus von Florenz

Seite 740

zu den europäischen Großstädten zählte. Jetzt wurden auch in Florenz die ersten Monumentalbauten errichtet, die Grundsteine für den Bargello, den Palazzo Vecchio und die großen Ordenskirchen gelegt. Die einflussreichen Familien (Strozzi, Pitti) wetteiferten mit den Medici beim Bau ihrer Stadtpaläste wie auch um die Macht in der Republik. Diese oft blutigen Auseinandersetzungen endeten 1434, als Cosimo de' Medici nach seiner Rückkehr aus dem Exil in Venedig faktisch die Alleinherrschaft übernahm.

Aus dem Stadtstaat entwickelte sich ein Regionalstaat, den Kaiser Karl V. im Jahr 1530 den Medici als erbliches Herzogtum überließ. Florenz verlor seine autonome Stellung und wurde in das neue Herzogtum eingebunden. Von 1865 bis 1871 trumpfte es als Hauptstadt Italiens und Sitz des Königshofes noch einmal mächtig auf.

Moderne Probleme

Heute kämpfen die Einwohner von Florenz (352 200 Einw.) vor allem mit Umweltproblemen, die ihre Kunstschätze und ihre Gesundheit gefährden. Das Stadtzentrum ist für den Individualverkehr gesperrt. Man erreicht alle Sehenswürdigkeiten jedoch problemlos zu Fuß oder per Bus.

Seite
740

Blick über Florenz und die Arnobrücken vom Piazzale Michelangelo aus

Tipp Je nach Aufenthaltsdauer wählt man sein Bus-Ticket: 1-Stunde-Ticket 1 €, 3-Stunden-Ticket 1,80 €, Tageskarte 4 €, zwei Tage 5,70 €, drei Tage 7,20 €, Wochenkarte 12 €.

*Piazzale Michelangelo ❶

Florenz von oben – ein eindrucksvoller Auftakt eines Florenzbesuchs ist der Blick vom Piazzale Michelangelo auf die Stadt. Bequem fährt man mit dem Bus Nr. 12 oder 13 hinauf; anstrengender ist der Spaziergang von der Piazza Poggi aus. Das Häusermeer, überragt von der majestätischen Kuppel des Doms, breitet sich bis zum Hügelland aus. Unzählige Brücken überspannen das silbrig glänzende Band des Arno, fast magisch zieht der Ponte Vecchio die Blicke auf sich.

***Baptisterium ❷

Den Stadtrundgang beginnt man am Domplatz mit Dom, Campanile und dem eleganten Baptisterium, einem der schönsten Bauwerke von Florenz.

Selbst Dante hielt, wie viele seiner Zeitgenossen, die Taufkirche für ein antikes Kunstwerk. Tatsächlich entstand sie im 11. Jh. Ihre Ausdruckskraft liegt im perfekten Zusammenspiel der Marmordekoration mit der architektonischen Struktur. Die vergoldeten **Bronzeportale** des Baptisteriums zählen zu den viel bewunderten Meisterwerken in der Stadt. Das älteste, das Südportal von 1330, stammt von Andrea Pisano und zeigt 20 Szenen aus dem Leben Johannes des Täufers, des Stadtpatrons von Florenz. Das Nordportal und das von Michelangelo als Paradiespforte bezeichnete Ostportal mit zehn Episoden aus dem Alten Testament schuf Lorenzo Ghiberti (1387–1455). Man sollte auch einen Blick ins Innere des Baus mit prachtvollen **Mosaiken** von 1270 werfen (tgl. 12–18.30, So/Fei 8.30–13.30 Uhr) .

**Dom Santa Maria del Fiore ❸

Dem Baptisterium gegenüber erhob sich einst ab dem 4. Jh. die Kirche Santa Reparata. Dass hier schon in

Seite 740

Eine der vergoldeten Bronzeportale des Baptisteriums

der Antike gebaut wurde, zeigen die römischen Mosaikfußböden, die man neben den Resten der Kirche noch heute unter dem Dom Santa Maria del Fiore besichtigen kann. 1296 begannen die Florentiner mit einem Neubau. Sie wollten mit Siena und Pisa gleichziehen und ließen sich mit 153 m Länge und 38 m Breite eine der größten Kirchen der Welt erschaffen. Die Gliederung des Baus ist noch der Gotik verhaftet, die Marmorverkleidung ein Element der Vorrenaissance.

Brunelleschis Kuppel

Für die Kuppel wurde 1418 ein Wettbewerb ausgeschrieben, den Filippo Brunelleschi gewann. Niemand glaubte damals daran, dass sich seine Idee einer selbsttragenden Doppelschalenkonstruktion würde verwirklichen lassen. 1436 vollendete Brunelleschi das sich auf 107 m emporschwingende architektonische Meisterwerk seiner Zeit – und es hält bis heute!

Im Vergleich zur Farbigkeit des Doms außen wirkt das wenig gegliederte dreischiffige Innere mit dem Grundriss eines lateinischen Kreuzes schlicht und nüchtern. Die *Kuppelgemälde von Giorgio Vasari bieten jedoch durchaus genug an Pracht.

Campanile und Langhaus

**Campanile ❹ und Dombaumuseum

Wem die Domkuppel zu anstrengend ist, der sollte immerhin den 84 m hohen Glockenturm (Campanile) erklimmen. Von hier überblickt man schön die Stadt, ihre Kirchen und Paläste. Als neuer Dombaumeister widmete sich Giotto ab 1334 ganz der Errichtung des prächtigen Turms. Von ihm stammt auch die Idee der dreifarbigen Marmordekoration.

Im Dombaumuseum bewundert man die großartigsten Kunstwerke des Doms, die *Pietà von Michelangelo, die *Sängerkanzeln von Luca della Robbia und Donatello sowie die Originalreliefs des Campanile (tgl. 9–19.30 Uhr, So und Fei bis 13.30 Uhr).

Zum weltlichen Zentrum

Die **Via dei Calzaiuoli,** heute Touristenmeile und eine der Haupteinkaufsstraßen der Stadt, verbindet das geist-

liche mit dem weltlichen Zentrum von Florenz. Wenige Schritte von hier erschließt sich in den östlich gelegenen Seitengässchen eine andere Welt mit kleinen Bäckereien, Obst- und Käseläden, Weinhändlern und Trattorien.

Piazza della Signoria ❺

Wer die Eleganz liebt, kann die Atmosphäre der Piazza della Signoria im schicken Caffè Rivoire bei einem Cappuccino oder einer Tasse ausgezeichneter Schokolade genießen! Cosimo I. ließ diese Piazza von seinen Lieblingskünstlern schmücken: Sein **Reiterdenkmal** stammt von Giambologna (1594) und der **Neptunbrunnen** von Bartolomeo Ammannati (1575).

*Palazzo Vecchio ❻
Der Palazzo Vecchio ist das beherrschende Bauwerk des Platzes. Ursprünglich errichtete Dombaumeister Arnolfo di Cambio den Bau ab 1299 für die Prioren, die Vorsteher der Zünfte, die als *signori* die Stadt regierten. Das Gebäude wurde nach dem Vorbild des Stadtpalastes von Volterra konzipiert, doch ist es wuchtiger und scheint wie aus einem Stück gegossen. Zinnenkranz und Turm vollenden hier den Eindruck majestätischer Schlichtheit.

Vorbei an der Kopie des »David« von Michelangelo betritt man den Innenhof, den Michelozzo 1453 im Frührenaissancestil umgestaltete. Er vermittelt eine Vorahnung von den Prunkräumen des Palastes, vor allem dem Saal der Fünfhundert. Seine prächtigen Wand- und Deckengemälde schufen Vasari und seine Schüler. Skulpturen von Michelangelo, Giambologna und Verrocchio schmücken

Santa Maria del Fiore, der Florenzer Dom, eine der größten Kirchen der Welt

»Raub der Sabinerinnen«

Seite 740

die Räume – ein Besuch dieses Palazzo gehört in jedes Florenzprogramm (tgl. 9–19, Do und Fei nur bis 14 Uhr).

**Loggia dei Lanzi ❼
Die *lanzichenecchi,* die hier stationierten Landsknechte, gaben der Loggia ihren Namen. Sie wurde 1376–1382 als repräsentative Empfangshalle der Stadt errichtet. Die berühmten Skulpturen *»Raub der Sabinerinnen« und *»Perseus«, der stolz das Haupt der geköpften Medusa hält, machen die Halle zum Freilichtmuseum.

Die ***Uffizien ❽

Nach der Eroberung Sienas 1555 benötigten die Medici eine neue Verwaltungszentrale, um ihren nunmehr fast die ganze Toskana umfassenden Herrschaftsbereich besser kontrollieren zu können. Als Amtsräume *(uffici)* entwarf Giorgio Vasari deshalb ursprünglich für Cosimo I. die Uffizien. Sie beherbergen in 45 Sälen eine der bedeutendsten Gemäldesammlungen

Seite 740

Die Uffizien beherbergen eine der größten Gemäldesammlungen der Welt

der Welt. Sie geben einen Überblick über die toskanische Kunst (Cimabue, Giotto, Botticelli, Leonardo da Vinci, Michelangelo) besitzen aber auch großartige Werke anderer italienischer (Raffael, Tizian, Tintoretto oder Caravaggio), deutscher (Dürer, Cranach oder Holbein) und niederländischer Meister (Rembrandt, Rubens). (geöffnet: Di–So 8.15–18.50 Uhr; Kartenvorbestellung: Tel. 0 55 29 48 83; www.televisual.it/uffizi)

Tipp Unter Tel. 0 55 29 48 84 kann man beim Kartenservice »Firenze Musei« Eintrittskarten für die Uffizien, die Accademia oder die Galleria Palatina vorbestellen. So lassen sich lange Wartezeiten vermeiden.

**Ponte Vecchio ⑨

Die Arkaden der Uffizien geben den Blick zum Arno frei. Man hat so die älteste Brücke der Stadt von 1345, den Ponte Vecchio, vor Augen. Besonders in den Abendstunden, wenn die sinkende Sonne sich im Fluss spiegelt, vermag die Alte Brücke zu bezaubern. Im 16. Jh. wurde verfügt, dass die Läden auf der Brücke Gold- und Silberschmieden vorbehalten bleiben.

**Palazzo Pitti ⑩

Spaziert man Richtung Süden weiter, erhebt sich unvermittelt links der Palazzo Pitti, um 1440 von Filippo Brunelleschi für die Familie Pitti entworfen. 1549 zwangen die allein herrschenden Medici die Pitti zum Verkauf. Cosimo I. erweiterte das Gebäude zum größten Florentiner Palazzo (205 m lang, 38 m hoch). Acht Museen, von den Prunkräumen der **Appartamenti Monumentali** bis zur **Galleria Palatina** (Di–So 8.15 bis 18.50 Uhr), laden zum Schlendern ein (Sammelticket).

*Giardino di Boboli ⑪

Hinter dem Palast kann man sich in einer der wenigen Grünanlagen der Stadt, der barocken Gartenanlage Giardino di Boboli, eine Rast gönnen. Von dem Kaffeehaus der Anlage aus genossen schon die österreichischen Großherzöge den herrlichen Rundblick auf Florenz.

San Frediano

Die von Filippo Brunelleschi errichtete Renaissancekirche Santo Spirito gibt dem einladenden Platz in der Nähe des Palazzo Pitti seinen Namen. Hier spürt man die lebhafte Atmosphäre des Stadtviertels. San Frediano hat mit kleinen Läden, den Trattorien und den zahlreichen Handwerksbetrieben (vor allem Restauratoren) noch seinen ursprünglichen Charakter bewahrt.

In der Via Maggio und der Via di Santo Spirito entdeckt man besonders gut sortierte Antiquitätenhändler. Im Viertel stellen die *signore* an heißen Sommerabenden noch immer die Stühle vor die Tür, um mit der Nachbarin ein Schwätzchen zu halten.

Seite
740

🍴 Auch das leibliche Wohl kommt nicht zu kurz: An der Piazza Santo Spirito bekommt man ausgezeichnete Snacks; größeren Hunger stillen die Spezialitäten im urigen Keller »Cantinone« (Via S. Spirito 6r).

Tipp Der Florentiner Schriftsteller Vasco Pratolini setzte diesem Viertel mit seinem Roman »Die Mädchen von Sanfrediano« ein literarisches Denkmal.

Palazzo Davanzati ⑫

Zurück über den Ponte Vecchio, blickt man auf Palazzi alter Adelsgeschlechter. Im Palazzo Davanzati sind die prächtig dekorierten Wohn-, Schlaf- und Küchenräume mit originaler Ausstattung aus dem Mittelalter zu besichtigen – vom Kochtopf bis zur Toilette (bis 2003 geschlossen). In der Nähe steht der repräsentative **Palazzo Strozzi** ⑬ der gleichnamigen Familie.

Harmonische Proportionen: die Fassade von Santa Maria Novella

**Santa Maria Novella ⑭

Durch stimmungsvolle, einladende Gässchen spaziert man zur weiten Piazza. Dort wartet die eindrucksvolle Renaissancefassade der Kirche Santa Maria Novella. Die Strozzi, die Rucellai, die Gondi und die Tornabuoni ließen sich je eine prächtige Kapelle ausmalen. Die wunderbaren **Fresken der Hauptchorkapelle** gab Giovanni

---

Der Geist der Renaissance

Ab dem ausgehenden 14. Jh. wuchs unter den führenden bürgerlichen Schichten von Florenz das Interesse an Vorbildern für ihre republikanische Staatsform. Tugenden und Werte wie Freiheit des alten Rom kamen in Mode; man studierte die Kunst, die Philosophie, die Literatur und die Sprachen der Antike und fühlte sich einer neuen Weltsicht verbunden, die den Menschen in den Mittelpunkt des Universums stellte. Dies führte zu einer Wiedergeburt (Renaissance) des antiken Schönheitsideals in allen Bereichen der Kunst. Naturgetreue Nachbildungen griechischer und römische Statuen waren nun en vogue, nicht mehr die Fabelwesen des Mittelalters oder gotische Formen. Der Reichtum aus Handel und Bankgeschäften erlaubte den mächtigen Florentiner Familien – allen voran die Medici – ein großzügiges Mäzenatentum zugunsten von Künstlern und Philosophen. Ihre Rivalität untereinander trugen sie nun auch mit Hilfe prächtiger Palazzi, Skulpturen und Bilder aus: Man wollte sich gegenseitig ausstechen. So wurde Florenz das Zentrum der Renaissancekultur mit einer überwältigenden Fülle von Kunstwerken.

Seite
740

Tornabuoni bei Domenico Ghirlandaio in Auftrag und setzte somit seiner Familie ein Denkmal. Giovanni und seine Gattin beten an den Seiten des Fensters, die junge Frau im Goldbrokatkleid (in der Szene der Geburt Marias) ist ihre Tochter Ludovica. Das Fresko gibt zudem Auskunft über den Geschmack der Zeit, über Mode und Innenarchitektur – gleichsam Fotos aus dem Mittelalter.

Ein Hauptwerk des 15. Jhs., das ***Trinitätsfresko** (1427) von Masaccio im linken Seitenschiff, sollte man näher betrachten. Eine Darstellung Gottes inmitten einer vollendeten Renaissancearchitektur – das konnte nur in Florenz entstehen. Das auf den ersten Blick unscheinbare Wandfresko revolutionierte durch die Einführung der Zentralperspektive die Malerei – man denke nur an die flachen, kaum plastisch wirkenden gotischen Altarbilder mit ihrem Goldhintergrund (z. B. in der Cappella Strozzi im linken Querschiff zu sehen).

Mo–Do, Sa 9.30–17, Fr, So 13–17 Uhr; Eintritt.

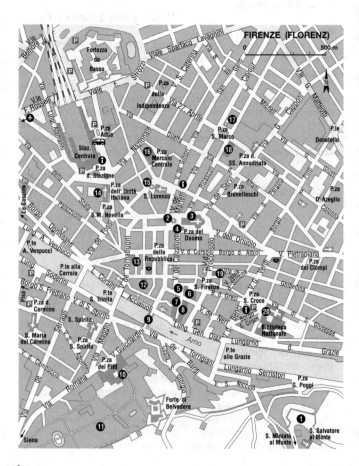

🎁 Nach alten Rezepten zubereitete Liköre, Seifen und Parfüms bekommt man in der stilvollen **Apotheke** der Mönche von Santa Maria Novella (Via della Scala 16). Schicke Taschen, T-Shirts u. ä. bietet der **Straßenmarkt** von San Lorenzo.

Cappelle Medicee ⑮

Keinesfalls sollte man sich dieses Gotteshaus entgehen lassen (Zugang hinter der Kirche San Lorenzo). Neben dem Prunk der *****Fürstenkapelle** wartet in der **Neuen Sakristei** klassische Eleganz, Kraft, Erhabenheit – Michelangelo in Vollendung. Der Medici-Papst Leo X. wollte mit dem Familienmausoleum 1520 der ganzen Stadt die Großartigkeit seines Geschlechts vor Augen führen – der beste Baumeister, Michelangelo, wurde mit dem Auftrag betraut.

Der Wirkung dieses Gesamtkunstwerks, in dem Architektur und Skulpturen eine harmonische Einheit bil-

Garantiert frische Ware wird im Mercato Centrale angeboten

Seite 740

den, kann man sich nur schwer entziehen. Die beiden unbedeutenden Herzöge von Nemours und Urbino, der Sohn und der Enkel von Lorenzo il Magnifico, erhielten von Michelangelo die künstlerisch wertvollsten Grabmäler der Renaissance: Der muskulöse »Tag« und die junge schlafende Frau der »Nacht« liegen am Grabmal des Giuliano von Nemours (rechts). Die kräftige »Morgenröte« scheint am gegenüberliegenden Sarkophag des Lorenzo aus dem Schlaf zu erwachen, die »Abenddämmerung« entschlummert (2. und 4. Mo sowie 1., 3., 5. So im Monat u. Di–Sa 8.15–16.45 Uhr).

Mercato Centrale ⑯

Nach so viel eindrucksvollen Kunstwerken lockt die Zentrale Markthalle San Lorenzo (geöffnet nur vormittags bis 14 Uhr), eine interessante Eisenkonstruktion aus dem 19. Jh. Geradezu pittoresk ist hier das Angebot an Wildschweinköpfen oder noch ungerupftem Geflügel. Wer bei diesem Anblick Appetit auf die rustikale toskanische Küche bekommt, kann im

❶ Piazzale Michelangelo
❷ Baptisterium
❸ Dom Santa Maria del Fiore
❹ Campanile
❺ Piazza della Signoria
❻ Palazzo Vecchio
❼ Loggia dei Lanzi
❽ Uffizien
❾ Ponte Vecchio
❿ Palazzo Pitti
⓫ Giardino di Boboli
⓬ Palazzo Davanzati
⓭ Palazzo Strozzi
⓮ Santa Maria Novella
⓯ Cappelle Medicee
⓰ Mercato Centrale
⓱ San Marco
⓲ Accademia
⓳ Bargello
⓴ Santa Croce

Seite
740

Athena-Skulptur in der Veronese-Loggia des Bargello

Markt z. B. die *lampredotto*-Semmel (gekochter und fein gewürzter Kuhmagen) bei »Nerbone« probieren.

San Lorenzo

Im Viertel San Lorenzo kann man in den Alltag der Florentiner eintauchen: Man sieht Hausfrauen beim Einkauf ebenso wie Studenten – die Uni liegt gleich nebenan – und Geschäftsleute, die in einer Bar gemeinsam einen Aperitif nehmen.

Nicht weit entfernt präsentiert sich die Kirche **San Marco** ⑰ heute in barocker Festlichkeit. Ein Besuch lohnt sich im ****Museum** rechts daneben, denn den lyrischen Zauber der Fresken des Malermönchs Fra Angelico, besonders seiner ****»Verkündigung«**, sollte man sich nicht entgehen lassen (Mo–Fr 8.15–13.50, Sa, So, Fei 8.15–18.50 Uhr; 1., 3., 5. So sowie 2. und 4. Mo im Monat geschl.).

Kraftvolle Eleganz bewundert man in der ***Accademia** ⑱, der Kunstakademie, in der das Original des »David« von Michelangelo (eine Kopie steht vor dem Palazzo Vecchio) und seine Skulpturengruppe »Prigioni« (»Die Gefangenen«) gezeigt werden (Di–So 8.15–18.50 Uhr).

Der **Bargello ⑲

Richtung Süden gehend, kommt man zum grandiosen Gebäude des Bargello mit einer der bedeutendsten Skulpturensammlungen der Welt – in Florenz bekommt man (fast) überall einen Michelangelo oder einen Donatello zu sehen! Der strenge Palast wurde zwischen 1255 und 1261 als erster Sitz für die kommunalen Institutionen errichtet. Seine reich dekorierten Säle bilden einen wunderschönen Rahmen für die einzigartigen Statuen (Di–Sa 8.30–13.50 Uhr sowie 2., 4. So und 1., 3., 5. Mo im Monat).

Piazza Santa Croce

Tipp In der Via Isola delle Stinche bekommt man bei »Vivoli« das beste Eis von ganz Florenz. Rund um die Piazza finden sich außerdem viele Geschäfte, die auf Lederartikel spezialisiert sind.

Am Platz selbst wartet dann eine weitere Kirche, *****Santa Croce** ⑳. Im imposanten Inneren der franziskanischen Ordenskirche liegen über 270 Grabplatten am Boden; an den Wänden ziehen sich die Grabdenkmäler italienischer Größen entlang: Michelangelo, Dante, Machiavelli und Galileo Galilei, um nur einige zu nennen.

Auch hier gaben mächtige Familien die Aufträge zur Ausschmückung der Kapellen, z. B. die Bardi oder die Peruzzi (rechts vom Hauptaltar). Giotto malte für sie die beiden Zyklen aus dem Leben der Heiligen Franz von Assisi, Johannes des Täufers und Johannes des Evangelisten. Um 1330, auf dem Höhepunkt seines Schaffens, erzählte der Künstler hier farbenfrohe Geschichten (Mo–Sa 9.30–17.30, So, Fei 13–17.30 Uhr; Eintritt).

Infos

APT, Via Manzoni 16, 50121 Firenze, Tel. 05 52 33 20, Fax 05 52 34 62 86; www. firenze. turismo.toscana.it. Informationsbüros: Piazza Stazione (vor dem Bahnhof), Tel. 0 55 21 22 45; Borgo Santa Croce 29r, Tel. 05 52 34 04 44; Via Cavour 1r, Tel. 0 55 29 08 32.

Torre di Bellosguardo, Via Roti Michelozzi 2, Tel. 05 52 29 81 45, Fax 0 55 22 90 08; www. torrebellosguardo.com. Ruhig im Grünen gelegen; Hallen mit Fresken verziert, jedes Zimmer anders eingerichtet. ○○○

▌ **Loggiato dei Serviti,** Piazza SS. Annunziata 3, Tel. 0 55 28 95 92, Fax 0 55 28 95 95; www.loggiatodeiservitihotel.it. Zentral, in einem Gebäude des 16. Jhs., Zimmer mit schönen antiken Möbeln eingerichtet. ○○○

▌ **Casci,** Via Cavour 13, Tel. 0 55 21 16 86, Fax 05 52 39 64 61; www.hotelcasci.com. Schon Rossini fühlte sich hier wohl. ○○

Camping: Viale Michelangelo, ganzjährig, schattiger Platz unterhalb des Piazzale Michelangelo.

▌ **Villa Camerata,** Viale A. Righi 2–4, am Hügel in Richtung Fiesole gelegen.

Cantinetta Antinori, Piazza Antinori 3, Tel. 0 55 29 22 34. Typisch toskanische Gerichte, begleitet von den bekannten Antinori-Weinen (Sa, So geschl.). ○○○

▌ **Mamma Gina,** Borgo San Jacopo 37r. Feine toskanische Küche in Palast des 15. Jhs., So geschl. ○○

▌ **Il Cibreo,** Via dei Macci 122r. Kleine Osteria mit Delikatessenladen, So, Mo geschl. ○○

▌ **Il Latini,** Via Palchetti 6r. Rustikale toskanische Küche, Mo geschl. ○

Veranstaltungen: Ostersonntag am Dom **Scoppio del Carro;** Mai/Juni **Maggio musicale fiorentino,** Konzerte, Ballett, Opern mit Spitzenstars; Juni **Calcio Storico,** drei Spiele auf der Piazza S. Croce (s. S. 727); 7. Sept. **Rificolona,** Laternenfest.

Tenax, Via Pratese 45a (Bus 29): eine der belebtesten Diskos der Stadt, oft Livemusik. In-Caffès mit Musik:
▌ **Astor,** Piazza Duomo 20r, Tel. 05 52 39 90 00; 9 Uhr bis nachts, So ab 17 Uhr.
▌ **Negroni,** Via dei Renai 17r, Tel. 0 55 24 36 47; Mo–Sa 8–2 Uhr, So geschl.
▌ **Slowly,** Via Porta Rossa 63r, Tel. 05 52 64 53 54; So geschl.

Florenz ist für feinste **Intarsienarbeiten** bekannt; erhältlich etwa bei Scagliola, Via S. Spirito 11 oder Il Mosaico di Pitti, Piazza de' Pitti 23r.
▌ Tgl. **Markt** bei San Lorenzo. Di Markt beim Parco dei Cascine.
▌ Jeden 2. So im Monat **Antiquitätenmarkt** auf der Piazza Santo Spirito.
▌ Auf der Piazza dei Ciompi breitet sich jeweils am letzten Sonntag im Monat der **Flohmarkt** bis in die umliegenden Straßen aus.

Tipp **Ermäßigter Eintritt:** In den städtischen Museen (u. a. Palazzo Vecchio, Kreuzgang Santa Maria Novella, Cappella Brancaccia, Museum für Stadtgeschichte Firenze com'era, Museum für Malerei des 20. Jahrhunderts Alberto della Ragione (z. Zt. in restauro) erhalten Jugendliche zwischen 12 und 20 Jahren Ermäßigung; Kinder unter 12 Jahren brauchen gar nichts zu bezahlen.

Seite 740

Seite
745

Tour 1

1

Berge, Küste und Kultur

**Pontremoli → Villafranca in Luni-
giana → Carrara → Pietrasanta →
***Pisa → Livorno → Rosignano
Marittimo → *Massa Marittima
→ Grosseto → Monte Argentario
(580 km)**

Vor dem Hintergrund der marmor-
weiß leuchtenden Apuanischen
Alpen führt diese Tour von der Bergwelt des 1000 m hohen Cisa-Passes
zu den Badestränden der Versilia. In
weißer Eleganz ragt auch der Schiefe
Turm von Pisa inmitten einer lebendigen Stadt empor, die mehr zu bieten
hat als allein die Piazza dei Miracoli.
Grüne Macchia verleiht den Badebuchten der Etruskischen Riviera
südlich Livornos ihren Reiz. Etruskische Stätten und die mittelalterlichen Städtchen des Hinterlandes
bieten die kulturelle Ergänzung zum
Wasserspaß an der Küste.

Pontremoli ❶

Hat man – von Norden her kommend –
am 1039 m hohen Cisa-Pass den
höchsten Punkt der mittelalterlichen
Frankenstraße über den Apennin erreicht, steht man auf der Grenze zwischen den Provinzen Emilia-Romagna
und Toskana. Von hier aus geht es
stets bergab: Rund 800 m tiefer liegt
der kleine Ort Pontremoli (236 m;
8070 Einw.). Oberhalb seiner malerischen Altstadt auf der Landzunge am
Zusammenfluss von Magra und Verde
lohnt im Inneren des Kastells das ein-

zigartige **Stelen-Museum** einen Besuch. Diese Statuen, deren älteste aus
der Zeit um 2000 v. Chr. stammt, findet
man in Italien sonst nur noch in den
Alpentälern des Nordens (April bis
Sept. Di–So 9–12 und 15–18 Uhr,
Okt.–März 9–12 und 14–17 Uhr).

 Agriturismo Costa D'Orsola,
Tel./Fax 01 87 83 33 32,
www.costadorsola.it
Schön gelegener mittelalterlicher
Borgo (1,5 km vom Ort entfernt). ○

Versilia

Eine spektakuläre Aussicht auf die
1800 m hohen Berggipfel begleitet die
Fahrt durch das Magratal, an **Villafranca in Lunigiana** und alten Raubrit-
terburgen vorbei zum Meer. Versilia
heißt die Küstenregion von Cinquale
bis zum Lago di Massaciuccoli. Mit
ihren weiten Sandstränden, dem sauberen Wasser und dem Blick auf die
Apuanischen Alpen im Hintergrund ist
sie ein beliebtes Badegebiet. Alle Küstenorte sind auf Tourismus eingestellt. **Forte dei Marmi** und **Viareggio**
– letzteres ist wegen seines Karnevals
auch im Winter beliebt – zählen zu den
mondäneren, schon seit Anfang des
20. Jhs. bekannten Badeorten.

APT, 54037 Marina di Massa,
Lungomare Vespucci 24, Tel.
05 85 24 00 46, Fax 05 85 86 90 15,
www. aptmassacarrara.it
❚ **APT della Versilia,** Viale G.
Carducci 10, 55049 Viareggio,
Tel. 05 84 96 22 33, Fax 0 58 44 73 36,
www.versilia.turismo.toscana.it
Bahnverbindungen: An der Küste
entlang in Carrara-Avenza, Massa,
Forte dei Marmi-Querceta, Pietrasan-
ta, Camaiore Lido, Viareggio, Torre del
Lago Puccini.

Carrara ❷

Den Marmorvorkommen der Apuanischen Alpen verdankt Carrara (100 m; 65 300 Einw.) seine Berühmtheit und die einmalige Kulisse. In der Antike wurde hier der Marmor für die Tempel Roms gewonnen. Der Besuch der **Steinbrüche** ist eindrucksvoll, ebenso die Besichtigung von Stadt und **Museo Civico del Marmo di Carrara** (Viale XX Settembre; tgl. außer So und Fei: Mai–Sept. 10–18, Juli/Aug. bis 20, Okt.–April 8.30–13.30 Uhr).

Naturgenuss verheißt der größte Naturpark der Toskana (540 km²), der **Parco Naturale delle Alpi Apuane.** Das Besucherzentrum im südlich gelegenen **Seravezza** organisiert Touren durch den Park – zu Fuß oder zu Pferd.

ℹ️ Centro Documentazione ed Accoglienza Visitatori Parco Alpi Apuane, Via C. del Greco 11, 55047 Seravezza, Via C. Del Greco 11, Tel. 05 84 75 73 25, Fax 05 84 75 82 07, www.parcoapuane.toscana.it

Tipp Oberhalb von Carrara reift in **Colonnata** der zarte Speck Lardo di Colonnata im Marmorgestein – ein feines Mitbringsel.

Pietrasanta ❸

Auch Pietrasanta (14 m; 24 400 Einw.) ist eine Stadt des Marmors: Das **Museo dei Bozzetti** im harmonischen Kreuzgang des Klosters Sant' Agostino zeigt ca. 200 Modelle und Studien vieler Bildhauer, die aus aller Welt in diese Gegend kommen (Sept.–Juni Di–Sa 14.30–19, gratis; Ende Juni bis Mitte Sept. Di–So 18–20 u. 21–24 Uhr, Eintritt). Interessant sind auch die Werkstätten, in denen Künstler wie

Fernando Botero ihre Skulpturen ausführen lassen. An der ***Piazza del Duomo** in der Altstadt zieht neben dem roten **Campanile** der marmorne **Dom** (13. Jh.) den Blick auf sich.

***Pisa ❹

*Piazza dei Miracoli

Die Stadt (92 600 Einw.) ist wegen des Schiefen Turms berühmt geworden. Wo sonst als auf dem »Platz der Wunder« könnte die Erkundung Pisas beginnen? Wie für die Ewigkeit geschaffen, erheben sich Campanile, Dom

Seite 745

TOUR 1 (nördl. Teil)

1

Seite
745

und Baptisterium auf der grünen Wiese. Ihre weiße Marmorverkleidung unterstreicht die Einzigartigkeit des Ensembles. Die Bürger von Pisa demonstrierten hier ihre Macht und ihren Stolz: Als eine der ersten Kommunen in Italien stand Pisa schon im 11. Jh. unter eigener Herrschaft; Kaufleute und Seefahrer dominierten die Geschicke der Stadt. Siegen gegen die Sarazenen und der Teilnahme am Ersten Kreuzzug folgte die Errichtung von Handelskolonien im Mittelmeerraum. Konflikte mit den papsttreuen Rivalen Genua, Lucca und Florenz leiteten den Niedergang des kaisertreuen Pisa ein: 1406 eroberten es die Florentiner.

Der Schiefe Turm von Pisa auf der Piazza dei Miracoli

***Dom

Der Dom wurde mit dem Beutegut aus dem Sieg gegen die Sarazenen von Palermo (1063) begonnen. Baumeister Buscheto verband eine frühchristliche Basilika (dreischiffiges Langhaus mit Apsis) mit einem Querschiff: Nie zuvor hatte es in Italien einen Sakralbau in Form eines Kreuzes gegeben. Die Verwendung von Arkadenbogen im Innern verleiht dem Raum den Charakter einer Moschee. Buscheto kannte die islamische Architektur; auch die reiche äußere Dekoration mit Marmorintarsien spiegelt diesen Einfluss wider. Andere Stilmittel stammen aus der Romanik Norditaliens.

Die gotische *Kanzel schuf Giovanni Pisano 1302–1322. Bewegte Reliefs zeigen Szenen von der Geburt Johannes des Täufers bis zur Kreuzigung Christi und dem Jüngsten Gericht (So, Fei ab 13, Mo–Sa ab 10 Uhr; März–Okt. bis 19, Nov.–Feb. bis 17 Uhr; So/Fei bis 18.30 bzw. 17.30 Uhr; März–Okt.).

***Baptisterium

Auf einer Achse mit dem Dom liegt das Baptisterium, mit dessen Bau 1153 begonnen wurde. Vater Nicola oder Sohn Giovanni Pisano? Man vergleiche die Kanzel Giovannis im Dom mit der Arbeit Nicolas im Baptisterium, der hier 1260 mit der ersten frei stehenden *Marmorkanzel ein bedeutendes Kunstwerk der italienischen Spätromanik schuf (tgl. im Winter 9–17, März u. Okt. 9–18, April–Sept. 8–20 Uhr).

Wer die Reliefs dieser Kanzel mit den römischen Sarkophagen im *Camposanto, dem monumentalen Friedhof an der Nordseite des Platzes, vergleicht, erkennt, wo Nicola Inspirationen fand. Bis zur Zerstörung 1944 schmückten den Friedhof die größten mittelalterlichen Wandmalereien der Welt. Die erhaltenen Teile, die Zyklen »Triumph des Todes«, »Jüngstes Gericht« und »Geschichten der hl. Eremiten«, kann man besichtigen (Öffnungszeiten wie Baptisterium).

***Der Schiefe Turm

Der Turm ist eines der bekanntesten Bauwerke der Welt. Bonanno begann ihn 1173. Bereits während des Baus neigte sich der Campanile – und wurde berühmt. Giovanni di Simone, der Baumeister des Camposanto und des Glockenturms von San Francesco in Pisa, wagte 1275 den Weiterbau und korrigierte die Schieflage, indem er die höheren Stockwerke wieder ins Lot setzte. Der Turm neigte sich über die Jahrhunderte immer stärker und wurde 1990 gesperrt. Man trug auf der höher liegenden Seite Erdreich ab, und der Turm wurde um 38 cm »gerader«. Seit Oktober 2001 ist er wieder besteigbar – für stolze 15 €!

Mediterrane Atmosphäre

Nach der Besichtigung des Domplatzes bietet sich ein Bummel durch die Altstadt von Pisa an, um den heutigen Charakter der Stadt kennen zu lernen. Von Oktober bis Juni, während des italienischen Studienjahres, prägen Studenten das Straßenbild – schließlich steht die Universität mit über 40 000 Einschreibungen seit rund 500 Jahren im Mittelpunkt des städtischen Lebens. Draußen trifft man sie beim Plausch – z. B. auf der *Piazza dei Cavalieri, einem der schönsten Plätze der Stadt. Hier lag im Mittelalter das politische Zentrum der Republik Pisa, das Großherzog Cosimo I. 1561 bewusst auslöschte: Zur Abwehr der Piraten im Mittelmeer gründete er den Ritterorden des hl. Stephan und schenkte ihm den Palazzo della Carovana, den ehemaligen Amtssitz des Ältestenrates der Pisaner Kommune. Auf Plänen Vasaris beruhten die herrliche Sgrafitti-Dekoration und die nahe Kirche Santo Stefano dei Cavalieri (tgl. 10.30–18.30, Nov.–Feb. bis 17.30 Uhr; Eintritt). Im Inneren zeugen eindrucksvolle Schiffsteile von den Seesiegen der Ritter gegen die Türken.

Von der Piazza dei Cavalieri geht man nur wenige Schritte zur Universität. Selbstversorger finden in dem mittelalterlich geprägten Viertel rund um die **Piazza delle Vettovaglie** eine Vielzahl von Ständen und kleinen Läden. Den Gegensatz zum lebhaften Marktplatz bildet der ruhige **Borgo Stretto,** eine elegante Ladenstraße, deren Cafés zur Einkehr locken.

Nach der Besichtigungstour haben Sie sich die süßen Köstlichkeiten im ersten Caffè Pisas, bei **Federico Salza** im Borgo Stretto unter den Arkaden, wirklich verdient.

Seite 745

Seit 1109 ist die Brücke **Ponte di Mezzo** am Ende des Borgo dokumentiert, auf der am letzten Junisonntag das Brückenspiel »Gioco del Ponte« (s. S. 727), stattfindet. Auf der anderen Arnoseite wartet der Corso Italia, die Haupteinkaufsmeile, auf Neugierige.

APT, Via Pietro Nenni 24, 56100 Pisa, Tel. 0 50 92 97 77, Fax 0 50 92 97 64; Informationsbüros: Piazza della Stazione (Bahnhof), Tel. 05 04 22 91, am Flughafen G. Galilei, Tel. 0 50 50 37 00 und Via Cammeo 2 (außerhalb der Stadtmauer, auf Höhe des Baptisteriums), Tel. 0 50 56 04 64, www.pisa.turismo.toscana.it

Royal-Victoria, Lungarno Pacinotti 12, Tel. 0 50 94 01 11, Fax 0 50 94 01 80, www.royalvictoria.it Schönes altes Hotel direkt am Arno. ○○
Camping: Torre Pendente, Viale delle Cascine 86, 1 km außerhalb; geöffnet April bis Mitte Okt.

Bruno, Via Luigi Bianchi 12, Tel. 0 50 56 08 18. Pisanische Küche, z. B. Stockfisch mit Kichererbsen oder Getreidesuppe; So abend u. Mo geschl. ○○–○○○
▪ **Osteria dei Cavalieri,** Via San Frediano 16, Tel. 0 50 58 08 58. Toskanische Küche mit Fantasie. Sa mittag u. So geschl. ○○

Jeden Mi und Sa großer **Markt** auf dem Parkplatz an der Via del Brennero; jedes zweite Wochenende (nicht Juli/Aug.) **Antiquitätenmarkt** auf der Piazza dei Cavalieri.

Seite 745 **Tipp** Verbilligtes Sammelticket für Dom, Baptisterium, Camposanto, Dom- und Sinopienmuseum.

Livorno ❺

Eine Fahrt ans Meer nach Marina di Pisa bietet die Gelegenheit, in ***San Piero a Grado** die romanische Kirche zu besichtigen. Hinter Tirrenia kündigen Raffinerieanlagen und Hafenkräne die Industriestadt Livorno (161 300 Einw.) an. Ihre Entwicklung zu einem wichtigen Mittelmeerhafen begann unter den Medici, die hier Festungen und Kanäle anlegten. Weite Flächen wie die **Piazza della Repubblica** und die **Piazza Grande** mit dem Dom prägen das Stadtbild. Schön zum Bummeln ist das pittoreske Viertel ***Quartiere Venezia** zwischen der Fortezza Vecchia und der Fortezza Nuova.

APT, 57100 Livorno, Piazza Cavour 6, Tel. 0 58 62 04 61, Fax 05 86 89 61 73; Infobüros im Porto Mediceo, Calata Carrara, Tel. 05 86 89 53 20, sowie Piazza del Municipio, Tel. 05 86 20 46 11 (1. 6.–30. 9.), www. livorno.turismo.it

Gran Duca, Piazza Micheli 16, Tel. 05 86 89 10 24, Fax 05 86 89 11 53, www.granduca.it Komfort im Inneren einer Medici-Festung. ○○○

Vecchia Livorno, Via Scali delle Cantine 34, Tel. 05 86 88 40 48, Di geschl. Exzellente Nudelgerichte mit Fisch! ○○

Die Lebensmittelstände des **Mercato Centrale** (Via A. Saffi) verlocken zum Einkaufsbummel.

Rosignano Marittimo ❻

Südlich von Livorno reist man auf der Via Aurelia (SS 1) stets an der Küste entlang. Auf den Badeort Quercianella folgt das schön gelegene, gepflegte Seebad Castiglioncello.

Von Rosignano Solvay lohnt ein Abstecher nach Rosignano Marittimo (30 500 Einw.). Auf einer kleinen Anhöhe gelegen, bietet es ein herrliches Panorama sowie ein Kastell aus dem 13./14. Jh. mit einem **Archäologischen Museum.** Die Ausstellung gibt Einblick in die Ausgrabungen der Umgebung mit Funden aus etruskischer und römischer Zeit. Südlich säumen die Badeorte Vada, Marina di Cecina und Forte di Bibbona die Küste.

Pro Loco, 57016 Rosignano Marittimo, Via Gramsci 19, Tel./Fax 05 86 79 29 73 (1. 6.–30. 9.); 57018 Vada, Piazza Garibaldi 93, Tel. 05 86 78 83 73, Fax 05 86 78 50 30, E-Mail: prolocovada@tin.it

Campingplätze: Mehrere in Vada, Marina di Cecina, Forte di Bibbona, alle am Meer.

San Vincenzo ❼

Hinter Forte di Bibbona führt die mit 4,8 km längste Zypressenallee Italiens nach Bolgheri, wo der Dichter und Nobelpreisträger Giosuè Carducci seine Jugendjahre verlebte. Überall im Dorf werden kleine Snacks *(merende)* angeboten, dazu der hervorragende Weiß- und Rotwein der Gegend.

Über Castagneto Carducci, Suvereto und das hübsche Städtchen Campiglia Marittima erreicht man **San Vincenzo** (6800 Einw.), einen belebten Badeort. Er bietet gute touristische Einrichtungen und sauberes Wasser.

APT, 57027 San Vincenzo, Via B. Alliata 2, Tel. 05 65 70 15 33, Fax 05 65 70 69 14, E-Mail: apt7vicenzo@tiscalinet.it

Riva degli Etruschi, Via della Principessa 120, Tel. 05 65 70 23 51, Fax 05 65 70 40 11, www.rivadeglietruschi.it Ruhige Lage. ○○ **Camping:** In Pinienhain 800 m vom Meer gelegen.

Gambero Rosso, Piazza della Vittoria 13, Tel. 05 65 70 10 21. Spitzenlokal, Mo, Di. geschl. ○○○

*Massa Marittima ❽

Von San Vincenzo lohnt der Abstecher durch Pinien- und Steineichenwälder zum schönen Golf von Baratti. In die ***etruskischen Grabhügel** von Populonia kann man hineinkriechen. Da macht selbst Kindern die Archäologie Spaß – die flache Badebucht ist gerade für die Kleinen wie geschaffen!

Als wahres Bilderbuchstädtchen des Mittelalters präsentiert sich Massa Marittima (8800 Einw.) hoch über der weiten Ebene der Maremma (s. S. 750). Wer einmal auf der zentralen ***Piazza Garibaldi** – umgeben von den **Logge del Comune,** dem **Palazzo Comunale,** dem **Palazzo del Podestà** und dem ***Dom** – bei Sonnenuntergang einen Campari getrunken hat, kommt sicher immer wieder hierher!

Massa verdankt seinen Aufstieg im 9. Jh. der Verlegung des Bischofssitzes

TOUR 1 (südl. Teil)
0   20 km

Seite 749

von Populonia auf diesen sicheren Hügel sowie den Metallvorkommen der **Colline Metallifere** in der Umgebung. Im 16. Jh. leitete die Malaria den Niedergang der Stadt ein, dem erst im 19. Jh. durch die Trockenlegung der Sümpfe und die Wiederaufnahme des Bergbaus Einhalt geboten wurde.

Massa besitzt eine hinreißende mittelalterliche Atmosphäre: Die untere **Città Vecchia** prägten das 11. bis 13., die obere »Neustadt« das 13. und 14. Jh. In den folgenden Jahrhunderten war kein Geld mehr für Um- und Neubauten vorhanden.

i **Ufficio Turistico Alta Maremma Turismo (AMATUR),** Via Todini 3, 58024 Massa Marittima, Tel. 05 66 90 27 56, Fax 05 66 94 00 95, www.stradavino.it, E-Mail: amatur@cometanet.it

Il Sole, Via della Libertà 43, Tel. 05 66 90 19 71, Fax 05 66 90 19 59, http:// utenti.tripod.it/hotelilsole Angenehmes, günstiges Hotel in einem schön restaurierten mittelalterlichen Gebäude. ○–○○

Taverna del Vecchio Borgo, Via Parenti 12, Tel. 05 66 90 39 50. Typische Küche der Maremma; So abends und Mo geschl. ○

Grosseto ❾

Pinien, Badebuchten, Sandstrände – so präsentiert sich die Küste vor Grosseto (72 600 Einw.). Das noble Seebad **Punta Ala** ragt auf einer Landzunge ins Meer hinein. Mit einer reizvollen mittelalterlichen Oberstadt besticht der Badeort **Castiglione della Pescia.**

Die Maremma

Der Name Maremma (von *marittima* – am Meer) bezeichnete nach dem Verfall der etruskischen Entwässerungsanlagen bis ins 19. Jh. hinein ein ungesundes, durch Malaria und Piratenüberfälle entvölkertes Sumpf- und Hügelgebiet im Südwesten der Toskana. Die Lebenserwartung der Bevölkerung lag bis 1840 unter zwanzig Jahren! Erst die Trockenlegung der Sümpfe im 19. Jh. ließ die *butteri,* die Cowboys der Toskana, mit ihren Rinderherden zurückkehren.

Der Reiz dieser Landschaft liegt im Kontrast der weiten Ebene zu den Hügeln des Hinterlandes. Von den alten Burgstädtchen (z. B. **Montepescali, Magliano in Toscana** oder

Capalbio (dort in der Nähe der geheimnisvolle Giardino dei Tarocchi, S. 716) genießt man die traumhafte Aussicht bis zum Meer.

Die einzigartige Flora und Fauna der Maremma, für die es auch Führungen gibt, lernt man am besten in einem der drei Naturschutzgebiete kennen. Auskünfte zum ***Parco Naturale dell'Uccellina** im Besucherzentrum in Alberese (Tel. 05 64 40 70 98) sowie zum **Rifugio Faunistico Lago di Burano** (Tel. 05 64 89 88 29) und zum **Rifugio Faunistico Laguna di Orbetello** (Tel. 05 64 82 02 97) der WWF Toskana (Via Sant'Anna 3, 50129 Florenz, Tel./Fax 0 55 47 78 76), www.wwf.it

Die **Pineta del Tombolo** ist ein 10 km langer Schirmpinienwald, den man vor Grosseto (71 000 Einw.) durchfährt. Nur die mächtigen Mauern aus der Medicizeit (16. Jh.) blieben hier erhalten. Das etruskische **Museo Archeologico e d'Arte della Maremma** an der Piazza Baccarini, das Schmuck aus der Antike präsentiert, wurde 1999 wieder eröffnet (Mai–Okt. Di–So 10 bis 13, 17–20, Nov.–Feb. Di–Fr 9–13, Sa, So 9–13, 16–18, März–April Di–So 9–13, 16–18 Uhr).

i APT, 58100 Grosseto, V. Monterosa 206, Tel. 05 64 46 26 11, Fax 05 64 45 46 06; www.grosseto.turismo.toscana.it

Ausgrabungen in einer fast griechisch anmutenden Umgebung bieten die ideale Ergänzung zum Museum: So idyllisch liegt das antike ***Roselle** ⑩ bei Grosseto in Olivenhainen.

Die Reste etruskischer Tavernen und Werkstätten und die 3 km lange Stadtmauer vermitteln ebenso wie das römische Forum und Amphitheater etwas vom Leben früherer Zeit.

Monte Argentario ⑪

Traumhafte ***Ausblicke aufs Meer** genießt man auf der Rundfahrt um den Monte Argentario südlich von Grosseto. Drei Landzungen verbinden die ehemalige Insel mit dem Festland. Porto S. Stefano, Porto Ercole und Orbetello weisen Überreste spanischer Festungen auf: Von 1555–1808 gehörte der Monte Argentario zum spanischen Stato dei Presidi.

i APT, 58015 Orbetello, Piazza della Repubblica 1, Tel./Fax 05 64 86 04 47, www.proloco-orbetello.it

Tour 2

Ferieninsel Elba

*Portoferraio → Procchio → Marciana Marina → Marciana Alta → San Piero in Campo → Marina di Campo → *Capoliveri → Porto Azzurro → *Volterraio → Bagnaia

2

Seite
755

Tiefblaues sauberes Wasser, weiße Sandstrände und kleine Felsbuchten, grün duftende Macchia, die im Frühjahr in strahlendem Ginstergelb erblüht, und die rötlich schimmernde Erde: Das sind die Farben von Elba. Ihre wundervolle Natur lädt zum Wandern, Baden und Faulenzen ein – und doch bietet die Insel für Interessierte auch Kulturelles: Etrusker und Römer, die Appiani- und die Medici-Familie hinterließen auf Elba ebenso ihre Spuren wie Napoleon, der ein knappes Jahr hierher verbannt war.

Der natürliche Hafen von Portoferraio, der einzigen Stadt auf Elba, bildete immer die Lebensader der Insel. Legt hier heute die Passagierfähre aus Piombino an, wurde noch bis weit ins 20. Jh. Eisenerz aus dem Nordosten Elbas aufs Festland verschifft.

Die ersten, die den Rohstoff nutzten, waren die Etrusker; sie lieferten das Erz nach Populonia im Golf von Baratti. Zur Römerzeit legten in Portoferraio die Versorgungsschiffe mit Luxusgütern für die Villenbesitzer an.

Erst die pisanische Familie der Appiani zog sich aus den Küstenorten lieber in das vor Piraten geschützte Inselinnere zurück. Portoferraio verlor sie dadurch allerdings an die Medici Cosimo I., der 1548 zur Verteidigung Elbas die beiden Festungen Forte Stella und Forte Falcone errichtete.

2

Seite 755

1802 fiel Elba an Frankreich. Zwölf Jahre später war Napoleon zwangsweise 300 Tage lang zu Gast. Der Ex-Kaiser leitete auf der Insel einen Aufschwung ein: Straßenbau, Weinkultur und Eisenerzabbau belebten ihre Wirtschaft. Die große Zeit Elbas kam mit dem Bau der ersten Hochöfen Ende des 19. Jhs. Die Zerstörung dieser Öfen 1944 traf Elba schwer – legte aber den Grundstein für seine Entwicklung zu der Ferieninsel, die es heute ist.

Tipp Mit dem Elbabusticket können Sie für 6,50 € einen Tag und für 18 € sechs Tage lang alle Buslinien der Insel benutzen.

*Portoferraio ⑫

Anmutig gruppiert sich Portoferraio (etwa 12 000 Einw.) um das alte Hafenbecken, die ***Darsena.** Boutiquen und Cafés laden zum Müßiggang ein, elegante Jachten und tuckernde Fischerboote ziehen die Blicke der Spaziergänger auf sich. Schützend wachen die Medici-Festungen ***Forte Stella** und **Forte Falcone** über das Treiben.

Die Shoppingmeile der Inselhauptstadt führt das alte Hafenbecken entlang. In der Buchhandlung **Il Libraio** gibt es auch deutsche Titel.

*Pinacoteca Foresiana
Man betritt die **Altstadt** durch die **Porta a Mare.** Alle Gassen führen von hier aufwärts und enden in kleinen Treppenaufgängen. Blumentöpfe lockern die Fassaden auf. Hier herrscht geräuschvoller italienischer Alltag rund um Banken, Bars und Bambini.

Im oberen Teil der Stadt kann man sich der Kultur zuwenden. Das ehemalige ***Franziskanerkonvent** aus dem

16. Jh. beherbergt die ***Pinacoteca Foresiana,** die einzige Gemäldegalerie Elbas. Sie präsentiert eine reiche Auswahl an Stadtansichten und Landschaften der Insel aus dem Blickwinkel vergangener Zeiten (bis 2003 wegen Restaurierung geschlossen; für Infos Tel. 05 65 93 73 71).

Auch die **Chiesa della Misericordia** gegenüber erlebte profanere Zeiten: Napoleon vermisste auf der Insel Unterhaltung und ließ die Kirche in ein Theater verwandeln. Nebenan präsentiert das **Museo Napoleonico** eine Sammlung von Andenken an den Kaiser. Man sieht dort u. a. seine in Bronze gegossene Hand und seine Totenmaske.

*Villa dei Mulini
Der Treppe folgt man hinauf bis zur Villa dei Mulini. Von außen wirkt dieses Haus sehr einfach – kein Wunder, schließlich hatte es der letzte Medici-Großherzog Gian Gastone 1724 auch als Gerichts- und Gefängnisgebäude errichten lassen. Den Besuch lohnt allein schon die herrliche ***Aussicht** vom hübschen Garten auf die steil ins Meer abfallenden Felsen. Im Inneren werden Möbel aus napoleonischer Zeit ausgestellt.

Im himmelblauen Bett des Schlafzimmers könnte Napoleon tatsächlich gelegen haben: Dieses Zimmer enthält noch die Originaleinrichtung. (Mo, Mi, Sa 9–19, So/Fei 9–13 Uhr; verbilligte Eintrittskarte (5 €) gilt zusammen mit der »Villa San Martino« außerhalb von Portoferraio, einfaches Ticket 3 €, unter 18 u. über 65 Jahren gratis, zwischen 18 u. 25 Jahren 50 % Ermäßigung.)

*Archäologisches Museum
Über kleine Treppchen gelangt man wieder zurück zum Hafen. Vor dem Linguellaturm wartet dort das neu ein-

gerichtete Archäologische Museum auf Besucher. Didaktisch gut aufgebaut, vermittelt es einen Überblick über Elbas Geschichte vom 8. Jh. v. Chr. bis zum 2. Jh. n. Chr. (tgl. außer Mo; Frühjahr bis Herbst 9.30–12.30, 16–19 Uhr; 15. Juni bis 15. Sept. tgl. 9.30–14, 18–24 Uhr; Winter nach Voranmeldung, Tel. 05 65 94 40 24).

i Alle wichtigen Informationsstellen am neuen Hafenbecken: Fremdenverkehrsamt **Azienda di Promozione Turistica dell'Arcipelago Toscano,** Calata Italia 26, 57037 Portoferraio, Tel. 05 65 93 07 27, Fax 05 65 91 63 50; Infobüro: Calata Italia 43, Tel 05 65 91 46 71, Fax 05 65 91 46 72, www.aptelba.it, Hotelverband »Associazione Albergatori Isola d'Elba«, Calata Italia 20/21, 57037 Portoferraio, Tel. 05 65 91 55 55, Fax 05 65 91 78 65. **Busverbindungen:** Busbahnhof mit Auskunftsbüro am neuen Hafenbecken. Gute Verbindungen auf der ganzen Insel.

 Ape Elbana, Salita Cosimo de' Medici 2, Tel./Fax 05 65 91 42 45, www.elba2000.it/alberghi/apeelban Ganzjährig. Man wohnt zentral im ältesten Hotel Elbas, in dem schon Napoleons Gäste logierten. ○○○

Osteria Libertaria, Calata Giacomo Matteotti 13, direkt an der Hafenpromenade. Typisch elbanische Küche in einem kleinen, gemütlichen Lokal. ○○

∎ **Castagnaccio,** Via Mercato Vecchio (zw. Piazza Cavour u. Piazza Repubblica), Tel. 05 65 91 58 45. Rustikalgemütliches Lokal: hervorragende Pizzen, *cecina* (Kichererbsentorte) und *castagnaccio,* eine Kastanienmehltorte. ○

Schmale Gassen in Portoferraio

Veranstaltungen:
29. April **Fest des Stadtheiligen;** jeden Fr **Markt.**

*Villa San Martino

Zum Sommerhaus Napoleons fährt man aus Portoferraio hinaus: Rund 1 km nach der Kreuzung Bivio Boni führt links eine Straße zur Villa San Martino. Anatol Demidoff, ein angeheirateter Neffe Napoleons, erwarb das Anwesen, fügte einen klassizistischen Tempel hinzu und richtete hier ein Museum ein, dessen Exponate inzwischen verkauft sind. Den Fries der Fassade zieren das N Napoleons, der kaiserliche Adler sowie sein Elba-Wappen, die drei Bienen. Napoleons **Sommerhaus** wirkt dagegen von außen eher bescheiden – innen überrascht aber die reiche *Ausstattung (Di–Sa 9–19, So/Fei 9–13 Uhr).

Badeorte der Nordküste

Biodola ⓭

In Biodola – man fährt 2 km auf der Hauptstraße Richtung Westen, dann rechts in vielen Kurven hinunter zum Meer – fehlen zur Südseeromantik nur

Seite 755

Seite 755

Marciana Marina ⑭

Etwas stiller geht es in Marciana Marina (1890 Einw.) zu, einem der attraktivsten Ferienorte Elbas. Bunte kleine Häuser säumen seine wunderschöne, von alten Tamarisken bestandene Hafenpromenade. An der Mole dümpeln Segel- und Fischerboote; der von den Pisanern im 12. Jh. errichtete Sarazenenturm hält Wacht.

Trotz seiner vielen Besucher konnte sich Marciana Marina bisher sein Eigenleben noch bewahren – man braucht nur wenige Schritte abseits der Hafenpromenade das Gewirr der Gässchen zu durchstreifen. Den ältesten Teil des Ortes, das Fischerviertel Cotone mit der langen Hafenpromenade, findet man östlich vom Hafen.

ℹ️ **Brauntour Viaggi,** Via Cavallotti 10, 57033 Marciana Marina, Tel. 05 65 99 68 73, Fax 05 65 99 68 24, www.abviaggi.it An der Piazza im Zentrum, organisiert auch Tauchferien.

🍴 **Enoteca Coltelli,** Piazza della Vittoria 12, Tel. 0 56 59 91 66. Uriges Lokal. ○

Veranstaltungen:
12. August **Fest der Stadtpatronin Santa Chiara** Tausende von kleinen Lichtern beleuchten die Prozession der Fischerboote, die die Statue der hl. Klara am Abend aufs Meer hinausgeleiten; Juli/August **Jazz- und Klassikkonzerte** auf der Piazza.

noch die Palmen: Eingebettet in die Hügel mit Macchia zieht sich der weiße Sandstrand vor kristallklarem Meer die Bucht entlang. Die Luxushotels fügen sich in die Landschaft ein.

🍴 **Da Luciano,** Tel. 05 65 96 99 52. Gemütliche Pizzeria am Meer in Scaglieri. Holzkohleofen im Speisesaal und jede Menge Fisch. ○○

Procchio

Als Ferienziel beliebt – und dabei weniger luxuriös – ist Procchio in der benachbarten Bucht. Der Ort ist ohne besondere Merkmale, es bestechen aber auch hier ein weißer Traumstrand und ein gutes Angebot an Hotels, Restaurants und Bars sowie die vielfältigen Sport- und Freizeitmöglichkeiten.

ℹ️ **Bruno Viaggi e Turismo,** Corso di Procchio 3, 57030 Procchio, Tel. 05 65 90 73 80, Fax 05 65 90 78 33, www.brunoviaggi.it Ferienwohnungen, Hotels, Apartments, Mietwagen, Mountainbikes.

Der westliche Inselrücken

Hoch oben und damit sicher vor Piraten liegt **Marciana Alta** ⑮ (374 m; 2300 Einw.), ein bezauberndes kleines Residenzstädtchen, am Abhang des Monte Giove (790 m). Im 15. und

16. Jh. regierte die Appiani-Familie von diesem Ort aus ihr kleines Reich – viele kleine Adels- und Bürgerpaläste blieben aus dieser Zeit erhalten. Das geschlossene, zum Teil noch mittelalterlich geprägte Stadtbild erschließt sich bei einem Spaziergang, der auch das Archäologische Museum nicht auslassen sollte (Tel. 05 65 90 12 15).

Hoch hinaus gelangt man mit der Kabinenbahn (Tel. 05 65 90 12 15) auf den **Monte Capanne** (1018 m), den höchsten Berg Elbas (Ostern–Okt. 10 bis 12.15 u. 14.45–18.30 Uhr; Frühjahr, Herbst bis 17 Uhr; Juli/Aug. auch 18 bis 23 Uhr). Ein weiterer schöner Ausflug ist die Wanderung von der Pisaner Festung zur Wallfahrtskirche **Madonna del Monte** (672 m).

Über das kleine Bergdorf **Poggio**, das sich auf 350 m Höhe terrassenförmig unterhalb des Monte Capanne erstreckt, führt eine Straße zu dem noch recht unberührten Inselort **San Piero in Campo** (227 m). Hier findet man mit der romanischen Kirche *San Niccolò das bedeutendste Kunstwerk Elbas. In frühchristlicher Zeit entstand auf einer heidnischen Kultstätte ein christlicher

Bau. Sein ungewöhnlicher Grundriss, zwei Schiffe mit jeweils eigener Apsis, lässt auf byzantinische Vorbilder und eine Entstehungszeit im 7. Jh. schließen. Einmalig für die Insel sind die restaurierten Fresken aus dem 14. und 15. Jh. von katalanischen oder portugiesischen Künstlern.

Marina di Campo ⑯

Der lebhafte Ferienort besitzt einen 2 km langen breiten Sandstrand und eine hervorragende touristische Infrastruktur. Hauptflaniermeile ist die Geschäftsstraße **Via Roma** sowie das kleine, trotz der vielen Besucher noch recht sympathische **Fischerviertel** am südwestlichen Hafenende.

Das **Aquarium M 2** (außerhalb des Ortes an der Straße nach Lacona) gewährt mit mehr als 150 Meerestieren Einblick in die faszinierende Unterwasserwelt. Bar und Souvenirshop gehören zum Komplex (Mitte März bis Mai, Okt. 9–19 Uhr, Juni–Sept. bis 23.30 Uhr; Tel. 05 65 97 78 85, www.acquarioelba.com).

Seite
755

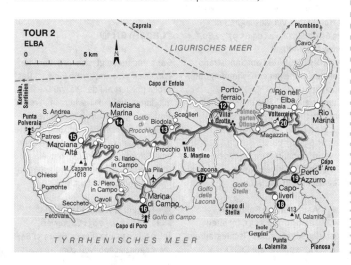

2

Seite 755

Verschwiegene Winkel in kleinen Gebirgsdörfern

i **Infobüro dell'APT,** Piazza dei Granatieri, Tel. 05 65 97 79 69; 1. Mai–30. Sept.

Hotel Select, Via Mascagni, Tel. 05 65 97 77 02, Fax 05 65 97 65 03; www.elbahotel.it Ostern–Mitte Okt. Am Strand, modern, Garten, Swimmingpool. ○○○
▌ **Hotel Elba,** Via Mascagni, Tel. 05 65 97 62 24, Fax 05 65 97 72 80, www.hotel-elba.it
April bis Okt. Direkt am Sandstrand gelegen, mit eigenem Swimmingpool, auch Apartments. ○○○
Camping: Drei Plätze im Pinienhain am östlichen Ortsrand, Ortsteil La Foce: **La Foce,** Tel. 05 65 97 64 56, Fax 05 65 97 73 85, www.infoelba.it/campinglafoce
Ganzjährig geöffnet; Tauch-, Surf- und Segelschule in der Nähe.

Aragosta, Via Bologna 6, Tel. 05 65 97 71 31. Im alten Viertel gelegen; gutes Fischrestaurant – *cacciucco* probieren! ○○○

Abendessen »al fresco«

Lacona ⓱

Dichte Macchia und eine kurvenreiche Straße trennen Marina di Campo von der Nachbarbucht Lacona. Ein langer Bilderbuch-Sandstrand, eingerahmt von grünen Hügeln und mächtigen Schirmpinien, die bis ans Wasser heranreichen – das ist Lacona, das als Ort eigentlich gar nicht existiert: Die lose Ansammlung von Restaurants, Hotels und Campingplätzen bildet nur die nötige Infrastruktur. Weingärten und Olivenhaine erstrecken sich im Hinterland dieser malerischen Bucht.

*Capoliveri ⓲

Ganz anders zeigt sich das Bergdorf Capoliveri (167 m; 3160 Einw.). Das Leben pulsiert auf der Piazza: Die Bars mit ihren kleinen Tischen im Freien sind stets gut gefüllt, alte Männer diskutieren auf den Bänken, und die Jugend versammelt sich am Mäuerchen des Platzrandes. Der Ort hat ein geschlossenes Straßenbild mit netten Lokalen und Geschäften.

i **Agenzia T. Della Lucia,** Via Mellini 9, 57031 Capoliveri, Tel. 05 65 93 51 17, Fax 05 65 93 51 84; www.agenziacapoliveri.com

Reiche Auswahl an Apartments im Gemeindegebiet von Capoliveri mit den Buchten von Lacona, Morcone, Pareti, Innamorata und Naregno.

Summertime, Via Roma 56, Tel. 05 65 93 51 80. Intimes kleines Lokal, im Sommer sitzt man im Freien auf der Via Roma; delikate Fischgerichte. ○○○

Veranstaltungen:
Karfreitagsprozession auf der Piazza; Do **Markt;** So vor Pfingsten **Festa del Cavatore;** Ende Mai/Anf. Juni **Elbanische Weinprobe;** 14. Juli **Festa dell'Innamorata;** Juli/Aug. **Konzerte** auf der Piazza; letzter So im Sept. **Festa dell'Uva.**

Sugar Reef. Musikbühne in bezaubernder Lage über dem Meer, Richtung Morcone, La Trappola.

An Sommerabenden Kunsthandwerker und Schmuckverkäufer an der Via Roma.

Porto Azzurro ⓲

Das Ortsensemble insgesamt macht den Charme des malerischen Fischerhafens aus. Zum Flanieren ist das Städtchen (3400 Einw.) mit der schönen Altstadt wie geschaffen. Die große **Piazza Giacomo Matteotti** mit ihren Cafés, Eisdielen, Restaurants und vielen Fenstern mit Geranienschmuck bildet den Mittelpunkt bei dieser Show. Im Sommer geht es bis spät nachts heiß her.

Seit 1858 sitzen in der spanischen Festung **Longone** oberhalb der Stadt Strafgefangene ein. Ein romantischer Spaziergang führt von Porto Azzurro aus zur Wallfahrtskirche **Madonna di Montserrato.**

Seite 755

Reisebüro **Mantica,** Piazza Matteotti 13, 57036 Porto Azzurro, Tel. 0 56 59 53 51, www.manticaviaggi.it, E-Mail: info@manticaviaggi.it

Due Torri, Via XXV Aprile 3, Tel. 0 56 59 51 32, Fax 05 65 9 5 77 97; Ende April–Okt. Kleines Familienhotel mit Restaurant. ○○

Delfino Verde, Via Vitaliani 1, Tel. 0 56 59 51 97. Restaurant, auf Stelzen gebaut im Hafen, vorzügliche Küche. ○○

Samstag ist **Markt;** im Sommer in der Altstadt am Abend **Schmuck- und Kunsthandwerksmarkt.**

Naturpark Toskanischer Archipel

1996 wurde der Naturpark zum Schutz der Inseln des toskanischen Archipels und des umliegenden Meeres eingerichtet. Eines der Projekte sieht die Wiedereröffnung der **Grande Traversata Elbana,** eines die ganze Insel durchquerenden Wanderwegs, vor.

Informationsbüros zum Park und Ausflugsprogramm bestehen in Marciana Alta, Rio nell'Elba und Portoferraio (Ente Parco Arcipelago Toscano, Via Guerrazzi 1, 57037 Portoferraio, Tel. 05 65 91 94 11, Fax 05 65 91 94 28, www.islepark.it, E-Mail: parco@islepark.it

*Festung Volterraio ⑳

Weithin sichtbar ragt das mächtigste Kastell der Insel in den blauen Himmel. 1284 wurde es von den Pisanern zum Schutz für die Bevölkerung von Rio nell'Elba und Bagnaia auf den Mauern eines etruskischen Vorgängerbaus errichtet. Man nähert sich der Burg auf kurvenreicher Straße durch einen romantischen Hohlweg. Rechts bei einem verfallenen Schafstall kann man parken. Von hier aus kann man den Aufstieg auf die Bergfestung unternehmen (ca. 30 Min., festes Schuhwerk, kein gekennzeichneter Pfad). Oben öffnet sich ein traumhafter *Panoramablick bis Montecristo und Korsika – und auch auf die Bucht von Portoferraio. Unten erkennt man das kleine Fischerdorf **Bagnaia** ebenso wie den Ferienort **Magazzini.**

Tipp Im Weingut **La Chiusa** (kurz vor Magazzini) kann man sich mit Elbas Spitzenweinen eindecken (Mo bis Sa Sommerzeit 9–12, 17–19, Okt. 9–12, 16–18 Uhr, Winter nur vorm., www.elbalink.it/aziende/chiusa).

Palmen und *Römervilla

Dazwischen liegt einer der schönsten Parks auf Elba, der ***Palmengarten Ottone** beim Campingplatz Rosselba Le Palme. Mächtige Palmen aus Afrika, Lateinamerika und Asien, die bis zu 25 m in die Höhe wachsen, säumen die Spazierwege des Parks.

Malerisch auf einem Hügel am Golf von Portoferraio liegt die römische **Villa Le Grotte.** Wenn die Abendsonne den Golf und die Altstadt in rotgoldenes Licht taucht, wird es hier romantisch. Die Funde aus der Villa präsentiert das archäologische Museum in Portoferraio.

Tour 3

Klassische Städte der Toskana

**Lucca → *Montecatini Terme → *Pistoia → **Prato → Artimino → San Miniato → *Certaldo → **San Gimignano → **Volterra (190 km)

Von Lucca, der heiteren Geburtsstadt Giacomo Puccinis, führt diese Route über den Pinocchio-Park in Collodi und die Thermen von Montecatini nach Artimino, wo das Jagdschloss des Medici-Großherzogs Ferdinand I. mit über hundert Kaminen der Besichtigung harrt. Das schönste Keramikmuseum der Region findet man in Montelupo Fiorentino. Danach taucht man ein in die klassische Landschaft der Toskana zwischen den Städtchen San Gimignano und Volterra.

****Lucca ㉑**

Der Geburtsort Giacomo Puccinis (85 500 Einw.) bietet nicht nur Kunst und Bauwerke vergangener Epochen, sondern auch angenehme moderne Cafés und Geschäfte mit freundlicher Bedienung.

Unter den Langobarden wurde Lucca Sitz eines Herzogs und Hauptstadt der *Tuscia* (Toskana). Ende des 11. Jhs. entwickelte es sich zu einer freien Kommune. Auseinandersetzungen mit Pisa und Florenz gefährdeten den kleinen Stadtstaat immer wieder, doch konnte Lucca sich noch lange halten: Erst 1847 wurde es als letzter der Rivalen von Florenz dem Großherzogtum Toskana eingegliedert.

Seite 755

Die fein gegliederte Domfassade

**Dom San Martino

Den Stadtrundgang beginnt man am besten bei einem Juwel Luccas, dem Dom San Martino. Von welch enormer gestalterischer Fantasie des Baumeisters Guidetto da Como zeugt doch seine reich verzierte, mit drei Säulengalerien gegliederte romanische Schaufassade von 1204! Im Inneren birgt der Dom neben einem **Tintoretto** (»Abendmahl«, 3. Altar rechts) ein Hauptwerk der italienischen Bildhauerei: das Grabmal der ***Ilaria del Carretto** von Jacopo della Quercia. Ilaria war die schöne Gattin des Stadtherrn Paolo Guinigi, die 1405 früh verstarb. Die Figur wirkt mit dem zarten Gesichtsausdruck noch gotisch, der Sarkophag mit Anklängen an römischen Grabschmuck renaissancehaft. Das Tempelchen im linken Seitenschiff beherbergt den **Volto Santo**, ein »heiliges Antlitz« genanntes Holzkreuz. Der Legende nach halfen Engel dem Künstler beim Schnitzen des Gesichtes Christi. Auf wunderbare Weise gelangte es an den Strand von Luni, von wo es nach Lucca in die Kirche San Frediano gebracht wurde. Zur Erinnerung an diese Geschehnisse wird das Kreuz alljährlich am 13. September in einer Lichterprozession durch die Stadt getragen.

*Santa Reparata

Nur wenige Schritte weiter erhebt sich die einstige Hauptkirche Luccas, Santa Reparata mit dem gotischen Baptisterium San Giovanni. Anhand der Ausgrabungen unter der Kirche kann man alle Phasen ihrer tausendjährigen Baugeschichte nachvollziehen – vom ersten römischen Haus aus dem 1. Jh. v. Chr. bis zur frühchristlichen Basilika aus dem 4./5. Jh. mit ihrer Krypta vom Ende des 8. Jhs. Die Baustelle, in die sich der Ort für den Umbau zur romanischen Kirche im 12. Jh. verwandelte, blieb unter dem Fußboden des Hauptschiffes erhalten (tgl. 10–18 Uhr, Nov.–März Sa, So 10 bis 17 Uhr, sonst Tel. 05 83 49 05 30; Sammelticket mit Ilaria und Museo della Cattedrale).

3

Seite 764

Weiter durch die Stadt

Über die weite **Piazza Napoleone** und das ehemalige römische Forum erreicht man die Kirche ***San Michele in Foro.** Ihr gilt der ganze Stolz der Luccheser. Die Schaufassade des 13. Jhs. beeindruckt durch die Vielfalt ihrer Säulen und Marmorbänder.

Von eleganten Geschäften wird die **Via Fillungo,** die Hauptflaniermeile Luccas, gesäumt. Geschmackvolle Schaufenster in mittelalterlichen Gebäuden wetteifern hier um die Gunst der Kunden.

Tipp Für eine Pause ist das **Café Di Simo** in der Nr. 58 ideal.

Rechts der Via Fillungo erstreckt sich die **Piazza Anfiteatro.** Sie zeichnet das Oval eines Theaters aus dem 2. Jh. n. Chr. nach. Bei einem Eistee kann man die Atmosphäre der Piazza in Ruhe auf sich wirken lassen.

Luftige Höhen erklimmt man beim Aufstieg auf den **Guinigi-Turm,** dessen Steineichen auf dem Dach den

Weg weisen. Von hier oben oder beim Spaziergang auf der **Stadtmauer** rund um Lucca genießt man einen herrlichen Blick auf die Stadt und die umliegenden Hügel (Nov.–Febr. 9.30–17, März–Okt. 9–20, Mai bis Anf. Sept. 9–24 Uhr).

i **APT,** P. Guidiccioni 2, 55100 Lucca, Tel. 0 58 39 19 91, Fax 05 83 49 07 66; Informationsbüro: Piazza S. Maria 35, Tel. 05 83 91 99 31; Piazzale Verdi, Tel. 05 83 44 29 40, www.luccaturist.it
Bahnverbindungen: Pisa, Florenz, in die Garfagnana.

Villa La Principessa, Via Nuova per Pisa, 1616, Massa Pisana, Tel. 05 83 37 00 37, Fax 05 83 37 91 36, www.hotelprincipessa.com
Elegantes Hotel in der ehemaligen Residenz von Castruccio Castracani (14. Jh.). ○○○
▪ **Piccolo Hotel Puccini,** Via di Poggio 9, Tel. 0 58 35 54 21, Fax 0 58 35 34 87, www.hotelpuccini.com. Gepflegtes Hotel im Stadtzentrum. ○○

Buca di Sant'Antonio, Via della Cervia 1/3, Tel. 0 58 35 58 81. Ausgezeichnete Küche; So abends und Mo geschl. ○○
▪ **Antico Caffè delle Mura,** Piazzale Vittorio Emanuele 2, Tel. 05 83 46 79 62. Historisches Café auf der Stadtmauer; Di u. Mi geschl. ○○
▪ **Da Giulio,** Via Delle Conce 47, Tel. 0 58 35 59 48. Typische Küche der Westtoskana; So u. Mo geschl. ○

Jeden 3. So im Monat und Sa davor **Antiquitätenmarkt** vor dem Dom; jeweils letztes Wochenende im Monat **Kunsthandwerksmarkt** auf der Piazza San Giusto.

*Montecatini Terme ㉒

Wer hat in seiner Jugend nicht irgendwann einmal Pinocchio gelesen? C. Lorenzini, der Erfinder der sprechenden Holzpuppe, wählte als Pseudonym den Namen seines Heimatorts **Collodi**. Im **Pinocchio-Park** findet man sich in der Fantasiewelt Lorenzinis wieder (tgl. 8 Uhr bis Sonnenuntergang).

Über die Blumenstadt Pescia und das alte Burgstädtchen Buggiano Castello fährt man weiter nach Montecatini Terme (20600 Einw.), das zu Europas traditionsreichsten, nobelsten Kurbädern zählt. Schon zu Beginn des 20. Jhs. entstanden hier exklusive Thermalanlagen, von denen **Tettuccio** die bekannteste ist. Mit der Drahtseilbahn erreicht man die Piazza von **Montecatini Alto** (290 m).

i **APT Montecatini/Valdinievole,** Viale Verdi 66/A, 51016 Montecatini Terme, Tel. 05 72 77 22 44, Fax 0 57 27 01 09, E-Mail: info@ montecatini.turismo.toscana.it; Informationsbüro der Thermengesellschaft, Viale Verdi 41, Tel. 05 72 77 81, Fax 05 72 77 84 44, www.termemontecatini.it
Bahnverbindung: Florenz–Lucca.

Tettuccio, Viale Verdi 74, Montecatini, Tel. 0 57 27 80 51, Fax 0 57 27 57 11, www.italway.it/alberghi/tettuccio
Stilvoll-elegantes Hotel direkt bei der gleichnamigen Thermenanlage. ○○○
▪ **Grand Hotel Vittoria,** Viale della Libertà, 2/a, 51016 Montecatini Terme, Tel. 0 57 27 92 71, Fax 05 72 91 05 20, www.hotelvittoria.it
Jugendstilambiente; Beautyzentrum und kreative regionale Küche. ○○○

Klassische toskanische Landschaft

3

Seite 764

*Pistoia ㉓

Diese lebhafte Stadt (85 900 Einw.) bietet ein intaktes historisches Zentrum, gute Einkaufsmöglichkeiten und herausragende Kunstschätze.

Romanische Kirchen

Mit der kommunalen Autonomie im Jahr 1115 erlebte Pistoia eine wirtschaftliche und kulturelle Blüte, aus der die prächtigen romanischen Kirchen – ***San Bartolomeo in Pantano, **Sant'Andrea** mit ****Kanzel** von Giovanni Pisano und ****San Giovanni Fuorcivitas** – erhalten blieben.

Baptisterium am Domplatz von Pistoia

Domplatz

Am Domplatz erhebt sich das anmutige ***Baptisterium,** 1338–1359 nach Plänen von Andrea Pisano erbaut. Im romanisch-pisanischen ****Dom San Zeno** (1108) steht in der Sankt-Jakobs-Kapelle das Hauptwerk der italienischen Schmiedekunst: der ***Silberaltar.** An seinen 628 Relieffiguren wurde von 1287 bis 1456 gearbeitet.

Mit dem Dom verbunden ist der ***Palazzo del Comune.** Seine mit Fresken geschmückten Säle beherbergen die Exponate des **Museo Civico** mit einer Gemäldeammlung Pistoieser Kunst bis heute (tgl. außer Mo 10–19, So/Fei 9–12.30 Uhr).

Nördlich des Palazzo gelangt man zum ***Ospedale del Ceppo.** Im 16. Jh. schuf die Della-Robbia-Werkstatt die Tondi (Rundbilder) und den Majolikafries mit den sieben Werken der Barmherzigkeit: die Nackten kleiden, die Pilger aufnehmen, den Kranken beistehen, die Gefangenen besuchen, die Toten begraben, die Hungernden speisen und die Dürstenden tränken.

San Giovanni Fuorcivitas

Auf dem Weg zurück zum Dom findet man sich auf der **Piazza della Sala** mitten in einem lebhaften Marktgeschehen wieder. Wenige Schritte geht man von dort zur reich dekorierten romanischen Kirche San Giovanni Fuorcivitas. Zu ihren Kunstwerken gehören das **Weihwasserbecken** mit den Köpfen der vier Kardinaltugenden von Giovanni Pisano und die **Kanzel** (1270) Wilhelms von Pisa.

Tipp Im **Caffè Valiani** neben der Kirche kann man unter Fresken aus dem 14. Jh. Espresso trinken: Seine Räume bildeten einst das Oratorio Sant'Antonio Abate!

Die südlich gelegene ***Chiesa del Tau** besitzt einen ausgemalten Innenraum. Der ehemalige Konvent neben der Kirche ist Sitz des **Centro di Documentazione Marino Marini** mit Werken des 1980 verstorbenen Künstlers (Di–Sa 10–13 u. 16–19, So 10–13; Winter Di–Sa 10–13, 15–18, So 10–13 Uhr).

i **APT,** Via Roma 1 (am Dom), 51100 Pistoia, Tel. 05 73 2 16 22, Fax 0 57 33 43 27, www.provincia.pistoia.it

3 Seite **764**

Il Convento, Via S. Quirico 33, 51030 Santomato, Tel. 05 73 45 26 51, Fax 05 73 45 35 78. Einst Franziskanerkonvent, heute komfortables Hotel. ○○

San Jacopo, Via Crispi 15, Tel 05 73 277 86. Typische Küche Pratos. Freundlicher *padrone* Bruno. Reservierung zu empfehlen. Mo und Di Mittag Ruhetag. ○

Jeden 2. So im Monat und Sa davor (außer Aug.) **Antiquitätenmarkt** in der Ex Brera (Bahnhof).

Veranstaltungen:
Anfang Juli **Luglio Pistoiese** mit Kultur und Musik, u. a. Pistoia Blues; 25. Juli **Giostra dell'Orso** (s. S. 727).

Tipp Verbilligtes Sammelticket für Museo Marini e Civico sowie Rospigliosi/Nuovo Museo Diocesano.

**Prato ㉔

(174 500 Einw.) besitzt im historischen Stadtkern, umrahmt von Mauern aus dem 14. Jh., außergewöhnliche Kunstschätze. Der wirtschaftliche Erfolg dieser Stadt beruhte schon immer auf der Textilverarbeitung. Prateser Tuche waren im 13. Jh. europaweit begehrt; bis heute gehört Prato zu den wichtigsten Textilproduzenten Italiens.

Sehenswürdigkeiten
Das **Museo del Tessuto** (Piazza del Comune; Mo, Mi, Fr 10.30–18.30, Sa bis 14.30, So 16–19 Uhr) mit seinen wertvollen Stoffen und Webstühlen sowie das größte Museum zeitgenössischer Kunst in Italien, das ***Museo Luigi Pecci** (Viale della Repubblica 277; tgl. außer Di 10–18.30 Uhr) dokumentieren die kulturelle Vielseitigkeit der

Die Außenkanzel am Dom von Prato

3

Seite
764

Stadt. Die *Außenkanzel am 1211 im Pisanisch-Luccheser Stil errichteten ****Dom** fällt ins Auge. Ihre Reliefs mit den tanzenden Putten von Donatello gehören zu den besten Arbeiten der Renaissance. Im Inneren ist ein bedeutender Freskenzyklus der Frührenaissance zu sehen: Filippo Lippi malte 1452–1466 in der Hauptchorkapelle die Szenen aus dem Leben Johannes' des Täufers (rechts) und des Kirchenpatrons Stefan (links; bis Ende 2003 in restauro, nur teilweise zu besichtigen).

Neben dem Original der Donatello-Sängerkanzel bietet das ***Dommuseum** auch Zugang zum romanisch-byzantinischen Laubengang (12. Jh.) und zur Krypta (tgl. außer Di 9.30–12.30, 15–18.30, So 9.30–12.30 Uhr).

Die **Piazza del Comune** mit der klassizistischen Fassade des **Palazzo Comunale** und dem **Palazzo Pretorio** gegenüber zieren ein Bacchusbrunnen (1659) und die Statue des Kaufmanns Francesco di Marco Datini (1330–1410). Durch die Via Cairoli gelangt man zur Kirche ***Santa Maria delle Carceri.** Sie wurde von Giuliano da Sangallo 1484–1495 in Form eines griechischen Kreuzes errichtet und ist mit ihren harmonischen Formen im Inneren ein gelungenes Beispiel der Hochrenaissance-Architektur.

Etwas deplatziert mutet die von Friedrich II. 1248 erbaute ***Kaiserburg** an. Sie ist mit Anklängen an apulisch-staufische Burgen die einzige ihrer Art in Mittelitalien (Winter tgl. außer Di 9–13, Sommer auch 16–19 Uhr).

APT, Piazza Santa Maria delle Carceri 15, 50047 Prato, Tel. Fax 0 57 42 41 12, www.prato.turismo.toscana.it
Bahn: Florenz und Lucca.

Flora, Via Cairoli 31, Tel. 0 57 43 35 21, Fax 0 57 40 02 89, www.prathotels.it, E-Mail: hotelflora@texnet.it. Angenehmes Hotel mitten im Zentrum. ○○

Tonio, Piazza Mercatale 161, Tel. 0 57 42 12 66. Klassisches Restaurant mit delikaten Fischgerichten, So/Mo geschl. ○○–○○○

Jeden 2. So im Monat außer Juli/August bietet die **Fierucola di Prato** auf der Piazza del Comune Gelegenheit, Kunsthandwerk und Produkte von kontrolliertem biologischem Anbau zu erwerben.

Veranstaltungen: Ostern, 1. Mai, 15. Aug., 8. Sept., Weihnachten **Zurschaustellung des heiligen Gürtels** mit historischem Umzug.

Artimino ㉕

Über das Dorf **Poggio a Caiano** mit seiner großartigen *Medici-Villa führt die Strecke nun durch die idyllische Hügellandschaft des Monte Albano ins mittelalterliche **Artimino** (260 m). Spektakulär liegt hier das Jagdschloss des Medici-Großherzogs Ferdinand I., *La Ferdinanda. Ein archäologisches Museum (tgl. außer Mi 9.30–12.30, So 10–12 Uhr; Nov.–März 10–12 Uhr; Tel.

3

Seite **764**

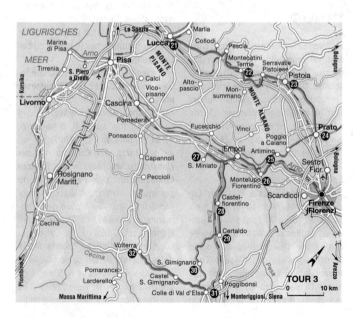

05 58 75 02 50) in der »Villa mit den hundert Kaminen« und der hervorragende DOCLG-Wein Carmignano sind weitere Attraktionen.

 Hotel Paggeria Medicea,
50040 Artimino (FI),
Tel. 05 58 75 14 01, Fax 05 58 75 14 70, www.artimino.com; Luxushotel mit feiner toskanischer Küche. ○○○

Montelupo Fiorentino ㉖

Das wundervolle ***Museo Archeologico e della Ceramica** im Palazzo del Podestà der Stadt mit ihren 11 200 Einw. (Di–So 10–18 Uhr; Sammelticket mit Michelangelo-Museum in Vinci und Collegiata-Museum in Empoli) bietet eine Einführung in die Produktionstechniken der bunt glasierten Keramik (Majolika) und zeigt zauberhafte Stücke von der Antike bis zu den Produkten der heimischen Werkstätten. Im Juni findet die »Festa delle Ceramiche« statt.

San Miniato ㉗

Schon von weitem sichtbar ragt das berühmte Wahrzeichen der Stadt über dem Arnotal (26 500 Einw.) in den Himmel: der **Turm Kaiser Friedrichs II.** Wegen der traumhaften ***Aussicht** weit über das Flusstal sollte man ihn besteigen. Unten lockt der **Prato del Duomo**, ein anmutiger, baumgesäumter Platz, der als das weltliche und geistliche Zentrum des Ortes fungiert: Dem **Amtssitz** der kaiserlichen Vikare (errichtet im 12. Jh.), die seit Kaiser Otto I. in San Miniato saßen, liegt die romanische Fassade des **Doms** gegenüber. Sein dreischiffiger Innenraum wurde im 18. und 19. Jh. umgestaltet: Die Bildhauerin Amalia Dupré

*Der Turm Kaiser Friedrichs II.
in San Miniato*

(1845–1928) aus Florenz schuf die elegante Kanzel und mehrere Grabmale in den Seitenschiffen.

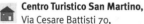

i **APT,** Piazza del Popolo 3,
56027 San Miniato,
Tel./Fax 05 71 4 27 45,
www.cittadisanminiato.it

Centro Turistico San Martino,
Via Cesare Battisti 70,
Tel. 05 71 40 14 69, Fax 05 71 40 37 12. Modernes Hotel in antikem Klostergebäude. ○

Canapone, Piazza Buonaparte 5, Tel. 05 71 41 98 42. Typisch toskanische Küche und in der Saison Trüffeln; Mo Ruhetag. ○○

Jeden zweiten So im Monat außer August **Öko-Markt;** jeden ersten So im Monat außer im August **Antiquitätenmarkt;** den ganzen Nov. »Novembre Sanminiatese« – Musik, Kultur und Trüffel; an drei Novemberwochenenden **Weißer-Trüffel-Markt.**

Im Elsatal

Castelfiorentino ㉘
Die Alleen der SS 429 geleiten durch das Elsatal bis nach Castelfiorentino (17 050 Einw.), das auf die Gründung eines Florentiner Kastells im Jahr 1149 zurückgeht. *Fresken von Benozzo Gozzoli (1420–1497) sind in der **Biblioteca Comunale Vallesiana** zu sehen (Via Tilli 41; Mo–Fr 14.30–19.30, Sa 16–19, So u. Fei 10–12, 16–19 Uhr).

*Certaldo ㉙
Wie ein Traum aus rotem Ziegelstein scheint die Stadt (15 800 Einw.) über dem Tal zu schweben. Hier verbrachte Giovanni Boccaccio (1313–1375), der mit dem »Decamerone« eines der bedeutendsten Werke der italienischen Literatur schuf, seinen Lebensabend. An der Hauptstraße des mittelalterlichen Teils Certaldos stehen das **Haus Boccaccios,** die Kirche **San Jacopo e Filippo,** in der er begraben wurde, und der schöne *Palazzo Pretorio.**

Tipp Der Weg ganz nach oben lohnt sich: Im Kanonikerhaus von 1200 hat sich die **Osteria del Vicario** eingerichtet (Via Rivellino 3, Tel. 05 71 66 82 28, ○○○). Ihre toskanischen Küche genießt man in einem romanischen Kreuzgang (Mi. geschl.).

**San Gimignano ㉚

Eine kurvenreiche, reizvolle Straße führt schließlich zum wichtigsten Zentrum des Elsatals, nach San Gimignano (7000 Einw.), das schon bei der Anfahrt beeindruckt: In der hügeligen Landschaft wirken die 13 noch erhaltenen der ehemals 72 mittelalterlichen Geschlechtertürme von weitem wie die Skyline Manhattans. Früher durchquerte die Frankenstraße die Stadt.

Piazza della Cisterna in San Gimignano

Der Bedeutungsverlust dieses Handelswegs führte im 14. Jh. zu einer wirtschaftlichen Krise. San Gimignano verarmte, und die Häuser aus dem 11. und 12. Jh. wurden später kaum mehr verändert. Seit der Restaurierung der Bausubstanz mit Hilfe der UNESCO entwickelte sich das Städtchen zur erstrangigen Attraktion.

Das Herz von San Gimignano schlägt auf der *Piazza della Cisterna**, die nach dem 1273 errichteten Brunnen benannt ist. Ihre zauberhafte Atmosphäre kann man am besten frühmorgens erleben – oder spätabends, wenn man den Tag bei einem Glas Weißwein »Vernaccia di San Gimignano« ausklingen lässt. Nordwestlich wartet mit dem **Domplatz** ein weiteres Glanzstück des Ortes. An der Frontseite des 1288 fertig gestellten *Palazzo del Popolo** öffnet sich eine der ältesten Loggien der Toskana. Einmalig in der romanisch begonnenen *Collegiata Santa Maria Assunta** ist die »Bibel des Volkes«: Die fast vollständig erhaltenen Fresken vermitteln einen guten Eindruck von den erzählerischen Bilderzyklen des Mittelalters. Im rechten Seitenschiff finden sich Themen des Neuen, im linken Szenen des Alten Testaments von Sieneser

Malern des 14. Jhs. Der Aufstieg zur 1353 errichteten **Rocca** lohnt schon wegen des weiten *Panoramas.

Pro Loco, Piazza del Duomo 1, Tel. 05 77 94 00 08,
Fax 05 77 94 09 03,
www.sangimignano.com
Busverbindungen: Poggibonsi, Siena.

Leon Bianco, Piazza d. Cisterna 13, Tel. 05 77 94 12 94,
Fax 05 77 94 21 23,
www.leonbianco.com; am schönsten Platz der Stadt. ○○–○○○
Camping: In Santa Lucia, 1,5 km außerhalb, kleinerer Platz; kurz vor Ostern bis Mitte Oktober.

Osteria del Carcere, Via Castello 13, Tel. 05 77 94 19 05. Herzhafte Toskana-Küche in sympathischer Trattoria; Mi geschl. ○–○○

Wohntürme

Im Mittelalter gab es in praktisch allen Orten Mittelitaliens die typischen *case-torri,* Wohntürme – in San Gimignano etwa allein 72. Oft eingegliedert in ganze Häusergruppen, die über einen gemeinsamen Innenhof verfügten, bildeten sie richtige kleine Festungen, die angesichts der häufigen Kämpfe zwischen den rivalisierenden Familien auch bitter nötig waren! Je höher ein Turm war, desto mehr Prestige verkörperte er für die Familie. Ab dem 13. Jh. gewannen die Kaufleute und Zünfte durch den aufblühenden Handel an Einfluss. Sie erreichten vielerorts, dass die Türme der Adelsfamilien geschleift wurden.

Tipp Sammeltickets für alle städtischen Museen, den Palazzo Comunale mit Pinakothek und Torre Grossa; Museo Archeologico mit Galleria d'Arte Moderna und Spezeria di Santa Fina; Museo Ornitologico; gemeinsames Ticket auch für Collegiata und Museo di Arte Sacra.

*Colle di Val d'Elsa ㉛

Ein Abstecher führt von San Gimignano zu dieser reizenden kleinen Burgstadt (19 200 Einw.) auf einem Bergrücken. Schon in etruskischer Zeit wurden die Mineralvorkommen der Gegend ausgebeutet; im Mittelalter kamen die Woll- und Seidenindustrie sowie die Papierherstellung hinzu. 1478 wurde im kleinen Colle eines der ersten Buchdruckzentren Italiens gegründet. Auch die Glasindustrie ist hier beheimatet; die Region heißt denn auch das »Böhmen Italiens«.

Heute liegt das betriebsame, industrielle Colle in der Unterstadt, wodurch der ***obere Stadtteil** (Colle Alta) mit einem mittelalterlichen Teil seinen geschlossenen Charakter bewahren konnte. Man sollte einfach durch die historischen Gassen schlendern, die strengen Wohntürme, den Dom und den Domplatz sowie die zahlreichen Renaissancepalazzi bewundern und die schöne Aussicht genießen. Charakteristisch ist die überwölbte Via delle Volte.

In der Unterstadt überrascht ein moderner roter Bau. Die kühne Architektur der Filiale der **Banca Monte dei Paschi** schuf Giovanni Michelucci inmitten alter Papier- und Wollwerke.

Pro Loco, Via Campana 43, 53034 Colle di Val d'Elsa, Tel. 05 77 92 27 91, Fax 05 77 92 26 21 E-Mail: infocelle@tin.it

3

Seite 764

🏠 **La Vecchia Cartiera,** Via Oberdan 5/9, Tel. 05 77 92 11 07, Fax 05 77 92 36 88, www.chiantiturismo.it. Hotel in einem Papierwerk des 13. Jhs. ○—○○

🍴 **Arnolfo,** Via XX Settembre 50/52, Tel. 05 77 92 05 49. Für höchste Ansprüche; Di u. Mi geschl. ○○○
▮ **L'Antica Trattoria,** Piazza Arnolfo 23, Tel. 05 77 92 37 47. Spitzenrestaurant; Di geschl. ○○○

****Volterra** ㉜

Seite 764

Die Landschaft entlang der Straße nach Volterra (11 550 Einw.) bezaubert durch herbe Schönheit. Der Hügel des Städtchens dominiert die Flusstäler der Cecina und der Era. Diese strategisch günstige Lage erkannten die Etrusker (s. S. 773) und legten hier eine ihrer bedeutendsten Städte an: *Velethri.* Ein Besuch des mittelalterlich geprägten Volterra lohnt sich auch wegen der Betriebe, die die Kunst der Alabasterverarbeitung beherrschen.

Die ***Piazza dei Priori** besticht durch ihre Strenge. Der **Palazzo dei Priori** ist der älteste Kommunalpalast der Toskana (1208 bis 1254); er diente als Modell für den Palazzo Vecchio in Florenz. Sehenswert sind das Vestibül mit den Wappen der Podestà und die Prunkräume im ersten Stock.

Wenige Schritte geht man von der Piazza dei Priori zum romanischen ****Dom Santa Maria Assunta.** Der dreischiffige Innenraum verlor seinen romanischen Charakter im 16. Jh., als man die Kassettendecke einzog. Ein Meisterwerk romanischer Holzbildhauerei ist mit eindringlicher Gestik die »Kreuzabnahme« im rechten Querschiff aus dem 13. Jh. Die Reliefs der Kanzel sind sehr reizvoll.

Über 600 Graburnen beherbergt das ****Museo Etrusco Guarnacci** (im Winter 9–13.45 Uhr, 16. März bis Anf. Nov. 9–19 Uhr). Die berühmte Urne des Ehepaars *(Urna degli sposi)* zeigt, zu welchem Realismus etruskische Künstler in späterer Zeit fanden. Eine 60 cm hohe Bronzestatue erhielt von D'Annunzio den poetischen Namen »Abendschatten«.

Dominiert wird Volterra von der **Fortezza,** einer großartigen Renaissance-Festung. Ganz oben auf dem Hügel, im **Archäologischen Park,** kann man sich ins Gras legen und entspannen.

ℹ️ **Pro Loco,** Via Giusto Turazza 2, 56048 Volterra, Tel. 05 88 8 61 50, Fax 0 58 89 03 50, www.provolterra.it
Bahnverbindung: in Saline di Volterra nach Pisa.
Busverbindungen: nach Pisa, San Gimignano und Siena.

🏠 **Hotel San Lino,** Via S. Lino 26, Tel. 0 58 88 52 50, Fax 0 58 88 06 20, www.hotelsanlino.com. Sehr komfortables Hotel in den Gebäuden eines ehemaligen Konvents. ○—○○

🍴 **Etruria,** Piazza dei Priori 6/8, Tel. 0 58 88 60 64. Wildspezialitäten in einem alten Palast; Mi Ruhetag. ○○
▮ **Beppino,** Via delle Prigioni 15/19. Toskanische Hausmannskost. ○

Veranstaltungen:
April–Juni **Primavera Musicale Volterrana; Samstagskonzerte** im Teatro Persio Flacco.

Tipp Sammelticket für Pinakothek im Palazzo Minucci Solaini, Museo Etrusco, Museo di Arte Sacra (Winter 9–13, Sommer 9–13, 15–18 Uhr).

Tour 4

Roter Chianti & ein ruhender Vulkan

Florenz → Greve in Chianti → Radda in Chianti → **Siena → Montalcino → *Pienza → Montepulciano → *Chiusi → Monte Amiata (350 km)

Von Florenz führt die Via Chiantigiana quer durch die herbe Landschaft der Chianti-Region bis zu der Stadt mit dem »schönsten Platz der Welt«, Siena. Hier übernimmt die antike Via Cassia: Berühmte Weinorte und Klöster liegen am Weg. Über die Idealstadt Pienza gelangt man zum vulkanischen Monte Amiata, einem waldreichen Wandergebiet.

Viele kleine Weinhandlungen gibt es in Greve in Chianti

i APT, Via G. da Verrazzano 37, 50022 Greve in Chianti, Tel. 05 58 54 62 87, Fax 05 58 54 42 40, www.chiantiechianti.it, www.greve-in-chianti.com

Giovanni da Verrazzano, Piazza Matteotti 28, Tel. 05 585 31 89, Fax 05 585 36 48, www.verrazzano.it Am Hauptplatz. ○○

Erste Septemberhälfte **Mostra Mercato Chianti Classico,** Weinverkaufsmesse.

Tipp In Hotels, Restaurants und Reisebüros erhält man die »Chianti News«, Infos über Restaurants, Hotels, Feste und Einkaufsmöglichkeiten; www.chiantinews.it

Greve in Chianti ㉝

Verlässt man Florenz auf der SS 222 in südlicher Richtung, stößt man mitten hinein in die Landschaft des Chianti. Bald schon begleiten Zypressenalleen und Renaissancevillen in den Hügeln links und rechts die Fahrt. Greve (13 100 Einw.) ist das erste der reizvollen Chianti-Städtchen. Hier hat man bereits die Qual der Wahl: Bevorzugt man die hervorragenden Weine des Castello di Vicchiomaggio (kurz hinter Strada in Chianti; Verkaufsraum im alten Bauernhaus direkt an der SS 222) oder die Mona-Lisa-Weine? Die von Leonardo verewigte Schönheit wurde in der **Villa di Vignamaggio** geboren (Richtung Lámole). Der Riserva-Wein der Fattoria trägt ihren Namen. Greve besitzt eine schöne asymmetrische ***Piazza** mit Laubengängen – und viele kleine Weinhandlungen.

Radda in Chianti ㉞

Im Zentrum der Chianti-Hügel liegt das mittelalterliche Radda. Das Ensemble macht den Reiz des Städtchens aus. In der »Fattoria Vignale« am Ortsausgang wurde 1924 der Winzerverband »Consorzio del Marchio Storico« gegründet. Der schwarze Hahn ist das Symbol der Chianti-Liga, die seit 1415 ihren Sitz in Radda hat.

4

Seite 776

Echter Chianti enthält einen kleinen Anteil weißer Trauben

Seite
776

Exklusive Tropfen produziert bei Radda die Fattoria **Badia a Coltibuono** bei der Abteikirche.

Etwas südlicher liegt in waldreicher Gegend das **Castello di Brolio,** Stammsitz der Familie Ricasoli (tgl. 9–12, 15–18 Uhr; im Winter Fr geschl.; Tel. 05 77 74 71 04). Hier regierte im 19. Jh. der Vater des modernen Chianti, Bettino Ricasoli (1809–1890), der erste Premierminister des Königreichs Italien. Seine Mischung aus roten und weißen Traubensorten – die Chianti-Tradition verlangt einen Anteil an weißen Trauben von 2 bis 5 % – wurde zum klassischen Chianti!

**Siena ㉟

(54 350 Einw.) und die Piazza del Campo, der »schönste Platz der Welt«, wie nicht nur die Sieneser sagen, gehören untrennbar zusammen: Hier schlägt das Herz der Stadt – nicht nur beim Palio, dem historischen Pferderennen der Stadtviertel. Am besten setzt man sich hier in ein Café und lässt die Atmosphäre auf sich wirken.

Geschichte
Seine wirtschaftliche Entwicklung verdankt auch Siena der Lage an der Frankenstraße. Der Aufschwung im Handel erlaubte die Bildung einer freien Kommune und die Errichtung der einzigartigen gotischen Bauwerke, die das Stadtbild prägen. Die Expansionspolitik Sienas brachte die kaisertreue Stadt in Konflikt mit dem papsttreuen Florenz. Die Pest von 1348 schwächte die Stadt. Nach einer letzten Blüte zur Zeit der Renaissance setzte Kaiser Karl V. mit Hilfe von Cosimo I. im Jahr 1555 der Selbstständigkeit des kleinen Stadtstaates ein Ende.

***Piazza del Campo
Auf der Piazza del Campo aus dem 14. Jh. beginnt in Siena der Stadtrundgang. Die Geschlossenheit des Ensembles rund um den Platz nimmt sofort gefangen.

An der tiefsten Stelle des Campo wurde von 1297 bis 1342 das zinnengekrönte Rathaus, der **Palazzo Pubblico,** errichtet. Im backsteinernen Obergeschoss weist es die typischen Sieneser Fenster auf: Drei gotische Bogen (Triforien) werden von einem weiteren spitzen Bogen eingefasst. Der Aufgang zur **Torre del Mangia,** die mit ihren 102 m Höhe den Stolz der Bauherren verkörpert, liegt im Innern des Palazzo Pubblico – ebenso wie der Zugang zum **Museo Civico.** Hier sollte man im letzten Raum einen Blick auf den ersten profanen Freskenzyklus, »Die gute und schlechte Regierung« von Ambrogio Lorenzetti, werfen. Den Einwohnern wurde hier vor Augen geführt, welch negative Auswirkungen eine Tyrannei hat und wie segensreich die Neunerregierung für Stadt und Umland war. (Turm: Mitte März–Okt. tgl. 10–19, Nov.–Mitte März 10–16 Uhr; Museum: Mitte März–Okt. 10–19, Nov.–Mitte März 10–18.30 Uhr).

Oberhalb der Piazza, an der **Croce di Travaglio,** treffen drei belebte Flanierstraßen Sienas, die Via Banchi di Sopra, die Via Banchi di Sotto und die Via di Città, zusammen. Hier findet am Abend der *corso* statt: Man flaniert die Straßen entlang, trifft gute Bekannte, unterhält sich, spaziert weiter.

Liebhaber von Süßem und alten Geschäften werfen einen Blick in die **Antica Drogheria Manganelli** (Via di Città 73). Seit 1879 erhält man hier *panforte,* eine schwere, trockene Torte mit Mandeln, kandierten Früchten und Gewürzen.

Tipp Einen neuen Blick auf die Altstadt gewährt die Terrasse des 1999 als Centro für zeitgenössische Kunst eröffneten **Palazzo delle Papesse** – und erst der 360°-Blick vom Altan! (Via di Città 126; Di–So 12 bis 18.30 Uhr; www. papesse.org)

*Neuer Dom

Welch ein gewaltiges Projekt! 1339 begonnen, sollte er den alten Dom als Querschiff (!) in sich aufnehmen. Dieses gigantische Unterfangen war in Konkurrenz zum Florentiner Dom geplant, musste jedoch wegen der Folgen der Pestepidemie von 1348 aufgegeben werden.

*Dombaumuseum

WHeute beherbergen die drei fertig gestellten Seitenschiffjoche ein sehenswertes Dombaumuseum. Schon allein Duccios »Maestà« oder die Aussichtsterrasse hoch oben über der Stadt lohnen den Besuch (tgl. Nov.–Mitte März 9–13.30, sonst 9–19.30, Okt. 9–18 Uhr).

Das Ereignis in Siena – der Palio delle Contrade, der Reiterwettkampf der 17 Stadtviertel

***Dom Santa Maria

Der Grundstein wurde Ende des 12. Jhs. gelegt; Mitte des 14. Jhs. war er vollendet. Die von Giovanni Pisano 1284 begonnene, reich mit Skulpturen dekorierte **Fassade** verwirklichte als erste in Italien ein einheitliches Bildprogramm. Selbst der **Fußboden** verdient in dieser Kirche Aufmerksamkeit: An den 56 »Gemälden« wurde über 100 Jahre gearbeitet. Ein prächtiger Freskenzyklus von Pinturicchio erwartet den Besucher in einem der schönsten Renaissanceräume, der ****Libreria Piccolomini** (Zugang im linken Seitenschiff). Die Malereien stellen Szenen aus dem Leben des Piccolomini-Papstes Pius II. dar.

Piazza Salimbeni

Entlang der Via Banchi di Sopra erreicht man die harmonische Piazza Salimbeni mit imposanten Palästen. Der **Palazzo Salimbeni** in der Mitte ist als Sitz des »Monte dei Paschi«, des ältesten Bankhauses der Welt (1624), berühmt. Hier beginnt die Via Sapienza, an deren Ende sich der Ziegelsteinbau der Ordenskirche **San Domenico** erhebt. Hier ruht in einer Kapelle mit Fresken von Sodoma das Haupt der hl. Katharina (1347 bis 1380), der Schutzpatronin Italiens.

4

Seite **776**

Tipp Von dort kann man zur **Festung Santa Barbara** weiterspazieren, die 1560 von dem Medici Cosimo I. nach der Eroberung der Stadt errichtet wurde. Nicht nur der hübsche Park, sondern vor allem die **Enoteca Italiana,** in der man Spitzenweine aus ganz Italien kosten (und kaufen) kann, verwöhnen den Besucher (Di–Sa 12 bis 1 Uhr, Mo 12–20 Uhr; So geschl.).

i **APT,** Via di Città 43, 53100 Siena, Tel. 0 57 74 22 09, Fax 05 77 28 10 41, www.terresiena.it; Büro: Piazza del Campo 56, Tel. 05 77 28 05 51, Fax 05 77 27 06 76; Hotelreservierungen: Siena Hotels Promotion, Piazza Madre Teresa di Calcutta 5, Tel. 05 77 28 80 84, Fax 05 77 28 02 90, www.hotelsiena.com
Bahnverbindungen: über Empoli nach Florenz und Pisa, nach Chiusi und Grosseto sowie in die Umgebung.

Hotel Certosa di Maggiano, Via Certosa 82, Tel. 05 77 28 81 80, Fax 05 77 28 81 89, www. certosadimaggiano.it
Außerhalb gelegen, ältestes Kartäuserkloster der Toskana von 1314, mit Restaurant. ○○○
▌ **Chiusarelli,** Via Curtatone 15, Tel. 05 77 28 05 62, Fax 05 77 27 11 77, www.chiusarelli.com. Zentral gelegen, schöne Terrasse mit Aussicht. ○○

Camping: Strada di Scacciapensieri 47, Tel. 05 77 28 00 44. Ende März bis Mitte Nov., ein schattiger städtischer Campingplatz, preisgünstig.

Osteria Le Logge, Via del Porrione 33, Tel. 0 57 74 80 13. Beste Sieneser Küche in einem ehemaligen Lebensmittelladen des 19. Jhs.; So geschl. ○○–○○○

▌ **Papei,** Piazza del Mercato 6. Gute Hausmannskost, Mo geschl. ○

Veranstaltungen: Mi **Markt** am Platz La Lizza; Juni bis Ende August **Sieneser Musikwochen** mit Klassik- und Jazzkonzerten sowie Sommerkursen.

Tipp Sammeleintrittskarte für Libreria Piccolomini, Baptisterium und Dombaumuseum, Ospedale S. Maria della Scala, Palazzo delle Papesse, im Sommer auch Oratorio San Bernardino und Sant'Agostino.

Südlich von Siena

Man verlässt Siena auf der antiken Via Cassia, die hier dem Lauf des Torrente Arbia folgt. Am Zufluss des Ombrone erreicht man Buonconvento. Der Ort ist noch vollständig von einer Stadtmauer umgeben und hat sich seinen mittelalterlichen Charakter bewahrt.

Von dort taucht man in die einsame Gegend des **Monte Oliveto Maggiore** ein. Auf dem waldreichen Hügel gründeten 1313 drei Sieneser Adelige ein **Benediktinerkloster.** Ein kunstvoller Kreuzgang ist zu besichtigen: Farbenpracht, Detailgenauigkeit und die Landschaften im Bildhintergrund verleihen den *Fresken von Sodoma und Luca Signorelli ihren Reiz.

Montalcino ㊱

(5100 Einw.) liegt malerisch an einem Hügel über den Tälern des Ombrone und Asso. Wie auf einer Insel fühlt man sich, wenn schwere Nebelschwaden den Blick ins Tal verstellen und man nur weit entfernt »Inselhügel« aus dem Dunstmeer ragen sieht.

Weinliebhaber machen den Abstecher: Der Brunello di Montalcino

(s. S. 730) zählt zu den Spitzenweinen Italiens, und auch der Rosso di Montalcino ist nicht zu verachten.

Die Aussicht vom Wehrgang der **Rocca** sollte man genießen, bevor man in der Weinprobierstube der Festung (deftige toskanische Brotzeiten) einkehrt (April–Okt. 9–20 Uhr, Nov. bis März Di–So 9–18 Uhr).

Ufficio Turistico Comunale, Costa del Municipio 1, 53024 Montalcino, Tel./Fax 05 77 84 93 31; www. prolocomontalcino.it E-Mail: info@prolocomontalcino.it

Il Giglio, Via Soccorso Saloni 5, Tel. 05 77 84 81 67, E-Mail: hotelgiglio@tin.it. Altes Haus im Zentrum mit Restaurant. ○–○○

Trattoria Sciame, Via Ricasoli 9, Tel. 05 77 84 80 17. Gute toskanische Würste; Di Ruhetag. ○

*Kloster Sant' Antimo ⑰

Alte Weingüter wie die **Villa Greppo** und die **Fattoria Barbi** liegen am Weg nach **Castelnuovo dell'Abate,** wo man

4

Seite **776**

Die Etrusker

Im 9. Jh. v. Chr. waren sie da, das ist gewiss. Woher sie aber kamen, weiß bis heute niemand so genau zu sagen.

Ab dem 7. Jh. gründeten die Etrusker in Mittelitalien die ersten Städte wie Volterra, Chiusi, Perugia und Orvieto. Der Handel mit dem Orient und vor allem mit den Griechen Süditaliens bildete die wirtschaftliche Basis für den Aufstieg dieses Volkes. Von den Griechen übernahmen die Etrusker nicht nur Luxusgüter, Keramikformen und die Angewohnheit, im Liegen zu speisen, sondern auch die Schrift, die übrigens von rechts nach links gelesen wird. An Grabinschriften kann man noch Entzifferungsversuche unternehmen.

Ab dem 5./4. Jh. ahmten einheimische Werkstätten verstärkt die Waren und Motive griechischer Künstler nach. Einzig die schwarzgrauen Bucchero-Vasen sind ein Originalerzeugnis etruskischer

Handwerker. Mit ihrem Reliefdekor galten sie als das »Silber der Armen«.

Die zunächst weitgehend homogene Gesellschaft – in der Sklaven stets eine wichtige Rolle spielten – gliederte sich ab dem 4. Jh. v. Chr. zunehmend auf. Adelsfamilien, die ihre Mitglieder nun in Familiengrabkammern *(ipogei)* beisetzten und sich in farbenprächtigen Wandmalereien bei Banketten mit Musik und Tanz verherrlichen ließen, beherrschten die aufbegehrende Mittel- und Unterschicht.

Ab dem 3. Jh. v. Chr. nutzte Rom innere Zwistigkeiten und die nur lose Organisation der etruskischen Städte untereinander: Etrurien wurde dem Imperium einverleibt. Den Brauch, mittels der Beobachtung des Vogelfluges die Zukunft wahrzusagen, übernahmen die Römer von den Etruskern, die das Verschwinden ihres Volkes jedoch nicht vorhergesehen hatten.

das Kloster Sant' Antimo (318 m) erreicht. Laut Legende wurde es von Karl dem Großen gegründet. Die romanische Kirche ist eine der schönsten der Toskana – das Sonnenlicht lässt den Travertinstein der Außenmauern blinken. Reich ist der Skulpturenschmuck des Eingangsportals, der Apsiden und der Säulenkapitelle.

San Quirico d'Orcia

(2500 Einw.) fordert zu einem Vergleich mit dem romanischen Skulpturenschmuck seiner **Collegiata** heraus.

*Pienza ㊳

Weiter geht es über die SS 146. In Pienza (2250 Einw.) wird der berühmte toskanische Schafskäse *pecorino* hergestellt. Auch diese Stadt wurde auf einem Hügel erbaut.

Seine Vision von einer Idealstadt setzte hier der 1405 in Pienza geborene Piccolomini-Papst Pius II. zusammen mit seinem Architekten Bernardo Rossellino um. Aus dem Kastell Corsignano wurde die Renaissancestadt Pienza. Die *****Piazza Pio II** dokumentiert die Großartigkeit des Projekts, das durch den Tod von Papst und Architekt 1464 nicht mehr auf die ganze Stadt ausgedehnt wurde. Die Fassaden des **Palazzo Piccolomini,** der **Kathedrale,** des **Bischofspalastes** und des **Palazzo Pubblico** bilden ein elegantes Renaissance-Ensemble.

> **Tipp** *Pici* ist die Spezialität der Gegend: Ein Teig aus Wasser und Mehl wird geknetet und in feine Fäden gezogen. Diese Nudeln schmecken *al ragu,* mit Fleischsoße.

Buca delle Fate, Corso Rossellino 38a, Tel. 05 78 74 82 72. Hervorragende, einfache Küche im Palazzo Gonzaga des 16. Jhs., Mo geschl. ○○
❚ **Latte di Luna,** Via San Carlo 2–4, Tel. 05 78 74 86 06. Hausgemachte Nudeln und Wild, Di geschl. ○○–○○○

Am 1. Septembersonntag **Fiera del Cacio:** Schafskäsemarkt.

Crete

ist die Bezeichnung für die durch Erosion entstandenen Lehmschluchten, die das Landschaftsbild südlich von Siena bestimmen. Nach einem trockenen Sommer wirken sie fast wüstenhaft. Den Besucher aus dem Norden mögen sie durch ihre Fremdheit bezaubern; die Einheimischen denken jedoch eher an die Probleme, die die Erosion der Landwirtschaft bereitet. In großen Ringen legen sich die Furchen der Felder im Herbst um die Hügel – waagerechtes Pflügen schützt den Boden besser vor Abtragung.

Montepulciano ㊴

Majestätisch grüßt am Ausgang einer Zypressenallee die formvollendete Renaissancekirche **San Biagio** von Antonio da Sangallo d. Ä. die Besucher Montepulcianos (13 900 Einw.). Nicht umsonst gehört es zu den Touristenhochburgen der Toskana: In der »Perle des 16. Jhs.« warten herrliche Renaissancepaläste und ein großartiger Wein, der Vino Nobile di Montepulciano. »Degustazione libera« (freies Kosten) lautet die Zauberformel des Ortes. An jeder Ecke trifft man auf

Reminiszenz an die Hallenkirchen in der Kathedrale von Pienza

4

Seite
777

Weinprobierstuben und Weinkeller wie die »Cantina del Redi«. Es macht richtig Spaß, durch deren kühlen Gemäuer zu wandern, die Antonio da Sangallo d. Ä. im 15. Jh. errichtete.

> **Ufficio Turistico Comunale,**
> Via di Gracciano nel Corso 59/A, 53045 Montepulciano, Tel./Fax 05 78 75 73 41, www.prolocomontepulciano.it

Veranstaltung: Juli bis erste Augustwoche **»Cantiere internazionale d'Arte«** – die Moderne hält jedes Jahr mit der Kunstbaustelle des Komponisten Hans Werner Henze Einzug.

*Chiusi ⑩

Hinter dem Thermalbad **Chianciano Terme** (7200 Einw.) erstreckt sich das Tuffplateau von Chiusi (8600 Einw.) inmitten von Oliven und Weingütern. Die Etrusker wählten die strategisch günstige Position auf dem Hügel zwischen Arno- und Tibertal für die mächtigste ihrer Städte. Erst am Anfang des

3. Jhs. v. Chr. geriet auch Chiusi in römische Abhängigkeit.

Dom

Die schönen Säulen des dreischiffigen Inneren des Doms stammen aus römischen Bauten, die Mosaike vortäuschende Bemalung aus den Jahren 1887–1894. Vom **Museo della Cattedrale** spaziert man durch den Untergrund von Chiusi: Kanäle aus etruskischer Zeit durchziehen den Tuff (Mitte Okt. bis April tgl. 9.30–12.30, So/Fei auch 15.30–18.30 Uhr; im Sommer tgl. 9.30 bis 12.30, 15.30–18.30/19 Uhr).

**Museo Nazionale Etrusco

Seine Thronurnen machten das etruskische Nationalmuseum berühmt (bis März 2003 geschl.; Führungen zu den Gräbern tgl. 8–20 Uhr). Ab dem 7. Jh. v. Chr. wurden die Urnen auf einen verzierten »Thron« gesetzt und ihre Deckel als Porträts ausgestaltet. Dazu sieht man das »Silber der Armen«: schwarz-graue Tongefäße (»Bucchero«) mit Reliefdekor. Nicht jeder konnte sich Metallvasen leisten.

Einmaliges bietet die riesige ***Nekropole** von Chiusi. Im Gegensatz zu anderen toskanischen Gräbern blieben hier Reste der etruskischen Malereien und der Ausstattung erhalten.

i **Pro Loco,** Piazza
Duomo 1, 53043 Chiusi,
Tel./Fax 05 78 22 76 67;
E-Mail: prolocochiusi@bcc.tin.it
Bahnverbindungen: nach Siena,
Florenz, Rom.

La Fattoria, Lago di Chiusi,
Tel. 0 57 82 14 07,
Fax 0 57 82 06 44; www.la-fattoria.it.
In der Nähe der Gräber beim See
gelegen, gute Küche (Seefisch). ○○
Camping: Gehört zum Hotel.

Seite 777

Monte Amiata

Die Landschaft der südlichen Toskana wird vom Monte Amiata (1738 m), einem gewaltigen erloschenen Vulkan, dominiert. Die Vegetationszonen reichen von Getreidefeldern, Weinreben und Olivenhainen über dichte Kastanienwälder bis hinauf zu Buchenhainen. Eine gut ausgebaute Straße führt zum Gipfel, im Winter ein beliebtes Skigebiet. Von seiner schönsten Seite zeigt sich der Amiata im Herbst, wenn das Laub farbenprächtig leuchtet! Die gekennzeichneten Wege des »Amiata Trekking« erschließen die einzelnen Zonen sehr gut; auf insgesamt 28 km wandert man zwischen 1050 und 1250 m Höhe.

Auch eine Rundfahrt um den Berg mit dem Auto durch die mittelalterlich geprägten Städtchen belohnt mit wundervollen Ausblicken weit in die toskanische Landschaft hinein. Die schönsten Orte sind **Abbadia San Salvatore, Santa Fiora, Arcidosso** und **Castel del Piano.**

Tour 5

Von der Toskana nach Umbrien

*Arezzo → *Cortona → *Lago Trasi-meno → *Castiglione del Lago → Città della Pieve → **Perugia → **Gubbio (155 km)

San Domenico birgt wunderbare Fresken aus dem 14. Jh.

Der Übergang von der Toskana nach Umbrien vollzieht sich kaum merklich. Es ist dieselbe sanfte Hügellandschaft, auch die vom Mittelalter geprägte Stadtkultur findet sich sowohl in Arezzo und Cortona als auch in Perugia und Gubbio. Die bedeutenden Renaissancekünstler dieser Region – Piero della Francesca aus Sansepolcro, Luca Signorelli aus Cortona, Perugino aus Città della Pieve oder Pinturicchio aus Perugia – malten ohnedies »grenzübergreifend«. Als Ergänzung zur Kunst findet man am Lago Trasimeno und in den wildromantischen Gebirgszügen rund um Gubbio vielfältige Sport- und Freizeitmöglichkeiten.

*Arezzo ㊶

(92 300 Einw.) ist der Ausgangspunkt. Ein Spaziergang durch die Altstadt hinauf zu Dom und Stadtpark hält anmutige Ecken bereit – nicht zuletzt die Kunst Piero della Francescas, für viele der Hauptgrund ihrer Reise hierher. All dies verbindet sich in Arezzo mit der Atmosphäre charmanter Urbanität. Man erschließt sich die Stadt von »unten nach oben«: Der **Corso Italia,** die Einkaufs- und Flanierstraße, führte um 1200 als wichtigste Ader nach Norden zum geistig-politischen Zentrum.

Sehenswürdigkeiten

Wenige Schritte vom Corso entfernt steht ****San Francesco.** Berühmt ist die Bettelordenskirche aus dem 13. Jh. für ihre **Fresken in der Chorkapelle von Piero della Francesca. Der 1415 geborene Künstler ist einer der großen Maler seiner Epoche. Hier ist die »Legende vom Kreuz Christi« zu sehen. Im Mittelpunkt steht der Traum des römischen Kaisers Konstantin, der ihm den Sieg über den Rivalen Maxentius prophezeite, falls er in der Schlacht das heilige Kreuz mit sich führe (Reservierung Tel. 0 57 52 40 01). Im **Museo Archeologico** beim römischen Amphitheater sind die korallenfarbenen *vasi aretini* zu sehen (tgl. 8.30–19.30).

Tipp Das elegante **Caffè dei Costanti** gegenüber der Kirche.

Weiter am Corso erreicht man die romanische ****Pieve di Santa Maria.** Ihre Fassade fällt ins Auge: Unten dienen fünf Blendarkaden als Verzierung, oben drei Galerien, deren Säulenzahl von zwölf über 24 auf 32 anwächst. Der »Campanile der 100 Löcher« (tatsächlich sind es nur 80) beeindruckt nicht minder. Mittelalterliche Läden säumen den Weg rechts zur *Piazza Grande,** dem Stadtzentrum

Zentrum des städtischen Lebens von Arezzo ist die Piazza Grande

seit dem 13. Jh. und Schauplatz der »Giostra del Saracino«, eines historischen Ritterturniers (s. S. 726 f.). Trotz der stilistisch uneinheitlichen Bauten wirkt der Platz als grandiose Einheit. Den mächtigen **Palazzo delle Logge** entwarf Giorgio Vasari.

Am Stadtpark kann man unter schattigen Bäumen verschnaufen, bevor man den gotischen ***Dom San Donato** und seine prächtigen *Fenster besichtigt. Der Franzose Guillaume de Marcillat schuf sie 1518–1524. Einen Piero hat auch dieser Dom aufzuweisen; das *Magdalenafresko neben der Sakristeitür ist wenig besucht, man kann es sich meist in Ruhe ansehen.

Vorbei an der gotischen Bettelordenskirche ***San Domenico** (1275) mit ihren wunderbaren gotischen Fresken trifft man erneut auf Vasari: Dieser kaufte 1540 in seiner Geburtsstadt die ***Casa di Giorgio Vasari.** Eigenhändig dekorierte der Künstler einige Räume im manieristischen Stil seiner Zeit mit mythologischen Szenen (Mo, Mi–Sa 9–18.30, So 9–12.30 Uhr; Eintritt frei).

Tipp Am ersten Wochenende im Monat größter **Antiquitätenmarkt** der Toskana, der sich im gesamten Altstadtgebiet ausbreitet.

APT, Piazza Risorgimento 116, 52100 Arezzo, Tel. 0 57 52 39 52, Fax 0 57 52 80 42, www.turismo.provincia.arezzo.it; Informationsbüro Piazza della Repubblica 28, Tel. 05 75 37 76 78.

Minerva, Via Fiorentina 4, Tel. 05 75 37 03 90, Fax 05 75 30 24 15, www.hotel-minerva.it Außerhalb der Stadtmauer, gutes Restaurant. ○○○

La Lancia d'Oro, Piazza Grande, Tel. 0 57 52 10 33. Am Hauptplatz unter den Loggien Vasaris, gute aretinische Küche; So abend und Mo geschl. ○○–○○○

▮ **La Torre di Gnicche,** Piaggia San Martino 8, Tel. 05 75 35 20 35. Sympathische Enothek, auch mit guten Grappe und interessanten Gerichten der Gegend; Mi geschl. ○

Arezzo ist das bedeutendste Zentrum für Goldverarbeitung in Italien. Die **Schmuckläden** und ihre Auslagen entlang des Corso Italia sind eine Augenweide. An der Piazza Grande findet man in urigen Läden schöne **Antiquitäten,** nicht nur samstags, wenn Markt ist.

5

Seite 777

*Cortona ㊷

Durch das fruchtbare Chianatal fährt man nach Cortona (22 500 Einw.), das im 7. Jh. v. Chr. von den Etruskern gegründet wurde. Aus dieser Epoche stammt der 16 Kerzen tragende *Bronzeleuchter, der fast 60 kg wiegt; zu sehen im **Museo dell'Accademia Etrusca** (Palazzo Pretorio; tgl. außer Mo 10–17, April–Okt. bis 19 Uhr).

An der zentralen **Piazza della Repubblica** kann man den zinnenbewehrten Turm des **Palazzo Comunale** bewundern. Von dort spaziert man zur **Piazza della Pescaia** im pittoresken oberen Stadtteil und bis ganz nach oben zur Kirche **Santa Margherita.**

Ein berühmter Sohn der Stadt ist der Maler Luca Signorelli (geb. 1445), dessen Werke das **Museo Diocesano** zeigt; Di–So 9.30–13, 15.30–19 Uhr, Okt. 10–13, 15.30–18 Uhr, Winterzeit bis März 10–13, 15 bis 17 Uhr).

Der Lago Trasimeno ist nur bis zu 6 m tief, aber sehr fischreich

APT, Via Nazionale 42, 52044 Cortona, Tel. 05 75 63 03 52; E-Mail: info@cortonantiquana.com

San Luca, Piazza Garibaldi 2, Tel. 05 75 63 04 60, Fax 05 75 63 01 05, www.sanlucacortona.com; herrliche Lage; mit Restaurant Tonino. ○○

Loggetta, Piazza Pescheria 3. Toskanische Küche in einem Palast aus dem 16. Jh. ○○

▮ **La Grotta,** Piazzetta Baldelli 3, Tel. 05 75 63 02 71. Typisches kleines Familienlokal; Di Ruhetag. ○

*Lago Trasimeno

Der mit 128 km² viertgrößte See Italiens liegt schon in Umbrien. Silbriggrün schimmert das Wasser. Sonne, Strände und mittelalterlich anmutende Ferienorte laden zum Segeln und Baden. Zu den Inseln des Sees, den **Isole Maggiore** und **Minore,** sowie zur **Isola Polvese** setzen von Passignano sul Trasimeno, Tuoro und San Feliciano aus Ausflugsschiffe über.

Auf einer Landzunge liegt inmitten von Olivenhainen das meistbesuchte Urlaubsstädtchen am Lago Trasimeno: *Castiglione del Lago ㊸ (304 m; 14 100 Einw.), das noch ganz von mittelalterlichen Stadtmauern umgeben ist. Die Kirche Santa Maria Maddalena und der stattliche Spätrenaissancebau des *Palazzo Ducale vor dem Kastell aus dem 13. Jh. (April–Okt. 10–13, ca. 16–19.30 Uhr, Nov.–März Sa u. So 9.30–16.30 Uhr; Tel. 07 59 65 82 10; Führer auf Deutsch erhältlich) begrenzen seine hübsche kleine Altstadt.

APT Trasimeno, Piazza Mazzini 10, 06061 Castiglione del Lago, Tel. 07 59 65 24 84, Fax 0 75 99 65 27 63; www.umbria2000.it

Seite 777

5

Miralago, Piazza Mazzini 6, Tel. 0 75 95 11 57, Fax 0 75 95 19 24, www.hotelmiralago.com; Hotel in der Altstadt mit schönem Seeblick. ○○

La Cantina, Via Vittorio Emanuele 93, Tel. 07 59 65 24 63. Restaurant und Pizzeria; Garten, Seeblick. ○○

Mittwoch **Markt** in Castiglione April–Okt. 3. So im Monat und Sa davor: **Antiquitäten- und Kunsthandwerksmarkt** in Passignano.

Città della Pieve ㊹

In Richtung Süden verlässt man den See und steuert durch die reizvolle Hügellandschaft nach Città della Pieve (7050 Einw.). Ganz in leuchtendem Ziegelrot präsentiert sich die Geburtsstadt des Malers Pietro Vannucci, genannt Perugino (1450–1523), die im **Dom Santi Gervasio e Protasio** und im Versammlungsraum neben der kleinen Kirche **Santa Maria dei Bianchi** herrliche Fresken des Meisters besitzt.

Piazza Plebiscito, 06062 Città della Pieve Tel. 05 78 29 93 75.

**Perugia ㊺

Zu den Sehenswürdigkeiten der umbrischen Hauptstadt (158 200 Einw.) zählen die Meisterwerke der umbrischen Nationalpinakothek, die berühmte Fontana Maggiore sowie die mittelalterlichen Straßenzüge.

Geschichte

Unter den Römern erlebte Perusia im 3./2. Jh. v. Chr. eine Blütezeit. Als ein byzantinischer Stützpunkt zwischen Rom und Ravenna spielte die Stadt nach dem langobardischen Einfall in Mittelitalien eine wichtige Rolle. Später wurde sie durch den Handel reich. Die Gründung einer selbstständigen Kommune datiert auf 1100, im 14. Jh. dominierte Perugia große Teile Umbriens. Ab 1488 regierten die Baglioni. Sie förderten die künstlerische Blüte, die Perugia bis zur Unterwerfung durch den Papst 1540 erlebte.

**Fontana Maggiore

Beliebter Treffpunkt im Zentrum sowie eine eindrucksvolle Kulisse für Konzerte ist die **Piazza IV Novembre.** Dort steht die Fontana Maggiore, mit der eine Stadt erstmals seit der Antike wieder einen über Aquädukte gespeisten Brunnen errichtete. Den berühmtesten Bildhauern der Zeit, Vater Nicola und Sohn Giovanni Pisano, übertrug die Kommune 1277 die Ausführung der Arbeiten. Die ***Relieffelder** der unteren Marmorschale zeigen die zwölf Sternzeichen, den guelfischen Löwen, den Peruginer Greifen, die Sieben Freien Künste, die Philosophie sowie biblische Geschichten, unterbrochen von Tierdarstellungen.

**Palazzo dei Priori

Die Südseite des Platzes beherrscht der imposante Palazzo dei Priori, der ab 1293 errichtet wurde. Die schön geschwungene Treppe führt zum ehemaligen Ratssaal hinauf, den die Notare ab 1582 als Versammlungsort nutzten: die ***Sala dei Notari** (tgl. 9–13, 15–19 Uhr, Mo geschl., außer Juni bis Sept.; Eintritt frei). Am Corso Vannucci liegt der Zugang zum ***Collegio della Mercanzia** des Palazzo, dem mit hellem Pappel- und dunklem Nussholz getäfelten einstigen Versammlungsraum der Kaufleute. Als Treffpunkt der Geldwechsler und Bankiers fungierte der ****Collegio del Cambio,** den man

5

Seite **777**

Perugia, Umbriens Hauptstadt, breitet sich malerisch auf einem Hügel aus

im selben Bau nur wenige Schritte weiter betritt. Über ein Vestibül erreicht man die ***Sala dell'Udienza** (Gerichtssaal) mit ihrem reichen Chorgestühl und wunderschönen Perugino-Fresken. Die antiken Heroen unterhalb der »Klugheit und Gerechtigkeit« (links) sowie der »Tapferkeit und Enthaltsamkeit« (rechts) weisen auf die Vorbildfunktion der Antike zur Zeit der Renaissance hin. Am Mittelpfeiler stellt sich Perugino in einem ***Selbstporträt** dar. (März–Okt. u. 20.12.–6.1. Mercanzia: So/Fei 9–13 Uhr, Mo–Sa 9–12.30, 14.30–17.30; Cambio: So/Fei 9–12.30, Mo–Sa 9–12.30, 14.30–17.30, Nov.–Feb. Di-Sa 8–14, So/Fei 9–12.30, Mercanzia Sa bis 16.30 Uhr; gemeinsamer Eintritt.)

****Galleria Nazionale dell'Umbria**
Durch das reich dekorierte ***Portal** des Haupteingangs zum Palazzo dei Priori gelangt man zum sehenswertesten Museum Umbriens. Die Sammlung bietet einen Überblick über die umbrische Malerei von ihren Anfängen im 13. Jh. über Perugino und Pinturicchio bis ins 18. Jh. Eines der kostbarsten Werke des Museums ist das ***Polyptychon** Piero della Francescas. Bis ins Unendliche scheint sich die gemalte Architektur in der Verkündigungsszene fortzusetzen. Im Saal VII

steht man in der ***Kapelle** des Palazzo mit Fresken von Benedetto Bonfigli (1450). In den letzten Räumen des dritten Stocks hängen Werke von Lo Spagna, Luca Signorelli, Beato Angelico und Pinturicchio (tgl. 8.30 bis 19 Uhr, erster Mo im Monat geschl.).

Tipp Nach der Besichtigungstour ist eine kleine Pause im ältesten Café Perugias, **Sandri,** fällig, das mit süßen Köstlichkeiten aufwartet.

***Dom San Lorenzo**
Der Grundstein des Doms San Lorenzo wurde 1345 gelegt. Fertiggestellt wurde er erst 1490; das Barockportal der Fassade stammt aus dem 18. Jh. Hoch öffnet sich der Raum der dreischiffigen Hallenkirche. Die Innenausstattung ist eher nüchtern.

Zwischen Dom und Palazzo dei Priori beginnt die ***Via Maestà delle Volte,** von der man sich ins Mittelalter entführen lassen kann. Mächtige Bogen überwölben die Gässchen, inmitten der imposanten Konstruktionen steht ein kleiner gotischer Bogen.

***Rocca Paolina**
Ab 22 Uhr erwacht allabendlich der Corso Vanucci zu regem Leben. An seinem südlichen Ende bietet der Giardino Carducci etwas Grün und einen Ausblick auf die umliegenden Hügel. Unter den Arkaden des nahen Palazzo della Provincia beginnen die Rolltreppen, die in die Rocca Paolina hinunterführen. 25 Wohntürme und drei Kirchen mussten dieser Festung weichen: Perugia hatte sich 1540 geweigert, die erhöhte Salzsteuer zu zahlen, woraufhin Papst Paul III. Truppen sandte. Als Zeichen seines Sieges errichtete er diese Rocca auf den Mauern des von den Baglioni beherrschten Stadtviertels. 1860, als Truppen des italienischen Königreiches in Pe-

5
Seite 777

rugia einmarschierten, wurde die Festung geschleift. Man spaziert entlang den Gassen des einstigen Baglioni-Viertels, dessen Mauern als Stützen der Rocca bestehen blieben.

Die Vororte

Wer noch etwas Zeit hat, sollte in die Vororte spazieren. An der nördlichen Stadtmauer steht ***San Michele Arcangelo,** die älteste Kirche der Stadt. Flankiert von dunklen Zypressen, strahlt der schlichte frühchristliche Rundbau aus dem 5./6. Jh. eine herrliche Ruhe aus. Im Südosten überrascht ****San Pietro.** Gänzlich mit herrlichen Gemälden und Fresken ausgeschmückt, meist aus dem 16. Jh., enthält der Innenraum auch eine prachtvolle Kassettendecke.

APT, Via Mazzini 21, 06100 Perugia, Tel. 0 75 59 51, Fax 07 55 73 68 28. Infobüro: Piazza IV Novembre, Tel. 07 55 73 64 58, Fax 07 55 72 09 88; www.umbria2000.it, E-Mail: info@iat.perugia.it
Bahnverbindungen: Foligno, Lago Trasimeno.
Busverbindungen: Rom, Florenz, sommers zur Adria.

Locanda della Posta, Corso Vannucci 97, Tel. 07 55 72 89 25, Fax 07 55 73 25 62, www.umbriatravel.com/locandadellaposta. Goethe übernachtete in dem stilvollen Hotel. ○○○
▮ **Hotel Fortuna,** Via Bonazzi 19, Tel. 07 55 72 28 45, Fax 07 55 73 50 40, www.umbriahotels.com. Hübsches Hotel, gleich beim Corso Vannucci. ○○–○○○

Osteria del Bartolo, Via Bartolo 30, Tel. 07 55 73 15 61.

Wiederentdeckung alter umbrischer Rezepte. ○○○
▮ **Bocca Mia,** Via Rocchi 36, Tel. 07 55 72 38 73. Junges Publikum, tolle Nachspeisen! So geschl. ○○
▮ **Caffè di Perugia,** Via Mazzini 10, Tel. 07 55 73 18 63, Di geschl. Bar, Enothek, Pizzeria Restaurant: einer der Treffpunkte der Stadt auf vier Etagen in einem gotischen Palazzo.

Enoteca Provinciale, Via Rocchi 18, Tel. 07 55 72 48 24. Umbrischer Wein zum Probieren und Kaufen.
▮ Letztes Wochenende im Monat **Antiquitätenmarkt.**

Veranstaltung: 1. Julihälfte **Umbria Jazz,** renommiertes internationales Jazzfestival.

**Gubbio ㊹

Man verlässt Perugia in Richtung Gubbio auf der SS 298, einer Strecke mit reizvollen Panoramablicken. Burgen und Klosteranlagen säumen die Straße, bis sich unterhalb der alten Umbrerstadt Gubbio, die sich terrassenförmig an den Monte Ingino schmiegt, die Hochebene öffnet.

Bei der Anfahrt genießt man den besten Blick auf den Ort (31 500 Einw.). Mit dem dominierenden **Palazzo dei Consoli** präsentiert sich hier ein schönes mittelalterliches Ensemble, das seinen Reiz durch das Baumaterial, den weißen Kalkstein aus den nahen Bergen, erhält.

Der Rundgang beginnt mit der Kirche ***San Francesco** (13. Jh.) an der Piazza Quaranta Martiri (Parkplatz) mit schönem spätgotischem Freskenzyklus. Unter der **Loggia** der Wollweberzunft verbreitet der Markt am Vormittag seine Düfte.

5

Seite 777

In der Via del Camignano in Gubbio

Wahrzeichen Gubbios ist der prächtige Palazzo dei Consoli

**Die Altstadt

Über den Torrente Camignano spaziert man von dort mitten in die Altstadt Gubbios hinein. Am Treffpunkt der vier Stadtviertel legte man den Hauptplatz, die **Piazza della Signoria**, mittels enormer Stützkonstruktionen an und errichtete dort ab 1332 einen der bedeutendsten kommunalen Repräsentationsbauten Italiens: den **Palazzo dei Consoli**. Er ist Sitz des Museo Civico und der Pinacoteca Comunale. Hier sind neben römischen Exponaten auch die *Tavole Eugubine zu sehen. Die sieben großen Bronzetafeln bilden das wichtigste Zeugnis zur umbrischen Kultur. Da die Umbrer keine Schrift entwickelten, wurden die Tafeln in umbrischer Sprache mit etruskischen (3./2. Jh. v. Chr.) und lateinischen (2./1. Jh. v. Chr.) Schriftzeichen beschrieben. Sie enthalten Anweisungen für Zeremonien und erwähnen den Jupiter- und Marskult. (April bis Okt. tgl. 10–13, 15–18; Nov. bis März tgl. 10–13, 14–17 Uhr).

Im Anschluss bietet sich ein Spaziergang zum gotischen **Dom Santi Mariano e Giacomo** an. Daneben erhebt sich auf kleiner Grundfläche der **Palazzo Ducale.** Um 1474 ließ Herzog Federico da Montefeltro dieses Renaissanceprunkstück als Sommerresidenz errichten. Großartig wirkt besonders der Innenhof, obwohl der Architekt aus Platzmangel die hintere Seite verkürzen musste – statt vier Bogen stehen hier nur drei (tgl. außer Mi 8.30–19.30 Uhr).

IAT, Piazza Oderisi 6, 06024 Gubbio, Tel. 07 59 22 06 93, Fax 07 59 27 34 09;
www.umbria2000.it,
E-Mail: info@iat.gubbio.pg.it

Gattapone, Via Ansidei 6, Tel. 07 59 27 24 89, www.mencarelligroup.com. Nettes Hotel in der Altstadt. ○○

Taverna del Lupo, Via Ansidei 21, Tel. 07 59 27 43 68. Typisch umbrische Küche, besonders zu empfehlen Trüffeln und Pilze. ○○○

Keramik aus Gubbio – darunter Nachbildungen der schwarzen *bucchero*-Keramik, die auf die Etrusker zurückgeht, gilt als Spitzenware.

Veranstaltungen: 15. Mai **Corsa dei Ceri** (s. S. 726); am letzten Sonntag im Mai **Palio della Balestra**.

Tour 6

Valle Umbra & nördliches Latium

**Assisi → *Spello → *Trevi →
**Spoleto → **Todi → **Orvieto →
*Bolsena → *Lago di Bolsena →
*Montefiascone → **Viterbo
(175 km)

Von der kleinen Stadt Assisi, die untrennbar mit dem Gründer des Franziskanerordens verbunden ist, führt diese Strecke zu den schönsten Ortschaften Umbriens – Spello, Spoleto, Todi. Traumhafte Ausblicke von den Hügeln beiderseits der Valle Umbra begleiten die Fahrt. Hat man Orvieto erreicht, das – überragt von dem berühmten Dom – auf seinem Tufffelsen hoch über dem Pagliatal thront, ist die Grenze zum Latium bereits nahe. Noch einen Hügelzug hinauf, und schon erblickt man die glitzernde Fläche des Lago di Bolsena in dem ruhenden Vulkankrater. Ein Sprung ins kühle Nass erfrischt, bevor man sich aufmacht, Viterbo, die Stadt der Päpste und der schönen Brunnen, zu besuchen.

**Assisi ⑰

(25 600 Einw.) und der heilige Franziskus gehören zusammen wie Rom und der Papst: Tausende von Touristen und Gläubigen strömen täglich in die Geburtsstadt des Ordensgründers und verwandeln sie in eine der bedeutendsten Pilgerstätten der Welt. Wer sich aber die Zeit nimmt, auch ein wenig abseits des Trubels zu spazieren, wird eine schöne mittelalterliche Stadt entdecken, die sich auf einem Ausläufer des Monte Subasio in leuchtenden Weiß- und Rosaschattierungen über der grünen Valle Umbra erhebt.

Kloster **San Francesco

Reist man vom Tal aus nach Assisi an, erhebt sich der Blick unwillkürlich zu den »ungeheuren Substruktionen der babylonisch übereinander getürmten Kirchen, wo der heilige Franziskus ruht«, wie Goethe als Verehrer klassisch antiker Architektur das Kloster San Francesco reichlich distanziert beschrieb.

Am 17. Juli 1228, zwei Jahre nach dem Tod des Heiligen und einen Tag nach seiner Heiligsprechung, legte Papst Gregor IX. den Grundstein für die Unterkirche, die Teil eines mächtigen Gebäudekomplexes werden sollte: Auf der Grabes- und Pilgerkirche (unten) erbaute man die Ordenskirche der Franziskaner (oben), fügte später den mächtigen romanischen Glockenturm hinzu und errichtete dahinter das Kloster.

6

Seite 777

Das Innere der Kirchen ist ganz mit Fresken ausgemalt. Zu den großen Kunstwerken der Unterkirche zählen die ***Fresken des Franziskusmeisters:** links Szenen aus dem Leben des Franziskus, rechts aus dem Leben Christi.

Es ist schade, dass man um 1300 für die Seitenkapellen Teile dieser Malereien zerstörte. Zumindest eine der Kapellen aber, die erste links, entschä-

digt dafür: Die ***Fresken** Simone Martinis erzählen die Vita des heiligen Martin.

Bemerkenswert ist auch die Decke über dem Hauptaltar. Hier versinnbildlichte Maestro delle Vele die franziskanischen Werte: die Armut, den Gehorsam und die Keuschheit. Umgeben von Engeln ist hier auch Franziskus wieder zu sehen.

Franziskus von Assisi

Der Schutzpatron Italiens wurde 1181 als Sohn der wohlhabenden Tuchhändlerfamilie Bernardone in Assisi geboren. Er genoss die angenehmen Seiten des Lebens in vollen Zügen. Als er 1202 für seine Heimatkommune gegen Perugia kämpfte und mehrere Monate in Gefangenschaft verbrachte, begann er, über sein Leben nachzudenken. Er veränderte es radikal und nahm sich fortan der Armen und Aussätzigen an.

1206 gab ihm das Kreuz in San Damiano (bei Assisi) seine Lebensaufgabe: »Gehe hin und baue meine Kirche wieder auf«. Er restaurierte das halb verfallene San Damiano mit dem Erlös, den er aus dem heimlichen Verkauf eines Stoffballens seines Vaters erzielte. Als dieser protestierte, warf Franziskus ihm seine Kleider vor die Füße; der Bischof von Assisi bedeckte seine Blöße. Damit sagte er sich von der Welt los und erreichte die Aufnahme durch die Kirche.

Ein Leben in der Nachfolge Christi, Nächstenliebe, völlige Besitzlosigkeit und Predigt: Diese Ideale entstanden aus Protest gegen die

sozialen Umschichtungen im 11. und 12. Jh., die zwar Einigen Reichtum bescherten, viele aber an den Rand der Gesellschaft drängten. Doch im Gegensatz zu den verfolgten Waldensern und Katharern ließ Franziskus seine Regel für eine wachsende Schar Gleichgesinnter vom Papst absegnen. Damit unterstützte er indirekt auch die römische Amtskirche, da er die neue Frömmigkeit *innerhalb* der kirchlichen Ordnung verankerte – wenn er selbst auch die Meditation in der Einsamkeit einem institutionalisierten Orden vorzog.

Nachdem er 1224 als letztes Zeichen seiner bedingungslosen Nachfolge die Wundmale Christi empfing, starb er 1226 in der Porziuncula und wurde bereits 1228 heilig gesprochen.

Geblieben sind die Fioretti (»Blümchen«), die Geschichten von und über den Poverello (»kleiner Armer«). Sie erzählen von der Zähmung des Wolfes in Gubbio, der Predigt zu den Vögeln bei Bevagna, der Austreibung der Teufel aus Arezzo oder der Einführung der Weihnachtskrippe in Greccio.

6

Seite 777

Den Übergang vom noch byzantinisch beeinflussten Künstler Cimabue über die neue Erzählfreude der Giotto-Schüler bis zu den formvollendeten Werken Simone Martinis kann man im rechten Querschiff nachvollziehen. An seiner rechten Wand bewundert man eine ***Madonna** mit einem Franziskus von Cimabue, darüber Szenen aus der Kindheit Christi. Im linken Querarm stellte der Sieneser Pietro Lorenzetti die Leidensgeschichte Christi dar.

Weniger Kunst, dafür mehr Andacht bestimmt die Atmosphäre der neoromanischen **Krypta,** die das Grabmal des heiligen Franziskus beherbergt.

Über den Kreuzgang gelangt man von der Unterkirche in die Oberkirche. Lichtdurchflutet, elegant öffnet sich der einschiffige Raum. Die Spuren des verheerenden Erdbebens von 1997 sind weitgehend beseitigt. Kreuzrippengewölbe und nach oben strebende Bündelpfeiler weisen klar in die Gotik. Maßgeblich aber waren die großen Wandflächen für die Darstellung der Heils- und Ordensgeschichte und der große Raum für die Predigt. In ihrem Hell-Dunkel-Gegensatz expressionistisch wirken die einzigartigen Fresken Cimabues im Querschiff und der Apsis. Wie Fotonegative erscheinen diese Malereien heute, da sich die Bleimischung der helleren Farben durch Oxydierung schwarz verfärbt hat. Ergreifend die ***Kreuzigung** im linken Querschiff.

Im oberen Bereich des Längsschiffes findet man rechts Szenen aus der Schöpfungsgeschichte, links aus dem Neuen Testament, Bildzyklen, die das Werk römischer Meister sind. Im Sockelbereich ließ der Franziskanerorden die Lebensgeschichte seines Gründers in 28 Bildern darstellen. Einige von ihnen, wie etwa das »Gebet in der verfallenen Kirche San Damiano«, die »Vogelpredigt« (Frontwand)

und die »Stigmatisierung« (linke Wand), stammen wohl von Giotto. Hier wirkte zweifellos ein großer Meister (Unterkirche: tgl. 6–18.50, Oberkirche tgl. 8.30–18.50 Uhr; So/Fei vormittags Messen).

Weitere Sehenswürdigkeiten

Nach dieser Augenweide schlendert man die Via San Francesco hinauf zur heiteren **Piazza del Comune.** Die Kirche ***Santa Maria sopra Minerva** dort mutet etwas seltsam an. Doch immerhin kam Goethe einst nach Assisi, nur um den römischen Tempel zu bewundern, der die Jahrhunderte als Portikus der Marienkirche heil überstand.

Spaziert man nun ein wenig durch die Via San Rufino und die Nebengässchen, entdeckt man das mittelalterliche Assisi. Auch die herrliche romanische Fassade des ***Doms San Rufino** zeigt Mittelalter pur.

STA, Piazza del Comune 4, 06081 Assisi, Tel. 0 75 81 25 34, Fax 0 75 81 37 27; www.umbria2000.it, E-Mail: info@iat.assisi.pg.it. Hier erhält man auch die Liste der ca. 20 Klöster, die Gäste aufnehmen. **Bahnverbindung:** Perugia–Foligno.

Windsor-Savoia, Viale Marconi 1, Tel. 0 75 81 22 10, Fax 0 75 81 36 59, www.hotelwindsorsavoia.it. Traditionsreiches Hotel, tolle Aussicht. ○○–○○○

San Francesco, Via S. Francesco 52, Tel. 0 75 81 23 29. Gegenüber der Basilika, gute Küche, auch kleine Gerichte; Mi geschl. ○○○

Spezielle Stickerei in Blau, den sogenannten *punto d'Assisi,* gibt es in vielen Geschäften der Stadt.

6·

Seite 777

Veranstaltungen: Aufwändige **Kirchenfeiern,** auch an den Festtagen des hl. Franziskus (3./4. Okt.).

*Santa Maria degli Angeli

Bei der Weiterfahrt in Richtung Spello sieht man die Kuppel von Santa Maria degli Angeli, der siebtgrößten Kirche der Christenheit, aus der modernen Ansiedlung zu Füßen des Monte Subasio herausragen. Sie wurde über der Porziuncula erbaut, einer der Kapellen, die der heilige Franziskus restaurierte. Sie war sein Lieblingsort: Hier starb er im Jahr 1226 auf dem nackten Boden liegend.

*Spello ㊽

Spello (8200 Einw.) liegt nur wenige Kilometer von Assisi entfernt. Die Erdbebenschäden sind großenteils überwunden. Malerisch zieht sich die im Sonnenlicht rosa-weiß schimmernde Travertinstadt den Hügel hinauf, bekrönt vom mächtigen Turm der Festung. Ihre schönen mittelalterlichen Bauten – garniert mit prachtvollen römischen Toren (am eindrucksvollsten davon die ***Porta Venere**) und herrlichen Renaissancefresken – gruppieren sich innerhalb der Stadtmauer. Allein die ****Cappella Baglioni** in **Santa Maria Maggiore** lohnt den Besuch der Stadt: Hier erzählt Pinturicchio mit farbenfrohen Fresken seine Geschichten.

Vom ***Belvedere** an der westlichen Stadtseite reicht die Aussicht weit über die Valle Umbra hinweg.

 Pro Spello, Piazza Matteotti 3, 06038 Spello, Tel./Fax 07 42 30 10 09; www.comune.spello.pg.it, E-Mail: prospello@libero.it

Die Kapelle Porziuncula in der Kirche Santa Maria degli Angeli

Il Cacciatore, Via Giulia 42, Tel. 07 42 65 11 41, Fax 07 42 30 16 03. Gepflegtes Hotel mit schöner Aussichtsterrasse und guter Trattoria. ○–○○

Il Contadino dell'Umbria, Via Tempio di Diana 4. Gleich beim römischen Stadttor Porta Consolare; biologisch kontrollierte umbrische Spezialitäten.

*Trevi ㊾

Aus der Landschaft rund um Trevi (7800 Einw.) kann man bereits auf die Spezialität dieses Ortes schließen: sein exquisites Olivenöl. Ausgedehnte Ölbaumhaine erstrecken sich rings um die Stadt, die weiße Tupfer auf den Monte Serrano setzt.

Wieder unterwegs, sieht man rechts bei km 139 unvermittelt ein kleines Kirchlein stehen, den ***Tempio del Clitunno.** Er wurde wohl im 8. Jh.

Seite 777

Detail des Fassadenreliefs von San Pietro in Spoleto

Wahrzeichen Spoletos ist der Ponte delle Torri

aus spätantiken Teilen zusammengesetzt. Anmutig erhebt sich der Portikus über der Wiese. Seine *Fresken zählen zu den ältesten in Umbrien.

**Spoleto ⑳

Über diese Stadt (37 800 Einw.) schrieb Hermann Hesse 1911 begeistert an seine Frau: »Liebste, Spoleto ist die schönste Entdeckung, die ich in Italien gemacht habe!« Umbrische Stadtmauern, mittelalterliche Gässchen, herrliche Renaissancefresken, zeitgenössische Kunst: Auch heute noch gibt es hier jede Menge zu entdecken.

**Ponte delle Torri

Die schönste Ansicht auf die Stadt genießt man von Süden her. Anmutig erstreckt sie sich auf dem Kamm eines Hügels, trutzig ragt die Festung. Gegenüber erhebt sich der Berg Monteluco. Durch einen majestätischen Aquädukt, den Ponte delle Torri, ist er mit der Stadt verbunden. Mit ihren 230 m Länge und 76 m Höhe ist diese Brücke, das Wahrzeichen Spoletos, ein Meisterwerk mittelalterlicher Ingenieurskunst aus dem 13. Jh.

**San Pietro fuori le mura

Zu Füßen des Hügels liegt rechts die Kirche San Pietro fuori le mura. Voller Symbolik stecken ihre romanischen **Fassadenreliefs: Der Löwe steht für Christus, die Raben für die Seelen, der Wolf für den Teufel. Die Überlegenheit des Menschen über das Tier wird durch die Figur symbolisiert, die die Löwentatze einklemmt.

Von der Kirche führt ein etwa 15-minütiger Spaziergang entlang schattiger Grünanlagen in die Stadt hinein zur **Piazza della Libertà** mit dem *Teatro Romano aus dem 1. Jh. v. Chr. Aus römischer Zeit stammt der **Drususbogen,** 23 n. Chr. als Eingang zum Forum, der heutigen **Piazza del Mercato,** errichtet.

**Dom Santa Maria Assunta

An der dreigeteilten *Fassade des Doms Santa Maria Assunta erkennt man ein byzantinisches Mosaik und acht Rosetten, deren mittlere von den Evangelistensymbolen umfasst ist.

Im Innern blieb aus der Bauzeit (ab 1175) der schöne Fußboden erhalten – ansonsten prunkt der Raum in Barock. Die Apsis schmücken mit der »Verkündigung«, dem »Tod Mariä«, »Christi Geburt« und der »Marienkrönung«, alle von Filippo Lippi, bedeutende **Renaissancefresken. Die lebhafte Farbgebung, die großartige Raumaufteilung und die exakte Anwendung der Perspektive prägen die Malereien.

6

Seite 777

Der lebhafte Verkehr trübt ein wenig die Freude am Spaziergang zur ältesten Kirche von Spoleto am nördlichen Stadtrand, **San Salvatore,** die wahrscheinlich aus dem 5. Jh. stammt. Doch lohnt die prächtige zweigeteilte ****Fassade** den Weg. Innen umfängt den Besucher einer der schönsten Räume Umbriens. Das ****Presbyterium** überwältigt durch seine harmonischen Proportionen.

Festival dei due Mondi

Einmal im Jahr erwacht Spoleto zu buntem Leben, wenn im Juni/Juli das Kultur-»Festival dei due Mondi« stattfindet. Hauptort des Geschehens ist die ***Piazza del Duomo,** die als Bühne wie geschaffen ist.

APT, Piazza della Libertà 7, 06049 Spoleto,
Tel. 07 43 23 89 20,
Fax 07 43 23 89 41;
www.umbria2000.it,
E-Mail: info@iat.spoleto.pg.it

Bahnverbindungen: Foligno, Terni.

Charleston, Piazza Collicola,
Tel. 07 43 22 00 52,
Fax 07 43 22 12 44,
www.hotelcharleston.it.
Stilvolles Hotel in einem Palast aus dem 17. Jh., relativ zentral gelegen.
○○–○○○

Sportellino, Via Cerquiglia 4,
Tel. 0 74 34 52 30, Do geschl.
Hervorragende Spoletiner Küche, angefangen von den Antipasti über die Nudeln und das Wild bis hin zu den Dolci. ○○
▐ **Panciolle,** Via Duomo 4,
Tel. 0 74 34 55 98. Am offenen Kamin werden die umbrischen Würste gegrillt, die im Sommer im angenehmen Garten serviert werden. ○○

**Todi ⊕

Jenseits der Monti Martani, eines Gebiets, in dem man gut wandern kann, liegt Todi (17 000 Einw.). Hier führt der erste Weg zur ****Piazza del Popolo** im Zentrum der Altstadt. Wie wär's mit einem Aperitif in der historischen Bar Centrale? Dabei kann man in Ruhe die eindrucksvolle Prestigearchitektur rund um den Platz auf sich wirken lassen: den ***Palazzo dei Priori** von 1293 im Süden, den strengen ***Palazzo del Popolo** von 1218, daneben den ***Palazzo del Capitano del Popolo** aus dem 13. Jh. und den ***Dom.**

Zwei lohnenswerte Museen sind im Palazzo del Capitano del Popolo untergebracht: die **Pinakothek** mit der »Marienkrönung« von Lo Spagna und das **Etruskisch-Römische Museum** (tgl. außer Mo 10.30 bis 13, Okt.–Feb. 14–16.30, März/Sept. 14–17, April–Aug. tgl. 14.30–18 Uhr.).

Am Nordende der Piazza unterstreicht der breite Treppenaufgang die imposante Wirkung der Fassade des ***Doms Santa Maria.** Rosetten, Portale, Kapitelle und der Schmuck der rechten Längsseite und der Apsis: Eine Vielzahl romanischen Skulpturen ist zu bewundern. Im ursprünglich dreischiffigen Innern – das vierte, gotische Schiff stammt aus dem 14. Jh. – sind fein gearbeitete ***Kapitelle** zu entdecken.

Am Palazzo dei Priori vorbei spaziert man zu der für Umbrien ungewöhnlichen Hallenkirche ***San Fortunato** und zu den Resten der **Rocca** im Stadtpark. Von hier aus genießt man die schöne Aussicht ins Tibertal sowie auf die Renaissancekirche ****Santa Maria della Consolazione** am Stadtrand von Todi. Edle, klare Linien verleihen dem Gebäude, das nach Plänen Bramantes entstand, innen wie außen eine besondere Eleganz.

6

Seite 777

i Piazza Umberto I 6, 06059 Todi,
Tel. 07 58 94 33 95,
Fax 07 58 94 24 16;
www.umbria2000.it,
E-Mail: info@iat.todi.pg.it

Villa Luisa, Via Cortesi 147,
Tel. 07 58 94 85 71,
www.villaluisa.it
Schöne Villa in einem Park mit Swimmingpool. ○○

Umbria, Via S. Bonaventura 13,
Tel. 07 58 94 27 37. Umbrische
Küche mit Panoramaterrasse; Di
Ruhetag. ○○–○○○

Veranstaltung: 2. Julihälfte **»Todi
Festival«** mit Ballett, Musik und Kino.

*Die prächtige Fassade des
Doms von Orvieto*

*Lago di Corbara

Über viele Kurven verlässt man Todi
und durchquert bei schönem Blick die
bewaldete Landschaft ins Tibertal hinunter. Dem Flusslauf folgend, passiert man den schönen Stausee Lago
di Corbara, der zum **Parco Regionale
del Tevere** gehört.

**Orvieto ⑤²

Mehr als 100 m hoch über dem Pagliatal liegt Orvieto (20 700 Einw.) auf
dem Rücken eines steilen Tuffsteinfelsens. Die strategisch günstige Lage
dieses Platzes erkannten bereits die
Etrusker. Sie begannen mit der Aushöhlung des Hügels, an der alle späteren Bewohner weiterarbeiteten. In
den mittelalterlichen Gassen ahnt
man wenig vom Innenleben des Untergrunds (Besichtigungstour ab APT-
Büro, Piazza Duomo 24). Weithin
sichtbar strahlt das Wahrzeichen der
Stadt – es ist eher eine Tochter des

Himmels denn der Erde, wie die Orvietaner meinen, und wohl der schönste
gotische Dom Italiens.

**Dom Santa Maria

Der Spaziergang führt durch die mittelalterliche Altstadt zur stets belebten Piazza del Duomo. Hier lenkt die
alles überragende, unvergleichlich
prächtige Fassade des Doms Santa
Maria den Blick auf sich (bis Ende
2003 in restauro). Das grandiose Projekt muss im Zusammenhang mit den
ehrgeizigen Domneubauten der führenden Städte Mittelitaliens gesehen
werden – als Ausdruck kommunalen
Stolzes in der Phase einer starken
städtischen Regierung. Ab 1290 wurde
mehr als drei Jahrhunderte lang unter
wechselnden Baumeistern an dem
Dom gearbeitet.

Der Sienese Lorenzo Maitani, der
von 1305 bis 1330 am Dom arbeitete,
lieferte den Entwurf für die stark gegliederte **Fassade:** Quer verläuft die
reich ausgearbeitete Galerie in der
Mitte, vertikale Linien zeichnen die
vier sich in Türmchen verlängernden

6

Seite
777

Reich verzierte Säulen am Hauptportal

Streben. Gotische Elemente wie die aus Frankreich übernommenen Wimperge (giebelförmige Zierstreben über den Portalen), die Türmchen und die spitzen Giebel konkurrieren hier mit den breiten Flächen der italienischen Bautradition. Diese sind mit Reliefs, den wunderschönen, farbenprächtigen Mosaiken und dem typisch umbrischen Element der reich verzierten Fensterrosette geschmückt. Die Marmorreliefs der vier Pfeiler mit ihren biblischen Geschichten lohnen einen näheren Blick.

Zu den Höhepunkten des Innenraums zählt die ****Cappella di San Brizio** im rechten Querschiff. Hier schuf Luca Signorelli 1499–1504 den Freskenzyklus »Das Ende der Welt«: Körper in allen Variationen, ausdrucksstarke Gesichter und die Komposition der Figuren in Zweier- und Dreiergruppen bei geringer Aufmerksamkeit für Landschaft und Natur – dies zeichnet Signorelli als großen Vorläufer Michelangelos aus.

Museen

Zurück ins 20. Jh. führt der zinnenbekrönte ***Palazzo Soliano** rechts vom Dom, den Papst Bonifaz VIII. 1297 aus Tuffstein errichten ließ. Er beherbergt jetzt das ***Museo Emilio Greco** mit Skulpturen und Zeichnungen des 1913 in Catania geborenen Bildhauers

Greco (gest. 1995), der auch das Mittelportal des Doms schuf (Di–So 10.30–13, April–Sept. 14–18.30, Okt. bis März 14–17.30 Uhr).

Links hinter dem Palazzo Soliano wartet im Papstpalast aus dem 13. Jh. das ***Museo Archeologico Nazionale** mit *Wandmalereien aus den etruskischen Grabkammern von Settecamini auf (tgl. 8.30–19.30 Uhr).

Tipp Nahe der Piazza della Repubblica, dem beliebten Treffpunkt vor dem Rathaus, findet man das älteste Café Orvietos, das **Montanucci** (Corso Cavour 21).

i **APT,** Piazza Duomo 24, 05018 Orvieto, Tel. 07 63 34 19 11, Fax 07 63 34 44 33.
www.umbria2000.it
www.comune.orvieto.tr.it,
E-Mail: info@iat.orvieto.tr.it

Bahnverbindungen: Città della Pieve, Orte.

Hotel Reale, Piazza del Popolo 25, Tel. Fax 07 63 34 12 47. Prächtiger Palast aus dem 16. Jh. im Zentrum. ○

Cantina Foresi, Piazza Duomo 2. Nette Enoteca im kleinen Kellerlokal, schmackhafte Kleinigkeiten. ○
▌ **Antica Cantina,** Piazza Monaldeschi 19. Brotzeiten *(spuntino)* und gute umbrische Hauptgerichte. ○

Beliebte Mitbringsel sind die überall erhältlichen Keramiken oder der Weißwein Orvieto classico.

Veranstaltungen: am Pfingstsonntag **Festa della Palombella;** am Fronleichnamstag **Prozession und historischer Umzug.**

Seite 777

6

*Bolsena ㉝

In Serpentinen schraubt sich die Straße von Orvieto den Hügelzug der Monti Volsinii hinauf, vorbei an Getreidefeldern und Ginsterhecken. Unerwartet öffnet sich die Aussicht auf den Vulkansee ***Lago di Bolsena.** In Bolsena (4150 Einw.), bietet sich der beste Blick von der majestätischen ***Rocca Monaldeschi** (13. Jh.), die zudem eine archäologische Sammlung präsentiert.

Die Kirche ***Santa Cristina,** ein echtes Schmuckstück, bewahrt unter einem anmutigen Ziborium aus dem 9. Jh. den Basaltstein mit den Fußabdrücken der heiligen Christina, um sich folgende Legende rankt: Die Christin, die zur Zeit Kaiser Diokletians lebte, war zum Märtyrertod durch Ertränken verurteilt. Ein Basaltstein sollte sie in die Tiefe des Lago ziehen – doch dieser versank nicht, sondern trieb an der Wasseroberfläche und half Christina, ans Ufer zurückzukommen. Dabei drückten sich ihre Füße in den Basalt, der später als Altarstein aufgestellt wurde. Knappe tausend Jahre später ereignete sich an diesem Altartisch das Eucharistiewunder von Bolsena.

Piazza Matteotti 9, 01023 Bolsena, Tel./Fax 07 61 79 99 23.

Trattoria Il Moro. Auf einem Steg im See genießt man die köstliche *Anguilla alla Vernaccia* (Aal mit Lorbeer in Vernaccia-Wein). ○–○○

Veranstaltungen: im Juni **Festa del Corpus Domini, Infiorata** mit Prozession (Sonntag nach Fronleichnam); 1.–7. Juli **Sagra del Pesce** (Fest der Fische); **23./24. Juli Festa di Santa Cristina.**

*Montefiascone ㉞

Die gewaltige Kuppel des **Doms Santa Margherita,** die Carlo Fontana im 17. Jh. erbaute, weist den Weg nach Montefiascone (12 800 Einw.). Dort ist jedoch nicht der Dom, sondern die romanische Doppelkirche ****San Flaviano** mit ihrer ungewöhnlichen architektonischen Konstruktion die größte Sehenswürdigkeit (geöffnet, oberer Teil in restauro).

Tipp Est! Est! Est! heißt der berühmte trockene Weißwein der Stadt, den man in den Kellereien an der Via Cassia kosten kann.

**Viterbo ㉟

Über die römische Via Cassia erreicht man Viterbo (60 400 Einw.). Kaum zu glauben, dass dieses mittelalterliche Provinzstädtchen einst sogar Rom Konkurrenz gemacht hat; denn heute, nachdem die Päpste längst nach Rom zurückgekehrt sind, geht das Leben in Viterbo seinen beschaulichen Gang. Trotz des vollständig erhaltenen mittelalterlichen Mauerrings, der historischen Wohntürme, belebten Gassen und bedeutenden Kunstschätze gehört Viterbo zu den weniger überlaufenen Städten Mittelitaliens.

*Dom San Lorenzo

Der Spaziergang durch Viterbo beginnt an der Piazza del Plebiscito, die von prachtvollen *palazzi* gesäumt ist. Der Via San Lorenzo folgend, gelangt man zur baumbestandenen **Piazza della Morte** und über eine Brücke zur **Piazza San Lorenzo,** die abends zu regem Leben erwacht.

Hier erhebt sich der ***Campanile** neben der harmonischen Renaissancefassade des **Doms San Lorenzo.**

6

Seite 777

Romanische Anklänge findet man im Inneren: Starke Säulen mit fein gearbeiteten Kapitellen gliedern den dreischiffigen Raum unter dem offenen Dachstuhl. Zur Bauzeit des Doms im 12. Jh. war Viterbo bereits eine unabhängige Kommune, der Handel an der Via Cassia florierte. Die Reste des Fußbodens lassen die Pracht der einstigen Ausstattung erahnen.

*Papstpalast

Die Viterbeser nutzten die Gunst der Stunde. Als Papst Alexander IV. 1257 aus dem unsicheren Rom nach Viterbo floh, profitierten die Viterbeser Geschäftsleute enorm. Die Stadt hofierte den Papst: Flugs errichtete man einen prächtigen Palast (1266 war er fertig) und übernahm auch die Spesen für die Unterbringung des Hofes: Die Päpste blieben in Viterbo. Im 13. Jh. übertraf Viterbo mit 60 000 Einwohnern selbst Rom mit seinen 40 000.

Neben dem schweren romanischen Körper des Papstpalastes scheint die **Loggia** in gotischer Leichtigkeit geradezu zu schweben: Gestützt wird sie von einer stabilen Rundsäule und den tiefen Rundbogen. Das Äußere des zinnengekrönten Hauptgebäudes – mehr Burg als Palast – wird allein von den hübschen Biforien durchbrochen.

In dem riesigen Saal links oben fand das erste Konklave der Geschichte statt. Das *Panorama von der Aussichtsterrasse der Loggia reicht bis nach Montefiascone.

**Via San Pellegrino

Bis heute prägen die Paläste und Straßenzüge aus ihrer Blütezeit die Stadt. Die Schönheit der Gassen, Erker, Anbauten, Bogengänge und Wohntürme entdeckt man bei einem Spaziergang über die Via San Pellegrino (die östlich der Piazza della Morte beginnt) zum *Palazzo degli Alessandri an der Piazza San Pellegrino. Mit seinem breiten Balkon und den tief gelegten Bogen gilt er als Musterbeispiel für den Stil des 13. Jhs.

*Museo Etrusco Nazionale

Die ***Rocca** am nördlichen Ende der Altstadt ließ Kardinal Albornoz nach der Unterwerfung Viterbos 1354 errichten. Die Burg ist Sitz des Etruskischen Nationalmuseums. Einzigartig sind Rekonstruktionen etruskischer Häuser und eines Bankettsaals mit Originalteilen aus Ausgrabungen in der Nähe (Di–So 8.30 bis 19.30 Uhr).

APT, Piazza S. Carluccio 5, Viterbo, Tel. 07 61 30 47 95, Fax 07 61 22 09 57, E-Mail: infoviterbo@apt.viterbo.it; Promotuscia, Piazza dei Caduti, Tel. 07 61 30 46 43, Fax 07 61 30 84 80. www.promotuscia.it
Bahnverbindungen: nach Orte, Montefiascone, Rom.

Tuscia, Via Cairoli 41, Tel. 07 61 34 44 00, Fax 07 61 34 59 76, www.tusciahotel.com Gutes Hotel, auch mit Garage in der Nähe der Rocca. ○–○○

Il Richiastro, Via della Marrocca 16/18, Tel. 07 61 22 80 09. Fantasievolle Küche in urigem Kellerlokal, im Sommer mit Garten. Do–So (So nur vormittags); Juli/Aug. geschl. ○○

3. So im Monat (außer Juli/Aug.) **Antiquitätenmarkt** im Zentrum an der Piazza dei Caduti.

Veranstaltung: 2./3. Sept. **Fest der Stadtheiligen Rosa** – den ganzen September kulturelles Programm.

Seite 777

6

Tour 7

Die Adriaküste und ihr Hinterland

**San Marino → **San Leo → Pesaro → **Urbino → *Iesi → Ancona → **Loreto → Recanati → San Benedetto del Tronto → Ascoli Piceno (400 km)

Ausgangspunkt dieser Tour durch die Marken ist der Zwergstaat San Marino. Kurioses und die Kultur locken zum Besuch in den Hügeln des Hinterlandes, während man an der Küste Sonne, Trubel und das Meer genießt: Von Cattolica bis nach San Benedetto del Tronto liegen die Badeorte an der Adria aufgereiht wie Perlen an einer Schnur. Abstecher führen zu einem viel besuchten Wallfahrtszentrum und in die Geburtsstädte bedeutender Künstler wie Raffael, Giovanni Battista Pergolesi und Beniamino Gigli: nach Urbino, Recanati und Iesi, wo auch Friedrich II. das Licht der Welt erblickte.

**San Marino ㊻

(4350 Einw.) ist, von welcher Himmelsrichtung man sich auch nähert, schon aus weiter Ferne auf seinem Monte Titano zu erblicken. Vom legendären Steinmetz Marinus aus Dalmatien zusammen mit einer Schar verfolgter Christen im 3. Jh. gegründet, konnte San Marino sich bis heute seine kuriose Selbstständigkeit bewahren. Auch wenn San Marino keine eigene Sprache hat, hier mit Euro bezahlt wird und das seit 1463 unveränderte Hoheitsgebiet nur ca. 25 000

Blick auf die Burgruinen am Steilhang San Marinos

Einwohner zählt, ist diese eigenständige Republik die älteste und kleinste der Welt. Das hat natürlich seinen Preis, weshalb in San Marino alles ein bisschen teurer ist als andernorts.

Aus der Nähe wirkt die wie eine mittelalterliche Wehranlage erscheinende Stadt wie ein vorweggenommenes Disneyland. An höchster Stelle schieben sich fotogen die zwei Burgruinen **Guaita** und **Cesta** (mit Waffenmuseum) und der Befestigungsturm **Montale** in den Himmel.

Beim Bummel durch das enge Bergstädtchen wechseln malerische Winkel und Gassen mit Kitsch in den Andenkenläden ab. Gratis gibt es den überwältigenden Panoramablick, der bis zur Adria hinüberreicht.

> **ℹ Ufficio dello Stato per il Turismo,** Contrada Omagnano 20, 47031 Repubblica di San Marino, Tel. 05 49 88 24 00, Fax 05 49 88 25 75, www.omniway.sm, E-Mail: statoturismo@omniway.sm; Hotelvermittlung: Tel. 05 49 88 54 31, Fax 05 49 88 54 33, www.sanmarino2000.sm

7

Seite 797

Buca San Francesco, Piazzetta Feretrano 3, Tel. 05 49 99 14 62. Charakteristisches Lokal mit bodenständiger Küche. ○–○○

Veranstaltungen: 1. April und 1. Okt. **Einsetzung der Staatsoberhäupter;** Ende Juli oder Ende August **Mittelaltertage** mit Umzügen, Wettkämpfen und Markt; 3. Sept. **Nationalfeiertag** großes Volksfest mit »Palio delle Balestre Grandi«, dem Wettkampf der Armbrustschützen.

San Leo ⑤

Im Vergleich zu San Marino ist San Leo (2900 Einw.) wesentlich ruhiger. Inmitten einer waldreichen Hügellandschaft hoch auf einem Felsmassiv gelegen, soll es auf den hl. Leo, einen Gefährten des hl. Marinus, zurückgehen. Die Pfarrkirche **Santa Maria dell'Assunta** (9./11. Jh.), der nicht minder beachtliche **Dom,** der sein heutiges Aussehen bis 1200 erhielt, und die grandiose ***Festung** oberhalb lohnen den Besuch des reizenden Ortes. Letztere wurde nie eingenommen und war das sicherste Gefängnis der Päpste. Hier saß der Hochstapler Graf Cagliostro ein (tgl. 9–18 Uhr).

Pro Loco, Piazza Dante 10, 61018 San Leo, Tel./Fax 05 41 91 62 31.

Castello, Piazza Dante 11/12, Tel. 05 41 91 62 14, Fax 05 41 92 69 26, E-Mail: albergo-castello@libero.it. Hübsches Hotel an der Kirche Santa Maria. ○

Locanda San Leone, Via Sant' Antimo 102, Tel. 05 41 91 21 94. Gute Montefeltro-Küche; Okt.–Ostern geschl. ○○–○○○

Cattolica ㊳

Bei Cattolica (15 750 Einw.) erreicht man das Meer mit Sandstrand. Der Ortsname erinnert daran, dass das einstige Fischerdorf nach den Bischöfen benannt wurde, die sich für rechtgläubig, »katholisch«, hielten und sich 359 wegen eines Dogmenstreits vom Konzil in Rimini absetzten.

Via Matteotti 46, 47033 Cattolica, Tel. 05 41 96 33 41, Fax 05 41 96 33 44; www.cattolica.net

Berlino, Via del Prete 37, Tel. 05 41 95 42 87, E-Mail: berlino@inwind.it; kleines modernes Hotel. ○–○○
❚ **Cristallo,** Via Matteotti 37, Tel. 05 41 95 06 08, Fax 05 41 96 09 84, www.cattolicaturismo.com/cristallo Kleines, sehr komfortables Haus mit Restaurant. ○○–○○○

Stazione, Via N. Sauro 3, Tel. 05 41 83 04 21. Fisch und hausgemachte Nudeln. ○○

Zona 34, Via Rasi Spinelli 34, Tel. 05 41 83 35 34. Die etwas andere Badeanstalt mit Spaßfaktor!

Gabicce Mare ㊴

Cattolica geht in den Badeort Gabicce Mare über, wo der bis zur Strandbucht auslaufende Apennin die Grenze zwischen der Emilia-Romagna und den Marken darstellt. Auf dem Hügelrücken erstreckt sich Gabicce Monte.

APT, Viale della Vittoria 41, 61011 Gabicce Mare, Tel. 05 41 95 44 24, Fax 05 41 95 35 00; www.gabiccemareturismo.com, E-Mail: iat.gabicce@regione.marche.it

Seite 797

7

Capo Est, Via Panoramica 123, Gabicce Monte, Tel. 05 41 95 33 33, Fax 05 41 95 27 35, www.capoest.com/home; nobles Hotel mit herrlichem Blick. ⃝⃝–⃝⃝⃝

La Terrazza, Piazza Valbruna, Tel. 05 41 95 31 95, Gabicce Mare. Mit Blick auf das Meer. ⃝⃝

Pesaro ⑥⓪

Auf der Küstenstraße nach Süden kommt man 5 km vor Pesaro (89 400 Einw.) an dem imposanten Jagdschloss **Villa Imperiale** vorbei (errichtet 1472). In Pesaro erblickte 1792 Gioacchino Rossini das Licht der Welt. In seinem **Geburtshaus,** der Casa Rossini, ist ein Museum eingerichtet, und zum Opernfestival im August erklingt seine Musik. An der Längsseite der **Piazza del Popolo** erinnert der **Palazzo Ducale** an die Blütezeit der Stadt im 15. Jh. Bis ins 17. Jh. genoss sie einen guten Ruf wegen ihrer Majolikaproduktion, von deren Qualität man sich im **Museo delle Ceramiche** überzeugen kann (Juli/Aug. Di–So 9.30–12.30, Mi, Fr, Sa, So auch 17–20 Uhr; Sept.–Juni Di–So 9.30 bis 12.30, Do–So auch 16–19 Uhr; ebenso Casa Rossini). Auch die Jugendstilvilla **Ruggeri** nahe dem Strand und die Renaissancefestung **Rocca Costanza** ziehen Blicke auf sich.

I.A.T., V. Trieste 164, 61100 Pesaro, Tel. 07 21 6 93 41, Fax 0 72 13 04 62, www.turismo.marche.it, E-Mail: iat.pesato@regione.marche.it

Teresa, Viale Trieste 180, Tel. 0 72 13 00 96. Wohlmundende Experimente mit Meeresblick; So abends u. Mo geschl. ⃝⃝⃝

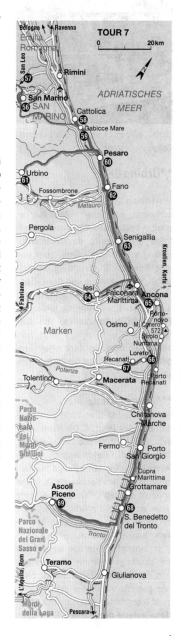

TOUR 7

0   20 km

ADRIATISCHES MEER

Bologna ↑ ↖ Ravenna
Emilia
Romagna
San Leo
Rimini
San Marino
SAN MARINO
Cattolica
Gabicce Mare
Pesaro ⑥⓪
Urbino ⑥①
Fano ⑥②
Fossombrone
Metauro
Pergola
Senigallia ⑥③
Iesi
Falconara Marittima ⑥④
Ancona ⑥⑤
Fabriano
Osimo M. Conero
Portonovo
572 ▲
Sirolo
Numana
Loreto
Recanati ⑥⑥
Potenza ⑥⑦
Tolentino
Macerata
Porto Recanati
Marken
Civitanova Marche
Parco Nazionale dei Monti Sibillini
Fermo
Porto San Giorgio
Cupra Marittima
Grottammare
Ascoli Piceno ⑥⑨
⑥⑧
S. Benedetto del Tronto
Parco Nazionale del Gran Sasso e
Tronto
Teramo
Giulianova
Monti della Laga
Pescara →
Kroatien, Korfu

*Urbino, eine fast komplett erhaltene
Renaissancestadt*

Urbino ⑥

Mit Urbino (15 200 Einw.), einer fast komplett erhaltene Renaissancestadt – heute quasi ein Museum – erfüllte sich Federico da Montefeltro, Herzog von Urbino, den Traum von einer idealen Stadt und setzte sich selbst, seiner Familie und seiner Epoche ein Denkmal. Den Ausgangspunkt für die Stadtbesichtigung bildet die **Piazza della Repubblica.** Von hier führt die Via Vittorio Veneto zum pompösen **Dom,** der nach einem Erdbeben im Jahr 1789 im Geschmack des 18. Jhs. restauriert wurde.

Palazzo Ducale
Federico selbst überwachte ab 1468 den Bau des Palazzo. Die Namen seiner Baumeister Luciano Laurana, Francesco di Giorgio Martini, Baccio Pontelli und Girolamo Genga tauchen auch im Zusammenhang mit vielen anderen Bauten Urbinos auf. Siebzig Jahre dauerten die Arbeiten an dem bedeutendsten weltlichen Renaissancebauwerk Italiens.

Im Innern führt der Rundgang durch die prächtigen Räume des Herzogs und der Herzogin; quasi im Vorbeigehen genießt man dabei die hervorragend integrierten Exponate der **Nationalgalerie der Marken.** Der Bogen spannt sich von Allegretto Nuzi, einem Vorläufer des »Weichen Stils« der Gotik, über Piero della Francescas »Geißelung Christi« und Paolo Uccellos düstere »Geschichte von der entweihten Hostie und der Verbrennung der Judenfamilie« (die Predella zu einem Altarbild von Justus van Gent) zu Raffaels sensiblem Porträt einer florentinischen Dame, »Die Stumme« (Mo 8.20–14, Di–So 8.30 bis 19.30 Uhr).

*Casa Natale di Raffaello
In der von der Piazza della Repubblica steil ansteigenden Via Raffaello erblickte 1483 Raffael im ersten Stock des Hauses Nr. 57 das Licht der Welt: Casa Natale di Raffaello (So/Fei 10–13, März–Okt. Mo bis Sa 9–13, 15–19, Nov.–Feb. Mo–Sa 9–14 Uhr).

I.A.T., Piazza Rinascimento 1, 61029 Urbino, Tel. 07 22 26 13, Fax 07 22 24 41; www.comune.urbino.ps.it, E-Mail: iat@comune.urbino.ps.it

Raffaello, Via S. Margherita 40, Tel. 07 22 47 84, Fax 07 22 32 85 40, www.albergoraffaello.com Stilvolles Haus in renoviertem Palazzo aus dem 18. Jh. ○○○

Il Girarrosto, Piazza delle Erbe, Tel. 07 22 44 45. Ansprechendes Restaurant mit typischen lokalen Gerichten. ○○
▮ **Vecchia Urbino,** Via dei Vasari 3–5, Tel. 07 22 44 47. Traditionelle umbrische Küche und ausgezeichnete Trüffelkreationen; Di geschl. ○○○

Veranstaltungen: 2. Julihälfte **Festival Internazionale di Musica Antica – Festival alter Musik;** 3. So im August **Festa del Duca** (historisches Fest)

7

Seite 797

Fano ⑫

Die Wogen der Touristenströme haben sie noch nicht überspült, die Altstadt von Fano (56 700 Einw.), die als Fußgängerzone ausgewiesen ist. Ein Spaziergang führt zur **Piazza XX Settembre.** Wie gut das römische Kastell am Ende der von Rom ausgehenden Via Flaminia, einer Fernstraße, befestigt war, zeigen die mächtigen Reste der imposanten römischen ***Stadtmauer** und des ***Arco d'Augusto.**

Volleyball am Strand von Senigallia

i **I.A.T.,** Viale C. Battisti 10, 61032 Fano, Tel. 07 21 80 35 34, Fax 07 21 82 42 92, www.turismo.marche.it E-Mail: iat.fano@regione.marche.it; Hotelreservierungen: Tel. 07 21 82 73 76, Fax 07 21 82 57 10, E-Mail: info@fanoline.it

Veranstaltungen: im Juli **Jazzfestival;** jeden 2. So und Sa davor **Antiquitätenmarkt** in der Altstadt.

Senigallia ⑬

Von Fano bis Ancona säumt ein einziger langer Sandstrand die Küste. 10 km feinen Sandstrandes gehören zu Senigallia (42 600 Einw.), im 4. Jh. v. Chr. Stützpunkt der Gallier (Kelten). Seit einigen Jahrzehnten nun ist die Stadt ein begehrtes Ziel von Sonnenanbetern, denen ca. 100 Hotels und 17 Campingplätze zur Verfügung stehen. Trotz des Baubooms hat sich das Zentrum mit der Festung, der **Rocca Roveresca** (15. Jh.), ein Wahrzeichen, erhalten, das seit dem Übergang von den Della Rovere an den Kirchenstaat als Gefängnis diente. Über die Geschichte dieser Familie in den Marken informiert die Ausstellung im Inneren (tgl. 8.30–19 Uhr).

i **I.A.T.,** Piazzale Morandi 2, 60019 Senigallia, Tel. 07 17 92 27 25, Fax 07 17 92 49 30; www.comune.senigallia.an.it, E-Mail: iat.senigallia@regione.marche.it

Osteria del Tempo Perso, Via Mastai 53, Tel. 07 16 03 45. Feine Küche. Do geschl. ○○

*Iesi ⑭

Von der Küste kaum 30 km entfernt, breitet sich auf einer Anhöhe über dem Fluss Esino die Altstadt von Iesi (39 200 Einw.) aus. In vorchristlichen Jahrhunderten von Umbrern gegründet, war die Siedlung den Römern als Aesis bekannt. Auf ihrer Stadtbefestigung baut die beeindruckende Stadtmauer des 14. Jhs. auf, die samt Bastionen und Toren erhalten ist.

Man parkt an der Via N. Sauro; auf der Rolltreppe geht es durch einen Befestigungsturm zum ehemaligen Marktplatz an der Stelle des römischen Forums. Mitten auf dieser **Piazza Federico II** mit Obelisk-Brunnen von 1845 und dem **Dom** wurde 1194 der Stauferkaiser Friedrich II. geboren (s. S. 800). An der Piazza Colocci erhebt sich der ***Palazzo della Signoria**

7

Seite **797**

mit markantem Glockenturm und einer streng gegliederten Fassade. Erbaut 1486–1498, war er Sitz von Stadtrat und Gericht.

Die Via Pergolesi entlang und durch das heutige Rathaus hindurch erreicht man das Herz der Stadt, die **Piazza della Repubblica.** Die Pracht des **Teatro Pergolesi** erschließt sich nur beim Besuch einer Aufführung. Von hier führt die Via XV Settembre zum **Palazzo Pianetti,** einem Traum in Rokoko, und zu der Pinakothek, deren Besichtigung wegen bedeutender *Gemälde von Lorenzo Lotto lohnt (15. Juni–15. Sept. Di–So, Fei 10–13, 17–23 Uhr; 16. Sept.–14, Juni Di–Sa 10–13, 16–19, So, Fei 10–13, 17–20 Uhr).

Pro Loco, Piazza della Repubblica, 60035 Iesi, Tel. 0 73 15 97 88, Fax 0 73 15 82 91; www.comune.jesi.an.it/proloco **Bahnverbindungen:** nach Ancona und Fabriano.

Mariani, Via dell'Orfanotrofio 10, Tel. 07 31 20 72 86, Fax 07 31 20 00 11, www.hotelmariani.com Angenehmes Hotel mitten im Zentrum. ○○○

Forno Ercoli, Piazza Nova 8, Tel. 07 31 15 69 60. Weißwein Verdicchio zu Käse- und Wurstspezialitäten; Mo u. mittags geschl. ○

Ancona ⑥⑤

Die Hauptstadt der Provinz Marken (98 400 Einw.) ist ein bedeutender Hafen und Industriestandort; sie war seit jeher Italiens Tor zum Osten. In beiden Weltkriegen wurde Ancona schwer beschädigt, und das Stadtbild hat auch unter den Folgen des ökonomischen Aufschwungs mit vielen eintönigen Hochbauten und großen Straßen gelitten.

Die Geburt auf dem Marktplatz

Kaiser Heinrich VI., der Sohn Barbarossas, zog 1194 mit einem Heer durch Italien, begleitet von seiner Gattin, der elf Jahre älteren Konstanze, Tochter des Normannenkönigs Roger II. Heinrich war zwanzig gewesen, als er sie 1186 geheiratet hatte, und wollte nun die Herrschaft über ihr Erbe, das Königreich Sizilien, antreten. Da die fast 40-jährige Konstanze hochschwanger war, ließ er sie in Iesi zurück, um sich am 25. Dezember 1194 in Palermo zum König von Sizilien krönen zu lassen, nachdem er den normannischen Adel brutal beseitigt hatte. Zum selben Zeitpunkt wurde auf Iesis Marktplatz ein Zelt aufgebaut, und dort brachte Konstanze am 26. Dezember in Gegenwart der Geistlichkeit und aller verheirateten Frauen der Stadt – so erzählt es die Legende – ihren Sohn Friedrich zur Welt. 1220 wurde Friedrich II. in Rom zum Kaiser gekrönt. Mehrfach vom Papst exkommuniziert, starb der letzte große Staufer 1250 in Apulien und wurde im Dom von Palermo beigesetzt. Seine wohl eher aufgrund päpstlicher Angriffe später erdichtete »öffentliche« Geburt sollte jegliche Zweifel am Geschehen in Iesi, die wegen des Alters von Konstanze aufkamen, ein für allemal ausräumen.

*Dom San Ciriaco

Wenig rühmlich liegt eines der letzten berühmten Monumente der Stadt, der römische **Trajansbogen**, am Rand der modernen Hafenanlage. Wem der Blick aus der Ferne genügt, der wird zu ihm vom Dom San Ciriaco auf dem Monte Guasco hinabschauen, wo die Umgebung weitaus gefälliger ist. Über einem römischen Venustempel entstand im 5./6. Jh. die erste Kirche, jetzt das Querschiff. Im 11./12. Jh. erfolgte eine Erweiterung des Langhauses und die Gestaltung des Portalbereichs mit Säulen und Löwen, im 13. Jh. wurde die Kuppel aufgesetzt. Die seltsame Wirkung des Rauminneren wird durch die Mischung byzantinischer, romanischer und gotischer Stilelemente hervorgerufen.

Pinacoteca Civica

Auf dem Weg vom Dom in die Innenstadt kommt man an Palazzi und dem *Nationalmuseum der Marken zur vorchristlichen Geschichte Anconas vorbei (tgl. außer Mo 8.30 bis 19.30 Uhr). Verehrer Tizians finden in der Pinacoteca Civica mit der »Erscheinung der Jungfrau Maria« (1520) das erste erhaltene Bild des Meisters, dazu Werke von Lorenzo Lotto, Carlo Crivelli u. a. (Di–Sa 9–19, Mo 9–13, So 15–19 Uhr, Fei geschl.).

Sehenswürdigkeiten im Zentrum

Die Beziehungen Anconas zum Osten demonstriert die eigentümliche Fassade der Kirche *Santa Maria della Piazza hinter der Pinakothek, die sich über einem frühchristlichen Gotteshaus des 5./6. Jhs. erhebt. Die Fassadenverblendung mit vier Reihen schlanker Säulchen und Rundbogen verweist auf byzantinisch-orientalische Vorbilder. Die **Loggia dei Mercanti,** die Börse der Kaufleute von Ancona (Fassade aus dem 15./16. Jh.),

Zentral gelegen ist die Piazza del Plebiscito in Ancona

erinnert an den Orienthandel, der einst für Reichtum sorgte. Der Hafen dahinter hat im Guten wie im Schlechten seit jeher Anconas Schicksal bestimmt. Vorbei am **Palazzo del Governo** aus dem 15. Jh. kommt man auf die ruhige **Piazza del Plebiscito** mit einem Denkmal Papst Clemens' XII. Die Kirche **San Domenico** birgt eine Kreuzigungsdarstellung von Tizian. An der Kirche stößt man links auf die **Porta San Pietro,** ein mittelalterliches Stadttor, rechts auf ein gemütliches Plätzchen, wo die **Fontana del Calamo** aus 13 Bronzemasken Wasser speit.

APTR, Via Thaon de Revel 4, 60100 Ancona, Tel. 0 71 35 89 91, Fax 07 13 58 99 29.; www.marcheturismo.it
Schiffsverbindungen: nach Griechenland, Zypern, Israel, Kroatien und in die Türkei.

Roma e Pace, Via Leopardi 1, Ancona, Tel. 0 71 20 20 07, Fax 07 12 07 47 36, www.italiaabc.it/h/romaepace; historisches Gebäude, sehr gepflegt. ⬤⬤

La Moretta, Piazza Plebiscito 52, Tel. 0 71 20 23 17. Alteingesessene Trattoria mit familiärem Ambiente. So geschl. ⬤⬤

7

Seite
797

Monte Conero

Der schönste Küstenabschnitt zwischen Cattolica und San Benedetto del Tronto liegt direkt südlich von Ancona. Hier hat sich mit dem Monte Conero (572 m) eine unzerstörte Bergregion erhalten. Grüne Wälder wechseln mit weißen Kalkfelsen, die sich vor dem blauen Meer auftürmen. Auf verborgenen Pfaden gelangt man von den Parkplätzen entlang der Straße hinab zu kleinen Badebuchten; und in den Trattorien lässt man sich den einheimischen Rosso Conero schmecken.

Dieser Landstrich konnte sich viel von seinem ursprünglichen Reiz bewahren – zumal der ruhige Badebetrieb auf die weißen Kiesstrände der Orte **Sirolo** und **Numana** südlich des Monte Conero konzentriert ist. Von ihrer vorgeschichtlichen Bedeutung als Fernhandelsplätze mit Beziehungen bis in den Orient zeugen Funde, die in Numana im Antiquarium zu bewundern sind.

 Monteconero, Monte Conero 26, 60020 Sirolo, Tel./Fax 07 19 33 05 92, www.fastnet.it/monteconerohotel Komfortables Hotel in der Badia di San Pietro, einer im 13. Jh. gegründeten Abtei. ○○–○○○

****Loreto** ⑥⑥

Etwas abseits der Küste liegt südlich von Ancona der jährlich von über einer Million Pilgern besuchte Wallfahrtsort Loreto. Die wichtigsten Wallfahrtstage sind der 25. 3. (Mariä Verkündigung), der 15. 8. (Mariä Himmelfahrt) und der 8. 12. (Mariä Empfängnis).

Adriastrand am Monte Conero

Das Wallfahrtszentrum Loreto zieht jährlich Millionen von Pilgern an

Die Stadt erscheint mit ihren grandiosen Mauern als typische Festungsanlage des 16. Jhs., diese aber diente dem Schutz des innen 93 m langen und 60 m breiten, prunkvollen ****Santuario della Santa Casa.** Ab 1468 errichtet und erst im 18. Jh. vollendet, birgt die Basilika ein kleineres Gebäude: Die Kuppel erhebt sich über der mit aufwändigen Marmorarbeiten verkleideten Santa Casa. Nach katholischer Tradition ist dies das Geburtshaus von Maria, das Engel 1294 von Nazareth hierher beförderten.

Vecchio Glicine, Via Rampolla 44, Tel. 07 17 50 01 14, Mi geschl. Hausgemachte Nudeln und frischer Fisch in alter Locanda. ○○

Recanati ⑥⑦

Kunstinteressierte Pilger zieht es in das hübsche Recanati. 1511–1513 hat Lorenzo Lotto hier gearbeitet; man begegnet ihm in der Kirche **San Domenico** und in der Pinakothek in der **Villa**

Seite 797

7

Coloredo beim Dom. Außerdem zu sehen: ein Museum zu Ehren des hier geborenen Tenors Beniamino Gigli (1890–1957) und Erinnerungen an den Dichter Giacomo Leopardi (1798 bis 1837). Giglis Elternhaus steht an der Piazzetta Sabato del Villaggio, das **Museo Gigli** im Palazzo Comunale (Gigli: tgl. außer Mo 10–13, 15–19 Uhr, im Sommer länger; Tel. 07 17 58 72 91; Leopardi: April–Mitte Juni u. Okt. tgl. 9–18, Mitte Juni–Sept. tgl. 9–20 Uhr, November–März tgl. 9.30–12.30, 14.30–17.30 Uhr; Tel. 07 17 57 33 80).

Im einstigen Hafen der Stadt, dem Badeort **Porto Recanati** mit langem Sandstrand, steht die Ruine eines von Friedrich II. errichteten Kastells.

> **I.A.T.,** Corso Matteotti 111, 62017 Porto Recanati, Tel. 07 19 79 90 84, Fax 07 17 59 74 13; www.portorecanatiturismo.it

Veranstaltung: Ende Aug./Sept. großes **Muschelfest.**

San Benedetto del Tronto ㉘

Mit einem älteren Stadtteil und einer Ansiedlung von Hotel- und Industriebauten entlang des Küstensaums präsentiert sich San Benedetto del Tronto (45 400 Einw.) als beliebter Badeort. 6 km feinster weißer und gepflegter Sandstrand sowie ein Hain mit 7000 Palmen, viel Grün und Oleanderbüsche prägen seine Atmosphäre. Der Fischerhafen ist der wichtigste Italiens.

> **I.A.T.,** Via delle Tamerici 3/5, 63039 San Benedetto, Tel. 07 35 59 22 37, Fax 07 35 58 28 93; www.sanbenedettodeltronto.it E-Mail: iat.sanbenedettodeltronto@ regione.marche.it

Albergo Progresso, Viale Trieste 40, Tel. 0 73 58 38 15, Fax 0 73 58 39 80; www.hotelprogresso.it; neues, sauberes Haus mit Flair. ○–○○

▮ **Mocambo,** Via Cimarosa 4, Tel./Fax 07 35 65 96 70; www.hotelmocambo.it Modernes Haus in Meeresnähe, Familienbetrieb, gute Fischküche. ○○

Mocambo, Contrada Marinuccia 35, Tel. 07 35 8 73 44. Hausgemachte Nudeln in einem alten Bauernhaus mit Panoramaterrasse. ○○

Ascoli Piceno ㉙

Die Fahrt ins Landesinnere am Tal des Tronto entlang, der Grenze zur Region Abruzzen, führt nach Ascoli Piceno (51 800 Einw.).

*Piazza del Popolo

Das Herz der Stadt schlägt an der feinen Piazza del Popolo, deren Fronten von einladenden Laubengängen beschattet werden. An der westlichen Längsseite erhebt sich, von einem Glockenturm überragt, majestätisch der **Palazzo dei Capitani del Popolo.**

> **Tipp** An der Piazza lädt das legendäre Jugendstilcafé **Meletti** zum Aperitif oder zum berühmten Anislikör.

Die Südseite der Piazza schließt die zur Erinnerung an den hl. Franziskus begonnene Kirche **San Francesco** (13. Jh.) ab. An ihre Travertinfassade ist die fünfbogige **Loggia dei Mercanti** angebaut. Zwischen den Arkaden des Kreuzgangs findet der Markt statt.

Rundgang im Stadtzentrum

Von hier gelangt man über die Via del Trivio und die Via Cairoli zu einer

Seite 797

Die Piazza del Popolo in Ascoli Piceno

der ältesten und schönsten Kirchen Ascolis, **SS. Vincenzo e Anastasio.** Im 6./7. Jh. gegründet, besitzt sie einen Campanile aus dem 11. Jh., ein gotisches Portal und eine stark gegliederte Fassade. Stimmungsvoll sind der romanische Innenraum und die geheimnisvolle Krypta.

Am Ende der Via Cairoli geht es gegenüber dem Eingang der Kirche **San Pietro Martire,** der größten der Stadt (13. bis 14. Jh.), in die Via dei Soderini, wo man an der Ecke der zweiten Gasse rechts auf den **Palazzetto Longobardo** (12. Jh.) mit seinen hübschen romanischen Doppelfenstern trifft. Der **Wohnturm** (11./12. Jh.) daneben ist der höchste der Stadt.

Stadtauswärts führt die genannte Gasse zum Hochufer des Tronto, an dem man rechts zum Brückentor, an **Porta Solestà** (1230), mit seiner Römerbrücke gelangt, über deren 21 m breiten und 25 m hohen Bogen seit 2000 Jahren der Verkehr rollt.

Vom Palazzo Comunale zum Dom

Südlich der Piazza del Popolo liegt die **Piazza Arringo,** einst das römische Forum und der mittelalterliche Versammlungs- und Marktplatz. Der Palazzo Comunale aus dem 17. Jh. beherbergt in alten sehenswerten Sälen die Pinakothek mit Werken u. a. von Tizian und dem 1498 in Ascoli verstorbenen Pietro Alemanno, aber auch herrliche Intarsienmöbel (tgl. 9–13, 15–19 Uhr). Links schließt sich der bischöfliche Palast und, den Platz begrenzend, der gewaltige **Dom Sant' Emidio** mit einer Fassade aus dem 16. Jh. an. Die Kapelle rechts vom Chor zeigt ein bedeutendes *Polyptychon von Carlo Crivelli (1473).

ℹ️ Marche Turismo, Piazza del Popolo 1, 63100 Ascoli Piceno, Tel. 07 36 25 30 45, Fax 07 36 25 23 91; www.turismo.marche.it, E-Mail: iat.ascolipiceno@ regione.marche.it

🏠 Gioli, Viale A. De Gaspari 14, Tel. 07 36 25 55 50, Fax 07 36 25 21 45. Verkehrsgünstig am Rand der Altstadt; Garage. ○○

🍴 Ristorante Tornasacco, Piazza del Popolo 36, Tel. 07 36 25 41 51. Im ersten Stock eines alten Gebäudes mit herrlichem Blick auf die abends sehr belebte Piazza. Regionaltypische Spezialitäten wie die gefüllten und frittierten Oliven kann man mit dem berühmten ascolinischen Anislikör Anisetta Meletti abrunden; Fr geschl. ○○
▮ Kursaal, Via Mercantini 66, Tel. 07 36 25 31 40. Ascolaner Spezialitäten. Angeschlossen ist eine hervorragende Enoteca. ○

🎁 Gastronomia Enoteca Migliori, Piazza Arringo 2. Delikatessen, u. a. die besten Ascolaner Oliven.

Veranstaltungen: 1. Augustsonntag **Giostra della Quintana** (Ritterturnier) **Nachtausgabe** am 2. Sa. im Juli.

7

Seite 797

Cavalcata Sarda

Am letzten Sonntag im Mai verwandelt sich **Sassari** auf **Sardinien** in ein Freilichtmuseum, denn beim Trachten- und Kostümumzug der Cavalcata Sarda schmücken sich Männer und Frauen mit prächtig bunten Tüchern, mit wuscheligen Fellumhängen und traditionellen Waffen. Natürlich kann man bei diesem fröhlichen Fest auch die alten Hirtenlieder hören, den bekannten Stelzentanz sehen, regionale Köstlichkeiten der Küche genießen und volkstümliche Mitbringsel einkaufen.

▌**1000 Feste!** heißt die Broschüre des sardischen Fremdenverkehrsverbandes, in der alle bedeutenden Inselfeste und Veranstaltungen aufgeführt sind.

Palio dei Normanni

Auf Hochglanz polierte Ritterrüstungen, Geschicklichkeitsturniere für flotte Reiter und herausgeputzte Pferde, schmetternde Fanfarenzüge und das bunte Farbenspiel der Fahnenschwinger – beim Palio dei Normanni in der historischen Kulisse von **Piazza Armerina** auf **Sizilien** wird am zweiten Augustwochenende das Mittelalter lebendig.

▌Info: **AACST,** Via Camillo Cavour 1, 94015 Piazza Armerina, Tel. 09 35 68 02 01, Fax 0 93 56 84 56 55.

Vallje di Cività

Wenn die albanische Minderheit in **Kalabrien** feiert, staunen sogar die Süditaliener über die Pracht der Trachten. Monatelang klöppeln, sticken und nähen die Frauen der Arbereshe, wie die Albaner genannt werden, an den Kostümen. An den breiten Spitzenborten und bunten Miedern, kunstvoll gesteckten Tuchhauben und farbenfrohen Röcken sind die Wurzeln auf dem Balkan leicht zu erkennen. Auch die Ziehharmonikas der Männer und die gewickelten Lederschuhe ähneln mehr der herkömmlichen Kleidung in Nordgriechenland als in Süditalien.

Corteo storico

Stauferkaiser Friedrich II. und seine 400 Mannen verwandeln Mitte August das historische Zentrum von **Oria** in **Apulien** in ein Heerlager des 13. Jhs. Da klirren die Kettenhemden, die Hufe der Pferde klappern auf dem Steinpflaster und beim obligatorischen Turnier zeigen die Hobbyritter, wie geschickt sie Schwert und Lanze führen können, auch wenn sie im zivilen Leben eher mit Bleistiften und Computermaus hantieren.

▌**Festekalender** für die einzelnen Regionen erhält man bei den ENIT-Büros.

▌Das Folklorefest **Vallje** in Cività findet am Dienstag nach Ostern statt. Auch in anderen Gemeinden der **Sila-Hochebene** werden zur Osterzeit ähnliche bunte Volksfeste abgehalten.

Bunte Trachten,
tapfere Helden

Wenn eine großartige Vergangenheit auf das theatralische Talent der Bevölkerung trifft, dann sind opulente Spektakel und ausgelassene Feste nicht zu vermeiden. Ob bei der Erntedankfeier in einem abgelegenen Bergnest oder den mit großem Aufwand in Szene gesetzten historischen Festen – es lohnt immer, sich ins Gedränge zu mischen, zu schauen, zu staunen und die herzhaften Spezialitäten zu probieren, die in den altehrwürdigen Kulissen vorzüglich munden.

Sarazenenschlacht

Erbarmen, die Sarazenen nehmen Kurs auf **Positano!** Doch keine Angst, wenn zum Fest Mariä Himmelfahrt am 15. August vor der grandiosen Kulisse des Städtchens die bunten Segel der mittelalterlichen Seerepublik gehisst werden, sind weder Plünderungen noch blutige Kämpfe gegen die einst gefürchteten arabischen Invasoren zu erwarten. Vielmehr entfaltet sich ein farbenfrohes Spektakel in teils fantasievollen, teils auch historischen Kostümen. Voll Inbrunst stürzen sich dann die attraktiven ragazzi aus Positano in die Schlacht und gerne auch ins Meer, nur um sich beim anschließenden Volksfest, das zum **Sbarco dei Saraceni** gehört, gebührend bewundern zu lassen.

▌**Standpunkt:** Den besten Blick auf das heitere Getümmel und abends auf das bombastische Feuerwerk hat man von den Belvederes der verwinkelten Treppenwege wie etwa vor dem Cimitero.

Kunst oder Kitsch –
Neapels Märkte

Volksfest jeden Tag

Neapel und die Neapolitaner lernt man am besten auf den Märkten kennen, von denen einige nur an Wochenenden, die meisten aber täglich stattfinden. In der Via San Gregorio Armeno ist sogar das ganze Jahr über Weihnachten. Unbeschwert von Handtasche und Geldbörse (Diebe! Nur ein paar Scheine in die Hosentasche gesteckt) taucht man in den Strom der Einheimischen ein.

In den Quartieri Spagnoli

Täglich bauen die Obst-, Gemüse- und Fischhändler ihre malerischen Stände in den engen Straßen auf, die sich von der Piazza Carità über die Piazza Pignasecca bis zur Funicolare von Montesanto ziehen. Hier im Herzen der Quartieri Spagnoli brodelt das neapolitanische Leben; den ganzen Tag über lässt sich das Schauspiel beobachten, wie aus den Fenstern der Palazzi Körbe hinabgelassen werden, um anschließend mit Waren gefüllt wieder in die Lüfte zu entschweben. Schauen Sie doch einfach mal bei einem der ausgezeichneten Käse- oder Wurstläden vorbei. Hier kann man sich auch ein Panino für ein Picknick mit Aussicht auf dem nahen Vomero-Hügel frisch zubereiten lassen. Der Aussichtsberg ist zu Fuß über Treppen oder mit der Funicolare schnell zu erreichen.

Fisch, Obst und Gemüse

Von weitem schon sind morgens die Schreie der Fischhändler an der Porta Nolana zu hören. An den alten Stadtmauern in der Nähe des Hauptbahnhofs zieht sich dieser Inbegriff des neapolitanischen *mercato popolare* entlang. Meeresfrüchte, Obst und Gemüse werden täglich feilgeboten.
❚ **Mercato Popolare,** Porto Nolana, tgl. vormittags.

Im Konsumrausch

In Richtung Porta Capuana zieht sich der pittoreske Markt für Haushaltswaren, Kleider, Schuhe, Videokassetten und CDs – Raubkopien selbstverständlich. Vom Kauf eines Handys oder einer Kamera, häufig unter der Hand angeboten, muss man nachdrücklich abraten. Wer glaubt, dass es sich um Hehlerware handelt, die man, wenn auch nicht ganz legal, so doch günstig erwerben kann, ist den Taschenspielern bereits auf den Leim gegangen. »Vi faranno fessi!« (Sie legen Sie garantiert herein!) Nachdem Geld und Handy den Besitzer gewechselt haben, findet sich erstaunlicherweise anstelle des Handys eine täuschend echte, wenn auch nicht funktionsfähige Kopie in der Originalverpackung.

▌Markt für Haushaltswaren, Porta Capuana, tgl. vormittags.

Textilien und Schuhe

Auf der Suche nach billigen Textilien und Schuhen wird man nahe des Centro Direzionale fündig. Im Schatten der gläsernen Hochhäuser sind auf einem großen Parkplatz an der Via Caramanico markisenüberdachte Stände, *bancarelli* aufgebaut. Ein Großteil der Markenschuhe für den italienischen Markt wird in Neapel gefertigt, und den Produktionsüberschuss, Ware mit kleinen Fehlern, oder weniger gängige Größen, kann man mit etwas Glück hier für billiges Geld erstehen, ebenso Jeans. Touristen verirren sich eher selten hierher.

▌Mercato Caramanico, Via Caramanico. Jeden Fr, Sa, So, Mo von 7.30–14 Uhr. Tram 1 von der Piazza Garibaldi, vorbei an den Carceri di Poggioreale.

Trödel- und Fischmarkt

Ein Spaziergang am Lungomare lässt sich mit dem Besuch des hübschen Trödelmarktes Fiera Antiquaria Napolitana verbinden. Professionelle Händler bieten ihr reichhaltiges Sortiment an nachgebauten Stilmöbeln, die eine oder andere Antiquität, Stiche, Kopien neapolitanischer Veduten und Porzellanfigurinen zu Füßen des faschistischen Reiterdenkmals von Marschall Armando Diaz an.

Wenn die Möwen sich zu großen Schwärmen am Ufer zusammenfinden, ist es das Zeichen, dass der kleine Fischmarkt an der Rotonda Diaz beginnt, bei dem die Fischer ihren Fang frisch aus den Netzen verkaufen.

▌Fiera Antiquaria Napoletana, Lungomare. Jeden dritten und vierten Sa und So des Monats 8–14 Uhr.

Mit Fischern unterwegs – Pescaturismo

Abtauchen in Neptuns Reich

In einem der besten Tauchreviere Kampaniens mit spektakulärer Kalkfelsküste, einer noch intakten Meeresflora und -fauna und zahlreichen Grotten, hat die professionelle Tauchbasis von Michele Mauro in der Marina del Cantone ihre Zelte bzw. Bungalows aufgeschlagen. Die komplette Ausrüstung kann gestellt werden, der Unterricht findet nach internationalen Richtlinien statt. Tauchtörns gibt es in der Riserva Marina an der Punta Campanella, den Galli-Inseln, der Amalfitana und Capri.

▌**Villaggio Turistico »Nettuno« – Centro Sub,** Marina del Cantone, Tel. 08 18 08 10 51, 08 18 08 19 71, Fax 08 18 08 17 06. www.villaggionettuno.it

Wandern im Land der Sirenen

Ein dichtes Netz ausgezeichnet markierter Wanderwege durchzieht die sorrentinische Halbinsel. An Zitronenhainen und Bauerngärten vorbei, erreicht man zu Fuß kleine Weiler, einfache Trattorien und verschwiegene Buchten.

Tipp Eine exzellente Wanderkarte gibt es auch als deutsche Ausgabe gratis im Fremdenverkehrsamt von Massa Lubrense.
▌**Ufficio Turistico Comunale,** Viale Filangeri 11, 80061 Massa Lubrense, Tel./Fax 08 18 08 95 71. Internet: www.massalubrense.it www.giovis.com

Bootsausflug einmal anders

Nahe Sorrento und doch weit weg vom Trubel der abertausend Touristen, die allmorgendlich auf Fähren und Tragflügelbooten Richtung Capri drängen, folgt das Leben der Fischer auf der Sorrentiner Halbinsel immer noch seinen uralten Rhythmen. Der Pescaturismo ist eine neue Initiative junger engagierter Leute und Fischer aus Massa Lubrense. Treffpunkt ist um neun Uhr morgens am malerischen Fischerhafen Marina di Cassano unterhalb von Piano di Sorrento, oder der Marina della Lobra bei Massa Marittima. Die Fischer haben ihre ersten Netze bereits vor Sonnenaufgang eingezogen. Jetzt fahren sie mit ihren Gästen ein zweites Mal aufs Meer, und es gilt mit Hand anzulegen. Ein bis zwei Stunden, dann sind auch die letzten Netze geborgen und die *gozzi* – schlanke Boote aus Holz, wie sie heute noch in einigen Werften Sorrentos vom Stapel laufen – steuern eine ruhige Ankerbucht in der Riserva Marina Punta Campanella an. Nach einem verdienten Bad im kristallklaren Meer wird der frische Fang in den Töpfen und Pfannen der Bordküche zubereitet. Die anderen Zutaten, wie auch der kräftige Wein und das würzige Olivenöl stammen aus den Bauerngärten der Fischer. Ein Mahl, das man so schnell nicht vergessen wird!

Vorbei an Ruinen römischer Luxusvillen und den Felsen der Sirenen, deren Gesang schon Odysseus betörte, geht es am Nachmittag zurück. Im Juli und August, der Jahreszeit, in der *totani* – eine Art große Tintenfische – geangelt werden, fahren die Fischer auch abends hinaus. Während hinter Capri die Sonne im Meer versinkt, werden Lampen, sogenannte *siluri*, mehrere hundert Meter tief ins Meer abgesenkt, die die Tintenfische anlocken. Jeder kann jetzt mit einer speziellen Angel sein Glück versuchen. Die gefangenen Fische werden noch auf dem Schiff frisch zubereitet, bevor es gegen ein Uhr nachts wieder an Land geht.

▊ **Cooperativa Ulixes,**
Via Roma 29,
80061 Massa Lubrense,
Tel./Fax 08 15 33 92 88. E-Mail: coopulixes@virgilio.it,
Internet: www.pescaturismo.org. Von April bis Oktober,
täglich bei gutem Wetter. Preis ca. 70 € pro Person, max.
10 Personen pro Boot. Auf Wunsch organisiert Ulixes auch
die Anfahrt mit dem Taxi vom eigenen Hotel.
▊ **Parco Marino,** Viale Filangieri 40, 80061 Massa Lubrense,
Tel. 08 18 78 96 63. E-Mail: info@puntacampanella.org
Internet: www.puntacampnella.org

Celeste Cilento

Das Paradies jenseits von Paestum

Immer noch enden viele Kampanien-Reisen bei Paestum. Zu Unrecht, erwacht der Cilento doch langsam aus seinem Dornröschenschlaf. Die große Halbinsel im Süden der Provinz Salerno muss landschaftliche Vergleiche mit den spektakulären Küsten Capris oder der Amalfitana nicht scheuen. Den grünen Kontrast zum türkisblauen Meer bilden Olivenhaine auf terrassierten Hügeln. Bewaldete Berghöhen sind durchzogen von tiefen Talschluchten mit kristallklaren Flüssen. Fischotter und Wolf haben sich in diesem Wanderparadies noch ein Refugium bewahrt. In den Bergdörfern und auch in einigen Hafenstädtchen ist die Zeit zwar nicht stehen geblieben, doch verläuft sie hier viel langsamer als anderswo. Über 180 000 ha stehen als »Parco Nazionale del Cilento e Vallo di Diano« unter Schutz. Die UNESCO hat den Cilento in die Liste der Biosphärenreservate und des Weltkulturerbes aufgenommen. Die Weichen sind heute auf »sanften Tourismus« gestellt. Wer Ruhe, intakte Natur und eine noch unverfälschte Gastfreundschaft sucht, der findet sie hier.

❚ Parco Nazionale del Cilento e Vallo di Diano, Via O. De Marsilio, 84078 Vallo della Lucania, Tel. 09 74 71 99 11, Fax 0 97 47 19 92 17. www.parco.cilento.it

Übernachten fürstlich & ländlich

Das breite Angebot der Unterkünfte im Cilento spannt sich vom Strandhotel über den rustikalen Agriturismo bis hin zum Adelspalazzo.
Von Mai bis Oktober öffnet der Prinz von Belmonte seinen Palazzo aus dem 17. Jh. zahlenden Gästen. Ein idealer Ort zum Entspannen! Das Haus liegt von einem großen Park umgeben mitten im hübschen Küstenort Santa Maria di Casellabate.

❚ Palazzo Belmonte, Via Flavio Gioia 25, 84072 Santa Maria di Castellabate, Tel. 09 74 96 02 11, Fax 09 74 96 11 50. ○○○ E-Mail: belmonte@costacilento.it

Einfache Zimmer im charmanten *centro storico* von Castellabate und ein gutes Restaurant bietet die **Villa-Carina** (April–Okt.). Karin Kappes vermietet ganzjährig auch Ferienwohnungen in den Hügeln und am Meer.

▮ **Villa Carina**, Via S. Eustacchio 6, Castellabate, Tel. 09 74 96 72 80, Fax 09 74 84 54 38. ◯◯ www.villacarina.de

Deutsche Agentur, die im südlichen Cilento Ferienwohnungen anbietet (Gäste erhalten einen kleinen Wanderführer der Gegend):

▮ **Cilento Ferien,** Kreuzgasse 11, 93047 Regensburg, Tel. 0 94 15 67 64 60

In einem stillen Dorf mit herrlicher Aussicht, wenige Kilometer von Ascea, Velia und der Küste entfernt, liegt die Azienda Agrituristica von Gino Troccoli. Gino ist offizieller Führer des Parco del Cilento und kann Tipps für wunderschöne Wanderungen in der Umgebung geben.

▮ **Casa Leone**, Via V. Emanuele 8, 84070 Terradura, Tel./Fax 09 74 97 70 03. ◯ www.casa-leone.de

Cucina di terra, cucina di mare

Die geografische Lage des Cilento – eine Halbinsel zwischen Land und Meer – spiegelt sich auch in seiner Küche wieder. Ausgezeichnete Produkte, wie Olio Extra Vergine aus Pisciotta-Oliven, würzige Käsesorten, an südlicher Sonne gereiftes Gemüse, frischer Fisch und Meeresfrüchte bilden die Basis gesunder und bodenständig gebliebener Gerichte.

Der von uralten Olivenbäumen umgebene Bauernhof der Familie De Rosa liegt an der Flussmündung des Mingardo, wenige Kilometer vom Capo Palinuro entfernt. Die Zutaten der bodenständigen Küche, wie das ausgezeichnete Olivenöl, frisches Obst und Gemüse, aber auch Geflügel und Kaninchen, stammen aus dem Garten und Haltung des Hauses. Gästen stehen für die Übernachtung sieben gemütliche Zimmer mit herrlicher Aussichtsterrasse zur Verfügung.

▮ **Sant'Agata,** Contrada Sant'Agata, Centola, Tel./Fax. 09 74 93 17 16. ◯ www.agriturismosantagata.it

Klassisch mediterrane Küche mit hausgemachter Pasta, frischer Fisch und Meeresfrüchte sorgen in diesem Lokal für kulinarisches Wohlbefinden.

▮ **Boccaccio,** Via Lungomare, 80041 Acciaroli, Tel. 09 74 90 46 46. April bis November. ◯◯

Getafelt wird unter uralten Olivenbäumen, die Zutaten der bäuerlichen Küche stammen aus der Umgebung, und den Fisch liefern die Fischer von Pisciotta und Camerota täglich frisch. Große Weinkarte.

▮ **Perbacco,** Contrada Marina Campagna 5, Pisciotta, Tel. 09 74 97 38 49. Juli bis Oktober, ab Ostern auch Sa, So. ◯◯

Tanz auf dem Vulkan

Als die ersten Reisenden aus dem Norden im 19. Jh. die Golfregion für sich entdeckten, waren sie voller Begeisterung für die Schönheiten und Wunder dieses einmaligen Landstrichs. Zu jener Zeit entstand auch der berühmte Spruch: Neapel sehen und sterben. Inzwischen hat der neapolitanische Golf vieles von seinem einstigen Zauber verloren. Korrupte Politik und ungehemmte Bauspekulation haben ihre unübersehbaren Spuren hinterlassen. Neapel ist im Laufe der Jahrzehnte ausgeufert, unzählige neue, hässliche Trabantenstädte entstanden in der Hügellandschaft des Golfes.

Trotzdem hat die Stadt ihren majestätischen Charakter nicht ganz verloren. Und auch wenn es sich gewiss nicht mehr zu sterben lohnt, um Neapel zu sehen, so ist der Golf doch immer noch eine Reise wert.

Lage und Landschaft

Was Neapel nicht genommen werden kann, ist seine einzigartige Lage. Weit öffnen sich die Arme des Golfs, im Norden bis zum Kap von Miseno und darüber hinaus bis zur Insel Ischia, im Süden durch die sorrentinische Halbinsel begrenzt, der die Isola di Capri vorgelagert ist. Alles überragend und weithin sichtbar, thront der Vesuv.

Vom Posillipo, dem klassischen Aussichtspunkt Neapels, aus gesehen, hat der Golf etwas ewig Ruhendes. Doch der Augenschein trügt. Neapel liegt nicht nur zu Füßen des Vesuvs, sondern ist rundum von teils noch tätigen Vulkanen umgeben. Am nördlichen Golfrand, hinter der Kleinstadt Pozzuoli, breiten sich die *Campi Flegrei*, die »brennenden Felder«, aus: Aus zahlreichen Fumarolen emporsteigende Schwefeldämpfe und ein teilweise glühend heißer, hohl klingender Boden zeugen von der noch lebendigen vulkanischen Tätigkeit.

Ebenfalls vulkanischen Ursprungs ist die Isola d'Ischia mit ihren unzähligen heilsamen Thermalquellen und dem mächtigen Monte Epomeo. Teils flacher, teils steiler fallen ihre Hänge zur Küste hin ab. Die Insel Capri hingegen ist ihrer geologischen Entstehung nach ein abgesprengter Teil der Halbinsel Sorrent. Grauweiße Kalkfelsen, von geheimnisvollen Grotten unterhöhlt, steigen hier aus dem Meer auf.

Steil und buchtenreich ist auch die amalfitanische Küste. Wie durch ein Wunder sind die Inseln und die Küstenstreifen von der neapolitanischen Bauspekulation verschont geblieben: Sie haben ihren ländlich-lieblichen Charakter völlig bewahrt.

Klima und Reisezeit

Ein weiterer Vorteil des neapolitanischen Golfes ist das (noch) unzerstörte mediterrane Klima mit seinen milden Wintern und sonnigen Sommern. Obwohl die Sonne oft monatelang un-

unterbrochen vom Himmel scheint, wird es dank der frischen Meeresbrise nur selten extrem heiß. Das berühmte stabile Mittelmeerhoch dauert meist von Ende Juni bis Ende August. Die größten Niederschläge fallen im November und Februar/März. Der Dezember und der Januar sind häufig eher trockene Monate.

Tipp Ein nützlicher Tipp für Ihr Reisegepäck: Wer im Winter nach Italien reist, sollte sich trotz des mediterranen Klimas reichlich mit warmen Pullovern und Jacken sowie Strümpfen eindecken. Die meisten Häuser am Golf sind gar nicht oder nur sehr spärlich beheizt.

Im August strömen die Italiener ans Meer. In dieser Zeit sind die Küsten und die Inseln entsprechend überlaufen. Aber auch im Juli ist schon Hochsaison.

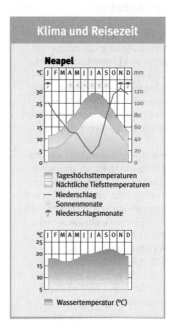

Klima und Reisezeit

Neapel

Tageshöchsttemperaturen
Nächtliche Tiefsttemperaturen
— Niederschlag
  Sonnenmonate
↑ Niederschlagsmonate

Wassertemperatur (°C)

Ein weiterer Stau bildet sich für gewöhnlich zur Osterzeit. Als ideale Reisezeit bieten sich Mitte Mai bis Ende Juni sowie September bis Mitte Oktober an. Kunstreisende kommen im Winter am besten auf ihre Kosten, wenn die Museen, Galerien und archäologischen Stätten wenig besucht sind. Allerdings muss in dieser Zeit mit einer eingeschränkten Hotel- und Restaurantauswahl gerechnet werden.

Natur und Umwelt

»Kennst du das Land, wo die Zitronen blühn, im dunklen Laub die Goldorangen glühn?« Goethes Verse sind zum Inbegriff der Sehnsucht nach dem Süden geworden. Denn der gesamte südliche Küstenstreifen, einschließlich der Inseln, ist ein einziger Zitronen- und Orangenhain. Leuchtende Bougainvillea rankt sich an den Häuserwänden empor, in den Parks stehen üppige Palmen, und noch die staubigste Straße säumen vielfarbige Oleanderbüsche. In den kleinen Inselgärten und auf den Feldern rund um den Vesuv gedeiht eine unendliche Fülle von Gemüse in der fruchtbaren vulkanischen Erde: Das reichhaltige Angebot der neapolitanischen Märkte wie auch die Speisekarten der Restaurants zeugen davon.

Die Golfbewohner haben dennoch ein zwiespältiges Verhältnis zur Natur: Einerseits beschenkt sie sie großzügig mit ihren Gaben, andererseits zeigt sie sich gerade im Umfeld des Vesuvs auch als unberechenbare Bedrohung. Urplötzlich kann der schlafende Vulkan seine Feuermassen gen Himmel schleudern und einen Regen aus Asche und Steinen niedergehen lassen. Nicht auszuschließen ist auch, dass plötzlich die Erde erneut zu beben beginnt.

Die Natur ist für den Golfbewohner etwas, das einfach da ist, eine Gegebenheit, die Leben spendet und Leben fordert. Dass es Natur und Umwelt auch zu schützen gilt, ist denn meisten Neapolitanern nicht bewusst. Sie denken vornehmlich an das eigene Überleben und das ihrer Familien; sie freuen sich kindlich, wenn sie für ein paar ergaunerte Lire ein altes Moped erstanden haben und geben begeistert Vollgas, ohne je auf die Idee zu kommen, dass dies der Umwelt schaden könnte.

Seit einigen Jahren sind aber ernst zu nehmende Bemühungen im Gange, aus Neapel eine saubere Stadt zu machen. Doch die Umweltschäden und Verwahrlosungen, die eine jahrzehntelange korrupte Politik verursachte, können nicht von heute auf morgen behoben werden. Luft und Wasser der Golfregion sind davon gleichermaßen betroffen. Zwar strahlt das Meer vor Neapel noch immer postkartenblau, doch ist es in Wahrheit mit allerlei Giften und Unrat ziemlich verseucht. Spuren der Verschmutzung sind bei ungünstiger Witterung selbst bei Capri noch unübersehbar, und auch die amalfitanische Küste bietet, wegen der im Süden angrenzenden Industriestadt Salerno, kein ganz ungetrübtes Badevergnügen.

Bevölkerung

Natürlich gibt es auch in Neapel wohlhabende und gut verdienende Bürger, die in traumhaften Terrassenwohnungen hoch über dem Golf residieren. Aber sie sind in der Minderzahl. Das Leben der meisten Neapolitaner ist

Naturkatastrophen – eine ständige Bedrohung

Im Jahr 1980 suchte ein schweres Erdbeben die Region Kampanien heim. Sein Epizentrum lag nahe Avellino, etwa 50 km östlich von Neapel. Man hatte etwa 3100 Tote zu beklagen und über 33 0000 Obdachlose. In Neapel selbst gab es keine Toten, doch wurde die Stadt schwer erschüttert. Die Spuren sind bis heute noch nicht beseitigt: Überall stößt man auf Stützkonstruktionen, die die beschädigten Gebäude mühsam zusammenhalten.

Der letzte Vesuvausbruch ereignete sich im April 1944, mitten im Krieg. Die Amerikaner waren gerade in Süditalien gelandet, und es regnete tagelang Asche und Steine auf Italiener, amerikanische Befreier und deutsche Besatzer. Seitdem verhält der Berg sich ruhig, er hat sogar sein berühmtes Rauchfähnchen verloren. Doch die Vulkanologen warnen davor, ihn vorzeitig als erloschen zu betrachten; ein erneuter Ausbruch ist durchaus möglich, sogar wahrscheinlich.

Von einem solchen Ausbruch wäre das Zentrum Neapels nicht unmittelbar bedroht, wohl aber die Trabantenstädte Torre Annunziata und Torre del Greco; die glühende Lava würde sie innerhalb von wenigen Minuten erreichen. Leider hat die Regierung bisher für keinerlei Schutzvorrichtungen wie Fluchtwege oder Refugien gesorgt – die Bevölkerung ist der Bedrohung schutzlos ausgeliefert.

... nicht nur für Kinderherzen

Lauter bunte Luftballons: eine Freude ...

Wie in jeder Großstadt muss auch in Neapel, wo die sozialen Probleme besonders krass sind, vor Kriminalität gewarnt werden, insbesondere vor Taschendieben. Sogar die Neapolitaner warnen die Fremden auf Schritt und Tritt vor den Dieben, die sie selbst als Beleidigung ihrer Gastfreundschaft gegenüber den Touristen empfinden.

Gastfreundschaft zeichnet auch die Bewohner der Inseln und der Küstengebiete aus. Während der Sommersaison verwandeln sich viele in perfekte Hoteliers, Kellner, Bademeister, ohne eine entsprechende Ausbildung zu haben. In den Wintermonaten kehren die meisten zu ihren traditionellen Tätigkeiten zurück: Sie fischen, bestellen ihr winziges Stück Ackerland, bessern Boote, Netze, Häuser und Pergolen aus, helfen Verwandten, Nachbarn, Freunden bei den anfallenden Arbeiten. Trotz des ungeheuren Touristenzulaufs haben sie ihr eigentliches Wesen, das auch hier in einem starken Familienzusammenhalt Ausdruck findet, behalten.

weitgehend von Armut geprägt. Ein Gang durch die Innenstadt., dem »Bauch von Neapel«, macht dies für jeden sichtbar. Ganze Großfamilien, oft zehn- bis zwölfköpfig, wohnen hier in den typischen Einzimmerwohnungen zu ebener Erde, den *bassi*. Diese sind meist fensterlos, ihre einzige Öffnung ist die Tür. Die Straße wird tagsüber notgedrungen als Lebensraum mit einbezogen. Beständige Improvisation und die Anpassung an eine harte Umwelt prägen den Alltag. Eine feste Arbeit hat hier kaum jemand. Die Menschen leben z. T. immer noch von Gelegenheits- und Heimarbeit, von Schmuggel, Drogenhandel, Prostitution. Der Umgang miteinander ist herzlich und grausam zugleich. Ein ausgeprägter Familiensinn hält die Sippe zusammen.

Heiligenkult und Okkultismus

Eine auffallende Besonderheit der Neapolitaner ist ihre Heiligenverehrung. In beinahe jeder Einzimmerwohnung, sei sie auch noch so eng, steht in der Ecke eine »Madonnina«, oft von

Klüger als gelehrte Abhandlungen und viel amüsanter: Neapel, wie es leibt und lebt, in **Michael Dibdins** Kriminalroman »Così fan tutti«.

Plastikblumen und kleinen Glühbirnchen umrankt. Sie beschützt die Familie, man betet zu ihr, etwa wenn der Großmutter eine Herzoperation bevorsteht, aber auch wenn der Sohn nachts eine gefährliche Schmuggeltransaktion durchzuführen hat, und man bittet sie um die baldige Freilassung des wegen Drogenhandels einsitzenden Familienvaters.

Oftmals ist die Madonnina von der Fülle und Schwere der an sie herangetragenen Fürbitten überfordert; dann wendet man sich an einen der mächtigen Heiligen in den Kirchen – es gibt ihrer unzählige. Allen voran steht San Gennaro, dessen geronnenes Blut (in zwei Phiolen im Dom) sich dreimal im Jahr verflüssigt. Viele Neapolitaner

Die Straße dient allen Belangen des Alltags: hier der Heiligenverehrung

glauben felsenfest an die Wundertätigkeit der Heiligen. Für uns Mitteleuropäer ist diese Art der Frömmigkeit nur schwer begreifbar. Doch zu einem Teil erklärt sie sich wohl aus der Armut: Die Heiligen stehen für eine schönere und bessere Welt, und sie werden deshalb inbrünstig verehrt.

Wirtschaft

Die Wirtschaftslage der Golfregion ist alles andere als rosig. In der näheren Umgebung Neapels existieren nur wenige industrielle Großkonzerne, die nur deshalb überlebt haben, weil sie von der römischen Regierung kräftig subventioniert wurden. Etwa 25 % der Bevölkerung sind offiziell arbeitslos, doch ist diese Zahl sicher weit entfernt von der Wirklichkeit. Dennoch arbeiten in Neapel mehr Menschen als anderswo, sogar Kinder, Jugendliche, Greise, die ihr Brot mit Schwarzarbeit verdienen. In Hinterhöfen und Kellern der Stadt produzieren illegale kleine Fabriken Schuhe, Taschen, Herrenhemden, Handschuhe, Bettwäsche, Verpackungsmaterial, Schmuck und

---

Steckbrief

Region: Kampanien mit 13 595 km² Fläche
Provinz: Neapel mit 1171 km² Fläche
Inseln: Ischia (46,4 km²); Capri (10,4 km²); Procida (4 km²). Alle drei Inseln gehören zur Provinz Neapel.
Höchste Erhebungen: Monte Sant'Angelo (1443 m); Monte Faito (1278 m); Vesuv, mit Doppelgipfel Monte Vesuvio (1277 m) und Monte Somma (1132 m).
Bevölkerung: Neapel 1,3 Mio. Einw.; Ischia 44 000 Einw.; Capri 12 300 Einw.
Einzugsgebiet von Neapel: Pozzuoli 68 400 Einw.; Torre Annunziata 57 700 Einw.; Torre del Greco 99 600 Einw.; Castellammare di Stabia 72 400 Einw.
Industrie: Stahlwerke, Autoindustrie, Werften, Modeartikel, Lebensmittel, Landwirtschaft.

gefärbte Stoffe. Von der Großmutter bis zum heranwachsenden Enkel arbeiten alle mit. Geregelt wird die Schwarzarbeit von einem *gruppista,* meist ein Mittelsmann der Camorra. Er stellt Maschinen und Material bereit, verteilt Aufträge und auch die »Löhne«. Bezahlt wird aber nicht die Arbeitszeit, sondern ein erbärmlicher Stücklohn. Abnehmer der fertigen Ware sind nicht selten namhafte Firmen in Norditalien, wie Schuhhersteller.

Eine Wende zum Besseren?

Etwa seit 1992 befindet sich Italien in einer Phase des politischen Umbruchs. Die alten korrupten Parteien sind gestürzt. Nicht nur Mafia- und Camorra-Bosse wurden in den letzten Jahren verhaftet, sondern auch Politiker, die sich gemeinsam mit ihnen an öffentlichen Geldern bereichert hatten. Einige der prominentesten sind gebürtige Neapolitaner.

Noch ist Italien im Umbruch begriffen. Der tiefe Riss, der dieses Land – etwa in der Höhe von Rom – durchzieht, trennt die Republik nach wie vor in einen reichen Norden und einen armen Süden. Ob die Europäische Währungsunion dem »Stiefkind« Süditalien endlich auch einen Aufschwung beschert, ist noch ungewiss. Doch die Menschen beginnen wieder zu hoffen, insbesondere in Neapel, wo seit 1993 der ehemalige Bürgermeister Antonio Bassolino mit den Missständen gründlich aufgeräumt hat.

Die Mafia heißt hier Camorra

Der Ursprung des Wortes »Camorra« ist ungeklärt. Man weiß nur, dass sich bereits im 19. Jh. ein paar besonders clevere und skrupellose Banditen erpresserisch ins Geschäftsleben der Stadt Neapel einzumischen begannen. Die Methoden der Camorra sind dabei denen der sizilianischen Mafia durchaus ähnlich. »Du willst eine Fabrik, einen Betrieb, einen Obsthandel aufbauen? Wir von der Camorra besorgen dir die Konzession, das Gelände, die Kredite. Dafür wirst du uns gewisse Abgaben zahlen.« Man nennt sie auch Schutzgeld, und wer die Zahlung nicht leistet, muss unweigerlich mit Bestrafung rechnen: mit einer Bombe im Auto oder dem Brand in seinem Laden. Das erpresste Geld wird in andere illegale Geschäfte investiert. Zigarettenschmuggel und Drogenhandel verhalfen der Camorra zu immensem Reichtum. Im notorisch armen, arbeitslosen Neapel fällt es ihr nicht schwer, immer wieder junge Männer zu finden, die sich für die Drecksarbeit hergeben. So wuchs die Camorra in den letzten Jahrzehnten auf etwa 5000 Mitglieder heran, die in verschiedenen Clans organisiert sind.

In den achtziger Jahren ergab sich für die Camorra ein unerwarteter »Glücksfall«: Nach dem Erdbeben im Jahr 1980 stellte die römische Regierung über 50 000 Mrd. Lire (seinerzeit in etwa 40 Mrd. €) zum Wiederaufbau zur Verfügung. Doch 1990 musste eine parlamentarische Kommission feststellen, dass nahezu die Hälfte dieser enormen Summe spurlos in dunklen Kanälen versickert war.

Geschichte im Überblick

Um 700 v. Chr. Griechen wandern in Sizilien und Unteritalien ein. Sie gründen die Stadt Cumae und im 6. Jh. v. Chr. die Stadt Neapolis.

Um 340 v. Chr. Neapel wird von Rom nach dreijähriger Belagerung besiegt, behält aber die griechische Sprache und Verfassung.

Um 90 v. Chr. Die Römer verwandeln die Golfregion in eine privilegierte Villengegend und ein Zentrum griechisch-lateinischer Kultur.

79 n. Chr. Erster historisch bekannter Vesuv-Ausbruch; Pompeji und Herculaneum werden verschüttet.

476 Untergang Westroms.

550 Neapel fällt unter byzantinische Herrschaft.

763 Stephan II. gründet das Herzogtum Neapel.

1139 Roger II. erobert Neapel und gliedert es in sein normannisch-sizilianisches Königreich ein.

1194 Der Staufer Heinrich VI. übernimmt das Normannenreich, das sich fast 400 Jahre lang behauptet.

1215–1250 Kaiser Friedrich II. regiert von Apulien aus das staufisch-normannische Erbe.

1224 Gründung der Universität Neapel durch Friedrich II.

1265 Papst Klemens IV. belehnt den Franzosen Karl von Anjou mit dem Königreich Sizilien.

1267 Die Hinrichtung des Staufers Konradin durch Karl von Anjou besiegelt den Untergang des normannisch-staufischen Reiches. Neapel wird neue Hauptstadt.

1282 Die »Sizilianische Vesper«, ein Bürgeraufstand gegen die Anjou-Herrschaft bewirkt eine Abspaltung Siziliens von Neapel. Sizilien wird von Aragonesen regiert.

1442 Alfons I. von Aragonien erobert Neapel, vereinigt es wieder mit dem sizilianischen Königreich. Spanische Vizekönige regieren.

17. Jh. Katastrophen suchen Neapel heim: 1624 Hungersnot; 1631 verheerender Vesuvausbruch; 1647 Fischeraufstand mit blutigen Folgen (»Masaniello-Revolte«); 1656 Pestwelle; 1688 Erdbeben.

1712–1735 Infolge des Spanischen Erbfolgekriegs gerät Neapel unter die Herrschaft der Habsburger.

1735 Neapel und das süditalienische Königreich fallen durch den Polnischen Erbfolgekrieg an die spanische Linie der Bourbonen.

1806 Napoleon besetzt die Stadt und ernennt seinen Schwager Joachim Murat zum Vizekönig.

1815 Restaurierung der Bourbonenherrschaft durch Verdikt des Wiener Kongresses. Die Bourbonen regieren Neapel und das »Königreich beider Sizilien« bis zum 7. September 1860 (Einzug Garibaldis mit Freiheitstruppen in Neapel).

1861 Eingliederung Neapels in das neu gegründete Königreich Italien.

1884 Schwere Choleraepidemie.

1944 Luftangriffe und der Vesuvausbruch erschüttern Neapel.

1973 Erneute Choleraepidemie.

1980 Erdbeben im Hinterland Neapels beschädigt auch die Stadt.

1994 Weltwirtschaftsgipfel und UN-Weltkonferenz über organisiertes Verbrechen in Neapel.

2000 Antonio Bassolino, Bürgermeister Neapels, wird zum Präsidenten Kampaniens gewählt.

2001 Rosa Russo Ierolino führt als erste Bürgermeisterin Neapels das Mitte-Links-Bündnis im Stadtrat fort.

Kultur gestern und heute

Vor allem Antike und Barock haben Neapel und die Golfregion kunstgeschichtlich geprägt. Zwar gibt es in Neapel selbst auch viele Zeugnisse des Mittelalters und der Renaissance, doch sind sie für die Stadt nicht typisch.

Die Antike

An kaum einem Ort kann man die Antike besser studieren als am Golf von Neapel. Bei dem katastrophalen Ausbruch des Vesuvs im Jahr 79 n. Chr. wurden die Städte **Pompeji** und **Herculaneum** mit Asche und kleinen Steinen überschüttet und damit für die Nachwelt konserviert. Bis in die Details hinein lässt sich heute das Alltagsleben der Bewohner von vor 2000 Jahren verfolgen. Ein wirkliches Begreifen stellt sich allerdings erst beim Besuch des **Archäologischen Nationalmuseums** in Neapel ein (s. S. 840): Dort werden die wertvollsten Funde aus den verschütteten Städten aufbewahrt – v. a. die Fresken, Höhepunkt der römischen Malerei.

Mittelalter und Renaissance

Erst das späte Mittelalter und die Renaissance hinterließen in Neapel reichhaltige Spuren. Am reinsten erhalten sind die gotischen Kirchen **San Lorenzo Maggiore** und **Santa Croce,** in denen sich die Könige des Hauses Anjou in prachtvoll geschmückten Gräbern beisetzen ließen. Im wuchtigen **Castel Nuovo** mit seinem Triumphportal, einer Art Wahrzeichen

Peristyl der Casa dei Vetti in Pompeji

Neapels, verschmelzen Spätantike und Renaissance. Ein Kleinod ist die Kirche **Sant'Anna dei Lombardi,** die mit ihrer reichen Ausstattung einem Renaissancemuseum gleicht.

Barock und Rokoko

Dem neapolitanischen Gemüt entspricht noch heute der Barockstil. In den Kirchen drückt er sich düster und prunkvoll aus. Ein Juwel sowohl der barocken Kirchenarchitektur als auch für die magiegläubigen Neapolitaner ist die **Domkapelle des hl. Gennaro,** in der sich alljährlich das berühmte Blutwunder ereignet. Ein weiteres Prunkstück ist **San Gregorio dei Armeni.** Fast alle älteren Kirchen wurden zur Barockzeit erweitert und umgestaltet: Eine Schule von talentierten Malern (Caravaggio, Domenichino, Caracciolo, Ribera, Giordano u. a.) bemalte Decken, Wände und Kapellen.

Doch nicht nur die Kirchen, ganz Neapel und Umgebung wurde vom »Barockfieber« erfasst. Stuck, Marmor und vor allem glasierte, teils auch bemalte Majolika – ein in der Golfregi-

Kaiser Tiberius hinterließ der Golf-
region prachtvolle Villen

Kulturstadt mit Niveau

Dem ehemaligen Bürgermeister Antonio Bassolino gelang es durch seine Kulturpolitik, Neapel wieder zu einem interessanten Reiseziel und zu einer lebenswerten Stadt zu machen. Einer der schönen Bauten des 19. Jhs. ist der Glaskuppelbau der **Galleria Umberto.** Im **Teatro San Carlo,** an dem die Opern von Rossini, Bellini und Verdi uraufgeführt wurden, zeigt sich Neapels hervorragende Musiktradition. Neuere gesellschaftliche Entwicklungen greifen die Produktionen der Compagnia del Teatro Umoristico auf, die der Dramatiker Eduardo de Filippo ins Leben rief. Seit dem 16. Jh. war Neapel die philosophische Kapitale Italiens, lehrten und schrieben hier Giordano Bruno, Tommaso Campanella (beide um 1600) und Benedetto Croce (1866–1952).

Luciano De Crescenzo gibt in dem amüsanten Buch »Also sprach Bellavista« einen guten Einblick in die Seele der Neapolitaner.

on weit verbreitetes Kunsthandwerk – verliehen den älteren Bauten ein völlig neues Aussehen. Zur Zeit des Rokoko entstand die berühmte Porzellanmanufaktur von Capodimonte, die den prachtliebenden Hof der Bourbonenkönige belieferte. Kaum weniger berühmt sind die neapolitanischen Krippen, eine Miniaturwelt von unglaublicher Kunstfertigkeit, die dem späten 17. Jh. ihre unverwechselbare Eigenart verdanken.

Antike Stadtplanung

Die Altstadt Neapels bedeckt genau die Fläche, auf der die Griechen im 6. Jh. v. Chr. die Stadt Neapolis gründeten, und auch die antike Struktur ist erhalten geblieben. Ein Blick auf den Stadtplan zeigt, dass das Straßennetz dem der verschütteten Städte Pompeji und Herculanum ganz ähnlich ist. Die Anzahl der von Ost nach West verlaufenden Straßen (in Neapel sind es drei), *Decumani* genannt, wurde von den antiken Stadtplanern absichtlich niedrig gehalten, um die schlechte Luft aus den die Stadt umgebenden Sümpfen weitgehend fern zu halten. Die Zahl der Straßen in Nord-Süd-Richtung, der *Cardines,* ist dagegen sehr viel größer (etwa 20), denn sie gewähren der frischen Meeresluft Zutritt. Die zwischen Quer- und Längsstraßen entstandenen Häuserblocks, die *Insulae,* bilden bis heute die Zellen der Altstadt. Eine nähere Betrachtung der Altstadtpalazzi ist außerordentlich interessant, denn das Jahrtausende alte Schichtwerk lässt sich vielerorts buchstäblich ablesen.

Feste & Veranstaltungen

▮ **Neapel**: Das weitaus wichtigste und typischste neapolitanische Fest ist das **Blutwunder des hl. Gennaro**: Am 1. Maisonntag, am 19. September und am 16. Dezember verflüssigt sich das in kristallenen Phiolen aufbewahrte Blut des frühchristlichen Märtyrers und Schutzpatrons der Stadt. Farbenprächtige Prozessionen begleiten die Feierlichkeiten im Dom.

▮ Hoch her geht es auch bei der **Festa della Piedigrotta**, die vom 7. bis 9. September stattfindet. Dabei wird ein neapolitanisches Schlagerfestival der **Canzone napoletana** ausgetragen, den Jahrmarktsrummel, Umzüge und Feuerwerk begleiten.

▮ Am 16. Juli wird die **Festa della Madonna del Carmine** mit großem Feuerwerk gefeiert.

▮ In **Nola**, 18 km im neapolitanischen Hinterland, findet vom 20. bis 23. Juni eines der schönsten und ältesten Feste Italiens statt, die **Festa dei gigli**, die aufs Jahr 431 zurückgeht. Die jungen Männer des Ortes schleppen 20 bis 30 m hohe geschmückte Holzobelisken (die *gigli* oder *guglie*) in einer festlichen Prozession unter lebhafter Beteiligung der Bevölkerung durch die Straßen.

Auch auf den Inseln und in den Küstenorten feiert man rund um das Jahr Feste. Die meisten sind religiösen Ursprungs.

▮ Einer der ersten Festanlässe im Jahreslauf auf **Ischia** ist die **Karfreitagsprozession** in Ponte.

▮ Am 17. Mai feiert man in Lacco Ameno mit prächtiger Bootsprozession das **Fest der Santa Restituta**.

▮ Am 24. Juni findet in Buonopane das **Patronatsfest** statt, bei dem die *La'ndrezzata* aufgeführt wird. Es ist ein alter, der Tarantella verwandter Männertanz (s. S. 862).

▮ Eine farbenfrohe Bootsprozession mit Blumenkorso und ein Feuerwerkspektakel begleiten in Ponte am 26. Juli das **Sant'Anna-Fest**.

▮ Auf **Procida** steht der **Karfreitagsumzug** in den traditionellen Kapuzenkostümen hoch im Kurs.

▮ Mit Musik auf historischen Musikinstrumenten begleitet man den **Neujahrsumzug** am 1. Januar auf der Insel **Capri.**

▮ Am 14. Mai huldigt man bei der **Festa di San Costanzo** dem Insel-Schutzpatron mit einer Prozession.

▮ Die **Panathenäen**, internationale Musikfestspiele mit Starbesetzung, ziehen im Juli/August die Fans zu den Amphitheatern von **Pompeji.**

▮ **Positano** zelebriert am 15. August die **Sarazenenschlacht**, ein Bootsfest mit Feuerwerk.

▮ Alle vier Jahre (2005, 2009) feiert **Amalfi** die **Regatta storica**, ein aufwändiges Bootsfest in Kostümen, mit dem Amalfis großer Zeit als Seerepublik gedacht wird.

▮ In memoriam des Besuches von Richard Wagner 1880 gibt es im Garten der Villa Rufolo in **Ravello** sommerliche **Wagner-Konzerte**.

Essen und Trinken

Ein Gang durch die Altstadt Neapels kommt einem Frontalangriff auf alle Sinne gleich – inklusive der Nase. An allen Ecken und Enden wird hier fritiert und gebrutzelt: Reisbällchen, Teigtaschen mit Mozzarella, Gemüsehäppchen, Fleischstückchen, Tintenfischringe. Nicht zu vergesssen die allgegenwärtige Pizza, die zu jeder Tages- und Nachtzeit verzehrt wird (auch als fritierte Variante, *pizza fritta*). Feilgeboten werden diese Leckereien an Straßenständen *(frigitorie)*.

In Neapel satt zu werden, ist also auch für Leute mit kleinem Geldbeutel kein Problem. Darüber hinaus lässt das Angebot an Restaurants und Trattorien in der ganzen Golfregion kaum Wünsche offen. Preislich haben sie sich fast alle auf zwei Klassen eingependelt; eine mit hohen und eine mit angemessenen Preisen, der sich auch die ehemaligen Bauernlokale zugesellen. Die erste Kategorie bietet Kochkunst nach Feinschmeckerrezepten, die zweite serviert gute neapolitanische Hausmannskost.

Vorspeisen und erster Gang

Das Menü beginnt mit einem *antipasto* (Vorspeise), der aus Meeresfrüchtesalaten, frittiertem oder mit Öl und Zitrone beträufeltem Gemüse bestehen kann. Eine Spezialität ist die *mozzarella di bufala*, ein in Salzlake eingelegter Weißkäse aus Büffelmilch, der zusammen mit frischen Tomaten und Basilikum die *insalata caprese* ergibt.

Nach angemessener kleiner Pause folgt dann ein *primo* (erster Gang), in der Regel ein Nudelgericht *(pasta)*. Besonders beliebt sind die *vermicelli alle vongole* (Spaghetti mit Venusmu-

scheln). Wer ein typisch neapolitanisches Gericht probieren will, wählt *fusilli*, kurze, gedrehte Nudeln, *alla ricotta*. Aber auch mit *maccharoni al ragù*, langen, dicken Nudeln mit Hackfleischsoße, ist man gut beraten. An die Stelle der Nudeln kann allerdings auch eine Suppe treten, etwa die berühmte *maritata* aus Blumenkohl und Schweinefleisch.

Der zweite Gang

Der *secondo* (zweiter Gang) besteht aus Fisch oder Fleisch. In Neapel mischt man gern beides und frittiert es zusammen mit verschiedenen Gemüsesorten *(fritto misto)*. Als leckeres Überbleibsel aus der Armeleuteküche bietet die Speisekarte häufig Gekröse *(frattaglie)* vom Schwein oder Rind oder ein Fischgericht aus kleinem Meeresgetier. Edlere Teile von Fisch und Fleisch kommen aber ebenso auf den Tisch, entweder gebraten oder mit diversen Soßen, deren Ingredienzen wahlweise aus Olivenöl, Knoblauch, Tomaten, Oliven, Kapern oder Sardellen bestehen.

Fischesser kommen am Golf im doppelten Sinne auf ihre Kosten: einmal, weil es tatsächlich eine Vielfalt von feinen, delikat zubereiteten Fischen gibt, zum anderen, weil Fisch heute auch in dieser meerumspülten Region rar und kostspielig geworden ist. Der Golf ist weitgehend leer gefischt; die Fische stammen aus den entfernteren Gewässern nahe der Inseln Sardinien und Sizilien. Was aber keiner sich entgehen lassen sollte, ist eine gegrillte Scheibe vom Schwertfisch *(pesce spada)*: Er ist einzigartig in seinem Geschmack.

Auf den Inseln (deren Bewohner stets eher Bauern als Fischer waren) werden gebratene Kaninchen, Hühn-

chen und Zicklein bevorzugt, alles frisch aus dem Stall. Dazu serviert man gedünstetes Gemüse aus Garten und Feld.

Nachspeisen

Den Abschluss des Menüs bildet eine Süßspeise. Die neapolitanischen *dolci* sind jedoch meist so schwer und zuckersüß, dass man sie besser außerhalb der Mahlzeiten genießt. Außerdem werden sie in den *pasticcerie* und

Pizza Margherita

Als *secondo* wird auch eine Pizza serviert. Im Juni 1889 soll Königin Margherita von Savoyen eine kleine Auswahl der an Variationen reichen neapolitanischen Pizzen nach Capodimonte gebracht worden sein. Die heute noch nach ihr benannte *Pizza Margherita*, deren Zutaten (Tomate, Basilikum, Mozzarella) farblich Italiens Flagge nachahmen, sprach ihr am meisten zu. In der **Pizzeria Brandi,** wo sie erfunden wurde, schmeckt sie immer noch am besten (Salita S. Anna di Palazzo 1/Ecke Via Chiaia, Tel. 0 81 41 69 29).

Bars meist in erheblich besserer Qualität als im Restaurant angeboten.

Die berauschenden Tränen des Vesuvs

Lacrima Cristi, die Träne Christi, so heißt ein weithin berühmter Wein, der an den Hängen des Vesuvs gedeiht. Es gibt ihn in einer trockenen und einer süßen Variante – als solcher ist er eher einem Likör ähnlich.

Die Golfregion zählt wegen der geringen Produktion nicht gerade zu den großen Weingebieten Italiens. Dies gilt besonders für die Inselweine (vor allem den weißen Capri-Wein), die zwar sehr geschätzt werden, aber auch auf den Inseln selbst nur in den Restaurants zu haben sind.

Beliebte Tropfen sind außerdem der *Falerno,* ein schwerer Rotwein, den angeblich schon die alten Römer tranken, oder der weiße herb-aromatische *Greco di Tufo,* der *Asprino,* ein moussierender Weißwein, und die Weine von Ravello (*Gran Caruso, San Marco*).

Urlaub aktiv

Die Golfregion ermöglicht eine Fülle von sehr unterschiedlichen Aktivitäten. Neben Kunst- und Kulturgenuss bietet sie Alltagsgeschichte der Antike pur in den Ruinenstädten Pompeji und Herculaneum, sinnliches Erleben von Vulkanismus in den Campi Flegrei sowie Erholung im Kur- und Schönheitsurlaub auf Ischia. Aber auch zu vielseitigen sportlichen Aktivitäten laden Land und Meer ein.

Baden

Die Küsten der Golfregion erweisen sich nur stellenweise als ideales Badegebiet. Dazu gehören in erster Linie die sandigen oder feinkiesigen Strände von Ischia. Die Insel Capri sowie die amalfitanische Küste bieten nur beschränkt Bademöglichkeiten in Form von meist sehr kleinen und felsigen Badebuchten, die oft nur über eine Unzahl von Treppen zu erreichen sind. Das Meer unmittelbar vor Neapel ist wegen der starken Verschmutzung nicht zum Baden geeignet.

Tauchen

Die Küsten vor der Punta Campanella (Sorrentinische Halbinsel) und die Gewässer vor Amalfi sind ein Dorado für Taucher wegen der zahlreichen unterirdischen Grotten und der üppigen submarinen Flora und Fauna. Auch die Gewässer um Ischia bieten schöne Tauchgründe. Eine professionelle Tauchbasis gibt es am Hafen von Ischia Porto.

Exkursionen mit dem Boot vermitteln die Informationsbüros der Aziende Autonome vor Ort.

Segeln und Surfen

In vielen Küstenorten werden Segelboote und Surfbretter verliehen. Schulen für diese Sportarten gibt es jedoch nur vereinzelt, vor allem auf Ischia. Die wichtigsten Häfen für Segler sind Neapel, Amalfi und Positano. Weitere Auskunft erhält man bei den lokalen Büros der Aziende Autonome.

Fußball

Ein sportliches Ereignis besonderer Art ist ein Heimspiel des SSC Neapel auf dem Rasen des Stadio San Paolo in Fuorigrotta. Rechtzeitig Karten reservieren! **Azzurro Service,** Mo–Sa 9–12.30 und 16–18.30 Uhr, am Spieltag 9 Uhr bis 1 Std. vor Anstoß, FS Cumana »Mostra« bzw. Metro »Campi Flegrei«, Via F. Galeota 17, Fuorigrotta, Tel. 08 15 93 40 01.

Drachenfliegen

In Positano werden während der Saison Wettflüge organisiert.

> **Azienda Autonoma,** Via Marina, 84017 Positano, Tel. 0 89 87 50 67, www.positanoline.it

Wandern

Die Golfregion ist ein vorzügliches Wandergebiet. Sie erfordert aber wegen ihrer steilen Hänge etwas Kondition. Die Wege sind meist gut begehbar. Solides Schuhwerk und entsprechende Kleidung sind unbedingt notwendig, eine Flasche Trinkwasser sollte man stets dabei haben. Wanderkarten gibt es an den Zeitungskiosken und in Buchhandlungen.

Kurfreuden wie im Paradies: in den Poseidon-Gärten auf Ischia

Reiten

Auf Ischia kann man nicht nur auf Eseln reiten, sondern auch Reitpferde mieten, die an die steilen Wege gewöhnt sind.

Azienda Autonoma, Scalo Portosalvo, 80077 Ischia, Tel. 08 15 07 42 11.

Pferderennen

werden nur als passive Sportart angeboten. Durchaus aktiv beteiligen kann man sich allerdings mit seiner Wettleidenschaft im **Ippodromo di Agnano** (Tel. 08 15 70 16 60).

Thermalkuren

Über die Kurmöglichkeiten auf Ischia informiert die **Azienda Autonoma delle Isole Ischia e Procida,** Corso Vittoria Colonna 116, 80077 Ischia, Tel. 08 15 07 42 11, www.ischiaonline.it/tourism oder das **Termal-Center,** Tel. 0 81 98 43 76.

Unterkunft

Hotels in Neapel – und Hotels auf den Inseln und Küstenhängen: Das sind zwei sehr verschiedene Paar Stiefel. Es gibt zwar in Neapel einige Luxushotels, doch viel zu wenig geeignete Mittelklassehotels, die zudem notorisch ausgebucht sind. Die Billighotels sind meist unzumutbar. Dafür warten die Inseln und die Küsten mit einem hervorragenden Angebot an Unterkunftsmöglichkeiten auf: Hotels aller Kategorien, von der Nobelherberge bis zur einfachen Familienpension; Ferienhäuser und -appartements für jeden Geschmack. Es ists daher ratsam, außerhalb Neapels Quartier zu beziehen und von dort aus die Stadt anzusteuern.

Die Verkehrsverbindungen am Golf sind geradezu ideal, sowohl der Fährdienst zu den Inseln als auch der Schienenbus zur sorrentinischen Halbinsel und zum Cap Miseno. Allerdings gilt dies nur für die Sommersaison, die von April bis Oktober dauert. Im Winter machen etwa zwei Drittel aller Hotels und Restaurants am Golf dicht, und auch die Fährverbindungen zu den Inseln sind eingeschränkt. Wer im Winter Neapel besuchen möchte, sollte die Reise gut vorbereiten und rechtzeitig Zimmer in einem der wenigen geöffneten Hotels bestellen.

Hotels

Hotels und Pensionen sind in drei Kategorien eingeteilt: Luxusklasse und 1. Kategorie (○○○), 2. Kategorie und 3. Kategorie (○○), 4. Kategorie (○). Die Preise gestalten sich auch innerhalb der einzelnen Klassen sehr unterschiedlich. Während der Hauptsaison unbedingt vorher reservieren!

Jugendherbergen

Jugendherbergen gibt es in Kampanien in Agerola, Agropoli-Paestum, Cava de'Tirreni, Ischia, Neapel, Pompeji und Salerno. Während der Saison sind sie meist überfüllt (vorbestellen)! Ein internationaler Jugendherbergsausweis ist erforderlich.

i **Associazione alberghi per la gioventù,** Salita della Grotta 23, 80122 Napoli, Tel. 08 17 61 23 46, 08 17 61 12 15, Fax 08 17 61 23 91, www.hostels-aig.org

Camping

Es gibt am Golf nicht sehr viele Campingplätze, und nur wenige sind wirklich schön. Man kann sich aber auch in Bungalows mit Selbstversorgung einmieten. Auf Capri ist Camping generell verboten. Auf Ischia existieren nur drei Plätze (Hinweise im Text).

Agriturismo

Diese Form der Unterkunft ist vor allem bei Familien beliebt. Abseits vom städtischen Treiben vermieten einige Bauern Zimmer, Wohnungen, zuweilen auch ganze Häuser. Frühstück und Abendessen sind meist auf Wunsch zu haben. Auf den Inseln ist Agriturismo allerdings weniger üblich.

i **Agriturist Campania,** 80142 Napoli, Corso Arnaldo Lucci 137, Tel. 0 81 28 40 77, 0 81 28 52 43, Fax 0 81 28 13 97, www.agriturist.it
▋ **Terranostra Campania,** 80142 Napoli, Via Pica 62, Tel. 0 81 20 14 51, 08 15 54 16 40, www.terranostra.it

Reisewege

Mit der Bahn

Von Deutschland, Österreich und der Schweiz gibt es täglich einmal eine Direktverbindung nach Neapel. Weitere Züge enden in Rom, von wo stündlich Schnellzugverbindungen nach Neapel bestehen. Bei den regelmäßig verkehrenden Nachtzügen empfiehlt sich rechtzeitige Platzreservierung im Liege- oder Schlafwagen. www.bahn.de

Mit dem Auto

Die A 2 verbindet Neapel mit dem internationalen Autobahnnetz. Die italienischen Autobahnen sind gebührenpflichtig, nur die Strecke Salerno–Reggio Calabria kann kostenlos befahren werden. Auf Capri ist Autofahren für Touristen während der Saison verboten. Nach Ischia und Procida können Pkws mitgenommen werden.

! Lassen Sie nichts im Wagen liegen, was zum Diebstahl reizen könnte.

Mit dem Flugzeug

Von mehreren deutschen Städten und der Schweiz gibt es Direktflüge zum Flughafen Napoli-Capodichino. Linienflugzeuge legen meist einen Zwischenstopp in Rom, Mailand oder Turin ein. Täglich mehrmals gibt es Flugverbindungen mit Mailand und Rom. Die Flughafenbusse der CLP verkehren von 6–23 Uhr halbstündlich zwischen Capodichino und dem Stadtzentrum. Haltestellen: Piazza Garibaldi, Piazza Borsa, Piazza Municipio. Ticket 1,70 €.

***Neapel

Seite 834

Metropole des Südens

Nach Rom und Mailand ist Neapel, Hauptstadt Kampaniens, mit rund 1,3 Mio. Menschen die drittgrößte Stadt Italiens. Die Lage am blauen Golf zu Füßen des Vesuv, die Neapel so berühmt werden ließ, ist noch immer traumhaft, doch hat sich das viel gepriesene Gesicht der Stadt gründlich verändert. Die alten Fischerviertel sind niedergerissen und durch Banken, Hotel- und Büro-bauten kosmopolitischen Zuschnitts ersetzt worden. Wie ein riesiger Ölfleck hat sich die Stadt nach allen Richtungen ausgebreitet, während die alten Viertel der Innenstadt in einen Zustand der Verwahrlosung geraten sind.

Die Metropole des Mezzogiorno ist trotz allem eine äußerst sehenswerte Stadt – nicht nur, weil sie als Muse-umsstadt in der ersten Reihe ran-giert. Die schwärzlichen baufälligen Altstadtviertel, auf den ersten Blick erschreckend, vermögen in ihrer unglaublichen chaotischen Lebendig-keit auch noch den skeptischsten Besucher zu überwältigen. Unweiger-lich wird er alsbald darüber ins Stau-nen geraten, was alles menschen-möglich ist und, dass Neapel trotz eines chaotischen Innenlebens auch eine Weltstadt ist.

Es gibt eine traditionsreiche und sorgsam gepflegte Kultur der Musik, Archäologie, Kunstwissenschaft und Philosophie. Es gibt, zum Trost des Besuchers, auch einen gediegenen, altmodischen Luxus. Neapel ist in jeder Hinsicht die Metropole des ita-lienischen Südens.

In der Altstadt von Neapel

Geschichte

Die Anfänge Neapels liegen im Mythi-schen: In »grauer« griechischer Vor-zeit – so eine Legende – stürzte sich die Sirene Parthenope, da sie Odys-seus nicht hatte bezwingen können, aus Verzweiflung ins Meer. Griechi-sche Siedler aus Rhodos errichteten ihr einen Altar, um der hier an Land ge-spülten Halbgöttin ihre Opfergaben darbringen zu können.

Neapels gesicherte Geschichte be-ginnt mit der cumäischen Gründung der *Neapolis* (»Neue Stadt«) im aus-gehenden 5. Jh. v. Chr. Diese Siedlung entstand an jener Stelle, an der heute die Altstadt liegt.

Um 340 v. Chr. drangen die Römer in den Süden vor und eroberten das Gebiet. Die Griechen der Neapolis mussten sich 328 v. Chr. ihrer Über-macht ergeben. Gegen den Einfall der Germanen nach dem Untergang Roms konnte sich die gut befestigte Stadt einigermaßen behaupten. Doch 536 n. Chr. nahm Belisar mit seinen Truppen Neapel ein und unterstellte es der Herrschaft der Byzantiner. 763

Seite
834

erklärte Stephan II. die Stadt zum weitgehend unabhängigen Herzogtum, das bis 1139 bestand und Neapel seine größte Blütezeit bescherte.

1139 integrierte der Normanne Roger II. das Herzogtum Neapel in sein Königreich Sizilien. Der Staufer Friedrich II., 1212 zum König und 1220 zum deutschen Kaiser gekrönt, gründete 1224 in Neapel eine Universität und ließ die Stadtmauer umfassend erneuern. Nach dem Untergang der normannisch-staufischen Regentschaft fiel das Königreich Sizilien dem französischen Herrscherhaus der Anjou zu, danach (1442) an die spanischen Könige von Aragonien und 1504 an die spanische Linie der Habsburger, die Neapel zum Sitz eines Vizekönigs machten.

Die Bevölkerung nahm in den folgenden Jahrhunderten beträchtlich zu, das Stadtbild veränderte sich erheblich: Neue Straßenzüge und Viertel entstanden, Kirchen und Palazzi wurden neu errichtet. Als größter Bauherr fungierte der Vizekönig Don Pedro de Toledo (1532–1553), an den die Hauptstraße Via Toledo erinnert.

Im 17. Jh. suchten Hungersnot, Vesuvausbruch, Bürgerkrieg (»Masaniello-Revolte«), Pestepidemie und Erdbeben Neapel heim.

Tipp In dieser Zeit entstand unterhalb des Vomero auch das Viertel **Quartieri Spagnoli,** mit seinen schmalen Straßen, zahlreichen Märkten, Läden und Kleinstwerkstätten eines der lebendigsten und typischsten Viertel Neapels.

Nach der Entscheidung des Spanischen Erbfolgekrieges fiel Neapel 1713 an die Österreicher, durch den Polnischen Erbfolgekrieg 1734 an die spanische Linie der Bourbonen, die das »Königreich beider Sizilien« mit einer kurzen Unterbrechung bis zum Einigungsjahr 1861 zu ihrem Machtbereich zählten. Die Unterbrechung bewirkte Napoleon, der Italien 1806 überrollte und es ein gutes Jahrzehnt lang beherrschte. In Neapel regierte Napoleons Schwager Joachim Murat, bis 1815 die Bourbonen ihre Macht restaurieren konnten.

Mit der Einigung Italiens endete Neapels jahrhundertelanges Schicksal als »spanische Provinz«. Zugleich trat jedoch auch die wirtschaftliche und soziale Rückständigkeit des italienischen Südens zutage. Schwere Luftangriffe in den letzten Jahren des Zweiten Weltkrieges, Naturkatastrophen und Epidemien erschütterten die übervölkerte Stadt bis in die jüngste Vergangenheit.

Entlang der Spaccanapoli

Die Besichtigung Neapels verlangt vom Besucher nicht nur Interesse und Toleranz gegenüber dieser Stadt, sondern auch ein gewisses Durchstehvermögen. Dies gilt insbesondere von der 1995 von der UNESCO zum Weltkulturerbe erklärten **Altstadt.**

Etwa auf halber Höhe der Via Toledo zweigt rechts eine schmale Straße – oder besser Straßenschlucht – ab, die im neapolitanischen Volksmund **Spaccanapoli** genannt wird. Auf dem Stadtplan trägt sie andere Namen (hintereinander Via D. Capitelli, Via B. Croce, Via S. Biagio). Die Bezeichnung *Spaccanapoli* (»spaltet Neapel«) ist treffend, denn die Straße zerschneidet die Altstadt in ihrer ganzen west-östlichen Länge. Sie entspricht der unteren Hauptquerstraße (*Decumanus*)

Metropole Neapel
Blick vom Vomero / Castel Sant' Elmo

Seite
834

*Eine Straße ohne Winkel:
die schnurgerade Spaccanapoli*

der griechisch-römischen Stadt Neapolis. Zusammen mit der parallel verlaufenden Via dei Tribunali (auch diese ein antiker *Decumanus*) ist sie eine
der chaotischsten und erstaunlichsten
Straßen nicht nur Neapels, sondern
ganz Europas. Überlassen Sie sich
dem Sog dieser Straße, die auch von
zahlreichen beachtlichen Kirchen gesäumt wird.

Gleich hinter der Abzweigung von
der Via Toledo steht die gotische Kir-

Maggio dei Monumenti

An den Wochenenden im Mai
öffnen sich in Neapel die Türen
zu vielen der sonst u. a. in Kirchen, Villen und Palästen verschlossenen Kunstschätze.
Zahlreiche kulturelle Darbietun-
gen und Führungen bereichern
die mittlerweile fest etablierte
Veranstaltung.
www.comune.napoli.it

che ****Santa Chiara** ❶. Schon beim
Eintritt strahlt der große, nach der
Restaurierung wieder gotische Kirchenraum eine feierlich kühle Wirkung
aus. Er ist die Grabstätte der Königsfa-
milie von Anjou, die Neapel im 14. Jh.
beherrschte. In beinahe jeder Seitenkapelle liegt ein Familienmitglied der
Anjou in einem kostbaren gotischen
Sarkophag.

Die wichtigsten Grabdenkmäler
aber sind die von König Robert dem
Weisen und seiner engsten Angehörigen. Das Grabmal König Roberts – er
ist übrigens der Begründer der ab
1310 entstandenen Kirche – ist besonders prächtig: Ein 14 m hohes Balda-
chingehäuse mit zahlreichen Statuetten umgibt den Sarkophag. Daneben
stehen die Grabmäler seines erstge-
borenen Sohnes Karl und seiner jung
verstorbenen Ehefrau, Maria von Valois, die mit neunzehn Jahren bereits
fünf Kinder hatte.

Von einer kleinen Seitenstraße
links neben der Kirche hat man Zutritt
zum ****Majolikakreuzgang** (Mo–Sa
9.30–13 und 14.30–17.30 Uhr, So
9.30–13 Uhr). Er gehört zum Bezauberndsten, was Neapel zu bieten hat.
Den stillen grünen Garten des Kreuzgangs umgeben niedrige Mäuerchen
mit Sitzbänken und Säulen, die mit
bunten Majoliken verkleidet sind. Eine
Fülle spätbarocker Miniaturmalereien
ist darauf verewigt: Landschaften, Pul-
cinella-Szenen, Darstellungen von
Jagd, Fischfang, Tanz und Spiel.

Wieder auf den Platz vor der Kirche
zurückgekehrt, steht man der trutzigen Diamantquaderfassade der Kirche
Gesù Nuovo gegenüber, die einen
Kontrast zu Santa Chiara darstellt.

Inmitten der Piazza ragt die **Guglia
dell'Immacolata** empor, eine der zahlreichen barocken Pestsäulen Neapels
– ein Wahrzeichen der Stadt. Von hier
aus blickt man die nahezu 2 km lange

Mit Majoliken geschmückter Kreuzgang von Santa Chiara

Spaccanapoli hinunter, die Straße der Händler, die sich in Zunftgruppen zusammengeschart haben: zunächst die Silberschmiede, dann die Krippenmacher, dann die Buchhändler ...

Die 1590 entstandene ***Cappella Sansevero ❷**, Grabkapelle der Familie Sagro-Sansevero in der Via F. De Sanctis, birgt höchst merkwürdige Dinge (tgl. außer Di 10–17 Uhr, So 10–13 Uhr). Von den barocken Marmorstatuen ist der in der Mitte des Raumes liegende »tote Christus« die erstaunlichste: Ein marmorner Schleier, so durchsichtig wie Musselin, bedeckt die Statue, die der Bildhauer Giuseppe Sammartino geschaffen hat. Doch es geht die Sage, Prinz Sansevero, ein leidenschaftlicher Alchimist, habe über die unverschleierte Figur einen Stoff geworfen, getränkt mit einer geheimnisvollen Lösung, die das Gewebe mit dem Marmor eins werden ließ.

Eine Wendeltreppe führt in den Keller der Kapelle mit zwei äußerst ungewöhnlichen Figuren: die nur aus versteinertem Aderngeflecht bestehenden Gestalten eines Mannes und einer Frau (sie war schwanger, der Kopf des Kindes in ihrem Bauch ist zu erkennen). Auch dies ist angeblich ein Werk des alchimistisch tätigen Prinzen: In der Stunde ihres (natürlichen?) Todes habe er den beiden Menschen eine zu Stein werdende Masse in die Adern gespritzt.

Diamantquaderfassade von Gesù Nuovo

Die **Via Gregorio Armeno,** die links von der Spaccanapoli abbiegt, ist die Straße der Krippenfiguren, die hier zu Tausenden zum Verkauf ausgestellt sind. Dies ist einer der malerischsten Winkel Neapels. Über den bunten Gipsfiguren flattert die Wäsche. Auch Neapels ehemaliger Bürgermeister Bassolino ist in die Reihe der Heiligen aufgenommen worden.

Im Hintergrund ragt der rotgelb getünchte Campanile der Kirche **San Gregorio dei Armeni ❸** in den Himmel. Die Ausstattung des Innenraums ist ungemein prachtvoll; das so genannte »Paradies auf Erden« wirkt auch heute, nachdem der Goldglanz fast schwarz geworden ist, noch atemberaubend.

Rings um die Pfandleihanstalt **Monte di Pietà ❹** haben sich die Gold- und Silberschmiede niedergelassen. Hier kann man noch günstig kleinen Goldschmuck erstehen. Die Auslagen sind im Übrigen gespickt mit silbernen Miniaturkörperteilen: Devotionalien, die nach einer glücklich überstandenen Krankheit oder Operation dem Lieblingsheiligen verehrt werden.

Am **Castel Capuano,** dem heutigen Gerichtsgebäude, endet die Spaccanapoli.

Seite 834

NEAPEL (NAPOLI)

0 — 400 m

N

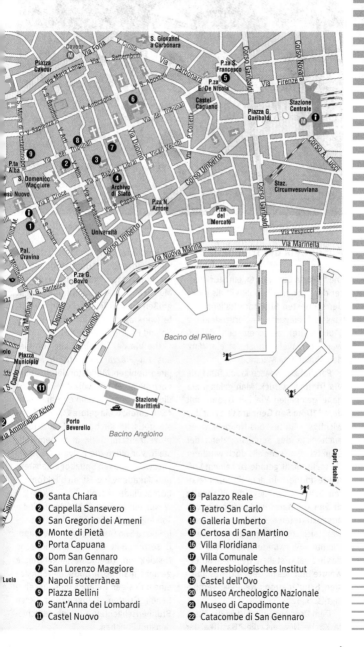

1. Santa Chiara
2. Cappella Sansevero
3. San Gregorio dei Armeni
4. Monte di Pietà
5. Porta Capuana
6. Dom San Gennaro
7. San Lorenzo Maggiore
8. Napoli sotterrànea
9. Piazza Bellini
10. Sant'Anna dei Lombardi
11. Castel Nuovo
12. Palazzo Reale
13. Teatro San Carlo
14. Galleria Umberto
15. Certosa di San Martino
16. Villa Floridiana
17. Villa Comunale
18. Meeresbiologisches Institut
19. Castel dell'Ovo
20. Museo Archeologico Nazionale
21. Museo di Capodimonte
22. Catacombe di San Gennaro

Seite
834

Das wuchtige Castello Nuovo erzählt von Neapels politischer Vergangenheit

Auf der Via dei Tribunali

Die ****Porta Capuana ❺**, ein Stück hinter der Via dei Tribunali, gilt als eines der schönsten Stadttore Italiens. Die klassisch-elegante Torverkleidung (Außenseite) zwischen den beiden wuchtigen Wehrtürmen ist ein Werk des Giuliano da Maiano.

Parallel zur Spaccanapoli führt die Via Tribunali zurück. Man gelangt zur nahe gelegenen Via del Duomo mit dem ****Dom San Gennaro ❻**. Er ist das wichtigste Gotteshaus Neapels, wenn auch nicht das schönste; denn der Dom ist zwar sehr alt, doch wurde er im 19. Jh. nicht gerade zu seinem Vorteil restauriert. In der Mitte des rechten Seitenschiffs liegt die ***Cappella di San Gennaro**: In dieser prachtvoll ausgestatteten Seitenkapelle vollzieht sich alljährlich dreimal das berühmte »Blutwunder«, bei dem sich das in zwei kristallenen Phiolen aufbewahrte Blut des hl. Gennaro, des obersten Schutzpatrons Neapels, verflüssigt (s. S. 823).

Dem Dom angegliedert ist die älteste Kirche Neapels, die ***Basilika der hl. Restituta**. Ein Kleinod stellt das dahinter liegende ****Baptisterium** dar, ein Kuppelraum mit frühchristlichen Mosaiken aus dem 4. Jh. und einem großen antiken Taufbecken in der Mitte (werktags 9–12 und 16.30–19 Uhr, So und Feiertage 9–13 Uhr).

Die **Via dei Tribunali,** die von hier aus zur Piazza Dante führt, ist mit ihren üppigen Marktständen beinahe noch belebter und volkstümlicher als die Spaccanapoli. Linker Hand liegt ***San Lorenzo Maggiore ❼**, die schönste gotische Kirche der Stadt: reine provenzalische Gotik in gelbem Tuffstein. Vor allem die polygonale Apsis mit zweistöckigen Spitzbogenfenstern und Arkadengang ist architektonisch höchst eindrucksvoll.

Nur ein kleines Schild über einem Toreingang in der Via dei Tribunali/Piazza San Gaetano weist auf **Napoli sotterrànea ❽**, das unterirdische Neapel, hin. Über eine lange Treppe gelangt man 60 m unter die Erde zu einem riesigen Gelände von ausgehobenen Grotten, Gängen und tiefen Brunnenschächten aus den verschiedensten Epochen.

Den alten Griechen dienten die unterirdischen Höhlen als Grabstätten, die Römer bauten hier ihren Aquädukt. Während der Kriege bot das Areal den Menschen Schutz (Führungen Mo–Fr 12–16 Uhr, Sa und So 10–18 Uhr).

Die **Piazza Bellini ❾** ist das junge Zentrum der Altstadt und Symbol für den kulturellen Aufbruch Neapels. Um das Standbild des Opernkomponisten scharen sich Cafés und Bars, z. B. das »1799«, »Intra Moenia« und die »Internet-Bar«. Abends finden hier häufig Konzerte statt. Die Buchhandlung »Evaluna« lädt besonders Frauen zum Schmökern ein.

Ins südliche Viertel

**Sant'Anna dei Lombardi ❿ liegt nahe der zentralen Via Toledo. Sie ist als Kirche nicht mehr in Funktion, sondern wird, wegen der Fülle ihrer Renaissance-Kunstwerke, wie ein Museum behandelt (nur 8–12 Uhr, kostenlose Führung durch die Sammlung). Beeindruckend sind die »Beweinung Christi« mit acht lebensgroßen Terrakotta-Figuren sowie die perspektivischen Holzintarsien in der Sakristei.

Gleich hinter dem Hafen liegt das Viertel, in dem sich in der Vergangenheit die politische Macht Neapels konzentrierte. Von der Macht vergangener Tage erzählt das weithin sichtbare ****Castel Nuovo ⓫**, auch »Maschio Angioino« genannt (Mo–Sa 9 bis 19 Uhr). Das wuchtige Schloss wurde 1279–1282 von Karl I. von Anjou errichtet und im 14. Jh. von Alfons I. von Aragonien fast vollständig umgebaut. Zu seinen Ehren entstand auch der reliefgeschmückte marmorne ***Triumphbogen** über dem Haupteingang (1443).

Seite 834

Sterngewölbe über der Sala dei Baroni, Castel Nuovo

Der schöne Innenhof zeigt Bauelemente aus den verschiedensten Epochen. Eine Freitreppe führt in die ***Sala dei Baroni**, einen eindrucksvollen, fast quadratischen Saal mit einem einzigartigen Sterngewölbe. Gegenüber dem Haupteingang betritt man durch ein weiteres schönes Renaissance-Portal die **Cappella Santa Barbara**, den einzigen aus angevinischer Zeit noch erhaltenen Teil der Burg (13. Jh.).

Die spanischen Vizekönige erbauten sich im 17. Jh. nahebei ein neues, weitläufigeres und bequemeres Schloss, den **Palazzo Reale ⓬**, An der Frontseite (zur Piazza del Plebiscito) erinnern in Nischen aufgestellte Statuen an die wechselnden Herrscher über Neapel zwischen dem 11. und 19. Jh. (insgesamt acht Dynastien). Auf der Rückseite des Innenhofes (von Domenico Fontana, 1600) gelangt man in das kolossale, architektonisch sehr reizvolle Treppenhaus, das in die historischen Räume des Schlosses führt. Hier sind vor allem nach Vorlagen von Le Brun gefertigte Gobelins sowie eine »Heilige Familie« von Filippino Lippi sehenswert (tgl. außer Mi 9–14, Sa bis 19 Uhr).

Dem Palazzo Reale schräg gegenüber liegt das **Caffè Gambrinus**, ein im 19. Jh. von einem Wie-

Seite
834

ner errichtetes Kaffeehaus. In dem schönen überkuppelten Rundsaal kann man in ruhiger, luxuriöser Atmosphäre wienerisch-neapolitanische Spezialitäten probieren.

An die Nordflanke des Palazzo Reale lehnt sich das berühmte **Teatro San Carlo ⑬**. Es wurde auf Befehl König Karls III. im Jahr 1737 in nur wenigen Monaten erbaut und war in der Folgezeit Mittelpunkt des europäischen Musikgeschehens (Uraufführungen von Bellini, Donizetti, Rossini, Verdi). Es ist einer der größten, beeindruckendsten Theaterbauten. Das Haus, das auch nach wiederholten Restaurierungen und Umbauten noch den Charme vergangener Zeiten ausstrahlt, kann auch besichtigt werden (Sa, So 14–15.30 Uhr).

Dem Theater gegenüber liegt die **Galleria Umberto ⑭**. Die Bars und Boutiquen der klassizistischen Passage mit ihrem Glasdach (1887) sind für Touristen und Neapolitaner ein beliebter Treffpunkt.

Tipp Neuer Glanz für ihre Schuhe: Von Mo–Sa beweisen die neapolitanischen *sciuscià* vor der **Galleria Umberto** ihr Können.

Auf dem Vomero

Vis-à-vis der Galleria Umberto (Ausgang Via Toledo) liegt die Stazione Funicolare Centrale, die Station der Zugseilbahn, die auf den Vomero hinaufführt.

Von ihrem Endbahnhof ist es nicht weit zum **Castel Sant'Elmo** und der unmittelbar darunter liegenden ****Certosa di San Martino ⑮**. Das großzügig angelegte, längst säkularisierte Kloster beherbergt das ****Museo Nazionale di San Martino**, das

vor allem Zeugnisse zur neapolitanischen Geschichte und Kunst enthält und die viel gerühmten Krippen, die das neapolitanische Volksleben von einst in Miniatur nachbilden. Die Klosterkirche ist reich an Gemälden der neapolitanischen barocken Schule. Doch schon allein der einmalige Blick von der Gartenterrasse des Klosters über den Golf lohnt einen Besuch der ehemaligen Kartause (tgl. außer Mo 9–14 Uhr, im Sommer bis 19 Uhr).

Von der Certosa di San Martino führt eine Treppe, die **Pedimentina,** hinunter zum Corso Vittorio Emanuele. Von ihren Stufen bieten sich schöne Ausblicke auf Neapel und den Golf.

Ein Spaziergang westwärts führt zur ***Villa Floridiana ⑯** in dem für seine üppige Vegetation berühmten Park. Heute beherbergt die klassizistische Villa das **Museo Nazionale della Ceramica** mit einer Sammlung erstrangiger Porzellane aus ganz Europa und Ostasien (tgl. außer Mo 9–14 Uhr, im Sommer bis 19 Uhr).

Am Meer entlang

Die größte Grünanlage der Stadt ist die **Villa Comunale ⑰**, die sich an der Via Caracciolo am Ufer entlangzieht: eine still-beschauliche Parkmeile mit Brunnenanlagen und Denkmälern.

Hier hat das internationale **Meeresbiologische Institut ⑱** seinen Sitz, 1872 von dem deutschen Zoologen Anton Dohrn aus Stettin erbaut. In seinem einzigartigen ***Aquarium** tummeln sich in 29 Becken über 200 Fischarten aus dem Golf von Neapel. Einige Spezies, die im Golf bereits ausgestorben sind, kann man nur hier

Hoch auf dem Vomero thront Castel Sant'Elmo

Seite 834

Römische Marmorskulptur im Nationalmuseum

Fußbodenmosaik aus Pompeji im Nationalmuseum: Hahnenkampf

Berühmte Museen

Das ***Museo Archeologico Nazionale** ⑳ enthält eine der wichtigsten Sammlungen antiker Kunst. Im Erdgeschoss wird die sog. ***Sammlung Farnese** aufbewahrt, unter den antiken Marmorstatuen so berühmte wie der »Farnesische Stier« oder der »Herkules Farnese«. Die Statuen, die ursprünglich aus Rom stammen, gingen im 18. Jh. durch Erbschaft an das neapolitanische Herrscherhaus der Bourbonen über.

Im ersten Obergeschoss sind die **Wandmalereien aus den verschütteten Vesuvstädten** ausgestellt. Wer Pompeji oder Herculaneum besucht hat, kann hier die vier »pompejischen Stile« (s. S. 883) studieren. Das berühmteste der **Mosaiken** im Zwischengeschoss (Mezzato) ist die »Alexanderschlacht« aus dem Haus des Fauns in Pompeji. Aus der Vielzahl weiterer Höhepunkte sind eine Reihe von wundervollen Mosaik-Stillleben und Tierdarstellungen, allegorische und Theaterszenen sowie schöne mosaizierte Säulen hervorzuheben (tgl. außer Di 10–14, So 9–14 Uhr, in den Sommermonaten durchgehend bis abends).

Das zweite große Museum von Weltruhm ist das **Museo di Capodimonte** ㉑ in dem von einem großen Park umgebenen Palazzo Reale di Capodimonte. Die **Galleria Napoleta-**

noch bewundern (Di bis Sa 9–17, So 10–14 Uhr, im Sommer länger).

Die Bibliothek im ersten Stock des Instituts wurde von dem damals 35-jährigen Deutschen Hans von Marées ausgemalt. Sein großflächiger *Freskenzyklus,** den er in einem einzigen Sommer schuf, gilt als eines der wichtigsten Zeugnisse der deutschen Malerei des 19. Jhs. (zur Besichtigung wende man sich an den Wärter am Eingang des Aquariums; Trinkgeld!).

Seiner einzigartigen Lage wegen sticht das baugeschichtlich nicht weiter bedeutende **Castel dell'Ovo** ⑲ ins Auge, das auf einem Inselchen vor dem ehemaligen Fischerhafen Santa Lucia liegt: eine trutzige alte Seefestung, die lange Zeit als Gefängnis diente und heute ein Kongresszentrum ist. Zugänglich ist die Burg nur, wenn gerade eine Ausstellung darin stattfindet.

Tipp Ein Spaziergang durch den das Kastell umgebenden **Borgo Marinari** ist aber in jedem Fall empfehlenswert. Hier wetteifern die besten Fischlokale Neapels um die Feinheiten ihrer Kochkunst.

na zeigt mehr als 300 Meisterwerke des 13. bis 18 Jh. In den Sälen des weitläufigen Schlosses hängen u. a. Gemälde von Raffael, Tizian, Caravaggio, Cranach, Brueghel und Holbein. Außerdem besitzt das Museum eine kostbare Porzellansammlung und ein berühmtes, mit Porzellan ausgekleidetes Kabinett. Im 3. Obergeschoss werden wechselnde Ausstellungen moderner Kunst gezeigt (tgl. außer Mo 10–19 Uhr, im Sommer 8.30 bis 19.30 Uhr).

In Capodimonte lohnen auch die nahe gelegenen **Catacombe di San Gennaro ㉒. Die Katakomben entstanden im 2. Jh. als Grabstätte der ersten Christen Neapels. Die unterirdischen Gewölbe enthalten eine Reihe spätantiker und frühchristlicher Freskenfragmente (2.–5. Jh.). Führungen tgl. 9.30, 10.15, 11 und 11.45 Uhr.

Im still gelegten Eisenhüttenwerk von Bagnoli ist im Jahr 1996 das interaktive Wissenschaftsmuseum **Città della Scienza** eingerichtet worden (Di–Sa 9–18 Uhr, So 10–20 Uhr), Via Coroglio 104, Tel. 08 17 35 21 11, www. cittadellascienza.it. Mit der Circumflegrea erreichbar.

Infos

i Informationen über Neapel im Internet:
www.comune.napoli.it,
www.ept.napoli.it,
www.napolinapoli.com (Newsletter bestellen)
▌ **Azienda Autonoma,** im Palazzo Reale, Piazza Plebiscito,
Tel. 08 12 52 57 11, Fax 0 81 41 86 19, www.aziendaturismonapoli.com
▌ **Ente Provinciale per il Turismo (E.P.T.),** Piazza dei Martiri 58,
Tel. 0 81 40 53 11,
Fax 0 81 40 19 61, www.ept.napoli.it

▌ **Stazione Centrale** (Hauptbahnhof), Tel. 0 81 26 87 79.
▌ **Stazione (Touristenhafen) Mergellina,**Tel. 08 17 61 21 02.
Via Vittorio Emanuele (Altstadt), Tel. 08 17 61 17 70.
▌ **Flughafen Capodichino,** GESAL Information,
Tel. 08 17 89 62 59, www.gesac.it

Internationaler Flughafen: Capodichino, 7 km vom Stadtzentrum.
Bahnverbindungen: Circumvesuviana (Stazione Centrale) über Herculaneum, Pompeji nach Sorrent.
Ⓜ nach Pozzuoli.

Tipp **Giranapoli.** Eine Zeitkarte für 90 Min. (0,80 €) bzw. eine Tageskarte (2,30 €) erlaubt die Benutzung aller öffentlichen Verkehrsmittel Neapels.

Fährverbindungen – Nahverkehr zu den Inseln: Vom Molo Beverello aus Tragflügelboote (*Aliscafi*) und Autofähren nach Ischia, Procida, Capri (keine Autos während der Saison), Ponza. Tragflügelboote nach Sorrent. Vom Hafen Mergellina aus Tragflügelboote (nur Personenverkehr) nach Ischia, Procida, Capri. In der Hauptsaison auch Verbindungen zu den Liparischen Inseln und nach Roma Fiumicino.

Tipp Wer vom Bahnhof aus direkt ins Tragflügelboot zu einer der Inseln umsteigen will, sollte am Bahnhof Mergellina aussteigen (nur 200 m bis zur Schnellbootstation). Wer ohne Auto auf die Inseln übersetzen will, stellt es besser in Sorrent ab und nimmt von dort aus die Fähre: Hier bietet sich leichter eine Parkmöglichkeit, auch ist die Diebstahlgefahr geringer!

Seite 834

Seite 834

Fährverbindungen – Fernverkehr:
Vom Molo Angioino (Stazione Marittima) Autofähren nach Reggio Calabria, Catania, Palermo, Cagliari, Tunis, Malta. Keine Verbindung nach Genua.

Tipp Aktuelle Fahrpläne bietet die Zeitung **Il Mattino.**

Veranstaltungen: Opern- und Theaterkarten besorgt am besten die Hotelrezeption (auch von außerhalb). **Qui Napoli.** Jeden Monat erscheint gratis der Kulturfahrplan der AAST mit Öffnungszeiten und aktuellen Terminen. Konzert- und Ausstellungshinweise findet man auch in der Zeitung »Il Mattino«. Am Kiosk jeden Freitag »Le Pagine dell'Ozio«.

Die Speisen werden frisch zubereitet

 Jolly Ambassador,
Via Medina 70,
Tel. 0 81 41 51 11, Fax 08 15 51 80 10, www.napolijollyhotels.it In den obersten Stockwerken eines Hochhauses, höchster Komfort. Herrlicher Blick über den Golf. ○○○

▮ **Britannique,** Corso V. Emanuele 133, Tel. 08 17 61 41 45, Fax 0 81 66 04 57, www.hotelbritannique.it. Im neoklassizistischen Stil der Jahrhundertwende eingerichtet. ○○○

▮ **Parker's,** Corso V. Emanuele 135, Tel. 08 17 61 24 74, Fax 0 81 66 35 27, www.grandhotelparkers.com. Charme der Jahrhundertwende; Luxusversion des benachbarten Britannique. ○○○

▮ **Pinto Storey,** Via G. Martucci 72, Tel. 0 81 68 12 60, Fax 0 81 66 75 36, www.pintostorey.it. Komfortables Mittelklasse-Hotel, Jugendstil-Aufenthaltsräume. Zimmer teils mit Meeresblick. Unbedingt vorbestellen! ○○○

▮ **Canada,** Via Mergellina 43, Tel. 0 81 68 09 52, Fax 0 81 65 15 94. Klein, nüchtern, komfortabel; in der Nähe des Tragflügelboothafens. ○○

▮ **Albergo Bellini,** Via S. Paolo 44, Tel. 0 81 45 69 96, Fax 0 81 29 22 56. Kleines Hotel in der Altstadt, saubere Zimmer mit Bad, freundlicher Besitzer, sehr familiär. Etwas Italienischkenntnisse sind allerdings erforderlich. ○

▮ **Jugendherberge:** Neapel-Mergellina, Salita della Grotta 23, Tel. 08 17 61 23 46, Fax 08 17 61 23 91.

San Carlo, Via Cesario Console 18, Tel. 08 17 64 97 57. So Ruhetag. Beliebtes Haus am gleichnamigen Theater, bezauberndes Ambiente mit antiken Möbeln. ○○○

▮ **La Sacristia,** Via Orazio 116, Tel. 08 17 61 10 51. Mo mittags geschl. Nahe dem Flügelboothafen Mergellina. Eine der kulinarischen Spitzenadressen Italiens. ○○○

▮ **Ciro a Santa Brigida,** Via S. Brigida 71, Tel. 08 15 52 40 72. So Ruhetag. Von Journalisten und Künstlern besuchtes Lokal ganz in der Nähe der Galleria Umberto. ○○

▮ **Zi'Teresa,** Borgo Marinaro 1, Tel. 08 17 64 25 65. Mo Ruhetag. Traditionsreiches Fischlokal im Hafenambiente von Santa Lucia, geradezu ideal für ein schönes Sommerdiner im Freien. ○○

Einzigartig: die berühmten neapolitanischen Krippenfiguren

Jazz-, Rock-, und Popkonzerte finden im **Otto Jazz Club** (Salita Cariati 23), **Around Midnight** (Via Bonito 32), **Notting Hill** (Piazza Dante 88) oder **Up Stroke** (Via Coroglio 128) statt.

Die Innenstadt von Neapel ist ein Einkaufsparadies. Ein originelles Mitbringsel sind die **Krippenfiguren** in verschiedenen Größen. Die vielseitigste Auswahl findet man in der Via San Gregorio Armeno.

▌ Die **Libreria Guida** ist eine der modernsten Buchhandlungen Italiens und wichtigster Treff der Intellektuellen (Via Port'Alba 19).

▌ An der Porta Alba wird täglich ein **Büchermarkt** veranstaltet. Hier kann man Reiseführer, Kunstbände oder Klassiker für wenig Geld erwerben – nicht nur in italienischer Sprache.

▌ Stiche und Veduten vom Golf findet man in den Geschäften der **Via S. Maria di Costantinopoli,** zwischen Piazza Bellini und dem Archäologischen Museum.

▌ In der Via Toledo hat sich eine Reihe von **Lederwarengeschäften** angesiedelt. Zu günstigen Preisen gibt es hier Koffer, Taschen, Gürtel oder Handschuhe.

▌ Die elegantesten **Mode- und Schuhgeschäfte** findet man in der Via Chiaia. Maßgeschneiderte Krawatten (ca. 80 €) z. B. bekommt man bei **Marinella** (Via Chiaia 287).

▌ Neapolitanische **Musik** vom Feinsten bietet die Nuova Compagnia di Canto Popolare. Ihre CDs finden sich in allen guten Musikgeschäften.

Seite 834

Ausflug nach **Caserta

Neapels großer Bauherr Karl III. von Bourbon ließ in Caserta (66 000 Einw.)

Veranstaltungen

▌ **Karnevalsbeginn** am 17. Januar vor der Kirche San Antonio Abbate.

▌ **Blutwunder von San Gennaro** im Dom am 1. Maisonntag (s. S.823).

▌ **Fest der Madonna del Carmine** am 15./16. Juli (s. S.823).

▌ **Napoli Strit Festival,** internationales Straßen-Festival Anfang August.

▌ **Fest der Madonna della Piedigrotta** vom 7. bis 9. September (s. S.823).

▌ **Schlagerfestival** ab 19. September.

▌ **Zweites Blutwunder** im Dom am 19. September.

▌ Sonntagvormittags **Flohmarkt** in der Via Foria (nahe Museo Archeologico).

▌ **Drittes Blutwunder** im Dom am 16. Dezember.

Seite 834

ein monumentales Schloss errichten, den ****Palazzo Reale.** Er beauftragte den renommierten Baumeister Luigi Vanitelli – doch vor der Vollendung gingen die Finanzmittel aus. Berühmt ist die grandiose ****Freitreppe** vom Vestibül hinauf in den ersten Stock. Der ***Schlosspark** mit seinen Kaskaden, Fontänen und Statuengruppen animiert zum Spaziergang (Di–So 9 Uhr bis 1 Std. vor Sonnenuntergang).

> ℹ **E.P.T. Palazzo Reale,** 81100 Caserta, Tel. 08 23 32 22 33, Fax 08 23 32 63 00, www.casertaturismo.com

---

Posillipo

Will man die brodelnde Metropole einmal in Ruhe und mit dem nötigen Abstand von oben betrachten und zudem ein Bilderbuchpanorama genießen, dann ist der Posillipo der geeignetste Ort. Man verlässt die Stadt in Richtung Westen (vom Schnellboothafen Mergellina aus) und fährt auf kurvenreicher Straße das hügelige Gelände zu dem berühmten Aussichtspunkt hinauf. Von hier aus bietet sich der auf unzähligen Bildern und Postkarten verewigte klassische Blick über Neapel, die sanft geschwungene Bucht mit dem dahinter aufragenden Vesuv. Als Zugabe eröffnet sich dann von der anderen Seite des Posillipo-Hügels eine herrliche Aussicht über den kleinen Golf von Pozzuoli und die Inseln Procida und Ischia. Direkt der Küste vorgelagert, erkennt man die kleine Isola di Nisida, die jahrhundertelang als Strafinsel diente.

**Capri

Die betörende Insel

Wenn Capri in Sicht kommt, strömen die meisten Passagiere bugwärts, und es wird stiller auf dem Schiff. Alles starrt gespannt auf den näher rückenden massiven und doch so eleganten Felsbrocken, der da aus dem Meer ragt, blauweiß in der Mittagssonne oder fliederfarben im Abendlicht.

Capri ist im Gegensatz zu Ischia und Procida nicht vulkanischen Ursprungs, sondern geologisch gesehen ein Splitter der sorrentinischen Halbinsel. Der Charakter Capris ist daher ganz anders als der der übrigen parthenopeischen Inseln: ein massiver Gesteinsblock mit ringsum schroff ins Meer abstürzenden, leuchtend weißen Kalkfelsen. Nur an zwei Stellen senkt sich die grün überwachsene Kuppe zum Meer hinab und gibt einer natürlichen Hafenanlage und kurzen Stränden Raum.

Daher existiert auf der Insel auch kaum ein Punkt, von dem aus man das Meer nicht sieht. Doch Capri ist klein: nur 6 km lang und 3 km breit, mit einem Umfang von 17 km. Die etwa 13 000 Einwohner, die samt und sonders vom Tourismus leben, sind auf die zwei Orte Capri und Anacapri verteilt, und sie leben seit jeher in trauter Feindschaft nebeneinander.

Geschichte

Kein Wunder, dass die Schönheit Capris bereits den antiken Römern auffiel. Als Kaiser Augustus die Insel 29 v. Chr. entdeckte, begeisterte sie ihn so sehr, dass er sie gegen Ischia eintauschte. Sein Adoptivsohn und Nachfolger Tiberius zog sich schließlich ganz auf Capri zurück und regierte von hier aus das Weltreich. Doch in den nachfolgenden Jahrhunderten versank die Insel in einen Dornröschenschlaf: Das nun armselige Eiland bewohnten notleidende Bauern, die ihre Äckerchen bestellten und Regenwasser sammelten. Capri selbst besitzt keine Quellen, heute wird das lebensnotwendige Wasser durch eine Pipeline vom Festland geliefert. Nur Seeräuber statteten der Insel manchmal einen »Besuch« ab. Die geschlossene Architektur der *Piazzetta* diente einst als eine kleine Bastion, die nur durch Torbogen erreichbaren Gassen ließen sich hermetisch abriegeln.

Die Wende in Capris Geschichte setzte erst wieder Ende des 19. Jhs. ein, als ein paar südensehnsüchtige Nordländer das Inselparadies für sich entdeckten. Zu den ersten prominenten Besuchern gehörte der Dichter August von Platen, es folgten Maler und Dichter des Münchner Salons, darunter Paul Heyse und Karl Wilhelm Diefenbach. Friedrich Krupp erstand auf Capri eine Villa, ebenso Maxim Gorki, der mehrfach Besuch von seinem Freund Lenin erhielt. Der berühmteste und verdienstvollste Wahl-Caprese aber war der schwedische Arzt Axel Munthe, dessen herrliche Villa in Anacapri ein Mekka aller romantischen Inselbesucher ist.

Rund um die *Gärten des Augustus ❶

Einige Fleckchen auf der Insel besitzen eine beinahe magnetische Kraft, die den Besucher gewissermaßen von selbst anzieht. Ein solcher Ort sind die *Gärten des Augustus (*Giardini di Augusto*), eine kleine botanische Anlage

Wahrzeichen Capris: die aus dem Meer ragenden Faraglioni

Seite **849**

mit Aussichtsterrassen, die einen atemberaubenden Blick über die Südseite der Insel freigeben.

Im Vordergrund sieht man die flach überkuppelten Dächer der ***Certosa di San Giacomo ❷** (Di–So 9–14 Uhr), die schon durch ihre großzügige Anlage beeindruckt. Die ältesten Teile dieses ehemaligen Kartäuserklosters gehen auf das Jahr 1371 zurück.

Sehenswert sind die kleine gotische, barock ausgemalte Kirche und die beiden Kreuzgänge, hinter deren Flanken die einstigen Mönchszellen liegen. In einem der Klosterflügel ist eine Bildergalerie eingerichtet, in der auf Capri entstandene Werke des deutschen Malers Karl Wilhelm Diefenbach ausgestellt sind.

Tipp Links im Panorama von der Aussichtsterrasse ragen die weltberühmten ***Faraglioni ❸** aus dem Wasser empor, drei mächtige Felsnadeln, die zum Wahrzeichen Capris geworden sind. Eine ansonsten nirgendwo vorkommende blaue Eidechsenart lebt auf den steinernen Türmen.

Seite
849

*Eine viel versprechende Ankunft:
der Hafen von Marina Grande*

Rechts unterhalb der Aussichtsterrasse sieht man die felsigen Buchten Capris. In der Tiefe windet sich in steilen Haarnadelkurven die **Via Krupp**

den Felsenhang hinunter, wegen Steinschlaggefahr lange Jahre gesperrt, inzwischen aber wieder unbedenklich zu begehen. Friedrich Alfred Krupp (1854–1902), Enkel des Gründers der damals schon weltgrößten Gussstahlfabrik, ließ sich den Höhenweg als privaten Zugang zur Fra-Felice-Höhle anlegen. Krupp war einer der berühmtesten und zugleich berüchtigtsten Wahl-Capresen, der später wegen seiner Skandale ausgewiesen wurde.

Die Via Krupp endet in **Marina Piccola ❹**, dem kleinen mondänen Badeort der Insel, einer kleinen, kiesigen Bucht mit Restaurants, einer Badeanstalt und einem Schwimmbad, maleri-

Empfang in drei Akten

Marina Grande ❺, der Hafen, empfängt den Reisenden mit freundlicher Lebhaftigkeit. Doch instinktiv hält er sofort Ausschau nach dem Weg, der ihn ans eigentliche Ziel bringt. Denn er spürt: Diese pastellfarbene Häuserzeile sieht zwar sehr hübsch aus, doch hier unten ist noch nicht das wahre Capri.

Zum Weiterkommen – und das bedeutet in jedem Fall: aufwärts – bieten sich mehrere Möglichkeiten. Die einfachste und billigste ist die Zugseilbahn *(Funicolare)* gleich gegenüber dem Kai. Man kann aber auch eines der Oldtimer-Taxis nehmen und die lange Serpentinenstraße hinauffahren, was zwar entschieden mehr kostet, aber prompt das Gefühl vermittelt, Mitwirkender in einem Film über die 1950er Jahre zu sein. Ist man gut zu Fuß und das Gepäck nicht zu schwer, kann man auch die *Strada*

di San Francesco einschlagen, einen steilen Treppenweg, der sich durch Zitronengärtchen hinaufwindet – im Rücken immer das weite Meer.

Alle Wege aber münden schließlich auf der ***Piazzetta.** Hier ist man direkt im Herzen **Capris ❻** gelandet. Dörfliche Schlichtheit vermischt sich mit höchster Eleganz, nein, Extravaganz. Eine geschlossene Architektur von kleinen, sauberen Häusern mit Torbogen, Gässchen, einem Glockenturm und einer flach überkuppelten, maurisch anmutenden Kirche, dazu ein Café neben dem anderen und ein lebhaftes Flanieren. An der Piazzetta endet jeglicher Fahrverkehr. Das Gepäck wird von Elektrokarren zum jeweiligen Hotel transportiert, und unbeschwert macht man sich auf den Weg durch die Gassen und Gärten, das Meer immer im Blick.

schen Riffen und dem türkisfarbenen Meer. Marina Piccola ist über die normale Straße von der Via Roma aus (nahe der Piazzetta) auch mit Linienbussen zu erreichen.

Die *Villa Jovis ❼

Ausgedehnter ist der zwischen Villen und Gärten verlaufende Spaziergang (von der Piazzetta aus) zur Villa Jovis, dem antiken Kaiserpalast des Tiberius, von dem heute nicht mehr viel zu sehen ist. Es bedarf einiger Phantasie, um in den Mauerresten die diversen Vestibüle, Bäder, Kaiserloggien und Sklavenunterkünfte zu erkennen.

Über die wenigstens z. T. konservierten Mosaikfußboden gelangt man in das ehemalige Innere der Villa. Ihre Wohn- und Repräsentationsräume waren um ein Atrium mit vier großen Regenzisternen angelegt – die einzige Süßwasserquelle für den Kaiser und seine zahlreiche Gefolgschaft (tgl. 9 Uhr bis 1 Std. vor Sonnenuntergang).

Das Ausgrabungsgelände erstreckt sich über eine stufenweise angelegte Fläche von 7000 m². Von deren höchstem Punkt, dem berüchtigte **Salto di Tiberio,** ließ der Kaiser angeblich missliebige Gäste, Frevler und unfolgsame Sklaven in das 300 m tiefe Meer hinunterstürzen.

Tipp Heute dient der Felsen als Aussichtspunkt: Der Blick von hierauf die sorrentinische Halbinsel ist umwerfend.

Zur *Punta di Tragara ❽ und zum *Arco Naturale

Der wohl landschaftlich schönste Spaziergang führt zur Punta Tragara und zum Arco Naturale. Man startet auf

Der Arco Naturale ist nur eines der vielen Naturwunder Capris

der Piazzetta und wandert (am traditionsreichen Nobelhotel Quisisana nach links) durch die Via Tragara.

Am Ende des Spazierweges lädt eine Aussichtsterrasse vor den ***Faraglioni** zu einer kurzen Pause ein. Der Weg biegt links ab und gabelt sich später: Ein schmaler Steig führt hinunter zum **Porto di Tragara,** einem winzigen Hafen im Schatten der imposanten, aus dem Meer ragenden Felsnadeln. Die römischen Kaiser ließen an diesem versteckten, geschützten Ort ihre Flotte ankern. Heute legen hier ein paar Jachten und Touristenboote an.

Von der ***Punta di Tragara** ❽ wandert man nun treppauf, treppab, an verträumten Ferienvillen vorbei und schließlich nur noch durch Ginster und Macchia, stets das Panorama der Felsküste und der sorrentinischen Halbinsel vor Augen. Unterhalb leuchtet in brandroter Farbe die Villa des italienischen Schriftstellers Curzio Malaparte – eigenwillig und provokant in der Form, die einem Schiffsrumpf nachempfunden ist.

Seite
849

Pompejanisch-rot erstrahlt eine der
typischen Villen auf Capri

Axel Munthes Villa San Michele in
Anacapri bewahrt im Park Kunstwerke

Nach etwa 20 Minuten erreicht man nun die ***Grotta di Matermania ❾**, eine Felsenhöhle, die bereits in römischer Zeit zu einem Nymphäum ausgebaut war. Der Anstieg über eine lange Treppe führt dann hinauf zum ***Arco Naturale,** einem natürlichen Felsentor, das sich hoch über den Fluten erhebt. Von hier folgt man weiter dem Weg ins Inselinnere zur Via Matermania und dort nach links in den Ort Capri zurück.

*Anacapri ❿ und Umgebung

Anacapri (wörtlich: »Ober-Capri«) erreicht man mit dem Linienbus, der unweit der Piazzetta auf der Via Roma startet. Mittels einer Schwindel erregenden Schwebebrücke meistern die kleinen Busse die einzige Felsenklippe, die nach Anacapri führt. Angesichts der schier unüberwindlichen Klippen versteht man, weshalb die Bewohner Capris und Anacapris einander immer fremd waren. Beide Orte verband bis 1878 nur die angeblich

noch aus Phönizierzeiten (etwa 1000 v. Chr.) stammende Treppe **Scala Fenicia.** Diese ist heute noch begehbar (etwa 800 Stufen). Sie wurde wieder in Stand gesetzt und ist als Fußweg durchaus zu empfehlen.

Anacapri wirkt als Ort weniger kompakt als Capri; die Häuser liegen verstreut im Grünen. Zentrum ist die **Piazza Vittoria,** auf der die Straße von Capri mündet. Scharf links biegt ein bequemer Spazierweg ab zum beliebtesten Besichtigungsziel, der ***Villa San Michele ⓫**. Der schwedische Arzt und Schriftsteller Axel Munthe (1857–1949) hatte sich um die Jahrhundertwende hier ein schlichtes Bauernhaus gekauft und mit Hilfe der capresischen Bauern zur neoklassizistisch-eleganten Villa umgebaut. Ein Teil der Villa fungiert heute als Museum für seine interessante Sammlung alter Möbel und archäologischer Fundstücke. Die größte Attraktion darunter ist eine Sphinx (1300 v. Chr.), die man in Kalabrien ausgegraben hat. Munthe behauptet in seinen Memoiren (»Das Buch von San Michele«), ihr Fundort sei ihm im Traum erschienen. Sie steht am schönsten Aussichtspunkt seines Gartens (Sommer 10–18 Uhr, Winter 10–15 Uhr).

Ein Kleinod bewahrt das barocke Kirchlein ***San Michele.** Ihr Äußeres ist schlicht, ihr achteckiger Innenraum aber birgt einen prachtvollen Majolika-Fußboden, der die Vertreibung von Adam und Eva aus dem Paradies (Leonardo Chiaiese, 1761) farbenprächtig vor Augen führt (tgl. 9–18 Uhr).

Nur von Anacapri aus hat man Zugang zur höchsten Erhebung der Insel, dem **Monte Solaro** ⑫ (589 m). Man erreicht den Gipfel entweder mit dem Sessellift (von der Piazza Vittoria aus) oder zu Fuß (Abzweigung von der Via San Michele, 1 Std.). Der Blick von oben lohnt Aufstieg und Auffahrt gleichermaßen. **Santa Maria a Cetrella** ⑬, eine Kirche aus dem 13. Jh. mit einer kleinen Einsiedelei, liegt etwa 120 m unter dem Gipfel des Monte Solaro. Man kann sie über einen kleinen Abstecher vom Bergweg aus erreichen (ca. 20 Min.).

Weitere schöne Spaziergänge führen etwa zur Ruine der antiken Villa Damecuta oder zur **Torre Materita** ⑭, einem von Axel Munthe ausgebauten mittelalterlichen Turm, in dem der schwedische Arzt seine Memoiren schrieb.

Eine der Hauptattraktionen der Insel ist die ***Villa Damecuta** ⑮. Über die Via Pagliaro verlässt man Anacapri und erreicht nach etwa 3 km Wegstrecke die Ruinen der einstigen Tiberius-Villa. Sie war früher vermutlich ähnlich prächtig wie die Villa Jovis auf der anderen Seite der Insel. Doch dem Aschenregen, der dem Vesuvausbruch 79 n. Chr. folgte, hielt sie nicht stand. Eine lange Loggia lässt die ursprünglichen Ausmaße der Villa erahnen. Die **Torre Damecuta,** ein mittelalterlicher Wehrturm, überblickt die Ausgrabungsstätte.

Die **Blaue Grotte ⑯

In Marina Grande liegen stets Boote bereit, um die Besucher zur Nordwestspitze der Insel zu fahren, denn hier ist das weltberühmte »blaue Wunder«, die Blaue Grotte *(Grotta Azzurra),* verborgen. Die Besichtigung ist nur bei ruhiger See möglich, da die Boote sonst den niedrigen Eingang nicht passieren können – und nur bei Sonne entfaltet sich die wahre Bläue. Im Hochsommer ist der Andrang der Touristen oft sehr groß, so dass man Gefahr läuft, keinen Platz im Boot zu bekommen.

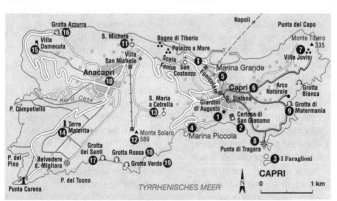

Seite
849

*Inselrundfahrt per Boot

Bei einer Inselumrundung (Dauer ca. 2 Std.) bekommt man neben der abwechslungsreichen Küstenformation einige der über sechzig Grotten Capris zu sehen. Die Motorboote starten in Marina Grande und steuern als Erstes die **Grotta Azzurra** ⑯ an. Anschließend geht es an der Westküste entlang und um die Punta Carena herum zur reizvollen Südküste. Hier darf man einen Blick in die **Grotta dei Santi** ⑰ (Grotte der Heiligen) werfen und gleich darauf die **Grotta Rossa** ⑱ bestaunen, die ihren Namen der rötlich gefärbten Vegetation im Inneren verdankt. Die **Grotta Verde** ⑲ ist dagegen nach ihrem smaragdfarben schimmernden Wasser benannt.

Nachdem das Boot die imposanten Felsenriffe der Faraglioni umschifft hat, wendet es sich der Ostküste zu. Vorbei am Hafen von Tragara, der Grotta di Matermania und der Grotta Bianca, umschifft es den senkrecht aufragenden Fels unter der Villa Jovis und gelangt zur Punta del Capo, der nördlichsten Spitze der Insel. Der Hafen von Marina Grande ist bald wieder in Sicht.

Infos

 www.capri.it
www.caprionline.com

❚ **Azienda Autonoma,** 80073 Marina Grande, Piazzetta Cerio 11, Tel. 08 18 37 04 24, Fax 08 18 37 09 18, www.capritourism.com

❚ **Azienda Autonoma** , Piazza Umberto I 1, 80073 Capri, Tel. 08 18 37 06 86.

❚ **Azienda Autonoma,** Via Orlandi 59, 80071 Anacapri, Tel. 08 18 37 15 24.

Entdeckung der Grotte

Am 17. August 1826 entdeckte der deutsche Dichter August Kopisch auf einer Bootsfahrt, die er gemeinsam mit seinem Freund Fries, seinem Hotelier und einem capresischen Fischer namens Angelo Ferraro unternahm, ein niedriges Felsenloch direkt über dem Meeresspiegel. Neugierig geworden, entledigte sich Kopisch seiner Kleider und schwamm durch das Loch hindurch. Zu seinem Erstaunen befand er sich in einer ausgedehnten Höhle, die von einem nie gesehenen silberblauen Licht erfüllt war. Stolz vermerkte er bei der Rückkehr seine Entdeckung im Gästebuch seines Hotels. Doch wurde sie ihm alsbald streitig gemacht; denn jener Fischer, der bei der Ausflugsfahrt das Boot gesteuert hatte, behauptete nun, bereits vier Jahre zuvor in die Grotte hineingeschwommen zu sein. Bei der genaueren Erforschung fand man Mauerreste, offensichtlich von einem antiken Heiligtum – die Grotte war also bereits den Römern bekannt, doch die Inselbewohner scheinen sie als unheiligen Ort gemieden zu haben.

Wie dem auch sei – durch Kopischs Entdeckung wurde nicht nur die Grotte, sondern die ganze Insel weltberühmt; ein immer mehr anschwellender Besucherstrom setzte ein. Die Capresen wurden reich – seine Entdeckungstat wollen sie dem Dichter Kopisch nun nicht mehr streitig machen.

Seite
849

Doppelter Überblick: Capri als gefliese Landkarte und das Panorama aus Insel und weitem Meer von der Piazzetta

Fährverbindungen: Fähren und Tragflügelboote von Neapel und Sorrent. Ausflugsboote nach Ischia (nur in der Saison).

Capri ist mit Hotels übersät, doch haben nur wenige ganzjährig geöffnet. In einigen Häusern gibt es in der Saison nur Halb- oder Vollpension.

▮ **La Scalinatella,** Via Tragara 8, Tel. 08 18 37 06 33, Fax 08 18 37 82 91, www.scalinatella.com. Ostern bis Mitte Okt. Ruhiges Haus mit Meeresblick, höchster Komfort. ○○○

▮ **A' Paziella,** Via P. R. Giuliani 4, Tel. 08 18 37 00 44, Fax 08 18 37 00 85, www.hotellapazziella.com. Ganzjährig. Erlesenes kleines Hotel im Zentrum, mit Majolikaböden und antiken Intarsienmöbeln. ○○○

▮ **Villa Brunella,** Via Tragara 24, Tel. 08 18 37 01 22, Fax 08 18 37 04 30, www.villabrunella@capri.it Ostern–Okt. Blühende Terrassen, herrlicher Blick, exzellente Küche. ○○○

▮ **Villa Krupp,** Via Matteotti 12, Tel. 08 18 37 03 62, Fax 08 18 37 64 89. April–Okt. Um 1900 erbaute Villa; Maxim Gorki und Lenin wohnten hier. ○○

▮ **Villa Patrizia,** Anacapri, Via Pagliaro 17, Tel. 08 18 37 10 14. Ostern–Okt. Geräumiges Haus im Inselstil um einen Innengarten mit hellen Zimmern. ○○

▮ **Bellavista,** Anacapri, Via Orlandi 10, Tel. 08 18 37 14 63, Fax 08 18 38 27 19, syrene@capri.it. April–Okt. Halbpension. Familiäres, kleines Haus in schöner Lage. ○○

La Capannina, Via Le Botteghe 12, Tel. 08 18 37 07 32. Ostern bis Okt. Ein renommiertes Fischlokal. ○○○

▮ **I Faraglioni,** Via Camerelle 75, Tel. 08 18 37 03 20. Stark frequentiertes Feinschmeckerlokal im Zentrum. ○○○

▮ **Paolino,** Via Palazzo a Mare 11, Tel. 08 18 37 61 02. Sehr gemütlich, man sitzt unter einer Zitronenpergola. ○○○

▮ **La Piazzetta,** Via Marina Piccola 126, Tel. 08 18 37 78 27. Der Blick auf die Faraglioni bezaubert. ○

▮ **Al Grottino,** Via Longano 27, Tel. 08 18 37 05 84. Familiäres kleines Lokal unweit der Piazzetta. ○○

Seite
849

❚ **Il Solitario,** Anacapri, Via G. Orlandi 54, Tel. 08 18 37 13 82. Di Ruhetag. Gute neapolitanische Küche, preisgünstig. ○

Abends trifft man sich in Capri auf der **Piazza Umberto I.** Das ganze Jahr über geöffnet hat die Disco-Bar **Underground** in Anacapri (Via Giuseppe Orlandi 259), samstags Livemusik.

Eine lange Tradition haben die verführerischen Parfüms von **Carthusia.** Die Duftküche mit Verkaufsladen findet sich in der Via Matteotti, ganz in der Nähe der Certosa di San Giacomo.

❚ Wenn Sie sich schon immer einen Bikini maßschneidern lassen wollten, sind Sie sich bei **Susy,** Via delle Botteghe (Nähe Piazza Umberto I) richtig.

❚ Designer-Boutiquen säumen die **Via Vittorio Emmanuele.** Fast alle mit Rang, Namen und den entsprechenden Preisen sind hier vertreten: Ferragamo, Fendi, Gucci & Co.

❚ **Limoncello di Capri,** Via Roma 79. Hier soll er erfunden worden sein.

Veranstaltungen

❚ 14. Mai: **Festa di San Costanzo.**

❚ 13. Juni: **Festa di Sant'Antonio** in Anacapri.

❚ 15. August: **Wallfahrt** zur Kirche Santa Maria a Cetrella in Anacapri.

❚ 1. Sonntag im September: **Festa di Santa Maria del Soccorso** in Capri mit Jahrmarkt, Volkstanzdarbietungen und kirchlichen Veranstaltungen.

❚ 2. Sonntag im September: **Festa della Madonna della Libertà** in Capri im Ortsteil Moneta.

**Ischia

Die heilsame Insel

Während das Fährschiff in den kleinen kreisrunden Hafenbauch von Ischia Porto einfährt, wird sofort klar: Diese Insel hat es in sich – so friedlich sie sich auf den ersten Blick auch gibt. Leuchtend weiß oder zart pastellfarben liegen die niederen Häuser im gleißenden Sonnenlicht, dicht an dicht hinter der Hafenmole, dünner gesät den überwachsenen Hang hinauf. Eine Unzahl von Booten schaukelt im Hafen sanft auf den Wellen, und leise hört man das geschäftige Summen der vielen badenden, flanierenden, Eis essenden und genüsslich faulenzenden Menschen.

Der hohe, schwarzgrüne Berg im Hintergrund lässt etwas erahnen von den Naturgewalten, denen die Insel ihre Entstehung verdankt. Mit ihren 34 km Umfang und 46 km² Oberfläche ist Ischia die größte Insel im Golf. Insgesamt beherbergt Ischia knapp 40 000 Einwohner, die auf sechs Gemeinden verteilt sind: Ischia, Casamicciola Terme, Forio, Lacco Ameno, Serrara Fontana und Barano.

Geschichte

Ischia war schon während der Jungsteinzeit (um 3500 v. Chr.) besiedelt. Die frühen Bewohner lebten von Öl- und Weinbau, sie formten Gefäße aus Ton, züchteten Haustiere und betrieben in Maßen Fischfang. Bis vor wenigen Jahrzehnten lebten die Bewohner Ischias noch von den gleichen Tätigkeiten. Erst der wachsende Tourismusstrom machte aus ihnen Hotelbesitzer.

Die Geschichte Ischias folgte im Wesentlichen der Neapels. Zunächst kamen die Griechen auf die Insel, die hier vor allem Erze verarbeiteten, die sie von außerhalb herbeibrachten: Ausgrabungen förderten Spuren eines regelrechten Industriezentrums mit Eisen- und Bronzeschmieden zutage. Auf die Griechen folgten die Römer, die, wie im ganzen Golfgebiet, auch hier ihre Villen erbauten. Sie entdeckten als Erste die Heilkraft der Thermalquellen.

Nach dem Untergang Roms stürmten Barbaren und Sarazenen die Küsten Ischias und richteten teils schwere Verwüstungen an. Die Bevölkerung zog sich ins Inselinnere und auf den Castello-Hügel zurück, wo der Hauptort der Insel entstand. Seit dem 11. Jh. steht hier ein Kastell, das im 14. Jh. von den aragonesischen Herrschern ausgebaut wurde. Als glanzvoller Herrschaftssitz der adeligen Frauen diente es im 16. Jh. Die noch immer eher archaisch lebende Bevölkerung unterwarf sich willig den wechselnden Herren. Erst gegen Ende des 18. Jhs., als der revolutionäre Gedanke von Frankreich übersprang, kam es zur Freiheitsbewegung der Ischitaner, die blutig niedergeschlagen wurde. Frei wurde die Insel 1861 im Zuge der italienischen Einigung.

Nach dem Zweiten Weltkrieg begann sich Ischia allmählich in ein Kur- und Urlaubsparadies zu verwandeln. Heute beherbergt die Insel während der Hauptsaison auf das Zehn- bis Fünfzehnfache ihrer angestammten Einwohnerschaft, die sich nahezu total dem touristischen Dienstleistungsgewerbe verschrieben hat. Um es ihren vorrangig deutschsprachigen Gästen so angenehm wie möglich zu machen, wird in den meisten Hotels und Restaurants fließend Deutsch gesprochen.

Ischia Porto ❶

Der namengebende Hauptort der Insel besteht aus den beiden Teilen Ischia Porto und Ischia Ponte. Ischia Porto ist der neuere und mondänere Teil. Er erstreckt sich östlich des nahezu kreisrunden Hafens, der ursprünglich ein Krater war und 1854 zum Meer hin geöffnet wurde. Zum Hafenbecken hin richtet sich die Piazza del Redentore mit der klassizistischen Kirche **Santa Maria di Portosalvo,** die zu Ehren des Hafendurchbruchs entstanden ist.

Heute reiht sich am Kai Taverne an Taverne, in den warmen Sommernächten scheint hier das lebhafte Treiben nicht mehr enden zu wollen.

Hauptstraße ist die **Via Roma,** die in den **Corso Vittoria Colonna** übergeht und zum Bummel durch die eleganten Geschäfte oder zum Verweilen in einem der Restaurants und Cafés einlädt. Am äußersten östlichen Zipfel kommt man zum Altstadtkern.

Tipp Wie wär's mit einer Tour rund um die Insel? Auf zwei Rädern mit dem Fahrrad (anstrengend!) oder dem Motorroller. Zweiräder vermietet in Ischia Porto z. B. **Del Franco,** Via De Luca 133, Tel. 0 81 99 13 34.

Vulkanismus

Ischia ist vulkanischen Ursprungs und gehört, zusammen mit der kleinen Tochterinsel Procida, geologisch zum Gebiet der Campi Flegrei. Die Krater des 789 m hohen **Monte Epomeo** sind nach dem 14. Jh. erloschen. Zahlreiche heiße, teils radioaktive Thermalquellen zeugen aber von dem noch immer lebendigen Vulkanismus.

Seite 858

Traumblick von Ischia Ponte zum Castello Aragonese

Ischia Ponte ❷

Am äußersten östlichen Zipfel liegt der alte Stadtkern Ischia Ponte mit seinen verwinkelten Gassen und farbigen kleinen Gebäuden. Über eine schmale Brücke gelangt man auf den so genannten *Isolotto*, der beherrscht wird vom ***Castello Aragonese.** Das Kastell, 1438 errichtet, ist heute zum Teil verfallen und befindet sich in Privatbesitz; der jetzige Hausherr hat auf dem Gipfel des Hügels eine Pension und zu seinen Füßen eine Disco eingerichtet. Von März bis Oktober kann das Kastell besichtigt werden. Der Besucher überwindet die Höhe mit einem Aufzug oder durchquert zu Fuß einen 475 m langen Tunnelgang (9–19.30 Uhr).

Zu sehen sind die Ruinen der alten **Kathedrale** und das ehemalige **Klarissenkloster** mit einem makaber anmutenden unterirdischen **Friedhof:** Die verstorbenen Nonnen wurden auf in die Mauer gehauene Stühle gesetzt. Von der Aussichtsterrasse (vorbei an den Resten der kleinen achteckigen Renaissancekirche San Pietro a Panta-

niello) über dem Kastell bietet sich ein traumhafter Blick über den gesamten Golf.

Tipp Beim **Fest der hl. Anna** am 26. Juli in Ischia Ponte ziehen geschmückte Boote zwischen der Aragoneserburg und dem St.-Anna-Felsen vorbei. Ein nächtliches Feuerwerk und der »Brand der Burg« beschließen das farbenprächtige Spektakel.

Ischia im Internet: www.ischiaonline.it/tourism

▮ **Azienda Autonoma,** Via Vittoria Colonna 116, 80077 Porto d'Ischia, Tel. 08 15 07 42 11, Fax 08 15 07 42 30.

▮ **Termal-Center,** Tel. 0 81 98 43 76.

Busbahnhof: Zentrale Haltestelle in Ischia Porto, Informationen im SEPSA-Büro, Via M. Mazzella, Tel. 0 81 99 18 08 oder 0 81 99 18 28. Bustickets am Kiosk.

Fährverbindungen: Von Ischia Porto tgl. mehrmals Fähren und Tragflügelboote nach Procida und zum Festland.

Moresco, Via Gianturco 16, Tel. 0 81 98 13 55, Fax 0 81 99 23 38, www.ilmoresco.it. Apr.–Okt. Nobles Haus mit alter Einrichtung. Thermalbecken, Schönheits- und Erholungskuren. Nur Vollpension. ❍❍❍

▮ **Villa Rosa,** Via G. Gigante 5, Tel. 0 81 99 13 16, Fax 0 81 99 24 25, www.lavillarosa.it. Mitte Apr.–Okt. Alte Villa im Park, stilechtes Mobiliar, Thermalbecken, Vollpension. ❍❍

▮ **Villa Antonio,** Via SS. Giovanni e Giuseppe 77, Tel./Fax 0 81 98 26 60, www.villaantonio.com. Mitte Apr.–Okt. Auf Klippen gegenüber dem Castello, Terrasse und Meeresblick. Thermalbecken. Nur Zimmer mit Frühstück. ❍❍

Campingplatz: Eurocamping dei Pini, Via delle Ginestre, Tel. 0 81 98 20 69, 0 81 98 41 20.

Giardino Eden, Via Nuova Cartaromana 68, Tel. 0 81 98 50 15. Mai–Sept. Im Palmengarten nahe dem Strand; der Fisch ist Spitze! ❍❍❍

▮ **Gennaro,** Via Porto 66, Tel. 0 81 99 29 17. Ostern–Okt. Traditionelles Lokal. ❍❍

▮ **Pirozzi,** Via Seminario 51, Tel. 0 81 99 11 21. Mo Ruhetag. Im alten Stadtkern, auch Pizzeria. ❍❍

▮ **Ciccio,** Via Mazzarella 32, Tel. 0 81 99 16 86. Einheimische Küche, Blick aufs Castello. ❍

Casamicciola Terme ❸

Der Ort ist über die rund um die Insel führende Strada Statale N270 erreichbar. Zusammen mit Ischia Porto und Lacco Ameno bildet Casamicciola Terme das eigentliche Kurgebiet der Insel. Hier entspringen die meisten Quellen. Viele Hotels und Pensionen besitzen eigene Thermalkomplexe und sind auf Kuren spezialisiert. Die bekannten Manzi-Thermen sind die ältesten, bereits Garibaldi hat hier gekurt. Der etwa halbstündige Spaziergang hinauf zur Sentinella wird mit einem schönen Panorama über die Dächer Casamicciolas belohnt.

Seite 858

Eine Muse der Renaissance

Die glanzvollste Persönlichkeit in Ischias Geschichte ist eine Frau: **Vittoria Colonna**, Dichterin, Freundin und Muse gelehrter Männer und, nach Aussagen ihrer Zeitgenossen, eine außerordentlich schöne und kluge Frau. Kaum 16-jährig, vermählte sie sich 1509 auf dem Kastell mit dem kühnsten Kriegshelden seiner Zeit, dem Grafen Ferrante d'Avalos – eine Liebesheirat, wie es hieß. Von Hingabe und Sehnsucht zeugen zumindest die Sonette, die sie schrieb, während sie auf die Rückkehr ihres Gatten

vom Schlachtfeld wartete. Nach den Kämpfen bei Pavia 1525 erlag Ferrante jedoch seinen Verletzungen. Noch bis 1536 lebte Vittoria in dem Kastell, in Trauer um ihren Gatten, was sie aber nicht davon abhielt, bedeutende Dichter und Gelehrte um sich zu versammeln. Dann verließ sie die Insel und zog nach Rom, wo eine enge Freundschaft mit dem schon betagten Michelangelo zu wachsen begann. Sie starb 1547, von ihren berühmten Zeitgenossen beweint und betrauert.

Seite 858

Wanderungen

Die Hänge des **Monte Epomeo ❹** (787 m) hinter Casamicciola sind sehr einladend und bis zum Gipfel des Epomeo hinauf recht gut begehbar.

Eine weitere kleine Wanderung ist die zum **Monte Rotaro ❺** (266 m). Der Weg führt am Krater Fondo d'Oglio vorbei, der zwar erloschen, doch noch reich an Fumarolen ist. Wer ausdauernder ist, kann die grünen Hänge des **Monte Trippodi ❻** hinaufsteigen, in dessen Nähe der Krater **Fondo Ferraro** liegt. Als weiteres Ziel bietet sich das Bergdörfchen **Fiaiano ❼** an. Von hier fährt ein Bus nach Ischia Porto, doch lässt sich die Strecke auch zu Fuß gut bewältigen.

> **Azienda Autonoma per il Turismo,** Piazza Marina 24, 80074 Casamicciola Terme, Tel. 08 15 07 42 31.

La Madonnina, Via S. Girardi 1, Tel. und Fax o 81 99 40 62. Apr.–Okt. Privatstrand, natürliches Thermalbecken, Zimmer mit Meeresblick. Vollpension. ⬭⬭

▌**Terme Elisabetta,** Via Garibaldi 97, Tel. o 81 99 43 55, Fax o 81 98 04 69. Apr.–Okt. Renovierte alte Villa, die sich auf Kurbehandlungen spezialisiert hat. ⬭⬭

▌**Villa Fiorentina,** Via Vecchia Cretaio 26, Tel./Fax o 81 98 02 34. Im Grünen auf dem Hügel liegt die neue, sehr preisgünstige Unterkunft. Auch Appartements mit Selbstversorgung. ⬭

Il Focolare, Via Cretaio 68, Tel. o 81 98 06 04. Typisch ischitanische Küche. ⬭⬭

▌**Pizza Marina.** Pizzeria am Meer. ⬭

▌**Bar Topless.** Am Strand, junges Publikum, Snacks und Cocktails.

Rund um *Lacco Ameno ❽

Verlässt man Casamicciola in Richtung Westen, so kommt bereits nach kurzer Fahrt die elegante Reede von Lacco Ameno in Sicht. Davor ragt ein in Pilzform ausgewaschener Felsen, »Fungo« genannt, aus dem Wasser, das malerische Wahrzeichen des Ortes. Lacco Ameno steht auf historisch bedeutsamem Boden: Hier entstand vor etwa 2600 Jahren die erste griechische Siedlung (*Pithekoussai*) auf Ischia. Die sehenswerten Fundstücke aus dieser Zeit sind in der ***Villa Arbusto** zu besichtigen (Corso Rizzoli, tgl. außer Mo 9–13 und 15–18 Uhr).

Ein weiteres kleines Museum mit Exponaten aus Antike und frühchristlicher Zeit wurde in der Krypta der Kirche **Santa Restituta** (tgl. 9.30–12.30 und 17–19 Uhr, So Nachmittag geschl.) eingerichtet, die den eleganten Platz vor dem Rathaus beherrschen.

Um die Heilige, die der Piazza ihren Namen gab, rankt sich eine Legende: Die frühchristliche Märtyrerin soll an der nordafrikanischen Küste gefesselt in einem Boot ausgesetzt und im Jahr 282 hier an Land gespült worden sein. Seit dieser Zeit ist sie die Schutzpatronin der Insel.

Lacco Ameno zur Seite erhebt sich der **Monte Vico,** ein kleines, ins Meer hinausragendes Vorgebirge, auf dem in einzigartiger Lage das **Hotel San Montano** (s. S. 857) steht. Gleich dahinter öffnet sich der beliebte und sehr gepflegte **Lido di San Montano ❾** mit einem Thermalschwimmbecken.

Das moderne Lacco Ameno ist ein nobler Ort, an dem sich die Hautevolee niedergelassen hat. Bei einem Spaziergang, vorbei an den vornehmen Villen zur Punta Caruso und zur wundervollen, sehr gepflegten Badebucht San Montano, taucht man ein in die illustre Welt der Highsociety.

Steinerner Pilz im Meer: der Fungo vor Lacco Ameno

i **Azienda Autonoma di Cura Soggiorno e Turismo,** Via Vittoria Colonna 116, 80077 Porto d'Ischia, Tel. 08 15 07 42 11, Fax 08 15 07 42 30.

Der mittelalterliche Wachtturm ist Wahrzeichen Forios

Regina Isabella e Royal Sporting, Piazza S. Restituta, Tel. 0 81 99 43 22, Fax 0 81 90 01 90, www.regina.isabella.it. Mitte Apr.–Okt. Luxus pur! Entspannendes Thermalbecken. Vollpension. ○○○
■ **San Montano,** Via Montevico, Tel. 0 81 99 40 33, Fax 0 81 98 02 42, www.sanmontano.com. Mitte Apr.–Okt. Einzigartige Lage auf dem kleinen Vorgebirge Monte Vico. Thermalbecken und höchster Kur-Komfort. Vollpension. ○○○

*Forio ⑩ und Umgebung

An der Westseite der Insel liegt Forio, in seinem Kern ein mittelalterlich-ursprünglicher Ort: Kuppeln und Türme überragen weiße kubische Häuser. Lange war Forio ein beliebter Künstlerort. Relativ spät wurde er für den Tourismus entdeckt. Ein Gang durch die pittoresken Gassen mit ihren Bogen, Loggien und Treppen lässt die bäuerliche Vergangenheit noch erahnen. Beliebter Aussichtspunkt und Wallfahrtsziel ist die strahlend weiße Kirche ***Santa Maria del Soccorso ⑪** aus dem 16. Jh. auf einer kleinen An-

höhe. Im Innenraum zeugen zahlreiche maritime Votivtafeln, Heiligenfiguren und Schiffsmodelle von ihrer Funktion als Schutzkirche der Seefahrer und Fischer. Die kleinen Altäre sind mit buntem Marmor kunstvoll verziert.

Ein weiteres Prunkstück Forios sind die ***Poseidon-Gärten:** ein paradiesisch ausgestatteter Thermalpark vor dem **Strand von Citara ⑫,** mit üppiger exotischer Vegetation – eine Oase des Friedens.

i **Ufficio Turistico Mattera,** Piazza Medaglia d'Oro 10, 80075 Forio, Tel. 0 81 99 77 10.

Mezzatorre, Via Mezzatorre 23, Tel. 0 81 98 61 11, Fax 0 81 98 60 15, www.mezzatorre.it Mitte Apr.–Okt. In und um einen mittelalterlichen Sarazenenturm gebaut. Vollpension. ○○○
■ **Casa Antica,** Via Matteo Verde 30, Tel. 0 81 99 73 28, Fax 0 81 99 78 25. März–Okt. Altes Stadthaus, geschmackvoll renoviert, mit Innenhof. Halbpension.○○
■ **Umberto a Mare,** Via Soccorso 12, Tel. 0 81 99 71 71. Apr.–Okt. Direkt bei der Kirche Santa Maria del Soccorso,

Seite 858

Seite
858

alle Zimmer zum Meer, einfach. Vollpension. ○

▮ **Mareluna,** Panza, Via Nuova di S. Gennaro, Tel./Fax 0 81 90 71 83. Apr.–Sept. Im zu Forio gehörenden Dorf Panza gelegen. Sympathische Familienpension mit Halbpension. ○

Umberto a Mare (s. gleichnamiges Hotel). Schöne Terrasse über dem Wasser. ○○

▮ **Da Leopoldo,** Panza, Via Scanella 17, Tel. 0 81 90 70 86. Beliebtes Gartenrestaurant, auch Holzofenpizza. ○○

*Sant'Angelo ⓭

Der kleine Ort Sant'Angelo liegt auf einer winzigen Landzunge und ist sehr malerisch. Aus dem einstigen Fischerdorf ist ein beliebtes, exklusives Touristennest geworden, frei von Autos und nur über Treppchen und schmale Steige begehbar. Alles wird auf den Rücken von Mauleseln transportiert.

Westlich des Dorfes erstreckt sich ein Strand, der reich ist an Fumarolen und heißen Quellen. Seine parkähnlichen Thermalbadanlagen, **Aphrodite- und Apollon-Garten** genannt, stehen den Poseidon-Gärten Forios kaum nach. Aber Vorsicht! Der Sand bei den Fumarolen ist so heiß, dass man Eier darin kochen kann. Nur einen kurzen Fußmarsch vom Strand entfernt liegen in einem tief eingeschnittenen Tal die Thermen von *Cavascura. Das Thermalbad aus römischer Zeit mit seinen in den Felsen gehauenen Badekammern ist bis heute unverändert in Betrieb.

Ufficio Informazioni, Via Chiaia delle Rose, 80070 Sant'Angelo, Tel. 0 81 99 91 39.

La Palma, Via C. Maddalena 15, Tel. 0 81 99 92 15, Fax 0 81 99 95 26. Apr.–Okt. Schönes Inselhaus mit vielen Terrassen. Zum Haus gehören die Thermalgärten »Tropical«. Vollpension. ○

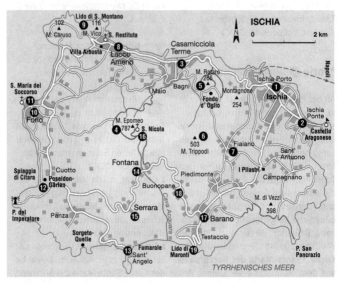

■ **San Michele Terme,** Via S. Angelo, Tel. 0 81 99 92 76, Fax 0 81 99 91 49. Apr.–Okt. Zentral, aber nicht weit zum Strand. Auch Appartements in der Dependance. Vollpension.○○○

■ **Casa Celestino,** Via Chiaia delle Rose, Tel. 0 81 99 92 13, Fax 0 81 99 98 05. Pittoresk, der Ausblick ist eine Schau, alle Zimmer zum Meer. Vollpension. ○○

■ **Casa Garibaldi,** Via Madonella 52, Tel./Fax 0 81 99 94 20. Mitte März–Okt. Sehr schön im Grünen. Thermalbecken. Große Küche für Selbstkocher! ○○

La Conchiglia, Via Chiai delle Rose 3, Tel. 0 81 99 92 70. Altes Künstlerlokal mit vielen Bildern, Terrasse, gute Familienküche. ○

Seite
858

Badevergnügen im Thermalpark der Poseidon-Gärten von Forio

Kuren auf Ischia

Auf Ischia ist Quelle nicht gleich Quelle. Je nachdem, wie lang und welcher Art ihr unterirdischer Verlauf ist, sprudeln sie wärmer oder kühler aus dem Felsen. Auch ihr Mineralgehalt ist unterschiedlich. Nur einige wenige Quellen sind radioaktiv, die meisten enthalten Schwefel- und Alkalisalze, manche auch Brom- und Jodsalze.

Alle Kuren auf Ischia basieren auf diesen heilsamen Quellwassern; die sich dem Gast eröffnenden Möglichkeiten lassen keine Wünsche offen: Fango-Packungen, Dampf-, Thermal- oder Sandbäder, Massageduschen, Spülungen, Inhalationen, Aerosoltherapie oder Trinkkuren. Heilsame Wirkung bieten diese Verfahren und Therapien bei einer mindestens ebenso langen Reihe von Beschwerden: wie bei Rheuma, Arthritis, Bandscheibenleiden, Folgen von Verletzungen und Knochenbrüchen, Entzündungen von Nerven, Atemwegen und Schleimhäuten, bei diversen Hautleiden oder etlichen Frauenkrankheiten; da man hier auch aus dem Erfahrungsschatz der Kosmetik schöpfen kann, bleiben Verjüngungseffekte zuweilen nicht aus.

Die Kurdauer beträgt im Allgemeinen 12–15 Tage. Vor einer Kur sollte – auch wenn keine spezielle Krankheit vorliegt – eine ärztliche Untersuchung erfolgen, denn die Kuren sind zum Teil körperlich recht anstrengend. Der Hausarzt wird ein entsprechendes Kurprogramm zusammenstellen. An Ort und Stelle wird der Kurgast vom dortigen Personal beraten. Eine Voranmeldung ist in jedem Falle erforderlich.

Ganz hat der Tourismus den Fischfang noch nicht verdrängt

Auf den Monte Epomeo

Serrara Fontana ist ein Konglomerat von mehreren kleinen Bergdörfern. Von Sant'Angelo ist die Ortschaft entweder über die Straße oder über Treppenwege zu erreichen. Serrara Fontana ist der Ausgangspunkt für die ***Exkursion auf den Monte Epomeo.** Der Berg, geologisch eine vulkanische Bruchscholle, erreicht 789 m. Die Krater sind seit dem 15. Jh. erloschen. Davor sollen sie beständig Glut und Feuer gespuckt haben, so dass die

Strandvergnügen am Lido di Maronti

Insel den Seefahrern als natürlicher Leuchtturm diente.

Der kürzeste und am häufigsten gewählte Weg auf den Gipfel beginnt in **Fontana ⓮** (ca. 1 Std.). Wer will, kann sich auch auf einem Eselsrücken

---

Gaumenfreuden all'ischitana

Schlemmer und Genießer sind auf Ischia richtig. Will man sich auf die noch folgenden Leckereien einmal nicht mit einer der unzähligen Nudelsorten einstimmen, wähle man am besten eine *bruschetta* (geröstetes Weißbrot mit einer Paste aus Knoblauch und Tomaten) oder Melone mit Schinken als Vorspeise. Fleischliebhaber sollten es keinesfalls versäumen, anschließend eines der Kaninchengerichte zu probieren. Die Spezialität der Insel ist *coniglio all'ischitana,* Kaninchen-Schmorbraten in einer feinen Tomaten-Weißweinsauce, mit

Knoblauch und Pfefferschote abgeschmeckt. Aber auch Fisch-Gourmets dürfen auf Ischia nach Herzenslust (und je nach Portemonnaie) schmausen. Neben der klassischen *zuppa di pesce* (Fischsuppe) oder einer *frittura di pesce* (gemischte Fischplatte) gehört der Schwertfisch *(pesce spada)* zu den für die gesamte Golfregion typischen Köstlichkeiten.

Spezialität auf Ischia ist *pezzogno all'acqua pazza,* in einem Sugo aus Olivenöl, Knoblauch, Tomaten und Petersilie gedünsteter Fisch.

hinauftransportieren lassen. Spannender ist der Weg von **Serrara** ⑮ am Hang entlang, der den Wanderer über die so genannte **Falanga** mit Blick auf Forio zum Gipfel bringt (ca. 2 Std.).

Die lochartigen Grotten in der Falanga dienten in den vergangenen Jahrhunderten zur Aufbewahrung von Schnee: In die Hohlräume gestopft und mit Kastanienlaub und Stroh bedeckt, hielt er den ganzen Sommer über. In gut isolierten Körben wurde er auf Eselsrücken runter in die Ortschaften geschafft und dort zu Speiseeis verarbeitet.

Unweit des Gipfels steht die ehemalige Einsiedelei **San Nicola** ⑯ mit der gleichnamigen, in den Fels gehauenen Kapelle. Das Kloster ist heute ein Restaurationsbetrieb, in den ehemaligen Klosterzellen gibt es Übernachtungsmöglichkeiten. Von der Zelle Nr. 8 heißt es, dass die Mönche sie früher für junge Liebespaare bereithielten, die, wenn die Familien mit ihrer Vereinigung nicht einverstanden waren, sich hierher flüchten konnten. Wer hier übernachtet, sollte keinesfalls den Sonnenaufgang versäumen.

*Barano ⑰ und Umgebung

Der am wenigsten bekannte Teil der Insel ist die Gegend um ***Barano** mit mehreren nah beieinander liegenden Bergdörfern (der Strand von Maronti gehört ebenfalls zu dieser Gemeinde). Die Bergbevölkerung lebt noch weitgehend von Weinbau und Kleintierzucht, doch wird das, was Weinberg und Ställe hervorbringen, in zahlreichen Tavernen längs der Straße angeboten.

Der Ort Barano bietet sich als Ausgangspunkt für eine Reihe reizvoller Abstecher zu Fuß und mit dem Auto an. Zwei kleinere Straßen führen ins Innere der Insel, die eine zum Bergdorf **Buonopane** ⑱, die andere nach **Fiaiano** ❼.

Ein kurvenreiches Sträßchen windet sich über den Ort Testaccio hinunter zum berühmten **Lido di Maronti** ⑲, einem herrlich gelegenen breiten Sandstrand von insgesamt 2 km Länge; er schließt im Osten an den Fumarolen-Strand von Sant'Angelo an.

 Ufficio Turistico, Il Quadrante, Tel. 0 81 99 39 10.

Parco Smeraldo Terme, Lido di Maronti, Tel. 0 81 99 01 27, Fax 0 81 90 50 22. Apr.–Okt. Direkt am Strand, mit allem Komfort; Sport-, Thermal- und Kuranlagen. Vollpension. ○○

Veranstaltungen

▌ **Karfreitagsprozession** in Ischia Ponte.

▌ 17.–19. Mai: **Festa di S. Restituta** in Lacco Ameno. Prozession auf dem Wasser, Markt und Feuerwerk.

▌ 24. Juni: **'ndrezzata** (traditioneller Volkstanz) in Buonopane (Serrara Fontana), s. S. 862.

▌ 26. Juli: **Festa di Sant'Anna** in Ischia Ponte mit Bootsrennen und abschließendem Feuerwerk.

▌ 15. August: **Festival delle cose buone** in Ciglio (Serrara Fontana). Grillfest mit Volkstänzen.

▌ 1. Septemberwoche: **Sagra dell'uva e del vino** in Forio, Panza und Sant Angelo. Wein- und Traubenfest.

▌ 8. oder 10. September: **Festa di Santa Maria del Monte.** Prozession zur Kirche mit anschließendem Festessen.

Seite 858

Seite
858

■ **S. Raphael Terme,** Testaccio, Tel. 0 81 99 05 08, Fax 0 81 99 09 22, www.saintraphael.it. Etwas oberhalb des Strandes. Thermalbecken. Vollpension. ○○
■ **Internazionale,** Fiaiano, Via Acquedotto, Tel. 0 81 90 13 15, Fax 0 81 90 16 45. Im Inselinnern in kühler Höhe gelegen. Etwa gleiche Entfernung zu Nord- und Südküste. Günstige Preise für längerfristigen Aufenthalt. Vollpension. ○○
Campingplatz: Mirage, am Lido di Maronti, Tel. 0 81 99 05 51.

Folgt man von Barano aus der Straße nach Ischia Ponte weiter durchs Inselinnere, lohnt sich ein Abstecher in den Ort **Campagnano,** in dem eine hübsche Kirche mit bunter Majolikafassade steht. In der Nähe von Ischia Ponte passiert man einen im 17. Jh. erbauten Aquädukt, **I Pilastri** genannt, der die Insel früher mit Wasser versorgte.

Inselrundfahrt im Boot

Während der Saison legen in Ischia Porto täglich mehrmals Touristen-Boote zu einer Inselrundfahrt ab. Die Umrundung misst 30 Seemeilen und dauert, je nach Boot, unterschiedlich lang. Die meisten Boote steuern Sant'Angelo zu einem Zwischenaufenthalt an. Für ein wenig Trinkgeld zeigt der Steuermann die »Meeresskulpturen« *(figure scolpite dal mare).* Ischia ist umringt von Tuffsteingebilden, die das Meer und der Wind zu seltsamen Figuren geformt haben – wie den Fungo vor Lacco Ameno (Abb. S. 857). Mit etwas Phantasie erkennt man einen »Elefanten«, einen »Riesen« oder eine »schlafende Schöne«.

Infos

Azienda Autonoma, Corso Colonna 116, 80077 Porto d'Ischia, Tel. 08 15 07 42 31, Fax 08 15 07 42 30.

Fährverbindungen: Ischia Porto: Autofähren nach Neapel, Molo Beverello (über Procida) und Pozzuoli. Ischia Porto und Casamicciola: Tragflügelboote nach Neapel, Procida. In der Saison Ausflugsboote nach Capri.
Busverbindungen: von Ischia Porto zu allen Ortschaften der Insel.

Tipp Die Autofähre von Pozzuoli aus ist weniger überfüllt und billiger, die Strecke kürzer.

*La'ndrezzata

Das Dörfchen **Buonopane** ⑱ ist die Heimat eines merkwürdigen Tanzes mit dem unaussprechlichen Namen *'ndrezzata:* eines uralten Männertanzes, der der Tarantella verwandt ist. In historischen Kostümen und mit Holzschlegeln bewaffnet, treten die Männer tänzerisch gegeneinander an. Klarinetten- und Tamburinspieler begleiten den scheinbaren Kampf, der auf eine Fehde zwischen zwei Ortschaften zurückgehen soll. Eigentlicher Tanztermin ist der 24. Juni, doch inzwischen ist die 'ndrezzata den Touristen zuliebe den ganzen Sommer über zu sehen. Auch der Ort **Fiaiano** ❼ hat sich das Tanzereignis inzwischen zur Ankurbelung des Fremdenverkehrs nutzbar gemacht.

Die Insel Ischia ist reich ausgestattet mit **Hotels** jeder Preisklasse. Doch Vorsicht! Fast alle Häuser bieten nur Voll- oder Halbpension an, und die meisten sind im Winter geschlossen. Hotels ab der mittleren Preisklasse verfügen fast immer über eigene Thermal- und Kuranlagen. In vielen Hotels ist in der Regel ein größeres Kontingent für Pauschalreisende reserviert. Oft ist eine Pauschalreise nach Ischia das Günstigste. Wer seine Reise individueller gestalten möchte, mietet sich eine Ferienwohnung oder ein Privatzimmer.

▌ Vermittlung von **Ferienwohnungen** und **Privatzimmern** durch die Agenzia »Mizar«, Via Jasolino 25, 80077 Ischia, Tel. 0 81 98 18 97, Fax 0 81 98 31 11, www.ischiarealestate.com. Außerdem durch das Info-Büro der Azienda Autonoma.

▌ Die drei **Campingplätze** auf Ischia sind schnell überfüllt. Vorbestellung ist also ratsam! Freies Campieren ist streng verboten.

Mit dem Boot die Insel erkunden

Sport

▌ **Tennis:** Die Insel verfügt über ausreichend Tennisplätze; die meisten gehören zu Hotelkomplexen, sind jedoch auch Nicht-Gästen zugänglich.

▌ **Surfing:** An den Stränden von Forio und Maronti gibt es Surf-Schulen und Bretter zum Leihen.

▌ **Segeln:** In den Häfen von Ischia Porto und Casamicciola können Boote ausgeliehen werden.

▌ **Tauchen:** Taucher bevorzugen die felsige Südküste östlich von Sant'Angelo. Das Tauchgelände ist sehr beliebt!

In Forio besteht eine professionelle Tauchschule:

Nettuno Diving, Via Marina 8, Tel./Fax 0 81 99 85 88, vittorioguarracino@libero.it

Wandern

Ischia ist ein ideales Gebiet sowohl für kürzere als auch für längere Wanderungen. Allerdings darf man keine perfekt ausgeschilderten Wanderwege wie in unseren Kurorten erwarten, sondern muss sich mit den Trampelpfaden der Hirten und Eseltreiber begnügen; Wegmarkierungen sind höchst selten. Gutes Schuhwerk ist unbedingt notwendig, um heil über das schüttere, scharfkantige Lavagestein zu kommen. Auch eine Flasche Trinkwasser sollte im Wandergepäck nicht fehlen.

Keramik ist das älteste Kunsthandwerk auf Ischia. Die Brüder **Menella** betreiben ihre Werkstatt in Casamicciola. In Forio lohnt ein Besuch bei **Taki** und **Franco Callise.** Beide bemalen Majoliken im traditionellen Stil.

Tipp Wer nur kurz auf Ischia für eine Inselrundfahrt Station macht, sollte nicht die übliche Richtung von Ischia Porto westwärts, sondern andersherum fahren. Das landschaftliche Erlebnis ist viel schöner.

Seite **858**

**Seite
869**

Procida

Die unbekannte Insel

Mit einer einzigen Schlinge vertäut der Matrose das Tragflügelboot am Ufer. Gewöhnlich steigen nur wenige Leute auf Procida aus, meistens sind es Frauen mit Einkaufstaschen. Die vielen Menschen an Bord wollen weiter nach Ischia und blicken mit teilnahmslosen Gesichtern auf die verwaschene Häuserfront hinter der Hafenmole. Fast afrikanisch mutet das Gewirr kleiner bunter Bauten dort an. So muss es früher einmal auf allen Golfinseln ausgesehen haben.

Auf Procida kann man noch Ursprünglichkeit und Unverfälschtheit finden. Auch diese Insel ist vulkanischen Ursprungs, jedoch ohne heiße Quellen und Fumarolen. Unzählige Krater und Höhlen verleihen der Küste Procidas ihr besonderes Gepräge. Zwischen ihren äußersten Ausläufern ist die Insel gerade 4 km lang und 2 km breit. Außerhalb des Hauptortes ist Procida eher dünn besiedelt – kleine weiße Bauernhäuser leuchten hier und da, ansonsten ist das Eiland »nichts« als ein Garten im Meer. Die Insel ist von Zitronenbäumen geradezu überflutet, unter den Zitruspergolen wächst alles, was die fruchtbare Lavaerde gedeihen lässt: Tomaten, Salat, Artischocken, Melonen und natürlich Wein. Procida rühmt sich der schmackhaftesten Limonen des Landes.

Elsa Morante hat die beschauliche Inselatmosphäre in ihrem Roman »Arturos Insel« eingefangen.

Tipp Eine amüsante Festivität der Insel ist der alljährlich veranstaltete **Miss-Graziella-Wettbewerb.**

Im Norden der Insel

Das Städtchen **Procida** ist ein Fischernest. Fischfang ist hier immer noch ein wichtiger Erwerbszweig vieler Familien. Ansonsten gleicht es mit seinen 10 000 Einwohnern eher einem kleineren und friedlicheren Neapel.

Eine düstere Geschichte hat das **Kastell;** bis vor wenigen Jahren diente es als Gefängnis. Von der ***Aussichtsterrasse** neben der ehemaligen Kerkerburg bietet sich ein wundervoller Blick über die reizvolle Ostküste und auf den Fischerhafen.

Nicht weit davon steht **San Michele Arcangelo,** die Hauptkirche der Insel mit ihrer charakteristischen dreifachen Kuppel. Im Inneren beeindruckt die schöne Kassettendecke, in deren Mitte auf einem Fresko des bekannten neapolitanischen Malers Luca Giordano der Erzengel Michael den Teufel bezwingt.

Die darüber untergebrachte **Biblioteca abbazia** beherbergt zahllose Bücher und Folianten. In der Krypta ist eine neapolitanische Krippe aufgebaut, ein anrührendes Ensemble.

Der Süden Procidas

Die einzige Omnibuslinie auf Procida führt von **Marina Grande** (Hafen) zur **Chiaiolella** ans andere Ende der Insel. Vor ein paar Restaurants öffnet sich hier ein kleiner runder Jachthafen (auch dieser ein ehemaliger Krater). Gegenüber liegt das unbewohnte felsige Eiland **Vivara,** ein kleines Naturschutzgebiet, in dem zahllose Kaninchen und einige seltene Vogelarten beheimatet sind. Nördlich der Chiaio-

Ursprünglich und charmant:
der kleine Fischerhafen von Procida

Ein malerisches Ensemble:
Häuserfront von Procida

Verträumte Winkel in der Fischer-
siedlung Corricella

lella erstreckt sich der Lido, an dem man mit Blick auf Ischia sehr schön baden kann.

Die mäßig steile, reizvolle Ostküste muss man zu Fuß erwandern (von der Chiaiolella bis Procida-Hafen 1 Std., mit Blick auf Capri und die sorrentinische Halbinsel). Man kann sich auch vom Fahrer eines der dreirädrigen Minitaxis herumfahren lassen.

Infos

Azienda Autonoma, Via Roma 92, 80079 Procida, Tel. 08 18 10 19 68.

Fährverbindungen: Autofähre nach Neapel, Molo Beverello, Pozzuoli und Ischia. Tragflügelboot *(aliscafo)* nach Neapel und Ischia.

La Riviera, Via M. Scotti 16, Tel. 08 18 96 71 97. Einfaches Haus mit Garten und schönem Blick. ○○

■ Die Bauern vermieten **Zimmer** und **Appartements.** Anfragen bei der AA. **Campingplatz: Punta Serra,** Tel. 08 18 96 95 19, Fax 08 18 10 17 42. Am gleichnamigen Kap.

Crescenzo, an der Chiaiolella. Speisen mit Vivara-blick. Auch Hotel, Tel. 08 18 96 72 55, Fax 08 18 10 12 60, www.procidanet.com. ○○

Wunderschöne Schiffsmodelle fertigt **Aldo di Candia** in der Vicolo Santissima Annunziata 7.

Karfreitagsprozession

Am Karfreitag findet auf Procida eine der originellsten Prozessionen der Golfregion statt. Sie wird in der Hauptsache von Kindern bestritten. Die in wochenlanger Schnitzarbeit entstandenen *misteri*, religiöse Reliefs oder Statuen, werden von den Gläubigen auf die **Terra Murata,** den höchsten Punkt der Insel, gebracht, wo am folgenden Morgen der Trauerzug der in weiße und blaue Gewänder gehüllten Gemeinde beginnt.

Seite
869

Durch brennende Felder

***Neapel → *Pozzuoli → *Baia → Bacoli → **Cumae (54 km)

Das Erste, was reagiert, ist die Nase: Noch während man durch die Pinienallee mit den blühenden Büschen wandert, beißt plötzlich ein schweflig-brenzliger Geruch. Ein paar Schritte weiter steht man schon mittendrin: im Krater der Solfatara. Es dampft und blubbert, wohin man auch blickt, kein Strauch, kein Leben kann hier mehr gedeihen, der merkwürdig glatte, graugrüne Boden tönt hohl bei jedem festeren Schritt und brennt heiß durch die Schuhsohlen. Es ist, als läge direkt darunter die Hölle.

Die Tour, für die man sich einen Tag Zeit nehmen sollte, führt in die sog. **Campi Flegrei** (»Brennende Felder«), einen sehr eigenwilligen, aber eindrucksvollen Landstrich nördlich Neapels. Hier bewegt man sich in einer Anhäufung von Vulkankegeln, Eruptionsfeldern, Kraterseen und Buchten. Der Vulkanismus ist heute nur noch an wenigen Stellen zu beobachten. In antiker Zeit war der Küstenstreifen dieser Gegend dicht besiedelt, das brodelnde und dampfende Hinterland war ein Ort der Mythenbildung.

*Pozzuoli ❶

Städtisches Zentrum der Campi Flegrei ist seit der Antike Pozzuoli mit heute 71 000 Einwohnern. Von den Griechen gegründet (528 v. Chr.), wurde die Stadt im 2. Jh. v. Chr. von den Römern erobert, die ihr den Namen *Puteoli,* die »Stinkende«, gaben, wegen der an vielen Stellen austretenden Schwefelgase. Trotz des Gestanks aber wurde Puteoli die wichtigste Stadt am Golf; der Hafen war der Hauptumschlagplatz für den Orienthandel. Im Jahr 61 n. Chr. soll hier der Apostel Paulus gelandet sein. Die Plünderungen der im 5. Jh. einfallenden Goten führten schließlich zum Ruin der Stadt, die seitdem keine bedeutende Rolle mehr gespielt hat.

Die Altstadthäuser Pozzuolis schmiegen sich eng verschachtelt an die Hänge eines Tuffhügels; davor liegt der Fischer- und Fährhafen. Dahinter weitet sich Pozzuoli zu einem wenig attraktiven Industrievorort von Neapel aus. Inmitten des engen Gassengewirrs ragt der **Dom** empor. Er wurde im 11. Jh. in die Ruine eines römischen Tempels hineingebaut und im 17. Jh. barockisiert. Die bröckelige Außenwand schmücken sechs korinthische Säulenkapitelle, Reste des römischen Apollotempels. Tiefer liegende Teile des Tempels werden zurzeit ausgegraben.

Über die schmale Uferpromenade erreicht man nördlich des Hafens das ***Serapeion.** Die Anlage wurde lange für einen griechischen Tempel gehalten, es handelt sich jedoch um das **Macellum,** die Markthalle des römischen Puteoli.

Durch den sog. Bradysismus, ein langsames Heben und Senken des Grundes, stehen die Säulen heute nur mit den Basen im Wasser. Löcher in 5 m Höhe der Säulen, die von Bohrmuscheln stammen, beweisen jedoch, dass das Macellum zeitweise sehr viel tiefer im Wasser stand, der Grund sich also im Laufe der Jahrhunderte wieder hob.

1

Seite
869

1

**Seite
869**

Am Nordrand der modernen Stadt liegt das ***Flavische Amphitheater** (9 Uhr bis 1 Std. vor Sonnenuntergang), dessen heute zerfallene Außenfront aus drei Arkadengeschossen bestand. Dieses drittgrößte Amphitheater Italiens – das 149 mal 116 m große Oval bot 40 000 Zuschauern Platz – wurde im 1. Jh. n. Chr. erbaut. Neben Gladiatorenkämpfen kamen hier auch Tierhatzen zur Aufführung. Besonders gut erhalten (und sehr sehenswert) sind die ****unterirdischen Gewölbe.** Hier waren die Raubtierkäfige untergebracht, die sich mit Hilfe von Aufzügen durch quadratische Öffnungen in die Arena heben ließen.

i **Azienda Autonoma,**
Via Campi Flegrei 3, 80078 Pozzuoli, Tel. 08 15 26 24 19, Fax 08 15 26 14 81, www.campnet.it/aziendaturismo/pozzuoli

Ⓜ Napoli–Pozzuoli–Torregaveta.
Busverbindung: Baia–Cumae.
Fährverbindungen: Autofähren nach Ischia und Procida.

Campingplätze: Vulcano Solfatara, Tel. 08 15 26 34 82, Fax 08 15 26 23 41, www.solfatara.it Schön im Kratergelände gelegen.
▮ Averno, oberhalb des Lago Averno nahe Arco Felice, Strada Domitiana, km 55, Tel. 08 18 04 26 66, Fax 08 15 26 34 82.

🍴 **Castello dei Barbari,** Via Fascione 4, Tel. 08 15 26 60 14. Klassisch neapolitanische Küche mit Weitblick von der Terrasse. ◯◯.

Oberhalb Pozzuolis liegt die ****Solfatara ❷,** ein großer Krater im spätvulkanischen Stadium (7 Uhr bis Sonnenuntergang). Sie bietet Gelegenheit zu einem interessanten Naturkundestu-

In der schwefeligen Höllenküche der Solfatara

dium. Hier sind alle Anzeichen eines erlöschenden Vulkanismus zu beobachten: Fumarolen, d. h. Dampfausstoßungen von 162 °C, heiße Schlammfontänen, Schwefelgase und Kristallisationen, Mineralquellen.

Lago di Lucrino ❸ und *Lago d'Averno ❹

Die Tour führt von Pozzuoli über die Via Domiziana (Richtung Formia, nach 3 km Abzweigung nach Baia). Rechts kommt der **Monte Nuovo** (140 m) ins Blickfeld, der bei einer vulkanischen Explosion 1538 innerhalb von zwei Tagen entstanden ist. Die beiden Seen zu seinen Füßen veränderten damals ihre Gestalt erheblich. Einen schönen Ausblick auf die Campi Flegrei hat man vom Kraterrand des Monte Nuovo. Ein Rundweg führt durch das Naturschutzgebiet. Bei Arco Felice erreicht man über die Via Virgilio den Eingang (Tel. 08 18 04 14 62, Mo–Fr 9 Uhr bis 1 Std. vor Sonnenuntergang, Sa, So 9–13 Uhr).

Der **Lago di Lucrino ❸**, eine flache Lagune, durch einen schmalen Strandstreifen vom Meer getrennt, war in der römischen Antike berühmt für die dort gezüchteten Austern. Die meisten der vielen Villen an seinem Ufer wurden bei dem Vulkanausbruch 1538 zerstört, nur wenige Mauerreste sind übrig geblieben.

Etwas landeinwärts (1 km) liegt der ***Lago d'Averno ❹**, ein kreisrunder Kratersee, bleigrau und von Vulkankegeln umgeben. Wegen seiner dampfenden Unheimlichkeit hielten die in Cumae ansässigen Griechen den See für den Eingang zur Unterwelt. Der »Odyssee« zufolge soll Odysseus hier ins Reich der Schatten hinabgestiegen sein. Auch in der Römerzeit behielt der See seinen mythischen Charakter, obwohl man ebenso versuchte, ihn durch eine Kanalverbindung zum Lucriner-See als Hafen zu nutzen, was jedoch durch die beständige seismische Veränderung des Bodens nur vorübergehend gelang. Der Name *Avernus* bedeutet »ohne Vögel«: Der Überlieferung nach ist nie ein Vogel über diesen See geflogen, möglicherweise weil er in der Antike Dämpfe und heiße Gase ausströmte.

Heute kann man am See streckenweise wandern. Am Südufer liegt die **Grotta della Sibilla,** ein 300 m langer Tunnel, Teil eines ausgedehnten Systems unterirdischer Gänge aus der Römerzeit. Die Bezeichnung »Grotta della Sibilla« beruht auf einem Irrtum, denn die echte, sagenumwobene Sibyllengrotte nimmt Cumae für sich in Anspruch.

Am östlichen Ufer des Sees stößt man auf den sog. **Tempio di Apollo,** eine große Thermalanlage aus der römischen Kaiserzeit. Am See beginnt die **Grotta di Cocceio,** ein 1 km langer Verbindungstunnel nach Cumae. Er wurde im Zweiten Weltkrieg als Munitionslager verwendet, ist heute aber aus Sicherheitsgründen nicht mehr begehbar.

*Baia ❺

Nächste Station ist Baia (4000 Einw.), an einer kleinen runden Bucht. Seit der römischen Antike, in der hier einer der vornehmsten Küstenabschnitte war, hat sich die geografische Lage durch den sog. Bradysismus, ein langsames Heben und Senken des Grun-

Seite
869

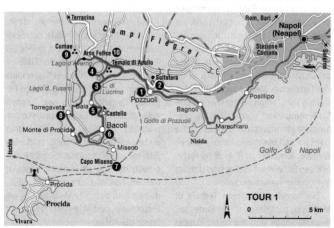

Vom einstigen Reichtum Baias zeugen die antiken Thermen

des, wesentlich verändert. Die antiken Nobelvillen sind bis zu 10 m tief ins Meer abgesunken, Reste wurden noch in 500 m Entfernung von der Küste gefunden – ein klassischer Fall für die Unterwasserarchäologie.

Tipp Das **Glasbodenboot Cymba** gleitet über die untergegangene Stadt (März–Mitte Nov. Sa, So 12 und 16, So auch 10.30 Uhr, in den Sommermonaten Fr, Sa, So auch 21 Uhr, Tel. 08 15 26 57 80).

Der großartige antike ****Thermenkomplex** ist weitgehend erhalten. Er wurde zu einem **Parco archeologico** zusammengefasst (9 Uhr bis 1 Std. vor Sonnenuntergang). Kernstück der Anlage ist der »Sossandra-Sektor« mit einer großen Aussichtsterrasse, hinter der sich in einem flachen Halbrund fächerförmig das **Nymphäum** öffnet, ein kleines Theater mit einem kreisrunden Schwimmbecken davor. Die hier gefundene Marmorstatue der Sossandra steht im Nationalmuseum von Neapel. Weitere Terrassen mit großen rechteckigen Schwimmbassins sind um das Nymphäum herum gruppiert.

Ein Korridor führt zum **Tempio di Mercurio,** zur Römerzeit ein Badesaal. Der kreisrunde Bau mit seiner Kuppel (mit kreisförmiger Lichtöffnung im Scheitel) erinnert an das Pantheon in Rom.

Außerhalb des umfriedeten Bereichs steht der **Tempio di Venere.** Die achteckigen Außenwände sind mittlerweile überwachsen, die Kuppel, die den runden Innenraum überwölbte, ist leider eingestürzt.

Sport
▮ **Tauchen:** Geführte Tauchgänge zu den Ruinen des versunkenen Baiae Circolo sul Baia, Via Molo di Baia 30, Tel. 08 18 54 92 53.

Bacoli ❻

Der nächste Küstenort, Bacoli (24 800 Einw.), breitet sich in einer Mulde zwischen kleinen Kaps und dem Lago di Miseno aus. Bei den Römern hieß der Ort Bauli und war ein aristokratischer Villenplatz. Von der größten und prächtigsten Villa ist nur noch ein monumentales zweistöckiges und in viele Kammern aufgeteiltes Wasserreservoir erhalten, die so genannten ***Cento Camerelle** (Wärter in der Via Cento Camerelle 165, erwartet Trinkgeld!).

Die Hauptattraktion Bacolis ist jedoch die ****Piscina Mirabile** (am Südausgang des Ortes; Wärter in der Via A. Greco). Sie war die größte Zisterne des gesamten römischen Imperiums und versorgte die am Capo Miseno liegende Kriegsflotte. Über zwei Treppen gelangt man in das phantastisch anmutende Gewölbe, das von schräg einfallendem Licht erhellt wird. Die Zisterne ist in 13 große »Schiffe« aufgeteilt, die von 48 Pilastern gestützt werden. Das Wasser wurde auf Aquädukten und durch Tunnels aus 65 km Entfernung herbeigeleitet; 12 000 m^3 fasste die Anlage.

Der Vulkankegel des Capo Miseno, früher Flottenstützpunkt der Römer

Am Capo Miseno ❼

Eine schmale Deichstraße führt zwischen dem Meer und dem Lago di Miseno (auch *Mare Morto*, »Totes Meer« genannt) zum **Capo Miseno,** dem Südausläufer des Kratergebietes. Das Vorgebirge hat die Form eines Kegelstumpfes oder einer abgeschnittenen Pyramide; die Griechen Cumaes hielten es für die Grabstätte des Odysseus. Bereits zur Zeit der griechischen Siedler wurde das Doppelbecken am Capo Miseno als Hafen genutzt. Die Römer richteten hier einen ihrer größten Flottenstützpunkte ein.

Vom kleinen Badeort **Miseno** aus – auch dies eine römische Siedlung, die Reste eines Theaters zeugen davon –, kann man in einem 20-minütigen Spaziergang das Gipfelplateau des **Monte Miseno** besteigen. Von oben bietet sich ein faszinierender Ausblick über die Buchten, Lagunen und Meerengen, die Kraterlandschaft der Campi Flegrei, die Golfe von Gaeta, Pozzuoli und Neapel und die nahen Inseln. Um das Panorama voll genießen zu können, muss man den Gipfel abwandern.

**Cumae ❾

Die Tour führt weiter nach **Torregaveta ❽** und von hier um den **Lago di Fusaro** herum, einen weiteren Lagunensee, in dessen schwach salzigem Gewässer Muschelzucht betrieben wird.

Ausgrabungsgelände von Cumae

Nach wenigen Kilometern erreicht man nun das Ausgrabungsgelände. Auf dem relativ ausgedehnten Areal sieht man sowohl griechische wie römische Ruinen. Die griechischen Reste konzentrieren sich um die Akropolis auf einem 80 m hohen Felsen nahe dem Strand. Dieser Teil Cumaes ist eingefriedet (9 Uhr bis 1 Std. vor Sonnenuntergang).

Cumae, griechisch *Kyme*, ist die älteste Siedlung griechischer Kolonialisten auf dem italienischen Festland. Es entstand im 8. Jh. v. Chr. und entwickelte sich rasch zur Blüte. Die Cumäer gründeten Neapel und zahlreiche weitere Siedlungen in der Golfregion. Lange Zeit konnten sie sich dem Angriff der Etrusker und der italischen Bergvölker widersetzen, doch

Seite
869

1

Seite
869

dem Ansturm der Römer im 3. Jh. v. Chr. waren sie nicht gewachsen. Die Cumäer wurden in der Folgezeit Bürger des Imperiums, ihre hoch - entwickelte Kultur wurde in römische Dienste genommen. Nach dem Untergang des Imperiums war Cumae Verwüstungen durch Germanen, Sarazenen und Piraten ausgesetzt; seit etwa tausend Jahren ist der Ort verlassen. Systematische Ausgrabungen begannen um die Mitte des 19. Jhs. und dauern noch an.

Vom Capo Miseno kommend, sieht man rechts der Straße die Arkadenbogen eines römischen **Amphitheaters** aus dem 1. Jh. v. Chr. Die Arena ist überwachsen. Etwa 300 m weiter geht es links ab zur ****Akropolis,** der eigentlichen griechischen Siedlung.

Gleich links hinter dem Eingang kommt man zur Hauptattraktion, dem ****Antro di Sibilla** (Sibyllengrotte), einem 130 m langen, in den Tuff gehauenen Gang mit trapezförmigem Querschnitt. Das in regelmäßigen Abschnitten seitlich einfallende Licht gibt dem Gebilde einen magischen Charakter. Der Gang endet in einem rechteckigen Raum mit gewölbter Decke und drei rundbogigen Nischen: Hier war der legendäre »Orakelraum«, das Heiligtum der cumäischen Sibylle, deren Weissagungen für das gesamte Altertum als schicksalhaft galten. Die Sibylle selbst saß unsichtbar in einem Nebenraum (links), der mit Holztüren zu verschließen war.

Rechts neben dem Eingang zur Sibyllengrotte führt eine Treppe in die schluchtartige **Cripta Romana,** einen 180 m langen Tunnel aus römischer Zeit, wahrscheinlich eine Verlängerung der zum Averno-See führenden Grotta di Cocceio (s. S. 869).

Über die Via Sacra gelangt man zur eigentlichen Akropolis. Zwei Tempelanlagen bilden die wesentlichen Über-

*Römische Ingenieurskunst:
der Viadukt Arco Felice*

reste: rechts der Stufensockel eines griechischen **Apollon-Tempels;** oben auf der Gipfelterrasse die Anlage eines **Jupiter-Tempels.** Was heute hier noch zu sehen ist, besteht jedoch aus einer schwer unterscheidbaren Mischung von Resten eines griechischen Tempels, eines darüber erbauten römischen Tempels und einer wiederum darüber errichteten frühchristlichen Basilika. Der wunderschöne Blick reicht vom Capo Miseno im Süden bis zum Vorgebirge von Gaeta im Norden.

Nach dem Besuch der Akropolis schlägt man die etwas südlich (rechts) gelegene Via Domiziana ein, um einen römischen Viadukt, den ***Arco Felice ⑩,** zu unterqueren und dabei noch einmal die Ingenieurskünste der Antike zu bewundern. Die Straße hat hier stellenweise ihre antike Pflasterung bewahrt. Wenig später stößt die Via Domiziana auf die Staatsstraße 7quater, die der Trasse der antiken Via Appia zurück nach Neapel folgt.

Wer es eilig hat, fährt beim Zubringer Pozzuoli auf der Autostrada nach **Neapel** (54 km, s. S. 829).

Tour 2

Versunkene Städte am Vulkan

***Neapel → Vesuv → ***Hercula-neum → ***Pompeji (21 km)

Gleichförmig rattern die hochachsi-gen Waggons der »Circumvesuvia-na«-Bahn dahin. Sie ist voll besetzt mit eher resigniert dreinblickenden Neapolitanern, die in das dicht besie-delte Einzugsgebiet von Neapel fah-ren – vielleicht zur Arbeit in einer der von der Comorra beherrschten Werk-stätten, an einen der illegalen Bau-plätze oder zum Unterricht in eine der baufälligen Schulen.

Portici, Torre del Greco, Torre Annun-ziata – endlos zieht sich das hässli-che Häusermeer im Süden der Stadt dahin. Endlich aber wird es lichter entlang der Bahnlinie, und mit einem Mal liegt er vor uns, zum Greifen nah mit seinem weichen, dicht überwach-senen Rücken: der Vesuv, den die antiken Bewohner von Pompeji und Herculaneum so sehr liebten wegen seiner ungeheuren Fruchtbarkeit, der sie ihren Reichtum verdankten – nicht ahnend, dass derselbe Berg einmal Tod und Verderben über sie schütten würde.

Der Vesuv und die beiden unter der Asche versunkenen und wieder aus-gegrabenen antiken Städte sind das Ziel dieser Tour. Für die Besichtigung der beiden Ruinenstädte sollte man einen ganzen Tag veranschlagen. Wer auch zum Vesuvkrater hinauffahren will, muss einen halben Tag mehr rechnen.

Die Ruhe kann trügen: am Kraterrand des Vesuv

Der Vesuv ⑪

Brodelnde Geschichte

Aus vorchristlicher Zeit ist uns nur sehr wenig über den Vesuv bekannt. Man nimmt an, dass dem Ausbruch vom Jahr 79 n. Chr. eine Jahrtausende währende Ruhepause vorausging. Die Bewohner von Pompeji und Hercula-neum hatten keine Ahnung von der wahren Gefährlichkeit des Berges. An seinen Hängen wucherten Wein und Olivenbäume, der Krater war eine baumbewachsene Mulde.

Die Katastrophe begann am 24. Au-gust und dauerte, nach Beschreibung Plinius' des Jüngeren, drei Tage. Stei-ne, glühende Asche und giftige Schwefeldämpfe gingen über Pompeji hernieder. Ein Fünftel der Bevölke-rung, etwa 5000 Menschen, kam da-bei ums Leben, darunter der Ge-schichtsschreiber Plinius der Ältere. Die übrigen Pompejaner konnten sich zwar retten, doch hatten sie all ihr Hab

2

Seite
874

2

Seite
874

und Gut verloren, denn Pompeji war von einer 7 m dicken Schlackenschicht bedeckt. Kurz darauf wurde auch Herculaneum von dem Unheil erfasst. Es wurde unter einer Lawine aus Schlamm, Erde und halb erkalteter Lava begraben. Unter dieser Schicht haben sich sogar verderbliche Materialien wie Holz und Nahrungsmittel fast unversehrt erhalten. Da der Schlammstrom sich viel langsamer über Herculaneum ergoss als die glühende Asche über Pompeji, forderte der Ausbruch des Vesuvs an diesem Ort kaum Menschenleben.

Der nächste Ausbruch erfolgte im Jahr 203, ein weiterer 473, bei dem der Aschenregen sogar Konstantinopel erreichte. Abgesehen von kleineren Eruptionen verhielt sich der Berg in den folgenden Jahrhunderten verhältnismäßig friedlich, bis 1631 wiederum eine verheerende Katastrophe eintrat, der 3000 Menschen zum Opfer fielen.

Der letzte Ausbruch ereignete sich im März 1944 während des Zweiten Weltkriegs. Danach entstieg dem Gipfel ein paar Jahre lang nur noch eine dünne weiße Rauchfahne, bis Ende der 1950er Jahre auch diese schließlich erlosch.

Die Höhe des Vesuvs hat sich mit jedem Ausbruch geändert, die Unterschiede betrugen teils bis zu 200 m. Heute ist der Vulkan 1277 m hoch. Er besitzt nicht nur einen, sondern als Doppelvulkan zwei Gipfel: den eigentlichen **Vesuvio,** die höchste Erhebung, und den etwas niedrigeren **Monte Somma** (1132 m).

Der Vesuv ist heute der am besten erforschte Vulkan der Erde. Seismografische Geräte registrieren selbst die kleinsten Veränderungen. Den Vulkanologen zufolge ist der Vesuv nicht erloschen, mit einem weiteren Ausbruch muss gerechnet werden. Während des letzten größeren Ätna-Ausbruchs auf Sizilien 2002 reagierte auch der Vesuv wiederum mit leicht gesteigerter Nervosität.

Besuch des Kraters

Ausgangspunkt für eine Besichtigung des Kraters ist die Stadt **Ercolano** ⑫

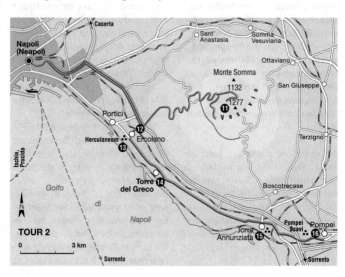

*Das römische Herculaneum und die
moderne Stadt Ercolano*

2

Seite
876

*Mosaik in der Casa del Nettuno
in Herculaneum*

(Anfahrt zum Krater 18 km). Kurz nach der Ausfahrt der A 3 biegt links die Straße zum Vesuvgipfel ab. Sie steigt sofort bergan und windet sich zwischen Olivenbäumen und Weinreben den Berg hinauf. Hier wächst der Dessertwein *Lacrima Cristi* (Träne Christi, s. S. 825). Nach einigen Kilometern gelangt man zum **Osservatorio Vesuviano,** in dem die Tätigkeit des Vesuvs überwacht wird. Der Weg zum Vesuv ist ausgeschildert. Unterhalb des Kraters gibt es einen Parkplatz, von dem aus der Rand des Kraters (Eintritt!) zu Fuß zu erreichen ist.

Tipp Man kann Ercolano mit der **Circumvesuviana-Bahn** erreichen. Vom dortigen Bahnhof fahren regelmäßig Linienbusse auf den Vesuv.

***Herculaneum ⑬

Die Bergstraße zurück führt direkt in den modernen Ort **Ercolano.** Er liegt im wörtlichen Sinne »über« den Ausgrabungen des antiken Herculaneum. Den Eingang zum archäologischen Gelände erreicht man über die Via Ercolano, die Hauptstraße des Ortes (9 Uhr bis 1 Std. vor Sonnenuntergang). Die Ruinenstadt wird von einem Netz rechtwinklig sich kreuzender Straßen durchzogen. Die drei von Nord nach Süd parallel laufenden Hauptstraßen werden *Cardines* genannt (Cardo III, IV, V; Cardines I und II noch nicht ausgegraben), die beiden Querstraßen heißen *Decumano Inferiore* und *Decumano Massimo-Foro;* die angrenzenden Häuserblocks bezeichnet man als *Insulae.*

Für eine detaillierte Besichtigung werden am Eingang gedruckte Führer in mehreren Sprachen angeboten. Hier wird nur auf die wichtigsten Häuser *(case)* aufmerksam gemacht.

Cardo IV

Im Cardo IV steht die ***Casa dell'Atrio a mosaico,** die eine Reihe von reich ausgeschmückten Wohnräumen und in ihrem Atrium einen dekorativen Mosaikfußboden bewahrt. Die ***Casa del Tramezzo di legno,** das Haus mit der hölzernen Scheidewand, ist eines der am besten erhaltenen Wohnhäuser der Antike.

Jenseits des Decumano Inferiore liegen die ***Thermen** aus dem Jahr

2

Seite
876

10 v. Chr. Die antike Badeanlage ist aufgeteilt in ein Männer- und ein Frauenbad: Einem Umkleideraum (mit Marmorsesseln an den Wänden) sind das *Frigidarium* (Kaltwasserbad), das *Tepidarium* (Warmwasserbad) und ein Waschraum angegliedert. Stuckverzierungen, Mosaikböden und Wandbemalungen verliehen dem Bad ein elegantes Ambiente.

An der Ecke Cardo IV und Decumano Inferiore stößt man auf die ***Casa Sannitica,** eines der ältesten Häuser noch aus vorrömischer (samnitischer) Zeit. Zwei Eingänge weiter ist in der ebenfalls vorrömischen **Casa del mobilio carbonizzato** (Haus mit den verkohlten Möbeln) unter anderem antikes Essgeschirr zu bewundern.

Es folgt die zweistöckige, sehr gut erhaltene ***Casa del Nettuno,** die einem reichen Weinhändler gehörte; sein Laden lag im Erdgeschoss des Hauses, wo man noch heute die für den Verkauf nötigen Gerätschaften besichtigen kann. Das Innere des Hauses wartet mit einer besonders schönen Mosaik- und Freskoausschmückung auf.

An der Querstraße Decumano Massimo angelangt, biegt man nach rechts ab und steht vor der ***Casa del Bicentenario.** Diese Villa ist wohl das vornehmste Haus am Ort, geschmückt mit eleganten Mosaiken, Fresken und Marmorböden. In einem kleinen Raum im ersten Stock ist ein Kruzifix an die Wand gemalt; hier wurde der vermutlich älteste christliche Kultraum entdeckt.

Cardo V

Im Cardo V ist die ausgedehnte ***Casa dei Cervi** zu bewundern, eines der am reichsten ausgestatteten Wohnhäuser Herculaneums. Seinen Namen (Haus der Hirsche) verdankt es einer einzigartigen Skulpturengruppe mit von Hunden gehetzten Hirschen *(cervi)*.

Die wertvollsten Teile der Fresken sind herausgelöst und ins Archäologische Nationalmuseum nach Neapel (s. S. 840) überführt worden. Eine Statue des trunkenen Herkules, ein »Satyr mit Weinschlauch« sowie die spielerisch-eleganten Wandmalereien sind jedoch in diesem Haus noch zu besichtigen.

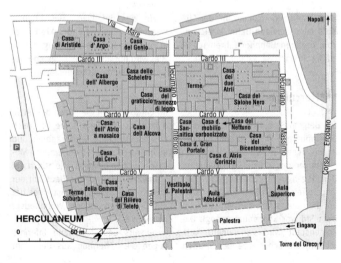

HERCULANEUM

0   60 m

Die ***Casa del Rilievo di Telefo,** die einst zu den großen, reich ausgestatteten Herrschaftshäusern des Ortes gehörte, ist nicht gut erhalten. Sie bewahrt jedoch wunderschöne Marmordekorationen und ein Telephos-Relief, das die Mythen von Orest und Telephos, dem Sohn Herakles', darstellt.

Am Ende des Cardo V liegen die ***Terme suburbane,** ein Badehaus mit einem schönen Portal, durch das man in die Baderäume hinuntersteigt.

Außerhalb der Ruinenstadt

Zu den bedeutendsten Funden gehört auch die **Villa dei Papiri,** die außerhalb der Ruinenstadt steht und für Besucher nicht zugänglich ist. Hier hat man eine wertvolle Bibliothek ausgegraben, die heute, neben den anderen Schätzen aus Herculaneum und Pompeji (außer antiken Gegenständen vor allem abgelöste Fresken und Mosaiken), im Nationalmuseum von Neapel zu sehen ist (s. S. 840).

Entlang der Küste

Seite 874

Die Tour folgt der Küste entlang nach Süden. Die Strecke ist heute weitgehend zugebaut. Nur wenig erinnert an die berühmte *miglia d'oro,* die goldene Meile des 18. Jhs., als der Adel sich hier seine Ferienvillen erbauen ließ. Die einst berühmten Vesuv-Villen sind heute meist in einem verwahrlosten Zustand.

Herculaneum – Konservierter Alltag

Bevor Herculaneum römisch wurde, war es eine griechische Siedlung. Der Legende nach soll Herakles sie gegründet haben, weshalb sie den Namen Herakleion trug. Danach besetzten die Osker die Stadt (im 5. Jh. v. Chr.), ein samnitischer Volksstamm aus dem südlichen Apennin, der jedoch längst unter dem Einfluss der griechischen Kolonisten stand. Die Legionen des römischen Konsuls Sulla eroberten die Stadt sodann im Jahr 89 v. Chr., und Herculaneum mauserte sich zu einem beliebten Feriendomizil der römischen Patrizier. Doch war Herculaneum ebenso wenig wie Pompeji ein reiner Urlaubsort, vielmehr eine lebendige, ganzjährig bewohnte Stadt mit etwa 5000 Einwohnern.

Nach dem Vesuvausbruch 79 n. Chr. geriet Herculaneum völlig in Vergessenheit. 1709 stieß man erstmals auf Überreste; systematische Ausgrabungen wurden jedoch erst 1927 in Angriff genommen. Keine andere Ruinenstadt (auch nicht Pompeji) ist so gut erhalten wie diese, und nirgendwo kann man sich den Alltag der alten Römer besser vergegenwärtigen als hier.

Zu verdanken ist dies der gänzlich undurchlässigen Lava-Schlamm-Schicht, die Herculaneum fast 2000 Jahre lang vor allen zersetzenden Umwelteinflüssen schützte. Die Schicht hatte sich zu einer Art Tuff verhärtet, so dass Herculaneum mehr »ausgestochen« als ausgegraben werden musste. Bis heute ist weniger als die Hälfte der Stadt freigelegt; vor allem im Norden und Nordwesten liegen weite Bereiche noch unter dem modernen Ort Ercolano begraben.

Wandmalerei in der Villa Oplontis

Torre del Greco ⓮

Der Ort wurde im Lauf seiner Geschichte von den Lavaströmen des Vesuvs mehrfach zerstört. Berühmtheit genießt er wegen seiner traditionellen Korallenverarbeitung, die immer noch floriert. Die Rohkorallen stammen nicht mehr aus dem Golf, sondern aus weit abgelegenen Meeren. Die wenigen Korallen im Mittelmeer sind streng geschützt. Im **Korallenmuseum** (Museo del Coralleo, Piazza Palomba, tel. Anmeldung unter 08 18 81 12 25) kann man die Kunstfertigkeit der Korallenschnitzer bestaunen.

Torre Annunziata ⓯

In dem lebhaften Industrieort haben viele Neapolitaner (Schwarz-) Arbeit gefunden. Hier erstreckt sich der traditionelle **Volksbadestrand** der Neapolitaner. Seit 1967 wird im Südosten der Stadt eine zu Pompeji gehörende römische Kaiservilla ausgegraben, in der sich ein monumentaler Freskenzyklus erhalten hat: die luxuriöse ****Villa Oplontis,** mit 37 Räumen, einem Atrium, Innenhöfen und Gärten. Eine schöne, von Statuen umstandene riesige Schwimmbeckenanlage vor der

Villa lud die einstigen Bewohner zu sommerlichen Erfrischungsbädern ein (9 Uhr bis 1 Std. vor Sonnenuntergang).

***Pompeji ⓰

Kurz hinter Torre Annunziata gelangt man zum Ausgrabungsgelände von Pompeji, **Pompei Scavi.**

Geschichte

Die ältesten Funde Pompejis reichen bis ins 6. Jh. v. Chr. zurück. Der hier ursprünglich siedelnde italische Volksstamm geriet jedoch schon bald unter die Herrschaft der Griechen von Cumae und Neapolis. Eine Reihe von Bauten zeugt stilistisch von dieser vorrömischen Siedlungszeit. Seine eigentliche Prägung, die noch heute vorhanden ist, erhielt Pompeji jedoch vorrangig zur Zeit der Römer, die die Stadt im Jahr 89 v. Chr. unter Konsul Sulla eroberten.

Das reiche Pompeji, ein ganzjährig bewohnter Villenort wohlhabender Römer, war im Besitz eigener Industrie. Quellen des Reichtums waren die fruchtbaren Vesuvhänge und das Meer. Handelsartikel der vornehmlich vom Export lebenden Stadt waren Wein, Olivenöl, Rosenessenz, v. a. Textilien aus Schafwolle sowie Fischkonserven, die in Amphoren eingemacht wurden. Ein Großteil der Arbeit erledigten Sklaven, die 40 % der Bevölkerung stellten. In antiken Zeiten lag Pompeji als Hafenstadt direkt am Meer (heute ist das Meer durch die fortschreitende Versandung 2 km entfernt). Der großen Katastrophe von 79 n. Chr. ging im Jahr 62 ein Erdbeben voraus, das nicht geringe Zerstörung hinterließ.

An vielen Stellen befand sich Pompeji, als der Vulkan ausbrach, noch im

Wiederauf- bzw. Umbau; denn die reichen Pompejaner nahmen die Beschädigungen durch das Erdbeben zum Anlass, ihre Stadt noch prächtiger zu gestalten. Nach der Katastrophe im Jahr 79 geriet Pompeji für anderthalb Jahrtausende in Vergessenheit.

Das Ausgrabungsgelände

Pompeji als Stadt bleibt trotz des an ihr betriebenen Raubbaus wegen der immer noch zahlreich verbliebenen Mosaiken und Wandmalereien sowie der bestens erhaltenen urbanen Struktur einzigartig. Wie in den heutigen italienischen Städten auch, gibt es eine »Piazza« *(Forum)* mit Kirche (Apollon-Tempel) und Rathaus *(Curiae)*, Markthalle *(Macellum)*, Börse und Gerichtsgebäude *(Basilika)*. Man kannte die Einrichtung der Fußgängerzone (das Forum war für Fahrzeuge gesperrt), Bürgersteige und Trittpflaster zur Überquerung der Straßen. Graffiti schmückten die Wände: heilige, obszöne, informative und vergängliche. Ebenso sorgten Hotels, Garküchen *(Thermopolia)* und ein »Strich«

2

Seite
874

Die Katastrophe des Jahres 79 n. Chr.

Es begann mit einem heftigen Erdstoß am späten Vormittag des 24. August. Es war Ferienzeit, Pompeji war »ausgebucht«. Wenig später sahen die erschrockenen Pompejaner, wie eine riesige dunkle Wolke aus dem Vesuv emporschoss und rasch die Form einer Pinie annahm. Der Himmel wurde schwarz, ein Geruch nach Brand und Schwefel machte sich breit, und kurz darauf begann es, glühend heiße Asche und Steine zu regnen.

Das Sterben dauerte Stunden und Tage. Als der Aschen- und Steinregen stärker wurde, wussten die Menschen nicht, ob sie besser im Haus bleiben oder das Weite suchen sollten. Manche banden sich Kissen über den Kopf und liefen zum Strand. Doch auch hier gab es kein Entkommen, denn das Meer war zu aufgewühlt, um den Fluchtversuch per Schiff zu gestatten, und viele erlagen dem Erstickungstod durch die giftigen Schwefeldämpfe. Diejenigen, die in den

Häusern und Kellern geblieben waren, ereilte ein umso sichereres Ende, denn alsbald waren Straßen und Höfe gänzlich zugeschüttet. Ihre Körper hinterließen Hohlräume in der Lavaschicht, die von dem erfindungsreichen Archäologen Giuseppe Fiorelli (um 1870) mit Gips ausgegossen wurden; eine Methode, die uns das Sterben der Pompejaner, Sklaven, Herren und Hunde, bis heute auf erschütternde Weise nachvollziehen lässt.

Als der Aschenregen schließlich aufhörte, war Pompeji unter einer bis zu 7 m hohen Schicht begraben. Den überlebenden Pompejanern wurde alsbald klar, dass an eine Freilegung der Stadt nicht zu denken war. Um so viel wie möglich von ihrem Hab und Gut zu retten, gruben sie sich von oben Wege durch die Ascheschicht hindurch in ihre Häuser und durchbrachen die Wände, um von einem Raum in den anderen zu gelangen. Einiges konnte so geborgen werden, doch das meiste blieb verschüttet.

2

Seite
881

mit Bordell (*Lupanara*) für sämtliche Bedürfnisse. Das Ausgrabungsgelände ist ungeheuer reich an sehenswerten Häusern und Villen, von denen hier nur die wichtigsten erwähnt werden.

Am Eingang liegen Führer in mehreren Sprachen zum Verkauf aus. Der Rundgang erfordert in jedem Fall mehrere Stunden (9 Uhr bis 1 Std. vor Sonnenuntergang).

Tipp Ein erholsamer und wenig bekannter Spaziergang führt an den antiken Mauern von Pompeji entlang. Der schönste Abschnitt beginnt an der Porta Ercolano und erstreckt sich bis zur Porta Nola. Meist von erhöhter Warte genießt man den Blick auf die Stadt. Bänke im Schatten laden unterwegs zu stiller Betrachtung ein.

Rund um das *Forum

Beim Haupteingang, der Porta Marina, beginnt die Via Marina. Sie mündet auf dem ***Forum** Ⓐ, dem politischen, religiösen und wirtschaftlichen Zentrum Pompejis, zugleich Kernstück des ältesten Stadtteils. Schon in der Antike bezauberte der Blick von diesem lang gestreckten Platz, der ursprünglich an drei Seiten von überdachten Säulenkolonnaden umgeben war. Die wichtigsten öffentlichen Gebäude grenzen daran: Der ***Apollotempel** Ⓑ links, das größte Heiligtum der Stadt, wurde bereits im 6. Jh. v. Chr. gegründet und unter römischer Herrschaft stark verändert. Dem Tempel gegenüber liegt die ***Basilika** Ⓒ, einst Börse und Gerichtsgebäude (2. Jh. v. Chr.).

Der ans Forum angrenzende ***Bau der Eumachia** Ⓓ mit Säulenportikus und einem reliefgeschmückten Portal war Sitz der Tuchhändler, der wichtigsten und wohlhabendsten Zunft Pompejis. Es folgt der **Vespasianstempel** Ⓔ, ein dem Kaiserkult geweihtes Gebäude.

Von den einstigen Fresken der Innenwände des benachbarten ***Macellum** Ⓕ, der Markthalle, ist nur ein Stück erhalten. Ein Fries zeigt, was hier früher verkauft wurde: Fisch, Geflügel, in Amphoren Eingelegtes. An der nördlichen Schmalseite des Forum steht der ***Jupitertempel** Ⓖ, der vom Erdbeben 62 n. Chr. stark beschädigt worden war und sich 79 noch im Wiederaufbau befand.

*Lupanar und *Thermen

Auf der Via degli Augustali erreicht man das ***Lupanar** Ⓗ, Pompejis Freudenhaus. Wegen seiner erotischen Darstellungen und obszönen Graffiti darf es erst seit einigen Jahren auch von Frauen besichtigt werden. Es ist

jedoch weit weniger schockierend, als man meint. Das Haus ist in kleine Zimmer eingeteilt, über deren Türen kleine Fresken auf die zu erwartenden Liebesdienste einstimmen sollten.

An der Via dell'Abbondanza trifft man auf die so genannten ***Stabianer Thermen ①**. Diese größte und älteste Badeanstalt der Stadt, in der Männer und Frauen getrennt badeten, war großzügig ausgestattet und besaß sogar ein Schwimmbecken unter freiem Himmel.

Sehenswert sind die Stuckarbeiten und Malereien (im vierten Stil) im Männerbad. Wie alle Thermen besitzen sie mehrere Baderäume (Kalt- und Warmwasserbäder, Umkleideräume, Ruheräume), die von der hoch entwickelten Badekultur der Römer zeugen.

Seite
881

Ⓐ Forum
Ⓑ Apollontempel
Ⓒ Basilika
Ⓓ Bau der Eumachia
Ⓔ Vespasianstempel
Ⓕ Macellum
Ⓖ Jupitertempel
Ⓗ Lupanar
Ⓘ Stabianer Thermen
Ⓙ Foro Triangolare

Ⓚ Samnitische Palästra
Ⓛ Isistempel
Ⓜ Odeon
Ⓝ Teatro Grande
Ⓞ Casa di Menandro
Ⓟ Fassadenmalereien einer Wollweberei
Ⓠ Casa di Loreius Tiburtinus
Ⓡ Casa di Venere

Ⓢ Casa del Centenario
Ⓣ Casa di Lucretius Frontone
Ⓤ Casa delle Nozze d'Argento
Ⓥ Casa dei Vetti
Ⓦ Casa del Labirinto
Ⓧ Casa del Fauno
Ⓨ Casa del Poeta Tragico
Ⓩ Via dei Sepolcri

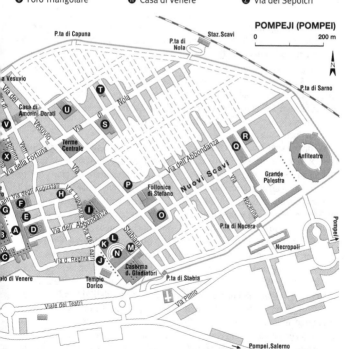

POMPEJI (POMPEI)

Seite
881

Das Odeon von Pompeji bot einst 1000 Zuschauern Platz

Vom Aschenregen überrascht – im Antiquarium von Pompeji

Die Thermen waren beheizt: Durch die eingestürzten Fußböden kann man in die Heißluftkammern blicken.

Am *Foro Triangolare

Am Ende der Via dei Teatri erstreckt sich das ***Foro Triangolare** ❿. Dieser Komplex, einer der eindrucksvollsten Orte der Ruinenstadt, diente schon in vorrömischer Zeit als Kultstätte. In seinem südlichen Teil stand ein griechischer Tempel aus dem 6. Jh. v. Chr., von dem noch Säulen und einige Kapitelle erhalten sind, sowie ein Brunnenhaus (2. Jh. v. Chr.). Die vier Säulen am nördlichen Ende, das **Propyläum**, stammt hingegen aus römischer Zeit.

Rechts daneben sieht man den kleinen Säulenhof einer **samnitischen Palästra** ⓚ. Hier wurde die vornehme Jugend Pompejis erzogen. Nach dem Erdbeben von 62 entstand auf einem Teil der Palästra ein ***Isistempel** ❶ auf hohem Podium: Der ägyptische Isiskult war in Pompeji hoch angesehen. Ein kleiner, stuckverzierter Bau im Inneren führt zu einem unterirdischen Becken hinab, in dem Weihwasser aus dem Nil aufbewahrt wurde.

Die in den anschließenden Priesterräumen gefundenen Fresken wurden ins Nationalmuseum nach Neapel überführt (s. S. 840). Inmitten des Gebäudekomplexes lagen zwei Theater. Das kleinere, das sog. ***Odeon** oder **Teatro Piccolo** ⓜ, wurde um 80 v. Chr. erbaut und fasste etwa 1000 Zuschauer. Die Stufen des Halbrunds sind fast vollständig erhalten.

Das anschließende, 220 v. Chr. im griechisch-hellenistischen Stil errichtete ***Teatro Grande** ⓝ bot 5000 Zuschauern Platz und diente u. a. für Gladiatorenkämpfe. In der Orchestra, dem der Bühne vorgelagerten Boden, waren Becken eingelassen, so dass das Theater zeitweise geflutet werden konnte.

Im östlichen Ausgrabungsgelände

Weiter östlich erreicht man mit der ***Casa di Menandro** ⓞ eines der repräsentativsten Häuser von Pompeji. Das herrschaftliche Stadthaus war über 300 Jahre hinweg bewohnt und mehrfach umgebaut worden, wie die hervorragenden Malereien im zweiten und vierten Stil beweisen. Das kleine, stuck- und mosaikverzierte Privatbad hat die Jahrhunderte gut überstanden.

Die ***Via dell'Abbondanza,** die Hauptgeschäftsstraße von Pompeji mit Handwerksläden, Garküchen, Schankstuben, Webereien, Färbereien und Bädern, zieht sich vom Forum bis ans Ende des Ausgrabungsareals. Ins schwarze Basaltpflaster sind in Abständen Trittsteine eingelassen, damit die Fußgänger trockenen Fußes über die Straße kamen. In einer ihrer Seitenstraßen sieht man unter Schutzdächern Fassadenmalereien einer **Wollweberei ℗**, darauf u. a. die Venus Pompeiana, deren Wagen von vier Elefanten gezogen wird.

Eines der größten Anwesen Pompejis ist die ***Casa di Loreius Tiburtinus ⓞ**. Beim Anblick des herrlichen Gartens mit Portikus, Pergola und einem Kanal mit Brückchen und Statuetten zur Seite wird der frühere Luxus wieder lebendig. Gleich daneben wartet die **Casa di Venere ⓡ** mit der eindrucksvollen Darstellung einer Venus in einer Muschel aus der Spätzeit Pompejis auf.

In einer Mulde versteckt liegt das ***Amphitheater**. Das Riesenstadion für 20 000 Menschen ist das älteste erhaltene Amphitheater (um 80 v. Chr.). Im Jahr 59 n. Chr. soll es hier zu blutigen Kämpfen zwischen den Zuschauern gekommen sein. Das Amphitheater wurde daraufhin für zehn Jahre geschlossen.

Der Norden des Areals

Eine Reihe von berühmten pompejischen Häusern ist im Norden zu besichtigen. Teilweise sind deren kostbare Malereien noch vor Ort zu sehen. Die **Casa del Centenario ⓢ** ist ein großes Gebäude mit zahlreichen Tier- und Landschaftsmalereien. Die **Casa di Lucretius Frontone ⓣ**, eines der am besten erhaltenen Häuser des dritten Stils, liegt in einer Seitenstraße der Via di Nola: U. a. zieren Medaillons mit schwebenden Erosfiguren die Wände.

Noch bis in die vorrömische Zeit reicht die **Casa delle Nozze d'Argento ⓤ** zurück, in der Malereien des zweiten und vierten Stils zu sehen sind.

Das wohl berühmteste Haus des Ausgrabungsgeländes ist die ***Casa dei Vetti ⓥ** aus den letzten Jahrzehnten Pompejis, die üppig mit Wandmalereien ausgestattet ist. Besitzer waren zwei durch Weinhandel reich gewordene Brüder. Am Eingang rechts zeigt ein pikantes kleines Fresko einen Priapus (Fruchtbarkeitsgott) mit einem Riesenphallus, den er kaum zu halten vermag. Um das Atrium herum gruppieren sich die ausgemalten Räume: links ein in Gelb gehaltener Raum,

2

Seite 881

Die vier Stile der Wandmalerei

Die eigentliche Blütezeit der Stadt dauerte zwar nicht länger als 160 Jahre; trotzdem unterscheidet man vier aufeinander folgende pompejische Stile und Moden: Zum **ersten Stil** (bis 80 v. Chr., vorrömische Zeit) werden plastische Wanddekorationen, Stuckarbeiten und Mosaike gerechnet, die meist ohne figürliche Darstellung sind. Der **zweiten Stil** (bis 20 v. Chr.) bringt eine perspektivisch-illusionistische Gestaltung der Wandmalerei und große

Freskenzyklen wie in der Villa dei Misteri. Mit dem **dritten Stil** (bis 50 n. Chr.) treten Landschaftsbilder und mythische Darstellungen an die Stelle architektonischer Perspektiven. Manieristische, räumlich-illusionistische Wandmalerei mit Fabelwesen und dekorativen Girlanden gewinnen mit dem **vierten Stil** wieder die Oberhand (ab 50 n. Chr.). Allen vier Stilepochen gemein ist die Verwendung des weithin berühmten pompejischen Rots.

2

Seite
881

Erotisches Kabinett: Fresko im Venereum der Casa dei Vetti

wo unter einem Fries mit Fischen und mythologischen Szenen die verlassene Ariadne sowie Hero und Leander zu erkennen sind. Im benachbarten weißen Raum faszinieren das Abbild des Zeus sowie der Leda mit dem Schwan; ein weiterer Raum ist ebenfalls mit mythologischen Wandmalereien ausgestattet. Danach betritt man das Peristyl, einen schönen säulenumstandenen Innengarten mit Statuetten, Becken und Tischen. Der große Raum an der Schmalseite birgt die berühmtesten Motive: Auf einem schwarzen

Fries sind Amoretten bei der Verrichtung alltäglicher Arbeiten dargestellt, in der Mitte der Felder legendäre Liebespaare. Dominierend sind die Farben Pompejisch-Rot und Schwarz.

Hinter einem kleineren Peristyl liegt ein weiterer reich ausgestatteter Salon. Auf großen roten Feldern führt Dädalus der Pasiphaë die künstliche Kuh vor, wird Ixion seiner Freveltaten wegen von Hera an das hölzerne Rad gebunden, findet Dionysos die schlafende Ariadne. Theatermasken und Getreideflechten runden die Gemälde ab. Über das Atrium gelangt man in ein kleines Nebenatrium, hinter dem die Küche lag, sowie ein mit erotischen Darstellungen ausgemaltes *Venereum* (Venusheiligtum).

Das Nachbarhaus, die **Casa del Labirinto** ⓦ aus samnitischer Zeit, bewahrt Malereien des zweiten Stils und ein Bodenmosaik, auf dem Theseus und Minotaurus dargestellt sind. Gegenüber liegt die ***Casa del Fauno** ⓧ, das größte Haus Pompejis, das mehrere Innenhöfe *(Atrien)*, einen Obstgarten, vier Speisezimmer *(Triklinien)* und eine Reihe weiterer Räume besitzt. Hier und in den beiden Flügeln

Archäologen auf der Jagd

Die Wiederentdeckung Pompejis erfolgte um 1600, doch richteten die ersten Archäologen Schaden dadurch an, dass ihr Interesse nicht der Freilegung der Stadt galt, sondern hauptsächlich der Bergung der begehrten Antiquitäten. Die ausgegrabenen Häuser wurden danach oft einfach wieder zugeschüttet. Die kostbaren Vasen, Statuen und Fresken hingegen wanderten in die Sammlungen der Fürstenhäuser, die später als Vermächtnisse nach und nach dem Nationalmuseum von Neapel zugingen, wo heute die wichtigsten Kunstwerke zu besichtigen sind (s. S. 840). Erst bei den *Scavi Nuovi* (neuen Ausgrabungen, seit 1911) beschloss man, die Funde an Ort und Stelle zu belassen. Dieser Teil der Ausgrabungen ist deshalb besonders faszinierend, da er ein vollständiges Bild des verschütteten Pompeji wiederzugeben vermag.

zu Seiten des ersten Atriums wurden einige der schönsten Mosaiken gefunden, darunter die »Alexanderschlacht«, heute im Nationalmuseum von Neapel (s. S. 840). Auch das Original der Bronzestatuette, ein tanzender Faun, von dem das Haus seinen Namen hat, ist dort zu besichtigen. Berühmt ist das Bodenmosaik im Eingang der ***Casa del Poeta Tragico ⓥ**: ein Kettenhund mit der Inschrift »Cave canem« (Vorsicht vor dem Hund).

Vor den Stadtmauern

Außerhalb der eigentlichen Stadt liegt die ***Via dei Sepolcri ②**, die Gräberstraße, wo die Toten begraben wurden. Gräber und Mausoleen sind reich mit Marmorarchitraven, Reliefs und Statuen geschmückt.

Eine der wenigen erhaltenen Vorstadtvillen Pompejis und gleichzeitig eines der sehenswertesten antiken Baudenkmäler ist die ***Villa dei Misteri** am nordwestlichen Rand des Areals. Ihren Namen verdankt sie den reichen Wandmalereien, die dem Dionysos-Kult und seinen Mysterien gewidmet sind. Im ehemaligen Speisesaal werden die Mysterien in einer 17 m langen, fast lebensgroßen Szenerie vor Augen geführt. Für viele ist dieser ****antike Freskenzyklus** der Brauteinweihung das Schönste, was Pompeji zu bieten hat.

i **Azienda Autonoma di Turismo,** Via Sacra 1, Tel. 08 18 50 72 55, Fax 08 18 63 24 01, www.uniplan.it/pompei/azienda

Bahnverbindung: Mit der »Circumvesuviana« von Neapel aus.

Villa Laura, Via della Salle 13, Tel. 08 18 63 10 24, Fax 08 18 50 48 93. Helles, freundliches Haus. ○○

2

Seite **881**

Die Brauteinweihung: Freskenzyklus in der Villa dei Misteri

▮ **Bristol,** Piazza V. Veneto 1, Tel. 08 18 50 30 05, Fax 08 18 63 16 25. Bequemes, terrassenreiches Haus mit sehr freundlichem Service. ○○
Campingplatz: Zeus, Villa dei Misteri, Tel. 08 18 61 53 20, Fax 08 18 50 87 78. Beim Ausgrabungsgelände gelegen.

Il Principe, Piazza B. Longo 8, Tel. 08 18 50 55 66. Elegantes Feinschmeckerlokal im Zentrum des Ortes Pompei. ○○○
▮ **Zi Caterina,** im Zentrum, Tel. 08 18 50 74 47. Mit Holzofen für Pizza und reichem Weinangebot. Di Ruhetag. ○○

Tipp Im Juli/August werden in den Amphitheatern Pompejis Musikfestspiele mit renommierten internationalen Musikern abgehalten. Die **Concerti Panateneici** sind sehr gefragt. Termine und Karten deshalb rechtzeitig (mehrere Monate vorher) über die Azienda Autonoma di Turismo bestellen.

Tour 3

Durchs Land, wo die Zitronen blühn

***Neapel → Castellammare di Stabia → *Sorrento → **Positano → *Amalfi → **Ravello → Paestum (ca. 155 km)

Wie Fischschuppen glänzen die bunten Majolikakacheln auf den runden Kuppeln der Amalfitana im Sonnenlicht. Auf dem gepflasterten Kirchplatz, der über dem unendlichen tiefblauen Meer zu schweben scheint, spielen schwarzlockige Dreikäsehochs lärmend Fußball. Der Ball rollt auf zwei ältere Männer zu, die auf einem Mäuerchen am Treppenabsatz in ein Gespräch vertieft sind.

Blitzschnell streckt einer der Männer den Fuß nach dem Ball aus und kickt ihn dem dankbar grinsenden Jungen wieder zu. Wie leicht hätte der Ball die Treppe hinunterrollen können; und dann hätte man ihm wieder nachjagen müssen, die endlosen Stufen, die unzähligen steilen Treppchen hinunter, zwischen den Terrassengärtchen hindurch, bis ans Wasser.

Die Tour führt an eine der schönsten und steilsten Küsten des Mittelmeeres. Zwischen Positano und Vietri fällt das Land in zuweilen dramatischen Felsabstürzen ins Meer hinab, nur von der üppigen Gartenvegetation gemildert. Eine Bucht folgt der anderen. In zahlosen Kurven schlängelt sich die schmale Straße auf halber Höhe den Hang entlang und gibt herrliche Ausblicke frei. Man kommt nur langsam voran: Deshalb sollte man sich für ei-

Seite 891

ne Fahrt über die Sorrentinische Halbinsel zur amalfitanischen Küste (85 km) einen, besser aber zwei bis drei Tage Zeit nehmen. Einen weiteren Tag beansprucht der Ausflug in die antike Tempelstadt Paestum.

Von Neapel nach Sorrento

Man verlässt Neapel über die A 3 Richtung Salerno und nimmt kurz vor der Ausfahrt Pompeji die Abzweigung nach **Castellammare di Stabia** ⑰ (23 km). Die Stadt (70 000 Einw.) liegt an einer flachen Bucht unterhalb des Monte Faito und ist, obwohl antiken Ursprungs, heute ein modernes Industriezentrum. Man sollte sie daher am besten auf der schönen Strada Panoramica umfahren. Sie führt nahe am wundervollen Park der **Villa Quisisana** vorbei, ursprünglich ein von Karl von Anjou errichtetes Kurschloss (1310), das im 19. Jh. zu einem Kurhotel umgebaut wurde.

Ein Abstecher (12 km, Mautgebühr) führt zu dem 1131 m hohen Aussichtsberg ***Monte Faito** ⑱, von wo der Blick über die Halbinsel und den Golf reicht. Auf den Gipfel kann man auch mit einer Seilbahn gelangen, die im Zentrum Castellammares von der Piazza Stazione (Bahnhof) aus aufsteigt.

Die Straße verläuft weiter nach **Vico Equense** ⑲ (15 km), einer Kleinstadt auf einem ins Meer ragenden Tuffsteinblock. Bei Vico beginnt der ruhige, weitgehend unzerstörte Küstenabschnitt, der die Halbinsel berühmt machte. Strände zu Füßen des Felsens laden zum Baden ein.

Hinter dem nächsten Tuffsteinkap liegen auf einer Hochebene die locker besiedelten Ortschaften Piana und Sant'Agnello, bereits Vororte von Sorrento (Sorrent), dessen Zentrum man nach 11 km erreicht hat.

*Sorrent: auf der eleganten Aussichts-
terrasse des Bellevue ...*

*Sorrento ⑳

Die Stadt (15 000 Einw.) liegt am Ran-
de der steil ins Meer abbrechenden
Hochebene. Der Blick geht auf den
Golf, der Vesuv liegt direkt gegenüber.
Prunkvillen, Nobelhotels aus der Belle
Époque und gepflegte Uferpromena-
den bestimmen das Stadtbild. Apfelsi-
nen- und Zitronenplantagen zieren
Gärten und Umgebung.

Sorrent wurde von den Griechen
gegründet, dann von den Römern erobert und war bereits in der Antike eine beliebte Sommerfrische der Aristokratie. Im 18. und beginnenden 19. Jh.
entdeckten englische Dichter die
Stadt, die seitdem begehrtes Ziel nordischer Italienreisender ist.

Zentrum des Ortes ist die **Piazza
Torquato Tasso,** so benannt nach dem
berühmten Renaissancedichter (1544
bis 1595), der hier geboren wurde. An
der Ecke Via Giuliani/Via Cesareo
steht der **Sedile Dominova,** einstiges
Versammlungsgebäude des Stadtadels. Heute ist es im Besitz eines Ar-
beiterzirkels. Es ist das einzige erhaltene Exemplar einer für die Golfregion
im 15. Jh. typischen Bauform. Spätere
Zutaten sind die Loggia aus dem
16. Jh. und die Majolikaverkleidung
der Kuppel aus dem 17. Jh.

Auf der Piazza Gargiulo steht der
Franziskanerkonvent **San Francesco**

*... oder im Renaissance-Ambiente
des Sedile Dominova*

mit schönem Holzportal aus dem
16. Jh. Sehenswert ist im Innern ein
reizvoller kleiner Kreuzgang mit gotischen Spitzbogen (13. Jh.). Der angrenzende frühere Klostergarten, die
heutige ***Villa Comunale** ist wohl einer der schönsten Stadtparks, die es
gibt. Von einer Aussichtsterrasse
blickt man über den Golf, der Vesuv erhebt sich im Hintergrund.

Über die Via Correale gelangt man
zum ***Museo Correale di Terranova** in
einem Adelspalast (17. Jh.). Es enthält
griechische und römische Skulpturen
sowie eine bedeutende Sammlung
der *arti minori* (Kunsthandwerk): Majoliken, Möbel, Uhren aus dem 17. und
18. Jh. sowie Andenken an den Dichter
Torquato Tasso (tgl. außer Di
9–14 Uhr).

ℹ Azienda Autonoma, Via L. de
Maio 35, 80067 Sorrento,
Tel. 08 18 07 40 33, Fax 08 18 77 33 97,
www.sorrentum.com

Fährverbindungen: Tragflügelboote
nach Neapel und Capri.

3

Seite
891

Bahnverbindung: Bahnlinie »Circum-vesuviana« von Neapel nach Sorrent.
Busverbindungen: Nach Massalu-brense, Sant'Agata, Positano, Amalfi. Abfahrt Stazione Circumvesuviana.

Sorrento ist mit Hotels sehr gut ausgestattet, es gibt eine Reihe von schönen Häusern aus dem letzten Jahrhundert. Viele Betriebe sind jedoch von Reiseveranstaltern gebucht, und etwa die Hälfte ist außerhalb der Saison geschlossen.

■ **Excelsior Vittoria,** Piazza T. Tasso 34, Tel. 08 18 07 10 44, Fax 08 18 77 12 06, www.exvitt.it Ganzjährig. Traditionsreiches Haus mit Freskendecken, Stuck und höchstem Komfort. ○○○

■ **Imperial Tramontano,** Via Vittorio Veneto 1, Tel. 08 18 78 25 88, Fax 08 18 07 23 44, www.tramontano.com. Mitte März–Dez. Altes Palasthotel, zum Teil in Tassos Geburtshaus (16. Jh.). ○○○

■ **Bellevue Syrene,** Piazza della Vittoria 5, Tel. 08 18 78 10 24, Fax 08 18 78 39 63, www.sorrentopalace.it. Ganzjährig. Klassizistischer Bau mit herrlicher Aussichtsterrasse im pompejischen Stil. Halbpension. ○○○

■ **La Tonnarella,** Via del Capo 31, Tel. 08 18 78 11 53, Fax 08 18 78 21 69. Ganzjährig. Altes Haus am Meer, ruhig im Grünen. Vollpension. ○○

■ **Desiree,** Via del Capo 31 bis, Tel. und Fax 08 18 78 15 63. Mitte März bis Okt. Neben »La Tonnarella« gelegen. Nur Zimmer mit Frühstück. ○

Private Jugendherberge:
Ostello delle Sirene, Via degli Aranci 160, Tel. 08 18 07 29 25, Fax 08 18 77 13 71, www.hostel.it

Campingplatz: Nube d'Argento, Via Capo 21, Tel. 08 18 78 13 44, Fax 08 18 07 34 50. Tolle Lage oberhalb der Marina Grande.

Caruso, Via Sant'Antonino 12, Tel. 08 18 07 31 56. Ein Feinschmeckerlokal im Stadtzentrum. ○○○

■ **O'Parrucchiano,** Corso Italia 71, Tel. 08 18 78 13 21. Traditionsreiches Restaurant, mit Pavillons inmitten eines Zitrusgartens. ○○

■ **Lo Sperone,** Via Talagnano 5, Tel. 08 18 07 19 29. Kleines Lokal in einem Bauernhof mit eigenen Produkten. ○

Tipp Am ersten Sonntag im Juli große **Bootsprozession,** 26. Juli **Festa di Sant'Anna,** 17. September **Marienfest mit Jahrmarkt.**

Sorrent ist berühmt für Holzintarsien, meist auf sehr zierlichen Möbeln. Wer ein solches Möbel erstehen will, sollte sich die Einlegearbeit zuvor gut ansehen: Zuweilen verbirgt der Klarlack nur eine Papierfolie!

Massa Lubrense ㉑

Die eigentliche Tour führt nun weiter über die Strada Statale 145 nach Positano. Durch eine Rundfahrt (11 km) über die Spitze der **Sorrentinischen Halbinsel** kann man die Route je nach Zeit auch verlängern. Der Weg verläuft von Sorrento auf der Landstraße längs der Küste in Richtung Massa Lubrense. Die kleine mittelalterliche Stadt ist ein umtriebiges Ferienziel. Im alten Stadtkern erhebt sich auf der Piazza Vescovado der Bischofspalast mit schöner Stuckfassade aus dem 18. Jh. Im ehemaligen Fischerdorf **Marina della Lobra** zu Füßen des Ortes steht die Kirche **Santa Maria di Lobra** mit bunten Majolikakuppeln und hübschem, kleinen Kreuzgang im angrenzenden Kloster.

3

Seite 891

Piccolo Paradiso. Oberhalb der Marina della Lobra mit Terrasse. Tel. 08 18 78 92 40, Fax 08 18 08 90 56, www.piccolo-paradiso.com ⃝⃝
Campingplatz: Conca Azzura, 1 km vor Massa Lubrense, Tel. 08 18 78 96 66, Fax 08 18 08 91 20, www.seaclub.it. Hotel und schöner Campingplatz mit hohem Standard.

Sant'Agata sui Due Golfi ㉒

Von dem knapp 400 m hoch liegenden Ferienort bietet sich ein schöner Blick über die Golfe von Neapel und Salerno, ganz besonders, wenn man zum Desserto hinaufwandert (20 Min.).

 Ristorante Don Alfonso, Corso Sant'Agata 11, Tel. 08 18 78 00 26 (reservieren!). Regionaltypische Küche mit Zutaten aus eigenem Anbau, große Auswahl edler Weine. ⃝⃝⃝

Wo die Sirenen singen

Ein Eselsweg führt vom Dorf Termini zur **Punta della Campanella.** Bei dem etwa 40-minütigen Spaziergang an die äußerste Spitze der sorrentinischen Halbinsel taucht man ein in die sagenhafte Welt der Sirenen. Capri liegt zum Greifen nahe: Nur 6 km trennen es vom Festland. Der Sage nach sollen hier, in den felsigen Buchten der Punta Campanella, die Sirenen gehaust haben, märchenhafte Geschöpfe, halb Tier, halb Frau, die so verführerisch sangen, dass die vorbeifahrenden Seeleute das Navigieren vergaßen und ihre Schiffe an den Klippen zerschellten.

Das gute Olivenöl von Massa Lubrense und weitere Spezialitäten findet man in der **Salumeria Persico,** Via IV Novembre 3.

**Positano ㉓

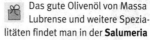

In Sant'Agata stößt man auf die berühmte »Straße des Blauen Bandes«, auf der man nach kurven- und panoramareicher Fahrt Positano (3200 Einw.), 65 km von Neapel, erreicht. Die reizvolle kleine Stadt schmiegt sich steil an einen Hang: Kaskadengleich fällt die Front der kubischen, weißrosa und gelb getünchten Häuser zum Meer ab. Aus der Innenstadt ist der Verkehr großteils verbannt; Gassen, Treppen und Torbogen dienen als Verbindungen.

Auch Positano wurde im Mittelalter als Seefahrerstadt gegründet und stand in lebhafter Rivalität zum damals mächtigen Amalfi. Wegen seiner exponierten Lage musste es sich oft gegen Sarazenenüberfälle wehren. Vom Land her war Positano (wie die anderen Küstenstädte) bis Anfang des letzten Jhs. nur über Maultierpfade zu erreichen. Um die Jahrhundertwende wurde der malerische Ort von ausländischen Künstlern entdeckt, die hier überwinterten. Er zog die Schriftsteller John Steinbeck und Stefan Andres ebenso in seinen Bann wie den Regisseur Franco Zeffirelli oder den Architekten Le Corbusier.

Die Häuser sind in der typischen Küstenarchitektur gehalten: schachtelförmig, teils mit flachen Kuppeldächern und Terrassen über kleinen Portici. Die Pfarrkirche **Santa Maria Assunta** mit grün schillernder Majolikakuppel liegt nahe der **Marina Grande,** dem alten Fischerhafen. Positano lebt heute nicht mehr von der Fischerei, sondern ist zu einem äußerst fre-

3

Seite 891

Die Amalfitana ist berühmt für ihre aromatischen Zitronen und Tomaten

Schick, verschachtelt und legendär: der Badeort Positano

quentierten eleganten Ferienort herangewachsen.

i **Azienda Autonoma,** Via del Saracino 4, 84017 Positano, Tel. 0 89 87 50 67, Fax 0 89 87 57 60, www.positano.it

Schiffsverbindungen: Im Sommer Touristenboote nach Capri, Amalfi.
Busverbindungen: Linienbusse entlang der Küstenstraße nach Salerno und Sorrento.

Positano und der angrenzende Küstenstreifen bieten zahlreiche Unterkünfte jeder Preisklasse. Viele Hotels schließen jedoch außerhalb der Saison.

▌ **Palazzo Murat,** Via dei Mulini 23, Tel. 0 89 87 51 77, Fax 0 89 81 14 19, www.palazzomurat.it. Ostern–Okt. Schöner alter Adelspalast mit wundervollem Hof. Alles im alten Stil. ○○○
▌ **San Pietro,** Via Laurito 2, Tel. 0 89 87 54 55, Fax 0 89 81 14 49,

www.ilsanpietro.it. Apr.–Okt. Super-Luxus-Hotel, an der Küstenstraße terrassenförmig in einen steil ins Meer abfallenden Felsen gebaut. ○○○
▌ **Savoia,** Via C. Colombo 73, Tel. 0 89 87 50 03, Fax 0 89 81 18 44, www.savoiapositano.it. Ostern–Okt. Im Stadtzentrum, mit Kuppeldecken und Majolikaböden. ○

Chez Black, Via Brigantino 19, Tel. 0 89 87 50 36. Terrasse mit Meeresblick, vorzüglicher Fisch. ○○
▌ **Il Capitano,** Via Pasitea 119, Tel. 0 89 81 13 51. Elegant Speisen auf einer Terrasse über dem Meer. ○○○

Tipp Am 15. August findet die **Sarazenenschlacht** auf dem Wasser statt, Feuerwerk inklusive.

Sport: Die amalfitanische Küste zwischen der Punta Campanella und Positano ist ein Dorado für Taucher wegen ihrer vielen unterirdischen Grotten. Nach einem Führer kann man sich bei der Azienda Autonoma erkundigen.

Tipp Von den steil aufsteigenden Felsgipfeln über Positano finden regelmäßig Wettflüge im **Drachenfliegen** statt, mit Landung an der Marina Grande. Information bei der Azienda Autonoma.

3

Seite **891**

Praiano ㉔

Auf kurvenreicher Straße erreicht man das am Hang liegende ehemalige Fischerdorf, heute Ferienort. Eine steile Rampe führt hinunter nach **Marina di Praia,** dem am Ausgang einer Schlucht gelegenen Fischerhafen, wo heute Restaurants auf Gäste warten.

Tritone, 84010 Vettica Maggiore, Tel. 0 89 87 43 33, Fax 0 89 87 40 41. Mitte Apr.–Okt. Großzügiges Haus auf einem Felsen über dem Meer, Privatstrand. ○○○

▮ **Le Sirene,** 84010 Vettica Maggiore, Tel. und Fax 0 89 87 40 13. Ostern bis Okt. Kleines Familienhotel in schöner Lage über dem Meer. Nur über Treppen zu erreichen. Alle Zimmer mit Meeresblick, Halbpension. ○○

Onda Verde, Via Terramare 3. Tel. 0 89 87 41 43, Fax 0 89 81 3 19 49, www.ondaverde.it Kleines Hotel über dem Meer mit einfacher, schmackhafter Kost.Febr.–Nov. ○○

*Grotta dello Smeraldo

Hinter Praiano öffnen sich weitere tiefe Schluchten im Berghang; sie werden *Valloni* genannt. Der imponierendste ist der **Vallone di Furore**. An die senkrecht aufsteigenden Wände der Schlucht krallen sich uralte kleine Fischerhäuser (heute verlassen). Wenig später weitet sich die Straße zu einem Platz, von dem aus man über eine Treppe (oder per Aufzug) zur ***Grotta dello Smeraldo** (Smaragd-Grotte) hinuntersteigen kann. Die Tropfsäulen dieser mit Meerwasser gefüllten Höhle (60 mal 30 m) erreichen eine Höhe von bis zu 10 m. Das hereindringende Licht verleiht der Grotte einen smaragdgrünen Schimmer (April–Okt. tgl. 9–17 Uhr, Nov.–März tgl. 10–16 Uhr).

Ausflug von Vettica ㉖

Die Straße windet sich nun um den Capo di Conca herum, passiert den Ferienort **Conca dei Marini** ㉕, ein weiteres ehemaliges Fischernest und erreicht Vettica.

Von hier aus bietet sich ein Abstecher ins Hinterland an (25 km). Kurz hinter Vettica steigt in engen Serpentinen eine Straße hinauf nach **Agerola** ㉗. Auf dem Weg dorthin fährt man an den uralten, in den Felsen gebauten Häuschen von **Furore** vorbei. Von Agerola, einer Streusiedlung auf einer Hochebene, führt eine ca. 4 km lange Straßenschleife zum Ortsteil **San Lazzaro** auf der sog. *Punta,* einer natürlichen Terrasse, die einen grandiosen Blick über die gesamte amalfitanische

Seite 891

3

Küste bis hin nach Capri freigibt. Auf einer Verbindungsstraße gelangt man zurück zum Ortseingang von Agerola, wo man wieder auf die Serpentinenstraße hinunter nach Vettica stößt.

*Amalfi ㉘

Bereits nach 2 km erreicht man Amalfi (6000 Einw.), 83 km. Die berühmte kleine Stadt liegt an den Hängen eines zum Meer hin geöffneten Steiltals namens **Valle dei Mulini** (s. unten).

Der Überlieferung nach wurde Amalfi um 320 n. Chr. von schiffbrüchigen Römern gegründet, die sich auf dem Weg nach Konstantinopel befanden: Eben zu dieser Zeit verlegte Kaiser Konstantin den Sitz der Reichshauptstadt des Imperiums von Rom nach Byzanz. Die Stadt war eine Weile unter byzantinischer Herrschaft,

Seite 891

Papier-Nostalgie

Ein Ausflug in das **Valle dei Mulini** (Mühlental) ist eine empfehlenswerte Reise in die Vergangenheit. Der Name rührt daher, dass hier Papiermühlen angesiedelt waren, in denen ein berühmtes handgeschöpftes Papier hergestellt wurde.
Eine dieser Mühlen ist bis heute in Betrieb; sie ist die älteste erhaltene Papiermühle der Welt. Der Besitzer erlaubt, dass man ihm bei der Arbeit zusieht.

Am besten erobert man das Valle dei Mulini zu Fuß: ein pittoresker Spaziergang von ca. 1/2 Stunden auf gut gesichertem Weg entlang des Baches, der einst die Papiermühlen betrieb.

konnte jedoch bald ihre Selbständigkeit erringen. Im 10. und 11. Jh. war Amalfi eine mächtige Seerepublik mit einem Dogen an der Spitze, vergleichbar den Machtzentren Genua, Pisa und Venedig. Ähnlich wie diese verdankte es seinen Reichtum den ausgedehnten Handelsbeziehungen mit dem Orient.

Die Schifffahrtsgesetze der Republik Amalfi, die so genannten *Tabulae Amalphitanae*, waren über Jahrhunderte hinweg maßgeblich für das gesamte Mittelmeer. Gleichwohl war Amalfi die kurzlebigste aller italienischen Seerepubliken. 1131 wurde es von den normannischen Truppen Rogers II. eingenommen und wenig später von den Pisanern geplündert. Danach vergaß man es, bis Engländer vor etwa 100 Jahren das malerische Fischerstädtchen entdeckten.

Das antike und mittelalterliche Amalfi, das direkt am Ufer lag, wurde von Seeunwettern zerstört. Der heutige Ort besteht aus mehrstöckigen, übereinander gebauten und ineinander verschachtelten Häusern. Amalfi ist so eng und steil, dass es nur über Treppengässchen zu begehen ist.

Zu den Hauptattraktionen gehört der ***Dom** nahe dem Hafen. Der Grundbau stammt aus arabisch-normannischer Zeit (13. Jh.), doch nur der ***Campanile** besitzt noch die ursprüngliche Gestalt. Die bunte Fassade ist eine Imitation aus dem 19. Jh., dafür versöhnt aber das bronzene Mittelportal, das im 11. Jh. in Konstantinopel gegossen wurde.

An den Dom schließt sich links der ***Chiostro del Paradiso** mit anmutigem Kreuzgang (13. Jh.) an (9–19 Uhr). Maurische Spitzbogen über Doppelsäulen umschließen den stillen Gar-

An der Costa Amalfitana

3

Seite **891**

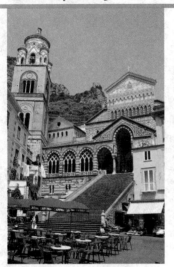

Die prachtvoll bunte Fassade des Doms von Amalfi entstand erst im 19. Jh.

Sommerresidenz der Wohlhabenden: Amalfi

ten. Die kleine Bucht mit schmalem Ufer ist Parkplatz, Hafen, Strand und Fischerhafen. Im **Arsenale della Repubblica,** in das man von der Hafenstraße einen Blick werfen kann, wurden einst Galeeren mit 112 bis 116 Ruderplätzen gebaut.

i Azienda Autonoma,
Corso Roma 19, 84011 Amalfi, Tel. 0 89 87 11 07, Fax 0 89 87 26 19, www.aziendaturismoamalfi.com

Schiffsverbindungen: Während der Saison Ausflugsboote nach Neapel, Capri, Positano.
Busverbindung: Linienbus entlang der Küste nach Salerno und Positano.

Luna Convento, Via P. Comite 33, Tel. 0 89 87 10 02, Fax 0 89 87 13 33, www.lunahotel.it Ganzjährig. Ehemaliges Kloster mit Kreuzgang. ○○○
▮ **Cappuccini Convento,** Via Annunziatella 46, Tel. 0 89 87 18 77,

Fax 0 89 87 18 86, www.hotelcappuccini.it. Ganzjährig. Unterkunft in einem ehemaligen Kloster mit Kreuzgang, um den die Zimmer liegen. ○○○
▮ **Dei Cavallieri,** Via M. Comite 26 (an der Straße Richtung Positano), Tel. 0 89 83 13 33, Fax 0 89 83 13 54. Familiär geführt. Zu empfehlen die Dependancen im Zitronenhain. ○○
▮ **Lidomare,** Largo Duchi Piccolomini 9, Tel. 0 89 87 13 32, Fax 0 89 87 13 94, lidomare@amalficoast.it. Ganzjährig. Altes Stadthaus nahe dem Dom, sehr gepflegt. ○

Caravella, Via M. Camera 12, Tel. 0 89 87 10 29. Fischlokal mit gutem Ruf. ○○
▮ **Cappuccini Convento,** Via Annunziatella 46. Im gleichnamigen Hotel speist man in klösterlichem Ambiente. ○○

Tipp Am 27. Juni findet die **Festa di Sant'Andrea** mit feierlicher Prozession statt.

Entlang des Corso wird der Limoncello in allen Qualitäten verkauft. Kosten sollte man ihn in der **Pasticceria Pansa** an der Piazza Duomo. Gutes aus Zitronen und Orangen – Liköre, Marmeladen und Parfüms – stellt die Fabrik **C.A.T.A.,** Via delle Cartiere 55/57, her.

Von Amalfi aus bieten sich einige schöne, aber meist steile und eher anstrengende **Wanderungen** an, die jedoch durch herrliche Ausblicke belohnt werden. Treppenwege führen nach Ravello, Scala und Pogerola und weiter nach Agerola San Lazzaro. Gutes Schuhwerk ist unerlässlich.

Einen Katzensprung von Amalfi entfernt liegt auf einem Felsenriff über dem Meer ***Atrani.** Der kleine Ort, einer der bezauberndsten Winkel der Küste, gehört zu Amalfi. Bereits zu Amalfis großen Zeiten wohnten hier die Nobelfamilien. In der hiesigen Kirche wurden Amalfis Dogen gekrönt und begraben.

****Ravello** ㉙

Gleich hinter dem Ortsausgang führt eine Straße hinauf nach Ravello (2300 Einw.). Das Städtchen thront in hinreißend schöner Lage auf einer 300 m hohen Terrasse über dem Meer und hat schon viele berühmte Geister der letzten beiden Jahrhunderte bezaubert. Das aus seiner mittelalterlichen Glanzzeit stammende, maurisch geprägte Stadtbild – im 13. Jh. lebten hier 36 000 Einw.! – hat Ravello bis heute weitgehend bewahrt. Einmalig verbinden sich an diesem Ort Kunst, Natur und die Stille herrschaftlicher Gärten.

Die Straße mündet auf der **Piazza del Vescovado,** wo es Parkplätze gibt; der Rest der Stadt ist für den Autoverkehr gesperrt. Über einer breiten Treppe erhebt sich der ***Dom** mit seiner schlichten Fassade. Seine Gründung geht zwar auf das Jahr 1086 zurück, später wurde er jedoch barockisiert. Die Bronzetüren des Portals, ein Werk des Bildhauers Barisano da Trani (1179) aus Apulien, sind im Original erhalten. Szenen aus der Leidensgeschichte Christi sind auf den insgesamt 54 Feldern ebenso zu finden wie Darstellungen von Akrobaten, Sirenen und Gladiatoren. Der (restaurierte) **Campanile** stammt aus dem 13. Jh. Von seinen barocken Zutaten wurde unlängst der Innenraum der Kirche befreit. Antike Säulen aus Paestum tragen die Gewölbe. Wertvollstes Stück ist die mosaikgeschmückte ***Kanzel,** ein Werk des apulischen Meisters Niccolò da Foggia (1272); links davon ist ein kleines Lesepult von 1130 zu erkennen.

Rechts neben dem Dom steht die ****Villa Rufolo,** die Hauptattraktion Ravellos (tägl. 9 Uhr bis 30 Min. vor Sonnenuntergang). Die Villa setzt sich

Ein Meisterwerk: Löwen tragen die mosaikverzierte Kanzel im Dom von Ravello

3

Seite **891**

3

Seite
891

Blütengarten der Villa Rufolo

gedrungenen Turms aus dem 14. Jh. Durch eine Zypressenallee gelangt man zum eigentlichen Palast, dessen ***Innenhof** mit seinen Mosaiken im maurisch-sizilianischen Stil ein Kleinod ist. Dahinter liegt der üppig wuchernde Garten mit bestechender Aussicht auf Küste und Meer.

Fassaden und Turm der Kirche **San Giovanni del Toro** aus dem 12. Jh. sind im sizilianisch-arabischen Stil gehalten. Der Innenraum mit den drei hohen Kuppelapsiden birgt eine mosaik- und freskengeschmückte Kanzel (12. Jh.); die Krypta ist mit Fresken des 13. Jhs. im Stil Giottos ausgemalt.

Am äußersten Ende des Felsplateaus liegt die ***Villa Cimbrone,** die man über die Via San Francesco in einem zehnminütigen Spaziergang erreicht. Die Villa ist ein exklusives Hotel, Kreuzgang und Park können jedoch besichtigt werden (9 Uhr bis 30 Min. vor Sonnenuntergang).

Berühmt ist die Villa wegen ihres ****Parks** mit seinen Aussichtsterrassen, exotischen Gewächsen und romantischen Marmorbüsten.

aus einem Komplex von Gebäuden im sizilianisch-arabischen Stil zusammen, die im ausgehenden 13. Jh. von der reichen Familie Rufolo errichtet wurden. Später wechselte die Villa mehrfach den Besitzer, bis sie 1851 der Schotte Francis N. Reid erwarb, der sie restaurieren ließ. Man betritt die Villa Rufolo durch das Portal eines

Wagner in Ravello

Der 26. Mai des Jahres 1880 spielt in der Geschichte der Villa Rufolo eine wichtige Rolle: An jenem Tag kam der Komponist Richard Wagner zusammen mit seiner Frau Cosima nach Ravello. Das Ehepaar Wagner hatte im Hotel Cappuccini Convento in Amalfi übernachtet und war dann gleich morgens nach Ravello heraufgeritten – auf Eselsrücken. Wagner arbeitete gerade an seiner Oper »Parsifal«, aber er befand sich in einer Schaffenskrise, der zweite Akt wollte ihm nicht gelingen. Als er jedoch in die Villa Rufolo kam mit ihrem verwunschenen Gemäuer und ihren überwucherten Höfen, erkannte er in ihr sofort das, was er suchte. »Klingsors Zaubergarten ist gefunden!«, schrieb der Meister noch am selben Tag ins Gästebuch des Hotels Palumbo. Seitdem fühlt sich Ravello als Wagnerstadt. Es gibt ein Hotel Parsifal, ein Hotel Graal, und alljährlich im Sommer wird der Park der Villa Rufolo zur großen Attraktion für Wagnerfans, die hier internationalen Interpreten der Musik ihres Maestro lauschen.

Kopie des Mittelalters: Kreuzgang der Villa Cimbrone in Ravello

i Azienda Autonoma,
Piazza Duomo, 84010 Ravello,
Tel. 0 89 85 70 96, Fax 0 89 85 79 77,
www.ravello.it/aziendaturismo

Busverbindung: Mehrmals tgl. von
Amalfi aus.

Palumbo, Via Toro 28,
Tel. 0 89 85 72 44, Fax
0 89 85 81 33, www.hotel-palumbo.it
Ganzjährig. Luxushotel im denkmal-
geschützten Palazzo des 12. Jhs., der
viele Berühmtheiten beherbergte
(auch Wagner). ○○○
▌ **Rufolo,** Via S. Francesco 1,
Tel. 0 89 85 71 33, Fax 0 89 85 79 35,
www.hotelrufolo.it. Im alten Stadt-
kern, mit vielen Terrassen. ○○○
▌ **Villa Cimbrone,** Via S. Chiara 26,
Tel. 0 89 85 80 72, Fax 0 89 85 77 77,
www.villacimbrone.it. Apr.–Okt. Im
Flair einer alten Villa inmitten eines
Parks nächtigen. ○○○

Confalone, im Hotel Palumbo.
Märchenhaftes Nobelrestaurant
in Räumen aus dem 12. Jh. ○○○
▌ **Cumpa' Cosimo,** Via Roma 44,
Tel. 0 89 85 71 56. Traditionelles
Familienlokal (auch Pizza) im Zent-

rum, in dem schon Humphrey Bogart
und Ingrid Bergman diniert haben.
Mo Ruhetag. ○○

Tipp Sommerliche **Wagner-Konzerte**
in der Villa Rufolo.
Über Termine und Eintrittskarten
informieren die Azienda Autonoma
sowie Ravello Concert Society,
Tel. 0 89 85 81 49, Fax 0 89 85 82 49,
www.ravelloarts.org.

Nach Cava de' Tirreni ㉝

Die Küstenstraße führt weiter nach
Maiori ㉚ (6000 Einw.). Der typische,
terrassenförmig ansteigende Ort ist
wegen des langen Strandes, wie auch
das im Westen anschließende kleinere
Minori, ein beliebter Badeplatz und in
der Saison entsprechend belebt.

Hinter Maiori wird die Küste noch
einmal steil und wild. Nach dem **Capo
d'Orso** ㉛ fällt der Blick auf die fla-

Seite
891

I due fratelli

Nach zwei Brüdern sind die Felsenriffe vor Vietri benannt, die –
so die Legende – mit ihren Scha-
fen an den Strand kamen und
dort ein schlafendes Mädchen
fanden. Die Wogen schienen es
zu umklammern und rissen ihren
Körper ins windumtoste Meer.
Die Brüder eilten sofort herbei
und stürzten sich in die Fluten, in
denen sie aber samt ihrer Schaf-
herde ertranken. Der Meeres-
könig, dessen unsterbliche Tochter sie unwissenderweise hatten
retten wollen, war von ihrer
selbstlosen Hilfsbereitschaft so
gerührt, dass er ihre Körper in
diese Klippen verwandelte.

In Harmonie vereint: Tempelgelände und Landschaft von Paestum

Seite 891

chen, dicht besiedelten Gestade der Bucht von Salerno.

Bei **Vietri sul Mare** ㉜ (10 000 Einw.), 103 km, erreicht man das Ende der amalfitanischen Küste. Der Ort zeigt sich unter dem Einfluss des nahen Salerno vororthaft-städtisch und ist berühmt für seine Keramik. In der Hauptstraße verlocken die vielen Keramikgeschäfte zum günstigen Kauf der farbenprächtigen Vasen, Teller und Kacheln, die für die gesamte Küsten- und Inselregion so typisch sind und die großzügigen Badezimmer der Hotels verzieren.

Im hoch gelegenen Ortsteil **Raito** erhält man im Keramik-Museum (tgl. außer Mo 9–13 Uhr) einen guten Überblick über das bis ins 17. Jh. zurückreichende Töpferhandwerk der Stadt.

Cava de' Tirreni ㉝

Etwas im Inselinnern liegt, an den steilen Fels geklammert, die **Abbazia della Trinità di Cava** (7 km). Man erreicht die Abtei entweder über Cava de' Tirreni oder über eine Nebenstraße von Marina di Vietri aus. Wallfahrtskirche und Kloster wurden im 11. Jh. gegründet und später barockisiert. Es sind jedoch noch Teile aus der Gründungszeit erhalten, u. a. eine ***Kanzel** (13. Jh.) mit Kosmatenarbeiten, ein Marmorportal (15. Jh.) in der Kirche und ein romanischer Kreuzgang im Kloster (Tel. 0 89 46 39 22, Mo–Sa 9 bis 12.30, So, Fei 9–10.30 Uhr).

Tipp In **Cava de' Tirreni,** einem hübschen Ort mit Laubengängen aus dem 15. Jh., findet jährlich am 7. Juli die **Disfida de' Trombonieri** statt, ein Volksfest mit historischen Umzügen und Wettkämpfen in Kostümen. Es ist eine der schönsten und unverfälschtesten Feste der Region.

i **Azienda Autonoma,** Piazza Ferrovia 5, 84013 Cava de' Tirreni, Tel. 0 89 34 16 05, Fax 0 89 46 37 23, www.cavaturismo.sa.it

***Paestum ㉞

Die von Salerno etwa 1 Std. dauernde Fahrt in die Tempelstadt Paestum kann man entweder über die recht monotone Küstenstrecke zurücklegen oder über die im Landesinnern verlaufende Strada Statale 18.

Geschichte

Aus Sybaris in Kalabrien kommende griechische Kolonisten errichteten hier im 7. Jh. v. Chr. die Stadt *Poseidonia*. Nach zwei Jahrhunderten Blütezeit – zu dieser Zeit entstanden auch die Tempel – wurde der Ort vom kalabresischen Bergvolk der Lukanier eingenommen und hieß von da an *Paistom*. Die griechischen Bewohner wurden versklavt. 273 eroberten die Römer die Stadt. Die Leute aus Paestum gehörten zu den treuesten Anhängern Roms und lieferten Soldaten und Wertgegenstände, etwa in den langwierigen Kriegen gegen Hannibal. Im Gegenzug wurde ihnen von den Römern eine Reihe von Privilegien eingeräumt, z. B. das Recht der eigenen Münzprägung.

Der Untergang Paestums ist den Naturgewalten zuzuschreiben. Das flache Gebiet versandete und versumpfte und wurde zu einer Brutstätte der Malaria. Wegen der Sumpffliege wurde Paestum nicht, wie andere antike Stätten, als Steinbruch ausgeschlachtet. Als man im 18. Jh. die Mündungsebene des Sele trocken legte, fand man zwischen hohen Schilfgewächsen die drei Tempel. Neben dem Athener Parthenon gelten sie als die schönsten und bedeutendsten.

Das südliche Areal

Das Tempelgelände (9 Uhr bis 1 Std. vor Sonnenuntergang) besitzt drei Eingänge . An der *Via Sacra* stehen die Tempel. Die sog. **Basilika** (Ausmaße: 54,30 mal 24,50 m) ist der älteste. Die Archäologen des 18. Jhs. hielten das Bauwerk, da der Giebel eingestürzt war, für eine Markthalle, eben eine Basilika. Die Säulen (je 9 an den Schmalseiten, 18 an den Längsseiten) sind bauchig, die Querbalken ruhen auf archaischen Kissenkapitellen. Man vermutet, dass der Tempel der Hera, Gemahlin des Zeus, gewidmet ist.

Der **Poseidontempel** (59,90 mal 24,30 m) ist der imposanteste und einer der am besten erhaltenen griechischen Tempel überhaupt. Früher glaubte man, er sei Poseidon, dem Gott des Meeres, geweiht. Neuere Forschungen ergaben, dass es sich wie bei der Basilika um ein Heiligtum der Hera handelt. Der 450 v. Chr. entstan-

3

Seite
899

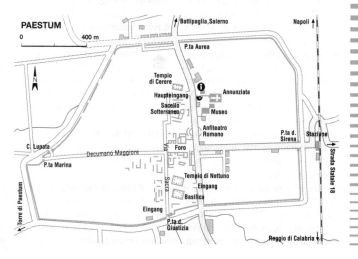

dene Tempel wird Iktinos von Milet zugeschrieben, dem Architekten des Parthenon. Die Säulenkapitelle sind dorisch, Giebel und Architrav fast vollständig erhalten.

Nördlich des Poseidontempels beginnt der römische Teil der Via Sacra. Hier liegt das **Forum,** das in römischer Zeit an der Stelle der *Agora* (griechischer Marktplatz) angelegt wurde. Es weist die typischen (hier verfallenen) Gebäude eines römischen Forums auf: eine *Curia* (Rathaus), Thermen sowie ein Kapitol. Dem Forum gegenüber liegt ein kleines **Amphitheater,** durch das die alte Staatsstraße verläuft.

Das nördliche Areal

An der Via Sacra kommt man zum ***Sacello Sotterraneo,** einem unterirdischen Heiligtum, das in der 2. Hälfte des 6. Jhs. v. Chr. entstanden sein dürfte. In seiner Mitte befindet sich ein kleines rechteckiges Gebäude mit einem flachen Giebeldach, vollkommen erhalten, da es von Beginn an total unter der Erde lag: Nachdem die Weihegaben im Inneren abgelegt worden waren, schüttete man es offenbar wieder zu; einen Zugang gab es nicht.

Der kleinste Tempel mit je sechs Säulen an den Schmalseiten und 13 Säulen an den Längsseiten ist der **Cerestempel** (32,88 mal 14,54 m) am nördlichen Ende der Via Sacra. Er stammt aus dem 6. Jh. v. Chr. und wurde, da man einige Statuetten der Fruchtbarkeitsgöttin Ceres gefunden hatte, als ein ihr geweihter Tempel angesehen. Heute ordnet man ihn der Göttin Athene zu. Der hohe Giebel besaß ein reliefgeschmücktes Traufgesims (im Museum). Über dem quadratischen Sockel im Inneren stand die *Cella* (Raum für das Kultbild). An ihrer Südseite sind drei Gräber aus frühchristlicher Zeit, als der Tempel in eine Kirche umgewandelt wurde, zu sehen.

Die **Stadtmauer** (Rundgang ca. 2 Std.) stammt teils aus griechischer, teils aus lukanischer Zeit und hat einen Umfang von 4750 m (5 und 7 m dick).

Das ****Museum** (tgl. 9–19 Uhr, jeden 1. und 3. Mo im Monat geschlossen) enthält u. a. die einzigen erhaltenen Wandmalereien der griechischen Klassik. Sie waren ursprünglich in der Nekropole von Paestum (noch in Ausgrabung). Die berühmteste Darstellung, das Werk eines in Paestum geborenen griechischen Malers, zeigt den »Tuffatore«, einen Taucher, der gerade einen Kopfsprung macht (5. Jh. v. Chr.). Außerdem zählen Vasen, Statuen, Münzen sowie kostbare Schmuckplatten aus den Tempelgiebeln, so genannte *****Metopen,** zu den Beständen der Sammlung.

i Informationen über Paestum im Internet:
www.comune.capaccio.sa.it
∎ **Azienda Autonoma,** Via Magna Grecia 151, Tel. 08 28 81 10 16, Fax 08 28 72 23 22.

Bahnverbindung: Strecke Neapel–Reggio Calabria *(treno locale).*
Busverbindung: nach Salerno.

Calypso, Via Mantegna 63, Tel. 08 28 81 10 31, Fax 08 28 72 13 84, www.calypso. paestum.com. Familiär, im Grünen gelegen, mit gutem Restaurant. Halbpension. ○
Campingplätze: Rund 25 Campingplätze, meist in Meeresnähe oder in einem Pinienhain.

Ristorante Nettuno, Zona Acheologica – Via Principe di Piemonte, Tel. und Fax 08 28 81 10 28. Traditionsreiches Lokal. Probieren Sie die Crespelle! ○○

3

Seite 899

Trulli und Masserie

Aus Feldsteinen geschichtete Trulli, rätselhafte Rund-
häuser mit kegelförmigen Dächern in Alberobello und
Locorotondo, weiß gestrichene barocke Landgüter
oder riesige Masserie, feudale landwirtschaftliche
Musterbetriebe, setzen Akzente im Landschaftsbild
Apuliens. Dies sind nicht länger nur museale Attraktionen für Fotografen. Traditionsbewusste lokale Projekte,
Regionalförderung und EU-Zuschüsse haben dazu
geführt, dass nicht nur alte Trulli restauriert, sondern
teilweise sogar neue Trulli mit alten Techniken errichtet
werden, Stromanschluss und Badewanne inklusive.

Wohnen in **Trulli**
und **Masserie**

Wohnen auf apulisch

Residieren in der Masseria oder den Charme des Landlebens im Naturstein-
trullo entdecken – gerade die Agriturismo-Landgüter, aber auch Luxusherbergen setzen wieder voll auf den Nostalgietrend, eine erfrischende Alternative zu
den sonst in Süditalien häufigen Betonklotzhotels.

■ **Masseria Santa Lucia,** Ostuni Marina (Brindisi),
Strada Statale 379, km 23,5 (Ausfahrt Costa
Merlata), Tel. 08 31 33 04 18, Fax 08 31 30 40 90,
www.masseriasantalucia.it. Ein Traum in Rosa –
Luxuslandgut mit Riesenpool gleich an der
Adria. ○○—○○○

■ **Castello di Modunato,** Avetrana
(bei Manduria, 3,5 km Richtung Salice Salentino),
Tel./Fax 09 99 70 40 76. Familie Mannarini von
Braun hat in ihre befestigte mittelalterliche
Masseria zwei mit antiken Möbeln eingerichtete
Ferienwohnungen eingebaut.
Man spricht deutsch! ○

■ **Azienda Agrituristica Serra-
gambetta,** Castellana Grotte, Via Con-
versano 204, Tel./Fax 08 04 96 21 81,
www.serragambetta.it. Ländliche Villa
des 19. Jhs. mit Appartements und der
im italienischen Fernsehen berühmt
gewordenen Naturküche von Zia
Nina. ○—○○

Tipp Unter www.valledeitrulli.it
findet man jede Menge
topmodern ausgebauter Wohn-
trulli in Alberobello, Locorotondo
etc. Vermietung im Sommer nur
wochenweise, im Frühjahr und
Herbst auch Wochenend-
pauschalen.

Trulli von innen

Kein Problem in Alberobello, wo Trullo gleichbedeutend mit Laden zu
sein scheint und es Nudeltrulli, Keramiktrulli und siamesische Trulli
gibt. Wer die Architektur der kunstvoll geschichteten Scheinkuppeln
ohne Trubel genießen will, hat zwei Mög-

▮ **Museo del Territorio,**
Alberobello, Piazza
XXVII Maggio, Di–So
10–19.30 Uhr, im Win-
ter kürzer.

lichkeiten: Die Kirche Sant'Antonio wird von
einem Trulloglockenturm überragt, und das
Museo del Territorio am Ende der Oberstadt
Aia Piccola dokumentiert das bäuerliche
Leben in den klimatisch gut abgeschotteten
Trulli in vortouristischen Zeiten.

Feiern wie einst

Musik, Tänze, Trachten, Kochkünste und Handwerk der
Trulli-Bewohner liefern heute den Hintergrund für traditionelle Volksfes-
te in Albero-
bello, bei
denen Einhei-
mische und
Fremde glei-
chermaßen
mitfeiern.

▮ **Festa di S. Antonio,** 13. Juni, Patronatsfest mit Heiligen-
umzug und Orecchiette-(»Öhrchen«-)Nudel-Ständen.
▮ **Città dei Trulli,** 1. August-Wochenende, Folkloregruppen
aus ganz Süditalien spielen auf.
▮ **Festa dei Santi Cosma e Damiano,** rund um den
26. Sept., Prozessionen, Lichterfest und gastronomische
Stände.

Noch zieht es die meisten Deutschen wegen der Traum-
strände von Tropea nach Kalabrien – insgesamt 800 km Küste
warten hier auf Sonnenanbeter, die von Mitte Mai bis Anfang
November ins mindestens 20 Grad warme Wasser hechten
können. Dagegen haben die Italiener in den letzten Jahren die
reizvolle Natur des gebirgigen kalabresischen Hinterlandes
entdeckt, in dem man bis vor kurzem mit Hirten, Holzfällern,
Pilzsammlern und Herden allein war. Besonders in den kalabresischen Nationalparks kann man Wandern in einer ursprünglichen Kulturlandschaft genießen.

Kalabriens Natur –
prickelnd & hautnah

Segeln und Fliegen

Kalabriens Küsten sind ein ausgezeichnetes ausbaufähiges Segelrevier, viel zu
schade, um sie – wie lange geschehen – den Zigarettenschmuggler-Booten zu
überlassen. Die Provinzhauptstadt Vibo Valentia ist idealer Ausgangspunkt für
die seglerische Erkundung der buchtenreichen tyrrhenischen Westküste. Von
hier kreuzt auch der hochseetaugliche Zweimast-Topsegelschoner SY Florette in
einem mehrtägigen Törn hinüber zu den Äolischen Inseln.

Den bestausgebauten Jachthafen der
ionischen Küste besitzt das wenig
attraktive Crotone, von hier aus erreicht man man die reizvollen Segel-
und Tauchreviere am Capo Rizzuto.
Der Alicalabria Volo Club ermöglicht
mit seinen Ultraleichtflugzeugen, die
faszinierende Küstenlinie und das
türkisblaue Tyrrhenische Meer von
oben zu genießen.

■ **Paradise Consult,**
Viko Zelezny, Karmarscherstr. 44,
D-30159 Hannover,
Tel. 05 11/32 79 37,
Fax 05 11/32 98 80, oder
Sport-Scheck, München,
Tel. 0 89/21 66-0.
■ **Ali Calabria Volo Club,** Pino
Pontoriero, P. O. Box 1, 89864
Spilinga (Vibo Valentia),
Tel. 0 96 36 53 36, mobil
34 71 88 91 08.

Tipp Junge italienische Ragazzi trifft
man im **Wild Surf Club Carioca,**
88070 Botricello (Golf von Squillace),
Loc. Botro, Tel. 0 96 16 73 20,
Fax 09 61 96 74 71
(264 Appartements).

Wildwasserrafting

Um die Schluchten des auch im Sommer wasserreichen Lao bei Papasidero zu erkunden, organisieren Primo Galiano und sein Team von Anfang Juni bis Ende August professionelle Schlauchbootfahrten bis zur Einmündung des Argentino-Flusses, die auch für Kinder ab 8 Jahren geeignet sind (Min. 4, max. 24 Pers., ca. 35 € per Person). Im Frühjahr und Herbst versprechen spezielle Wildwasserexkursionen im Oberlauf des Lao prickelndes Abenteuer.

▮ Lao Action Raft, 87029 Scalea, Via Lauro 12, Tel./ Fax 0 98 52 14 76, Mobil 3382236744, www.laoraft.it.

Sila, Pollino und Aspromonte

Kalabriens Naturparks sind nicht mehr nur in Karten eingezeichnet. Junge Kooperativen haben Ernst mit dem Markieren von Wanderrouten gemacht und sorgen für ein kulturelles Gesamterlebnis, das von Erklärungen der süditalienischen Mittelmeerflora bis zu Besuchen von Käsereien, Köhlern und ethnologischen Museen reicht.

▮ Le Pratoline, Scinvolo Campotenese, 0 98 13 39 60. Autobahnnahe Hütte mit Zimmern und Ziegenspezialitäten.

▮ Emanuele Pissara, Città/ Cifti, Tel. 0 98 17 30 43. Der junge sympathische Bergführer führt über die Teufelsbrücke zur schwindelerregenden Via del Peperoncino und erklärt sein albanisches Heimatdorf am Südrand des Pollino.

Infos:

▮ Parco Nazionale dell'Aspromonte, Santo Stefano in Aspromonte, Tel. 09 65 74 30 60, Fax 09 65 74 30 26, enteparcoaspromonte@tin.it.

▮ Parco Nazionale della Sila, Cosenza, Tel. 0 98 47 67 60, Fax 0 98 47 10 93, parco.calabria@tin.it.

Federico Secondo (1194–1250): Kaiser des Heiligen Römischen Reiches Deutscher Nation, König von Sizilien, Muslimfreund und Arabist, der auf seinen Feldzügen Harem und Raubkatzen mit sich führte und bei Dante in die Hölle verbannt wurde: Diese auch heute noch faszinierende Persönlichkeit ist nirgendwo so greifbar wie in Apulien. Zwar wurde Friedrich in Palermo geboren, aber er liebte das Land, nach dem ihn das staunende Deutschland benannte: Kind (puer) von Apulien. 21-jährig wurde er in Aachen zum deutschen König gekrönt. Übrigens: Auf Italienisch schrieb er hinreißende Liebesgedichte, Deutsch sprach er allenfalls stockend.

Das Kind von Apulien –
Friedrich II.

Nicht nur Castel del Monte

Die »Krone Apuliens« (s. S. 952) wird kaum ein Apulientourist auslassen. Doch der Geist Federicos ist auch an anderen Orten präsent: z. B. in der eigenartigen Sarazenensiedlung Lucera, in der die islamische Leibgarde des Staufers den Thronschatz hütete. Das riesige Castello, aus dem die Moslems 1300 vertrieben wurden, wirkt mit seinen gigantischen Außenmauern und riesigen Freiflächen wie ein überdimensionales Zeltlager.

Friedrich als Gewaltmensch? Das erzählen jedenfalls die Ciceroni von Gioia del Colle. Hier soll der rasend eifersüchtige Friedrich seine Geliebte Bianca Lancia während ihrer Schwangerschaft in einem Turm gefangen gehalten haben. Bianca soll ihm den neugeborenen Sohn Manfred zusammen mit ihren abgeschnittenen Brüsten als Beweis der Treue zugesandt haben.

Echte Friedrichfans werden auch seinen von Raubvögeln umschwebten Sterbeort Castelfiorentino, 9 km südlich von Torremaggiore (Foggia) aufsuchen. Bereits 1255 wurde die staufische Stadt von den Anjou zerstört, heute werden die Reste ausgegraben.

▌**Fortezza Lucera,** Di–So 9–14, 15–20 Uhr, Winter kürzer, Gratis-Tel. 8 00 76 76 06.

▌**Gioia del Colle,** tgl. 8.30 bis 19.30 Uhr. Führungen nach tel. Anmeldung 08 03 48 13 05.

▌**Castelfiorentino** frei zugänglich.

Wie sah Friedrich aus?

Rotblond, bartlos, kurzsichtig hätte er als Sklave laut einem islamischen Chronisten »keine 200 Dirhems eingebracht«. Doch Friedrich sah sich anders: Wie ein römischer Imperator zeigt ihn die Büste im Museum von Barletta, die als echtestes Porträt des Kaisers gilt.
▮ **Castello di Barletta,** Mai–Sept. Di–So 9–13, 16–19, Okt.–April Di–So 9–13, 15–19 Uhr.

Friedrich heute

Er ist so lebendig, als wäre er nie gestorben; sein kaiserlicher Auftritt im Internet dient der umfassenden Information der Untertanen. Auch sonst ist der Staufer topaktuell: Nicht nur Wein oder Olivenöl werden gern mit dem Federico-Logo vermarktet, auch prächtige historische Festzüge in Oria und der von ihm gegründeten Sarazenenstadt Lucera präsentieren Friedrich live! Aber auch die Musikindustrie, Tourismusinitiativen, Restaurants oder sogar Badeanstalten schreiben seinen Namen auf ihre Werbefahne.

Oria:
▮ **Corteo Storico di Federico II,**
2. Wochenende August.
Lucera:
▮ **Sarazenenfest,**
14. August.

▮ Herbert Nette, **Friedrich II. von Hohenstaufen,** knapp gefasste rororo-Monographie.
▮ **Friedrich II.-Homepage** im Internet: www.stupormundi.it

Sapori imperiali (kaiserliche Geschmackserlebnisse) verspricht Meisterkoch Giuseppe Ciociola von **La Reggia di Federico II** in Monte Sant'Angelo. Serviert wird in Kostümen der Stauferzeit!
▮ **La Reggia di Federico II,** Via Rago 11, Tel. 08 84 56 52 56.

Zwischen Bergen und Meer

Unterschiedliche Landschaften, vom sanften Sandstrand bis zu schroffen, kargen Gebirgen, ein zuverlässig schönes Wetter, mediterranes Ambiente, ein guter Tropfen und unzählige Gaumenfreuden warten im Süden Italiens auf die Besucher. Apulien, die Basilikata und Kalabrien eignen sich hervorragend für eine Kulturreise, aber auch für Bade- und Wanderurlaub oder schlicht erholsame, anregende Ferien.

Lage und Landschaft

Die drei Mittelmeer-Regionen (ital.: *Puglia, Basilicata, Calabria*) nehmen den Sporn und den Absatz, die Sohle und die Spitze des italienischen Stiefels ein. Im Osten umspült die Adria, im Süden das Ionische und im Westen das Tyrrhenische Meer die Küste. Hier finden sich traumhafte Sandstrände und romantische Fischerdörfer, aber auch überlaufene Badebuchten und architektonisch wenig gelungene Ferienorte. Obwohl die Landzungen nur schmal sind und kein Ort sehr weit

von der Küste entfernt ist, macht das Hinterland, wo kurvenreiche, steil ansteigende Sträßchen in wenig besuchte Bergdörfer führen, vielerorts noch den Eindruck erstaunlicher Abgeschiedenheit.

Den nördlichsten Teil Apuliens bildet die Halbinsel Gargano mit dem gleichnamigen Gebirge, das eine Höhe von über 1000 m erreicht. Südlich schließen sich der Tavoliere di Puglia, eine weite Senke um Foggia, und die fruchtbaren Küstenebenen der Terra di Bari und d'Otranto an. Landeinwärts steigt die Landschaft treppenartig über die verschiedenen Stufen der Murge an, bis sie in der Basilikata ihren höchsten Punkt im Vulkankegel des Monte Vulture (1326 m) erreicht. Im Süden fallen die Murge, unterbrochen von tiefen eindrucksvollen Schluchten, den *gravine*, abrupt in die fruchtbare Ebene um Taranto ab, die sich entlang der Küste bis Metaponto hinzieht. Den ebenfalls zur Region Apulien gehörenden Absatz des Stiefels, den Salento, prägt im Wesentlichen eine sanfte Hügellandschaft.

Wer von Norden her in die Basilikata einreist, trifft auf das Pollino-Massiv, eine über 2000 m hohe Bergkette, die mit immergrünen Kiefernwäldern und niedrigem Gras bewachsen ist. Durch ganz Kalabrien zieht sich der Apennin: Die beiden bedeutendsten Gebirgsstöcke, die Sila im Norden und der Aspromonte im Süden, bestehen vor allem aus Granit und Gneis. Jäh stürzen die Felsen zum Meer hin ab, während die Höhen oft den milderen Charakter grüner Hochflächen haben. Rar sind auch in Kalabrien ausgesprochene Ebenen, von denen es in diesem Gebirgsland nur zwei gibt: Piana di Sibari an der Mündung des Crati an der Ostküste und Piana di Sant'Eufemia bei Lamezia an der Westküste.

Klima und Reisezeit

Der Süden hält, was er verspricht: Von Mai bis September scheint die Sonne, das Meer hat Badetemperatur, und es regnet fast nie. Dieses sehr trockene und heiße Klima lockt Urlauber und Einheimische an die Strände sowie in die Bergwelt Kalabriens und der Basilikata. Während an der Küste die Luft bei bis zu 40 °C flimmert, weht in den höheren Lagen meist ein kühleres Lüftchen, und die Temperaturen sind erträglicher.

Intensives Farbenspiel im apulischen Frühling

Im Herbst wird es hier oben schon kalt, wenn man an der Küste noch baden kann. Das Pollino-Massiv und die Sila sind beliebte Wintersportgebiete. Während dort der Schnee so richtig knirscht, kann man in den tiefer liegenden Regionen seinen Cappuccino im Freien trinken. Der Regenschirm gehört vor allem im Frühjahr und Herbst ins Gepäck, auch wenn die Niederschläge nicht allzu heftig sind. Diese Jahreszeiten sind natürlich besonders für Wanderer ideal. Im Frühjahr verwandeln sich die oft schon im Juni graubraunen Abhänge für wenige Wochen in ein Meer duftender Blüten. Der Herbst hüllt die Kastanienwälder in bunte Farben, Pilzkenner können sich nun auf die Suche machen. Eine Kulturreise kann man das ganze Jahr über unternehmen. Das Winterhalbjahr bietet den Vorteil ungestörteren Kunstgenusses, allerdings sind dann nicht alle Museen geöffnet. Allzu große Angst vor dem totalen Touristenrummel ist hier sowieso unbegründet: So überfüllt wie in Rimini präsentiert sich der Süden ohnehin nur in der Woche um den 15. August, den *ferragosto*. Dann ist ganz Italien auf den Beinen, und das Unterhaltungsprogramm reicht vom Feuerwerk bis zum Jazzkonzert, vom Tanzabend bis zur feierlichen Prozession.

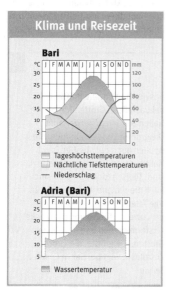

Klima und Reisezeit

Bari

Tageshöchsttemperaturen
Nächtliche Tiefsttemperaturen
— Niederschlag

Adria (Bari)

Wassertemperatur

Natur und Umwelt

Palmen und Bergföhren, duftende Macchia und dichte Kastanienwälder: Die Pflanzenwelt des Südens ist entsprechend den immensen Höhenunterschieden vielseitig. Die Nutzflächen mit Oliven, Wein, Mandeln, Feigen und Obst sowie die herbe Macchia verbreiten mediterranes Flair. In höheren Lagen wachsen Steineichen und Oleaster. Den Apennin bedecken noch teilweise dichte Kastanien- und Buchenwälder. Öd und kahl erscheinen die höchsten Gipfel in der Basilikata und Kalabrien – Bergweiden und Fels bestimmen die Landschaft.

Die abwechslungsreiche Küste ist 1600 km lang. Da sich die Industriekomplexe auf wenige Standorte beschränken, lässt auch die Wasserqualität nichts zu wünschen übrig. Die drei süditalienischen Regionen könnten mit ihrer artenreichen und vielfältigen Flora und Fauna ein wahres Paradies sein. Könnten, denn die Sensibilität der Bevölkerung für den Erhalt ihres Lebensraums scheint nach wie vor noch unzureichend entwickelt zu sein. Dies beginnt mit dem Zurücklassen von Plastikmüll nach dem Familienpicknick an Stränden und auf Wiesen oder der mangelnden Versorgung mit Kläranlagen und gipfelt im *abusivismo*. Der Begriff bezeichnet die verbreitete Unsitte, dass jeder baut, wo und was er will, mit oder ohne Genehmigung. Die Städte wuchern dadurch planlos in alle Richtungen, lange Küstenabschnitte wurden durch das wilde Bauen völlig verschandelt.

An den Anblick halbfertiger Häuser und aufgegebener Bauruinen muss man sich im ganzen Mezzogiorno gewöhnen. Oft sind aber auch große Unterschiede zwischen nahe beieinander liegenden Orten festzustellen, denn immer mehr Einzelne engagieren sich.

Der erste Nationalpark in den drei Regionen, der **Parco Nazionale della Calabria,** mit 12 690 ha Fläche entstand bereits im Jahr 1968. Zunehmend besser erschlossen und ausgeschildert ist das Naturschutzgebiet **I Giganti della Sila.** Hier wie auch im **Aspromonte-Nationalpark** (76 000 ha) haben neben zum Teil sehr seltenen Pflanzen auch bedrohte Tierarten wie Wölfe oder Salamander ein Rückzugsgebiet behalten.

Der zweite große Park fasste 1990 das Pollino-Massiv in der Basilikata und das kalabresische Orsomarso-Massiv im **Parco Nazionale del Pollino** auf 192 565 ha Fläche zusammen. Die charakteristischen Hochweiden der Piani di Pollino (auf 1800–1900 m unterhalb des Berges) und des Piano

Stein und nochmal Stein

Felsen und Grotten, Mäuerchen und Trulli – Stein in allen Formen dominiert das Landschaftsbild des Südens. Weite, im Sommer trockene Flusstäler, *fiumare* genannt, durchziehen mit ihren Geröllhalden Kalabrien, als wollten sie sich auch ohne Wasser zum Meer fortbewegen. Apulien ist die größte Karstregion Italiens. Das mit dem Regenwasser in das Gestein des Gargano und der Murge einsickernde Kohlendioxyd bewirkt die Lösung des Kalks und die Bildung riesiger Höhlen. Die größte liegt bei Castellana Grotte. Ihre hohen Hallen werden *grave* genannt. Die großen Mulden, Dolinen, die in Apulien auch *pulo* heißen, sind Hallen, deren Decken eingestürzt sind. Typisch für die Region sind auch die *gravine,* tiefe, schluchtartige Taleinschnitte. An der Küste produzierte die Erosion pittoreske Felsformationen und unzählige Grotten; die größte, die Grotta Zinzulusa, liegt bei Santa Cesarea Terme.

In ganz Apulien ragen die Trullispitzen in den blauen Himmel

Die Süditaliener: offen und lebenslustig

Ruggio (auf 1500–1600 m im westlichen Parkgebiet), die ausgedehnten Buchenwälder sowie weiße Fichten und Panzerföhren machen den Reiz des Parks aus. Die seltene Föhrenart wächst in Europa außer im Pollino nur noch in wenigen Gebieten Griechenlands und Albaniens. Für Wölfe, Königsadler und Wanderfalken blieb hier ein Lebensraum erhalten.

1991 wurde als letzter großer Nationalpark der **Parco Nazionale del Gargano** mit 121 118 ha Fläche eingerichtet. Er ist von besonderer Bedeutung für die Vogelwelt, da 170 der 237 in Italien nistenden Vogelarten hier ihren Nachwuchs aufziehen, vor allem auch Raubvögel. In Apulien, der Basilikata und Kalabrien entstehen immer mehr lokale Schutzgebiete *(Riserve naturali);* derzeit sind es 448 115 ha, die meist als WWF-Oasen verwaltet werden. Näheres unter www.parks.it.

Bevölkerung

Die größte und mit 211 Einw./km² die am dichtesten besiedelte der hier vorgestellten Regionen ist Apulien. Kala-

brien ist zwar knapp ein Viertel kleiner als Apulien, aber mit nur gut 2 Mio. Bewohnern etwa halb so dicht besiedelt (136 Einw./km²). Spärlich ist die Bevölkerungsdichte in der Basilikata mit 61 Einw./km².

Die bedeutendsten Minderheiten in Süditalien stellen die Albaner und die Griechen. Bereits 1534 ließen sich, nach der Eroberung ihres Landes durch die Türken, Albaner in der Basilikata (bei Venosa, Potenza und im Pollino-Massiv) sowie in Apulien (um Taranto) nieder. In Kalabrien bildeten sie über 40 Gemeinden, deren bedeutendste heute am Rand der Ebene von Sibari liegen (San Demetrio Corone, Santa Sofia d'Epiro). Besonders die nach griechischem Ritus gefeierten Ostertage, bei denen man die farbenprächtigen Kostüme der *Arbëreshë* – so die Bezeichnung für die albanische Minderheit – bewundern kann, sind ein guter Zeitpunkt für den Besuch ihrer Ortschaften.

Eine Folge der byzantinischen Herrschaft über Süditalien sind die griechischen Siedlungen in Apulien und Kalabrien. Die kulturellen Eigenarten dieser Volksgruppe sind heute jedoch im Verschwinden begriffen. In einigen Orten im südlichen Aspromonte und in acht Gemeinden im Südosten von Lecce wird noch Griechisch gesprochen. An alte griechische Sagen erinnert die in Süditalien bei Einladungen gepflegte Gastfreundschaft. Die Besucher werden stets in die Großfamilie einbezogen. Im Mezzogiorno gehören selbst die *comare* und der *compare* (Taufpaten und enge Freundinnen und Freunde) sowie sämtliche noch so entfernten Verwandten dazu. Sie bilden die Helfer in der Not, denn auf den Staat oder andere Institutionen verlässt man sich lieber nicht.

Wie im ganzen mediterranen Raum spielt sich ein Großteil des Lebens im Freien ab. Weicht die Tageshitze der lauen Sommernacht, wiederholt sich Abend für Abend das gleiche Schauspiel: Das ganze Dorf, ja selbst die halbe Großstadt sitzt vor der Haustür. An der Küste schleppen die Familien Tische und Stühle an den Strand, machen es sich gemütlich und spielen Karten. Man lebt draußen, auf der Piazza, *vor* der Bar, bei der abendlichen *passeggiata*.

Dieser Spaziergang auf den Flaniermeilen dient dem Sehen und Gesehenwerden. Jugendliche wandern dabei in Gruppen, lachend und heftig flirtend, umeinander herum. Die älteren Semester sehen amüsiert von ihren Bänken aus zu, Kinder toben bis nach Mitternacht im Getümmel. In Apulien spielt sich die Szenerie in der *villa comunale* ab, wie im Süden die städtischen Parkanlagen heißen.

Die Apulier sind im Allgemeinen freundliche, lebenslustige Menschen, die Kalabrier halten sich eher ein wenig zurück. Vieles mag etwas klischeehaft klingen, trifft aber trotz vorhandener Modernisierungstendenzen noch immer zu. Sicher ist es etlichen jungen Frauen inzwischen gelungen, sich aus den allzu engen Fesseln der traditionellen Sozial- und Familienstrukturen zu befreien. Doch daneben gibt es noch immer die jahrelang Trauer tragenden, schwarz gekleideten Witwen.

Interessantes über Kultur, Alltagsleben und Mentalität finden Sie in dem Polyglott-Band **Land & Leute Italien.**

Wirtschaft

Grundsätzlich ist die Außenhandelsbilanz der Regionen des Mezzogiorno derzeit nicht sehr erfreulich. Dabei steht Apulien von den drei Regionen noch am besten da. Traditionelle Schwerindustriezonen liegen um Taranto, Brindisi und Manfredonia, bei Bari wurde ein Industrie- und Forschungszentrum für neue Technologien geschaffen.

Apulien verdankt seine relativ günstige Situation darüber hinaus seiner florierenden Landwirtschaft. Die Region liegt hinter der Emilia Romagna an zweiter Stelle beim Anbau von Hartweizen (für Nudeln) und bei Tafeltrauben auf Rang zwei hinter dem Veneto; sie ist der Hauptproduzent des Landes von Olivenöl und Wein.

Die Ausbeute der apulischen Fischereiflotte wird nur von der Siziliens übertroffen. Doch Handel benötigt be-

---

Stadtheilige

Bei den Feierlichkeiten zu Ehren der/des Stadtheiligen, dem bedeutendsten Fest jeder Gemeinde, wird man eine Mischung aus traditioneller Frömmigkeit und sprühender Lebensfreude spüren. An der Prozession nehmen alle mit großem Ernst teil, aber genauso wichtig ist das Konzert der Blaskapelle oder der Auftritt der Rockband – nie ohne das abschließende Feuerwerk.

gleitende Infrastrukturmaßnahmen, und Süditalien profitierte weit weniger als der Norden von einer kontinuierlichen Förderung in dieser Richtung. Zudem fanden die ohnehin schon geringen Mittel oft genug den Weg in die Taschen der 'Ndrangheta oder der *Sacra Corona Unità,* der kalabresischen bzw. apulischen Variante der Mafia.

Erst allmählich bahnt sich eine Veränderung an: So gibt es etwa verstärkte Investitionen im Tourismusbereich. Andernorts gilt weiterhin wie schon seit Jahrhunderten: *O emigrante, o brigante* – in moderner Übersetzung: Entweder auswandern, um Arbeit zu finden, oder zur Mafia gehen.

Politik

Auf die enormen wirtschaftlichen und sozialen Probleme des Südens haben die Politiker der *Democrazia Cristiana* (Christdemokraten) bislang vor allem mit Wahlgeschenken wie zum Beispiel Frühpensionierungen, Invalidenrenten und anderen Hilfszahlungen reagiert.

Echte Impulse zum Aufbau prosperierender Unternehmen und einer funktionierenden Infrastruktur gingen von Rom hingegen bisher nur selten aus. Dennoch entschieden sich viele Süditaliener erst bei den letzten Parlamentswahlen zum allerersten Mal für eine Abkehr von der traditionellen, inzwischen aufgelösten Regierungspartei und für das neue Mitte-Links-Bündnis *Ulivo.* Ob dieses Bündnis seine Wähler im Süden halten kann, wird mit Sicherheit vom Gelingen der Fördermaßnahmen für den Mezzogiorno abhängen. Denn gerade hier erreichten bislang die ehemaligen Faschisten der *Alleanza Nazionale* mit zuletzt 18 % in Apulien, 14,5 % in der Basilikata und 23,5 % in Kalabrien hohe Stimmenanteile.

Steckbrief

Apulien
▪ **Provinzen:** Bari, Brindisi, Foggia, Lecce, Taranto
▪ **Hauptstadt:** Bari
▪ **Bevölkerung:** 4 090 068 Einw., Bevölkerungsdichte: 211 Einw./km²
▪ **Fläche:** 19 360 km²
▪ **Küste:** 830 km
▪ **Anteil der Arbeitnehmer an der Bevölkerung:** 36,5 %.
Arbeitslosenquote: 16 %.

Basilikata
▪ **Provinzen:** Matera, Potenza
▪ **Hauptstadt:** Potenza
▪ **Bevölkerung:** 610 330 Einw., Bevölkerungsdichte: 61 Einw./km²
▪ **Fläche:** 9990 km²
▪ **Küste:** 59 km
▪ **Anteil der Arbeitnehmer an der Bevölkerung:** 37,1 %.
Arbeitslosenquote: 15,7 %.

Kalabrien
▪ **Provinzen:** Catanzaro, Cosenza, Reggio di Calabria, Crotone, Vibo Valentia
▪ **Hauptstadt:** Catanzaro, Parlamentssitz: Reggio di Calabria
▪ **Bevölkerung:** 2 070 992 Einw., Bevölkerungsdichte: 136 Einw./km²
▪ **Fläche:** 15 080 km²
▪ **Küste:** 710 km
▪ **Anteil der Arbeitnehmer an der Bevölkerung:** 37 %.
Arbeitslosenquote: 23 %.

Geschichte im Überblick

2. Jt. v. Chr. Einwanderung von Illyrern nach Apulien; griechische (mykenische) Händler siedeln in Apulien, der Basilikata und im ionischen Kalabrien.

8. Jh. v. Chr. Die apulischen Japyger gliedern sich in Daunier (Norden), Peuketier (Mittelapulien) und Messapier (Salento); in der Basilikata und Kalabrien leben samnitische Stämme.

Um 700 v. Chr. Gründung griechischer Kolonien in der Basilikata und Kalabrien, die sich bekämpfen.

5./4. Jh. v. Chr. Hellenisierung der einheimischen Völker; Lukaner in der Basilikata und Bruttier in Kalabrien bedrohen die griechischen Kolonien.

266 v. Chr. Brindisi wird römische Kolonie und zum wichtigsten Orienthafen des Römischen Reiches.

110 n. Chr. Bau der Via Traiana von Benevent nach Brindisi.

410 Der Westgote Alarich stirbt nach der Plünderung Roms in Cosenza.

6. Jh. Nach Beendigung der Gotenkriege werden Kalabrien, die Basilikata und Apulien byzantinisch.

570 Gründung des langobardischen Herzogtums Benevent.

Ab 7. Jh. Auseinandersetzungen der Langobarden mit Byzanz.

Mitte 9. Jh. Sarazenen errichten in Kalabrien und Bari zeitweilig feste Stützpunkte. Erneute Bedrohung nach der Eroberung Siziliens 902.

11. Jh. Bevölkerungszuwachs und steigende Wirtschaftskraft führen zu Revolten gegen Byzanz.

1071 Die Normannen erobern Bari.

1130 Roger II. vereint die süditalienischen Gebiete nach seiner Königskrönung in Palermo zu einem Staat.

1189 Kaiser Heinrich VI. erbt über seine Frau Konstanze das normannische Königreich.

1212–1250 Friedrich II. fördert die süditalienischen Regionen.

1266 Mit den französischen Anjou setzt ein Niedergang ein.

1442 Alfons V. von Aragon nimmt im Krieg um die Nachfolge der kinderlosen Anjoukönigin Johanna II. das Königreich ein.

1504 Sieg Ferdinands II. von Aragon-Kastilien über die Franzosen; spanische Vizekönige sitzen in Neapel. Armut und Ausbeutung der Bauern nehmen zu.

17./18. Jh. Verfall der Wirtschaft; Aufkommen des Brigantentums.

1708 Österreichische Truppen erobern im Zuge des Spanischen Erbfolgekrieges Süditalien.

1735 Karl von Bourbon, Sohn des spanischen Königs, erhält nach dem Sieg über die Österreicher das süditalienische Königreich; erste Reformen.

1806–1815 Franzosen beherrschen das Königreich.

1860 Anschluss an das italienische Königreich.

1908 Ein schweres Erdbeben zerstört Reggio di Calabria.

Sept. 1943 bis Febr. 1944 Brindisi ist Sitz der italienischen Regierung, da Rom von Deutschen besetzt ist.

1950 Gründung der Cassa per il Mezzogiorno zur Förderung des Südens.

2000 Die Regionalwahlen im April gewinnt die Mitte-Rechts-Koalition in Kalabrien und Apulien, die Mitte-Links-Koalition in der Basilikata.

Kultur gestern und heute

Frühzeit

Zu den frühesten künstlerischen Äußerungen Süditaliens gehören das ca. 13 000 Jahre alte Felsbild des Urstiers in Papasidero (Kopie im Museo Nazionale Reggio di Calabria, s. S. 994) und die aus Ton modellierten weiblichen Figuren im Museum von Taranto.

Im 4. Jt. v. Chr. wird die Herstellung luftgetrockneter Tongefäße mit eingeritzten Mustern von der Produktion gebrannter Keramik mit brauner und roter Bemalung abgelöst. Aus der Eisenzeit (ab 1000 v. Chr.) stammen die ersten Gewandfibeln, Metallschmuck und -waffen.

Antike

Ab dem 8. Jh. v. Chr. bringen die griechischen Kolonisatoren neue Anregungen mit nach Süditalien. Ihre Keramik schmücken mythologische Themen. Bis 530 v. Chr. werden schwarze Figuren auf den Ton gemalt, dann rote auf schwarzen Grund. Auch die reichen »Süditaliener« decken ihren Bedarf durch Importe aus Griechenland und die Ware einheimischer Nachahmer.

Doch den Griechen verdankt Unteritalien mehr als nur die Vasenmalerei: Man denke nur an Pythagoras, der 538 v. Chr. nach Kroton übersiedelt. Jede griechische Kolonie besitzt Tempel (besonders gut erhalten in Metaponto), eine Agora, Theater und Amphitheater (Caulonia, Locri). Statuen, Votivgaben, Waffen und Architekturfragmente fanden den Weg in die reich ausgestatteten archäologischen Museen. Unter den unzähligen Funden nehmen der **Goldschmuck von Tarent (s. S. 971) und die **Bronzen von Riace im Museum von Reggio di Calabria, zwei der ganz wenigen erhaltenen original-griechischen Kriegerstatuen (s. S. 994), eine besondere Stellung ein.

Eine qualitätvolle eigene Kunst entwickeln auch die einheimischen Stämme Apuliens. Aus ihrer vielfältigen Keramikherstellung ragen die schwarz glänzenden Produkte mit weißen, gelben oder roten Zeichnungen heraus, die so genannte Egnazia-Keramik des 4./3. Jhs. v. Chr. Peuketische Stadtmauern sieht man noch in Altamura, messapische in Manduria.

Die Römer bauen nach ihrer Eroberung Süditaliens in der ersten Hälfte des 3. Jhs. v. Chr. zuerst Straßen. Die Städte entlang dieser Verkehrswege blühen auf, was die Amphitheater von Venosa, Lucera und Lecce sowie das Theater von Grumentum eindrucksvoll zeigen. Apulien fungiert als Roms Tor zum Orient. Die frühe Christianisierung der Region bezeugen die prächtigen Reste der Basilica San Leucio in Canosa di Puglia und die bei Ausgrabungen entdeckten Spuren frühchristlicher Kirchen.

Byzantinische Kunst

Die Rückeroberung von Apulien, Kalabrien und Teilen der Basilikata durch Byzanz Ende des 9. Jhs. spiegelt sich auch in der Kunst wider. Die Sakralbauten werden jetzt über dem Grundriss des griechischen Kreuzes mit gleich langen Armen errichtet, erhalten orientalisch anmutende Kuppeln (Otranto, Rossano, Santa Severina) und Mosaikfußböden (Santa Maria a Mare, Tremiti-Inseln). Fresken mit Heiligendarstellungen schmücken die

Bischofsthron in San Nicola, Bari

Wände unzähliger Eremiten- und Mönchsgrotten (Matera, Massafra, Mottola, Gravina in Puglia). Die großen Augen, die starre Haltung und die komplizierten Faltenwürfe der Gewänder sind typisch für diese Malerei, die als volkstümliche Votivkunst noch Jahrhunderte nach dem Ende der byzantinischen Herrschaft in Süditalien fortlebt. Gleiches gilt für die Mosaikkunst, die unter den Normannen erst ihren Höhepunkt erreicht (Otranto, Rossano, San Demetrio Corone). Noch heute werden die byzantinischen Ikonen überall sehr verehrt.

Romanik

Die zweite große künstlerische Blütezeit des Südens nach der griechisch-apulischen beginnt im 11. Jh. und fällt zeitlich mit der normannischen Eroberung zusammen. Bis um die Mitte des 12. Jhs. sind es jedoch nicht die neuen Herren aus dem Norden, sondern die selbstbewussten Stadtbürger, die das kulturelle Leben prägen. Der Prototyp der romanischen Kathedralen Apuliens, **San Nicola** in Bari, nimmt die dreischiffige Basilika der 1071 geweihten Mutterkirche der Benediktiner in

Montecassino zum Vorbild. Diese Entscheidung für einen klar lateinischen Kirchenbau ist auch politisch motiviert und richtet sich gegen den weit verbreiteten griechischen Ritus. San Nicola zeichnet sich durch mehrere stilbildende Neuerungen aus: eine starke Vertikalität, bewirkt durch die extreme Höhe des Mittelschiffs, tiefe Blendarkaden an den Längsseiten, die wie Nischenreihen erscheinen, sowie die Ummantelung der drei Apsiden auf der Ostseite und ihre Gestaltung als Schauwand. Außerdem wird ein eigenständiger Portaltyp entwickelt: Zwei Löwen tragen jeweils eine Säule, auf deren Kapitell ein Bogen oder ein kleines Dach aufsetzen. Derartige Portale finden sich selbst noch an Renaissancekirchen in Apulien. Die Bildhauer widmen sich aber nicht nur der Bauskulptur, auch Altarbaldachine, Kanzeln und Bischofsstühle werden überreich ornamental und figürlich dekoriert. Als bahnbrechender Neuerer gilt im 11. Jh. Acceptus, dessen Werkstatt wahrscheinlich in Bari ansässig ist und der an allen wichtigen Bauten seiner Zeit mitwirkt. Unter Friedrich II. greifen die Künstler wieder verstärkt antikes Ideengut auf. Diesem Milieu entstammt einer der bedeutendsten italienischen Bildhauer des Mittelalters, der Apulier Nicola Pisano, der hauptsächlich in der Toskana arbeitet.

Von den lateinischen Kirchenbauten der normannischen Eroberer in Kalabrien bleiben nach dem Erdbeben von 1783 einzig der **Dom von Gerace** und die Reste von **Santa Maria della Roccella** bei Catanzaro Marina übrig. Das bedeutendste Bauwerk der Basilikata, die Abteikirche **Santa Trinità** in Venosa, ist ebenfalls dem abendländischen Typus verpflichtet.

Wie in der Malerei existierten auch in der Architektur neben den lateinischen Formen weiterhin byzantinische Bauprinzipien. Die Kuppelkirchen Apuliens (Canosa di Puglia, Valenzano, Molfetta) stehen dafür ebenso wie die griechischen Sakralbauten Kalabriens (Stilo, Rossano).

Gotik

Erstes Zeugnis dieser Epoche ist der 1222 in Präsenz Friedrichs II. geweihte **Dom von Cosenza,** dessen großartiger Raumeindruck an die Zisterzienser-Architektur Frankreichs erinnert. Der eigentliche Siegeszug der Gotik erfolgt dann unter den neuen französischen Herren, den Anjou. Der Chorumgang des **Doms** und **San Sepolcro in Barletta** und die Strebepfeiler am **Dom von Lucera** stehen für die neue Tendenz.

Neapel ist nun die Hauptstadt des Reiches, und Apulien, Kalabrien und die Basilikata verkommen auch hinsichtlich der Kunst zu Provinzen. Die kostbaren Fresken in **Santa Maria del Casale** bei Brindisi, in Galatina, Soleto und Irsina sind dem persönlichen Engagement einzelner Adeliger zu verdanken.

Gleiches gilt für die wenigen gotischen Skulpturen: etwa das Grabmal der Isabella von Aragon in Cosenza oder die kleine Insel toskanischer Kunst in Kalabrien, Altomonte.

Renaissance

Die wenigen Glanzleistungen der Renaissance entstehen aufgrund von Einzelinitiativen auswärtiger Künstler. Die bedeutendste Kunstform lokaler Prägung bildet die Herstellung volkstümlicher Steinkrippen. Stefano da Putignano (gest. 1530) entwickelt sich zum wichtigsten einheimischen Bildhauer seiner Zeit.

Malerei zwischen Renaissance und Barock

Während dieses Zeitraums dominieren den Kunstmarkt in Apulien Importwaren aus Venedig und dem Adriaraum, in Kalabrien neapolitanische und spanische Arbeiten. Allein die manieristisch bewegten Figuren Gianserio Strafellas (belegt um 1570) und die klar komponierten Werke des unbekannten, als »ZT« bezeichneten Meisters (1. Hälfte 16. Jh.) ragen aus der Masse apulischer Maler heraus.

Castello normanno, svevo oder aragonese?

Die meisten Burgen in Süditalien gehen auf die Normannen zurück, die recht einfache Bauten, oft schlichte Wehrtürme, errichten. Die Staufer erweitern sie zu rechteckigen Kastellen, an den Portalen und im Inneren tauchen erste Skulpturen auf. Die Anjou bringen die gotischen Spitzbogen mit, die Aragonesen fügen die mächtigen runden Bastionen hinzu. Unter Karl V. und den Spaniern baut man entsprechend den neuen militärischen Erfordernissen die Lanzenbastionen an. Stilreine Kastelle aus einem Guss wird man – bis auf das Meisterwerk Castel del Monte – hier vergebens suchen. Die meisten Wehrtürme an den Küsten Apuliens und Kalabriens sind Bauten aus dem 16. Jh. und wurden zur Abwehr der Türken errichtet.

Barock

Blumenvasen und Grotesken, Bänder und Voluten – die Fassaden der barocken Kirchen und Paläste Lecces strotzen vor Dekor. Zwischen 1550 und 1750 scheint die Stadt neu zu entstehen. Während die Architektur oft den klaren Linien der Spätrenaissance folgt, sind Dekor und Ausstattung äußerst prunkvoll. Dieser Lecceser Stil ist eine eigenständige Entwicklung des in Süditalien weit verbreiteten Barock. Zu den charakteristischen Arbeiten gehören auch die großartigen Holzschnitzereien an Kanzeln und Chorgestühlen.

Kathedrale von Lecce, Eingangsportal

Feste & Veranstaltungen

▪ **Karneval:** Umzüge mit allegorischen Wagen in Putignano und Gallipoli.

▪ **Ostern: Karprozession** u. a. in Taranto und Gallipolli; **Karfreitagsfestlichkeiten** mit nachgestellten Kreuzwegstationen in Catanzaro; **Affruntata** in Vibo Valentia (Begegnung Christus und Maria).

▪ **Mai:** Historischer **Umzug und Prozession auf dem Meer zu Ehren des hl. Nikolaus** in Bari; **Patronatsfest** von San Cataldo mit Prozession in Taranto; nächtliche **Prozession** am Capo Colonna bei Crotone zu Ehren der Madonna; **Storica Processione dei Turchi** (Prozession in historischen Kostümen) in Potenza.

▪ **Pfingsten:** Malerische **Pfingstprozession** in spanischen Kostümen in Melfi.

▪ **Juli: Fest zu Ehren der Madonna della Bruna** mit Prozession in Matera; Spektakel und **Meeresprozession zu Ehren San Nicola Pelle**grinos in Trani; **Festival internazionale della Valle d'Itria** (Opern- und Gesangsfestival) in Martina Franca.

▪ **August:** Konzerte, Lichterprozession und Feuerwerk sind Höhepunkte der **Festlichkeiten zu Ehren des Stadtpatrons Sant'Oronzo** in Lecce (24.–26.); **Festival di Altomonte** (Theater, Oper, Konzerte und Ausstellungen) in Altomonte. **Corteo Storico** und **Torneo dei Rioni** (historischer Umzug zu Ehren Friedrichs II., Reiterspiele) in Oria.

▪ Im **August** organisieren fast alle Orte des Südens **Musikveranstaltungen.**

▪ **September: Disfida di Barletta** – Nachspielen des historischen Kampfs italienischer und französischer Ritter von 1503 in Barletta; **Festa della Madonna dei Martiri** mit Meeresprozession in Molfetta.

▪ **Dezember: Nikolausprozession** in Bari, **Fiera dei Pupi** mit Pappmaché- und Tonfigurenmarkt in Lecce.

Aus Küche und Keller

Schwarze, grüne, getrocknete, eingelegte Oliven: Sie sind im Süden fester Bestandteil der **Antipasti,** der kalten Vorspeisen, ohne die kein italienisches Menü beginnt. Gegrillte Auberginen, Zucchini und Paprikaschoten, eingelegte Artischocken und getrocknete Tomaten, Omelettstücke, Tintenfisch- oder Meeresfrüchtesalat, marinierte Sardellen, *ricotta,* Salami und Schinken vervollständigen das reichhaltige Sortiment. Eine besondere Spezialität sind *lampasciuni* bzw. *cipollizzi,* kleine bittere Zwiebeln, und hartes Brot, *frese* oder *frise* genannt, das mit Wasser benetzt und mit Tomaten eingerieben serviert wird.

Eigentlich ist man jetzt schon satt, aber wer kann den verlockenden **Nudelgerichten** *(paste)* schon widerstehen? Die typischen Nudeln Apuliens, *orecchiette* (»Öhrchen«), werden traditionell mit Rübensprösschen *(cima di rape)* gereicht. *Troccoli, fusilli, strascinati, maccarruni, cavatelli ...:* Die Formen und Dialektnamen der hausgemachten Teigwaren variieren von Ort zu Ort, alle schmecken jedoch hervorragend. Wie die Kartoffelklößchen *(gnocchi)* können sie mit Fleisch- *(ragù)* oder Tomatensoße *(sugo di pomodoro)* und bestreut mit salzigem Käse *(ricotta salata)* aufgetischt werden. Besonders häufig findet man im Süden Nudelgerichte kombiniert mit Hülsenfrüchten, wie Kichererbsen und verschiedene Bohnensorten, vor allem in der Basilikata werden dann oft noch Miesmuscheln hinzugefügt.

Reis wird an der Küste mit Meeresfrüchten *(risotto alla marinara)* und

Fischmarkt in Bari

Tintenfischsoße *(risotto nero)* serviert. Fisch ist natürlich auch ein beliebtes **Hauptgericht** *(secondo).* Größere Fische werden gegrillt, im Rohr gegart oder gedünstet mit Tomatensoße verzehrt. Kleinere Fische wie Sardinen *(sarde)* und Sardellen *(acciughe)* isst man meist frittiert. Schwertfisch *(pesce spada)* und Thunfisch *(tonno)* kommen auf den Grill oder in die Pfanne. In der Basilikata und in Kalabrien stehen auch Pilze und Wild auf dem Speiseplan. Auch Lamm *(agnello)* und Zicklein *(capretto)* aus dem Ofen sollte man versuchen. Spießchen mit Lamminnereien *('niumarieddi* oder *gnumirriddi)* gelten als Delikatesse. Als Beilagen gibt es Gemüse *(verdure)* neben Pommes frites und gemischtem Salat.

Das Essen endet mit *frutta,* Obst der Saison, *dolci,* Süßspeisen, die im Süden besonders kunstvoll zubereitet werden, oder *gelato,* hausgemachtem Eis, sowie dem üblichen Espresso. Anschließend stehen noch ein Zitronenlikör *(limoncello),* ein lokaler Magenbitter *(amaro)* und ein Nussschnaps *(nocino)* zur Auswahl.

Für zwischendurch findet man in den Bars meist kleine salzige Häppchen wie frittierte und gefüllte Teigtaschen *(rustici, panzerotti)* oder gefüllte, frittierte Reisbällchen *(arancini)* neben den klassischen *pizzette*.

Wenn es richtig heiß ist, verschaffen die *granite,* Getränke mit zerhacktem Eis darin, die es *al limone, al caffè* oder *alla menta* (Pfefferminze) gibt, Abkühlung. Fein ist dann auch eine Mandelmilch *(latte di mandorla),* ein Eistee *(tè freddo),* ein kalter Espresso mit Eiswürfeln *(caffè shakerato)* oder eine Pfefferminzmilch *(latte con la menta).*

Wein

Die traditionellen Weine des Südens steigen einem leicht zu Kopf! Fast alle erreichen einen Alkoholgehalt von 13 Vol.-%. Die roten sind robust, lebhaft und harmonisch im Geschmack, die trockenen und duftigen Roséweine besitzen viel Körper, die weißen sind leicht feurig, von intensiv strohgelber Farbe und angenehmem Bou-

quet. Seit etlichen Jahren experimentieren auch die süditalienischen Winzer mit »neuen« Reben wie Chardonnay, Sauvignon und Pinot Bianco, die mit den einheimischen Sorten exzelente Flaschenweine ergeben.

In Apulien gehören die leichteren Weißweine (um 11,5 Vol.-%) wie der *Bianco di San Severo,* der *Castel del Monte* oder die ausgezeichneten Weißen der Valle d'Itria – allen voran der *Locorotondo* – zu den Spitzenprodukten. Im Salento werden traditionell die besten Roséweine produziert. Eine Spezialität der Region ist der trockene, duftige, sherryähnliche *Moscato di Trani.*

Der bekannteste Wein der Basilikata, der granatrote *Aglianico di Vulture,* überzeugt mit seinem frischen, vollen Geschmack. Schwere, gehaltvolle rubinrote Weine mit viel Körper werden in Kalabrien erzeugt. Zu den hoch geschätzten Weinen zählt der rubinrote, duftige *Cirò. Der Greco di Bianco* und der *Malvasia di Catanzaro* sind hervorragende Dessertweine.

Zum Picknick »salsicce« und »taralli«

Die unzähligen Wurstsorten Kalabriens und der Basilikata eignen sich hervorragend für ein opulentes Picknick. In Kalabrien meist mit roten, getrockneten Peperoni, in der Basilikata mit schwarzem Pfeffer scharf gewürzt sind die *salsicce.* Die *soppressata,* eine Art feine Salami, wird aus magerem Schweinefleisch hergestellt. Zu den einheimischen Spitzenprodukten sind auch vorzügliche Käsesorten zu rechnen: der *mozzarella,* die *burrata* (ein weicher, mozzarella-artiger Frischkäse), die *burrini* oder *butirri* (mit Butterstück in der

Mitte), die *ricotta* (ein Frischkäse) und die festen Sorten *caciocavallo, provolone* und der geräucherte *scamorza.* Dazu isst man das hervorragende, mit Maismehl angereicherte Brot Apuliens. Auch die angebotenen Anisringe *(taralli)* und das kalabresische Ringbrot *(pitta)* schmecken ausgezeichnet.

Dem verführerischen, im Süden mit besonders großem Aufwand hergestellten Gebäck und den Süßigkeiten in den Auslagen der Konditoreien lässt sich wirklich nur schwer widerstehen!

Urlaub aktiv

Baden, Fischen, Segeln

Wassersport kann man außer in der Nähe von Häfen überall betreiben. Die Wasserqualität ist fast durchweg hervorragend. Zum Fischen eignen sich die Küstenabschnitte, eine Genehmigung ist nicht erforderlich. Für Seen und Flüsse ist eine Erlaubnis der Provinzialverwaltung einzuholen. Für Gerätetaucher im Meer gilt ein Jagdverbot, beim Schnorcheln darf man Tiere von maximal 5 kg harpunieren.

Sand, Felsen, klares Wasser und Sonne

formationen über die Golfplätze erhält man beim italienischen Fremdenverkersamt ENIT (s. S. 996).

Wandern

Zum Wandern bieten sich vor allem die Nationalparks an, häufig sind die Wege jedoch nur mangelhaft markiert.

 Geführte Wanderungen organisieren: **DAV Summit Club,** Am Perlacher Forst 186, 81545 München, Tel. 0 89/64 24 00, Fax 64 24 01 00, www.dav-summit-club.de (Sentiero Italia in Kalabrien bis Aspromonte); ▮ **Eco Gargano,** Largo R. Guiscardo 2, 71037 Monte Sant'Angelo, Tel./Fax 08 84 56 54 44, www.ecogargano.it (im Nationalpark des Gargano, auch Wanderungen zu Flora und Fauna des Parks, u.a. auf Deutsch). Außerdem kann man sich an den italienischen Parkverband wenden: **Unione Parchi Italiani,** c/o Edenlandia, Viale Kennedy 76, Neapel, Tel. 08 15 93 77 11. www.trekkingitalia.com

Golf

Golfer können auf den Greens von Castellaneta Marina, Bari, Paola (in Cetraro) und Catanzaro einlochen. In-

Radfahren

 Radtouren in Apulien organisiert u. a. die Firma ▮ **Eurofan Touristik FmbH,** Mühlstr. 20, A-5162 Obertrum, Tel. 00 43 (0) 62 19 74 44, Fax 82 72; www.eurobike.at; geführte Gruppe oder individuelle Touren ab Alberobello in die schönsten Orte des Salento, nach Lecce, Otranto und Gallipoli.

Kuren

Süditalien besitzt einige Thermalkurorte wie Torre Canne, Latronico, Lamezia Terme, Sibari und Guardia Piemontese. Die ENIT (s. S. 996) informiert mit der deutschsprachigen Broschüre »Thermalorte Italia«.

Wintersport

Ski fahren kann man im Lukanischen Apennin, in der Sila und im Aspromonte. Auskunft: APT Potenza, Cosenza und Reggio di Calabria.

Unterkunft

Je nach Geschmack und Geldbeutel findet im Süden jeder eine Bleibe. Im August, vor allem um den 15., empfiehlt sich eine rechtzeitige Reservierung. Wer kann, sollte seinen Urlaub in die Vor- oder Nachsaison legen, im Juni und September ist es nicht ganz so heiß, die Preise sind bis zur Hälfte niedriger. Viele Küstenhotels schließen im Winter.

Hotels und Appartements vermitteln die APT-Büros der jeweiligen Provinz. Sie bringen jährlich ein Verzeichnis der Hotels, Campingplätze und *Villaggi Turistici* (Appartementanlagen) heraus. **Campingplätze** gibt es überall an der Küste (meist nur im Sommer).

Verzeichnisse erhält man bei den Fremdenverkehrsämtern (APT) und bei der **Federazione Italiana del Campeggio,** Via Vittorio Emanuele 11, 50041 Calenzano/Firenze, Tel. 0 55 88 23 91, Fax 05 58 82 59 18, www.federcampeggio.it.

Jugendherbergen gibt es in allen größeren Städten. Liste erhältlich bei: **Associazione Italiana Alberghi per la Gioventù,** Via Cavour 44, 00184 Rom, Tel. 0 64 87 11 52, Fax 0 64 88 04 92; www.hostels.aig.org.

Agriturismo (Ferien auf dem Bauernhof) wird immer beliebter:

Agriturist Basilicata, Corso Garibaldi 80, 85100 Potenza, Tel. 09 71 411 13 42, Fax 09 71 33 00 21. **Agriturist Calabria,** Via S. Pinna 30, 88046 Lamezia Terme, Tel. 0 96 85 16 19, Fax 0 96 85 13 83. **Agriturist Puglia,** Via Amendola 166/5, 70126 Bari, Tel. 08 05 48 45 69, Fax 08 05 48 45 73; www.agriturist.it.

Reisewege

Bahn

Direktverbindungen bestehen zwischen Basel und Lecce, zwischen Zürich und Lecce sowie zwischen München und Neapel.

Autoreisezüge verkehren von Deutschland nach Rimini und von Turin, Bozen, Zürich, Mailand, Bologna, Venedig nach Villa San Giovanni/Reggio di Calabria, von Bozen und Zürich nach Lecce, von Turin nach Foggia.

Auto

Ein gut ausgebautes, mautpflichtiges Autobahnnetz führt aus dem Norden entlang der tyrrhenischen Küste über Neapel (ab Salerno gebührenfrei) in die Basilikata und nach Kalabrien, entlang der adriatischen Küste über Ancona nach Apulien. Abgelegene Sehenswürdigkeiten sind oft nur mit dem Auto zu erreichen!

Bus

Das regionale Busnetz ist dicht und bedient fast alle Orte. Seine Benutzung ist empfehlenswert, da es – wie die Bummelbahnen – ausreichend Gelegenheit bietet, Land und Leute kennen zu lernen.

Flugzeug

Die apulischen (Foggia, Bari, Brindisi) und kalabresischen Flughäfen (Crotone, Lamezia Terme, Reggio di Calabria) werden nur von Chartermaschinen direkt angeflogen. Bei Linienflügen muss man grundsätzlich in Mailand oder Rom umsteigen.

Schiff

Schiffe verkehren in aller Regel von Genua und Livorno nach Neapel, weiterhin von Venedig und Ancona nach Bari und Brindisi.

Bari

Chaos mit Charme

Wie eine echte arabische Kasbah präsentiert sich die verschachtelte Altstadt von Bari mit ihren niedrigen, flach gedeckten weißen Häusern. Allerdings bestaunt man hier keine Moscheen, sondern ein Stauferkastell und zwei bedeutende romanische Kirchen. Den verwinkelten Gassen des mittelalterlichen Zentrums setzt die modern geprägte Neustadt ihre eleganten, im Schachbrettmuster angelegten Straßenzüge entgegen – größer könnte der Kontrast nicht sein! Die Hauptstadt (332 000 Einw.) der Region Apulien ist berühmtberüchtigt für ihr Verkehrschaos und eine hohe Kriminalitätsrate. Doch dem Charme Baris wirklich den Garaus zu machen, das haben selbst diese Widrigkeiten bisher noch nicht geschafft.

Geschichte

Seit der Bronzezeit siedelten Menschen auf der Halbinsel des späteren Bari, wo schon die Peuketier einen Hafen anlegten. Nach der römischen Eroberung im 3. Jh. v. Chr. dämmerte der Ort als Provinzstädtchen dahin. 847 nahmen afrikanische Muslime die Stadt ein und machten sie für knappe 30 Jahre zu einem eigenständigen Emirat! Die Byzantiner erkoren Bari 876 zum Verwaltungssitz der Region und 975 zur Hauptstadt Süditaliens. Die selbstbewussten Bürger, die es dank des Mittelmeerhandels zu Wohlstand gebracht hatten, versuchten, die byzantinische Herrschaft mit normannischen Truppen abzuschütteln. Die vermeintlichen Helfer unterwarfen

Fischmarkt in Bari

jedoch ihrerseits die Stadt, mit der 1071 schließlich die letzte byzantinische Bastion in Unteritalien fiel. Friedrich II. verlegte einen der sieben jährlichen Märkte *(fiere)* des Königreichs nach Bari – eine Handelstradition, die bis heute in der **Fiera del Levante** fortwirkt.

Unter Isabella von Aragon und ihrer Tochter Bona Sforza blühte der Adriahafen in der ersten Hälfte des 16. Jhs. noch einmal auf. Dann setzte ein lang anhaltender Niedergang ein, den erst die Französische Revolution beendete. Auf Veranlassung des Königs von Neapel, Gioacchino Murat, wurde ab 1813 die Neustadt angelegt. Der Aufschwung zum reichen Agrarzentrum nach der Einigung Italiens 1860 fand seine Fortsetzung in der Entwicklung Baris zum führenden Industrie- und Technologiezentrum des Südens.

Altstadt

Tipp Die Altstadt von Bari ist ein malerisches und volkstümliches Viertel, das einen Besuch lohnt – allerdings mit der gebotenen Vorsicht. Ohne Schmuck, größere Summen Bar-

Seite 926

Seite
926

gelds, auffallende Handtaschen und offen getragene Fotoapparate fühlt man sich sicherer!

Der elegante Corso Vittorio Emanuele II trennt die Neustadt von den Gässchen der Altstadt. Den krönenden Abschluss der Prachtstraße zum Meer hin bildet das **Politeama ❶**, 1914 als Varietétheater eingeweiht. Dahinter öffnet sich das stimmungsvolle Rund des **Alten Hafens.** Nur wenige Schritte führen in die Altstadt zur **Piazza Mercantile.** Hier trafen sich einst die führenden Schichten Baris im prächtigen **Sedile dei Nobili** mit barocker Loggia.

**Basilica San Nicola ❷

Entlang der mittelalterlichen Stadtmauer kommt man zum bedeutendsten Monument Baris, dem Prototyp der romanischen Kirchen in Apulien. Der Bau wurde 1087 begonnen, um die Reliquien des hl. Nikolaus aufzunehmen. Seeleute aus Bari hatten diese 1087 bei einer Handelsfahrt nach Kleinasien »von Gott inspiriert« der türkischen Stadt Myra geraubt. Die sterblichen Überreste des im Orient wie im Abendland sehr verehrten Heiligen versprachen der Stadt ein ungeheures Prestige. Der sofort einsetzende Pilgerstrom war für Bari äußerst profitabel. Noch heute wird zweimal jährlich mit großem Aufwand das Nikolausfest begangen (s. S. 918). Als Bauplatz wählte man das Gelände des ehemaligen byzantinischen Amtssitzes, womit die Basilika der Bürger auch symbolisch den Platz der weltlichen Autorität einnahm. Die künstlerische Verwirklichung des ehrgeizigen Vorhabens überzeugt noch heute. Hoch aufragend präsentiert sich die Fassade, die zwei auf Säulen aufsetzende Lisenen gliedern. Besonders das *Mittelportal besitzt ein reiches

Baudekor. Die Vielfalt der Verzierungen an den Westportalen und den Eingängen auf beiden Seiten des Langhauses bezeugt byzantinische, islamische und antike Einflüsse. Besonders schön ist das erste Nordportal, die *Porta dei Leoni.

Mit der **Ostfassade** wurde erstmals eine Schaufassade zum Meer hin errichtet: Das prächtig gerahmte Mittelfenster von San Nicola musste für die per Schiff anreisenden Pilger wie ein verheißungsvolles Portal wirken.

Der dreischiffige Innenraum verlor durch die nach einem Erdbeben 1456 eingezogenen Stützbogen seine ursprüngliche Gestalt. Im Altarbereich steht hinter dem orientalisch anmutenden ältesten *Ziborium dieser Art in Apulien (um 1150) der **Bischofsstuhl des Elias.** Während der obere Teil noch traditionell aus durchbrochenen und mit Mustern verzierten Marmorplatten gebildet wird, weist der untere Teil eine vollplastische, völlig neuartige Ausführung auf. Zwei Trägerfiguren halten den Thron, wobei ihnen ein Pilger hilft.

Man sollte noch einen Blick in die 1089 fertig gestellte neunschiffige *Krypta werfen, allein wegen der 28 Säulen aus verschiedenen, seltenen Steinarten – auch das Museo der Basilica lohnt den Besuch (Besichtigung auf Anfrage).

**Kathedrale San Sabino ❸

Als Bari 1156 nach dem Tode des Normannenkönigs Roger II. eine Rebellion wagte, zerstörte sein Sohn und Nachfolger Wilhelm I. die Stadt bis auf San Nicola und vertrieb ihre Bewohner. Nach dem Tod Wilhelms I. 1166 durfte die Bevölkerung zurückkehren.

*Die romanische Basilica
San Nicola, Bari*

Seite
926

Im Zuge des Wiederaufbaus wurde auch die Kathedrale San Sabino auf den Resten ihrer byzantinischen Vorgängerin nach dem Vorbild von San Nicola erneuert. Alles, was dort geplant war, aber nie ausgeführt wurde, sollte nun verwirklicht werden. So verstecken sich auch die Chorapsiden von San Sabino hinter einem geraden Abschluss und machen die *Ostseite zu einer prachtvollen Schaufront. Ihr Mittelfenster übertrifft das Modell noch: Bogen und Gesimse sind mit pflanzlichen und tierischen Motiven reich verziert, klassisch schöne Elefanten und Sphingen machen es zu einem Hauptwerk der romanischen Skulptur des 12. Jhs. Die großartigen Fensterrosen des Querhauses, aber vor allem auch die Westfassade mit ihren meisterhaften Skulpturen, bil-

den eine Neuheit im Vergleich zu San Nicola.

Das Mittelschiff ragt hoch auf, seine dreigeschossige Wand ruht auf Rundbogenarkaden mit schlanken Säulen. *Kanzel und *Ziborium wurden erst Mitte des 20. Jhs. aus Originalteilen wieder zusammengesetzt. Die Kanzel stammt aus dem 11./12. Jh.,

❶ Politeama
❷ Basilica San Nicola
❸ Kathedrale San Sabino
❹ Teatro Petruzzelli
❺ Pinacoteca Provinciale
❻ Museo Archeologico
❼ Fiera del Levante (Messegelände)
❽ Stadion San Nicola

den Altarbaldachin fertigte Alfano da Termoli im 13. Jh. Die barock umgestaltete zwölfeckige Taufkapelle, *Trulla,* betritt man vom linken Schiff aus.

*Castello Svevo

Das imposante Kastell errichteten die Normannen am Rand der Altstadt zur Kontrolle des rebellischen Bari. Die mächtigen Eckbastionen wurden zu Beginn des 16. Jhs. angelegt, um die Residenz der Isabella von Aragon zu schützen. Friedrich II. ordnete den Bau der trapezförmigen Anlage mit den hohen Wehrtürmen 1233 an.

Unter der Freitreppe des Innenhofes des Castello Svevo liegt der Zugang zur äußerst sehenswerten ***Gipsoteca Provinciale.** Dank der hier ausgestellten Gipsabgüsse kann man die sonst oft weit oben angebrachten Skulpturen einmal aus nächster Nähe betrachten (Öffnungszeiten: tgl. außer Mi 9–19 Uhr).

Neustadt

In der rechtwinklig angelegten Neustadt vom Beginn des 19. Jhs. stechen seit der Mussolinizeit einige Monumentalbauten ins Auge. Vom 1903 eingeweihten ***Teatro Petruzzelli ❹** steht nur noch die prunkvolle Fassade. Der Stolz Baris – das Theater war das viertgrößte Opernhaus des Landes – wurde 1991 das Opfer von Brandstiftern.

Die ****Pinacoteca Provinciale ❺** ist im dritten Stock des Palazzo della Provincia untergebracht. Die umfangreichste Gemäldesammlung der Region bezeugt u. a. mit Arbeiten Tintorettos und Veroneses sowie der Familie Vivarini die enge Verbindung von Apulien und Venedig. Weitere Glanzpunkte sind die italienische Malerei des 18. und 19. Jhs. Zu sehen sind zudem

Skulpturen aus der Werkstatt des Acceptus und neapolitanische Krippenfiguren (Öffnungszeiten: Di–Sa 9–13, 16–19, So 9–13 Uhr).

Seite
926

Tipp Rund um die Via Sparano liegt die Fußgängerzone mit eleganten Geschäften und Cafés. Einen Besuch lohnt das Bekleidungshaus **Mincuzzi** (1895) in einem Jugendstilbau (Nr. 71). Richtung Bahnhof betreibt der wichtigste Verlag Süditaliens, **Laterza,** seine Hauptbuchhandlung. Für eine angenehme Pause eignet sich die alte elegante Bar **Stoppani** (Via Roberto da Bari 74).

Einladend wirkt die Piazza Umberto I mit ihren gepflegten Anlagen. Das imposante Gebäude (Palazzo Ateneo) der Universität – einer der wichtigsten Süditaliens – beherbergt auch das ****Museo Archeologico ❻** (in restauro, Termin der Neueröffnung steht noch nicht fest, Auskunft erhalten Sie unter Tel. 08 05 28 62 00).

Tipp Zwei moderne Bauten außerhalb der Stadt lohnen einen Besuch. Direkt am Meer Richtung Giovinazzo bietet das Messegelände **Fiera del Levante ❼** aus den 30er Jahren des 20. Jhs. ein wildes Stilgemisch aus orientalischem Serail und Romanik, ganz in Orange! An der SS 271 Richtung Bitritto erinnert das neue ***Stadion San Nicola ❽**, das der Architekt Renzo Piano für die Fußballweltmeisterschaft 1990 entwarf, an ein gelandetes Raumschiff.

Infos

APT, Piazza Moro 33/A, Tel. 08 05 24 23 61, Fax 08 05 24 23 29; und Corso Sonnino 177,

Seite 926

Tel. 08 05 40 47 58,
Fax 08 05 40 58 10, im Internet:
www.pugliaturismo.com.

Sheraton Nicolaus,
Via Cardinale A. Ciasca 27,
Tel. 08 05 68 21 11, Fax 08 05 04 20 58,
www.starwooditaly.com. Luxushotel
mit allem Komfort und feinem Restaurant, außerhalb. ○○○
▌ **Grand Hotel Leon d'Oro,** Piazza Moro 4, Tel. 08 05 23 50 40, Fax
08 05 21 15 55, www.inmedia.it/
leondoro. Gepflegtes Hotel beim
Bahnhof. ○○○
▌ **Giulia,** Via Crisanzio 12,
Tel. 08 05 21 66 30, Fax 08 05 21 82 71,
www.hotelpensionegiulia.it. Nettes
Hotel im ersten Stock; nahe der Universität. ○○
▌ Im Stockwerk darüber, **Romeo,**
Tel./Fax 08 05 23 72 53, E-Mail: hotel-
pensioneromeo@tin.it. ○○

Al Pescatore, Piazza Federico II
di Svevia 8, Tel. 08 05 23 70 39.
Hervorragende Fischspezialitäten,
Tische auch im Freien, beim Kastell.
○○○
▌ **Osteria delle Travi,**
Largo Chiurlia 12, Tel. 3 30 84 04 38,
Mo Ruhetag. Familienbetrieb mit
typisch Bareser Küche: *orecchiette*
und Fisch. ○–○○
▌ **Il Castello,** Corso Vittorio Emanuele II 45. Kleines Restaurant mit guter Hausmannskost und empfehlens-
werten Fischgerichten, Mi Ruhetag. ○

Il Salumaio, Via Piccinni 168.
Kleine Erzeuger aus Apulien,
der Basilikata und Kalabrien beliefern
diesen Delikatessenladen.
▌ **De Carne,** Via Celefati 128.
Das Feinkostgeschäft offeriert neben
Wurst, Frischkäse, Olivenöl und
Nudeln auch fertige Gerichte zum
Mitnehmen.

****Lecce**

Barock im Süden

Ein festliches Barockensemble in
honigfarbenem Tuffstein – so präsentiert sich die Provinzhauptstadt
(97 500 Einw.) auf dem Absatz des
italienischen Stiefels. Zwischen 1550
und 1750 erlebte die Metropole des
Salento eine wirtschaftliche und
künstlerische Blütezeit, aus der die
Altstadt völlig verwandelt hervorging. So erwartet heute ein geschlossenes Ensemble typischer Lecceser
Barockarchitektur die Besucher. »Das
Florenz des Barock«, wie die Italiener
Lecce nennen, ist immer noch eine
wohlhabende Stadt, die dank ihrer
Universität auch eine etwas leb-
haftere Atmosphäre besitzt.

Geschichte

Eine erste Glanzzeit erlebte der ehemalige messapische Ort Sybar 102, als
er zur römischen Kolonie erhoben und
entsprechend ausgebaut wurde. Doch
schon bald verlor er seine Funktion als
Zentrum des Salento an die Nachbarstadt Otranto. Erst mit der Erhebung
zur Grafschaft unter den Normannen
begann ein neuer Aufschwung, der
seinen Höhepunkt ab 1166 unter Tankred von Lecce, dem späteren normannischen König, erreichte. Unter den
Anjou als Lehen an adelige Familien
vergeben, kehrte die Stadt 1463 unter
die direkte Herrschaft des aragonesischen Königshauses zurück. Im 16. Jh.
wurde Lecce wichtigster Stützpunkt
des spanischen Süditalien gegen die
Türken. Militär und Beamte zogen in
die Stadt, denen die neuen Orden der
Gegenreformation folgten. Ab Mitte
des 16. Jhs. bekam Lecce über 20 neue

Kirchen, zehn Klöster, Schulen, Seminargebäude und Hospitäler. Auch auf
dem Gebiet des kulturellen Lebens ei-
ferte man der Hauptstadt nach, so
dass Lecce schon im 17. Jh. den Beinamen Klein-Neapel erhielt. Erfolglos
verliefen die Aufstände des aufgeklär-
ten Bürgertums gegen die konservative spanische und bourbonische Herrschaft. Nach der Einigung Italiens
1860 setzte sich nun das gleiche
grundbesitzende Bürgertum für die
Beibehaltung der bestehenden, die
landlosen Bauern benachteiligenden
Agrarstrukturen ein. Dies änderte erst
die Bodenreform von 1950. Neben der
Verwaltung und der Universität blieb
die Landwirtschaft, vor allem mit Wein
und Tabak, bis heute ein wichtiger
Wirtschaftszweig der Stadt.

Seite
931

*In Lecces Altstadtgassen lohnt
der Blick nach oben*

Tipp Es lohnt sich, in Lecce öfter ei-
nen Blick nach oben zu werfen.
Die detailreiche Barockdekoration der
Kirchen und Paläste ist einmalig.

Piazza Sant'Oronzo

Zentrum von Lecce ist seit der Antike
die belebte Piazza Sant'Oronzo mit
der 5 m hohen Statue des Stadtheiligen. Er schaut von der ehemaligen
Endsäule der Via Appia herunter, die
Einwohner Brindisis Lecce nach der
Pest geschenkt hatten (s. S. 960). Der
Palazzo del Sedile ❶ war Versammlungsort der Führungsschicht. Das römische **Amphitheater ❷** aus dem
2. Jh. wurde mit Rücksicht auf andere
Gebäude nur zur Hälfte freigelegt. Es
fasste einst 20 000 Zuschauer.

Das **Alvino** an der Piazza
Sant'Oronzo ist das älteste Café
der Stadt. Hier gibt es ausgezeichnete *rustici, panzerotti* (frittierte pikante
Teigtaschen) und gefüllte Kroketten.

In der Bar **Tito Schipa** sollte man
einen Aperitiv trinken – dazu gibt's
himmlische Häppchen.

Die Hauptflaniermeile von Lecce, die
Via Vittorio Emanuele II, führt von der
Piazza Sant'Oronzo direkt auf die festliche Fassade der 1591–1639 errichteten Theatinerkirche ***Sant'Irene ❸** zu
(Öffnungszeiten: tgl. 8–11, 17 bis
19 Uhr). Die klare architektonische
Struktur weist noch in die Renaissance, die verspielte Dekoration in die
Barockzeit. Die hl. Irene war bis zur
Pest im Jahr 1656 Stadtpatronin. Im
hohen, hellen Innenraum der Kirche
kommen die prachtvollen ***Altäre** mit
ihren gedrehten, von Pflanzendekor
umrankten Säulen gut zur Geltung.

An der *Piazza del Duomo

Wie eine Theaterkulisse öffnet sich die
Piazza del Duomo dem Blick. Das barocke Ensemble mit Campanile, Dom,
Bischofspalast und Seminargebäude
erscheint wie aus einem Stück gegossen. Bedeutende Meister des Lecceser Barock haben hier mitgearbeitet.

Seite
931

*Der hl. Oronzo blickt von der barocken
Schauwand des Doms*

*Verspielt und verschnörkelt:
der Brunnen im Priesterseminar*

Der Dom ❹

Giuseppe Zimbalo, einer der federführenden Architekten in der Hauptphase der Stadterneuerung, entwarf den fast 70 m hohen, sich nach oben verjüngenden Campanile und den im 17. Jh. umgebauten ***Dom Sant'Oronzo** . Von der prächtigen und verspielten ***Schauwand** herab grüßt der hl. Oronzo. Mit Rücksicht auf die Gesamtanlage hat man die Nordfront zur Hauptfassade erhoben. Das dreischiffige Innere wirkt etwas protzig, doch überzeugen viele Details durch ihre feine Ausführung. Nicht satt sehen kann man sich an den detailreichen ***Altären** mit gedrehten Säulen, Pflanzendekor und Engelsköpfen. Die große Tradition apulischer Krippen wahrt die Skulpturengruppe (zweite Kapelle links) des gebürtigen Leccesers Gabriele Riccardi. Der Bildhauer war einer der führenden Baumeister des Frühbarock.

Der Bischofspalast ❺

Neben dem Dom steht der 1632 wieder aufgebaute Bischofspalast mit der eleganten Loggia. Den angrenzenden ***Palazzo del Seminario** ❻ schuf 1694 bis 1709 Giuseppe Cino, führender Architekt des Spätbarock. Markante Pilaster verleihen der Fassade eine Gliederung, in deren Rahmen sich üppiges Baudekor entfalten kann. Im Innenhof steht ein verspielter ****Brunnen.**

Teatro Romano ❼

Mehr Barockes findet man in der Via Libertini, die die *Porta Rudiae von 1703 abschließt. Die ****Fassade der Chiesa del Rosario** wirkt mit dem in Stein gehauenen Buschwerk fast wie ein Gemälde. Giuseppe Zimbalo schuf hier sein letztes Meisterwerk. Die Schaufront verbirgt einen achteckigen *Innenraum mit vier Kreuzarmen.

Die *Chiesa del Rosario ❽

Das unweit des Domplatzes ausgegrabene Teatro Romano ist das einzige bislang in Apulien entdeckte römische Theater. Neu eröffnet wird in Kürze ein Museum (Tel. 08 32 30 85 66).

*San Matteo ❾

Typische Lecceser Barockpaläste flankieren den Weg zur Kirche San Matteo.
Erst beim genauen Hinsehen erkennt
man die Raffinesse der *Fassade. Ein
Gesims teilt sie in zwei unterschiedlich geschwungene Geschosse.

*Museo Provinciale Sigis-
mondo Castromediano ❿

Die didaktische Abteilung des Museo
Provinciale Sigismondo Castromediano informiert über die Frühgeschichte
bis zu den Messapiern: Neben Keramik und Münzen sind die noch farbi-

Seite
931

❶ Palazzo del Sedile
❷ Amphitheater
❸ Sant'Irene
❹ Dom Sant'Oronzo
❺ Bischofspalast
❻ Palazzo del Seminario
❼ Teatro Romano
❽ Chiesa del Rosario
❾ San Matteo
❿ Museo Provinciale
   Sigismondo
   Castromediano
⓫ Palazzo del Governo
⓬ Basilica Santa Croce
⓭ Porta Napoli
⓮ Santi Niccolò
   e Cataldo

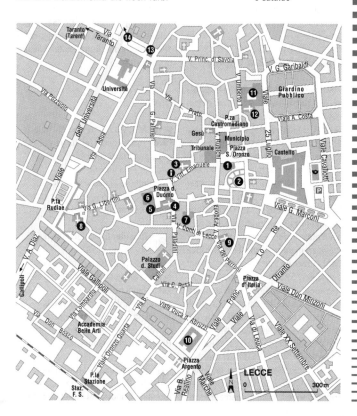

*Der Topolino gehört zum
südlichen Straßenbild*

Fassade von Santa Croce

gen *Türflügel eines messapischen Grabmals aus Lecce zu sehen. Die lebensgroßen Statuen stammen aus dem Amphitheater. Die Gemäldesammlung mit der Ikonostase aus der Kirche San Nicola dei Greci ist bis voraussichtlich Mitte 2003 wegen Restaurierung geschlossen.

Kastell bis *Porta Napoli

Abweisend wirkt das mächtige **Castello,** das Kaiser Karl V. im 16. Jh. gegen die Türken mit den für die damalige Zeit so charakteristischen Lanzenbastionen errichten ließ (noch in restauro). Der benachbarte Stadtpark lädt zu einer Pause im schattigen Grün ein. Ganz in der Nähe liegt der berühmteste Barockkomplex Lecces, das ehemalige Zölestinerkloster. Es besteht aus einstigen Konventsgebäuden, heute als **Palazzo del Governo ⓫** Sitz der Provinzregierung, und der ****Basilica Santa Croce ⓬**. Ihre **Schauseite folgt der klaren Struktur von Renaissancefassaden, kombiniert mit einer überreichen Barockdekoration. Originell die Menschen- und Tierfiguren, die den Balkon stützen. Klassisch in seinen Proportionen und doch reich dekoriert zeigt sich auch das Innere.

Durch die *Porta Napoli ⓭, einen 1548 zu Ehren von Karl V. errichteten Triumphbogen, gelangt man zur einzigen noch erhaltenen mittelalterlichen Kirche von Lecce. Eine achteckige orientalische *Kuppel und der Glockenturm weisen den Weg.

Giuseppe Cino setzte 1716 die Barockfassade vor die 1180 von Tankred von Lecce gestiftete Kirche ***Santi Niccolò e Cataldo ⓮**. Das romanische *Portal und das Rundfenster blieben unverändert.

Infos

APT, Via Monte San Michele 20, 73100 Lecce, Tel. 08 32 31 41 17, www.pugliaturismo.com; Infobüro: Via Vittorio Emanuele 24, Tel. 08 32 24 80 92, Fax 08 32 33 24 63. Vermittlung von deutschsprachigen Führungen.

President, Via Salandra 6, Tel. 08 32 31 18 81, Fax 08 32 37 22 83. Zentrumsnah, modern ausgestattet, klassisch elegante Einrichtung. ○○○

❙ **Cappello,** Via Montegrappa 4, Tel. 08 32 30 88 81, Fax 08 32 30 15 35, www.hotelcappello.it. Modernes Hotel in Bahnhofsnähe. ○

Gino e Gianni, Via Adriatica, Tel./Fax 08 32 39 92 10, 2 km Richtung Brindisi, Mi Ruhetag. Sehr gute Fischgerichte, eines der Spitzenrestaurants der Gegend. ○○○

❙ **Tre Moschettieri,** Via Paisiello 9 A, Tel. 08 32 30 84 84. Freundlicher Service, regionale Spezialitäten. So Ruhetag. ○–○○

❙ **Cucina Casareccia,** Via Costaduro 19. Mo mittags und So geschl. Das Lokal gilt als Tempel der typischen Lecceser Hausmannskost; viele Gemüsegerichte. ○

Kunsthandwerk findet man im **Consorzio Artigiani della Provincia di Lecce,** Via Rubichi 21. Typische Produkte des Salento wie Wein, in Öl Eingelegtes, Nudeln und ausgesuchte Kekse gibt's bei **Quattro Spezierie,** Via Di Biccari 28/30, und bei **Valentina,** Via Arcivescovo Petronelli 3. Skulpturen, Lampen und Tische aus dem örtlichen Stein *(pietra leccese)* erwirbt man bei **Giannone,** Via Vittorio Emanuele 82. Jeden letzten So im Monat (außer Aug.) findet beim Kastell ein **Antiquitätenmarkt** statt.

Tipp **Musica d'Organo:** Im September und Oktober erklingen in den Kirchen von Lecce und der Provinz beim Orgelmusikfestival alljährlich feinste Töne.

Figuren aus Pappmaché

Lecce ist die Stadt der *cartapesta,* der Pappmachéfiguren, die auch ein ideales Mitbringsel sind. Erhältlich sind sie z. B. bei **Arte della Cartapesta,** Via Vittorio Emanuele 33, und bei **Bottega di Cartapesta,** Via dei Perroni 20. Eine der besten Werkstätten, die noch das Ambiente des 19. Jhs. besitzt, leitet **Mario Di Donfrancesco,** Via D'Amelio 1.

Romanische Skulptur im Portalbogen von Santa Maria di Cerrate

Ausflüge

Östlich von Lecce (110 km)

Nicht nur mittelalterliche Kunst, sondern auch ein Volkskundemuseum, das sogar für Kinder zum Erlebnis wird, bietet das Kloster ***Santa Maria di Cerrate** 15 km nördlich von Lecce. Einsam erhebt es sich in der weiten Landschaft zwischen Squinzano und der Adria. Inmitten der stimmungsvollen Anlage steht die romanische *Kirche, die Tankred von Lecce errichten ließ, nachdem ihm laut einer Legende auf der Jagd die Madonna im Geweih eines Hirsches (ital. *cervo,* daher *cerrate*) erschienen war. Der äußerste Bogen um das Portal zeigt Szenen aus dem Neuen Testament.

Zahlreiche byzantinisch wirkende *Fresken beleben die dreischiffige Basilika. In den Nebengebäuden gibt das **Museo delle Arti e delle Tradizioni popolari del Salento** Einblick in die traditionelle Kultur des Salento. Keramiken, Ölmühlen, eine eingerichtete Küche und ein Schlafzimmer gehören zu den Exponaten (Öffnungszeiten: Di–So 9–13.30, 14.30–19.30 Uhr).

Wer jetzt eine erfrischende Abkühlung im Meer sucht, findet zwischen Torre Rinalda, Torre Chianca und San Cataldo, dem Badeort der Lecceser, feine Sandstrände. Südlich von San

Seite 931

In Roca Vecchia findet jeder ein sonniges Plätzchen am Meer

Cataldo folgen kleine Sandbuchten zwischen Felsen, vor San Foca liegen kleine Eilande direkt vor der Küste. Ein herrlicher Platz ist auch **Roca Vecchia** mit interessanten Megalithmauern, Nekropolen und Grotten.

Eine der schönsten Badebuchten findet sich bei ***Torre dell'Orso.** Der weite Sandstrand öffnet sich hinter einem Pinienwald, das Wasser leuchtet smaragdfarben, schroffe Felsen rahmen die Bilderbuchbucht ein. Dann weitet sich das Panorama, unten leuchten die **Alimini-Seen** tiefblau. Shuttle-Busse bringen im Sommer die Badegäste von den Parkplätzen zu dem traumhaften, gepflegten Sandstrand. Auch hier breitet sich die Dünenlandschaft direkt vor den grünen, Schatten spendenden Bäumen aus.

Weinorte im inneren Salento (50 km)

Westlich von Lecce erstreckt sich eine weite, sanft gewellte Landschaft. Ihre kleinen Weinbauorte bestehen aus niedrigen weißen Häusern; die Gutshöfe verstecken sich zwischen Olivenbäumen oder liegen inmitten des Reblands. Produziert werden traditionell ein robuster, schwerer Rotwein und der berühmte vollmundige Rosé. Jüngeren Datums ist der Anbau der weißen Chardonnay-Rebe. Sowohl die Genossenschaften *(Cantine sociali)* als auch einzelne Winzer verkaufen ihre Erzeugnisse direkt.

Das Zentrum des Weinbaus ist **Salice Salentino,** eines der typischen weißen Städtchen dieser Gegend mit einer hübschen barocken Pfarrkirche.

Tipp Den Wein von Baron **Leone de Castris** schätzt man über die Landesgrenzen hinaus. In seinem Keller (Via Senatore de Castris 48) reifen

Five Roses

Den wohl bekanntesten Roséwein des Salento keltert das Weingut Leone de Castris. Dieser Wein ist übrigens der erste Rosé überhaupt, der in Italien auf Flaschen gezogen verkauft wurde. Und was für Flaschen! 1944 herrschte akuter Mangel an geeigneten Gefäßen, aber die nordamerikanischen Besatzungstruppen wollten keinesfalls auf diesen hervorragenden Wein verzichten. Und so wurde der lokale Rosato in kanadische Bierflaschen abgefüllt. Den Soldaten schmeckte der Wein so gut, dass sie ihn angesichts seiner Farbe und in Erinnerung an den Bourbon »Four Roses« *Five Roses* tauften. Bei diesem Namen ist es bis heute geblieben. Im Weinkeller des Barons kann man noch eine der Bierflaschen mit Rosato bewundern. Gewonnen wird der duftige, leicht herb schmeckende Wein aus 90 % Negroamaro- und 10 % Malvasia-Nera-Trauben.

Seite 931

u. a. der Rosé *Five Roses* (s. links), der ausgezeichnete Weiße *Donna Lisa DOC,* der klassische Rote *Salice Salentino DOC* und der süße *Aleatico*-Dessertwein. Am anderen Ortsende liegt die **Winzer-Kooperative** (Via Maria Cristina). Hier gibt es nur offenen Wein, der sich aber hinter den Prädikatsweinen nicht verstecken muss.

Villa Donna Lisa, Via F. Marangi, 73015 Salice Salentino, Tel. 08 32 73 22 22, Fax 08 32 73 22 24. Hervorragende Küche in stilvollem Ambiente hinter der Kellerei de Castris. Gepflegtes Hotel mit Garten. ○○

Weinreben säumen die Straße, die über Veglie nach **Leverano** führt. Hier sollte man einen Blick auf den eleganten Wehrturm Friedrichs II. und die reich verzierte Fassade der Pfarrkirche im Zentrum werfen.

Der rote Komplex im Pinienhain an der Straße Richtung Porto Cesareo gehört der **Cantina Zecca.** Die große Weinauswahl umfasst z. B. einen spritzigen *Pinot di Chardonnay* oder *Novello Salice Salentino.* Dahinter bietet die **Cantina sociale Torre Vecchia** (Via Marche) gute und günstige offene wie auch Flaschenweine an.

Copertino ist der Heimatort des einzigen bedeutenderen apulischen Malers der Renaissance, Gianserio Strafella. Es besitzt einige Arbeiten des Künstlers. Zu sehen sind sie in dem imposanten Kastell mit prächtigem Renaissanceportal und in der Rokokokirche **Madonna delle Nevi.**

Kurz vor Lecce wird in **Monteroni di Lecce** ein hervorragender Tropfen gekeltert, z. B. bei Apolloni. Empfehlenswert sind der weiße Aperitifwein *Elfo* aus der lokalen Rebe Bombino und der vollmundige Rote *Copertino DOC.*

Cosenza

Seite
938

Kalabriens heimliche Hauptstadt

Am Zusammenfluss von Crati und Busento liegt, umgeben von bewaldeten Bergzügen, Cosenza (87 000 Einw.). Die lebhafte, aber nicht chaotische Universitäts- und Verwaltungsstadt besteht aus dem historischen Zentrum auf dem Pancrazio-Hügel und dem modernen Cosenza im breiten Flusstal des Crati. Jedes Viertel hat sogar eine eigene Flaniermeile: Am Abend ist der Corso Telesio in der Altstadt zu bevorzugen, während der Geschäftszeiten der Corso Mazzini in der Neustadt. Prächtige Barockbauten, ein mächtiges Kastell und zahlreiche angenehme Kneipen laden zu einem Aufenthalt in Cosenza ein.

Geschichte

Cosenza geht auf die Hauptstadt der Bruttier zurück, die ab dem 4. Jh. v. Chr. die griechischen Kolonien an der Küste bedrohten. Nach der Niederlage Hannibals, auf dessen Seite die Cosentiner standen, besetzten die Römer 204 v. Chr. die Stadt. Ihr wirtschaftlicher Aufstieg begann im Jahr 132 v. Chr. mit der Anlage der Via Popilia, die bis nach Reggio di Calabria führte.

410 n. Chr. starb der Westgotenkönig Alarich nach der Plünderung Roms bei Cosenza und wurde im Flussbett des Busento begraben – eine Legende, die August von Platen in seiner Ballade »Grab am Busento« dichterisch umsetzte.

Im 8. und 9. Jh. gehörte die Stadt zum Reich der Langobarden, unter

Seite 938

den Normannen wurde Cosenza Verwaltungssitz des Crati-Tals und blieb auch in den folgenden Jahrhunderten das Zentrum Nordkalabriens. Als einer von nur wenigen Städten des Südens gelang es Cosenza stets, seine Unabhängigkeit – sprich direkte Unterstellung unter den König – zu bewahren. Künstlerisch stark von der Hauptstadt Neapel geprägt, konnte Cosenza seit dem 16. Jh. kulturell mithalten. Diese Blütezeit verdankte es der Gründung der humanistischen, bis heute existierenden Akademie und einem der bedeutendsten Naturphilosphen seiner Zeit, dem Cosentiner Bernardino Telesio (1509–1588). Ende des 19. Jhs. begann nach der Trockenlegung der malariaverseuchten Sümpfe entlang Crati und Busento der Bau der Neustadt.

*San Domenico ❶

An der Schnittstelle zwischen Alt- und Neustadt liegt der vielleicht interessanteste Klosterkomplex der Stadt. Die Gebäude des 1448 von der Familie Sanseverino gestifteten Konvents befinden sich heute in Militärbesitz. Meist gewährt der Wachhabende den Besuchern einen Blick in den Kreuzgang; die **Kirche San Domenico** selbst

Barocke Altstadt

Trotz des imposanten Doms prägte im Wesentlichen nicht das Mittelalter, sondern die Barockzeit die pittoreske Altstadt. Der katalanische Baustil der Hauptstadt Neapel findet sich an Portalen, Fenstern, den Eisengittern der Balkone und in majestätischen Treppenhäusern wieder.

ist frei zugänglich. Ihre grüne Kupferkuppel bildet eines der Wahrzeichen Cosenzas. Die Fassade ziert eine spätgotische Rosette aus der Mitte des 15. Jhs. – ein Beispiel für die Verspätung, mit der die künstlerische Entwicklung Kalabrien erreichte. Der einst ebenfalls spätgotische Innenraum präsentiert sich heute im feinen Stuckkleid des Rokoko. Hinter dem Hauptaltar betritt man die nicht barockisierte Sakristei. Das schöne *Chorgestühl schufen 1635 Künstler aus Paterno und Rogliano, die für ihre hervorragenden Schnitzarbeiten berühmt sind. Prunkstück der Kirche ist die herrliche Barockkapelle, **Oratorio del Rosario.** Der Blick schweift nach oben zur prachtvollen vergoldeten *Holzdecke des 17. Jhs.

Die Haupteinkaufsstraße in der Neustadt ist der **Corso Mazzini** mit eleganten Geschäften und Cafés, z. B. die **Bar Corso** mit Tischchen unter schattigen Linden.

San Francesco di Paola ❷

Hinter San Domenico treffen sich Crati und Busento unterhalb des Altstadthügels. Auf der gegenüberliegenden Seite des Crati zeichnet sich die Silhouette der Renaissancekirche San Francesco di Paola ab. Der 1510 – nur drei Jahre nach dem Tod des Heiligen – errichtete Bau beherbergt das Grab eines der elegantesten spanischen Kavaliere: Ottavio Cesare Gaeta steht in kurzem Rock und eng anliegender Halskrause auf seinem *Grabmal von 1593. Interesse verdienen die Büste eines Familienmitglieds von 1614 sowie mehrere barocke Holzfiguren.

In der Altstadt von Cosenza

Seite 938

Ein Künstler aus Rogliano schnitzte das *Chorgestühl. Der *Kreuzgang stammt aus der Erbauungszeit.

Santissimo Salvatore ❸

Gleich nebenan kann man einer Messe nach griechischem Ritus beiwohnen, denn in Santissimo Salvatore trifft sich die albanische Gemeinde Cosenzas. Im Jahre 1565 ließ die Bruderschaft der Schneider die kleine Kirche errichten. Von der gegenüberliegenden Brüstung am Crati genießt man den Blick auf die *Altstadt.

Die Läden am **Corso Plebiscito** gehören traditionell den Flechtwarenhändlern, die auch heute hier ihre Ware verkaufen. Es lohnt sich, hier ein bisschen zu bummeln, um nette Mitbringsel für Freunde oder Familie zu besorgen.

*Corso Telesio und *Dom ❹

Enge Seitengässchen mit auffallend hohen Häusern und teilweise prächtigen Barockfassaden kreuzen die Via Di Tarsia. Der **Corso Telesio,** der noch bis in die 60er Jahre des 20. Jhs. die schmucke Flaniermeile Cosenzas abgab, verkam in den 70er und 80er Jahren zur Allerweltsgasse. Erst in letzter Zeit ändert sich dies wieder. Neue, alternativ angehauchte Geschäfte eröff-

❶ San Domenico
❷ San Francesco di Paola
❸ Santissimo Salvatore
❹ Dom
❺ San Francesco d'Assisi
❻ Teatro Rendano
❼ Palazzo della Prefettura
❽ Museo Civico

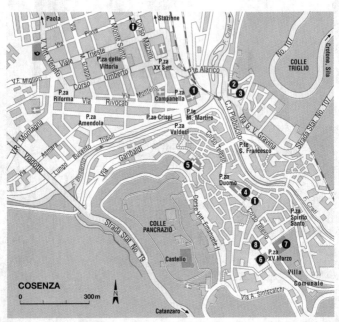

COSENZA

0   300m

Catanzaro

Am Corso Plebiscito locken Korbläden mit Souvenirs

Der Kreuzgang von San Francesco d'Assisi beherbergt ein kleines Museum

nen, die alten Handwerker finden wieder Zulauf, und am Abend zählt der Corso zu den In-Adressen der Stadt.

Mitten in diesem populären Viertel erhebt sich der etwas gedrungen wirkende **Dom.** Nach einem Erdbeben musste er im 12. Jh. unter dem Zisterzienserbischof Campano erneuert werden. Bereits in der symmetrisch angelegten Fassade mit ihren drei gotischen Portalen und den drei Rosetten spiegelt sich die Strenge und Schlichtheit der für diesen Orden typischen Architektur wider. Den überraschend hohen dreischiffigen *Innenraum gliedern Pfeiler mit niedrigen, fantasievoll gearbeiteten *Kapitellen.

Der plötzliche Tod Isabellas von Aragon, der Gemahlin des französischen Königs Philipp III., im Jahr 1271 in Cosenza bescherte der Stadt eines der schönsten gotischen Grabdenkmäler Kalabriens. Der französische Künstler bildete die betenden Eheleute kniend neben der Madonna ab.

Schräg gegenüber soll in dem spätantiken Sarkophag mit einer Jagdszene Heinrich VII., der erstgeborene Sohn Friedrichs II., bestattet worden sein.

Hinter dem Dom bietet das älteste Café der Stadt, das stilvolle **Renzelli,** Gelegenheit zu einer Pause. Im Freien oder in den angenehmen Innenräumen nehmen die wohlhabenderen Einwohner Cosenzas ihren Aperitif zu sich. Am Abend vergnügt sich hier ein buntes Publikum.

*San Francesco d'Assisi ❺

Durch schmale Gässchen geht es zu dieser Kirche. Bereits 1217, zu Lebzeiten des Franziskus, gründete einer seiner Schüler hier ein Kloster. Hinter der Fassade des 19. Jhs. verbirgt sich ein prächtiger *Barockinnenraum.** Die einstige romanisch-gotische Kirche von 1217 bildet heute das Querschiff.

Seite 938

In seinem rechten Arm erkennt man hinter der reich verzierten Barockkapelle noch gut die Originalstruktur des 13. Jhs. Im rechten Seitenschiff öffnet sich mit der barocken ****Cappella di Santa Caterina** ein wahres »Fest für die Augen«: vergoldete ****Holzschnitzereien** überziehen Decke, Chorgestühl, Kanzel, Empore und Orgel. Die *Gemälde mit Szenen aus dem Leben der hl. Katharina stammen von dem flämischen Maler Willem Borremans. Links hinter der Kirche liegt der Zugang zum Kreuzgang und zu den Ausstellungsräumen im ehem. Konvent.

Einzigartig ist die berühmte ****Staurothek,** ein vergoldetes Reliquienkreuz mit farbigen Emailmedaillons und wertvollen Edelsteinen. Es wurde dem Erzbistum zur Domweihe 1222 von Friedrich II. geschenkt und ist eine Arbeit aus den kaiserlichen Werkstätten von Palermo. Zwar ist eine neue Pinakothek im Palazzo Arnone geplant (Wechselausstellungen, derzeit keine geregelten Öffnungszeiten, Info: Tel. 09 84 79 37 48), doch bisher hängen hier noch immer die meisten Gemälde. Wirklichkeitsnähe und Ausdruckskraft des bedeutendsten kalabresischen Malers, Mattia Preti, zeigen sich eindringlich am hl. Hieronymus (Öffnungszeiten: Mo bis Sa 9–13 Uhr, läuten).

Piazza XV Marzo

Auf der imposanten Piazza XV Marzo steht das Bronzedenkmal für Bernardino Telesio, einen Mitbegründer der modernen Naturforschung. Die klassizistische zweigeschossige Fassade des 1909 eingeweihten **Teatro Rendano ❻** öffnet sich mit drei Rundbogen unten und drei Rundfenstern oben zum Platz. Im größten kalabresischen Theater einem Konzert oder einer

Oper zu lauschen, ist durchaus ein Erlebnis. Auf der anderen Seite der Piazza erhebt sich die zweigeschossige breite Fassade des **Palazzo della Prefettura ❼**, eines weiteren klassizistischen Baus. Die Cosentiner Akademie mit Stadtbibliothek und dem **Museo Civico ❽** trägt mit ihrer unorthodoxen Schauseite zum markanten Gesicht des Platzes bei. Der gepflegte Stadtpark lädt zu einer Pause.

Castello

Nach 20-jähriger Schließung wurde das gewaltige Kastell auf dem Hügel Pancrazio wieder eröffnet (die Restaurierung dauert derzeit noch an). Auf sarazenischen und normannischen Grundmauern baute Friedrich II. die heutige Burg, die die Anjou um ein Stockwerk und die Kapelle erweiterten. Im 15. Jh. war die Anlage eine prachtvolle Residenz, dann Militärstützpunkt und schließlich Seminargebäude. Immer wieder erschütterten Erdbeben das Gemäuer, so dass laufend erneuert und umgebaut wurde. Der Aufstieg lohnt sich auf jeden Fall. Von hier aus kann man das ****Panorama** mit der Stadtsilhouette vor den grünen Hängen des Sila-Gebirges genießen (Öffnungszeiten tgl. 8–20 Uhr).

Infos

APT, Corso Mazzini 92, 87100 Cosenza, Tel. 0 98 42 72 71, Fax 0 98 42 73 04, www.calabriaweb.it; Informationsbüro Piazzetta Toscano (hinter dem Dom), Tel. 09 84 81 33 36, Fax 0 98 47 40 61.

Bahnverbindungen: u. a. Schmalspurbahn in die Sila nach San Giovanni in Fiore.

Seite
938

In der Sila leben noch Königseulen

Lago di Cecita in der Sila Grande

Royal Executive, Via Marconi 59, 87036 Rende, Tel. 09 84 40 10 10, Fax 09 84 40 20 20, www.hotelexecutivecs.it. Luxushotel mit allem Komfort (feines Restaurant Nabucco) am Stadtrand, Nähe Autobahn. ○○○

▌ **Grisaro,** Viale Trieste 38, Tel./Fax 0 98 42 78 38. Zentral in der Neustadt in Bahnhofsnähe gelegen, angenehmer Familienbetrieb. ○–○○

L'Arco Vecchio, Piazza Archi di Ciaccio 21 (in der Altstadt, hinter dem Theater), Tel. 0 98 47 25 64. Hervorragende kalabresische Küche mit variantenreichen Antipasti in charakteristischem Lokal, So Ruhetag. ○○

▌ **Il Setaccio,** Contrada Santa Rosa 62, Rende, Tel. 09 84 83 72 11. Ausgezeichnete kalabresische Vorspeisen und gute Fleischgerichte, So Ruhetag. ○○

Punto Vendita – prodotti tipici calabresi, Via Alimena 78–82 (Neustadt). Kalabresische Spezialitäten zum Mitnehmen: Käse, in Öl Eingelegtes, Wein, Pilze, Soßen und Pasta in exzellenter Qualität und äußerst preisgünstig. *Sardella* (auch *Rosamarina* genannt) ist eine pikante Streichpaste aus getrocknetem Fisch, roten *peperoncini* und Öl.

Ausflüge

In die Sila (310 km)

Eigentlich gibt es die Sila gleich dreimal, als *Sila Greca* (nördlicher Teil zwischen San Demetrio Corone und Longobucco), *Sila Grande* (mittlerer Abschnitt um Camigliatello und San Giovanni in Fiore) und *Sila Piccola* (der Süden um Taverna). Der Name der Sila Greca, einer noch einsamen Weidelandschaft, stammt von der albanischen Bevölkerung, Anhängern des griechisch-orthodoxen Glaubens.

Von Cosenza aus folgt man dem Tal des Crati nach Norden und gelangt nach unzähligen Kurven über die Albanerstadt ***Santa Sofia d'Epiro** ins Zentrum dieser Bevölkerungsgruppe, nach **San Demetrio Corone.**

Die recht mühselige Anfahrt wird mit einer der eindrucksvollsten frühnormannischen Kirchen Kalabriens belohnt: ***Sant'Adriano** ist mit byzantinischen Fresken und erlesenen ***Fußbodenmosaiken** ausgestattet (über die Kommune von San Demetrio kann man mit dem Kustoden Kontakt aufnehmen, der die Kirche öffnet; Tel. 09 84 95 60 03).

Seite
938

Über Acri erreicht man den größten Sila-See, den **Lago di Cecita,** und **Camigliatello Silano** in der Sila Grande. Auf der bewaldeten Hochebene liegen in 1200–1300 m Höhe Bergseen und Weideflächen mit Almhütten. Das Feriengebiet, mit schneesicheren Skipisten in der Nähe von Camigliatello, Lorica und Villaggio Palumbo, lädt zum Wandern, Bergsteigen und Rad fahren ein.

Consorzio Camigliatello 2000, Via Roma 5, Casa del Forestiero, 87052 Camigliatello Silano, Tel. 09 84 57 82 43.

Historische Züge: Camigliatello – San Giovanni in Fiore.

Edelweiss, Viale Stazione 11, Camigliatello Silano, Tel. 09 84 57 80 44, Fax 09 84 57 87 53. Elegantes Hotel mit hervorragendem Restaurant, auch Verkauf von Sila-Produkten. ○○

In der Hauptbummelmeile **Camigliatellos,** Via Roma, findet man feine gewebte Stoffe und traditionelle Holzarbeiten.
▪ Ebenfalls ein guter Einkaufsort ist Camigliatello für kalabresisches Kunsthandwerk (Brigantenfiguren, Stickereien und Holzobjekte).
▪ Die Weberei **Tessitura Mimmo Caruso** in San Giovanni in Fiore, Via Gramsci 195, stellt noch die traditionellen Decken *a pizzulune* (mit Reliefdekor) her.
▪ Die Käserei **Croce di Magara,** 5 km östlich, bietet eine große Auswahl an Käsesorten, u. a. den besten Mozzarella, Caciocavallo und Burrino Kalabriens an!

Von Camigliatello führt eine schöne Fahrt nach *San Giovanni in Fiore.

Santa Maria della Consolazione, gotischer Blickfang in Altomonte

Hier gründete der Zisterziensermönch Joachim 1189 den Floriazenserorden, dessen Mutterkirche erhalten blieb. Der **Lago Ampollino** wartet etwas südlicher, und wer Kurven nicht scheut, genießt hier eine kaum berührte Natur.

Taverna ist die Heimat des Barockmalers Mattia Preti, dessen Bilder diverse Kirchen des lebhaften Touristenortes schmücken. Vom Ampollino-See geht es zum **Lago Arvo** und per Auto oder Seilbahn hinauf auf den höchsten Berg der Sila, den **Monte Botte Donato** (1928 m) mit großartigem Panorama.

Altomonte – die Toskana in Kalabrien (95 km)

Man erreicht Altomonte (4600 Einw.) in nur 45 Minuten von Cosenza aus auf der Autobahn A 3 nach Norden. Flankiert von Pfirsichbäumen und Olivenhainen folgt sie dem Tal des Crati. Reizvoller ist allerdings die kurvenreiche SS 19 über **Montalto Uffugo** mit einer sehenswerten *Holzmadonna in der Pfarrkirche und **San Marco Argentano** mit dem ersten normannischen *Wehrturm in Kalabrien. Die interessanteste Kirche aus der Anjouzeit in Kalabrien, *Santa Maria della Consolazione, ließ der Feudalherr von Altomonte, Filippo Sangineto, im 14. Jh. errichten. Im einschiffigen Innenraum fällt die tiefe, helle Apsis auf. Ein Nachfolger des Toskaners Tino da Camaino schuf das großartige **Grabmal des Kirchengründers. Hinter der Kirche genießt man einen traumhaften Blick. Vom kleinen Kreuzgang aus betritt man das sehenswerte *Museo Civico (Öffnungszeiten: Mo–Sa 9–13, 16–19.30, So 10–13, 16–19 Uhr).

Der *hl. Ladislaus vom großen Sieneser Maler der Gotik, Simone Martini, ist zwar klein, aber fein. Gleiches gilt für die *Heiligenfiguren seines Florentiner Zeitgenossen Bernardo Daddi (Öffnungszeiten: Di–Sa 8–20, Mo und feiertags 10–13, 16–19 Uhr).

Tipp Bevor man nun durch die engen Gässchen der Altstadt bummelt und vielleicht das traumhafte *Panorama vom Normannenturm (Öffnungszeiten: wie Museo Civico) aus genießt, kann man sich noch mit einer Joghurt-Granita im **Gran Caffè Città del Sole** vor der Kirche erfrischen.

Barbieri, Via San Nicola 30, 87042 Altomonte, Tel. 09 81 94 80 72, Fax 09 81 94 80 73, www.casabarbieri.it. In einem alten Palast lässt sich exzellent wohnen und speisen. ○○

Alia, Via Jetticelle 69, 87012 Castrovillari, Tel. 0 98 14 63 70, Fax 0 98 14 65 22, www.alia.it. Bestes Lokal Kalabriens, das Hotel besitzt Zimmer mit allem Komfort inklusive Hydromassagewanne. ○○○

Tour 1

Wo die Adria am schönsten ist

Rodi Garganico → *Vieste → Foggia → Lucera → Troia → Cerignola (310 km)

Kleine, von Felsen malerisch gerahmte Badebuchten, weiße Sandstrände, hübsche Fischerorte, ausgedehnte Laubwälder im Naturschutzgebiet Foresta Umbra, und über allem wacht der Erzengel Michael. Die Halbinsel Gargano bildet den Sporn Italiens. 65 km ragt sie in die Adria hinaus, das gleichnamige Gebirge erhebt sich mit dem Monte Calvo bis auf 1055 m Höhe. Süditaliens bestes Campinggebiet lädt ein zu Sonne, Badefreuden und erholsamen Wanderungen, aber auch zu abwechslungsreichem Kunstgenuss.

Eine ganz eigene Faszination strahlt der Tavoliere aus, die weite, dem Gebirge vorgelagerte Ebene mit ihren endlos scheinenden Getreidefeldern. Ein bis zwei Tage sollte man für diese Tour einplanen.

Rodi Garganico ❶

Der nördlichste Teil Apuliens empfängt die Reisenden mit einem Paradies für Wasser- und Zugvögel, den beiden flachen, fischreichen Küstenseen Lago di Lesina und Lago di Varano. Hinter den Seen beginnt die typische Landschaft des Gargano. Bereits **Rodi Garganico,** der erste größere Ort an der Küste, gibt einen guten Eindruck von den Eigenheiten der Halbin-

1

Seite
944

1

Seite
944

*Unberührt vom Massentourismus:
die Halbinsel Gargano*

sel. Vor dem Hintergrund immergrüner Kiefern liegt er malerisch auf einem Felsvorsprung über dem Meer. Zwischen zwei langen Sandstränden stehen die weißen Häuser im gleißenden Licht. Der Corso Umberto öffnet sich an der Piazzetta wie ein Wohnzimmer.

Fährverbindungen: Tgl. Verbindung zu den Tremiti-Inseln. Buchung bei Agenzia GTM, Piazza Garibaldi 11, Tel. 08 84 96 53 43, Fax 08 84 96 65 55. Dort auch Auskünfte zu Rodi.

Baia Santa Barbara, OT Santa Barbara, Tel. 08 84 96 52 53, Fax 08 84 96 54 14, www.grupposac-cia.it. 500 m vom Zentrum, am Meer, mit Pool, Kinderclub, Disco. ◯◯
▮ **Villa Americana,** Via Grossi 1/A, Tel. 08 84 96 63 90, Fax 08 84 96 65 57. Zentral im Herzen des Städtchens gelegene Villa mit Garage und Privatstrand. ◯◯

Ein Blick zurück auf das fotogene Panorama Rodis, und schon riecht man die dunkelgrüne *Pineta Marzini des Ferienortes **San Menaio.**

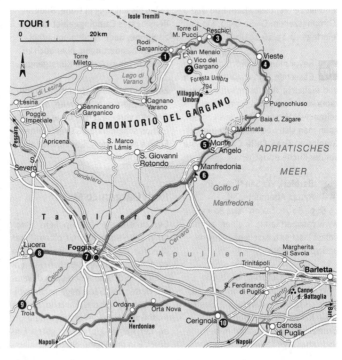

Vico del Gargano ❷

Kurz hinter San Menaio führt ein kurviges Sträßchen hinauf nach Vico del Gargano. In der mittelalterlichen Altstadt spürt man noch heute die jahrhundertelange Isolation und Armut. Nur wenige *api* (»Bienen«), wie die dreirädrigen Kleintransporter heißen, stehen in der Garage unter den Wohnräumen. Im Viertel Terra riecht es nach Stall: Wie eh und je ist hier der Esel das Haupttransportmittel der Bauern.

Peschici ❸

Beim Wachturm Pucci öffnet sich ein traumhafter Ausblick auf die Küstenlinie bis Rodi Garganico. Bald darauf glänzen die weißen Häuser von Peschici (4300 Einw.) über dem tiefblauen Meer. Eine Besonderheit des Ortes sind die orientalisch anmutenden grauen Kuppeln, die noch viele der niedrigen Altstadthäuser bedecken.

 Corso Garibaldi 57, 71010 Peschici, Tel./Fax 08 84 96 27 96.

D'Amato, Località Spiaggia, Tel. 08 84 96 34 15, Fax 08 84 96 33 91, www.hoteldamato.it. Am Strand; Kinderspielplatz, Garten, Pool; April bis Okt. ○○–○○○

Fra Stefano, Via Forno 8, Tel. 08 84 96 41 41. Nettes Lokal in der Altstadt, gute Antipasti und Fischspezialitäten; nur Ostern bis Mitte Okt. geöffnet. ○–○○

*Vieste ❹

Vorbei an Wachtürmen zum Schutz vor den Türken und silbrigen Olivenbäumen zwischen weißen Felsen und

Unübersehbar: das Wahrzeichen von Vieste, der Pizzomunno

blauem Meer kommt man nach Vieste (13 500 Einw.). Das Zentrum des Gargano wartet mit einer intakten, liebenswerten mittelalterlichen Altstadt auf. Treppauf, treppab, durch Torbogen und Gässchen bummelt man entlang den weiß getünchten Häusern, die sich unter dem mächtigen, von Friedrich II. erbauten Kastell ducken (im Besitz der Marine). Am barocken Campanile weithin erkennbar ist die dreischiffige **Kathedrale** (11. Jh.). Unterhalb der Kirche kann man in einer alten Ölmühle im **Museo Archeologico** in die Vergangenheit eintauchen (Via Celestino V 67; Öffnungszeiten: Ende Juni bis Anfang Sept. 17–23 Uhr).

Am Ende der weit ins Meer ragenden Halbinsel schließt die einschiffige, aus weißem Vieste-Tuff gebaute Renaissancekirche **San Francesco** das alte Zentrum markant ab. Von hier genießt man einen herrlichen Blick auf den Sandstrand im Süden der Stadt. Unterhalb der steilen Felswand erhebt sich das Wahrzeichen Viestes, der freistehende, weiß im Sonnenlicht glänzende Felsen *Pizzomunno.

Ein Genuss für Auge und Magen ist der **Markt** beim Viale XXIV Maggio (tgl. bis abends).

Tipp Kinder werden begeistert sein vom Muschelmuseum: **Museo Malacologico,** Piazza Vittorio Emanuele (Öffnungszeiten: Juni, Sept. 9–13, 16.30–23, Juli, August 9.30–13, 16.30 bis 24 Uhr).

IAT, Corso L. Fazzini 8, 71019 Vieste, Tel./Fax 08 84 70 74 95; Infobüro: Piazza Kennedy 1, Tel. 08 84 70 88 06.
▪ Hotel- und Appartementvermittlung **Vesta Travel,** Via Cavour 12, Tel. 08 84 70 15 22, Fax 08 84 70 19 17, www.garganomare.it.

Fährverbindung: Isole Tremiti, tgl., mit dem Tragflügelboot (1 Std.), Reservierung bei **Gargano Viaggi,** Piazza Roma 7, Tel. 08 84 70 85 01, Fax 08 84 70 73 93, www.garganoviaggi.it.

Pizzomunno Vieste Palace, Loc. Pizzomunno, Tel. 08 84 70 87 41, Fax 08 84 70 73 25, www.pizzomunno.it. Wunderschön im Pinienhain liegt der weiße Komplex dieses Luxushotels mit allem Komfort, 100 m vom Strand. ○○○
▪ **Seggio,** Via Veste 7, Tel. 08 84 70 81 23, Fax 08 84 70 87 27, www.emmeti.it/Hseggio. Gepflegtes Hotel in der Altstadt im Sitz der Stadtverwaltung (17. Jh.) Eigener Strandzugang, Pool und traumhafte Aussicht von der Piazza vor dem Hotel. ○○

Enoteca Veste, Via Duomo 14, Tel. 08 84 70 64 11. Kleines, gemütliches Lokal mit bester apulischer Hausmannskost mit einem Schuss Raffinesse und den Spitzenweinen Apuliens. ○

Original apulische *fischietti,* Pfeifchen, findet man in der Via Mafrolla 24. Typisch apulische **Süßigkeiten** wie *cannoncini* oder *taralli* gibt es in der Via Duomo 4.

Monte Sant'Angelo ❺

Aleppokiefern säumen die Küste. Immer wieder öffnet sich der Blick auf einladende Buchten. **Cala della Pergola, Baia delle Zagare, Baia delle Rose** ... unzählige dieser Plätzchen sind ein Dorado zum Entspannen. Die Aussicht auf die steil ins Meer stürzenden Felsen weicht nun dem Panorama der weiten Ebene um das weiß am Hang aufblitzende **Mattinata.**

Hinter dem lebendigen Städtchen führt die Straße mit herrlichem Ausblick auf die Küste und den Tavoliere die kahlen Berghänge nach **Monte Sant'Angelo** (15 000 Einw.) hinauf. Die für den Ort charakteristischen niedrigen weißen »Reihenhäuschen« der Altstadt begrüßen die Gäste bei der Fahrt zum 18 m hohen Normannenturm des mehrfach erweiterten **Kastells** (hier Parkplatz; Öffnungszeiten: Juni–Sept. tgl. 9–20, sonst 9–13, 14.30 bis 19 Uhr).

Der achteckige schöne Campanile bewacht den Eingang zum ***Heiligtum des Erzengels Michael,** der im Jahr 493 in einer Grotte erschienen sein soll. 89 Stufen führen hinunter in die suggestive Atmosphäre dieses Pilgerortes. Auf einer 1076 in Konstantinopel gearbeitete Bronzetür wird in 24 Szenen vom Wirken Michaels erzählt (Krypten der Basilika, tgl. geöffnet, Gruppen nach Voranmeldung, Tel. 08 84 56 11 50).

Schräg gegenüber dem Grottenheiligtum liegt einer der großartigsten romanischen Komplexe ganz Apuliens. Er besteht aus drei Teilen: Der Kuppelbau über quadratischem Grundriss wird als ****Tomba di Rotari** (Grab des Langobardenkönigs Rothari) bezeichnet und war vermutlich ein Baptisterium. Er besitzt meisterhafte romanische Reliefs. Von der benachbarten ebenfalls romanischen Kirche *San Pietro blieb nur die Apsis. Rechter Hand steht die Kirche ***Santa Maria Maggiore.** Die phantasiereichen Details des Portals und die in dunklen Farben gehaltenen Fresken (12./13. Jh.) im Inneren sollte man in Ruhe anschauen.

Ein auch für Kinder interessantes ***Volkskundemuseum** fand seine Heimat im früheren Franziskanerkloster

Monte Sant'Angelo mit seinen charakteristischen »Reihenhäuschen«

Seite 944

Ein Paradies in der Adria

Gute 20 km vom Festland entfernt liegt im Adriatischen Meer auf der Höhe von Torre Mileto die kleine **Tremiti-Inselgruppe,** die aus den drei größeren Eilanden San Nicola, San Domino und der Isola Capraia sowie einigen Felsen rundherum besteht.

San Nicola, Hauptort der gleichnamigen Insel, ist ganz von Mauern umgeben. Benediktiner errichteten hier im 11. Jh. die Abteikirche *Santa Maria a Mare. Zu den Glanzpunkten in dem ungewöhnlichen Gotteshaus gehören die prächtigen Fußbodenmosaiken, ein byzantinisch inspiriertes *Holzkreuz mit dem lebendig wirkenden Christus sowie ein sehr nordisch anmutendes *Altarpolyptychon aus dem 15. Jh. Um einen besseren Eindruck von den Befestigungsanlagen zu gewinnen, geht man hinaus auf die kahle Hochebene. Der Wind erfrischt, die Möwen

schreien, am Ufer gegenüber taucht die Silhouette des Gargano auf, und die weißen Felsen von San Domino leuchten vor den grünen Pinien. Bevor man sich auf dieser Insel dem Badevergnügen am Sandstrand oder auf den Felsen hingibt, sei ein Bootsausflug in die Grotten von San Domino empfohlen. Die spektakulären Felsformationen und das prächtige Farbenspiel im Wasser sind nur vom Meer aus zu bewundern.

Fährverbindungen: im Sommer tgl. ab Manfredonia, Vieste, Peschici, Rodi, Termoli (ganzjährig).

Auskunft: Kommune auf San Domino, Tel. 08 82 46 30 63, Fax 08 82 46 30 03; versendet auch per Fax Listen der Hotels und Zimmeranbieter (auch auf San Nicola). San Domino ist touristisch gut erschlossen, mit über zehn Hotels und Ferienanlagen.

1

Seite
844

(Museo di Arte e Tradizioni popolari del Gargano; Öffnungszeiten: Mai bis Sept. Di–Fr 9–13, 15–19, Sa, So 9–13, 14.30–18.30, Okt.–April Di–Fr 8–13, Di, Do auch 15.30–19 Uhr).

Medioevo, Via Castello 21, Tel. 08 84 56 53 56. Hier wird typische Küche des Gargano serviert (Winter Mo Ruhetag). ○○–○○○

Tipp Die Kooperative **Eco Gargano** organisiert Reitausflüge und geführte Exkursionen in den Gargano. Largo R. Guiscardo 2, Casella postale 201, 71037 Monte Sant'Angelo, Tel./Fax 08 84 56 54 44, www.ecogargano.it; Infos auch im Kastell.

Von Monte Sant'Angelo aus empfiehlt sich ein erholsamer Ausflug hinauf in die dichte ***Foresta Umbra**. Der einzige größere Wald Apuliens steht seit 1991 unter Naturschutz. Neben majestätischen Buchen und einer tiefen Stille finden Wanderer hier einen kleinen idyllischen See und Gehege mit Hirschen und Mufflons. Am Informationspunkt des **Nationalparks Gargano** am See kann man Karten kaufen und Fahrräder ausleihen (Juni–Sept.).

Manfredonia ❻

Auf den ersten Blick wirkt Manfredonia (58 000 Einw.) mit seiner hässlichen Raffinerie nicht gerade einladend. Doch ist man erst einmal bis in die gut gepflegte, rechtwinklig angelegte Altstadt vorgedrungen, entdeckt man eine liebenswürdige süditalienische Stadt voller Geschäftigkeit.

Manfred, der Sohn Friedrichs II., gründete 1256 den nach ihm benannten Ort und ließ das Kastell errichten. Es beherbergt heute das ****Museo Nazionale Archeologico del Gargano**

(Öffnungszeiten: tgl. außer dem ersten und letzten Mo im Monat 8.30 bis 19.30 Uhr), eine einzigartige Sammlung daunischer Grabstelen, die im 7./6. Jh. v. Chr. entstanden. Ritzzeichnungen auf Kalksteintafeln lassen bewaffnete Männer und Frauen in reich verzierten Gewändern erkennen.

i **IAT,** Piazza del Popolo 11, 71040 Manfredonia, Tel./Fax 08 84 58 19 98, E-Mail: manfredonia@pugliaturismo.com.

Foggia ❼

Friedrich II., der im Tavoliere seine großen landwirtschaftlichen Musterbetriebe aufbauen ließ, schätzte diese Landschaft angeblich besonders. Der Kaiser besaß in Foggia (156 000 Einw.) eine berühmte Residenz. Doch blieb von dem prächtigen Bau nichts außer einer ***Archivolte** (einem Rundbogen) an der hinteren Seite des Palazzo Arpi übrig. Er beherbergt heute das reich bestückte, empfehlenswerte ***Museo Civico.** Die Sammlung reicht von steinzeitlicher Keramik über Münzen Friedrichs II. bis zu ausgestopften Vögeln. Wer die Sonnen und grotesken Masken aus den Souvenirläden kennt,

Tavoliere

Unendlich weit scheint sich der Tavoliere, die größte Ebene im Süden Italiens, zu öffnen. Der Name leitet sich nicht von *tavola* (i. S. v. Tisch) ab, sondern von den *tabulae censuariae,* den römischen Listen, die den Staatsbesitz verzeichneten. Die Monotonie der Getreidefelder übt eine ganz eigene Faszination aus.

sieht hier ihre Vorbilder des 5. Jhs. v. Chr. (Wiedereröffnung voraus. Jan. 2003, Auskunft: Tel. 08 81 72 62 45). Ansonsten ist die Hauptstadt der gleichnamigen Provinz – auch Capitanata genannt – modern geprägt. Hierzu trug neben der Industrieansiedlung auch ein Erdbeben bei, das die Stadt 1731 fast vollständig zerstörte.

APT, Via Perrone 17, 71100 Foggia, Tel. 08 81 72 36 50, Fax 08 81 72 55 36, www.pugliaturismo.com.

Chacaito, Via Arpi 62, Tel. 08 81 70 81 04. Interessante Gemüse-Meeresfrüchte-Küche, So Ruhetag. ○○–○○○

Lucera ❽

Schnurgerade führt die Straße durch die Ebene hinauf in das Landwirtschaftszentrum Lucera (36 000 Einw.). Einen überwältigenden Blick auf den Tavoliere und weit hinein in den daunischen Apennin genießt man vor der Mauer des *Kastells von Karl I. von Anjou am Rand der Altstadt (s. S. 906). Friedrich II. hatte in Lucera Sarazenen aus Sizilien angesiedelt, die auch seine Leibwache stellten, und den inneren *Palast errichten lassen.

Mitten in der Altstadt erhebt sich der von Karl II. 1300 begonnene gotische *Dom mit einer sehr schlichten, durch nur einen fertig gestellten Turm asymmetrischen Fassade. Dafür ist der dreischiffige Innenraum überaus reich ausgestattet. Hinter dem Dom folgt man der Via De Nicastri zum *Museo Civico Giuseppe Fiorelli, in dem u. a. Funde aus der daunischen und römischen Zeit Luceras warten (Öffnungszeiten: Di–Sa 9–13, 16–19, So 9–13 Uhr; Info Tel. 8 00 76 76 06).

Kastell von Lucera

Alhambra, Via De Nicastri 10, Tel. 08 81 54 70 66. Gesalzene Preise, aber hervorragende Fischgerichte, Mo Ruhetag. ○○○

Troia ❾ und Cerignola ❿

Weite Ausblicke auf den Tavoliere öffnen sich auf der Fahrt von Lucera hinauf nach **Troia** (7900 Einw.). Hier erhebt sich der *Dom mit einer reich skulptierten romanischen **Fassade,** der schönsten ganz Apuliens. Ein besonderes Augenmerk verdient die filigrane Rose aus dem frühen 13. Jh. Noch älter sind einige weitere Kostbarkeiten, so das prächtige Bronzeportal mit drachenförmigen Türklopfern und die Kanzel aus dem 12. Jh.

Immer wieder Getreidefelder, weite Ausblicke auf den Tavoliere, und doch wird diese Landschaft nie langweilig. Bei Ordona liegen die Ruinen des daunischen und römischen *Herdoniae mit Resten von gepflasterten Straßen und Tempeln. Dann ragt die riesige Kuppel des Doms von **Cerignola** über der Ebene auf. Kurz darauf ist Canosa di Puglia (s. S. 950) erreicht.

Seite 944

Tour 2

Romanik zwischen Murge und Meer

Canosa di Puglia → *Barletta → **Castel del Monte → *Trani → Bitonto (125 km)

Keine andere Gegend Italiens fasziniert durch eine derartige Dichte romanischer Kirchen und wehrhafter Kastelle wie die Terra di Bari, das Land zwischen Murge und Meer. Großartige Ausblicke reichen von den in mehreren Stufen ansteigenden karstigen Hügeln bis zur Küste mit ihren lebhaften, oft sehr stimmungsvollen Hafenstädten. Der Stauferkaiser Friedrich II. setzte der von silbrig glänzenden Olivenbäumen charakterisierten Landschaft mit Castel del Monte ihre »steinerne Krone« auf. Ein bis zwei Tage sollte man sich für diese Tour schon Zeit lassen.

Canosa di Puglia ⓫

Auf den griechischen Helden Diomedes geht der Sage nach die Gründung der Stadt (31 200 Einw.) zurück. Dem günstig über dem Ofanto-Tal und an der Via Traiana gelegenen Canusium kam in römischer Zeit eine führende Stellung in der Region zu. Bereits 343 ist es als ältester Bischofssitz Apuliens erwähnt. Die Überreste der ***Basilica San Leucio** (6. Jh.) bezeugen noch die Großartigkeit der riesigen ehemaligen Kathedrale.

Dem bedeutendsten Amtsinhaber ist die Bischofskirche ***San Sabino** aus der Normannenzeit geweiht. Sie

verbirgt sich hinter einer Allerweltsfassade des 19. Jhs. Hat man die ersten drei, später hinzugefügten Joche durchschritten, bietet sich ein überwältigender, lichter Raumeindruck des ursprünglichen Baus aus dem 11. Jh. Fünf große Kuppeln scheinen förmlich über den quadratischen Jochen zu schweben. Dieser Effekt wird durch das direkte Ansetzen der Gewölbe auf den vor der Wand stehenden antiken Säulen erreicht – ein Unikum in Apulien. Fast schon klassisch schön wirkt in dieser Umgebung die ***Kanzel des Acceptus** (s. S. 916), eine der bedeutendsten Skulpturen des 11. Jhs. in ganz Italien. Von gleicher Qualität und Schönheit präsentiert sich der auf Elefanten ruhende ***Bischofsthron** in der Apsis. Durch die rechte Seitentür gelangt man hinaus zum ***Grabmonument** Bohemunds von Tarent (1111 gest.) mit einer achteckigen orientalischen Kuppel und feiner ***Bronzetür**.

Schlacht von Cannae

Das Grabungsgelände **Canne della Battaglia** verdankt seinen Namen der Schlacht *(battaglia)* von Cannae 216 v. Chr., bei der Hannibal trotz zahlenmäßiger Unterlegenheit der Karthager den Römern eine ihrer schwersten Niederlagen beibrachte. Die strategisch günstige Position auf einer der letzten Erhebungen der Murge über der Ebene des Ofanto veranlasste bereits Menschen der Steinzeit, hier zu siedeln. Vom Hügel genießt man hinter dem Antiquarium mit den Resten der Zitadelle eine herrliche Aussicht (Öffnungszeiten: tgl. 8.30 Uhr bis eine Stunde vor Sonnenuntergang).

2

Seite
953

Blick vom Kastell auf den Dom von Barletta

Der Bischofsthron, ein Meisterwerk der apulischen Romanik im Dom von Canosa

Das **Museo Civico** zeigt die herrlichen Canosinischen Vasen (Öffnungszeiten: So, Fei 8–14, Mai–Aug. Di–Sa 9–13, 17–19, März, April, Sept., Okt. Di–Sa 9–13, 16–18, Nov.–Feb. Di–Sa 8–14 Uhr).

Pro Loco, Via Kennedy 49, 70053 Canosa di Puglia, Tel./Fax 08 83 61 16 19.

Hotel del Centro, Corso San Sabino 92, Tel. 08 83 61 24 24, Fax 08 83 61 19 86. Angenehmes Ambiente aus der Zeit um 1900, mit Restaurant und Garage. ○○

La Siesta, Via Kennedy 13. Unbedingt die hervorragenden Antipasti probieren! ○

*Barletta ⑫

Die lebhafte Industrie- und Handelsstadt (89 500 Einw.) zählt heute zu den dynamischsten Orten Apuliens.

Am Meer liegt das weiße, abweisend wirkende **Kastell.** Seit der Normannenzeit wurde hier jahrhundertelang an- und umgebaut. Heute ist in der Festung eine der berühmtesten Skulpturen Apuliens zu sehen: Die **Büste Kaiser Friedrichs II. zeigt den Kaiser wie seine Goldmünzen als römischen Imperator. Der erste Stock wartet mit Gemälden Giuseppe De Nittis' aus Barletta (1846–1884) auf, des wohl bedeutendsten Impressionisten Italiens. Seine wichtigsten Anstöße erhielt er von seinem Pariser Freundeskreis um Manet und Degas. Das düstere Frühwerk, die schon auf die Technikfaszination der Futuristen weisenden Bilder und seine Pariser Serie stehen Werken seiner bekannteren Zeitgenossen in nichts nach (Öffnungszeiten: Mai–Sept. Di–So 9–13, 16–19 Uhr, Okt.–April Di–So 9–13, 15–19 Uhr).

Ein Rundgang auf den Bastionen lohnt sich schon alleine wegen des einmaligen Blicks auf die nach langer Restaurierung neu erstrahlende *Kathedrale Santa Maria Maggiore. Sie wurde um 1140 ganz in der Manier von San Nicola in Bari begonnen. Aus der romanischen Bauphase stammen die ersten vier Joche. Die Erweiterung nach Osten bis zum Chor im Stil der französischen Gotik erfolgte etwa zeitgleich mit der Übersiedlung des Bischofs von Nazareth nach Barletta im Jahr 1310. Den Dom umgibt die belebte Altstadt. Barlettas Wahrzeichen ist der über 5 m hohe bronzene ***Koloss** am Corso Garibaldi. Die Monumentalstatue ist eine der besten Großbronzen der Spätantike, wie man an den realistischen Gesichtszügen des Kaisers, wahrscheinlich Valentinian I., sehen kann.

IAT, Corso Garibaldi 204, 70051 Barletta, Tel. 08 83 33 13 31, Fax 08 83 33 73 04.

Artu, Piazza Castello 67, Tel. 08 83 33 21 21, Fax 08 83 33 22 14, www.hotelartu.it. Modernes Hotel, gepflegt; am Kastell, Parkplatz. ○○○
❚ **Royal,** Via De Nittis 13, Tel. 08 83 53 11 39, Fax 08 83 33 14 66, E-Mail: HotelRoyal-Barletta@libero.it. In der Nähe des Bahnhofs, komfortabel, mit Parkplatz. ○○–○○○

Brigantino, Via Litoranea di Levante, Tel. 08 83 53 33 45. Sehr gute apulische Fischgerichte. ○○○
❚ **Antica Cucina,** Via Milano 73, Tel. 08 83 52 17 18. Hervorragende Meeresküche, Mo und feiertags abends geschl. ○○○

**Castel del Monte ⑬

Fast schnurgerade führt die Straße über **Andria** durch Olivenhaine hinauf zum berühmtesten Stauferbau Italiens. Achteckig sind der Grundriss des Castello, die acht Türme und der Innenhof, und jeweils acht trapezförmi-

Castel del Monte, Eingangsportal

ge Räume liegen auf einem Stockwerk. Ob Friedrich II. die Pfalzkapelle in Aachen oder den Felsendom in Jerusalem vor Augen hatte – das Kastell wirkt wie ein in sich geschlossener vollkommener Kristall. Auf Fernwirkung angelegt, scheint es die stete Präsenz des Kaisers in seinem Land zu symbolisieren. Das ***Eingangsportal** repräsentiert bereits den geistigen Horizont Friedrichs: Pilaster, Architrav und Giebel entstammen der Antike, die Kapitele der zeitgenössischen Zisterziensergotik, die Einfassung oben und die prunkvolle Ausführung dem Islam. In den Innenräumen bewundert man neben der gelungenen Bauskulptur auch Kamine, Wasserleitungen und Toiletten, mehr blieb von der Ausstattung nicht erhalten.

Der Kaiser hielt sich mehrmals zu kurzen Jagdausflügen hier auf, Karl I. von Anjou verwandelte das heitere Schloss in ein trauriges Gefängnis für die Kinder seines staufischen Gegners Manfred (Öffnungszeiten: März bis Sept. tgl. 10–13.30, 14.30–19.30, Okt. bis Feb. 8.30–18.30 Uhr; Auskunft unter Tel. 08 83 56 99 97).

L'Ottagono, 70031 Andria, an der SS 170, km 20,1, Tel. 08 83 55 78 88, Fax 08 83 55 60 98, E-Mail: l.ottagono @tiscalinet.it. Elegant, komfortabel mit großem Garten; kleiner See. ○○–○○○

Antichi sapori, Piazza San Isidoro 9, Andria, Tel. 08 83 56 95 29. Im Ortsteil Montegrosso genießt man das Beste, was Apuliens bäuerliche Küche zu bieten hat. Sa abends und So geschl. ○○

▮ **Bella Napoli,** Corso Cavour 25, Andria. Eine landestypische Trattoria, die sehr guten Frischkäse auftischt. ○

Ruvo di Puglia ⑭

Durch Olivenhaine, in denen sich kleine Trulli verstecken, führt die Fahrt nach Ruvo di Puglia (25 000 Einw.). Das *Museo Jatta im gleichnamigen Palazzo ist ein echtes Schatzkästchen. Die größte **Sammlung attisch-rotfiguriger Vasen in Apulien bezeugt die engen Kontakte des peuketischen Ruvo zu Griechenland (s. S. 915) im 5. und 4. Jh. v. Chr. (Öffnungszeiten: Mo–Do 8.30–13.30, Fr–So 8.30 bis 19.30 Uhr; Eintritt frei).

Die *Kathedrale von Ruvo zeigt die apulische Romanik auf ihrem Höhepunkt. Um 1200 begonnen, weist der in die Höhe strebende Bau bereits in Richtung Gotik. Die Fassade wird durch drei Portale mit fein skulptierten Bogenläufen und einer prächtigen Rosette harmonisch gegliedert.

Zu hausgemachten Süßigkeiten und Eis lädt das **Caffè Berardi** (Corso latta 37) ein.

*Trani ⑮

Über Corato geht es wieder eine Stufe der Murge hinunter bis nach Trani (50 500 Einw.). Tiefblau das Meer und der Himmel, leuchtend weißer warmer Stein: Die Königin der Kathedralen, **San Nicola Pellegrino,** könnte an keinem erhabeneren Ort stehen. Doch als die alte Rivalin Bari im Jahr 1087 die Reliquien des hl. Nikolaus geraubt hatte, stand Trani plötzlich ohne Heiligen da! Zum Glück starb ein etwas wirrer griechischer Pilger (ital. *pellegrino*), der immerhin einige Wunder vollbracht hatte und auch noch Nikolaus hieß, nur sieben Jahre später auf den Stufen der alten Kathedrale. Kurzerhand wurde er heilig gesprochen und der Grundstein für den Neubau gelegt – das Pilgergeschäft sollte auch in Trani florieren. Der schlanke hohe Campanile ist durch einen offenen Bo-

2

Seite **953**

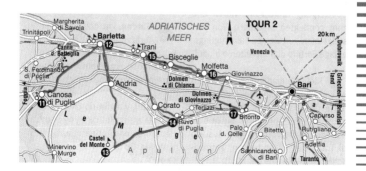

Trani: Königin der Kathedralen

gengang mit der Kirchenfassade verbunden. Eine erstmals in Relieftechnik von Barisanus von Trani 1179 gearbeitete *Bronzetür verschließt das Mittelportal. An der rechten Seitenfassade ist der Eingang zur dreischiffigen Unterkirche. Mit den 28 dicht gestellten Säulen erinnert die *Hallenkrypta an eine Moschee. Die lichterfüllte Oberkirche, die Doppelsäulen in drei Schiffe unterteilen, besticht durch ihre romanische Schlichtheit.

Friedrich II. errichtete das viereckige **Kastell.** Die drei mächtigen Türme und die Meerseite konnten ihr strenges staufisches Aussehen bewahren (Öffnungszeiten: tgl. 8.30–19 Uhr). Ein Spaziergang führt zum *Hafen und zum gepflegten Stadtpark. Von hier steigt man zur kleinen Befestigungsanlage Fortino di Sant'Antonio hinauf.

Kleine, einladende Lokale liegen in der **Via Zanardelli,** die in der Mitte des Hafenrunds von Trani beginnt. Vielleicht probieren Sie ja eine Flasche des hervorragenden Moscato di Trani, des leicht herben, aromatischen Dessertweins der Stadt.

▮ **La Nicchia,** Corso Imbriani 22, Tel. 08 83 48 20 20, Do und So abends geschl. Familiäre Atmosphäre in dieser stets vollen Trattoria. Gute Fischgerichte. ○○.

IAT, Piazza Trieste 10, 70059 Trani, Tel./Fax 08 83 58 88 30, www.trani.it.

Regia, Piazza Monsignore Addazzi 2, Tel./Fax 08 83 58 44 44. Gepflegtes Hotel direkt bei der Kathedrale, mit nettem Speisesaal. ○○○

Molfetta ⓰

Auch Molfetta (67 000 Einw.) besitzt einen schönen Hafen. Sein Bild prägt die alte ****Kathedrale San Corrado.** Der nach 1150 begonnene Bau ist die größte romanische Kuppelkirche Apuliens. Man betritt sie über den Innenhof des Bischofspalasts. Der Raumeindruck ist überwältigend, mächtige Pfeiler mit Halbsäulen unterteilen das Rechteck in drei Schiffe. Über den Mittelschiffjochen wölben sich Kuppeln. Hinter San Corrado beginnt die pittoreske, teilweise unbewohnte Altstadt, die langsam verfällt. An bessere Zeiten erinnert das Hospital (11. Jh.) für Pilger und Kreuzfahrer neben dem klassizistischen Santuario della Madonna dei Martiri (1 km nördlich).

Garden, Via Provinciale per Terlizzi, Tel. 08 03 34 17 22, Fax 08 03 34 92 91, www.gardenhotel.org. In einem schönen Garten; angenehme Unterkunft. ○○

Bufi, Via Vittorio Emanuele 15–17, Tel. 08 03 97 15 97. Hervorragende Antipasti, ausgesuchte Weine, So ab. u. Mo geschl. ○○–○○○

Hier bestimmt noch Gelassenheit den Alltagsablauf

Bitonto ⑰

Über den hübschen Ort **Giovinazzo** und die Dolmen von Giovinazzo, frühgeschichtliche Grabbauten aus monumentalen Platten, erreicht man das prosperierende Agrarstädtchen Bitonto (56 700 Einw.) auf der niedrigsten Stufe der Murge. Ausgedehnte Olivenplantagen dienen der Produktion des *Cima di Bitonto,* das zu den besten Ölen Italiens zählt (Internet: www.oleificiocimadibitonto.com).

Reiche Einkünfte aus der Landwirtschaft bescherten der Stadt auch nach ihrer Blütezeit unter den Normannen und den Staufern einen rasanten Aufstieg in der frühen Neuzeit. Er spiegelt sich in zahllosen prächtigen Renaissancepalästen wie beispielsweise dem ***Palazzo Sylos-Labini** bis heute wider.

Man betritt die hübsche Altstadt an der Porta Baresana. Die Piazza Cavour schließt die anmutige Renaissanceloggia des Palazzo Sylos-Calò ab. Rechter Hand erreicht man die **Chiesa del Purgatorio.** Im Fegefeuer *(purgatorio)* schmachten auch die Sünder über dem Portal.

Die nahegelegene ***Kathedrale San Valentino** ist ein formvollendeter Bau der apulischen Romanik, der dem Vorbild von San Nicola in Bari folgt. Die Gliederung der hohen Fassade lässt bereits den dreischiffigen Innenraum vermuten. Den Mittelteil zieren eine prächtige Rosette, zwei Biforien und das wohl schönste ***Portal** Apuliens, von antiken Säulen auf Löwenfiguren gerahmt.

Seit Dezember 1999 ist der Dom wieder zugänglich. Deutschsprachige Führungen, auch durch die *Krypta, sowie Führungen zu weiteren Sehenswürdigkeiten organisiert das Centro Ricerche.

Centro Ricerche, Via Ferrante Aporti 15, Tel. 08 03 74 52 06, Mo–Fr ab 17 Uhr oder 33 94 77 42 31. Informationen erteilt auch die **Polizia Municipale** (bei der Porta Baresana); www.comune.bitonto.ba.it

Nuovo, Via E. Ferrara 21, 70032 Bitonto, Tel. 08 03 75 11 78, Fax 08 03 71 85 46. in diesem familiären Haus fühlen sich auch die Kleinen wohl. ○○

955

Tour 3

Ins Tal der weißen Trulli

Castellana Grotte → *Alberobello → *Martina Franca → Brindisi → *Egnazia → Monopoli → Bari (275 km)

Spektakulärer Auftakt zu dieser Route, für die man ein bis zwei Tage einplanen sollte, ist die größte Tropfsteinhöhle Italiens bei Castellana Grotte. Kleine, runde und mörtellose Steinhäuser, die Trulli, setzen die unübersehbaren Akzente in der Valle d'Itria, einer weiten Senke, die sich zwischen Locorotondo und der Barockstadt Martina Franca erstreckt. Angeblich mussten die Bauern auf dieses uralte Bauprinzip zurückgreifen, um ihrem Feudalherrn die Zahlung von Steuern zu ersparen. Mit der weltoffenen Hafen- und Provinzhauptstadt Brindisi, die zu Unrecht oft nur als Transitort fungiert, erreicht man die Küste. Entlang den Fels- und Sandstränden geht es über das antike Egnazia mit interessanten Ausgrabungen und über das freundliche Hafenstädtchen Monopoli zurück nach Bari.

Castellana Grotte ⑱

Die größte **Karsthöhle** Italiens wurde 1938 südöstlich von Bari, außerhalb des Ortes Castellana Grotte, entdeckt. Die wirklich beeindruckende Besichtigung beginnt in der *Grave, wie die gigantische Eingangshalle genannt wird. Durch hohe Säle und enge Gänge gelangt man schließlich zur einmaligen **Grotta bi-

anca. Ihr kristallines Weiß ist von atemberaubender Schönheit.

Die effektvoll ausgeleuchteten Stalagmiten und Stalaktiten wachsen auch heute noch in 50 Jahren um 1 cm! Die Temperatur beträgt konstant 16 °C. (Kurzer Weg: Dauer ca. 1 Std., 1 km: Führungen 8.30–13, 14.30 bis 19 Uhr stündl.; Winter 9.30–12.30, 15–16 Uhr. Langer Weg: Dauer ca. 2 Std., 3 km, Führungen 9–12, 15 bis 18 Uhr stündl.; Winter 10, 12, 15.30 Uhr. Führungen auf Deutsch: kurzer Weg 9.30, 14.30 Uhr; langer Weg 11, 16 Uhr; Tel. 08 04 99 82 11; www.grottedicastellana.it.)

*Alberobello ⑲

Durch eine sorgfältig gepflegte alte Kulturlandschaft, die bereits im Februar mit ihren blühenden Mandelbäumen bezaubert, fährt man weiter nach Alberobello (10 500 Einw.). Die »Hauptstadt der Trulli« ist der bekannteste Ort des Itria-Tals. Wie aus dem Märchenbuch wirkt besonders der Stadtteil Monti, wo ganze Straßenzüge aus **Trulli (s. S. 957) bestehen. Ein schöner Spaziergang führt die weißen Gässchen hinauf zur Kirche **Sant' Antonio** – auch sie in Form eines Trullo. Ein 21 m hohes sog. unechtes Gewölbe aus aufgeschichteten, zusammengeschobenen Steinplatten überragt den mörtellosen Bau. Etwas weniger touristisch gibt sich das kaum weniger reizvolle Viertel *Aia Piccola auf der gegenüberliegenden Seite des Largo Martellotta. Man sollte sich den Besuch Alberobellos nicht durch den übermäßigen Rummel verleiden lassen, denn der Ort ist doch einzigartig.

ⓘ **IAT,** Piazza Ferdinando IV, Casa D'Amore, 70011 Alberobello, Tel./Fax 08 04 32 51 71, www.

comune.alberobello.ba.it. Hier können Trulli gemietet werden. Das Büro
organisiert Führungen auf Deutsch.

Dei Trulli, Via Cadore 32,
Tel. 08 04 32 35 55, Fax
08 04 32 35 60, www.hoteldeitrulli.it.
Ein Luxushotel mit Appartements –
natürlich in Trulliform. ○○○

■ **Lanzillotta,** Piazza Ferdinando IV 30, Tel. 08 04 32 15 11,
Fax 08 04 32 53 55, hotellanzillotta@
tiscali.net.it. Zentral, mit familiärer
Trattoria Cucina dei Trulli. ○–○○

Hostaria del Sole, Piazza
Curri 3, Tel. 08 04 32 39 04.
Mitten im Zentrum speist man in
angenehmer Atmosphäre eine hüb-

Ein bewohnter Märchenpark ...

sche Auswahl an typisch apulischen
Gerichten, Di Ruhetag. ○

Caseificio Notarnicola, Via
Cielo. Hervorragende lokale
Käsespezialitäten.

3

Seite
960

Trulli – rätselhafte Rundhäuser aus Stein

Der Eiche Apuliens, dem Quercio di
Puglia, wie Gian Girolamo II. Acquaviva genannt wurde, verdanken
wir nach der Legende die pittoresken Trulli von Alberobello. 1635
errichtete der Feudalherr eine Villa,
eine Mühle, einen Backofen und
ein Gasthaus in einem bis zu diesem Zeitpunkt bedeutungslosen
Weiler. Er lag inmitten des »Waldes
des schönen Baums«, der Silva
Arboris Belli, dem Alberobello
seinen Namen verdankt. Seinen
Bauern befahl der Adelige, mörtellose Steinhütten in Trockenbau-
weise zu errichten. Denn für ge-
mauerte Siedlungen hätte der
Feudalherr Steuern an den Vizekönig in Neapel zahlen müssen.

Die Bauern bedienten sich des seit
der Antike im ganzen Mittelmeerraum verbreiteten Typs einfacher
Rundbauten aus aufgeschichteten

Steinplatten, die oben zu einem so
genannten unechten Gewölbe
zusammengeschoben wurden. Die
Trulli haben einen quadratischen
Grundriss. Bei größerem Platz-
bedarf wurden mehrere Häuschen
verbunden – wodurch auch die
charakteristischen Straßenzüge
Alberobellos entstanden.

Auf den dunkelgrauen Steindä-
chern der Trulli finden sich oft in
Weiß aufgemalte, weithin sichtbare
heidnische und christliche Symbole. Die magischen Zeichen sollen
Trullo und Bewohner schützen und
dienen als Hausnummern. Zusätzlich bekrönen kugel- oder sternför-
mige Figuren, über deren Funktion
viel gerätselt wurde, die Häuschen.
Das erste nicht in Trullo-Bauweise
errichtete Gebäude von Alberobello entstand übrigens erst 1797 –
die Casa D'Amore.

3

Seite
960

*Locorotondo ⑳

Hier und dort ein Trullo, Oliven- und Mandelbäume und immer mehr Weinreben bestimmen die Landschaft bei der Fahrt nach Locorotondo. Der strahlend weiße und – wie sein Name schon verrät – kreisförmige Ort auf einem Hügel lohnt als Gesamtkunstwerk einen Besuch. Vom Stadtpark aus genießt man einen herrlichen ***Ausblick** auf die Valle d'Itria bis Martina Franca.

Al Casale, Via Gorizia 41, Tel. 08 04 31 67 56, Fax 08 04 31 13 77. Kleines angenehmes Hotel. ○

Trattoria Centro Storico, Via Eroi di Dogali 6, Tel. 08 04 31 54 73. Antipasti und den für Locorotondo charakteristischen Weißwein sollte man in diesem netten Lokal in der Altstadt versuchen, Mi Ruhetag. ○○

*Martina Franca ㉑

Nur wenige Kilometer geht es durch die grüne Landschaft der Valle d'Itria, und schon erblickt man ein kleines Juwel: Martina Franca (45 000 Einw.) auf der höchsten Stufe der südlichen Murge. Sein heutiges Aussehen verdankt der Ort den Barock- und Rokokobauten des 18. Jhs. Die ungewöhnliche Kombination von weiß getünchten Wänden und den geschwungenen Linien dunkler Fenster, von Balkonen und Portalen verfehlt ihre Wirkung nicht. Einen Spaziergang beginnt man an der Piazza XX Settembre mit dem gepflegten Stadtpark. Hinter dem barocken Bogen Sant'Antonio sieht man die breite, harmonische Fassade des **Palazzo Ducale,** Amtssitz der Familie

Barocke Lebensfreude auf Schritt und Tritt in Martina Franca

Caracciolo, die Martina 1507–1827 beherrschte. Üppige Barockfassaden säumen die Flaniermeile Corso Vittorio Emanuele, der man bis zur Kirche **San Martino** folgt. Die prächtige *Front der Kirche und der wunderschöne Hauptaltar im Inneren stammen ebenso aus dem 18. Jh. wie der Palazzo della Corte gleich links und die Torre Civica.

IAT, Piazza Roma 35, 74015 Martina Franca, Tel./Fax 08 04 80 57 02.

Dell'Erba, Viale dei Cedri 1, Tel. 08 04 30 10 55, Fax 08 04 30 16 39, www.hoteldellerba.it. Schöne Zimmer, in einem Park gelegen, Schwimmbad. ○○–○○○

La Rotonda, Villa Comunale Garibaldis, Tel. 08 04 80 83 38. Spezialitäten der Küche Baris und Tarents, freundlicher Service. In der Nebensaison Di Ruhetag. ○○

In Cisternino vermeint man einen Hauch von Orient zu spüren

Nach *Ostuni ㉒

Durch eine Bilderbuchlandschaft geht die Fahrt weiter. Oben am Hügel taucht ***Cisternino** auf. Ein Hauch von Orient umgibt die niedrigen Häuser mit ihren Außentreppen und Innenhöfen. Unzählige Bogen überspannen die Gassen, alles ist weiß getüncht.

Ostuni liegt wie eine Fata Morgana auf drei Hügeln, überragt von seiner Kathedrale und der farbigen Kuppel der Barockkirche **Santa Maria Maddalena.** Von der Piazza della Libertà mit dem hl. Oronzo auf der prächtigen Bildsäule nimmt man die Via Cattedrale hinein in die Altstadt. In den kleinen, hübschen Gassen setzen im Sommer intensiv rosa blühende Bougainvilleen farbige Akzente vor den weißen Mauern.

Treppauf geht es zur ***Kathedrale** von 1435 mit eigentümlich geschwungener Fassade. Der filigrane Rundbogenfries scheint mit der prächtigen Fensterrose und dem reich verzierten Mittelportal um die Aufmerksamkeit des Betrachters zu wetteifern. Einmalige Ausblicke bietet die Panoramastraße, die die Altstadt umgibt.

ℹ️ IAT, Corso Mazzini 8, 72017 Ostuni, Tel./Fax 08 31 30 12 68.

🏠 Gran Hotel Masseria Santa Lucia, 72017 Ostuni Marina, an der SS 379, km 23,5, Tel. 08 31 33 04 18, Fax 08 31 30 40 90, www.masseriasantalucia.it. In einer rosa gestrichenen *masseria* (Bauernhof) verbirgt sich ein Luxushotel, das an orientalische Oasenpracht erinnert, mit Sand- und Felsstrand. ○○○
▋ **Tre Torri,** Corso Vittorio Emanuele 298, Tel./Fax 08 31 33 11 14. Zentral im neueren Stadtteil. ○–○○

🍴 Osteria del Tempo Perso, Via G. Tanzarella Vitale 47, Tel. 08 31 30 33 20. In einer angenehm temperierten Grotte genießt man apulische Küche vom Allerfeinsten. Die *niumarieddi,* Rouladen aus Lammleber, zählen zu den Spezialitäten der typischen Murge-Küche; reichhaltige Auswahl an köstlichen Antipasti. Mo Ruhetag. ○○
▋ **Trattoria del Frantoio,** Via Bixio Continelli 54/64. Typisch apulische Küche gibt's in den gewölbten Räumen der mittelalterlichen Ölpresse. ○

Brindisi ㉓

Die weltoffene Provinzhauptstadt Brindisi (92 000 Einw.) ist inzwischen weit ins Hinterland hineingewachsen. Die Geschicke des Ortes bestimmte der einzigartige Naturhafen in Form eines Hirschkopfes (messapisch *brunda*). Brundisium war der wichtigste Orienthafen Roms. Noch heute ist die

3

Seite 960

Stadt der bedeutendste Fährhafen nach Griechenland. Geschichte erlebte Brindisi reichlich: die versuchte Einschließung des Pompeius durch Julius Cäsar, 49 v. Chr., den Tod des Dichters Vergil im Jahr 19 v. Chr., 1225 die Hochzeit Friedrichs II. mit Jolanda von Brienne, und nicht zuletzt war Brindisi von September 1943 bis Februar 1944 italienischer Regierungssitz.

Ein gelungenes Ensemble ist die **Piazza del Duomo.** Hierzu tragen nicht nur der massive barocke Campanile und die statuengeschmückten Fassade des **Doms** bei, sondern auch das in einem Palazzo beheimatete Priesterseminar und die Reste eines romanischen Stadthauses, des so genannten Templerportikus. Die ursprünglich romanische Bischofskirche wurde nach einem Erdbeben 1746 barock erneuert. Sie besitzt noch ein romanisches Bodenmosaik und ein verziertes Chorgestühl. Links neben dem Dom liegt der Zugang zum ***Archäologischen Museum Francesco Ribezzo.** Ein Unikum sind die messapischen Vasen mit den Rädchen *(trozzelle)* an den Henkeln. Im Lapidarium stehen antike Großstatuen. (Öffnungszeiten: Juni bis Sept. tgl. 9–13.30, Di und Do auch 15.30–18.30, Okt.–Mai Mo–Fr 9–13.30, Di auch 15.30–18.30 Uhr).

Durch den Turmdurchgang erreicht man zwei mächtige leere Sockel, auf denen einst die Endsäulen der Via Appia am Meer standen. Eine steht inzwischen in Lecce (s. S. 929), die zweite z. Zt. unterhalb der Treppe. Stadteinwärts übersieht man leicht die kleine Rundkirche ***San Giovanni al Sepolcro** aus dem 12. Jh. Wer noch weiter spaziert, trifft auf die romanische ehemalige Klosterkirche der Benediktiner, ***San Benedetto,** mit auffallend farbiger Gliederung. Durch den dreischiffigen Innenraum erreicht man den ältesten erhaltenen Kreuzgang in Apulien. Zurück am Hafenkai, erblickt man auf dem gegenüberliegenden Ufer die 53 m hohe **Monumento al Marinaio.** Das Denkmal für die Seeleute in Form eines stilisierten Ruderblatts bietet einen guten Überblick über den Hafen. Das gewaltige staufische Kastell am westlichen Becken ist wie das aragonesische auf der vorgelagerten Insel Sant'Andrea in Militärbesitz und nicht zu besichtigen.

i **APT,** Via C. Colombo 88, 72100 Brindisi,
Tel. 08 31 52 30 72, Fax 08 31 56 21 49, www.provincia.brindisi.it; Informationsbüro: Lungomare Regina Margherita 44 (Hafen).

Hotel Internazionale, Lungomare Regina Margherita, Tel. 08 31 52 34 73, Fax 08 31 52 34 76,

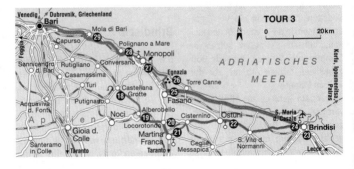

www.albergointernazionale.it. Hotel am Meer aus der Zeit, als Brindisi nach der Öffnung des Suezkanals wieder vom Orienthandel profitierte. Mit Restaurant und Garage. ○○○

La Lanterna, Via Tarantini 8, Tel. 08 31 52 49 50. Ausgezeichnete Küche in einem stilvollen Palast mit Garten; So geschl. ○○○

Panificio Donnicola, Via Battisti 5. Nahe der zentralen Piazza del Popolo kann man *Foccaccia brindisina,* eine Brotspezialität, kosten.

An der Küste nach Fasano

Tipp Für den Weg zur Küste bietet sich das Sträßchen in Richtung Nordwesten an, das mit einer der schönsten Kirchen der Gegend aufwartet: ****Santa Maria del Casale 24** aus dem späten 13. Jh. Die geometrische Musterung der *Fassade aus rot-weißem Gestein wirkt überraschend. Der Innenraum ist großteils mit *Fresken des 14. Jhs. überzogen.

Bei Torre Canne lädt ein Abstecher nach **Fasano 25** zur Zoosafari ein! Hier warten Affen, Elefanten und Tiger, Vogel- und Tropenhäuse auf Besucher (Öffnungszeiten Fasching 10–16, März Sa, So 9.30–16, April, Mai, Sept. tgl. 9.30–16.30 Uhr, Juni 10–17, Juli–Aug. 9.30–17.30, Okt. tgl. außer Di, Nov. bis Dez. Sa, So, Weihnachtsferien 10 bis 15.30 Uhr; www.zoosafari.it).

*Egnazia 26

Am Meer erstreckt sich einige Kilometer nördlich das weitläufige Grabungsgelände von Egnazia. Die Spuren der Besiedlung reichen von der Bronzezeit

Badevergnügen in Egnazia

bis ins Mittelalter. Rechts von der Hauptstraße gehen die Blöcke der messapischen Mauer bis ans Wasser. Links der Straße sind die Reste der römischen Basilika, des Amphitheaters und des gepflasterten Forums zu erkennen. Schwere Karren drückten tiefe Spuren in die Pflastersteine der Via Traiana. Auch die Apsis einer frühchristlichen Basilika ist gut sichtbar.

Sehenswert ist das neue ***Museum** mit einer gelungen präsentierten frühapulischen Abteilung. Die schönsten Exponate sind die römischen *Mosaike mit farbigen Tierfiguren und verspielten Ornamenten in sehr zarten Farbschattierungen (Öffnungszeiten: Museum tgl. 8.30–19 Uhr, Ausgrabungen bis 1 Std. vor Sonnenuntergang; deutscher Begleittext mit Lageplan).

Monopoli 27

Kleine Felsbuchten wechseln mit kurzen Abschnitten Sandstrand auf dem Weg nach Monopoli (47 000 Einw.). Im Hafen hat die Fangflotte festgemacht, umgeben von Booten und Segeljollen. Das mächtige Kastell sicherte einst den Altstadtzugang. Man tritt durch einen Bogen auf die hübsche Piazza Garibaldi und folgt der Via Amalfitana zur stimmungsvollen romanischen Kirche **Santa Maria degli Amalfitani.**

3

Seite 960

Durch die Altstadt geht es weiter zum festlichen Renaissancebau ***San Domenico.** Eine Fassade mit Fensterrose geleitet ins Innere, wo Putten von der Decke blicken. Phantasiereiche Barockaltäre und das *Wunder von Soriano von Jacopo Palma d. J. (4. Altar re.) bereichern die schöne Kirche. Barock ist auch die ***Kathedrale** (18. Jh.). An Marmor wurde nicht gespart.

> **Tipp** Im **Caffè Roma,** Largo Arcivescovado, gibt es hervorragendes Eis und leckere Gebäckteilchen.

> Via Giovanni Vasco 2, 70043 Monopoli, Tel./Fax 0 80 80 85 33.

> **Melograno,** Contrada Torricella 345, Tel. 08 06 90 90 30, www.melograno.com. Luxushotel in einer stimmungsvollen *masseria* mit antiken Möbeln; Mitte Nov.–Mitte März geschl. ○○○

*Polignano a Mare ㉘

Seine weißen Häuser auf dem steil abfallenden Felsvorsprung scheinen fast ins Meer zu stürzen. Spektakulär ragt die anmutige ***Altstadt** in die blaue Adria hinaus. Über die Porta del Borgo Antico – einziger Zugang bis ins 18. Jh. – erreicht man die zentrale Piazza Vittorio Emanuele mit der Kirche **Santa Maria Assunta.** Die Fassade schmückt ein Renaissanceportal, im dreischiffigen Inneren zieht die bemalte Holzdecke den Blick an. Durch die Altstadt gelangt man zu den ***Panoramaterrassen** ans Meer. Unerwartet öffnet sich die Sicht auf kleine Buchten mit unzähligen Grotten. Die spektakulärste, die **Grotta Palazzese,** besichtigt man vom Restaurant des gleichnamigen Hotels aus (Öffnungszeiten: Mitte Mai–Sept. tgl. 10–12, 16.30–19 Uhr).

Malerisch liegen die Boote im Hafen von Monopoli

> **Grotta Palazzese,** Via Narciso 59, 70044 Polignano a Mare, Tel. 08 04 24 06 77, Fax 08 04 24 07 67, www.grottapalazzese. it. Der Speisesaal liegt im vorderen Teil der Grotta Palazzese (nur im Sommer). Stimmungsvoll ist ein Abendessen in dieser Grotte. ○○○

Mola di Bari ㉙

Die letzte größere Ortschaft vor Bari ist Mola di Bari (26 000 Einw.). Am Rand der Altstadt bewacht das wehrhafte Anjoukastell die im Hafen dümpelnden Boote; dahinter öffnet sich die hübsche Piazza Roma mit Cafés und Bars.

Aus den Gassen ragt die **Kathedrale San Nicola** empor. Dalmatinische Meister hinterließen mit dieser Kirche (um 1550) eine interessante Stilmischung: In der Struktur folgt der Bau der apulischen Romanik, die Verzierungen und die Apsis zeigen jedoch den Stil der Renaissance. Barocke Altäre setzen den Schlusspunkt.

Tour 4

Griechisches Flair im Salento

**Otranto → Santa Maria di Leuca
→ **Gallipoli → Nardò → Manduria
→ Taranto (235 km)**

Glasklares, türkis schimmerndes Wasser von hervorragender Badequalität sowie unzählige Sand- und Felsbuchten machen den Salento zu einem Paradies für Sonnenhungrige und Wassersportler. Das Landesinnere prägen die niedrigen karstigen Murge Salentine, die sich fast wie eine Hochebene über den Absatz des italienischen Stiefels erstrecken. Weinreben, Oliven- und Mandelbäume setzen griechisch-mediterrane Akzente. Blendend weiße Städtchen und einsame Gehöfte verstärken den Eindruck. Die im Salentiner Barock gestalteten Fassaden vervollständigen den Reiz der noch fast unbekannten Halbinsel, für die man sich einen bis zwei Tage Zeit lassen sollte.

**Otranto ㉚

Wahrscheinlich gründeten Griechen aus Taranto den Ort Hydruntum, den Vorgänger des heutigen Otranto, Italiens östlichster Stadt (5350 Einw.). Eine erste Blütezeit erlebte sie im 7. Jh. als Zentrum der verbliebenen byzantinischen Territorien im Süden des Landes. Der Name Terra d'Otranto für den Salento stammt aus dieser Zeit. Eine Katastrophe für die Stadt und ein Schock für das gesamte christliche Abendland war die türkische Eroberung im Jahr 1480.

Ein riesiger Teppich aus Steinchen liegt im Dom von Otranto ...

4

Seite **967**

Eine lange Sandbucht führt zur anmutigen **Altstadt,** die auf einem kleinen Kap über dem Fischerhafen liegt. Enge gepflasterte Gassen, weiße niedrige Häuser – man taucht in eine mediterrane, griechisch wirkende Welt ein. Zwei mächtige Stadttore sichern den Zugang. Nach rechts geht es zur 1080 begonnenen romanischen *Kathedrale mit dem berühmten gewaltigen **Fußbodenmosaik, das zu den größten Arbeiten dieser Art gehört und außerdem hervorragend erhalten ist. Es nimmt das gesamte Mittelschiff sowie den Chor und Teile der Seitenschiffe der Kathedrale ein und zeigt einen Lebensbaum. Die Bilder aus dem 12. Jh. erzählen biblische Geschichten und mythologische Begebenheiten, umfassen einen Ritterzyklus und die Monatsarbeiten. Die Bilder wirken stilistisch zuweilen ein wenig ungelenk, sind jedoch thematisch außergewöhnlich. Die **Krypta, einen Stock tiefer, ist die erste Hallenkrypta Apuliens – ein Säulenwald mit bemerkenswerten Kapitellen.

Gepflegte Gässchen führen zum *Kastell, 1485–1498 von Alfons V. von Aragon errichtet. Seine dicken Mau-

Altstadtgasse in Otranto

Exotische Villen prägen das Gesicht von Santa Maria di Leuca

Turistici Otrantini (OTO), Largo Cavour (Via Garibaldi), organisieren Unterkünfte und geben Auskünfte.

Busverbindungen: Im Sommer günstige Busse zu Stränden bei den Alimini-Seen.

Grand Hotel Club Daniela, Ortsteil Conca Specchiulla, 10 km nördlich des Zentrums, Tel. 08 36 80 66 48, www.esperia.it/ghdaniela.htm. Club mit Animation, Kinderbetreuung, Minizug zum Privatstrand. ○○–○○○
❚ **Rosa antico,** SS 16, km 1, Tel. 08 36 80 15 63, Fax 08 36 80 15 63. Eine rosafarbene Villa im Orangenhain mit Garten, stilvoll eingerichtete Zimmer. ○○

La Botte, Via del Porto 6, Tel. 08 36 80 42 93. Gute Hausmannskost, besonders empfehlenswerte Fischgerichte; Di Ruhetag. ○

4

Seite 967

ern, der tiefe Graben, die drei mächtigen Rundbastionen und die vierte, später angebaute Lanzenbastion entsprangen der Angst vor einem erneuten Überfall der Türken. (Öffnungszeiten: im Sommer in der Regel 10–13, 17–23, sonst bis 20 Uhr, im Winter kürzer). Zentrum der Altstadt ist die allzeit belebte **Piazza del Popolo.**

An der Bummelmeile, dem **Corso Garibaldi,** lassen sich Glasbläser und Pappmachékünstler bei der Arbeit zuschauen, Souvenir- und Lebensmittelgeschäfte bieten salentinische Spezialitäten an.

Tipp Vom Hafen lohnt sich ein Ausflug zum ***Ipogeo Torre Pinta** in der gleichnamigen *masseria* (auch Agriturismo, Tel./Fax 08 36 42 83 58, mobil 3 60 26 31 27). Ein 33 m langer Tunnel führt zu einer von messapischer bis in frühchristliche Zeit genutzten Kultstätte (2 km südlich).

i **IAT,** Piazza Castello, 73028 Otranto, Tel./Fax 08 36 80 14 36, www.otrantovirtuale.com, www.terradotranto.com, www. viviotranto.it. IAT und **Operatori**

Tipp Am ersten Septemberwochenende fließt in Carpignano (10 km von Otranto) bei der **Festa del Vino** der Wein gratis; Folkloregruppen.

Nach Santa Maria di Leuca

Entlang der Küste gelangt man zum östlichsten Punkt Italiens am **Capo d'Otranto.** Bis zur fjordartigen Bucht

Die Küste bei Castro Marina lädt zum Badeurlaub ein

von **Porto Badisco** ③ reicht die Sicht, sowie über den nur 70 km breiten Kanal von Otranto bis zu den albanischen Küstenbergen. Die Straße verläuft romantisch zwischen Fels und Meer hindurch bis **Santa Cesarea Terme** ② (3100 Einw.). Die haushohen Wände eines Steinbruchs am Meer bilden mit der Kuppel einer orientalisch angehauchten Villa den Blickfang in dem netten Bade- und Thermalort.

i IAT, Via Roma 209, 73020 Santa Cesarea Terme, Tel./Fax 08 36 94 40 43.

Die Perle unter den Grotten dieses Küstenabschnitts ist die **Grotta Zinzulusa** ③. Wie eine Theaterbühne öffnet sich der Eingang, wo schon die namengebenden *zinzuli* (»Fransen«) herabhängen. Eindrucksvolle Stalagmiten und Stalaktiten entstanden in dem 135 m langen Gang, der bis zum Dom, einer eindrucksvollen Halle, führt (Öffnungszeiten: Mitte Juni–Mitte Sept. 9.30–18 Uhr, sonst 10–16.30 Uhr, Tel. 08 36 94 38 12).

Der nette Badeort **Castro Marina** ③ lädt zum Schwimmen in klarem Wasser ein. Das alte Bergdorf **Castro** liegt in 90 m Höhe darüber. Es wird vom spanischen Kastell bewacht, in der Nähe steht die ehemalige Kathedrale

(12. Jh.) Die *Aussicht reicht von der Terrasse hinter der Festung bis **Santa Maria di Leuca** ⑤, dem südlichsten Punkt Apuliens. Hier überragt der weiße Marineleuchtturm eine kuriose Ansammlung von Villen aller Stile.

**Gallipoli ③

Die Küste bleibt felsig, ab und zu öffnen sich Badebuchten. Stein beherrscht die Landschaft, die Trulli heben sich kaum vom natürlichen Untergrund ab. Die Wachtürme entlang der Küste bilden die einzig markanten Punkte. Hier entstanden neue Siedlungen, die nur im Sommer zum Leben erwachen, Torre Pali, Torre Mozza oder das etwas größere Torre San Giovanni. Bei Torre del Pizzo beginnt der weite Piniengürtel, der sich hinter der sandigen Bucht *Baia Verde bis kurz vor **Gallipoli** (21 100 Einw.) hinzieht. Griechen aus Taranto gründeten die *kale polis,* die »schöne Stadt«, die bis zur normannischen Eroberung 1071 eines der blühenden byzantinischen Zentren des Salento war. Der griechisch-orthodoxe Ritus hielt sich hier sogar bis 1513. Enge Gassen, weiße niedrige Häuser, blumengeschmückte Balkone, Bogen und Treppenaufgänge charakterisieren die in sich geschlossene, auf einer Insel liegende *Altstadt. Den Zugang schützt das rechteckige, in seiner Wirkung wehrhafte *Kastell.

Man passiert die Markthallen und folgt der Hauptflaniermeile Via Antonietta De Pace bis zur prächtigen *Kathedrale. Sie wurde 1696 im Lecceser Barockstil fertig gestellt. Festlich präsentiert sich die reich verzierte, skulpturengeschmückte Tufffassade, während das lichtdurchflutete Innere noch stark von der Renaissance beeinflusst zeigt. Die Mehrzahl der dort ausgestelllen farbenprachtigen Ge-

4

Seite 967

Die Ruinen der Wachtürme erinnern an die Türkengefahr

mälde voll religiösem Pathos schuf der einheimische Künstler Giovanni Andrea Coppola (1597–1659).

Das **Museo Civico** in der Via A. De Pace 108 beherbergt ein auch für Kinder abwechslungsreiches Sammelsurium vom Walskelett über Mineralien bis zum messapischen Sarkophag und vielen weiteren interessanten Ex-

ponaten (bis Sommer 2003 in restauro, Auskunft: Tel. 08 33 26 25 29). Auf den **Riviere** (Uferstraßen) kann man um die Altstadt herumspazieren. Der ***Ausblick** auf die Küste und mehrere Barockkirchen lohnen den Weg.

IAT, Piazza Imbriani 9, 73014 Gallipoli, Tel./Fax 08 33 26 25 29. Das Infobüro veranstaltet auch Führungen durch Gallipoli.

Tipp **Frantoio Ipogeo:** Interessante alte Ölmühle unter einem Palazzo in der Via A. De Pace, Öffnungszeiten Juli/Mitte Sept. 10–13, 16–23, Ostern bis Mitte Okt. 10–12.30, 16 bis 19.30 Uhr.

Bootsausflüge zur Leuchtturminsel Sant'Andrea, Fahrten mit Glasbodenbooten, ab Hafen, Tel. 08 33 26 25 29.

»Mamma, li turchi!«

Zuerst die Sarazenen, seit dem 14. Jh. die Türken: Die Küsten Süditaliens hatten lange unter den Raubzügen islamischer Piraten zu leiden. Mit dem Fall Konstantinopels 1453 trat jedoch eine neue Situation ein, denn nun schickten sich die Türken erstmals zur dauerhaften Landnahme in Italien an.

Am 28. Juli 1480 griff eine aus 90 Galeeren mit 18 000 Mann bestehende Flotte unter dem berüchtigten Ahmed Pascha Otranto an. Die letzten 800 Einwohner mussten am 12. August kapitulieren. Da sie ihrem Glauben nicht abschwören wollten, wurden sie am 14. August brutal niedergemetzelt. Ihre Gebeine birgt heute die Märtyrerkapelle

im Dom. So entstand eine erste türkische Kolonie in Süditalien und mit ihr eine ständige Bedrohung für das Umland. Erst im September 1481 gelang es dem Thronfolger Alfonso, die Türken aus Otranto zu vertreiben.

Das kurze, aber schockierende Auftauchen der Türken im 16. Jh. führte zu verstärkten militärischen Aktionen der neuen spanischen Regierung in Neapel. Damals wurden die für die Küsten Apuliens und Kalabriens so charakteristischen Wehrtürme errichtet und die Kastelle verstärkt. Der Schreckensruf »Mamma, li turchi!« (»Mama, die Türken!«) hielt sich bis heute im Sprachschatz des Südens.

4

Seite 967

Al Pescatore, Riviera Cristoforo Colombo 39, Tel./Fax 08 33 26 36 56. Stilvoller Palazzo (17. Jh.) in der Altstadt; Trattoria mit guten Fischgerichten. ○○

Marechiaro, Lungomare Marconi, Tel. 08 33 26 61 43. Der Familienbetrieb nimmt den kleinen Felsen vor der Altstadtbrücke ein; hervorragende Fischgerichte wie die Fischsuppe *alla gallipolina,* in der Nebensaison Di Ruhetag. ○○○

Alezio ㊲

Die Fahrt führt von Gallipoli ins Innere des Salento, ein landwirtschaftlich intensiv genutztes Gebiet. Auf der roten Erde erzeugen die silbrig glänzenden Olivenhaine, das grüne Weinlaub und die weißen *masserie* (Bauernhöfe) einen schönen Kontrast. Hell am Hügel liegt das nette Städtchen **Alezio** (5300 Einw.). Weniger die Kunst, als vielmehr der hervorragende Wein der Region lockt die Reisenden hierher.

Tipp Kellereien finden sich in der Via Garibaldi. Bei **Giuseppe Calò** sollte man den weißen *Bolina* aus der trockenen und zugleich süßlichen Verdeca-Traube, den duftigen Rosé *Rosa del Golfo* und den ausgezeichneten roten *Portulano* probieren.

Galàtone ㊳ und Galatina ㊴

Durch Weinfelder geht es nach **Galàtone** (16 000 Einw.). Am Rand der Altstadt, vor dem viereckigen Wehrturm, erhebt sich eine der schönsten Barockkirchen der Gegend im Lecceser Stil. Die dreiteilige Fassade des ****Santuario del Crocifisso della Pietà** wirkt durch das große Fenster mit seiner fein durchbrochenen Marmorplatte fast ein wenig maurisch. Noch prächtiger präsentiert sich der Innenraum der Wallfahrtskirche mit vergoldeter Kassettendecke und seinem »Zuckerbäckeraltar«.

Nur wenige Kilometer weiter kommen die Mittelalterfans auf ihre Kosten. In **Galatina** (28 600 Einw.) besticht ein umfangreicher Freskenzyklus aus dem Quattrocento in der Kirche ***Santa Caterina d'Alessandria.** Der Feudalherr Raimondello del Balzo Orsini ließ den Bau ab 1384 errichten. Die ***Fresken** mit Szenen aus dem Leben Christi und der hl. Katharina

4

Seite 967

sowie aus der Genesis und der Apokalypse gab seine Witwe um 1420 bei neapolitanischen und mittelitalienischen Malern in Auftrag. Die spätgotischen *Grabmäler Orsinis und seines Sohnes (in der Apsis) zählen zu den bedeutendsten Skulpturen dieser Epoche in Apulien.

Tipp Noch ein Grund, nach Galatina zu fahren: Die *divini amori,* mit Marmelade gefüllte Plätzchen aus Mandelteig, schmecken so göttlich, wie es ihr Name ahnen lässt. Das köstliche Gebäck bekommt man z. B. in der **Pasticceria Ascalone,** Via Vittorio Emanuele 17.

Agriturismo Lo Prieno, Contrada Orelle (Richtung Secli), 73044 Galàtone, Tel. 08 33 86 58 98, Fax 08 33 89 18 79. Idyllisch gelegener Hof inmitten weiter Olivenhaine, Zimmer, Wohnungen und Camping. ❍–❍❍

Seite 967

4

Nardò ⓭

Das Zentrum von Nardò (31 600 Einw.) ist die geschlossene Platzanlage der *Piazza Salandra mit der 30 m hohen *Guglia dell'Immaculata* (Mariensäule). Die Barockkirche **San Domenico** sieht man schon von der Piazza aus. Ungewöhnlich sind die grotesken Trägerfiguren an der Fassade. Rechts am Sedile vorbei erreicht man vom Hauptplatz aus die sehenswerte **Kathedrale** mit Barockfassade und romanisch-gotischem Innenraum. Eins der seltenen *Holzkruzifixe des Südens, von einem katalanischen Künstler im 13. Jh. aus Zedernholz gearbeitet, hängt in der dritten Kapelle links.

Die Hausstrände von Nardò liegen umgeben von grünen Hügeln in den Badeorten **Santa Caterina** und **Santa**

Maria al Bagno. Vor dem türkisfarbenen Meer ragen die **Quattro Colonne** empor, die Ecktürme des einst spanischen Kastells.

La Barchetta, Via Mastro Gioffreda 5, Santa Caterina, Tel. 08 33 57 41 24. Auf der Terrasse über dem Hafen des Badeortes Santa Caterina genießt man die Fischküche von Biagio und Patrizia. ❍❍

Porto Cesareo ⓬

Entlang der Küste folgt jetzt ein Wehrturm dem anderen. Sandbuchten laden zu einer Pause ein. Vor dem lebhaften Bade- und Fischerort mit feinem Sandstrand breitet sich ein Archipel winziger Inseln aus – ideal für Sonnenanbeter und Hobbytaucher. Wer nicht nur einfach hinüberschwimmen möchte, kann an der Hafenpromenade ein Boot mieten. *Die* Sehenswürdigkeit des Ortes ist – natürlich – ein Wachturm des 16. Jhs.

Pro Loco, Via Pellico 36, 73010 Porto Cesareo, Tel./Fax 08 33 56 90 86.

Lo Scoglio, auf der Insel Lo Scoglio, Tel. 08 33 56 90 79, Fax 08 33 56 90 78, www.isolaloscoglio.it. Auf der kleinen Insel im Hafen liegt das angenehme Hotel mit eigenem Strand und schöner Parkanlage. ❍❍

Il Gambero, Tel. 08 33 56 91 23, neben dem Wehrturm. Romantisch im Freien direkt am Wasser genießt man gute Fischgerichte. ❍
■ **Da Tonino,** Piazza Risorgimento 1, Tel. 08 33 56 91 85. Die frittierten Snacks und Pizzas sind auch als Zwischenmahlzeit ideal. ❍

Die messapische Mauer in Manduria

Manduria ㊷

Wer an der Küste weiterfährt, findet Sandstrände, sanfte Dünen und, je näher man Taranto kommt, allerdings auch mehr Badegäste. Die Route führt durchs Landesinnere nach Manduria (31 500 Einw.), in eine der interessantesten Städte des Salento mit Sehenswürdigkeiten aller Epochen.

Nordöstlich des Ortes, bei der modernen Kirche Sant'Antonio, stehen guterhaltene Reste der ***messapischen Mauer.** Sie ist bis zu 7 m hoch und stammt aus dem 5.–3. Jh. v. Chr. Etwas stadteinwärts liegt die ***Fonte Pliniano,** ein unterirdisches Quellheiligtum. Schon Plinius d. Ä. interessierte sich wegen des stets gleich bleibenden Wasserspiegels für diesen Ort. In der **Altstadt** findet sich die romanische, später in Renaissanceformen erneuerte Hauptkirche **San Gregorio Magno.** Im Innenraum fallen die feinen Karyatiden an der formschönen Nussholzkanzel aus dem Jahr 1608 auf. Schräg gegenüber der Kirche liegt versteckt der Zugang zum mittelalterlichen jüdischen Ghetto.

i **Pro Loco,** Via P. Maggi 7, 74024 Manduria, Tel./Fax 09 99 79 66 00; im Sommer: Piazza delle Perdonanze 2, S. Pietro in Bevagna, Tel. 09 99 72 82 68.

Mittelalterliche Gassen warten hinter dem Tor zur Giudea in Oria

Seite 967

Al Castello, Piazza Garibaldi 16. Im Erdgeschoss des Palazzo Imperiali genießt man apulische Spezialitäten und viele ausgezeichnete Pizzavarianten mit frischen Zutaten. Mo Ruhetag. ○

*Oria ㊸

Über den Tavoliere di Lecce geht es zu dem die weite Ebene beherrschenden Städtchen (15 000 Einw.). Die farbige Kuppel der barocken Basilika **Santa Maria Assunta** und das mächtige Kastell überragen die weißen niedrigen Häuser auf dem Hügel. Der einstige Königssitz der Messapier erlebte seine zweite Blütezeit im Mittelalter: Friedrich II. ließ im 13. Jh. auf der alten Akropolis das **Kastell** über dreieckigem Grundriss errichten. Heute beherbergt es Waffen und Rüstungen (tgl. Mitte Juni bis Mitte Sept. 9.30 bis 12.30, 17–20 Uhr, März bis Mitte Juni,

Mitte Sept. bis Okt. 9.30–12.30, 15.30 bis 18.30 Uhr). Durch seine jüdische Kolonie nahm Oria auf wissenschaftlichem und kulturellem Gebiet eine führende Stellung ein. Das Viertel ***Giudea** (»Judäa«) erinnert bis heute daran und ist einer der am besten erhaltenen Flecken des mittelalterlichen Apulien. Unter der Aussichtsterrasse vor der Basilika liegt das neue Centro di Documentazione messapica.

i **Pro Loco,** Via Astore 31, 72024 Oria, Tel. 08 31 84 59 39; oder **Municipio** (Rathaus), Assessorato alla Cultura e Turismo, Tel. 08 31 84 50 44, Fax 08 31 84 79 58.

Vecchia Oria, Vico Rotto Milizia 3, Tel. 08 31 84 58 80. Bodenständige, aber phantasievolle Küche. Mi u. Do Ruhetag. ○○○

Grottaglie ㊹

Nach Grottaglie (31 000 Einw.) fährt man v. a. zum Keramikkauf. Seine Tongefäße wurden im 16. Jh. sogar ins Habsburgerreich und in die Türkei exportiert. Kundig macht man sich im **Museo Civico** im Castello (dort auch Touristeninf., Tel. 09 95 62 38 66). Ein ganzes Viertel, das ***Quartiere delle Ceramiche Camenn'ri** unterhalb des Kastells (14. Jh.), lädt zum Bummeln ein. Überall stehen Schüsseln und Krüge zum Trocknen. Die Läden wurden teilweise in den Fels gehauen. Eine Vorliebe für die Motive Hahn und blaue Sternchen kennzeichnet traditionelle Keramik, auch modernes Design ist vertreten. Von der Piazza Margherita mit der romanischen Hauptkirche lohnt sich ein Bummel ins Gassengewirr der ***Altstadt.** In der Chiesa del Carmine steht eine ***Steinkrippe** von Stefano da Putignano.

Armes, wildes Land

Taranto ➔ *Matera ➔ Potenza (195 km)

Das Hinterland der Industriemetropole Taranto wartet mit einer einzigartigen Landschaft und ausgefallenen Sehenswürdigkeiten auf. Tiefe Schluchten, die Gravine, durchschneiden die Karstflächen. In ihren teils natürlichen, teils vergrößerten oder angelegten Grotten lebten seit frühgeschichtlichen Zeiten Menschen. In den berühmtesten dieser Höhlen, den Sassi von Matera, waren es nach dem Zweiten Weltkrieg noch mehr als 20 000! Carlo Levi prangerte die teilweise katastrophalen sozialen Verhältnisse in der Basilikata 1945 in seinem Roman »Christus kam nur bis Eboli« an. Ein bis zwei Tage sollte man für diese Tour einkalkulieren.

Taranto ㊺

Den Auftakt zu dieser Tour bildet die Hafen- und Industriestadt Taranto (Tarent; 232 000 Einw.), in der vor 2500 Jahren schon 300 000 Menschen lebten. Gegründet wurde das antike Taras im Jahr 706 v. Chr. von Kolonisten aus Sparta. Während der ersten Hälfte des 4. Jhs. v. Chr. wuchs die Macht der Stadt unter Archita, einem Freund Platons. Die natürlichen Ressourcen des Meeres machten Taras so reich, dass seine Bewohner es sich leisten konnten, andere für sich kämpfen zu lassen. 279 v. Chr. siegte Pyrrhus, König von Epirus, den die Tarentiner zu Hilfe gerufen hatten, gegen die Römer. Bis heute spricht man vom

4

Seite 967

Seit 2500 Jahren spiegeln sich in Taranto Häuser im Meer

Allein das Archäologische Museum ist eine Reise wert

»Pyrrhussieg«, denn nutzen konnte der König seinen unter ungeheuren Verlusten errungenen Erfolg letztlich nicht. 272 v. Chr. zogen die Römer schließlich auch in Taranto ein. Langobarden, Sarazenen, Byzantiner, Normannen, Staufer und Anjou folgten ihnen, ohne dass die Stadt je wieder ihre alte Bedeutung erlangt hätte. Im 16. Jh. wurde der Hafen gegen die Türken befestigt und Taranto erlebte als Marinestützpunkt einen allmählichen Aufschwung. Heute hat die Stadt mit sozialen Problemen und einer hohen Arbeitslosigkeit aufgrund der Krise der Stahlwerke Italsider zu kämpfen.

Die Altstadt erstreckt sich auf einer Insel zwischen dem landeinwärts gelegenen Mare Piccolo und dem Mare Grande auf der Meerseite. Die Ende des 19. Jhs. rechtwinklig angelegte gepflegte Neustadt dehnt sich auf dem östlichen Festland aus, die Industriezone im Nordosten am Mare Piccolo.

Hauptsehenswürdigkeit Tarantos ist das **Archäologische Museum** am Corso Umberto I 41 in der Neustadt – nach Neapel die bedeutendste Sammlung dieser Art in Süditalien. Der Rundgang beginnt bei Exponaten aus der Steinzeit bis zur Eisenzeit, u. a. 7000 Jahre alte Keramik. Es folgen Skulpturen, Mosaiken und *Grabreliefs des 5.–3. Jhs. v. Chr. sowie korinthische Vasen und römische Porträtköpfe. Den Glanzpunkt bildet der berühmte **Goldschmuck von Tarent. Die meisten der kostbaren antiken Diademe, Halsketten, Ohr- und Fingerringe sind Grabfunde (das Museum ist noch in restauro, ein Teil der Schätze ist im Palazzo Pantaleo am Corso Vittorio Emanuele II zu besichtigen; Öffnungszeiten: tgl. 8.30–19 Uhr).

Man folgt dem Corso Umberto bis zu einem Wahrzeichen von Taranto, der Drehbrücke über den 1481 eröffneten Schifffahrtskanal zwischen Alt- und Neustadt. Das mächtige, zur gleichen Zeit errichtete *Kastell (heute Marinebesitz) mit vier Rundbastionen schützt die Einfahrt. Sowohl an der Meerseite entlang als auch durch die heruntergekommene Altstadt gelangt man zum *Dom. Anfang des 11. Jhs. bauten die Tarentiner diese typisch byzantinische Kathedrale in Form eines griechischen Kreuzes mit *Kuppel über der Vierung. Nach der normannischen Eroberung im 11. Jh. ließ der neue – lateinische – Bischof einen Kreuzarm abreißen und dafür das dreischiffige Langhaus errichten. Die vergoldete Kassettendecke des Mittelschiffs ist eine barocke Veränderung. Besonders die *Cappella San Cataldo neben dem Chor wurde ebenfalls im Barockstil reich ausgestattet.

5

Seite
975

Am Rand der Altstadt ragt über einer steilen Barocktreppe die Kirche **San Domenico** aus dem 13./14. Jh. empor.

Für den Rückweg nimmt man die Uferstraße am Mare Piccolo, die mit dem lebhaften **Fischmarkt** und vielen winzigen Läden lockt. *Pittaggi* nennt man die engen Durchgänge mit Treppenstufen in die Altstadt.

Tipp Für Freunde moderner Architektur lohnt sich die Fahrt entlang des Lungomare Vittorio Emanuele III in der Neustadt bis zur Via Magna Grecia. An der Ecke zur Via Dante überrascht die 1971 von Gio Ponti erbaute ***Concattedrale:** ein leichter Bau, der Anleihen bei der Gotik nimmt.

APT, Corso Umberto 121, 74100 Taranto, Tel. 09 94 53 23 97, Fax 09 94 52 04 17; Informationsbüro: Corso Umberto 113, Tel. 09 94 53 23 92, www.provincia.taranto.it.

Plaza, Via D'Aquino 46, Tel. 09 94 59 07 75, Fax 09 94 59 06 75, www.hotelplazataranto.com. Modernes Hotel gegenüber dem Archäologischen Museum. ○○

▌Parkhotel Margrande, Viale Virgilio 90, Tel. 09 97351713, Fax 09 97 36 94 94, www.hphotel.it. Bequemes Hotel in der Neustadt. ○○

Il Caffè, Via D'Aquino 8, Tel. 09 94 52 50 97. Elegantes Restaurant nahe der Zugbrücke, überwiegend Meeresküche. Di und Nov. geschl. ○○–○○○
▌Assassino, Lungomare Vittorio Emanuele III 29 (Altstadt), Tel. 09 94 59 34 47. Typisch apulische Küche. Mo Ruhetag. ○○–○○○
▌Da Mimmo, Via Giovinazzi 18, Tel. 09 94 59 37 33, Mi Ruhetag. Pizzeria und Trattoria in der Nähe des Museo Archeologico; gute apulische Meeresküche. ○○

Massafra 🕧

Das viereckige mächtige Kastell aus dem 16. Jh. ist das erste, was man von Massafra (31 000 Einw.) erblickt. Der Ort liegt zu beiden Seiten der beeindruckenden Felsschlucht **Gravina San Marco**, vom 9. bis 13. Jh. war er das Zentrum der Basilianer-Mönche. Sie folgten Basilius d. Gr. (gest. 379), dem Begründer des morgenländi-

»Christus kam nur bis Eboli«

Der junge Turiner Arzt Carlo Levi (1902–1975) wurde als aktiver Antifaschist 1935 für einige Jahre nach Aliano (ca. 80 km südöstlich von Potenza) verbannt. Hier lernte er die archaische Welt der Bauern in der Basilikata voller Aberglauben, Mühsal und Armut kennen. Seine Erlebnisse veröffentlichte er 1945 in dem Roman »Christus kam nur bis Eboli« – d. i. ein Ort im Süden von Salerno. »Wir sind keine Christen«, sollen die Bauern gesagt haben, denn sie würden leben wie Tiere. Der Roman Levis zeichnet ein drastisches Bild vom Elend des Südens und wurde zur Anklageschrift gegen die Benachteiligung des Mezzogiorno. 1979 erregte das Buch erneut Aufmerksamkeit, als es von Francesco Rosi am Originalschauplatz verfilmt wurde.

Seite 975

Die berühmten Sassi von Matera gelten als Weltkulturerbe

Aliano, der Verbannungsort von Carlo Levi, hat sich kaum verändert

schen Mönchtums. Ausgehöhlt von unzähligen Grotten, die von der Frühgeschichte bis zum Beginn des 20. Jhs. bewohnt waren, bildet die Gravina heute ein einzigartiges Museum. Die mit Fresken geschmückten, in den Tuff gehauenen Höhlenkirchen spiegeln die tiefe Frömmigkeit der griechischen Eremiten- und Mönchskultur noch heute wider.

Pro Loco, Via Vittorio Veneto 15, 74016 Massafra, Tel./Fax 09 98 80 46 95, mobil 33 85 65 96 01. Organisiert werden geführte Rundgänge zu den Grotten oder Krypten auf Italienisch und Englisch.

***Sassi von Matera ⑰

Weiß am Hügel leuchtet das Städtchen **Mottola,** das in seiner Gravina imposante Grottenkirchen beherbergt. Rodolfo Guglielmi (1895–1926), besser bekannt als Rodolfo Valentino, kam in **Castellaneta** zur Welt, das ihm in der Via Municipio 19 ein Museum widmete (Öffnungszeiten: Di–So 10

bis 13, 16/17–19/20 Uhr). Die 145 m tiefe ***Gravina** ist eine der größten Apuliens.

Immer wieder tut sich urplötzlich ein Abgrund auf, und eine neue Schlucht spaltet das weite Hügelland. Das ungewöhnlichste Zeugnis der Grottenkultur in diesen Schluchten bilden die 1993 von der UNESCO zum Weltkulturerbe erklärten ****Sassi von Matera.** Von frühgeschichtlichen Zeiten bis nach dem Zweiten Weltkrieg waren die Tuffgrotten bewohnt. Besonders begehrt – wenn auch unbequem – waren derartige Behausungen in Krisenzeiten, weil sie leicht zu verteidigen waren. Gerade das Hinterland von Taranto litt im 9. und 10. Jh. unter den Überfällen der Sarazenen. In den 50er Jahren des 20. Jhs. wurden die Zustände in den Sassi dann zur »nationalen Schande« erklärt. Rom ließ neue Wohnungen für die damals noch 15 000 Bewohner bauen, und die Räumung begann. Die leer stehenden Höhlen zerfielen allmählich und werden seit 1967 – in ebensolchem Tempo – restauriert.

Carlo Levi, **Christus kam nur bis Eboli** (dtv, München). Der Autor, ein Arzt und Schriftsteller, war vom Mussolini-Regime für Jahre in ein süditalienisches Bergdorf verbannt wor-

5

Seite 975

den. Das Buch wurde 1979 von Francesco Rosi am Originalschauplatz kongenial verfilmt, mit dem großartigen Gian Maria Volonté in der Hauptrolle (s. S. 972).

Ein Spaziergang entlang der Panoramastraße unterhalb der Sassi erlaubt, sowohl den herben Reiz der tiefen *Gravina als auch die Sassi kennen zu lernen. Fast nur aus Höhlenwohnungen besteht der **Sasso Caveoso**, im *Sasso Baresano gibt es dagegen auch ganz oder teilweise aufgemauerte Häuser.

Zu den schönsten der über 300 Höhlenkirchen gehören die dreischiffige *Madonna delle Virtù, über der die zweischiffige griechische *San Niccolò dei Greci liegt, *Santa Lucia alle Malve mit Votivfresken, die Kirche *Madonna dell'Idris auf dem hohen Felsvorsprung sowie der beeindruckende Grottenkomplex *Convicino Sant'Antonio Abate (Öffnungszeiten für alle Kirchen: tgl. 9.30–13.30, 14.30 bis 20 Uhr, im Winter kürzer). Sie liegen alle an der Panoramastraße oder sind von dort leicht erreichbar. Unterhalb von Santa Lucia alle Malve gibt die original eingerichtete Grotte eine Vorstellung davon, wie die Menschen hier früher gelebt haben (Öffnungszeiten: tgl. 9–19.30 Uhr, im Winter kürzer, Tel. 08 35 31 01 18).

*Matera ㊽

Matera (55 000 Einw.) ist nicht nur die Stadt der Sassi, sondern hat auch ein lebhaftes Zentrum. Mitten in der Altstadt steht der *Dom aus dem 13. Jh., der die typischen Formen der apulischen Romanik aufweist. Im festlichen hellen Innenraum harmoniert die überreiche Barockdekoration mit der mittelalterlichen Architektur. Das

schöne *Chorgestühl von 1451/1453 zählt zu den ältesten seiner Art.

Im archäologischen **Museo Nazionale Domenico Ridola** kann man beim Anblick der apulischen Keramik ins Schwärmen geraten (Öffnungszeiten: Mo 14–20, Di–So 9–20 Uhr).

APT, Via De Viti De Marco 9, 75100 Matera, Tel. 08 35 33 19 83, Fax 08 35 33 34 52, www.aptbasilicata.it.
▮ Begleitete Touren (auch auf Deutsch) durch die Sassi bieten **Nuovi Amici dei Sassi,** Piazza del Sedile 20, Tel. 08 35 33 34 20, Fax 08 35 33 10 11, sowie **Amici del Turista,** Via Fiorentini 28, Tel. 08 35 33 03 01, 33 84 45 77 00, Fax 08 35 31 22 94, www.materaturistica.it; sie führen auch durch den Parco delle Chiese Rupestri (Naturpark der Höhlenkirchen) an der SS 7. Infos hierzu auch bei Lega Ambiente, Palazzo Bronzini-Padula, Via Duomo 12, Tel. 08 35 33 47 46, Fax 08 35 33 25 03.

Italia, Via Ridola 5, Tel. 08 35 33 35 61, Fax 08 35 33 00 87, www.albergo-italia.com. Gepflegtes Hotel Nähe Museo Nazionale. ○○○

Il **Terrazzino,** Vico San Giuseppe 7, Tel. 08 35 33 25 03. Regionale Küche mit Blick auf die Sassi. Di Ruhetag. ○○

Altamura ㊾

Die Fahrt führt hinauf auf die höchste Stufe der Murge nach Altamura (58 000 Einw.). Die Peuketier hinterließen mit ihrer noch gut erkennbaren *Mauer aus dem 5. Jh. v. Chr. das bedeutendste Zeugnis aus der frühen Geschichte der Stadt. Nach seiner Zerstörung durch die Sarazenen gründete Friedrich II. den Ort neu und legte 1232 den Grundstein zur **Kathedrale.** Sie wurde mehrfach umgebaut und bis ins 19. Jh. hinein verändert. Ältester Teil der hohen Hauptfassade ist die Rosette. Darunter öffnet sich eins der schönsten spätgotischen **Portale Apuliens. Der dreischiffige Innenraum verlor trotz der spätbarocken Dekoration nichts von seiner Harmonie.

Tipp Am Corso Federico II 87 probiert man im **Ronchi-Striccoli,** dem ältesten Café der Stadt, den gebrannten *Padre Peppe,* einen Nussschnaps, oder hausgemachte Limonade.

Das Portal des Doms von Altamura wird streng bewacht

Geht man rechts in die malerischen Altstadtgassen hinein, stößt man auf die typischen *claustri,* Innenhöfe mit meist nur einem Zugang, in denen sich das Leben der ganzen Nachbarschaft heute wie früher abspielt. Zum Abschluss wartet ein peuketischer Krieger mit seinen Grabbeigaben im neuen, didaktisch sehr gut aufgebauten **Archäologischen Museum** (Öffnungszeiten: tgl. 8.30–19.30 Uhr).

5

Seite 975

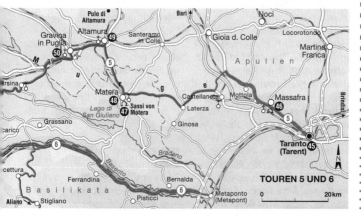

TOUREN 5 UND 6

0   20 km

Der **Pulo von Altamura,** eine der größten Karstmulden Apuliens (Tiefe 90 m, Durchmesser 500 m) beeindruckt aufgrund der großartigen kargen Landschaft (an der SS 96 Richtung Bari links über die Bahngleise abbiegen und dann der asphaltierten Straße folgen, 7 km).

i Piazza della Repubblica 11, 70022 Altamura, Tel. 08 03 14 39 30.

Natürlich liegt Gravina in Puglia an einer mächtigen Gravina

San Nicola, Via De Samuele Cagnazzi 29, Tel. 08 03 10 51 99, Fax 08 03 14 47 52, www.hotelsannicola.com. Luxushotel mitten in der Altstadt. ○○○

▮ **Svevia,** Via Matera 2/A, Tel. 08 03 11 17 42, Fax 08 03 11 26 77. Modern ausgestattetes Hotel inmitten eines Pinienwaldes; charakteristische, gute apulische Küche. ○○

Osteria, Piazza Pellicciari 4. Sehr gute Auswahl an Antipasti, originelle Nudelgerichte wie *cavatelli* mit Bohnen und Muscheln, dazu mundet beispielsweise der typische Verdeca-Wein, So Abends u. Mo geschl. ○○

Seite 975

Tipp Der hervorragende Weinkeller **Corso** (Corso Federico II 76) serviert die traditionelle Küche der Murge; es werden auch moderne Kreationen angeboten. ○○–○○○

Potenza ㊶

Hinter Irsina blickt **Acerenza** mit einer mächtigen gotischen *Kathedrale vom Hügel herab. Die Route endet in **Potenza** (69 700 Einw.), der modernen Hauptstadt der Region Basilikata. Bei dem Erdbeben, das sich im Jahre 1980 ereignete, wurde ein weiterer Teil der Altstadt zerstört, so dass heute eigentlich nur noch die Flaniermeile Via Pretoria und die an der Piazza Pagano liegende Kirche San Francesco einen Besuch lohnen. Immerhin wurde auch das vorzüglich ausgestattete ***Archäologische Museum** 1998 wieder eröffnet (Öffnungszeiten: Di–So 9–13, Di und Do auch 16 bis 19 Uhr).

Gravina in Puglia ㊵

Durch die Hügellandschaft fährt man nach Gravina in Puglia (39 000 Einw.) an einer spektakulären *Gravina. Auch die im 15. Jh. im Renaissancestil erneuerte ***Kathedrale** ragt jäh über dem Abgrund empor. Das ***Museo Pomarici** zeigt archäologische Funde und byzantinisch beeinflusste Fresken (Öffnungszeiten: Mo–Sa 9–13, 16–19, So, Fei 9–13 Uhr; im Museum erhält man auch Infos zu den übrigen Sehenswürdigkeiten Sehenswürdigkeiten (Museo Archeologico, Grottenkirchen; Tel. 08 03 25 10 21).

i **APT,** Via del Gallitello 89, 85100 Potenza, Tel. 09 71 50 76 11, Fax 09 71 50 76 01, www.aptbasilicata.it. Informationsbüro: ebenda, Tel. 09 71 50 76 22.

Die unbekannte Basilikata

Potenza → Lagopesole → Rionero in Vulture → Melfi → **Venosa → Metaponto (300 km)

Seit dem 10. Jh. wird das Gebiet der Lukaner als Basilikata bezeichnet, denn der Bischof der Basilika von Acerenza beherrschte den größten Teil dieser landschaftlich reizvollen Region. Sie besteht heute aus zwei Provinzen, Matera, das bis 1663 zu Apulien gehörte und dessen Sprache und Kunst deshalb den Einfluss der Adriaregion spüren lassen, und der Provinz Potenza. Sie orientierte sich immer mehr nach Kampanien und Neapel. Die Basilikata ist eine Transitregion, die von allen Seiten etwas aufnahm, aber durchaus wert ist, für sich entdeckt zu werden. Mit wundervollen Ausblicken führt diese Tour, für die man sich einen Tag Zeit nehmen sollte, durch eine Hügellandschaft bis zum erloschenen Vulkan Monte Vulture. Mächtige Burgen, römische Ausgrabungen und interessante Kirchenbauten warten entlang der Strecke. Sie bietet außerdem reichlich Gelegenheit, die gute lukanische Küche, die für ihre Würste bekannt ist, und den dazu passenden Aglianico-Wein kennen zu lernen.

Manche sehen in dem Kopf am Wohnturm des Kastells Lagopesole Friedrich I. Barbarossa

Land führen. Majestätisch taucht schließlich das ***Kastell** von Lagopesole am Horizont auf. An der riesigen Burganlage hatten bereits die Normannen und Friedrich II. gebaut, doch wurde sie erst unter Karl I. von Anjou vollendet. Der Komplex gruppiert sich um zwei Höfe. Der kleinere, dessen Bauten bis auf den Wohnturm von den Normannen errichtet wurden, ist der ältere. Rund um den größeren Hof liegen die staufischen bzw. angevinischen Gebäude. Zwei Köpfe über dem Portal des Wohnturms stellen einer Legende nach Friedrich I. Barbarossa und seine Gattin Beatrix von Burgund dar. Der herrliche Rundblick über das weite Land zeugt noch heute von der günstigen strategischen Lage der Burg (Öffnungszeiten: Sommer tgl. 9.30–13, 16–19 Uhr, Winter tgl. 9.30 bis 13, 15–17 Uhr).

In **Scalera** (nördlich von Lagopesole) gibt es hervorragende Käsespezialitäten. Die **Cooperativa Piano della Spina** verwendet keine Konservierungs- und Zusatzstoffe.

Lagopesole ⑤

Man verlässt Potenza (s. S. 976) Richtung Norden auf der Schnellstraße SS 93 oder auf einer der Landstraßen, die hügelauf, hügelab durch grünes

Über dem Atella-Tal erhebt sich der erloschene Vulkan ***Monte Vulture** mit seinen zwei Gipfeln, dem Vulture selbst (1326 m) und dem Pizzuto di

Seite 974

6

Weithin sichtbar beherrscht der Monte Vulture die Landschaft

San Michele (1262 m). Während zu Füßen des Berges ein hervorragender Rotwein, der *Aglianico*, gedeiht, bedeckt ein dichter Laubwald die Hänge. Der Vulture ist ein Paradies für Wanderer und eines der landschaftlich schönsten Gebiete der Basilikata.

Rionero in Vulture ⑤

In dem Weinbauort (13 500 Einw.) war der berühmteste Brigant der Gegend, Carmine Crocco, zu Hause. Ein anderer bekannter Sohn der Stadt, Giustino Fortunato (1841–1932), beschäftigte sich als erster italienischer Historiker mit der *questione meridionale*, den Ursachen für die rückständige Entwicklung im Mezzogiorno.

Bei **Armando Martino** in Rionero bekommt man den exzellenten roten *Aglianico*, aber auch den fruchtigen Rosé *Donna Lidia*.

Von Rionero führt eine Straße auf den Vulture, das Panorama reicht an klaren Tagen bis zum Tavoliere. Eine andere Route verläuft südlich des Gipfels zu den grünlich im Sonnenlicht glitzernden ***Laghi di Monticchio.** Die Seen füllen ehemalige Krater des Vulkans und liegen in dichtem Laubwald. Sehenswert ist die im 18. Jh. erneuerte ***Abteikirche San Michele.**

Der Esel als Lasttier gehört immer noch zum Ortsbild

Melfi ⑤

Bei der Weiterfahrt entlang der Westflanke des Berges kommt man an der Abfüllstelle des bekannten Mineralwassers Gaudianello vorbei. Mit großartigem Ausblick geht es hinunter nach Melfi. Überragt von einem mächtigen Kastell erstreckt sich das Städtchen auf einem Vulkanhügel. Im 11. Jh. eroberten zwölf normannische Grafen das byzantinische Melfi und erkoren es zur vorläufigen Hauptstadt und zum Ausgangspunkt der weiteren Eroberung Apuliens. 1089 rief hier Papst Urban II. erstmals zu einem Kreuzzug auf. Friedrich II. erließ 1231 seine Konstitutionen von Melfi, die erste Gesetzessammlung seit Kaiser Justinian. Heute zählen die Fiat-Werke zu den seltenen Beispielen einer gelungenen Industrieansiedlung im Süden.

Bräunliche niedrige Häuser schmiegen sich an den Hügel, der von dem schlanken ***Campanile des normannischen **Doms** dominiert wird. Er ist eines der wenigen Bauwerke, die die verheerenden Erdbeben im Vulturegebiet von 1851 und 1930 überstanden haben. Der viereckige, 49 m hohe

Turm stammt aus der ersten Bauzeit der Kathedrale um die Mitte des 12. Jhs. Später wurden die aufwendige Barockfassade und die Kassettendecke im Innenraum hinzugefügt. Majestätisch gibt sich das ursprünglich normannische, bis ins 18. Jh. ständig umgebaute *Kastell oberhalb der Stadt. Acht Türme verstärken den Mauerring, der einen palastartigen Innenbau umschließt. Er beherbergt heute u. a. das sehenswerte **Museo Archeologico Nazionale.** Aus der Menge der ausgestellten Funde sticht ein eindrucksvoller, in Kleinasien gearbeiteter **Sarkophag (2. Jh.) mit der Liegefigur einer unbekannten Verstorbenen heraus (Öffnungszeiten: Mo 14–20, Di–So 9–20 Uhr).

Pro Loco, Piazza Umberto I 14, 85025 Melfi, Tel./Fax 09 72 23 97 51.

Il Tetto, Piazza IV Novembre, Tel. 09 72 23 68 37, Fax 09 72 25 25 55, www. hoteliltetto.com. Nettes neues Hotel gleich bei der Kathedrale. ○

Federico II, San Nicolà di Melfi, Zona Industriale, Tel. 0 97 27 81 71. Empfehlenswerte regionaltypische Küche, So geschl. ○–○○

▌**Vaddone,** Contrada S. Abruzzese, Tel. 0 97 22 43 23. Einfache gute Hausmannskost, die man im Sommer im Freien genießt. Mo nur mittags. ○○

Venosa ⑤⑤

Über Rapolla geht es weiter nach Venosa (12 200 Einw.), einem wahren Kleinod in einer ausgedehnten Ebene mit Getreidefeldern am Rand des gleichnamigen Flüsschens. Frühge-

schichtliche Funde aus dieser Gegend bestücken heute Museen in ganz Italien. Anfang des 3. Jhs. v. Chr. eroberten die Römer Venusia, das dank seiner günstigen Lage an der Via Appia rasch aufblühte. Die Stadt, in der 65 v. Chr. der Dichter Horaz geboren wurde, erhielt ein Amphitheater und Thermen. 1041 als einer der ersten Orte von den Normannen erobert, fiel Venosa allmählich auf den Rang eines Agrarstädtchens zurück.

Kulissenhaft öffnet sich das Halbrund der Piazza Umberto I mit ihren einladenden Bars und Cafés unter den Arkaden. Herzog Pirro del Balzo Orsini ließ 1470 jenseits des breiten Grabens die Kathedrale abreißen, um Platz für sein *Kastell zu schaffen. Es beherbergt das Museo Archeologico Nazionale mit den am Ort verbliebenen Funden sowie einem Lapidarium mit lateinischen und hebräischen Inschriftenstelen. Seit der Spätantike besaß Venosa nämlich eine große jüdische Kolonie (Öffnungszeiten: Mo, Mi–So 9–20, Di 14–20 Uhr).

Einst reihten sich die Häuser entlang der Via Appia, heute führt der Corso Vittorio Emanuele II durch die Altstadt zur neuen Kathedrale. Nach der Zerstörung des alten Doms ließ Herzog Pirro mit dem Bau einer neuen **Bischofskirche** beginnen. Das weite Mittelschiff und der große Bogen, der den Chor unterteilt, bilden ungewöhnliche architektonische Lösungen. Man folgt dem Corso und der Beschilderung **Casa di Orazio** zu den Grundmauern eines römischen Hauses, bei dem es sich angeblich um das Geburtshaus des Dichters Horaz handeln soll.

In der »archäologischen Zone« sind die Reste der römischen Thermen, des Amphitheaters, eines Baptisteriums aus dem 5. Jh. und das bedeutendste Bauwerk Venosas zu sehen: die kurz

6

Seite 974

nach 1059 unter Herzog Robert Guiscard geweihte Abteikirche **Santa Trinità.** *Fresken mildern die romanische Strenge der Grablege der Familie Hauteville – des späteren normannischen Königshauses.

Unter dieser Kirche kamen bei Grabungen eine frühchristliche Basilika mit wunderschönen *Mosaikböden und eine Krypta zu Tage. Um 1100 begannen die Mönche dieses ältesten normannischen Klosters in Süditalien den Erweiterungsbau, der sich jedoch als zu groß erwies. Der als riesige dreischiffige Basilika mit Querhaus und Chorumgang geplante Kirchenbau musste um die Mitte des 12. Jhs. eingestellt werden. Die Säulen ragen ins Leere empor, nur der Himmel überdacht die noch erhaltenen bröckelnden Außenmauern (Öffnungszeiten: Grabungsgelände: tgl. 9 Uhr bis 1 Std. vor Sonnenuntergang, Di ab 14 Uhr; Kirche: tgl. vormittags zur Messe und in der Regel 15–18 Uhr).

ℹ Assozione La Quadriga, Piazza Municipio 7, 85029 Venosa, Tel./Fax 0 97 23 65 42, mobil 33 94 80 74 31, www.comunedivenosa.it. Führungen durch Venosa und das Vulturegebiet, auch auf Deutsch, werden organisiert.

Briganten

Tollkühn und abenteuerlustig, mit feurigem Blick, wildem Bart und in einen weiten Mantel gehüllt – so hätte man sie gerne, die süditalienischen Briganten des 19. Jhs. Doch der Realität entspricht dieses romantische Klischee leider nicht so ganz. Die meisten Männer *und* Frauen schlossen sich nämlich nicht freiwillig den Räuberbanden an, sondern schlicht um der ärgsten materiellen Not zu entgehen. Eine völlig fehlgeschlagene Bodenreform unter der französischen Besatzung 1806 führte letztendlich zu einer Vergrößerung der Latifundien und nicht zu einer gerechteren Landverteilung. Die anhaltende Armut der Bauern, drakonische Strafen für schon kleinste Vergehen und die neuen Steuern nach der italienischen Einigung 1860 zwangen viele Menschen, den Weg in die Illegalität zu gehen. Charismatische Anführer wie Ninco Nanco aus Avigliano oder Carmine Crocco (1829–1905) aus Rionero in Vulture versammelten zeitweilig bis zu 2500 Leute um sich. Raubend und plündernd zogen sie von Apulien bis Kampanien. Ihre Rückzugsgebiete lagen in den damals noch ausgedehnten Wäldern im Herzen der Basilikata. Nach 1860 unterstützten adelige Landbesitzer die Briganten, um mit ihrer Hilfe das neapolitanische Königreich – und damit ihre Privilegien – wieder erstehen zu lassen. Ein massives Armeeaufgebot des neuen italienischen Staates konnte den von beiden Seiten schonungslos geführten Krieg, bei dem über 5000 Briganten standrechtlich erschossen wurden, 1865 beenden.

Der 1947 in Melfi geborene Schriftsteller Raffaelle Nigro beschreibt das Brigantentum in seinem Familienepos »I fuochi del Basento« (»Die Feuer am Basento«) auf eindrucksvolle Weise.

Nach Pietrapertosa ⑤⑥ und Castelmezzano ⑤⑦

Über das von Albanern im 15. Jh. besiedelte Maschito – man hört dort noch heute einen albanischen Dialekt – führt die Strecke durch einsame Täler hügelauf, hügelab. Von Acerenza (s. S. 976) aus scheint man die ganze Region übersehen zu können. Wer es kurven- und aussichtsreich liebt, fährt über zwei knapp 1000 m hohe Pässe weiter nach Vaglio Basilicata, sonst auf der SS 93 über Potenza. Die Schnellstraße im Tal des Basento wechselt immer wieder die Flussseite; alte Ortschaften blicken von den Hügeln herunter.

In die so genannten *Lukanischen Dolomiten geht es kurvenreich auf gut 1000 m hinauf nach **Pietrapertosa.** Die höchstgelegene Ortschaft der Basilikata scheint eins mit dem Stein geworden zu sein. Steil ragen die kahlen Felsformationen in den Himmel. Die wilde Landschaft mit tiefen Schluchten und schwer erreichbaren Gipfeln ist nicht minder bizarr als die der norditalienischen Dolomiten.

Ein ähnlich beeindruckendes Naturerlebnis bietet das benachbarte **Castelmezzano.** Die Häuser ducken sich unter den nackten Felswänden – ein beliebtes Ausflugsziel für Wanderer und Spaziergänger.

Dolomiti, Via Volini 19, 85010 Castelmezzano, Tel. 09 71 98 60 75, Fax 09 71 98 61 21. Der Anblick erinnert an eine Alpenhütte. Man speist rustikal, es gibt aber gute regionale Küche. ○

▌ **Il Frantoio,** Via Torraca 15, 85010 Pietrapertosa, Tel./Fax 09 71 98 31 90. Empfehlenswertes Hotel mit guter Hausmannskost. ○

Den Fels im Rücken: Castelmezzano

Al Becco della Civetta, Vicolo I Maglietta 7, Castelmezzano. Ausgezeichnete frische Produkte verarbeitet Antonietta zu wohlschmeckenden Speisen. Unbedingt die *salsiccie e soppressate* versuchen! Di Ruhetag. ○○–○○○

Tipp Wer noch ein wenig auf den Spuren Carlo Levis (s. S. 972) wandeln möchte, fährt durch eine großartige Landschaft mit vielen Kurven über Stigliano in das südlich des Sauro gelegene **Aliano.** Der Verbannungsort Levis scheint sich seitdem kaum verändert zu haben. Zu Ehren des Schriftstellers ist in der Via Collina ein historisches Museum eingerichtet worden (Öffnungszeiten: Sommer tgl. 10–12.30, 16–18 Uhr, Winter tgl. 10.30 bis 12, 15–17 Uhr).

Nach dieser so ungewöhnlich herben Natur wartet die Küste in Metaponto (s. S. 982) mit einer freundlichen Ebene, feinem Sandstrand und dem blauen Meer auf.

6

Seite 974

Tour 7

Baden in der Magna Graecia

Metaponto → Policoro → Sibari → *Rossano → Crotone → *Gerace → Reggio di Calabria (600 km)

Die stolzen Säulen des dorischen Tempels in Metaponto

An der kalabresischen Küste führen viele Orte ein Doppelleben: Der alte Teil liegt im Gebirge in sicherem Abstand zu der früher von Piraten heimgesuchten Küste und den malariaverseuchten Sümpfen. Die Nachfolgesiedlungen erstrecken sich verkehrstechnisch günstig am Meer. Während die Bergnester meist noch ihren rauen, ursprünglicheren Charme besitzen, glänzen die Badeorte mit den klangvollen Attributen wie Marina oder Lido vor allem durch ihre Bausünden. Traumhafte Sandstrände, die selbst im August noch nicht überfüllt sind, weitläufige Ausgrabungen aus der Blütezeit der griechischen Stadtstaaten und Museen mit hochinteressanten Sammlungen entschädigen jedoch für vieles. Sarazenentürme begleiten Reisende durch eine baumlose, duftende, heiße und sehr mediterrane Landschaft. (2–3 Tage.)

Metaponto ⑱

Ausgangspunkt der Tour ist das zwischen den Mündungen des Bradano und des Basento gelegene Metaponto (12 000 Einw.). Um 690 v. Chr. gründeten die Bewohner von Sybaris die Kolonie Metapontion, die sich rasch zu einem der mächtigsten Stadtstaaten in Süditalien entwickelte. Sein Reichtum beruhte auf dem Getreideanbau in der fruchtbaren Ebene, wovon noch die Gerstenähre auf den hier geprägten Münzen zeugt. Der Niedergang von Metapont begann schon in der Spätantike; im 17. Jh. verließen die letzten Einwohner die malariaverseuchte Gegend. Erst nach Trockenlegung der Sümpfe im 20. Jh. kehrten sie zurück. Direkt an der SS 106, am Ufer des Bradano, stehen die letzten 15 Säulen eines ****dorischen Tempels** aus dem 6. Jh. v. Chr.

Zwischen 510 v. Chr. und seinem Tod im Jahr 496 lebte der Philosoph, Naturwissenschaftler, Mathematiker und Politiker Pythagoras in Metapontion. Er war vor der Tyrannei des Polykrates aus seiner Heimat Samos zuerst nach Kroton geflohen, begab sich dann aus politischen Gründen hierher und rief eine 200 Jahre bestehende Philosophenschule ins Leben.

Im modernen Metaponto (Bernalda, Borgo Metaponto) liegt das ***Museo Archeologico Nazionale.** In dem architektonisch gelungenen Gebäude sind interessante Funde aus den Nekropolen und Heiligtümern der Stadt zu sehen (Öffnungszeiten: Mo 14–20, Di–So 9–20 Uhr). Der ***Parco Archeologico** ist ein weitläufiges Grabungsgelände, auf dem sich einst ein heiliger Bezirk, ein Temenos, mit mehreren

Tempeln erstreckte. Der Blick fällt auf die mächtigen dorischen *Kapitelle des Apollotempels, der um 550 v. Chr. als einer der ersten Steinbauten in der Magna Graecia errichtet wurde (Öffnungszeiten: tgl. 9 Uhr bis 1 Std. vor Sonnenuntergang; sehr gute deutsche Beschriftung).

Über die Eisenbahngleise hinweg führt eine schnurgerade Straße zum **Lido di Metaponto.** Ein feiner, breiter Sandstrand, die neu angelegte Promenade, Bars und Restaurants, kleine Villen im Grünen: ein schöner Platz für erholsame Urlaubstage am Meer.

Turismo, Viale delle Ninfe 5, Tel. 08 35 74 19 18, Fax 08 35 74 19 17. Am Meer gelegen, für einen Badeurlaub ideal; April–Sept. geöffnet. ○○

Policoro ⑤⑨

Von Metaponto geht es nach Süden bis Policoro (15 300 Einw.), das in der Nähe der griechischen Städte Heraclea und Siris neu entstand. Siris wurde in einer gemeinsamen Aktion von Metapontion, Sybaris und Kroton im 6. Jh. v. Chr. zerstört. Heraclea gründeten die Einwohner von Tarent und Thuri erst 433 v. Chr., um der völligen Beherrschung der Küstenebene durch Metapontion Grenzen zu setzen.

In der Altstadt sind im didaktisch gut aufbereiteten **Museo Nazionale della Siritide** (Öffnungszeiten: Mo, Mi–So 9–20, Di 14–20 Uhr) Funde aus den beiden Griechenstädten und dem Umland zu sehen. Paradestücke sind Grabbeigaben der Eisenzeit, feiner Bronzeschmuck, Waffen und Spielzeug. Kleine *Pferdchen auf Rädern stammen aus dem 8. Jh. v. Chr. Der so genannte Policoro-Maler verstand seine Kunst wirklich – seine Vasen

sind exemplarisch. Am eindrucksvollsten sind die Keramiken des 8./7. Jhs. v. Chr. mit geometrischen Mustern.

Hinter dem Museum erstrecken sich auf einer flachen Anhöhe die Ausgrabungen von **Heraclea.** Von Policoro aus führt eine Stichstraße zum gleichnamigen **Lido.** Der breite Sandstrand liegt vor einem Pinienhain und ist ein angenehmer Badeplatz.

Heraclea, Via del Lido, 75025 Lido di Policoro, km 5, Tel./Fax 08 35 91 01 44, www.hotelheraclea.com. Modernes Hotel, nur 200 m zum Strand. ○○

Nova Siri ⑥⓪

Jenseits des Flusses Sinni erreicht man mit **Nova Siri** die Region Kalabrien. Nun rücken die Hügel bis ans Meer vor, Pinien und Olivenhaine säumen die Straße. Das enorme *Kastell von **Rocca Imperiale** scheint den kleinen weißen Ort auf dem Hügel fast zu erdrücken (Öffnungszeiten: im Sommer bei der städtischen Polizei, den *vigili urbani,* erfragen). Immer wieder überquert man als *fiumare* bezeichnete ausgetrocknete Flüsse, die nur nach starken Regenfällen Wasser führen. Sie bringen einen ungewohnten Reiz in diese Landschaft.

Fotogen präsentiert sich auf einem kleinen Felsvorsprung das frisch restaurierte *Kastell von **Roseto Capo Spulico** (Öffnungszeiten: Juli/Aug. tgl. 9.30–14, 19–23 Uhr, Sommerhalbjahr Di–So 9.30–14, 19–21 Uhr, im Winter kürzer; Tel. 09 81 91 36 34; Internet: www.castellofedericiano.it).

Autobahn A 3 Neapel – Reggio di Calabria, Infopunkt an der Raststätte Frascineto Ovest (bei Castrovillari), Tel./Fax 0 98 13 27 10.

Seite 989

7

La Trappola, Via la Strada 6, Marina di Nova Siri, Tel. 08 35 87 70 21. Lukanische Regionalküche, sehr gute Fischgerichte. Nebensaison Mo Ruhetag. ○–○○

Sibari ⑤

Sibari (18 000 Einw.) liegt in einer fruchtbaren Ebene an der Mündung des Crati. Der Ort geht auf eine uralte Griechenstadt zurück. In Richtung Meer ist das 1996 eröffnete und noch nicht vollständig eingerichtete **Museo della Sibaritide** zu finden (Öffnungszeiten: tgl. 9–19.30 Uhr, 1. u. 3. Mo im Monat geschl.). Die Keramiken des 17. bis 14. Jhs. v. Chr. belegen die engen Kontakte zum ägäischen Raum (Kreta, Mykene). Architekturfragmente der Eisenzeit, Goldschmuck, Miniaturvasen und verzierte Webstuhlgewichte des 9./8. Jhs. v. Chr. bezeugen das kulturelle Niveau der Bevölkerung.

Vom Museum aus erreicht man den geschmackvoll angelegten Ferienkomplex an den **Laghi di Sibari** mit Jachthafen und Shuttle-Boot zum weiten Sandstrand.

Wer weiter in die Vergangenheit von Sybaris eintauchen möchte, kann dies auf dem landeinwärts liegenden **Grabungsgelände Sybaris-Copia** tun. Die 720 v. Chr. gegründete griechische Kolonie Sybaris kontrollierte ein weites Hinterland und war ausgesprochen wohlhabend. 510 v. Chr. wurde sie von den Bewohnern Krotons, des heutigen Crotone, zerstört. Mehrere Wiederbesiedlungsversuche schlugen fehl, bis Athen, das bisher noch keine Kolonien in der Magna Graecia besaß, 444 v. Chr. die Stadt Thuri gründete. Ihr folgte 194 v. Chr. das römische Copia. Hauptsächlich von dieser dritten Stadt an gleicher Stelle stammen die heute zu sehenden Ruinen, so das

Theater und die Thermen. Besonders eindrucksvoll sind die römischen, 13 m breiten Straßen, die direkt auf den hohen Berg Sellaro zu führen scheinen. Aus Flusssteinen errichtete Häuser gehen in die Zeit des griechischen Thuri zurück (Öffnungszeiten: tgl. 9 Uhr bis 2 Std. vor Sonnenuntergang; 1. u. 3. Mo im Monat geschl.).

*Rossano ⑥

Rossano (35 000 Einw.) erlebte seine Blütezeit im 8.–11. Jh. unter den Byzantinern. Das Zentrum der Altstadt bildet die Piazza Santi Anargiri mit dem Rathaus. Die **Kathedrale** stammt aus der Anjouzeit. Hier wird die *Madonna Achiropita verehrt, eine byzantinische Ikone aus dem 8. Jh. Erst kürzlich wurden im Chor Mosaiken entdeckt. Prunkstück des benachbarten **Museo Diocesano di Arte Sacra** ist der spätantike *Codex Purpureus Rossanensis. Er enthält Texte aus zwei Evangelien in griechischer Sprache, mit Miniaturen illuminiert (Öffnungszeiten: Sommer tgl. 9–13, 16.30–20.30 Uhr, Winter Di bis Sa 9.30–12.30, 16–19, So und feiertags 10–12, 16.30–18.30 Uhr).

Einer der bedeutendsten Sakralbauten aus der normannischen Epoche Kalabriens ist **Santa Maria del Patire** bei Rossano. Von dem 1101 gegründeten Kloster blieb nur die dreischiffige Kirche mit drei außen farbig gegliederten Apsiden erhalten. Der mehrfach umgestaltete Innenraum besitzt noch einen Mosaikfußboden aus dem 12. Jh.

Rossano ist bekannt für seine Lakritzherstellung. Im Geschäft (mit Museum) der Firma **Amarelli,** Rossano Scalo an der SS 106, sieht man erst, wie viele Sorten existieren! www.liquirizia.it.

Seite 989

7

ℹ️ **Coop. Neilos,** Piazza Duomo 25, 87067 Rossano, Tel./Fax 09 83 52 52 63, E-Mail: neilos@mediterraneo-net.it.

🏠 **Murano,** Viale Mediterraneo 2, Tel. 09 83 51 17 88, Fax 09 83 53 00 88, www.hotelmurano.it. Netter Familienbetrieb in Lido Sant'Angelo am Meer, gute kalabresische Küche. ○○

Tipp Wer Lust auf ein Glas Wein verspürt, ist in **Cirò** genau richtig. Die Spitzenkellerei **Librandi** (an der SS 106, www.librandi.it) verkauft neben dem klassischen *Cirò DOC* gelungene Experimente mit der Char-donnay-Rebe, etwa den eleganten weißen *Critone*. Weitere Kellereien findet man in Cirò Marina. Der weiter südlich gekelterte *Melissa* steht dem von Cirò in nichts nach.

🍴 **L'Aquila d'Oro,** Via Sant'Elia. Oben am Berg bei Cirò isst man typisch kalabresisch. ○○

*Santa Severina ㊷

Ein Abstecher in das Hinterland führt hinauf in die wilde Landschaft um Santa Severina. In dem ruhigen Städtchen liegen alle Sehenswürdigkeiten rund um den Hauptplatz oder gleich

---

Magna Graecia

Seit dem 2. Jt. v. Chr. betrieben Griechen Handel an den Küsten Unteritaliens, doch erst um 760/750 v. Chr. gründeten sie auf der Insel Ischia im Golf von Neapel ihre erste Kolonie auf italienischem Boden. Gründe für diesen Schritt waren u. a. Überbevölkerung und soziale Spannungen in den heimatlichen Stadtstaaten und die wachsende Konkurrenz der aus dem Norden (Toskana, Latium) vordringenden Etrusker. Innerhalb nur weniger Jahrzehnte entstanden einige teilweise noch heute bedeutende Städte: 720 v. Chr. Sybaris (Sibari), 715 v. Chr. Rhegion (Reggio di Calabria), 708 v. Chr. Kroton (Crotone), 706 v. Chr. Taras (Taranto), 673 v. Chr. Lokri (Locri). Mit der Gründung von Tochterstädten sicherten die Kolonien ihre jeweilige Einflusssphäre und ihre Handelswege. Doch wie ihre Heimatorte in Griechenland bekriegten sich auch die unteritalienischen Städte. Zweimal wurden dabei Kolonien vollständig zerstört: 540–538 v. Chr. Siris und 510 v. Chr. die reichste von allen, Sybaris. Die ständigen Auseinandersetzungen untereinander ließen die Griechen die Gefahr durch die erstarkten einheimischen Lukaner und Bruttier zu spät erkennen. Auch die Tyrannen von Sizilien versuchten immer wieder, auf dem Festland Fuß zu fassen. Ab dem 4. Jh. schlugen die Kolonien nur noch Abwehrschlachten. Die nun einsetzende Solidarität im Kampf gegen die einheimische Bedrohung führte zu einer Allianz mit Rom, das sich jedoch nach der Unterwerfung der Lukaner gegen die griechischen Kolonien wandte. Der Fall Taras (Taranto) 272 v. Chr. läutete das Ende der Epoche Großgriechenlands, der Magna Graecia, in Süditalien ein.

7

Seite **989**

nebenan: die kleine byzantinische Kirche ***Santa Filomena,** die barocke Kathedrale mit dem byzantinischen ***Baptisterium** und das mächtige Kastell. Der Wein des Neto-Tals, das man von Santa Severina aus prächtig überblickt, zählt zu den besten Kalabriens.

> **Tipp** In Corazzo, ca. 10 km südöstlich (1 km von der SS 107), hat die Winzergenossenschaft **Cantina sociale Val di Neto** ihren Sitz.

Crotone ⑥④

Crotone (62 000 Einw.) wurde 1993 zur Provinzhauptstadt erhoben. Die 710 v. Chr. gegründete Kolonie Kroton war eine der reichsten und mächtigsten griechischen Stadtstaaten. Nach dem Sieg der Römer über die Karthager stationierten diese 194 v. Chr. Truppen in Kroton und degradierten die Stadt zur römischen Kolonie. Heute ist Crotone die wichtigste Industriestadt Kalabriens und der einzige wirtschaftlich bedeutende Hafen der Region am Ionischen Meer. Interessanteste Sehenswürdigkeit ist das ***Museo Archeologico** (Via Risorgimento; Öffnungszeiten: tgl. 9–19 Uhr, 1. und 3. Mo im Monat geschl.).

Als touristische Alternative bieten sich das mächtige **Kastell** an, das die Spanier im 16. Jh. zur Sicherung der Küste gegen die Türken errichteten, und der etwa zeitgleich entstandene **Dom** in dem anmutigen Stadtzentrum.

> **APT,** Via Torino 148, 88047 Crotone, Tel. 0 96 22 31 85, Fax 0 96 22 67 00.

> **Gerardo Sacco,** Via Vittorio Veneto 33. Bei den orientalisch anmutenden Goldkreationen gerät man ins Schwärmen.

Über Stilo ⑥⑤ nach Lokri ⑥⑥

Malerisch ragen entlang der Küste immer wieder Landzungen ins Meer. Am Capo Colonna wacht eine dorische Säule am Wasser, die äußerste Landspitze des Capo Rizzuto nimmt ein Leuchtturm ein, und auch die malerische Burg von Le Castella liegt direkt am Meer. Die gute Wasserqualität bis kurz vor Catanzaro Marina und wieder ab Copanello, das mit Soverato zu den schönsten Seebädern zählt, zieht Schwimmer und Schnorchler an.

Von Monasterace Marina fährt man hinauf nach **Stilo** zu einem der eigenwilligsten Kirchenbauten Kalabriens. Fünf Kuppeln über dem im 10./11. Jh. errichteten ****Cattolica** bilden im Abendland einen ungewöhnlichen Blickfang. In der hervorragend erhaltenen byzantinischen Kirche fühlt man sich nach Kleinasien versetzt. Der Innenraum, der über quadratischem Grundriss die Form des griechischen Kreuzes betont, birgt Fresken der Erbauungszeit.

> **Tipp** **Roccella Ionica** überrascht mit seinen pittoresken Burgruinen und dem besten **Jazzfestival** Süditaliens (Mitte/Ende August).

In der Antike konkurrierte die im Jahr 673 v. Chr. gegründete griechische Kolonie **Lokri** mit ihrer Nachbarin Kroton, der sie im 6. Jh. eine schwere Niederlage beibrachte. 493 gründete Lokri die beiden Kolonien Hipponion (Vibo Valentia) und Medma (bei Rosarno) an der tyrrhenischen Seite der Halbinsel. Diese Besitzungen verwickelten die Stadt in die Konflikte zwischen Reggio di Calabria und den sizilianischen Tyrannen, die 356 in Lokri die Macht

Byzantinischer Kirchenbau
in Stilo: die Cattolica

7

Seite 989

übernahmen. Ein Aufstand führte jedoch wenig später zur Einführung der Demokratie. Lokri wurde von den Römern unterworfen und, nachdem es laufend von Sarazenen bedroht worden war, vermutlich im 7. Jh. aufgegeben. Erst 1934 beschlossen die wenigen neu angesiedelten Einwohner von Gerace Marina, den alten Namen in der italienischen Form Locri aufzugreifen. Auf dem Grabungsgelände wenige Kilometer südlich wurden Tempelreste des 5. Jhs. v. Chr., megalithische Mauern und ein griechisch-römisches Theater freigelegt. Das **Museo Archeologico** zeigt Funde aus dem Gelände (Öffnungszeiten: tgl. 9 bis 19.30 Uhr, 1./3. Mo im Monat geschl.).

*Gerace ⑰

Eines der schönsten Städtchen Kalabriens ist das weiter im Landesinneren gelegene Gerace (500 m). Die Bewohner Locris hatten sich im 9. Jh. auf den Hügel zurückgezogen. Die gepflegte *Altstadt wirkt anheimelnd. Von den normannischen Kirchenbauten der Region überlebte allein der größte, der **Dom** von Gerace, sämtliche Erdbeben in dieser stark gefährdeten Gegend. 1061 eroberte Robert Guiscard die Stadt, die noch bis 1497 einen griechischen Bischof hatte. 20 unterschiedliche, teilweise antike Säulen mit schönen Kapitellen gliedern den dreischiffigen, in seiner Schlichtheit sehr feierlichen Innenraum. Vom linken Querschiff steigt man in die noch aus einer byzantinischen Bauphase stammende *Krypta. Kostbare silberne Reliquienkreuze glänzen in dem kleinen Museum (Di–So 9.30–13.30, 15–19 Uhr, Aug. bis 20.30, im Winter Di–So 9–13, 15–18 Uhr). Vom mittelalterlichen Kastell blieb nur ein mächtiger Rundturm.

Gerace ist bekannt für seine schöne Keramik. **Antonio Crateri,** Via Duomo 42, formt an antiken Vorbildern inspirierte Terrakottareliefs. Bei **Ceramiche Condò,** Largo Chiappe, gibt es schöne Vasen.

IAT, Piazza del Tocco, 89050 Gerace, Tel./Fax 09 64 34 11.

Lo Sparviero, Via Luigi Cadorna 3, Tel. 09 64 35 68 26. Kalabresische Küche mit guten Antipasti, hausgemachten Nudeln und eigenem Wein in angenehmem Ambiente. ○

Zur Stiefelspitze

Steil und kahl fällt der Aspromonte, das südlichste Gebirge der italienischen Halbinsel, ins Meer ab. Seine hellen Lehmhügel und unwirtlichen Kalkfelsen sind das am meisten durch Erdbeben gefährdete Gebiet des Landes. Im Inneren des noch sehr waldreichen Gebirges lebt die letzte Griechisch sprechende Minderheit Kalabriens. Doch bald werden diese Dörfer im Aspromonte so verlassen sein wie das malerische *Pentedattilo. Kurz vorher hat man bei Melito di Porto Salvo den südlichsten Punkt des Landes passiert und erreicht bald Reggio di Calabria (s. S. 994).

Casina dei Mille, Melito di Porto Salvo, SS 106, km 3, Tel./Fax 09 65 78 74 34. Im Bau des 17. Jhs. befand sich unter Garibaldi das Hauptquartier seiner in Melito gelandeten Truppe, der berühmten *Mille* (»Tausend«). Gutes Restaurant. ○○

Bahnverbindung: Die Küsteneisenbahn fährt um die Stiefelspitze von Metaponto bis Reggio di Calabria; Halt in den touristisch interessanten Orten.

7

Seite 989

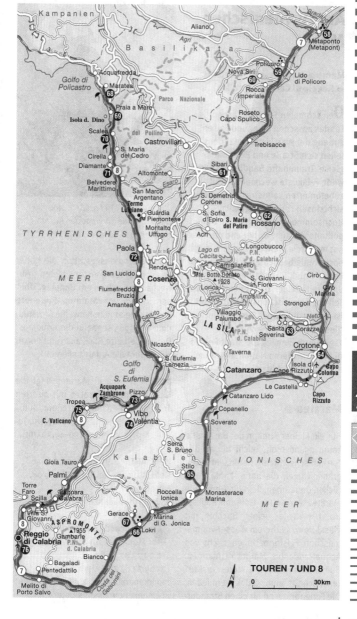

TOUREN 7 UND 8

0   30 km

Tour 8

Am Tyrrhenischen Meer

Maratea → Paola → Vibo Valentia → Reggio di Calabria (350 km)

Den schmalen Streifen flachen Landes zwischen Meer und Felsen entlang der Westküste Kalabriens teilen sich Straße und Eisenbahngleise. Traumhafte Sandbuchten und wilde Felsküste wechseln ab mit zubetonierten Landstrichen und gesichtslosen Ferienanlagen. Im Hochsommer machen hier die Neapolitaner Urlaub, vorher und nachher hat man freie Wahl unter den nur noch wenig besuchten Stränden. Feinen Sand, türkisfarbenes Wasser und steile Felsen bietet der nördliche Teil der Reise; schönster Urlaubsort ist Tropea auf halber Strecke. Ziel dieser Tour, für die sich zwei Tage empfehlen, ist die Stadt Reggio di Calabria, deren Nationalmuseum einzigartige Schätze hütet.

Rio de Janeiro lässt grüßen: eine Christusstatue überragt den Küstenabschnitt bei Maratea

laub bestens ausgestattet, die höher gelegenen Bergnester bieten Abwechslung nach einem Badetag. Über den Resten von **Maratea Superiore** breitet eine 21 m hohe weiße Christusfigur von 1963 segnend die Arme aus. Der zauberhafte Blick aus rund 600 m Höhe lohnt die Anfahrt allemal!

Tipp In Marina di Maratea liegt die **Grotta di Maratea** mit bizarren Tropfsteinen (Öffnungszeiten: Juni/ 1.–15. Sept. 9.30–12.30, 16–19 Uhr, Juli/Aug. 9.30–12.30, 16.30–19.30 Uhr).

i **APT,** Piazza del Gesù, 85046 Maratea, Tel. 09 73 87 69 08, Fax 09 73 87 74 54, www.aptbasilicata.it.

La Locanda delle Donne Monache, Via Carlo Mazzei 4, Tel. 09 73 87 74 87, Fax 09 73 87 76 87, www. mondomaratea.it. Traumhaft wohnen in einem ehemaligen Kloster. ○○○

Maratea ⑱

Nur ein kleiner Streifen der Basilikata, kaum 25 km breit, reicht bis an das Tyrrhenische Meer heran. Inmitten grüner Hügel, die hohe, kahle Bergrücken umrahmen, liegt die Gemeinde Maratea am weiten Golf von Policastro. Die Idylle kleiner Buchten mit glasklarem, sauberem Wasser vor malerischen Felsformationen reicht von Acquafredda bis Marina di Maratea. Bausünden wurden an diesem Küstenabschnitt zum Glück vermieden. Die Ferienorte sind für einen Strandur-

8

Seite 989

▮ **La Tana,** Maratea Castrocucco 26, Tel. 09 73 87 17 70, Fax 09 73 87 17 20, www. costadimaratea.com/latana. Netter Familienbetrieb im Grünen, in der Nähe Reitstall, Bus zu den Stränden, gutes Restaurant. Jan. geschl. ○○

Zà Mariuccia, Via Grotte 2, in Maratea Porto, Tel. 09 73 87 61 63. Traditionslokal, sehr gute Fischgerichte. März–Okt. geöffnet, Sommer nur abends, Do Ruhetag (nicht Juli/Aug.) ○○○

Nach Diamante

Einer der beliebtesten Ferienorte der tyrrhenischen Küste Kalabriens ist das idyllisch im Grünen gelegene **Praia a Mare** ㊾. Der Aufstieg zur Wallfahrtskirche Madonna della Grotte oberhalb des Ortes wird mit einer tollen Aussicht belohnt. Bequemer ist ein Bootsausflug zu den Grotten auf der kleinen ***Isola di Dino,** die ein schmaler Sandstreifen mit der Küste verbindet.

Echtes Zitronat

Rund um **Santa Maria del Cedro** und **Cirella** wachsen Zedradzitronenbäume *(Cedro),* aus deren Früchten Zitronat hergestellt wird. Die große grünliche Zitrone spürt jedoch die Konkurrenz der Sukkade (kandierter, mit Zitronenöl aromatisierter Kürbis), daher betreiben immer weniger Bauern die schwierige Aufzucht der ca. 1,5 m hohen Pflanze. Für die Juden ist die Zedradzitrone, die beim Laubhüttenfest (jüdisches Erntedankfest) eine Rolle spielt, ein Reinheitssymbol.

Ferienort Praia a Mare mit der vorgelagerten Isola di Dino

Casetta Bianca, Via Nazionale, in Fiùzzi (3 km südlich von Praia a Mare), Tel. 09 85 77 92 65, Fax 09 85 77 92 82. Nicht nur der Blick auf die Isola di Dino ist traumhaft, der Familienbetrieb (100 m vom Meer) bietet auch gute Küche, die man im Sommer auf der Terrasse genießt. ○

Die mittelalterlich geprägte Altstadt von **Scalea** ㊵ scheint in Stufen das kleine Kap hinaufzusteigen. Die Kirche San Nicola in Plateis besitzt eine Krypta und ein beachtenswertes gotisches Grabmal. In der Chiesetta dello Spedale sind byzantinische Fresken zu bestaunen. Am weiten Sandstrand bieten Felsbogen und große Blöcke nur wenige Meter von der Küste Tauchern und Schwimmern ein ideales Revier.

La Rondinella, Via Vittorio Emanuele III 31. Mitten in der Altstadt, ausgezeichnete kalabresische Spezialitäten, auch im Freien. So Ruhetag (nur Okt.–März). ○○–○○○

Mächtige Wehrtürme, die im 16. Jh. zum Schutz vor den Türken errichtet wurden, finden sich noch heute in regelmäßigen Abständen entlang der Küste. Einer bewacht sogar die kleine Isola di Cirella, kurz vor **Diamante** ㊶. Die kraftvollen ***Murales,** Wandbilder

8

Seite 989

zeitgenössischer Künstler in der Altstadt, heben das Städtchen aus der Masse der Ferienorte heraus.

Tipp **Centro gastronomico,** Corso Vittorio Emanuele 130, Tel. 09 85 87 78 40, www.peperoncino. org. Über 300 original kalabresische Spezialitäten kann man hier kaufen!

i **Discesa Corvino Superiore,** 87023 Diamante, Tel./Fax 09 85 87 60 46.

Ferretti, Via Lungomare, Tel. 0 98 58 14 28, Fax 0 98 58 11 14, www.ferrettihotel.it.

Mediterranes Flair, viel Grün, mit Terrasse, gut geführt, zwei Restaurants; nur Juni–Aug. ○○

Trattoria San Biago, Via Roma 10, Tel. 09 82 61 21 22. Rustikales Lokal, typisch kalabresische Küche. Sa abends u. So mittags geschl. ○

Über Paola ⑫ nach Pizzo ⑬

Allmählich weicht der Strand massiven Betonmauern und Wellenbrechern. In den kleinen Dörfern im Landesinneren kann man noch das alte

Kalabriens volkstümlicher Heiliger

Francesco d'Alessio (1416–1507) wurde als Dreizehnjähriger in Erfüllung eines Gelübdes seiner Eltern in das Franziskanerkloster von San Marco Argentano bei Cosenza gegeben. Bei einem Rombesuch ekelte ihn der Luxus in der Papststadt so an, dass er sich schon wenig später als Eremit in die Einsamkeit zurückzog. Doch sein asketisches Leben und zahlreiche Wunder führten ihm eine große Anhängerschaft zu, die er zunächst in der »Gesellschaft armer Eremiten« vereinigte. 1474 wurde sie vom Papst als Orden anerkannt. Die Regel der Paulaner orientierte sich an jener der Franziskaner, war jedoch hinsichtlich des Armutsgebots und der Fastenregeln noch strenger. Schon zu Lebzeiten brachten Francesco sein soziales Engagement und seine Wundertaten den Ruf eines Heiligen ein. Der kranke Ludwig XI. rief ihn 1483 als seinen geistlichen Beistand nach

Frankreich, wo Francesco predigend den Rest seines Lebens verbrachte.

Zu den berühmtesten Wundern des Heiligen zählt die Überquerung der Straße von Messina auf seiner Kutte, nachdem ein Fährmann ihm die kostenlose Überfahrt verweigert hatte. Seit 1943 ist Francesco übrigens der Schutzpatron der Seefahrer. Stets begleitete ihn ein Lämmchen namens Martinello. Als Maurer es eines Tages geschlachtet, gebraten und verspeist hatten, warfen sie seine Knochen in den Ofen. Und aus diesem Ofen zog Francesco das Lämmchen wieder lebendig heraus! Ein volkstümlicher Mann mit einem Herzen für Arme und Tiere musste in Kalabrien fast zwangsläufig zum am meisten verehrten Heiligen aufsteigen. An seinem Festtag, dem 4. Mai, strömen Pilger aus allen Teilen Süditaliens nach Paola.

8

Seite 989

Pizzo, pittoresk und aussichtsreich

ges Kastell (Öffnungszeiten tgl. 9–19 Uhr) und ein Tuffkirchlein.

Tipp In Pizzo sollte man das Eis probieren, denn Lokalpatrioten behaupten, hier sei das *Tartufo* erfunden worden. Ideal für die Kostprobe ist der Hauptplatz, der im Sommer einem Freilichttheater gleicht.

i Piazza della Repubblica 56, 88026 Pizzo, Tel./Fax 09 63 53 72 00.

Vibo Valentia ⑭

Griechen aus Locri gründeten den Ort (35 000 Einw.) Ende des 7. Jhs. v. Chr. zur Sicherung der Handelswege am Tyrrhenischen Meer. Von den einheimischen Bruttiern erobert, wurde er im 2. Jh. v. Chr. römisch. Im Mittelalter diente die aufstrebende Hafenstadt den Byzantinern als Stützpunkt, dann ließ sie Friedrich II. systematisch ausbauen. Nach der Französischen Revolution setzte der Niedergang ein, Vibo verlor die Funktion als Provinzhauptstadt, die es erst 1993 zurückerhielt.

Die niedrigen Häuser der barock geprägten Altstadt scheinen sich vor dem mächtigen **Kastell* zu ducken. Es ist Sitz des neu eingerichteten Archäologischen Museums mit Funden aus der Frühgeschichte Vibos und der Antike (Öffnungszeiten: Sommer tgl. 9–19, Sa bis 23 Uhr, im Winter kürzer). Der üppige barocke **Dom San Leoluca* besticht durch seine reiche Stuckverzierung. Der Corso Vittorio Emanuele III ist die Haupteinkaufs- und Flaniermeile Vibos.

i **APT Vibo Valentia,** Via Forgiari 8, 88018 Vibo Valentia, Tel. 0 96 34 20 08, Fax 0 96 34 43 18, www.costadei.net.

Kalabrien entdecken, von dessen früherer Pracht Adelspaläste und Barockkirchen erzählen. Im 13. Jh. siedelten sich in **Guardia Piemontese** Waldenser aus Piemont an, um den Verfolgungen der katholischen Kirche zu entgehen. 1560 wurden in vielen Gemeinden Kalabriens Tausende Waldenser ermordet. Ein verwinkeltes Zentrum, Barockkirchen und eine ausufernde Neustadt: so präsentiert sich **Paola** (17 000 Einw.). Am Berg steht das von Franziskus von Paola gegründete **Kloster*. Der Kreuzgang ist noch spätgotisch. Die alte Kirche mit ihrem zweigeteiltem Schiff zeigt Renaissance- und Barockformen, der Neubau für das Heilige Jahr 2000 dahinter überrascht mit Postmoderne.

Nette Badeorte wie **San Lucido, Fiumefreddo Bruzio** und **Amantea** mit den Resten eines Kastells folgen entlang der Küstenstraße. Man überquert das fruchtbare Savuto-Tal, wo einer der bekanntesten kalabresischen Weine, der *Savuto DOC,* erzeugt wird.

Das pittoreske **Pizzo** scheint fast von seiner luftigen Höhe ins Meer zu stürzen. Besichtigungspunkte im Ort sind eine barocke Pfarrkirche, ein von den Aragonesen errichtetes mächti-

8

Seite **989**

Eintägige Kreuzfahrten ab Vibo Marina zu den Äolischen Inseln (Vulcano, Lipari).

Risorgimento, Via Pietro Colletta 12, Tel./Fax 0 96 34 11 25. Stilvoll, in der Altstadt. ⃝⃝

Vecchia Vibo, Via Murat (Nähe Dom), Tel. 0 96 34 30 46. In dem früheren Pferdestall werden kalabresische Spezialitäten und hausgemachte Antipasti serviert. Mi abd. geschl. ⃝

*Tropea ⑦⑤

Das sympathische Städtchen ist der schönste Badeort an der tyrrhenischen Küste Kalabriens. Die Gässchen, Torbogen, Plätze und Paläste laden mit hübschen Läden zum Bummeln ein. Mitten in die Altstadt ist der niedrige, wohl noch in vornormannischer Zeit begonnene *Dom eingebettet. Die farbige Absetzung der Rundbogen an der Längsseite verleiht dem Bau etwas Anmutig-Spielerisches.

APT, Piazza Ercole, 89861 Tropea, Tel./Fax 0 96 36 14 75, E-Mail: prolocotropea@inwind.it, www.tropea.biz. Hotel- und Wohnungsvermittlung für die Strände am Capo Vaticano;
Proloco Via Vaisette 40, 88036 San Nicolò di Ricadi, Tel./Fax 09 63 66 31 19, www.capovaticano.it.

Terrazza sul Mare, Zona Croce, Tel./Fax 0 96 36 10 20. Angenehmes und gut geführtes Hotel mit schöner Aussichtsterrasse. ⃝–⃝⃝

Pimm's, Largo Migliarese 2, Tel. 09 63 66 61 05. Hervorragende Fischgerichte, Panoramaterrasse. Mo im Winter geschl. ⃝⃝⃝

◾ **Da Franco,** in Brattiro (10 km im Landesinneren), Tel. 0 96 36 80 85. Kräftige Fleischgerichte, kalabresische Spezialitäten. Mo Ruhetag. ⃝

Tipp Wer sich über die bäuerliche Lebenswelt Kalabriens informieren will, ist in **Palmi** in den *Musei Civici gut aufgehoben (Mo–Fr 8.30–14, Mo/Do auch 15–17.30 Uhr). Imposant ist das Kastell von *Scilla am Ende der Meerenge von Messina.

Reggio di Calabria ⑦⑥

Die Stadt (350 km; 179 700 Einw.) erreicht man über Villa San Giovanni, den Fährhafen für Sizilien. Nach gewalttätigen Demonstrationen verlegte man 1972 den Sitz des Regionalparlaments in diese Stadt, während Catanzaro Hauptstadt und Regierungssitz blieb. Dieser Vorgang und die täglich gegenwärtige Gewalt zeigen, wie sehr die Stadt und die Provinz Reggio von der 'Ndrangheta, der kalabresischen Mafia, beherrscht werden. Richter und Staatsanwälte leisten bei der Bekämpfung Sisyphusarbeit.

Während die Mafia dem Image schweren Schaden zufügt, ist man stolz darauf, dass der Modeschöpfer Gianni Versace aus Reggio stammt. Und seit 2002 auch wieder auf den »schönsten Kilometer Italiens«, den **Lungomare Falcomata.** Der 2002 verstorbenen Bürgermeister Reggios, Italo Falcomata, ließ die Promenade rundherum erneuern und belebte mit einem ansprechenden Kulturprogramm die Sommernächte. Im Anblick Siziliens und des Ätna flanieren abends wieder Tausende.

Die archäologische Abteilung des ****Museo Nazionale** ist wohl die interessanteste Sammlung dieser Art. Prunkstücke sind die 1972 aus einem

8

Seite 989

Aus der Bergamottfrucht werden ausgesuchte Duftessenzen gewonnen

Wrack vor der ionischen Küste Kalabriens geborgenen, nach ihrem Fundort benannten **Bronzen von Riace. Die beiden überlebensgroßen Figuren griechischer Krieger stammen aus dem 5. Jh. v. Chr. Auch Funde aus dem Porticello-Wrack sind zu bestaunen. Das Museum besitzt auch eine didaktisch hervorragend aufgebaute frühgeschichtliche Abteilung und eine Sektion zur griechischen Geschichte der Provinz. Neben den herrlichen antiken Vasen, Waffen und Schmuck sollte man die Gemälde von Antonello da Messina und Mattia Preti in der **Pinakothek** (z.Zt. geschl.; sonst Öffnungszeiten tgl. 9–19 Uhr, 1. und 3. Mo im Monat geschl.) anschauen.

Das **Zitrus-Museum** (Nazionale 74, Stadtteil San Gregorio, Öffnungszeiten: Mo–Fr 8–13 Uhr) zeigt u. a. eine Bergamottenölpresse.

In Italien wächst die Bergamottfrucht nur entlang der Küste von Reggio di Calabria. Ausgesuchte Duftessenzen findet man bei **Nuova Fiori del Sud,** Via Osanna 17. Ausgezeichnete kalabresische Spezialitäten, vor allem Wurstwaren, gibt's bei **Antonio Pellicanò,** Via Aspromonte 15 a. **Torrone Giuseppe Malavenda,** Via Santa Caterina 85–91, bietet Mandelpaste in allen Variationen und vor allem *torroncini* z. B. mit Mandarinengeschmack.

APT, Via Roma 3, 89100 Reggio di Calabria, Tel. 0 96 52 11 71, Fax 09 65 89 09 47. Informationsbüros: Corso Garibaldi 329, Tel. 09 65 89 20 12; am Bahnhof, Tel. 0 96 52 71 20; sowie am Flughafen, Tel. 09 65 64 32 91.

Fähre nach Messina.

Grand Hotel Excelsior, Via Vittorio Veneto 66, Tel. 09 65 81 22 11, Fax 09 65 89 30 84. Der Komfort und die Lage am Museum haben ihren Preis; Restaurant. ○○○

Bonaccorso, Via Bixio 5, Tel. 09 65 89 60 48. Elegant, mit Nostalgietouch, der Padrone serviert die klassische italienische Küche mit eigenen Varianten. Mo geschl. ○○

8

Seite **989**

995

Infos von A–Z

Behinderte

Italien hat sich zunehmend auf Behinderte eingestellt. Über Beherbergungsbetriebe, Museen etc., die Behinderten zugänglich sind, informiert das Callcenter **Vacanze Serene,** in Italien gebührenfrei Tel. 800 27 10 27, vom Ausland Tel. 0039 06 71 62 39 19, www.coinsociale.it. Eine Adressenliste verschickt der italienische Spastikerverband **AIAS Nazionale,** Via Cipra 4H, 00135 Roma, Tel. 06 39 73 18 29, www.aiasnazionale.it.

Info in Deutschland: Bundesverband Selbsthilfe Körperbehinderter, Altkrautheimerstr. 20, 74238 Krautheim/Jagst, Tel. 0 62 94/6 82 25, Fax 0 62 94 6 81 07, www.bsk-ev.de.

Einreisebestimmungen

Auch wenn die Grenzkontrollen entfallen, seinen Ausweis sollte man immer dabei haben. Für Bürger der Schweiz genügt bei einem Aufenthalt von bis zu drei Monaten der Personalausweis. Kinder unter 16 Jahren brauchen einen Kinderausweis oder einen Sichtvermerk im Pass eines Elternteils.

Hunde brauchen ein amtstierärztliches Gesundheitszeugnis, das nicht älter als 30 Tage sein darf, und eine Impfbescheinigung gegen Tollwut (mindestens 30 Tage, höchstens elf Monate alt). Hundebesitzer müssen Maulkorb und Leine mitführen.

Feiertage

1. u. 6. Januar, Ostermontag, 25. April, 1. Mai, 15. August, 1. November, 8. Dezember, 25. u. 26. Dezember.

Geld

Die italienische Währungseinheit ist seit 1.1. 2002 der Euro (€). Ein Euro entspricht ca. 1,50 CHF.

An Geldautomaten mit ec-Zeichen (bei fast allen Banken aufgestellt) bekommt man mit Scheckkarte und Geheimzahl pro Tag bis zu 250 €. Kreditkarten werden in vielen größeren Geschäften, Trattorien und Hotels akzeptiert.

Informationen

erhält man bei den Staatlichen italienischen Fremdenverkehrsämtern (ENIT), im Internet mit vielen Links unter www.enit.it. Die gebührenfreie Telefonnummer für Informations- und Prospektmaterial: 0 08 00 00 48 25 42 (gültig in D, A und CH).

▪ **Deutschland:** 10178 Berlin, Karl-Liebknecht-Str. 34, Tel.
03 02 47 83 97, Fax 03 02 47 83 99,
E-Mail: enit-berlin@t-online.de
60329 Frankfurt/M., Kaiserstr. 65,
Tel. 0 69 23 74 34, Fax 23 28 94,
E-Mail: enit.ffm@t-online.de
80336 München, Goethestr. 20,
Tel. 0 89 53 13 17, Fax 0 89 53 45 27,
E-Mail: enit-muenchen@t-online.de
▪ **Österreich:** 1010 Wien, Kärntner Ring 4, Tel. 0 15 05 16 39,
Fax 0 15 05 02 48,
E-Mail: delegation.wien@enit.at
▪ **Schweiz:** 8001 Zürich, Uraniastr. 32, Tel. 0 12 11 36 33, Fax 0 12 11 38 85,
E-Mail: enit@bluewin.ch

In Italien sind APTs (Aziende di Promozione Turistica), EPTs, IATs, ATIs oder STTs – wie die verschiedenen Abkürzungen für die regionalen und lokalen Fremdenverkehrsämter jetzt lauten, die Ansprechpartner für alle Fragen von Italien-Reisenden.

Diplomatische Vertretungen

▪ **Deutsche Botschaft:** 00185 Rom, Via S. Martino della Battaglia 4, Tel. 06 49 21 31, Fax 0 64 45 26 72, www.ambgermania.it

■ **Österreichische Botschaft:** 00198
Rom, Via Pergolesi 3,
Tel. 0 68 44 01 41, Fax 0 68 54 32 86.
■ **Schweizer Konsulat:** 00197 Rom,
Largo Elvezia 15, Tel. 06 80 95 71.

Medizinische Versorgung

Kostenfreie Behandlung erhalten EU-
Bürger gegen Vorlage eines Auslandskrankenscheins (Formular E 111). Empfehlenswert ist der Abschluss einer
privaten Auslandskrankenversiche-
rung. Die Apotheken *(farmacie)* haben
Mo–Fr 9–13 und 16–20 Uhr geöffnet.
So/Fei und nachts steht ein Notdienst
zur Verfügung.

Notruf

■ Rettungsdienst, Carabinieri und
Polizei: Tel. 1 18, 1 12 und 1 13;
■ Feuerwehr: Tel. 1 15;
■ Pannendienst des ACI: Tel. 1 16.
■ ADAC-Notrufnummer in Italien:
02 66 15 91 (rund um die Uhr)

Öffnungszeiten

Die **Geschäfte** sind meist 9–13 und
15.30 bis 19.30 Uhr geöffnet, einige
auch am Samstagnachmittag; Lebensmittelgeschäfte und Supermärkte
schließen vorzugsweise am Mittwoch-
nachmittag.

Banken sind Mo–Fr 8.30–13.30 Uhr
geöffnet (einige auch eine Stunde am
frühen Nachmittag). Am Wochenende
kann man in den größeren Städten an
Bahnhöfen, Flugplätzen und Wechsel-
automaten Euro eintauschen.

Museen – Bürger der EU unter 18
und über 65 Jahren haben in staatliche Museen *(Musei nazionali)* freien
Eintritt. EU-Bürger von 18 bis 25 Jahren erhalten Ermäßigung. Im Sommer
laufen Versuche mit Abendöffnungen.

Tankstellen – außer an Autobahnen
– schließen mittags und an So/Fei,
manche bieten Tankautomaten (für 5-
10- 20- oder 50-Euro-Scheine).

Parken

Praktisch alle historischen Innenstädte sind für Pkws gesperrt. Wer im
Hotel im Stadtzentrum logiert, erhält
eine Karte, die zur Anfahrt berechtigt.
Alle größeren Städte besichtigt man
bequem mit der günstigen Bahn.

Postgebühren

Porto von Italien in EU-Staaten und
die Schweiz für eine Postkarte oder
einen Brief (bis 20 g): 0,41 €.

Quittungen

In Italien ist es Vorschrift, sich für
Dienstleistungen, auch für einen Bar-
oder Restaurantbesuch, eine Quittung
(ricevuta fiscale) ausstellen zu lassen
und diese aufzubewahren.

Telefonieren

Telefonkarten *(scheda telefonica)* im
Wert von 2,58, 5,16 und 7,74 € (perfo-
rierte Ecke vorher abknicken!) erhält
man in *Tabacchi*-Geschäften, am Kiosk
oder bei den Fernsprechämtern der
Telecom. Vorwahl von Italien aus:
Deutschland 00 49, Österreich 00 43,
Schweiz 00 41. Auch bei Ortsgesprächen muss man innerhalb Italiens
die Ortsvorwahl mitwählen. Italienische Handynummern haben keine An-
fangs-Null. Telefonieren im Auto nur
über eine Freisprechanlage.

Trinkgeld

In Restaurants sind bis 10 % des Rech-
nungsbetrags üblich. Trinkgeld wird
bei allen Dienstleistungen erwartet.

Zoll

Bei der Ein- und Ausfuhr von Waren
gelten folgende Höchstmengen als
Anhaltspunkt: 800 Zigaretten, 200 Zi-
garren, 1 kg Tabak, 90 l Wein.

Für Schweizer: 200 Zigaretten, 1 l
Spirituosen, 2 l Wein, Reiseandenken
im Wert von bis zu 200 CHF.

Orts- und Sachregister

Abano Terme 491, 492, 674
Abano-Montegrotto 445
Abbadia San Salvatore 776
Abbazia della Trinità di Cava 898
Abbazia di Maguzzano 302
Abbazia di Praglia 493
Acerenza 976, 977, 981
Acquapark Altomincio 254
Acquasanta 553
Adria, Stadt 496
Adriaküste 436, 718, 730, 732, 795
Afa 433
Agerola 891
Agriturismo 446, 828
Ahrntal 221 f.
Airole 611
Alassio 528, 532, 589, 697
Alba 630, 702
Albaro 553
Albenga 532, 536, 577, 586 ff., 589, 697
Alberobello 956 f.
Albisano 290
Albisola Marina 577, 696
Alessandria 701
Alezio 967
Aliano 972, 981
Alimini-Seen 934
Alta Via dei Monti Liguri 608 f.
Alta Via delle Cinque Terre 569
Altamura 915, 975
Altare 580 f.
Altenburg 215
Altino 504
Altomonte 917, 918, 942 f.
Altopiano delle Manie 584
Amalfi, Stadt 823, 892 f.
Amalfiküste 814, 886 ff.
Ameglia 574
Ancona 720 f., 723 ff., 801 f.
Andreas-Hofer-Museum 209
Andria 952 f.
Anfo 319

Angera 706
Antholzer See 222
Antholzer Tal 222
Antro di Sibilla (Cumae) 872
Aosta 703
Apricale 603 f.
Apuanische Alpen 718, 719, 744, 745
Apulien 902 ff.
Aquileia 437, 506, 677
Arcidosso 776
Arco 250, 255, 284, 666
Arenzano 696
Arezzo 720, 723, 726, 772 f.
Arma di Taggia 596
Arona 706
Arquà Petrarca 493, 674
Artimino 764
Ascoli Piceno 720, 721, 727 f., 798
Ascona 705
Asiago 435
Asolo 435, 442, 488, 672
Aspromonte 908, 910, 911, 921, 988
Assenza 288
Assisi 724, 785 ff.
Asti 701
Atrani 895
Auer 218
Aveto, Naturpark 528

Bacoli 870
Bad Dreikirchen 195
Badalucco 594
Bagnaia 758
Bagolino 319
Baia 869 f.
Baiardo 533, 597, 602 f.
Balzi-Rossi-Höhlen 607, 609
Bardolino 251, 295 f., 662
Bari 912, 914, 916, 918, 921, 922, 923 ff.
▪ Basilica San Nicola 916, 924
▪ Castello Svevo 927
▪ Kathedrale San Sabino 924
▪ Museo Archeologico 927
▪ Pinacoteca Provinciale 927
▪ Stadion San Nicola 927
▪ Teatro Petruzzelli 927

Barletta 917, 918, 951
Basilikata 913, 977 ff.
Bassano del Grappa 486, 671
Battaglia Terme 492, 494
Behinderte 996
Beigua-Naturpark 578
Belluno 440, 501
Bergamo 627, 628, 683
Biacesa 323
Bibione 505, 677
Bindelweg 233
Biodola 753
Bitonto 955
Blumau 197
Blumenzucht 603
Bogliaco 309
Bolca 484
Bolgheri 748
Bologna 626, 627, 651 ff.
Bolsena 785, 793
Bora 433
Bordighera 526, 597, 603, 606 f., 699
Borghetto di Valeggio sul Mincio 325 f.
▪ Visconti-Brücke 325, 326
Borgio Verezzi 577, 585
Borgomaro 593
Borromäische Inseln 704
Boymont, Schloss 214
Bozen 165 ff., 657 f.
▪ Alte Pfarrkirche, Gries 169
▪ Dom 166, 658
▪ Dominikanerkloster 168
▪ Franziskanerkloster 168, 658
▪ Guntschnarpromenade 170
▪ Lauben 166, 170
▪ Merkantilpalast 165
▪ Muri-Gries 169
▪ Museum für Moderne Kunst 169
▪ Naturmuseum 166
▪ Obstmarkt 166
▪ Schloss Maretsch 169, 658
▪ Siegesdenkmal 157, 169
▪ St. Georg 166
▪ St. Johann im Dorf 166
▪ Städtisches Museum 168, 657

∎ Südtiroler Archäologisches Museum 169
∎ Walther-Platz 166, 657
∎ Waltherhaus 170
Breganze 485
Breil-sur-Roya 611
Brenner 189 f.
Brenta-Kanal (Naviglio di Brenta) 426 f., 440, 674
Brenzone 288
Brescia 273 ff., 628
∎ Biblioteca Queriniana 277
∎ Castello 273 f.
∎ Chiesa San Francesco 279
∎ Chiesa Sant'Agata 278
∎ Civico Museo Romano 276
∎ Duomo Nuovo 276 f.
∎ Duomo Vecchio 276
∎ Loggia 277
∎ Madonna delle Grazie 279
∎ Monastero di Santa Giulia 274
∎ Monte di Pietà 277 f.
∎ Museo del Risorgimento 273 f.
∎ Museo delle Armi 273
∎ Palazzo del Broletto 277
∎ Piazza del Foro 276
∎ Piazza della Loggia 277
∎ Piazza Rovetta 278
∎ Piazzetta San Giuseppe 278
∎ Pinacoteca Tosio-Martinengo 280
∎ San Giovanni Evangelista 279
∎ San Pietro in Oliveto 274
∎ San Salvatore 274 f.
∎ Santa Giulia 275, 276
∎ Santa Maria dei Miracoli 279
∎ Santa Maria del Carmine 278
∎ Santa Maria in Solario 275
∎ Teatro Romano 276
∎ Tempio Capitolino 276
∎ Torre della Pallata 279
∎ Torre Mirabella 273
Breuil-Cervinia 703

Brigantentum 914, 914, 980, 980
Brindisi 912, 914, 917, 922, 959 ff.
Brissago 705
Brixen 174 ff., 656
∎ Bischöfliche Hofburg 176
∎ Diözesanmuseum 176
∎ Dom 175
∎ Domschatz 176
∎ Jahrtausendsäule 176
∎ Johanneskirche 175 f.
∎ Krippensammlung 176
∎ Liebfrauenkirche 175
∎ Pfarrkirche 176
∎ Pfaundlerhaus 176
Brixner Dolomitenstraße 179
Brixner Tal 193
Bruneck 220 f., 657
Brunnenburg 185
Buonconvento 772
Burchiello 426
Burgeis 199
Burgstall 210
Bussana Vecchia 590, 596, 699

Camaiore 730
Camigliatello Silano 941, 942
Camogli 533, 556 f., 630, 693
Camorra 819
Campi Flegrei 814, 853, 867
Campiglia Marittima 749
Campoformio 433, 515
Camporosso 533, 606
Canazei 232, 233
Canne della Battaglia 950
Canosa di Puglia 915, 917, 950
Cansiglio 502
Caorle 505, 677
Capalbio 750
Capo Colonna 918, 986
Capo d'Otranto 964
Capo Miseno 871
Capo Rizzuto 986
Capodimonte 821
Capoliveri 756
Capri 814, 823, 845 ff.
∎ Anacapri 848
∎ Arco Naturale 848
∎ Blaue Grotte 849 f.
∎ Faraglioni 845, 847

∎ Gärten des Augustus 845
∎ Grotta Azzurra s. Blaue Grotte
∎ Grotta dei Santi 850
∎ Grotta di Matermania 848
∎ Grotta Rossa 850
∎ Grotta Verde 850
∎ Marina Grande 846
∎ Monte Solaro 849
∎ Piazzetta 846
∎ Porto di Tragara 847
∎ Punta Tragara 847
∎ Salto di Tiberio 847
∎ San Michele 849
∎ Santa Maria a Cetrella 849
∎ Scala Fenicia 848
∎ Torre Materita 849
∎ Via Krupp 846
∎ Villa Damecuta 849
∎ Villa Jovis 847
∎ Villa San Michele 848
Carcare 582
Carpignano 964
Carrara 745
Carsiana (botan. Garten) 431
Casale Monferrato 701
Casarsa della Delizia 516
Casentino 719
Caserta 843 f.
Cassone 288
Castagneto Carducci 730, 749
Castel Beseno 480, 661
Castel del Monte 917, 952
Castel del Piano 776
Castel Noarna 483
Castelfelder 218
Castelfiorentino 766
Castelfranco 436, 438, 488, 671
Castellammare di Stabia 886
Castellana Grotte 910, 956
Castellaneta 973
Castelletto 250, 288
Castello di Colloredo di Monte Albano 517
Castello di Miramare 479
Castello di Sabbionara d'Avio 483
Castelmezzano 981
Castelnuovo dell'Abate 772 f.

Castiglioncello 748
Castiglione del
  Lago 780
Castiglione della
  Pescaia 730, 750
Castiglione delle
  Stiviere 328
Castro 965
Castro Marina 965
Catanzaro 918, 921, 994
Catanzaro Marina 916,
  986
Cattolica 796
Cava de' Tirreni 898
Cavalese 658
Cavasagra 491
Cavour-Park 254
Cavriana 326
Celle Ligure 577, 696
Cembra 480
Cenova 613
Ceriana 533, 602
Cerignola 949
Certaldo 723, 766
Certosa di San
  Giacomo 845
Cervo 577, 590, 697
Chianciano Terme 775
Chianti 730, 769 f.
Chiavari 528, 532,
  561 f., 694
Chiusi 773, 775 f.
Cinque Terre 524, 528 f.,
  564 ff., 695
Cirella 991
Cirò 985
Cirò Marina 985
Cisternino 959
Citadella 671
Città della Pieve 725,
  727, 781
Cittadella 488
Cividale del Friuli 432,
  438, 440, 510 ff., 678
Civitanova Marche 730
Col di Lana 233
Coldirodi 602
Colla Micheri 589
Colle di Val d'Elsa 767 f.
Colli Euganei 432, 433,
  491, 491, 674
Collodi 760
Colonnata 745
Como 682
Concordia Sagit-
  taria 505
Conegliano 444, 499
Contrintal 232
Copanello 986
Copertino 935

Corazzo 986
Cormons 512
Corniglia 565, 566, 695
Corno della
  Marogna 258
Cortina
  d'Ampezzo 233 f.,
  634, 658
Cortona 778, 780
Corvara 229 f.
Cosenza 914, 917,
  935 ff.
▪ Dom 917, 939
▪ San Domenico 936
▪ San Francesco
  d'Assisi 939
▪ San Francesco di
  Paola 936
Costa Amalfitana s.
  Amalfiküste
Costermano 295
Courmayeur 634, 703
Cremona 680
Crete 718, 774
Crotone 915, 918, 922,
  985, 986
Cumae 820, 869, 871 f.
Cuneo 702
Cupra Marittima 730
Custoza 323, 325

Darzo 320
Desenzano del
  Garda 300 f., 663, 664
Diamante 991
Diano Marina 533
Dietenheim 220
Diplomatische Vertretun-
  gen 996 f.
Dolceacqua 533, 597,
  606, 699
Dolomiten 148 f., 161,
  226, 233, 234, 432,
  500
Dolomitenstraße 230 ff.,
  658
Drei Zinnen 148, 234 f.
Drei-Seen-Tour 314 ff.
Dürrensee 235
Duino 479, 677
Durnholzer Tal 173

Egnazia 915, 961
Ehrenburg 219
Einreisebestimmungen
  996
Eislöcher 214
Elba 708 f., 726, 727,
  728, 747 ff.
Ercolano; s. auch Hercu-
  laneum 875, 877

Erdbeben 434, 508 ff.
Erdpyramiden 172 f.,
  197, 219
Eremo, Kloster 294 f.
Este 432, 495
Etschtal 433, 476 ff.

Falconara 720
Fanesgebiet 230
Fanghetto 610
Fano 723, 730, 799
Fanzolo 491
Fasano 961
Fassatal 231, 232 f.
Feiertage 996
Feldthurns 179
Felszeichnungen 531,
  532, 578, 584, 607,
  613
Feltre 442, 500
Ferrara 628, 630, 687 f.
Feste 250 f., 726 f., 728,
  823
Fiascherino 695
Finalborgo 584
Finale Ligure 527, 536,
  537, 583 f., 697
Finale Marina 583
Finale Pia 583 f.
Fischleintal 226
Florenz 720, 726 f.,
  733 ff.
▪ Accademia 726, 742
▪ Baptisterium 734
▪ Bargello 742
▪ Campanile 735
▪ Cappelle Medicee 741
▪ Dom Santa Maria del
  Fiore 734
▪ Dombaumuseum 732
▪ Giardino di Boboli 738
▪ Loggia dei Lanzi 737
▪ Palazzo Davanzati 739
▪ Palazzo Pitti 738
▪ Palazzo Strozzi 739
▪ Palazzo Vecchio 737
▪ Piazza della Signo-
  ria 737
▪ Piazzale
  Michelangelo 734
▪ Ponte Vecchio 738
▪ San Frediano 738
▪ San Lorenzo 742
▪ San Marco 742
▪ Santa Croce 742
▪ Santa Maria Novella
  739
▪ Uffizien 737
Foggia 922, 948
Foresta Umbra 948

Forni di Sopra 519
Forte dei Marmi 730, 744
Forte di Bibbona 748
Francavilla Fontana 969
Franciacorta 315
Franzensfeste 193
Frassanelle di Rovolon 445
Fratta Polesine 496
Friaul 436, 437, 438, 440, 508 ff.
Furlan 435

Gabicce Mare 730, 796
Gabicce Monte 796
Gaino 308
Galatina 917, 967
Galàtone 967
Gallipoli 918, 965
Galzignano 492
Garda 251, 292 ff., 662
Gardaland 254, 663
Gardasee 236 ff., 662 ff.
Gardesana occidentale 300 ff.
Gardesana orientale 281 ff.
Gardone Riviera 305 ff., 664
▪ Casa d'Annunzio 306 f.
▪ Giardino Heller-Hruska 306
▪ Grand Hotel Gardone Riviera 305, 307
Gardone Val Trompia 318
Gargagnago 484
Gargano 908, 910, 911, 921, 943 ff.
Gargnano 256, 309 f.
Gaulschlucht 186
Gavardo 664
Geisler-Puez, Naturpark 179
Geld 996
Gemona 517
Genua (Genova) 539 ff., 626, 690 ff.
▪ Acquario 543
▪ Altstadt 541 ff.
▪ Belvedere Montaldo 548
▪ Cappella di San Giovanni Battista 546
▪ Casa di Cristoforo Colombo 542
▪ Castello-Hügel 541 f.
▪ Commenda di Pré 550

▪ Dom San Lorenzo 546
▪ Forts 539, 552
▪ Friedhof 553
▪ Galleria d'Arte Moderna 553
▪ Galleria Nazionale della Liguria 546
▪ Galleria Nazionale di Palazzo Spinola 546
▪ Galleria Palazzo Bianco 549
▪ Galleria Palazzo Reale 549
▪ Galleria Palazzo Rosso 548 f.
▪ Granarolo 550
▪ Hafen 543 f., 552
▪ Kreuzgang Sant'Andrea 542
▪ Lanterna 544, 550
▪ Loggia dei Mercanti 546
▪ Märkte 555
▪ Museo Americanistico 550
▪ Museo Civico di Archeologia Ligure 552 f.
▪ Museo del Tesoro di San Lorenzo 546
▪ Museo di Architettura e Scultura Ligure 542
▪ Museo navale 552
▪ Palazzo del Municipio 548
▪ Palazzo del Principe 548
▪ Palazzo dell'Università 549
▪ Palazzo di Andrea Doria 548
▪ Palazzo di Branca Doria 548
▪ Palazzo di Domenicaccio Doria 548
▪ Palazzo di Lamba Doria 548
▪ Palazzo Doria Pamphili 532, 550
▪ Palazzo Ducale 547
▪ Palazzo Quartara 548
▪ Palazzo Reale 549
▪ Palazzo San Giorgio 543
▪ Palazzo Spinola 544 f.
▪ Parco Grimaldi 553
▪ Parco Urbano delle Mura 552
▪ Passeggiata Anita Garibaldi 553

▪ Piazza Banchi 546
▪ Piazza Dante 542, 555
▪ Piazza De Ferrari 542, 547
▪ Piazza San Matteo 547 f.
▪ Porta Soprana 542
▪ Righi 552
▪ San Donato 542
▪ San Giovanni di Pré 550
▪ San Matteo 548
▪ San Pietro in Banchi 546
▪ Santa Maria di Castello 543
▪ Santissima Annunziata del Vastato 549
▪ Stadtmauer 550 f.
▪ Teatro Carlo Felice 547, 555
▪ Torre Embriaci 543
▪ Via Balbi 549
▪ Via di Pré 549 f.
▪ Via Garibaldi 548 f.
▪ Via Macelli di Soziglia 548
▪ Via XX Settembre 555
▪ Villa Doria-Centurione 553
▪ Villa Durazzo Pallavicini 552
▪ Villa Giustiniani-Cambiaso 532, 553
▪ Villa Grimaldi 553
▪ Villa Luxoro 554
▪ Villa Serra 553
Gerace 916, 988
Giardino Hanbury 610, 616
Giardino Heller 616, 665
Giovinazzo 955
Girlan 211 f.
Gleifkapelle 214
Glurns 200, 660
Göflan 203
Goldrain 203
Golfo del Tigullio 560
Gorizia 435, 437, 438, 513, 677
Gossensaß 190
Gradisca d'Isonzo 514
Grado 432, 437, 506, 676
Grappa 486
Gratsch 185
Gravina in Puglia 916, 976
Gravine 908, 910, 970, 972 ff., 976

Greve in Chianti 769
Grignano 478, 479
Grimaldi 609
Grödner Joch 226, 228 f.
Grödner Tal 226, 658
Groppo 566
Grosseto 750
Grotta Byron 571
Grotta della Bàsura 586
Grotta della Sibilla; s.
  auch Antro di Sibilla
  (Cumae) 869
Grotta dello Smeral-
  do 891
Grotta di Cocceio 869
Grotta di San Giovanni
  d'Antro 430
Grotta di Santa
  Lucia 586
Grotta Gigante 430, 432
Grotta Nuova di Villano-
  va 430
Grotta Valdemino 585
Grotta Zinzulusa 910,
  965
Grottaglie 969 f.
Gsieser Tal 224
Guardia Piemonte-
  se 921, 992
Gubbio 723, 726, 778,
  783 f.

Haderburg, Ruine 216
Hafling 189
Haflinger 162, 173
Hauenstein, Burgrui-
  ne 197
Heraclea 983
Herculaneum 820, 821,
  840, 875 ff.
Hochabtei 226, 229 f.
Hocheppan 212
Hochjochferner 204
Höhlen 527, 574, 584,
  585, 586, 594, 607,
  609, 611

Idro 318
Iesi 795, 799 f.
Imperia 530, 590 ff.,
  698
Informationen 996
Innichen 225 f.
Ipogeo Torre Pinta 964
Irsina 917, 976
Ischia 814, 823, 852 ff.
▪ Aphrodite- und
  Apollon-Garten 858
▪ Barano 860
▪ Buonopane 861, 862
▪ Campagnano 862

▪ Casamicciolo
  Terme 855
▪ Castello Aragone-
  se 854
▪ Cavascura 858
▪ Falanga 861
▪ Fiaiano 856, 861, 862
▪ Fondo Ferraro 856
▪ Forio 857
▪ I Pilastri, Aquä-
  dukt 862
▪ Ischia Ponte 854, 861
▪ Ischia Porto 853
▪ Lacco Ameno 823,
  856
▪ Lido di Maronti 861
▪ Monte Epomeo 853,
  856, 860
▪ Monte Rotaro 856
▪ Monte Trippodi 856
▪ Monte Vico 856
▪ Poseidon-Gärten 837,
  859
▪ San Nicola, Einsiede-
  lei 861
▪ Sant'Angelo 858
▪ Santa Maria del Soc-
  corso 857
▪ Santa Maria di Porto
  Salvo 853
▪ Santa Restituta 856
▪ Serrara Fontana 860
▪ Thermalkuren 855,
  859
▪ Villa Arbusto 856
Iseo 316 f.
Isera 483
Isola Bella 704
Isola Capraia 947
Isola dei Pescatori 704
Isola del Tino 571
Isola di Cirella 991
Isola di Dino 991
Isola di Garda 244, 303
Isola di Nisida 844
Isola Gallinara 528, 589
Isola Madre 704
Isola Nicola 947
Isola Palmaria 571
Isola San Domino 947
Isola San Nicola 915
Isolabona 605
Isonzo 507
Ivrea 703

Jaufenburg 208
Jaufenpass 191, 208
Jenesien 171
Juval, Burg 204

Kalabrien 913, 982 ff.

Kalterer See 162, 215,
  659
Kaltern 214 f.
Kap Mortola 610
Karerpass 231
Karersee 231
Karnien 437, 440, 518
Karst 430 f., 432, 440,
  478
Karthaus 204
Kastelbell 204
Kastelruth 197
Keramik 821, 838, 863,
  898
Klausen 193 f.
Klobenstein 172
Knappenloch 185
Korallenschnitzerei 878
Kortsch 203
Krippen 822, 833, 838
Kuens 210
Kuren s. Thermalkuren
Kurtatsch 216, 659

La Brigue 613
La Spezia 528, 529,
  532, 533, 538, 570,
  571 ff., 575, 695
La'ndrezzata 823, 862
Laag 216 f.
Laas 202
Lac des Mesces 613
Lacona 756
Ladinisches Landesmu-
  seum 229
Laghetto di
  Frassino 324
Laghi di Monticchio 978
Lago Ampollino 942
Lago Arvo 942
Lago d'Averno 869
Lago d'Idro 256, 318 f.
Lago d'Iseo 314 ff.
Lago di Cecita 942
Lago di Fusaro 871
Lago di Garda s. Garda-
  see
Lago di Ledro 320 f.
Lago di Lesina 943
Lago di Lucrino 869
Lago di Miseno 870, 871
Lago di Santa Croce 502
Lago di Valvestino 308,
  318 f.
Lago di Varano 943
Lago Trasimeno 718,
  720, 730, 778, 780 f.
Lagopesole 977
Laigueglia 589
Lana 186

Larchbühel 186
Latsch 203 f.
Lavagna 527, 533, 562, 563, 694
Laveno 706
Lavis 483
Lazise 296, 662
Le Castella 986
Lebenberg, Schloss 186
Lecce 915, 918, 922, 928 ff.
∎ Amphitheater 915, 929
∎ Basilica Santa Croce 932
∎ Chiesa del Rosario 930
∎ Dom Sant'Oronzo 930
∎ Museo Provinciale Sigismondo Castromediano 931
∎ Palazzo del Sedile 929
∎ Palazzo del Seminario 930
∎ Piazza del Duomo 929
∎ Porta Napoli 932
∎ San Matteo 931
∎ Sant'Irene 929
∎ Santi Niccolò e Cataldo 932
∎ Teatro Romano 930
Leifers 218
Lerici 535, 570, 573 f., 695
Levanto 527, 564, 694
Leverano 935
Lignano 445, 506, 676
Limonaie 244 f., 290, 312
Limone sul Garda 250, 312 f., 665
Livorno 723, 748
Loano 586
Locarno 705
Locorotondo 958
Locri 915, 985, 986
Lodrone 319 f.
Lonato 301 f.
Longarone 434
Loreto 803
Lorica 942
Lorsica 561
Lovere 315
Lucca 723 f., 757 ff.
Lucera 915, 917, 949
Lugo di Vicenza 485
Luino 706
Lukanische Dolomiten 981
Luni 532, 570, 576

Lunigiana 575
Luvigliana 493

Macagno 706
Maderno 307 f.
Madonna del Frassino 324 f.
Madonna della Ceriola 316
Madonna della Corona 295
Madonna delle Grazie 561, 592
Madonna di Campiglio 634, 661
Madonna di Monte Castello 310
Magazzini 758
Magliano in Toscana 750
Magna Graecia 982 ff., 985
Maiern 192
Mailand 626, 627, 628, 643 ff.
Maiori 897
Majoliken 821, 863
Malcesine 250, 251, 256, 257, 286 f., 662
∎ Palazzo dei Capitani del Lago 287
∎ Santo Stefano 287
∎ Scaligerburg 286 f.
Mals 199 f., 660
Malser Haide 199
Manarola 537, 566, 695
Manduria 915, 968
Manerba del Garda 303
Manfredonia 912, 948
Manta 702
Mantua 628, 679 f.
Maranello 688
Marano Lagunare 506
Maratea 990
Marciana Alta 754 f.
Marciana Marina 754
Maremma 719, 749 f.
Margreid 216
Maria Trens, Wallfahrtskirche 193
Maria Weißenstein 231
Marienberg, Kloster 199
Marina di Campo 755 f.
Marina di Cecina 748
Marina di Pietrasanta 730
Marina di Pisa 748
Marling 185 f.
Marmolada 232 f., 657
Marostica 442, 485

Martelltal 203
Martina Franca 918, 958
Maschito 981
Massa Lubrense 888
Massa Marittima 749 f.
Massafra 916, 972 f.
Matera 916, 918, 973 ff.
Mattinata 946
Medizinische Versorgung 997
Melfi 918, 978, 980
Melito di Porto Salvo 988
Meran 162, 180 ff., 659
∎ Barbarakapelle 181
∎ Botanischer Garten 180, 183
∎ Frauenmuseum 181
∎ Gilfpromenade 183
∎ Kurhaus 181 f.
∎ Kurpromenade 182
∎ Landesfürstliche Burg 181
∎ Laubengasse 181
∎ Maria-Trost-Kirche 182
∎ Pferderennbahn 182
∎ Sommerpromenade 182
∎ Spitalkirche 182
∎ St. Nikolaus 180 f.
∎ Städtisches Museum 181
∎ Tappeiner Weg 183
∎ Thermalzentrum 181
∎ Winterpromenade 182
∎ Zenoburg 183
Meran 2000 189
Meransen 219
Metaponto 915, 981, 982 f.
Mezzocorona 480
Milland 179
Millesimo 582
Miramare, Schloss 676
Missian 214
Misurinasee 234 f.
Modena 688
Mölten 210
Mogliano 445
Mola di Bari 962
Molfetta 917, 918, 954
Molina di Ledro 321
Molini di Triora 593
Moneglia 694
Monesi 593
Monfalcone 500
Moniga del Garda 302 f.
Monopoli 961
Monrupino 431, 479
Monselice 494

Mont Bégo 532, 607, 613
Montagnana 442, 443, 495
Montalcino 772 f.
Montalto Uffugo 943
Montani, Schloss 203
Monte Amiata 731, 770, 776 f.
Monte Argentario 751
Monte Baldo 256, 258, 285, 287 ff., 662
Monte Beigua 527, 536, 578
Monte Bignone 603
Monte Botte Donato 942
Monte Brione 285
Monte Castello 308, 310
Monte Conero 803
Monte di Portofino 528, 557
Monte Faito 886
Monte Grappa 487 f., 671
Monte Isola 316 f.
Monte Lema 706
Monte Luppia 290
Monte Miseno 871
Monte Nuovo 868
Monte Oliveto Maggiore 772
Monte Pietravecchia 536, 594
Monte Pizzocolo 308
Monte Rua 493
Monte Saccarello 526, 593, 609
Monte San Bartolomeo 305
Monte Sant'Angelo 946
Monte Spino 308
Monte Tremalzo 256
Monte Verità 705
Monte Vulture 908, 977, 978
Montecatini Terme 727, 760
Montecchia di Crosara 484
Montefalco 730
Montefiascone 793
Monteforte d'Alpone 484
Montegrotto 491, 492, 674
Montelupo Fiorentino 758, 765
Montemarcello 529, 574

Montepescali 750
Montepulciano 730, 774 f.
Montereggio 575
Monteroni di Lecce 935
Monterosso al Mare 565, 569, 695
Monti Berici 432, 433, 461
Monti Sibillini 718, 719, 731
Montiggler Seen 215
Monza 682
Moos in Passeier 208
Morter 203
Mottola 916, 973
Mühlbach 218 f.
Müstair 200
Muggia 442, 478
Murge 908, 910, 950 ff., 955, 958, 963, 975
Muslone 310

Nals 210
Nardò 968
Natura Viva Park 255
Naturns 205, 628, 660
▪ St. Prokulus 202, 205
Naviglio di Brenta s. Brenta-Kanal
'Ndrangheta 913, 994
Neapel 829 ff.
▪ Altstadt 830 ff.
▪ Aquarium 838
▪ Baptisterium 836
▪ Caffè Gambrinus 837
▪ Cappella Sansevero 833
▪ Castel Capuano 833
▪ Castel dell'Ovo 840
▪ Castel Nuovo 821, 836
▪ Castel Sant'Elmo 838
▪ Catacombe di San Gennaro 841
▪ Certosa di San Martino 838
▪ Città della Scienza 841
▪ Galleria Umberto 818, 834
▪ Gesù Nuovo 832
▪ Guglia dell'Immacolata 832
▪ Meeresbiologisches Institut 838
▪ Monte di Pietà 833
▪ Museo Archeologico Nazionale 821, 840
▪ Museo di Capodimonte 840

▪ Museo Nazionale della Ceramica 838
▪ Museo Nazionale di San Martino 838
▪ Napoli sotterrànea 836
▪ Palazzo Reale 837, 838
▪ Pedimentina 838
▪ Piazza Bellini 837
▪ Porta Capuana 836
▪ Quartiere Spagnoli 808, 830
▪ Sammlung Farnese 840
▪ San Gennaro 821, 836
▪ San Gregorio dei Armeni 821, 833
▪ San Lorenzo Maggiore 821, 836
▪ Sant'Anna dei Lombardi 821, 837
▪ Santa Chiara 832
▪ Santa Croce 821
▪ Santa Restituta, Basilica 836
▪ Spaccanapoli 830 f., 832
▪ Teatro San Carlo 822, 838
▪ Via dei Tribunale 836
▪ Via Gregorio dei Armeni 833
▪ Villa Comunale 838
▪ Villa Floridiana 838
▪ Vomero 838
Nervi 553 f.
Neuhaus, Burgruine 210
Neumarkt 217 f.
Neustift 177 f.
Niederdorf 224
Nogaredo 483
Nola 823
Noli 532, 533, 577, 582 f., 697
Nostra Signora delle Grazie, Wallfahrtskirche 605
Notruf 997
Nova Siri 983
Novara 700
Nozze Carsiche 431
Numana 803

Obereggen 231
Öffnungszeiten 997
Ofanto 950
Olang 222
Oneglia 590, 591, 592
Opicina 431
Orbetello 751

Oria 918, 969
Orsomarso-Massiv 910
Orvieto 723 ff., 730, 773, 791 f.
Ostuni 959
Oswaldpromenade 171
Otranto 915, 916, 928, 963 f., 966

Padenghe sul Garda 302
Padua 426, 432, 467 ff., 497, 672 ff.
Paestum 898 ff.
Palmanova 515
Palmi 994
Paola 921, 992, 993
Papasidero 915
Parco delle Chiese Rupestre 974
Parco Giardino Sigurtà 255, 326, 326, 617
Parco Naturale delle Alpi Apuane 719, 745
Parco Nazionale del Gargano 911, 948
Parco Nazionale del Pollino 910
Parco Nazionale della Calabria 910
Parken 997
Parma 689
Partschins 205
Passariano 435, 515
Passeiertal 208 ff., 659
Passo di Falzarego 233
Passo Muratone 611
Pavia 628, 681 f.
Pedratsches 230
Pegli 527, 552 f.
Penegal 214
Penser Joch 191
Pentedattilo 988
Perinaldo 605
Perugia 719, 725, 773, 778, 781 ff.
Pesariis 519
Pesaro 723, 727, 797
Peschici 945
Peschiera 663
Peschiera del Garda 296, 324
Peschiera Maraglio 316
Pfahlbauten 320 f.
Pfalzen 219
Pfelderer Tal 208
Pfitscher Tal 192 f.
Pflerscher Tal 190
Pfunderer Tal 219

Piana di Sant'Eufemia 908
Piana di Sibari 908, 911
Piani di Pollino 910
Piano Ruggio 910
Piazza 585
Pienza 769, 774
Pietra Ligure 586
Pietrapertosa 981
Pietrasanta 731, 745
Pieve 312
Pieve di Teco 590, 593
Pigna 605
Pisa 723 f., 727, 731, 745 ff.
▪ Baptisterium 746
▪ Campanile 746 f.
▪ Camposanto 746
▪ Dom 746
▪ Piazza dei Cavalieri 747
▪ Piazza dei Miracoli 745 f.
Pisogne 315
Pistoia 727, 731, 762 ff.
Pizzo 993
Plose 179
Po 432
Podelta 432, 433, 496
Poggio 755
Poggio a Caiano 764
Polesine 429, 433, 496
Policoro 983
Polignano a Mare 962
Pollino-Massiv 908, 909, 910
Pompeji 820, 821, 823, 840, 878 ff.
▪ Amphitheater 883
▪ Apollotempel 880
▪ Basilika 880
▪ Bau der Eumachia 880
▪ Casa dei Vetti 883
▪ Casa del Centenario 883
▪ Casa del Fauno 884
▪ Casa del Labirinto 884
▪ Casa del Poeta Tragico 885
▪ Casa delle Nozze d'Argento 883
▪ Casa di Loreius Tiburtinus 883
▪ Casa di Lucretius Frontone 883
▪ Casa di Menandro 882
▪ Casa di Venere 883
▪ Foro Triangolare 882
▪ Forum 880
▪ Isistempel 882

▪ Jupitertempel 880
▪ Lupanar 881
▪ Macellum 880
▪ Odeon 882
▪ Palästra, samnitische 882
▪ Stabianer Thermen 881
▪ Teatro Grande 882
▪ Vespasianstempel 880
▪ Via dei Sepolcri 885
▪ Via dell'Abbondanza 882
▪ Villa dei Misteri 885
▪ Wollweberei 883
Ponte Caffaro 319
Pontedassio 593
Pontremoli 575, 744
Populonia 749 ff.
Pordenone 445, 503
Pordoijoch 233
Porto Azzurro 756
Porto Badisco 965
Porto Cesareo 968
Porto Ercole 751
Porto Maurizio 590 f.
Porto S. Stefano 751
Portoferraio 752 f.
Portofino 526, 527, 556, 557, 558 f., 693
Portogruaro 504
Portovenere 532, 570 f., 695
Posillipo 844
Positano 823, 889 f.
Possagno 489, 672
Postgebühren 997
Potenza 910, 918, 921, 922, 976
Pozzuoli 867 f.
Pragser Tal 224
Pragser Wildsee 224
Praia a Mare 991
Praiano 891
Prato 731, 763 f.
Prato Carnico 519
Pre di Ledro 322 f.
Prissian 210
Procchio 754
Procida 823, 864 f.
Prösels, Schloss 197
Prosecco 431, 499
Provesano 516
Pulfero 430
Punta Ala 731, 750
Punta della Campanella 889
Punta di Tragara 847
Punta San Vigilio 292
Pustertal 218 ff., 658
Putignano 918

Quercianella 748
Quinto di Treviso 491
Quittungen 997

Radda in Chianti 769 f.
Rapallo 533, 535, 556,
   560 f., 694
Rapolla 979
Ratschings 192
Ravello 823, 895 ff.
Ravenna 626, 627,
   686 f.
Recanati 730, 795, 804
Recco 556
Redipuglia 509
Reggio 688
Reggio di Calabria 914,
   915, 921, 985, 988,
   994 f.
Regglberg 231
Reifenstein, Schloss 193
Reintal 221
Reschenpass 198 f.
Reschensee 198
Rezzo 593
Riccione 685
Ridnauntal 192
Riffian 210
Rimini 685
Rio Torsero 528
Rio-Valli-Park 255
Riomaggiore 565,
   566 ff., 695
Rionero in Vulture 978,
   980
Riserva Naturale Torbiere
   d'Iseo 315
Ritten 172 f.
Riva 250, 281 ff., 666
Riva di Solto 315
◾ Chiesa dell'Inviolata
   283
◾ Museo Civico 249,
   283
◾ Piazza Tre Novembre
   281
◾ Rocca 282 f.
Rivella 495
Riviera degli Olivi 285
Rivoli Veronese 483
Roca Vecchia 934
Rocca Bernarda 512
Rocca Imperiale 983
Roccella Ionica 986
Rodeneck, Burg 218 f.
Rodi Garganico 943
Rom 46 ff.
◾ Abbazia delle Tre
   Fontane 136

◾ Accademia di San Luca
   121
◾ Area Sacra Argentina
   91
◾ Augustus-Mausoleum
   79
◾ Bocca della Verità 98 f.
◾ Brunnen (Fontane)
   – Fontana del Tritone
      119
   – Fontana delle Naiadi
      112
   – Fontana di Trevi 76,
      120, 121
   – Schildkrötenbrunnen
      98
   – Vierströmebrunnen
      90
◾ Caracalla-Thermen 128
◾ Centro Storico 88 ff.
◾ Cestius-Pyramide 130
◾ Cimitero Acattolico 53,
   130
◾ Circo Massimo 128
◾ Corso del Rinascimen-
   to 90
◾ Domus Aurea 108
◾ Elefanten-Obelisk 91
◾ Engelsbrücke 88
◾ Engelsburg 77 f.
◾ EUR-Viertel 136
◾ Forum Romanum
   103 ff.
   – Doppeltempel der
      Venus und Roma 106
   – Maxentius-Basilika
      105
   – Rundtempel der
      Vestalinnen 104
   – Tempel der Diosku-
      ren 104
   – Titusbogen 106
   – Triumphbogen des
      Septimius Severus
      103
◾ Jüdische Hauptsyna-
   goge 98
◾ Kaiserforen 102 f.
◾ Kapitol 100
◾ Katakomben
   – der Domitilla 132
   – von San Callisto 131
   – von San
      Sebastiano 132 f.
◾ Kirchen (Chiese)
   – Domine Quo Vadis?
      131
   – Sacro Cuore del
      Suffragio 78

   – San Bartolomeo 98
   – San Carlo alle
      Quattro Fontane 120
   – San Clemente 109
   – San Crisogono 95
   – San Francesco a
      Ripa 96
   – San Giovanni dei
      Fiorentini 88
   – San Giovanni in
      Laterano 117 f.
   – San Giuseppe dei
      Falegnami 101
   – San Gregorio
      Magno 111
   – San Lorenzo fuori le
      Mura 125
   – San Lorenzo in Da-
      maso 89
   – San Luigi dei France-
      si 90
   – San Marco 102
   – San Martino ai
      Monti 108
   – San Paolo fuori le
      Mura 136
   – San Pietro in Monto-
      rio 95
   – San Pietro in
      Vincoli 108
   – San Saba 128
   – San Silvestro in
      Capite 121
   – Sant'Agnese in
      Agone 90
   – Sant'Agostino 90
   – Sant'Andrea al Quiri-
      nale 120
   – Sant'Anselmo 130
   – Sant'Ivo alla Sapien-
      za 90
   – Santa Cecilia in
      Trastevere 96
   – Santa Croce in Geru-
      salemme 117
   – Santa Maria degli
      Angeli 112
   – Santa Maria dei
      Miracoli 123
   – Santa Maria del
      Popolo 124
   – Santa Maria della
      Concezione 119
   – Santa Maria di
      Loreto 102
   – Santa Maria in Ara-
      coeli 100
   – Santa Maria in Cos-
      medin 98 f.

– Santa Maria in Domnica 110 f.
– Santa Maria in Montesanto 123
– Santa Maria in Trastevere 95
– Santa Maria Maggiore 113
– Santa Maria sopra Minerva 91
– Santa Prassede 116
– Santa Pudenziana 113 f.
– Santa Sabina 129
– Santo Stefano Rotondo 110
– SS. Giovanni e Paolo 111
– SS. Quattro Coronati 110
■ Kolosseum 106 f.
■ Konstantinsbogen 107
■ Lateranpalast 118
■ LunEUR 136
■ Mausoleo Fosse Ardeatine 132
■ Monte Celio 110 f.
■ Monte Palatino 106
■ Monte Pincio 127
■ Monte Quirinale 119 f.
■ Monte Testaccio 48 f., 130
■ Museen
– Etruskisches Nationalmuseum 124 f.
– Folklore-Museum 97
– Galleria Borghese 126
– Galleria Nazionale d'Arte Antica 119
– Galleria Nazionale (Palazzo Corsini) 97
– Kapitolinische Museen 100
– Museo Canonica 127
– Museo dell' Arte Sanitaria 97
– Museo della Civiltà Romana 136
– Museo Nazionale di Castel Sant'Angelo 77
– Museo Nazionale Romano 112
– Neuer Museumspalast 100
– Vatikanische Museen und Galerien 85 ff.
■ Ostia Antica 137 ff.
■ Paläste (Palazzi)

– Palazzo Barberini 119
– Palazzo Borghese 80
– Palazzo Corsini 97
– Palazzo dei Conservatori 100
– Palazzo del Quirinale 120 f.
– Palazzo dello Sport 136
– Palazzo Farnese 88 f.
– Palazzo Spada 89
– Palazzo Venezia 102
■ Pantheon 91
■ Papstaudienzen 85
■ Parks in Rom 53
■ Passeggiata del Gianicolo 94
■ Petersdom 81 ff.
– Grotten des Vatikans 82 f.
– Petersschatz 83
■ Piazzale Garibaldi 94
■ Plätze (Piazze)
– P.za Barberini 119
– P.za Campo dei Fiori 89
– P.za Cavalieri di Malta 129
– P.za Cavour 79
– P.za Colonna 80
– P.za del Popolo 123
– P.za del Quirinale 120 f.
– P.za di Porta San Giovanni 117
– P.za Farnese 88 f.
– P.za Navona 90
– P.za Pasquino 90
– P.za San Giovanni in Laterano 110, 118
– P.za San Pietro (Petersplatz) 77
– P.za Santa Maria in Trastevere 95
– P.za Sonnino 95
– P.za Venezia 102 f.
– P.za Vittorio Emanuele II 116
■ Porta del Popolo 124
■ Porta Portese 96
■ Porta San Pancrazio 94
■ Porta San Paolo 130
■ Porta San Sebastiano 131
■ Portico d' Ottavia 98
■ Reiterstandbild Mark Aurels 100

■ Roseto 129
■ Sant'Onofrio al Gianicolo, Kloster 94
■ Sixtinische Kapelle 86
■ Spanische Treppe 121 f.
■ Teatro delle Stagioni 53
■ Teatro di Marcello 99
■ Tempietto di Bramante 95
■ Theater 72 f.
■ Tiberinsel 98
■ Tivoli 139
■ Trajanssäule 102
■ Trastevere 94 ff.
■ Triumphsäule des Marcus Aurelius 80
■ Vatikan 81 ff.
■ Via Appia Antica 130 ff.
■ Via Condotti 121
■ Via del Corso 80, 124
■ Via della Conciliazione 77
■ Villa Borghese 126 f.
■ Villa Celimontana 111
■ Villa Farnesina 97
■ Zoo 126
Roselle 751
Rosengarten 149, 170, 231
Roseto Capo Spulico 983
Rosignano Marittimo 748
Rosignano Solvay 748
Rossano 915, 916, 917, 984 f.
Rotes Kreuz 327, 328
Rovereto 480 f., 661
Rovigo 429, 496
Runkelstein, Schloss 171
Rupingrande 479
Ruvo di Puglia 953

Sacile 442, 503
Sacra Conversazione 436
Säben, Kloster 194 f.
Sagre 727 f.
Saint-Dalmas-de-Tende 611
Salento 908, 914, 920, 928, 933, 934 f., 963 ff.
Salice Salentino 934
Salò 246, 248, 251, 304 ff., 626, 629, 664
Salten 171
Saltnuss 208
Salurn 216
Saluzzo 702

San Benedetto del Tronto 730, 804
San Cataldo 930
San Daniele del Friuli 443, 516 f., 678
San Demetrio Corone 911, 916, 941
San Donà di Piave 504
San Felice del Benaco 303
San Floriano, Castello 445, 513
San Fruttuoso di Capodimonte 528, 532, 533, 557, 693
San Gimignano 730, 766 f.
San Giorgio di Valpolicella 483
San Giovanni in Fiore 942
San Leo 796
San Marco Argentano 943, 992
San Marino (Republik) 685, 795 f.
San Martino della Battaglia 328
San Menaio 944
San Michele 611
San Miniato 765
San Piero a Grado 748
San Piero in Campo 755
San Pietro di Barbozza 500
San Pietro di Feletto 499
San Pietro Vecchio 499
San Quirico d'Orcia 774
San Remo 526, 528, 530, 532, 533, 597 ff., 603, 630, 698
San Salvatore dei Fieschi 562
San Terenzo 573
San Vincenzo 748 f.
San Zeno di Montagna 290
Sand in Taufers 221
Sansepolcro 725, 778
St. Andrä 179
St. Christina 228
St. Georgen 188 f.
St. Gertraud 188
St. Jakob auf der Langfenn 171, 210
St. Jakob ob Grissian 210
St. Leonhard in Passeier 208 f.
St. Lorenzen 220
St. Magdalena 192

St. Margarethen 186
St. Martin am Schneeberg 192, 208
St. Martin im Kofel 204
St. Martin in Passeier 209
St. Martin in Thurn 220
St. Michael 212 f.
St. Pankraz 187
St. Pauls 214
St. Prokulus, Naturns 202, 205
St. Sigmund 219
St. Ulrich 227 f.
St. Valentin a. d. Haide 198 f.
St. Valentin in Pradell 179
Sant'Agata sui Due Golfi 889
Sant'Ambrogio di Valpolicella 483
Sant'Antimo 773 f.
Sant'Elena d'Este 496
Santa Caterina 968
Santa Cesarea Terme 965
Santa Fiora 776
Santa Margharita Ligure 693
Santa Margherita Ligure 556, 559 f.
Santa Maria a Mare 915, 947
Santa Maria al Bagno 968
Santa Maria del Carmine 303
Santa Maria del Casale 917, 961
Santa Maria del Cedro 991
Santa Maria del Patre 984
Santa Maria di Cerrate 933
Santa Maria di Leuca 965
Santa Severina 915, 985 f.
Santa Sofia d'Epiro 911, 941
Santo Stefano 500
Saorge 611
Sappada 442
Sarnico 314
Sarntal 173, 191
Sarnthein 173
Sarzana 570, 575 f.
Sass Pordoi 233

Sassello 533, 536, 578 f.
Sassi von Matera 970, 973 f.
Sauris 430, 443, 519
Savona 526, 527, 533, 537, 577, 579 f., 630, 696
Scalea 991
Scalera 977
Schenna 188 f.
Schlanders 202 f.
Schlern 149, 197, 228
Schluderns 200 f.
Schnalstal 204 f.
Schöneck, Burg 219
Scilla 994
Scirocco 433
Segenbühel 184
Seiser Alm 149, 226, 228
Sella Ronda 163
Sellajoch 233
Senigallia 730, 799
Sentiero Azzurro 564, 565 f.
Sentiero degli Alpini 594
Sentiero Rosso (No. 1) 564
Seravezza 745
Sesto al Reghena 439, 505
Sestri Levante 556, 563, 694
Sexten 226
Sgonico 430 f.
Sibari 921, 984, 985
Siena 718, 727, 727, 730 f, 770 ff.
▪ Dom Santa Maria 771
▪ Festung Santa Barbara 772
▪ Museo Civico 770
▪ Neuer Dom 771
▪ Palazzo delle Papesse 771
▪ Palazzo Pubblico 770
▪ Palazzo Salimbeni 771
▪ Piazza del Campo 770
▪ San Domenico 766
▪ Torre del Mangia 770
Sigmundskron, Schloss 211
Sila 908, 909, 910, 921, 941
Sirmione 250, 296 ff., 663
▪ Grotten des Catull 298
▪ San Pietro in Mavino 297

Scaligerburg 297
Sirolo 730 f., 803
Sistiana 479
Siviano 316
Soave 440, 484, 669
Socchieve 519
Solarolo 303
Soleto 917
Solfatara 868
Solferino 323, 327 f.
Sorrento 887 f.
Soverato 986
Spello 788
Spilimbergo 516
Spoleto 720, 724,
  789 ff.
Sprechenstein, Burg 193
Staglieno 553
Steinegg 197
Stella 579
Stern 229 f.
Sterzing 190 ff., 656
  Zu unserer Lieben Frau
  im Moos 191 f.
Stigliano 981
Stilfser Joch 201
Stilfser-Joch-National-
  park 150, 201
Stilo 917, 986
Strada dei Vini 491
Strada del Vino 295
Strada del Vino di
  Prosecco 499
Stresa 704
Sulden 201, 634, 660
Sulzano 316
Surfen 257, 285
Suvereto 749
Sybaris-Copia 984

Taggia 532, 590, 595 f.
Tagliamento 433, 509
Taranto (Tarent) 912,
  915, 918, 970 ff., 985
Tauferer Tal 221
Taufers 200
Taverna 942
Tavernola 315
Tavole Eugubine 723,
  784
Tavoliere di Lecce 969
Tavoliere di Puglia 908,
  943, 948 ff.
Teis 179
Telefonieren 997
Tellaro 574
Tende (Tenda) 607, 613
  Notre-Dame-des-
  Fontaines 613
Teolo 493

Terlan 210
Terra d'Otranto 908,
  963
Terra di Bari 908, 950
Thermalquellen und
  -kuren 491, 492, 494,
  674, 727, 760, 775,
  814, 826, 853, 855,
  859, 965
Tierser Tal 197, 231
Tignale 666
Timavo 432, 474
Timmelsjoch 208
Tirol, Dorf 184 f.
Tirol, Schloss 185
Tirrenia 730 f., 748
Toblach 224 f.
Todi 790 f.
Toirano 527, 533, 577,
  586, 697
Tolmezzo 518
Torbole 251, 257, 285 f.,
  666
Torre Annunziata 878
Torre Canne 921, 961
Torre Chianca 933
Torre del Greco 878
Torre del Pizzo 965
Torre dell'Orso 934
Torre Rinalda 933
Torri del Benaco 288 ff.,
  662
Toscolano-Mader-
  no 251, 307 f., 665
Tramin 215 f., 659
Tramontana 433
Trani 918, 953 f.
Tremalzo-Pass 256, 320
Tremiti, Inselgruppe 915,
  947
Tremosine 312, 666
Trento 627, 660 f.
Trevi 788 f.
Treviso 429, 439, 440,
  497, 674
Tridentinisches Konzil
  450
Trient 432, 440, 447 ff.
Triest(e) 431, 435, 437,
  438, 473 ff., 675 f.
Trinkgeld 997
Triora 532, 590, 594 f.
Troia 949
Tropea 990, 994
Trostburg, Waidbruck
  195
Trudner Horn, Naturpark
  211
Trulli 910, 953, 956 ff.
Turin 626, 628, 647 ff.

Tyrrhenisches Meer 908,
  990 ff.

Udine 429, 445, 508 ff.,
  678
Überetsch 211 ff.
Ulten 187
Ultental 186 f.
Urbino 725 f, 795, 798
Uscio 556

Vada 748
Vado Ligure 579, 582
Vaglio Basilicata 981
Vajont 434, 495
Val d'Ampola 320
Val de Tende 607
Val di Sur 305
Val Lagarina 480, 483
Val Ponci 532, 584
Val Roia 611
Valdobbiadene 444,
  500
Valeggio 663
Valenzano 917
Vallagarina 661
Valle Argentina 595
Valle dei Mulini 892
Valle delle Camerate 308
Valle Tignalga 310
Vallée des Merveilles
  531, 607, 613
Vallone di Furore 891
Valpolicella 440, 483
Valsanzibio 445, 493
Valtènesi 302 f.
Valvasone 516
Valvestino-Staudamm
  318
Varazze 577, 578, 696
Varone-Wasserfall 285
Velthurns, Schloss 179
Venedig 330 ff., 626,
  627, 628, 638 ff.
  Abbazia della Miseri-
  cordia 403
  Abbazia San Gregorio
  398
  Accademia 377,
  398 f., 639
  Ala Napoleonica 360
  Archivio di Stato 392
  Arsenale 409
  Biblioteca Marciana
  344, 361
  Burano, Insel 419, 641
  Ca' d'Oro 641
  Caffè Florian 638
  Calle Paradiso 386
  Campo dei Carmini 413

- Campo dei Mori 402
- Campo San Bartolomeo 382
- Campo San Biagio 410
- Campo San Geremia 400
- Campo San Luca 381
- Campo San Polo 388, 389
- Campo San Rocco 392
- Campo Sant'Angelo (Anzolo) 380
- Campo Santa Margherita 414
- Campo Santi Giovanni e Paolo 348, 384
- Campo Santo Stefano 389, 400
- Canal Grande 372 ff.
- Cannaregio 400 ff.
- Capitaneria del Porto 378
- Casa di Otello 413
- Casa Goldoni 394
- Casa Tre Oci (Occhi) 396
- Chioggia 422
- Collezione Guggenheim 398, 639
- Dorsoduro 639
- Erberia 374, 387
- Fabbriche Nuove 374
- Fenice, Gran Teatro La 342, 354, 379, 380, 618, 639
- Filmfestspiele 638, 642
- Fondaco dei Turchi 343, 372
- Fondaco (Fontego) dei Tedeschi 374, 382
- Galleria d'Arte Moderna 373, 390
- Galleria Franchetti 404
- Ghetto 401 f., 641
- Giardini Pubblici 411
- Giardino Papadopoli 411
- Giudecca 396 f., 415
- Harry's Bar 378
- Karneval 346, 630
- Kirchen (Chiese)
  – Angelo Raffaele 413
  – Chiesa degli Scalzi 372, 400
  – Frari 344, 348, 391 f.
  – I Carmini (Santa Maria del Carmelo) 413
  – Madonna dell'Orto 402
  – Markuskirche 341, 343, 344, 348, 361 ff., 628, 638
  – Redentore 347, 396 f., 639
  – San Barnaba 394
  – San Benedetto (Beneto) 381
  – San Biagio 410
  – San Canciano 383
  – San Cassiano (Cassan) 389
  – San Fantin 379
  – San Francesco della Vigna 408
  – San Francesco di Paola 410
  – San Geremia 372
  – San Giacomo dall'Orio 344, 390
  – San Giacomo di Rialto 387
  – San Giobbe 348, 401
  – San Giorgio Maggiore 395
  – San Giovanni Crisostomo 382
  – San Giovanni Elemosinario 387
  – San Giovanni in Bragora 408
  – San Giuseppe di Castello (San Isepo) 411
  – San Lio 382
  – San Luca 381
  – San Marco, Basilica s. Markuskirche
  – San Martino 409
  – San Moisè 345, 379
  – San Nicolò da Tolentino (I Tolentini) 411
  – San Nicolò dei Mendicoli 412 f.
  – San Pietro di Castello 410
  – San Polo 344, 388
  – San Rocco 392
  – San Salvatore 381
  – San Samuele 377
  – San Sebastiano 413
  – San Silvestro 388
  – San Simeone Piccolo 372
  – San Stae 345, 390
  – San Tomà 394
  – San Trovaso 415
  – San Vidal 400
  – San Zaccaria 344, 405 f.
  – San Zulian (Giuliano) 386
  – Sant' Apollinare (Aponal) 388
  – Santa Maria dei Derelitti 385
  – Santa Maria dei Miracoli 348, 383
  – Santa Maria del Giglio 345, 379
  – Santa Maria del Rosario o dei Gesuati 397
  – Santa Maria della Carità 377
  – Santa Maria della Fava 382
  – Santa Maria della Pietà 406 f.
  – Santa Maria della Salute 344, 347, 398
  – Santa Maria della Visitazione o San Gerolamo dei Gesuati 397
  – Santa Maria Formosa 385
  – Santa Maria Gloriosa dei Frari 391 f.
  – Santa Maria Maggiore 419
  – Santa Maria Mater Domini 389
  – Santi Apostoli 382
  – Santi Giovanni e Paolo (San Zanipolo) 344, 348, 384
  – Santo Stefano 344, 400
- Laguneninseln 416 ff.
- Lido 421, 642
- Markusplatz 360 ff.
- Mercerie 370
- Murano, Insel 416 ff., 641
- Muranoglas 417, 419
- Museo Archeologico 361
- Museo Civico Correr 360
- Museo d'Arte Orientale 373, 390
- Museo del Settecento Veneziano 394
- Museo di Storia Naturale 372 f.
- Museo Ebraico 402, 641

- Museo Marciano 364
- Museo Storico Navale 410
- Museo Vetrario di Murano 417
- Paläste (Ca'/Palazzo)
  - Ca' d'Oro 373, 404
  - Ca' da Mosto 374, 387
  - Ca' Dario 344, 377
  - Ca' Farsetti 370, 375
  - Ca' Foscari 375, 394
  - Ca' Giustinian 378
  - Ca' Pesaro 344, 373, 390
  - Ca' Rezzonico 344, 375, 394
  - Dogenpalast 343, 344, 345, 348, 364 ff., 638
  - Pal. Barbarigo 377
  - Pal. Barbarigo della Terrazza 375
  - Pal. Barzizza 375
  - Pal. Cavalli-Franchetti 377
  - Pal. Contarini dal Zaffo 377
  - Pal. Contarini del Bovolo 381
  - Pal. Contarini-Fasan 378
  - Pal. Corner Ca' Grande 344, 377
  - Pal. Corner Contarini dei Cavalli 375
  - Pal. Corner-Spinelli 344, 375
  - Pal. Dandolo 405
  - Pal. dei Camerlenghi 370, 374
  - Pal. Dolfin-Manin 375
  - Pal. Ducale s. Dogenpalast
  - Pal. Fortuny 380 f.
  - Pal. Grassi 344, 375 f.
  - Pal. Grimani 340, 370
  - Pal. Gritti-Badoer 408
  - Pal. Labia 372, 400
  - Pal. Lezze 404
  - Pal. Loredan dell'Ambasciatore 377
  - Pal. Mocenigo 375
  - Pal. Pisani 344, 400
  - Pal. Pisani-Gritti 377
  - Pal. Querini-Stampalia 386
  - Pal. Vendramin-Calergi 344, 373
  - Pal. Venier dei Leoni 377, 639
- Pellestrina, Insel 421, 422
- Pescheria 374, 387
- Piazza San Marco s. Markusplatz
- Ponte Rialto s. Rialto(brücke)
- Ponte Tre Archi 401
- Prigioni 368, 405
- Procuratie Nuove 360
- Procuratie Vecchie 360
- Reiterstandbild 641
- Rialto(brücke) 370, 374, 639
- Ruga degli Orefici (Oresi) 377
- Sacca Fisola 415
- San Giorgio 639
- San Michele, Insel 417
- San Pietro, Insel 410
- Santa Maria dei Frari 640
- Santa Maria della Salute 639
- Santi Giovanni e Paolo 641
- Scala dei Giganti 348
- Scuola
  - Dalmata di San Giorgio degli Schiavoni 345, 408
  - dei Calegheri (Calzolai) 345, 394
  - Grande dei Carmini 413, 640
  - Grande di San Giovanni Evangelista 391
  - Grande di San Marco 344, 385
  - Grande di San Rocco 345, 393, 640
  - Grande di San Teodoro 382
  - Levantina 402
  - Nuova della Misericordia 403
  - Spagnola 402
  - Vecchia della Misericordia 403
- Seufzerbrücke 368, 638
- Squero 414
- Teatro Goldoni 354, 381
- Teatro Italia 404
- Torcello, Insel 419, 641
- Torre dell'Orologio 370
- Tre Ponti 412
- Zanipolo 641
- Zitelle 396
Veneto 436, 437, 438
Venosa 911, 915, 916, 979 f.
Ventimiglia 527, 532, 533, 607 ff., 699
Venzone 518
Verezzi 577, 585
Vernazza 565, 566, 695
Verona 261 ff., 428, 432, 438 f., 442, 453 ff., 626, 628, 629, 630, 668 ff.
- Arche degli Scaligeri 268
- Arena 250, 263
- Basilica Sant'Anastasia 268
- Biblioteca Capitolare 268 f.
- Casa dei Mazzanti 265
- Casa di Giulietta 263, 265
- Casa di Romeo 268
- Castelvecchio 264
- Dom Santa Maria Matricolare 268
- Madonna Verona 264
- Municipio 264
- Museo degli Affreschi 272
- Museo di Castelvecchio 249, 264
- Opernfestspiele 250
- Palazzo Capuleti 263, 265
- Palazzo della Gran Guardia 264
- Palazzo della Ragione 265
- Palazzo Giusti 271
- Palazzo Maffei 265
- Palazzo Pompei 268
- Piazza Brà 263 f.
- Piazza dei Signori 265 f.
- Piazza delle Erbe 264, 265
- Piazzaletto delle Arche 269
- Ponte Pietra 270
- Portoni della Brà 263
- San Fermo Maggiore 268
- San Giorgio Maggiore 270

- San Zeno Maggiore 271
- Santa Maria Antica 268
- Santa Maria in Organo 270 f.
- Santo Stefano 270
- Teatro Romano 270
- Tomba di Giulietta 263, 272
Versilia 744
Vescovana 496
Vesuv 820, 873 ff., 879
Via Aurelia 556, 561, 587
Via dei Santuari 564
Via dell'Amore 566 f.
Via Julia Augusta 584, 609, 610
Viareggio 727, 730 f., 744
Vibo Valentia 918, 986, 993 f.
Vicenza 432, 434, 439, 442, 461 ff., 628, 670
Vico del Gargano 945
Vico Equense 886
Vieste 945
Vietri 898
Vigo di Fassa 232
Villa Guardia 593
Villa San Giovanni 922, 994
Villafranca in Lunigiana 744
Villaggio Palumbo 942
Villanova 430
Villeggiatura 440
Villen 426 f., 489
- Almerico-Capra (La Rotonda) 466
- Badoer (Fratta Polesine) 496
- Barbarigo (Valsanzibio) 493, 617
- Barbaro (Maser) 489, 672
- Barchessa Valmarana 427
- Condulmer 499
- Cordellina (Montecchio Maggiore) 466
- Durazzo Pallavicino (Pegli) 696
- Emo Capodilista (Rivella) 495
- Emo (Fanzolo) 491, 672
- Foscari s. Malcontenta

- Godi-Malinverni (Lugo di Vicenza) 486
- Hanbury (Mortola) 616, 699
- Le Grotte 758
- Maffei 326
- Malcontenta 427, 674
- Manin (Passariano) 442, 515
- Margherita (Mira Porte) 427
- Oplontis 878
- Piovene Porto Godi (Lugo di Vicenza) 485
- Pisani (Strà) 427, 440, 466, 467, 674
- Pojana 466
- Quisisana 886
- Taranto (Verbania) 616, 704
- Valmarana ai Nani (Vicenza) 465
Villnößtal 179, 193 f.
Vinschgau 151, 198 ff.
Visconti-Brücke 325, 326
Viterbo 723, 773, 793 f.
Vittoriale degli Italiani 306
Vittoriale (Salò) 629, 665
Vittorio Veneto 442, 502
Vo Euganeo 493
Völs 197
Volterra 723, 737, 758, 768, 773
Volterraio 758
Vulkanismus 814, 816, 853

Waale 187, 198, 199, 205
Wandern 258, 826, 863
Wein 153, 160, 252 f., 295, 428 f., 444, 491, 499, 730, 769 f, 772 ff., 803, 809, 912, 920, 934 f., 958, 967, 976, 978, 985, 993
Welsberg 224
Wengental 230
Wipptal 191
Wohntürme 765, 766 f., 793, 805
Wolfsgruben 173
Wolfsthurn, Schloss 192
Wolkenstein 228

Zerman 445
Zoagli 556, 561
Zoll 997
Zuglio 437, 519

Personenregister

Acceptus 916, 927, 950
Acquaviva, Gian Girolamo II. 957
Adelheid, Königin 293 f.
Ahmed Pascha 966
Alarich 914, 935
Albert I., Fürst von Monaco 609
Alberti, Leon Battista 724
Alessi, Galeazzo 532, 553
Alfano da Termoli 927
Alfons I. von Aragon 820, 837
Alfons V. von Aragon 914, 963
Alfonso 966
Altichieri, Altichiero 441, 456, 470 f.
Amato, Giuliano 246, 626
Ambrosius, hl. 627, 643
Ammannati, Bartolomeo 737
Andrea del Castagno 345
Andrea Pisano 734, 762
Andres, Stefan 889
Angelico, Beato 742, 782
Angelico, Fra 86, 91
Antelami, Benedetto 348, 689
Antonello da Messina 345, 995
Antonius, hl. 470, 668, 672
Appiani, Familie 751, 754
Archita 970
Arnolfo di Cambio 737
Artmann, Emil 474
Attila 437, 505
Augustinus, hl. 681
Augustus (Oktavian) 57, 79, 100, 103, 106, 137, 252, 844
Balzo Orsini, Pirro del 979
Balzo Orsini, Raimondello del 967
Barabino, Carlo 547
Barbagelata, Giovanni 577
Barbaro, Daniele und Marcantonio 489
Barisanus von Trani 895, 954

Barocci, Federico 726
Bartolo, Taddeo di 595
Basilius d. Gr. 972
Bassano (Jacopo dal Ponte) 487
Bassolino, Antonio 819, 820, 822
Battisti, Cesare 452 f.
Beatrix von Burgund 977
Belisar 829
Bella, Gabriele 386
Bellini, Gentile 345, 726
Bellini, Giovanni 345, 365, 381, 383, 385, 386, 392, 399, 406, 411, 416, 464, 471
Bellini, Jacopo 345
Bentivoglio, Familie 651
Berengar II. 293 f., 531, 579
Berlusconi, Silvio 245 f., 248, 625, 626
Bernini, Gian Lorenzo 61, 77, 81, 82, 88, 90, 91, 95, 96, 119, 120, 121, 124
Berthold von Andechs 508
Bicknell, Clarence 607, 613
Bismarck, Otto, Fürst von 187
Boccaccio, Giovanni 720, 723, 766
Boccanegra, Guglielmo 543
Boccanegra, Simone 531, 542
Boccioni, Umberto 629
Böcklin, Arnold 570, 573
Bohemund von Tarent 950
Bon, Bartolomeo 348, 364, 384, 392, 393, 400, 404
Bon, Giovanni 348, 364
Bonanno 746
Bonfigli, Benedetto 782
Borghese, Paolina 127
Borghese, Scipione 126
Borremans, Willem 940
Borromini, Francesco 61, 89, 90, 117, 119, 120
Borsalino, Giuseppe 701
Bossi, Umberto 245, 624
Botero, Fernando 745

Bramante, Donato 60, 81, 95, 124, 628, 645, 681, 726, 791
Brea, Francesco 602
Brea, Ludovico 532, 580, 596
Breughel, Pieter 841
Brignole Sale, Familie 548 f.
Browning, Robert 488
Brunelleschi, Filippo 735, 738
Bruno, Giordano 89, 822
Burri, Alberto 727
Buscheto 746
Buzzaccarini, Fina 468
Byron, Lord George 375, 564, 570, 571, 573

Cäcilia, hl. 96, 132
Cäsar, Gaius Julius 57, 89, 103, 104, 510, 733, 960
Cagliostro, Graf (Giuseppe Balsamo) 796
Calabria, Beato Giovanni 302
Calvino, Italo 533
Cambiaso, Luca 532, 549, 561, 565, 577, 580, 595, 596
Campagna, Girolamo 395, 411
Campanella, Tommaso 818
Campano, Bischof 939
Canaletto, Antonio 346, 372
Canavesio, Giovanni 532, 596, 605, 613
Canova, Antonio 127, 489, 629, 672
Cantones, Gaetano 593
Canzio, Michele 552
Caracalla 57, 103, 128
Caracciolo, Giovanni Battista 821
Caravaggio 61, 90, 100, 119, 124, 126, 645, 738, 821
Carducci, Giosuè 748
Carpaccio, Vittore 345, 346, 365, 399, 408
Carrà, Carlo 629
Carracci, Annibale 628, 652
Carrara 467, 468
Cartizze 499

Casanova, Giacomo 349, 368, 514
Cassini, Giovanni Domenico 605
Cassiodor 253
Castello, Bernardo 532, 565
Catull 249, 252, 297 f., 438, 627, 664
Cavallini, Pietro 60, 96
Celesti, Andrea 301, 313
Christina, hl. 793
Cima da Conegliano 408, 413, 499
Cimabue 724, 738, 787
Cino, Giuseppe 930, 932
Cipriani, Giuseppe 378
Cles, Bernhard von 450 f.
Codussi, Mauro 344, 360, 370, 373, 375, 377, 382, 385, 386, 406, 411, 416
Colleoni, Bartolomeo 384
Collodi, Carlo (Lorenzini) 760
Colonna, Vittoria 855
Coppola, Giovanni Andrea 966
Cornaro, Catarina 488
Correggio 689
Cranach, Lucas 841
Craxi, Bettino 245
Crivelli, Carlo 801, 805
Crocco, Carmine 978, 980
Croce, Benedetto 822
Cusanus, Nikolaus 174

D'Annunzio, Gabriele 249, 290, 306 f., 629, 664, 768
Da Ponte, Lorenzo 349
Da Sangallo, Giuliano 575, 579
Daddi, Bernardo 943
Dante Alighieri 265, 277, 292, 303, 324, 430, 453 f., 478, 478, 628, 669, 686, 720, 723, 734, 742
De Castris, Leone 934
De Crescenzo, Luciano 822
De Ferrari, Gregorio 532, 591
De Ferrari, Lorenzo 532
De Filippo, Eduardo 822

De Gasperi, Alcide 152, 154
De Nittis, Giuseppe 951
Del Duca, Giacomo 102
Del Vaga, Perin 532, 550
Delago, Maria 158
Della Porta, Giacomo 83
Della Robbia, Andrea 572
Della Robbia, Luca 725, 735, 762
Della Scala, Cangrande I. 453 f.
Della Scala, Cangrande II. 458
Della Scala, Familie s. Scaliger
Della Scala, Mastino I. 292, 297
Depero, Fortunato 477
Di Brenzone, Agostino 292
Diefenbach, Karl Wilhelm 844
Diokletian 57, 103
Dohrn, Anton 838
Dolomieu, Déodat de 148, 234
Domenichino 821
Domenico da Tolmezzo 519
Donatello 437, 465 f., 673, 724, 735, 742, 763
Donizetti, Gaetano 683
Doria, Andrea 531, 540, 548, 550, 586, 592, 626, 691
Doria, Familie 539 f., 547 f., 557, 586, 628
Doria, Gio Carlo 546
Duccio 771
Dürer, Albrecht 148, 194
Dunant, Henri 327, 328
Dupré, Amalia 765
Duse, Eleonora 306, 488

Embriaci, Familie 543
Este, Familie 628, 687
Etrusker 723 f., 748 f., 751, 767 ff., 773, 776, 790 f., 792, 794
Ezzelino da Romano 248, 262, 273

Falconetto, Giovanni 468, 493
Farnese, Familie 840

Federico da Montefeltro 784, 798
Fellini, Federico 62, 122, 629
Ferdinand I. 758, 764
Fermo, Märtyrer 268
Ferstel, Heinrich 474
Fieschi, Familie 539 f., 548, 561, 562, 572
Fieschi, Gian Luigi 540
Fiorelli, Guiseppe 879
Flora, Paul 158
Fontana, Carlo 549, 793
Fontana, Domenico 77, 83, 115, 117, 118, 123, 837
Foppa, Vincenzo 280, 580
Fortunato, Giustino 978
Fortuny, Mariano 357, 381
Foscari, Francesco 364, 375
Francesco d'Alessio 992, 993
Francesco di Giorgio Martini 724, 798, 800
Francesco il Vecchio 468, 470
Franz Joseph I. 180, 230, 262, 285, 326, 512
Franziskus von Assisi, hl. 785 ff., 805
Franziskusmeister 786
Frei, Sixtus 448
Friedrich I. Barbarossa 154, 247, 262, 288, 977
Friedrich II. 248, 262, 652, 764 f., 795, 800, 804, 820, 830, 914, 916, 917, 918, 923, 927, 940, 945, 949, 950, 951, 952, 954, 975, 978, 993
Fugger 191

Gabrieli, Andrea 349, 355
Gaeta, Ottavio Cesare 936
Gaggini, Domenico 546
Gagini, Giovanni 548, 605
Gaismair, Michael 174
Galilei, Galileo 467, 723, 742
Galla Placidia 686
Galuppi, Baldassare 355, 419

Gambello, Antonio 401, 406, 409
Garibaldi, Giuseppe 94, 319, 411, 626, 820, 855
Garnier, Charles 607
Gaspari, Antonio 382, 383
Gattamelata 470
Genga, Girolamo 798
Gennaro, hl. 823, 836
Gentile da Fabriano 724
Georg von Liechtenstein 451
Ghiberti, Lorenzo 734
Ghirlandaio, Domenico 740
Giambologna 737
Gianfrancesco di Tolmezzo 516, 518, 519
Gigli, Beniamino 723, 795, 804
Giocondo, Fra 249
Giordano, Luca 280, 821, 864, 940
Giorgione 346, 404, 441, 488, 628, 671
Giotto 60, 81, 86, 117, 440, 468, 471, 628, 673, 724, 735, 742, 787
Giovanni da Udine 509, 517
Giovanni di Simone 746
Girolamo dai Libri 287
Giuliano da Maiano 836
Giusti, Familie 271
Goethe, Johann Wolfgang von 61, 121, 124, 130, 134, 136, 270, 282, 285, 286 f., 466, 662, 785, 787
Goldoni, Carlo 349, 381, 382, 394, 422, 434, 437, 514
Gonzaga, Familie 628, 679, 680
Gorki, Maxim 845, 851
Gozzoli, Benozzo 766
Grassi, Nicola 519
Greco, Emilio 792
Grimaldi, Familie 628, 692
Guardi, Francesco 346, 394, 413
Guarini, Guarino 647, 648
Guggenheim, Peggy 372, 394, 639
Guidetto da Como 759

Guinigi, Paolo 759
Guiscard, Robert 980, 988

Habsburger 437 ff.
Hadrian 57, 78, 88, 91, 139, 584
Hanbury, Thomas 610
Handke, Peter 430
Hannibal 935, 950
Hans v. Schussenried 166
Hans von Bruneck 190
Heine, Heinrich 454, 539
Heinrich II. 174
Heinrich VI. 800, 820, 914
Heinrich VII. 293, 542, 939
Helena, hl. 82, 100, 117, 118
Heller, André 306, 616, 665
Henze, Hans Werner 775
Hesse, Hermann 789
Heyerdahl, Thor 589
Heyse, Paul 845
Hitzig, Friedrich 477
Hofer, Andreas 154, 173, 209, 659
Holbein, Hans 841
Horaz 979
Hruska, Arthur 306
Hunnen 437, 438

Ibsen, Henrik 313
Iktinos 899
Irene, hl. 929
Isabella von Aragon 917, 923, 927, 939

Jacopo della Quercia 651, 759
Joachim von Fiore 942
Johann von Österreich 188
Johanna II. 914
Johannes der Täufer 546, 565
Johannes von Hinderbach 451 f.
Jolanda von Brienne 954
Joseph II. 476
Joyce, James 476
Julia von Verona 453 f.
Julius Caesar s. Cäsar, Gaius Julius
Justinian 686
Juvarra, Filippo 647, 649

Kafka, Franz 282
Karl d. Gr. 58, 81, 117, 247, 268, 437, 511, 722, 774
Karl I. von Anjou 820, 832, 837, 886, 949, 952, 977
Karl II. 949
Karl III. von Bourbon 838, 843, 914
Karl V. 189, 540, 543, 550, 651, 722, 733, 770, 917, 932
Karr, Alphonse 603
Katherina, hl. 771
Klemens IV., Papst 820
Klocker, Hans 168, 176, 218
Kolumbus, Christoph 542, 550, 552, 572, 692
Konradin 820
Konstantin I. 57, 81, 100, 105, 107, 110, 118, 643, 778
Konstanze 800, 914
Kopisch, August 850
Krupp, Friedrich Alfred 845, 846

Ladiner 152, 226 f.
Langobarden 437, 467, 504, 511, 626, 627, 678, 679
Laurana, Luciano 798
Laurentius, hl. 546
Lawrence, D. H. 282, 574
Le Brun, Charles 837
Le Corbusier 889
Lederer, Jörg 203
Lenin, Wladimir Iljitsch 845, 851
Leonardo da Vinci 86, 628, 643, 645, 681, 726, 738, 769
Leonhard von Brixen 175, 176
Leopardi, Alessandro 384
Leopardi, Giacomo 723, 804
Levi, Carlo 970, 972, 973, 981
Lippi, Filippino 837
Lippi, Filippo 86, 763, 790
Livius 493
Lo Spagna 782, 790

Lodrone, Grafen 319 f.
Lombardo, Antonio 348
Lombardo, Familie 344, 348, 385
Lombardo, Pietro 348, 365, 377, 381, 385, 391, 392, 401, 408
Lombardo, Tullio 348, 381, 382, 385, 492
Longhena, Baldassare 344, 373, 375, 385, 390, 394, 395, 398, 400, 402, 404, 422
Longhi, Pietro 346, 386, 394
Lorenzetti, Ambrogio 770
Lorenzetti, Pietro 724, 787
Lotto, Lorenzo 413, 800 f., 804
Ludovica 740
Ludwig XI. 992

Machiavelli, Niccolò 723, 742
Maderna, Carlo 96, 119
Madruzzo, Cristoforo 450
Maestro delle Vele 786
Maggi, Bernardo 276
Magris, Claudio 442
Mahler, Gustav 225
Maitani, Lorenzo 791
Malaparte, Curzio 847
Manfred, Kaisersohn 948, 952
Manin, Ludovico 515
Mann, Heinrich 282
Mann, Thomas 282
Mantegna, Andrea 264, 271, 345, 404, 441 f., 459, 471, 628, 679
Manzoni, Alessandro 626, 629
Marco Polo 349, 383
Marconi, Guglielmo 563
Marées, Hans von 840
Margherita von Savoyen 825
Maria Theresia 475, 618, 676
Maria von Valois 832
Marini, Marino 727, 762
Mark Aurel 60, 80, 100
Martini, Simone 943
Masaccio 60, 109, 725, 740
Mascagni, Pietro 723

Massari, Giorgio 377, 407
Maultasch, Margarethe, Gräfin 154, 210
Maximilian, Erzherzog 479
Maximilian I. 447, 512
Maximilian von Mexiko 676
Mazzini, Giuseppe 692
Mazzoni, Guido 278
Medici, Cosimo I. de' 733, 737, 738, 739, 747, 768, 772
Medici, Familie 722, 726, 733, 748, 752, 758, 764
Medici, Gian Gastone de' 722, 752
Medici, Lorenzo de' (Il Magnifico) 575, 722, 741
Mela, Pier Vincenzo 606
Menabuoi, Giusto de' 468
Messner, Reinhold 204, 660
Michelangelo 60, 61, 81 ff., 91, 100, 108, 114, 124, 478, 652, 725, 734, 735, 737, 738, 741, 742, 765, 792
Michelozzo 737
Michelucci, Giovanni 767
Monet, Claude 606
Montale, Eugenio 533, 565, 629
Monteverdi, Claudio 349, 355
Morandi, Giorgio 652
Morante, Elsa 864
Moretto, Alessandro 276, 279, 280
Mozart, Wolfgang Amadeus 476
Multscher, Hans 157, 191 f., 656
Mumelter, Hubert 158
Munte, Axel 845, 848, 849
Murat, Gioacchino 923
Murat, Joachim 820, 830
Murillo, Bartolomé E. 548, 549
Mussolini, Benito 58, 62, 136, 151, 154, 169, 192, 246, 248, 307, 309, 474, 626, 651, 664, 684

Nanni di Bartolo 456
Napoleon 248, 262, 296, 301, 302, 326, 342, 395, 410, 431, 437, 438, 447, 515, 571, 606, 626, 629, 689, 704, 722, 751, 752, 753, 820, 830
Nascimbeni, Giuseppe 290
Nero 57, 77, 108, 109
Nervi, Pier Luigi 533, 579
Niccolò da Foggia 895
Nicolò, Maestro 271, 457, 459
Nietzsche, Friedrich 282, 283, 647, 693
Nigro, Raffaelle 980
Nikolaus, hl. 918, 924, 953
Ninco Nanco 980
Nobel, Alfred 599, 699
Nuzi, Allegretto 798

Odoaker 247, 261, 507
Odysseus 829, 869, 871
Ötzi 169, 204
Oldofredi, Giacomo 316
Oronzo, hl. 918, 930
Osker 877
Oswald von Wolkenstein 176, 197, 215, 219
Otto I. 189, 247, 294, 765

Pacassi, Nicolò 514
Pacher, Friedrich 178
Pacher, Michael 157, 169, 176, 220, 225, 657
Päpste
▪ Alexander IV. 794
▪ Alexander VI. 115
▪ Alexander VII. 81
▪ Benedikt XIV. 107
▪ Bonifaz VIII. 83, 117
▪ Clemens V. 58
▪ Clemens VII. 88, 125
▪ Clemens XIII. 81, 133
▪ Gregor d. Gr. 58, 111
▪ Gregor IX. 785
▪ Hadrian V. 562
▪ Johanna, Päpstin 133
▪ Johannes Paul II. 58, 77, 86
▪ Julius II. 88, 108
▪ Leo X. 540, 741
▪ Nikolaus V. 60, 86
▪ Paschalis I. 96, 110, 116
▪ Paul III. 78, 782
▪ Paul V. 115
▪ Paul VI. 83
▪ Pius II. 771, 774
▪ Pius IV. 85, 124
▪ Pius V. 993
▪ Pius VI. 514
▪ Urban II. 978
▪ Urban VIII. 61, 86, 91, 119
Paganini, Niccolò 533
Palladio, Andrea 277, 395, 396, 397, 400, 408, 410, 440 ff., 463 ff., 485, 628, 670, 672, 674
Pallavicini, Familie 692, 696
Palma il Giovane 346, 368, 386, 962
Palma il Vecchio 386
Pasolini, Pier Paolo 66, 125, 516
Pasolini, Pierpaolo 629
Pavese, Cesare 629
Pedro de Toledo, Don 830
Pellegrino, San Daniele 516
Pergolesi, Giovanni Battista 795, 800
Pertini, Sandro 579
Pertsch, Matthäus 475
Perugino 725, 778, 781, 782
Petacci, Clara 246, 307
Petrarca, Francesco 470, 493, 674, 720, 723
Philipp III. 939
Piacentini, Marcello 684
Piano, Renzo 533, 543, 629, 691, 927
Piazza, Albertino 580
Piazzetta, Giovanni Battista 346, 382, 385, 397, 407, 413
Piero della Francesca 86, 685, 725, 778, 779, 782, 798
Pietro Alemanno 805
Pinturicchio 725, 771, 778, 782, 788
Piola, Domenico 549, 591
Pisanello, Antonio 264, 268, 457, 458
Pisano, Giovanni 472, 542, 724, 746, 762, 771, 781
Pisano, Nicola 652, 746, 781, 916

Pitti, Familie 733, 738
Platen, August von 845, 935
Plattner, Karl 158
Plinius d. Ä. 873, 969
Plinius d. J. 873
Pompeius 960
Pontelli, Baccio 798
Ponti, Gio 972
Pordenone (Giovanni Antonio de'Sacchis) 492, 503, 517, 518
Pratolini, Vasco 739
Preti, Mattia 940, 942, 995
Puccini, Giacomo 723, 758, 760
Pyrrhus 970
Pythagoras 915, 982

Querini, Angelo Maria 277

Radetzky, Joseph Wenzel Graf 325
Raffael 60, 65, 81, 86, 88, 91, 97, 108, 119, 121, 127, 280, 684, 725, 738, 795, 798, 841
Rathenau, Walther 560
Reid, Francis N. 896
Reni, Guido 628, 652
Resasco, Giovanni Battista 553
Restituta, hl. 856
Revoltella, Pasquale 477
Ribera, Jusepe de 821
Ricasoli, Bettino 770
Riccardi, Gabriele 930, 932
Ricci, Sebastiano 397
Riccomanni, Leonardo 576
Rilke, Rainer Maria 479, 677
Rizzo, Antonio 348, 365, 366
Robert der Weise 832
Roger II. 820, 830, 892, 914, 924
Romanino (Girolamo da Romano) 276, 279, 280, 303, 304, 315
Romolo, Bischof 597
Romulus und Remus 56
Rosi, Francesco 972, 974
Rosmini, Antonio 476 f.
Rossellino, Bernardo 774

Rossi, Aldo 533, 547, 629, 690
Rossini, Gioacchino 723, 797
Rubens, Peter Paul 546, 549
Rudolf IV. 154, 180
Rustico, Märtyrer 268
Rutelli, Francesco 246, 248

Saba, Umberto 442
Sacchi, Bartolomeo 64
Salvi, Nicolò 121
Sammartino, Giuseppe 833
Sangallo d. Ä., Antonio da 774, 775
Sangallo, Giuliano da 763
Sangineto, Filippo 943
Sanmicheli, Michele 249, 270, 292, 441, 454 f., 458, 662
Sansovino, Andrea 546
Sansovino, Jacopo 277, 304, 344, 348, 361, 366, 373, 374, 375, 377, 380, 381, 386, 403, 408, 684
Sardi, Giuseppe 372, 379, 381, 400
Scaliger (Della Scala) 248, 262 f., 264, 265, 268, 273, 282, 286, 289, 292 f., 296, 297, 326, 436, 453, 461, 484
Scamozzi, Vincenzo 360, 361, 411, 463, 495
Scarpa, Carlo 629, 669
Scarpagnino 365, 368, 380, 393 f.
Schäuffelin, Hans 186, 204
Schiller, Friedrich 540
Schnatterpeck, Hans 186
Scrovegni, Enrico 471
Sebastiano del Piombo 382
Segantini, Giovanni 249, 283
Serego, Cortesia 456
Sforza, Bona 923
Sforza, Familie 628, 643
Shakespeare, William 262, 265, 270, 457
Shelley, Percy B. 570, 573
Sibylle von Cumae 869, 872

Signorelli, Luca 726, 772, 778, 780, 782, 792
Sigurtà, Carlo Graf 617
Simon von Taisten 176
Simone Martini 724, 786, 787
Slataper, Scipio 430, 442
Sodoma 772
Sommaruga, Giuseppe 314
Spalla, Giovanni 547
Spavento, Giorgio 368, 381, 382
Staël, Madame de 539
Stefano da Putignano 917, 970
Steinbeck, John 889
Stendhal 282, 629
Stephan II. 820, 830
Stolz, Rudolf 158, 226
Stradivari, Antonio 680
Strafella, Gianserio 917, 935
Strozzi, Bernardo 532, 549, 565
Strozzi, Familie 733, 739, 740
Sulla 877, 878
Svevo, Italo 441, 473, 477, 676

Taccone, Paolo 88
Tankred von Lecce 928, 932, 933
Tassilo III. von Bayern, Herzog 154, 225
Tasso, Torquato 94, 687, 887, 888
Telesio, Bernardino 936, 940
Termoli, Alfanoda 927
Theoderich d. Gr. 247, 271, 293, 449, 507, 626, 627, 687
Theodosius I. 686
Tiberius 822, 844, 847, 849
Tiepolo, Gian Domenico 388
Tiepolo, Giovanni Battista (Giambattista) 301, 345, 346, 378, 382, 386, 388, 397, 400, 407, 413, 441, 464, 465, 495, 508 ff., 628, 639, 664, 674, 678, 704
Tino da Camaino 943

Tintoretto 264, 270, 345, 346, 365, 368, 379, 388, 388, 389, 392, 393 f., 395, 397, 398, 399, 406, 415, 422, 548, 572, 738, 759

Tizian 100, 121, 268, 338, 342, 356, 360, 376, 377, 382, 386, 391, 393, 394, 398, 441, 458, 470, 498, 548, 572, 628, 671, 738, 801, 805, 841

Tomizza, Fulvio 442

Tommaso da Modena 498 f.

Tornabuoni, Giovanni 739, 740

Trajan 57, 94, 102, 108, 126

Trapp-Familie 480

Trenker, Luis 173, 227

Troger, Paul 157, 175, 176, 224

Tumler, Franz 158

Uccello, Paolo 798

Ungaretti, Giuseppe 430

Valadier, Giuseppe 59, 61, 123

Valentino, Rodolfo 973

Van Cleve, Joos 542, 546

Van Dyck, Anton 97, 100, 121, 546, 548, 549

Vanga, Federico 447

Vanvitelli, Luigi 277, 844

Vasari, Giorgio 124, 735, 737, 747, 779

Vendramin, Andrea 385

Veneziano, Lorenzo 465

Verdi, Giuseppe 379, 454, 619, 629

Vergil 252, 478, 627, 960

Verocchio, Andrea 641

Veronese (Paolo Caliari) 264, 270, 346, 348, 361, 365, 368, 381, 385, 390, 399, 413, 422, 441, 466, 491, 628, 672, 684

Verrocchio, Andrea 348, 384, 737

Versace, Gianni 994

Visconti, Familie 248, 262, 265, 273, 286, 302, 325, 326, 628, 643, 663

Visconti, Gian Galeazzo 325 f., 681

Vitruv 463, 627

Vittoria, Alessandro 365, 406, 415

Vittorio Emanuele 502

Vivaldi, Antonio 349, 355, 401, 408, 437

Vivarini, Alvise 346, 397, 408

Vivarini, Antonio 346, 404, 406

Vivarini, Bartolomeo 346, 386, 408

Vivarini, Familie 346, 365, 392

Volonté, Gian Maria 974

Wagner, Richard 400, 896, 897

Walther v. d. Vogelweide 166

Wilhelm I. 924

Wilhelm von Pisa 762

Wimmer, Ludwig 305

Winter, Ludwig 610

Zeffirelli, Franco 889

Zelotti, G. B. 485, 491

Zimbalo, Giuseppe 930, 932

Zweig, Stefan 430

In diesem Urlaub verstehe
ich nicht nur Bahnhof.

abian, 27, Globetrotter

Bildnachweis

Amann, Peter: 808, 808/809 (Fond-bild), 809, 810, 810/811 (Fondbild), 811, 812, 813, 821, 829, 833 (2), 836, 842, 878, 890 (2), 902, 904/905 (Fondbild); Antony, Oliver: 339; APA Publications/Galvin, G. & Taylor, George: 723, 725 (1), 734, 753, 759, 762, 763, 765, 770, 775, 778, 779; APA Publications/Gransden, Frances: 65 (2), 67 (1), 76, 84, 88, 99 (2), 103, 113 (2), 118, 119, 122 (1), 122 (2), 128, 131; APA Publications/Miller, Ros: 348 (2), 355 (1), 357, 360, 365 (1), 365 (2), 374 (2), 376, 384, 386, 392, 402, 421; APA Publications/Read, Mark: 24 (1), 532, 534, 535, 541 (2), 542 (1), 542 (2), 546, 547, 553, 554, 555, 557, 558, 559, 561, 562, 567, 568, 572 (1), 573, 574 (1), 574 (2), 576, 577, 579, 580, 582, 584, 585 (2), 586, 587, 588, 591, 592, 593, 594, 595, 597, 598, 602 (1), 602 (2), 604, 606, 608 (1), 608 (2), 610 (1), 610 (2), 612; APA Publications/Taylor, George: 12 (1), 12 (2), 246, 254 (1), 254 (2), 257 (1), 260 (2), 261, 263, 264, 265, 269, 271 (1), 271 (2), 276, 278, 281, 282 (1), 282 (2), 283, 286 (1), 286 (2), 289 (1), 294 (2), 297 (1), 297 (2), 301, 303 (1), 303 (2), 305 (1), 305 (2), 306 (2), 309 (1), 311, 313 (1), 313 (2), 315, 324 (1), 324 (2), 328 (1), 328 (2), 383 (2), 385; APA Publications/Wood, Phil: 36 (1), 36 (2), 817 (1), 817 (2), 818, 825 (1), 827, 832, 833 (1), 837, 839, 840 (1), 840 (2), 843, 845, 846, 847, 848 (1), 848 (2), 851 (1), 851 (2), 857 (1), 857 (2), 859, 860 (1), 860 (2), 865, 866 (1), 866 (2), 868, 870, 872, 873, 875 (1), 875 (2), 882 (1), 882 (2), 884, 885, 887 (1), 887 (2), 890 (1), 893, 894 (2), 895, 896, 897, Um-schlagrückseite (unten); Archiv für Kunst und Geschichte, Berlin: 60, 822;
Begsteiger, A.M.: 185 (2), 203 (1);

Bernhart, Udo: 142, 142/143 (Fond-bild), 143, 144, 144/145 (Fondbild), 145, 146, 146/147 (Fondbild), 147, 210, 212, 217, 232, 236, 240/241 (Fondbild), 274, 277, 520, 520/521 (Fondbild), 521, 611; Bildarchiv Steffens/Haidt, Werner: 789 (1), 911 (1), 959; Bildarchiv Steffens/Janicek, Ladislav: 543, 736, 925, 930 (1), 957; Bildarchiv Steffens/Klöppel, Dieter: 551, 792; von Bressensdorf, Roswit: 253, 306 (1), 308, 319;
Catch the Day/Braunger, Manfred: 249, 260 (1); Castor, Dietlind: 8 (2), 181, 190, 191, 205 (2), 209; Corbis: 44/45; creativ collection, Freiburg: 708/709 (Fondbild), 712/713 (Fond-bild), 812/813 (Fondbild);
Dieterich, Werner: 756 (2);
Eckert, Peter: 528, 564; Eid, Hedda: 720, 784 (2);
Farbdia-Archiv Gunda Amberg/ Amberg, Gunda: 166, 167, 171 (1), 171 (2), 194 (1), 215; Farbdia-Archiv Gunda Amberg/Amberg, Hellmuth: 186 (1), 193, 194 (2); Farbdia-Archiv Gunda Amberg/Schraml, Oskar: 174, 208, 664; Freyer, Ralf: 46, 46/47 (Fond-bild), 47, 48, 48/49 (Fondbild), 49, 50, 73, 80, 120, 127, 523, 524, 524/525 (Fondbild);
Galikowski, Elisabeth: 16(2), 28 (1), 55 (2), 65 (1), 350, 644, 682, 684, 688, 699 (1), 711, 715, 766;
Haak, Veit: 679, 681 (1), 703, 784 (1), 911 (2), 932 (1), 952, 964 (2);
Hackenberg, Rainer: 1, 385, 731(1), 795, 799, 801, 802, 803, 955, 973 (1); Hartmann, Herbert: 16(1), 32(1), 40(2), 59, 69, 85, 243, 245, 291, 321, 348 (1), 353 (1), 353 (2), 355 (2), 359, 395, 397, 409, 418, 447, 449, 459 (1), 470, 472, 492, 516, 541 (1), 549, 637, 638, 639, 645, 648 (2), 649, 662, 665, 666, 680, 681 (2), 690, 695 (2), 699 (2), 700, 705, 712, 717, 735 (1), 737, 738, 739, 741, 742, 780, 791, 905, 906/907 (Fondbild), 907, 916, 929,

947, 949, 963, 964 (1), 982, 987, 991, 993; Hellmuth, Joachim: 236/237 (Fondbild), 239, 713; Helms, Bernd: 710, 825 (2), 894 (1), 951 (1), 966; Hohl, Siegmar: 344, 362, 371, 785, 789 (2); Hüsler, Eugen E.: 172, 213, 220 (2), 224, 229 (2), 233 (1), 235; Janicek, Ladislav: 805; Janicke, Volkmar: 78; Jung, Gerold: 20 (1), 149, 151, 156, 159, 160, 162 (1), 162 (2), 165, 175 (1), 175 (2), 178, 179, 195, 197, 198, 199 (2), 202, 203 (2), 219(1), 219(2), 220 (1), 221 (2); 252 (1), 252 (2), 257 (2), 279, 289 (2), 294 (1), 309 (2), 318, 427, 431, 435, 439, 440, 452, 453, 455, 457, 463, 465, 467, 476, 500 (2), 503 (1), 507, 513, 536, 538, 733, 746, 769, 782, 902/903 (Fondbild), 903, 904, 909, 918, 923, 930 (2), 944, 945, 958, 965; Kirchgeßner, Markus: 4 (2), 55 (1), 71 (1);

laif/Caputo: 428/429 (Fondbild); laif/Celentano, Raffaele: 50/51 (Fondbild), 51, 238, 238/239 (Fondbild), 429, 647, 676 (1), 676 (2), 689 (2), 854, 863, 898, 941 (1), 941 (2), 995; laif/Eid, Hedda: 241, 314, 426, 426/427 (Fondbild), 428, 430, 430/431 (Fondbild), 490, 614, 614/615 (Fondbild), 616/617 (Fondbild), 617, 619, 621 (2), 625, 634, 669, 671, 672 (1), 672 (2), 673, 674, 675, 677, 678, 683, 685, 687 (1), 689 (1), 706 (1), 706 (2), 716, 716/717 (Fondbild); laif/Heidorn: 667; laif/Kirchner, Martin: 623 (1), 651, 652, 686; laif/Klein, Dieter: 330, 372; laif/Krinitz, Hartmut: 648 (1), 701, 702 (1), 702 (2); laif/Kristensen, P. S.: 623 (2), 629, 636; laif/Krüll, Dirk: 635; laif/Meyer: 621 (1); laif/Specht, H.: 807, laif/Specht & Arnold: 616; laif/Tophoven, Frank: 28 (2), 657 (1), 659 (2); laif/Zanettini, Fulvio: 134, 522, 522/523 (Fondbild), 525, 530, 642 (1), 691 (2), 693, 694, 695 (1), 698, 871; Libuse Luppi: 728;

Mainbild/Simmons, Ben: 725 (2); Messina, Daniele: 4 (1), 8 (1), 87, 99 (1), 108, 110, 113 (1), 125; 199 (1), 200, 233 (2), 529, 571, 798, 831, 906, 932 (2), 954, 962, 969(1); Münzlochner, T. : 806, 806/807 (Fondbild); Orient: 109;

Pansegrau, Erhard: 83, 89; Pelz, Monika: 32 (2), 40 (1), 718, 731(2), 754, 756(1), 788, 919, 921, 933, 934, 937, 939 (1), 939 (2), 942, 951 (2), 961, 969(2), 971 (1), 971 (2), 973 (2), 975, 976, 977, 978 (1), 978 (2), 981, 990; Peter, Peter: 615; PhotoPress/ Rentel: 663;

Reinhard, Heidrun: 20 (2), 343, 363, 388, 401, 420, 434, 443, 444 (1), 444 (2), 459 (2), 461, 469, 473, 477, 481, 483, 485, 489 (1), 489 (2), 495, 498, 500 (1), 503 (2), 508, 518; Renckhoff, Dirk: 379, 417, 422, 624, 627, 641, 642 (2); 661, 670, 708, 709, 710/711 (Fondbild);

Schinner, Dieter: 173, 183, 186 (2), 188 (1), 231 (1), 231 (2), 657 (2), 659 (1); Schmeck, Horst: 585 (1); Schmitz-Normann, Rüdiger: 24 (2), 572 (2); Stadler, Hubert: 95, 139, 714, 714/715 (Fondbild), 761, Umschlagrückseite (oben); Stankiewicz, Thomas: 255, 322; Storto, Walter: 161, 228 (2); Südtirol Marketing, SMG-AAM: 155, 158;

Thomas, Martin: 632; Thiele, Klaus: 164, 185 (1), 188 (2), 196, 201, 205 (1), 221 (1), 228 (1), 229 (1), 497, 511, 618, 618/619 (Fondbild), 631, 643, 656, 658, 660, 668, 687 (2), 691 (1), 692, 697, 771;

Wrba, Ernst: 61, 71 (2), 102, 330/331 (Fondbild), 331, 332, 332/333 (Fondbild), 333, 334, 334/335 (Fondbild), 335, 345, 351, 374 (1), 380, 391, 396, 404, 410, 414;

Zanettini, Fulvio: 67 (2), 91, 135.

Zeichenerklärung

Unsere Preissymbole bedeuten:

Hotel (DZ): ○○○ ab 130 €
           ○○ 80 bis 130 €
           ○ bis 80 €

Restaurant
(Menü): ○○○ ab 35 €
        ○○ 20 bis 35 €
        ○ bis 20 €

**Polyglott im Internet: www.polyglott.de,
im Shell GeoStar unter www.ShellGeoStar.com,
im Travel Channel unter www.travelchannel.de**

Alle Informationen stammen aus zuverlässigen Quellen und wurden
sorgfältig geprüft. Für ihre Vollständigkeit und Richtigkeit können wir jedoch
keine Haftung übernehmen.
Ergänzende Anregungen bitten wir zu richten an:
Polyglott Verlag, Redaktion, Postfach 40 11 20, 80711 München.
E-Mail: redaktion@polyglott.de

© 2003 by Polyglott Verlag GmbH, München
Printed in Germany
ISBN 3-493-60215-4
Dieses Buch wurde auf chlorfrei gebleichtem Papier gedruckt.

Impressum

Herausgeber: Polyglott-Redaktion

Einmalige Ausgabe der folgenden Titel:
Polyglott on tour Rom, Autor: Jürgen Sorges; Special Tanja Schulz, Monika Pelz
Polyglott on tour Südtirol, Autor: Eugen E. Hüsler; Special Peter Peter
Polyglott on tour Gardasee, Autoren: Eva Gründel und Heinz Tomek;
  Special Peter Peter
Polyglott on tour Venedig; Special Christine Hamel
Polyglott on tour Venetien/Friaul, Autorin: Heidrun Reinhard;
  Special Christine Hamel
Polyglott on tour Italienische Riviera, Autorin: Wolftraud de Concini;
  Special Christine Hamel
Polyglott on tour Oberitalien: Peter Peter
Polyglott on tour Mittelitalien, Autorin: Monika Pelz
Polyglott on tour Golf von Neapel, Autorin: Sabina Kienlechner;
  Special Peter Amann
Polyglott on tour Apulien/Kalabrien, Autorin: Monika Pelz; Special Peter Peter

Layout: Ute Weber, Geretsried
Karten und Pläne: Huber.Kartographie; Polyglott-Kartografie; Cordula Mann
Herstellung: Frank Speicher
Titeldesign-Konzept: Klink, Liedig Werbeagentur GmbH, München

Das unverwechselbare Polyglott-Sternchensystem

*** eine eigene Reise wert   ** einen Umweg wert   * sehr sehenswert

Italien im Internet

www.enit.it
www.parks.it
www.agriturist.it
www.lastradadelvino.com
www.federcampeggio.it
www.comune.roma.it
www.rcm.napoli.it

www.comune.venezia.it
www.firenze.turismo.toscana.it
www.apt.trento.it
www.milanoinfoturist.com
www.regione.fvg.com
www.regione.vda.it
www.turismo.marche.it